Der Große ADAC Natur-Reiseführer Deutschland

Der Große ADAC Natur-Reiseführer Deutschland

Faszinierende Routen zu 1300 Natursehenswürdigkeiten zwischen Rügen und Bodensee

EIN ADAC BUCH

Dieses Buch entstand in Zusammenarbeit zwischen dem ADAC Verlag, München, und dem Deutschen Bücherbund, Stuttgart München.

Die Verlage danken allen, die an diesem Werk mitgearbeitet haben. Viele Informationen dieses Reiseführers sind ständig Veränderungen unterworfen. Für die Richtigkeit der Angaben kann deshalb keine absolute Gewähr übernommen werden.

Projektleitung: Michael Dultz, Andreas Epple
Redaktion: Ulrike Bässler-Pietsch, Roland Bischoff, Ulrich Gohl, Dr. Wolfgang Hensel, Jörg Holzwarth, Wolfgang Kellner, Sabine Lutz, Dr. Renate Mangold, Dagmar Ortolf, Dr. Rainer Redies, Ingrid Röhm, Rainer Sattler, Werner Schabert, Andreas Schimkus, Dr. Moritz Strachwitz, Wolfgang Thielke, Inge Uffelmann, André Wais, Suse Weidenbach-Janositz, Rolf Andreas Zell; Redaktion Kartographie: Inge Seyffarth, Michael Steuer
Glossar und Schlußredaktion: Dr. Peter Göbel
Autoren: siehe Seite 888
Fotografen: siehe Bildnachweis Seite 895
Bildredaktion: Fotoservice Silvestris, Kastl
Kartographie: ADAC Verlag, München, und Mairs Geographischer Verlag, Ostfildern
Panoramakarten: Mairs Geographischer Verlag, Ostfildern
Layout: Christian Scheel
Herstellung: Hans-Joachim Preußer
PC-Texterfassung und Korrektorat: Horst Schöck
Schutzumschlag: Graupner & Partner, München
Satz: SCS Schwarz Satz & Bild digital, Stuttgart
Repro: Fotolito Longo AG, Frangart (BZ)/Italien
Druck und Bindearbeiten: Fabrieken Brepols n. v., Turnhout/Belgien

ISBN 3-87003-390-8

Der Natur auf der Spur

Deutschland liegt in einer Region der Erde, in der sich die Natur meist von ihrer sanften Seite zeigt. Die Natur ist hier nicht der unerbittliche Gegner, der den Menschen das Letzte abverlangt, sie ist eher die fürsorgliche »Mutter Natur«, bei der man sich in der Freizeit und im Urlaub entspannen und erholen kann.
Denn dafür ist unsere Heimat wie geschaffen: Inseln und Küsten, über die immer ein frischer Wind weht, purpurne Heiden, stille Seen, auf denen die Zugvögel zu Tausenden rasten, düstere Moore, Höhlen mit bizarren Tropfsteinen, weite Wälder, Wiesen, die sich im Frühjahr in Blütenteppiche verwandeln, Wildbäche und Berggipfel – an ungezählten Orten zwischen der See und den Alpen kann man die Natur entdecken, erleben und genießen. Dieses Buch möchte Sie dabei unterstützen, möchte Sie auf die richtige Spur zu den schönsten und interessantesten Natursehenswürdigkeiten Deutschlands führen und Ihnen dabei alles Wissenswerte an die Hand geben.
In den folgenden 50 Kapiteln werden rund 1300 Naturschönheiten beschrieben – schon an dieser Zahl können Sie ermessen, wie vielseitig und abwechslungsreich die Natur in unserem Land ist. Die Sehenswürdigkeiten liegen zwischen List und Lindau, zwischen Emmerich und Eisenhüttenstadt, in typischen Urlaubsgebieten wie der Mecklenburgischen Seenplatte oder den Bayerischen Alpen, aber ebenso in Regionen, die nicht in erster Linie als Naturparadiese gelten.

Entdecken

Wer Zeit hat, sollte möglichst den vorgeschlagenen Routen von einer Sehenswürdigkeit zur anderen folgen. Viele Eigenarten der Landesnatur entdeckt und versteht man nämlich nur durch das Nebeneinander, im Kleinen wie im Großen, durch den Gegensatz zwischen der fetten Marsch und der unfruchtbaren Geest in Norddeutschland zum Beispiel oder durch die Unterschiede der Flora auf den Sonnen- und Schattenhängen im Gebirge.

Aus diesem Grund sind die Natursehenswürdigkeiten auch nicht in alphabetischer Reihenfolge beschrieben. Die Kapitel sind nach regionalen Zusammenhängen gegliedert und umfassen die großen Naturlandschaften Deutschlands. Die Einteilung der 50 Gebiete ist auf einer Übersichts-

karte dargestellt, und mit Hilfe des Registers am Ende des Buches kann man alle beschriebenen Natursehenswürdigkeiten und Orte rasch finden. Ein bebildertes Glossar erläutert häufig gebrauchte Fachausdrücke aus Geographie und Geologie.
Eine Lagekarte am Anfang eines jeden Kapitels zeigt Ihnen auf einen Blick, wo das Gebiet in Deutschland liegt. Es folgen eine Panoramakarte, die ein plastisches Bild der Landschaftsformen vermittelt, sowie ein oder mehrere Straßenkartenausschnitte, auf denen die Natursehenswürdigkeiten durch rote Punkte gekennzeichnet sind. Je nach Größe des Gebiets und nach Zahl der beschriebenen Sehenswürdigkeiten werden bis zu drei Routen vorgeschlagen, die über landschaftlich besonders reizvolle und interessante Straßen führen. Sie sind in den Karten grün markiert.

Jedes Gebiet beginnt mit einem großen Foto und einer kurzen Einführung, die die Eigenarten der Naturlandschaft umreißt. Ein Info-Kasten informiert in Stichworten über die wichtigsten Daten und nennt die Anschriften von Fremdenverkehrsvereinen, bei denen man zum Beispiel Informationsmaterial über Unterkünfte und organisierte Wanderungen anfordern kann.
In der Gebietsbeschreibung erfahren Sie dann Näheres über die jeweilige Naturlandschaft, über die Landschaftsformen, die Gesteine und die Landschaftsgeschichte, Flora und Fauna – freilich nicht wissenschaftlich-trocken wie in einem Lehrbuch, sondern gewürzt mit unterhaltsamen Randnotizen über Kultur und Geschichte.

Erleben

Detaillierte Routenvorschläge führen Sie sicher zu den ausgewählten Zielen, geben Hinweise auf Park-, Rast- und Einkehrmöglichkeiten. Wasserfälle, Schluchten, alte Bäume und die vielen anderen Natursehenswürdigkeiten werden im Haupttext beschrieben: wie sie entstanden sind, was es dort zu sehen gibt, wodurch sie gefährdet sind. Die Randtexte ergänzen die Beschreibungen durch zusätzliche Informationen, etwa durch Hinweise auf naturkundliche Museen oder Tiergehege, aber auch auf Sagen über die Natur.

Für Ihre Streifzüge durch die Natur unseres Landes benötigen Sie wetterfeste Kleidung und festes Schuhwerk. Ein Fernglas zur Beobachtung der Tierwelt und eine Lupe, um sich Gesteine, Mineralien und Pflanzen genauer anzuschauen, sind sehr nützlich, ebenso eine gute Wanderkarte. Eines sollten Sie aber auf jeden Fall mitbringen: Zeit. Hetzen Sie nicht von einer Sehenswürdigkeit zur ande-

ren, sondern erleben und genießen Sie Natur und Landschaften.
Zeit braucht man vor allem für die Rundfahrten in den fünf neuen Bundesländern. Der Straßenzustand ist besonders auf Nebenstrecken, über die viele unserer Routen führen, häufig noch sehr schlecht. In den ländlichen Gebieten Ostdeutschlands, in denen die meisten Natursehenswürdigkeiten liegen, gibt es noch kaum Hotels, wenige Gaststätten und Campingplätze, andererseits aber viele Privatquartiere. Hinweisschilder auf Natursehenswürdigkeiten fehlen fast überall. Lesen Sie deshalb die Beschreibungen der Routen und der Anfahrtswege zu den Natursehenswürdigkeiten sehr aufmerksam.

nicht aus. Urlauber zertrampeln aus Unachtsamkeit Dünenheiden und Brutgelege, plündern rücksichtslos Orchideenwiesen und Mineralienfundstätten.
Wie die Erfahrung lehrt, können Gesetze und Verbote die Natur aber nicht ausreichend schützen. Neue Wege versprechen größeren Erfolg: sanfter Tourismus und Naturschutz durch Anleitung und Lenkung der Besucher.
In vielen Naturschutzgebieten gibt es bereits markierte Rundwanderwege und Naturlehrpfade, Beobachtungsstände und Gebietsbetreuer, die über die Besonderheiten von Flora, Fauna und die geologischen Verhältnisse sachkundig Auskunft geben.

Wichtig zu wissen auch, daß die Telefon-Vorwahlen, die für Orte in den neuen Bundesländern angegeben sind, für Anrufe aus den alten Bundesländern gelten. Innerhalb der neuen Bundesländer sind die Vorwahlen bislang noch unterschiedlich, je nachdem, von wo aus Sie telefonieren. Sie sollten sich also vor Ort darüber informieren.

Bewahren

Wenn immer mehr Menschen die wenigen verbliebenen Naturreservate besuchen, bleiben Konflikte zwischen Tourismus und Naturschutz

Der Große ADAC Natur-Reiseführer informiert Sie über dieses reichhaltige Angebot – es sollte freilich auch angenommen werden: Gehen Sie bitte mit gutem Beispiel voran, parken Sie Ihr Auto auf den dafür vorgesehenen Parkplätzen, bleiben Sie auf den markierten Wegen, und nehmen Sie Ihre Picknickabfälle wieder mit. Seien Sie mit Begeisterung der Natur auf der Spur, aber hinterlassen Sie bitte in der Natur keine Spuren.

Die Herausgeber

D Ä N E M A R K
Nordsee
Ostsee
1 Schleswig-Holsteinische Geest und Nordseeküste
Schleswig-Holsteinisches Hügelland und Ostseeküste 2
Kiel
3 Mecklenburgische Ostseeküste
Rostock
Wilhelmshaven
Ostfriesland 4
Zwischen Elbe und Weser 5
Hamburg
Bremen
Schwerin
6 Mecklenburgische Seenplatte
Neubrandenburg
Elbe
NIEDER-LANDE
7 Zwischen Weser und Ems
Ems
Weser
8 Lüneburger Heide
9 Wendland und Altmark
Havel
10 Havelland und Berliner Seenplatte
Berlin
Oder
11 Zwischen Spree und Oder
POLEN
Frankfurt/O.
Osnabrück
Teutoburger Wald und Wiehengebirge
Hannover
Aller
14 Weserbergland
Braunschweig
16 Magdeburg
Münster
13
Münsterland
Lippe
12
Paderborn
15 Harz
Magdeburger Börde und Fläming
Spree
22 Cottbus Lausitz und Spreewald
Duisburg
Rhein
Ruhr
17 Niederrhein
Köln
18 Bergisches Land und Sauerland
Kassel
19 Hessisches Bergland
Fulda
20 Thüringer Becken, Eichsfeld und Vogtland
Erfurt
21 Leipziger Bucht und Sächsisches Hügelland
Leipzig
Saale
Elbe
Dresden
Neiße
Gera
24 Westerwald und Siebengebirge
BELG.
23 Eifel
Koblenz
Lahn
26 Taunus
Frankfurt
27 Rhön
Werra
28 Thüringer Wald, Frankenwald und Coburger Land
Erzgebirge und Elbsandsteingebirge 29
Mosel
25 Hunsrück
LUX.
Mainz
31 Nördlicher Oberrhein
32 Spessart
Main
34 Mainfranken, Steigerwald und Haßberge
Würzburg
37 Fichtelgebirge und Oberpfälzer Wald
TSCHECHOSLOWAKEI
30 Pfalz und Saarland
Saarbrücken
33 Odenwald
Mannheim
35 Mittelfranken
36 Fränkische Alb
Nürnberg
39 Unteres Neckarland und Hohenlohe
Jagst
Saar
Karlsruhe
40 Schwäbisch-Fränkischer Wald
Altmühl
Naab
Regensburg
38 Bayerischer Wald
Stuttgart
Donau
42 Südlicher Oberrhein
43 Oberes Neckarland
Neckar
Schwäbische Alb
46 Unterbayerisches Hügelland
Passau
FRANKREICH
41 Schwarzwald
Freiburg
Augsburg
45 Zwischen Lech und Bodensee
Iller
Lech
Isar
München
47 Oberbayerisches Alpenvorland
Inn
Chiemgau und Berchtesgadener Land 50
44
48 Allgäu
Bayerische Alpen 49
LIECHT.
Ö S T E R R E I C H
S C H W E I Z
0 50 100 km
I T A L I E N

Inhalt

Eine Landschaft, die man mit allen Sinnen erfassen muß: den heiseren Schrei der Möwe, das Tuckern eines vorbeischippernden Krabbenkutters, den Geruch von Tang und Schlick, den Geschmack von Salz auf den Lippen, die vom Sturm verwehte Gischt, die wie Nadeln auf der Haut sticht, das saftig grüne Land und das graue Meer, dazwischen die Wattlandschaft (im Bild). Doch die schleswig-holsteinische Landschaft begnügt sich

nicht damit, eine romantische Kulisse abzugeben. Ebbe und Flut bestimmen zwischen Unterelbe und der Insel Sylt den Rhythmus des Lebens. Und Sturm und Meer zeigen an der Küste die Zähne. Die Naturgewalten lassen sich auch durch Deiche nicht immer bändigen, unverhofft schlagen sie zu, fordern sogar Opfer – ein starkes Stück Natur, vielleicht eine der letzten noch relativ unberührten Landschaften Deutschlands.

1 Schleswig-Holsteinische Geest und Nordseeküste

Ein starkes Stück Natur

Nordsee = Mordsee?

»Für die gesamte deutsche Nordseeküste besteht die Gefahr einer sehr schweren Sturmflut« – diese oder ähnliche Warnungen waren in den vergangenen Jahren häufiger im Radio zu hören. Die Menschen, die in den Marschen und auf den Inseln leben, wissen genau, was sie bedeuten. Viele von ihnen erlebten die Orkanflut vom 16./17. Februar 1962 mit, als in Hamburg über 300 Menschen ertranken. An solchen Tagen werden auch Erinnerungen an die großen »Manndränken« des Mittelalters wach, z.B. an die Marcellusflut vom 16. Januar 1362, die an der gesamten deutschen Nordseeküste etwa 200000 Menschen das Leben gekostet haben soll.

Urlaubsgäste aus dem Binnenland wundern sich oft über die Gelassenheit, mit der die Küstenbewohner dem »blanken Hans« ins Auge schauen. Wie kann man überhaupt in einer so gefährlichen Gegend leben? Offenbar sehr gut, denn besagter Herr hält einige Trostpflaster parat: fette Böden, Fischgründe und eine Lage, die dem Küstenstreifen auch den Namen »Tor zur Welt« eingebracht hat.

Der Ozean schwappt über

Die Nordsee ist ein typisches Gezeitenmeer. Der Wechsel von Ebbe und Flut beherrscht den Tagesablauf aller Lebewesen, die im oder unmittelbar am Wasser leben. Das wird auch der Urlaubsgast aus dem Binnenland bald feststellen: Der Fahrplan der Schiffe zu den Inseln, die Badezeiten, die Termine der Wattwanderungen und der Fischfang richten sich nach den Tiden, den Gezeiten. Es ist wissenschaftlich belegt, daß der Meeresspiegel an der Nordseeküste derzeit steigt – der Atlantische Ozean schwappt gewissermaßen über. Bei der Berechnung von Küstenschutzanlagen gingen die Ingenieure bislang von einem durchschnittlichen Anstieg des Meeresspiegels um 25 cm in 100 Jahren aus. Diese Sicherheitsreserve ist heute schon zum Teil aufgebraucht. Seit dem Ende der jüngsten Eiszeit dringt das Meer an der Nordseeküste gegen das Land vor, nur ab und zu legt es eine kurze Ruhepause ein oder zieht sich gar ein wenig zurück. Noch vor 10000 Jahren war der Boden der Nordsee trocken. Heute würde ohne die Deiche der gesamte Marschengürtel bei Sturmfluten überschwemmt werden.

Bedrohtes Paradies: das Wattenmeer

Der durchschnittliche Höhenunterschied zwischen dem von den Gezeiten erzeugten Hoch- und Niedrigwasser beträgt an der schleswig-holsteinischen Nordseeküste je nach Ort etwa 2,5 bis 3,5 m. Da der Meeresboden hier sehr flach abfällt, gibt die Nordsee bei Ebbe jeweils für ungefähr sechs Stunden weite Flächen frei. An einigen Stellen ist das von kleinen und großen Wasserläufen, den Prielen, durchzogene Watt 20 bis 30 km breit. Der Boden, der dann zeitweise trockenfällt, sieht indes nicht gerade einladend aus: schwarzblauer Schlick und Sand, der manchmal penetrant nach faulen Eiern stinkt und in dem man bis über die Knöchel versinkt – eine Landschaft, nicht mehr

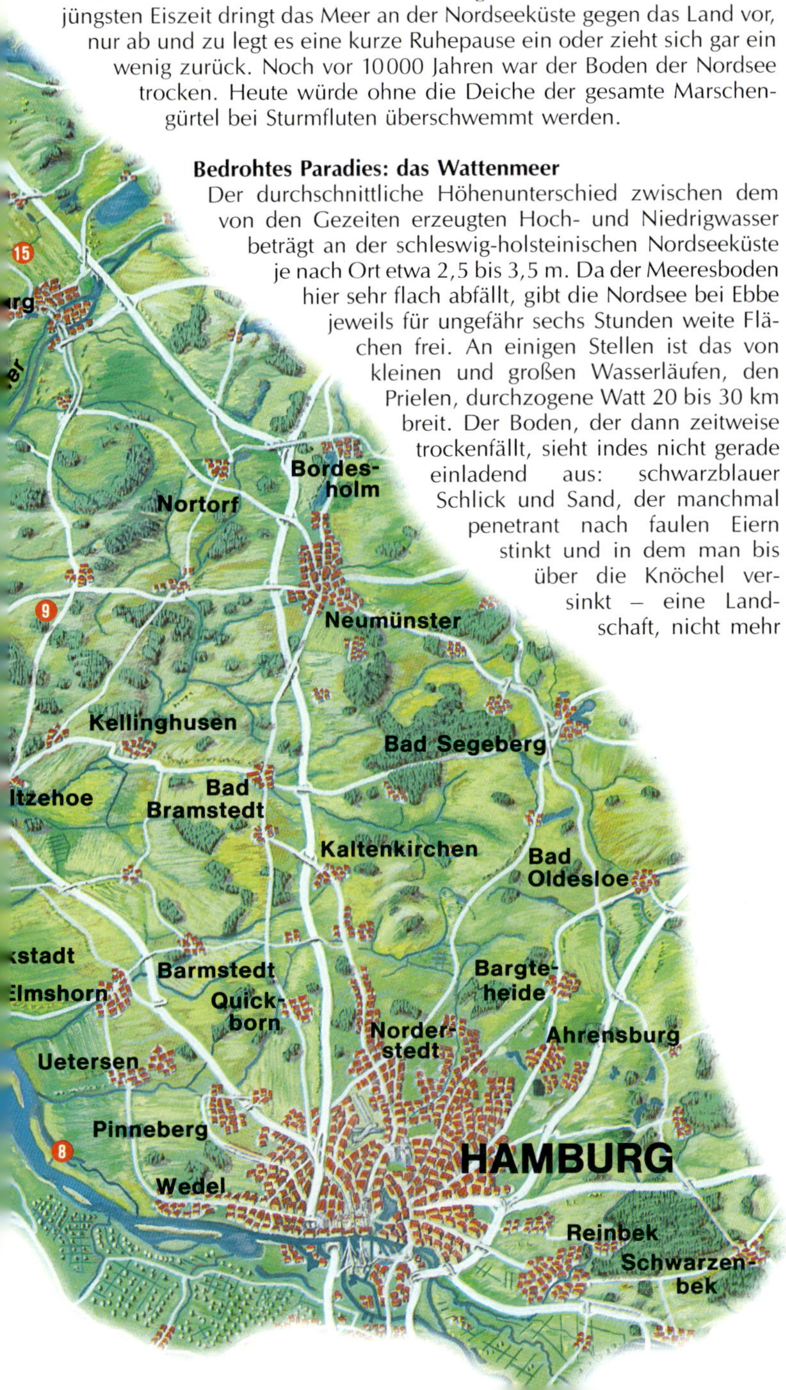

Lage Zwischen dem Schleswig-Holsteinischen Wattenmeer und der Unterelbe im Westen und Südwesten, östlich an das Schleswig-Holsteinische Hügelland und im Norden an Dänemark angrenzend
Ausdehnung Nordwest–Südost ca. 220 km; West–Ost ca. 80 km
Länder Schleswig-Holstein, im Südosten Hamburg
Höchste Erhebungen Inseln: Helgoländer Oberland 62 m, Uwe-Düne auf Sylt 52 m; Geest: Rathkrügen (Kreis Segeberg) 91 m, Hennstedter Holz (Naturpark Aukrug) 83 m
Wichtigste Flüsse Elbe, Eider, Treene, Stör, Alster
Landschaftsformen Wattenmeer mit vorgelagerten Inseln und Halligen, eingedeichte Marschen; im Binnenland flachwellige Altmoränen, sandige Geestlandschaften und kleine Moore
Naturpark/Nationalpark An der Grenze zum Hügelland Naturpark Aukrug; im Westen Nationalpark Schleswig-Holsteinisches Wattenmeer
Information Fremdenverkehrsverband Schleswig-Holstein, Niemannsweg 31, W-2300 Kiel, ☏ 0431/56000; Nordseebäder-Verband Schleswig-Holstein, Parkstraße 7, W-2250 Husum, ☏ 04841/4088; Tourismus-Zentrale Hamburg, Burchardstr. 14, W-2000 Hamburg 1, ☏ 040/300510

Um die Dünen zu stabilisieren, wird hier auf Sylt im Schutz von Reisigzäunen Strandhafer angepflanzt.

Durch seine außergewöhnlich langen Wurzeln, die den losen Sand halten, eignet sich der Strandhafer ausgezeichnet zur Befestigung von Dünen.

Ozean und noch nicht Land, in der für Lebewesen kein Platz zu sein scheint. Doch der Wattenboden hat es in sich. Er gehört zu den am dichtesten mit Tieren besiedelten Lebensräumen der Erde. Muscheln, Krebse, Schnecken, Würmer und viele andere Tiere leben in und auf ihm. Von manchen Meerestierarten drängen sich 200000 und mehr Individuen auf einem einzigen Quadratmeter. Ein derart reich gedeckter Tisch lockt natürlich zahllose hungrige Gäste an. Schollen, Flundern, Aale und andere Seefische rücken mit der Flut auf das Watt vor. Das Wattenmeer ist ihre »Kinderstube«, für junge Fische allerdings kein ungefährlicher Aufenthaltsort, denn Scharen von Vögeln, mit scharfen Schnäbeln bewaffnet, sind regelmäßig im Watt zu Gast.
Es ist eines der wichtigsten Ökosysteme, die wir noch haben. Um sein labiles Gleichgewicht zu erhalten, wurde fast der gesamte Wattenkörper als Naturschutzgebiet und Nationalpark ausgewiesen. Die Meeresverschmutzung und die wirtschaftliche Nutzung der Nordsee gefährden aber immer noch dieses einzigartige Ökosystem. Auch wenn die Gefahren erkannt wurden und zunehmend Anstrengungen unternommen werden, das Wattenmeer zu schützen, bleibt es dennoch ein bedrohtes Paradies.

De nich will diken, mutt wiken!

Für Tiere ist das Wattenmeer ein Schlaraffenland. Sie brauchen sich um Nahrung nicht zu kümmern. Jede Flut schwemmt nährstoffhaltige Schlammpartikel heran. Muscheln filtern sie einfach aus dem trüben Wasser. Die unverdaulichen Bestandteile, Sande und feinster Schlick, lagern sich an geschützten Stellen auf dem Wattenboden ab, der auf diese Weise immer höher wächst und irgendwann bei Hochwasser nur noch etwa knietief überflutet ist. Nun können sich erste Pflanzen auf dem lockeren Boden ansiedeln. Sie durchdringen das noch nicht sehr feste Erdreich mit ihrem Wurzelwerk und sichern es so vor Abtragung. Dem Schlickgras und dem Queller, der beinahe wie ein winziger Säulenkaktus aussieht, folgen das Andelgras, die hellblau blühende Strandaster, die karminrote Grasnelke und andere salzliebende Pflanzen. So verwandelt sich der Meeresboden im Laufe der Zeit in festes Land – die Salzmarschen, die nur noch bei ungewöhnlich hohen Fluten überspült werden. Als Seemarschen säumen sie die Westküste Schleswig-Holsteins, und als Flußmarschen begleiten sie die Ufer der Elbe bis südlich von Hamburg. Durch rechteckige Lahnungen beschleunigen die Küstenbewohner den natürlichen Vorgang der Verlandung. In den so entstandenen Kögen ist der Nährstoffgehalt des Bodens besonders hoch und das Land für den Ackerbau hervorragend geeignet.
Die Bodenoberfläche in den Marschen liegt nur wenige Dezimeter bis Meter über dem Meeresspiegel, vielfach sogar darunter. Bei schweren Sturmfluten kann der Pegel zum Teil mehr als 5 m über dem Bodenniveau liegen. Ohne die Deiche und anderen kostspieligen Küstenschutz- und Entwässerungsanlagen würde das dichtbesiedelte Marschenland bei

Nahe bei der Ostspitze Sylts, am Morsumkliff, tritt der Sockel der Insel zutage. In drei Phasen wurden die Formationen – schwarzgrauer Glimmerton, rostroter Limonitsandstein und leuchtendweißer Kaolinsand – gebildet.

Sturmfluten metertief im Wasser versinken. Bereits um 1000 n. Chr. warfen denn auch die Küstenbewohner die ersten Deiche in Nordfriesland auf. Noch vor gar nicht allzu langer Zeit galt das eiserne Gesetz: »De nich will diken, mutt wiken!« (Wer nicht deichen will, muß weichen.) Wer sich nicht an der Gemeinschaftsaufgabe des Deichbaus beteiligen konnte oder wollte, mußte den Spaten in seinen Deichanteil stecken und sein Land verlassen.

Sand und Moor
Böden altern ähnlich wie Menschen. Der Boden der zuletzt eingedeichten Jungmarschen gehört zu den besten Deutschlands. In den Altmarschen ist der Kleiboden dagegen im allgemeinen sehr schwer und durchnäßt. Für ihre Kollegen auf der Geest (plattdeutsch »güst« = unfruchtbar) haben die Marschenbauern meist nur ein mitleidiges Lächeln übrig, denn diese müssen sich mit sandigen, ausgelaugten und zum Teil trockenen, verkrusteten Böden abplagen. Und in den Flußniederungen, die die Geest durchziehen, sind viele Flächen vermoort.
Der Gegensatz zwischen den topfebenen, baumlosen Marschen und dem Altmoränengebiet der Geest ist deutlich sichtbar. Der unfruchtbare Boden ist heute mit schnell wachsenden Nadelwäldern bestanden, die die artenreichen Laubwälder ablösten, als diese der Brennholzrodung und dem Schiffbau zum Opfer fielen. Auffallend in ganz Schleswig-Holstein sind die Knicks, niedrige Hecken zum Schutz gegen Winderosion und zur Abgrenzung der Parzellen, die gleichzeitig zahlreichen Vogelarten Brut- und Lebensraum bieten.

Land im Meer
Die Grenzen zwischen Erde und Wasser sind an der Nordseeküste nirgends messerscharf gezogen. Beide Elemente überlappen und greifen ineinander. Im Schleswig-Holsteinischen Wattenmeer vor dem Marschengürtel liegen 15 größere und kleinere Inseln, dazu etliche Sandbänke und fernab der Küste das Felseneiland Helgoland. Wie unterschiedlich selbst eng benachbarte Inseln sein können, werden Gäste vom Festland bei einer Fahrt durch die nordfriesische Inselwelt schnell erfahren. Da gibt es die großen Geestinseln Sylt ❶–❺, Amrum ❻ und Föhr mit einem Kern aus eiszeitlichen Ablagerungen und einem schmalen Saum aus jüngeren Marschen und Dünen. Diese Inseln schützen als natürliche Wellenbrecher die schleswig-holsteinische Westküste, haben aber unter dem Ansturm der See selbst am stärksten zu leiden. Vor allem Sylt, die mit knapp 100 km^2 größte deutsche Nordseeinsel, muß Jahr für Jahr stärkere Landverluste hinnehmen.
Die beiden vollständig eingedeichten Marschen- und Moorinseln Nordstrand und Pellworm waren ursprünglich ein Teil der früher weiter westlich verlaufenden Küste, doch die verheerenden Sturmfluten zwischen dem 14. und 17. Jh. haben die damalige Küstenlinie wiederholt zerstört. Heute sind Pellworm und Nordstrand von hohen Seedeichen umgeben, die sie vor weiteren Landverlusten und ihre Bewohner vor weiteren Todesopfern bewahrt haben. Die zehn Halligen im Nordfriesischen Wattenmeer besitzen dagegen meist nur niedrigere Deiche gegen schwächere Sturmfluten im Sommer. Bei schweren Stürmen werden sie überflutet. Nur die Häuser, die auf Wurten oder Warften stehen – so heißen die künstlich aufgeschütteten Erdhügel –, ragen dann noch aus der aufgepeitschten See. Helgoland, das »Heiligland« der Friesen, gehört erst seit 100 Jahren zu Deutschland. Der rote Sandsteinfelsen in der Deutschen Bucht paßt denn auch nicht so recht zu den anderen deutschen Inseln. Helgoland ist geologisch ein Außenseiter mit einer fremdartig anmutenden Tier- und Pflanzenwelt.

Durch die Sturmfluten wird die Sylter Südspitze trotz aller Schutzmaßnahmen immer kleiner.

Betontetrapoden sollten den Küstenabbruch aufhalten. Doch sie versinken wirkungslos im Sand.

Lahnungsfelder im Wattenmeer.

Neuland aus den Lahnungsfeldern
Der Gast aus dem Binnenland schaut meist ratlos auf doppelte Pfahlreihen, die das Watt unmittelbar vor den Salzwiesen in mehr oder weniger regelmäßige Felder unterteilen – die Lahnungen. Sie bilden ein grobmaschiges Netz, in dem die Strömungen schwächer sind. Daher setzen sich die im Wasser enthaltenen Schwebstoffe als Schlick ab. Wenn der Wattenboden nach einigen Jahren so weit aufgelandet ist, daß er nur noch etwa ½ m unter dem mittleren Hochwasserstand liegt, werden auf den Feldern flache Gräben ausgehoben und der Schlick zu breiten Beeten aufgehäuft. In den Gräben bleibt das Wasser bei Ebbe stehen und lagert weiteren Schlick ab. Alle paar Jahre schaufelt man den Schlick aus den Gräben auf die langsam nach oben wachsenden Beete. Dort können sich nun die ersten Pionierpflanzen ansiedeln.

Route 1 Nordfriesische Inseln

Von Insel zu Insel

❶ Morsumkliff
Nahe der Ostspitze der Insel präsentiert sich Sylt gleich von seiner besten Seite. Auf 1 km^2 sind hier alle typischen Naturräume der größten deutschen Nordseeinsel wie in einem Freilichtmuseum vereint: Wattenmeer, Strände, Marschen, Dünen, Geestheiden und dazu ein Kliff, das wie ein

aufgeblättertes Tagebuch nahezu alle Gesteinsformationen der Insel zeigt. In dieser geologischen Quadratmeile treten die ältesten Gesteine des Tertiärs zutage: der schwarzgraue, fossilienreiche Glimmerton, der vor etwa 20 Millionen Jahren abgelagert wurde, darüber der rostrote Limonitsandstein mit seltsam geformten Eisenrinden – die Sylter nennen sie »Hexenschüsselchen« oder »Nachtgeschirre der Unterirdischen« – und als jüngstes Gestein des norddeutschen Tertiärs der leuchtendweiße Kaolinsand. Die mächtigen Gletscherschübe der nordischen Eiszeiten haben diese ursprünglich fast horizontal gelagerte Schichtenfolge zusammengeschoben und dabei schräggestellt. Das geologisch interessante Steilufer findet man, indem man in Morsum den Wegweisern zum Restaurant »Landhaus Nösse« folgt (Ende Nov.–Mitte Dez. geschlossen). Der Weg endet an einem Wanderparkplatz mit einem Informationswagen der Naturschutzgemeinschaft Sylt (Führungen: Mitte März–31. Okt. Mo, Mi, Do 10.30 Uhr, Gruppen nur nach Anmeldung, ☏ 04651/44421).

❷ Listland

Eine Kamelkarawane würde ausgezeichnet zu den 25 bis 30 m hohen, im Sonnenlicht sandgelb leuchtenden Wanderdünen im Sylter Listland pas-

Route 1
Nordfriesische Inseln

Wer die nordfriesische Inselwelt erkunden möchte, kann auf das Auto getrost verzichten. Sie läßt sich bequem per Fahrrad oder zu Fuß erkunden. »Inselhüpfer« finden hier ein ideales Terrain: Von Büsum, Husum, Dagebüll, Niebüll und verschiedenen anderen Küstenorten bestehen in der Saison regelmäßige Verbindungen zu den Inseln, die vielfach auch untereinander per Schiff verbunden sind. Ausgangspunkt der Inselfahrt ist Sylt mit Natursehenswürdigkeiten wie Morsumkliff ❶ und Rotem Kliff ❸. Anschließend geht es nach Amrum ❻ und Helgoland ❼.

Streckenverlauf:

Nach Sylt führen für Autofahrer zwei Wege: von Niebüll an der B 5 mit dem Autozug über den Hindenburgdamm und von Havneby auf der dänischen Insel Rømø, die durch einen Straßendamm mit dem Festland verbunden ist, per Fähre. Ausgangspunkt der kleinen Reise zu den landschaftlichen Höhepunkten der Insel ist das Morsumkliff ❶; von dort am alten Friesendorf Keitum vorbei bis nach Listland ❷ zur einzigen »Sandwüste« Deutschlands; danach geht es in südlicher Richtung zurück, zunächst zum Roten Kliff ❸, an dem die Zerstörung durch die Sturmfluten besonders deutlich sichtbar wird; weiter zum Rantumbecken ❹, einem der bedeutendsten Vogelreservate Europas; schließlich zur Hörnum-Odde ❺; von Hörnum kann man Schiffsausflüge zur Nachbarinsel Amrum ❻ mit ihren Dünen, dem Seevogelschutzgebiet und dem kilometerbreiten Kniepsand unternehmen, vom Festland aus bestehen von Dagebüll-Hafen ganzjährig und von Schlüttsiel fast ganzjährig Fährverbindungen (mit Autotransport) nach Amrum; nach Helgoland ❼, die Insel ist autofrei, gibt es von der schleswig-holsteinischen Westküste und den Inseln aus in der Hauptreisesaison zahlreiche Schiffsverbindungen (Auskunft bei der Kurverwaltung Helgoland: ☏ 04725/80865).

Für die Hauptsaison empfiehlt sich auf den Inseln eine rechtzeitige Reservierung. Besonders attraktiv sind allerdings die Frühjahrs- und Herbstmonate. Dann sind die Inseln nicht so überfüllt, und die Natur zeigt sich häufiger von ihrer »starken« Seite.

sen. Die winzigen Seen und die grünen Krähenbeeren-Heiden am Fuß der Dünen könnten eine Fata Morgana sein. Nur die mit Strandhafer bewachsenen Kupsten, die wie struppige Haarschöpfe über die Dünenhänge ragen, passen nicht ganz zum Bild der kleinen nordfriesischen »Sahara«. Pro Jahr verlagern sich die Sandmassen der Lister Wanderdünen zwischen 5 und 6 m nach Osten. Ursache dafür ist das Zusammenspiel von starkem Westwind und menschlichem Verhalten. Der Wind bläst auf der Luvseite den Sand bis zum Grundwasser aus. Es siedelt sich Heidevegetation wie die Krähenbeerensträucher an. Auf der Leeseite abgelagerter Sand wird zwar von Strandhafer bewachsen, aber durch die hohe Beanspruchung durch die zahlreichen Besucher, die immer wieder neue Trampelpfade freilegen, wird die Vegetationsdecke empfindlich geschädigt – die Dünen wandern weiter. Besucher sollten sich daher mit einem Blick in das Wanderdünengebiet (von der Straße zum Lister Weststrand aus) begnügen.

Immer weiter wird das 4,5 km lange Rote Kliff abgetragen. Bei der Orkanflut von 1990 gingen sogar bis zu vier Meter verloren.

3 Rotes Kliff

Die Nordfriesen sind wortkarge Leute. Sie nennen das Steilufer, das sich an der Westseite der Insel zwischen Westerland und Kampen hinzieht, daher schlicht »Rotes Kliff«, obwohl es deutlich mehr Farben zu bieten hat. Die zu rotbraunem Lehm verwitterten Geschiebemergel der vorletzten Eiszeit, die dem Kliff im Licht der untergehenden Sonne den charakteristischen Farbton verleihen, bilden an der etwa 25 m hohen Steilküste nur eine wenige Meter mächtige Schicht. Darunter lagert, wie am Morsumkliff, der weiße Kaolinsand. Nachdem das Kliff vor den schweren Sturmfluten der letzten Jahre abflachte und die typische Gesteinsschichtung schon verwaschen war, tritt sie nun wieder deutlich in Erscheinung. Die Orkanflut am 26. Februar 1990 drängte das Kliff allerdings an manchen Stellen um mehr als 4 m zurück. Dabei wurden auch etliche Treppen und Wege zerstört. An zwei Stellen kann man bequem zum Strand am Fuß des Kliffs hinuntersteigen: über die Treppe an der Gaststätte »Kliffkieker« in Wenningstedt (tägl. geöffnet) und vom Parkplatz in Kampen. Von dort empfiehlt sich auch ein Abstecher zur Uwe-Düne bei Kampen, die mit 52 m der höchste Punkt der Insel ist.

4 Rantumbecken

Ursprünglich war das durch Deiche vom Wattenmeer abgetrennte Bekken für ganz andere »Vögel« geplant: nämlich als Flughafen für Wasserflugzeuge. Später sollte es gar eine Müllkippe beherbergen, doch heute ist es Mittelpunkt eines bedeutenden Europareservats. Mindestens 260

Zum Ellenbogen im äußersten Norden Sylts führt eine mautpflichtige Zufahrtsstraße, denn Listland ist in Privatbesitz. Das Naturschutzgebiet von rauher Schönheit nimmt ein Achtel der Insel ein.

Bei Ebbe am Meeresboden zu entdecken: Findlinge bei Rantum zeugen von der Verschiebung der Küstenlinie.

Natur an Bord: Schiffsexkursionen im Nationalpark
Ein Nationalpark, der größtenteils unter Wasser steht, hat zwangsläufig keine Wanderwege. Die Natur erlebt man besser an Bord, bei Schiffsexkursionen unter fachkundiger Führung. Jeden Freitag zwischen März und Oktober läuft um 10.15 Uhr vom Hörnumer Hafen ❺ an der Südspitze der Insel Sylt ein Schiff zu einer ganztägigen Exkursion durch den Nationalpark aus (Rückkehr um 18 Uhr). Die Teilnehmer lernen auf der Kreuzfahrt durch die nordfriesische Inselwelt Wattenmeer, Sandbänke und Halligen mit ihrer typischen Pflanzen- und Tierwelt kennen. Außerdem erfährt man viel über das Leben der Insulaner, die Fischerei und die Schiffahrt im Gebiet zwischen Sylt, Amrum, Föhr und der Hallig Hooge. Weitere Informationen und Buchung bei der Insel- und Halligreederei Paulsen, Boysenstr. 13, W-2280 Westerland, Sylt, ☏ 04651/25758.

Vogelarten kommen hier vor oder legen als Zugvögel eine Rast ein. 50 Arten brüten hier auch. An manchen Tagen besuchen über 40000 Vögel die Brackwasserzone des Rantumbeckens, darunter auch der schwarzweiße Säbelschnäbler. Er ist mit seinem deutlich aufwärts gebogenen Schnabel der Symbolvogel des Europareservats.
Das Vogelparadies ist über die Straße Westerland–Hörnum zu erreichen. 1,7 km hinter dem Ortsrand von Westerland zweigt links ein Weg zum Klärwerk der Stadt Westerland ab. In der Nähe befindet sich auch das naturkundliche Informationszentrum des Vereins Jordsand (1. März–31. Okt. Di–So 11.30–13 Uhr geöffnet; Führungen um 10 Uhr, sonst kein Zutritt möglich).

❺ Hörnum-Odde

Der »blanke Hans« schlägt seit einigen Jahren an der Südspitze Sylts besonders schlimm zu. Vor 50 Jahren dehnte sich noch eine hochwasserfreie Sandbank, auf der Seevögel brüteten und sich Robben tummelten, 800 m weit nach Süden aus. Im Frühjahr 1989 war die Bank noch etwas über 100 m breit. Inzwischen ist sie auf einen schmalen Saum zusammengeschrumpft, und das Meer brandet jetzt bei Sturmflut unmittelbar gegen ein Dünenkliff.
Wie Listland ist Hörnum ein schmaler Nehrungshaken. Wenn die Wassermassen durch Flut und Sturm auf den Kern der Insel Sylt treffen, fungiert dieser wie ein Wellenbrecher. Um Zerstörungen durch sorglose Urlauber zu vermeiden, ist der Oddeweg von Hörnum her (2 km) rechts und links eingezäunt.

❻ Amrum

Besucher vom Festland erreichen die kleinste nordfriesische Geestinsel von Dagebüll-Hafen oder Schlüttsiel aus mit dem Fährschiff. Wer gut zu Fuß ist, kann sie ohne weiteres an einem Tag umwandern. Vom 63 m hohen Leuchtturm auf der Großdüne an der Straße Wittdün–Nebel (April/Mai–Sept./Okt. Mo–Fr 8.30–12.30 Uhr geöffnet) hat man einen herrlichen Blick über die Insel und das Wattenmeer: im Westen der bis über 1500 m breite, hell schimmernde Kniepsand, daran anschließend die von gelblichgrünem Strandhafer und den dunkleren Heiden überzogene Dünenlandschaft. Darauf folgt ein Waldgürtel mit Kiefern, die angepflanzt wurden, um die Wanderdünen aufzuhalten. Im Nordosten schließlich, hinter den Häusern von Süddorf, liegt der größtenteils als Weideland genutzte Geestkern, der im Steenodder Kliff steil zum schlickigen Strand und zu den grasgrünen Salzwiesen abfällt, wo der Strandflieder mit seinen leuchtendlila Blüten wächst.
Mehr als die Hälfte der Inselfläche steht unter Naturschutz. Fast 100 Vogelarten brüten auf Amrum, dazu kommen dann noch weitere 150 Arten, die hier regelmäßig als Gäste Station machen. In größeren Schwärmen tauchen u.a. rotbeinige Austernfischer, die im Sommer hellbraun

Vom Seeräuberhafen zum Nordseebad: Hörnum im Süden Sylts. Das Dünengebiet bei Hörnum steht unter Naturschutz.

Auch die Holzstege – hier auf Amrum – wurden zum Schutz der Dünen angelegt: So wird die Pflanzendecke geschont.

gefärbten Pfuhlschnepfen und der pummelige Knutt in den Watten, Wiesen und Dünen Amrums auf.

7 Helgoland

»Grün das Land, rot die Kant, weiß der Sand« – dazu ein Meer, das seine Farben wie ein Chamäleon von Tiefblau bis Aschgrau, der Farbe der »Helgoländer Krebssuppe«, wechselt. Das winzige Eiland, rund 50 km vor der Küste gelegen, ist nicht nur geographisch ein Außenseiter unter den deutschen Inseln. Helgoland ist beinahe so exotisch wie die tropische Insel Sansibar, die das Deutsche Reich 1890 der britischen Krone im Tausch für die Nordseeinsel überließ. Sie besteht aus Gesteinsformationen, die sonst in Norddeutschland in großen Tiefen lagern und erst weiter im Süden am Rand der Mittelgebirge zutage treten: der weinrote Buntsandstein der bis zu 60 m aus dem Meer ragenden Hauptinsel und der hellgraue Muschelkalk auf der im Osten vorgelagerten, niedrigen »Düne«. Ein gewaltiger darunterliegender Salzstock hat die Schichten des Erdmittelalters an die Erdoberfläche gedrückt. Der Buntsandsteinklotz fällt mit nahezu senkrechten Kliffs zum einzigen Felswatt der deutschen Nordseeküste ab. Der Nordwestspitze vorgelagert erhebt sich ein alleinstehender Buntsandsteinturm – die »Lange Anna«. Oben auf der Klippe schrieb Hoffmann von Fallersleben im August 1841 sein »Lied der Deutschen«, den Text zu Haydns Musik unserer Nationalhymne. Nirgendwo zwischen Nordsee und Alpen kommen mehr Vogelarten vor als auf dieser kleinen Insel: Ungefähr 370 Arten lassen sich auf Helgoland beobachten. Die international bekannte Vogelwarte markiert jährlich rund 15000 Zugvögel mit Ringen. Einzigartig in Deutschland ist der Vogelfelsen im Nordwesten der Insel. Auf Felssimsen und in Höhlen brüten dort im Frühjahr Tausende von Vogelpaaren, darunter Trottellummen, die mit ihrem schwarzweißen Federkleid den Pinguinen ähnlich sehen. Unüberhörbar sind die Dreizehenmöwen, und auch die Silbermöwe fehlt nicht. Sogar die Waldschnepfe ist zu beobachten. Der Verein Jordsand organisiert naturkundliche Wanderungen über die Insel und spezielle Führungen am Lummenfelsen. Die Monate April bis Juni sind dafür die beste Zeit. Lohnend ist für den Besucher auf alle Fälle der Klippenrandweg, ein knapp 4 km langer Rundwanderweg um das gesamte Oberland der Insel.

An der Steilküste Helgolands findet man die einzige Lummenkolonie Deutschlands: Die Trottellummen erinnern ein wenig an Pinguine.

Ein Aquarium im Meer
Der rote Buntsandsteinfelsen ist eine Hochburg der Meeresforschung. Seit rund einem Jahrhundert führt hier die Biologische Anstalt Helgoland 7 wissenschaftliche Arbeiten an Meereslebewesen durch. Zur Forschungsanstalt gehört ein großes Seewasser-Aquarium, das für Besucher geöffnet ist (Mitte April–Mitte Okt. Mo–Fr 10–17, Sa, So, Fei 13–16 Uhr geöffnet; außerhalb der Saison wechselnde Öffnungszeiten, ☏ 04725/791). Das Aquarium beherbergt über 150 Tier- und Pflanzenarten, die im Seegebiet rund um die Insel vorkommen: etwa Schollen, Seehasen, Rochen, Seezungen und natürlich den berühmten Helgoländer Hummer, bei dessen Anblick nicht nur die Herzen der Naturfreunde schneller schlagen.

Die Lange Anna vor Helgoland ist der Rest eines Felsentores, das 1856 zusammenbrach. Eine niedrige Betonmauer schützt heute den etwa 50 m hohen Turm.

Route 2
Holsteinische Marsch und Geest
Der Name des nördlichsten deutschen Bundeslandes erinnert an die beiden ehemaligen Herzogtümer Schleswig und Holstein. Schleswig umfaßt im wesentlichen das Gebiet nördlich der Eider und des Nord-Ostsee-Kanals, Holstein die südlichen Landesteile. Die rund 250 km lange Fahrt u. a. mit Stationen wie der Haseldorfer Binnenelbe ⑧ und dem Storchendorf Bergenhusen ⑬ ist ein Beweis dafür, daß nicht nur Inseln und Küste ihre natürlichen Reize haben.
Streckenverlauf:
Die Fahrt durch das Land der Holsten beginnt an der A 7 Hamburg–Flensburg Ausfahrt Bahrenfeld, dann Richtung Wedel durch mehrere Vororte, in Wedel nördlich auf die B 431 Richtung Elmshorn, in Holm links abbiegen nach Haseldorf zum Abstecher in das Naturschutzgebiet der Haseldorfer Binnenelbe ⑧; auf der B 431 nach Norden über Ütersen und Elmshorn nach Itzehoe, dort rechts Richtung Hohenwestedt auf der B 77, an der zweiten Abzweigung hinter Peissen links über Helenenhof Richtung Reher zum Reher Kratt ⑨; in Reher links nach Schenefeld und über Wacken bis Hochdonn, hier der Beschilderung nach St. Michaelisdonn folgen und südlich davon zum Kleve ⑩; nun nördlich über Meldorf nach Heide, links auf die B 203, dann nördlich über Wesseln in das Weiße Moor ⑪; zurück nach Heide und über Hennstedt Abstecher zum Delver Koog ⑫; zurück nach Hennstedt und weiter über Pahlen und Erfde nach Meggerholm, dort links nach Meggerdorf, von hier Abstecher zum Storchendorf Bergenhusen ⑬ und zum Tetenhusener Moor ⑭; zurück nach Meggerholm, links auf der B 202 nach Rendsburg, dort links auf der B 77 nach Sorgwohld zu den Binnendünen ⑮.
Von Sorgwohld kann man zurück nach Rendsburg und von dort zur Anschlußstelle der A 210 nach Kiel gelangen. Oder man entscheidet sich für eine lohnende Alternative. Die Fahrt durch Holstein läßt sich nämlich sehr gut mit der Küstentour verbinden: Von Rendsburg aus erreicht man über Friedrichstadt und Tönning bequem den Ausgangspunkt der dritten Route.

Route 2 Holsteinische Marsch und Geest

Störche, Moore und ein Kliff im Binnenland

8 Haseldorfer Binnenelbe

Nur an wenigen Stellen in Deutschland treffen Industrie und Natur so unvermittelt aufeinander wie an den Ufern der Niederelbe, am untersten Abschnitt des Stroms zwischen Hamburg und Cuxhaven: Auf der einen Uferseite breiten sich Chemiefabriken, Erdölraffinerien und Großkraftwerke aus, auf der anderen Seite erstrecken sich Watt, Röhrichte, Auwälder und Marschen. Sie sind mit ihrer vielseitigen Pflanzen- und Tierwelt ein Mekka der Naturfreunde. Als Ausgangspunkt für Wanderungen durch die Haseldorfer-Wedeler Marsch und das Naturschutzgebiet empfiehlt sich der Parkplatz am Haseldorfer Schloß. Weitere geeignete Parkplätze befinden sich am Fährmannssand bei Wedel oder an der Hetlinger Schanze. Die günstigste Jahreszeit zur Vogelbeobachtung sind die Monate März/April und September/Oktober. Dabei lohnt sich ein Blick in den Tidenkalender, denn mit der Flut ziehen sich die Vögel in die ufernahen Zonen zurück, wo man sie von den Deichen aus leichter erspähen kann. Über die Hälfte der rund 500 in Europa regelmäßig vorkommenden Vogelarten lassen sich in den Flußmarschen zwischen Wedel und Glückstadt beobachten. Etwa ein Sechstel von ihnen brütet hier. Zu den an der Haseldorfer Binnenelbe vertretenen Arten gehören Graureiher (in einer großen Kolonie), Zwergschwäne (einer der bedeutendsten Rastplätze der Welt), Kampfläufer, Kiebitze, Goldregenpfeifer, Bartmeise und viele mehr. Die Ränder der Altarme werden von Schilf und Simsen begleitet, in denen die Gelbe Schwertlilie blüht. Zu den Besonderheiten zählt die nur wenige Tage geöffnete, rotbraune Schachblume.

9 Reher Kratt

Von der Straße Peissen–Reher zweigt etwa auf halber Strecke rechts ein Fahrweg zum Kies- und Schotterwerk Brekendorf ab. Er führt nach 300 m zu einem Wäldchen, das auf den ersten Blick mit seinen gekrümmten Bäumen nicht besonders anziehend wirkt. Das Kratt bei Reher, ein Eichen-Niederwald, ist das Relikt einer alten, heute kaum noch betriebenen Waldnutzungsform. Kratts entstanden, wenn die Bäume im Abstand von 15 bis 25 Jahren »auf den Stock gesetzt«, also bis auf einen Stumpf abgeschlagen wurden. Auf diesen Stümpfen bildeten sich dann wieder junge Schößlinge. Neben Brennholz gewann man mit der primitiven Krattwirtschaft Eichenrinde zur Herstellung von Gerberlohe. Die Kratts sind heute Lebensräume mit einer speziellen Flora und Fauna. Im Reher

Ein Museumsbummel in der Hansestadt

Die Weltstadt Hamburg (bei 8) übt auf ihre Besucher vielerlei Reize aus. Auch für naturkundlich interessierte Besucher hat die Hansestadt einiges zu bieten: etwa das Mineralogische Museum des Mineralogisch-Petrographischen Instituts der Universität (Grindelallee 48, W-2000 Hamburg 13; Mi 15–19, 1. So im Monat 10–13 Uhr geöffnet, für Gruppen nach Vereinbarung, ☎ 040/4123–2051) mit einer reichhaltigen Sammlung von Meteoriten und Achaten. Einen Besuch lohnt auch das Hamburger Museum für Archäologie und die Geschichte Harburgs (Helms-Museum), das Hamburgische Museum für Vor- und Frühgeschichte (Museumsplatz 2, W-2100 Hamburg 90; Di–So 10–17 Uhr geöffnet), das im »Panorama der Jahrtausende« ein anschauliches Bild von der Landschaftsentwicklung im Hamburger Raum gibt. Ebenso sehenswert sind die Sammlungen des Geologisch-Paläontologischen Instituts und Museums der Universität Hamburg (Bundesstr. 55, W-2000 Hamburg 13; Mo–Fr 9–18, während der Vorlesungszeit auch Sa 9–12 Uhr geöffnet) und des Zoologischen Instituts und Zoologischen Museums der Universität Hamburg (Schausammlung; Martin-Luther-King-Platz 3, W-2000 Hamburg 13; Auskunft über die Öffnungszeiten unter ☎ 040/4123–3880 oder –2276).

Die Flußmarschen der Haseldorfer Binnenelbe sind ein Vogelparadies – nur einen Steinwurf entfernt von Industrieanlagen und Kraftwerken zwischen Hamburg und Cuxhaven. Mehr als die Hälfte aller europäischen Vogelarten findet man hier.

Abseits der Waterkant
Im Vergleich zur Nord- und Ostseeküste ist die schleswig-holsteinische Geest auf der Landkarte der deutschen Urlaubsgebiete ein weißer Fleck. Dabei ist das Binnenland für Wanderungen ideal. In der Geestlandschaft kommt man zu Fuß allemal besser voran als im Dünensand. Und die Wälder, Weiden, Heiden, Moore und Felder mit ihren typischen Knicks sind mindestens so abwechslungsreich wie die Nordseeküste. Dazukommt, daß Unterkünfte und Verpflegung im Hinterland billiger sind als an der Waterkant. Der Naturpark Aukrug etwa, der südlichste und zugleich größte Teil des »Kleeblatts«, das die drei schleswig-holsteinischen Naturparks zwischen Nord- und Ostsee bilden, ist bei der Fahrt nach Norden ein lohnender Abstecher. Er ist von der B 430 bei Hohenwestedt ⑨ und von der Anschlußstelle Neumünster der A 7 Hamburg–Flensburg leicht zu erreichen.

Kratt kommen z. B. botanische Besonderheiten wie das Salomonsiegel oder die Färberscharte vor. Die Tierwelt ist noch reichhaltiger: Allein 175 Mücken- und Fliegenarten sowie 76 verschiedene Arten von Wildbienen wurden hier gezählt.

⑩ Kleve

Der 35 m hohe Steilhang ist, wie sein Name verrät, ein altes Meereskliff, gegen das noch vor 4000 bis 5000 Jahren die Wogen der Nordsee brandeten. Heute verläuft die Küstenlinie ungefähr 15 km weiter westlich. Dieses Land haben die Dithmarscher dem Meer in den letzten Jahrhunderten systematisch abgerungen. Die Aussicht von dort wird nur durch das Kratt eingeschränkt, das mit seinen verkrüppelten und vom Wind gepeitschten Eichen den Steilhang bedeckt. Autofahrer erreichen den Kleve über Hopen, einen Ortsteil von St. Michaelisdonn. Die Straße durch Hopen geht nach 1 km (Hinweisschild »Naturschutzgebiet Kleve«) zunächst in einen asphaltierten Weg und dann in einen Schotterweg über. Auf ihm kann man bis zur Brücke über eine Eisenbahnlinie am Rand des Naturschutzgebiets fahren.

⑪ Weißes Moor

Eine Besonderheit inmitten des Marschlandes, mit einer zumindest im Kern noch ursprünglichen Flora und Fauna, ist das Weiße Moor. Die für Hochmoore typische uhrglasförmige Aufwölbung läßt sich hier ausgezeichnet beobachten, da es inmitten einer tischebenen Marsch liegt. Die Wölbung entsteht dadurch, daß die Torfmoose im Kern des Moores mit mehr Feuchtigkeit versorgt sind als die stärker der Verdunstung ausgesetzten Randbereiche und daher immer üppiger wachsen. Mehr als 80 verschiedene Pflanzenarten konnten im Weißen Moor nachgewiesen werden: Glocken- und Besenheide, Moosbeeren und rosafarbene Rosmarinheide, aber auch Kostbarkeiten wie der Englische und Rundblättrige Sonnentau sowie der gelb blühende Beinbrech. Den besten Überblick über eines der schönsten deutschen Marschen-Hochmoore hat man von

Wie weiße Wattebälle leuchten die Fruchtstände des Wollgrases im Weißen Moor, einem der schönsten Marschen-Hochmoore. Es beherbergt auch Seltenheiten wie etwa den Rundblättrigen Sonnentau.

der Brücke, die gleich in der Nähe über die B 5a führt. Sie ist von Heide aus über Wesseln und Dellweg zu erreichen.

⓬ Delver Koog

Schilf, so weit das Auge reicht. Allerdings muß es im Delver Koog jedes Jahr neu heranwachsen, weil ein Teil der Schilfflächen im Winter gemäht wird, um Dachreet zu gewinnen. Doch das Schilfrohr wächst schnell – täglich bis zu 3 cm. Zur Brutzeit hat sich das Dickicht erneut zu einer grünen Laube geschlossen, in der viele Vögel ein verborgenes Leben führen. Wer sie beobachten möchte, braucht ein gutes Fernglas und viel Geduld. Mit ihrem gelb- oder olivbraunen, zum Teil gestreiften Gefieder sind etwa die Schilfrohrsänger perfekt getarnt. Aber nicht nur Schilfbestände sind für den Delver Koog charakteristisch. Als typisches Niedermoor beherbergt es verschiedene Seggenarten, Besen- und Glockenheide, Marien- und Sumpfreitgras. In den Niederungswiesen brüten der schwarzweiße Kiebitz und die Uferschnepfe. Der Abstecher zum Delver Koog führt von Hennstedt zunächst nach Bergewöhrden am südlichen Ufer der Eider. Dort lassen Sie am besten das Auto stehen und wandern am Eiderdeich entlang in Richtung Delverort. Am Weg steht ein Beobachtungsstand, von dem aus man das Schilf überblicken kann.

⓭ Storchendorf Bergenhusen

Die von Eider, Treene und Sorge durchflossene Niederung zwischen Husum und Rendsburg drückte über Jahrhunderte eine schwere Last: die »Wasserhypothek«. Die flache Landschaft, eine Sumpf- und Moorwildnis, wurde immer wieder überschwemmt und konnte lange Zeit nicht urbar gemacht werden. Erst mit hohem Kostenaufwand ließen sich viele Flächen kultivieren. Aber auch den Wildpflanzen und Tieren blieb noch ein Freiraum. An der Sorge kommt noch der sonst in Deutschland fast ausgerottete Fischotter vor, und das auf dem Geestrücken über der Niederung gelegene Bergenhusen ist einer der wenigen Orte Deutschlands, in denen Weißstörche brüten. Hier kann man die Tiere aus

Fast könnte man dem Schilf im Delver Koog beim Wachsen zusehen: Täglich wird es bis zu 3 cm höher. Im Rohrdickicht brüten viele Vögel.

In Bergenhusen brüten jedes Jahr die in Deutschland so selten gewordenen Weißstörche.

In Friedrichskoog und Büsum werden in Heulerstationen vom Muttertier verlassene Robbenbabys aufgezogen.

Die letzten Heuler

In den sogenannten Heulerstationen an der Küste geht es meist recht lebhaft zu. Die »Heuler«, kleine Robbenbabys, die den Verlust ihres Muttertiers mit durchdringenden, langgezogenen Heultönen melden, werden hier liebevoll von Hand und mit großem Aufwand aufgezogen. Sobald sich die Jungtiere selbst ernähren können, werden sie wieder im Wattenmeer ausgesetzt. Wie die Aufzucht vonstatten geht, was die Tiere zu fressen bekommen und Wissenswertes über das Leben der Robben in der Nordsee erfährt man bei einem Besuch der Seehundstation in Friedrichskoog (bei ❿), An der Seeschleuse 4 (tägl. 10–19.30 Uhr geöffnet). Eine weitere Robbenstation befindet sich in Büsum (1. April–30. Sept. tägl. 10–17.30, 1. Okt.–31. März tägl. 10–12, 14–16 Uhr geöffnet, Auskunft unter ☏ 048 34/ 25 25).

nächster Nähe bei der Aufzucht ihrer Jungen beobachten. Doch Meister Adebar macht sich auch in Bergenhusen immer rarer: Vor dem Zweiten Weltkrieg brüteten manchmal über 50 Storchenpaare in den Nestern auf den Reetdächern. Heute schätzt man sich glücklich, wenn ein knappes Dutzend Paare wohlbehalten aus dem afrikanischen Winterquartier zurückkehrt. Durch die Neuschaffung von Feuchtgebieten versucht man daher das Nahrungsangebot für die Jungstörche wieder zu verbessern. Das Storchendorf erreicht man über Fünfmühlen von Meggerdorf aus.

⑭ Tetenhusener Moor

In Märchen und Sagen werden Moore meist als düstere, unheimliche Landschaften geschildert. Die Wirklichkeit sieht anders aus: Für den genaueren Betrachter sind nur wenige Naturräume so bunt und abwechslungsreich wie die Moore. Da wechseln auf engstem Raum graugrüne Torfmoosflächen mit erikafarbenen Heiden, schneeweiße Wollgrasfluren mit dunklen Mooraugen und das Strohgelb von verdorrten Gräsern mit dem frischen Grün der Weiden und Birken auf den Niederungswiesen ab. Das Tetenhusener Moor in der Sorgeniederung ist dafür ein besonders schönes Beispiel, obwohl die Menschen dort über Jahrhunderte hinweg Torfabbau betrieben haben und viele Feuchtflächen durch Entwässerungskanäle vernichtet wurden. Wie die meisten Moore besteht auch das Tetenhusener Moor aus einem Mosaik von Hoch- und Niedermooren, offenen Wasserflächen und Bruchwäldern sowie feuchten Heiden und Wiesen. Das Birkwild schätzt eine solche Vielfalt über alles. Die Chancen, daß es im Tetenhusener Moor wieder auf Dauer heimisch wird, sind daher nicht schlecht. Das gilt allerdings nur, wenn die scheuen Tiere dort ungestört leben können. Deshalb ist es wichtig, daß die Besucher auf dem Weg bleiben. Er führt von der Bushaltestelle bei der Ortschaft Umlei-

Auch die Erdhummel – hier beim Bestäuben einer Blüte – findet in Marsch und Geest einen Lebensraum.

Die Viergürtelige Schmalbiene nistet oft in Nachbarschaft anderer einzelnlebender Bienen.

Die zweifarbige Mauerbiene baut ihr Nest in leere Schneckenhäuschen, die sie mit Blättern auskleidet.

Alles andere als unheimlich: Das Tetenhusener Moor unweit von Rendsburg ist ein ungewöhnlich vielfältiger Lebensraum für zahlreiche Pflanzen und Tiere.

tungsdeich über den Kanal Bennebek hinweg am nördlichen Rand des Naturschutzgebiets entlang. Man erreicht den Ausgangspunkt von Meggerholm-Christiansholm aus über die Landstraße in Richtung Kropp.

15 Sorgwohlder Binnendünen

Den sandigen Grund für die Binnendünen schuf die letzte Eiszeit. Aus dem Material des weichseleiszeitlichen Sandes wehte der Wind stellenweise sogar Dünen auf, da der Bewuchs lange Zeit fehlte. So etwa in der Nähe des kleinen Ortes Sorgwohld, wo der Sand der Binnendünen bis in die zweite Hälfte des vorigen Jahrhunderts noch in Bewegung war. Erst danach forstete man die kargen Böden auf oder nutzte die entstehenden Heideflächen für die Schafwirtschaft. Unkontrollierte Schafhaltung und die Zerstörung der Pflanzendecke durch Plaggenwirtschaft – das Abtragen von Heideböden – führten jedoch zur teilweise völligen Entblößung des Bodens: Der Sand war erneut auf dem Vormarsch. Mit der Ausweisung als Naturschutzgebiet begann ein planvolles Programm, um die Vielfalt der Landschaft – von den Sanddünen über Heideflächen bis zum Wald – auf Dauer zu bewahren.

Die Sorgwohlder Binnendünen erreicht man über die B 77 Schleswig–Rendsburg. Bei Kilometer 113,1 folgen Sie dem Wegweiser nach Sorgwohld, fahren dann auf asphaltiertem Weg 700 m bis zur Ortschaft, halten sich dort rechts und fahren noch einmal 100 m bis zum Parkplatz am Rand des Naturschutzgebiets.

Route 3
Schleswigsche Marsch und Geest
Über Rendsburg, Friedrichstadt und Tönning läßt sich die Route 3 problemlos an das Ende der Route 2 anschließen. Durch die Verknüpfung beider Strecken gewinnt man einen umfassenden Eindruck von der schleswig-holsteinischen Landschaft mit Marschen, Mooren, Geest und Wattenmeer.

Streckenverlauf:

Die rund 160 km lange Fahrt durch die schleswigsche Marsch und Geest beginnt in St. Peter-Ording 16 auf der Halbinsel Eiderstedt, einem der ökologisch wertvollsten Küstenabschnitte an der Nordseeküste; von dort über die B 202 bis Tating mit einem Abstecher zur Tümlauer Bucht mit dem Westerheversand 17; weiter auf der B 202 über Tönning nach Reimersbude, links ab nach Simonsberg zum vogelreichen Feuchtgebiet Westerspätinge 18; über Dreisprung zur B 5, in nördlicher Richtung nach Husum, Storms »grauer Stadt am Meer«, und nach Bredstedt, weiter auf der B 5 zur Bordelumer Heide 19; zurück nach Bredstedt und auf der Küstenstraße zunächst nach Westen zur Hamburger Hallig 20 und dann nördlich zum benachbarten Hauke-Haien-Koog 21, zwei hervorragenden Watt- und Seevogel-Schutzgebieten; nun direkt an der Küste entlang bis Dagebüll, rechts durch die Köge nach Niebüll und von dort, nun wieder auf der B 5, zu den Süderlügumer Binnendünen 22; schließlich auf der Grenzstraße in östlicher Richtung ins grenzüberschreitende deutsch-dänische Fröslev-Jardelunder Moor 23, eines der größten und ursprünglichsten Moorgebiete zwischen Nord- und Ostsee.

Über Wallsbüll gelangt man auf der B 199 rasch nach Flensburg.

Über die richtige Reisezeit an der Waterkant braucht sich niemand den Kopf zu zerbrechen. Es gibt, wie die Einheimischen mit einem Augenzwinkern versichern, an der Nordseeküste sommers wie winters ohnehin nur schönes und gesundes Wetter. Doch wer nicht an Ferientermine gebunden ist, sollte Frühling oder Herbst vorziehen.

Auf einer Sandbank liegt der lange, sehr breite Strand von St. Peter-Ording auf der Halbinsel Eiderstedt.

Berge in der Marsch
In der Altmarsch und auf den Halligen (nördlich von 17 und 18) liegen die Häuser, häufig auch ganze Dörfer, auf Warften, Wurten, Wierden oder Warpen. So nennt man in den verschiedenen Gegenden der deutschen Nordseeküste aufgeschüttete Hügel. Nur wenige Meter hoch, sind sie zusammen mit den Deichen die höchsten Erhebungen im flachen Marschland. Die Bewohner schütteten sie ab dem 1. Jh. n. Chr. aus Wattenklei und Stallmist auf, um ihre Behausungen vor Überschwemmungen zu schützen. Auf den Halligen im Wattenmeer bieten die Warften bis heute den einzigen Schutz gegen schwere Sturmfluten.

Route 3 Schleswigsche Marsch und Geest

Watt, Salzwiesen und Heide

16 Festlandsküste St. Peter-Ording

Das westliche Ende der Halbinsel Eiderstedt sieht beinahe wie eine Kopie der Insel Amrum aus. Vom Geestkern abgesehen, trifft man bei St. Peter-Ording alle Naturräume Amrums wieder: den ungewöhnlich breiten Sandstrand, den Dünengürtel, die Salzwiesen und die Marschen. So abwechslungsreich ist kein anderer Abschnitt der schleswig-holsteinischen Festlandsküste. Das spiegelt sich auch in der reichhaltigen Fauna und Flora wider.

In den Salzwiesen locken Strandastern und Strandflieder im Frühsommer mit ihren Blüten unzählige Schmetterlinge an, auf den Tümpeln hinter dem Deich rastet im Herbst das Odinshühnchen, die Dünen sind das Jagdrevier der Sumpfohreule, und auf den Außensänden brütet die Zwergseeschwalbe.

Vom Ort aus führen mehrere markierte Wege durch die Dünen zum Strand. Man sollte sie nicht verlassen, denn ein kleiner Trampelpfad kann, wenn erst der Wind an der zerstörten Pflanzendecke angreift, tiefe Wunden in diese empfindliche Landschaft reißen.

17 Tümlauer Bucht und Westerheversand

Ein Stück deutsche Nordseeküste wie aus dem Bilderbuch: hohe Deiche und Salzmarschen, auf denen Schafe weiden, das von Prielen durchzogene Schlickwatt, dahinter eine kilometerbreite Sandbank mit einem rot-weiß gestreiften Leuchtturm. Zu dieser Szenerie gehören auch die Austernfischer, große, schwarzweiße Strandvögel mit langem, rotem Schnabel, die Störenfriede mit einem Heidenlärm begrüßen. Der Seeregenpfeifer flötet dagegen meist nur zaghaft. Er bildet hier im Nordwesten der Halbinsel Eiderstedt zusammen mit der Zwergseeschwalbe die einzige größere Brutkolonie an der schleswig-holsteinischen Westküste. Außerdem wählen etwa 600 Graureiherpaare das Gebiet alljährlich als Brutstätte. Ab April suchen die stattlichen Tiere ihre Baumhorste vom Vorjahr wieder auf.

Das südliche Ufer der Tümlauer Bucht ist von St. Peter-Ording aus über die B 202 zu erreichen. In Tating links zum Tümlauer Koog (4 km) abbiegen, dort nochmals links in die Koogstraße und nach 1,5 km dem Hinweis »Zum Hafen« folgen.

Der Tümlauer Koog – dem Meer abgerungenes, durch Deiche geschütztes Land. Am Fuß des Leuchtturms von Westerhever erstrecken sich von Prielen durchzogene Salzwiesen, so weit das Auge reicht.

⑱ Westerspätinge
Unmittelbar hinter den Deichen liegen an der Nordseeküste oft kleinere Seen. Sie sind entweder in den Gruben entstanden, aus denen Erde für den Deichbau ausgehoben wurde, oder sie bildeten sich nach einem Deichbruch in den Wehlen oder Kolken, die das eindringende Meerwasser ausspülte. An der Nordwestseite des Adolfskoogs bei Simonsberg liegt das von einem breiten Schilfgürtel umsäumte Gewässer Westerspätinge, ein Naturschutzgebiet. Für die Vogelbeobachtung ist hier das enge Nebeneinander von Deich, See und Schlammflächen ideal, denn von der Deichkrone aus blickt man von oben auf das Gewässer. Dort tummeln sich zu jeder Jahreszeit die verschiedensten Vogelarten, etwa Lachmöwen, Trauerseeschwalben, Kiebitze und Rotschenkel. Wer scharfe Augen hat, entdeckt etwa 2 km hinter dem See innerhalb einer Baumgruppe das mächtige graue Dach des berühmten »Roten Haubargs«. Bei der Anfahrt von Simonsberg lassen Sie sich am besten von den Hinweisschildern zu diesem imposanten Bauernhaus und Museum leiten. Dort kann man parken (Gaststätte im Sommer tägl. geöffnet, im Winter Mo, Di Ruhetag) und dann auf den Deichen rund um den Adolfskoog wandern (8 km).

⑲ Bordelumer Heide
»Grün ist die Heide, die Heide ist grün ...« besang einst Hermann Löns die vom Menschen geschaffene und ohne seine Hilfe nicht überlebensfähige Pflanzengemeinschaft. Inzwischen sind die erhaltenen Heiden vielerorts für den Geschmack engagierter Naturschützer zu grün, denn Gräser und Gehölze verdrängen die eigentlichen Heidepflanzen wie das rotlila blühende Heidekraut und die rosarote Glockenheide. Die Bordelumer Heide bei Bredstedt ist jedoch noch recht ursprünglich, was sicher damit zu tun hat, daß sie in Meeresnähe liegt, wo baumarme Zwergstrauchheiden mit Glockenheide für feuchtere Gebiete und Krähenbeere für trockene Bereiche als Charakterpflanzen das Landschaftsbild prägen. Am Wanderparkplatz an der B 5 Bredstedt–Niebüll bei Kilometer 135,6 lädt eine Tafel zu Wanderungen durch »die einzige atlantische Heide Deutschlands« ein. Es gibt drei markierte Rundwege zwischen 4 und 5 km Länge sowie einen Heidelehrpfad, auf dem das Naturzentrum Nordfriesland in Bredstedt manchmal Führungen veranstaltet.

⑳ Hamburger Hallig
Eigentlich stimmt an diesem Namen nichts: Zum einen ist sie keine echte Hallig, denn das ehemalige Eiland ist seit über 100 Jahren mit dem

Die »einzige atlantische Heide Deutschlands«: Die Bordelumer Heide wird geprägt von Zwergstrauchheiden mit der rosaroten Glockenheide.

Unter kundiger Führung entdeckt man bei Wattwanderungen, daß der Meeresboden voller Leben steckt.

Wanderungen auf dem Meeresboden
»Igittigitt, wie ekelhaft!« ist meist zu hören, wenn »Landratten auf Urlaub« zum ersten Mal mit bloßen Füßen über den Wattenboden laufen und dabei der weiche, schwarze Schlick zwischen den Zehen hervorquillt. Doch dieses Gefühl, an das man sich bald gewöhnt, gehört zum Wattwandern dazu. Solche Touren auf dem Meeresboden sind indes nicht ungefährlich, wie tödliche Unfälle leider immer wieder belegen. Ein Wasserlauf im Watt, den man eben noch bequem durchwatet hat, kann bereits kurze Zeit später zum reißenden Strom anwachsen. Ebenso plötzlich zieht selbst im Sommer manchmal Nebel auf. Alle größeren Badeorte bieten daher geführte Wattwanderungen an (❶–❻, ⑯). Man sollte sich diesen Gruppen anschließen. Unter fachkundiger Führung sieht man vom Watt und seinem reichen Leben ohnehin mehr.

Der Haubarg: alles unter einem Dach
Zum Landschaftsbild der Nordseeküste gehören die alten reetgedeckten Bauernhäuser, die sich unter die windgeschorenen Kronendächer hoher Bäume ducken. Die Halbinsel Eiderstedt wartet mit einer eigenen historischen Bauernhausform auf: dem Eiderstedter Haubarg. Dieser Haustyp ist das größte Bauernhaus der Welt. Der »Rote Haubarg« bei ⑱ etwa hat eine Firsthöhe von 17 m und eine Grundfläche von fast 700 m^2. Unter seinem nach allen Seiten tief herabgezogenen Walmdach verbergen sich eigentlich drei Gebäude, die bei anderen Bauernhöfen meist voneinander getrennt liegen: Die Mitte bildet der Vierkant oder Stapelraum, der vom Erdboden bis zur Dachspitze mit Getreide oder einem »Heuberg« (daher der Name Haubarg) vollgepackt war. Im Achterhuus, dem hinteren Teil des Hauses, liegen die Kuh- und Pferdeställe, und im Vörhuus an der vorderen Schmalseite befinden sich die großzügigen Wohnräume.

Ein Haus für die Natur: das Naturzentrum Nordfriesland
Sechs Jahre lang arbeiteten etwa 400 junge Leute in ihrer Freizeit daran, die alte Berufsschule in Bredstedt (bei 20) in ein naturkundliches Informationszentrum zu verwandeln. Das Ergebnis kann sich sehen lassen. Mit Großdioramen, Schausammlungen, Lichtbildervorträgen, Lehrgängen und Tagungen informiert das Zentrum über alle Naturlandschaften Nordfrieslands: Geest, Wald, Heide, Moor, Wattenmeer und Inseln. Außerdem werden im Sommer fast täglich Wanderungen und Führungen in die Umgebung Bredstedts veranstaltet (geöffnet 1. Mai–30. Sept. tägl. 14–18 Uhr; sonst nach Vereinbarung: ☏ 04671/4555).

Der »nasse Nationalpark«
Mit einer Fläche von 285000 ha ist der Nationalpark Schleswig-Holsteinisches Wattenmeer der größte in Deutschland. Sein Gebiet reicht von der dänischen Grenze bis zur Elbmündung. Nur ein kleiner Teil besteht indes aus Festland. Hauptsächlich umfaßt der Nationalpark Watt- und Meeresflächen. Zwei Fünftel des Gebiets liegen ständig unter Wasser. Der Rest, der bei Ebbe aus dem Meer auftaucht oder landfest ist, hat vor allem für den Bestand vieler europäischer Vogelarten Bedeutung. Riesige Vogelscharen brüten, rasten, überwintern oder verbringen die Mauserzeit hier. In manchen Monaten – besonders im August und September – bevölkern bis zu 450000 Enten, Gänse und Schwäne sowie weit über eine Million Watvögel die Watten, Strände, Schilfröhrichte und Salzwiesen. Nähere Informationen erhält man beim Landesamt für den Nationalpark, Am Hafen 40a, W-2353 Tönning, ☏ 04861/6456, und bei der Schutzstation Wattenmeer, Grafenstr. 23, W-2370 Rendsburg, ☏ 04331/23622.

Festland verbunden. Es handelt sich dabei um ein Bruchstück der Insel Strand, die durch die Sturmflut von 1634 verwüstet wurde. Zum andern ist die kleine Halbinsel auch längst nicht mehr im Besitz jener Hamburger Kaufmannsfamilie, die ihr den Beinamen einbrachte. Im Frühjahr und Herbst geht es hier freilich so lebhaft zu wie am Flughafen der weit entfernten Metropole. Pausenlos starten und landen Vögel auf den Salzwiesen und im Watt: weißgesichtige und sonst in der arktischen Tundra lebende Nonnengänse, schwarzköpfige Ringelgänse, Alpenstrandläufer, die in kilometerlangen Geschwadern über die Küste brausen und im Wattenboden unermüdlich nach Leckerbissen stochern, Pfeifenten, die schrille Pfiffe ausstoßen, Ohrenlerchen, Schneeammern und viele andere Vogelarten geben sich hier ein Stelldichein. Man erreicht das Vogelparadies von Bredstedt aus über die Landstraße in Richtung Westerbordelum (4 km), von dort zum Sönke-Nissen-Koog (3 km) und weiter zum Parkplatz hinter dem Deich (1 km). Die letzten 4,5 km bis zur Warft muß man zu Fuß zurücklegen.

21 Hauke-Haien-Koog

Der 1958–62 südlich von Dagebüll eingedeichte Hauke-Haien-Koog besteht nur etwa zur Hälfte aus Weideland, die andere Hälfte dient als Speicherbecken. Für die Vogelwelt sind die beiden zum großen Teil mit Schilf bewachsenen Wasserflächen ideal. Hier treffen sich Vögel aus dem Binnenland mit Seevögeln, die bei Hochwasser oder Sturmflut im Hinterland Zuflucht suchen. Rund 240 Vogelarten wurden dort schon beobachtet. Seit einigen Jahren trägt der Hauke-Haien-Koog deshalb den Ehrentitel »Feuchtgebiet von internationaler Bedeutung«. Er ist über die Straße Ockholm–Dagebüll mit dem Auto bequem zu erreichen: Parkmöglichkeit am »Fährhaus Schlüttsiel« (tägl. 10–22 Uhr geöffnet) sowie in den Parkboxen an der Straße. Dort sollte man allerdings im Auto bleiben, um die Vögel nicht zu stören. Das ist jedoch kein Nachteil, weil sich Vögel vom Auto aus oft viel näher betrachten lassen.

22 Süderlügumer Binnendünen

Dünen im Binnenland sind in gemäßigten Klimazonen entweder Relikte aus dem Eiszeitalter oder Zeugnisse früherer Umweltzerstörung. Auf die

Eine echte Hallig ist das Vogelparadies Hamburger Hallig schon längst nicht mehr – seit über 100 Jahren ist sie mit dem Festland verbunden.

Binnendünen von Süderlügum trifft wohl beides zu. Quer durch Schleswig-Holstein, vom dänischen Viborg bis nach Wedel an der Elbe, verlief über Jahrtausende hinweg ein Heeres- und Handelsweg. So trieben die Bauern im 16. und 17. Jh. in manchen Jahren bis zu 100000 Rinder und Ochsen nach Süden durch die Heidelandschaften der schleswig-holsteinischen Geest. Diese Herden zertrampelten die schüttere Pflanzendecke und hinterließen eine breite, sandige Spur, an der der Wind angreifen konnte. Wie vielerorts gerieten auch die eiszeitlichen Dünen bei Süderlügum wieder in Bewegung. Um den »Wehsand« zu bändigen, bepflanzten die Geestbauern die Dünen im 16. Jh. mit Strandhafer und -roggen. Vögel brachten bei ihren Besuchen die immergrüne Krähenbeere aus den Heidegebieten der Nordfriesischen Inseln hierher. Zwischen Silbergras und Heideflächen leuchten die gelben Farbtupfer des Kleinen Habichtskrauts. Man erreicht das Gebiet von Süderlügum über die Landstraße in Richtung Westre; 700 m hinter dem Ortausgang geht es links ab in einen Feldweg, der zum Naturschutzgebiet führt.

23 Fröslev-Jardelunder Moor

In dem entlegenen Hochmoorgebiet an der deutsch-dänischen Grenze geben sich die typischen Moor- und Heidepflanzen ein Stelldichein: Torfmoose, Pfeifengras, Gagelstrauch, Glockenheide, Moorbirke, aber auch das seltene dunkelpurpurne Blutauge, der Gemeine Froschbiß mit seinen großen, weißen Blüten, das Sumpfherzblatt oder Studentenröschen und der Rundblättrige Sonnentau, der als »fleischfressende Pflanze« das Problem der Nährstoffversorgung im sauren und stickstoffarmen Moorboden auf seine Weise löst. Auf der Wasserfläche der Moorseen breiten sich verschiedene Schwimmblattgesellschaften aus. In einer solchen Umgebung ist auch Platz für den vom Aussterben bedrohten Bruchwasserläufer, einen an der Oberseite braunweiß gefleckten Watvogel, für das Birkwild und die stark gefährdete Kreuzotter, die hier indes noch relativ häufig vorkommt. Von der Grenzstraße, die parallel zur deutsch-dänischen Grenze verläuft, zweigen Stichwege in nördlicher Richtung zum Moor ab. Am bequemsten erreicht man das Feuchtgebiet von der Bushaltestelle »Nr. 7« aus, etwa 700 m östlich der Abzweigung nach Jardelund bei einem Bauernhof.

<u>Das Meer leuchtet</u>

Im feuchten Sand blitzen winzige Sterne auf, und die Nordseewellen brechen sich am Strand in funkelnden Lichtkaskaden – das Meer leuchtet. Jeder, der das Ereignis zum ersten Mal miterlebt, ist von ihm verzaubert. Man kann dieses Naturschauspiel an der Nordseeküste vor allem in windstillen, dunklen Sommernächten ohne Mondschein betrachten. Die Akteure dieses Spektakels sind einzellige Meeresbewohner, die Meerleuchttierchen. Im Sommer leben ungeheure Massen dieser Einzeller dicht unter der Wasseroberfläche und senden ihr geheimnisvolles, grünliches oder bläuliches Licht aus. Sie leuchten allerdings nur, wenn sie durch die Wellenbewegung oder andere mechanische Reize dazu angestoßen werden. So erzeugen etwa rotierende Antriebsschrauben eines Schiffes eine leuchtende Spur im dunklen Meer.

Vier Jahre dauerte die Eindeichung des Hauke-Haien-Koogs, benannt nach der Hauptfigur aus Theodor Storms »Schimmelreiter«. Halb Weideland, halb Speicherbecken, beherbergt das Feuchtgebiet rund 240 Vogelarten.

2 Schleswig-Holsteinisches Hügelland und Ostseeküste

Seen, Strände und sanfte Hügel

Leuchtendgelbe Rapsfelder, purpurne Heiden, tiefblaue Seen, weiße Strände und markante Kliffs wie hier am Brodtener Steilufer bei Travemünde – man mag bei diesem bunten Landschaftsmosaik kaum glauben, daß hier einmal eine viele hundert Meter dicke Schicht aus bläulich glitzerndem Eis alles Land bedeckte. Wo sich heute Badeurlauber in der Sonne räkeln, verschwanden erst vor etwa 12000 Jahren die letzten Gletscher, nach dem geologischen Kalender also gewissermaßen vor Sekunden. Die Natur zeigt seitdem, verglichen mit der rauhen Nordseeküste des Westens, in Schleswig-Holsteins Ostteil zumeist ein mildes Gesicht.

Lage Zwischen Flensburger Förde und Kieler Bucht im Norden und der Elbe im Süden; im Osten begrenzt von Mecklenburg und Lübecker Bucht sowie den Lauenburger Seen; im Westen gesäumt durch die Geest an der Linie Flensburg–Neumünster–Geesthacht
Ausdehnung Nord–Süd ca. 160 km; West–Ost ca. 80–130 km
Land Schleswig-Holstein
Höchste Erhebungen Lauenburg: Rappenberg 86 m; Holsteinische Schweiz: Bungsberg 168 m; Schleswiger Land: Scheelsberg 106 m
Wichtigste Flüsse Elbe, Trave, Treene, Schlei
Landschaftsformen Jungmoränenlandschaft mit hohen Stauchendmoränen und kuppigen, von Tunneltälern durchzogenen Grundmoränen im Norden; an der Ostsee Wechsel von Förden- und Ausgleichsküste mit Kliffs, Strandwällen und Strandseen; ausgedehnte Seenplatten und Laubwälder im Süden
Naturparks Naturpark Lauenburgische Seen, Naturpark Holsteinische Schweiz, Naturpark Hüttener Berge, Naturpark Westensee
Information Fremdenverkehrsverband Schleswig-Holstein, Niemannsweg 31, W-2300 Kiel 1, ☏ 0431/56000; Fremdenverkehrsgemeinschaft Holsteinische Schweiz, Bahnhofstr. 4a, W-2427 Malente-Gremsmühlen, ☏ 04523/2356; Fremdenverkehrsamt Lauenburg, Amtsplatz 6, W-2058 Lauenburg/Elbe, ☏ 04153/590980/81; Verein Alte Salzstraße, Barlachstr. 2, W-2418 Ratzeburg, ☏ 04541/12480; Wanderverein »Auf Eulenspiegels Spuren e. V. Mölln«, Hein-Hollenbek-Weg 2, W-2410 Mölln, ☏ 04542/4043; Verkehrsverein Schleswig-Flensburg, Flensburger Str. 7, W-2380 Schleswig, ☏ 04621/87363

Oase der Ruhe zwischen den Meeren

Wenn dem Küstenbewohner der Sinn nach Beschaulichkeit steht, nach Hügeln und Wäldern, nach Windstille unterm Laubdach und überraschenden Ausblicken an Seeufern, kurzum nach einem im Land zwischen den Meeren seltenen Hauch von Geborgenheit, dann zieht es ihn ins Schleswig-Holsteinische Hügelland. Hinter der weitgeschwungenen Küstenlinie der Ostsee, hinter Kliff und Bucht, wölben und senken sich Moränenlandschaften in anmutigem Rhythmus. Wasser, Wald, Knicks und buschig umkränzte Felder, hügelauf und hügelab, prägen das Bild des Landes zwischen der Ostseeküste im Norden, der höheren Geest im Westen, der Elbe im Süden und der Lauenburgischen Seenplatte im Osten. Das Klima ist relativ mild, denn zwischen bewaldeten Hügeln bricht sich die von der Nordsee her schärfer wehende Brise.

Typisch für das Landschaftsbild des Schleswig-Holsteinischen Hügellands: Der Mühlenteich bei Glücksburg liegt eingebettet in sanftwellige grüne Fluren, die vom dunkleren Grün der Knicks durchzogen sind.

Vor der Kolonisierung des Nordens, im frühen Mittelalter, war Schleswig-Holstein eine von verschlungenen Flüssen und Bächen, unheimlichen Mooren und schier endlosen Wäldern bedeckte Wildnis. Die Besiedelung dieser Wildnis war ein Unterfangen voller Gefahren. Nach der Unterwerfung der slawischen Wagrier, die noch im 9. Jh. östlich der Linie Kiel–Hamburg ansässig waren, wurde das Land gerodet. Viel blieb von den Wäldern nicht übrig. Die größten Waldbestände Schleswig-Holsteins liegen aber heute noch in Ostholstein und Lauenburg – dank frühzeitiger Schutzmaßnahmen der hier herrschenden Fürsten. Denn der Segeberger Forst, die Wälder um die Seen der Holsteinischen Schweiz und Lauenburgs sowie der Bismarcksche Sachsenwald dienten früher der Lieblingsbeschäftigung des Adels, der Jagd.

Vom Aussichtsturm Hessenstein auf dem Pilsberg (133 m) reicht der Blick weit über die Moränenhügel Ostholsteins.

Der Norden taut auf

Die letzte Eiszeit formte die Landschaften des Jungmoränengürtels, der sich von Dänemark an der Südküste der Ostsee bis zu den baltischen Ländern entlangzieht. Das Schleswig-Holsteinische Hügelland zwischen Flensburg, Neumünster und Lübeck ist ein Teil dieser ehemals vom Eis bedeckten Landschaft. Ihre westliche Grenze verläuft entlang der Autobahn A 7 Neumünster–Flensburg.

Auf der Fahrt nach Norden schaut man zur Linken auf die tischebenen Flußniederungen und sanft gewellten Altmoränen der Geest. Zur Rechten erhebt sich eine Hügelkette, die mit den Hüttener Bergen eine – wenigstens für Norddeutschland – beachtliche Höhe von 106 m erreicht. Bis hierher reichte vor etwa 20000 Jahren das riesige skandinavische Inlandeis, das dem Schleswig-Holsteinischen Hügelland den letzten Schliff gab. Als 8000 Jahre später in Norddeutschland die Gletscher langsam abschmolzen, blieben Landschaftsformen zurück, die heute noch so aussehen, als hätte sie das Eis erst vor kurzem freigegeben: hohe Endmoränen und dahinter die buckelige Welt der Grundmoränenlandschaft, die sich bis zur Ostseeküste erstreckt. Ohne die zum Teil mehrere hundert Meter dicken Gletscherablagerungen wäre dort, wo heute das Schleswig-Holsteinische Hügelland liegt, nur das Meer mit zwei oder drei winzigen Inseln. Schmelzwassersand und Kies sind, abgesehen von ein wenig Erdöl, die einzigen Bodenschätze der schleswig-holsteinischen Jungmoränenlandschaft. Die nährstoffreiche Grundmoräne verwittert zu einem fetten Lehmboden, auf dem Getreide, Raps, Zuckerrüben und andere Nutzpflanzen hervorragend gedeihen. Deshalb wird fast das gesamte Schleswig-Holsteinische Hügelland als Ackerland genutzt. Die artenreichen Moränenbuchenwälder sind stark zurückgedrängt und nehmen hier nur noch einen Bruchteil der Fläche ein.

Seen, Förden – und die Schlei

Zwischen Nord- und Ostsee liegen mehr als 300 Seen. Sie locken nicht nur Wassersportler und Naturfreunde an ihre Ufer, sondern erfreuen mit ihren Karpfen, Forellen und anderen delikaten Fischen auch den Feinschmecker. Während der jüngsten Eiszeit schürften Gletscherzungen Mulden und Rinnen in den Grund dieser Landschaft. Sie füllten sich später mit dem auftauenden Toteis zu Seen auf. An den Förden, den zungenförmigen Buchten der Ostseeküste, kann man die Umrisse der verschiedenen Gletscher noch gut erkennen.

Eine Bucht jedoch fällt ganz aus dem Rahmen: die Schlei, eines der merkwürdigsten Gewässer Deutschlands. Auf der rund 40 km langen Strecke von Schleswig bis zur Ostseeküste bei Maasholm ändert sie ihren Charakter beinahe so oft wie ein Chamäleon die Farbe. Tief im Inland erscheint die Schlei wie irgendeiner der vielen Seen Schleswig-Holsteins. Weiter zur Küste hin verengt sie sich wie ein Flaschenhals und ähnelt dann eher einem Fluß. Kurz vor der Mündung verwandelt sie sich schließlich in eine Förde, die durch eine Nehrung vom offenen Meer getrennt ist. Wenn man ihre Entstehung betrachtet, ist die Schlei ein Fluß,

Route 1
Lauenburg und Holsteinische Schweiz

Diese rund 450 km lange Tour führt Sie durch die Lauenburgische Seenplatte bis an die Strände der Ostsee. Weiter geht es dann durch die reizvollen Fluß- und Seenniederungen der Holsteinischen Schweiz. Landschaftliche Höhepunkte sind der Ratzeburger See ❺, das Vogelschutzgebiet Wallnau ⓳ auf Fehmarn und die Schiffsfahrt durch die zauberhafte Welt der holsteinischen Seen von Malente bis Plön ⓯.

Streckenverlauf:

A 24 Hamburg–Berlin Ausfahrt Witzhave, durch das Billetal ❶ bis Grande; rechts weiter in den Sachsenwald ❷ nach Friedrichsruh; nun über Aumühle nach Dassendorf und dann auf die B 404 nach Geesthacht, dort links auf die B 5 zum Hohen Elbufer ❸ hinter Tesperhude; weiter nach Lauenburg; dort links und über Büchen nach Gudow zum Hellbachtal ❹; weiter nach Mölln und über Fredeburg nach Ratzeburg ❺; von dort Abstecher nach Salem mit Schwarzer Kuhle, Plötscher See und Garrensee ❻; zurück nach Ratzeburg und auf der B 207 weiter bis Lübeck, auf der B 75/76 an Travemünde vorbei bis Brodten ❼; dann nach Niendorf zum Hemmelsdorfer See ❽; auf der B 76 bis Scharbeutz, von dort auf der A 1 ca. 30 km bis Oldenburg und weiter auf der B 207 (Vogelfluglinie) zur Insel Fehmarn, bis Puttgarden und über Gammendorf zum Grünen Brink ❾; über Dänschendorf, Petersdorf und Kopendorf geht es weiter nach Wallnau ❿; über Landkirchen zurück zur B 207, von dort bis Heiligenhafen zur Halbinsel Graswarder ⓫; weiter bis Oldenburg, dort rechts und auf der B 202 bis Lütjenburg, weiter zum Selenter See ⓬; von Seekrug nach Süden zur B 430, rechts bis Gut Rantzau und zurück im Kossautal ⓭ nach Norden bis Helmstorf; jetzt südöstlich nach Kirchnüchel zum Bungsberg ⓮; über Kirchnüchel und Nüchel geht es nun nach Malente-Gremsmühlen zur 5-Seen-Fahrt ⓯; weiter über Kreuzfeld und Kleinmühlen bis Plön, dort auf die B 430 und über Ascheberg und Bornhöved in Richtung Neumünster, rechts ab nach Bönebüttel und weiter über Tasdorf nach Großharrie ⓰; nun nach Einfeld, dort links auf der B 4 nach Neumünster, über Boostedt und Großenaspe zur B 206 und links bis Bad Segeberg ⓱; südwärts auf der B 404 nach Bad Oldesloe zum Brennermoor ⓲; dort haben Sie Anschluß an die A 1.

Der »Garten der Schmetterlinge« im Sachsenwald bei Friedrichsruh ist ein interessantes und beliebtes Ausflugsziel für Naturfreunde.

freilich kein normaler, sondern ein eiszeitlicher Schmelzwasserstrom, der in einem Eistunnel unter den Gletschern seinen Weg zum Ostseebecken suchte.
Die Förden und die Schlei gliedern das Schleswig-Holsteinische Hügelland in drei Landschaften: Angeln im Norden ist die Urheimat der legendären Englandsiedler gleichen Namens. Zwischen der Schlei und der Eckernförder Bucht breitet sich das fruchtbare Schwansen aus. Im Osten schließen sich der Dänische Wohld und Ostholstein an, und im Südosten liegt das wald- und seenreiche Lauenburg.

Route 1 Lauenburg und Holsteinische Schweiz

Stille Winkel für neue Begegnungen

❶ Billetal

In Grande biegen Sie, von der Autobahn kommend, rechts ab in die Lauenburger Straße Richtung Hotel-Restaurant »Grander Mühle«. Hinter dem Hotel fahren Sie in die Sachsenwaldstraße und dann rechts in die Straße »Langenstücken«. An ihrem Ende können Sie parken – unmittelbar am Beginn des markierten Bille-Wanderwegs, der zugleich Teil des Fernwanderwegs Nr. 1 (Flensburg–Genua) ist. Der rund 8 km lange Weg verläuft am nordöstlichen Rand des Sachsenwaldes. Von Aumühle, dem Endpunkt des Wanderwegs, fahren Busse zurück nach Grande.
Wild und naturbelassen schlängelt sich der Pfad zum Teil am Rand des bis zu 50 m steil abfallenden Flußufers entlang. Man muß schon einmal über Stämme steigen oder durch Sickerwasser waten, festes Schuhwerk ist daher unbedingt erforderlich. Dichte Baumkronen überragen die Bille in weiten Teilen des Flußlaufs. Nur an wenigen Stellen lichtet sich der Wald und gibt den Blick über eine feuchte Wiesenlandschaft frei. Es kann vorkommen, daß Sie in der Dämmerung einem Wildschweinrudel begegnen – darunter auch manchmal eine Bache mit Frischlingen. Die Tiere laufen im Sachsenwald und Billetal in großer Zahl frei umher.

❷ Sachsenwald

Der Sachsenwald bildete zur Zeit Karls des Großen mit der nördlich gelegenen Hahnheide und dem Segeberger Forst eine fast undurchdringliche Grenze – für die Sachsen im Westen und die Slawen im Osten. Heute

Sumpfige, von umgestürzten Bäumen blockierte Pfade erwarten den Wanderer auf seinem Weg durch das wilde, naturbelassene Tal der Bille.

ist er ein prächtiger Mischwald mit Eichen- und Fichtenkulturen, aber auch Japanlärchen, Buchen und Birken. Im Süden, unzugänglich für den Wanderer, gibt es noch Reste des lichten Eichenhutewaldes (»hute« ist ein altes Wort für Viehweide), wo früher die Bauern ihr Vieh hüten durften.
Die Sachsenwaldstraße zwischen Grande und Friedrichsruh durchquert dieses mit 6000 ha größte geschlossene Waldgebiet Schleswig-Holsteins. Autofahrer seien vorgewarnt: Wegen freilaufender Wildschweine kam es hier nachts schon zu Unfällen. In Friedrichsruh, beim Bismarck-Museum, das der Persönlichkeit des Eisernen Kanzlers gewidmet ist, können Sie parken. Die Erben Otto von Bismarcks betreiben u.a. den nahe gelegenen »Garten der Schmetterlinge«, in dem europäische und exotische Falter zu sehen sind (geöffnet Mai–Okt. tägl. 9–18 Uhr).
Wenn Sie auf der Dassendorfer Chaussee weiterfahren und bei Dassendorf am Waldrand gleich links abbiegen, erreichen Sie nach 300 m das Restaurant »Jagdhaus zum Riesenbett«. Wegweiser führen Sie zu zwei über 4000 Jahre alten Steingräbern. Als die »Riesenbetten« gebaut wurden, war der Sachsenwald noch dicht besiedelt.

3 Hohes Elbufer

Zwischen Geesthacht und dem Schifferstädtchen Lauenburg verläuft die B 5 durch dichten Wald. Nur die weithin sichtbaren Parkplatzschilder und Ausflugslokale deuten darauf hin, daß an seiner südlichen Flanke das Erholungs- und Landschaftsschutzgebiet Hohes Elbufer liegt. Günstiger Ausgangspunkt für Wanderungen, z.B. auf einem gut markierten, rund 8 km langen Rundweg, ist der zweite Parkplatz gleich hinter Tesperhude auf der rechten Seite der B 5. Wenn Sie geradewegs gen Süden gehen, stoßen Sie bald auf das Elbufer, das hier unmittelbar am Waldrand als Steilhang bis zu 40 m tief zum Strom hin abfällt. Von der Böschung bietet sich immer wieder ein weiter Blick über die Elbe nach Niedersachsen hinein. Und in den lagunenartigen Uferzonen voller Schilf, die dank der sonnigen Südlage vorzügliche Brutreviere für Insekten sind, können Sie mit dem Fernglas Wasservögel bei der Futtersuche beobachten – ohne sie zu stören.

4 Hellbachtal

Das Hellbachtal zwischen Gudow und Mölln ist das Werk eines eiszeitlichen Schmelzwasserstroms, der auch die Mölln-Gudower Seenkette schuf. Das verschwiegene Wiesental, in Wald eingebettet und von Seen umgeben, gehört zu den schönsten Gegenden des Naturparks Lauenburgische Seen. Abseits der Wanderwege, in den letzten Bruch- und Brachflächen, brüten noch die scheuen Kraniche (Fernglas!). Außerdem gibt es einige seltene Libellenarten und die vom Aussterben bedrohte Zauneidechse.

Wer Ruhe und Beschaulichkeit sucht, ist im Hellbachtal genau richtig. Nur wenige Wanderwege führen durch das idyllische Wiesental.

Mit Glück kann man im Hellbachtal aus gebührender Entfernung Kraniche bei der Balz beobachten.

Kaiserliche Elbfahrt
Das Schifferstädtchen Lauenburg (zwischen 3 und 4) lohnt einen Extra-Besuch: Sehenswert sind die historische Altstadt und das Elbschiffahrtsmuseum (Elbstr. 59, ☏ 04153/590984). Der letzte kohlebefeuerte Seitenraddampfer der Unterelbe, die »Kaiser Wilhelm«, kann dort betrachtet werden. Im Sommer dampft er zu regelmäßigen Ausflügen elbaufwärts (März–Okt. 10–13, 14–17, Nov.–Febr. Mi, Fr, Sa, So 10–13, 14–16.30 Uhr).

Vom Frachtweg zur Touristenstraße
»Alte Salzstraße« ist der moderne Name für die »via regia«, zu deutsch »Königsstraße«, ein Frachtweg, über den im Mittelalter das Salz aus Lüneburg in die Küstenstädte transportiert wurde. Damals prägte eine weitaus urwüchsigere Landschaft als heute das Lauenburgische Land, und die Wagen der Salzhändler durchquerten auf ihrer Reise schwer passierbare Furten, feuchte Niederungen und finsteren Wald. Mit dem »Weißen Gold« aus Lüneburg konservierten nicht nur die Fischhändler der mächtigen Hanse ihre Heringe – jedermann brauchte Salz, um Lebensmittel haltbar zu machen. Bei Mölln in der Nähe des Hellbachtals 4 sind heute noch Teile der Alten Salzstraße erkennbar. Wenn Sie die B 207 von Breitenfelde aus Richtung Mölln entlangfahren, zweigt ein Stück des alten Frachtwegs unmittelbar vor dem Elbe-Lübeck-Kanal rechts ab und begleitet über eine Strecke von rund 5 km den Schiffahrtsweg bis Güster.

Schleswig-Holsteins erster Naturpark
Das Gebiet um die Lauenburgischen Seen war lange Zeit der einzige Naturpark in Schleswig-Holstein. Seit 1927 wurden in mehreren Schritten 440 km² unter Naturschutz gestellt. Der Naturpark erstreckt sich genau zwischen dem Elbe-Lübeck-Kanal und der mecklenburgischen Grenze. 40 größere Seen, darunter der Ratzeburger See 5, viele Kleingewässer und Moore, z.B. das Hellbachtal 4 oder die Schwarze Kuhle 6, Heidelandschaften und Hügelrücken bilden ein abwechslungsreiches Relief.
Für Fischotter, Kraniche, Wendehälse und Seeadler waren vor allem die Bereiche entlang der früheren Grenze zur ehemaligen DDR ein einziges Paradies. Mit dem Verschwinden des Sperrgebiets gerät diese Naturidylle allerdings in Gefahr, da immer mehr Uferflächen touristisch erschlossen werden.

Die »Mutter des Waldes«
Der Waldlehrpfad am Ausgang von Gudow zeigt mit anschaulichen Erklärungen die Bäume und Sträucher des Mischwaldes im Naturpark Lauenburgische Seen 4–6. Man wandert in Richtung Gudower Mühle und folgt den Wegweisern bis zum Beginn des Lehrpfads. An einem etwa 100 m langen Weg stehen die verschiedensten Gehölze, vom Spitzahorn über die Schwarze Johannisbeere bis zur Europäischen Lärche. Eine junge Hainbuche, die einmal ein stolzes Alter von 300 Jahren und eine Höhe von 20 m erreichen kann, ragt, schmächtig noch, aber schon in gemessenem Abstand zu einer Rotbuche in den Himmel. Förster nennen die Rotbuche »Mutter des Waldes«, weil sie in Mitteleuropa ohne menschlichen Eingriff die am weitesten verbreitete Baumart wäre und ihre Bucheckern vielen Tieren als Nahrung dienen.

Zum Schutz der Natur durchziehen nur wenige markierte Wege diese Oase. Ausgangspunkt für Wanderungen ist der Parkplatz bei der Gudower Kirche. Man geht durch den Ort in Richtung Gudower Mühle, passiert ein Waldstück bis zum Hinweisschild »Wanderweg«, folgt diesem, überquert den Alten Frachtweg, geht links am Schulwald entlang, biegt am Ende des Zauns rechts ins Hellbachtal ein und geht am Schwarzsee vorbei und halb um den Lottsee herum.
Wer längere Wanderungen machen möchte, kann sich an den Wanderverein »Auf Eulenspiegels Spuren e.V. Mölln« (☏ 04542/4043) wenden.

5 Ratzeburger See

Der 14 km² große und fast 9 km lange Ratzeburger See friert im Winter nie ganz zu. Deshalb ist er zu dieser Zeit ein beliebter Rastplatz für Stockenten, Reiherenten und Bläßhühner, aber auch für seltenere Gäste wie Haubentaucher und Gänsesäger. Von Salem kommend, fahren Sie nach Ratzeburg hinein und parken auf dem Platz unmittelbar vor dem Königsdamm. Fast überall kann man auf seenahen Wanderwegen spazieren, selbst durch ein wertvolles Uferbiotop, das kurz hinter dem Parkplatz beginnt. Gefährdete Wasservögel wie Drosselrohrsänger, Rohrdommel oder Kormoran brüten hier im Schilf- und Erlenbruchsaum des Westufers. Der Wanderweg führt auch an der Anlegestelle »Lüneburger Damm« der Personenschiffahrt Ratzeburg (Information: ☏ 04541/7900) vorbei. Hier startet man zur Großen Ratzeburger Seenfahrt. Von der Anlegestelle »Kalkhütte« aus lädt ein kurzer ufernaher Rundwanderweg Spaziergänger zu einem kleinen Ausflug ein. Vom Haltepunkt »Rothenhusen« aus können Sie das ganze Westufer des Sees entlangwandern. Dieser rund 7 km lange Weg bietet Einkehrmöglichkeiten in Groß-Sarau und Pogeez.

6 Schwarze Kuhle, Plötscher See und Garrensee

Am westlichen Ortsende von Salem führt Sie ein Holzwegweiser auf den Rundwanderweg zur Schwarzen Kuhle sowie zum Plötscher See und zum Garrensee. Schon nach wenigen Metern zu Fuß durch den Wald erreichen Sie die Schwarze Kuhle: eingebettet in eine sanfte Schlucht, umgeben von sumpfigen Uferzonen mit trügerischem Schwingrasen, Brüchen und Seggengräsern. Das Wasser dieses typischen Braunwassersees ist von Seerosen bedeckt. Die teeähnliche Farbe des Gewässers rührt von Huminsäuren her – chemischen Verbindungen, die entstehen, wenn Teile von Pflanzen verrotten. Unterirdische Einflüsse aus dem nahen Salemer Moor trüben die Schwarze Kuhle zusätzlich ein. Nur wenige Schritte weiter stoßen Sie auf den Plötscher See, an den sich kurz danach der Garrensee anschließt. Hier führt der Rundwanderweg auf der gegen-

Herrliche Wanderungen kann man an den Ufern des Ratzeburger Sees unternehmen, vielfach mit Blick auf die Altstadt von Ratzeburg, die malerisch auf einer Insel zwischen Großem Ratzeburger See und Küchensee liegt.

überliegenden Uferseite der Seen zurück zum Ausgangspunkt. Die Wanderung dauert etwa 90 Minuten. Die beiden umwaldeten Seen sind zwar nährstoffarm wie die Schwarze Kuhle, aber nicht moorig. Am sandigen Ufer des Garrensees gedeiht der anspruchslose Strandling, während im Flachwasser dichte Bestände des Sumpfbrachsenkrauts den eher kargen Grund bedecken.

7 Brodtener Steilufer

Von der B 76 fahren Sie bei Gneversdorf ab und gelangen über Eversdorf zur Brodtener Badeanstalt. Dort wandern Sie 20 Minuten in nördlicher Richtung um das Steilufer herum bis zur »Hermannshöhe«. Wenn in ganz besonders harten Wintern Stürme das Wasser der Ostsee aufpeitschen, dann brechen von dem bis zu 30 m hohen und 5 km langen Kliff immer wieder Erdmassen ab, im Durchschnitt 80 cm pro Jahr. Die Geröllreste sammeln sich am Fuß des Kliffs und haben eine für die Lübecker Bucht einzigartige Flachwasserzone geschaffen, in der winters Tauchenten, Bläßhühner, Schwäne und Gänse rasten. In die abwechselnd hellen und dunklen, waagrecht verlaufenden Schichten des Kliffs, Geröllablagerungen der letzten Eiszeit, haben Seeschwalben ihre Nisthöhlen gebaut.

8 Hemmelsdorfer See

Er ist ein geographischer Tiefpunkt und zugleich ein landschaftlicher Höhepunkt: Der Grund des Hemmelsdorfer Sees liegt 44 m unter Normalnull. Ursprünglich eine Förde der Lübecker Bucht, wurde er nach der letzten Eiszeit von der Ostsee abgetrennt. Das Ansteigen des Meeres hatte anderswo Unterspülungen der Ufer und Abbrüche verursacht, wobei dieses Material bei Niendorf als Strandwall wieder angespült wurde. Einzige Verbindung zwischen Meer und See ist heute die Aalbeek, ein Flüßchen, das bereits nach 1 km bei Niendorf in die Ostsee mündet. Aale benutzen diesen kurzen Wasserweg auf ihren Wanderungen zwischen Hemmelsdorfer See und offenem Meer. In den urwüchsigen Uferzonen der naturgeschützten Aalbeek-Niederung hat sich, wie auch in dem weiten Schilfgürtel des Hemmelsdorfer Sees, eine reiche Insekten- und Vogelwelt angesiedelt.
Vor dem Eingang des ausgeschilderten Vogelparks in Niendorf können Sie Ihr Auto abstellen. Dort sind es zehn Minuten zu Fuß entlang der Aalbeek bis zum Hermann-Löns-Turm, der eine schöne Aussicht auf See und Niederung bietet.

9 Grüner Brink

Fehmarn ist mit 185 km^2 Fläche nach Rügen Deutschlands zweitgrößte Insel – die einzige größere übrigens an der Ostseeküste Schleswig-

Inmitten eines schönen Laubwaldes liegt die Schwarze Kuhle, ein typischer Braunwassersee mit sumpfigen Uferzonen.

Durch Sturmfluten bricht das Brodtener Steilufer immer weiter ab.

Exotisches neben Heimischem

Am Ostrand des Naturschutzgebiets Hemmelsdorfer See 8, in Niendorf, einem Ortsteil von Timmendorfer Strand, liegt ein kleiner privater Vogelpark. Mit 53 Eulenarten bietet er eine in Deutschland einmalige Sammlung von Nachtgreifvögeln. In der wasserdurchzogenen, dicht verschilften Aalbeek-Niederung leben frei oder in Gehegen neben einigen Exoten wie Flamingo, Marabu, Emu, Pelikan und Papagei auch viele seltene heimische Vogelarten. Von den großen Wanderwegschleifen aus kann der Besucher Schwarzstörche, Kormorane, Kraniche, Trappen, Reiher und Moorenten beobachten.
Ein Café-Pavillon im Park bietet Erfrischungen an (geöffnet tägl. 9 Uhr bis zum Einbruch der Dunkelheit; Information: Vogelpark und Eulengarten, ☏ 045 03/47 40).

Eine der größten Sturmmöwen-Kolonien Deutschlands brütet im Naturschutzgebiet Graswarder.

Fehmarner Freiheit
Nur noch der Name von Fehmarn 9 weist auf die einstige slawische Bevölkerung hin: »Fe morze« bedeutet »im Meere«. Der fruchtbare Landstrich war von freien Bauern besiedelt worden, die keinem Adligen untertan waren. 1420 geriet Fehmarn jedoch unter die Feudalherrschaft der Dänen. König Erich hatte die lange Zeit vergebliche Belagerung schon aufgegeben – da wurde er angeblich von den Insulanern am Ufer so schamlos verhöhnt, daß er wildentschlossen zurückkehrte und Fehmarn besiegte. Erst 1617 erhielten die Bauern wieder ihre Freiheitsrechte zurück.

Holsteins. An ihrer Nordküste liegen auf 9 km Länge Strandseen, die zum Nördlichen Binnensee zusammengefaßt sind. Dazu zählt das eingezäunte Vogelschutzgebiet Grüner Brink, das bei Überschwemmungen noch mit Salzwasser aufgefüllt wird.
Wenn Sie auf der B 207 die Insel in Richtung Puttgarden durchqueren und dann nach Gammendorf abfahren, finden Sie im Ort einen Wegweiser zum Niobe-Denkmal. Die Straße führt geradewegs zum Parkplatz eines Ausflugslokals am Badestrand. Dort halten Sie sich 300 m weit rechts und sehen bald den Mast des 1932 gekenterten Segelschulschiffs »Niobe«: Wenige Schritte weiter, durch einen Zaun geschützt, mit dem Fernglas aber gut einsehbar, beginnt das Vogelschutzgebiet. Mit seinen flachen, der Küste vorgelagerten Halbinseln ist es ein wichtiges Brutrevier für Wasservögel. Zugvögel aus dem Norden machen hier Rast, in der Mehrzahl sind es Watvögel wie Goldregenpfeifer und Alpenstrandläufer. Der als »Vogelfluglinie« bekannte Verkehrsweg Puttgarden–Kopenhagen erhielt nach den wirklichen Vogelzügen seinen Namen.

10 Vogelschutzgebiet Wallnau
Seit 1977 wurde das ehemalige Gut Wallnau mit seinen Fischteichen zu einer Brutheimat für rund 80 Vogelarten, dem Vogelschutzgebiet Wallnau. Der Deutsche Bund für Vogelschutz (DBV) hat hier ein Informationszentrum eingerichtet, Treffpunkt für Führungen durch das insgesamt 297 ha große Vogelparadies. Die Besucher können sich auf 10 ha des Areals frei bewegen. Von Laufgängen und Beobachtungsständen aus lassen sich in Feldgehölz und auf Wiesen, im Schilf der Teiche und am Strand Rohrdommel, Gänsesäger, Schnatterente oder der Drosselrohrsänger beobachten. Wallnau gilt als Modellprojekt für den Naturschutz in Deutschland. Es ist ab Petersdorf ausgeschildert; Parkplätze gibt es vor dem Zentrum (Informationsangebot von Ostern–Ende Sept. tägl. 10–17, Okt.–Ende März tägl. 11–14.30 Uhr; Information beim DBV-Wasservogelreservat Wallnau, ☏ 04372/1002).

11 Graswarder
Seit 1968 besteht an der Südseite der Strandwälle nordöstlich von Heiligenhafen das Naturschutzgebiet Graswarder. Heute lebt hier eine der größten Kolonien brütender Sturmmöwen in Deutschland. 3500 Paare zählte der Bund für Vogelschutz (DBV), der im Sommer zweimal täglich um 10.30 und um 15 Uhr Führungen anbietet (Information: ☏ 04362/8536). Außerhalb dieser Führungen ist das Betreten des abgezäunten Gebiets verboten. An seiner Nordseite führt jedoch 1 km weit ein Weg

Feuerrot versinkt die Abendsonne über den Wäldern am Ufer des stillen Selenter Sees und taucht das klare, tiefe Gewässer, das auch tagsüber Ruhe und Beschaulichkeit ausstrahlt, in ein sanftes Licht.

entlang, von dem Sie mit dem Fernglas selten gewordene Vögel wie z.B. den Mittelsäger beobachten können. Er brütet hier trotz des nahen Yachthafens und des regen Badebetriebs in den ständig wachsenden Sandrippen des Graswarders. Von Heiligenhafen führt die Straße Graswarderweg zum Schutzgebiet. Vom Parkplatz sind es noch etwa 600 m bis zum Graswarder. Gleich hinter dem Lokal »Luises Seemöwe« finden Sie eine Hütte mit Informationstafeln.

Im Brutkleid sind Mittelsägermännchen am doppelten, oft abstehenden Schopf deutlich zu erkennen.

⓬ Selenter See

Er ist geographisch und erdgeschichtlich ein Außenseiter der Holsteinischen Seenkette, kein Rinnensee, sondern ein ehemaliges Zungenbekken, dessen größte Tiefe 34 m beträgt. Seine ruhige Wassermasse wird überwiegend aus Grundwasser gespeist und besitzt mit den Flüßchen Salzau und Mühlenau kaum nennenswerte Abflüsse. Das Südufer des Selenter Sees ist mit Straßen und Wanderwegen touristisch erschlossen. Nur in das große, schilfbestandene Naturschutzgebiet im Nordosten des Sees dringen die Wege nicht ein. Eines der letzten und daher streng bewachten Seeadlerpaare lebt in diesem Reservat. Außerdem haben sich rund 40 Kormorane hier angesiedelt. Vogelfreunde finden nahe den Badestellen in Pülsen und in Giekau Beobachtungsstände. Beide Orte liegen am Nordostufer und sind von Seekrug aus auf der Uferstraße in wenigen Minuten zu erreichen.

Jedes Jahr lockt das Vogelschutzgebiet Wallnau auf der Insel Fehmarn viele Besucher an.

⓭ Kossautal

Bis Gut Rantzau begleitet die B 430 den Mittellauf der Kossau – ein Gebiet, das 1984 unter Naturschutz gestellt wurde. Das klare Wasser der Kossau ist einer der wenigen Lebensräume für die Elritze und den fast ausgestorbenen Flußkrebs – auch dank der Vielzahl von Insekten, deren Larven in der Krautschicht am Flußufer Nahrung finden. Im Kossautal wachsen Ehrenpreis, Wasserstern und Schwanenblume. Wer genau beobachtet, kann mit dem Fernglas sogar noch letzte Exemplare des Kleinen Eisvogels entdecken. Leider gibt es im Kossautal weder markierte Wanderwege noch größere Parkplätze. In der Siedlung Gut Helmstorf bei Lütjenburg, etwas abseits der B 202, kommen Sie direkt an das Flüßchen heran. Seit jeher werden hier Forellen gezüchtet – einen besseren Beweis für einwandfreie Wassergüte gibt es nicht.

⓮ Bungsberg

Der mit 168 m höchste »Berg« Schleswig-Holsteins wirkt in dem ohnehin erhabenen Umfeld eher wie eine bescheidene Kuppe. Dabei überragte

Der Blick von der höchsten Erhebung Schleswig-Holsteins, dem Bungsberg (168 m), reicht bis zu den Seen der Holsteinischen Schweiz. Das fruchtbare Hügelland ringsum wird landwirtschaftlich intensiv genutzt.

Postfach für Verliebte
Ein ungewöhnliches Postfach der Deutschen Bundespost verbirgt sich in einem alten Baum, der Bräutigamseiche beim Forsthaus »Dodau«, südlich von Malente (bei ⑮) an der B 76. Niemand weiß, wann die Legende entstanden ist, nach der ein Mädchen den Baum dreimal umrunden muß, will es noch im selben Jahr einen Bräutigam finden. Da es offenbar den Menschen an Geduld mangelt, die Ereignisse des Jahres abzuwarten, hilft die Bundespost dem Schicksal ein wenig nach. Verliebte, die hoffen, hier zärtliche Zeilen vorzufinden, klettern die Leiter hinauf, um in der Baumöffnung nach einem Liebesbrief zu schauen. Die Post hinterlegt hier alles, was ordnungsgemäß an »Bräutigamseiche im Dodauer Forst, 2427 Malente-Gremsmühlen« adressiert ist.

Paddeln auf der Schwentine
Ein Erlebnis, das freilich ein wenig Kondition erfordert, ist das Wasserwandern auf der Schwentine, die die holsteinischen Seen ⑮ durchfließt. Das Paddelvergnügen wird nur selten unterbrochen, doch an sechs Stellen des rund 50 km langen Weges müssen die Boote aus dem Wasser gehievt und umgetragen werden. Vier dieser Wechselpunkte lassen sich zu Fuß bewältigen. An den übrigen zwei Stationen, Malente und Raisdorf, steht ein Bootswagen für den Transport bereit. Tagelang können Sie mit dem Ruder in der Hand durch das Seenland paddeln und die Stille der Natur genießen. Die Fremdenverkehrsgemeinschaft Holsteinische Schweiz (siehe auch S. 34) gibt ein Faltblatt heraus, auf dem die Wasserwege genau beschrieben und Zelt- und Campingplätze eingetragen sind.

Überlebensinsel für heimische Tiere
Ursprünglich war der 65 ha große Wildpark Eekholt im Osterautal ein Zucht- und Forschungsgehege ausschließlich für Rotwild. Das an der Strecke vom Dosenmoor ⑯ zum Kalkberg ⑰ gelegene Wildgehege hat sich inzwischen zu einer naturkundlichen Forschungsstation mit rund 75 Tierarten und insgesamt 700 Tieren entwickelt. Hier leben heimische Wildtiere in ihrer natürlichen Umgebung, darunter beinahe ausgestorbene Arten wie Fischotter, Birkhuhn, Auerhahn und Seeadler. An dieses bewaldete und durch eine Heide- und Moorlandschaft bereicherte Naturparadies schließen sich eine Pflegestation für verletzte Tiere und eine Aufzuchtstation für Störche, Adler und Birkwild an. Stärken können Sie sich in der »Kiek-ut Stube« (geöffnet tägl. 9–18 Uhr; Information: Wildpark Eekholt, ☏ 04327/386 und 260).

der Gipfel als einzige eisfreie Insel weit und breit die Gletscherzungen der letzten Kaltzeit. Am Bungsberg vorbei drangen sie weiter nach Südwesten vor, um dort die ostholsteinischen Seen ⑮ auszuschürfen. Die Moränenwälle der Eiszungen umgeben daher kreisförmig den Bungsberg.
Fahren Sie von Kirchnüchel bis Bergfeld und danach die erste Straße links ab, am Bungsberghof vorbei zum bewaldeten Gipfel. Zwischen dem Waldgasthof und dem Fernmeldeturm auf der Kuppe des Bungsbergs liegt ein großer Parkplatz. Der 53 m hohe Turm wird eine halbe Stunde vor Dämmerung geschlossen. Bei guter Sicht reicht der Ausblick über die Ostsee hinweg bis zu den dänischen Inseln und bis tief in die Holsteinische Schweiz hinein. Sehr gut erkennt man die Moränenwälle, dazwischen gewaltige Schmelzwasserrinnen und mit Wasser gefüllte ehemalige Tunneltäler.

⑮ 5-Seen-Fahrt

Die 5-Seen-Fahrt entführt Sie per Schiff in die verborgene Schönheit der Holsteinischen Schweiz. An jeder der Stationen Malente-Gremsmühlen, Niederkleveez, Timmdorf und Plön-Fegetasche können Sie zusteigen. Auf der 12 km lange Strecke durchqueren Sie den Dieksee, den Langensee, den Behler See, den Höftsee und den Edebergsee. Die Seen verbindet das Flüßchen Schwentine, welches erst vor etwa 10000 Jahren entstanden ist. Damals wurde für die Eisrandseen der Weg zur Ostsee frei. Zuvor hatten Gletscherbarrieren das Wasser nach Süden abgelenkt. Der rege Ausflugsverkehr hat heute manch scheuen Wasservogel von den Seen vertrieben. Eine kleine Zufluchtsstätte für Lach- und Sturmmöwen gibt es dennoch: die Möweninsel im Behler See. Verständlicherweise hält das Schiff dort nicht an, fährt aber langsam in Sichtweite weiter, so daß Sie die Vögel in Ruhe beobachten können (Information: »5-Seen-Fahrt«, ☏ 04523/2201; Schiffahrt Ostern–Okt.; Vor- und Nachsaison stündlich 9–17, Hauptsaison jede halbe Stunde 9–17.30 Uhr).

⑯ Dosenmoor

Unerwartet nahe der Autobahn und der Stadt Neumünster liegt das 275 ha große Dosenmoor. Uhrglasförmig wölbt sich der torfige Erdboden zum typischen Hochmoor auf, dem Torfstich und Entwässerung in den vergangenen Jahrzehnten sehr zugesetzt haben. Seit 1978 arbeiten die

An Buchenwäldern, Schilfbänken und zauberhaften Engstellen vorbei geht die Fahrt mit dem Schiff über fünf Seen der Holsteinischen Schweiz.

zuständigen Gemeinden mit großem Einsatz für die Regeneration des zu sechs Siebteln seiner Gesamtfläche kultivierten Moores. Im Jahr 1981 wurde hier ein 521 ha großes Naturschutzgebiet geschaffen, das neben dem eigentlichen Dosenmoor auch noch einige der früher abgetorften Bereiche umfaßt. Inzwischen gibt es dort wieder wassergefüllte Schlenken, und Torfmoose gedeihen, wo schon Besenheide, Moorbirke und Pfeifengras das Austrocknen des Moores angedeutet haben. Der Brachvogel, eher ein Bewohner der Feuchtwiesen, ist genauso wie die Sumpfohreule anzutreffen.
Das Dosenmoor erreichen Sie, wenn Sie von der B 430 nach Bönebüttel abfahren. Dort geht es weiter über Tasdorf nach Groß-Harrie. Im Ort biegen Sie links ab. Wenn Sie das Flüßchen Dosenbek überquert haben, befinden Sie sich bereits am Rand des Moores. Sie können in Blocksberg nahe der Straße parken und von hier aus auf den erkennbaren, aber nicht markierten Wegen in den Bruchwald hineingehen. Die Wege sollten auf keinen Fall verlassen werden.

Weltbekannt wurde der Kalkberg in Bad Segeberg als Kulisse für die alljährlichen Karl-May-Festspiele.

17 Kalkberg

Wie ein massiver Fremdkörper in den Jungmoränenlandschaften Ostholsteins wirkt der höhlenreiche Kalkberg von Bad Segeberg. Eigentlich müßte er Gipsberg heißen, denn er besteht hauptsächlich aus hellgrauem Gips. Das leicht lösliche Gestein liegt wie ein Hut über einem Salzstock, in dem Salzmassen langsam aufsteigen. Der Gipshut hat höchstwahrscheinlich bereits vor der letzten Vereisung die Erdoberfläche durchstoßen. Intensiver Gipsabbau hat vom ehemaligen Berg nur eine Ruine zurückgelassen. Die Stuckarbeiten der ältesten Kirchen im Umland wurden aus seinem Gips geformt, und seit dem 15. Jh. wird Gips zu Mörtel verarbeitet. 1930 wurde der neben Helgoland einzige Fels Schleswig-Holsteins zum Naturdenkmal erklärt, und seit 1952 finden in seiner Felskulisse die berühmten Karl-May-Festspiele statt. Im Fuß des Berges breitet sich ein verwinkeltes Höhlensystem aus, in dem Hunderte von Fledermäusen ein geschütztes Winterquartier finden. Zwischen Oktober und Mai haben Besucher hier keinen Zutritt. In Bad Segeberg ist der Kalkberg überall ausgeschildert. Vom Parkplatz zu seinen Füßen führen Wege in etwa 15 Minuten zum Gipfel des 91 m hohen Felsens. Von hier oben genießen Sie einen Blick über die ganze Stadt.

Trotz Torfgewinnung und landwirtschaftlicher Nutzung hat das Dosenmoor noch den Reiz einer stillen, friedvollen Landschaft bewahrt. Seit einigen Jahren wird das Moor wieder planmäßig regeneriert.

18 Brennermoor

Dort, wo in Bad Oldesloe die Solquellen hervorsprudeln, hat sich im Laufe der Zeit ein im schleswig-holsteinischen Binnenland einzigartiges Salzmoor entwickelt. Seit 1978 steht es unter Naturschutz, und man hat es auf vorbildliche Weise für Besucher zugänglich gemacht. Auf salzigem Grund blühen zartlila die Salzastern und weiß die Salzmieren, büschelweise umsteht der Stranddreizack die manchmal rosarot gefärbten Lachen, in denen Schwefelbakterien in ihrem Lebenselement sind. Von den Bohlenwegen aus lassen sich die Wasservögel im Sumpf und Schilf der Trave-Seitenarme gut beobachten.
In Bad Oldesloe fahren Sie zuerst an der Jugendherberge, kurz danach am Kreiskrankenhaus vorbei und biegen dann in die Heimstraße ein, wo Sie Ihr Auto parken können. Kurz vor der Biegung geht ein beschilderter Wanderweg links ab zum Brennermoor. Nach etwa 300 m erreicht man schließlich die Bohlenwege, die in das Salzmoor hineinführen. Die Wege sollten auf keinen Fall verlassen werden.

Route 2
Schleswiger Land

Ca. 300 km lang ist diese Tour durch die nördlichste Hügellandschaft Deutschlands. Sie beginnt bei den Fröruper Bergen 19 im nach seinen mageren Böden benannten »Lausangeln«. Dann geht es sogleich in das fruchtbare »Fettangeln« zur idyllischen Langballigau 21 und in den bizarren Gespensterwald der Geltinger Birk 22. Unter den zahlreichen Gewässern Schwansens und des Dänischen Wohlds sind der Wittensee 25, aber auch der Bültsee 26 und der Schwansener See 27 besonders reizvoll.

Streckenverlauf:

A 7 Hamburg–Flensburg Ausfahrt Tarp, auf der B 76 links zu den Fröruper Bergen 19; weiter auf der B 76 nach Flensburg, dann über Glücksburg auf die Halbinsel Holnis 20; zurück nach Glücksburg, dort links nach Ringsberg zur B 199 bis Langballig, dort links ab nach Langballigau 21; zurück zur B 199 und weiter Richtung Kappeln, bei Gelting links abfahren, rechts in Richtung Nieby, dann links zur Geltinger Birk 22; zurück zur B 199 und links bis Kieholm, dort links nach Maasholm 23; zurück auf die B 199 und bis Kappeln, dort rechts auf die B 201 bis Süderbrarup 24; weiter auf der B 201 bis Schleswig, dort auf die A 7 Anschluß Schleswig/Schuby in Richtung Neumünster bis Ausfahrt Rendsburg/Büdelsdorf, auf der B 203 über Holzbunge nach Sande am Wittensee 25; weiter auf der B 203 bis Eckernförde, dort links auf die B 76 in Richtung Schleswig und bald rechts ab bis vor Kosel zum Bültsee 26; zurück und in Eckernförde links auf die B 203 in Richtung Kappeln, bei Holz rechts ab zum Schwansener See 27; die B 203 wieder zurück bis Eckernförde, dort links auf die B 76 und bis nach Mövenberg, dann auf der B 503 bis zur Düne bei Noer 28; nun nach Osdorf, dort rechts nach Gettorf und südwärts über Quarnbek und Felde bis Westensee, nach 2 km rechts nach Emkendorf 29; weiter in Richtung Osterrönfeld nach Bokelholm 30; bei Schacht-Audorf fahren Sie dann auf die A 210 und beim Autobahnkreuz Rendsburg wieder auf die A 7.

Die Vogelwelt in den Feuchtgebieten an der Route läßt sich am besten im Frühjahr und im Herbst beobachten. Zeit zum Reisen sollte man mitbringen, denn die Straßen sind meist schmal und kurvenreich. Größere Wohnmobile und Caravangespanne kommen nur langsam voran, und in der Zeit der Feldarbeiten herrscht auf den Straßen ein reger landwirtschaftlicher Verkehr. In Flensburg, Glücksburg und den kleinen Seebädern findet jeder ein Restaurant und Hotel nach seinem Geschmack und Geldbeutel, während im Binnenland nur wenige Einkehr- und Übernachtungsmöglichkeiten vorhanden sind.

Route 2 Schleswiger Land

»Fettes« Land nach eisigen Zeiten

⑲ Fröruper Berge

Wie eine gewaltige Planierraupe wälzte sich vor rund 20000 Jahren eine Eiszunge quer über das Land südlich der Flensburger Förde, schob den ausgetauten Gesteinsschutt mit der Stirn vor sich her und türmte ihn am äußersten Eisrand zur Stauchendmoränen-Landschaft der Fröruper Berge auf. Was den am Rand des Treenetals gelegenen, knapp 50 m hohen Hügeln an Höhenmetern fehlt, machen sie durch ihr bewegtes Relief mit steilen Hängen und vielen abflußlosen Senken wett. Kein Wunder, daß sich hier mancher Norddeutsche ins Mittelgebirge versetzt fühlt. Denn wie dort tragen hier die vom Eis geschaffenen Hügel ein dichtes Waldkleid, überwiegend aus knorrigen Eichen, Buchen und Birken. In den Senken über ausgetauten Toteisblöcken liegen heute Hochmoore und Sümpfe, die im Sommer von Wollgräsern weiß getupft sind, und an trockeneren Stellen blüht hellrosa das Heidekraut.
Das Hinweisschild »Fröruper Berge« an der B 76 bei Tarp weist den Weg zum Zentrum des Naturschutzgebiets. Dort erwarten Sie ein Wanderparkplatz mit vier markierten, bis zu einer Stunde langen Rundwanderwegen sowie eine Freizeitanlage mit Grill und Kinderspielplatz.

⑳ Halbinsel Holnis

An stürmischen Tagen zeigt auch die sanfte Schwester der Nordsee, die Ostsee, ihre Zähne. Dann nagt sie an den Küstenvorsprüngen, an Halbinseln und Kaps, unterspült die Ufer und verwandelt sie im Laufe der Zeit in steile Kliffs. An der Nordseite der Halbinsel Holnis, die wie eine Barriere in die Flensburger Förde ragt, leisten Land und Wald dem Meer gemeinsam zähen Widerstand. Die Wurzeln der Bäume sind zum Teil unterspült. Uralte Buchen stehen wie tropische Mangroven auf ihren Wurzeln über dem Erdboden. An der Westseite ist der Angriff der Brandung besonders stark. Dort fällt das aus eiszeitlichen Sanden und Lehmen

<u>*Naturkunde in der Rumstadt*</u>

Der Ruhm, den Flensburg (zwischen ⑲ und ⑳) als Rum-Metropole Deutschlands genießt, geht noch auf dänische Tage zurück. Die Dänen führten zur Kolonialzeit den aus Zuckerrohr gebrannten Rum aus der Karibik in das Königreich ein. Im Naturwissenschaftlichen Heimatmuseum der Stadt spielt das zuckersüße tropische Rohr allerdings nur eine Statistenrolle. Im Mittelpunkt steht dort die heimische Flora, insbesondere die Flechten und Moose. Außerdem gibt das Museum mit Gesteinsproben, Karten und Bildern einen ausgezeichneten Überblick über die Landschaftsgeschichte Schleswig-Holsteins (geöffnet Di–Fr 10–13, 15–17 Uhr).

Schroff wie ein Burgwall fällt das Holniser Kliff zur Flensburger Förde hin ab, die bei ruhiger See ein Paradies für Segler und Surfer ist. Im Herbst und Winter aber fügen Sturmfluten den sandigen Steilküsten der Halbinsel Holnis oft schweren Schaden zu.

Die Knicks, dichte Wallhecken, sind zugleich Windschutz für Äcker und Lebensraum für viele Tierarten.

Im Land der Knicks
Mit dem artigen Hofknicks, der auch in Angeln ⑲–㉔ längst aus der Mode gekommen ist, haben die Knicks auch nicht das geringste zu tun. Die mit Hainbuchen, Hasel, Weißdorn, Schlehen und anderen Gehölzen bepflanzten Erdwälle gehen auf eine frühe Form der Flurbereinigung zurück – die sogenannte »Verkoppelung«, die im 18. und 19. Jh. stattfand. Damals wurden die Gemeinschaftsweiden der Dörfer in private Parzellen aufgeteilt und durch Knicks säuberlich voneinander getrennt. Die Wallhecken sind darüber hinaus ein ausgezeichneter Windschutz und einer der biologisch reichhaltigsten Lebensräume Deutschlands. Hier kommen etwa 7000 Tierarten vor, allein 1600–1800 in einem einzigen Knickbestand. Im Durchschnitt brüten ungefähr 30 Vogelpaare in einem Knick von 1 km Länge.

aufgebaute Kliff steil zur Innenförde hin ab. Aus den Löchern im Steilufer ist von Mai bis Juli Vogelgezwitscher zu hören. Hier brüten Uferschwalben, die am Holnis-Kliff eine ihrer größten Brutkolonien an der deutschen Ostseeküste haben. Der Weg, der vom Parkplatz am Ende der Straße von Glücksburg nach Holnis (über 1,5 km) zur Westseite der Halbinsel führt, findet auf dem schmalen Strand am Fuß des Kliffs kaum Platz.

㉑ Langballigau

Das südliche Ufer der Flensburger Förde ist – wie übrigens nahezu die gesamte deutsche Ostseeküste – eine sanft geschwungene Ausgleichsküste. »Ausgleich«, das klingt verdächtig gleich und eintönig, das Gegenteil ist jedoch der Fall: Alles ist hier in Bewegung. Die Ostsee gleicht die unruhige Küstenlinie aus und schneidet vorspringende Sporne ab, die als Steilufer zurückweichen. Buchten und Förden werden dagegen durch Strandwälle vom Meer getrennt: Es entstehen Noore. Ihr Name leitet sich vom Dänischen ab und bedeutet soviel wie »eng« – ein Hinweis auf die oft noch vorhandenen, schmalen Wasserverbindungen. Mindestens ebenso vielgestaltig ist auch das Hinterland mit seiner Knicklandschaft: Felder, Bachtäler, Wiesen und kleine Wälder werden durch langgezogene Feldgehölze voneinander getrennt.
Besonders schön ist das Tal der Langballigau, das sich zwischen Moränenhügeln hindurchschlängelt und in einem kleinen Noor endet. Der Boden an den steilen, von Laubmischwäldern bedeckten Talhängen ist im Frühjahr von einem bunten Blumenteppich überzogen. Im Talgrund liegen Moorwiesen, Bruchwälder und Schilfröhrichte.
Sie erreichen das Tal, wenn Sie in Langballig von der B 199 nach Langballigau abfahren. Parken können sie am Hafen oder beim Campingplatz am östlichen Ufer der Langballigau. Von dort führt ein 5 km langer Wanderweg talaufwärts nach Knoes und Unewattholz (Hinweisschilder!).

㉒ Geltinger Birk

Der vom Westwind geschorene Eichenwald am östlichen Ufer der Geltinger Bucht scheint sich mit aller Kraft am Erdboden festzuklammern, die verkrüppelten Baumkronen sind weit zur windabgewandten Seite umgebogen. Gespensterwald heißt das bizarre Gehölz bei den Einheimischen. Die Vögel, die im Naturschutzgebiet Geltinger Birk an der Flensburger Außenförde brüten und rasten, lassen sich von der gespenstischen Szenerie nicht stören. Insgesamt wurden hier schon über 150 Vogelarten

Der schilfumwachsene kleine See im Tal der Langballigau bietet vielen Sumpf- und Wasservögeln Schutz. Vom Campingplatz aus führt ein Wanderweg weiter in das einsame Tal mit seinen Mooren, Feuchtwiesen und Bruchwäldern hinein.

beobachtet. Etwa die Hälfte davon zieht in diesem Gebiet den Nachwuchs auf. Laut tönt es aus dem Schilfröhricht, wenn sich die Rohrweihe beim Brüten behelligt fühlt. Die Graugans, die ihr Nest auf großen Schilfhaufen baut, versucht Störenfriede mit aufgeregtem Schnattern zu vertreiben. Zu Tausenden fallen im Herbst die Eiderenten auf den von Tümpeln und Wasserläufen durchzogenen Salzwiesen ein, um sich mit Muscheln und Schnecken für den Winter zu stärken.
Der Weg zur Geltinger Birk zweigt in Gelting von der B 199 ab. Fahren Sie zunächst in Richtung Nieby und folgen Sie dann dem Hinweisschild »Zur Birk«. Die schmale Straße endet an einem Parkplatz in der Nähe der 1794 erbauten Windmühle »Charlotte«. Von dort führt ein 3 km langer Wanderweg am Gespensterwald vorbei zum »Birk-Nack«.

23 Vogelschutzgebiet Oehe-Schleimünde

Die durch eine sandige Nehrung bis auf einen schmalen Durchlaß von der offenen See abgeschnürte Schleimündung ist eines der bedeutendsten Seevogelschutzgebiete Norddeutschlands. Es wird vom Verein »Jordsand« betreut, der hier ein Informationszentrum eingerichtet hat (Führungen April–Sept. Di–So 10 Uhr, März nur am Wochenende; das Schutzgebiet ist ausschließlich im Rahmen der Führungen zugänglich).
Vom Parkplatz an der Bushaltestelle in Exhöft (Ortsteil von Maasholm) erreicht man das Informationszentrum zu Fuß nach 2 km. Sie gehen über die bundeswehreigene Straße und den Deichweg. In den Schilfdickichten und Dünen, Salzwiesen und Nooren sowie auf der Lotseninsel brüten Sturmmöwen, die man an ihren gelblichgrünen Schnäbeln und Beinen erkennt. Singschwäne und Pfeifenten sind in großen Schwärmen an der Schleimündung zu Gast. Seit einigen Jahren kommen auch wieder Kormorane von den dänischen Inseln herüber, um in dem seichten Gewässer zu fischen.

24 Os bei Süderbrarup

»Der Gletscher hat gekleckert«, so kurz und salopp versuchte einmal ein Geologe zu erklären, wie ein Os entsteht. Diese Wallberge, die oft eine verblüffende Ähnlichkeit mit Eisenbahndämmen haben, kommen in Skandinavien, aber auch in Mecklenburg recht häufig vor. Der Heidberg am nördlichen Ortsrand von Süderbrarup steht unter Naturschutz. Deshalb ist der knapp 5 m hohe und 300 m lange Wallberg beinahe unversehrt erhalten geblieben. Er gehört zwar zu den kleineren Vertretern

Einfach, aber genial: ein Heringszaun. In Kappeln ist die traditionelle Fangmethode erhalten geblieben.

<u>*Der kürzeste Weg in die Bratpfanne*</u>
Je kleiner die Fischschwärme in den Meeren werden, um so aufwendiger wird die Technik des Fischfangs. Früher, als es noch Fische im Überfluß gab, war das ganz einfach: Man setzte einen reusenartigen Zaun aus Weidengeflecht in eine Wasserstraße und wartete am Ufer in aller Ruhe ab, bis die Fische bei ihren Wanderungen zu den Laichgewässern in die Falle gingen. In Kappeln an der Schlei (zwischen 23 und 24) ist mit dem »Heringszaun« diese traditionelle Art zu fischen erhalten geblieben. Alljährlich im Frühjahr, vier Tage lang ab Himmelfahrt, feiert die Stadt die Kappelner Heringstage, natürlich mit »Hering satt« und der »Heringswette«, bei der prominente Gäste das Gewicht der vollen Netze erraten müssen.

Eine von vielen alten Windmühlen an der Flensburger Förde: die Mühle »Charlotte« in der Geltinger Birk, die früher zur Entwässerung eingesetzt wurde.

Der »kleine Harz«
Die Schleswiger sind bescheidene Leute. Dem Beispiel ihrer holsteinischen Landsleute folgend, hätten sie die Endmoränenlandschaft um den Westensee und den Wittensee (25) durchaus »Schleswigsche Schweiz« nennen können, sie wagten indes nur den Vergleich mit dem Harz, was bei Gipfelhöhen von 106 m (Scheelsberg) auch angemessener erscheint. Zwei Naturparks wurden seit 1970 im Schleswiger Hügelland eingerichtet: der 270 km² große Naturpark Hüttener Berge und der Naturpark Westensee mit 250 km² Fläche. Beide Gebiete liegen im Grenzsaum zwischen dem Jungmoränengürtel und den im Westen vorgelagerten Sandern und Mooren. Entsprechend vielseitig sind Landschaftsformen, Pflanzen- und Tierwelt.

Weidmannsheil: das Vogelschießen
In einem Land, das eine so reiche Vogelwelt besitzt wie Schleswig-Holstein, hat die Vogeljagd eine lange Tradition. Beim traditionellen Vogelschießen, das im Mai und Juni in den Dörfern rund um den Wittensee (25) stattfindet, fließt allerdings kein Blut mehr – es sei denn das eines ungeschickten Schützen. Statt auf echte Enten, Gänse oder Schnepfen wird auf hölzerne Vögel geschossen, mit Gewehren oder, stilechter, mit der Armbrust. Dem Schützenkönig winkt ein Orden als Trophäe. Oft ist das Vogelschießen mit einem Kinderfest verbunden.

seiner Art, ist jedoch mit seinem an den trockenen, ausgelaugten Sandboden angepaßten Pflanzenkleid in den moorigen Wiesen nicht zu übersehen. Besonders eindrucksvoll hebt er sich im Mai und Juni aus seiner Umgebung hervor, wenn ihn der Besenginster mit seinen goldgelben Blüten einhüllt.
Fahren Sie in Süderbrarup zunächst in Richtung Norderbrarup, am Ortsende dann links ab in den Heidbergweg bis zum Bahnübergang. Dort zweigt rechts ein Feldweg ab, der nach 150 m zum Heidberg führt.

(25) Wittensee

Ein Paradies für Wassersportler liegt direkt an der B 203 von Rendsburg nach Eckernförde: In oder auf dem rund 10 km² großen Wittensee kann man schwimmen, segeln, surfen und in kalten Wintern sogar eissegeln. Angler werden vom Fischreichtum des Gewässers angezogen. Die verschilften Ufer im Südwesten zwischen Bünsdorf und Sande sind indessen Schutzgebiet für Wasservögel. Naturfreunde, die auch auf ein Bad im See nicht verzichten wollen, sollten den Parkplatz an der Nordwestecke des Sees bei Sande ansteuern. Sie biegen von der B 203 in Richtung Bünsdorf ab und nach 500 m links in die Straße nach Sande ein. Am Ortseingang zweigt eine Straße links zum Parkplatz ab. Von hier führt ein Weg 500 m weit am Ufer entlang. Mit dem Fernglas können Sie Kormorane beobachten. Geologisch gesehen ist der Wittensee das Lehrbuchbeispiel eines Zungenbeckensees, der wie andere während der jüngsten Eiszeit geschaffen wurde. Die Erdmassen, die von der eiszeitlichen Gletscherzunge aus dem Untergrund geschürft wurden, türmen sich heute südwestlich des Wittensees als Stauchwälle zu den Duvenstedter Bergen auf.

(26) Bültsee

Ein Winzling unter den Seen Schleswig-Holsteins und doch ein ganz besonderes Gewässer ist der Bültsee. Er hat weder Zu- noch Abfluß und wird ausschließlich vom Grundwasser und vom Regen gespeist. Gemes-

Mitten im Naturpark Hüttener Berge liegt der fischreiche Wittensee, ein ideales Gewässer für Angler, Surfer und Segler.

sen an den anderen Seen im Jungmoränengebiet ist sein Wasser relativ kalk- und nährstoffarm. Ein solcher See ist ein Refugium für die »Asketen« unter den Pflanzenarten, so z.B. den sehr seltenen Pillenfarn oder den Strandling. Bei üppiger Nährstoffversorgung würden diese Hungerkünstler von anderen Arten buchstäblich überwuchert und verdrängt werden. Früher waren in dem 0,2 km^2 großen See etwa 200 Pflanzenarten beheimatet – für die kleine Fläche eine ungewöhnlich große Zahl. Inzwischen sind die seltensten Arten verschwunden, und andere kämpfen bereits ums Überleben. Der Grund: Von den umliegenden Feldern werden Dünger und Pestizide durch Wasser und Wind in den See verfrachtet.
Einen kurzen Blick auf das bedrohte Gewässer bietet die Straße, die von der B 76 nach Kosel führt. Wer sich den Bültsee genauer anschauen möchte, sollte in Kosel rechts nach Gammelby abbiegen, das Auto an der Straße Schmiederedder stehen lassen und 1 km weit auf dem Feldweg zum Seeufer wandern.

Am Schwansener See kann man zur Balzzeit im Frühjahr Kampfläufermännchen mit ihrer stolz gespreizten Halskrause beobachten.

27 Schwansener See

Der größte Strandsee Schwansens, der Schwansener See, wird durch einen bis zu 150 m breiten Strandwall aus Feuersteingeröll von der Ostsee getrennt. Wenn draußen auf dem Meer die Stürme toben, bietet er sich als Rückzugsgebiet für See- und Wasservögel an. Hier kann man den schwarzweiß gefiederten Säbelschnäbler, den zur Balzzeit mit auffälliger Halskrause und Ohrbüscheln imponierenden Kampfläufer und auch die Löffelente beobachten. Mit ihrem löffelförmigen Schnabel seiht sie kleine Tiere und Pflanzenreste aus dem Wasser. Halten Sie bitte eine gebührende Entfernung ein, denn der Strand vor dem See ist von April bis September als Brutgebiet gesperrt. Das Vogelkundliche Museum im benachbarten Dörphof ist eine interessante Ergänzung zu den Beobachtungen im Gelände (geöffnet Mai–Sept. tägl. 10–12, 14–18 Uhr; Okt.–April nur am Wochenende). Lassen Sie das Auto am »Fischerhaus« stehen, und gehen Sie auf der Straße 300 m zurück bis zur Abzweigung

Impressionen aus dem nördlichsten Naturpark Deutschlands, den Hüttener Bergen zwischen Schleswig und Kiel: In weiten, klaren Formen liegt das Land vor dem Besucher, und frische Brisen treiben Wolkenfelder von der Ostsee heran.

Mit etwas Glück entdeckt man bei den Bokelholmer Fischteichen das seltene, rotblühende Blutauge.

Die fleischrote Glockenheide wird oft mit dem lilafarbenen Heidekraut verwechselt.

Wie rote Seide glänzen die vier Blütenblätter des Sandmohns, der auf sandigen Äckern wächst.

des Wanderwegs nach Damp. Er führt nach 600 m zum Deich. Bis zum Schwansener See gehen Sie dann nochmals 800 m nordwärts den Strand entlang.

28 Düne bei Noer

Nach hohen Dünen wie auf Sylt oder Amrum werden die Urlauber an der schleswig-holsteinischen Ostseeküste vergeblich Ausschau halten. Die Winde, die die Sandmassen zusammenfegen, wehen an der Nordsee vorwiegend aus westlichen Richtungen, also meist landeinwärts, an der Ostseeküste dagegen vom Land zum Meer. Deshalb können sich hier keine Dünen bilden. Eine Ausnahme ist die rund 1 km lange und einige Meter hohe Düne am Südufer der Eckernförder Bucht, die Sie über eine Stichstraße erreichen, die 2 km östlich von Noer zum Campingplatz Grönwohld hinunterführt. Der vom Wind zerzauste, niedrige Eichen-Buchen-Wald auf den Sandhügeln bei Noer ist ein im Laufe von Jahrhunderten natürlich gewachsener Wald. Besucher müssen sich leider mit einem Blick von der Strandseite her in den urigen Wald begnügen, denn das Naturschutzgebiet ist eingezäunt und darf nicht betreten werden. Versteckt zwischen Bäumen und Büschen brüten hier verschiedene Vogelarten, darunter die Brandgans mit ihrem rostrotem Brustband und der Mittelsäger mit seiner zottigen Haube. Ein Fernglas ist empfehlenswert.

29 Methorst- und Rümlandteich

Zu den rund 300 Seen Schleswig-Holsteins kommen noch einige hundert Teiche, die ihrerseits zusammengenommen einen stattlichen See von über 16 km^2 Fläche bilden würden. Viele Teiche wurden schon vor Jahrhunderten zur Fischzucht angelegt. Sie fügen sich nahtlos in die Jungmoränenlandschaft ein und sind gewissermaßen ein Stück Natur aus Menschenhand – mit Karpfen, Regenbogenforellen, Hechten und Schleien.

Zwei sehr schöne Teiche, der Methorst- und der Rümlandteich, liegen in der Nähe des Gutes Emkendorf. Fahren Sie von Emkendorf auf der Landstraße in Richtung Haßmoor. Am Ortsrand von Diekendörn zweigt links ein Waldweg zu einem Parkplatz ab. In weniger als 15 Minuten wandern Sie von dort aus auf markierten Wegen zu den Teichen.

Aus dem einst zur Fischzucht angelegten Methorstteich ist inzwischen ein malerischer See mit verträumten Ufern geworden.

30 Bokelholmer Fischteiche

Gleich am Ortseingang von Bokelholm biegen Sie links in die Süderstraße ein und fahren in Richtung Klein-Vollstedt. Nach 1,5 km erreichen Sie die Bokelholmer Fischteiche. Die Straße führt durch das Naturschutzgebiet; markierte Wanderwege oder Parkplätze gibt es nicht. Purpurrotes Blutauge, rosablühende Schwanenblume, dunkelroter Sandmohn, blauer Teufelsabbiß, fleischrote Glockenheide, blaßviolettes Sumpfveilchen und mindestens 250 weitere Arten von Blütenpflanzen gedeihen hier. Bleiben Sie daher bitte auf den Wegen. Pflanzenkenner ahnen bei den genannten Arten schon, wie vielseitig die Lebensbedingungen in dem zu Beginn dieses Jahrhunderts angelegten Teichgebiet für die Flora und Fauna sind. Offene Wasserflächen wechseln mit Schilfröhrichten, Mooren, Sümpfen, Trocken- und Feuchtheiden, Magerrasen und Birkenwäldern ab. Alljährlich im Frühjahr beginnt hier die große Völkerwanderung der Kröten und Frösche zu ihren Laichplätzen.

Schätze aus Mooren, Marschen und Moränen

Vom Bültsee 26 sollten Sie unbedingt einen Abstecher von etwa 15 km einplanen: Das Archäologische Landesmuseum in Schleswig besitzt die größte prähistorische Sammlung in Deutschland. Sie ist im Schloß Gottorf untergebracht und soll ab Ostern 1991 gezeigt werden. Neben der Rentierjägerkultur wird vor allem die Landschaftsgeschichte der Nordseeküste mit Grabungsfunden aus dem Wattenmeer und den Marschen dokumentiert. Die Nydamhalle beherbergt Moorfunde aus der Eisenzeit und mit dem berühmten Nydamboot aus dem 4. Jh. n. Chr. das älteste seetüchtige Fahrzeug Nordeuropas (alle weiteren Ausstellungen des Museums: April–Okt. Di–So 9–17, Nov.–März Di–So 9.30–16 Uhr geöffnet).

Das Nydamboot ist neben anderen Moorfunden im Schloß Gottorf zu sehen.

Die Bokelholmer Fischteiche, aus einem abgetorften Moor entstanden, verlanden bereits wieder. In dem Naturschutzgebiet mit seinen vielfältigen Lebensräumen findet man eine außergewöhnlich artenreiche Tier- und Pflanzenwelt.

3 Mecklenburgische Ostseeküste

Kreideklippen und Bernsteinstrand

Skandinavische Gletscher, das Vordringen des Meeres und die unaufhörliche Arbeit der Brandung haben die Ostseeküste wie hier am Kap Arkona auf Rügen geformt. Sie schufen Landschaftsbilder, deren eigenartiger Reiz sich aus dem raschen Wechsel von Flach- und Steilufern ergibt: hohe Kreidefelsen und endlose Sandstrände; wilde, fast senkrecht abfallende Küsten und stille Wasser hinter Dünenwällen, die oft ganze Meeresbuchten von der offenen See abtrennen. Einsame Abschnitte mit Wanderpfaden, die durch windzerzauste Buchen- und Kiefernwälder zu abgelegenen Vogelkolonien oder einzigartigen Aussichtspunkten führen, wechseln ab mit belebten Badestränden. Die buchtenreiche Inselwelt entlang der Küste zwischen Wismar und Wolgast inspirierte Maler und Dichter, sie fasziniert auch heute gleichermaßen Naturliebhaber und Sonnenanbeter.

Lage Zwischen Lübecker Bucht im Westen und Stettiner Haff im Osten, im Süden begrenzt durch das Gebiet Mecklenburgische Seenplatte
Ausdehnung West–Ost ca. 230 km; Nord–Süd ca. 40 km
Land Mecklenburg-Vorpommern
Höchste Erhebungen Piekberg 161 m, Diedrichshäger Berg 129 m
Wichtigste Flüsse Stepenitz, Warnow, Recknitz, Peene und Uecker
Landschaftsformen Von der Ostsee überflutete Jungmoränenlandschaft, hohe Steilufer und breite Sandstrände, viele Inseln, oft durch Strandhaken verbunden, und Boddengewässer; mit Ausnahme weniger steilhügeliger Endmoränen und der Kreideküste Rügens eine flachwellige bis ebene Grundmoränenlandschaft
Nationalparks Nationalpark Vorpommersche Boddenlandschaft; Nationalpark Jasmund
Information Kurverwaltung Ahrenshoop, Kirchnersgang 1, O-2593 Ahrenshoop, ☎ 0037 8258/2 34 (Ortsnetz Wustrow); Greifswald-Information, Schuhagen 126, O-2200 Greifswald, ☎ 0037 8 22/34 60; Kurverwaltung Putbus/Rügen, Orangerie, O-2353 Putbus, ☎ 0037 8 27 91/ 4 31; Rostock-Information, Schnickmannstr. 13/14, O-2500 Rostock, ☎ 0037 81/2 52 60; ReiseWelt, Europäisches Reisebüro, Alter Markt 10, O-2300 Stralsund, ☎ 0037 8 21/25 14 (Zimmernachweis); Wismar-Information, Stadthaus am Markt, O-2400 Wismar, ☎ 0037 8 24/29 58; ReiseWelt, Europäisches Reisebüro, Karl-Marx-Str. 12, O-2238 Zinnowitz, ☎ 0037 82 67/20 38 oder 22 96

Spaziergang an der Bernsteinküste

Strandwanderungen lohnen sich in Mecklenburg fast immer: Bleigrau oder türkisfarben und glatt liegt die Ostsee an ruhigen Sommertagen da, im Winter türmen sich mächtige Eisschollen am Ufer, und wild und grün zeigt sich das Meer im Herbst und Frühjahr. Viele bunte Granitkiesel werden dann angespült. Dazwischen liegen dunkelblaue Feuersteinknollen, die beim Anschlagen Funken sprühen. Mit viel Glück findet man im Strandgut sogar den Edelstein des Baltikums, den honigfarbenen Bernstein. In diesem fossilen Harz von Kiefern und Fichten der Tertiärzeit sind manchmal sogar Käfer und Fliegen eingeschlossen. So wie jede Jahreszeit der Küste Mecklenburgs ein anderes Gesicht verleiht, so erscheint auch ihre Vielfalt selbst unerschöpflich: Steilküsten wie beim Ostseebad Nienhagen ❸ wechseln mit flachen Nehrungen – schmalen Streifen aus Sand und Schlick, die ursprünglich voneinander getrennte Inseln verbinden; so z.B. die Schaabe auf Rügen ⓰: ein traumhafter Badestrand aus feinem, weißem Sand, der sich zwischen den früher getrennten Inseln Wittow und Jasmund erstreckt. Wenige Kilometer entfernt umrahmen herrliche Buchenwälder bizarre, weiße Kreidefelsen: Der Königsstuhl ⓮ bei Saßnitz ist durch die Gemälde Caspar David Friedrichs weltberühmt geworden. Für Vogelfreunde interessant sind die Inseln, die an flachen Küstensäumen wie im Usedomer Achterwasser nur um wenige Meter den Wasserspiegel überragen. Abertausende von Möwen brüten dort.

Spielball der Ostsee

Die mecklenburgische Küste ist jung – genauso jung wie auch die Ostsee, die in ihren heutigen Umrissen erst in den letzten 7000 Jahren entstanden ist. Nach dem Abschmelzen der nordischen Eismassen bildete sich ein riesiger Eis-Stausee, der nur über Kattegat und Skagerrak Verbindung zum offenen Ozean bekam. So erklärt sich der geringe Salzgehalt der Ostsee. In mehreren Meerestransgressionen wurden die eiszeitlichen Ablagerungen allmählich überflutet. Dort, wo das Eis Skandinaviens wellige Grundmoränen hinterließ, ist das entstanden, was die Einheimischen als Bodden bezeichnen: flache Meeresbuchten mit unregelmäßigem Umriß. Die größte unter ihnen ist der Greifswalder Bodden (zwischen ❾ und ⓫). Wo die Gletscher steilhügelige Endmoränenstaffeln hinterließen oder ihre Sedimente auf oder zwischen den hochgestellten Kreideschichten ablagerten, ragen heute die steilen Inselkerne von Hiddensee, Rügen und Usedom aus der Ostsee her-

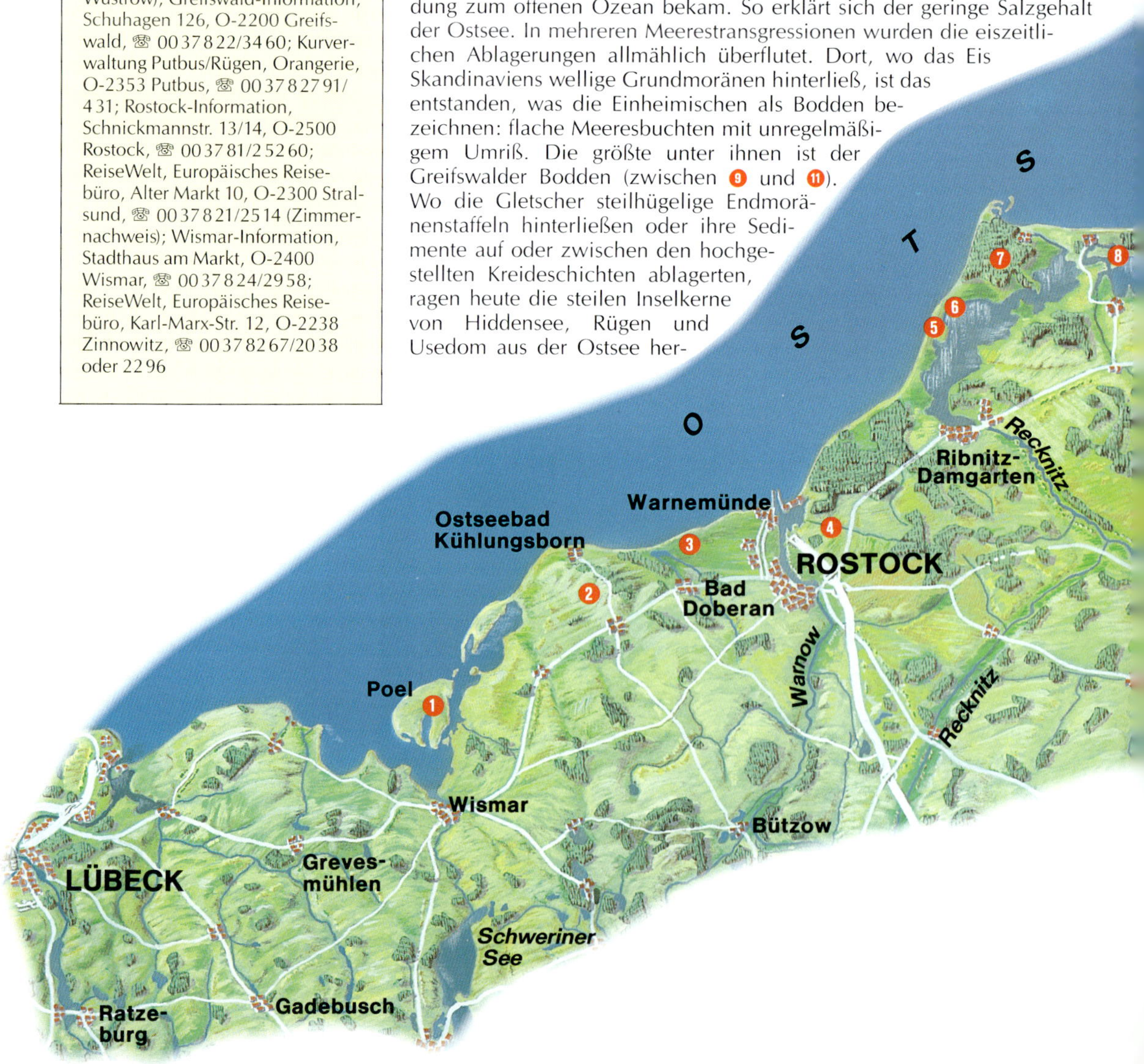

aus, für das Meer eine Modelliermasse aus Sand, Geröll, mannshohen Findlingen und harten Kreidepfeilern. Und die Ostsee begann zu sortieren: Moränenhügel und Kliffs wurden von der Brandung angeschnitten und unterhöhlt, Steilufer entstanden, und das grobe Geröll blieb davor auf kilometerlangen Blocksteinstränden liegen. Feiner Sand wurde von Meeresströmungen jedoch weiter transportiert und in langen Nehrungshaken wieder angespült. Ganze Meeresbuchten wie das Stettiner Haff wurden so von der See fast abgeschnürt. Solche Brackwasserseen werden von Fachleuten allgemein als Haff bezeichnet. Und die Ostsee formt die Küste Mecklenburgs unaufhörlich weiter. Nach wissenschaftlichen Untersuchungen beträgt der jährliche Küstenrückgang im Durchschnitt 20–40 cm. Unübersehbare Zeugen älterer geologischer Epochen sind die Kühlung 2, ein Höhenzug zwischen dem Ostseebad Kühlungsborn und Kröpelin, und die imposanten Kreidefelsen auf Rügen (zwischen 13 und 14). Hier trafen die Gletscher auf die Ablagerungen der Kreide. Durch den Druck und die dauernden Bewegungen des Eises wurden sie hochgeschoben und mehrfach gefaltet. Eine artenreiche, kalkliebende Flora hat sich auf diesen exponierten Hängen angesiedelt. So gedeihen in den lichten Buchenwäldern nicht weniger als 19 Orchideenarten, aber auch Farne, Riesenschachtelhalme, das »fleischfressende« Fettkraut und vieles mehr.

Dicht an dicht stehen hochstämmige Buchen auf einer Grundmoräne an der Steilküste bei Nienhagen: Weil durch das Laub kaum Licht bis zur Erde dringt, gibt es hier im Sommer nur wenig Bodenbewuchs.

Mit Ziegeln hoch hinaus

Wo nur Lehm, Sand und Geröll den Untergrund bilden, gibt's wenig Steine zum Bauen. Das merkten schon die Steinzeitmenschen, als sie ihre kultischen Grabanlagen errichteten. Für die mächtigen Hünengräber, die vor rund 3000 Jahren an der Ostseeküste entstanden, schleppten

unsere Ur-Urahnen viele Tonnen schwere Findlinge mehrere Kilometer weit und montierten sie paßgenau zu Wänden und Decken. Als Hilfsmittel dienten nur Baumstämme, die als Rollen und Hebebäume verwendet wurden. Eines der spektakulärsten Hünengräber liegt gut sichtbar bei Lancken-Granitz ⓬, südlich der B 196. Die reichen Tonvorkommen Mecklenburgs wurden erst seit dem Mittelalter zu Ziegelsteinen gebrannt: ein vielverwendeter Baustoff, der die Architektur bis vor kurzem noch nachhaltig bestimmte. Höhepunkt im wahrsten Sinne des Wortes ist die sogenannte Backsteingotik der ehemals reichen Hansestädte Wismar, Rostock, Stralsund, Greifswald und Wolgast. Dort, aber auch in vielen Kleinstädten, ragen die Türme der roten Backsteinkirchen hoch empor, weithin sichtbare Landmarken in der flachhügeligen Landschaft.

Windflüchter und Sonnensucher

»Windflüchter« nennt man auf dem Darß ❼, einer Halbinsel nordöstlich von Rostock, die tiefgebeugten, vom Sturm niedergedrückten Bäume an der Küste. Sie waren das Motiv zahlreicher Künstler, die sich um die Jahrhundertwende in den Fischerdörfern Ahrenshoop und Prerow niederließen. Maler und Dichter aus ganz Deutschland kommen schon lange an die mecklenburgische Ostseeküste. Caspar David Friedrichs Ruhm ist untrennbar mit den Kreidefelsen auf Rügen verbunden. Gerhart Hauptmann besaß ein Ferienhaus in Kloster auf Hiddensee und wurde 1946 auf dem Inselfriedhof bestattet.

Auch auf weniger prominente Besucher übt die herbe Küste eine geradezu magische Anziehungskraft aus. Bereits 1793 entstand in Heiligendamm das älteste deutsche Seebad. Während die adligen Kurgäste damals ihr »Seewasser-Wannenbad« schamhaft hinter verschlossenen Türen nahmen, trifft man heute die Sonnenanbeter häufig hüllenlos am Strand, windgeschützt hinter Sandburgen liegend.

Route 1 Mecklenburger Bucht

Den Windflüchtern auf der Spur

❶ Insel Poel

Sanfte Hügel, landwirtschaftliche Flächen und weite Verlandungszonen prägen das Bild der rund 37 km^2 großen Insel. Sie ist ein wichtiges Naherholungsgebiet der Stadt Wismar und von dort mit dem Schiff oder auf einem Damm von Groß Strömkendorf aus erreichbar. Besucher, die sich von der Insel und dem sie umgebenden Festland zuerst einen Überblick verschaffen möchten, spazieren zum Kickelberg; er liegt 1,5 km westlich des Hauptorts Kirchdorf und bietet trotz einer Höhe von nur 26 m bei klarem Wetter eine Sicht, die von der Halbinsel Wustrow im Nordosten bis nach Wismar im Süden reicht. Von Kirchdorf können Sie außerdem einige reizvolle Stellen der Insel mit dem Wagen erkunden. Zunächst fahren Sie nach Timmendorf in südwestliche Richtung. Am Ortseingang biegen Sie links auf einen befestigten Feldweg ab, der Sie über Hinterwangern zum Strandparkplatz am Faulen See bringt. Im Westen zerstört die Brandung allmählich die ca. 12 m hohe, zerklüftete

Blick auf den Hafen von Kirchdorf auf Poel: Die Insel kann man per Schiff oder über einen Damm auch mit dem Auto erreichen.

Eine technische Rarität: die Kleinbahn »Molli« mit 90 cm Spurweite.

Ein Park bildet die Kulisse für Bad Doberans Wahrzeichen, die Klosterkirche.

Kopfsteinpflaster wie hier bei Kühlungsborn lädt zum Langsamfahren ein.

Mit der »Molli« nach Heiligendamm

Schnaufend und prustend dampft die »Molli« durch Bad Doberan. Die Schmalspur-Dampfbahn, die den Strand des Ostseebads Heiligendamm mit dem Kurort Bad Doberan verbindet, fährt seit 1886 wie eine Straßenbahn durch die Stadt, aus der Herzog Friedrich Franz I. von Mecklenburg um 1800 ein Vergnügungsparadies mondänen Zuschnitts gemacht hat. Doberan, das bis dahin nur über ein Zisterzienserkloster verfügte, erhielt damals ein Spielkasino und die erste deutsche Pferderennbahn – ein wahres »Sündenbabel« also im Vergleich zur »Weißen Stadt am Meer«, dem 7 km entfernten Heiligendamm, das 1793 ebenfalls vom Mecklenburger Herzog gegründet wurde. Diese fürstliche Badeanstalt mit »Seewasser-Wannenbädern« nahm in den folgenden Jahrzehnten einen geringeren Aufschwung als die benachbarten Orte. Seit 1910 dampft die »Molli« deshalb weiter zum Ostseebad Kühlungsborn (zwischen ❷ und ❸); Abfahrt im Sommer stündlich vom Doberaner Bahnhof, Fahrzeit Doberan–Kühlungsborn 45 Minuten.

Steilküste. Das Material wird durch die Strömung nach Süden transportiert und dort abgelagert. Als neue Sandbank wächst der Rustwerder Haken immer weiter. Noch ragt das Neuland wenig über den Wasserspiegel heraus. Nur salzliebende Gräser wie der Strandschwingel gedeihen dort. Am nordöstlichen Ende der Insel, wenige hundert Meter vor dem Gollwitzer Ufer, liegt die Vogelschutzinsel Langenwerder. Das Betreten ist verboten, aber von Gollwitz können Sie mit dem Fernglas das Treiben von Küsten- und Zwergseeschwalben, von Schwarzkopfmöwen und von Tausenden Lach- und Sturmmöwen beobachten.

2 Kühlung

Ob die dichten, kühlen Wälder Pate gestanden haben oder ob der Name des auffälligen Höhenzugs sich von den vielen Kuhlen in der Landschaft herleitet, liegt im dunkeln. Jedenfalls handelt es sich bei der Kühlung um

Route 1
Mecklenburger Bucht
Die rund 160 km lange Route führt meist über schlechte Landstraßen, für die Sie einen erhöhten Zeitaufwand einplanen sollten. Vom Ausgangspunkt Wismar geht es entweder mit den Schiffen der »Weißen Flotte« oder nördlich über Groß Strömkendorf auf die Insel Poel 1, dann vorbei an traditionsreichen Seebädern wie Kühlungsborn und Warnemünde zu der langgestreckten Halbinselkette Fischland, Darß 7 und Zingst 8 im Osten.
Streckenverlauf:
Von Wismar nördlich über Müggenburg und Redentin bis nach Groß Strömkendorf, dann links ab nach Kirchdorf auf der Insel Poel 1; zurück nach Groß Strömkendorf und links über Blowatz und Boiensdorf nach Neubukow, wieder links über Bastorf zum Ostseebad Kühlungsborn und rechts ab zum Diedrichshäger Berg 2; über Ostseebad Kühlungsborn-Ost weiter zum Ostseebad Heiligendamm, dort zunächst am Strand entlang über Börgerende nach Rethwisch, dann links ab zum Ostseebad Nienhagen mit dem Gespensterwald 3; weiter nach Warnemünde, dort mit der Autofähre über die Unterwarnow (Überfahrt 15 Minuten) nach Markgrafenheide und Hinrichshagen, nun rechts nach Mönchhagen 4; zurück nach Hinrichshagen und erneut Richtung Küste über das Seeheilbad Graal-Müritz nach Klockenhagen, links ab über das Ostseebad Dierhagen zur Kliffranddüne 5 und zum Stechpalmenwald beim Ostseebad Ahrenshoop 6; weiter über Wieck zum Ostseebad Prerow 7 auf der Halbinsel Darß und von dort zum Ostseebad Zingst mit seinen bedeutenden Vogelschutzgebieten Oie und Kirr 8. Der westliche Teil der Mecklenburger Ostseeküste wurde schon vor über 100 Jahren für den Fremdenverkehr erschlossen. Traditionsreiche Hotels befinden sich daher im Ostseebad Kühlungsborn, aber auch in Warnemünde und Rostock.

Arktisches im Rostocker Zoo
Rostock ist bärenstark. Den Eindruck gewinnt man jedenfalls im Zoologischen Garten der Hansestadt, die von Mönchhagen ❹ aus schnell zu erreichen ist. Seit Jahren werden dort neben Eisbären weitere Tiere polarer Regionen gezüchtet. Pinguine, Robben, nordische Gänse und Enten tummeln sich in großzügigen Tiergehegen. In einem eigenen Haus sieht man die drei großen Menschenaffenarten Orang-Utan, Schimpanse und Gorilla. Sehenswert ist auch das Vogel-Reptilienhaus mit den seltenen Doppelhornvögeln. Hinzu kommt ein bedeutendes Gestüt für Vollblut-Araberpferde und Shetlandponys. Ursprünglich war der Zoo ein »Hirschgarten«, in dem um die Jahrhundertwende viele exotische Baumarten gepflanzt wurden. Bereits neben dem Haupteingang (Tiergartenallee) überrascht ein Riesenmammutbaum mit 5 m Stammumfang die Besucher (1. Okt.–15. April 9–16, 16. April–30. Sept. 9–17, in den Monaten Juli und August 9–18 Uhr geöffnet).

einen sogenannten Stauch-Endmoränenzug. Geballte Gletscherkräfte hinterließen hier mehr als 100 m mächtige Geschiebemergel und Sande, die mit dem 129 m hohen Diedrichshäger Berg ihren höchsten Punkt erreichen. Umfassend ist die Aussicht von diesem zweithöchsten Berg an der mecklenburgischen Küste, den Sie erreichen, wenn Sie vom Ostseebad Kühlungsborn 4 km auf der Landstraße Richtung Kröpelin fahren. Vom Parkplatz beim »Kühlungshotel« gehen Sie auf der Straße zu Fuß weiter. Unmittelbar in der scharfen Rechtskurve hinter der Gaststätte führt ein Wanderweg rechts auf verschlungenen Pfaden durch hohen Buchenwald und wild zerklüftetes Gelände in 20 Minuten zum Aussichtspunkt am Waldrand. Besonders reizvoll ist die Wanderung Anfang Juni zur Zeit der Ginsterblüte. Eine ebenfalls schöne Fernsicht von Poel ❶ im Westen bis nach Warnemünde im Osten bietet der Signalberg (78 m) bei Bastorf, westlich vom Ostseebad Kühlungsborn. Der Hügel trägt einen Leuchtturm und ist vom Dorf aus sichtbar.

❸ Gespensterwald

Seinen Namen verdankt der Wald dem gespensterhaften Aussehen der windzerzausten, verkrüppelten Buchen mit ihrer weißlichen Borke. Er reicht an eine 10 m hohe, senkrecht abfallende Steilküste aus weichem Mergel heran. Teilweise hängt die obere, von Wurzeln durchzogene Kante sogar etwas über. Ein nahes Herangehen ist somit nicht ungefährlich. Viele markante Bäume sind bereits den Abbrüchen an der Klippe zum Opfer gefallen. Manche von ihnen liegen noch, von Wellen, Wind und Sand weißpoliert, am Strand und dienen Kindern im Sommer als Klettergarten. Vom Ostseebad Nienhagen aus erreicht man in wenigen Minuten das Steilufer. Dort gehen Sie links – in westlicher Richtung – 20 Minuten am Steilufer auf einem markierten Wanderweg entlang. Nach etwa 1 km können Sie zu den Kletterbäumen am Strand absteigen oder im Bogen durch den Gespensterwald zurückkehren. Im Frühjahr finden Sie dort seltene Waldorchideen wie die Grünliche Waldhyazinthe und das Stattliche Knabenkraut.

❹ Mönchhagener Eibe

Sie gehört zu den ältesten Eiben Norddeutschlands – obwohl es über das Alter dieses Baumes lange Zeit ein großes Rätselraten gab. Die Schätzun-

Ohne den Halt durch die Baumwurzeln des Gespensterwaldes würde das Kliff bei Nienhagen noch schneller von der Brandung zerstört werden. Die etwas unheimlich wirkenden Buchen mit ihren skurrilen Formen gaben dem Wald seinen Namen.

gen reichten von 330 bis 2000 Jahre. Eine gründliche Analyse aus jüngster Zeit ergab ein Alter von rund 500 Jahren. Gegenüber den allgemein schlank oder buschartig wachsenden Eiben besitzt der Mönchhagener Methusalem einen unglaublich starken Stamm mit 3,51 m Umfang. Deutlich ist die Eibe vom Alter gezeichnet. Zwei Eisenspangen und einige Betoneinlagen schützen den Stamm. Das auffällige Naturdenkmal steht gegenüber vom Haus Nr. 17 in Mönchhagen, das Sie erreichen, wenn Sie, von Hinrichshagen kommend, direkt in das Dorf hineinfahren.

Die Mönchhagener Eibe mit ihrem mächtigen Stamm ist rund 500 Jahre alt.

5 Kliffranddüne auf dem Hohen Ufer

Der zerstörerischen Arbeit der Brandung und der Kraft des Windes verdankt die bizarre Kliffranddüne auf dem Hohen Ufer Entstehung und Gestalt. Bei stürmischen Westwinden ist es ein reichlich sinnloses Unterfangen, die Dünen betrachten oder gar fotografieren zu wollen. Überall wird feinster Sand umhergetrieben und setzt sich in Augen und Fotoapparaten fest. Durch den Wind wird der Sand am Steilufer emporgehoben und über die Abbruchkante getrieben. Hier fällt er im Windschatten nach wenigen Metern nieder und bildet so die Kliffranddüne vor dem bis zu 18 m hohen Abbruch. Weil die Steilküste durch die Brandung im Jahr etwa um 60 cm zurückversetzt wird, ist auch der seewärtige Dünenrand ständig bedroht. Vom Wind abenteuerlich ausgeblasene Sandhöhlen verleihen der Dünenlandschaft einen besonderen Reiz. Wenn Sie den Wagen im Ostseebad Ahrenshoop parken und auf dem Küstenpfad 1,5 km nach Süden in Richtung Ostseebad Wustrow wandern, erreichen Sie die Kliffranddüne kurz vor dem höchsten Punkt von Fischland, dem 18 m hohen Bakelberg.

Zu Gast bei Familie Peters
Heinrich Peters, Bauer aus Klockenhagen, Jahrgang 1892, starb 1976. In dem reetgedeckten Haus mit der Nummer IX im Freilichtmuseum Klockenhagen (zwischen 4 und 5) hängt sein Bild an der Wand, und es sieht so aus, als könne noch jeden Moment seine Familie hereinkommen. Durchs Fenster sieht man eine Schafherde, die draußen den Rasen zwischen Backhaus, Ziehbrunnen und Spritzenhaus kurz hält. Im Museumsdorf stehen außer einer Bockmühle große mecklenburgische Hallenhäuser, auf deren Diele sich das Leben der Familie abspielte (geöffnet April–Okt. tägl. 9.30–16.30 Uhr).

6 Ahrenshooper Holz

Auf den Britischen Inseln gilt die Stechpalme als Weihnachtssymbol, denn im milden, vom Golfstrom geprägten Klima wächst die stachelige Pflanze mit den lorbeerartigen, dunkelgrünen Blättern überall in den Wäldern. An der deutschen Ostseeküste wird es im Winter zwar kälter, aber das Fischland hat ein relativ mildes Winterklima mit der längsten frostfreien Periode der gesamten Küste, deshalb kommt die Stechpalme, auch als Ilex bekannt, nur an wenigen Stellen vor. Im Ahrenshooper

Vom Ufer der Ahrenshooper Kliffranddüne ins Meer vorgebaute Pfahlbuhnen mildern den Wellenschlag und begünstigen die Anspülung von Sand. Sie sollen verhindern helfen, daß die Halbinsel Fischland allmählich vom Meer abgetragen wird.

Die Stechpalme stößt im Ahrenshooper Holz an ihre östliche Verbreitungsgrenze in Europa.

Nur als Schafweide nutzbar: überflutungsgefährdete Salzwiesen bei Fuhlendorf am Bodstedter Bodden, gegenüber der Halbinsel Darß.

Holz, einem urigen Buchen-Eichen-Wald, bilden die Stechpalmen ein schier undurchdringliches Dickicht. Manche wachsen sogar baumartig und erreichen über 4 m Höhe. Auch Vogelbeere, Siebenstern, Bergahorn und Adlerfarn haben hier einen Standort gefunden. Im Frühling ist der Boden bedeckt mit Waldveilchen und aromatischem Waldmeister. Das Naturschutzgebiet wird von einem dichten Wegenetz durchzogen. Beinahe am Ende des langgestreckten Ostseebades Ahrenshoop, kurz nach der Einmündung der Straße »Am Schifferberg«, weist eine Tafel nach rechts in einen Weg zum Ahrenshooper Holz, das fast bis an den Ortsrand heranreicht. Direkt beim Naturschutzgebiet gibt es eine Informationstafel mit dem Wegenetz.

7 Halbinsel Darß

Die Bäume auf dem Darß gehen mit dem Wind. Unter dem Ansturm der peitschenden Winde ducken sich die »Windflüchter« und krallen sich mit zäher Wurzel in die Dünen. An der völlig ungeschützten, 10 km langen Westküste, wo Jahr für Jahr durch die Gewalt der Brandung und bei Stürmen das Land stückweise fortgerissen wird, wechseln Moore, Dünen, heideartige Kiefernwälder und urwüchsiger Erlenbruchwald einander ab. Diesen Küstenabschnitt erreicht man 1 km nördlich vom Ostseebad Ahrenshoop. Parkplätze befinden sich an der Straße Ahrenshoop–Wieck–Prerow, von der mehrere Wege nord- und westwärts in das Naturschutzgebiet führen. Während die Westküste des Darß laufend zerstört wird, wächst die Nordspitze der Halbinsel am Darßer Ort durch das verfrachtete Material immer weiter ins Meer. Vor 7000 Jahren reichte die Ostsee bis an den Inselturm am sogenannten Altdarßer Kliff, heute noch erkennbar als ehemaliges Meeresufer. Zu dem alten Steilufer gelangen Sie vom Parkplatz »Strandhorst« aus, 2 km hinter dem Ostseebad Ahrenshoop im Wald bei den »drei Eichen«. Von dort geht es ca. 1,5 km schnurgerade nach Norden (Markierung: schwarzer Balken), wo man dann auf den

Als Künstlerkolonie beliebt: Der erste Feriengast, der um 1880 Ahrenshoop besuchte, soll ein Kunstmaler gewesen sein.

»Mecklenburger Weg« stößt, der ein Stück an dem alten Kliff entlangführt. Das Kliff, rund 8 m hoch, ist mit malerisch verwachsenen Buchen bestanden. Bevor Sie den Darß verlassen, sollten Sie am Ortsausgang vom Ostseebad Prerow in Richtung Barth noch die Hohe Düne besteigen. Aus 16 m Höhe gestattet sie einen faszinierenden Rundblick über den Bogen der Prerow-Bucht und den Darßwald im Westen. Im Osten sehen Sie den Prerower Strom, der im vorigen Jahrhundert noch als Rinne den Bodstedter Bodden mit der See verband.

Ein Küstenröhricht auf der Vogelinsel Kirr: Der Schilfgürtel nimmt überschüssige Nährstoffe auf und wirkt im Bodden wie eine natürliche Kläranlage.

8 Vogelinseln Oie und Kirr

Die flachen, grünen Inseln erheben sich nur wenige Dezimeter über den Wasserspiegel des Barther Boddens südwestlich der Halbinsel Zingst. Außer einigen Vogelwärtern sind Kühe und Vögel die einzigen Gäste. Brutpaare seltener Küstenvögel gibt es hier in einer Zahl, die für den südlichen Ostseeraum einmalig ist. So etwa 150 Paare des apart schwarzweiß gezeichneten Säbelschnäblers; mit knapp 100 Brutpaaren steht ihm der rotschnäbelige Austernfischer kaum nach. Neben einer Kolonie von rund 10000 Lachmöwenpaaren brüten noch die Uferschnepfe, der kleine, schwarzbäuchige Alpenstrandläufer und der Rotschenkel auf den Vogelinseln. Das bedeutendste Küstenvogel-Schutzgebiet der mecklenburgischen Ostseeküste darf allerdings nicht betreten werden. Günstige Beobachtungsmöglichkeiten ergeben sich, je nach Sonnenstand, vormittags von Müggenburg und nachmittags vom Ostseebad Zingst aus. Fährt man von Zingst etwa 3 km ostwärts den Strand entlang, erreicht man einen Wanderparkplatz, der Zugang zum weiten, bewaldeten Schwemmland im Ostteil der Halbinsel mit hervorragenden Spazier- und Wandermöglichkeiten bietet.

Route 2 Rügen

Rund um Deutschlands größte Insel

9 Kormorankolonie Niederhof

Über den abgestorbenen, vom Vogelkot weiß gefärbten Baumriesen, auf denen sich mehrere Dutzend Horste befinden, lastet ein strenger Tran-

Die Kormorane aus der Kolonie bei Niederhof verbringen den Winter in Süddeutschland, in der Schweiz oder am Mittelmeer. Im Vorfrühling kehren sie an die Ostsee zurück, wo nach heftiger Balz im April die Brut beginnt.

geruch. Von den Baumkronen ertönt ein vielstimmiges dunkles Quorren, begleitet vom hohen Fiepen der hungrigen Jungvögel. Ständig landen und starten unter gutturalen Rufen die bedrohlich schwarzen »Meerraben«, wie die Kormorane auch genannt werden. Bei Niederhof brüten etwa 500 Paare, die ihre Nahrung aus den angrenzenden rügenschen Boddengewässern fischen. Zunehmend ist auch die Zahl der Graureiher, von denen inzwischen etwa 150 Paare hier brüten. Schon von Brandshagen an der B 96 kann man mit scharfem Auge die Horste der Brutvögel erkennen. Hier biegt man links nach Niederhof ab, fährt durch das Dorf hindurch und gelangt auf einen Waldparkplatz. Von da folgt man zu Fuß wenige 100 m einer alten Lindenallee. An ihrem Ende informiert eine große Schautafel über die Kormorankolonie, die von Mitte März bis August zu sehen ist. In dieser Zeit ist der Boden unter den Bäumen und Büschen mit einem reichen Blütenteppich geschmückt: zarte Buschwindröschen, Lungenkraut und Gelbe Windröschen profitieren vom Kot der Vögel, der zwar den Buchenwald drastisch dezimierte, aber den übrigen Pflanzen einen nährstoffreichen Dünger liefert.

Route 2
Rügen

Die ca. 240 km lange Rundreise führt Sie meist auf kleinen Nebenstraßen durch die verschiedenen Landschaften der größten deutschen Insel. Endlose weiße Sandstrände, leuchtende Kreidefelsen, kuppige Moränenzüge, einsame Waldschlösser und denkmalgeschützte Dörfer wechseln in rascher Folge.
Rügen ist keine zusammenhängende Insel, sondern besteht neben der Hauptinsel aus den beiden kleineren Halbinseln Jasmund und Wittow, die über schmale Nehrungen miteinander verbunden sind.
Streckenverlauf:
Von Stralsund zunächst nach Süden auf der B 96 in Richtung Greifswald bis Brandshagen zur Kormorankolonie 9; *zurück nach Stralsund und auf der B 96 über den Rügendamm in Richtung Bergen, hinter dem Damm rechts ab nach Gustow und weiter über Garz und Putbus zur B 196, dort rechts ab zum Ostseebad Baabe und 2 km hinter der Gemeinde wieder rechts ab nach Middelhagen zum Dörfchen Lobbe* 10; *von dort weiter südlich in Richtung Thießow, nach 2 km aber rechts ab in Richtung Gager, 1 km später zweigt ein Sträßchen links nach Groß Zicker* 11 *ab; zurück bis zum Ostseebad Baabe und weiter auf der B 196 in Richtung Bergen, 7 km hinter Ostseebad Baabe rechts zum Ostseebad Binz zum Jagdschloß Granitz* 12; *nun auf der schmalen Nehrung über Ostseebad Binz am Strand entlang Richtung Mukran zu den Feuersteinfeldern bei Neu Mukran* 13; *Weiterfahrt nach Saßnitz und am Ortsende links ab in Richtung Hagen, nach etwa 5 km rechts zum Königsstuhl* 14; *zurück und nach 1 km rechts ab über Ranzow zum Schwanenstein bei Lohme* 15; *weiter über Nardevitz bis Baldereck und dort rechts nach Glowe zur Nehrung Schaabe* 16; *weiter nach Altenkirchen und im Dorf rechts ab nach Putgarten zum Kap Arkona* 17; *zurück nach Altenkirchen, rechts ab nach Wiek und weiter bis zur Wittower Autofähre (Überfahrt 15 Minuten), dann nach Trent, dort rechts zum Schaproder Fährhafen, dem Ausgangspunkt nach Hiddensee* 18 19 *(Insel nur zugänglich für Fußgänger und Radfahrer; Fahrtdauer nach Neuendorf 30 Minuten, nach Vitte 75 Minuten und nach Kloster 105 Minuten; letztes Schiff nach Schaprode/Rügen ab Kloster 17, ab Neuendorf 17.45 Uhr); von Schaprode zurück nach Trent und rechts ab nach Kluis, dort erneut rechts nach Gingst und weiter nach Samtens auf die B 96, rechts abbiegend gelangt man über den Rügendamm zurück nach Stralsund.*
Stralsund erreichen Sie am besten von Berlin auf der gut ausgebauten B 96.
Ostmecklenburg und Vorpommern verfügen über keinen Autobahnanschluß. Obwohl die Fahrt durch Rügen nicht sehr lang ist, sollten Sie sich für die vielen Natursehenswürdigkeiten mehrere Tage Zeit nehmen. Beachten Sie bitte, daß die Insel Hiddensee nicht mit dem Auto erreicht werden kann. Allerdings stehen dort Leihfahrräder zur Verfügung.
Hotels gibt es in Stralsund. Fremdenzimmer werden auf Rügen überall in großer Zahl angeboten. Übernachtungsengpässe gibt es bisweilen auf Hiddensee.

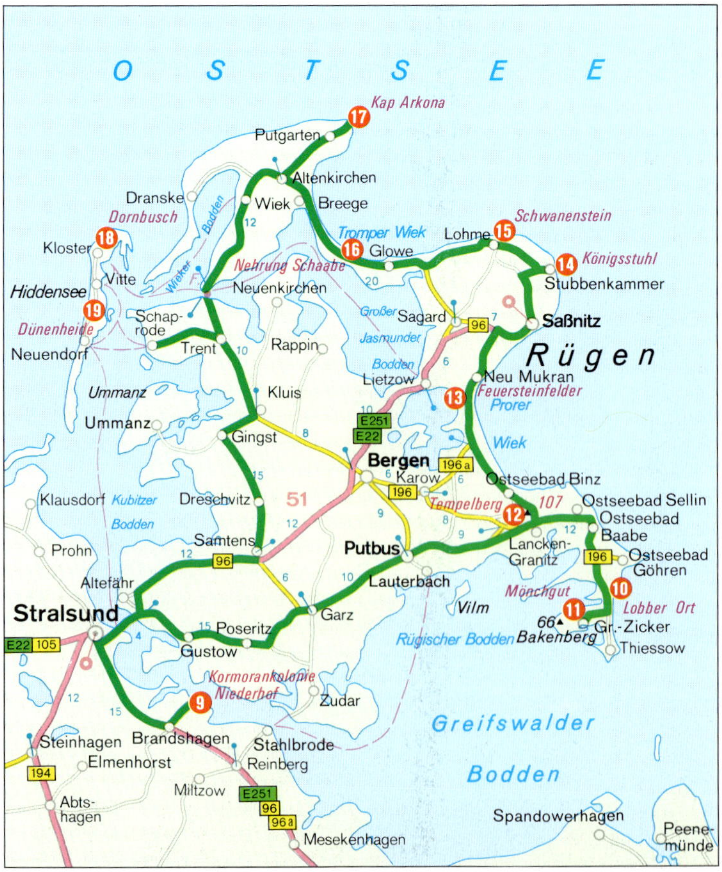

⑩ Lobber Ort und Buskam

Eine ungeheure Menge Findlinge muß in die eiszeitliche Moräne eingebettet gewesen sein, deren steile Kliffseite heute vom Meer laufend zurückversetzt wird. Vor dem Fuß des Kliffs von Lobber Ort bedeckt ein ausgedehntes Blocksteinfeld den Strand und reicht weit ins flache Meer hinaus. Einige hundert Meter nördlich der Landspitze ragt ein riesiger, 17 m^3 großer Findling aus dem Wasser. Bei der Neujahrssturmflut von 1913/14 fiel er aus der Steilwand heraus. Um 14 m brach bei dieser Katastrophe das Kliff ab. Lobber Ort liegt etwa 500 m östlich vom Dorf Lobbe und kann von dort erwandert werden. 4 km nördlich, vor dem Strand von Göhren, befindet sich der wahrscheinlich größte Findling Deutschlands: Das Volumen des Buskam wird auf 600 m^3, sein Gewicht auf 1600 t geschätzt. Der Name wird aus dem Altslawischen abgeleitet und bedeutet soviel wie »Gottesstein«. Auf uralte Kulthandlungen geht der Brauch zurück, bei Hochzeiten zum 300 m vor der Küste liegenden Buskam zu rudern, um auf seiner ebenen Oberfläche Reigen zu tanzen. Bis zu 25 Personen finden auf dem Gneisblock Platz, aber normalerweise bleibt er den zahlreichen Möwen und Entenarten als Lande- und Ruheplatz vorbehalten. Den Buskam finden Sie, wenn Sie vom Bahnhof Göhren in östlicher Richtung am Strand entlang wandern.

⑪ Mönchgut und Zickersches Höft

Die fast waldfreie Halbinsel Mönchgut betrachten viele als den schönsten Teil Rügens. Um dieses Kleinod mit einem Blick kennenzulernen, sollten Sie den 66 m hohen Bakenberg erklimmen. Vom Parkplatz am Ortsende von Groß Zicker, einem kleinen Dorf mit denkmalgeschütztem Ortskern, führt in 30 Minuten ein Wanderweg auf den Bakenberg. Mit jedem Schritt weitet sich der Blick nach Süden über den Greifswalder Bodden und den Thiessower Haken. Aber erst auf dem Gipfel wird die starke Gliederung der Halbinsel so richtig deutlich. Nach Westen und Norden folgen hinter der Bucht Hagenscher Wiek die Landzunge Reddevitzer Höft, die Bucht Having und die Wälder der Granitz ⑫ am Horizont. Zur Steilküste beim Zickerschen Höft geht es in 20 Minuten querfeldein vom Bakenberg über eine Schafweide nach Westen. Das Hochufer ragt bis zu 30 m auf und ist mit einem aufgelockerten, naturnahen Buschwald an den Hängen in keiner Weise von Menschenhand beeinträchtigt worden. Unter der Abbruchkante verraten mehrere Höhlen die Brutstätten der Uferschwalben. Vor den Klippen liegen große Granitfindlinge im Sand.

⑫ Tempelberg mit Aussichtsturm Granitz

Selbst wenn die Sicht nicht ausreicht, um über ganz Rügen hinweg im Westen Stralsund und die Insel Hiddensee zu erkennen, ist das kein Grund, den Aussichtsturm des Jagdschlosses Granitz nicht zu ersteigen.

Granitfindlinge am Zickerschen Höft, einem Sporn der Halbinsel Mönchgut. Sie gehörte einst zum Besitz des Zisterzienserklosters Eldena bei Greifswald.

Ein kleines Wildgehege zählt zu den Attraktionen im Schloßpark von Putbus.

Spuren alter Fürstenherrlichkeit
Park und Wildgehege von Putbus (zwischen ⑨ und ⑩) sind die Überreste alter Fürstenherrlichkeit – das zugehörige Schloß wurde im Zweiten Weltkrieg zerstört und später abgerissen. Viele alte große Eichen und Buchen sind Zeugen des ursprünglichen Baumbestands, bevor man 1725 begann, einen Barockgarten anzulegen. 100 Jahre später erhielt der Park durch Wilhelm von Humboldt seine heutige Gestalt im Stil eines Landschaftsparks. Gewaltige Exemplare exotischer Baumarten wie Riesenmammutbaum, Gingko, Sumpfzypresse und Nordmannstanne prägen den 75 ha großen Park. Das Wildgehege enthält Rot- und Damwild, das, unter naturnahen Bedingungen lebend, beobachtet und fotografiert werden kann.

Das Geburtshaus des Freiheitsdichters Ernst Moritz Arndt in Groß Schoritz.

Rügens großer Dichter
Als Sohn eines zum Gutspächter aufgestiegenen Leibeigenen in Groß Schoritz geboren und in Garz aufgewachsen, war Ernst Moritz Arndt (1769–1860) lange Jahre das ungeliebte Gewissen der Nation. Er verfaßte aufrüttelnde Schriften wider die Leibeigenschaft und trug maßgeblich zu ihrer Aufhebung im damals schwedischen Vorpommern bei. Mit patriotischen Liedern griff er Napoleon an, was ihn die Professur an der Greifswalder Universität kostete und ihn für einige Jahre ins schwedische Exil trieb. In Garz (auf dem Weg nach ⑩) erinnert das Ernst-Moritz-Arndt-Museum an den Freiheitsdichter (geöffnet Mai–Okt. Di–Fr 10–12, 13–17, Sa 10–12, 14–17, Nov.–April Mo–Fr 10–12, 13–16 Uhr).

Die Geröllfelder bei Neu Mukran bestehen zu 90 Prozent aus Feuersteinen. Einzelne Wälle wölben sich 4 m hoch.

Roland rast mit ganzen 30 Stundenkilometern
Rund 25 km lang ist die Strecke zwischen Putbus und Göhren, die der »Rasende Roland« täglich mehrmals auf 75 cm Spurbreite in rund 80 Minuten bewältigt. Die Geschwindigkeit der Schmalspurbahn überschreitet selten 30 km/h. Noch langsamer wird der Roland, wenn es durch die hügelige Moränenlandschaft beim Jagdschloß Granitz ⓬ geht. Gerade dort durchfährt man aber den landschaftlich schönsten Teil der Bahnstrecke: Hochstämmige Buchen- und Eichenwälder begleiten die dampfende Lok mit ihren winzigen Waggons, in denen gerade 26 Fahrgäste Platz finden. Im Sommer verkehrt die Kleinbahn fast stündlich zwischen Putbus und Göhren.

Vom höchsten Punkt Ostrügens, dem 107 m hohen Tempelberg, bietet sich eine phantastische Rundsicht über prächtige Buchenwälder, die sich über die Endmoränen-Hügellandschaft ausdehnen. Der große Baumeister Karl Friedrich Schinkel war am Bau des 1816 fertiggestellten Aussichtsturms beteiligt (April–Sept. 9–17, Okt.–März 9.30–16 Uhr geöffnet). Wenn Sie den Turm besuchen wollen, können Sie Ihr Auto 100 m unterhalb des Schlosses beim ehemaligen Gasthaus der Granitz parken.

⓭ Feuersteinfelder

Am Nordende der Nehrung Schmale Heide begleitet links über ca. 2 km eine Bahnlinie die Straße. Hinter den Gleisen, von wenigen Kiefern und einigen Wacholderbüschen kaum verdeckt, liegen die sogenannten Feuersteinwälle in 200 m Breite und 2 km Länge parallel zur See- und Boddenküste auf dem Schwemmsand der Nehrung. Sie sind wahrscheinlich Überbleibsel einer vom Meer zerstörten Kreideklippe. Während sich die weiche Schreibkreide leicht auflöste, blieben die harten Feuersteinknollen, die im Kreidekalk eingeschlossen waren, erhalten. Mehrere große Sturmfluten haben sie vermutlich vor etwa 3500 Jahren hier zu Strandwällen aufgeworfen.
Den attraktivsten Teil des Naturschutzgebiets stellen einige reine Steinfelder dar, bedeckt von faustgroßen, dunkelblauen Feuersteinen. Dazwischen erheben sich vereinzelt mächtige, dunkle Wacholderbüsche. Zu den Besonderheiten zählt eine Reihe von Orchideen wie das Gefleckte Knabenkraut, ferner die Weiße Waldhyazinthe. Im westlichen Übergangsbereich zum Jasmunder Bodden blühen Moosglöckchen und Sumpfglanzkraut. Auf trockenen Standorten gedeihen Glockenheide und Krähenbeere. Zwischen warmen Steinen kann man mit viel Glück die Schlingnatter oder die Kreuzotter beobachten. Das gesamte Gebiet ist touristisch durch Wege, Hinweistafeln und auch durch eine Aussichtsplattform erschlossen.

⓮ Stubnitz mit Königsstuhl

Die weltberühmten Kreidepfeiler von Stubbenkammer im Nationalpark Jasmund sind im doppelten Wortsinn Höhepunkt der Rügener Landschaft. Wer sich aber zur Eile verleiten läßt und nur die 117 m hohe Plattform des Königsstuhls besucht, hat Entscheidendes versäumt. Vom Parkplatz sind es bis zu ihnen nur ein paar Schritte, nach denen sich ziemlich überraschend ein schwindelerregender Blick öffnet. Tief unten liegt die von gelöster Kreide türkis gefärbte Ostsee, umrahmt von Felsen, deren blendendes Weiß einen reizvollen Kontrast zum Grün der Buchenwälder

Vom Aussichtsturm Granitz auf dem Tempelberg bietet sich ein faszinierender Blick nach Südosten. Die Halbinseln Reddevitzer Höft und Mönchgut gehören noch zu Rügen. Dahinter dehnt sich der Greifswalder Bodden aus.

ergibt. Wer über festes Schuhwerk verfügt, kann einen Abstieg zum Strand wagen. Der steile, aber gut gesicherte Weg lohnt, denn die ganze Schönheit der Kreidefelsen erschließt sich von unten: Vom Waschstein im Norden reicht der Blick bis zum Äser Ort im Süden, wo der Buchenwald bis zum Strand herab wächst. Auf Fossilienjäger wartet reiche Beute: Donnerkeile und Seeigel in großer Zahl, versteinerte Austern und Korallen finden sich im Kreidekalk. Besonders beliebt als Souvenir sind die sogenannten Hühnergötter – Feuersteine mit durchgehenden Löchern. Am Fuß der Kreideklippen kann man nur ein kurzes Stück entlanggehen, weil das Meer teilweise bis an das Steilufer heranreicht. Auf dem markierten Hochuferweg dagegen gelangt man bequem in 3–4 Stunden nach Saßnitz, verwöhnt von großartigen Ausblicken auf Steilküste und Meer. In den Buchenwäldern der Stubnitz wächst eine Fülle seltener Pflanzen, darunter 19 Orchideenarten. Kurz vor Saßnitz, wenige hundert Meter von der Gaststätte »Waldhalle« entfernt, stößt man auf die Wissower Klinken, bizarre Kreidefelsen, die Caspar David Friedrich zu seinem berühmten Gemälde »Kreidefelsen auf Rügen« inspirierten.

Urwüchsige Rotbuchen und Traubeneichen säumen den Hochuferweg beim Königsstuhl.

15 Schwanenstein

Ein 4 m hoher rötlicher Granitblock, der wie eine Pyramide aus der Brandungsgischt ragt, spielt eine bedeutende Rolle in der Sagenwelt Rügens. Der Storch soll, nachdem er die kleinen Kinder aus der Ostsee gefischt hat, auf dem sogenannten Schwanen- oder Adebarstein eine Rast einlegen. Wenn die Babys getrocknet sind, fliegt Adebar zu den Eltern. Im Winter, wenn die Störche fortgezogen sind, übernehmen Schwäne die wichtige Aufgabe. Der 162 t schwere und 60 m^3 große Findling liegt etwa 200 m östlich vom Lohmer Hafenbecken im flachen Wasser. Wegen seiner Farbe ist der Schwanenstein sicherlich der eindrucksvollste Findling Rügens.

Im Kreidefelsen des Königsstuhls sind rund 60 übereinanderliegende Feuersteinbänder eingelagert – die »Saßnitzer Blumentöpfe«.

Zwei ungleiche Leuchttürme markieren das Kap Arkona: Der kleinere entstand 1829 nach Entwürfen des berühmten Baumeisters Karl Friedrich Schinkel.

Vogelwarte mit Vergangenheit
Neben Radolfzell und Helgoland hat sich auf Hiddensee ⑱ ⑲ die dritte deutsche Vogelwarte erst nach dem Zweiten Weltkrieg richtig etabliert. Jedes Jahr werden dort etwa 100 000 Vögel beringt. Etwa 400 Helfer sind immer wieder im Einsatz. Wissenschaftlich unterstützt werden die Vogelschützer von der Universität Greifswald, die im Institutsgebäude am nordöstlichen Ortsrand von Kloster ⑱ auch Forschungsarbeiten durchführt. Früher war das Gebäude der Vogelwarte eine florierende Pension. Im »Haus am Meer« waren Größen aus Wissenschaft und Kunst, darunter Albert Einstein und Thomas Mann, zu Gast.

⑯ Nehrung Schaabe

In sanftem Bogen schwingt sich die Schaabe von Glowe nach Juliusruh – von der Halbinsel Jasmund zur Halbinsel Wittow. Der traumhafte Badestrand, bis zu 100 m breit und aus feinem, weißem Sand, zieht im Sommer Tausende von Badeurlaubern an. Erst außerhalb der Saison erschließt sich der wahre Charakter einer einsamen, etwas melancholischen Landschaft, an die manches Stück Bernstein geschwemmt wird. Der angespülte Sand hat sich auf der Schaabe um zwei »Brückenpfeiler« abgelagert: um den 10 m hohen Kegelinsberg bei Gelm, etwa in der Nehrungsmitte, und um den noch kleineren, 6 m hohen Kern bei Wall am Südostrand der Nehrung.

⑰ Kap Arkona

Schon vor gut 1000 Jahren hat der nördlichste Punkt Rügens weit über die Insel hinaus auf slawische Stämme eine magische Anziehungskraft ausgeübt. Eine Ringburg entstand, von der heute noch ein mehrere Meter hoher Wallrest übrig ist. Die gewaltige Anlage der Jaromarsburg wurde 1168 zerstört. Noch zerstörerischer jedoch war der Einfluß des Meeres. Der größte Teil der Burg fiel in den letzten 800 Jahren dem Uferabbruch zum Opfer. Alle paar Jahre brechen von den über 40 m hohen Kreide- und Geschiebemergelwänden breite Schollen ab, versinken in der Tiefe und werden in kurzer Zeit von den Wellen zu Sand und Geröll zermahlen. An der Schaabe ⑯, die man im Süden über die Bucht Tromper Wiek hinweg erkennt, wird das Schwemmgut wieder angelagert. Bis zum Kap Arkona führt eine Asphaltstraße, die an einem Parkplatz endet. Von hier gelangt man in wenigen Minuten zum Burgwall und zur Abbruchkante, wo man eine prächtige Sicht auf die anbrandende Ostsee hat. Seien Sie bitte vorsichtig: Die Hochuferkante ist nicht gesichert, und der mergelhaltige Boden kann bei Feuchtigkeit glitschig werden. Bei schönem Wetter empfiehlt es sich, vom Fischerdorf Vitt in einer Stunde am Strand entlang bis zum Fuß vom Kap Arkona zu wandern. Vitt erreichen Sie, wenn Sie in Putgarten rechts auf einen Fahrweg abbiegen.

⑱ Dornbusch

Planen sie für die Insel Hiddensee genügend Zeit ein! Wenn Sie nämlich in Kloster das Heimatmuseum besichtigen oder der Gerhart-Hauptmann-Gedenkstätte eine Visite abstatten möchten, bleibt Ihnen zu wenig Zeit übrig für die Naturschönheiten der Insel. Bevor das Fährschiff wieder ablegt, sollten Sie jedenfalls unbedingt auf den 72 m hohen Dornbusch, nördlich von Kloster, steigen. Die Anhöhe fällt nach Norden und Westen

Das idyllische Fischerdorf Vitt liegt nur 2 km südlich vom Kap Arkona, dessen strahlend weiße Klippen 47 m aus der Ostsee emporsteigen. Vom Ort aus kann man in einer Stunde zum Kap wandern.

schroff zum Meer hin ab und erschließt Ihnen ein großartiges Panorama, das über ganz Rügen bis zu den Türmen Stralsunds im Süden reicht. Zum Leuchtturm windet sich von Kloster ein markierter Pfad, der etwa 1 km am Küstenschutzwald entlang über kahlgefressene Hügel führt. Schafe und wilde Kaninchen haben hier ihre Weide. Weglos können Sie jetzt noch an Sanddorngestrüpp vorbei zum Enddorn, der Nordspitze Hiddensees, und zum jungen Schwemmland des Bessins im Osten vordringen. Hier wurde in nur 50 Jahren ein Haken von 3,5 km Länge aufgeschüttet. Das Material wurde auf der Westseite Hiddensees abgetragen und um den Enddorn zum Bessin transportiert. Rüstige Wanderer schaffen den Weg von Kloster zum Bessin in 5–6 Stunden.

19 Dünenheide

Eine offene Landschaft mit Glockenheide, frei stehenden Birken und Wacholderbüschen hat sich auf Hiddensee zwischen Vitte und Neuendorf beiderseits des gut 3 km langen Sandwegs erhalten. Zwischen trokkenen Dünen finden sich kleine feuchte Moorsenken, die der Wind ausgeblasen hat. Die Mulden vernässen schnell, denn der Grundwasserspiegel steht hoch. Sumpfbärlapp, Sonnentau und die giftige schwarze Krähenbeere siedeln dort auf engstem Raum. In der Höhe der »Heiderose«, einer Gaststätte auf halbem Weg zwischen den beiden Ortschaften, wird die Vegetation dichter: Birken- und Kiefernbüsche begleiten den Weg. Die empfindliche Dünenvegetation steht unter besonderem Schutz, und man darf nur die markierten Pfade betreten. Im Osten, auf der Boddenseite Hiddensees, erkennen Sie die wacholderbestandene Fährinsel. Früher ging der Fährverkehr mit einfachen Ruderbooten von Seehof auf Rügen über die Fährinsel nach Hiddensee. Aber schon seit 1910 ist das Betreten der Fährinsel verboten. Der Schutz gilt Brandgänsen, Austernfischern und Mittelsägern sowie vielen Möwen und Seeschwalben, die dort ihre Heimat haben.

Über die blühenden Ginsterbüsche der Hiddenseer Dünenheide und die Fährinsel hinweg schweift der Blick zur benachbarten Insel Rügen.

Rastplatz der Kraniche

Wenn jedes Jahr ab Mitte September riesige Schwärme skandinavischer Kraniche auf Rügen Station machen, zieht es viele Naturfreunde zur Halbinsel Ummanz (südlich von 19). Bis zu 42000 Kraniche wurden schon auf dem größten europäischen Rastplatz dieser Vogelart gezählt. Allabendlich kehren die Kraniche laut trompetend zu ihren Schlafplätzen im Flachwasser nordöstlich von Ummanz und auf den Bock vor der Halbinsel Zingst zurück. Am Tage verteilen sie sich auf Wiesen und Feldern der Umgebung. Um den Masseneinflug der Kraniche zu beobachten, sollte man sich 1–2 Stunden vor Sonnenuntergang an der Nordostküste von Ummanz (oder an der Boddenküste nordwestlich von Stralsund zwischen den Dörfern Kinnbackenhagen und Wendisch Langendorf) einfinden. Von Gingst fährt man westlich über Mursewiek auf die Insel. Vom Ort Ummanz führt eine kleine Straße über Waase zur Nordostküste. Bis in die Dunkelheit dauert der Überflug der Vogelschwärme. Vorbei ist das Spektakel Ende Oktober, wenn die Kraniche weiterziehen.

Das Meer im Kloster

Flundern, Seesterne und Heringe, aber auch exotische Korallenfische und Haie schwimmen heute in großen Aquarien mit bis zu 50000 l Fassungsvermögen, die im alten Stralsunder Katharinenkloster unweit vom Marktplatz (Katharinenberg 14a) der Hansestadt eingerichtet wurden. Ein aus dem Roten Meer geborgenes Korallenriff, große Walskelette und riesige präparierte Meeresschildkröten stehen im Mittelschiff der Klosterkirche. Der Schwerpunkt der Ausstellung in Stralsund (Ausgangs- und Endpunkt dieser Rundfahrt) liegt jedoch auf Landschaft, Tieren und Fischfang an der Ostseeküste. Das Modell eines Fischtrawlers gehört genauso zu den Ausstellungsstücken wie ein echter, 17 m langer Kutter (geöffnet Mai–Okt. tägl. 10–17, Nov.–April Mi–So 10–17 Uhr).

Route 3 Usedom

Unterwegs im Bernsteinland

20 Streckelsberg

Zum höchsten Punkt von Usedom reicht es dem Streckelsberg mit seinen 60 m nicht, denn eine kleine Kuppe unweit der polnischen Grenze ist wenig höher; doch mit Sicherheit bietet er, unmittelbar an der Küste gelegen, die beste Aussicht aufs Meer. Natürlich waren es die Kräfte der Eiszeitgletscher, die den Hügel als Teil eines Endmoränenzugs hinterließen. Doch der Wind hat auch seinen Teil dazu beigetragen und dem »Witten Barch« (weißen Berg), wie er im Volksmund hieß, noch eine 20 m hohe Kliffranddüne aufgesetzt, während Brandungsarbeit und Sturmfluten immer wieder große Teile des Steilabbruchs zerstörten. Längst hat man den Berg mit Buchen aufgeforstet, doch ist die Düne immer noch am feinen, weißen Sand zu erkennen. Die durch den Tourismus noch unbelastete Landschaft ermöglicht zahlreichen Orchideenarten ihre Entfaltung. Rotes und Bleiches Waldvögelein, Geflecktes Knabenkraut und der Breitblättrige Sitter haben sich auf der Kliffranddüne angesiedelt. Wenn Sie am Koserower Strand entlanggehen, erreichen Sie nach 15 Minuten den Streckelsberg im Südosten.

21 Wocknin- und Mümmelkensee

Die zwei kleinen Moorseen zwischen hohen Buchenwäldern unweit vom Ostseestrand sind durch Naturlehrpfade erschlossen. Beide sind mit kurzen Abstechern von der B 111, wenn Sie von Koserow nach Bansin Dorf

Route 3
Usedom

Die etwa 230 km lange Rundfahrt führt auf die Insel Usedom und am Nordrand der Ückermünder Heide entlang. Dabei werden ausgedehnte Wälder, Moore und Dünenlandschaften berührt. Sie fahren am offenen Meer entlang, umfahren aber auch das Stettiner Haff, das größte deutsche Haff, dessen östlicher Teil bereits zur Republik Polen gehört. 120 km der Reise geht es über gut ausgebaute Straßen, den übrigen Teil der Route fährt man auf reizvollen Nebenstrecken.

Streckenverlauf:

Von Wolgast auf der B 111 in Richtung polnische Grenze (Świnoujście/Swinemünde) bis zum Streckelsberg bei Koserow 20; dann weiter über Ückeritz Richtung Bansin zu Wocknin- und Mümmelkensee 21; weiter nach Bansin Dorf und dort rechts ab über Sallenthin, Benz und Neppermin zur B 110, dort rechts und 4 km weiter wieder rechts nach Rankwitz und Warthe an der Nordspitze der Halbinsel Lieper Winkel 22; zurück auf die B 110 und weiter westlich über Usedom, Murchin und Relzow bis Anklam, dort auf der B 109 in Richtung Pasewalk und in Ducherow links ab über Leopoldshagen nach Ueckermünde, dort links ab und am Ortsrand entlang über Bellin und Vogelsang zu den Altwarper Binnendünen 23; zurück bis Vogelsang, dort links auf schlechter Straße 2 km bis Luckow und zu Fuß zum Eibenkamp 24; der Rückweg erfolgt über Ueckermünde, im südlichen Bogen über Heinrichshof zur B 109, der Sie erneut bis Anklam folgen; hinter Anklam in Ziethen Abstecher links zum Eichenwald bei Quilow 25; über die B 109 und B 111 gelangen Sie zurück nach Wolgast.

Den Ausgangspunkt der Rundfahrt, Wolgast, erreichen Sie über die B 96 und die B 111 von Berlin. Vorpommern verfügt weder über einen Autobahnanschluß, noch ist die Landschaft für den Tourismus stark erschlossen. Bescheidene Fremdenzimmer stehen nur an der Küste in Zinnowitz, im Seebad Bansin und im Seebad Heringsdorf zur Verfügung. Für diese Tour sollten Sie Ihre Übernachtungsorte auf alle Fälle gut vorplanen.

fahren, zu erreichen. Zum Wockninsee zweigt kurz hinter dem Bahnhof Ückeritz links ein Fahrweg zu einem Campingplatz ab. Dort beginnt ein Plankenweg, der Sie durch Flach- und Zwischenmoorpartien führt. Rundblättriger Sonnentau, Fettkraut, Alpenbinse und Sumpfsitter, eine von Juni bis August rötlich blühende Orchidee, wachsen in den Verlandungszonen. Von einer Aussichtskanzel können Sie über das ganze Naturschutzgebiet mit seinen zwei kleinen Restwasserflächen blicken. Den Mümmelkensee finden Sie, wenn Sie bei einer mächtigen Eiche 2 km vor Bansin Dorf links von der B 111 abzweigen. Ein Spaziergang von 20 Minuten führt zu dem 6 ha großen Moor, das aus einem Toteisloch nach dem Abschmelzen des Eises entstand. Schwammiges Sphagnummoos, der seltene Langblättrige Sonnentau und die namengebende Große Mummel sind charakteristisch für das Naturschutzgebiet. Von hier läßt sich auch der 54 m hohe Lange Berg besteigen, der eine Fernsicht über die ganze Pommersche Bucht bietet.

22 Lieper Winkel

Nur wenige Urlauber haben die faustförmig in das Usedomer Achterwasser hineinragende Halbinsel Lieper Winkel bisher entdeckt. Es mag daran liegen, daß die flachen Ufer meist mit dichtem Röhricht bewachsen sind und kaum Bademöglichkeiten bieten. Dennoch hat man von der wenig bewaldeten Halbinsel gute Einblicke in die Boddengewässer-Landschaft Usedoms. Vom Hochufer des Kusenbergs, unmittelbar nördlich von Warthe, schweift der Blick weit über das Achterwasser und den Peenestrom zum gegenüberliegenden, 32 m hohen Weißen Berg, Teil einer eiszeitlichen Endmoräne, auf der Halbinsel Gnitz. Wenn Sie vom Lieper Winkel zurück zur B 110 fahren, sehen Sie 500 m westlich von Suckow

Die gewaltige Sockeleiche bei Suckow wächst auf einem Hünengrab.

Kaum mehr ein See: Die wellige Oberfläche des Mümmelkensees besteht aus Torfmoosen. Sie wachsen jährlich um 2 bis 10 cm nach oben.

Atlantis in der Ostsee

»An der nordöstlichen Küste Usedoms, im alten Land der Wenden, lag einst, von drei Meeren umspült, die Stadt Vineta«, erzählt eine alte Sage. Größer noch als Konstantinopel und älter als Rom soll die Stadt gewesen sein, an Reichtum und Macht unübertroffen. Als Strafe für Zwietracht und Streit, Hochmut und Ausschweifungen sei Vineta schließlich vom Ungestüm des Meeres zerstört und von den Wellen verschlungen worden, berichtet die Legende. Wo versank also die sagenhafte Stadt? Nahezu 600 Jahre lang glaubte man, die Stelle genau zu kennen: das sogenannte Vineta-Riff, das 4 km vor dem Streckelsberg 20 bei Koserow oft an einer stärkeren Brandung zu erkennen ist. Bei archäologischen Grabungen auf Wollin, der benachbarten polnischen Insel, förderte man jedoch die Reste einer Handelsstadt zutage, die Ende des 12. Jh. zerstört wurde. Die kriegerische Vernichtung dieser Stadt, die Julin oder auch Vineta (»Wendenstadt«) genannt wurde, muß den Menschen des 12. Jh. so unglaublich erschienen sein, daß man sich nur vorstellen konnte, das Meer habe Vineta verschlungen.

Amazonien hinter Dünen

Begonnen hat alles um 1970, als ein Privatmann auf die Idee kam, die ferne, für die Bürger der damaligen DDR noch unerreichbare Urwaldlandschaft der Tropen in einer alten Gärtnerei nachzustellen. Mit großer Sammelleidenschaft wurden Waffen und Werkzeuge der Amazonas-Indianer zusammengetragen. Immer mehr exotische Tiere und Pflanzen füllten das »Tropenhaus« von Bansin (bei 21) in der Ernst-Thälmann-Str. 20. Rund 100 000 Besucher kommen heute jährlich in die feucht-schwüle Atmosphäre der Gewächshäuser. Zwischen Kakteen, Bromelien, Orchideen und Agaven kreischen Affen und Papageien, aber auch Schlangen, Gekkos und Eidechsen bevölkern die tropische Anlage (Öffnungszeiten bitte vor Ort erfragen).

Die Bezeichnung Bernstein bedeutet ursprünglich Brennstein, denn das fossile Harz brennt bei starker Hitze.

Bernstein – Gold des Meeres
Das eigentliche Bernsteinland liegt 400–500 km östlich von unserer Route an der samländischen Küste bei Palmnicken. Dennoch, auch in Mecklenburg-Vorpommern sind die Funde nicht zu verachten. Westlich von Warnemünde spülen Stürme gelegentlich bis zu 1 kg schwere Brocken an den Strand, und die Bernsteininsel vor der Darßer Nordspitze 7 trägt ihren Namen aus gutem Grund. Weitere sichere Fundstätten gibt es auf Hiddensee 18 19, wo sich das Sammeln und Verarbeiten von Bernstein sogar zu einem Nebenerwerbszweig entwickelt hat. Viele erinnern sich dort noch an den »Ostwindschuster«, ein Original aus der Nachkriegszeit, der nur bei Ostwind bei seinen Leisten blieb. Blies der Wind von Westen, schaute er nach Bernstein aus. Auf der Schaabe 16 bei Glowe ist es dagegen der Ostwind, der manch guten Stein an den Strand spült. Am reichsten fällt der Segen auf Usedom aus, wie z.B. am Strand vor dem Streckelsberg 20. Bernsteinhaltige Gesteinsschichten tief im Meer müssen bei starkem Seegang ihre Schätze preisgeben. Der Sommerurlauber hat allerdings kaum Chancen, einen Bernstein zu ergattern. Selbst nach kräftigen Herbststürmen muß man früh auf den Beinen sein, um fündig zu werden – am besten noch mit Lampe bei Nacht.

auf einer Anhöhe die Sockeleiche. Fast 5,30 m Umfang erreicht der Baumstamm. Hoch ist er indessen nicht: Bereits 2 m über dem Boden beginnt das ausladende Zweiggewirr mit tief herabhängenden Ästen. Der Wurzelstock der Eiche hebt sich tischartig 50 cm von der Umgebung ab. Der Sockel wird von einem Hünengrab gebildet, das von den mächtigen Wurzeln durchdrungen und umschlungen ist.

23 Altwarper Binnendünen

Keinen halben Kilometer von der polnischen Grenze entfernt, fühlt man sich plötzlich in eine südländisch anmutende Landschaft versetzt. Weite, nur schütter von buschartigem Eichenwald bedeckte Dünen beginnen unmittelbar am südlichen Ortsrand von Altwarp. Auf kleineren Lichtungen wächst borstiges Silbergras, das den lockeren Sand vor weiteren Windverfrachtungen schützt. Aber immer wieder ist der Boden pflanzenfrei und wird als Wanderdüne vom Wind weiter umgelagert. Die Dünenlandschaft zieht sich parallel zum Ufer einer Bucht des Oderhaffs hin. Auf der gegenüberliegenden polnischen Seite des sogenannten Neuwarper Sees erkennen Sie die Dächer von Nowe Warpno, dem ehemaligen Neuwarp. Je mehr Sie sich der Bucht nähern, desto feuchter wird es. Hier, im Überflutungsbereich des Haffs, hat man jahrzehntelang auf Düngung, Umbruch und Eindeichung verzichtet. Wenig genutzte, artenreiche Wiesen sind entstanden, die im Frühjahr und Sommer wochenlang einem bunten Blütenteppich gleichen.

An der Strecke vom Lieper Winkel nach Altwarp liegt das Peenetalmoor.

Nahe der polnischen Grenze: Kiefernpflanzungen sollen bei Altwarp das freie Weiterwandern der Binnendünen verhindern.

24 Eibenkamp

Einst waren die Wälder Mitteleuropas reich an Eiben. Doch dann wurde das feste, aber biegsame Holz immer begehrter, denn Waffen wie Bogen und Armbrust wurden daraus hergestellt. Zehntausende von Stämmen fanden jährlich in Nürnberg, dem Hauptmarkt für Eibenholz, ihren Absatz, bis es schließlich im 17. Jh. kaum mehr schlagbare Eiben gab. Wer eine Ahnung von der einstigen Häufigkeit des Baumes mit den weichen, grünen Nadeln bekommen will, sollte es nicht versäumen, den etwas mühsamen Weg zum Eibenkamp bei Luckow auf sich zu nehmen. Im äußersten südöstlichen Winkel einer etwa 4 km^2 großen Wiesenfläche östlich von Luckow fallen einige frei stehende Eiben auf. Im unmittelbar benachbarten Wald bilden die Eiben unter hohen Buchen, Eichen und Kiefern ein außerordentlich dichtes Unterholz. Flurnamen der Umgebung wie Ibenhorst, Ivenhorst oder Ifkenberg deuten noch heute auf die einstige Verbreitung der Eibe hin. Spätestens mit dem Bau des Hafens von Swinemünde (heute Świnoujście) um 1825, bei dem beträchtliche Mengen Eibenholz verwendet wurden, dürfte die Baumart auch im abgelegenen Vorpommern drastisch verringert worden sein.

25 Quilower Holz

Eine eindrucksvolle Gruppe von elf riesigen Eichen, zwischen denen nicht selten wie zu Säulen erstarrte Graureiher stehen, findet sich am nordöstlichen Ortsrand von Quilow. Auf 300–500 Jahre wird das Alter der knorrigen Stieleichen geschätzt, und entsprechend mächtig sind ihre Stämme, die bis zu 6 m Umfang aufweisen. Die stattlichen Vögel kommen aus einer Graureiherkolonie, die als eine der größten im nördlichen Deutschland gilt und in einem nahe gelegenen, urwüchsigen Laubmischwald angesiedelt ist. Über 100 Paare treffen sich Jahr für Jahr im Quilower Holz von Mitte März bis Juli zum Brüten. Ihre Horste bauen sie hoch in den Baumkronen.
Zur Vogelkolonie gelangt man über den westlich von Quilow gelegenen Weiler Vitense, von wo man auf einem Wiesenweg 1 km Richtung Nordosten in den Wald geht. Für den Naturfreund ist es selbstverständlich, daß er die Vögel beim Brüten nicht stört, Lärm vermeidet und entsprechend Abstand hält.

Nicht nur eine Augenweide – die elf jahrhundertealten, mächtigen Stieleichen bei Quilow hatten vor Zeiten auch ihre landwirtschaftliche Funktion: Die Eicheln wurden gern für die Schweinemast verwendet.

4 Ostfriesland

Von Meer, Marsch und Moor geprägt

Kaum eine deutsche Landschaft hat ihr Gesicht so oft verändert wie die Region zwischen Dollart und Wesermündung. Nach schweren Sturmfluten drang das Meer immer tiefer in die Marsch vor. Mit dem Bau von Küstendeichen versuchten die Friesen schon etwa 1000 n. Chr., ihr Land vor dem Zugriff der See zu schützen. Die großen unwirtlichen Moore im Binnenland begann man im 17. Jahrhundert durch Kanäle zu erschließen. Auf den Inseln mußten Dörfer häufig neu errichtet werden, weil Wind und Meer den Eilanden am Westende das Land nahmen, das sie ihnen am Ostende wieder zuführten. Nachdem man den Kräften der Natur heute durch moderne Technik besser begegnen kann, besinnt man sich in Ostfriesland zunehmend darauf, bedrohte Landschaften zu erhalten: Ein Beispiel dafür ist der Nationalpark Niedersächsisches Wattenmeer, dessen bei Ebbe endlos scheinende Schlickflächen einen ökologisch einzigartigen Lebensraum darstellen.

Lage Zwischen Dollart bzw. niederländischer Grenze im Westen und der Wesermündung im Osten mit den vorgelagerten Ostfriesischen Inseln in der südlichen Nordsee; die Abgrenzung nach Süden verläuft entlang dem nördlichen Emsland über Friesoythe, Wardenburg und Delmenhorst in Richtung Bremen
Ausdehnung West–Ost 90–130 km; Nord–Süd 70–90 km
Länder Niedersachsen, Bremen
Höchste Erhebung Auf der Insel Langeoog: Melkhörn 21 m
Wichtigste Flüsse Weser, Ems, Hunte, Jümme, Leda
Landschaftsformen Flache Küstenlandschaft mit Marschengürtel, tief einschneidenden Meeresbuchten wie Dollart und Jadebusen, Wattenmeer und vorgelagerten Düneninseln; im Zentrum waldarme Geestlandschaft und kultivierte Moorgebiete
Nationalpark Nationalpark »Niedersächsisches Wattenmeer« auf den Inseln und entlang der Küste
Information Fremdenverkehrsverband Nordsee-Niedersachsen-Bremen, Bahnhofstr. 19–20, W-2900 Oldenburg, ☏ 0441/921710; Verkehrsverein Bremen, Hillmannplatz 6, W-2800 Bremen, ☏ 0421/308000; Fremdenverkehrsverein für den Landkreis Aurich-Ostfriesland, Fischteichweg 7–13, W-2960 Aurich, ☏ 04941/16445; Nationalpark-Verwaltung »Niedersächsisches Wattenmeer«, Virchowstr. 1, W-2940 Wilhelmshaven, ☏ 04421/4080. Über die Fahrpläne der Inselfähren informiert jede Bahnhofsauskunft

Abwechslungsreiche Spielarten der Natur

Otto, Ostfriesenwitze, herbes Bier und ostfriesischer Tee sind zu gängigen Markenzeichen für das Land zwischen Unterweser und Dollart geworden. Der platte Landstrich hat jedoch weit mehr zu bieten: An Deutschlands berühmtesten Seeräuber, der im 14. Jh. keine Schlacht gegen die hanseatischen Kaufleute scheute, erinnert die landschaftlich reizvolle Störtebekerstraße, die durch die Marschen entlang der niedersächsischen Küste führt. Seit Henri Nannen seiner Heimatstadt Emden 1986 ein Museum der modernen Malerei stiftete, ist Ostfriesland auch Kunstfreunden ein Begriff.
Urlauber schätzen vor allem die gesunde Luft und die Kureinrichtungen an der »Südlichen Nordsee«. Sonnenbäder an langen Sandstränden und zwischen hohen Dünen auf den Inseln, ausgedehnte Deichwanderungen, interessante Führungen durch das Watt und Schiffsfahrten zu Seehundsbänken an der Küste gehören zu den beliebten Ferienaktivitäten. Auch abseits der See im Hinterland bieten sich viele attraktive Ausflugsmöglichkeiten an. Einige der einst über hundert Binnenseen zwischen Unterweser und Dollart, die von den Ostfriesen Meere genannt werden, stehen unter Naturschutz; andere hingegen sind ein Dorado für Wassersportler aller Art. Wasserwanderer können Ostfriesland ebenso auf Flüssen und Kanälen erkunden. Von ganz besonderem Reiz sind auch die romantischen Urwälder von Neuenburg 4 und Hasbruch 22. Und schließlich kann man überall das lebhafte Wolkenspiel am unendlich erscheinenden Himmel beobachten, das der weiten, flachen Weidelandschaft einen eigentümlichen Reiz verleiht.

Tausend Jahre Kampf gegen das Meer

Mehr als in jeder anderen deutschen Region hat der Mensch in Ostfriesland die Landschaft mitgeformt. Gegen Ende der letzten Eiszeit vor rund 10000 Jahren lag der Meeresspiegel der Nordsee noch etwa 50 m tiefer als heute. Doggerbank und Deutsche Bucht waren damals noch Festland, die Weser noch Nebenfluß der Elbe. Mit dem Abschmelzen der Eismassen stieg der Meeresspiegel stetig an, das Festland wurde überflutet und die Küstenlinie rückte weiter nach Süden vor. Etwa 1000 n. Chr. begannen die Menschen in Ostfriesland, Deiche zu bauen, um ein weiteres Vordringen des Meeres zu verhindern. Die enorme Leistung des Deichbaus war Gemeinschaftsarbeit, die jedoch durch verheerende Sturmfluten vor allem im 12., 14. und 15. Jh. immer wieder zunichte gemacht wurde. Dämme brachen, und das Meer konnte tief ins Hinterland eindringen. So entstanden zahlreiche Buchten, von denen Dollart 15, Leybucht 12 und Jadebusen 3 die

größte Ausdehnung erlangten. Jever, Wittmund und Norden waren zu jener Zeit Hafenstädte, Butjadingen 1 war eine Insel. Den ausdauernden Friesen gelang es jedoch, dem Meer nach und nach verlorenes Terrain abzuringen. Das vor dem Hauptdeich durch natürliche Meeresablagerungen neugewonnene Land grenzten sie immer wieder mit einem weiteren Erddamm ein, um es vor einem erneuten Ansturm der See zu schützen. Auf diese Weise wurde die Deichlinie im Laufe der Jahrhunderte in mehreren Etappen nordwärts vorgeschoben.
Mit der Neulandgewinnung verbunden war der Bau von Deichsielen, deren Tore sich unter dem Einfluß der Gezeiten selbsttätig öffnen und schließen. Durch den schmalen Durchlaß kann das Binnenwasser aus der Marsch seewärts abfließen. Wo wegen der tiefen Lage der bedeichten Gebiete eine Entwässerung durch Siele allein nicht möglich ist, wurden in neuerer Zeit zusätzlich Schöpfwerke gebaut, die den Wasserüberschuß ins Meer pumpen.

In großen Schwärmen im Wattenmeer: die prachtvollen Austernfischer.

Wandernde Inseln, schwindende Moore

Das neugewonnene Küstenland ist heute Teil der Marsch, die etwa in Höhe des Meeresspiegels, stellenweise sogar darunter liegt. Zwischen diesem fruchtbaren Schwemmland am Küstensaum und der vorgelagerten Inselkette erstreckt sich das seichte Wattenmeer, dessen Schlick- und Sandboden vielfältiges Kleingetier enthält, das wiederum zahlreichen Vogelarten als Nahrung dient. Die Ostfriesischen Inseln vor der Wattenküste sind erdgeschichtlich sehr junge, durch Wind und Gezeiten aufgebaute Düneninseln, die ständig ihre Form änderten, von West nach Ost wanderten und noch immer gen Osten wachsen. Besonders gut kann man ihre stete Wandlung und Neubildung heute noch auf der Insel Spiekeroog 7 studieren. Große Bereiche der Inseln und des Wattenmeers sind Bestandteil des 1986 geschaffenen Nationalparks Niedersächsisches Wattenmeer, durch den diese ökologisch einmalige Landschaft endlich unter stärkeren Schutz gestellt wurde.
An den etwa 10 km breiten Marschengürtel des Festlandes grenzt die sehr flache Geest, die meist nur 3–10 m und selten 20 m ü. M. liegt. Ostfrieslands Altmoränen-Landschaft, die in der Saale-Eiszeit entstand, wurde im Laufe der Jahrtausende durch Solifluktion und Abspülung eingeebnet; nur selten hebt sie sich so deutlich von der Umgebung ab wie beim Badeort Dangast 3, der auf dem etwa 10 m hohen Kliff des Geestrandes liegt. Weite Flächen der Geest waren im Mittelalter noch von mächtigen Hochmooren bedeckt, an den Rändern befanden sich zahlreiche Niedermoore. Seit der Gründung von Großefehn im Jahr 1633, der ältesten Fehnsiedlung Ostfrieslands, wurden diese Feucht-

<u>*Natur lieben – Natur schützen*</u>
Der Nationalpark Niedersächsisches Wattenmeer ist in drei Zonen unterschiedlicher Schutzintensität aufgeteilt:
** Ruhezonen dürfen ganzjährig nur auf ausgewiesenen Wegen betreten werden.*
** Zwischenzonen dürfen vom 1. April bis 31. Juli nur auf ausgewiesenen Wegen betreten werden; in der übrigen Zeit sind örtlich unterschiedliche Regelungen zu beachten.*
** Erholungszonen unterliegen keinerlei Einschränkungen von seiten der Nationalparkverwaltung.*
Grundsätzlich gilt überall im Nationalpark:
** Pflanzen dürfen nicht gepflückt werden.*
** Vogelansammlungen sollte man sich auf keinen Fall dichter als 300 m nähern.*
** Von den Liegeplätzen der Seehunde sollte man insbesondere als Wassersportler mindestens 500 m Abstand halten.*
** Hunde sind grundsätzlich an der Leine zu führen; oft ist ihre Mitnahme auch gänzlich verboten. Auf allen Inseln werden Hunde ungern gesehen.*

gebiete jedoch systematisch entwässert und abgetorft und damit immer weiter zurückgedrängt. Einige heute unter Naturschutz stehende Moore wie das Ewige Meer ⓱ vermitteln aber immer noch einen guten Eindruck von der ursprünglichen Landschaft.

Route 1 Küste und Inseln

Deiche und Dünen, Wind und Watt

❶ Halbinsel Butjadingen

Eine der unbekanntesten Ecken Deutschlands ist die Halbinsel Butjadingen zwischen Jadebusen und Wesermündung. Ausgedehnte Wattflächen und Salzwiesen im Norden und Westen bieten zahlreichen Vogelarten Brut- und Rastplätze, darunter vor allem dem hellbraun-dunkel gefiederten Rotschenkel und dem schwarzweißen Austernfischer mit rotem Schnabel. Schon fast exotisch muten die großen Nester der seltenen Graureiher an, die man in den Schwarzpappeln, Eichen und Kastanien

Route 1
Küste und Inseln
Die ca. 260 km lange Fahrt führt hauptsächlich an der ostfriesischen Küste entlang, schließt aber auch Tagesausflüge auf die vorgelagerten Ostfriesischen Inseln ein. An der Festlandsküste erwarten den Reisenden grüne Marschen, reizvolle Wattlandschaften und tief eingeschnittene Buchten mit Vogelparadiesen. Keineswegs versäumen sollte man das Schwimmende Moor ❷ am Ufer des Jadebusens, ein weltweit einzigartiges Phänomen.
Streckenverlauf:
Ausgangspunkt ist Burhave auf der Halbinsel Butjadingen ❶, zu erreichen mit der Fähre von Bremerhaven aus oder über die B 211 und B 212 von Oldenburg aus; danach auf die Störtebekerstraße bis Fedderwardersiel, dann über Langwarden nach Tossens und auf der Störtebekerstraße zum Schwimmenden Moor bei Sehestedt ❷; bei Diekmannshausen auf die B 437 bis Varel, von dort Abstecher zum Jadebusen bei Dangast ❸; zurück auf die B 437 und weiter nach Neuenburg ❹; in Neuenburg rechts ab über Zetel nach Sande, dann auf der B 210 über Jever nach Wittmund, von dort auf der B 461 nach Harlesiel zum Elisabeth-Außengroden ❺; von Harlesiel kann man auf die Insel Wangerooge ❻ übersetzen; Spiekeroog ❼ erreicht man von Neuharlingersiel, Langeoog ❽ von Bensersiel und Baltrum ❾ von Neßmersiel aus; weiter entlang der Küste auf der Störtebekerstraße bis zur B 70 und rechts nach Norddeich, von hier aus mit der Fähre nach Norderney ❿ und Juist ⓫; anschließend von Norddeich entlang der Küste zur Leybucht ⓬; dann über Greetsiel und Pewsum nach Freepsum ⓭; weiter nach Emden, von dort mit dem Schiff nach Borkum ⓮; zurück nach Emden, dann nach Petkum und von dort mit der Fähre über die Ems nach Ditzum im Rheiderland am Ostufer des Dollarts ⓯. Über Emden-Petkum besteht eine Anschlußmöglichkeit an die Route 2 durch das ostfriesische Hinterland.

Unberührte, ureigenste Naturlandschaften trifft man auf dieser Küsten- und Inselfahrt ebenso an wie touristisch belebte Kur- und Badeorte. In den Ferienorten sorgt ein vielfältiges Freizeitangebot für Kurzweil.

900 m nördlich des Ortsendes von Burhave rechts der Straße nach Langwarden auch im Winter entdecken kann. Eine zweite Graureiherkolonie folgt 800 m weiter links an der gleichen Straße hinter dem Hof »Jericho«. Gute Beobachtungsmöglichkeiten in dem vielfältigen Vogelparadies bietet auch ein 3 km langer, markierter »Entdeckungspfad«, der beim Heimatmuseum »Nordseehaus« am Hafen von Fedderwardersiel beginnt. Fährt man von Fedderwardersiel aus immer am Deich entlang bis nach Langwarden und biegt dort rechts in die Friesenstraße ab, kommt man zu einem kleinen Parkplatz am Langwarderdeich. Hier kann man eine 7,5 km lange Rundwanderung über die Deiche unternehmen, die das Marschland des Langwarder Grodens mit seiner reichen Vogelwelt umschließen (Hundeverbot). Von hier ergeben sich gute Ausblicke auf das Hohe-Weg-Watt, in dem sich mit Vorliebe Seehunde tummeln. Dieses ausgedehnte Watt reicht hinaus bis zum Vogelschutzgebiet Mellum, dessen Betreten untersagt ist. Brand- und Flußseeschwalben finden auf dieser Insel ihre Brutplätze, außerdem mehr als 10 000 Silbermöwen, die häufigsten Möwen an unseren Küsten.

❷ Schwimmendes Moor

Ein Naturphänomen ganz besonderer Art kann man am Ostufer des Jadebusens bewundern: das Schwimmende Moor bei Sehestedt, das möglicherweise einzige Außendeichsmoor der Erde. Nordwestlich des Badeorts erblickt man vom Deich aus zunächst ein Wäldchen mit Moorbirken, Ebereschen und Gagelsträuchern mitten im knapp 11 ha großen Hochmoor. Dahinter dehnen sich die mit Tümpeln durchsetzten Salzwie-

Im ausgedehnten Hohe-Weg-Watt vor der Halbinsel Butjadingen ruhen Seehunde gern auf den Sandbänken.

Kolonien von Brandseeschwalben – hier bei der Balz – nisten auf der Vogelinsel Mellum vor Butjadingen.

Hier blieb der Mensch Sieger

Auf der Halbinsel Butjadingen ❶ war der Kampf zwischen Mensch und Meer besonders heftig. Große Sturmfluten ließen zwischen 1334 und 1511 den Jadebusen entstehen und drangen bis zur Weser vor. Butjadingen und das südlich anschließende Stadland wurden zeitweise zu Inseln. Da die technischen Mittel zunächst nicht ausreichten, das verlorene Land zurückzugewinnen, schützte man die an den Meereseinbrüchen neu entstandenen Ufer durch Deiche. Straßennamen wie Mitteldeich und Stadlander Landdeich erinnern noch an jene Zeit. Erst Anfang des 16. Jh. gelang es durch erneuten Deichbau, die Verbindung mit dem Stadland wiederherzustellen. Geringfügige Reste alter Deiche kann man noch bei Burhave wie auch zwischen Mitteldeich und Iffens sehen.

Im seit über 140 Jahren nicht mehr bewirtschafteten Neuenburger Urwald wachsen an altersschwachen und abgestorbenen Bäumen Pilze in ungeheurer Vielfalt.

sen des Feuchtgebiets bis zum Wattenmeer aus. Bei Sturmflut ereignet sich dann folgendes Phänomen: Die oberen, lockeren Torfschichten des Hochmoors heben sich vom schwereren Niedermoorboden ab und schwimmen auf dem Meerwasser. Durch die starke Brandung brechen große Torfblöcke – im Volksmund Dargen genannt – aus der schwimmenden Moorinsel heraus und werden fortgeschwemmt. Auf diese Weise wird das einzigartige Naturschutzgebiet von den Fluten leider Jahr um Jahr mehr zerstört.
Das Moor darf nicht betreten werden. Man kann jedoch vom Strandbad Sehestedt aus am Meer entlang und durch Salzwiesen das Schutzgebiet in 1½ Stunden großräumig umwandern und trifft dabei auf zahlreiche Vogelarten wie Rotschenkel, Wiesenpieper und Bekassine.

3 Jadebusen

Bis in das hohe Mittelalter war der heutige Jadebusen festes Land aus Marsch, Geest und Moorgebieten. Mehrere Sturmfluten, unter denen die Marcellusflut von 1362 die größten Schäden verursachte, ließen Deiche brechen, fruchtbares Land und zahlreiche Dörfer untergehen. Heute schützt entlang der Meeresbucht ein 8 m hoher Deich die neugewonnenen Marschen. Nur bei Dangast bildet ein steiles Kliff die Küste.
Den Vogelreichtum des Jadebusens, der deshalb mit dem Prädikat »Europareservat« ausgezeichnet wurde, kann man z.B. bei einer der in Dangast regelmäßig angebotenen Wattführungen erkunden. Das vielfältige Vogelleben in den Salzwiesen offenbart sich dem Wanderer oder Radfahrer am besten auf einer 8 km langen Tour von Dangast über den Außendeich nördlich nach Cäciliengroden.

4 Neuenburger Urwald

In einem 24 ha großen Teilstück des Neuenburger Holzes bestimmt die Natur seit 1850 ihr Werden und Vergehen selbst. So entstand aus dem alten Hutewald, in den die Bauern lange ihr Vieh zum Weiden getrieben hatten, ein Urwald, in dem nur die Wanderwege freigehalten werden. Die romantische Baumwildnis besteht aus mächtigen vielhundertjährigen Eichen, alten Hainbuchen, Rotbuchen und Ebereschen. Im Unterholz erreichen die ausladenden Stechpalmen Höhen bis zu 10 m. Vom Spätsommer bis in den Winter hinein wachsen Pilze in ungeheurer Vielfalt an und auf umgestürzten Bäumen. Im Frühjahr bilden Buschwindröschen einen weißen Blütenteppich, durchsetzt vom Gelb des Scharbockskrauts.

Die Gemeine Grasnelke mit ihren blaßroten Blüten und grasartigen Blättern, die bevorzugt auf Salzwiesen der Küste gedeiht, findet man auch im einzigartigen Naturschutzgebiet Schwimmendes Moor am Ostufer des Jadebusens.

Hohltaube, Zaunkönig und verschiedene Spechtarten gehören zu den gefiederten Bewohnern des Urwaldes. In der Abenddämmerung ist die Breitflügel-Fledermaus unterwegs, und mit etwas Glück erspäht man auch Habicht, Bussard und Sperber.
An der B 437 liegt unmittelbar vor dem Ortsanfang von Neuenburg rechter Hand der Parkplatz »Urwaldhaus«. Der auf einer Tafel dargestellte 2,5 km lange Wanderweg führt durch die schönsten Teile des Urwaldes.

5 Elisabeth-Außengroden

Die verheerende Marcellusflut im Jahr 1362 verursachte tiefe Einschnitte in der ostfriesischen Küste: So entstand u.a. auch die Harlebucht. Mit dem eingedeichten Marschland zwischen Harlesiel und Schillig, dem Elisabethgroden, wurde auch das letzte Stück dieser Meeresbucht dem Festland wieder einverleibt.
Vor dem Deich liegt ein Streifen Grünland, der Elisabeth-Außengroden, der im Norden gegen das Watt abgegrenzt wird. In dieser ehemaligen Verlandungszone hat das salzige Meerwasser so viel nährstoffreichen Schlick abgelagert, daß im Laufe der Zeit ein erhöhter Bereich entstand, der nicht mehr täglich überflutet wird. Hier breiten sich prächtige Salzwiesen aus, die verschiedenen salzliebenden Pflanzen und unzähligen Insektenarten einen einzigartigen Lebensraum bieten. Auch für Seevögel haben die Salzwiesen als Nahrungs-, Rast- und Brutgebiet eine herausragende Bedeutung. Brandgans, Austernfischer, Kiebitz und Rotschenkel brüten hier; Großer Brachvogel, Säbelschnäbler, Alpenstrandläufer und Kiebitzregenpfeifer gehören zu den regelmäßigen Gästen.
Der 3,2 km lange Lehrpfad bei Harlesiel, der mit blau-weißen Schildern und Pfählen mit grünem Kopf gekennzeichnet ist, führt durch die Ruhezone des Nationalparks bis ans Watt heran; er beginnt direkt am Deich in der Nähe des östlichen Parkplatzes. Die beste und sicherste Beobachtungszeit für Vögel sind, wenn man es einrichten kann, die zwei Stunden nach Hochwasser; Auskunft über Führungen gibt die Kurverwaltung in Carolinensiel, ☏ 04464/8014 oder 309.

6 Wangerooge

Schon auf der Fahrt mit der Kleinbahn vom Westanleger bis zum Bahnhof des Dorfes Wangerooge im Zentrum gewinnt man einen ersten Einblick in die artenreiche Vogelwelt der Insel. Die Bahn führt durch den Westaußengroden mit seinen Salzwiesen und Prielen. In südöstlicher Richtung schließen sich unendlich weite Wattflächen an. Dieses Seevogel-Schutzgebiet gehört zur Ruhezone im Nationalpark und darf nicht betreten werden. Ein gut 7 km langer Wanderweg führt jedoch vom Inselort am Rand des Westaußengrodens entlang zum Westanleger. Den weiteren Weg begleiten die sanften Dünenketten im Nordwesten. Dahinter liegen Heideareale und kleine Wäldchen, die man auf dem Rückweg besuchen

Im Neuenburger Urwald bestimmt allein die Natur, wann ein Baum fällt: eine fast unberührte Wildnis. Nur die Wanderwege werden freigehalten.

Zu den typischen Salzwiesenpflanzen der Küste gehört die von Juni bis Oktober zartlila blühende Salzaster.

Nahrungsrevier der kontrastreich gefiederten Brandgänse, auch Brandenten genannt, ist das Wattenmeer.

Drei Tassen sind Ostfriesenrecht
Auf den Inseln wie auf dem Festland ist Tee das Nationalgetränk. Die Ostfriesen trinken davon jährlich 15mal mehr als der Rest der Bevölkerung. Man bevorzugt eine kräftige Assam-Sorte, die als Ostfriesische Mischung überall erhältlich ist. In einer feinwandigen Porzellankanne wird der Tee auf einem Stövchen warmgehalten. In eine ebenso feinwandige Porzellantasse kommen zunächst die »Kluntjes«, weiße Kandisstückchen, die beim Eingießen des Tees verheißungsvoll knistern. Obendrauf setzt man dann mit einem Löffelchen noch ein »Wulkje Roum«, ein Wölkchen Rahm, das auf keinen Fall umgerührt werden darf. Drei Tassen Tee trinkt man hier mindestens – und das bis zu viermal am Tag. In den ostfriesischen Teestuben, manchmal sogar beim Einkaufen, hat auch der Urlauber die Gelegenheit, sich diesem schönen Brauch anzuschließen.

Ins Watt und zu den Seehundsbänken
Auf eigene Faust ins Watt hinauszuwandern, ist nicht nur gefährlich, sondern auch schädlich für die Natur. Daher werden von den Inseln und einigen Küstenorten des Festlands aus regelmäßig und zum Teil ganzjährig fachkundige Führungen durch das Watt veranstaltet. Besonders reizvoll sind dabei Wattwanderungen vom Festland auf eine Insel, so etwa von Neßmersiel nach Baltrum **9** *oder von Harlesiel* **5** *nach Spiekeroog* **7***. Ebenso werden vielerorts während der Saison kurze Ausflugsfahrten in die Nähe von Seehundsbänken angeboten, wobei man mit dem Fernglas gute Beobachtungsmöglichkeiten hat. Auskunft über die Termine von Wattwanderungen und Fahrten zu den Seehundsbänken geben die Kurverwaltungen und Verkehrsvereine sowie die Nationalpark-Häuser. Um unnötige Wartezeiten oder Enttäuschungen zu vermeiden, sollte man dort unbedingt vorher anrufen.*

kann. Das Altdünengebiet westlich des Dorfes birgt wertvolle Feuchtbiotope mit Tümpeln und kleinen Moorflächen, die sich aus Bombentrichtern des Zweiten Weltkriegs entwickelt haben. Hier brüten vor allem Teich- und Bläßhuhn. Insgesamt bietet die Binnendeich-, Außendeich- und Wattlandschaft von Wangerooge einen attraktiven Lebensraum für zahlreiche Vogelarten; Küstenvögel wie Brandgans, Austernfischer und Seeschwalbe sind hier genauso vertreten wie Grünlandbewohner und Buschbrüter, zu denen Kiebitze, Braunkehlchen, Amseln und Grasmükken zählen.
Bedeutende Vogelschutzgebiete befinden sich auch im Ostgroden und am Ostende der Insel, die nur an ihrem Rand auf markierten Wanderwegen begehbar sind.

7 Spiekeroog

Spiekeroog wächst schon seit rund 200 Jahren stärker als alle anderen Ostfriesischen Inseln in östlicher Richtung. Dabei entstand eine 5–6 km lange und bis zu 2,5 km breite Sandplate, die sich noch immer vergrößert. Geologen und Biologen können hier besonders deutlich alle Stufen des Inselwachstums und der Verlagerung nach Osten verfolgen. Durch die Verlandung der einst tief eingeschnittenen Harlebucht des Festlandes wurde auf den Schlickflächen am Ostende der damals noch viel kleineren Insel Spiekeroog seit Mitte des 18. Jh. immer mehr Sand aufgespült. Sobald diese Sandbank so hoch war, daß sie nicht mehr von jeder Hochflut überschwemmt wurde, trocknete der Wind den Sand aus und wehte kleine Sandhügel auf, auf denen bald Pionierpflanzen wie die Strandquecke wuchsen. Strandweizen und Strandhafer folgten, an denen sich erste kleine Jungdünen bildeten. So entstand im Lauf der Zeit im Nordosten eine Dünenlandschaft ganz unterschiedlichen Alters, wobei die jüngsten Dünen immer dem offenen Meer am nächsten liegen. Auf der anderen Seite, insbesondere im Südosten, bildete das Watt durch Schlickansammlung weitere Verlandungszonen, auf denen weite Salzwiesen entstanden.
Da die Ostplate landwirtschaftlich nicht genutzt werden konnte, hat sich hier eine noch weitgehend intakte Tier- und Pflanzenwelt entwickeln können, die strengstem Schutz unterliegt. Nur ein einziger Wanderweg führt zum Naturschutzgebiet der Ostplate; er ist während der Brut- und Aufzuchtzeit der Vögel (1. April–31. Juli) nicht begehbar. Der Weg beginnt am Südostrand des Dorfes Spiekeroog und ist ohnehin nur ausdauernden Wanderern zu empfehlen, da seine Gesamtlänge bis an die Nordostspitze der Insel etwa 11 km beträgt!

8 Langeoog

Als die höchste Erhebung in Ostfriesland gelten die 21 m hohen Melkhörndünen an der Nordküste der Insel Langeoog. Diese Sandhügel mit

Im Herbst verfärbt sich der Queller, eine der ersten Pflanzen in Verlandungszonen, und taucht die Salzwiesen wie hier auf der Insel Spiekeroog ganz in Rot.

artenarmer Vegetation liegen zwischen dem Großen und dem Kleinen Schlopp – so heißen die beiden ehemaligen Dünendurchbrüche, die die Sturmflut im Jahr 1825 geschaffen hatte. Die kleinen Flachgewässer im Randbereich der Melkhörndünen sind noch Überreste dieser Lücken im Dünenwall, die um die Jahrhundertwende durch Sandfangzäune, Dämme und Pflanzenansiedlung wieder geschlossen wurden.
Ein etwa 6 km langer markierter Wanderweg führt vom Bahnhof des Ortes Langeoog in das Dünengebiet, von wo aus man die ganze Insel überblicken kann.

9 Baltrum

Die kleinste der bewohnten Ostfriesischen Inseln besitzt im Ostteil ein fast ebenes Tal, etwa 300 m breit und 1000 m lang, das von bis zu 16 m hohen Dünenkuppen umrahmt wird. Im feuchten Baltrumer Dünental, das früher häufig von Hochwasser heimgesucht wurde, hat sich im Laufe der Zeit eine dichte Strauchschicht aus Sanddorn, Weißdorn, Schwarzem Holunder, Eberesche und Grauweide angesiedelt. Auch seltene Pflanzen wie das im Spätsommer weiß blühende Sumpfherzblatt und das Rundblättrige Wintergrün mit seiner weißen, glockenförmigen Blüte kommen hier vor. Fasane und Hasen sind in den schützenden Gebüschen heimisch; Brandgänse nisten in verlassenen Kaninchenhöhlen; Kreuzkröten veranstalten in kleinen Tümpeln ihre nächtlichen Frühjahrskonzerte.
Das Naturschutzgebiet liegt in der Ruhezone des Nationalparks, kann jedoch auf einem etwa 2,6 km langen Wanderweg am Rand berührt und teilweise auch durchgangen werden. Der Weg beginnt 1,6 km nördlich vom Ostdorf an einem Wetterhäuschen.

10 Norderney

Der ursprünglich für militärische Zwecke geschaffene Südstrandpolder östlich des Norderneyer Hafens ist eine von Menschen gestaltete Landschaft. Die in den Jahren 1940/41 eingedeichte und teilweise aufgeschlickte Wattfläche wurde jedoch nicht mehr zum Flugplatz ausgebaut, so daß hier nach dem Krieg ein wertvoller Lebensraum für Pflanzen und Vögel entstand. Um der zunehmenden Austrocknung des Feuchtgebiets entgegenzuwirken, legte man erst in jüngster Zeit kleine Süßwasserteiche an, die von dichtem Buschwerk und Schilfgürteln umgeben sind. Die trockenen und feuchten Bereiche des Südstrandpolders, in dem süßwasserabhängige und salzverträgliche Pflanzen auf engstem Raum nebeneinander wachsen, ziehen unterschiedlichste Vogelarten an. Im Schilfdickicht brüten vor allem Teichrohrsänger, Wasserrallen, Rohrweihen und die seltenen Bartmeisen.
Der Südstrandpolder darf nicht betreten werden. Ein etwa 4,5 km langer markierter Wanderweg, der im Südosten des Ortes Norderney beginnt, führt jedoch um das Naturschutzgebiet herum.

Helfer in der Not

Im Nordosten des Inselorts Langeoog 8 steht auf der höchsten Erhebung der Herrenhusdünen ein orangefarbener Container. Darin sitzt Tjard Mannot, ein waschechter Ostfriese, und beobachtet täglich von früh bis spät das Meer. An klaren Tagen reicht sein Blick durch das Teleskop bis hin zur Elbmündung und 52 Seemeilen weit auf die Nordsee hinaus. Er hört den Seefunkverkehr auf drei Frequenzen ab; außerdem widmet er sich aufgeschlossen und humorvoll den Besuchern, die mehr über die Seenot-Beobachtungsstation der Deutschen Gesellschaft zur Rettung Schiffbrüchiger (DGzRS) auf der Insel Langeoog wissen wollen. Wer mit Tjard Mannot gesprochen hat, wird danach wohl gern einen Obolus in eines der Sammelschiffchen der DGzRS stecken, die überall an der Küste an Hotelrezeptionen und auf den Tresen der Lokale zu finden sind. Solche Spenden tragen wesentlich dazu bei, daß die Gesellschaft jährlich zahlreiche Seeleute und Urlauber aus Seenot retten kann.

Ausgedehnte, urwüchsige Dünentallandschaften, häufig durchsetzt von Brackwasserflächen und Salzsümpfen, prägen den größten Teil der Insel Norderney. In den Dünen brüten neben vielen anderen Vogelarten Silber- und Sturmmöwen.

Verwaiste und entkräftete Jungtiere werden in der Seehundaufzuchtstation in Norden-Norddeich versorgt.

Ein Waisenhaus für Seehunde
Im Juni und Juli werfen die Seehunde auf den Sandbänken vor Ostfrieslands Küsten ihre Jungen. Krankheiten, Unfälle oder Stürme machen bald darauf etliche Jungtiere zu Waisen. Seit 1971 werden von der Seehundaufzucht- und Forschungsstation in Norden-Norddeich alljährlich etwa 30–50 dieser Heuler adoptiert. Man versucht hier, die Tiere in 60–100 Tagen auf ein selbständiges Leben in freier Natur vorzubereiten. Die jungen Seehunde werden – anfangs sogar teilweise über Magensonden – so lange mit Heringen ernährt, bis sie ein Gewicht von 25–30 kg erreicht haben. Dann entläßt man sie mit Markierungen versehen wieder ins Wattenmeer. Die Heuleraufzucht erfolgt von Juni bis Oktober, doch befinden sich im Winter meist auch einige Gasttiere im Haus (geöffnet tägl. 10–17 Uhr).

Boßeln und Klootschießen – Sport ostfriesisch
Wenn die Ostfriesen im Winter ihre großen Boßel-Turniere austragen, werden die Landstraßen für Autofahrer gesperrt. Bei den Wettkämpfen geht es darum, eine Holzkugel von etwa 12 cm Durchmesser mit voller Kraft über eine bis zu 10 km lange Strecke zu treiben. Die Mannschaft, die die wenigsten Würfe braucht, um das Ziel zu erreichen, hat gewonnen. An dem Punkt, wo die Kugel jeweils liegenbleibt, wird sie vom nächsten Teamspieler weitergeworfen. Ein anderer uralter und beliebter Volkssport in Ostfriesland ist das Klootschießen. Hier wird eine etwa 6 cm dicke Holzkugel von einem Absprungbrett aus möglichst hoch und weit über ein freies Feld geschleudert. Gelungene Würfe sorgen jedesmal für Hochstimmung unter den Zuschauern und werden mit einem Klaren belohnt.

11 Juist

Der beeindruckendste See der Ostfriesischen Inseln liegt inmitten eines bewachsenen Dünengebiets im Westteil der Insel Juist. Schilf, Binsen und Rohrkolben umgeben den allmählich verlandenden Hammersee, der für viele brütende und rastende Wasservögel wie auch für die Kreuzkröte mit ihrer gelben Rückenlinie zum Domizil geworden ist. An seinem flachen, anmoorigen Ufer haben sich Farne, Orchideen und das seltene Sumpfherzblatt angesiedelt. Der malerische Binnensee, der durch einen Meereseinbruch entstand, ist ein bemerkenswertes Dokument des Kampfes zwischen Mensch und Natur. Nachdem die Petriflut im Jahr 1651 die Juister Norddünenkette durchbrochen hatte, drohten darauffolgende Sturmfluten die Insel noch weiter zu teilen. Erst gegen Ende des 19. Jh. konnte die Inselbruchstelle mit Deichbauten geschlossen werden. Übrig blieb der Hammersee, dessen Salzwasser sich nach und nach in Süßwasser verwandelte.

Ein 5 km langer Wanderweg führt vom Ortsteil Loog mit seinem Küstenmuseum (geöffnet Mai–Sept. Mo–Fr 9–12, 14.30–18, Sa 9–12 Uhr; Führungen für Gruppen nach Anmeldung ☏ 04935/1488) rund um den Hammersee, der sich innerhalb eines Naturschutzgebiets befindet. Von der Aussichtsplattform im Westen bietet sich ein weiter Rundblick.

12 Leybucht

Die Leybucht ist die letzte noch offen zum Meer liegende Bucht an der ostfriesischen Küste. Um ihre Zukunft gab es in den letzten Jahren harte Kontroversen. 1973 war noch geplant, die Leybucht völlig einzudeichen. Man wollte damit neues Land gewinnen, das Hinterland bei Sturmfluten besser schützen und obendrein dem Krabbenfischerort Greetsiel einen modernen Hafen garantieren. Naturschützer führten gegen dieses Vorhaben einen heftigen Kampf, der schließlich zu einem Kompromiß führte. Die Leybucht bleibt offen – statt dessen wurde ein neuer, höherer Deich vor die alte Deichlinie gebaut. Am Südrand der Leybucht ist ein eingedeichtes Süßwasser-Speicherbecken zur Entwässerung des Binnenlandes im Entstehen, das mit Sieltor und Schleuse als neue Zufahrt zum Hafen Greetsiel dient. Durch diese Baumaßnahmen gehen insgesamt etwa 740 ha Salzwiesen, Watt und andere Naturflächen verloren; als Ausgleich dafür sollen rund 100 ha bedeichte Grünlandflächen in Salzwiesen zurückverwandelt und neue Biotope künstlich geschaffen werden.

Trotz allem ist die Leybucht noch immer ein bedeutendes Nist- und Rastgebiet für viele, zum Teil seltene Vogelarten. Mit etwa tausend Paaren hat der Säbelschnäbler hier seine größte europäische Brutkolonie. Auch zahlreiche Wildgänse, Austernfischer und Alpenstrandläufer schätzen das reiche Nahrungsangebot in den Schlickwattflächen der Bucht.

Die besten Beobachtungsmöglichkeiten bieten z. Zt. der Deich gegenüber der Antennenanlage von Norddeich Radio und der Deich am Leybuchtsiel, beide an der Straße von Norddeich nach Greetsiel gelegen. Auch vom rot-gelb gestreiften Leuchtturm bei Pilsum kann man die Vogelwelt der Leybucht betrachten.

Die weiten Schlickwattflächen der zum Meer noch offenen Leybucht bieten ein reiches Nahrungsreservoir für viele Vogelarten.

⓭ Freepsumer Tief

Nach dem »Guinness-Buch der Rekorde« soll der tiefste Punkt Deutschlands – und somit das Gegenstück zur Zugspitze – mit 2,30 m unter Normalnull (NN) im ehemaligen Freepsumer Meer liegen. Nach mehreren vergeblichen Anstrengungen wurde dieser einst rund 115 ha große Binnensee in der Marschenlandschaft Krummhörn schließlich um 1770 trockengelegt. Aus Sorge um seine Rinder hat sich der Bauer, dem das etwa 1 km^2 große Weidegebiet mit dem (allerdings umstrittenen) tiefsten Punkt Deutschlands heute gehört, bisher erfolgreich gegen dessen genaue Markierung gewehrt: »De moken mi jo min Kaujen mal« (»Die machen mir ja die Kühe verrückt«). Er fürchtet einen Touristenrummel wie am Schneefernerhaus auf der Zugspitze. Ein Schildermast, auf dem u.a. Sturmfluten und Deichhöhen verzeichnet sind, steht ganz in der Nähe und vermittelt dem Besucher das Gefühl, am »Tiefpunkt« der Ostfrieslandreise angelangt zu sein. Der Weg zum »Tiefsten Punkt« ist im Dorf Freepsum ausgeschildert. Die letzten 800 m geht man zu Fuß.

⓮ Borkum

Zu ausgedehnten Spaziergängen lädt das exotisch anmutende Wäldchen der Greunen Stee im Südwesten der Insel Borkum ein. In einer durch einen Meereseinbruch entstandenen Mulde wechseln sich Birken-, Kiefern- und Schwarzerlenbestände mit Schilfröhrichten, Flachmooren, Salzwiesen und Salzsümpfen ab. Verschiedene kurze Wanderwege führen vom Südrand des Inselorts Borkum in das Naturschutzgebiet Greune Stee, was soviel wie »grüne Stelle« bedeutet. Das der Greunen Stee im Süden vorgelagerte Wattgebiet Ronde Plate ist ein bedeutendes Rastgebiet für verschiedene Vogelarten.

⓯ Dollart und Rheiderland

Der eustatische Meeresspiegelanstieg nach den Eiszeiten und Meereseinbrüche im Mittelalter ließen den Dollart im Bereich der Emsmündung entstehen. Zunächst schlug die gewaltige Marcellusflut im Jahr 1362 eine tiefe Kerbe in das Rheiderland. Zahlreiche Siedlungen und Torfgebiete fielen den Wassermassen zum Opfer. Nach der Flutkatastrophe von 1509 erreichte die Meeresbucht des Dollarts mit rund 500 km^2 ihre größte Ausdehnung. Bald darauf begann jedoch ein natürlicher Verlandungsprozeß, den die Anwohner der Bucht durch Eindeichungen unterstützten.
Wegen seiner geschützten Lage, der weiten Flachwasserzonen und der ausgedehnten Wattflächen dient der Dollart mittlerweile zahlreichen Wat- und Wasservögeln als Refugium. 155 Vogelarten wurden bislang in dem wertvollen Naturschutzgebiet gesichtet. In milden Wintern treffen Zehntausende von Alpenstrandläufern als Gäste ein. Inwieweit der geplante Ausbau des Emdener Hafens in den neunziger Jahren einen Eingriff in die Natur des Dollarts bedeutet, wird die Zukunft erweisen. Am beeindruckendsten erlebt man den Dollart auf einer Fahrt ins Rheiderland. Wenn man mit der Emsfähre von Petkum nach Ditzum übersetzt und in Dyksterhusen auf die ehemalige Bohrinsel hinausfährt, genießt

Ein eigenartiger Zaun aus Walknochen umgibt das Pfarrhaus auf der Insel Borkum. Er erinnert an die Walfängerzeiten der Borkumer im 18. Jahrhundert.

Zwei Tage sind besser als einer

Vom Festland aus kann man Langeoog ❽, Norderney ❿ und Borkum ⓮ das ganze Jahr problemlos auf Tagesausflügen erreichen, da die Fähren dorthin täglich nach dem gleichen Fahrplan verkehren. Die Fährverbindungen zu den anderen Ostfriesischen Inseln wechseln alle Tage, so daß ein Kurztrip dorthin nicht immer möglich ist.
Genaue Termine dazu sind von der Fahrplanauskunft der Deutschen Bundesbahn und allen DER-Reisebüros zu erfahren.
Bis auf Borkum und Norderney sind alle Inseln autofrei. Auf Spiekeroog ❼ sind auch Radfahrer unerwünscht; ansonsten kann man überall auf den Inseln Fahrräder mieten. Für Kinder stehen ausleihbare Bollerwagen bereit.
Die Wanderungen zu den Natursehenswürdigkeiten der Inseln nehmen teilweise mehrere Stunden in Anspruch. Eine Zwischenübernachtung ist deshalb empfehlenswert. Zimmer reserviert man am besten im voraus – hilfreich sind dabei die Unterkunftsverzeichnisse der jeweiligen Kurverwaltungen.

man einen weiten Blick über die Meeresbucht. Auf der Weiterfahrt nach Leer über Ditzumerhammrich bis Bunderhohehee dehnt sich links der Straße die tiefliegende alte Marsch aus; rechter Hand erstreckt sich das seit dem 16. Jh. wieder mühsam dem Meer abgerungene Polderland.

Route 2 Ostfriesisches Hinterland und nördliches Oldenburger Land

Reich an Mooren und Meeren

16 Großes Meer

Mitten im Südbrookmerland zwischen Emden und Aurich findet man ein herrliches Erholungsgebiet vor: Hier breitet sich in einem ausgedehnten Niedermoor zwischen Geest und Marsch mit einer Fläche von etwa 460 ha das Große Meer aus, Ostfrieslands größter Binnensee. Am Nordostufer des Flachmoorsees, der wegen seiner geringen Tiefe (0,5–1 m) ein ideales Revier für Segler und Surfer ist, liegen Ferienhäuser, Camping-

Route 2
Ostfriesisches Hinterland und nördliches Oldenburger Land
Die ca. 230 km lange Tour führt durch das ostfriesische Hinterland und das nördliche Oldenburger Land. Ausgedehnte Moore, große Seen und urige Wälder bestimmen hier das Bild. Landschaftliche Höhepunkte sind der unberührte Hochmoorsee Ewiges Meer 17, das Timmeler Meer 19 inmitten einer abwechslungsreichen Kanallandschaft und der Urwald Hasbruch 22.
Streckenverlauf:
Vom Ausgangspunkt Emden-Petkum bzw. der A 31 Ausfahrt Riepe nördlich über Nebenstraßen – den Ems-Jade-Kanal querend – bis Westerende Kirchloog, hier links ins Südbrookmerland bis Hinter Theene, von dort in südwestliche Richtung über Wiegboldsbur zum Binnensee Großes Meer 16; zurück bis Hinter Theene und nördlich über Moordorf und Berumerfehn nach Eversmeer 17; weiter in östlicher Richtung bis zur Straße Dornum–Aurich, hier rechts und über Aurich und Kirchdorf zum Ihlower Forst 18; von dort weiter östlich bis Timmeler Meer 19; hinter Mittegroßefehn rechts auf die B 72 nach Hesel 20; weiter auf der B 72 bis Detern-Stickhausen, von dort links über Apen und Westerstede nach Bad Zwischenahn am gleichnamigen Binnensee 21; über die Auffahrt Neuenkruge auf die A 28 über Oldenburg in Richtung Bremen bis zur Ausfahrt Hude, von dort Richtung Hude in den Urwald Hasbruch 22. Von Oldenburg kann man über die A 293 und B 211/B 212 zum westlichen Weserufer und zur Route 1 zurückkehren.
Das flache, weite ostfriesische und oldenburgische Binnenland eignet sich hervorragend für Wander- und Radtouren. Ein Beispiel für das gut ausgebaute Wegenetz der Region ist der »Ems-Hunte-Weg«, der von Leer über Bad Zwischenahn nach Oldenburg führt. Viele Seen, Flüsse und Kanäle des Binnenlandes bieten überdies zahlreiche Wassersportmöglichkeiten.

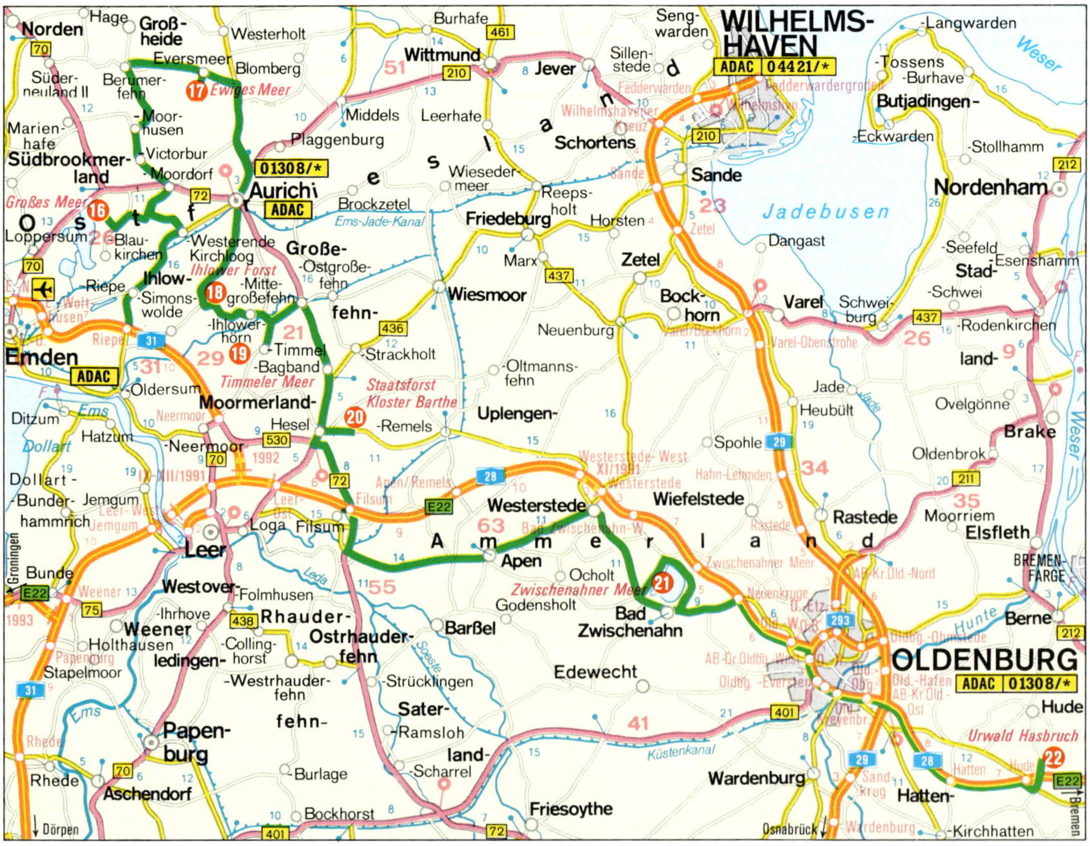

plätze und Erholungseinrichtungen. Der Südteil des buchtenreichen, mit Schilfwäldern umsäumten Sees steht unter Naturschutz und ist daher für den Wassersport gesperrt. Im dichten Uferröhricht dieses kaum zugänglichen Gebiets nisten viele Sumpf- und Wasservögel. Von Aussichtsplattformen am Nordostufer kann man jedoch das weite Wasser des Großen Meeres mit seiner Vogelwelt überschauen.
Von Hinter Theene aus folgt man den Hinweisschildern nach Wiegboldsbur, wo dann ein Schild zum Großen Meer weist.

17 Ewiges Meer

Im Herzen Ostfrieslands, nur wenige Kilometer nordwestlich von Aurich, liegt das zeitlos erscheinende, nahezu unberührte Naturschutzgebiet Ewiges Meer – eine stimmungsvolle Moorlandschaft mit Deutschlands größtem Hochmoorsee. Das Seebecken soll vor rund 8000 Jahren entstanden sein, als sich wahrscheinlich zwischen mehreren aufeinanderzuwachsenden Hochmooren nach und nach eine Mulde mit Wasser bildete. Ein Bohlenweg führt durch das ruhige Naturschutzgebiet bis zum Ufer des ca. 3 m tiefen Ewigen Meeres. Während sich im braunen, säurereichen Wasser des 90 ha großen schilfumsäumten Sees kaum Leben entwickeln kann, ist die Moorlandschaft ringsum reich an Pflanzen und Tieren. Binsen, Wollgras, Besen- und Glockenheide, Rausch- und Moorbeere haben sich auf dem feuchten Grund angesiedelt. Eidechsen, Rehe und sogar Füchse sind hier heimisch. Im Herbst rasten viele Zugvögel am Seeufer.
Um das kostbare Feuchtgebiet vor einer allmählichen Austrocknung zu bewahren, hat man in den letzten Jahren die Gräben eines Entwässerungssystems aus der Nachkriegszeit wieder geschlossen. Seither vernäßt das Hochmoor zusehends und kehrt zu seiner Urform zurück.
Das Naturschutzgebiet Ewiges Meer umfaßt auch die Hochmoorseen Kleines Eversmeer, Dobbe und Krickmeer. Der 900 m lange Fahrweg dorthin ist im Ort Eversmeer, der an der Straße von Berumerfehn nach Willmsfeld liegt, gut ausgeschildert.

18 Ihlower Forst

Begründer des Ihlower Forstes waren Zisterziensermönche, die auf diesem Gelände Anfang des 13. Jh. ein Kloster errichteten und die ersten Bäume des heute etwa 350 ha großen, nie überlaufenen Waldes mit seinen stattlichen Eichen, Buchen, Ahornen, Linden und Weißtannen pflanzten.
Ein hin und zurück etwa 3,5 km langer – leider schlecht markierter – Wanderweg beginnt beim Ihlower Rathaus und führt zu den Wallanlagen des mittelalterlichen Klosters inmitten des Forstes.

Zahlreiche Wasserläufe wie das Krumme Tief am Rande des Ihlower Forstes durchziehen die Weide- und Moorgebiete der ostfriesischen Fehnlandschaft.

Die Wallhecken Ostfrieslands wurden als Windschutz und zur Abgrenzung von Äckern und Weiden angelegt.

Armut im Moor
Wie hart das Leben der Moorkolonisten war, kann man einige Kilometer von Emden entfernt im Freilichtmuseum in Moordorf (zwischen 16 und 17) erfahren. Das 1767 gegründete Moordorf war von Menschen besiedelt, die keine Erfahrung in der Moorkultivierung hatten. Große soziale Not begleitete das Dorf, das immer ärmer als die Fehnsiedlungen blieb, bis in den Zweiten Weltkrieg hinein. Im interessanten Moormuseum erinnern heute noch Lehmhütten, Landarbeiterhäuser und abgetorfte Moorflächen an jene entbehrungsreiche Zeit (geöffnet April–Okt. Di–So 10–17.30 Uhr; Anmeldung für Gruppen ☏ 04942/2734).

Die Eroberung der Moore
Das niederländische Wort »veen« bedeutet nichts anderes als »Moor«: So wurde Großefehn 19 im Jahr 1633 von Emder Bürgern als erste ostfriesische Fehnsiedlung nach holländischem Vorbild angelegt. In dem ausgedehnten Hochmoorgebiet baute man Torf ab, der per Schiff auf neugeschaffenen Kanälen – die zugleich das Moor entwässerten – nach Emden kam. Die abgetorften Flächen wurden als Weide- und Ackerland genutzt. Entlang den Fehnkanälen entstanden langgestreckte Reihendörfer, Windmühlen und kleine Werften. Aus der reinen Torfschiffahrt entwickelte sich bald ein reger Frachtverkehr bis auf die hohe See hinaus, der den Fehnbewohnern ein zusätzliches Einkommen bescherte.
Auf einem nur 10 km langen Abstecher von Westgroßefehn aus kann man diese ausgeprägte Kanallandschaft mit ihren malerischen Zugbrücken und schmukken Dörfern besonders gut erleben. Dazu fährt man über Mittegroßefehn und Ostgroßefehn nach Spetzerfehn und erreicht dann in Ulbargen die nach Hesel führende B 72.

Der Zwischenahner Aal, frisch geräuchert eine Delikatesse, wird inzwischen größtenteils importiert.

Räucheraal und Löffeltrunk

Da der Aal im Zwischenahner Meer 21 mittlerweile rar geworden ist, hat er sein Leben zumeist in den Süßgewässern Dänemarks oder Polens zugebracht, bevor er als frisch geräucherte Delikatesse mit Schwarzbrot in den rustikalen Gasthäusern Bad Zwischenahns serviert wird. Zuvor darf er aber noch zehn Tage im algenreichen Wasser des Zwischenahner Meeres verweilen – in Becken, die ständig mit dem kostbaren Naß aufgefüllt werden. Das erst soll ihm zusammen mit dem Rauch speziell ausgewählter Holzsorten den typischen Geschmack nach Zwischenahner Art verleihen. Den geräucherten Aal ißt man hier übrigens wie überall im Ammerland mit den Fingern, die nach der Mahlzeit mit Schnaps gesäubert werden. Doch auch schon vor dem Essen gibt es einen Korn, der aus kreisrunden Zinnlöffeln getrunken wird – ganz stilecht als »Ammerländer Löffeltrunk«, versteht sich.

19 Timmeler Meer

Die ostfriesische Fehnlandschaft wird von zahlreichen Wasserläufen durchzogen, die teilweise sogar schiffbar sind. Wasserwanderer haben hier die Möglichkeit, vom Boot aus den reizvollen Landstrich mit Moorgebieten und endlosen Weiden kennenzulernen. Im Bootshafen des Timmeler Meeres, das erst Mitte der achtziger Jahre von der Gemeinde Großefehn ausgebaggert wurde, kann man zwischen Mai und September Tret- und Ruderboote mieten. In der warmen Jahreszeit startet von hier aus auch an jedem Sonntag um 15 Uhr (in den Ferien auch am Samstag) die einmastige Tjalk »Gretje« zu einer Rundfahrt über Ayenwolder Tief, Kattdarm und Fehntjer Tief. Das Naturschutzgebiet Boekzeteler Meer, ein Flachmoorsee, darf jedoch nicht angesteuert werden.
Einen Einblick in die Natur an Gräben und Kanälen gewinnt man auch auf einer zweieinhalbstündigen Rundwanderung, die im schönsten Ortsteil der Gemeinde, in Westgroßefehn, beginnt. Nahe der Windmühle geht der Ikenbültweg in einen markierten Wanderweg über, der zunächst nach Timmel und dann in einem weiten Bogen zurück nach Westgroßefehn führt. Unterwegs kann man entlang den Ufern Enten, Reiher und Uferschnepfen auffliegen sehen sowie eine vielfältige Pflanzenwelt aus Frauenmantel und Blutauge, Hahnenfuß und Wiesenschaumkraut, Sumpfdotterblume und Knabenkraut erleben.

20 Staatsforst Kloster Barthe

Zwischen Hesel, Schwerinsdorf und Firrel erstreckt sich der Staatsforst Kloster Barthe, das größte geschlossene Waldgebiet Ostfrieslands. Nachdem man im Mittelalter die Wälder der Region vollständig abgeholzt hatte und das Land zunehmend versteppte, wehten Stürme hohe Flugsanddünen auf. Diese hügeligen Dünenareale wurden im 19. Jh. teilweise wieder aufgeforstet. So entstand der Staatsforst Kloster Barthe. Besonders eindrucksvoll zeigt sich die bewaldete Dünenlandschaft im Bereich der Sieben Berge – 100 m vom gleichnamigen Parkplatz an der Straße Hesel–Remels entfernt –, wo auch ein Abenteuerspielplatz auf Kinder wartet. Vom Parkplatz Silbersee an derselben Straße gegenüber der Einfahrt zur Försterei gelangt man auf schmalen Pfaden in das herrliche Dünengelände des Naturparks Altes Kloster; hier werden derzeit die Überreste des mittelalterlichen Klosters Barthe (13.–17. Jh.), nach dem der Staatsforst benannt ist, aus dem Sand freigelegt. Ganz in der Nähe befindet sich ein öffentlicher Hochsitz, von dem man das heimische Wild, darunter auch Fasan und Wildschwein, beobachten kann. Der von Sandstrand umgebene kleine Silbersee (gleich am Parkplatz), in dem gebadet werden darf, ist nur eines von etwa zwölf Feuchtbiotopen im Staatsforst. Wanderkarten zum Waldgebiet sind in den Gaststätten von Hesel erhältlich.

Nach holländischem Vorbild wurden Ostfrieslands Moore kolonisiert: Es entstand eine Landschaft mit Kanälen, Windmühlen, Zugbrücken und Reihendörfern.

21 Zwischenahner Meer

Im Zentrum des lieblichen Ammerlands mit seiner parkähnlichen Landschaft breitet sich mit einer Wasserfläche von über 5 km^2 das Zwischenahner Meer aus, nach dem Steinhuder Meer und dem Dümmer der drittgrößte See Niedersachsens. Bad Zwischenahn ist florierender Ferienort und staatlich anerkanntes Moorheilbad, von Kurgästen, Touristen und Wassersportlern gleichermaßen geschätzt. Zahlreiche Segler und Surfer tummeln sich auf dem nur etwa 3 m tiefen Gewässer. Der See entstand einst durch einen Erdeinsturz, als sich in einem Salzstock im Untergrund durch Lösung der Salzschichten gegen Ende der letzten Eiszeit vor etwa 12 000 Jahren Hohlräume gebildet hatten.
Rund um das Zwischenahner Meer, das größtenteils von einem dichten Schilfgürtel gesäumt ist, führt ein 12 km langer Wanderweg, den man gemütlich in 4–5 Stunden zurücklegt. Lohnend ist auch ein Ausflug zum Nordufer, wo man am Fährhaus von Dreibergen im Sommerhalbjahr Boote mieten kann, um damit das Naturschutzgebiet Stamers Hoop in der Nordwestecke des Sees großräumig zu umfahren. Diese Sumpflandschaft mit Weiden, Erlen und Röhrichten bietet vielen Wasser- und Watvögeln einen idealen Lebensraum. Die Schwimmblattgesellschaften der Weißen Seerose und der Gelben Teichrose werden leider von rücksichtslosen Bootsfahrern immer wieder gefährdet. Dreibergen erreicht man mit dem Auto, wenn man Bad Zwischenahn in Richtung Westerstede verläßt und in Rostrup in Richtung Elmendorf und dort nach Dreibergen abbiegt.

Das Alter der Friederikeneiche im romantischen Urwald Hasbruch schätzt man auf 1500 Jahre.

22 Urwald Hasbruch

Über 1000 Jahre alt sollen einige der mächtigen Eichen im Urwald Hasbruch zwischen Hude und Ganderkesee sein. In dem 16 ha großen Waldstück, das innerhalb eines 700 ha großen Waldgebiets liegt, regiert allein die Natur – lediglich die Wanderwege werden regelmäßig freigehalten. Zwischen den stattlichen Eichen ragen auch vereinzelt Hainbuchen hoch aus dem verwilderten Unterholz empor. Baumriesen, die nicht so erfolgreich Wind und Wetter trotzen konnten wie die uralte Charlotteneiche, bleiben umgestürzt und von Moosen, Himbeeren und Weißdorn überwuchert am Boden liegen. Die Eichenveteranen dieser romantischen Baumwildnis tragen allesamt Namen oldenburgischer Prinzessinnen – die Amalieneiche, die wohl älteste von ihnen, brach unter den Schneelasten des Winters 1981 zusammen. Nur die Friederikeneiche hält sich noch. Ihr Alter schätzt man auf 1500 Jahre. Über 50 Brutvogelarten sind im Hasbruch zu Hause, darunter besonders viele Höhlenbrüter. Ein 5,5 km langer Wanderweg durch den Urwald beginnt am Forsthaus und führt u.a. zur niedergestürzten Amalieneiche. Das Forsthaus, in dem Wanderkarten ebenso erhältlich sind wie in den Gaststätten von Hude, liegt 1,2 km hinter der Autobahnausfahrt Hude an der Straße nach Hude.

Vögel und Rhododendren
Auf der Fahrt vom Staatsforst Kloster Barthe 20 zum Zwischenahner Meer 21 lohnt ein Halt in Westerstede, der Kreisstadt des Ammerlandes, die nicht zuletzt wegen ihrer exotischen Natursehenswürdigkeiten gern besucht wird. Eine der beiden Attraktionen ist der 33 ha große Vogelpark im Ortsteil Fikensolterfeld, der 150 fremdländischen und heimischen Arten Unterschlupf gewährt (Frühjahr bis Herbst tägl. 8–20 Uhr geöffnet). Nicht weniger anziehend ist der Rhododendronpark im Stadtteil Linswege mit zahlreichen Arten, die von April bis Juni in bunter Blütenpracht erstrahlen (während der Blütezeit tägl. 8–19 Uhr geöffnet).

Ein Paradies für Wassersportler ist das etwa 3 m tiefe, schilfgesäumte Zwischenahner Meer mitten im Ammerland, der drittgrößte See Niedersachsens.

Vor mehr als 100 000 Jahren entstand im Elbe-Weser-Dreieck aus Ablagerungen der Saale-Eiszeit die Geest. In dieser trockenen, unfruchtbaren Landschaft hinterließen schon Steinzeitmenschen Spuren: die teilweise heute noch erhaltenen, mächtigen Hünengräber. Jünger als die Moränen sind die Moore, trotz fortgeschrittener Kultivierung ein einmaliger Lebensraum für eine vielfältige Tier- und Pflanzenwelt. Von den fruchtbaren

Marschgebieten, die der Mensch im Lauf der Jahrhunderte dem Meer abgetrotzt hat, ist das Alte Land mit seinen Obstgärten und malerischen Bauernhöfen am schönsten. Schafherden weiden an den Ufern der Elbe, und im Mai dehnt sich hinter den Elbdeichen ein wahres Blütenmeer aus. Nichts deutet darauf hin, welchen Tribut die großen Sturmfluten hier vor allem früher von den Menschen gefordert haben.

5 Zwischen Elbe und Weser

Dreiklang aus Marsch, Geest und Moor

Lage Zwischen der Weser im Westen und Südwesten sowie der Elbe im Norden und Nordosten; im Nordwesten bildet die Nordseeküste die natürliche Abgrenzung, im Osten sind es die Harburger Berge und im Süden die Lüneburger Heide
Ausdehnung Nordwest–Südost ca. 110 km; Südwest–Nordost ca. 80 km
Länder Niedersachsen, Bremen
Höchste Erhebung Silberberg in der Wingst 74 m
Wichtigste Flüsse Elbe, Weser, Oste, Wümme, Hamme, Geeste
Landschaftsformen Seemarschen an der Nordseeküste und Flußmarschen am Unterlauf von Weser und Elbe; im Alten Land ausgedehnte Obstanbauflächen, landeinwärts trockene Geest mit Heide- und Waldgebieten, aber auch großen Mooren und natürlichen Flußlandschaften
Nationalpark Nationalpark »Niedersächsisches Wattenmeer«
Information Fremdenverkehrsverband Nordsee-Niedersachsen-Bremen, Bahnhofstr. 19–20, W-2900 Oldenburg, ☏ 0441/921710; Verkehrsverein Bremen, Hillmannplatz 6, W-2800 Bremen, ☏ 0421/308000; Landkreis Cuxhaven, Vincent-Lübeck-Str. 2, W-2190 Cuxhaven, ☏ 04721/662512; Gemeinde Jork (Altes Land), Am Gräfengericht 2, W-2155 Jork, ☏ 04162/60130; Kurverwaltung Wingst, Hasenbeckallee 1, W-2177 Wingst, ☏ 04778/312; Landkreis Osterholz, Osterholzer Str. 23, W-2860 Osterholz-Scharmbeck, ☏ 04791/161; Heide-Wümme-Oste Fremdenverkehrsgesellschaft, Kreishaus, W-2720 Rotenburg (Wümme), ☏ 04261/75320; Fremdenverkehrsverband im Landkreis Stade, Große Schmiedestr. 5, W-2160 Stade, ☏ 04141/12306; Fremdenverkehrsamt Worpswede, Bergstr. 13, W-2862 Worpswede, ☏ 04792/1477 und 3011; Nationalparkverwaltung »Niedersächsisches Wattenmeer«, Virchowstr. 1, W-2940 Wilhelmshaven, ☏ 04421/4080

Aus Wald wurde Heide

Als die Gletscher der Saale-Eiszeit von Skandinavien bis hierher vordrangen und schmolzen, hinterließen sie eine flachwellige Grundmoränenlandschaft und am Eisrand höher aufragende Endmoränenzüge – die Stader Geest zwischen Weser- und Elbmündung mit den Höhenrücken der Wurster Heide 9 und der Wingst 12. Die letzte Eiszeit erreichte das Gebiet nicht mehr, aber sie hatte doch eine erhebliche Fernwirkung: Verwitterung und Ausblasung waren die Ursache für den Verlust der Bodenfruchtbarkeit im Altmoränengebiet, der heutigen Geest. Auf den trockenen Böden siedelten schon die Steinzeitmenschen. Heute wechseln auf der Geest Heide- und Nadelwaldgebiete in bunter Folge miteinander ab. Ursprünglich waren es aber vorwiegend Laubwälder, reich an Buchen und Eichen, die weite Flächen der Geest bedeckten. Der Forst Neukloster 15 erinnert noch an einen solchen Urwald. Der Bedarf an Ackerland machte schrittweise Rodungen erforderlich, aber vor allem die Beweidung durch Schafe besiegelte vom Mittelalter an für lange Zeit das Schicksal der Wälder. Verschiedene Heidekräuter, manchmal auch Ginster- oder Wacholderbüsche, formten nun eine Landschaft, die wir als Heide kennen. Sobald die Schafbeweidung aufgegeben wurde, konnten Baumschößlinge wieder Fuß fassen. Im 19. Jh. forstete der Mensch zusätzlich mit Kiefern auf. Heute schützt man die Heidegebiete, indem man die Weidewirtschaft weiterführt, um die unkontrollierte Ausbreitung des Waldes zu verhindern. Die Schnuckenheide bei Hastedt 3 vermittelt noch Eindrücke dieser alten »Kulturlandschaft«.

Bauernrepubliken am Meer

Das Alte Land 14, das Land Kehdingen, das Land

Hadeln und das Land Wursten ⑨ – die Namen dieser Agrargebiete erinnern an ehemalige Bauernrepubliken im Küstenraum und geben noch Zeugnis vom Stolz auf das Erreichte. Im Kampf gegen den »blanken Hans« gab es keine leibeigenen Fürstenknechte, sondern nur freie Bauern. Die Zusammenarbeit beim Deichbau, die ständig notwendige Pflege und Instandhaltung dieser Wälle und Entwässerungseinrichtungen förderte damals das Gemeinschaftsgefühl. Um sich vor Einbrüchen des Meeres zu schützen, bauten die Bauern ihre oft prächtigen Höfe auf künstlich aufgeworfenen Erhebungen. Diese Wurten oder Warften genannten Siedlungshügel kann man noch heute im Marschland gut erkennen. Das Grünland am Meer entstand durch den Bau von sogenannten Lahnungen, niedrigen Dämmen, die Schlick und Sand festhielten. Hatte sich der Boden erst einmal verfestigt, deichten ihn die Marschbauern ein und vergrößerten damit ihre fruchtbaren Ländereien. Heute zieht sich da, wo früher Meer war, ein bis zu 17 km breiter Gürtel von Marschgebieten an der Küste entlang. An vielen Stellen sind die einzelnen Etappen am Nebeneinander von alten und neuen Deichen deutlich zu erkennen. Inzwischen wird auf den Bau neuer Deiche verzichtet, um den Lebensraum seltener Pflanzen und Tiere zu erhalten.

Der bei Wassersportlern beliebte Hadelner Kanal verbindet über den Bederkesa-Geeste-Kanal und die Geeste Bremerhaven mit Otterndorf, dem Hauptort von Hadeln, und damit die Weser mit der Elbe.

Ein stilles Land

»Es ist eine schöne stille Landschaft, und sie kann doch unversehens ihre Schwermut ins Herz senden«, so charakterisierte Werner Bergengruen das Alte Land ⑭.

Der Name geht auf den Begriff »Terra Antiqua« zurück, wie die Gegend zwischen Stade und Buxtehude im 12. Jh. genannt wurde. Sächsische Siedler errichteten die ersten Deiche, später zog es sogar Holländer an die Elbe. Bereits seit dem 14. Jh. wird im Alten Land Obst angebaut. Die Elbdeiche halten den kalten Wind, der von der Nordsee die Elbe heraufweht, weitestgehend ab. Heute zählt das Alte Land zu den größten geschlossenen Obstanbaugebieten Europas.

Auch wenn die nahe Alstermetropole für einen stetigen Strom an Besuchern sorgt, hat sich das Alte Land seine Abgeschiedenheit und Stille bewahrt. Vor allem zur Zeit der Apfel- und Kirschbaumblüte kann man entlang den vielen Kanälen, vorbei an schmucken Fachwerkhäusern und durch malerische Dörfer ausgedehnte Wanderungen und Spaziergänge unternehmen.

Routenvorschlag
Vom Teufelsmoor zum Alten Land

Die ca. 360 km lange Route führt durch abwechslungsreiche Landschaften: Das Moor als bestimmendes Landschaftselement dieser Region findet man in ursprünglicher Form noch in der Umgebung von Worpswede ❺ oder im Ahlenmoor ❽; die unendliche Weite der Marsch kann man im Land Wursten ❾ erfahren. Eine weitere typische Landschaftsform, die Geest, läßt sich am besten im bewaldeten Hügelgebiet der Wingst ⓬ erleben, während im Alten Land ⓮ zur Zeit der Obstbaumblüte ein rosaweißes Blütenmeer lockt. Reizvoll gelegene Binnengewässer wie die Bullenseen ❷ und Wattgebiete wie bei Duhnen ⓫ vervollständigen das vielfältige Naturporträt dieser Reise im Elbe-Weser-Dreieck.

Streckenverlauf:
Von der A 27 Bremen – Hannover über die Ausfahrt Verden-Ost zu den Verdener Dünen ❶; denselben Weg zurück, die A 27 überqueren in Richtung Visselhövede, in Kirchlinteln links abbiegen

und über Kirchwalsede zu den Bullenseen ❷; weiter zur B 440 nach Hastedt mit der Schnuckenheide ❸; dann bis Rotenburg, die Bahnlinie überqueren, links auf die B 75 und weiter bis Oyten, dort rechts abbiegen zur Wümmeniederung bei Fischerhude ❹; dann über Grasberg nach Worpswede zum Teufelsmoor ❺; über Hüttenbusch, Karlshöfen und Glinstedt zum Huvenhoopssee ❻; anschließend über Langenhausen und Gnarrenburg auf die B 74 in Richtung Bremervörde, links ab auf die B 495 bis Ebersdorf, dort links ab und über Großenhain nach Bederkesa ❼; hinter Bederkesa rechts in Richtung Neuenwalde und gleich wieder rechts nach Flögeln zu den Seen im Ahlenmoor ❽; danach über Neuenwalde nach Dorum zur Wurster Marsch bei Wremen ❾; zurück bis Holßelerfeld und links nach Nordholz, vor Gudendorf links nach Oxstedt abbiegen und auf der Störtebekerstraße über Berensch nach Sahlenburg zum Wernerwald ❿; danach weiter nach Duhnen ⓫; von dort nach Cuxhaven auf die B 73 und über Otterndorf und Cadenberge bis zur Abzweigung nach Wingst ⓬; dann weiter zum nahen Balksee ⓭; zurück zur B 73 und weiter bis Stade, dort dem Hinweis »Hamburg, Altes Land« folgen und auf dem Obstmarschenweg durchs Alte Land ⓮ bis Buxtehude; dort wieder auf die B 73 und schließlich zum Forst Neukloster ⓯.

Für diese lange Route sollte man sich auf jeden Fall mehrere Tage Zeit nehmen. Die beste Reisezeit ist ohne Zweifel im späten Frühjahr und im Sommer. Neben abwechslungsreicher Natur bieten die vielen Binnenseen entlang der Strecke wie z.B. Bederkesaer See ❼ oder Balksee ⓭ und natürlich das Meer viele Bade- und Wassersportmöglichkeiten. Aufenthalte mit Übernachtung lohnen sich vor allem in Orten wie Worpswede, Nordholz-Spieka, Wingst, Stade oder Buxtehude.

Auf schwankendem Grund

Jahrhundertelang siedelte der Mensch lieber auf festem Boden und mied das tückische Moor und seine unergründliche Tiefe. Aus vielen Sagen spricht die Furcht vor der als dämonisch empfundenen Landschaft. So soll der Riese Hüklüt einst Spaziergänge durchs Moor gemacht haben. Nur durch die List eines jungen Fischers versank der schreckliche Riese schließlich im Teufelsmoor ❺. Noch in seiner letzten Wut schleuderte Hüklüt einen großen Sandhaufen auf das Menschlein und schuf so den Weyerberg bei Worpswede. Nüchterner hingegen erklären Sprachwissenschaftler die Entstehung des Wortes »Teufelsmoor« aus der Bezeichnung »duve« oder »taub« für einen unfruchtbaren Landstrich. Geschichtlich werden Moorkolonisten in den Niedermooren von Hamme und Wümme erstmals Anfang des 13. Jh. erwähnt. Die Hochmoore blieben jahrhundertelang siedlungsleer. Das änderte sich erst, als der königlich-hannoversche Moorkommissar Jürgen Christian Findorff Mitte des 18. Jh. große Gebiete des Teufelsmoors trockenlegen ließ. Die Moorbauern siedelten nach holländischem Vorbild auf schmalen Hufen, die bis ins Hochmoor hineinreichten, wo sie Torf in mühevoller Arbeit abstachen und zum Trocknen aufschichteten. Auf dem neugewonnenen Land wurden Buchweizen, Hafer und Kartoffeln angebaut. Regelmäßige Überschwemmungen verdarben die Ernten, und das Leben im Moor ging zwangsläufig mit Armut einher. »Den ersten sien Dod, den tweeten sien Not und den dritten sien Brot«, so beschreibt der Volksmund die harte Arbeit vieler Generationen im Moor. Was in Jahrtausenden durch langsames Wachstum der Torfmoore entstand, ist durch diese Kultivierungsmaßnahmen unwiederbringlich verlorengegangen. Nur wenige, unter Naturschutz gestellte Moorlandschaften wie im Teufelsmoor ❺ geben noch eine Vorstellung davon, wie einst riesige Flächen Niedersachsens aussahen. Ende des 19. Jh. entdeckten Künstler die herbe, klare Landschaft um Worpswede mit ihrem eindringlichen Licht- und Wolkenspiel. Die 1889 von den Malern Fritz Mackensen und Otto Modersohn gegründete Künstlerkolonie zog im Lauf der Jahre mehr und mehr Kunstmaler an, darunter sind so bekannte Namen wie Paula Modersohn-Becker, Fritz Overbeck und Heinrich Vogeler. Die von ihnen bewunderte Natur der Umgebung erscheint auf ihren Bildern stimmungsvoll, oft melancholisch, häufig auch dramatisch.

Die Verdener Dünen gehören zu einem mehrfach unterbrochenen, bis zu 1,5 km breiten Dünensaum – einer typischen Erscheinung des Geestrandes.

Routenvorschlag Vom Teufelsmoor zum Alten Land

Zwischen Torfstichen und Obstmarschen

❶ Verdener Dünen

Man braucht nicht bis ans Meer zu fahren, um Dünen zu sehen. Im Stadtwald von Verden wurde bei Neumühlen ein vom Wind noch heute geformtes Dünengebiet unter Naturschutz gestellt. Die bis zu 4 m hohen Flugsanddünen am nördlichen Rand des Weser-Aller-Urstromtals entstanden hauptsächlich gegen Ende der jüngsten Eiszeit, als der Wind die Sande aufwehte, die in den Abflußrinnen der Schmelzwasser abgelagert worden waren. Bemerkenswert ist die Aussicht, wenn man linker Hand den Waldweg verläßt, um eine der Dünen zu ersteigen: Der Blick schweift dann über weite, vegetationslose Sandflächen; nur vereinzelt konnten hier einige verkrüppelte Kiefern Wurzeln fassen, die ständige Windverfrachtung der Dünen ermöglicht der Vegetation keinen Halt.
Man erreicht das Naturschutzgebiet, wenn man von der Ausfahrt Verden-Ost der Hauptstraße ins Stadtzentrum folgt; dort biegt man an der ersten Kreuzung mit Ampel nach rechts ab und fährt in Richtung Scharnhorst

(ausgeschildert). An einer Kaserne vorbei führt die Straße schließlich in den Stadtwald, wo sich rechter Hand ein kleiner Parkplatz mit Informationstafel befindet, auf der die Lage des Dünengebiets verzeichnet ist.

❷ Großer und Kleiner Bullensee

Diese beiden zwischen Moor und Geest eingebetteten Moorseen südlich von Rotenburg gehören zu den landschaftlich schönsten Binnenseen ganz Nordwestdeutschlands. Von Kirchwalsede kommend, geht es nach ca. 4 km links ab zu den beiden Bullenseen. Am Parkplatz beginnt ein etwa einstündiger Rundwanderweg, der am überwiegend von Kiefern umstandenen Großen Bullensee entlangführt. Der rund 12 ha große Natursee geht am Ostufer flach in das Geestgebiet über und besitzt hier einen Sandstrand – im Sommer das Ziel vieler Badelustiger aus der näheren Umgebung. Einsamer, mit einer Fläche von 6 ha, liegt der Kleine Bullensee mitten im Wald, ist aber vom Rundweg um den Großen Bullensee ausgehend leicht und bequem zu erreichen. Schwingrasen und reizvolle Wollgrasbulten umgeben die allmählich verlandende Wasserfläche. Südwestlich der beiden Seen grenzt das Naturschutzgebiet Weißes Moor/Großes Moor an, in das der Kleine Bullensee miteinbezogen ist.

❸ Schnuckenheide

Nach den Heidschnucken – einer Rasse kleiner, sehr genügsamer Hausschafe – ist diese Heidelandschaft bei Hastedt benannt. Die Schnuckenheide, die nordöstlich der Bullenseen ❷ direkt am Rand der B 440 beginnt, ist von einem dort an der Bundesstraße gelegenen Parkplatz aus leicht zugänglich (keine offiziellen Wege). Eingestreut zwischen die Zwergsträucher der Besenheide erheben sich säulenartig hohe Wacholderbüsche, die Charakterpflanze vieler Heidegebiete. Ginsterbüsche mit gelber Blütenpracht im Frühsommer und einzelne Birken vervollständigen die Pflanzenwelt dieser ursprünglichen Heidelandschaft in Kleinformat. Der sich anschließende Kiefernwald mit vereinzelten moorigen Tümpeln und Teichen lädt zu weiteren Spaziergängen ein.

❹ Wümmeniederung bei Fischerhude

Bereits ein Blick auf die Karte zeigt die Besonderheit dieses Gebiets. In einer breiten Talaue verzweigt sich die hier träge fließende Wümme in zahlreiche untereinander verbundene Flußarme, Sträks genannt. Über die Weser dringt die Flut ein und staut das Wasser der Wümme, so daß sich der Fluß in der Niederung östlich von Bremen in mehr als 80 Arme teilt.

Landschaften wie die Schnuckenheide entstanden als Folge von Abholzung und Brandrodung: Auf dem Boden breitete sich die Heide aus, und Schafe sorgten dafür, daß außer Wacholder keine Büsche und Bäume mehr wachsen konnten.

Ausgehend von Fischerhude, das auf einer langgestreckten Düne inmitten der Wümmeniederung liegt, ist das Gebiet durch Wanderwege gut erschlossen. Von Oyten kommend, liegt beim Sportplatz ein großer Wanderparkplatz. Von dort führen der Dietrich-Speckmann-Weg, dann der Otto-Modersohn-Weg (beide ausgeschildert) entlang der Wümme und über Fischerhude in einer Stunde zum Parkplatz zurück. Vorwiegend Eichen, Erlen und Weiden säumen die Ufer dieser malerischen Auenlandschaft mit ihrer reichen Wasservogelwelt. Gelegentlich bekommt man sogar Kiebitze oder den seltenen Eisvogel zu sehen. Immer wieder überquert man die Flußarme auf kleinen Holzbrücken. Einst brachten die Fischerhuder Bauern ihre Heuernte auf Booten ein; manchmal sieht man auch heute noch solch einen Kahn vorbeigleiten.

5 Teufelsmoor

In der Saale-Eiszeit spülten gewaltige Schmelzwasser südlich des heutigen Gnarrenburg eine trichterförmige Senke aus, in der sich nach der letzten Kaltzeit durch die aufgewehten Dünen bei Bremen die Feuchtigkeit staute. Zahlreiche Niedermoore bildeten sich, auf denen später Hochmoore wuchsen, und so entstand das größte zusammenhängende Moorgebiet in Niedersachsen. Durch Moorkolonisation und Torfabbau hat diese Landschaft zwar viel von ihrer Ursprünglichkeit verloren, doch blieben in der Hammeniederung zwischen Worpswede und dem Dorf Teufelsmoor noch naturnahe Bereiche erhalten. Von der einst 360 km^2 großen Moorfläche konnten jedoch lediglich 15 km^2 für den Naturschutz gerettet werden.
Der 51 m hohe Weyerberg aus Lehm und Sanden, der schon um das Jahr 1000 n. Chr. von Jägern und Fischern besiedelt war, ist die einzige Erhebung im flachen Teufelsmoor und bietet dementsprechend eine herrliche Aussicht auf die weite Wiesen- und Moorlandschaft und die langgestreckten Hufendörfer. Am Ortsausgang von Worpswede in Richtung Osterholz-Scharmbeck kann unterhalb des Findorff-Denkmals geparkt werden. Von hier aus führt ein etwa 2,5 km langer Spazierweg über den Findorffberg auf den zum Teil bewaldeten Weyerberg.
Die Moorlandschaft läßt sich auf verschiedene Art erkunden. Man kann sich in der Kutsche durch die Gegend chauffieren lassen oder durch das Naturschutzgebiet Breites Wasser wandern, das zwischen Worpswede und dem Dorf Teufelsmoor liegt, wo Hamme und Beek zusammenfließen. Am Ortsende von Worpswede in Richtung Ritterhude hält man sich nach der Jugendherberge rechts, der Ausschilderung »Neu Helgoland«

Auch als »Landstraßen« des Teufelsmoors wurden die Entwässerungskanäle genutzt: Auf schmalen Booten, den Hunten, wurde der Torf transportiert.

»Café Verrückt«
Nach wie vor ist Worpswede (bei 5) ein Anziehungspunkt für junge Künstler. In den zahlreichen Galerien gibt es oft interessante Ausstellungen zeitgenössischer Malerei. Einen Besuch im »Café Worpswede«, das wegen seiner skurrilen Fassade und Bauweise auch »Café Verrückt« genannt wird, sollte man nicht versäumen; es stammt von dem bekannten Architekten und Bildhauer Bernhard Hoetger, der von 1919 bis 1933 in der Worpsweder Künstlerkolonie lebte. Sehenswert ist auch das Ludwig-Roselius-Museum für Frühgeschichte, das in hervorragender Auswahl vor- und frühgeschichtliche Funde von der Steinzeit bis zur sagenumwobenen Wikingerzeit präsentiert. Es ist in die Große Kunstschau, Lindenallee 1–3, integriert (geöffnet ganzjährig Di–Do, Sa, So 10–18, Mo und Fr 11–18 Uhr). Im Ortsteil Schlußdorf, Schlußdorfer Str. 20, hat man eine alte Torfbootswerft, die noch bis 1957 in Betrieb war, als Torfschiffswerft-Museum erhalten. Die Besichtigung von Torfkähnen und Handwerksgeräten zeigt, unter welchen Bedingungen man noch bis in unsere Zeit im Moor leben und arbeiten mußte (geöffnet März–Okt. Mi 10–15, Fr, Sa 15–18, So 10–12, 15–18 Uhr und nach Vereinbarung, Nov.–Febr. nur nach Vereinbarung).

Der geschützte Gagelstrauch wächst auf den moorigen Böden am Huvenhoopssee.

Solche Moorgebiete sind auch das Revier des Großen Brachvogels.

Zu Besuch beim Feuergott
In historischen Gebäuden auf dem Gelände der erzbischöflichen Burg Vörde (Amtsallee 8) ist das Bachmann-Museum (Kreismuseum) Bremervörde (nach 6) untergebracht, das neben natur- und volkskundlichen Sammlungen schwerpunktmäßig 1500 ur- und frühgeschichtliche Exponate präsentiert (geöffnet ganzjährig Mo–Do 8–12, 13–16, Fr 8–12, So 10–12 Uhr, Führungen nach Vereinbarung; ☏ 04761/81347). Zahlreiche steinzeitliche Jagdwaffen und Werkzeuge aus der Umgebung Bremervördes – darunter viele Moorfunde – belegen, daß diese Region schon früh besiedelt war. Ein besonders interessantes Ausstellungsstück zur Bronzezeit ist eine Kopie des Götterbildsteins von Anderlingen mit der Darstellung des Sonnen-, Mond- und Feuergotts. Neben dem Museum kann man ein hier wiedererrichtetes Steinkistengrab der älteren Bronzezeit besichtigen. Wer über den Museumsbesuch hinaus in Bremervörde verweilen möchte, dem bietet der Vörder See am nördlichen Stadtrand verschiedene Wassersportmöglichkeiten wie Schwimmen, Segeln und Surfen. Der sich an diesen aufgestauten See der Oste anschließende Aue-Park mit seinen naturnahen Bereichen lädt zu ausgedehnten Spaziergängen ein.

folgend, bis man nach etwa 2 km den Parkplatz an der Hamme erreicht. Ein rund 2 km langer, befestigter Weg durch das Breite Wasser beginnt am Schiffsanlegeplatz »Neu Helgoland«, dem Ziel der Personenschiffahrt von Bremen-Vegesack nach Worpswede. Wasserläufe und Tümpel mit moorigen Ufern in verschiedenen Stadien der Verlandung durchsetzen die Feuchtwiesenlandschaft des Naturschutzgebiets, das vor allem Enten, Rallen und Rohrsängern ideale Lebensbedingungen bietet; sogar eine Möwenkolonie ist hier angesiedelt.

Vom Dorf Teufelsmoor mit seinen erhöht liegenden und von Eichen umgebenen Höfen führt ebenfalls ein lohnender Wanderweg ins Moor, das hier trotz Torfgewinnung seinen ursprünglichen Charakter mit Altarmen und Verlandungszonen bewahrt hat. Den kleinen Ort erreicht man von Worpswede in Richtung Hüttenbusch, wenn man nach etwa 5 km links in Richtung Osterholz-Scharmbeck abbiegt. Am »Schützenhof« (Parkplatz und Gasthof) folgen Sie noch etwa 1 km der Teerstraße, an die sich dann der Weg ins Moor anschließt.

6 Huvenhoopssee

Dieser unter Naturschutz stehende Moorsee gehört zwischen Weser und Elbe zu den wenigen Beispielen einer vom Menschen kaum veränderten Naturlandschaft. Von Glinstedt fährt man in nordöstlicher Richtung bis Augustendorf; am Ortsanfang befindet sich an einer scharfen Biegung nach links ein Parkplatz, von dem aus man den See zu Fuß in knapp zehn Minuten erreicht. Eine Seeumwanderung ist ohne Risiko auf festen Torfbänken möglich; doch sollte man die Wege nicht verlassen, da der etwa 2 m tiefe See von einem 50 m breiten Sumpfgürtel umgeben ist. Vor allem das Betreten der Schwingrasen am Nordwestufer z.B. mit den auf einer schwimmenden Torfschicht wachsenden Riedgräsern ist gefährlich, weil man leicht ins Moor einsinken kann. Neben vielen anderen Pflanzen in der Umgebung des Hochmoorsees findet man Torfmoose, Wollgras und Seggen, Birken, Heidekraut, Gagelstrauch und Sonnentau. Auch die Vogelwelt ist bemerkenswert vielfältig: Brachvögel, Bekassinen, Sumpfohreulen und selbst Birkhühner sind hier anzutreffen.

7 Bederkesaer See

In Bederkesa folgt man der Beschilderung »Burg/See« direkt zu einem großen Parkplatz; hier erläutert eine Informationstafel den 13 km langen Rundwanderweg, der auf einem Deich um den landschaftlich besonders reizvoll gelegenen Bederkesaer See mit seinen breiten Röhrichtgürteln führt. Am Nordufer, wo der Deich den Holzurburger Wald berührt, kann man mit ein wenig Glück Reiher, Haubentaucher, Teichrohrsänger und andere Vögel beobachten.

Der am Geestrand gelegene, über 200 ha große See droht allmählich zu verlanden – darauf weist seine geringe Tiefe von nur etwa 1 m hin, aber auch die immer weiter seewärts vordringende Ufervegetation mit Binsen-, Rohrkolben- und Schilfgürteln. Damit erginge es dem See von Bederkesa, der seine Entstehung einem Meereseinbruch vor etwa 3500–4000 Jahren

Nur vereinzelt wird heute im Teufelsmoor noch Torf gestochen und zum Trocknen aufgeschichtet. Der frühere Abbau hat weite Teile des Moores zerstört.

verdankt, nicht anders als seinen drei Vorgängern: Hintereinander waren sie in dieser Senke nach Meereseinbrüchen oder Grundwasserspiegelhebung entstanden, um dann im Laufe der Zeit wieder zu Land zu werden. Über seinen Abfluß, die Aue, ist der Bederkesaer See direkt mit dem Hadelner Kanal verbunden. Diese Verbindung, das sogenannte Seeloch, ist vom Uferweg in Bederkesa gut zu sehen. Da der Seespiegel tiefer liegt als der Meeresspiegel, dient der Binnensee auch als Rückstaubecken für Hochwasser aus dem vermoorten Sietland des Geestrandes. Bei Ebbe werden die Schleusen geöffnet, und das Wasser fließt zum Meer.

Die Burg Bederkesa mit archäologisch-historischen Sammlungen ist ganzjährig geöffnet (Di–So 10–17 Uhr).

8 Ahlenmoor

Die drei großen zusammenhängenden Seen des weiten Ahlenmoors sind, ebenso wie der Bederkesaer See 7, ein beliebtes Erholungsgebiet. Nur ein Fünftel des ursprünglichen Hochmoors ist heute noch naturnah, die übrige Fläche wurde abgetorft und wird heute landwirtschaftlich genutzt. Während Dahlemer und Halemer See, die allmählich nach Osten wandern, ineinander übergehen, besteht zwischen dem stark verlandenden und somit zunehmend eingeschnürten Halemer See und dem Flögelner See mittlerweile nur noch eine schmale Abflußrinne als Verbindung. Ausgangspunkt markierter Rundwanderungen oder Bootsfahrten ist Flögeln; in der Ortsmitte am Seerestaurant nahe der Kirche befinden sich ein Parkplatz und eine Informationstafel.

Bedingt durch die vorherrschenden Westwinde, schaffen die Wellen des Dahlemer Sees im Osten und Nordosten eindrucksvolle Torfsteilufer mit ausgespülten Hohlräumen, den Brandungskehlen. Durch die Erosionstätigkeit des Wassers kommt es immer wieder zu Torfabbrüchen. Vor allem in der Umgebung des Dahlemer Sees haben sich an vielen Stellen typischer Moorbirkenwald und die ursprüngliche Pflanzenwelt des Moores erhalten: Die weißen, fedrigen Blütenstände der Wollgräser, Porst, Rosmarinheide und verschiedene Sonnentauarten finden sich in den feuchteren Bereichen. Auf den trockeneren Standorten herrschen Besenheide und Pfeifengras vor.

Auch der flache, zum Verlanden neigende Flögelner See besitzt im Südosten ein Steilufer mit bizarren Aushöhlungen. Das durchschnittlich nur 0,5 m tiefe Binnengewässer beheimatet viele Vogelarten – im Winter sind hier sogar die Singschwäne aus den Sümpfen Nordosteuropas zu Gast.

Vor allem beim Dahlemer See sieht man im Ahlenmoor die weißen Dolden des Sumpfporsts noch häufig.

9 Wurster Heide und Wurster Marsch

Der Gegensatz von trockener, höher gelegener Geest und den feuchten, amphibischen Marschen wird im Land Wursten besonders deutlich. Von Dorum kommend, erscheint die Geest zunächst als bewaldete Geländestufe, beim Durchfahren entdeckt man ein Hügelland mit kleinen Wäldchen, Baumgruppen und Niederungsmooren in den Senken. Im Westen erstrecken sich die weiten flachen Marschen. Ausgehend vom Kutterhafen Wremertief westlich von Wremen (Parkplatz mit Informationstafel) kann man auf dem Landesschutzdeich nach Süden spazieren. Die breite

Der Flögelner See im Ahlenmoor ist nicht nur ein Vogelparadies, sondern auch ein beliebter Badesee mit vielfältigem Freizeitangebot.

<u>Gräber aus grauer Vorzeit</u>

Schon vor etwa 4500 Jahren war die nähere Umgebung des Flögelner Sees im Ahlenmoor 8 von Menschen besiedelt. Ein 2,8 km langer Vorgeschichtlicher Lehrpfad, der am Waldparkplatz im Flögelner Holz zwischen Flögeln und Fickmühlen beginnt, führt zu 30 Zeugnissen der Jungsteinzeit und Bronzezeit. Großsteingräber und Hügelgräber, die an die vorgeschichtliche Kultur dieses Raumes erinnern, lassen die Vergangenheit für den Besucher noch einmal lebendig werden. Ein besonders eindrucksvolles Denkmal aus grauer Vorzeit ist eine Grabanlage, die in zwei Perioden entstanden ist: Ein mächtiges Hügelgrab der Bronzezeit, das im Durchmesser 30 m mißt, birgt in seinem Innern ein noch vollständig erhaltenes, aus riesigen Findlingen errichtetes Großsteingrab der Jungsteinzeit. Nur 2 km vom Lehrpfad entfernt (Wegbeschreibung am Waldparkplatz) wurde ein jungsteinzeitliches Steinkistengrab gefunden: Zwischen den plattenartig behauenen Steinen entdeckte man auf einer Steinplatte den Leichenschatten eines Mannes (das bei der Verwesung entstehende Phosphat verursacht Farbveränderungen im Untergrund).

Die waldreiche Wingst, in der einst der Riese Wingist Sand verstreut haben soll, lädt zum Wandern ein.

Freizeitvergnügen in der Natur
Im beliebten waldreichen Erholungsgebiet Wingst ⓬ erleichtern überall Wegweiser das Auffinden zahlreicher Freizeitangebote. Besonders attraktiv für Familien ist der Babyzoo mit einheimischen und exotischen Tierkindern, die zum Teil gefüttert und gestreichelt werden können (geöffnet Okt.–März 10–16, April–Sept. 10–18 Uhr). Parken kann man auf dem großen Parkplatz beim Babyzoo (im Ort ausgeschildert). Dem Interessierten bietet ein Waldmuseum mit angeschlossenem Waldlehrpfad Wissenswertes über die Ökologie des Forstes (vom Parkplatz am Babyzoo aus zu erreichen, nur nach telefonischer Voranmeldung, ☏ 04778/490). Sportlich Aktiven steht im Spiel- und Sportpark im Norden der Wingst (Wegweiser zum Schwimmbad folgen) eine breite Auswahl offen, angefangen von Tennis über Minigolf bis zu Trampolinspringen. Für Kinder gibt es viele Spielmöglichkeiten (geöffnet April–Okt. tägl. 10–18 Uhr). Das Freibad neben dem Spiel- und Sportpark ist von Mitte Mai bis Mitte September je nach Witterung geöffnet.

Heide- und Weideland. Buchen und Eichen, gemischt mit Nadelholzbeständen, machen den Charakter dieses 1100 ha großen Waldgebiets aus. Das weite Netz markierter Wanderwege unterschiedlicher Länge ist ein beliebtes Naherholungsziel. Auf der B 73 von Cadenberge her kommend, biegt man beim Bahnhof Wingst rechts ab in den Ort und folgt den Schildern zum Babyzoo. Beim Parkplatz gibt ein Übersichtsplan Auskunft über Verlauf und Länge der verschiedenen numerierten Wanderwege.
Der 74 m emporragende Silberberg ist die höchste Erhebung der Wingst. Trotzdem gebührt dem 53 m hohen Deutschen Olymp die Ehre, der zentrale Aussichtspunkt der Wingst zu sein. Von der Plattform seines 29 m hohen Turmes blickt man ringsum auf schöne Mischwälder, und bei klarem Wetter reicht der Blick bis zur Elbmündung.

⓭ Balksee

Der 180 ha große Balksee südwestlich der Wingst ⓬ gehört zu den schönsten Naturschutzgebieten in ganz Nordwestdeutschland. Am Rand der Geest in einer abflußlosen Niederung gelegen, konnten sich im Nordosten des Sees ausgedehnte Hochmoore und im Westen breite Niedermoore entwickeln. Der Wasserspiegel des bis zu 1,5 m tiefen Binnengewässers liegt etwa genauso hoch wie der der Nordsee. Bei einer Bestandsaufnahme wurden am Balksee 322 Pflanzenarten gezählt, viele davon sind anderswo vom Aussterben bedroht. Zu den Besonderheiten gehören Sumpfherzblatt, Drachenwurz und Echter Wasserschierling. In den moorigen Uferzonen breiten sich Röhrichtgürtel mit meterhohem Schilfgras und den zur Gattung der Riedgräser gehörenden Seggen mit ihren scharfkantigen Halmen aus. Mehr als 60 Moosarten konnten hier nachgewiesen werden. Der Geestrandsee ist auch Heimat einer artenreichen Vogelwelt: Enten und Gänse, Schnepfenvögel wie Bekassine und Großer Brachvogel sowie die zu den Greifvögeln zählenden Rohr- und Wiesenweihen befinden sich darunter. Durch landwirtschaftliche Kultivierungsmaßnahmen im Umland ist allerdings auch dieses wertvolle Naturschutzgebiet bedroht. Insbesondere die Verlandung des Sees schreitet fort, die Randmoore leiden unter zunehmender Austrocknung. Ein deutliches Zeichen dafür sind viele neu aufkommende Birkenbruchwälder.
In Wingst fährt man in Richtung »Bülkau/Balksee« und zweigt im Weiler Bargkamp nach links in eine schmale Straße zum Balksee ab. Die markierte Zufahrt endet an einem Parkplatz nahe am See, wo Wanderwege in die nähere Umgebung beginnen. Für Petrijünger gibt es auch die Möglichkeit zum Angeln (Angelscheine unter ☏ 04778/617).

⓮ Altes Land

Einen prächtigen Anblick bietet das Alte Land zur Zeit der Obstbaumblüte, wenn im April/Mai ein »tausendfältiges wohliges Leben darin

Um den Balksee mit seiner vielfältigen Pflanzen- und Vogelwelt zu schonen, wird seit 1990 auf Freizeiteinrichtungen verzichtet.

summt und schwärmt und jubelt«. So hat der Heimatdichter Hermann Allmers schon im 19. Jh. den stimmungsvollen Landstrich beschrieben, der aber auch im Sommer und Herbst, wenn Äpfel, Kirschen und Pflaumen reifen, einen Besuch lohnt. Zwischen Harburg und Stade auf dem fruchtbaren, sandig-tonigen Boden der Elbmarsch – vor Winden durch Deiche geschützt – erstreckt sich das größte zusammenhängende Obstanbaugebiet Deutschlands. Obwohl intensiv genutztes Kulturland, macht es dennoch eher den Eindruck eines riesigen natürlichen Gartens. Prächtige Bauernhäuser mit kunstvollem Ziegelfachwerk, schmucken Giebeln und Portalen sind typisch für die kleinen Orte und präsentieren den früheren und heutigen Wohlstand dieser Gegend. Wer die Schönheit des Alten Landes näher kennenlernen möchte, dem bieten sich hier überall Möglichkeiten zu ausgedehnten Spaziergängen an: So kann man z.B. vor dem Gräfenhof in Jork parken – einem hübschen historischen Altländer Fachwerkbau – und von dort zum rund 1 km entfernten Dorf Borstel wandern. Der Ort, der am Obstmarschenweg liegt, erinnert mit seinen an die Entwässerungskanäle angrenzenden Häuserzeilen noch immer an die im Mittelalter in dieser Gegend tätigen holländischen Kolonisten.

Herrliche alte Fachwerkhäuser findet man im Alten Land häufig: hier der Gräfenhof in Jork.

⑮ Forst Neukloster

Dieses über 340 ha große Waldgebiet westlich von Buxtehude bedeckt den Ostabfall der Stader Geest zum weiten Urstromtal der Elbe. Neben einem stark bewegten Relief besteht die Besonderheit des Forstes vor allem darin, daß er im Gegensatz zu vielen Teilen der Geest nie von Heide bedeckt war. Demnach haben wir ein sehr altes, ursprüngliches Waldgebiet vor uns. Der Ort Neukloster und der sich südlich anschließende Forst sind nach dem gleichnamigen Benediktinerinnenkloster benannt, das hier im Jahr 1286 gegründet wurde.
Auf der B 73 von Buxtehude kommend, befindet sich am Ortsanfang von Neukloster links ein Parkplatz mit Informationstafel. Mehrere bequeme Wanderwege in das Waldgebiet beginnen dort. Einer der Spazierwege führt in den Talgrund des Mühlenbachs, der bereits vor vielen hundert Jahren angestaut wurde, um Teiche anzulegen. Nach ca. zehn Minuten trifft man auf den Paterborn, eine in Stein gefaßte, nie zufrierende Quelle, die schon in der Steinzeit Wasser gespendet haben soll. Nur wenig weiter breiten sich in der Talsenke, malerisch umsäumt von großen alten Bäumen, zwei dunkle, vermoorte Mühlenteiche mit herrlichen Wasserrosen aus. Neben Ahorn, Esche und Erlenbruchwald sowie verschiedenen Nadelhölzern bilden vor allem Eiche und Buche den vielfältigen Bestand des Forstes. Wenn auch der Mensch im Forst Neukloster gestaltend eingreift, so geschieht dies doch stets in Einklang mit den natürlichen Voraussetzungen.

Den Hünen auf der Spur
Nordwestlich des Ortes Neukloster ⑮ befinden sich die vorgeschichtlichen Gräber von Daudieck, die man von Horneburg aus erreicht. Dort ist ein Archäologischer Lehr- und Wanderpfad ausgeschildert, der über die Geesthöhe oberhalb des Auetals führt. Er berührt mehrere Gruppen bronzezeitlicher Hügelgräber, von denen man annimmt, daß sie bevorzugt entlang alter Handelswege errichtet wurden. Besonders gut erschlossen sind an diesem Pfad Grablegen aus der Jungsteinzeit, die man von den ursprünglich darübergewölbten Erdhügeln befreit hat. Die großen Leistungen, die der Mensch damals ohne technische Hilfsmittel vollbrachte, werden angesichts dieser aus gewaltigen Steinblöcken gebildeten Gräber offenbar. Bei Grundoldendorf südwestlich von Neukloster findet man die größten urgeschichtlichen Denkmäler des Landkreises Stade, vier imposante Großsteingräber der Jungsteinzeit aus eiszeitlichen Findlingsblöcken.

Die 1856 gebaute Windmühle Aurora in Borstel war 100 Jahre in Betrieb. Von Mai bis September kann man sie heute an Wochenenden besichtigen.

Vom Eise befreit ist Mecklenburg erst seit etwa 10 000 Jahren, und das Vor und Zurück der Eismassen ist der Landschaft immer noch anzusehen. Wo einst die Rückzugsgefechte der Gletscher stattfanden, ziehen heute über einsamen Wäldern Adler ihre Kreise, und aus Mooren und von unzähligen Seen ertönt das Trompeten der Kraniche. Von knorrigen Bäumen gesäumte, kopfsteingepflasterte Alleen führen zu Dörfern, in denen

die Zeit scheinbar stehenblieb: Auf schilfgedeckten Dächern nisten Störche, und am Wegrand blühen blaue Kornblumen und roter Mohn. Mecklenburg ist ein noch wenig entdecktes Paradies, das außer zum Baden, Segeln und Surfen auch zu beschaulichem Naturerlebnis – wie hier an der Lieps – einlädt.

6 Mecklenburgische Seenplatte

Schlachtfeld der Eiszeitgletscher

Lage Im Norden begrenzt vom Hinterland der Mecklenburgischen Ostseeküste, im Süden von der Elbe bis kurz vor der Havelmündung und einer gedachten Linie bis Eberswalde; eingerahmt im Westen von Lauenburg, im Osten von der Grenze zu Polen und der Autobahn Berlin–Stettin (A 11)
Ausdehnung West–Ost ca. 230 km; Nord–Süd 100–125 km
Länder Mecklenburg-Vorpommern, Brandenburg
Höchste Erhebungen Helpter Berge 179 m, Ruhner Berge 177 m, Brohmer Berge 153 m, Rugberg 147 m
Wichtigste Flüsse Elbe, Havel, Elde, Warnow, Peene, Uecker
Landschaftsformen Bewaldete, hügelige Moränenlandschaft mit zahllosen kleinen und großen Seen; im Nordosten und Südwesten flachwellige Moränen mit wenigen Seen

Wo noch die Nachtigall singt

Mecklenburger sind »Mekelbörger«, und wenn man sie für Preußen hält, kann man durchaus ein Götzsches Zitat zur Antwort bekommen. »Weißt ok, worüm de preußische Adler de Tung' utreckt?«, fragt ein altes Mecklenburger Sprichwort auf Plattdeutsch und gibt darauf die drastische Antwort: »Dorüm, dat he den Mekelbörger Büffel in'n Oors lücken kann!« Zwischen Schwerin und Neubrandenburg trägt man nämlich den Stier im Wappen. Die Menschen hier gelten als dickschädelig, und die Landschaft hat viel Ursprüngliches bewahrt. 800 größere, vielfach durch Kanäle verbundene Wasserflächen hat man in Mecklenburg zwar gezählt, aber Schätzungen gehen von einigen zehntausend Seen aus, zieht man auch noch Tümpel und Teiche in Betracht. Gerade sie sind für Natur und Landschaftsbild so ungemein charakteristisch. Die sogenannten Sölle – kleine, meist runde, wassergefüllte Senken – fallen auf Feldern und Wiesen durch ihre busch- oder baumbestandenen Ränder auf, und oft kann man dort zur Dämmerstunde noch die Nachtigall singen hören. Als Lebensraum seltener Tier- und Pflanzenarten dürfen die Kleinstseen seit einiger Zeit weder trockengelegt noch eingeebnet werden. Sie liegen in einer sanft geschwungenen Landschaft, aus der sich, scheinbar regellos, hier und da bewaldete Hügelketten erheben. Drei von ihnen durchziehen als weit geschwungene Bänder von Nordwest

nach Südost das ganze mecklenburgische Land. Als Endmoränen entstanden sie durch die Vorstöße eiszeitlicher Gletscher. Dort, wo das mächtige Eis zum Stillstand kam, blieb an den Rändern seine Fracht liegen: hohe Wälle aus Sand, Kies und Findlingen. Oft mehr als 100 m überragen einige Erhebungen ihre Umgebung und ermöglichen unerwartete Ausblicke wie beispielsweise von der Hohen Burg 7. Es gibt enge Täler mit rauschenden Bächen wie im Warnow-Durchbruchstal 6, und bei dem Landstrich zwischen Teterow und Malchin, der Mecklenburger Schweiz 16 17, sind die Höhenunterschiede so ausgeprägt, daß bei der Namengebung das Alpenland Pate stand.

Fingerabdrücke des Eises

Zwischen den drei Endmoränen-Bändern Mecklenburgs haben die Gletscher Skandinaviens weite, flache Becken ausgeschürft, heute von großen Seen wie der Müritz 13 gefüllt. Unter dem Gletschereis flossen damals die Schmelzwasser ab und spülten dabei tiefe Rinnen in den Grund: In den Vertiefungen entstanden nach dem Abtauen sogenannte Rinnenseen wie in der Ruppiner Schweiz 18, die heute flußähnlich als schmale Wasserstreifen die Landschaft durchziehen. Nicht selten wurden auch große Eisblöcke als Toteis vom »lebenden« Gletscher getrennt und unter Schmelzwassersedimenten begraben. In der Tiefe tauten die verschütteten Eisblöcke allmählich ab, und von oben sackte die Kies- und Sanddecke nach. In der Landschaft bildeten sich dabei Senken, die gewissermaßen Negativabdrücke der verschütteten Eiskolosse darstellen. Ein solcher Kessel, der einem Amphitheater gleicht, befindet sich bei Rühlow 28. Ebenfalls während der jüngsten Eiszeit sammelten sich in Gletscherspalten oft Schotter an, die nach dem Abtauen des Eises als bahndammähnliche Wälle liegenblieben. Der Volksmund bezeichnet sie deshalb als Wallberge; Fachleute nennen sie Oser – ein Begriff, der aus dem Schwedischen stammt. Ein solches

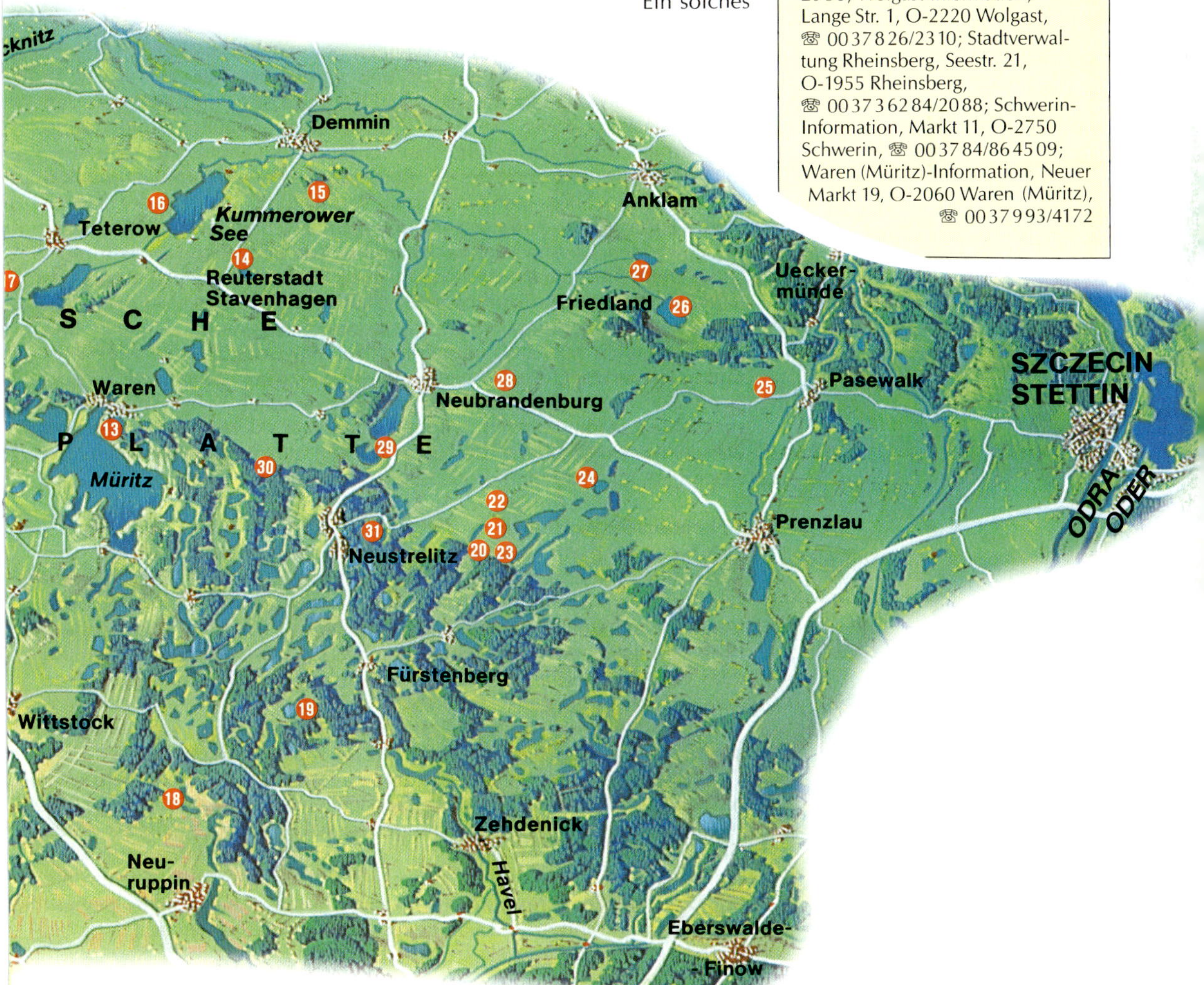

Os zieht sich bei Wilsickow 25 gut sichtbar kilometerweit durchs Land.

Letzte Lebensräume für Adler

Mit bedächtigem Schwingenschlag segeln hier noch Seeadler durch die Lüfte. Selbst auf weitere Entfernung ist der größte Adler Mitteleuropas mit seinen fast 2,5 m breiten, brettartigen Flügeln leicht zu erkennen. Nur ganz wenige Brutgebiete gibt es noch in Deutschland, doch hier kann man die gewaltigen Horste der dunkelbraun gefiederten Greifvögel auf

Naturpark/Nationalpark Naturpark Schaalsee, Müritz-Nationalpark

Information Güstrow-Information, Gleviner Str. 33, O-2600 Güstrow, ☏ 0037851/61023; Neubrandenburg Information, Pfaffenstr. 11, O-2000 Neubrandenburg, ☏ 003790/2267; Rostock-Information, Schnickmannstr. 13/14, O-2500 Rostock, ☏ 003781/25260; Greifswald-Information, Schuhagen 126, O-2200 Greifswald, ☏ 0037822/3460; ReiseWelt, Europäisches Reisebüro, Alter Markt 10, O-2300 Stralsund, ☏ 0037821/2514 (Zimmernachweis); Wismar-Information, Stadthaus am Markt, O-2400 Wismar, ☏ 0037824/2958; Wolgast-Information, Lange Str. 1, O-2220 Wolgast, ☏ 0037826/2310; Stadtverwaltung Rheinsberg, Seestr. 21, O-1955 Rheinsberg, ☏ 0037362 84/2088; Schwerin-Information, Markt 11, O-2750 Schwerin, ☏ 003784/864509; Waren (Müritz)-Information, Neuer Markt 19, O-2060 Waren (Müritz), ☏ 0037993/4172

Route 1 Mecklenburgische Seenplatte – West

Vom Dünensand zum Seenstrand

❶ Schaalsee

In der vier Jahrzehnte währenden Abgeschiedenheit der Sperranlagen der deutsch-deutschen Grenze haben am Schaalsee etliche bedrohte Tier- und Pflanzenarten ein Refugium gefunden. Das Gelände, in dem Schwarzstorch, Seeadler und Kormoran ihr Revier haben, erinnert an einen englischen Landschaftspark. Ständig ergeben sich neue Blickwinkel von den hügeligen Ufern auf schilfbestandene Inseln. Nachts kommt der Fischotter aus seinem Versteck unter den Uferböschungen hervor, und über den nährstoffarmen Grund des tiefsten Mecklenburger Sees streicht die sehr seltene Große Maräne, die zu den Lachsfischen zählt. Mit 71,5 m ist der Schaalsee tiefer als die Ostsee mit einer mittleren Tiefe von 55 m. Im Hinterland des Schaalsees scheint die Zeit stehengeblieben zu sein. Alte Obstgärten und strohgedeckte Fachwerkhäuschen wie aus dem Märchenbuch begegnen Ihnen auf Schritt und Tritt. Von jeglicher Flurbereinigung verschont, werden Straßen und Felder von zahllosen Hecken gesäumt. Von der Uferpromenade in Zarrentin können Sie bereits einen ersten Blick auf den malerischen See werfen.
Zur weiteren Erkundung sollten Sie am östlichen Seeufer entlang über Techin, sicherlich das schönste Dorf an der 8 km langen Strecke, bis Lassahn fahren. Die beste Aussicht auf den See können Sie dort genießen, wenn Sie neben der Kirche von Lassahn einem Hohlweg zum See hinab folgen, der Sie dann rechts in 15 Minuten auf einen unbewaldeten Hügel führt. Über einen schmalen Damm können Sie von Lassahn auch zur Halbinsel Stintenburg fahren. Das abwechslungsreiche, mit Röhricht und Wald bewachsene Gebiet ist auf jeden Fall einen Abstecher wert.

❷ Bretziner Heide

Am Pfingstsonntag ist für die Bewohner der umliegenden Dörfer ein Ausflug in die Bretziner Heide alte Tradition. Nur als Schafweide läßt sich diese letzte Zwergstrauchheide im Binnenland Mecklenburgs erhalten. So werden jeweils auf etwa einem Drittel des 32 ha großen Naturschutzgebiets Schafe in einem Gatter gehalten, die im Wechsel auch die restlichen Flächen beweiden. Zwischen einzelstehenden Birken und strauchförmigen Eichen gedeihen dort Heidekraut und Ginster. Ende Mai öffnen sich die leuchtendgelben Ginsterblüten, und von Juni bis zum Sommerausklang blüht ununterbrochen das rotviolette Heidekraut.
In Wiebendorf biegen Sie rechts auf einen Feldweg ein, dem Sie gut 1 km folgen. Dann zweigen Sie wieder rechts ab nach Bretzin, wo Sie den Wagen parken können. Unmittelbar hinter dem Dorf steigt ein Weg in nördlicher Richtung zur Heide an.

Die Idylle trügt nicht: Der Schaalsee – hier bei Zarrentin – und vor allem seine so harmonische wie abwechslungsreiche nähere Umgebung sind von einer Ursprünglichkeit, wie es sie nur noch selten gibt.

❸ Alte Eichen bei Schwechow

Wenn Bauern einst die Abgaben an den Landesfürsten sparen wollten, ließen sie Eichen auf den Feldern stehen. Sie galten als Beweis für die Urbarmachung von Waldland und garantierten Steuerfreiheit. Weder in Mecklenburg noch sonst irgendwo in Deutschland gibt es wohl eine solche Konzentration von großen Eichen wie in der Gegend zwischen Schwechow und Pritzier. Auf einer Fläche von nur 800 ha stehen bei Schwechow allein 700 Exemplare noch dichter beieinander als im übrigen an Eichen ohnehin so reichen Landstrich um Hagenow. Einzeln auf den Feldern, in Alleen und in Ortschaften – überall sind sie zu sehen. Viele von ihnen erreichen einen Stammumfang von 6 m, einzelne auch 7 m. In Pritzier zweigt am Ortsanfang rechts ein von mächtigen Eichen gesäumter, 1 km langer Weg nach Schwechow ab. Diese Allee, die Feldflur südlich von Schwechow und das Dorf selbst sind bekannt als Kerngebiet des Eichenvorkommens.

In den Elbtaldünen, einem Relikt der letzten Eiszeit, findet das Silbergras ideale Lebensbedingungen.

❹ Elbtaldünen bei Klein Schmölen

Eine erstaunlich große Dünenlandschaft fernab vom Meer bildet die 600 m breite Düne von Klein Schmölen, die sich einige Kilometer parallel zur Löcknitz durch das Urstromtal der Elbe zieht. Entstanden ist sie gegen Ende der letzten Eiszeit, als nach dem Abschmelzen der Gletscher in großen Teilen der Talniederung der zurückbleibende Sand zu großen Dünen aufgeweht wurde. Besonders empfehlenswert ist ein Wanderweg, der zwischen Klein Schmölen und dem etwa 4 km entfernten Polz am Südfuß der weitgehend unbewaldeten Düne entlangführt. Wanderpfad und Düne beginnen unmittelbar am Ortsrand von Klein Schmölen am Ende der Dünenstraße. Auf der sanft geneigten Westseite der Düne wird der Sand nach wie vor vom Wind ständig umgelagert und teilweise über den bis 30 m hohen Dünenkamm getrieben. Nur stellenweise kann sich eine spärliche Pflanzendecke entwickeln, darunter findet man aber auch einige Kostbarkeiten: Seltene Steppenpflanzen wie die Graue Skabiose und das Ohrlöffelleimkraut gedeihen zwischen den steifen Blättern des Blaugrünen Schillergrases.

Die Gegend zwischen Schwechow und Pritzier ist ein Eichenreservat, das seinesgleichen sucht. Mächtige Veteranen wie diese sind hier keine Seltenheit.

❺ Sonnenberg

Auf dem Scheitel der 120 m hohen Endmoräne des Parchimer Sonnenbergs gedeihen die imposanten, in Forstkreisen berühmten Douglasien von Kiekindemark, benannt nach dem nächstgelegenen Dorf. Schon 1938 wurde festgestellt, daß hier für Douglasien der wohl beste Standort

Wer hinter diesen Dünen die funkelnde Ostsee erwartet, wird enttäuscht – weit und breit gibt es keine Küste! Wir sind in der eigenwillig-schönen Landschaft der Elbtaldünen bei Klein Schmölen.

Der Breite Stein bei Parchim ist der Sage nach Teil einer verzauberten Hochzeitsgesellschaft.

Residenzstadt vom Reißbrett
Ludwigslust oder Lulu, wie die Einheimischen gerne sagen, das mecklenburgische Versailles oder auch schlichter: die Lindenstadt (zwischen 4 und 5) – sie hat sich seit dem 18. Jh. kaum verändert. Als Residenz Herzog Friedrichs zwischen 1772 und 1776 erbaut, wirkt das Schloß mit seinem im 19. Jh. umgestalteten Park noch heute überwältigend. Weil das Geld im Kleinstaat aber knapp war, verfuhr der Mecklenburg-Schweriner Herzog nach der Methode »Vorne Hui, hinten Pfui«. Die Schloßfassade, ein Ziegelmauerwerk, wurde mit Pirnaer Sandstein verkleidet, den man über die Elbe aus Sachsen herbeischaffte. Statt Marmor mußte für die Innenausstattung »Ludwigsluster Carton« herhalten: Pappmaché, das in einer eigens errichteten Manufaktur hergestellt wurde. Um im Park Wasserfälle und Wasserspiele einrichten zu können, leitete man das Wasser herbei: Ein 28 km langer Kanal wurde in 14 Jahre langer Arbeit von Hand ausgehoben. Er versorgt noch heute sowohl die Kaskade vor dem Schloß als auch den »Großen Kanal« mit seinen »24 Sprüngen«. In dem nach englischem Vorbild gestalteten Landschaftspark wachsen auch einige seltene exotische Nadelbäume. Ein Riesenmammutbaum mit 4,4 m Stammumfang etwa steht unweit der schilfgedeckten Gaststätte »Schweizerhaus«. (Schloß Ludwigslust: Führungen im Sommer Di–Fr 11, 13, 14, 15, im Winter Di–Fr 14, 15, ganzjährig Sa, So stündlich zwischen 11 und 15 Uhr.)

Deutschlands ist. Inzwischen haben die Nadelbäume ein Alter von etwa 100 Jahren und eine Höhe von über 50 m erreicht. Und ihr Wachstum geht unvermindert weiter: Pro Jahr wachsen die Douglasien 30–40 cm in die Höhe. In ihrer Heimat an der nordamerikanischen Pazifikküste können diese Bäume bis zu 100 m hoch werden.
Ab Parchim folgen Sie den Wegweisern zur A 24 Hamburg–Berlin und verlassen die Stadt nach Süden. Die Straße steigt an bis zum Sonnenberg. Nach 4 km – schon wieder auf abschüssiger Strecke – stoßen Sie auf eine Ausbuchtung der Straße, die Parkmöglichkeiten bietet. Links, auf der anderen Straßenseite, beginnt ein beschilderter Waldweg, auf dem Sie nach wenigen Minuten zu den Douglasien gelangen. 200 m weiter südlich zweigt von der Straße ein ebenfalls beschilderter Wanderweg nach rechts ab. Er führt nach ca. 800 m zum Breiten Stein – einer Ansammlung grünbemooster Findlinge inmitten eines hallenartigen Buchenwaldes. Glaubt man der Sage, dann ist dort einmal nach Mitternacht eine Hochzeitsgesellschaft vom Weg abgekommen. Plötzlich tauchte aus dem Wald der Teufel auf und verwandelte Pferdekutsche und Insassen zu Stein.

6 Durchbruchstal der Warnow bei Groß Görnow

Schnell fließt die Warnow durch ihr breites, von Findlingen durchsetztes Bett. Edelholzreiche Laubwälder mit vielen Buchen, Winterlinden und Bergulmen bedecken die Hänge bis hinunter an das Ufer. Unter hohen Bäumen wachsen Orchideenarten wie Weiße Waldhyazinthe, Breitblättrige Sumpfwurz und Vogelnestwurz, und mit Glück und Geduld bekommt man Eisvogel und Gebirgsstelze, zwei typische Bergbachbewohner, zu Gesicht. Man fühlt sich in dem bis zu 30 m tief eingeschnittenen Tal unvermittelt in eine Mittelgebirgslandschaft versetzt. Das Durchbruchstal entstand in der jüngsten Eiszeit: Von einem Gletschertor bahnten sich die Schmelzwasser einen Weg nach Süden. Mit dem Abschmelzen des Eises kehrte sich gegen Ende der Eiszeit die Fließrichtung des Wassers um, und heute stürzt der Wildbach nach Norden.
In Groß Görnow, das Sie von Sternberg auf einer 6 km langen Straße erreichen, beginnt ein ausgeschilderter Wanderweg, der nach 1 km zu dem 80 ha großen Naturschutzgebiet führt. Für eine Wanderung sollte man sich 2–3 Stunden Zeit nehmen. Genügend Bänke für Ruhepausen stehen am Wegrand.

7 Rugberg und Schwarzer See

Vom Fernsehturm auf dem 147 m hohen Rugberg, der in den Sommermonaten bestiegen werden kann (Öffnungszeiten bitte vor Ort erfragen), hat man einen phantastischen Ausblick, der nach Westen bis zur Ostsee und zum Schweriner See reicht. Im Norden sehen Sie den Höhenrücken der Kühlung und im Osten die weiten Talniederungen von Warnow und Recknitz. Der bewaldete Höhenzug mit dem Rugberg, auch Hohe Burg genannt, ist eine eiszeitliche Endmoräne. Bedingt durch relativ hohe Niederschläge und reiche Böden gedeiht der Wald mit über 100jährigen

In der jüngsten Eiszeit entstand das Warnow-Durchbruchstal bei Groß Görnow. Der Wanderer ist hier ganz nahe am Puls der Natur.

Buchen prächtig. In Bodensenken haben sich Bruchwälder und sogar ein Moor gebildet, in dem der Schwarze See liegt. Zum See und zum Fernsehturm gelangen Sie, wenn Sie von der Straße Bützow–Neukloster etwa 8 km hinter Bützow im Wald rechts abbiegen und dem Wegweiser »Hohe Burg« folgen. Nach 1 km parken Sie beim Fernsehturm und gehen etwa 100 m auf der Waldstraße weiter in Richtung Schlemmin. Links zweigt dann ein beschilderter Fußpfad zum Schwarzen See ab, der Sie in wenigen Minuten auf einen Bohlenweg führt. Der 110 m hoch gelegene See, einer der höchstgelegenen Mecklenburgs, wird von einem 15 ha großen nährstoffarmen Zwischenmoor umgeben, das allerdings durch Entwässerungsmaßnahmen geschädigt ist. Dennoch können Sie hier noch einige seltene Pflanzenarten wie Sprossenden Bärlapp, Sumpfporst und Rauschbeere entdecken.

8 Dambecker Seen

Die beiden Dambecker Seen sind vor allem für Vogelfreunde attraktiv. Während der Brutzeit bevölkern zahllose Vögel, darunter viele seltene Arten, die Flachwasserseen, und im Herbst rasten große Scharen von nordischen Gänsen auf den Gewässern. Für einen kurzen Besuch empfiehlt sich der vor dem Dorf Dambeck gelegene kleinere See. Dambeck erreichen Sie, wenn Sie in Bobitz links abbiegen. Fahren Sie in Dambeck vor der Kirche links, dann kommen Sie direkt auf den See zu. Nur wenige hundert Meter rechter Hand kann man sich bis auf 100 m einer Lachmöwenkolonie nähern. Mit dem Fernglas lassen sich schnell die zur Brutzeit so farbenprächtigen Schwarzhalstaucher entdecken; etwa 70 Paare haben sich hier sozusagen als Untermieter in der Möwenkolonie eingenistet. Viele Enten und fast 100 Graugansspaare bevölkern die offene Wasserfläche. Auf diesem Weg läßt sich die südliche Hälfte des Sees zu Fuß erkunden, und man kommt nach ca. 1,5 km an das Nordufer des zweiten Dambecker Sees, der landschaftlich und ornithologisch nicht minder reizvoll ist.

9 Schweriner See

Der Schweriner See birgt mehr als 20 Fischarten: Brachsen – auch als Bleie oder Brassen bekannt –, Plötzen und Welse sind ebenso darunter wie Zander und Karauschen. Selbst die seltene Goldschleie gelangt in die Netze der Binnenfischer. Mit einer Tiefe von 51 m und 63,4 km² Fläche ist der See, nach der Müritz 13, der zweitgrößte Mecklenburgs. Besonders malerisch ist sein durch Inseln geprägtes, steiles Südufer bei Zippendorf, an der B 321 von Schwerin in Richtung Osten gelegen.
Ab Zippendorf pendeln von Ende Mai bis Anfang Oktober ständig Boote zu der kleinen Insel Kaninchenwerder, wo inmitten parkartiger Wälder ein Aussichtsturm auf dem 18 m hohen Jesarsberg steht. Von dort bietet sich ein herrlicher Blick über den See. Im Osten erkennt man das hohe, bewaldete Görslower Ufer und die Insel Ziegelwerder. Dort wurden aus fettem, blaugrünem Ton jahrhundertelang Ziegel gebrannt. Über den 5 km langen Uferweg vom östlich von Zippendorf gelegenen Raben-

<u>*Im Zeichen des Haubentauchers*</u>
Ganz im Zeichen der Seen und Flüsse Mecklenburgs steht der Zoologische Garten Schwerin, was sich schon in seinem Signet, dem Haubentaucher, widerspiegelt. Natürlich fehlen in dem Tiergarten weder Löwen und Tiger noch Affen und Nashörner. Das Glanzstück ist jedoch eine riesige Wasservogelanlage mit mehreren Teichen, Inseln und Gräben, Hecken und großen, freien Wiesenflächen. Eine Fülle heimischer und anderer Arten von Enten, Gänsen und Schwänen schnattert und paddelt auf dem großen Gelände durcheinander. Neben heimischen Arten wie Weißstorch, Graureiher, Kormoran und Kranich sieht man hier sonst nicht vorkommende oder gar fremdländische wie Löffler, Flamingos und Pelikane. Kurz vor Zippendorf 9 geht es von der B 321 links ab zum 25 ha großen Zoo am Waldschulenweg (geöffnet Mai–Aug. 9–18, Sept.–April 9–17 Uhr).

An den Ufern der Dambecker Seen fühlen sich nicht nur Pferde wohl – auch Vögeln dienen sie als Rastplatz.

Keiner der größten deutschen Seen weist mehr Fischarten auf als der 63,4 km² umfassende Schweriner See.

Steinfeld nach Görslow führt eine der reizvollsten Wanderungen am Schweriner See. Immer wieder öffnet sich zwischen Bäumen der Ausblick aufs Wasser zu den Inseln Ziegel- und Kaninchenwerder. Zahlreiche Quellen entspringen am Hang. Von der größten, kurz vor dem Dorf Görslow, geht die Sage, daß ihr Wasser alle Krankheiten heilen könne – allerdings nur am Ostersonntag vor Sonnenaufgang.

Route 2
Großseenplatte

Die etwa 260 km lange Rundfahrt, bei der Sie nur 70 km auf gut ausgebauten Bundesstraßen zurücklegen können, führt Sie ins Land der großen Seen. Plauer See (12), Fleesen- und Kölpinsee (zwischen (12) und (13)) sowie die Müritz (13) sind durch Wasserstraßen miteinander verbunden. Die waldreiche, schwer zugängliche Landschaft erschließt sich hauptsächlich auf kleinen Straßen, für die Sie sich viel Zeit nehmen sollten.

Streckenverlauf:

Von der A 19 Rostock–Wittstock Ausfahrt Krakow fahren Sie nach Kuchelmiß zum Nebeltal (10); weiter in Richtung Krakow und links ab auf die B 103, ca. 3 km hinter Bossow links ab nach Glave zum Krakower Obersee (11); dann zurück zur B 103 und weiter nach Plau, ca. 4 km nach Plau links abbiegen auf die B 198 in Richtung Stuer, nach ca. 6 km geht es links nach Bad Stuer zum Plauer See (12); zurück zur B 198 und knapp 5 km hinter Stuer links ab über Rogeez nach Malchow, weiter nach Norden in Richtung Nossentiner Hütte und 5 km hinter Malchow rechts ab nach Nossentin und Jabel, von dort weiter ostwärts nach Waren zur Müritz (13); Sie verlassen Waren auf der B 192 in Richtung Penzlin, biegen nach gut 10 km links ab und folgen dieser Straße, nach 21 km geht es bei Stavenhagen über die Kreuzung mit der B 104 hinweg in Richtung Altentreptow, nach knapp 5 km links ab nach Ivenack (14); zurück zur Straße in Richtung Altentreptow, nach gut 3 km links nach Kriesow und Altenhagen, dort wieder links über Törpin und Beggerow nach Gatschow (15); weiter nach Demmin, dann über die B 110 nach Dargun und dort links nach Neukalen, weiter in Richtung Malchin bis Pisede, dort links zum Bahnhof Pisede und wieder links nach Salem (16); von Salem zurück nach Pisede und geradewegs auf die B 104 nach Teterow, dort auf die B 108 in Richtung Waren bis zur Burg Schlitz (17). Um an den Ausgangspunkt der Route zurückzugelangen, fahren Sie wieder zurück in Richtung Teterow, nach 5 km aber links ab nach Klein Köthel und weiter nach Groß Wokern. Die kleine Landstraße führt Sie über Langhagen zurück zur A 19 Rostock–Wittstock Auffahrt Krakow.

Die sogenannte Großseenplatte ist zwar ein klassisches Feriengebiet, ist jedoch aufgrund ihrer Weiträumigkeit nicht überlaufen. Empfehlenswert zum Übernachten sind vor allem Orte im Westteil der Reiseroute wie Krakow am See, Plau, Malchin und Waren. Hier gibt es einfache Hotels und zahlreiche Fremdenzimmer, doch sollte man sich rechtzeitig um eine Unterkunft bemühen.

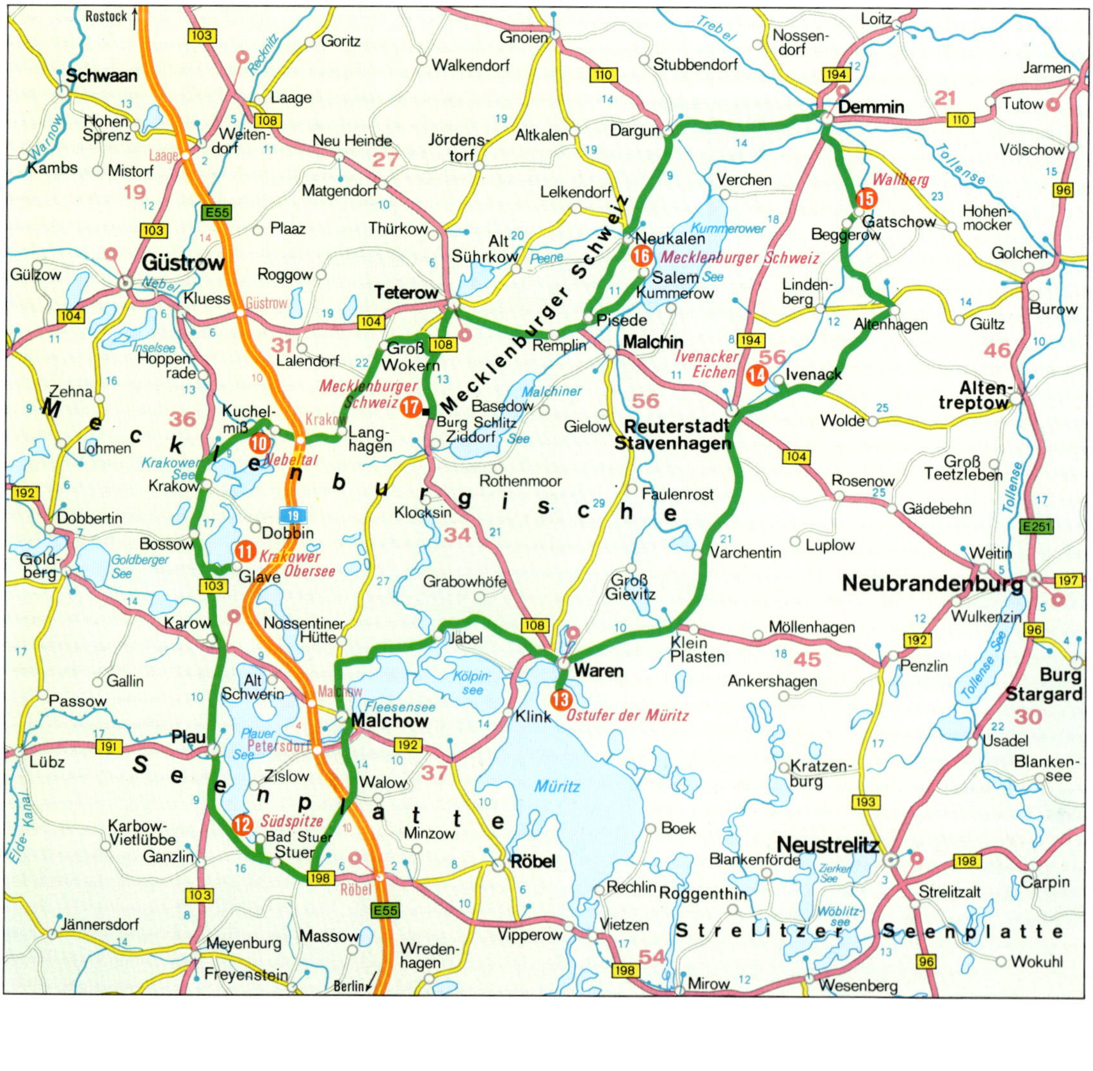

Route 2 Großseenplatte

Rund ums Mecklenburger Meer

⑩ Nebeltal

Nachdem die Nebel dem Krakower See entsprungen ist, gebärdet sie sich wild wie ein Gebirgsbach. Ein enges und tiefes Tal durchschneidet die Endmoräne, die den See angestaut hat. Mal plätschert der Bach gemächlich über breite Kiesbänke dahin, mal schießt er in Kaskaden über große Findlinge, die ihm den Weg verstellen. Mit etwas Aufmerksamkeit kann man große Forellen in der Strömung stehen sehen. Am Parkplatz vor der Gaststätte in Kuchelmiß beginnt ein Wanderweg durch das Tal der Nebel, der nach 2 km am Nordrand des buchtenreichen Krakower Sees endet. Im Winter treffen Sie hier regelmäßig auf Wasseramseln, die – aus Skandinavien kommend – während der kalten Jahreszeit im Nebeltal Quartier beziehen.

Die Wassermühle von Kuchelmiß setzt einen Akzent in der romantischen Landschaft des Nebeltals.

⑪ Krakower Obersee

Um die reiche Vogelwelt des Krakower Obersees näher kennenzulernen, fahren Sie am besten auf der B 103 von Bossow 3 km weiter nach Süden und dann links ab nach Glave. Dabei fährt man an den Wiesen vor dem flachen Südufer des inselreichen Sees vorbei. Hier ist Aufmerksamkeit geboten: Auf den Koppelpfählen sitzen oft regungslos mächtige Seeadler. In Glave beginnt ein Wanderweg, der Sie am Ostufer entlangführt. Eine Fülle von Enten, Gänsen, Möwen und Seeschwalben bevölkert zu allen Jahreszeiten die Bucht. Mit Vorliebe ruhen die Wasservögel auf großen Steinen, die vor den nahen Inseln im flachen Wasser liegen. Wer sich etwas Zeit nimmt und ein Fernglas dabei hat, kann von hier auch Fischadlern bei ihrer Stoßjagd zusehen. Pfeilgleich stürzen die Greifvögel ins Wasser und erbeuten Fische, die sich zu weit an die Oberfläche gewagt haben.

Man ist ganz froh, sie nicht auf freier Wildbahn anzutreffen: Bis zu 1000 kg schwer können Wisente werden.

⑫ Südspitze des Plauer Sees

Nach der Müritz ⑬ und dem Schweriner See ⑨ besitzt der rund 39 km² große Plauer See die drittgrößte Wasserfläche Mecklenburgs. Um den weiten Nordteil mit flachen Ufern haben sich Campingplätze und Bungalowsiedlungen breitgemacht. Im Süden wird der See immer schmaler und ragt mit einem fjordartigen Zipfel in eine steile Endmoräne hinein. Hohe, dicht bewaldete Ufer säumen den See. Viele Quellen treten dort aus, die im vorigen Jahrhundert zu Heilzwecken genutzt wurden. Damals entstand Bad Stuer an der Mündung des Stuerschen Baches, der so schnell fließt, daß er einmal Mühlen angetrieben hat. Von Bad Stuer, dessen große Zeit als Kurort längst verflossen ist, kann man am Südwestufer entlang auf einem schönen, markierten Wanderweg in 45 Minuten zur Dresenower Mühle wandern. Hier bietet der See auch einen günstigen Badeplatz.

Still liegt er da, der Krakower See, und läßt kaum erahnen, daß hier sogar See- und Fischadler auf Beutezug gehen.

<u>Wisente auf der Halbinsel</u>

Wer mit dem Boot über den Kölpinsee paddelt und bei der Halbinsel Damerower Werder (zwischen ⑫ und ⑬) an Land geht, der macht rasch nähere Bekanntschaft mit den massigen, braunen, zotteligen Tieren, die in den einstigen Urwäldern Europas heimisch waren. Natürlich ist das Wisentgehege auf der Halbinsel von der Festlandseite her durch einen massiven, über 2 m hohen Zaun abgesperrt. Von einer erhöhten Aussichtsplattform kann man aus gebührender Entfernung wenigstens einige der Wildrinder im Schaugatter bestaunen. Besonders zu den Fütterungszeiten (Mo–Fr 10 und 15, Sa, So und Fei 10 Uhr) kommen die Tiere nahe heran. Eingerichtet wurde das Wisentgehege 1957 und mit Zuchtpaaren aus dem Urwald von Białowieża in Nordostpolen besetzt, wo der letzte Bestand in Freiheit lebt. Der Weg zum Wisentgehege ist ausgeschildert, wenn Sie von Jabel in Richtung Waren fahren. 500 m hinter Jabel biegen Sie rechts ab und fahren bis Damerow. Am Ortsende, bei einer Bungalowsiedlung, befindet sich ein Parkplatz. Von dort sind es noch 350 m bis zum Schaugatter.

An der Müritz: Stolz posiert der so selten gewordene Fischadler mit seiner frisch geschlagenen Beute.

Die Erinnerung an Mecklenburgs großen Dichter Fritz Reuter bewahrt sein Geburtshaus in Stavenhagen.

Der Dichter des »Dörchläuchting«

Kein Dichter ist den Mecklenburgern so lieb und vertraut wie Fritz Reuter (1810–74). Seine Hauptwerke sind ausschließlich in plattdeutscher Mundart geschrieben: Scharf gezeichnete Originale, schrullige Geschichten, Satire und trockener Humor haben seine Popularität begründet und über die Zeit getragen. Im alten Rathaus der Reuterstadt Stavenhagen (zwischen 13 und 14), dem Geburtshaus des Dichters, erinnert eine Sammlung von Briefen und Originalzeichnungen an den Dichter, der mit seinem Roman »Dörchläuchting« dem prunksüchtigen Herzog von Mecklenburg-Strelitz ein zweifelhaftes Denkmal gesetzt hat. Sieben Jahre Festungshaft in Dömitz (zwischen 3 und 4) und eine labile Gesundheit schränkten die Schaffensperiode des Dichters auf weniger als 20 Jahre ein (Fritz-Reuter-Literaturmuseum, Markt 1, geöffnet Mai–Okt. Mo–Fr 8–17, Sa, So, 9–12, 14–16, Nov.–April Mo–Fr 8–17, Sa 9–12, So 10–12, 14–16 Uhr).

13 Ostufer der Müritz

Bis Ende 1989 war das Ostufer des größten Mecklenburger Sees als staatliches Jagdgebiet fast hermetisch abgesperrt. Ausgedehnte Wälder, viele einsame Seen, große Sümpfe und bunte Wiesen mit Küchenschelle und Enzian, Kartäusernelke und Blutweiderich begleiten die Ufer der 117 km² umspannenden Müritz, die 1990 Teil des gleichnamigen Nationalparks wurde. Ein ca. 12 km langer Rundwanderweg durch das Gebiet am Ostufer, für den Sie mindestens drei Stunden einplanen sollten, beginnt an der Zentralen Lehrstätte für Naturschutz südlich von Waren. Von der B 192 gelangt man über Ecktannen (mehrfach ausgeschildert) zum Parkplatz der Lehrstätte. Das Kleinod des Schutzgebiets, die sogenannte Spuklochkoppel, ist allerdings nur im Rahmen von Führungen ab Müritzhof zu erreichen (Anmeldung: Waren (Müritz)-Information, ☏ 03 79 93/4172 oder Zentrale Lehrstätte für Naturschutz, ☏ 03 79 93/ 27 51). Im Sommer finden diese Führungen bei gutem Wetter jeden Samstag statt. Auch wenn es nicht immer gelingt, Seeadler, Kranich oder den Fischadler, der hier seine höchste Siedlungsdichte in Mitteleuropa aufweist, zu beobachten – die dichten Wacholderbestände am flachen Ufer allein sind sehenswert. Zwischen den Büschen, die oft eine Höhe von 10 m erreichen, weiden weiße Fjellrinder – eine anspruchslose Rinderrasse aus Skandinavien – und halten das Gras kurz.

14 Ivenacker Eichen

Die älteste, stärkste und schönste der sechs »1000jährigen Eichen« bei Ivenack hat einen Stammumfang von 11 m. Sie erreicht die eindrucksvolle Höhe von 35 m, besitzt ein Holzvolumen von etwa 180 Festmetern und ist vermutlich 1200 Jahre alt. Forstleute halten den Baum für einen der größten seiner Art in Mitteleuropa. An Alter und Größe stehen ihm die anderen Veteranen allerdings nur wenig nach. Aus dem Alter der Eichen kann geschlossen werden, daß die Wälder in der Umgebung von Ivenack schon vor der Jahrtausendwende als Waldweide ausgelichtet waren. Darauf deutet auch der Ortsname hin: Das slawische »iva« bedeutet »Weide«. Das Vieh fraß die Bodenvegetation und die Jungbäume ab, und so blieb Platz für die Entwicklung großer, freistehender Bäume, deren Früchte im Winter als Viehfutter Verwendung fanden. Die Ivenacker Eichen stehen in einem 70 ha großen Wildgatter, das mit Damwild besetzt ist. Durch die vielen Besucher hat das Wild seine Scheu verloren, und Sie können es leicht beobachten. Von Stavenhagen ist der Weg übersichtlich ausgeschildert.

15 Wallberg bei Alt-Gatschow

Die Schotterfüllung einer eiszeitlichen Gletscherspalte wurde bei Gatschow zu einem Wallberg, einem sogenannten Os, abgelagert. Den bahndammähnlichen Höhenrücken bei Gatschow finden Sie, wenn Sie sich am Ortsausgang von Gatschow rechts halten und durch Alt-

Das Ostufer der Müritz war viele Jahre nur Privilegierten zugänglich. Der See und seine Uferregion wurden 1990 zum Nationalpark erklärt.

Gatschow hindurchfahren. Hinter dem letzten Haus beginnt am Feldweg der 7 m hohe Wallberg, der – mit Unterbrechungen – ca. 40 km lang ist. Zwischen Gatschow und Alt-Gatschow hat andauernde Schafbeweidung auf dem Os Bäume und Büsche weitgehend verdrängt. Orchideen wie das Kleine Knabenkraut und der Baltische Enzian bedecken die trockenen Hänge, die von mehreren 1 m hohen Lesesteinwällen durchzogen sind. Diese Mauern wurden aus den umherliegenden Steinblöcken zur Abgrenzung der Weideparzellen errichtet. Am Fuß des Wallbergs ist der Untergrund feuchter. Hier gedeihen seltene, feuchtigkeitsliebende Pflanzen wie das Breitblättrige Knabenkraut.

16 Mecklenburger Schweiz bei Salem

Das langgestreckte Dorf Salem zwängt sich auf einen schmalen Uferstreifen zwischen Kummerower See und dem steil ansteigenden Berg der Gülitzer Endmoräne. Unmittelbar am Nordende des Dorfes reicht die Endmoräne dicht an das Seeufer heran. Von diesem Aussichtspunkt kann man den 10 km langen und 5 km breiten See überschauen. Im Norden dehnt sich das riesige Niedermoor der Neukalener Moorwiesen aus, und im Westen steigt die Endmoräne auf eine Höhe von nahezu 100 m an. Hier gewinnt man den Eindruck, daß diese Hügellandschaft den Namen Schweiz wohl verdient. Ein etwa 1,5 km langer, markierter Wanderweg führt von Salem zuerst am Waldrand entlang, später durch ausgedehnte Buchenwälder steil bergan zu immer neuen Aussichtspunkten.

17 Mecklenburger Schweiz bei Burg Schlitz

Schon unterwegs auf der B 108, auf der Sie von Teterow zur Burg Schlitz bei Karstorf fahren, können Sie die kuppige und von kleinen Seen durchsetzte Landschaft genießen. Auf Hügeln wachsen ganze Gruppen knorriger Eichen, deren Alter im Durchschnitt 600 Jahre beträgt. In der engeren Umgebung der Burg Schlitz, der größten klassizistischen Schloßanlage Mecklenburgs, entstand Anfang des 19. Jh. ein englischer Landschaftspark, an den sich ohne schroffen Übergang die natürlich gewachsene Landschaft anschließt. Auf einem reizvollen Rundweg lassen sich in zwei Stunden der Park und die ihn umgebende Endmoränenlandschaft bequem erwandern.

Der 97 m hohe, südwestlich der Burg liegende, unbewaldete Röthelberg, den man vom Rundweg aus als kurzen Abstecher nach etwa 700 m erreichen kann, bietet eine ausgezeichnete Fernsicht auf den Malchiner See im Osten. Die Wanderung beginnt am Parkplatz der Gaststätte »Zum Goldenen Frieden«, direkt an der B 108.

Die Burgwallinsel Teterow – eine »Wasserburg« der Slawen.

Fluchtburg der Slawen

Schon der arabische Händler Ibrahim Ibn Jakub beschrieb im 10. Jh., wie slawische Stämme ihre Burgen bauten: »Sie gehen zu Wiesen reich an Wasser und Gestrüpp und stecken dort einen viereckigen Platz ab, graben und schichten die Erde ringsum auf, wobei sie mit Planken und Pfählen nach Weise der Bastionen gefestigt wird.« Auf der Burgwallinsel im Teterower See sind die Wälle einer solchen Burg noch zu erkennen. Zur Insel mit der Anlage aus dem 7.–12. Jh. gelangt man über eine Abzweigung von der B 108, ca. 1 km nördlich von Teterow (zwischen 16 und 17) in Höhe einer Tankstelle. Bis zum Parkplatz am Rand des Teterower Sees ist die Anfahrt ausgeschildert. Von dort erreicht man zu Fuß in zehn Minuten das Seeufer, wo eine Fähre ablegt. Zu Zeiten der Slawen verbanden zwei Brücken die Zufluchtsstätte mit dem Ufer. Die eindrucksvollen Wälle von Vor- und Hauptburg findet man von der Anlegestelle aus nach etwa 500 m am Nordende der Insel.

Kleinen Inseln ähneln die von oftmals uralten Eichen bewachsenen Hügel bei Burg Schlitz in der Mecklenburger Schweiz. Die Endmoränenlandschaft und der nahe Schloßpark laden zu einer reizvollen Wanderung durch eine Naturoase ein.

Route 3
Mecklenburgische Seenplatte – Ost

Auf unserer etwa 335 km langen Route, die nur rund 90 km über gut ausgebaute Bundesstraßen führt, lernen Sie die Kleinseenplatte im Osten Mecklenburgs kennen. Das Gewirr von 150 Seen sowie unzähligen Tümpeln und Teichen in dichten Wäldern erinnert an die Wälder- und Seenlandschaft Finnlands.
Streckenverlauf:
Von der A 24 Hamburg–Berlin Ausfahrt Neuruppin fahren Sie auf der B 167 bis Neuruppin und biegen in Neuruppin links ab nach Gühlen Glienicke in der Ruppiner Schweiz (18); nordöstlich nach Rheinsberg und in östlicher Richtung über Neuglobsow am Großen Stechlinsee (19) nach Fürstenberg; am nördlichen Ortsrand rechts nach Lychen, von dort nach Feldberg zu den Heiligen Hallen, zum Sprockfitzsee, dem Cantnitzer Wacholderberg und dem Schmalen Luzin ((20) bis (23)); weiter in nordöstlicher Richtung über Wittenhagen nach Fürstenwerder (24); dann nach Woldegk, dort rechts auf die B 104 bis Strasburg und weitere 8 km auf der B 104 in Richtung Pasewalk bis Wilsickow (25); zurück nach Strasburg und im Ort rechts ab in Richtung Rothemühl, doch nach 8 km links ab über Neuensund und Rohrkrug nach Galenbeck (26); dann geht es weiter über Lübbersdorf bis kurz vor Friedland, dort führt ein 10 km langer Abstecher nach rechts über Sandhagen nach Schwichtenberg zum Putzarer See (27); zurück nach Friedland, dort links auf die B 197 in Richtung Neubrandenburg, bis Warlin fahren, dort links zum 4 km langen Abstecher nach Rühlow (28); wieder zurück und weiter über die B 197 nach Neubrandenburg und dort auf der B 96 in Richtung Neustrelitz bis Usadel zum Tollensesee (29); dann weiter auf der B 96 und nach 4 km rechts ab über Blumenholz und Hohenzieritz auf schlechter Landstraße bis Peckatel an der B 193, dort links in Richtung Neustrelitz, nach 1 km aber gleich rechts über Adamsdorf zu den Havelquellseen (30); von dort zurück auf die B 193 und weiter nach Neustrelitz, von dort Abstecher auf die B 198 in Richtung Woldegk bis Zinow zum Naturschutzgebiet Serrahn (31).
Auf der B 198 von Zinow über Wesen-

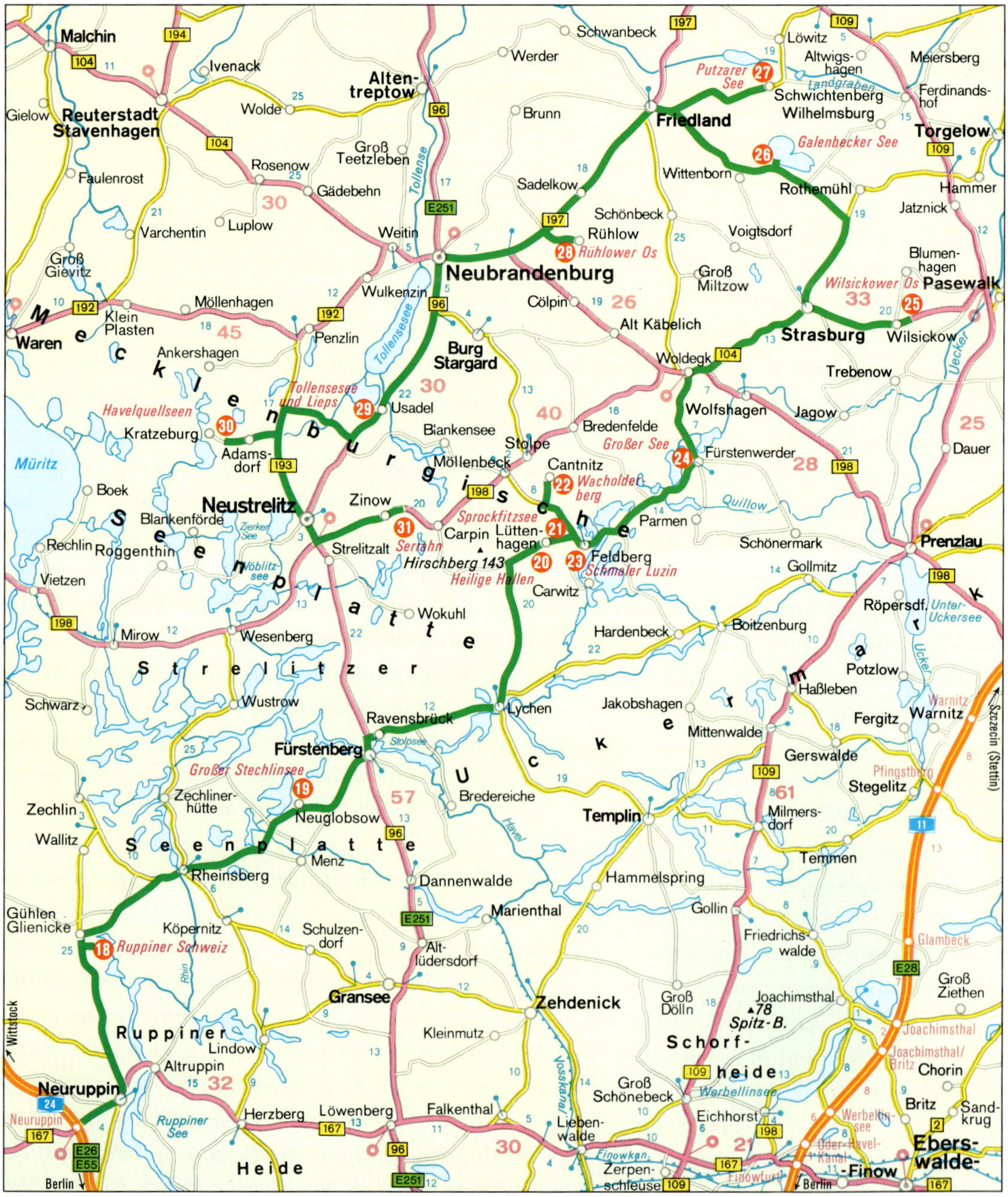

berg, Mirow und Vietzen erreichen Sie die A 19, die Sie wieder auf die A 24 Hamburg–Berlin zurückführt.
Die Kleinseenplatte wird am Wochenende gern von Berliner Ausflüglern besucht, der Fremdenverkehr ist jedoch eher bescheiden. Hotels finden Sie in Neubrandenburg; einfachere Gasthöfe und Fremdenzimmer auch in Orten wie Feldberg, Wesenberg, Fürstenberg, Lychen und Rheinsberg. Rechtzeitige Buchung empfiehlt sich.

Route 3 Mecklenburgische Seenplatte – Ost

Zwischen tausend kleinen Seen

18 Ruppiner Schweiz

Um die Rinnenseen der Ruppiner Schweiz kennenzulernen, eignet sich am besten eine Kombination von Wanderung und Bootsfahrt. Knapp 1 km südlich von Gühlen Glienicke zweigt im Wald eine schmale Asphaltstraße rechts zur Boltemühle ab. Die kurvenreiche Strecke führt zuletzt direkt am Tornowsee entlang und endet an der 200jährigen Boltemühle – heute eine beliebte Ausflugsgaststätte. Von hier können Sie mit dem Schiff durch die 15 km lange Seenrinne bis nach Neuruppin fahren. Die kleinen Ausflugsboote gleiten durch dichtes Schilf und enge Kanäle, um dann wieder auf ausgedehnte Wasserflächen zu gelangen (Fahrzeit hin und zurück: 2 Stunden). Von der Boltemühle führt auch ein schöner, gut markierter Wanderpfad am klaren Binenbach entlang nach Norden. Sie durchqueren eine vielfach gewundene Schlucht und erreichen nach 30 Minuten den Kalksee.

19 Großer Stechlinsee

In den »Wanderungen durch die Mark Brandenburg« beschrieb Theodor Fontane den Großen Stechlinsee zum ersten Mal, und sein letztes Werk, den Roman »Der Stechlin«, widmete der Dichter wieder diesem See, dessen Name sich vom slawischen Wort für Glas ableitet. Der 68 m tiefe Große Stechlinsee ist tatsächlich immer noch glasklar – einer der saubersten Seen Mecklenburgs. Die Sichttiefe des sauerstoffreichen, nährstoffarmen Sees reicht bis zu 10 m und zieht deshalb viele Taucher an. Die Sonneneinstrahlung im Zusammenwirken mit dem steinigen Seegrund führte unter der Wasseroberfläche bisweilen zu außergewöhnlichen Spiegelungserscheinungen, die die menschliche Phantasie beflügelten. 1966 wurde jedoch in der Nähe das Atomkraftwerk Rheinsberg errichtet; man befürchtete, daß dessen Kühlwasser den See aufheizen und dafür sorgen würde , daß er auch im kältesten Winter nicht mehr zufriert: Algen hätten sich dann rapide vermehrt und den glasklaren See eingetrübt. Da das Kraftwerk Rheinsberg 1990 abgeschaltet wurde, kann man sicher sein,

Nach einer langen, spannenden Bootsfahrt durch die Rinnenseen der Ruppiner Schweiz und einer kurzen Wanderung erreicht man den lieblichen Kalksee.

Das bilderbuchhafte Schloß Rheinsberg wurde von Kurt Tucholsky literarisch verewigt.

Junge Liebe im Park des Alten Fritz
»Glaubssu, daß es hier Bärens gibs?«, läßt Kurt Tucholsky ängstlich die Claire den Wolfgang auf der Parkbank fragen. Der Schriftsteller hat Park und Schloß Rheinsberg (zwischen 18 und 19) ein ganzes »Bilderbuch für Verliebte« gewidmet. Im 18. Jh. war dieses Landschloß Aufenthaltsort des preußischen Kronprinzen Friedrich, der später Friedrich der Große heißen sollte. Bären gibt es keine in dem Landschaftspark, dafür aber viele architektonische Staffagen und mythologische Plastiken. Und damals um 1912 wie heute: »Schwitzende Familienväter, die ihre Spazierstöcke mit baumelnden Jacken am Ende Gewehr über trugen und schweigend der nächsten Bierquelle zustrebten; Verliebte, die mit verkrampften Händen selig daherstolperten.« So weit der Dichter. In dem Schloßpark am Südufer des Grienericksees stehen alte, breitkronige Linden, Buchen und Eichen. Vom Park gehen Wanderwege aus, die am Westufer des Sees zum 2–3 km entfernten Rheinsberger See führen. Nach seinem Buch, hat Tucholsky später gespottet, sei in Rheinsberg generationsweise »vom Blatt« geliebt worden.

Der Kanal zwischen der Müritz und dem Kölpinsee ist Teil eines fast 300 km langen Wasserstraßennetzes.

Paddeltour für Unermüdliche
Wer über einen zuverlässigen Wasserwanderatlas und gute Kondition verfügt, kann rund 270 km weit durch Mecklenburg von der Havel bei Fürstenberg (zwischen ⓳ und ⓴) über die Elde bis zur Elbe bei Dömitz (zwischen ❸ und ❹) paddeln: Ein verwirrendes Band von Seen und Kanälen mit Schleusenanlagen schlängelt sich zunächst mal südlich, mal nördlich, im wesentlichen jedoch von Ost nach West durch die Wälder des Landschaftschutzgebietes Kleinseenplatte Neustrelitz. Als Müritz-Havel-Kanal gewinnt die Wasserstraße bei Mirow wieder mehr Übersichtlichkeit. Die Müritz ⓭, das blaue Herz Mecklenburgs, ist die nächste Station der Wasserwanderung. Sie steht an ihrem Nordende mit Kölpin- ⓭, Fleesen- und Plauer See ⓬ in Verbindung. Als Elde verläßt der Wasserweg bei Plau schließlich die Großseenplatte und kurvt nach Südwesten, über Lübz und Parchim ❺ nach Neustadt-Glewe. Ganz Unermüdliche können auch vorher noch einen Abstecher auf dem Störkanal zum Schweriner See ❾ wagen. Auf der Elde erreicht man über Grabow Dömitz (zwischen ❸ und ❹), den Endpunkt der ganz Mecklenburg durchquerenden Wasserstraße. Kanuten, die bis hierher durchgehalten haben, stoßen auf ein 400 Jahre altes technisches Denkmal: Die Steinschleuse, ein mit erstaunlicher Präzision errichtetes Hebewerk, senkt die Boote auf das Niveau der Elbe.

daß der See bleibt, was er ist: ein stiller, blaugrüner Spiegel im Wald. Von Neuglobsow, das auch ein kleines Fontanemuseum besitzt, führt ein Uferpfad in 3–4 Stunden um den See.

⓴ Heilige Hallen

Unter den Wäldern des Feldberger Seengebiets zeichnen sich die Heiligen Hallen durch ihren bis zu 350 Jahre alten Buchenbestand aus. Die Bäume erreichen Stammdurchmesser von rund 1,5 m und Höhen von über 50 m. Bis vor vier Jahrzehnten gab es kaum Unterwuchs zwischen den Baumriesen, und so hatte das Waldgebiet den Charakter einer gigantischen Halle. Heute kann man hier den Beginn der sogenannten Zerfallsphase beobachten, einer Stufe in der natürlichen Entwicklung eines Buchenwaldes: Überalterte Bäume sterben vermehrt ab und machen jungen Buchen Platz. Neben den immer noch hallenartigen Altbeständen machen sich deshalb immer stärker dschungelartige Dikkichte breit. Ein Wanderweg führt durch das 25 ha große Naturschutzgebiet, in dem Sie auch informative Schautafeln finden. Am Waldparkplatz, 400 m westlich von Lüttenhagen an der Straße Lychen–Feldberg, beginnt der 1,5 km lange Weg zu den Heiligen Hallen.

㉑ Sprockfitzsee

Diesen eigenwilligen Namen trägt ein rätselhafter See. Unabhängig von Niederschlag und Jahreszeiten treten unregelmäßige Wasserstandsschwankungen von bis zu 6 m auf. Extreme Tiefstände des Wasserspiegels und auffällige Hochwasser, zuletzt 1970, sind zu beobachten. Besonders interessant ist der See bei Niedrigwasser, wenn weite Uferbereiche trockenfallen, oder bei Hochwasser, wenn nur noch die Kronen der umstehenden Silberweiden aus dem Wasser herausschauen. Über die Ursachen dieses Phänomens gibt es bisher nur Mutmaßungen. Solche periodischen Seen sind in Karstgebieten keine Seltenheit, in einer Moränenlandschaft jedoch höchst ungewöhnlich. Der See liegt linker Hand der Möllenbecker Chaussee, etwa 1 km hinter dem Ortsausgang von Feldberg in Richtung Neustrelitz.

㉒ Cantnitzer Wacholderberg

Wenn Sie vom Sprockfitzsee ㉑ 2 km weiter in Richtung Möllenbeck fahren, zweigt rechts eine Straße nach Cantnitz ab. Schon nach wenigen Augenblicken öffnet sich die Sicht auf den Cantnitzer See. Am anderen Ende der langgestreckten Senke erhebt sich als kleine Kuppe der Wacholderberg. Man kann ohne Schwierigkeiten bis an den Berg heranfahren; dazu biegt man hinter der Kirche von Cantnitz rechts ab. Schon Ende des 19. Jh. war der Wacholderbestand so dicht, daß die Fläche nicht mehr als Schafweide zu nutzen war. In dem nur 8,4 ha großen Schutzgebiet hat man über 1000 Wacholderbüsche gezählt. Um 1920 sind einige Wege angelegt worden, auf denen man auch noch heute ohne Schwierigkeiten kreuz und quer durch das Dickicht streifen kann. Gelegentlich schimmert durch die immergrünen Wacholdersäulen der blaue Cantnitzer See hindurch, an dessen Ufer man zum Ausgangspunkt zurückkehrt.

Ein labyrinthisches Dickicht stattlicher Wacholderbüsche macht den Cantnitzer Wacholderberg zum interessanten Ausflugsziel.

㉓ Schmaler Luzin und Hauptmannsberg
»Hier endeten die Gletscher der Eiszeit, tief schnitten ihre Zungen in das Land ein«, schrieb Hans Fallada, der in Carwitz im November 1933 seinen Roman »Wer einmal aus dem Blechnapf frißt« vollendete. Und weiter urteilte der Schriftsteller: »Heute noch hat das Wasser etwas von der Frische und Klarheit des Eises.« Heute ist es vorbei mit der Sauberkeit des Wassers. Gülle und Siloabwässer aus der Landwirtschaft haben dem Schmalen Luzin viel von seiner Ursprünglichkeit genommen. Das 150–300 m breite Gewässer mit seinen steilen, buchenbewachsenen Ufern gilt als klassisches Beispiel eines flußartigen Rinnensees, dessen Becken vom Schmelzwasser der Gletscher ausgespült und später durch die Toteisblöcke einer jüngeren Gletscherzunge konserviert wurde. Über 7 km weit hat das Wasser die 50 m tiefe Rinne in eine Endmoräne zwischen Feldberg und Hullerbusch eingegraben. Vom 121 m hohen Hauptmannsberg können Sie die ganze Landschaft überblicken.
Am Bahnhof Feldberg biegen Sie rechts zum 1 km südlich liegenden Neuhof ab und fahren dann links nach Carwitz. Vom Parkplatz am Ortsende wandert man nur 500 m weit nach Norden bis zum Hauptmannsberg. Wer Zeit und Lust hat, kann auf einem sehr informativen Naturlehrpfad, am Steilufer des Carwitzer Sees entlang, in einer Stunde bis zur Ausflugsgaststätte »Hullerbusch« weiterwandern.

㉔ Großer See bei Fürstenwerder
Die ausgedehnte Wasserfläche ist von markanten, kuppigen Inseln durchsetzt. Im Gegensatz zur Feldberger Seenlandschaft (um ㉓) gibt es hier keinen Wald; selbst die Inseln sind aufgrund intensiver Beweidung waldfrei und tragen höchstens einen spärlichen Buschbewuchs. Der kleine Ort Fürstenwerder liegt unmittelbar am Ostufer des 360 ha großen Sees. Von

Im Großen See bei Fürstenwerder gibt es eigenwillig geformte Inseln.

In den hohen Buchenwäldern am steilen Ostufer des Schmalen Luzins kann man eiszeitliche Relikte entdecken: die Blöcke der Hünenwälle.

Kulinarisches aus Mecklenburg
Mecklenburgs Küche ist deftig und kräftig. Wie wär's mit »Bohnen und Appel«, weißen Bohnen mit Äpfeln und Klopfschinken? Oder »Suer Tüfften«, bei dem beinahe gar gekochte Kartoffeln mit gebratenem Speck, Zwiebeln und Essig vollends weichgekocht werden? Wenige wissen es: Die Mecklenburger haben ein Herz für Süßspeisen. »Spies vo Swartbrot«, Schwarzbrotpudding, ist ein Beispiel. Dazu werden zerlassene Butter, Rotwein, süße Mandeln und geriebenes Schwarzbrot zu einem Teig verarbeitet. Schleckermäuler schwören auf die »Quarkspies Mekelbörger Ort«: Eingeweichte Backpflaumen werden mit Quark und geriebener Zitronenschale cremig gerührt. Die »Mekelbörger Götterspies« ist so etwas wie die »Schwarzwälder Kirschtorte« der Region zwischen Elbe und Ostsee: Geriebenes Schwarzbrot, ein Grundbestandteil der Mecklenburger Küche, wird mit Rum, Sauerkirschen und Sahne angerichtet und serviert.

Irmtruds-Eiche
Alte Bäume haben ihre Geschichte. Der Name der Tausendjährigen Eiche am Löcknitzer See ist eng mit der Germanisierung und Christianisierung Vorpommerns verbunden. Im 12. Jh. sympathisierte in Löcknitz der frisch eingesetzte Burgvogt Conrad mit dem Christentum, während die wendischen Einwohner weiter zu ihrem Tempelpriester Sweno hielten. Eines Tages wollten die Geschwister Irmtrud und Borat ihren Onkel, den Burgvogt, besuchen und wurden unterwegs von Anhängern des Tempelpriesters gefangengenommen. Irmtrud konnte für ein hohes Lösegeld freigekauft werden. Borat zu befreien war schließlich der willkommene Anlaß, das letzte Bollwerk der Slawen, die Tempelburg bei Löcknitz, zu vernichten. Eine Heerschar des Pommernherzogs erstürmte die Holzburg und setzte sie in Flammen; Borat konnte gerettet werden. Seine Schwester Irmtrud pflanzte aus Dankbarkeit eine kleine Eiche. Die heutige Tausendjährige oder Irmtruds-Eiche befindet sich am Nordufer des Löcknitzer Sees und ist leicht über die B 104 zu erreichen, wenn Sie von Wilsickow 25 ca. 40 km über Pasewalk in östlicher Richtung bis nach Löcknitz fahren.

hier führen markierte Wege am Ufer entlang, so daß Sie die Orientierung nicht verlieren können. Von den Steilufern gewinnt man schnell den Überblick und immer neue, überraschende Eindrücke. Besonders reizvoll ist es, von Fürstenwerder mit einem gemieteten Ruderboot zu den einsamen Inseln zu fahren und von ihren Höhen in das weite Rund zu blicken.

25 Wilsickower Os

Schon auf halbem Weg zwischen Strasburg und Pasewalk fallen an der B 104 bei Wilsickow und Starkshof die langgezogenen, bahndammähnlichen Höhenrücken auf, die auf beiden Seiten bis an die Straße reichen. Kiefern und Robinien, die locker darauf wachsen, machen die Oser oder Wallberge in der flachwelligen Ackerlandschaft noch auffälliger. Durch jahrhundertelange Beweidung hat sich auf den nährstoffarmen, trockenen Hängen eine spezielle, wärmeliebende Vegetation angesiedelt, die inzwischen leider durch die Aufforstung mit Robinien beeinträchtigt wurde: Diese Bäume binden über ihre Wurzeln Luftstickstoff im Boden und verändern damit das Nährstoffangebot. Küchenschellen beispielsweise können dort nicht mehr gedeihen. Sie werden die artenreiche ursprüngliche Flora deshalb am ehesten an baumfreien Stellen finden. Sie sollten sich vor allem das Os anschauen, das 1 km östlich Wilsickow von Norden an die B 104 stößt. Eine Kiesgrube unweit der Straße zeigt eindrucksvoll den inneren Aufbau des Wallbergs: Sand, Kies und Findlinge, die in den langen Abflußtunneln des Schmelzwassers im Innern der Eiszeitgletscher abgelagert wurden.

26 Galenbecker See

Vor den Höhen der bis zu 153 m hohen Brohmer Berge, auch eine Endmoräne, breitet sich kilometerweit die völlig ebene, von Entwässerungsgräben durchzogene Friedländer Große Wiese aus. Sie ist das Relikt eines riesigen Eisrandstausees, der sich mit dem Abschmelzen des Eises vor der Gletscherstirn gebildet hatte. Ähnliche Stauseen zwischen Endmoräne und Gletscher kann man heute auf Grönland oder Island beobachten. Als kleiner Überrest des Stausees ist der 745 ha große Galenbekker See erhalten geblieben. Nirgends ist er tiefer als 2 m. Auf seiner kaum überschaubaren, großen Wasserfläche rasten im Herbst Zehntausende von Gänsen, und im Winter, sofern nur einige Stellen eisfrei bleiben, sieht man Scharen von Enten. Taucher, Reiher, Rallen und Seeadler halten sich das ganze Jahr über im oder am See auf. Vor dem Zweiten

Urwaldhaft mutet das Erlenbruch am Westufer des flachen Galenbecker Sees an. Das wasserreiche Naturschutzgebiet beherbergt das ganze Jahr über Scharen von Vögeln, darunter Reiher, Rallen und sogar Seeadler.

Weltkrieg war der Galenbecker See wegen seiner Schwäne berühmt. Als der Höckerschwan später durch intensive Verfolgung an den Rand des Aussterbens gebracht wurde, blieb nur hier und auf dem nahe gelegenen Putzarer See 27 ein größerer Bestand erhalten. Von einer geschlossenen Beobachtungskanzel direkt am Seeufer können Sie die Vögel auch bei Regen erleben. Dorthin führt von Galenbeck in wenigen Minuten ein interessanter Naturlehrpfad.

Ein kleiner, schöner Ausschnitt der gut erhaltenen, zum Teil von der Natur zurückeroberten Neubrandenburger Stadtmauer.

27 Putzarer See

In heißen Sommern trocknet der Putzarer See weitgehend aus. Das wenige Wasser aus Niederschlägen reicht dann nicht mehr aus, um die Verdunstungsverluste der 180 ha großen Wasserfläche zu ersetzen – bei nur 30 cm Wassertiefe sind die Reserven schnell erschöpft.

Auf den Inseln des Sees brüten Lachmöwen, Flußseeschwalben und Graugänse in beachtlichen Kolonien. Vor allem im Spätsommer sammeln sich Tausende mausernder Enten, so daß man glaubt, in einer Entenfarm zu sein. Im Herbst rasten hier neben zigtausend Gänsen auch einige hundert Kraniche; See- und Fischadler suchen regelmäßig nach Nahrung im See. Vom steinigen Ufer bei Beberhorst, das von Schwichtenberg auf einem Feldweg zu Fuß in 20 Minuten zu erreichen ist, hat man beste Beobachtungsmöglichkeiten. Hier grasen das ganze Jahr über genügsame Gotlandschafe und halten die Uferzone gebüschfrei.

28 Rühlower Os

Von der B 197 zweigt bei Warlin eine Straße links nach Rühlow ab. Vom Friedhof des Dorfes führt rechter Hand ein pappelgesäumter Feldweg nach 1 km zu einem Bahnübergang. Wenn Sie den Schienen 200 m weit nach rechts folgen, erreichen Sie das Os, welches dort die Bahnlinie kreuzt. Der 1 km lange Wall erreicht nahezu durchgängig eine Höhe von 20 m und fällt zu beiden Seiten steil ab. Von seinem unbewaldeten Südteil blickt man weit ins Land und erkennt gut das 10 km entfernte Neubrandenburg. Vom Frühjahr bis in den Spätsommer hört das Blühen auf den trockenen Wiesenhängen nicht auf. Neben dunkelblauem Wiesensalbei, Dunklem Frühlingsfingerkraut und Bunter Kronwicke gedeihen hier viele andere Arten. 150 m nördlich der Bahnstrecke überrascht eine trichterförmige Einsenkung von 200 m Durchmesser im Wallgraben. Das sogenannte Osauge, auf dessen Grund sich ein kleiner Tümpel befindet, sieht aus wie ein natürliches Amphitheater. Man nimmt an, daß an dieser

Weite Flächen am Südufer des Putzarer Sees sind mit Sumpfgreiskraut bewachsen, das zu den typischen Vegetationsformen verlandender Gewässer gehört. Zur Blütezeit im Sommer blickt man auf ein goldenes Meer von doldenartigen Rispen.

Im Jagdrevier des Fürsten
Als im 18. Jh. ein Londoner Hofgärtner eine hahnenschopfähnliche Blüte in den Farben Orange und Tintenblau beschrieb, fiel ihm der Name »Strelitzia« ein, stammte doch Ihre englische Majestät, Königin Charlotte, aus dem ostelbischen Barockstädtchen Neustrelitz (zwischen 30 und 31). Schon 1721 wurde dort von dem Mecklenburg-Strelitzer Herzog das Gelände des heutigen Tiergartens als Jagdrevier eingefriedet. Auch heute noch bildet heimisches Wild den Kern des Tierbestandes. In großen Freigattern, die von alten Buchen, Eichen und Kiefern durchsetzt sind, leben neben Damwildrudeln auch Rotwild, Elche, Rentiere, Wildschweine und Mufflons. Fremdländische Hirscharten wie Wapiti und Milu sind eine weitere Attraktion. Besonders eindrucksvoll ist ein Besuch zur Zeit der Hirschbrunft im Herbst (Öffnungszeiten bitte vor Ort erfragen).

Stelle während der Eiszeit ein riesiger Eisblock eingeschlossen wurde, der in der Tiefe erst allmählich wegtaute und das Erdreich zu einem gleichmäßigen Trichter nachsacken ließ.

29 Tollensesee und Lieps

Südlich von Neubrandenburg erstrecken sich über eine Länge von 14 km zwei Seen: Tollensesee und Lieps, die nur durch eine recht schmale Landbrücke getrennt sind. Einen schönen Überblick gewinnt man vom unmittelbar südlich von Usadel gelegenen Motel an der B 96. In der Ferne glänzt das breite Band des Tollensesees, im Vordergrund senken sich harmonisch von Hecken und Baumgruppen durchsetzte Wiesen zur blauen, von Inseln und Landzungen unterbrochenen Wasserfläche der Lieps hinab. Ein Fußweg führt von Usadel in 20 Minuten hinunter zum See, in eine Landschaft hinein, die schon Ende des 18. Jh. durch Herzog Karl II. von Mecklenburg-Strelitz nach ästhetischen Gesichtspunkten gestaltet wurde. Auch 200 Jahre später kann man urteilen, daß »Dörchläuchting«, wie die Neubrandenburger ihren barocken Kleinfürsten nannten, sein Anliegen in vorbildlicher Weise verwirklichen ließ. Dies geschah unter sachkundiger Anleitung eines englischen Gartenarchitekten – schließlich war der Mecklenburger Hof ja mit dem britischen Königshaus verwandt.

Ein umgestürzter, verfallender Baumveteran am friedlichen Ufer des Tollensesees.

Das Osauge im Naturschutzgebiet Rühlower Os wird wegen seiner gleichmäßigen, trichterähnlichen Form mit einem Amphitheater verglichen.

30 Havelquellseen

Darüber nachdenken, wo denn nun eigentlich die Havel entspringt, können Sie etwa 12 km nordwestlich von Neustrelitz. 20 größere Seen und kleinere Tümpel stehen zur Auswahl, doch gilt der unscheinbare Middelsee als eigentliche Quelle. Bevor sich der Fluß bei Havelberg in die Elbe ergießt, schlängelt er sich erst einmal 341 km weit durch Mecklenburg, Berlin und die Mark Brandenburg – verschlungener geht es kaum. Die mitten im Wald versteckten Havelquellseen überraschen durch glasklares Wasser und reiche Seerosenbestände. Gute Informationen vermittelt der 4 km lange Naturlehrpfad am Krummen See. Er beginnt an einem Parkplatz, etwa 3 km hinter Adamsdorf an der Straße nach Kratzeburg.

Knapp unterhalb der Havelquellseen zeigt sich die junge Havel als ein ausgesprochen beschauliches Flüßchen.

31 Serrahn

Klare Seen, große Moore und vor allem naturnahe Wälder prägen das ca. 1800 ha große Naturschutzgebiet Serrahn, das von einer Endmoräne durchzogen wird. Von Zinow folgt man dem Wegweiser bis zur Grenze des Schutzgebiets, wo es genügend Parkmöglichkeiten gibt. Dort beginnt ein ca. 4 km langer, beschilderter Naturlehrpfad. Zuerst führt der Wanderweg an den Großen Serrahnsee, der von einem breiten Verlandungsmoor umgeben ist. Eine Aussichtskanzel ermöglicht Tierbeobachtungen. Gelegentlich kommen auch Seeadler hierher, doch das Revier beherrscht der Fischadler. Zwei Paare brüten hier und sind von Ende März bis August ununterbrochen am See. Auch Kraniche balzen im Bruchwald, manchmal nur 100 m von der Aussichtskanzel entfernt. Im Herbst rasten Tausende von Gänsen auf dem stillen Gewässer. Unmittelbar hinter der kleinen Ortschaft Serrahn, die nur aus einer Handvoll Häuser besteht, steigt das Gelände steil zur Endmoräne an – bedeckt von einem prächtigen Buchen-Eichen-Mischwald, der nicht forstlich genutzt wird und sich nach eigenen Gesetzen entwickeln kann. Kleine, kreisrunde Kesselmoore mit weichen Moospolstern tauchen überraschend im Wald auf. Zwischen Großem Serrahn- und Schweingartensee überschreitet man eine kaum wahrnehmbare Wasserscheide: Nach Norden fließen die Wasser über Tollense und Peene zur Ostsee; nach Süden entwässert die Havel über die Elbe in die Nordsee.

Manchen wird diese Landschaft an Skandinavien denken lassen. Aber so weit muß man gar nicht fahren: Wir befinden uns im Naturschutzgebiet Serrahn mit seinen stillen Wäldern und Mooren.

7 **Zwischen Weser und Ems**

Weite Geest mit reichen Landschafts-formen

Im Süden schieben sich noch die letzten Ausläufer des Teutoburger Waldes an den Geestrand vor, im Norden spielt hingegen das Wasser eine große Rolle: Bäche, Flüsse, dunkle Moore bestimmen das Bild. Das Land zwischen Weser und Ems war in der Vorgeschichte dicht besiedelt, Hügel- und Steingräber zeugen vielerorts davon; damals breiteten sich die Moore aus. Heiden, Wacholderhaine und Wanderdünen prägten die Landschaft noch vor hundert Jahren. Erst danach gelang es dem Menschen, die Region vollends wirtschaftlich zu erschließen. Obwohl man ausgiebig aufforstete, Moore kultivierte, ausgedehnte Erdöl- und Erdgasfelder entdeckte, blieben an vielen Stellen wie hier im Naturpark Dümmer mit seinen zahlreichen Wasserläufen noch eindrucksvolle Reste der ursprünglichen Landschaft erhalten – lohnende Ziele für einen naturnahen Urlaub.

Lage Zwischen der niederländischen Grenze im Westen und der Weser im Osten; im Norden an Ostfriesland und das Ammerland heranreichend, im Süden an das Münsterland und die nördlichen Ausläufer des Teutoburger Waldes angrenzend
Ausdehnung West–Ost ca. 160 km; Nord–Süd 70–90 km
Länder Niedersachsen, Nordrhein-Westfalen
Höchste Erhebungen Stemweder Berge: Scharfer Berg 181 m; Dammer Berge: Signalberg 145 m; Ankumer Höhe: Trillenberg 140 m; Bentheimer Rücken 110 m
Wichtigste Flüsse Ems, Vechte, Hase, Hunte, Weser
Landschaftsformen Geest mit Hochmooren, Heide und Sanddünen; Altmoränenlandschaften der Ankumer Berge, der Dammer Berge und des Hümmlings; Ausläufer der deutschen Mittelgebirge in den Bentheimer Klippen; Seen verschiedenen Ursprungs
Naturparks Naturpark Wildeshauser Geest im Nordosten, Naturpark Nördlicher Teutoburger Wald-Wiehengebirge und Naturpark Dümmer im Süden
Information Fremdenverkehrsverband Nordsee-Niedersachsen-Bremen, Bahnhofstr. 19–20, W-2900 Oldenburg, ☎ 0441/921710; Werbegemeinschaft Emsland, Kreishaus, W-4470 Meppen, ☎ 05931/44443

Beschaulichkeit ist Trumpf
Zwischen Weser und Ems gibt es uralte Dörfer mit schönen Fachwerkhäusern und kleine malerische Städtchen. Selbst Lingen, das größte von allen, zählt nur rund 50000 Einwohner. Ems und Hunte schlängeln sich zum Teil noch immer an Steilufern vorbei durchs Land; Wälder, Heideflächen und Moore laden zum Wandern oder Radfahren ein. Wer ein Fernglas mitnimmt, kann eine reiche Vogelwelt entdecken. Badeseen, Tier- und Freizeitparks, Dampferfahrten und Touren mit nostalgischen Eisenbahnen bereiten der ganzen Familie Freude. Örtliche Spezialitäten wie der Dümmer Aal und der Thülsfelder Aal sorgen für kulinarische Genüsse, die man nicht vergißt – und wer den Wacholder auch in flüssiger Form schätzt, wird von einem halben Dutzend Brennereien in Haselünne bestens bedient.

Das Flachland ist gar nicht so flach
Obwohl – wie in Ostfriesland – auch zwischen Weser und Ems die Geest der vorherrschende Landschaftstyp ist, erscheint dieser Landstrich keineswegs ganz eben und flach. Denn hier kamen die Gletscher der Saale-Eiszeit zum Stillstand. Die Schuttmassen, die sie vor sich herschoben, bildeten Grundmoränen und Endmoränen, die uns heute in Form von kräftigen

Wellen wie im Hümmling oder sogar als Bergrücken wie in den Dammer Bergen begegnen. Auch die Talrinnen der sanfter geformten Geesthochflächen, in denen heute Bäche und Flüsse fließen, erinnern an eiszeitliche Geschehnisse: Sie entstanden, als sich die Schmelzwasser unter dem Gletscher hindurch einen Abfluß suchten. Noch weiteren Zeugnissen der

Eiszeit kann man in diesem Gebiet begegnen: den Findlingen, aus denen die Menschen der Jungsteinzeit ihre Hünengräber erbauten. Eismassen hatten die Felsblöcke einst von Skandinavien nach Süden transportiert; noch bis ins letzte Jahrhundert wurden sie in die steinlosen Marschgebiete Ostfrieslands verkauft.

Mit dem Fahrrad ins Grüne: Die Naturparks zwischen Weser und Ems sind Ferienparadiese für Familien.

Vorgeschichtliche Zeugnisse überall

Die Großsteingräber aus der Jüngeren Steinzeit und die Hügelgräber aus der Bronzezeit, die man überall zwischen Weser und Ems in großer Zahl findet, sind ein Beweis für die relativ dichte Besiedelung dieses Gebiets vom 3. bis ins 1. Jt. v. Chr. Auf den sandigen Geesthöhen standen damals lichte Eichen-Birken-Wälder, auf den Lehm- und Tonböden Eichen-Hainbuchen-Wälder und nahe den Bächen, Flüssen und Seen Erlen und Birken. Die Menschen betrieben Viehzucht und Ackerbau; Gerste, Weizen und Hirse wurden angepflanzt. Später wurde das Klima deutlich kühler und feuchter, die Moore breiteten sich aus. Dies bot den Bewohnern zwar Schutz vor fremden Invasoren wie etwa den Römern, erschwerte aber ihre Lebensbedingungen drastisch. Deshalb wurden zahlreiche Wohnstätten in den Geestgebieten zugunsten höher gelegener Standorte aufgegeben.

Vom Wald zur Heide

Im Laufe der folgenden Jahrhunderte machten Rodungen zur Bau- und Brennholzgewinnung sowie Überweidung die Laubwälder des Weser-Ems-Gebiets weitgehend zunichte. Statt dessen

breiteten sich nun weite Heideflächen aus. Nur einige Jagdreviere und Hutewälder unter dem Schutz von Landesherren blieben bestehen, so etwa der Urwald Baumweg 5 oder der Bentheimer Wald 16. Sie sind heute als sogenannte Ur-, Toten- oder Hexenwälder Natursehenswürdigkeiten ersten Ranges.

Allein der anspruchslose Wacholder, der mit seinen stacheligen Nadeln das weidende Vieh abwehrte, konnte sich auf den sandigen Heideflächen behaupten. Einige solcher Wacholderhaine wie bei Haselünne ⑫ oder bei Wachendorf ⑮ sind noch heute erhalten, in anderen haben sich inzwischen auch wieder Birken und andere Bäume angesiedelt. Aber auch baumlose Heidegebiete sind im Land zwischen Weser und Ems immer noch zu sehen.

Ein Sieg für den Menschen?

Da die Heide für den Menschen seit dem vorigen Jahrhundert immer nutzloser wurde, ging man dazu über, das Ödland aufzuforsten. Der sandige Heideboden, der durch Viehverbiß und Plaggenwirtschaft – d.h. Ausstechen größerer Bodenstücke zur Gewinnung von Kulturböden – immer wieder aufgeweht und stellenweise zu hohen Dünen aufgetürmt worden war, stellte auch eine Gefahr für die Bauernhöfe und die Flußschiffahrt dar und wurde planmäßig mit Kiefernwäldern aufgeforstet. Im Emsland, das noch vor 100 Jahren als einer der ärmsten und am dünnsten besiedelten Landstriche Deutschlands galt, unternahm man mit dem Emslandplan nach 1950 gewaltige finanzielle und menschliche Anstrengungen, um Heideflächen und Moore nahezu vollständig als Kulturland zu gewinnen.

Flurbereinigungen, die Beseitigung von Hecken und Gebüschen, die Begradigung von Flüssen, die Schaffung von Monokulturen sowie die

Route 1
Oldenburgisches Münsterland

Die ca. 245 km lange Rundfahrt führt durch das sanftwellige Hügelland des östlichen Weser-Ems-Gebiets. Im Naturpark Wildeshauser Geest lohnen sowohl der Besuch alter Großsteingräber ① ② in reizvoller Natur als auch eine Wanderung im romantischen Huntetal ③. Weitere landschaftliche Attraktionen sind die Thülsfelder Talsperre ⑥ in der Cloppenburger Geest und das Vogelparadies des Dümmers ⑧ im gleichnamigen Naturpark. Die Seen sind zum Teil touristisch erschlossen und ziehen mit zahlreichen Sport- und Freizeitangeboten vor allem an den Wochenenden auch viele Ausflugsgäste an.

Streckenverlauf:

Von Wildeshausen an der A 1 Bremen–Osnabrück nach Süden zum Pestruper Gräberfeld und Pestruper Moor ①; von dort knapp 3 km weiter in Richtung Goldenstedt und dann rechts über eine einspurige Asphaltstraße nach Kleinenkneten ②; anschließend zurück nach Wildeshausen und nordwestlich über die Huntebrücke in Richtung Oldenburg und kurz nach dem Bahnübergang links auf einer schlecht markierten Nebenstraße über den Lopshof nach Dötlingen ins Huntetal ③; weiter über Glane und Heinefelde und dann auf einer 2 km langen Buchenallee nach Großenkneten, von dort nach Süden, bei Ahlhorn rechts auf die B 213 in Richtung Cloppenburg, Abstecher rechts zu den Ahlhorner Fischteichen ④ und zum Urwald Baumweg ⑤; weiter über Cloppenburg auf die B 72 in Richtung Aurich zur Thülsfelder Talsperre ⑥; zurück nach Cloppenburg und auf die B 213, dann B 68 über Quakenbrück und Bersenbrück nach Alfhausen, dort links, am Alfsee vorbei und über Rieste und Malgarten zum Darnsee ⑦ kurz vor Bramsche; in Bramsche-Gartenstadt links und über Vennermoor und Hunteburg zur B 51, auf der man in Richtung Norden zum Dümmer ⑧ kommt; von Lembruch weiter über Damme durch die Dammer Berge ⑨ und über Steinfeld nach Vechta, dann in Richtung Goldenstedt nach 8,5 km ein Abstecher rechts ins Goldenstedter Moor ⑩; anschließend zurück auf die Landstraße, links in Richtung Wildeshausen, nach etwa 3 km erneut links über Visbek nach Ahlhorn und auf der B 213 nach Wildeshausen.

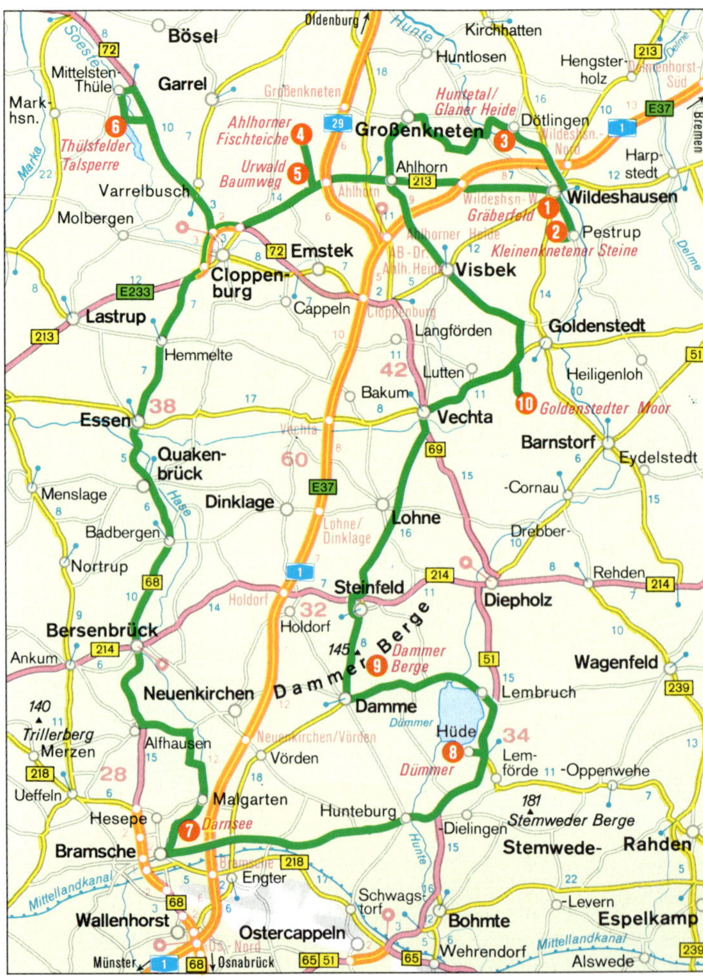

Ausbeutung reicher Erdöl- und Erdgasvorkommen seit den vierziger Jahren trugen ebenfalls dazu bei, den ursprünglichen Charakter dieser Landschaft zu verändern. Dennoch ist das Land zwischen Weser und Ems eine beschauliche Region geblieben, die mit einer Reihe kostbarer Natursehenswürdigkeiten auch für einen längeren Urlaub viel Reizvolles zu bieten hat.

Das Schmalblättrige Wollgras mit seinen watteähnlichen Fruchtständen wächst auch im Pestruper Moor.

Route 1 Oldenburgisches Münsterland

Natur- und Freizeitparadies zugleich

❶ Pestruper Gräberfeld und Pestruper Moor

Unter einer dichten Heidedecke birgt das Pestruper Gräberfeld rund 500 Grabhügel, in denen die Menschen vom 9. bis 2. Jh. v. Chr. ihre Toten bestatteten. Archäologen entdeckten in den Grabstätten vor allem beigesetzte Urnen, aber auch einige Skelette. Die meisten Hügelgräber haben einen Durchmesser von 2 bis 3 m; die sogenannten Königsgräber, die als Verbrennungsplätze dienten, sind bis zu zehnmal so groß. Die 14 langgezogenen Hochäcker im Zentrum des Geländes dienten vermutlich rituellen Zwecken.

Wegen ihrer kulturellen und landschaftlichen Bedeutung wird die Gegend um Visbek und Wildeshausen mit ihren zahlreichen prähistorischen Zeugnissen auch als »klassische Quadratmeile der Vorgeschichte« bezeichnet. Das Pestruper Gräberfeld wurde schon 1908 unter staatlichen Schutz gestellt. Seither achtet man darauf, die urwüchsige Pestruper Heide zu erhalten und den Baumwuchs mit Hilfe weidender Schafe zu bekämpfen. So gleicht sie einem grünen Wellenmeer, das sich zur Blütezeit im Sommer rosarot färbt. Besucher können hier den wunderbaren Reiz einer weiten, fast baumlosen Heidelandschaft genießen, die nur von Gräsern, insbesondere der Drahtschmiele, an vielen Stellen durchsetzt ist.

Zum Fluß Hunte hin grenzt das Pestruper Gräberfeld an eine weitere Natursehenswürdigkeit: das Pestruper Moor. Die Geest fällt an seinen Rändern beeindruckend steil ab. Am Hang trat seit der letzten Eiszeit nährstoffreiches Grundwasser aus, das zusammen mit den häufigen Überschwemmungen der Hunte für die Entstehung dieses sehenswerten Niedermoors sorgte.

Unter allem das Erdgas

Große Teile der Wildeshauser Geest bergen tief in ihrem Innern einen gewaltigen Schatz: Erdgas. Im gesamten Erdgasförderrevier Südoldenburg werden jährlich rund 7 Milliarden m³ Erdgas aus 38 Feldern gefördert. Die Förderanlagen bekommt man entlang unserer Route häufig zu sehen.

In bis zu 4500 m Tiefe erstrecken sich unter diesem Gebiet zahllose Kohlenflöze des Karbons, in denen das Erdgas entstand. Im Lauf von Jahrmillionen verdichtete sich die Kohle durch den Druck der darüberliegenden Gesteinsschichten, wobei das Erdgas nach oben abwanderte. Es sammelte sich im klüftigen Dolomit des Zechsteins in rund 3500–4000 m Tiefe und in porösen Gesteinen der Buntsandsteinformation in etwa 2500 m Tiefe. Seit den sechziger Jahren wird hier Erdgas gefördert. Die bisher entdeckten, aber noch nicht geförderten Reserven betragen rund 110 Milliarden m³.

Ein zarter Teppich aus taunassen Spinnweben läßt dieses ehemalige Moor wie den Eingang zu einem Zauberwald erscheinen. Nachdem das Moor wie viele andere im Weser-Ems-Gebiet trockengelegt worden war, breitete sich Heidevegetation aus.

Noch vor 150 Jahren galt die Lüneburger Heide als eintöniger, verarmter Landstrich. Ein Gebiet, auf dem sich einst endlose artenreiche Laubwälder erstreckten, war durch Menschenhand zur öden Steppe geworden. Doch bald wurden große Schafherden auf den entstehenden Heideflächen heimisch, und heute ist auch der Wald wieder auf dem Vormarsch. »Hundert Gesichter und mehr« hat der Naturfreund und

Dichter Hermann Löns in dieser Landschaft entdeckt. Geheimnisvoll hängen oft die Nebelschwaden über kleinen Flußläufen und verschwiegenen Mooren. Und wenn im Hochsommer die Heide ihr »Rouge« auflegt und unzählige Blüten treibt, ergibt sich eine Vielfalt, die ihresgleichen sucht. Doch auch außerhalb der Heideblüte entfaltet die weite, von Wacholderbüschen durchsetzte Landschaft ihren eigenen Reiz.

8 Lüneburger Heide

Landschaft mit hundert Gesichtern

Lage Zwischen Hamburg im Norden und Hannover und Braunschweig im Süden; im Osten begrenzt von Wendland und Altmark, im Westen von Weser und Wümmeniederung
Ausdehnung West–Ost 70–130 km; Nord–Süd ca. 120 km
Land Niedersachsen
Höchste Erhebungen Wilseder Berg 169 m, Harburger Berge 155 m, Falkenberg 150 m, Wierener Berge 130 m, Brunsberg 129 m
Wichtigste Flüsse Elbe, Aller, Ilmenau, Luhe, Örtze, Böhme, Wümme, Este, Leine
Landschaftsformen Altmoränenlandschaft mit teils sanftwelligen, teils langgestreckten Endmoränenzügen, zahlreiche Trockentäler, ausgedehnte Heideflächen mit Wacholderhainen, kleine Moorseen
Naturparks Naturschutzpark Lüneburger Heide, Naturpark Südheide, Naturpark Steinhuder Meer, Naturpark Harburger Berge
Information Landesfremdenverkehrsverband Niedersachsen-Bremen, Marktstr. 45, W-3380 Goslar, ☏ 05321/20031; Fremdenverkehrsverband Lüneburger Heide, Am Sande 5, W-2120 Lüneburg, ☏ 04131/42006; Informationsbüro für Touristik im Zweckverband Großraum Hannover, Arnswaldtstr. 19, W-3000 Hannover 1, ☏ 0511/3661238

Vom Tourismus früh entdeckt

Die Lüneburger Heide, umgeben von den Großstädten Hamburg, Bremen, Hannover und Braunschweig, gehört zu den beliebtesten Ausflugs- und Urlaubsgebieten Deutschlands. Besonders groß ist der Ansturm auf die ausgedehnten Heideflächen des Naturschutzparks Lüneburger Heide ❹ zwischen Mitte August und Ende September. Dann bedeckt ein violetter Blütenteppich den flachwelligen Sandboden, von dem sich die dunkelgrünen Wacholderbüsche wirkungsvoll abheben, dazu gesellen sich weißstämmige Birken und schwarz schimmernde Flachmoore. Als vor über 100 Jahren durch die Eisenbahn neue Ausflugsziele in greifbare Nähe rückten, entdeckte der Fremdenverkehr diese Heideflächen rund um den Wilseder Berg. Einheimische Naturschützer, allen voran der wackere Pastor Bode aus Egestorf, fürchteten bald um den Ausverkauf der Natur. Zusammen mit dem Verein Naturschutzpark erwarben sie die Heideflächen rund um diesen höchsten Berg der Lüneburger Heide und verhinderten so den Bau einer Ferienhaussiedlung. Inzwischen stehen nahezu alle verbliebenen Heideflächen unter Naturschutz und bilden mit den angrenzenden Wäldern, Feldern und Wiesen entlang den Flußtälern einen idealen Erholungsraum. Hier verbergen sich außerdem viele kulturgeschichtliche Zeugnisse aus bewegter Vergangenheit, darunter mehrere Steinzeitgräber, die von den Heidebewohnern respektvoll »Hünengräber« genannt werden: Die riesigen Findlingsblökke der Eiszeit wurden an vielen Stellen für den Bau von Grabkammern genutzt.

Sprung in die Erdgeschichte

Das von lila Besenheide bedeckte, sanft gegliederte Relief der Lüneburger Heide verrät zunächst nicht viel über seine Entstehungsgeschichte. Erst als der Mensch auf der Suche nach Salz, Erdöl und Wasser den Untergrund erforschte, gelangte mit den aufgespürten Schätzen ein Stück Erdgeschichte aus der Tiefe herauf ans Tageslicht. Die wirtschaftlich wichtigsten Schichten stammen aus dem Zechstein. Vor rund 260 Millionen Jahren bildeten sich hier durch wiederholtes Eindampfen des sogenannten Germanischen Beckens mächtige Salz- und Gipslagerstätten sowie erdölführende Dolomite. Unter der Last jüngerer Sedimente wurden die Salzschichten plastisch und gelangten entlang tektonischer Störungslinien an der Wende vom Jura zur Kreide bis nahe unter die Erdoberfläche, wie z.B. bei der Saline von Lüneburg ❻. Ein Sprung in die jüngere Zeit der Erdgeschichte zeigt die Lüneburger Heide von den mächtigen Eismassen skandinavischer Gletscher überzogen. Die unablässige Schürfarbeit der Gletscher und die reißenden Schmelzwasserströme der Elster-Eiszeit schürften 400 m tiefe Rinnen von mehr als 100 km Länge in den Untergrund, die sich mit Lockergesteinen verfüllten. Die Gletscher der darauffolgenden Saale-Eiszeit haben ein hügeliges Relief der Landschaft geprägt, das inzwischen durch natürliche Erosion zu großen Teilen wieder eingeebnet wurde. Der

Im August und September breitet das Heidekraut einen violetten Blütenteppich über die Landschaft.

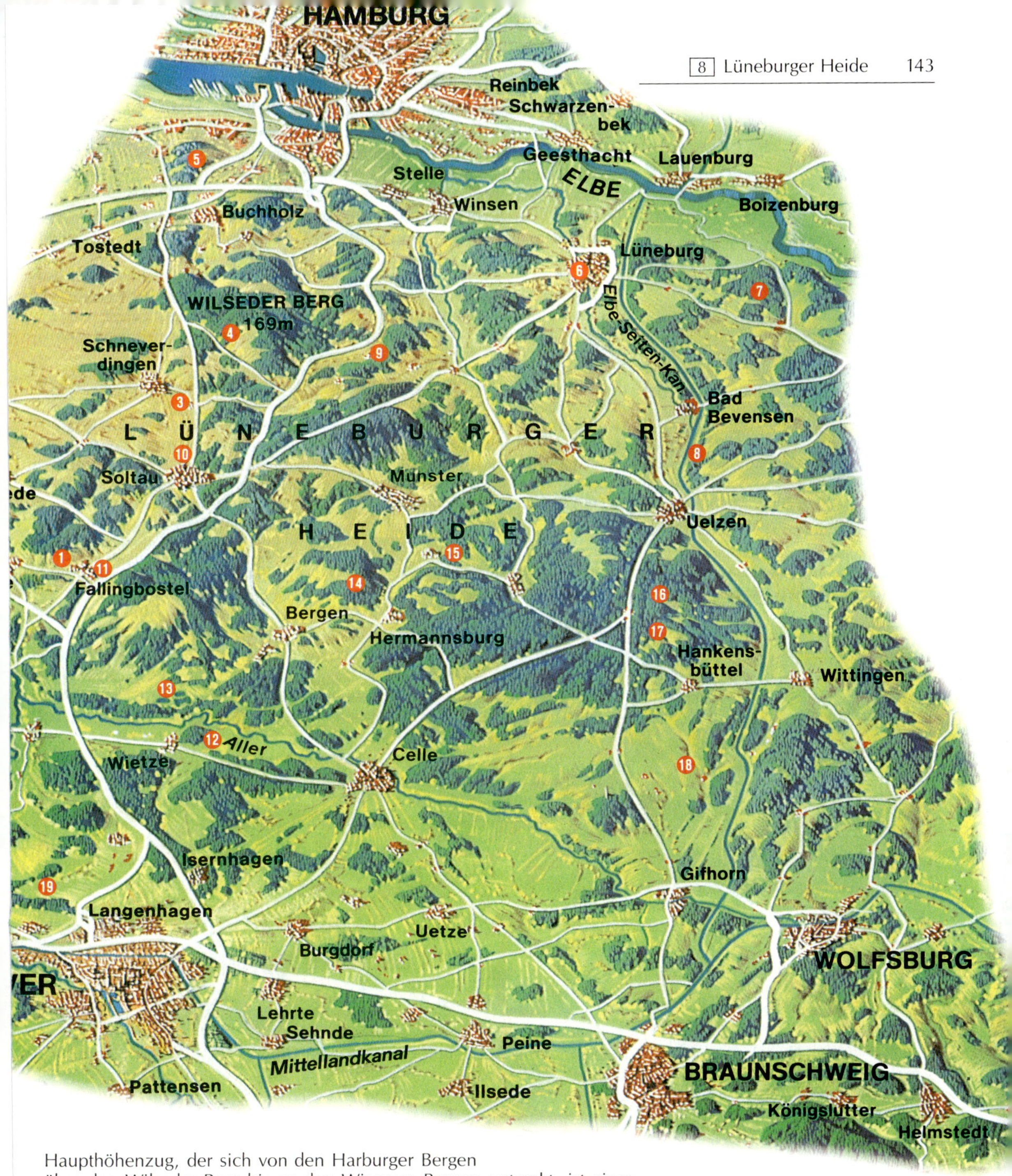

Haupthöhenzug, der sich von den Harburger Bergen über den Wilseder Berg bis zu den Wierener Bergen erstreckt, ist einer der prägnanten Endmoränenzüge der Saale-Eiszeit. Diese relativ unfruchtbaren, sandigen Hügelketten bedecken meist Nadelwald oder Heideflächen, denen die Trockenheit wenig ausmacht. Nur die flachwellige, feuchtere Grundmoränen-Landschaft kann ackerbaulich genutzt werden. Während der letzten Kälteperiode, der Weichsel-Eiszeit vor rund 20000 Jahren, war die Lüneburger Heide eine baumlose Tundra. Dauerfrost versiegelte den Boden. In jener Zeit entstanden die Trockentäler wie z.B. in den Harburger Bergen 5, die fruchtbaren Sandlößablagerungen in der Südheide und das Steinhuder Meer 20.

Zeitzeugen der Eiszeit

Zeugnis von der Eiszeit legt nicht nur die äußere Form der Landschaft ab – vereinzelt gibt es auch Pflanzen, die in eisigen Zeiten wuchsen und sich trotz der Klimaerwärmung bis heute gehalten haben: Die Schneeflechten von Nienwohlde 16 gehören dazu. Pflanzenkundler faszinieren in der Heide aber nicht nur diese »Zeitzeugen«. Sie entdecken auch seltene

Sehr beliebt sind beschauliche Fahrten mit der Pferdekutsche durch den Naturschutzpark Lüneburger Heide.

Kunst in der Landschaft
Seit 1974 gestalten Künstler die Landschaft rund um das Heidedorf Neuenkirchen, das auf dem Weg nach Schneverdingen ❸ liegt. Sie bevorzugen Materialien aus ihrer natürlichen Umgebung wie Findlinge oder Bäume. Keimzelle des künstlerischen Schaffens ist der Springhornhof in Neuenkirchen, der die Galerie Falazik beherbergt; erhältlich ist eine Karte, die den Weg zu den einzelnen Kunstwerken beschreibt (geöffnet Di–Fr 14–18, Sa, So, Fei 10–18 Uhr).

Wissenswertes über die Heide
Wer mehr über die Heide, ihre Entstehung und ihren Schutz erfahren möchte, kann sich an die Naturinformationshäuser (geöffnet Mai–Sept. tägl. außer Mo) wenden, die in Niederhaverbeck, Undeloh (beide 10–12, 13–17 Uhr) und Döhle (10–12, 14–17 Uhr) errichtet wurden. Das Heimatmuseum »Dat ole Huus« in Wilsede, mitten im Naturschutzpark Lüneburger Heide ❹, schildert die Geschichte der Heidebauernwirtschaft (geöffnet Mai–Okt. tägl. 10–13, 14–17 Uhr). Für Naturkundler gibt es einen Waldlehrpfad nordöstlich von Oberhaverbeck. Man erreicht ihn, wenn man an der Weggabelung kurz hinter dem Ort rechts in Richtung Totengrund wandert.

Voraussetzung für die Moor- und Torfbildung. Am Nordufer des Sees sind die Eingriffe durch den Menschen noch nicht vernarbt: Deutlich erkennt man die ehemaligen Torfstiche. In den Gräben sammelt sich schwarz schimmerndes Wasser, zwischen Gräsern, Rauschbeerensträuchern und Moosen stehen teilweise abgestorbene Birken und Kiefern. Auf der anderen Seite des Sees erstreckt sich eine weite Verlandungszone mit Wollgräsern und Schwingrasen, ein Lebensraum für viele vom Aussterben bedrohte Pflanzen und Tiere. Beim Forsthof nördlich von Walsrode-Fulde liegt ein weiterer Parkplatz, der den Zugang zum See ermöglicht.

❸ Pietzmoor

Nur wenige Meter neben trockenen, von Heide bewachsenen Sandflächen entfalten sich mooriger Boden und offene Wasserflächen: Mit einer Ausdehnung von 2,4 km^2 ist das Pietzmoor von beeindruckender Größe; es grenzt an den Naturschutzpark Lüneburger Heide. Seine Torfschicht wächst nur 1 mm pro Jahr und hat inzwischen eine Mächtigkeit von rund 7 m erreicht. Folglich ist dieses Moor mindestens 7000 Jahre alt. Entwässerungsgräben bereiteten dem Naturjuwel im vergangenen Jahrhundert fast ein Ende. Man legte sie an, um Brenntorf zu gewinnen, und entzog damit dem Moor seine Lebensgrundlage – das Wasser. Seit 1975 arbeitet der Verein Naturschutzpark an der Renaturierung des Pietzmoors. Inzwischen haben sich die Lebensbedingungen für typische Moorpflanzen wie Wollgras, Torfmoos, Sonnentau und Moosbeere gebessert. Moorfrösche, Sumpfschnepfen und viele Libellenarten fanden sich wieder ein. Von Schneverdingen Richtung Heber fahrend, kommt man am Gasthaus »Schäferhof« vorbei. Dort kann man parken und ins Moor wandern. Ein zweiter Parkplatz liegt weiter in Richtung Heber südlich der Straße.

❹ Naturschutzpark Lüneburger Heide

Die Heidelandschaft rund um den Wilseder Berg ist der älteste Naturpark Deutschlands. Bereits 1921 hatte der preußische Staat dieses Gebiet mit 200 km^2 Ausdehnung unter Naturschutz gestellt. Heidekraut und Wacholder bedecken etwa ein Drittel des Gebiets, der Rest sind weitläufige Nadel- und Laubwälder, Moore und Niederungen. Als wichtiges Rückzugsgebiet für gefährdete Pflanzen wie Quendel-Seide oder Zypressen-Flachbärlapp bietet die Heide außerdem zahlreichen Spinnen- und Insektenarten ideale Lebensbedingungen. Das Naturschutzgebiet ist für Autos gesperrt. Pferdekutschen sorgen statt dessen für einen erholsamen Transport zwischen den Parkplätzen am Rand des Parks und dem romantischen Heidedorf Wilsede. Von dort ist es nicht weit zum gleichnamigen Berg und dem eindrucksvollen Totengrund, einem steilwandigen, von Heide und Wacholder geprägten Trockental. Von der Form eher Hochplateau als Gipfel, ist der 169 m hohe Wilseder Berg dennoch die höchste Erhebung der Heide. Bei klarem Wetter geht die Sicht von der kahlen, nur von einzelnen Bäumen und Wacholdern bestandenen Hochfläche sogar bis zum über 40 km entfernten Hamburg. Heidewanderungen lassen sich

Ein Bohlenweg führt den Besucher durch das Pietzmoor bei Schneverdingen mit seinen ehemaligen Torfstichen und offenen Wasserflächen.

besonders gut von den Dörfern Undeloh, Ober- und Niederhaverbeck, Sudermühlen und Döhle aus beginnen. Dort können Sie in den Gasthöfen auch typische Heidegerichte wie Heidschnuckenbraten und Buchweizentorte probieren.

5 Naturpark Harburger Berge

Ein wahres Wanderparadies ist der Naturpark Harburger Berge, gleich vor den Toren Hamburgs. Wie kaum sonst in der Heide findet der Besucher hier eine Vielfalt geomorphologischer Formen auf engem Raum: Trockentäler, unzählige Steilhänge und Bergrücken, die für norddeutsche Verhältnisse sogar einige »Puste« erfordern. In den ausgedehnten Laubwäldern dieser eiszeitlich entstandenen Höhenzüge liegt der Hochwildschutzpark Schwarze Berge (geöffnet tägl. 8 Uhr bis Sonnenuntergang). Damwild, Eulen, Uhus, Füchse und Dachse lassen sich hier beobachten. Ein 30 m hoher Holzturm bietet einen Ausblick über die Baumwipfel bis nach

Ohne Heidschnucken kein Heidehonig: Beim Weiden zerreißen die grau gehörnten Landschafe die Netze der Baldachinspinnen, so daß die Bienen überhaupt an die Heideblüten herankommen.

Die Heidschnucken stammen vermutlich von den Mufflons ab.

An der Südostseite des Wilseder Bergs zieht sich der Totengrund hin: Das Trockental mit seinen weiten Heideflächen, Wacholdersträuchern und Findlingen gehört zu den Hauptwanderzielen im Naturschutzpark Lüneburger Heide.

Fischotter, früher an Heideflüssen heimisch, sind heute nur noch im Otterzentrum Hankensbüttel zu sehen.

Scheue Gesellen
Der Fischotter gehört zu den am stärksten bedrohten Säugetierarten Europas. Deshalb hat sich die Aktion »Fischotterschutz« die Aufgabe gestellt, die Lebensgewohnheiten dieser inzwischen selten gewordenen Tiere zu erforschen. Aber das Otterzentrum in Hankensbüttel – auf halbem Weg zwischen Bokel 17 und Wahrenholz 18 – ist nicht nur Forschungsstation, sondern auch lehrreicher Tierpark. Neben Fischottern sind dort außerdem Stein- und Baummarder in ihren natürlichen Lebensräumen zu sehen. Fenster geben Besuchern den Blick frei in die unterirdischen Gänge eines Dachshügels, und man kann die wendigen Fischotter beim Tauchen beobachten (geöffnet April–3. Okt. tägl. 9.30–18, 4. Okt.–31. März tägl. 9.30–17.30 Uhr).

17 Bullenkuhle bei Bokel

Im Quellgebiet des Heideflusses Ilmenau liegt ein steilwandiger, wassergefüllter Erdtrichter. Eine schwimmende Pflanzendecke aus Moosen, Farnen und zahlreichen Blütenpflanzen hat sich dort angesiedelt. Seerosen bedecken hier und da die noch offenen Wasserflächen. Seine Entstehung verdankt dieses wertvolle Naturschutzgebiet einem Toteisblock, der beim allmählichen Rückzug der Gletscher zunächst noch erhalten blieb. Schmelzwasser spülte Sand um das Eis, das vermutlich allmählich unter einer Deckschicht verschwand. Mit zunehmender Erwärmung schmolzen die verschütteten Eisreste, und der Hohlraum füllte sich mit Wasser. Zur Bullenkuhle folgt man von Bokel aus dem Schild nach Günne. Der Ort besteht nur aus einem Gehöft, an dem Sie das Auto abstellen können. Ein ausgeschilderter Sandweg (1,5 km), rechts am Hof vorbei, führt zur Bullenkuhle.

18 Heiliger Hain bei Wahrenholz

Die ausgedehnte Heidefläche bei Wahrenholz ist weder heilig, noch ist sie ein Hain. Seinen eigentümlichen Namen verdankt das einladende Wanderparadies mit den vielen säulenartigen Wacholdern dem Landschaftsmaler Fritz Müller, der zu Beginn dieses Jahrhunderts die blühenden Heideflächen intensiv studierte. Sie erinnerten ihn an das Gemälde »Heiliger Hain« von Arnold Böcklin in der Hamburger Kunsthalle, daher der Name. Bereits 1913 wurde ein erster Teil dieses inzwischen von Wanderwegen durchzogenen Gebiets unter Naturschutz gestellt. Sie erreichen den Heiligen Hain von Hankensbüttel aus, wenn Sie in Richtung Wesendorf fahren. Hinter Oerrel müssen Sie links nach Betzhorn abbiegen und gelangen nach etwa 1,5 km zu einem Parkplatz, von dem viele Wanderwege in das geschützte Gebiet hineinführen.

19 Bissendorfer Moor

Das Bissendorfer Moor nördlich von Hannover gehörte zu den größten Hochmooren Niedersachsens. Leider verlor es durch Entwässerung und Abtorfung viel von seinem ursprünglichen Charakter. Nur der Kern bewahrt auf etwa 110 ha seine typische Moorvegetation. Das bis zu 7 m mächtige Moor wird ausschließlich vom Regenwasser gespeist und weist nicht weniger als 108 verschiedene Torfmoos-Arten auf. Für die scheuen Kraniche ist das große, abgelegene Moor ein idealer Rastplatz. Auf den angrenzenden Flächen wachsen Glockenheide und Pfeifengras. Zu den Besonderheiten gehören Sonnentau, Moosbeere und die von Hermann Löns besungene Rosmarinheide. Zwischen Bissendorf und Resse liegt der kleine Ort Wiechendorf. Dort zweigt in der Kurve gegenüber einer großen Hofanlage ein zunächst befestigter Weg ab, der an einer kleinen Kläranlage vorbei nach Süden durch die Felder führt. Am Birkenwäldchen ist schließlich der Rand des Moores erreicht. Holzschilder weisen von hier aus auf einen Wanderweg hin.

Nicht zuletzt die Bootsfahrten auf dem seichten Steinhuder Meer locken an Sommerwochenenden zahlreiche Besucher an Niedersachsens größten See.

20 Steinhuder Meer

Mit einer Wasserfläche von 30 km^2 ist das Steinhuder Meer der größte Binnensee Niedersachsens. Über seine Entstehung sind sich die Geomorphologen immer noch nicht ganz einig. Doch gleichgültig, ob er nun als Windausblasungsmulde entstand oder durch die quer zu einer möglichen Abflußrinne liegenden Endmoränen und Schichtkämme aufgestaut wurde – in beiden Fällen geht die Bildung dieses ovalen Sees auf die Eiszeiten zurück. Bootsfahrten auf dem seichten, nur an wenigen Stellen bis zu 3 m tiefen Gewässer und viele Wanderwege locken an den Sommerwochenenden zahlreiche Erholungsuchende an den See und in die angrenzenden Naturreservate. Geschützt ist u.a. das Hagenburger Moor am Südufer des Sees, das seltenen Pflanzengesellschaften Heimat bietet. Ebenfalls unter Naturschutz steht das Ostufer des Steinhuder Meeres. Dort geht der See fast nahtlos in ein ausgedehntes Hochmoor über. Hier brüten noch Vogelarten wie Rohrdommel, Rohrweihe und Sumpfhühner, daneben Knäk- und Krickenten. Befestigte Stege, die der Natur zuliebe nicht verlassen werden dürfen, führen die Besucher durch das sumpfige Gelände zu Aussichtspunkten und -türmen.

An Teichen, in Mooren und Feuchtwiesen, wie sie auch in der Heidelandschaft vorkommen, ist die prächtige Knäkente mit ihrem weißen Bogenstreif über dem Auge anzutreffen.

21 Saurierfährten von Münchehagen

Spuren im Schnee oder im Sand sind meist schnell wieder verwischt, nicht jedoch die Fährten, die Saurier vor etwa 140 Millionen Jahren an der Wende vom Jura zur Unterkreide nahe dem heutigen Münchehagen hinterließen. Im zunächst noch weichen, sandigen Schlick prägten sich die Fußabdrücke der Saurier sehr präzise ein. Die längste Spur mißt 30 m, und die einzelnen ovalen Abdrücke sind bis zu 65 cm breit. Wissenschaftler errechneten, daß die Riesenechsen, die diese Spuren hinterließen, auf fast 3 m langen Beinen marschiert sein müssen. Die Körperlänge dieser Großtiere betrug 15 m. 1980 kamen diese einmaligen Saurierfährten zufällig in einem Steinbruch zum Vorschein. Ein Dach soll sie nun vor Regen und Wind schützen, damit sie der Nachwelt erhalten bleiben. Beim Landkreis Nienburg (☏ 05021/86356–57) erfahren Sie die Öffnungszeiten und wann Führungen zu den Saurierfährten vorgesehen sind.

22 Giebichenstein bei Nienburg

Im Norddeutschen Tiefland gibt es unzählige Findlinge. Einer der größten ist der Giebichenstein bei Stöckse östlich von Nienburg. Ein Hinweisschild am Ortsausgang von Stöckse zeigt den Weg zu diesem rund 330 t schweren Koloß. Der 3,7 m hohe Block besteht aus Gneis und gelangte während der Saale-Eiszeit mit den Gletschern aus Skandinavien in die Heide. Die Umgebung des Steins wurde 1967 archäologisch untersucht. Dabei fand man zahlreiche Klingen, Messer und Schaber aus Feuerstein, Funde, die auf einen altsteinzeitlichen Lagerplatz hindeuten. Ein Lehrpfad mit Schautafeln erläutert die Spuren vor dem Hintergrund der frühzeitlichen Kulturen.

Eine sensationelle Entdeckung machte man 1980 bei Münchehagen: viele Millionen Jahre alte, bis zu 30 m lange Saurierfährten.

Bis vor kurzem noch lagen Altmark und Wendland im Abseits – vergessene Grenzwinkel, deren Weltabgeschiedenheit Naturfreunde aus allen Teilen Deutschlands anzog. Alte Verbindungswege und Handelsstraßen wachsen jetzt wieder zusammen – das Land der weiten Niederungen und langgestreckten Moränenrücken erhält die natürliche Einheit zurück. In dieser Gegend südlich der Elbe, deren Urstromtal einer fast unberühr-

ten Flußlandschaft wie hier bei Damnatz Platz bietet, öffnen sich für Spaziergänger, Radfahrer und Reiter fast endlose Kiefernwälder und Heiden. Im dünnbesiedelten Land tauchen neben altgermanischen Thingstätten slawische Rundlingsdörfer auf – Zeugen einer wechselvollen Siedlungsgeschichte.

9 Wendland und Altmark

Vergessene Winkel im Urstromland

Zufluchtswinkel hinterm Wald
Für manche der streßgeplagten Bewohner der norddeutschen Ballungszentren ist in den letzten Jahren die Gegend zwischen Landsatz und Damnatz, zwischen Dickfeitzen und Dommatzen, zwischen Krummasel und Mammoißel vom Geheimtip zur Zufluchtsstätte geworden. Bis zur Grenzöffnung schien hier die Welt zu enden; die Einheimischen wanderten ab. Dabei ist das Wendland, eine der letzten kaum angetasteten deutschen Naturlandschaften, altes Siedlungsland fremder Einwanderer. Seine heutigen Bewohner haben vielfach nur die Bedeutung der überlieferten slawischen Ortsnamen, die es hier noch gibt, vergessen. Die sprachliche Wurzel des Namens Drawehn ⓭, wie etwa der Moränenrükken heißt, hinter dem im Osten Wendland und Altmark beginnen, findet sich wieder in »derevo«, dem russischen Wort für Wald. In das »Land hinter dem Wald« wanderten im 9. Jh. die Wenden ein, slawische Kolonisten, die Sprache und Brauchtum noch bis ins 18. Jh. bewahrten. Sie lebten in sogenannten Rundlingen ⓬, halbkreis- bis kreisförmigen Dörfern. Weiter im Süden, in der Altmark, tragen die Dörfer dann nahezu ausschließlich deutsche Namen. Albrecht der Bär, der Markgraf von Brandenburg, hatte im 12. Jh. das Land oft gewaltsam germanisiert.

Endmoränen und Sanderflächen
Altmark und Wendland, zwei Altmoränen-Landschaften, die später noch vielfach von den Wassern nachfolgender Gletscherschmelzen zerschnitten wurden, lagen während der Saale-Eiszeit unter viele hundert Meter dicken Eismassen begraben. Die Stellen, bis zu denen sich die saaleeiszeitlichen Gletscher vorschoben, werden durch einige Höhen markiert – vom Hohen Mechtin (142 m) im Nordwesten über den 160 m hohen Langen Berg in den Hellbergen ⓫ bei Gardelegen bis zum 133 m hohen Landsberg südöstlich davon. Diese Endmoränen zeugen davon, daß hier die Gletscherstirn längere Zeit an derselben Stelle verharrte. Durch das Schmelzwasser wurden mitgeführte Kiese und Sande vor den Moränenwällen in ausgedehnten Sandern abgelagert, die wie die Letzlinger Heide als wenig fruchtbares Land oft mit Kiefern aufgeforstet wurden. Eine Besonn-

derheit der Altmark ist der Arendsee ❽. Der einzige größere See dieser Gegend ist kein Geschenk der Gletscher, sondern seine Entstehung ist auf eine geologische Katastrophe zurückzuführen: Die durch Grundwasser ausgewaschenen unterirdischen Hohlräume eines riesigen Salzstocks stürzten in sich zusammen und bildeten eine nahezu kreisrunde, abflußlose Vertiefung.

Land der großen Wässerungen

Vorwiegend gegen Ende der Weichsel-Eiszeit vor rund 10 000 Jahren flossen am Südrand der Gletscher immer neue Wassermassen in Richtung Nordsee und formten bis zu 20 km breite Urstromtäler. Die Schmelzwasser zerschnitten die Altmoränen, die Überbleibsel älterer Eiszeiten. Es entstanden große Niederungen, die heute überschwemmungsgefährdet sind. Die Jeetzelniederung mit dem Naturschutzgebiet Lucie ❻ vernäßt, wenn die Elbe Hochwasser führt. »Qualmwässer« nennen die Wendländer das Naß, welches dann aus den feuchten Wiesen quillt.
Ähnliche Probleme kennt die Altmark. Bei dem Städtchen Seehausen haben Niederländer schon im 12. Jh. die Elbe eingedeicht, um das Überfluten der breiten Wischeniederung ❾ zu verhindern. Doch immer wieder brachen die Deiche im »Land der großen Wässerungen«. Am 28. März 1771 erstreckte sich eine 40 km lange Wasserfläche von Seehausen elbabwärts bis nach Gartow ❺. Zwei Wochen lang ragten nur noch die Spitzen der Kirchtürme und die obersten Stockwerke der Häuser aus den Fluten. Ein Land, das ständig gegen das Wasser kämpft und dabei nicht viel gewinnen kann, wird nicht reich. Kartoffeln und ein wenig Roggen gedeihen auf trockenen Hügeln zwischen den alten Hansestädten Stendal und Salzwedel; die feuchten Niederungen dagegen sind nur als Grünland nutzbar.

Paradies für Frösche und Störche

Dünn besiedelt sind Altmark und Wendland bis heute. Wie kaum anderswo bei uns konnten sich hier zahllose Tier- und Pflanzenarten ungestört entwickeln. In den feuchten Niederungen leben allein 10 von 15 der in Deutschland heimischen Lurcharten, darunter die sehr seltene Rotbauchunke.
Auch viele Kraniche halten sich an den verschilften Seitenarmen der Elbe auf, und mehr Storchenpaare als anderswo erfreuen den Besucher als ständige Nistgäste in manchen Ortschaften. Im Elbholz bei Gartow ❺ und unterhalb des Höhbeck ❹ lebt der scheue Wendehals. Vor allem von der dicht am Fluß entlangführenden Elbuferstraße ❸ sind die reizvollen, naturbelassenen Partien am niedersächsischen Elbufer gut zu sehen. Seit 1968 gehört das Gebiet zu dem 750 km² großen Naturpark Elbufer-Drawehn.

Von Hitzacker aus starten zwischen April und Oktober täglich Schiffe zu Ausflugsfahrten auf der Elbe.

Lage Im Westen bis zur Lüneburger Heide reichend, im Süden von der Ohreniederung, im Osten und Norden von der Elbe begrenzt
Ausdehnung Nord–Süd ca. 80 km; West–Ost ca. 70 km
Länder Niedersachsen, Sachsen-Anhalt
Höchste Erhebungen Im Wendland: Hoher Mechtin 142 m; in der Altmark: Langer Berg (Hellberge) 160 m, Zackelberg 139 m
Wichtigste Flüsse Elbe, Jeetzel, Seege, Dumme, Ohre, Aland
Landschaftsformen Hügelige, teilweise bewaldete Altmoränen-Landschaften mit eingeschobenen ausgedehnten, feuchten Niederungen; im Norden und Osten vom breiten Urstromtal der Elbe geprägt, im Süden vom Altmärkischen Landrücken, an dessen Höhenzügen mehrere Flüsse entspringen
Naturparks Naturpark Elbufer-Drawehn, Naturpark Drömling
Information Fremdenverkehrsverband Lüneburger Heide, Am Sande 5, W-2120 Lüneburg, ☏ 04131/42006; Fremdenverkehrsverein Wendland, Gästeinformation im Amtshaus, Theodor-Körner-Str. 4, W-3130 Lüchow, ☏ 05841/12649–50; Info-Zentrum Clenzer Schweiz, Lange Straße 40, W-3132 Clenze, ☏ 05844/1422; Fremdenverkehrsverein Bergen/Dumme, Am Hang 1, W-3134 Bergen/Dumme, ☏ 05845/471; Stendal-Information, Kornmarkt 8, O-3500 Stendal, ☏ 0037921/6186; Reisebüro Happy Tours, Breite Straße 41, O-3560 Salzwedel, ☏ 0037923/2301; Naturpark Elbufer-Drawehn, Geschäftsstelle, Königsberger Str. 10, W-3130 Lüchow, ☏ 05841/120425

Routenvorschlag Wendland und Altmark

Der nördliche Teil der ca. 300 km langen Rundfahrt führt auf kleinen Straßen durchs Wendland. Den Streckenabschnitt in der Altmark legen Sie überwiegend auf gut ausgebauten Bundesstraßen zurück. Vom Ausgangspunkt Dannenberg geht es zunächst auf der malerischen Elbuferstraße ❸ durch eine urtümliche Auenlandschaft, die immer wieder überraschende Ausblicke auf den Strom bietet. Vorbei am fast kreisrunden Arendsee ❽ erreichen Sie dann das Hügelland der Altmark zwischen Stendal und Gardelegen. Über Salzwedel folgen Sie anschließend dem Kamm des Drawehn ⓭, der Endmoräne, die das Wendland nach Westen abgrenzt, und gelangen über den Staatsforst Göhrde ⓮ zurück zum Ausgangspunkt.

Streckenverlauf:

Von Dannenberg auf der B 216 in Richtung Lüneburg, nach 2 km hinter Lüggau rechts ab nach Hitzacker ❶; dann rechts auf der Elbuferstraße bis Penkefitz ❷; nun nordwärts durch die Elbauen nach Jasebeck ❸; weiter geht es auf der Elbuferstraße über Damnatz, Quickborn und Langendorf bis Gorleben, 2 km hinter dem Dorf links ab und über Meetschow und Vietze nach Höhbeck-Brünkendorf ❹; von dort weiter über Restorf nach Gartow ❺; dann rechts auf der B 493 bis Trebel, dort rechts abbiegen und über Marleben nach Gedelitz, hier links ab nach Dünsche ❻; zurück nach Trebel und dort links nach Nemitz ❼ abbiegen; von dort über Groß-Breese südwärts weiter nach Schweskau, hinter dem Ort links ab und über Groß-Witzeetze, Schmarsau und Schrampe bis zur B 190, dort links ab nach Arendsee ❽; weiter nun auf der B 190 in Richtung Seehausen, vor dem Ort rechts ab auf die B 189 und in Richtung Stendal bis zur Wolfsschlucht ❾ an der Abzweigung nach Behrend; weiter nach Osterburg, hier links ab und über Walsleben bis Hindenburg, hier rechts nach Bertkow, dort links über Hohenberg-Krusemark nach Arneburg ❿; von dort nach Stendal und auf der B 188 nach Gardelegen, dann rechts auf die B 71 in Richtung Salzwedel bis Wiepke, dort links ab nach Zichtau ⓫; wieder zurück zur B 71 und darauf weiter nach Salzwedel, dort links weiter auf der B 71 nach Bergen, hier links nach Belau ⓬; zurück nach Bergen und nach Jiggel, hier links nach Kassau, dort rechts und bis zum Ortseingang von Clenze, nun gleich links über Bösen und nach 2 km wieder links Richtung Starrel zur Clenzer Schweiz ⓭; nun nordwärts über Quartzau nach Reddereitz und links ab nach Zarenthien, die B 493 überqueren und über Prepow und Gülden bis Zernien, dort über die B 191 hinweg und über Riebrau und Zienitz nach Göhrde ⓮; auf der B 216 rechts zurück zum Ausgangspunkt Dannenberg.

Bis auf den traditionsreichen Luftkurort Arendsee gab es im Gebiet der Altmark bisher keinen Fremdenverkehr. Für Übernachtungen bietet sich daher das besser erschlossene Wendland an, vor allem die mittelalterlichen Städtchen Hitzacker, Dannenberg und Schnackenburg.

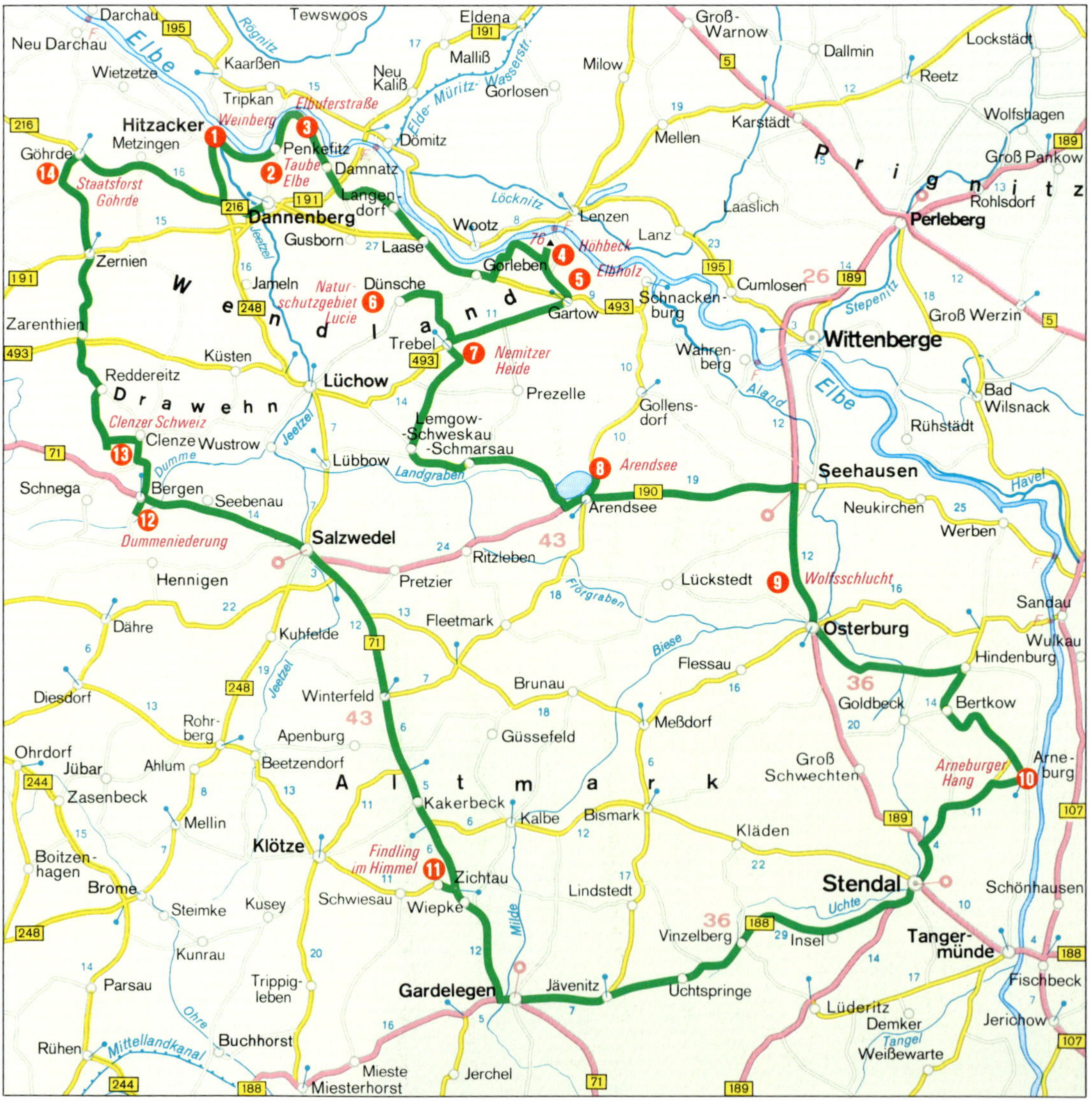

Routenvorschlag Wendland und Altmark

Landschaft nah am Wasser

❶ Weinberg bei Hitzacker

Rote Fachwerkhäuser mit Ziegelmauerwerk, ein kleiner Stromhafen und dahinter die Elbe: das ist das Städtchen Hitzacker. Vom Weinberg bei Hitzacker bietet sich bei klarer Sicht ein weiter Blick, der von den bewaldeten Kuppen des Drawehn im Südwesten bis zur Jeetzelniederung im Südosten mit ihren zahlreichen Altwässern und abgedeichten »Bracks« reicht, wie die ovalen bis runden Weiher dort landläufig bezeichnet werden. Besonders schön ist die Elbe bei Hochwasser im Vorfrühling anzuschauen. Die Elbauen sind dann überschwemmt, und die Wasserfläche erstreckt sich unendlich weit. Tatsächlich gedeihen auf dem Weinberg noch einige Rebstöcke als Überreste ausgedehnter Kulturen aus dem 16. Jh. – heute handelt es sich um einen der nördlichsten Rebgärten Deutschlands. Zum Weinberg gelangen Sie, wenn Sie am Ortseingang von Hitzacker links abbiegen (Hinweisschild) und beim Hotel-Restaurant »Waldfrieden« parken. Von hier sind es nur wenige Schritte zum Gipfel des Weinbergs.

❷ Taube Elbe bei Penkefitz

Auch in der Elbaue sind durch Eingriffe des Menschen erhebliche Veränderungen eingetreten. Bereits im Mittelalter wurden infolge von Rodungen in Sachsen und Thüringen Böden abgetragen – und als fruchtbare Auelehme an der unteren Elbe wieder angeschwemmt. Um die Aue bebauen zu können, hatte man die Elbe schon im 12. Jh. eingedeicht. Kanäle und Schöpfwerke helfen heute zusätzlich, das bei Flut aufstei-

Rebstöcke als Zeugen eines wärmeren Klimas: Im Mittelalter wurde bei Hitzacker Wein angebaut.

Auf der Elbe zwischen Hitzacker und Bitter verkehrt eine Personenfähre.

Ihr Alter wird auf über 350 Jahre geschätzt: Am Fuß des Weinbergs bei Hitzacker breitet die Riesenkastanie ihre mächtigen Äste aus.

Tanzplatz der Brautleute

Der Riesenkastanie von Hitzacker ❶ greifen seit 1956 Stahlstützen unter die Arme. Wie ein Korsett durchziehen Dräns und Plomben den über 350 Jahre alten Baumgreis. Und doch wächst die Kastanie weiter. Ihr Sockel ist inzwischen 3,70 m dick; der Baum erreicht mit seiner belaubten Krone einen stattlichen Durchmesser von 35 m. Zwischen seinen Ästen war Platz genug für eine Plattform, auf der noch 1890 die jungen Brautleute nach mittelalterlichem Brauch tanzten. Heute gilt es als sicher, daß die Kastanie bewußt als Tanzbaum gezogen wurde. Der Sage nach ist sie jedoch einst von einer als Hexe verurteilten Frau auf dem Weg zum Scheiterhaufen gepflanzt worden. Sie steckte den Baum mit den Wurzeln nach oben in die Erde – zum Zeichen ihrer Unschuld.

gende Grundwasser wieder zu senken. Beim Schöpfwerk an der Straße von Penkefitz nach Dannenberg, knapp 1 km vom Ort entfernt, parken Sie am Straßenrand. Das langgestreckte, schilfbestandene Gewässer in der Niederung der rechten Deichseite ist die Taube Elbe, ein ehemaliger Seitenarm des großen Stromes. Das Schöpfwerk sorgt dafür, daß sich der Wasserstand nicht über 12 m Meereshöhe hebt – nicht gerade zum Vorteil von Flora und Fauna dieses wertvollen Rastbiotops. Lachmöwen und Löffelenten, Bläßrallen und Bekassinen können Sie dort vom etwa 1,5 km langen Deich aus mit dem Fernglas beobachten. Wer Glück hat, wird auch den langbeinigen Graureiher, der fast regungslos Schleien oder Brassen auflauert, entdecken.

3 Elbuferstraße

Ein besonders schöner Abschnitt der Elbuferstraße, die – auf kleinem grünem Schild angezeigt – Autofahrer ab Geesthacht östlich von Hamburg stromaufwärts bis nach Schnackenburg führt, liegt zwischen Jasebeck, Landsatz und Damnatz. Gleich hinter Jasebeck lohnt es sich, den Elbschutzdeich linker Hand zu besteigen. Riesige Eichenveteranen ragen aus den Flutrinnen des grünen Flußufersaums. Ihre Kronen sind zerzaust und die Stämme von Hochwasserfluten geschunden. Wenn Sie weiterfahren, haben Sie vom Wagen aus einen guten Blick in das urbar gemachte Niederungsgebiet vor dem Deich. Sobald die Bauern dort das Gras mähen, stolzieren Störche ohne Scheu hinter den Traktoren her.

4 Höhbeck

Weithin sichtbar durch seinen hohen Richtfunkmast ist der Höhbeck, ein 76 m hoch aufragender Altmoränenrest, der einst wie eine Insel von den eiszeitlichen Schmelzwässern des Elbe-Urstromtals umspült worden sein muß. Am Elbübergang zum mecklenburgischen Lenzen gelegen, besaß der Berg schon früh strategische Bedeutung. Ein Burgwall kündet von einem schon im Jahr 789 errichteten Kastell Karls des Großen. Auf den trockenen Sandböden des Berges gedeihen Steppenpflanzen wie Sandwegerich und Sandstrohblume, deren Hauptverbreitungsgebiet in Südosteuropa liegt. Hier zeigt sich, daß im Wendland bereits ein klimatischer Übergang stattfindet – vom niederschlagsreichen nordwestdeutschen Seeklima zu einem kontinentaler geprägten Klima mit kälteren Wintern und trockeneren Sommern. Wenn Sie in Brünkendorf links abbiegen und sich an dem gut sichtbaren Richtfunkmast zum Gipfel hin orientieren, erreichen Sie nach rund 2 km das Café »Schwedenschanze« mit einem hölzernen Aussichtsturm. Dort beginnt ein markierter, etwa 2 km langer Rundwanderweg, auf dem Sie so seltenen Brutvögeln wie Sperbergrasmücke, Wendehals, Neuntöter und Heidelerche begegnen können. Wer

Nicht nur im Frühjahr, wenn der Schnee im Erz- und im Riesengebirge schmilzt, tritt die Elbe wie hier bei Wussegel über die Ufer. Auch im Sommer kann es nach längeren Niederschlägen zu Hochwasser kommen.

Zeit hat, kann auf dem Weg bis zum Elbufer hinabsteigen und in 45 Minuten nach Vietze wandern, um dort die Reste des obengenannten karolingischen Kastells zu besichtigen.

In Feldgehölzen und an Waldrändern entlang der Elbe nistet die zierliche Dorngrasmücke.

5 Elbholz bei Gartow

Etwa 100 m bevor Sie, aus Restorf kommend, bei Gartow auf die B 493 stoßen, können Sie gegenüber einer Reiterpension parken. Die schnurgerade Elbholzallee zweigt dort links ab und führt Sie 3 km weit bis zu den Auwaldresten am Elbufer. Allein die Allee ist schon eine Sehenswürdigkeit: ein malerischer Sandweg, der von bis zu 300jährigen Eichen gesäumt wird. Nach etwa 500 m überqueren Sie den Südlichen Schaugraben, einen der zentralen Entwässerungskanäle der Elbaue, an dem sich mit etwas Glück Dorngrasmücke, Schwanzmeise und Nachtigall beobachten bzw. hören lassen. Wenn Sie der Allee weiter folgen, durchqueren Sie Wiesen, in denen, von Vogelschützern gut bewacht, Kraniche nisten. Zur Brutzeit (März–Juli) ist der Weg deshalb für Spaziergänger gesperrt. Erst wenn Sie den Nördlichen Schaugraben überschritten haben, beginnt das eigentliche Elbholz. Über die Vogelwelt und die Naturgeschichte des Elbtals informiert auf zahlreichen Schautafeln die sogenannte Kranichstation im Ferienhausgebiet »Juweldorf« bei Gartow (geöffnet April–Okt. Sa, So 10–12, 14–16 Uhr).

Die Stieleichen der Elbholzallee bei Gartow vertragen auch längere Überschwemmungen. Bis zu drei Monate können sie im Wasser stehen.

6 Naturschutzgebiet Lucie

In dem bis zu 20 km breiten Elbe-Urstromtal vermoorten in den letzten Jahrtausenden vor allem jene Gebiete, die etwas abseits vom eigentlichen Strom lagen. Die ufernahen Zonen der Stromaue sind etwas höher, weil die Elbe dort bei Hochwasser den größten Teil ihrer Sand- und Kieslast ablagerte. Zudem steigt der Meeresspiegel der Nordsee seit dem Ende der letzten Eiszeit, was dazu beitrug, daß die Wassermassen der Elbe langsamer abflossen. Der sich dadurch ergebende Rückstau und ein erhöhter Grundwasserspiegel führten in flußfernen Gegenden wie in der Lucie zur Entwicklung ausgedehnter Bruchwälder und Niedermoore. Seit dem Mittelalter hat der Mensch diese Landschaft stark verändert. Zahlreiche Entwässerungsgräben durchziehen die Lucie, und schnurgerade Moorbirkenalleen führen zu den Kolonistendörfern. Überreste der ursprünglichen Naturlandschaft sind gleichwohl hie und da noch zu sehen, etwa an der Straße zwischen Dünsche, Siemen und Zadrau. Lichtungen, Bruchwald- und Heidereste wechseln mit aufgeforsteten Moorflächen ab. Am südlichen Ortsausgang von Dünsche (Parkmöglichkeit im Ort) führt ein markierter Weg (Nebenstraße) nach etwa 1,5 km zum Naturschutzgebiet. Hier beginnt ein ca. 4 km langer Spazierweg, der sich quer durch die Naturlandschaft bis zur Straße nach Zadrau zieht.

7 Nemitzer Heide

Wenn von Mitte August bis September bei Nemitz die Heide blüht, fühlt man sich geradezu in die Lüneburger Heide versetzt: Sanft wellt sich die

Rotblühende Besenheide bei Nemitz: Für eine wirtschaftliche Schafhaltung ist diese Heide zu klein, ihre Pflege ist daher aufwendig und teuer.

Der Mühlstein von Arendsee – angeblich ein Überrest der im See versunkenen Mühle.

Gerechte Strafe

Der Arendsee 8 hat mehrmals in vergangenen Zeiten seine Fläche durch urplötzliche Ufereinbrüche vergrößert. Den Grund dafür liefert plausibel eine Sage: Einst erhielt ein hier ansässiger Schloßherr, der für seine bösen Taten bekannt war, durch diese Katastrophe die gerechte Strafe präsentiert. An sonnenhellen Tagen sollen noch heute im weißen, feinen Sand des Seegrunds die Mauern eines versunkenen Schlosses zu erkennen sein. Damals, als sich über dem sündenbeladenen Gemäuer der See ausbreitete, habe, so heißt es, eine Bauersfrau am Ufer gestanden und ihrem Mann voll Entsetzen zugerufen: »Arend, seh'!« Womit zumindest der Volksmund eine einleuchtende Erklärung für den Namen des knapp 50 m tiefen Gewässers liefert.

karge Landschaft, die nur mit Heidekraut bewachsen ist. Im nach der Eiszeit trockengefallenen Urstromtal der Elbe wurden an einigen Stellen Talsande vom Wind hochgewirbelt und zu Dünen aufgeworfen. Die Nemitzer Heide liegt am Westrand eines solchen Dünengebiets, auf dem sich vor 200 Jahren noch weite Heiden ausdehnten. Mittlerweile sind die kargen Sandböden allerdings größtenteils aufgeforstet worden. Die »Gartower Tannen«, ein 5400 ha großer Kiefernforst, der als zusammenhängendes Waldgebiet den Großteil des östlichen Wendlandes bedeckt, waren vor einigen Jahren Schauplatz der Auseinandersetzungen um die geplante Atommülldeponie und Wiederaufbereitungsanlage Gorleben. In der Nemitzer Heide, diesem letzten Rest der ursprünglichen Heidelandschaft, haben Brachpieper, Heidelerche, Nachtschwalbe und viele wärmeliebende Insekten Zuflucht gefunden. An der Straße Trebel–Nemitz befindet sich etwa 400 m vor dem Ort Nemitz ein Parkplatz mit Orientierungstafel, auf dem die ausgeschilderten Rundwege unterschiedlicher Länge verzeichnet sind. Wer von Nemitz nicht zu Fuß die Heide durchstreifen will, der kann auch mit der Kutsche fahren (Voranmeldung erforderlich, ☏ 05848/549).

8 Arendsee

In der Altmoränen-Landschaft der Altmark ist das abflußlose Becken des Arendsees eine höchst ungewöhnliche Erscheinung. Der See liegt über einem hoch aufgestiegenen Salzstock. Das Salz jedoch, das sich vor etwa 260 Millionen Jahren im Zechsteinmeer ablagerte, wird vom Grundwasser ausgelaugt, wodurch mächtige Hohlräume entstehen, die immer wieder plötzlich in sich zusammenbrechen. Der erste urkundliche Beleg eines solchen Einbruchs stammt aus dem Jahr 815, als der von eiszeitlichen Talsanden verschüttete Kessel nachbrach und einen See entstehen ließ. Am 25. November 1685 ereignete sich eine weitere geologische Katastrophe. Ein Stück Land »im Umfang bei die 2000 Schritt, samt dem Mühlenberg«, so ein Bericht von 1744, versank »mit Krachen in die Tiefe«. Um 20 ha muß sich der See damals erweitert haben – auf die heutigen 544 ha. Den Mühlstein der versunkenen Mühle kann man vor

Das Benediktinerinnenkloster von Arendsee wurde im 12. Jahrhundert erbaut. Von der Anlage sind neben der romanischen Kirche nur noch Ruinen zu sehen.

der Arendseer Klosterruine bewundern. Umgeben von Anhöhen und Kiefernwäldern, ist der bis zu 49,5 m tiefe, fischreiche Arendsee mit gleichnamigem Luftkurort am Südufer ein beliebtes Ausflugsziel in der sonst seearmen Altmark. Als Ausgangspunkt für einen Spaziergang entlang dem Seeufer eignet sich der Parkplatz am Strandbad.

Ein Mischwald aus Buchen und Linden in der Wolfsschlucht: Die Linden weisen auf eher feuchten Boden hin.

9 Wolfsschlucht

Steil bricht der Moränenzug der Rossower Berge zur Wischeniederung ab; über 50 m beträgt der Höhenunterschied. Die östliche Kante der Arendseer Hochfläche wurde durch die Schmelzwässer des Elbe-Urstroms gebildet. Heute schlängelt sich das Flüßchen Aland träge durch die Ebene, in der einst die Fluten tobten. Die Hangkante der Rossower Berge wird durch V-förmige Kerbtäler zerschnitten, die nur periodisch Wasser führen. Die Wolfsschlucht ist ein solches, etwa 400 m langes Tal, das am Ende flach ausläuft und sich kesselartig erweitert. Die Hänge sind mit Linden, Eichen und Buchen bestanden.
Sie finden das Gebiet, wenn Sie Ihren Wagen an der B 189 zwischen Seehausen und Osterburg bei der Abzweigung nach Behrend parken. Von dort folgen Sie zunächst rechts einem Forstweg ungefähr 50 m weit, dann zweigen Sie links ab (parallel zur B 189) und erreichen nach etwa 400 m den Schluchteingang.

10 Arneburger Hang

Von der Burg in Arneburg, einer der ältesten Siedlungen der Altmark, blickt man auf die 50 m tiefer dahinfließende Elbe. Bei gutem Wetter reicht die Sicht nach Süden bis Tangermünde und nach Norden bis zum Dom von Havelberg. Die Elbe fließt hier durch ein verhältnismäßig enges, nur 6 km breites Urstromtal. Am gegenüberliegenden Ufer erheben sich die Kamernschen Berge auf respektable 110 m. Sie gehören zu den äußersten Endmoränen der Weichsel-Eiszeit, auch aus der Ferne an ihren markanten Kuppen mit steilen, bewaldeten Hängen leicht zu erkennen. Die sanft gewellten, meist als Ackerland genutzten Altmoränen um Arneburg sind mindestens 50000 Jahre älter. Sie entstanden bereits in den vorhergehenden Eiszeiten und wurden in der jüngsten Eiszeit von der Abtragung eingeebnet. Erst bei Havelberg trifft die Elbe auf das von Südosten herankommende breite Baruther Urstromtal, das sich nach Nordwesten in der Wischeniederung 9, der Lucie 6 und der Jeetzelniederung fortsetzt. Das Auto parken Sie in Arneburg am besten bei der Stadtkirche. Von dort sind es noch 200 m zur Burg.

Das Städtchen Arneburg bietet einen Blick auf das Urstromtal der Elbe. Vom Elbufer kann man hier mit der Fähre nach Klietz übersetzen.

Beim Findling im Himmel – einer alten Thingstätte – hielten die Germanen einst Gerichtsverhandlungen ab.

Das Grab des Goliath
Der Riese Goliath, so will die Sage wissen, war gut beraten, sich ein stilles Plätzchen für seine letzte Ruhe in der einsamen Altmark zu suchen. Der kleine Weiler Stöckheim sagte ihm so zu, daß er hier kurzerhand seinen – stets mitgeführten – Sarg eingrub und den Deckel von innen schloß – nicht ohne vorher noch einen gewaltigen Deckstein darübergezogen zu haben.
Da liegt er noch heute, 22 t schwer, mit drei kleineren auf 19 Tragsteinen. 10 m lang ist die Kammer des Ganggrabes, das wohl in der Jungsteinzeit geschaffen wurde. Teile von Skeletten und Grabbeigaben (Gefäße, Waffen aus Stein) hat man einst darin gefunden. Nicht auf irgendein Hünengrab sind die Stöckheimer stolz, sondern auf das größte der Altmark – und das des Goliath noch dazu.
Sie erreichen es, wenn Sie im Anschluß an den Besuch von Zichtau (11) nordwestwärts über Klötze bis Beetzendorf und dort links über Rohrberg nach Stöckheim fahren.

Aberglaube und heidnische Bräuche
Heidnisches Brauchtum und allerlei Aberglaube hielt sich im einsamen Wendland vielleicht etwas länger als anderswo. So raunte es hie und da, daß ein Mensch, der als Kleinkind nach dem Abstillen noch einmal an die Mutterbrust zurückgekehrt war, nach seinem Tode als »Wiedergänger« oder »Nachzehrer« den Überlebenden das Blut aussaugen werde. Ein unter die Zunge des Verstorbenen gelegter, mit einem Kreuz versehener Pfennig sollte diese transsilvanische Unart verhindern. In Schnega, in der sogenannten Swinmark im Süden des Wendlandes nahe der Clenzer Schweiz (13), wird heute noch alljährlich Ende Juli der Ernteumzug »Vorgodendeels Dag« gefeiert. Er geht auf ein heidnisches Opferfest zu Ehren von »Frau Goden«, der Gemahlin des nordischen Gottes Wotan, zurück. Mit Kuh- und Pferdegespannen ziehen die Bauern aus dem Dorf zum Feld hinaus, um dort auf einem eichenumsäumten Platz zu tanzen (Information: Gemeindeverwaltung Schnega, ☏ 05842/246 vormittags und 275 nachmittags).

(11) Findling im Himmel

In der sogenannten Altmärkischen Schweiz finden sich die höchsten Erhebungen der Altmoränen-Landschaft. Dort, in den an ihrem höchsten Punkt 160 m hohen Hellbergen, befand sich in altgermanischer Zeit auf der Kuppe einer Endmoräne eine Thingstätte. Hier liegt ein mächtiger, helmartiger Findlingsblock, der von einem Kranz alter Eichen umgeben ist. Während der vorletzten Eiszeit wurde er von skandinavischen Eismassen hierher verpflanzt. Das Flurstück trägt den merkwürdig anmutenden Namen »Himmel«. Der Weg dorthin ist nicht ganz leicht zu finden. Am besten lassen Sie Ihren Wagen in Zichtau stehen und verlassen den Ort zu Fuß rechts bei der Kirche in Richtung Engersen. Hinter dem Ortsschild biegen Sie bei einer Rinderstallanlage links ab und folgen einer Lindenallee etwa 500 m bergauf. Im Wald zweigt dann ein schlecht markierter Pfad (gelbes Dreieck) links ab und führt Sie schräg auf den Hügel.

(12) Dummeniederung

Als ehemaliger Grenzgraben fließt die Dumme vom Hohen Drawehn in die Jeetzelniederung – ein vom Tourismus kaum beachtetes Wandergebiet mit nassen Torfwiesen, mit Bruchwaldresten über Traubenkirschengestrüpp, mit Erlen, Eschen, Weiden und Buchenwaldinseln. Frühjahrsblüher wie Buschwindröschen und Leberblümchen leuchten im April unter den dann noch unbelaubten Buchen. Vom Rundlingsdorf Belau gehen Sie etwa 1 km in östlicher Richtung zur Dumme. Den Fluß entlang führt ein schöner, meist befestigter Fußweg in 45 Minuten zum Städtchen Bergen. Von hier aus können Sie den Bus zurück nach Belau benutzen – es sei denn, Sie bevorzugen auch zurück die Wanderung durch die reizvolle Flußniederung.

Ende Juli wird auf dem Tanzplatz bei Schnega der Ernteumzug gefeiert.

Einst laichten hier die Nordseelachse, noch heute dringen über die Jeetzel die dorschverwandten Aalquappen bis in die Dumme vor, um sich fortzupflanzen.

⓭ Clenzer Schweiz

Die steilen Kuppen und schluchtartigen Täler einer Endmoräne aus der Saale-Eiszeit kündigen die westliche Grenze des Wendlandes an. Wenn Sie am Ortsanfang von Clenze links nach Bösen abbiegen, erreichen Sie nach 4 km die wahrscheinlich einzige Serpentinenstraße im Norddeutschen Tiefland – im Volksmund »Kaffeemühle« genannt. Oben auf dem etwa 100 m hohen Bergrücken, einem Ausläufer des Hohen Drawehn, biegen Sie links ab in Richtung Starrel. Nach 300 m zweigt wieder links ein Fahrweg ab zu einem Waldcafé, dessen 30 m hoher Holzturm einen umfassenden Blick über die Clenzer Schweiz ermöglicht: Rundkegelige Erhebungen, glockenförmige Kuppen, kammartige Rücken und tief eingeschnittene Täler bestimmen diese formenreiche, meist mit Kiefern bewaldete Hügellandschaft. Im Osten sehen Sie weit in die Jeetzelniederung, im Süden in die Dummeniederung ⓬ hinein.

⓮ Staatsforst Göhrde

Nach Norden hin werden die Sandböden des Hohen Drawehn lehmiger und feuchter; Buchen und Eichen verdrängen die auf trockenen Standorten vorkommenden Kiefern. Lichte Eichenwälder mit zum Teil recht alten Exemplaren, aufgelockert von Buchen und Fichten, erinnern an den alten Hutewald, in dem einst die Schweine mit Eicheln und Bucheckern gemästet und zudem gehütet wurden – daher der Name. Offene Heideflächen wechseln mit dichteren Waldungen ab. In dieser Landschaft, der Göhrde, wurde 1677 der letzte Luchs gefangen; 1852 hat man hier noch einen Wolf erlegt. Um 1908 wurden in dem 62 km^2 großen heutigen Staatsforst Mufflons ausgesetzt. Im Dörfchen Göhrde mit dem Reitstallgebäude des alten Jagdschlosses und dem Waldmuseum (König-Georg-Allee 5; geöffnet März–Okt. Di–Sa 14–17, So 10–12, 14–17 Uhr; vormittags auch nach Vereinbarung, ☏ 05855/675) beginnt gegenüber dem »Hotel zur Göhrde« ein 1 km langer Waldlehrpfad.

An der Dumme blühen Buschwindröschen (links) und Leberblümchen (rechts).

Dichte Wälder bedecken den höchsten Berg im Wendland, den Hohen Mechtin (142 m) im Staatsforst Göhrde.

Eines von 200 Runddörfern: der Rundling Lübeln, dessen ältester Bauernhof 300 Jahre alt ist.

Rundlinge gibt's nur hier

Wie eine Wagenburg sammeln sich die Fachwerkhäuser rund um den Dorfplatz von Lübeln. Rundlinge nennen sich solch merkwürdige kreisförmige Siedlungsplätze. Während in den meisten Gebäuden des Rundlings Lübeln noch Bauern und Handwerker wohnen, wurde ein Hof aus dem Jahr 1733 in ein Freilichtmuseum umgewandelt. Eingerichtete Stuben mit alten Möbeln und Handwerksgeräten, Flachsdörre, Bienenzaun und Bauerngarten sind dort zu besichtigen (geöffnet April Di–So 14–18, Mai–Sept. Mo–So 10–12, 14–18, Okt. Di–So 14–18 Uhr). An Sommerwochenenden finden im Hause vielerlei Veranstaltungen statt (Information: ☏ 05841/3675 oder 6993). So wird noch wie zu alten Zeiten in der Schmiede gearbeitet; im »Dönz«, in der guten Stube des Hauses, finden Webvorführungen statt. Als besondere Attraktion werden im alten Backhaus von Lübeln an jedem ersten und dritten Freitag und Samstag im Monat Brot und Butterkuchen nach alten wendländischen Rezepten gebacken.
Sie erreichen den Rundling, wenn Sie auf dem Weg von der Clenzer Schweiz ⓭ nach Göhrde ⓮ bei Zarenthien rechts auf die B 493 abbiegen und ihr bis 5 km vor Lüchow folgen.

10 Havelland und Berliner Seenplatte

Rechts und links von Spree und Havel

Von Berlins Seen und Wäldern haben viele Generationen geschwärmt; mit dem Fall der Mauer ist der Anschluß der Naturgebiete im Stadtbereich an das nicht minder reizvolle Umland endlich wieder vollzogen. Ähnlich wie die Havel, so hat es auch die Spree nicht eilig auf ihrem Lauf. In weiten Bögen, jeden eiszeitlichen Moränenhügel umgehend, nähert sie sich gemächlich der Hauptstadt.
Ein Labyrinth von abenteuerlich verzweigten Rinnenseen begleitet den Flußlauf, der bei Spandau in die von Norden kommende Havel mündet. Auf die gleiche umständliche Weise verabschiedet sich auch die Havel von Berlin und fließt, mehr Seenkette als Fluß, durch das fast völlig ebene Havelland und dann nach Nordwesten auf die Elbe zu. Das viele Wasser zieht auch die Lachmöwen an, deren heiser kreischender Schrei untrennbar zur Landschaft gehört.

Lage Zwischen dem Oder-Spree-Kanal im Osten und der Elbeniederung im Westen; nach Süden bildet das Baruther Urstromtal die Grenze; nach Norden schließt mit der Linie Eberswalde, Neuruppin, Havelberg die Mecklenburger Seenplatte an
Ausdehnung West–Ost 120–150 km, Nord–Süd ca. 80 km
Länder Brandenburg, Berlin, Sachsen-Anhalt
Höchste Erhebungen Wietkikenberg 125 m, Müggelberge 115 m, Gollenberg 109 m
Wichtigste Flüsse Elbe, Havel, Spree
Landschaftsformen Ausgedehnte, meist moorige Niederungsgebiete in den Urstromtälern, dazwischen flachwellige Moränenlandschaften und Dünengebiete mit oft kargen Kiefernforsten; in Nord-Süd-Richtung mehrere verzweigte Seenketten, einzelne steile Hügel als Reste von Endmoränenzügen
Information Berlin-Information, Informationszentrum am Fernsehturm, Alexanderplatz, O-1020 Berlin, ☏ 00372/2124675; Verkehrsamt W-1000 Berlin mit folgenden Informationsstellen: Europa-Center, Budapester Str., ☏ 030/2626031; Flughafen Tegel, ☏ 030/41013145; Bahnhof Zoo, ☏ 030/3139063/4; Dreilinden, ☏ 030/8039057; Potsdam-Information, Friedrich-Ebert-Str. 5, O-1561 Potsdam, ☏ 0037133/23012

Wanderungen durch die Mark Brandenburg

Über zwei Jahrzehnte durchreiste Theodor Fontane (1819–1898) seine Heimat, die Mark Brandenburg, erwanderte selbst die verborgensten Winkel, erforschte ihre Landschaft, Dörfer, Städte, Klöster und Menschen und schrieb schließlich seine Erfahrungen und Eindrücke nieder. Ob man nun auf den Müggelbergen ❷ steht – »Diese machen den Eindruck eines Gebirgsmodells« – oder auf der Pfaueninsel ❼ lustwandelt – »Wie ein Märchen steigt ein Bild aus meinen Kindertagen vor mir auf: ein Schloß, Palmen und Känguruhs; Papageien schreien; Pfauen sitzen auf hoher Stange oder schlagen ein Rad... ein Blumenteppich inmitten der Mark« –, Fontane war schon da.
Auch außerhalb der zahllosen reizvollen Seen an Havel (z. B. ⓱) und Spree (wie ❸), die das begehrte Naherholungsgebiet Berlins bilden, gibt es viel zu sehen und zu entdecken. Auf kargem Sandboden erheben sich die großen Kiefernwälder (etwa ⓫), aber auch uralte Buchenbestände. Oft sind sie still und menschenleer.

Des Reiches Streusandbüchse

So wurde Berlins Umgebung oft abfällig genannt. Tatsächlich ist Sand die vorherrschende Bodenart. Der nährstoffarme Boden trägt oft nur eine spärliche Vegetation: trockene, schüttere Kiefernforsten, magere Feldfrüchte, violettblühende Heiden, an wenigen Stellen auch echte Steppenpflanzen südlicher Herkunft. Auf grobkörnigen Dünensanden, die nicht die kleinste Spur von Lehm und Ton enthalten, fällt es aber selbst diesen Lebenskünstlern schwer, Fuß zu fassen.
Auf andere Weise karg sind die ausgedehnten Moor- und Sumpfgebiete des Havellandes ⓬. Flache Niedermoore ⓴ reichen bis zum Horizont, nur unterbrochen von Gräben, Kanälen und schnurgeraden Pappelalleen. Für Abwechslung sorgen einige niedrige Dünenzüge ⓭ ⓯ oder steile Endmoränenhügel ❻, die sich hier und da aus dem Moor erheben.

Das Wasser hat keine Grenzen mehr

Seit dem Fall der Berliner Mauer ist das Gewässernetz von Spree und Havel mit seinen Labyrinthen verschlungener Seen frei zugänglich. Schon mit einem Paddelboot läßt sich unendlich viel entdecken, was vom Land aus verborgen bliebe. Stille Buchten, bewaldete Ufer und schilfumrandete Inseln gilt es zu erkunden: Jeder See hat seinen eigenen Charakter.
So könnte man meinen, nur Wasser habe die Landschaft geformt. Zuerst kamen jedoch die Gletscher der älteren Eiszeiten, die den Untergrund immer wieder glatthobelten, Grund- und Endmoränen ablagerten und schließlich fruchtbare Böden und eine abwechslungsreiche Landschaft hinterließen. Später stieß erneut Eis, viele hundert Meter mächtig, in breiter Front von Nordosten vor. Nördlich von Berlin kamen die Gletscher der Weichsel-Eiszeit während des Frankfurter Stadiums für eine längere Zeit zum Stillstand. Das geschah vor rund 17000 Jahren.
Aus den Gletschertoren ergoß sich eine wahre Sintflut von Schmelzwassern in die vor dem Eisrand liegenden Täler, die zu breiten Urstromtälern ausgespült wurden, und floß nach Nordwesten der Nordsee zu.
Zum Frankfurter Stadium der Weichsel-Eiszeit gehört das Berliner Urstromtal, das vor allem von der Spree benutzt wird. Die

gesamte Breite des Stadtgebiets wird von diesem Urstromtal eingenommen. Im Norden grenzt es an die Grundmoränen des Barnim, im Süden an die Höhen der Teltowhochfläche. Die nach Nordwesten mitgeführten ausgewaschenen Sande führten zur Bildung der siedlungsarmen märkischen »Streusandbüchse«, in den abflußlosen Niederungen entstanden zahlreiche Moore oder Luche.

Noch eine Chance für die Trappe?
Hier können Sie sie noch erleben: die Balz der extrem seltenen Großtrappen – ein phantastisches Naturschauspiel. Die bis 20 kg schweren Hähne versammeln sich auf freiem Feld, blähen sich auf und verrenken die Flügel derart, daß sie wie große, weiße Federbälle aussehen. So stolzieren sie, weithin leuchtend, umher, um paarungswillige Weibchen anzulocken. 1940 gab es in Deutschland noch über 4000 Trappen, heute dürfte der Bestand schon deutlich unter 300 Exemplare abgesunken sein: trauriges Ergebnis der Ertragsintensivierung in der Landwirtschaft.
Ihre künstliche Erbrütung, die Aufzucht der Jungtiere und spätere Auswilderung wird an der Naturschutzstation Buckow südöstlich von Rathenow (zwischen 16 und 18) mit viel Engagement betrieben. Hier haben Sie die besten Möglichkeiten, Großtrappen aus nächster Nähe in den Gehegen und wenig scheue, ausgewilderte Tiere in freier Natur zu beobachten.

Spreizt die männliche Großtrappe im Frühjahr ihre Schwanzfedern, so ist das meist der Auftakt zu einer spektakulären Balz.

Route 1 Berliner Seenplatte

Auf Fontanes Spuren

1 Fauler See
Inmitten des Häusermeers von Berlin-Weißensee findet der auf Fontanes Spuren Wandelnde ein Stück urwüchsige Natur. Es konnte bewahrt werden, weil die Besitzer des ehemaligen Rittergutes Hohenschönhausen

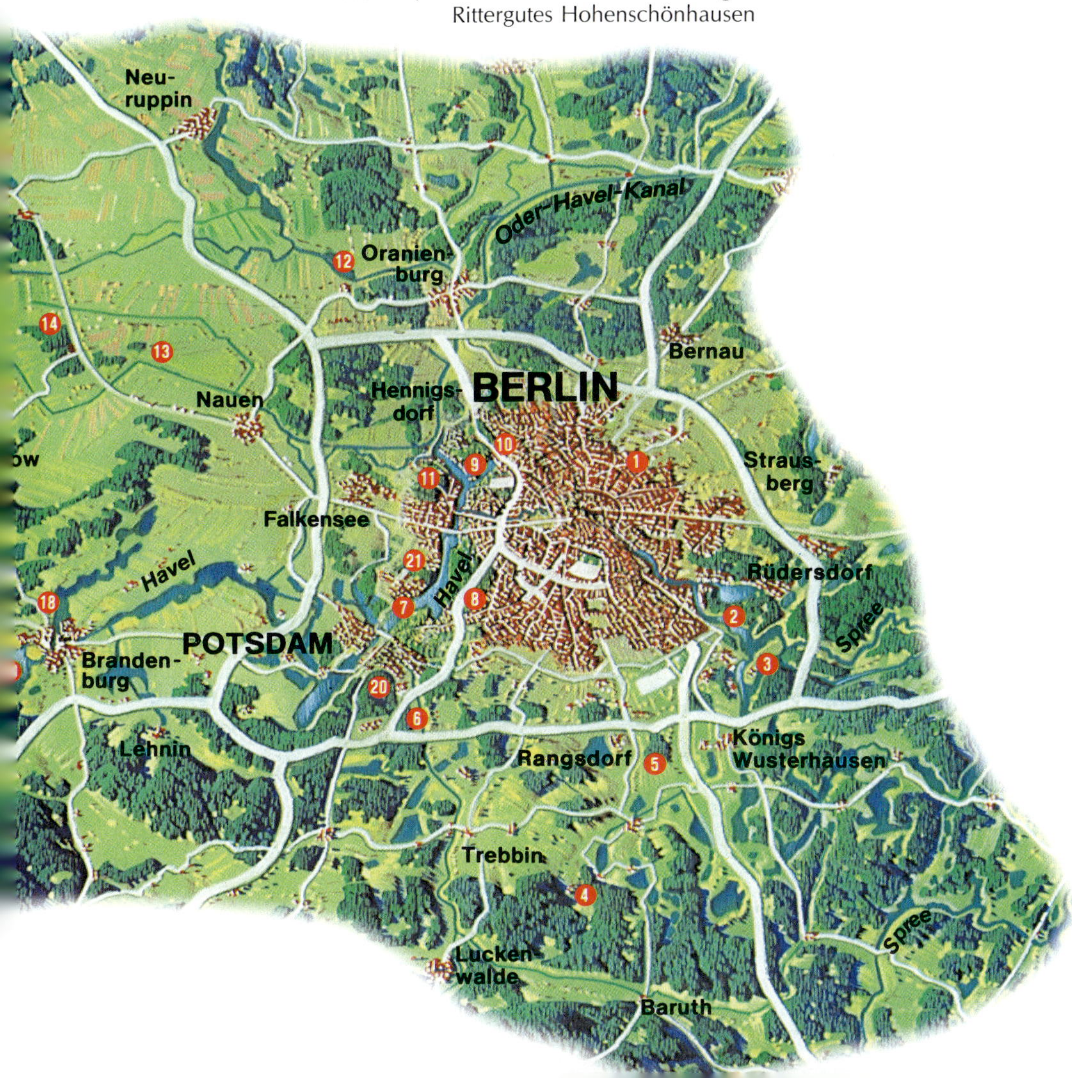

ihr 25 ha großes Jagd- und Angelrevier, das heutige Naturschutzgebiet Fauler See, in naturnahem Zustand erhalten haben. Dichter, unterholzreicher Laubwald dämpft den Großstadtlärm so weit ab, daß Vogelgesang und Unkenruf die vorherrschenden Geräusche sind. Den knapp 3 ha großen See umgibt ein breiter Verlandungsgürtel mit typischen Röhrichtpflanzen und dichtem Weidengebüsch. Vom Rundwanderweg öffnet sich immer wieder der Blick auf die Wasserfläche mit ihren vielen Inselchen. Sie können aus nächster Nähe die erstaunlich vielfältige Vogelwelt beobachten, darunter Zwergtaucher, Wasserralle, Nachtigall und verschie-

Route 1
Berliner Seenplatte

Vom Zentrum Berlins aus werden auf einer etwa 230 km langen Route ein Teil der schönsten Berliner Seen erkundet und beliebte Erholungsgebiete im Süden Berlins berührt. Wanderungen sind zu empfehlen. Auf gutes Schuhwerk und Rucksackverpflegung sollten Sie also achten.

Streckenverlauf:

Vom Zentrum Berlins zum Naturschutzgebiet Fauler See (1) im Stadtbezirk Weißensee; zurück Richtung Zentrum und südlich den Schildern Flughafen Schönefeld und Autobahn Dresden folgen, beim S-Bahnhof Adlershof links in die Dörpfeldstraße nach Köpenick; hinter der Schloßinsel rechts in die Kietzerstraße, im weiteren Verlauf der Müggelheimer Damm, der zu den Müggelbergen (2) führt; auf derselben Straße bis Gosen, hier rechts zum Wernsdorfer See (3); zurück auf die Hauptstraße, dann weiter nach Neu-Zittau, dort rechts ab über Wernsdorf, Niederlehme und Königs Wusterhausen zur B 246, dort rechts ab über Mittenwalde nach Zossen und links auf der B 96 nach Klausdorf, im Ort rechts ab zum Gipshut von Sperenberg (4); zurück auf die B 96 und über Zossen nach Großmachnow zum gleichnamigen Weinberg (5); über die Anschlußstelle Rangsdorf auf die A 10 in Richtung Magdeburg, am Abzweig Drewitz auf die A 115 Richtung Berlin-Zentrum, an der Ausfahrt Saarmund rechts ab zu den Saarmunder Bergen (6); zurück zur A 115, weiter Richtung Berlin-Zentrum, kurz hinter dem ehemaligen Grenzkontrollpunkt Dreilinden/Drewitz auf die B 1 (Königstraße) und rechts in den Nikolskoer Weg zur Pfaueninsel (7); zurück zum Zehlendorfer Kleeblatt und weiter auf der Potsdamer Straße bis zur Einmündung des Fischerhüttenwegs links zur Krummen Lanke (8); zurück bis zur Argentinischen Allee, hier links und 1 km später ebenfalls links über die Onkel-Tom-Straße und den Hüttenweg auf die Stadtautobahn Avus in nördlicher Richtung, hinter dem Flughafen Tegel die Stadtautobahn an der Ausfahrt Holzhauser Straße verlassen und auf der Bernauer Straße zum Tegeler See (9); auf der Bernauer Straße zurück bis kurz hinter das Wasserwerk, dort links in die Neheimer Straße und wieder links den Borsigdamm entlang, dann rechts in die Veitstraße, links in die Berliner Straße, rechts in den Waidmannsluster Damm bis zur Egidystraße, die zum Tegeler Fließ (10) führt.

dene Rohrsänger, die man anderswo kaum einmal zu Gesicht bekommt. Zum versteckt gelegenen Reservat gelangen Sie vom Alexanderplatz über die Greifswalder Straße (Schild: Autobahn Prenzlau); nach 5 km – links der Weißensee – rechts in die Buschallee einbiegen. Nach etwa 1,5 km kommt auf der linken Straßenseite das eingefriedete Naturschutzgebiet.

Während der Brutzeit ist der Kopf der Lachmöwe schwarzbraun gefiedert. Sie brütet bevorzugt an Flüssen und Seen im Schutz des Schilfs – wie etwa am Nordufer des Wernsdorfer Sees.

❷ Müggelberge und Teufelssee

Die weitläufigen Müggelberge im Südosten Berlins sind mit 115 m das höchste »Gebirge« der Stadt – in schneereichen Wintern kann man hier sogar schlittenfahren. Von der 30 m hohen Plattform des Müggelturms haben Sie einen reizvollen Blick auf Berlin, bei klarem Wetter bis zum rund 20 km entfernten Fernsehturm am Alexanderplatz! Über Wälder, Höhen, Seen und Moore hinwegschauend, können Sie von oben Ihre Wanderroute auswählen: Nach Norden ist es 1 km zum Großen Müggelsee, dem größten See Berlins; die Ufer des Langen Sees im Süden reichen noch dichter an den Turm heran. Auf den kleinen Teufelssee schaut man direkt hinunter.

Ein bequemer Weg führt über viele Stufen von der Moräne zum Naturlehrpfad (2,5 km lang) um den Teufelssee (mit Informationstafeln und »Lehrkabinett« zur Tier- und Pflanzenwelt) und durch das ausgedehnte Niedermoor in der Verlandungszone. Wie sein Namensvetter im Grunewald ist auch der Teufelssee in den Müggelbergen wahrscheinlich eine Toteisform: Große Eisbrocken wurden am Ende der letzten Eiszeit unter Sand begraben, tauten dann im Untergrund auf, und in den verbleibenden Kuhlen sammelte sich Wasser. Von Köpenick ist der Weg zu den Müggelbergen über den Müggelheimer Damm ausgeschildert (Parkplätze).

❸ Wernsdorfer See

Wer ans Nordufer des Sees, einem Naturschutzgebiet, vorgestoßen ist, versteht, warum es die Naturfreunde hierher an den Wernsdorfer See zieht. Im Frühjahr sieht man eine riesige Lachmöwenkolonie, mit 2500 Nestern die größte Brandenburgs. Werden die Vögel aufgescheucht, verrät ein weißer Flockenwirbel schon von ferne die Kolonie. Man muß dagegen genauer hinsehen, um die schlanken Trauerseeschwalben und die apart gefärbten Schwarzhalstaucher zu entdecken, die als »Untermieter« in der Möwenkolonie brüten. Sie können dem Treiben der Vögel (am besten mit Fernglas) am Nordufer in aller Ruhe zuschauen und dabei noch viele andere seltene Vögel beobachten, etwa das Blaukehlchen, den Fischadler oder den Wiedehopf.

Der Pflanzenfreund kommt von Juni bis August auf seine Kosten: Zwischen den Schwimmblättern der Teich- und Seerosen mit ihren Tausenden weißen und gelben Blüten bleibt kaum eine Rinne offenen Wassers frei. In Gosen folgen Sie nicht der nach links abbiegenden Hauptstraße, sondern fahren geradeaus ans Ende der Seestraße, wo man parken kann. Von dort sind es nur wenige Meter zum Nordufer des Sees.

Schilfbewachsen und fast unberührt liegt das Naturschutzgebiet Fauler See wie eine Oase mitten in Berlin.

Auf befestigten Holzstegen verläuft am sumpfigen, waldreichen Ufer des Teufelssees entlang ein Naturlehrpfad.

Flora pur: Berlins Botanischer Garten.

Quer durch die Botanik
Vom einheimischen Buchenwald zur steinigen Kakteenwüste, von den Regenwäldern des Amazonas zu den Steppen Asiens sind es jeweils nur wenige Schritte. Im Botanischen Garten von Berlin (bei 8) kann man die Welt, zumindest die der Pflanzen, bequem an einem Tag erleben. Um allerdings alles zu sehen und zu verstehen, dürfte selbst ein Leben nicht genügen.
Vom Botanischen Garten, einem der bedeutendsten der Welt, hat man direkten Zugang zum Botanischen Museum (Garten: geöffnet tägl. Nov.–Feb. 9–15.30, März 9–16.30, April 9–18.30, Mai–Aug. 9–19.30, Sept. 9–18.30, Okt. 9–16.30; Museum: geöffnet Di–So 10–17 Uhr; Eingänge in der Königin-Luise-Straße und in der Straße Unter den Eichen).

Überall paradieren sie auf den Wegen, schlagen ihr Rad, führen ihre Jungen auf die Rasenflächen und lassen ihren lauten, wenig anmutigen Ruf erschallen.
Für eine Wanderung um die Insel benötigen Sie nur gut eine Stunde, doch auch ein Tagesaufenthalt lohnt sich. Um zur Insel zu gelangen, verlassen Sie die Stadtautobahn (A 115) kurz hinter dem ehemaligen Grenzübergang Drewitz/Dreilinden am Zehlendorfer Kleeblatt, fahren etwa 6 km in Richtung Potsdam und biegen rechts in den Nikolskoer Weg zur Fähre ab (Besuchszeiten der Insel: Mai–Aug. 8–20, Sept. 8–18, Okt. 9–17, Nov.–Febr. 10–16, März 9–17 und April 8–18 Uhr; das Schloß ist lediglich von April–Okt. geöffnet).

8 Grunewaldrinne

Noch immer ist der Grunewald *der* Wald Berlins. An schönen Wochenenden sind die sandigen Wege übervoll; man muß schon auf die Morgenstunden ausweichen, um den Wald zu erleben. Zu dieser Zeit sind allenfalls Jogger und Wildschweine anzutreffen. Herrliche Mischwälder, Sandhügel, moorige Kuhlen und Seen machen die besondere Anziehungskraft des Grunewalds aus.
Der beliebteste Wanderweg Berlins führt entlang der Grunewaldseen. In einer bis zu 300 m breiten Rinne folgt eine Reihe tief eingesenkter, langgestreckter Seen dicht aufeinander, oft nur durch ebenso langgezogene moorige Niederungen, hier Luch oder Fenn genannt, voneinander getrennt. Die Kette ist Teil der Grunewaldrinne, eines eiszeitlichen Schmelzwassertals; es reicht über Halensee und Lietzensee bis an die Spree und über den Kleinen Wannsee bis zur Havel.
Beginnen Sie die Wanderung am Südende der Krummen Lanke. Auf diesen See folgen nordwärts Riemeisterfenn, Langes Luch, Grunewaldsee, Hundekehlefenn und Hundekehlesee. Der Weg ist über 10 km lang; Sie können aber – um die Wanderung abzukürzen – am Ende jedes Sees zur anderen Seite der Rinne wechseln und auf schönen Uferwegen zurückkehren. Das Lange Luch ist ein bereits zwischen 3000 und 700 v. Chr. verlandeter See. Erlenbruchwald und Moorbirken erinnern an die melancholische Landschaft des Spreewaldes. Mehr als 170 Farnarten und Blütenpflanzen gedeihen auf dem feuchten Grund. Die gesamte Seenrinne begleitet der künstlich angelegte Fenngraben, der die Wasserspiegelhöhen regulieren soll.

Im Grunewald liegt die Krumme Lanke, ein Waldsee von malerischem Reiz, der die Ausflügler in Scharen anlockt. Vor allem Kinder zieht es zu der kleinen Brücke, wo man Schwäne, Enten und Fische füttern und beobachten kann.

Zur Krummen Lanke gelangen Sie vom Zehlendorfer Kleeblatt über die Potsdamer Chaussee (B 1). Nach etwa 4 km biegt scharf links die Fischerhüttenstraße ab, an deren Ende die Wanderung beginnt (Parkplatz am Waldrand).

9 Tegeler See

Im Insellabyrinth des Tegeler Sees fallen die beiden nördlichen kleinen Inseln Hassel- und Lindwerder kaum auf; dafür drängen sich fünf große Inseln im Süden und lassen nur schmale Durchfahrten für Boote frei. Bei einer Wanderung am überwiegend bewaldeten Südufer scheint es, als würden sich die Inseln ständig wie Kulissen verschieben. Überraschend öffnen sich weite Ausblicke ähnlich einem englischen Landschaftspark, und ebenso plötzlich tauchen weiße Segel oder schnelle Motorboote auf. Der Wald gehört zum ausgedehnten Gebiet der Jungfernheide, das im 13. Jh. den Nonnen des Benediktinerinnenklosters Spandau gehörte.
Das abwechslungsreiche Panorama erlebt man eindrucksvoll auf dem Uferweg, der am Restaurant Seeblick in Saatwinkel beginnt und durch seine teilweise sehr alten Laubbäume recht reizvoll ist. Er führt bis zu den rund 4 km entfernten Dampferanlegestellen in der Nordbucht. Dort starten von 10 bis 17 Uhr stündlich Rundfahrten über den Tegeler See und weiter zur Pfaueninsel 7 oder den Oberhavelseen.
Am Autobahnabzweig Holzhauser Straße fährt man ab und sofort unter der Autobahn hindurch, über die Berliner Straße hinweg und folgt dann der Bernauer Straße etwa 3 km. Von den Waldparkplätzen sind es zwischen 50 und 500 m bis zum Ufer.

10 Tegeler Fließ

Berlins Norden birgt ein Kleinod, das hier kaum jemand vermuten würde: Zwischen den Villenvierteln von Tegel, Hermsdorf und Waidmannslust

Parallel zum Tegeler Hafen: das Tegeler Fließ als Freizeitoase.

Das anmutige Tal des Tegeler Fließes – hier ein Blick vom Egidysteg – gehört zum landschaftlich Schönsten, was Berlin zu bieten hat.

Der Tiergarten – ein grüner Park

Der Name des Tiergartens erinnert daran, daß er ursprünglich ein waldartiges Gehege für jagdbares Wild war. Der Jagdberechtigte war der Kurfürst. Die künstlerische Gestaltung begann 1697/98 im Zusammenhang mit dem Bau des Schlosses Charlottenburg. Damals ließ Kurfürst Friedrich III. als Fortsetzung der Straße Unter den Linden eine Allee anlegen, auf halber Strecke den Großen Stern und an der Spree den Fächer von sieben Alleen.
Nachdem das Jagen aufgegeben war, ließ König Friedrich II. den Tiergarten durch seinen Baumeister Georg Wenzeslaus von Knobelsdorff für die Öffentlichkeit herrichten, den Goldfischteich, weitere Alleen und Plätze anlegen und Statuen aufstellen. Dadurch wurde der Königliche Tiergarten, wie er noch lange hieß, Berlins erste öffentliche Parkanlage. Peter Joseph Lenné beseitigte dann 1833–40 die bis dahin in weiten Teilen noch bewahrte Wildnis endgültig, legte Sümpfe trocken, verbreiterte die Wasserläufe, schuf Lichtungen, Rasenplätze und ein wohlgeordnetes Wegenetz. 1846/47 fügte er den Neuen See hinzu. Hitler ließ dann 1938/39 die Charlottenburger Chaussee (heute: Straße des 17. Juni) nach Abholzung der Bäume ebnen und von 14,5 auf 50 m verbreitern (Ost-West-Achse).
Kampfhandlungen und Holzschlag verwüsteten 1945 den Tiergarten erheblich. Seine heutige Bepflanzung verdankt er einer großangelegten Erneuerungsaktion der Jahre 1949–59. Gehölze wurden sogar eingeflogen, die Wiesenflächen gegenüber Lennés Planung vergrößert und die barocken Alleen, die er hatte bestehen lassen, größtenteils aufgegeben.
Im Tiergarten kann man sich schnell verlaufen. Er ist mit etwa 3 km Länge und 1 km Breite die größte Berliner Grünfläche. Ausgedehnte Wiesen- und Waldflächen bestimmen im Wechsel das Erscheinungsbild des Parks.

öffnet sich eine Naturoase – eine breite Wiesenniederung, durch die sich das Tegeler Fließ träge dahinschlängelt.
Weiden und Erlen säumen die Ufer, einzelne kräftige Eichen prägen die Landschaft, und auf den Wiesen entdecken Sie verschiedene Orchideen-

Route 2
Havelland

Die ca. 350 km lange Rundfahrt führt durch das vorwiegend flache Land westlich von Berlin. Vielgestaltige Havelseen, stimmungsvolle Moore, karge Dünenlandschaften und abgeschiedene Winkel sorgen jedoch für genügend Abwechslung.
Streckenverlauf:
Von der Stadtmitte Berlin B 5 (Heerstraße) über Charlottenburg Richtung Spandau, nach der Freybrücke über die Havel rechts in die Pichelsdorfer Straße einbiegen und geradeaus weiter über die Klosterstraße und den Altstädter Ring zum Falkenseer Platz, weiter über die Neuendorfer Straße, Streitstraße und Niederneuendorfer Allee zum Aalemann-Ufer am Spandauer Forst ⓫; weiter auf der Niederneuendorfer Allee in die Spandauer Landstraße und bis Hennigsdorf, dort links in die Berliner Straße, wieder links und auf der Marwitzer Straße nach Marwitz, weiter bis Schwante, dort links auf die B 273 und nach Kremmen ⓬; auf der B 273 in südlicher Richtung nach Nauen, dort rechts auf die B 5 Richtung Friesack, nach 15 km rechts über Paulinenaue zu den Jahnbergen ⓭; zurück zur B 5 und rechts nach Friesack zur Brüdereiche ⓮; darauf die B 5 weiter über Bückwitz nach Wusterhausen, dort rechts nach Bantikow zur Binnendüne Horstberg ⓯; über Wusterhausen zurück nach Bückwitz, dort rechts auf der B 102 nach Rhinow, fast am Ortsende rechts abbiegen und nach Prietzen am Gülper See ⓰; zurück nach Rhinow, zweimal links und über Kietz nach Strodehne, dort mit der Fähre (Fahrzeiten bitte vor Ort erfragen) über die Havel, links über Warnau nach Schollene am Schollener See ⓱; in Schollene links nach Rathenow, dort rechts die B 102 über Premnitz nach Pritzerbe, dort links nach Marzahne, im Ort rechts Richtung Brandenburg nach Brielow zur Schwedenlinde ⓲; weiter nach Brandenburg und dort rechts halten, um auf der B 1 bis Plaue zu gelangen, kurz dahinter links nach Kirchmöser zur Halbinsel Wusterau ⓳; zurück nach Brandenburg, über die B 102 zur A 2 Richtung Berlin, an der Abfahrt Potsdam-Süd überwechseln zur B 2 Richtung Potsdam, über Michendorf zum Moosfenn ⓴; zurück zur B 2 und in nördlicher Richtung über Potsdam und Groß-Glienicke nach Gatow ㉑.
Über die B 2 und die B 5 gelangen Sie auf schnellem Weg zurück ins Zentrum von Berlin.

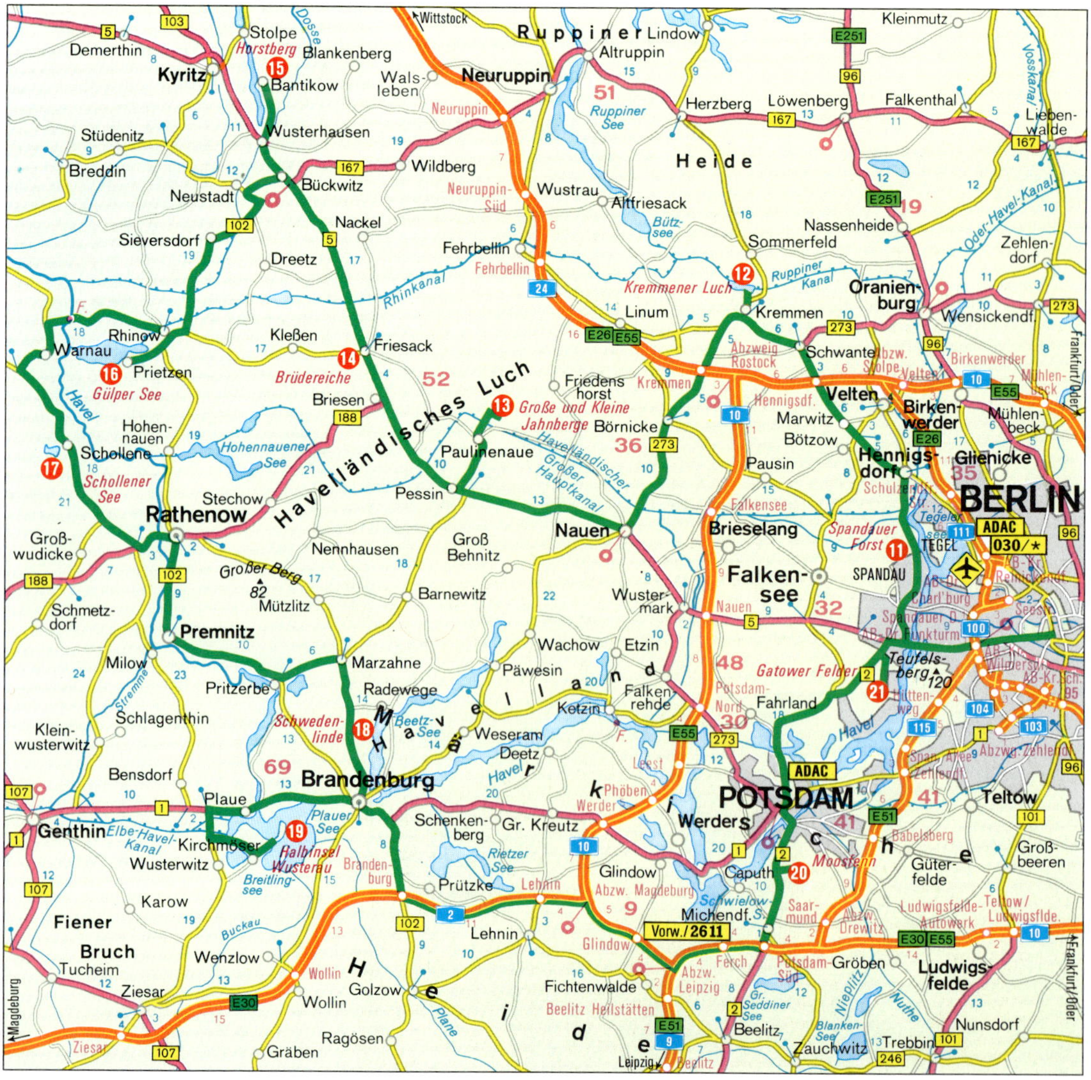

arten. Mit viel Glück sehen Sie ein Hermelin vorbeihuschen, aber auch die Kleintierwelt ist überraschend reich. So haben Spezialisten 30 unterschiedliche Landschneckenarten festgestellt.
Der schönste Teil des 9 km langen, markierten Wanderwegs beginnt am Ende der Egidystraße (Parkmöglichkeiten), die 1 km hinter der Autobahnabfahrt vom Waidmannsluster Damm nach links abbiegt. Vom Ende der Straße erreichen Sie nach wenigen Schritten eine Holzbrücke, den Egidysteg, der über das Fließ führt. Rund 100 m oberhalb öffnet sich die Wiesenaue.

Route 2 Havelland

Aus der Stadt ins Grüne

⓫ Spandauer Forst

In einem sehr entlegenen Zipfel Berlins hat sich ein ausgedehntes, einsames Waldgebiet erhalten, das den weiten Weg lohnt.
Gegenüber dem Aalemannkanal beginnt an der Wandertafel ein grün markierter Rundweg um das Teufelsbruch (4,5 km), West-Berlins wertvollstes Naturschutzgebiet und Kältepol der Stadt. Es soll hier 621 Pflanzen- und 1563 Tierarten geben, besonders seltene Spinnen und Insekten, manche kommen nirgendwo anders in Deutschland vor.
Das Bruch, das hinter einer einsamen Bahntrasse beginnt, heißt auf alten Karten noch Teufelsee; die große ehemalige Wasserfläche ist als Grasland ohne Baumbewuchs erkennbar. Doch ist dieser Zustand erst in den letzten Jahren durch gezielte Rodungen wieder herbeigeführt worden. Am Rande gedeiht Erlenbruchwald, dazwischen leuchten die weißen Stämme von Moorbirken, und die Wege sind gesäumt von Eichen und Kiefern. Man versäume nicht, den geraden Jagenweg nach links einzuschlagen, der als Damm das Innere des Moores durchkreuzt. Man kann ihn als Abkürzung des Rundweges benutzen.
Für ausdauernde Wanderer empfiehlt sich der nächste kreuzende Jagenweg in Richtung Großer Rohrpfuhl, eines weiteren Naturschutzgebiets. Am Wegsaum findet man Blaubeeren. Auf den herabgefallenen Zweigen der Lärchen wachsen Flechten, ein erfreuliches Zeichen für noch saubere Luft. Nach der Kreuzung des gepflasterten Oberjägerweges hält man sich rechts und kommt zu einem schmalen Wiesenstreifen. Geht man links weiter, gelangt man zu einem Baggersee auf den Laßzinswiesen. 1967–78 wurde hier Sand abgebaut, 1981 zäunte man 7,9 ha für den Naturschutz ein. 5,5 ha ist heute der See groß und von Büschen umgeben. Die Berliner Forstverwaltung unterhält hier ein wertvolles Biotop und Vogelschutzgebiet. Zwei Aussichtstürme zur Beobachtung seltener Wasservögel sind errichtet. 1985 konnte man 26 Brutvogelarten und 105 Nahrungsgäste beobachten. So fühlt sich auch der seltene Eisvogel hier heimisch, und wer früh auf den Beinen ist, kann ab und zu sogar einen

Abwechslungsreiche Landschaftsbilder, vom dichten Wald bis zur lichten Wiesenniederung, entdeckt der Wanderer im abgelegenen Spandauer Forst.

Von der Budapester Straße gelangt man durch das prächtige indische Elefantentor in den Zoologischen Garten.

Tierpark oder Zoologischer Garten?
Welche Stadt oder Großstadt verfügt schon über zwei große Zoologische Gärten? Beide Zoos in Berlin haben viel zu bieten und sind weltberühmt. Wohin also? Man muß den Zoologischen Garten, direkt am Bahnhof Zoo gelegen, und den Tierpark Berlin in Friedrichsfelde (U-Bahnstation Tierpark), gesehen haben. Der Zoologische Garten gehört zu den ältesten Zoos der Welt, gegründet 1844, und auch mit der Anzahl der Tierarten, die er beherbergt, steht er an der Spitze – am 1. Januar 1990 waren es 15 391 Tiere aus 1670 Arten. Die meisten davon sind in einem besonderen Gebäude untergebracht, dem altehrwürdigen und gleichzeitig hochmodernen Aquarium. Zoologischen Kostbarkeiten ersten Ranges begegnet man auf Schritt und Tritt: Pandabären, Menschenaffen, Kranichen, flügellosen Kiwis oder gar dem Kongopfau (geöffnet tägl. 9 Uhr bis Sonnenuntergang; Aquarium 9–18 Uhr).
Der Tierpark Berlin zeichnet sich u.a. durch seine Weitläufigkeit aus. Er schließt nicht nur den ehemaligen Schloßpark Friedrichsfelde, sondern auch dessen Umgebung ein. Zu den besonderen Attraktionen gehört die weltgrößte Eisbärenanlage, das riesige Alfred-Brehm-Haus mit seinen Großkatzen, Vögeln und Reptilien und – als neueste Errungenschaft – das große Dickhäuterhaus. In den letzten Jahren konnten Zuchterfolge bei vielen bedrohten Greifvögeln verzeichnet werden (geöffnet Nov.–März 8–16, April–Okt. 8 Uhr bis Einbruch der Dunkelheit).

Beeindruckend ist das 150 Millionen Jahre alte Dinosaurierskelett im Berliner Museum für Naturkunde.

Bei Archäopteryx und Dinosauriern
Zweifellos sind sie die berühmtesten Bewohner des Hauses Invalidenstraße 43, des Museums für Naturkunde Berlin (geöffnet Di–So 9.30–17 Uhr). Gleich im ersten Ausstellungssaal »begrüßen« riesige Saurierskelette den Besucher. Das größte ist 23 m lang und 12 m hoch und gehört zum Brachiosaurus brancai aus der Jurazeit (vor rund 150 Millionen Jahren). Die Gesteinsplatte mit dem Abdruck eines Urvogels (Archäopteryx) nimmt sich zwar wesentlich bescheidener aus, stammt aber aus derselben Periode und ist wohl das bekannteste Fossil überhaupt.
In vielen prächtigen Sälen werden Tiere aller Kontinente ausgestellt, aber auch Mineralien und Meteorite. Hinter den Kulissen verbergen sich Magazine mit unzähligen Naturobjekten und eine weltbekannte Forschungsstätte, die zur Humboldt-Universität gehört.

Fischreiher beobachten. Der Rückweg Richtung Aalemann-Ufer erfolgt, immer auf einem asphaltierten, aber für Fahrzeuge gesperrten Weg, an der ehemaligen Grenzlinie entlang bis zur Havel. Links am Weg entdeckt man ein kleines Stück Heide. Am Havelstrand findet man eine Badestelle und Einkehrmöglichkeiten. Insgesamt sind etwa 11 km zu Fuß zurückzulegen. Ihre Wanderung kann aber auch am ersten Parkplatz hinter dem Bahnübergang an der Schönwalder Allee beginnen.

⓬ Kremmener Luch

Das Kerngebiet des Kremmener Luchs, eines über 200 ha großen Naturschutzgebiets nördlich des Kremmener Rhins, darf nicht betreten werden; von einem 4 km langen Wiesenweg jedoch genießen Sie ausreichende Einblicke in das Moor. Riesige, übermannshohe Schilfwälder auf grundlosen Moorböden verwehren zunächst den Blick auf die traumhaften Bestände der Weißen und der Gelben Teichrose auf den offenen Wasserflächen. Wer jedoch das Fernglas dabei hat, kann unter den Dutzenden von Vogelarten sogar Raritäten wie den Kranich, den Seeadler oder die Graugans entdecken. Selbst extrem selten gewordene Säugetierarten wie Fischotter und Wasserspitzmaus fühlen sich hier noch wohl.
Ähnliche Luchgebiete waren früher im unteren Havelgebiet weit verbreitet. Bis auf spärliche Reste sind sie zerstört, verdrängt von ebenen, entwässerten und heute intensiv genutzten Moorwiesen.
Rund 150 m hinter dem Ortsausgangschild von Kremmen in Richtung Sommerfeld biegen Sie links in den Seeweg ein und fahren 2 km geradeaus. Hinter den letzten Häusern halten Sie sich rechts und stoßen auf den Wiesenweg an der Grenze des Schutzgebiets.

Windschiefe Kiefern im Naturschutzgebiet der Großen Jahnberge.

Das Kremmener Luch ist heute entwässert und wird landwirtschaftlich genutzt. Nur der Kern des Moores blieb als Reservat für Pflanzen und Tiere übrig.

⑬ Große und Kleine Jahnberge

Berge würde man sie anderswo kaum nennen, die 400 und 1000 m langen und maximal 7 m hohen Dünen. In der ebenen Niederung des Havelländischen Luchs fallen sie dagegen deutlich ins Auge. Wo nicht lichter Kiefern- oder Eichenwald wächst, gedeiht eine artenreiche, wärmeliebende Steppenvegetation, deren Anblick sich vor allem im Hochsommer lohnt. An den Großen Jahnbergen finden sich die Blumenwiesen auf dem schmalen Randsaum; auf den nur 4 m hohen Kleinen Jahnbergen nehmen sie größere Flächen ein. Hier leuchtet das gelbe Sonnenröschen, duftet die Gemeine Weißwurz und schmarotzt die farblose Gemeine Sommerwurz. Einige Arten wie Goldhaaraster, Natternkopf-Habichtskraut und Steppensesel erreichen hier ihre nördliche Verbreitungsgrenze. Ein lohnender Ausflug also für botanisch Interessierte.
Man fährt geradeaus durch Paulinenaue und biegt nach Überquerung des Havelländischen Großen Hauptkanals scharf rechts ab. Die Straße führt direkt durch die Jahnberge.

Vor allem an den sonnigen Hängen der Kleinen Jahnberge ist das gelbe Sonnenröschen verbreitet.

⑭ Brüdereiche Friesack

In Friesack sollten Sie das Baumwunder der Brüdereiche bestaunen, ein Naturdenkmal besonderer Güte. Es handelt sich nicht etwa um eine einzelne Eiche, wie der Name vermuten läßt, sondern um sieben 25 m hohe, miteinander verwachsene Bäume. Aus einem riesigen gemeinsamen Wurzelstock, der teilweise freiliegt, erheben sich ungefähr gleich starke, gerade Stämme von etwa 1 m Durchmesser, die oben eine weitausladende, einzige Krone tragen. Der gemeinsame Stammumfang beträgt rund 15 m.
Die hölzernen Brüder stehen am Westrand von Friesack direkt an der Straße nach Rhinow auf einer kleinen Anhöhe, genau 1,2 km von der B 5 entfernt.

Die wohlriechende Gemeine Weißwurz findet sich ebenfalls hier. In vielen Märchen heißt sie auch Springwurz und besitzt allerlei Zauberkräfte.

⑮ Horstberg bei Wusterhausen

Den Namen Berg verdankt der Horstberg der Tatsache, daß er sich in einer weiten Niederung mit seinen 5 m Höhe sehr auffällig abhebt. Interessant wird er für uns, weil seine großen, vegetationsfreien Sandflächen noch heute vom Wind bewegt werden: So ist er eine der seltenen aktiven Binnendünen, die am Ende der letzten Eiszeit aus den Sandern ausgeweht wurde und nun langsam ostwärts wandert. Bei einigen stärkeren Eichen sind die niedrigen Stämme vom Sand verschüttet, ihre breiten Kronen setzen weniger als 1 m über dem Boden an.

Die kargen Sandflächen der 5 m hohen Wanderdüne Horstberg greift der Westwind auch heute noch beständig an – und treibt sie langsam ostwärts. Unter Archäologen wurde die Düne wegen der dort gefundenen Steinzeitrelikte bekannt.

Die arge Mär vom Ritter Kahlbutz
Kampehl, das heute zu Neustadt an der Dosse gehört und über Wusterhausen in ein paar Minuten vom Horstberg ⓯ aus zu erreichen ist, wurde nicht etwa wegen seiner schönen Wehrkirche, sondern wegen des 1702 verstorbenen Ritters Christian Friedrich von Kahlbutz berühmt. Als die Kirche 1794 im Inneren renoviert werden sollte, fand man in der Gruft seinen als Mumie gut erhaltenen Leichnam. Warum der Körper nicht verweste, interessierte bereits den berühmten Arzt Rudolf Virchow (1821–1902), aber bis heute ist das Rätsel nicht gelöst. Der Ritter hatte zu Lebzeiten überaus fleißig die Tugend seiner Untergebenen strapaziert: Neben 11 ehelichen sagt man ihm über 30 außereheliche Kinder nach. Als sich ihm die Braut des Schäfers Pickert aus dem nahe gelegenen Bückwitz versagte, erschlug er kurzerhand den Bräutigam. Vom Mordverdacht soll er durch den sogenannten Reinigungseid freigesprochen worden sein. Man erzählte sich bald, Kahlbutz habe dem Schwur den Zusatz angefügt, sein Körper möge nach dem Tode nicht verwesen, wenn er doch schuldig gewesen sei. Seine Mumie liegt unversehrt unter Glas im Originalsarg in der Wehrkirche (Besichtigungszeiten bitte vor Ort erfragen).

Rund 100 m hinter dem Ortsausgang von Bantikow (im Ort parken) führt rechts ein Plattenweg durch die Felder. Nach 2,5 km, kurz hinter einem Kiefernwäldchen, wird links die Düne sichtbar.

⓰ Gülper See

Der 6 km² große Gülper See, mit einer maximalen Tiefe von 2,5 m recht flach, ist mit Abstand eine der bedeutendsten Rast-, Sammel- und Überwinterungsstätten für Wasser- und Sumpfvögel in Deutschland. Rund 200 Arten haben die Ornithologen bisher in dem Naturschutzgebiet nachweisen können.
Vom Südufer, das sanft ansteigt und von einem Deich umgeben ist, läßt sich bei klarem Wetter der ganze See überschauen (Fernglas). Zu allen Jahreszeiten tummeln sich unzählige Enten, Gänse, Taucher, Möwen und Schnepfen an seinen Ufern, auf den vorgelagerten Wiesenflächen und im Wasser. Im Sommer bedeckt ein reich blühender Trockenrasen den Deich und sein Umland; der Kontrast zu den sich anschließenden Sumpfflächen könnte kaum reizvoller sein. Ein besonderes Schauspiel erleben Sie im Herbst, wenn Tausende von Zugvögeln aus dem Norden den See zur Winterrast aufsuchen.
Die alte Windmühle am Ortsende von Prietzen dient als ornithologische Station; sie ist ständig besetzt. Hier können Sie sich informieren und Ihre Wanderung auf dem Deich beginnen.

⓱ Schollener See

Einen phantastischen Blick auf das Gewirr von Inseln, Seerosenfeldern, Röhrichtgürteln und Buchten gewährt die 20 m hohe Moräne am Südwestufer des Sees. Röhrichte und Erlenbruchwälder erobern langsam die Uferbereiche; viele Inselchen, die oft keinen Kontakt zum Seeboden haben, schränken die offene Wasserfläche ein – der flache, nährstoffreiche See verlandet zusehends. Die Schlammablagerungen am Seegrund verwendet man seit langem zu Heilzwecken.
Im Sommer beherrschen Weiße und Gelbe Teichrose, Wasserschlauch, Krebsschere, Froschbiß und andere Schwimmblattpflanzen fast den ganzen See. Hier finden Wasservögel ideale Lebens- und Brutbedingungen. Etwa 1000 Lachmöwenpaare brüten auf den unzugänglichen Inseln, die Trauerseeschwalben hingegen bevorzugen als Nistplatz schwimmende Seerosenblätter. Neben unzähligen Enten und Tauchern fallen die vielen Graugänse auf.

In der alten Windmühle am Gülper See ist heute eine ständig besetzte Vogelwacht untergebracht. Rund 200 Arten von Wasser- und Sumpfvögeln, die hier im Schutzgebiet rasten oder überwintern, wurden von Naturfreunden gezählt.

In Schollene fahren Sie die Mühlenstraße in Richtung Ferchels. Etwa 2 km außerhalb des Orts liegt rechts in 1 km Entfernung die kiefernbestandene Moräne, die sich als Aussichtspunkt anbietet.

18 Schwedenlinde

Direkt gegenüber dem Gasthof »Zur Schwedenlinde« an der großen Kreuzung in Brielow geht die Straße zum berühmten Naturdenkmal ab; es steht neben der Kirche auf dem Friedhof.
Wenn wirklich ein schwedischer Offizier im 17. Jh. unter der Linde seine letzte Ruhestätte gefunden hat, wie es die Überlieferung wissen will, so hat er ein einzigartiges Grabmal erhalten. Der Baum ist ungewöhnlich groß – Stammumfang etwa 11 m – und recht seltsam gestaltet. Vor langer Zeit muß das Gewicht der mächtigen Krone den Stamm bis auf den Boden gespalten und seine Hälften weit auseinandergebogen haben. Aus dem gedrungenen Stamm trieb eine neue Krone, die zeigt, daß der Veteran nichts an Vitalität eingebüßt hat.

19 Halbinsel Wusterau im Plauer See

Hier weitet sich die Havel zu einem See, der inzwischen Ziel vieler Erholungssuchender geworden ist. Die teils bewaldeten, teils bebauten Ufer des Plauer Sees sind weitgehend von Campingplätzen, Badestränden und Bootsstegen okkupiert. An der Halbinsel Wusterau geht der Trubel jedoch vollkommen vorbei.

Moore, Sümpfe, Schilf und schwimmende Inseln: Vielfalt am Schollener See.

Der Friedhof von Brielow besitzt eine Naturattraktion: Unter der Schwedenlinde fand angeblich vor über 300 Jahren ein schwedischer Offizier sein Grab.

Naturschutzstationen im Havelland

Der ehemalige Bezirk Potsdam konnte in den letzten Jahren erstaunliche Erfolge in Sachen Naturschutz verbuchen. Allein im Havelland entstanden vier Naturschutzstationen. Neben Ausstellungen sowie der Betreuung von Schutzgebieten und gefährdeten Arten spielt die Öffentlichkeitsarbeit eine herausragende Rolle. Wenn Sie Fragen zum Naturschutz haben oder Informationen über Natursehenswürdigkeiten suchen, sind Sie hier an der richtigen Adresse: Station Buckow, rund 15 km südöstlich von Rathenow, an der Strecke zwischen Schollener See 17 und Schwedenlinde 18; Hauptaufgaben: Schutz der Trappe und anderer vom Aussterben bedrohter Tierarten, Betreuung und Pflege umliegender Schutzgebiete.
Station Parey, in Parey an der Havel zwischen Rathenow und Gülper See 16; Hauptaufgabe: Betreuung der Unteren Havel, eines Feuchtgebiets von internationaler Bedeutung.
Naturschutzzentrum Rietzer See, direkt am Nordrand des Naturschutzgebiets Rietzer See bei Schenkenberg östlich von Brandenburg am Weg vom Plauer See 19 zum Moosfenn 20 gelegen; auch hier stehen Betreuung von Naturschutzgebieten, Öffentlichkeitsarbeit und Schulungen im Vordergrund. Gäste, vor allem aber Helfer, sind immer gern gesehen.

Viele Flächen im Hochmoor des Naturschutzgebiets Moosfenn sind mit dem feinen Frauenhaarmoos gepolstert.

Im Hochmoor Moosfenn findet man zwischen den hellgrünen Moosflächen den seltenen, im Frühling gelb blühenden Strauß-Gilbweiderich.

Auf der 2 km langen, schmalen Landzunge erwartet Sie eine Wanderung »in den See hinein«. Zuerst führt der Pfad durch eine feuchte Wiesenniederung, dann steigt die Wusterau sanft zu einem mehrere Meter hohen Rücken an. Von oben schweift der Blick zu den Inseln im See und zur Heidelandschaft der einsamen Halbinsel.
In Kirchmöser bleiben Sie auf der Hauptstraße, bis Sie hinter einem Bahnübergang auf das Tor einer Kaserne zufahren; dann biegen Sie rechts und am Ende der Absperrmauer links ab. Sobald rechts der Heilige See sichtbar wird, schwenken Sie links in die zweite Querstraße ein und fahren bis zum Ende. Rechts sehen Sie, versteckt hinter einigen Anwesen, den See und die Halbinsel.

⑳ Moosfenn

Ein Hochmoor wie aus dem Bilderbuch ist das 4 ha große Naturschutzgebiet Moosfenn. Es liegt in einem nahezu kreisrunden Kessel und läßt sich von allen Seiten gut überschauen. Wegen der Trittempfindlichkeit solcher Moore sollten Sie unbedingt das Betretungsverbot beachten und auf dem Weg bleiben.
Zwischen den hellgrünen Torfmoosflächen und den dunkelgrünen Polstern des Frauenhaarmooses erkennen Sie vom Weg aus den gelbblühenden Strauß-Gilbweiderich, den fleischfressenden Rundblättrigen Sonnentau und die unverkennbare Sumpfschlangenwurz, deren große, weiße, asymmetrische Blüten von Schnecken (!) bestäubt werden. Im Juni und Juli, wenn das weißflockige Wollgras blüht, lohnt sich der 1,5 km lange Anmarsch besonders.

Ein beliebtes Ausflugsziel ist der fast 39 km² große Plauer See.

Wildromantisch, scheinbar ganz sich selbst überlassen, präsentiert sich das Moosfenn bei Bergholz-Rehbrücke. Verantwortungsbewußte bleiben auf dem Weg.

Rund 7 km nördlich der Autobahnabfahrt Potsdam-Süd wird die B 2 vom Berliner Außenring der S-Bahn unterquert. Direkt hinter der Brücke, die leicht übersehen werden kann, zweigt rechts der breite Caputher Heuweg ab. Ein weißes Quadrat mit grünem Schrägstrich geleitet Sie dann zum Moosfenn.

Wenn die Bäume, wie hier die Pfirsiche, in voller Blüte stehen, feiert Werder das Baumblütenfest – seit 1879.

21 Gatower Felder

Die Landschaft der Gatower Felder ist eben; entlang der Feldwege stehen vom Wind zerzauste ländliche Weiden, Schlehen und Holunder. Hier werden seit dem vorigen Jahrhundert die Abwässer aus der Mischkanalisation (Haushalte und Regenwasser) verrieselt. Ein Gewirr von Dämmen und Kanälen umgibt die vielen Absetzbecken, die versumpft sind, brachliegen oder bewirtschaftet sind. Noch 195 ha des insgesamt 711 ha großen Landschaftsschutzgebiets sind als Rieselfelder in Betrieb. Sie liegen im Norden, rund um Gatow findet man normale Äcker. Blumenreiche Feldraine und dichte Hecken mit ihrer typischen Fauna grenzen an sandige Feldwege, dazwischen liegen kleine Wälder mit Buchen, Eichen und Lärchen.

Auf Betreiben der britischen Stadtkommandantur wurde 1979 ein Stück Wald (im Jagen 98–99) nordöstlich des Militärflughafens Gatow als Einflugschneise gerodet. Allen Protesten zum Trotz hat sich diese Maßnahme als sehr naturfreundlich erwiesen. Es fehlt an Waldlichtungen, die vielen Pflanzen und Tieren Lebensmöglichkeiten bieten. So haben über 600 Schmetterlingsarten mit Freude von der Schneise Besitz ergriffen.

Das Waldstück zwischen Gatow und Kladow heißt Gatower Heide. Hier sind drei Rundwanderwege angelegt. Der eine (roter Punkt, 5 km) beginnt an einem Parkplatz im Jagen 90 am Kladower Damm und führt über die 75 m hohen Hellen Berge. Der andere (blauer Punkt, 3 km) wird zu Fuß von der Potsdamer Chaussee erreicht, mit dem Auto vom Groß-Glienicker Weg (Parkplätze). Der dritte (grüner Punkt, 2 km) liegt in dem Waldstück zwischen Kladower Damm und Havel.

Die Stadt der Baumblüte

Wenn im Frühjahr von einem Tag auf den anderen die Obstbäume ihre Blüten öffnen, zieht es seit alters her Tausende aus Berlin und Potsdam zum Fest der Baumblüte nach Werder (über Caputh und Geltow vom Moosfenn 20 leicht zu erreichen).

Von weitem könnte man glauben, Schnee sei gefallen. Reinweiß strahlen die blühenden Kirschbäume, rötlichweiß die schier endlosen Apfelplantagen, rosa die besonders zarten Pfirsichblüten. Von den Havelhöhen hat man einen einzigartigen Blick auf das Blütenmeer und die Seen um Werder. Hier herrscht in den Ausflugsgaststätten »Rauenstein« und »Friedrichshöhe« während der acht bis vierzehn Tage andauernden Blütenpracht jahrmarktähnlicher Trubel. Das große Fest der Baumblüte wird in Werder schon seit über 100 Jahren gefeiert.

Neben prachtvollen Teppichen aus Kamillenblüten findet man auch Gemüseanpflanzungen auf den ehemaligen Rieselfeldern von Gatow.

11 Zwischen Spree und Oder

Steppe und Gemüsegarten

Breite Urstromtäler, durchzogen von modernen Wasserstraßen für die Binnenschiffahrt, schmale Schmelzwasserrinnen, wie hier der Gamengrund in der Nähe von Strausberg, hügelige Moränenzüge und kleine Seenplatten: All dies umrahmt Berlins Osten. Auch wenn das Land zwischen Spree und Oder auf den ersten Blick wenig spektakulär zu sein scheint – es bietet überraschende Einblicke in die Geschichte der Eiszeiten. Am Rand des Oderbruchs findet man südosteuropäische Steppenvegetation – in seinem topfebenen Innern dagegen einen üppigen Gemüsegarten, der früher die Berliner mit Frischgemüse versorgte. Die Kultivierung des Oderbruchs für die landwirtschaftliche Nutzung, die großer Anstrengungen bedurfte, ist bis heute ein großes Zeugnis menschlichen Wirkens an dem Strom, der Deutschlands Grenze nach Osten bildet.

Lage Im Osten zwischen Guben und Schwedt von Neiße und Oder gesäumt, im Westen bis an die Stadtgrenze Berlins reichend; im Nordwesten begrenzt von der Autobahn Berlin–Stettin, im Süden von Spree und Schwielochsee; die Südwestgrenze bildet das Baruther Urstromtal bei Baruth
Ausdehnung Nord–Süd ca. 190 km; West–Ost 20–70 km
Land Brandenburg
Höchste Erhebungen Bei Eisenhüttenstadt: Hutberg 162 m; bei Bad Freienwalde: Wollenberg 158 m; bei Angermünde: Telegrafenberg 138 m
Wichtigste Flüsse Oder, Spree, Neiße
Landschaftsformen Neben dem flachen, nur wenige Meter über Meereshöhe liegenden Gebiet des Oderbruchs Grund- und Endmoränenlandschaft mit oft ausgedehnten Schmelzwasserrinnen; von Urstromtälern zerschnittene Hochflächen, die steil zum Oderbruch abfallen
Naturpark Naturpark Märkische Schweiz
Information Fremdenverkehrsamt, Karl-Marx-Str. 8 a, O-1200 Frankfurt/Oder, ☏ 00 37 30/ 32 52 16; Eberswalde-Finow-Information, Wilhelm-Pieck-Str. 26, O-1300 Eberswalde-Finow, ☏ 00 37 371/2 31 68; Chorin-Information, Gemeindeverwaltung, Dorfstr. 19, O-1301 Chorin, ☏ 00 37 37 196/3 36; Eisenhüttenstadt-Information, Fischerstr. 15, O-1220 Eisenhüttenstadt, ☏ 00 37 375/7 20 11; Buckow-Information, Stadtverwaltung, Clara-Zetkin-Str. 1, O-1276 Buckow, ☏ 00 37 37 393/2 56

Ein grün-blauer Gürtel

Berliner, die es am Wochenende ins Grüne drängt, haben die Qual der Wahl. Rund um die Großstadt lockt ein breiter, grün-blauer Gürtel von Seen und Wäldern. In knapp einer Autostunde entflieht man dem Trubel der Hauptstadt. Bertolt Brecht, dem es auf dem flachen Land nie ganz geheuer war, verlegte 1952 seinen Wohnsitz nach Buckow an den Schermützelsee 8, weil es dort »ruhig und langweilig genug für die Arbeit« sei. Ein anderes klassisches Berliner Ausflugsgebiet liegt bei Chorin. Neben dem Parsteiner See und dem Plagefenn 12, einem der ältesten Naturschutzgebiete Deutschlands, lockt dort vor allem die Ruine des gotischen Zisterzienserklosters Besucher an. 20000 kommen im Jahr allein zu den Konzerten des »Choriner Musiksommers«.

Arbeitsfeld für Eiszeitforscher

Daß die norddeutsche Landschaft vom Gletschereis gestaltet wurde, ist eine recht junge Erkenntnis. Lange hielt sich die Ansicht, eine ungeheure Schlammflut – gewissermaßen die biblische Sintflut – hätte das Land überschwemmt und ihre Fracht überall abgelagert. Die Gletscherschliffe von Rüdersdorf (bei 7), die für die allgemeine Anerkennung der Eiszeittheorie von entscheidender Bedeutung waren, sind leider Steinbrüchen zum Opfer gefallen. Mit der Umgebung von Chorin ist dagegen ein klassisches Gebiet für die Eiszeitforschung unverändert erhalten geblieben. Hier wurde Ende des vorigen Jahrhunderts erstmals untersucht, wie Grundmoränen, Zungenbecken, Endmoränen, Sander und Urstromtäler entstanden sind. Lehrbuchartig läßt sich zwischen Spree und Oder der Gang der jüngsten Eiszeit, der Weichsel-Eiszeit, erkunden. Vor 20000 Jahren stießen die Gletscher zum letzten Mal nach Süden vor. Mit dem Brandenburger Stadium erreichten sie den Raum bei Eisenhüttenstadt und hinterließen dort End- und Grundmoränen, die im Oelsetal 3 und Schlaubetal 4 zu einem abwechslungsreichen Hügelland geformt wurden. Am Ende der Kaltzeit erreichte die Eisstaffel nur noch den Raum zwischen Chorin und Eberswalde. Dieses Pommersche Stadium ist heute als Hügelkette fast vollständig erhalten und zählt mit seinen Zungenbekken und Binnenseen wie dem Parsteiner See zu den schönsten Landschaften des Norddeutschen Tieflandes. Die weiten Niederungen der beiden großen Urstromtäler, in denen sich die Schmelzwässer sammelten, haben sich als günstige Verkehrswege erwiesen. Während der Oder-Spree-Kanal dem Berliner Urstromtal folgt, zieht sich der Oder-Havel-Kanal durch das Eberswalder Urstromtal. Zahlreiche enge Schmelzwasserrinnen wie der Gamengrund 10 oder das Nonnenfließ 11 münden in die Urstromtäler. Eine ältere Geschichte hat das Oderbruch. Man nimmt an, daß es bereits vor mehr als 100000 Jahren während der Saale-Eiszeit als Zungenbecken eines Gletschers angelegt worden ist.

Hin und wieder trifft man zwischen Spree und Oder den seltenen Schwarzstorch an. Anders als der Weißstorch horstet er gern in einsamen Wäldern.

Steppenpflanzen am Oderbruchrand
Seen, Moore sowie ein kaum überschaubares Gewirr von Wasserläufen lassen den Eindruck entstehen, im Land zwischen Spree und Oder gäbe es Wasser im Überfluß. Dabei handelt es sich um eines der niederschlagsärmsten Gebiete Deutschlands. Deutlich wird das an den vielen Hainbuchen im Blumenthaler Wald 9, vor allem aber an dem Steilabfall, der das Oderbruch von Frankfurt/Oder über Seelow und Wriezen nach Nordwesten begleitet. Wenig Regen, durchlässige Sandböden, windgeschützte Lagen und intensive Sonneneinstrahlung schaffen dort an den Hängen warmtrockene Inseln, die von Pflanzen aus den Steppen Südosteuropas besiedelt werden. An kargen Hängen leuchten im Frühjahr die großen, gelben Blüten des Adonisröschens und die blauvioletten Glocken der Küchenschelle inmitten der silbrigen Steppengräser, deren Fortbestand durch Schafbeweidung gesichert wird. Ohne diese Maßnahme würden sich binnen weniger Jahre Büsche und Bäume ausbreiten.

Vom Sumpfgebiet zum Berliner Gemüsegarten
Seit der Trockenlegung des rund 60 km langen und 10 km breiten Oderbruchs im 18. Jh. zwängen hohe Deiche den Grenzstrom zu Polen in ein enges Bett. Im Zuge der Flußregulierung wurde die Oder um etwa 25 km verkürzt. Es entstanden Altwasserarme, die heute an vielen Stellen den Namen »Alte Oder« tragen – Rückzugsgebiete für Wasservögel, Frösche und Fische und für Wasserpflanzen wie die Weiße und Gelbe Seerose, die in dem stark verschmutzten Hauptfluß keinen Lebensraum mehr finden. Bevor Friedrich der Große um 1750 die versumpfte Landschaft mit Kolonisten zu besiedeln begann, war das Oderbruch für seinen Fischreichtum berühmt. Als besondere Delikatesse wurden geräucherte Aale bis nach Italien exportiert. Erst der »Alte Fritz« schuf das heutige Bild einer landwirtschaftlich intensiv genutzten Niederung, die man von den Oderhängen bei Mallnow 15 besonders gut überblicken kann. Hier wachsen viele Sorten Gemüse, vor allem aber Gurken. Theodor Fontane beschrieb das Oderbruch als »eine weitläufig gebaute Riesenstadt, zwischen deren einzelnen Quartieren die Fruchtfelder wie üppige Gärten blühen«. Ortsnamen wie »Beauregard« weisen darauf hin, daß auch Hugenotten unter den Siedlern waren. Heute wirken die alten Kolonistendörfer vielfach eintönig und lieblos. Sie mußten fast alle nach dem Zweiten Weltkrieg neu errichtet werden. Beim Kampf um die Seelower Höhen im Februar 1945 waren die Kirchen und Bauernhöfe des Oderbruchs weitgehend zerstört worden.

Routenvorschlag Ost-Brandenburg

Die rund 350 km lange Rundfahrt legen Sie etwa zur Hälfte auf gut ausgebauten Straßen zurück. Vom Ausgangspunkt Frankfurt/Oder geht es zunächst nach Süden durch waldreiches Hügelland zum Schwielochsee 6, den Sie umrunden, um dann nach Norden durch die Märkische Schweiz 8 zum Kloster Chorin 12 zu fahren. Vorbei am Oderbruch erreichen Sie wieder Frankfurt/Oder, den Ausgangspunkt der Fahrt.

Streckenverlauf:

Von der A 12 Berlin–Frankfurt/Oder über die Ausfahrt Frankfurt/Oder südlich auf der B 112 nach Lossow 1; dann nach Eisenhüttenstadt, dort die B 246 überqueren und weiter in Richtung Friedland nach Kobbeln 2; weiter nach Weichensdorf, dann rechts ab nach Groß Briesen, dort Abstecher rechts zur Jankemühle im Oelsetal 3; von Groß Briesen nördlich weiter zur B 246 nach Grunow, Abstecher rechts auf der B 246 zu den Seen im Schlaubetal 4; von Grunow geht es in westlicher Richtung weiter bis nach Krügersdorf 5; dann weiter nach Beeskow und am Ortseingang links auf der B 168 nach Friedland, 2 km hinter Friedland bei der Wuggelmühle rechts ab nach Niewisch, nun südlich am Schwielochsee 6 entlang; über Goyatz-Guhlen nach Ressen, dann rechts über Zaue nach Trebatsch, auf die B 87 und dort rechts zurück nach Beeskow und in nördlicher Richtung auf der B 87 nach Müllrose, dort links zur Autobahnauffahrt Müllrose, über die Autobahnbrükke und weiter durch Jacobsdorf nach Petershagen an der B 5, links weiter nach Müncheberg mit Abstecher links auf der B 1/B 5 zur Wacholderheide nach Hoppegarten 7; zurück nach Müncheberg und links weiter nach Waldsieversdorf, hinter dem Ort rechts ab nach Buckow in der Märkischen Schweiz 8; geradeaus weiter bis zur nächsten Kreuzung und dort links ab nach Bollersdorf, danach rechts über Prötzel nach Blumenthal 9; 4 km nordwestlich liegt der Gamengrund 10; bei Tiefensee die B 158 queren und weiter nach Eberswalde-Finow, mit Abstecher auf der B 2 in Richtung Berlin zum Nonnenfließ 11; von Eberswalde-Finow auf der B 2 in nordöstlicher Rich-

Industriestandort im Bauernland

In den fünfziger Jahren wurde in der ehemaligen DDR nach stalinistischem Vorbild eine eigenständige Grundstoffindustrie aufgebaut, da die traditionelle Wirtschaftsverflechtung mit dem Westen unterbrochen worden war. Im ländlichen Fürstenberg entstand am Zusammenfluß von Oder und Oder-Spree-Kanal das »Eisenhüttenkombinat Ost«. Die Hochöfen, Hafenanlagen und Wohnsiedlungen der »ersten sozialistischen Stadt« auf deutschem Boden nahmen solche Ausmaße an, daß die kleine Ackerbürgerstadt Fürstenberg bald einen neuen Namen erhielt – Eisenhüttenstadt (zwischen 1 und 2). Zum anderen wurde bei Schwedt der größte erdölverarbeitende Betrieb der ehemaligen DDR auf einer Fläche

Von sonntäglichen Kahnpartien auf den romantischen Wasserarmen der Mark Brandenburg schwärmte schon Theodor Fontane. Gräben und zugewachsene Kanäle, Flußläufe, Seen und Weiher prägen das Land.

tung weiter nach Chorin zum Plagefenn ⑫; anschließend nach Angermünde, am Ortseingang rechts ab nach Neukünkendorf; von Neukünkendorf südlich in Richtung Oderberg nach Parstein ⑬ und Neuendorf ⑭; von Oderberg weiter Richtung Niederfinow, vorbei am Schiffshebewerk und nach Bad Freienwalde, weiter auf der B 167 in Richtung Frankfurt/Oder über Wriezen und Seelow, 5 km hinter dem Dorf Libbenichen Abstecher links zu den Oderhängen nach Mallnow ⑮; zurück zur B 167 und weiter nach Lebus, dort rechts auf der B 112 nach Frankfurt/Oder, dem Ausgangspunkt der Rundfahrt.

Zwischen Spree und Oder liegen drei klassische Naherholungsgebiete von Berlin – die Märkische Schweiz bei Buckow ⑧, die Seenlandschaft rund um das Kloster Chorin ⑫ ⑬ und der Schwielochsee ⑥. Diese bieten sich auch zum Übernachten an. Ansonsten ist das Gebiet bisher kaum auf Fremdenverkehr eingestellt, was sich aber in absehbarer Zeit sicherlich ändern wird.

Mit dem Gletschereis wanderte dieser gewaltige Granitblock, der Kobbelner Stein, während der Eiszeiten von Mittelschweden bis in die Gegend, wo Oder und Lausitzer Neiße sich treffen.

von 16 km^2 aus dem Boden gestampft. Beide Großbetriebe beziehen ihr Kühlwasser ausschließlich aus der Oder und belasten sie außerdem mit Abwässern.

Routenvorschlag Ost-Brandenburg

Land der Urströme

❶ Steile Wand

Guten Gewissens kann man den Weg zur Steilen Wand bei Lossow nur bei trockenem Wetter empfehlen. Ist es feucht oder gar regnerisch, werden die Trampelpfade zu einer nicht ganz ungefährlichen Rutschpartie. Bei Hochwasser sind Weg und Steg landunter, und ein Besuch fällt dann buchstäblich ins Wasser. Regelmäßig werden Steilufer und Pfad am Fuß des Kliffs von der Oder überschwemmt. Wundern Sie sich also nicht, wenn der Weg plötzlich im Nichts endet und Sie einen neuen suchen müssen. Bei Normalwasserstand erhebt sich die Wand des Steilufers ca. 15 m über den Wasserspiegel. Jedoch nur bei Hochwasser dringt das Wasser noch bis zum Kliff vor. Heute liegt es an einem stillgelegten Altarm der Oder und steht als eines der wenigen hohen Kliffs des Stromes unter Schutz.

Bis zur Wand gelangen Sie bequem von Lossow aus, wo Sie beim Dorfteich in der Ortsmitte Ihren Wagen abstellen. Von dort führt ein 2 km langer Feldweg nach Osten zur Oder.

❷ Kobbelner Stein

Der riesige, fast 19 m umfassende, 300 t schwere Findling aus dunklem schwedischem Granit ist leicht zu finden. Mehrere Schilder weisen auf seinen Standort am nördlichen Ortsrand von Kobbeln hin. Man kann unmittelbar bis an das Naturdenkmal heranfahren und das Fahrzeug dort parken. Überdachte Tische und Bänke laden zum Picknick ein. Der Granitblock liegt in einer tiefen Grube, in die ein breiter, gut begehbarer Weg hineinführt. Seine Ausmaße wurden erst ganz sichtbar, als man ihn Mitte der zwanziger Jahre freischaufelte: 7,1 m ist er lang, 5,2 m breit und 4,5 m hoch. Der Kobbelner Stein gilt als größter Findling der Umgebung und bedeutender Zeuge des Brandenburger Stadiums während der Weichsel-Eiszeit.

Stetig unterspülten die Wasser der Oder das hohe Ufer, bis der Überhang nachstürzte – so entstand die Steile Wand bei Lossow.

3 Oelsetal

Über große Strecken parallel zum Schlaubetal 4 durchzieht die viel weniger bekannte Oelse das hügelige Endmoränenland der 20000 Jahre alten Brandenburger Eisrandlage. Bachabwärts, gleich unterhalb des ehemaligen Stauteichs der Jankemühle, heute eine Revierförsterei, beginnt der wegen seiner riesigen, fast 40 m hohen Fichten geschützte Talabschnitt, der aus einer eiszeitlichen Schmelzwasserrinne entstanden ist. Neben den gewaltigen Bäumen, die oft einen Stammdurchmesser von 1 m aufweisen, lädt die naturnahe, waldreiche Bachniederung zu einer beschaulichen Wanderung ein. Vorbei an Mooren, Wiesen und Weihern spazieren Sie von der Jankemühle in 40 Minuten zur Walkemühle und zum ausgedehnten Oelsener See. Fischotter und Schwarzstorch, sogar See- und Fischadler haben hier ihr Revier.
Wenn Sie in Groß Briesen rechts abbiegen, erreichen Sie nach etwa 3 km auf einem Feldweg die Jankemühle.

Am Oelsener See kommt er noch vor: der selten gewordene Fischotter.

Das fast unberührte Oelsetal ist eine Oase für bedrohte Pflanzen und Tiere.

Natur aus zweiter Hand
Der Braunkohletagebau hinterläßt oft ein schlimmes Erbe – eine tote Kraterlandschaft mit riesigen Abraumhalden. Südlich von Frankfurt/Oder gibt es dagegen ein positives Beispiel der Landschaftsgestaltung. Nach über 50 Jahren Kohleförderung wurde dort 1959 der Abbau eingestellt. Die ehemaligen Tagebauflächen gestaltete man zu einem Erholungsgebiet um. Heute kann man kaum glauben, daß das Landschaftsschutzgebiet Brieskow-Finkenheerd (zwischen 1 und 2) noch vor 30 Jahren einer Mondlandschaft ähnelte. Die alten Abraumhalden bedeckt heute junger Wald, und die Grube »Helene« verwandelte sich in den 250 ha großen Helenesee, dessen klares Wasser und breite Sandstrände ihn zu einem beliebten Badeparadies machen. In Lossow fährt man rechts in westlicher Richtung von der B 112 ab und erreicht nach 4 km die Ufer des neuen Sees.

Mit seinem ausgedehnten Sandufer und seinem klaren Wasser lädt der Helenesee zum Baden ein. Das 250 ha große Gewässer liegt mitten im Landschaftsschutzgebiet Brieskow-Finkenheerd. An seinem Nordufer gibt es auch einen Campingplatz.

Eine kleine Wanderung durch das Schlaubetal bietet bisweilen märchenhaft wirkende Perspektiven.

4 Schlaubetal

Entlang einer eiszeitlichen Schmelzwasserrinne fließt heute das Flüßchen Schlaube, das zahlreiche, langgestreckte Rinnenseen miteinander verbindet. Der beste Ausgangspunkt für einen kurzen Ausflug in das 20 km lange Tal ist die Bremsdorfer Mühle an der B 246. Sie erreichen die Mühle, wenn Sie in Grunow auf die B 246 rechts einbiegen und etwa 6 km in Richtung Eisenhüttenstadt fahren. Neben günstigen Parkmöglichkeiten gibt es dort Informationstafeln mit Wanderwegen.

Am Parkplatz gegenüber der Bremsdorfer Mühle beginnt ein etwa 5 km langer Wanderweg, der durch den abwechslungsreichsten Abschnitt des Schlaubetals am Großen Treppelsee und Hammersee entlang nach Norden zur Gaststätte »Siehdichum« führt. Zwischen den beiden Seen mäandriert die Schlaube ungestört durch den Wald. An den Steilhängen des Tales wachsen bis zu 200 Jahre alte Buchen, aber auch Traubeneichen und lichte Hainbuchen. Am Boden gedeihen wärmeliebende Pflanzen wie Großblütiger Fingerhut, Weiße Schwalbenwurz und die Orchideen Rotes Waldvögelein und Frauenschuh. Sie sollten unbedingt auf den Wegen bleiben, denn neue Trampelpfade schädigen den Pflanzenbestand. In den Seen findet der Fischadler noch genügend Beute. Manchmal kann man mit viel Glück auch den leuchtenden Eisvogel beim Tauchen beobachten. Der Fischotter dagegen weiß sich den Blicken der Besucher zu entziehen.

Erst der Größenvergleich mit einem Menschen gibt eine richtige Vorstellung vom Stammumfang der Dicken Eiche von Krügersdorf.

5 Dicke Eiche

Es wachsen viele starke Eichen in der Umgebung von Krügersdorf. Die stärkste davon trägt zu Recht den Namen Dicke Eiche, denn sie erreicht einen Stammumfang von 10 m. Sie steht in einer Allee gegenüber dem Krügersdorfer Park, nur wenige Meter nördlich der Straße am Rand eines Feldwegs. Sie können ohne Schwierigkeiten direkt heranfahren und einen eindrucksvollen Größenvergleich von Stamm und Auto fotografisch festhalten. Sie ist die gewaltigste Eiche Brandenburgs. Weitere mächtige Stieleichen sind in Krügersdorf entlang der B 246 verteilt. Ihre Stammumfänge liegen allerdings »nur« zwischen 5 und 9 m.

6 Schwielochsee

Die Zeiten, in denen der Schwielochsee ein stilles, unberührtes Gewässer war, sind schon lange vorüber. Auf der 44 km² großen Wasserfläche wimmelt es von Sportbooten, und an den Ufern herrscht reger Bade- und Campingbetrieb. Einsamkeit werden Sie kaum finden, dagegen eine einzigartige Seenlandschaft: Zahlreiche Buchten und Halbinseln geben dem See eine sehr unregelmäßige Form, die man nur von einigen sandigen Hügeln an den Ufern überblicken kann. Vormittags wählt man am besten den 65 m hohen Weinberg unmittelbar südlich von Pieskow. An einer Schutzhütte im Blockhausstil können Sie den Berg rechts der

Zu stachelig für die Mäuler der Schafe, widerstanden die Wacholdersträucher der Heidelandschaft bei Müncheberg der Beweidung in früheren Jahren.

Straße erkennen. Am gegenüberliegenden Seeufer, südlich von Trebatsch/Sawall, ermöglicht der 62 m hohe Swietenberg, ebenfalls rechts der Straße, einen umfassenden Rundblick auf den Nordteil des eiszeitlichen Rinnensees und die von Westen her einmündende Spree. Sie fließt in einer immer schmaler werdenden Seerinne nach Norden weiter und verläßt das langgestreckte Gewässer über Glower- und Leißnitzsee.

7 Wacholderheide bei Müncheberg

Säulenartige, bis zu 4 m hoch gewachsene Wacholderbüsche dicht an dicht, unterbrochen von Trockenrasen mit bunten Blütenteppichen und Zwergsträuchern, daneben wenige Birken und einige Heckenrosen: Es ist kaum zu glauben, daß es sich hier lediglich um den Rest einer Schafweide handelt und nicht die Hand eines geschickten Landschaftsgärtners im Spiel war. Zwischen Spree und Oder ist diese Heide in Aufbau und Art einmalig. Ähnlich mächtige Wacholder kommen erst wieder an der Müritz in Mecklenburg vor.
Der Weg zur Wacholderheide ist nicht leicht zu finden, aber er lohnt sich. Knapp 10 km westlich von Müncheberg zweigt rechts von der B 1 gegenüber der Ortseinfahrt Hoppegarten ein Betonplattenweg nach Norden ab. Gleich am Ende einer großen Kiesgrube fahren Sie halblinks durch die feuchte Flußaue des 1 km breiten Roten Luchs. Wenn Sie die gegenüberliegende Höhe erreicht haben, biegen Sie unmittelbar vor einem Gehöft rechts auf einen Feldweg ein und fahren bis zum Waldrand. An diesem spazieren Sie etwa 300 m rechts bergab. Hinter einem ca. 20 m breiten Streifen von Jungkiefern erscheinen unübersehbar die Wacholderbüsche.

8 Märkische Schweiz

Wälder, Seen und Hügel kennzeichnen die anmutige Landschaft der Märkischen Schweiz. Vom dreieckigen Marktplatz in Buckow – einen Parkplatz finden Sie bei der Kirche – leitet Sie ein gelb markierter Wanderweg in 20 Minuten zum 77 m hohen Luisenberg, von dem Sie Buckow, den Buckowsee und Teile des nierenförmigen Schermützelsees überblicken können. Am nördlichen Ortsausgang von Buckow, gegenüber der Gaststätte »Haus Tirol«, beginnt ein anderer Wanderpfad, der Sie nach knapp 2 km durch das dunkle Tal des wildbachartigen Sophienfließes zur eindrucksvollen Wurzelfichte führt. Auf schmalen Stegen und durch dichte, urwaldähnliche Vegetation wird die feuchte Niederung durchquert. Unter dem teilweise freigespülten Wurzelstock der rund 150 Jahre alten Fichte finden mindestens 20 Menschen Platz.
Der Buckower Wohnsitz von Bertolt Brecht am Schermützelsee ist heute eine Gedenkstätte und kann besichtigt werden (Bertolt-Brecht-Straße 29, ☏ 0033737393/467; bitte fragen Sie am besten vor Ort nach den Öffnungszeiten).

Beweis für Eiszeitgletscher

In und um Rüdersdorf (15 km westlich von 7) ist alles mit feinem weißen Staub bedeckt – Häuser, Straßen, Gärten und Wiesen. Als Rohstoff für die vor den Toren Berlins gelegenen Zementwerke dient der Rüdersdorfer Muschelkalk, der hier, unweit des Berliner Rings an der B 1, durch Salztektonik emporgepreßt, die eiszeitlichen Ablagerungen überragt. Leider sind dem jahrhundertelangen Abbau auch die berühmten »Gletscherschrammen« zum Opfer gefallen. Als der schwedische Geologe Otto Torell anläßlich der Tagung der Deutschen Geologischen Gesellschaft 1875 in Berlin um seine Meinung über die Schrammen auf der Oberfläche des Rüdersdorfer Muschelkalks befragt wurde, deutete er sie als Schliffspuren eiszeitlicher Gletscher und überzeugte damit die Fachwelt davon, daß einst ganz Norddeutschland vom Eis überzogen war. Die im Muschelkalk konservierten Versteinerungen von Muscheln, Seelilien und Ammoniten sind im Museum für Naturkunde von Berlin zu besichtigen.

Selten sieht man das Gewirr der Verankerungsstränge eines mächtigen Baums so anschaulich offenliegen wie bei der Wurzelfichte im Sophienfließ. Das Naturdenkmal zieht viele Besucher der Märkischen Schweiz an.

Grenzfluß und Abwasserrinne
Die Zeiten, als die 900 km lange Oder zu den deutschen Hauptströmen zählte, sind vorbei. Abgesehen von ihrem Quellbereich im Odergebirge am Südostrand des Mährischen Gesenkes und ihrem Oberlauf durchfloß ihr 700 km langer schiffbarer Teil vor dem Zweiten Weltkrieg die damaligen deutschen Provinzen Schlesien, Brandenburg und Pommern. Zu Deutschland gehört heute ein Abschnitt von 160 km Länge, der zwischen Eisenhüttenstadt und Gartz die Grenze zu Polen bildet. Auf diesem Abschnitt verschwanden nicht nur der einst bedeutende Fischfang, sondern auch die Ausflugsschiffe und der Badebetrieb. Verantwortlich dafür ist die katastrophale Verschmutzung der Oder, auf deutscher Seite verursacht durch die Braunkohleförderung bei Cottbus, durch Raffinerien bei Schwedt und Hüttenwerke bei Eisenhüttenstadt. Abwässer aus Polen und der Tschechoslowakei kommen hinzu.

9 Blumenthaler Wald

Knapp auf halbem Wege von Prötzel nach Tiefensee stehen links der Straße inmitten eines ausgedehnten Waldgebiets die wenigen Häuser der sogenannten Stadtstelle. Genau 600 m hinter dem letzten Haus zweigt rechts ein Fahrweg ab. Da die Durchfahrt verboten ist, parken Sie Ihren Wagen in der breiten Einmündung. Von hier führt der Weg eben und trocken durch einen Linden- und Hainbuchenwald. Im Gegensatz zu anderen Baumarten bildet die Hainbuche erstaunlich lichte Wälder, in denen das helle Grün der Blätter mit den dunklen, meist verwachsenen Stämmen kontrastriert. Häufig eingestreute kräftige Winterlinden und starke Traubeneichen erhöhen den zauberhaften Reiz des Waldes. Hainbuchenwälder kommen in Mitteleuropa nur in niederschlagsarmen Gebieten vor. Am Ende des knapp 2 km langen Weges stoßen Sie auf einen kleinen See, an dessen Ufer, umgeben von mächtigen Eichen, die wenigen Häuser von Blumenthal stehen.

10 Gamengrund

Zwischen Strausberg und Bad Freienwalde zieht sich eine ca. 25 km lange eiszeitliche Schmelzwasserrinne mit zahlreichen langgestreckten Rinnenseen hin – der sogenannte Gamengrund. An den steilen Hängen des tief eingeschnittenen Tales wachsen prächtige Laubmischwälder, die bis unmittelbar an die Ufer der türkisfarbenen Seen heranreichen. Da die steilen Hänge eine forstwirtschaftliche Nutzung erschweren, haben die Bestände urwaldartigen Charakter.
Unsere Rundfahrt erreicht den Gamengrund an seiner schönsten Stelle. Die Straße von Prötzel nach Tiefensee senkt sich hinter der Abzweigung nach Strausberg langsam zum Gamengrund hinab. An der tiefsten Stelle, etwa 1 km hinter der Abzweigung, befindet sich links der Straße ein

Lichter Hainbuchenbestand charakterisiert den Blumenthaler Wald.

Der Gamengrund, eine eiszeitliche Schmelzwasserrinne, bietet dem Wanderer immer neue Ausblicke: Am Gamensee wirkt die Natur völlig unberührt.

kleiner Parkplatz. Von dort führt auf der anderen Straßenseite ein steiler Hohlweg nach Norden zum 2 km langen, idyllischen Gamensee, dessen Südufer Sie bereits nach etwa 200 m erreichen.

11 Nonnenfließ

2 km von Eberswalde-Finow entfernt, an der B 2 in Richtung Berlin, beginnt bei Spechthausen – früher weltbekannt durch sein handgeschöpftes Büttenpapier – das nach Süden ansteigende Tal des Nonnenfließes. Ausgedehnte, lichtdurchflossene Buchenwälder, deren Einzelbäume bis zu 20 m hohe, gerade Stämme aufweisen, und mächtige Traubeneichen bedecken die Hänge des teilweise schluchtartig verengten Tales. Während der letzten Eiszeit flossen hier große Mengen Schmelzwasser zum Eberswalder Urstromtal und schnitten sich tief in die Moränenhügel ein. Ein Wanderweg in das 3 km lange Nonnenfließ beginnt in Spechthausen am Parkplatz gegenüber der Gaststätte »Waldhof«, wo auch eine Tafel mit Übersichtskarte steht. Nach ca. 100 m, in Höhe des Ortsausgangs, biegt der Weg links in den Wald ein. Etwa 1 km später erreichen Sie das Forsthaus »Geschirr«, dessen eigenwilliger Name vom sogenannten Stampfgeschirr der ehemaligen Lumpenschneidemühle herrührt. Ab hier verläuft der Weg parallel zum schnell dahinschießenden Wasserlauf des Nonnenfließes.

12 Plagefenn

Ein 3 km langer Wanderweg verbindet eines der bedeutendsten Bauwerke der Backsteingotik, die Klosterruine von Chorin, mit dem Plagefenn, einem der ältesten Naturschutzgebiete Deutschlands. Inmitten der hügeligen Choriner Endmoränenlandschaft trifft man plötzlich auf ein Labyrinth von Moorschlenken, waldbestandenen Inselchen und Landzungen am Rand des Großen Plagesees. Knüppeldämme, die bei feuchtem Wetter sehr glatt sein können, verbinden die Waldinseln. Abgestorbene Bäume liegen oft kreuz und quer im Wald, der schon seit 1907 geschützt ist und nicht mehr von der Forstwirtschaft genutzt wird. Er kann inzwischen als echter Urwald angesehen werden. Eine Fülle seltener Sumpfpflanzen gedeiht links und rechts des schwankenden Moorpfades: Scheidiges und Breitblättriges Wollgras, Alpen- und Sumpfblasenbinse, der insektenverzehrende Langblättrige Sonnentau und die weißrosa Orchidee Sumpfsitter sind einige Beispiele. Auch in zoologischer Hin-

Der sehr seltene Sumpfsitter gehört zur Flora des Plagefenn.

Für Fachleute und Laien
Der parkartige Forstbotanische Garten Eberswalde liegt am südwestlichen Ortsrand von Eberswalde (bei 11) nahe der B 2 im Tal der Schwärze. Er bietet sowohl Fachleuten als auch Laien eine Fülle von Informationen. Geschützte heimische Kräuter und Gräser, Steingartenpflanzen, Hecken, Heil- und Gewürzpflanzen, Farne, Großstauden sowie ein Moor und ein Teich werden in Sonderanlagen mit wissenschaftlich exakter Beschilderung präsentiert (Öffnungszeiten bitte erfragen, ☏ 03371/22193). An der Schwärze gibt es seit 1958 auch einen Tierpark.

Wegen seiner landschaftlichen Schönheit steht das zum Teil schluchtartige Tal des Nonnenfließes mit hohen, lichtdurchfluteten Buchenwäldern unter Naturschutz. Die abfließenden Schmelzwasser der letzten Eiszeit formten dieses reizvolle Gebiet.

Jahr für Jahr brütet ein Storchenpaar auf der Turmspitze des Ziegelbrennofens.

Storchenmuseum im Storchenturm
In Rathsdorf bei Wriezen (zwischen ⑭ und ⑮) fällt unmittelbar an der B 167 ein spitzkegeliger, ehemaliger Ziegelbrennofen auf, den ein Storchenhorst krönt. Im Innern des unter Denkmalschutz stehenden Gebäudes befindet sich ein Storchenmuseum. Fotos, Diagramme, Zeichnungen und Modelle informieren anschaulich über die Maßnahmen zum Schutz des Weißstorches. Die Ausstellung ist nicht nur für interessierte Laien gedacht, sondern auch für Spezialisten, denen das dort untergebrachte Archiv des Arbeitskreises Weißstorchschutz zur Verfügung steht. Besonders von Ende März bis Juli, wenn das Storchenpaar seine Jungen aufzieht, lohnt sich ein Halt am sogenannten Storchenturm (Öffnungszeiten bitte vor Ort erfragen).

sicht weist das Plagefenn einige Besonderheiten auf: Zu den hier vertretenen Tierarten gehören etwa der Kranich und die inzwischen sehr seltene Sumpfschildkröte.
Vom Rand des Plagefenns können Sie auf dem festen Fennweg, einem Naturlehrpfad, Urwald und Moor aus geringer Entfernung erleben. Ab dem Parkplatz beim Kloster Chorin markiert ein grüner Strich auf weißem Quadrat den gut 8 km langen Weg.

⑬ Parsteiner See

Die meist sanft ansteigenden Ufer des über 1000 ha großen Parsteiner Sees – eines typischen Grundmoränensees der Weichsel-Eiszeit – sind nicht bewaldet. In der Süd- und Nordbucht gibt es einige Zeltplätze und Badestellen, ansonsten sind die Ufer auch im Sommer oft menschenleer. Von dort aus läßt sich das reiche Vogelleben auf dem offenen Wasser, in den verschilften Buchten und den sumpfigen Wiesen ausgezeichnet beobachten. Große Rohrdommel, Graugans, Trauerseeschwalbe, Bekassine und Großer Brachvogel gehören zu den auffälligsten Brutvögeln. See- und Fischadler erscheinen regelmäßig zur Nahrungssuche. Zur Vogelzugzeit im Herbst und Frühjahr wählen Tausende nordischer Gänse den See und sein Umland als Rastgebiet. Das klare Wasser des Sees birgt reichhaltiges Leben. Im Sommer kann der Besucher vom Ufer aus Pflanzen und Tiere bis in 4 m Tiefe beobachten.
Ein Wanderweg, der ab Parstein 2 km weit in westlicher Richtung bis zum nördlichen Seeufer führt, eignet sich zum ersten Kennenlernen. Mehrere Moränenhügel, die den Seespiegel um rund 20 m überragen, bieten herrliche Ausblicke über den buchtenreichen See und seine Inseln.

⑭ Großer Stein bei Neuendorf

Mit den Eismassen der Gletscher während der Eiszeiten kam dieser Findling den langen Weg von Mittelschweden nach Neuendorf. Der Große Stein aus rötlichem, grobkörnigem Granit war angeblich einmal als Brunnenschale vor dem Alten Museum in Berlin geplant. Glücklicherweise stellte man jedoch fest, daß das Gestein für diesen Zweck zu weich sei; auf diese Weise blieb er erhalten. Trotzdem wurden in den dreißiger Jahren des vorigen Jahrhunderts große Teile des Giganten abgesprengt. Die Bohrlöcher von damals sind heute noch sichtbar. Was die Sprengmeister jedoch vom Großen Stein übrigließen, ist immer noch gewaltig. Der Koloß ist etwa 200 t schwer und hat einen Umfang von beachtlichen 15 m.

Der Parsteiner See füllt ein in der letzten Eiszeit entstandenes großes Becken. Das klare Gewässer bietet mit seinen schilfbewachsenen Buchten und den sumpfigen Uferwiesen zahlreichen Vögeln Brutraum und Nahrung.

Zu dem Findling weist Ihnen ein geschnitztes Schild in der Nähe der Gaststätte »Großer Stein« den gut befahrbaren Weg, der rechts aus dem Dorf hinausführt. Etwa 1 km westlich von Neuendorf stößt der Feldweg am Waldrand auf den gewaltigen Block, den Bänke und Informationstafeln umgeben.

⑮ Oderhänge bei Mallnow

Wer Ende April an die Oderhänge zwischen Mallnow und Lebus fährt, erlebt ein einzigartiges Schauspiel. Während überall erst zartes Grün sprießt, bedecken Teppiche aus großen, leuchtend gelben Blüten ganze Hangabschnitte – die Adonisröschen blühen. Auf den klimatisch begünstigten Trockenhängen bilden nicht nur sie einen nördlichen Vorposten südosteuropäischer Steppenvegetation. Viele andere prächtige Steppenpflanzen, die den ganzen Sommer lang für reichen Blütenflor sorgen, gesellen sich dazu: Haarfedergras, Graslilie, Großer Ehrenpreis, Wiesenprimel und Rauhes Veilchen sind nur einige Beispiele. Bei klarem Wetter reicht die Sicht vom Rand der 40 m hoch gelegenen Grundmoränenplatte weit über das Oderbruch hinweg bis zu den gegenüberliegenden Hängen jenseits der polnischen Grenze. Nur wenige Büsche und Bäume verstellen den Blick von der Hangkante, die durch viele Erosionstälchen zerklüftet wird. In Mallnow kann man unmittelbar bis an die Oderhänge heranfahren. Vom nördlichen Ortsrand hat man dann nur wenige Schritte bis zum Steilabfall zu laufen.

Zwischen Mai und Juli leuchtet das Blau des Großen Ehrenpreis an den trockenen Oderhängen bei Mallnow.

Spuren einer Sprengung: Reste von Bohrlöchern am Großen Stein bei Neuendorf.

Steppenlandschaft bei Mallnow: An den Oderhängen, als Pontische Hänge bekannt, wächst an sonnenwarmen Stellen noch das Frühlingsadonisröschen.

Fahrstuhl für Frachtkähne

Am nördlichen Rand des Oderbruchs hat der Oder-Havel-Kanal einen Höhenunterschied von 36 m zu überwinden. 1927 begann der Bau eines riesigen Schiffshebewerks bei Niederfinow (zwischen ⑭ und ⑮). 1934, zur Zeit der Inbetriebnahme, war es das größte der Welt. Mit der »Kathedrale aus Stahl« können Lastkähne mit einem Gewicht von bis zu 1000 t die 36 Höhenmeter in fünf Minuten überwinden. Es ist ein eindrucksvolles Schauspiel, dem fast lautlosen Auf und Ab des 4200 t schweren und 85 m langen Troges und seiner ebenso schweren Gegengewichte aus nächster Nähe zuzusehen. Nur vier Elektromotoren mit je 75 PS Leistung sind notwendig, um den Trog in Bewegung zu setzen. Vor dem Bau des Hebewerks mußte die Schiffahrt eine vierstufige Schleusentreppe überwinden. Von der Aussichtsplattform auf der 60 m hohen Stahlkonstruktion bietet sich ein überwältigender Rundblick auf den unteren Oderbruch und die Alte Oder zwischen Bad Freienwalde und Oderberg.

12 Münsterland

Einsamkeit zwischen Moor und Heide

Flach ist das Münsterland, oft einsam, aber nie eintönig. Hochmoore gibt es und Heideflächen, Quelltöpfe und Trockentäler, Schnuckenherden und Vogelarten, die man woanders kaum noch antrifft. Doch der Besucher muß sich anstrengen, will er die Geheimnisse der grünen Parklandschaft Westfalens – wie hier im Bild – lüften. »Du bist nicht mächtig, bist nicht wild, bist Deines stillen Kindes Bild«, reimte Annette von Droste-Hülshoff über ihre münsterländische Heimat. Obwohl die Landschaft flach ist, begrenzen immer wieder stattliche Baumalleen oder Windschutzhecken den Blick. Dahinter liegen behäbige Einzelgehöfte, ein Charakteristikum des Münsterlandes, umgeben von saftig grünen Weiden. Nur die südlichen Hellwegbörden zeigen ein offenes, ganz vom Ackerbau bestimmtes Bild.

Lage Zwischen Bentheimer Bergen, Teutoburger Wald und Eggegebirge im Norden und Osten sowie der Ruhr und dem Haarstrang im Süden; im Westen an die Niederlande und das Niederrheingebiet angrenzend
Ausdehnung West–Ost ca. 140 km; Nord–Süd ca. 100 km
Land Nordrhein-Westfalen
Höchste Erhebungen Baumberge: Westerberg 186 m, Hoher Berg 182 m; Beckumer Berge: Mackenberg 173 m; Hohe Mark: Waldbeeren-Berg 146 m; Die Haard: Stimberg 156 m; Paderborner Hochfläche bis um 450 m
Wichtigste Flüsse Ems, Lippe, Ruhr
Landschaftsformen Tiefland mit Trockentälern im Osten, Hochmooren (zum Teil abgetorft) im Westen, Heideflächen und Flußdünen entlang der Ems und der Lippe; lößbedeckte Bördenzone am südlichen Hellweg
Naturpark Naturpark Hohe Mark
Information Landesverkehrsverband Westfalen, Friedensplatz 3, W-4600 Dortmund, ☏ 0231/527506; Münsterland Touristik »Grünes Band«, Hohe Schule 13, W-4430 Steinfurt, ☏ 02551/5099; Fremdenverkehrsverband Paderborner Land, Königstr. 16, W-4793 Büren, ☏ 02951/1278

Pättkestouren und Pumpernickel
Schinken und Korn, Pickert und Pumpernickel sind weithin bekannte Münsterländer Spezialitäten. Zu den Münsterländer Freizeitangeboten gehören Pättkes- und Planwagentouren, Besichtigungen von Schlössern und Wasserburgen. Die Natur des Münsterlandes hingegen bleibt meist unbeachtet; um sich ihre Schönheiten zu erschließen, braucht man Zeit und Muße. Dann erst entdeckt man die seltenen Vögel, die in Hochmooren und an Flußufern nisten, erkennt die einzigartigen Pflanzengemeinschaften in den Heiden, begreift aus der Weite und Einsamkeit vieler Gegenden heraus die Mentalität der Menschen. Das Münsterland liegt in der

Westfälischen Tieflandsbucht. Schon ein Blick auf die Karte zeigt deren natürliche Grenzen: im Norden, Osten und Süden die Höhenzüge der Bentheimer Berge, des Teutoburger Waldes, des Eggegebirges und des Sauerlandes, im Westen die Schotterterrassen des Niederrheins. Die Grenzen des eigentlichen Münsterlandes sind enger, sind historisch gewachsen. Sie werden im Süden bereits von der Lippe gebildet, im Südwesten vom Ruhrgebiet.

Ein Werk von Jahrmillionen
Die geologische Grundlage der Westfälischen Tieflandsbucht bilden in der Kreidezeit entstandene, fossilienreiche Kalk- und Sandsteine. Meere,

Flüsse, Gletscher und Stürme formten diese Landschaft, schufen Höhenzüge wie die Baumberge (19) und die Beckumer Berge (6). Im Eiszeitalter wurden Grundmoränen und Löß abgelagert, die heute zur Grundlage einer ertragreichen Landwirtschaft geworden sind; in der Nacheiszeit wurden auch Flugsande angeweht. Im Gebiet der Elter Dünen (12) ist der Sand auch heute noch in Bewegung.

Der Kern des Münsterlandes zwischen den Beckumer Bergen und den Baumbergen besteht aus einer Platte, die hauptsächlich aus Kalksteinen, Sandsteinen und Mergeln aufgebaut ist. Schwerer Tonboden ist hier verbreitet, der nach Regenfällen klebrig, in Trockenzeiten rissig und immer schwer zu beackern ist. Den ursprünglichen Baumbestand bildeten Eichen und Buchen. Das Ost- und das Westmünsterland hingegen bestehen überwiegend aus sandigen Böden. Hier wuchsen vor allem Eichen- und Birkenwälder. Durch menschliche Einflüsse – rücksichtslose Rodung, Holzeinschlag und extensive Beweidung – verwandelten sie sich im Mittelalter in weite Heideflächen wie bei Holtwick (18) und Westrup (16). In unserem Jahrhundert mußten diese größtenteils Kiefernforsten, Wald- und Ackerland weichen.

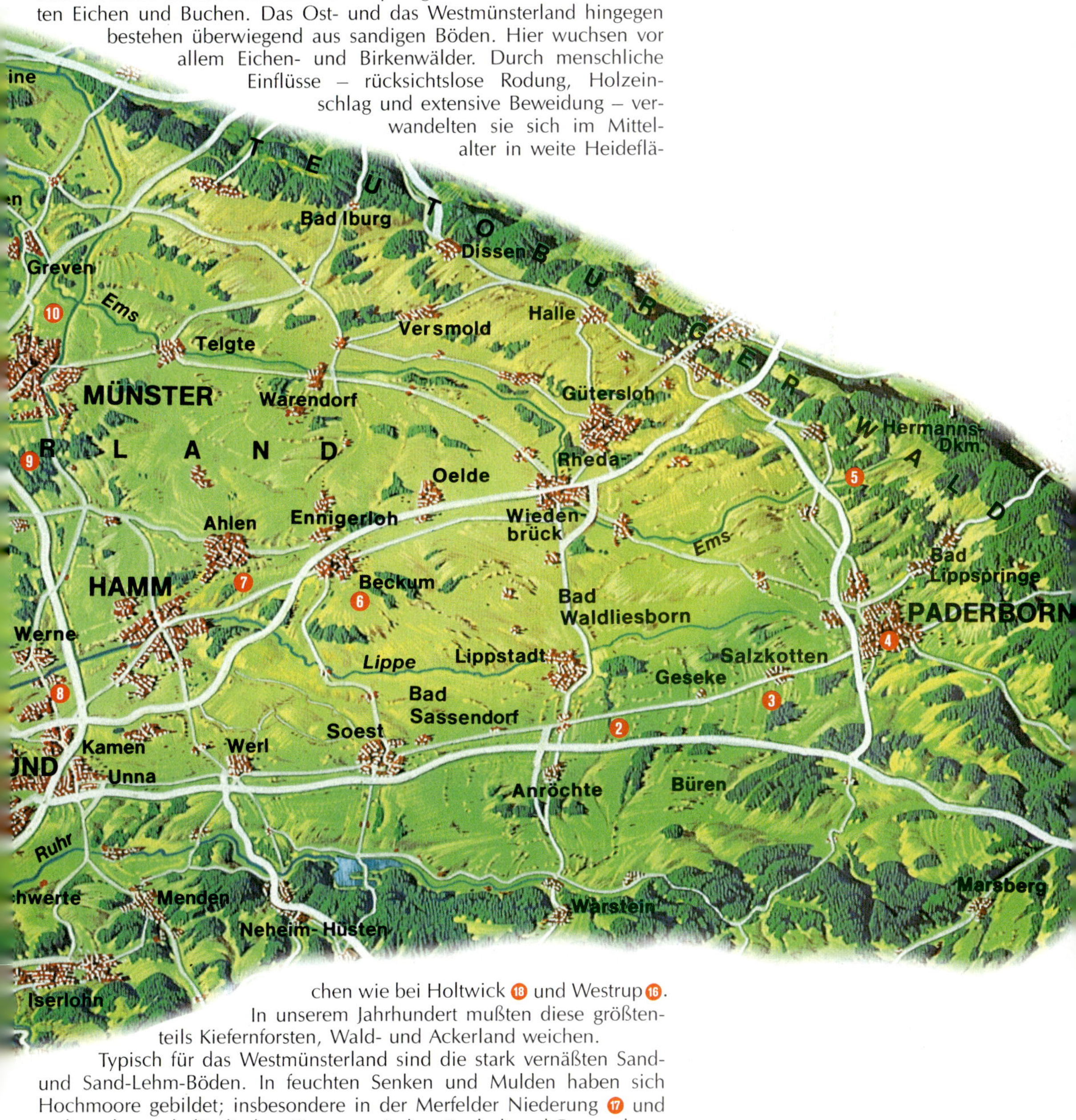

Typisch für das Westmünsterland sind die stark vernäßten Sand- und Sand-Lehm-Böden. In feuchten Senken und Mulden haben sich Hochmoore gebildet; insbesondere in der Merfelder Niederung (17) und entlang der niederländischen Grenze zwischen Bocholt und Gronau kann man sie finden.

Quellen am Dom

Ein seltenes Phänomen findet man am östlichen Rand des Münsterlandes. Hier sprudeln kräftige Karstquellen, die nicht nur vom normalen Sickerwasser, sondern auch von versickerten Bächen gespeist werden. Auf den Karstflächen der Paderborner Hochfläche und des Haarstranggebirges versickern sie im klüftigen Kalk, fließen unterirdisch weiter und stoßen dann am Rand des Münsterlandes auf die wasserundurchlässigen Emscherschichten. Unter Druck steigt das Wasser nach oben und schießt förmlich aus dem Boden heraus. Das erstaunliche Ergebnis sind solche Quellenschwärme wie die der Heder bei Upsprunge ❸ oder die der Pader mitten im Zentrum von Paderborn ❹. Beide Quellenschwärme sind einen Besuch wert.

Tradition und Fortschritt
Die Menschen, die das Land unter großen Mühen über Jahrhunderte hinweg kultivierten, sind besonders stolz auf ihre Heimat und ihre Traditionen. »Du sollst auf alle Neuerungen schimpfen und hübsch beim alten bleiben«, heißt es im Katechismus der Münsterländer aus dem Jahr 1835. Inzwischen freilich zeigen sich auch die Münsterländer modernem Denken aufgeschlossen: Im Naturschutz etwa, wie die Renaturierung von Mooren ⓫ oder die Schaffung eines großen Vogelreservats in den Rieselfeldern von Münster ❿ beweisen.

Route 1 Südöstliches Münsterland

Schwarzes Gold und viele Quellen

❶ Kemnader Stausee

Noch immer denken viele beim Stichwort »Ruhrgebiet« an eine triste Industrielandschaft – wie falsch sie damit liegen, zeigt der Blick auf das Ruhrtal südlich von Bochum. Der 125 ha große Kemnader See etwa, der jüngste unter den Ruhrstauseen, hat sich zu einem ornithologischen Paradies entwickelt, an dem man vor allem im Winterhalbjahr ganz hervorragend Vögel – auch seltene Arten wie den Flußregenpfeifer oder den Kiebitz – beobachten kann (Fernglas!). Im Sommer suchen hier viele Menschen Erholung, entsprechend überlaufen sind die Ufer an schönen

Route 1
Südöstliches Münsterland
Die ca. 250 km lange Route führt vom östlichen Ruhrgebiet zur Paderborner Hochfläche und zurück. Herausragend im östlichen Teil des Münsterlandes sind die zahlreichen Quellgebiete wie z.B. in Paderborn ❹ oder die Emsquelle ❺ im einsamen Sennegebiet.
Streckenverlauf:
Von der A 43 über die Ausfahrt Witten-Herbede direkt zum Kemnader See ❶; zurück zur A 43 Richtung Recklinghausen, am Kreuz Bochum/Witten rechts auf die A 44 bis zum Kreuz Dortmund/Witten, rechts auf die A 45 bis zum Westhofener Kreuz, weiter auf der A 1 Richtung Münster bis Ausfahrt Unna-Zentrum, rechts auf die B 1 über Werl, Soest und Erwitte nach Eikeloh zum Pöppelschetal ❷; weiter auf der B 1 bis Salzkotten, dort rechts ab nach Upsprunge ❸; zurück auf die B 1 und weiter nach Paderborn ❹; auf der A 33 Richtung Bielefeld bis zur Ausfahrt Stukenbrock-Senne, über die B 68 und eine Landstraße zur Emsquelle ❺; anschließend zurück und weiter nach Hövelhof, von dort über Landstraßen nach Rietberg und weiter bis zur B 61 kurz vor Rheda-Wiedenbrück, auf der B 61 Richtung Beckum ❻; über Beckum auf die B 58 nach Ahlen ❼; von dort nach Süden wieder auf die B 61, über Hamm nach Kamen, rechts auf die B 233 in Richtung Werne, durch Bergkamen in den Stadtteil Rünthe mit dem Beversee ❽.

Tagen. Aber irgendwo auf dem 30 km langen Wander- und Radwegenetz (darunter der 10 km lange Seerundweg) findet man immer ein ruhiges Plätzchen zum Verschnaufen.
Von der Burg Blankenstein (ab Autobahnausfahrt Witten-Herbede ausgeschildert) hat man einen herrlichen Blick über Tal und See; am Südufer verkehrt übrigens manchmal (jeden 1. So April–Okt.) eine Museumseisenbahn.

2 Pöppelschetal

Ein Hochwasser-Rückhaltebecken in einem Trockental? Im Pöppelschetal bei Eikeloh im Gebiet des Haarstrang-Höhenzugs klärt sich der scheinbare Widerspruch auf. Im Sommer trocknet das Flüßchen oft völlig aus, normale Niederschlagsmengen versickern im hellen Kalkstein, der hier unter einer dicken Lößschicht ansteht. Nur ein paarmal im Jahr – nach heftigen Regenfällen – kann das klüftige Gestein das Wasser nicht »schlucken«, dann schießt es durch das an manchen Stellen nur 2–5 m tiefe und 10–30 m breite Tal und droht die benachbarten Felder und Wiesen zu überschwemmen.
So kommt man am besten im Sommer (kurz vor Eikeloh rechts zum Parkplatz »Trimmpfad«, unter der Autobahn hindurch zum Rückhaltebecken) und wandert im ausgetrockneten Bachbett; da und dort sieht man Findlinge, die die Eismassen der älteren Eiszeiten aus Skandinavien hierher verfrachtet haben. Bücken lohnt sich: Im Bachschotter liegen oft freigewaschene Versteinerungen.
Die Tierwelt ist ungewöhnlich reich, so sitzen hier Bussard, Milan und Habicht auf eigens für sie aufgestellten Holzgerüsten und lauern auf Mäuse; sie halten – auch im Interesse der Bauern – die lästigen Nager in Schach. Zudem leben hier einige gefährdete Fledermausarten; vor allem ihretwegen wurde ein Teil des Tales unter Naturschutz gestellt.

3 Hederquellen

Rund 20 winzige Quellen bilden das faszinierende Hederquellgebiet in Upsprunge. Direkt hinter der Brücke folgt man dem Schild »Insel«, hält sich rechts und stellt den Wagen ab. Zu Fuß gelangt man über einen Pfad

Eine Rundfahrt auf dem Kemnader Stausee kann man vom Hafen Heveney in Bochum-Querenburg aus unternehmen.

Wahrzeichen des Bergbau-Museums in Bochum ist der 68 m hohe Förderturm mit seiner Aussichtsplattform.

Schwarzes Gold – gestern und heute
Das »schwarze Gold«, die Steinkohle, wird nicht mehr nur im Ruhrgebiet, sondern inzwischen auch im Münsterland abgebaut, wo die Kohlenflöze weit unter die aufliegenden Kreideschichten abtauchen und die Förderung entsprechend mühsam ist. Wer wissen will, wie die Kohle aus der Erde kommt, kann sich im Deutschen Bergbau-Museum in Bochum (Abstecher von 1) umfassend informieren. Geschichte und Gegenwart des Bergbaus in Deutschland und in der ganzen Welt werden hier dokumentiert. Anhand von Originalmaschinen aus Bergwerken und betriebsfähigen Modellen kann man sich ein erstes Bild verschaffen, bevor man selbst »einfährt«: Im Besucherbergwerk mit seinem 2,5 km langen Stollennetz sind alle Einrichtungen originalgetreu nachgebildet, so daß sich der Besucher in einer echten Zeche wähnt (Deutsches Bergbau-Museum, Am Bergbaumuseum 28, W-4630 Bochum; Di–Fr 8.30–17.30, Sa, So, Fei 9–13 Uhr geöffnet; ☎ 02 34/5 87 70).

Zu Fuß durch die Erdgeschichte
Südlich des Bochumer Stadtzentrums, nur ein paar Autominuten vom Kemnader See ❶ entfernt, liegt inmitten einer Grünanlage an der Querenburger Straße der Geologische Garten, ein Naturdenkmal, das seinesgleichen sucht.
Im Steinbruch der ehemaligen Zeche Friederica kann man den Gegensatz zwischen den steilstehenden Schichten des Oberkarbons und den flachliegenden Schichten der Oberkreide erkennen; hier grenzen das Grundgebirge und das Deckgebirge unmittelbar aneinander. Ein Fußweg beginnt am Informationspavillon und führt u.a. an versteinerten Pflanzen und Tieren, an fossilen Baumstümpfen und sogar an der Fußspur eines Kleinsauriers vorbei (Querenburger Straße, W-4630 Bochum; der Garten ist immer zugänglich, Anmeldung für Gruppen ☏ 02 34/ 54 75-280).

zu einer alten Wassermühle. Direkt dahinter liegt ein kleiner Teich; bald erkennt man, warum das Gebiet »Insel« heißt: Überall fließt Wasser, es kommt unter einer Scheune hervor, plätschert scheinbar kreuz und quer in alle Richtungen. Seit 1895 wissen die Experten, woher das Wasser kommt. Durch Färbeversuche haben sie festgestellt, daß es sich um das Wasser der Alme handelt, die beim Dorf Brenken in einem Schluckloch verschwindet. Unterirdisch sammelt es sich in sogenannten Stau- oder Barrierequellen und springt mit ungewöhnlicher Kraft an die Erdoberfläche – keine Frage also, wie der Name Upsprunge entstanden ist.
Folgt man dem schmalen Fußweg, der von Ruhebänken gesäumt wird, gelangt man an die Durchgangsstraße. Hier hält man sich rechts, biegt nach wenigen Metern rechts in die Kirchstraße und dann noch einmal rechts in die Königsgasse ein, und schon steht man wieder vor einem rasch dahinfließenden Hederarm. Erneut rechts gelangt man über eine kleine Fußgängerbrücke wieder zum Auto.

❹ Paderquellen

Besonders eindrucksvoll zeigt sich das Phänomen der Karstquellen in Paderborn. Man folgt der Ausschilderung zur Paderhalle und parkt den Wagen auf dem Maspernplatz gegenüber der Halle. Von hier wandert man an der Pader entlang Richtung Dom. Neben dem Weg »Rothoborn« steht eine Informationstafel; hier erfährt man, daß es insgesamt sechs Quellbecken mit zusammen 200 Quellen gibt, die sich in die fünf Arme der Pader ergießen. Die Gesamtschüttung ist ungewöhnlich groß: Durchschnittlich 5000, teilweise aber bis zu 9000 l Wasser sprudeln pro Sekunde hervor – eine Menge, die 50 bis 60 Badewannen füllen würde.
Auf dem Rückweg biegt man links zur Abdinghof-Kirche ein. Unterhalb ist ein Teil der Quellen in einer Parkanlage zu besichtigen.
Das Wasser hat einen weiten Weg hinter sich, der zwei bis vier Tage dauert. Der klüftige Kalkboden im Karstgebiet der Paderborner Hochfläche im Süden der Stadt schluckt sowohl die Niederschläge als auch einige aus dem regenreichen Eggegebirge zufließende Bäche. Unter der Erdoberfläche strömt das Wasser talwärts, um unterhalb des Doms an der Grenze zwischen Flachland und Hochfläche nach oben gelenkt zu werden, weil eine undurchlässige Mergelschicht den Weg versperrt. Hier schießen die Wassermassen mit Druck nach oben, bilden gemeinsam die Pader und haben doch keine eigenständige Zukunft: Schon nach 4 km mündet die Pader in die Lippe!

❺ Emsquelle

Immer wieder treffen wir auf unserer Tour auf die Ems, die durch das gesamte Münsterland und durch Niedersachsen nach Emden fließt, um

Geologischer Garten Bochum: Im Informationszentrum der Stadt gibt es eine Broschüre für Kinder; sie macht die Kleinen mit den vielen vom Weg aus erkennbaren Geheimnissen der Erdgeschichte und der Fossilienkunde bekannt.

nach 371 km als beachtlicher Fluß in den Dollart und die Nordsee zu münden. Ihre Quelle im Naturschutzgebiet Moosheide in der Senne ist dagegen eher unscheinbar. Von der Ausfahrt Stukenbrock-Senne der A 33 in Richtung Hövelhof fahrend, biegt man etwa 2 km vor dem Ort links in den Steinweg ab; nach Überquerung der A 33 geht es links ab zum Parkplatz »Moosheide«, von dort sind es noch ca. 400 m Fußweg zur Quelle. An einer Informationstafel erfahren Sie, wie die Senne entstanden ist: Schmelzwässer der Saale-Eiszeit hinterließen vor etwa 180000 Jahren ihre Sander-Ablagerungen und schufen den Grund für die typische Heidelandschaft mit Wacholder, Erika, Birken und Kiefern.
Die Quelle entspringt im Wurzelbereich einer alten Eiche, direkt daneben lädt eine Bank zur Rast ein. Auf dem ersten Kilometer fließen dann der Ems noch so viele Bächlein zu, daß sie schon bald eine Breite erreicht, die eines Flusses »würdig« ist.

Münsterland – Pferdeland: Die Kinder haben die größte Freude, wenn das Pony eingespannt ist und über die ebenen Wege dahintrabt.

6 Beckumer Berge

Im Münsterland ist man nicht anspruchsvoll, wenn es um Höhenzüge geht. Und so heißen die sanften Hügel südlich von Beckum etwas hochtrabend »Beckumer Berge«.
Im Osten lockt zunächst der Kreuzbusch, ein wunderschöner Buchenwald mit reichem Unterwuchs am Hang des Burgbergs (Oelde-Stromberg auf der Burgstraße durch den Paulusturm verlassen). Ein herrlicher Ausblick aufs Münsterland mit seinem parkähnlichen Weideland, den Hekken und Einzelgehöften belohnt die Mühen des Aufstiegs. Ganz besonders reizvoll ist der Kreuzbusch zur Zeit der Waldmeisterblüte im Mai, wenn die weißen Blütenquirle aus dem Grün hervorleuchten.
Der höchste der Beckumer Berge ist mit 173 m der Mackenberg (von der B 61 rund 7 km vor Beckum links abbiegen bis zu einem Parkplatz am Rand des Naturschutzgebiets); im ehemaligen Kalksteinbruch wachsen heute viele seltene Pflanzen, darunter mehrere Orchideen- und Enzianarten. Den Boden bedecken Halbtrockenrasen und spitzdorniges Weißdorngesträuch, Brutstätte u.a. für den Neuntöter.
Auf dem Höxberg (165 m) steht die 23,3 m hohe Soestwarte, Teil der mittelalterlichen Stadtbefestigung von Beckum, Wachturm gegen die kriegerischen Nachbarn aus Soest mit traumhaftem Blick bis zum Haarstrang (in Beckum über die Lippborger Straße, am Hotel »Höxberg« links). Mehrere Wanderwege erschließen von hier das Naherholungsgebiet (mit Wildgehege und Fasanerie).

Wer auf die mittelalterliche Soestwarte steigt (Schlüssel im Hotel »Höxberg«), wird mit einer herrlichen Aussicht auf die Beckumer Berge belohnt.

Vorsichtig lugt das Pirolmännchen, das bis zu 24 cm groß wird, durchs Geäst der Bruchwälder am Beversee.

3000 Tiere auf einen Blick
Einen der vielen Höhepunkte des Freizeitparks Gut Eversum bei Olfen bildet die etwa 3000 Exponate umfassende Tierausstellung (Karfreitag–Ende Okt. tägl. 10–18 Uhr geöffnet; ☏ 025 95/53 55). Die Präparate, allesamt heimische Tiere, sind in ihrer natürlichen Umgebung dargestellt. Mit Hilfe einer elektronischen Informationstafel lassen sich die einzelnen Arten leicht identifizieren. Geplant ist auch eine Insektenausstellung. Die Attraktion – nicht nur für regnerische Tage – liegt etwa auf halbem Weg zwischen dem Beversee 8 und Haltern.

7 Dicker Stein von Ahlen
1911 fanden Ziegeleiarbeiter mehrere Sandsteinblöcke, die während der Eiszeiten aus dem Teutoburger Wald bis nach Ahlen gelangt waren. Der größte, ein 90 t schweres Ungetüm von 5,2 mal 2,8 mal 2,6 m, steht heute als Naturdenkmal unter Schutz. Freilegung und Transport des größten Findlings des Münsterlandes stellten die Ahlener seinerzeit vor Probleme: Vier Tage dauerte es, bis man den Riesen ausgegraben hatte, eine ganze Woche verging mit dem Transport. Heute können Sie den Dicken Stein an der Gabelung Dolberger/Guissener Straße bestaunen (in Ahlen den Schildern Richtung Dolberg folgen).

8 Beversee
Dieser idyllische See entstand eher als Nebeneffekt des Bergbaus: 1940 und 1942 senkte sich der Boden über abgebauten Kohlenflözen, der Beverbach wurde aufgestaut, und die Mulde füllte sich. Viele Wasservögel wie Bläßhühner und verschiedene Entenarten haben in dem waldumstandenen Gewässer, heute Naturschutzgebiet, ein Zuhause gefunden; auf der Wasseroberfläche schwimmen die intensiv gefärbten Blüten der Gelben Teichrose. Den Übergang zum Bruchwald mit Weiden und Erlen bildet ein unwegsames Rohrkolbendickicht. Obwohl nahe an der B 233 gelegen, gibt es hier auch scheue Vögel wie den Pirol.
Zu einer Seeumrundung startet man am besten vom Wanderparkplatz kurz vor Bergkamen-Rünthe aus. Zwei Rundwege führen zu einer hölzernen Plattform, die einen schönen Blick über See und Uferzone gewährt; linker Hand wird das Bild allerdings durch ein Kraftwerk gestört.

Route 2 Zentrales Münsterland

Heideflächen, Moore und Dünen

9 Davert
Zwischen Hamm und Münster liegt ein ausgedehntes, geheimnisvolles Wald-, Heide- und Moorgebiet: die Davert. Man parkt den Wagen z.B. an der B 54, unweit der Abzweigung nach Rinkerode, und folgt den schmalen Wegen in die einsame Landschaft. Vorsicht ist geboten, wenn man das »Hohomännchen« trifft, einen Zwerg, der den Wanderer durch lautes Rufen vom rechten Weg abzubringen versucht.

Die auffällige Gelbe Teichrose gehört inzwischen zu den Kostbarkeiten der heimischen Flora. Dort, wo sie sich wohl fühlt, kommt sie noch in größeren Beständen vor – etwa am Beversee.

Die Landschaft lädt geradezu ein, solche Geschichten zu erfinden: weite Heideflächen mit Wacholder- und Ginsterbüschen, Moore und Krüppelkiefern, über allem eine fast schon unheimliche Stille. Kein Wunder, daß die Menschen hier erst spät siedelten.
Zur Davert gehört auch das eindrucksvolle Venner Moor mit seinen weißen Birkenskeletten – von Rinkerode über Davensberg, Ottmarsbocholt und Venne leicht zu erreichen. Fast 6000 Jahre alt ist dieses wie ein Uhrglas aufgewölbte Hochmoor. Wie fast alle Moore hat man es entwässert und abgetorft. Aber in den aufgelassenen Mulden bildet sich das Moor zurück: Zwischen den gespenstisch wirkenden, kronlosen Baum-

Route 2
Zentrales Münsterland
Die rund 300 km lange Route verläuft durch die Münsterländer Bucht bis zur niederländischen Grenze, bevor sie sich wieder dem Ruhrgebiet zuwendet. Typisch für das Kerngebiet des Münsterlandes sind Moore oder Venns, die überall in der weiten Parklandschaft verstreut liegen.
Streckenverlauf:
Von der A 1 Richtung Münster über die Ausfahrt Ascheberg auf die B 58 Richtung Ahlen, dann links auf die B 54 in Richtung Münster zu den Wanderwegen bei Rinkerode und zum Venner Moor in der Davert ⑨; weiter nach Münster, die Stadt durchqueren und von der Straße Richtung Rheine links ab zu den Rieselfeldern ⑩ im Norden; zurück auf die Straße in Richtung Rheine, über Greven nach Emsdetten mit seinem Venn ⑪; auf der B 481 weiter nach Mesum, dort rechts nach Elte zu den Elter Dünen ⑫; zurück nach Mesum und auf Landstraßen über Clemenshafen nach Wettringen, dort links auf der B 70 über Metelen, Heek und Ahaus in Richtung Stadtlohn, 9 km hinter Ahaus rechts ab über Vreden ins Zwillbrocker Venn ⑬ direkt an der niederländischen Grenze; zurück über Vreden zur B 70, dort rechts nach Stadtlohn und über Borken nach Raesfeld, von dort auf der B 224 nach Erle mit der Femeiche ⑭; weiter über die B 224 bis zur B 58, auf dieser links nach Haltern, dort links halten in Richtung Reken, 4 km auf der Landstraße bis zur Holtwicker Wacholderheide ⑮; zurück nach Haltern und auf der B 58 in Richtung Ahlen am Südufer des Halterner Sees entlang bis zur Abzweigung am Ostzipfel des Sees mit der Westruper Heide ⑯; auf der Landstraße am See-Ende weiter zur B 51, dort rechts nach Dülmen, im Ort links halten nach Merfeld und auf der Straße Richtung Borken zum Merfelder Bruch ⑰; zurück nach Merfeld und links zur B 474, auf dieser links vorbei an Coesfeld nach Rosendahl-Holtwick ⑱; über Rosendahl-Darfeld nach Billerbeck zum Berkelwanderweg durch die Baumberge ⑲.

In den Münsterschen Rieselfeldern sieht man ihn öfter, den bis zu 25 cm großen Rotschenkel.

Im Emsdettener Venn singt noch der Feldschwirl, seiner Art gemäß oft von erhöhter Warte aus.

Der seltene Ziegenmelker kommt ebenfalls im Emsdettener Venn vor.

stämmen wachsen wieder flockiges Wollgras und die Schnabelseggenriede. Ein markierter Rundweg führt durch das Venner Moor.

⑩ Münstersche Rieselfelder

Bis in die siebziger Jahre hinein verrieselten hier die Abwässer der Münsteraner. Viele Vögel ließen sich von der Herkunft der Gewässer nicht abschrecken und akzeptierten sie als Lebensraum. Dem drohte das Aus, als eine Großkläranlage in Betrieb ging: Die Gegend fiel trocken und sollte zum Industriegebiet werden. Eine Bürgerinitiative erreichte nach langen Verhandlungen, daß das Land Nordrhein-Westfalen ein gutes Drittel der 600 ha großen Fläche von der Stadt pachtete und für die Vogelwelt zur Verfügung stellte. Die bedankte sich auf ihre Weise: Rund 250 verschiedene Arten wurden in den letzten Jahren hier festgestellt, darunter viele, die auf der Liste der bedrohten Arten stehen. Manche bleiben nur ein paar Tage, andere während des ganzen Sommers. Sie rasten, mausern, brüten – die herausragende Bedeutung der Rieselfelder ist kaum zu überschätzen.

Für den Erhalt des inzwischen mit dem Ehrentitel »Europareservat« ausgezeichneten Gebiets ist es allerdings nötig, daß es mit großem Mittel- und Materialeinsatz feucht gehalten wird; ein unerwünschtes Zuwachsen der Wasserflächen verhindern die zum großen Teil ehrenamtlich tätigen Mitarbeiter, so daß Wat- und Wasservögel nach wie vor gute Bedingungen finden: Bekassinen und Kampfläufer, Kiebitze und Rotschenkel sind hier anzutreffen. Der Pachtvertrag läuft bis 1997 – bleibt zu hoffen, daß er verlängert wird: im Interesse der Vögel, aber auch wegen der vielen Besucher, die sich an dem Naturraum aus Menschenhand erfreuen.

Die Anfahrt erfolgt über den Schiffahrter Damm (B 481) Richtung Greven; kurz nach der Abzweigung nach Handorf führt der Hessenweg links ab über den Dortmund-Ems-Kanal direkt zum Parkplatz an der Biologischen Station. Einzelne Abschnitte erwandert man am besten unter Benutzung der Beobachtungstürme (Fernglas!). Für andere Bereiche empfehlen die Naturschützer das Auto, da es wie ein Tarnzelt wirkt; damit man auch gut sieht, werden an einigen Stellen sogar Schneisen im Schilf freigehalten.

⑪ Emsdettener Venn

Als typisches Hochmoor präsentiert sich das Emsdettener Venn, etwa 4 km westlich des gleichnamigen Ortes gelegen. Zwar umfaßt das Moor mit 92 ha nur knapp ein Viertel des gesamten Venns, doch ist auch der Rest des Gebiets weitgehend unberührt oder renaturiert. Parkt man den Wagen am Wanderparkplatz an der Neuenkirchener Straße, kann man entweder einen großen Rundweg um das Naturschutzgebiet wählen oder auf einem befestigten Weg gerade hindurchwandern.

Noch vor einigen Jahren balzten hier die Birkhähne; sie sind zwar verschwunden, doch noch immer hat das Venn eine interessante Tierwelt zu bieten: Bekassine und Großer Brachvogel leben hier, selbst den Ziegenmelker und den sehr seltenen Feldschwirl kann man hören oder gar sehen. Den nicht abgetorften Kern stellte man unter Naturschutz, und so bewahrte sich ein Teil der typischen Moorvegetation mit den weißblü-

In der Biologischen Station bei den Münsterschen Rieselfeldern können sich interessierte Besucher über das Feuchtbiotop informieren.

<u>*Die Biologische Station*</u>

Bevor man sich auf den Weg durch die Münsterschen Rieselfelder ⑩ macht, sollte man die Ausstellung in der Biologischen Station besuchen. Hier erfährt der Besucher, wie die Rieselfelder entstanden sind, wie sie instand gehalten werden, welche Vogelarten wann anzutreffen sind. Wer nie zuvor einen Kampfläufer oder eine Uferschnepfe gesehen hat, kann zunächst ein präpariertes Exemplar in Augenschein nehmen, damit er das Original in freier Wildbahn wiedererkennt. Für Gruppen bieten die Mitarbeiter der Biologischen Station auch Führungen an (geöffnet tägl. 9–18, im Sommer oft 9–22, Okt.–März Sa und So 9–18 Uhr; ☏ 0251/248172).

henden Wollgräsern, Moosbeeren, Pfeifengras und Torfmoos in dem lichten Bruchwald, immer wieder unterbrochen durch bläulich schillernde Wassertümpel.

⑫ Elter Dünen

Dünen im Binnenland? Ja, und zwar Flußdünen, die sich vor allem am Ostufer der Ems entlangziehen, wie etwa die Elter Dünen, die man vom kleinen Ort Elte aus erreicht (am Ortsende rechts, gegenüber der Tankstelle in die Straße Flöddert und noch einmal rechts in die Roßstraße). Auf einer Informationstafel am Wanderparkplatz sind die verschiedenen Wanderwege verzeichnet.

Die Dünen im Gebiet Flöddert und die nördlich von Elte gelegenen Dünen im Wilden Weddenfeld entstanden nach den Eiszeiten, als sich die Ems aus ihrem Urstromtal zurückzog und große Talsandmengen austrockneten. Der Wind wehte den Sand hin und her, da und dort sammelte er sich – die Düne war geboren. Im Wilden Weddenfeld kann man diese Flugsandbewegungen noch heute beobachten.

⑬ Zwillbrocker Venn

Nur einen halben Kilometer von der niederländischen Grenze entfernt liegt eines der ältesten Naturschutzgebiete Deutschlands, das Zwillbrokker Venn. Sie parken an dem langen Parkstreifen vor der Kirche von Zwillbrock und besuchen am besten zuerst die Biologische Station, die in der ehemaligen Dorfschule auf der anderen Straßenseite untergebracht ist. Hier erfahren Sie alles Wissenswerte über das Venn, bevor Sie wieder die Straße überqueren und den eichengesäumten Weg zum Naturschutzgebiet nehmen. Ein 6 km langer Rundweg führt um das ehemalige Hochmoor herum, das zwar abgetorft wurde, sich inzwischen aber weitgehend renaturiert hat.

Von einer Aussichtskanzel am Lachmöwensee haben Sie einen weiten Blick über das gesamte Gebiet: Sie können die Lachmöwenkolonie beobachten, aber auch Zwergtaucher, Austernfischer, Brachvögel, Schnepfen und seltene Entenarten sehen. Sogar wildlebende Flamingos gibt es: Sie sind vermutlich aus einem Zoo oder Vogelpark ausgerissen und brüten seitdem regelmäßig hier; den Winter verbringen sie vermutlich in der wärmeren Rheinebene.

Wenn Sie nicht nur bis zur Kanzel gehen, sondern den ganzen Rundwanderweg ablaufen, wird Ihnen vielleicht auch die Moorschnuckenherde begegnen, die zur Renaturierung des Moores eingesetzt wird – die hornlosen Schafe halten den Bewuchs niedrig.

Vögel aus aller Herren Länder
450 Vogelarten aus allen Kontinenten leben im Vogelpark Metelener Heide, an der B 70 auf dem Weg von den Elter Dünen ⑫ zum Zwillbrocker Venn ⑬ gelegen. Es gibt eine Freiflughalle mit Wasserfall, ein Tropenhaus, eine Greifvogel-Voliere, eine Ara-Anlage und eine Rassegeflügel-Station; vom winzigen Kolibri bis zum Vogel Strauß kann der Besucher viele Vögel in nahezu natürlicher Umgebung bewundern. Auf dem Gelände befinden sich auch ein Naturlehrpfad und eine Naturschutz-Dauerausstellung (im Sommer 9–19, im Winter 9 Uhr bis Sonnenuntergang geöffnet; ☎ 0 25 56/3 00).

Nicht umsonst gilt das Zwillbrocker Venn nahe der niederländischen Grenze als eines der – vor allem für Vogelfreunde – interessantesten Naturschutzgebiete Westfalens. Hier brüten alljährlich Tausende von Lachmöwen.

Paradies der Radler: Pättkes
Ein Pfad heißt im Plattdeutschen »Patt«, und weil die Münsterländer die idyllischen Wege lieben, auf denen man so herrlich radeln kann, nennen sie sie liebevoll »Pättkes«. Weit über 9000 km radelbare Wege abseits des Autoverkehrs gibt es im Münsterland, an etwa 120 Leihstationen kann man Fahrräder oder Tandems mieten. Wundern Sie sich nicht, wenn der Verleiher so seltsam klingende Worte wie Leetze, Scheese, Knetemann oder Flitzepee ins Gespräch bringt – gemeint ist immer ein Fahrrad.
Wer das Münsterland pedaltretend kennenlernen will, orientiert sich am besten mit Hilfe einer Radwanderbroschüre, die die Münsterland Touristik »Grünes Band«, ☏ 02551/5099, herausgibt. Sie enthält Tourenvorschläge sowie Anschriften von Verleihern und Anbietern organisierter Pättkesfahrten.

14 Femeiche von Raesfeld

In ihren frühen Jahren war sie wohl Teil eines großen Eichenwaldes, doch das ist lange her – rund 1500 Jahre, schätzen die Wissenschaftler. Damit wäre sie der älteste Baum Deutschlands. Heute steht die Femeiche – oder besser das, was von ihr übrig ist – inmitten eines Neubaugebiets des Dorfes Erle bei Raesfeld. Der Weg ist ab der Ortsmitte ausgeschildert, man parkt vor einem Kindergarten und erreicht den Methusalem nach wenigen Metern. Es ist kaum zu glauben, daß ein so maroder Baum, der mehrfach von Baumchirurgen behandelt werden mußte und von vielen Holzbalken abgestützt wird, überhaupt noch austreibt. Doch er tut es. Einer Informationstafel ist zu entnehmen, was die Femeiche während ihres langen Lebens gesehen hat, welche Scharmützel unter ihren Zweigen ausgetragen wurden, wann unter ihrem Blätterdach im Mittelalter das Femegericht getagt hat und Verbrecher abgeurteilt wurden.

15 Holtwicker Wacholderheide

Am Südostrand des Naturparks Hohe Mark liegt unweit des kleinen Ortes Holtwick das 6 ha große Naturschutzgebiet Holtwicker Wacholderheide. Viele Wege (sandig!) führen durch das reizvolle Gebiet, in dem etwa 1000 Wacholdersträucher von teilweise mehr als 5 m Höhe wachsen. Daß der Wald, der hier vor langer Zeit stand, langsam wieder vorrückt, erkennt man an den vielen jungen Eichen, Birken und Buchen. Nicht nur am Wanderparkplatz (von Holtwick ausgeschildert) findet man Informationstafeln, auch unterwegs sind immer wieder Schilder angebracht, die Auskunft über Bäume, Sträucher und Pilze geben. Im Frühling hört man häufig den Gesang der Heidelerchen.

16 Westruper Heide

Wenige hundert Meter vom Ostufer des Halterner Stausees entfernt beginnt das Naturschutzgebiet Westruper Heide (mehrere Parkplätze ausgeschildert). Auf uralten Dünen stehen beeindruckende Wacholdergruppen; im ganzen Gebiet wachsen lichte Kiefernwälder über einer bodenbedeckenden Zwergstrauchheide – ein trockener Pflanzenstandort also, der jedoch gefährdet ist.
Vor Jahrzehnten schon versuchte man, das Wiedervorrücken des Laubwaldes mit Hilfe einer Heidschnuckenherde aufzuhalten – vergeblich. Inzwischen werden die jungen Laubbäume, vor allem Birken, von Hand entfernt, denn sie würden den Heidecharakter schnell zerstören. Außerdem laufen wissenschaftliche Untersuchungen, wie man die typische Heidevegetation weiter erhalten kann.

Die Femeiche von Raesfeld ist mit ihren rund 1500 Jahren vielleicht der älteste Baum Deutschlands. Einst soll hier Femegericht gehalten worden sein.

⑰ Merfelder Bruch

Wenn der Boden unter den Hufen der 250 Wildpferde bebt, dann glaubt man nicht, in Mitteleuropa zu sein; aber die Szene ist echt im 283 ha großen Merfelder Bruch westlich von Dülmen. Durch Wald, Moor und Heide streifen im natürlichen Herdenverband die Tiere, die – zugegeben – keine »richtigen« Wildpferde sind, sondern »Wildlinge«, etwa 1,30 m hohe, braune, robuste Tiere, die so schon vor Jahrhunderten hier lebten. Am letzten Samstag im Mai ist Auftrieb; dann werden die einjährigen Hengste von der Herde getrennt, eingefangen und an Zoos und Tierparks versteigert. Doch auch an jedem anderen Tag lohnt der Besuch im einzigen Wildgestüt des europäischen Kontinents (zugänglich bei schönem Wetter März–Okt. Sa, So, Fei 10–18 Uhr). Die Zufahrt erfolgt von der Straße Merfeld–Borken, ca. 4 km hinter Merfeld links ab (Schranke!).

⑱ Holtwicker Ei

Mit Steinwürfen versuchte einst der Teufel, der Ausbreitung des Christentums Einhalt zu gebieten – so auch, als er von Norden kommend die kleine Holzkirche von Rosendahl-Holtwick sah. »Holt wiek, oder ik smiet« – »Holz, weiche zurück, oder ich werfe«, rief der Teufel aus. Doch der Stein, den er im Ärmel trug, war so schwer, daß er damit nicht über den alten Eichenwald springen konnte. Also versuchte er, die Kirche aus der Ferne zu treffen. Der Stein flog aber nicht weit, sondern schlug mit großer Wucht in den Boden ein. So weit die Legende.
Wissenschaftler haben da eine nüchternere Erklärung: Der Granitblock stammt aus dem schwedischen Filipstad und wurde während der Saale-Eiszeit von den Eismassen hierher geschoben. Die Einheimischen nennen den weitgereisten, an den Kanten abgerundeten Findling etwas respektlos kurz Holtwicker Ei. Man findet den fast 20 t schweren Block, wenn man von Dülmen auf der B 474 nordwärts bis Rosendahl fährt. Hier folgt man der Straße nach Holtwick, wo der Weg zum »Ei« ausgeschildert ist.

⑲ Baumberge

Rund 20 km westlich von Münster erhebt sich aus dem Flachland eine Hügelkette: die Baumberge, ein Plateau aus Sandsteinen der Kreidezeit. Das Gebiet zwischen Havixbeck, Nottuln, Coesfeld, Schöppingen und Horstmar ist stark bewaldet und fruchtbar. Auf der höchsten Erhebung, dem 186 m hohen Westerberg, steht seit fast 100 Jahren der Longinusturm, aus Baumberger Sandstein gebaut, von dem man einen herrlichen Rundblick über die Baumberge hat. Wer's bodenständiger liebt, kann von jedem der genannten Orte aus über gute Wanderwege durch die Baumberge spazieren. Besonders hübsch ist der Berkelwanderweg bei Billerbeck: Etwa 5 km führt er am Flüßchen Berkel entlang, das inmitten eines feuchten, riedumstandenen Tümpels entspringt – Brutstätte für zahlreiche Stockenten, aber auch Lebensraum für Algen und andere wasserliebende Pflanzen (Berkelwanderweg: in Billerbeck in die Straße An der Berkel einbiegen, dort den Wagen abstellen).

Das Holtwicker Ei, ein riesiger Granitfindling, ist während der Eiszeiten ins Münsterland gelangt.

Das Dahliendorf Legden
Kurz hinter Rosendahl, nur einen Steinwurf vom Holtwicker Ei ⑱ entfernt, liegt das Dahliendorf Legden, das sich im August und September in blumiger Schönheit präsentiert. Auf riesigen Feldern blühen Tausende und aber Tausende farbenprächtiger Dahlien. Angelegt werden die Felder von einer Großgärtnerei, der es dabei vor allem auf die Gewinnung der Knollen ankommt.
Fast noch interessanter als die blühenden Felder ist der Kinder-Blumenkorso, der alle drei Jahre (das nächste Mal 1993) im September stattfindet. Mit Dahlien geschmückte Wagen ziehen durch die Straßen, Einheimische und Besucher jubeln der kleinen Dahlienkönigin zu (Informationen beim Verkehrsverein Legden, ☎ 02566/4004).

Diese »tierische« Sensation dürfen Sie auf keinen Fall versäumen: die grandiose Wildpferd-Herde im Merfelder Bruch bei Dülmen, dem einzigen Gelände in Deutschland, wo Pferde frei leben und sich ihre Nahrung selber suchen.

Wie langgezogene grüne Drachenkämme durchziehen Teutoburger Wald, Eggegebirge und Wiehengebirge das östliche Westfalen. Einsame Wälder, wiesenbedeckte Täler und bizarre Felsen wie hier die berühmten Externsteine bei Detmold prägen die Landschaft.
Der alte »Osning« erhielt einen neuen Namen, als man im 17. Jahrhundert den Bericht des römischen Geschichtsschreibers Tacitus über die

Schlacht des Varus im »Teutoburger-Wald-Gebirge« fand. Den genauen Ort des kriegerischen Geschehens hat man bis heute nicht entdeckt. Wer sich aber auf die Spuren der Römer und Germanen begibt, kann hier auf vielen hundert Kilometern Wanderwegen neben Ruhe und Erholung auch Saurierfährten, seltene Blumen, versteckte Moore und 300 Millionen Jahre alte versteinerte Pflanzen finden.

13 Teutoburger Wald und Wiehengebirge

Drachenkämme und Saurierspuren

Lage Zwischen der Diemel im Süden und dem Mittellandkanal im Norden; im Westen an das Münsterland angrenzend, im Osten an das Weserbergland
Ausdehnung Nordwest–Südost ca. 130 km; West–Ost zwischen ca. 90 km im Norden und 10 km im Süden
Länder Nordrhein-Westfalen, im Norden Niedersachsen
Höchste Erhebungen Im Eggegebirge: Preußische Velmerstot 468 m; im südlichen Teutoburger Wald: Barnacken 446 m und die Grotenburg 386 m; im nördlichen Teutoburger Wald: Dörenberg 331 m; im Wiehengebirge: Heidbrink 320 m
Wichtigste Flüsse Hase, Hunte, Else
Landschaftsformen Mittelgebirge mit Kämmen, Längs- und Quertälern, Hügelland, im Norden Abfall zum Norddeutschen Tiefland
Naturparks Naturpark Eggegebirge und Südlicher Teutoburger

Im »Heilgarten Deutschlands«
In die weite, ebene Fläche des Norddeutschen Tieflandes ragen die Bergketten des Teutoburger Waldes und das Wiehengebirge tief hinein. Die beiden Mittelgebirge sind am Wochenende vielbesuchte Ausflugsziele. Attraktionen wie die Externsteine ⓯, das Hermannsdenkmal, die Dörenther Klippen ❶ oder die Saurierspuren bei Barkhausen ❺ ziehen Hunderttausende von Besuchern an. Doch das Netz der Wanderwege ist so lang, daß man oft nur wenige Gehminuten von den Sehenswürdigkeiten entfernt schon in die erholsame Ruhe des Waldes eintauchen kann. Besonders still ist es im Eggegebirge. Auf seinem wichtigsten Wanderweg, dem Eggeweg, kommt man durch kaum einen Ort, begegnet selbst im Sommer selten einem Menschen. Ruhe und Erholung finden alljährlich auch Tausende von Kurgästen. Entlang den Bergen sprudeln zahlreiche Heilquellen aus dem Boden. Viele der Orte an den Bergkämmen haben wegen ihrer klimatisch günstigen Bedingungen den Status von Luftkurorten erhalten. So gilt das Gebiet um den Teutoburger Wald auch als »Heilgarten Deutschlands«.

Ein geologisches Puzzle
Obwohl meist nur wenige Kilometer breit, ist der Teutoburger Wald in Längstäler und Kämme gegliedert. Die Bäche, die auf seinen Höhen entspringen, haben tiefe Quertäler, die sogenannten Dören, hineingeschnitten. Die Entstehung dieses Drachenkamms ist recht kompliziert, sein geologischer Aufbau verwirrend – kein Wunder, daß schon dicke Bücher darüber geschrieben worden sind.
Zunächst war dort, wo heute Berge sind, flaches Land. Urweltliche Sumpfwälder wurden zu Kohlenflözen, Meere überfluteten das Gebiet. Aus abgelagertem Schlamm und Sand bauten sich mächtige Gesteinsschichten auf. Vor rund

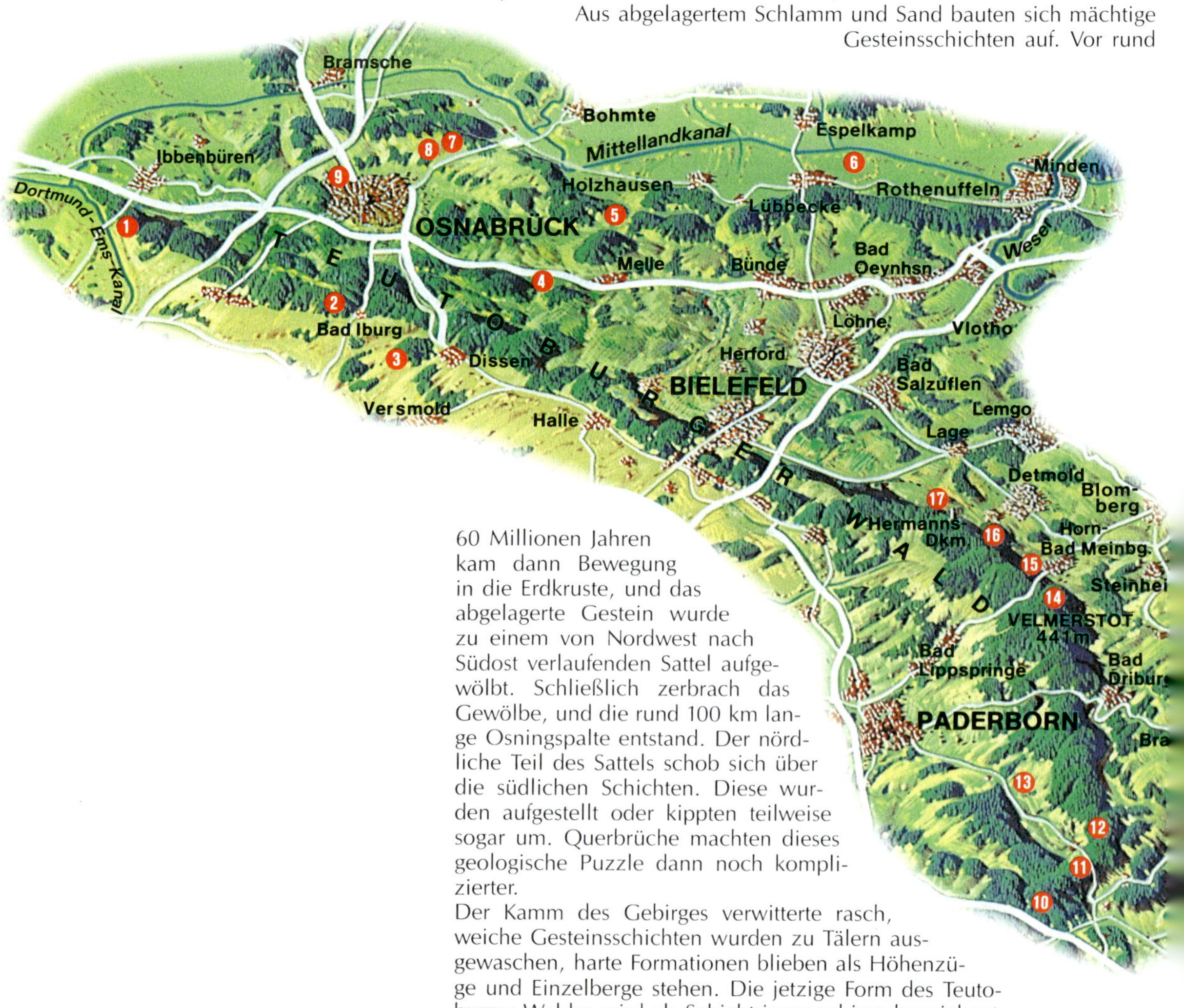

60 Millionen Jahren kam dann Bewegung in die Erdkruste, und das abgelagerte Gestein wurde zu einem von Nordwest nach Südost verlaufenden Sattel aufgewölbt. Schließlich zerbrach das Gewölbe, und die rund 100 km lange Osningspalte entstand. Der nördliche Teil des Sattels schob sich über die südlichen Schichten. Diese wurden aufgestellt oder kippten teilweise sogar um. Querbrüche machten dieses geologische Puzzle dann noch komplizierter.
Der Kamm des Gebirges verwitterte rasch, weiche Gesteinsschichten wurden zu Tälern ausgewaschen, harte Formationen blieben als Höhenzüge und Einzelberge stehen. Die jetzige Form des Teutoburger Waldes wird als Schichtrippengebirge bezeichnet.

Blühende Kostbarkeiten
Die Vielfalt von unterschiedlichen Böden, Höhenlagen und Witterungsbedingungen bietet den verschiedenartigsten Pflanzengesellschaften Lebensmöglichkeiten. Auf kalkreichen, trockenen Standorten an Südhängen gedeihen die Kalkhalbtrockenrasen, Pflanzengemeinschaften mit Orchideen und Thymian, Deutschem Enzian und Gräsern. In düsteren, feuchten Blockmeeren wachsen Moose und Bärlapp, und in hellen Buchenwäldern blühen im Frühjahr Teppiche von blauen Leberblümchen, weißen Anemonen, Lerchensporn und Orchideen. Besonders eigenartig sind die Galmeipflanzen. Dort, wo andere Pflanzen sterben, können sie leben – auf stark zinkhaltigen und mit anderen Schwermetallen verseuchten Böden. Nur an wenigen Stellen Deutschlands kann man sie finden. Im Teutoburger Wald wachsen sie auf dem Hüggel und bei Blankenrode ⑩, denn dort wurde Bergbau betrieben.

Germanenburgen und Steinzeitgräber
Wo die berühmte Schlacht im Teutoburger Wald einst stattgefunden hat, weiß man nicht genau. Das Hermannsdenkmal, das an den siegreichen Cheruskerfürsten Arminius erinnert, wurde bei einer frühgeschichtlichen Wallanlage erbaut. Solche stummen Zeugen unruhiger Zeiten findet man auf zahlreichen Höhen Ostwestfalens. Von ihnen aus konnten nicht nur strategisch wichtige Pässe kontrolliert werden, sondern die teilweise kilometerlangen Wälle boten auch Schutz für Mensch und Tier – während der Kämpfe zwischen Römern und Germanen ebenso wie in der Völkerwanderungszeit und in den Kriegen zwischen dem hier unvergessenen Sachsenherzog Widukind und Karl dem Großen.
Noch ältere Kulturdenkmäler sind die steinzeitlichen Großgräber, die vor allem im Gebiet um Osnabrück erhalten blieben. Wie die tonnenschweren Findlinge damals allerdings transportiert wurden, kann man nur schwer erklären. So entstanden viele Sagen von Teufeln und Riesen, die dabei ihre Hand im Spiel gehabt haben sollen. Phantastische Geschichten und Spekulationen ranken sich auch um die Externsteine ⑮, die zu einem Anziehungspunkt für Mystiker und Abergläubische aus der ganzen Welt geworden sind. Darüber hinaus gibt es hier aber noch eine Vielzahl von Steinen, Bergen und Quellen, denen Wundersames nachgesagt wird. So ist es verständlich, wenn man sich dem Zauber dieser Landschaft kaum entziehen kann.

Wald; Naturpark Nördlicher Teutoburger Wald-Wiehengebirge
Information Landesverkehrsverband Westfalen, Friedensplatz 3, W-4600 Dortmund, ☏ 02 31/ 52 75 06; Fremdenverkehrsverband Teutoburger Wald, Felix-Fechenbach-Str. 5, W-4930 Detmold, ☏ 0 52 31/6 25 38; Teutoburger-Wald-Verein, August-Bebel-Str. 162, W-4800 Bielefeld, ☏ 05 21/ 6 30 19; Wiehengebirgsverband, Bierstr. 25, W-4500 Osnabrück, ☏ 05 41/2 97 71; Eggegebirgsverein, Auf dem Krähenhügel 7, W-3490 Bad Driburg

Nur wenige Pflanzen wachsen wie diese Westfälischen Galmei-Stiefmütterchen auf stark zinkhaltigen Böden. Sie können nur überleben, weil sie das aufgenommene Schwermetall in älteren Blättern ansammeln und diese dann abstoßen.

Fenster in die Tiefen der Erde
Schon die Sage weiß von einem Schmied, der im Hüggel (zwischen ❶ und ❷) Erz abbaute und seinem Handwerk nachging. Historisch ist der Bergbau hier seit dem 16. Jh. belegt, und eingestellt wurde er erst 1966, als die Vorkommen weitgehend erschöpft waren. Da im Hüggel auch sehr alte Gesteine zutage treten, ist er eine Art Schaufenster in die Tiefen der Erde. Um die geologischen Besonderheiten auch für Laien erkennbar und verständlich zu machen, hat man hier einen Lehrpfad eingerichtet, der auf 8 km Länge an 25 Stationen Auskunft über Gesteine, Formationen, Besonderheiten und aufgegebene Bergbauanlagen gibt. Wem dieser Pfad zu lang ist, der bekommt auch auf einer gekürzten, 3 km langen Strecke an 14 Stationen hochinteressante Details zu sehen und erklärt. Die Wege beginnen an einem Wanderparkplatz, der in Hasbergen ausgeschildert ist. Bei der Gemeinde Hasbergen ist auch ein Exkursionsführer erhältlich (☏ 05405/5020).

Route 1 Nördlicher Teutoburger Wald und Wiehengebirge

Vom »Hockenden Weib« zum versteinerten Urwald

❶ Dörenther Klippen und Dreikaiserstuhl

Den westlichen Zipfel des Teutoburger Waldes ziert eine besonders attraktive Sehenswürdigkeit: die Dörenther Klippen. Aus dem Kamm des Gebirges ragen, malerisch mit windgebeugten Kiefern bewachsen, meterhohe Felsgebilde auf. Entstanden sind sie aus harten Sandsteinschichten der Kreidezeit, die bei der Auffaltung des Gebirges senkrecht gestellt wurden. Durch jahrtausendelanges Einwirken von Wind und Wetter wurden sie freigelegt und zu bizarren Formen zernagt. Am bekanntesten ist die eigenartige Felsfigur des »Hockenden Weibes«. Von den Klippen aus bietet sich ein herrlicher Blick ins Münsterland, und zu ihren Füßen findet man zahlreiche Freizeitattraktionen: eine Sommerrodelbahn, einen Märchenwald und ein Automuseum. Einige Gasthäuser sorgen für das leibliche Wohl, und die Volkshochschule Ibbenbüren veranstaltet am Wochenende Kletterkurse (☏ 05451/53262).

Kurz nach der Einfahrt zur Sommerrodelbahn liegt links hinter einer Kurve ein Parkplatz. Von dort aus erreicht man die Klippen in fünf Minuten. Einige Kilometer entfernt gibt es noch ein imposantes Felsgebilde, den Dreikaiserstuhl. Vom Parkplatz an der Straße Brochterbeck–Ibbenbüren wandert man auf dem Weg »A 2« in ungefähr 60 Minuten um den Dreikaiserstuhl.

Route 1
Nördlicher Teutoburger Wald und Wiehengebirge
Ausgangs- und Endpunkt unserer rund 200 km langen Rundfahrt ist Osnabrück. In der schönen niedersächsischen Stadt findet man normalerweise problemlos eine Unterkunft, und als Einstimmung auf die Rundreise ist hier ein Besuch des Naturkundezentrums auf dem Schölerberg mit Zoo und Naturwissenschaftlichem Museum zu empfehlen. Unterwegs bieten die zahlreichen Kur- und Badeorte an den Hängen und in den Tälern der Gebirgszüge gute Übernachtungsmöglichkeiten.
Streckenverlauf:
Von Osnabrück über die A 30 in Richtung Rheine bis zur Ausfahrt Ibbenbüren, dann ein kurzes Stück auf der B 219 in Richtung Münster zu den Dörenther Klippen ❶; auf der B 219 weiter nach Schmiemann, dort links ab nach Brochterbeck, dort wieder links hinauf zu den Höhen des Teutoburger Waldes, nach ca. 3 km auf dem Klotenberg rechts über die aussichtsreiche Kammstraße nach Tecklenburg, von dort weiter über Lengerich, Lienen und Bad Iburg zum Dörenberg ❷; anschließend zurück nach Bad Iburg und weiter nach Bad Laer zum Blomberg ❸; über Bad Rothenfelde und Dissen geht es nach Wellingholzhausen, dort hält man sich nach der Ortsmitte links und fährt über Auburg zur Straße zwischen Borgloh und Melle, wo man nach rechts zur Hase-Bifurkation ❹ kommt; durch Melle geht es dann zunächst in Richtung Bünde, 3 km hinter Melle biegt man aber links ab und fährt in Richtung Norden über Buer nach Barkhausen zu den Saurierspuren ❺; von hier lohnt sich die Fahrt über Börninghausen, Holzhausen und Lübbecke zum etwa 20 km entfernten Großen Torfmoor ❻; wieder zurück durch Buer, führt die Strecke über Oldendorf nach Westerhausen, 2,5 km dahinter biegt man rechts ab und fährt über Schledehausen und Wulften nach Belm am nordöstlichen Stadtrand Osnabrücks, von hier kommt man in Richtung Ostercappeln nach Vehrte zur Schwarzkreidegrube ❼; in Richtung Icker geht es zum Gattberg ❽; und über Haste erreicht man – Richtung Wallenhorst – den Piesberg ❾; anschließend zurück zur A 30.

❷ Dörenberg

Die höchste Erhebung des nördlichen Teutoburger Waldes ist mit 331 m der Dörenberg bei Bad Iburg. Vom Hermannsturm auf seinem Gipfel hat man eine entsprechend gute Aussicht über den langgezogenen Kammrükken des Teutoburger Waldes, über das Hügelland bei Osnabrück und auf das Wiehengebirge.
Vom Parkplatz »Urberg-Grafensundern« an der Straße von Hagen nach Bad Iburg führt ein 6 km langer Weg zum Hermannsturm und zurück. Nur 2 km lang ist der Weg vom Gasthaus »Zum Dörenberg«. Es liegt hinter dem Ortsausgang von Bad Iburg links an der B 51 nach Osnabrück.

❸ Blomberg

Auf den sonnigen Hängen des Blombergs blühen schon zeitig im Frühjahr Tausende von Blumen. Seinen Namen hat der Berg von dem bunten Teppich aus Buschwindröschen, Lerchensporn und Lungenkraut, der auf seinem warmen, kalkreichen Boden gedeiht.
Vom Ortsende Bad Laers führt ein ca. 2 km langer Weg mit der Markierung »A 2« auf den kleinen Berg, wo man von einem Aussichtsturm über den Teutoburger Wald auf das im Norden liegende Wiehengebirge schauen kann. Der erste Teil des Weges ist als Waldlehrpfad gestaltet, der interessante Einblicke in die Tier- und Pflanzenwelt des Blombergs vermittelt.
In Bad Laer fährt man Richtung Blombergklinik und folgt hinter der Bahnlinie dem beschilderten Weg zum Gasthaus »Blombergs Höhen«, wo sich der Wanderparkplatz befindet.

❹ Hase-Bifurkation

In der flachen Niederung bei Gesmold teilt sich die am Nordhang des Teutoburger Waldes entspringende Hase und fließt ab hier nach Osten als

Das »Hockende Weib«, ein Fels in den Dörenther Klippen, ist etwa 25 m hoch. Die versteinerte Dame soll einst vor einer Flut hierher geflüchtet sein.

Szenen aus den Märchen der Gebrüder Grimm werden im Märchenwald bei den Dörenther Klippen nachgestellt.

Mit einem Blütenteppich überzieht der Hohle Lerchensporn im Frühjahr die Hänge des Blombergs.

Die Piepsteine
Bad Laer liegt auf mächtigen Schichten von Kalksinter, der viele versteinerte Pflanzen enthält. Diese Ablagerungen entstanden erst vor wenigen tausend Jahren durch das Wasser der Solequellen, das am Fuß des Blombergs ❸ aus dem Boden tritt, wobei Kalk ausgefällt wird. Ihren seltsamen Namen verdanken die Piepsteine den wie Pfeifen einer Orgel nebeneinanderliegenden hohlen Röhren von versteinerten Schilfstengeln.
Viele ältere Häuser und die Kirche in Bad Laer sind aus dem harten Kalksinter erbaut worden. In den Dörfern der Umgebung findet man ebenfalls kleine Kapellen und Brunnen aus diesem Gestein.
Einige besonders schöne Piepsteine und andere versteinerte Pflanzen kann man im Kurmittelhaus neben der Blombergklinik in Bad Laer besichtigen. Auch im Heimatmuseum, Kesselstr. 4, gegenüber dem Thieplatz in der Ortsmitte, sind die Steine aus versintertem Schilf zu sehen (April–Okt. So 10–12 und Mi 15–17.30 Uhr geöffnet sowie das ganze Jahr nach Vereinbarung).
Übrigens gibt es auch süße Piepsteine – beim Konditor in der Kesselstraße.

Der Moorfrosch (hier im »Ruhekleid«) nimmt während der Laichzeit eine himmelblaue Färbung an.

Ein Zeugnis der Urzeit: die 120 Millionen Jahre alten Saurierspuren im Steinbruch bei Barkhausen.

Else der Weser zu und nach Westen als Hase zur Ems. Bifurkation nennt man dieses Phänomen der Gabelung zu ganz unterschiedlichen Mündungen hin, das an Oberläufen von Flüssen äußerst selten vorkommt.
Ob die Teilung hier allerdings natürlich zustandegekommen ist oder ob Menschen dabei nachgeholfen haben, ist nicht ganz klar, denn jahrhundertelang stritten die Müller und auch die anrainenden Städte erbittert um das Wasser der Hase. Immer wieder wurde der eine oder der andere Arm blockiert bzw. erweitert. Heute ist das Hasewasser längst kein Zankapfel mehr, und inzwischen hat ein Betonteiler die Regulierung übernommen: Zwei Drittel des Wassers bekommt die Hase, ein Drittel die Else.
Von der Straße zwischen Melle und Borgloh biegt man hinter dem Gasthof »Zur Bifurkation« links ab und kommt nach 300 m an einen Parkplatz mit Grillhütte direkt bei der Flußteilung.

5 Saurierfährten bei Barkhausen

In die Fußstapfen der Saurier kann man heute nicht mehr treten, denn gegen Ende der Kreidezeit, vor gut 70 Millionen Jahren, wurden bei der Auffaltung des Wiehengebirges die vorher horizontalen Gesteinsschichten mit den eingeschlossenen Saurierfährten nahezu senkrecht gestellt. Der Anblick dieser 120 Millionen Jahre alten, einst in den feuchten Schlick eines tropischen Wattenmeeres getretenen Fußabdrücke fasziniert dennoch. Auf 13 m Größe wird einer der elefantenfüßigen Saurier geschätzt, der hier seine Spuren hinterlassen hat. Fachleute konnten das aufgrund der Schrittweite und -folge errechnen. Dieser Saurier war zwar riesengroß, aber ein relativ harmloser Pflanzenfresser, ganz im Gegensatz zu dem dreizehigen, krallenbewehrten Raubsaurier, der einst ebenfalls hier durchstapfte, wobei er sich nur auf den Hinterbeinen bewegte. 1921 wurden die Spuren in der Wand eines Steinbruchs entdeckt und sind seitdem ein Zeugnis für das urgeschichtliche Leben auf unserer Erde.
Der Parkplatz bei diesem Naturdenkmal südlich von Barkhausen ist gut ausgeschildert.

6 Großes Torfmoor

Weite Flächen, auf denen Kiebitz und Bekassine, Neuntöter und Sumpfohreule ihr Revier finden, Mooraugen mit schwarzem Wasser, in denen der Moorfrosch lebt, Grasbulten und Heideflächen – so zeigt sich dem Besucher das Große Torfmoor.
Das Naturschutzgebiet liegt am Fuß des Wiehengebirges, dort, wo die Weite des Norddeutschen Tieflandes beginnt. Im Urstromtal der Weser hatten sich in den Jahrtausenden nach der letzten Eiszeit große Moore gebildet. Fast alle wurden im Laufe der Zeit trockengelegt oder sind auf natürliche Weise entwässert, das Große Torfmoor blieb jedoch erhalten und ist heute das größte Hochmoor Westfalens. Den umliegenden Heilbädern liefert es den Torf für ihre Kuren.

Stille Wälder und wiesenbedeckte Täler laden im Teutoburger Wald zu erholsamen Spaziergängen und Wanderungen ein.

Hinter Lübbecke zweigt von der B 65 in Richtung Minden in Gehlenbeck links die Straße nach Isenstedt ab. Kurz hinter dem Freibad auf der rechten Seite biegt man nach rechts in den »Moordamm« ein und erreicht bald den Wanderparkplatz an einem See. Die typischen Merkmale des Hochmoores kann man hier bereits auf dem relativ kurzen, ca. 2,4 km langen Weg mit der Markierung »A 5« kennenlernen.

Von einem erhöhten Standpunkt aus hält der Rotrückenwürger im Großen Torfmoor nach Insekten und anderen Beutetieren Ausschau.

7 Schwarzkreidegrube bei Vehrte

Ein unscheinbarer Steinbruch in einer Grube direkt neben einer Kuhweide ist die einzige Stelle in Europa, an der man Schwarzkreide findet. Das weiche Gestein liegt hier in einer 48 m mächtigen Schicht. Es zerbröckelt leicht und färbt, wenn es feucht wird, intensiv schwarz. Dies hat man sich noch bis ins letzte Jahrhundert bei der Herstellung von Ofenschwärze oder Schuhcreme zunutze gemacht.

Die pechschwarze Farbe kommt von Bitumen, das im tonigen Gestein fein verteilt ist. Diese seltsame Schicht entstand vor gut 200 Millionen Jahren, als sich zu Beginn der Jurazeit am Grund eines Meeres mit den Resten von Lebewesen vermengter Schlamm ablagerte. In dem sauerstoffarmen Wasser zersetzten sich die organischen Stoffe nicht vollständig, sondern wandelten sich in Bitumen um. Warum Geologen den bitumenhaltigen Schlamm Faulschlamm nennen, wird klar, wenn man an einem Brocken Schwarzkreide schnuppert.

Von Belm fährt man auf der B 51/B 65 ein kurzes Stück in Richtung Ostercappeln und biegt dann links nach Vehrte ab. Kurz vor dem Ortsende in Richtung Ostercappeln zweigt nach links der Wittekindsweg ab (Bahnschranke). Eine Parkmöglichkeit findet man am Wittekindsweg kurz nach dem Hinweisschild zur Schwarzkreidegrube. Nach rechts geht es in den Farnbrink, dann links ca. zehn Minuten durch den Wald zur frei zugänglichen Grube.

8 Gattberg

In den Wäldern auf dem Gattberg breitet sich ein Blockmeer mit über 1000 Findlingen aus. Die teilweise mächtigen Granitblöcke wurden vor etwa 200 000 Jahren von den Gletschern der Saale-Eiszeit aus Skandinavien hierher transportiert. Der größte unter ihnen ist der sogenannte

Der Turm der Ravensburg bei Borgholzhausen bietet einen weiten Blick über den Kamm des Teutoburger Waldes. Die Burgruine erreicht man bei einem Abstecher von Dissen auf der B 68.

Butterstein. Er wiegt etwa 70 t, ragt 1,40 m über den Waldboden und soll in heidnischer Zeit als Opferstein benutzt worden sein. Später hielten die Bauern der Umgebung hier ihre Burgerichte ab, wodurch der Felsbrocken wohl auch zu seinem Namen kam, der nichts mit Butter zu tun hat, sondern sich vermutlich von »Burstein«, also Bauernstein, herleitet.
An der Straße zwischen Belm und Icker liegt ein Wanderparkplatz, der sich hervorragend als Ausgangspunkt für Spaziergänge durch das Blockmeer auf dem Gattberg eignet. Den Butterstein erreicht man von hier auf einem Rundwanderweg in etwa zehn Minuten.

(9) Versteinerter Urwald am Piesberg

Am Piesberg kann man die fossilen Reste eines einstigen Urwaldes finden. 300 Millionen Jahre lagen sie zusammengepreßt in den Gesteinen des Karbons. Vor etwa 65 Millionen Jahren drückte dann aufsteigendes Magma die uralten Gesteine des Piesbergs nach oben. Am Kontakt mit der weißglühenden Gesteinsschmelze wurde auch hier das Gestein erhitzt. Aus den Resten des Urwaldes entstand dadurch allerbeste Anthrazitkohle, die schon im 16. Jh. abgebaut wurde. 1898 wurde der Bergbau schließlich eingestellt. Seitdem wird hier Quarzit im größten Hartsteinbruch Europas gewonnen, der jedoch nicht zu besichtigen ist. Dafür kann man sich aber an anderen Stellen auf die Suche nach den Überresten des Urwaldes machen.
In Haste biegt man von Osnabrück kommend links ab in den Fürstenauer Weg. Die Straße zum Piesberg ist dann ausgeschildert. Vorbei an der Abzweigung zum Steinbruch führt sie an seinem Rand empor zu einer Siedlung. Dort fährt man rechts in die Lechtinger Straße. Nach ca. 1,4 km gibt es kurz hinter einem alten Zechengebäude Parkmöglichkeiten. Im aufgeschütteten Abraum ist es relativ einfach, schöne Versteinerungen zu finden. Zarte Farne, Schachtelhalme und die Rinde von Urbäumen glänzen silbrig oder durch Metallsalze bunt gefärbt im dunkelgrauen Gestein.

<u>Ein Hochmoor in der Vitrine</u>
Im Osnabrücker Naturkundezentrum am Schölerberg werden Natur und Umwelt für den Besucher auf äußerst lebendige Weise dargestellt. So ist hier ein richtiges Hochmoor ebenso zu sehen wie winzige Krebse unter dem Mikroskop oder ein mächtiger, versteinerter Baumstumpf aus dem Piesberg (9). Geologie, Gewässer, der Wald und die Stadt als Lebensräume sind weitere Schwerpunkte. Ein ökologischer Museumsgarten zeigt, wie man Naturschutz auch zu Hause praktizieren kann. Im Keller kann man mehrmals wöchentlich einen Blick zu den Sternen werfen, wenn das Planetarium Vorstellungen gibt (Reservierung und Öffnungszeiten: ☏ 0541/560030).
Der Weg zum Museum ist von der Ausfahrt Osnabrück-Nahne der A 30 ausgeschildert (Mi–So 10–18, Di bis 20 Uhr geöffnet; Eintritt frei). Der Zoo Osnabrück direkt nebenan ist von 9 bis 17 Uhr geöffnet.

Route 2
Südlicher Teutoburger Wald und Eggegebirge
Um das Eggegebirge mit dem Auto zu erkunden, bietet sich wegen der langgestreckten Nord-Süd-Ausdehnung des Gebiets eine Route an, bei der man nicht wieder zum Ausgangspunkt zurückkehrt. Die vorgeschlagene Strecke kann man in beiden Richtungen befahren, sie ist sehr abwechslungsreich und vermittelt einen hervorragenden Eindruck von dem Landstrich, in dem Hermann einst die Römer schlug. Die Streckenlänge beträgt ab der Autobahnausfahrt Marsberg-Meerhof (A 44) bis zu den Donoper Teichen (17) rund 85 km.
Streckenverlauf:
Von der Ausfahrt Marsberg-Meerhof der A 44 Kassel–Dortmund fährt man über Meerhof nach Blankenrode (10) und anschließend ein Stück in östliche Richtung nach Hardehausen (11); von dort geht es auf der B 68 über Kleinenberg (12) und Lichtenau nach Grundsteinheim (13); über Iggenhausen, Herbram und Neuenheerse führt die Strecke bis Bad Driburg, von dort weiter in Richtung Horn-Bad Meinberg, wo sich auf der linken Seite die Velmerstot (14) erhebt; in Horn geht es dann links zu den Externsteinen (15) und anschließend zur Adlerwarte Berlebeck (16); über Heiligenkirchen und Hiddesen erreicht man mit den Donoper Teichen (17) dann den Endpunkt der Route.
Zurück zum Ausgangsort kann man über Augustdorf und Stukenbrock zur Anschlußstelle Stukenbrock-Senne der A 33 fahren, auf dieser bis zum Autobahnkreuz Wünnenberg-Haaren, von wo es nur noch wenige Kilometer Richtung Kassel auf der A 44 bis zur Anschlußstelle Marsberg-Meerhof sind.

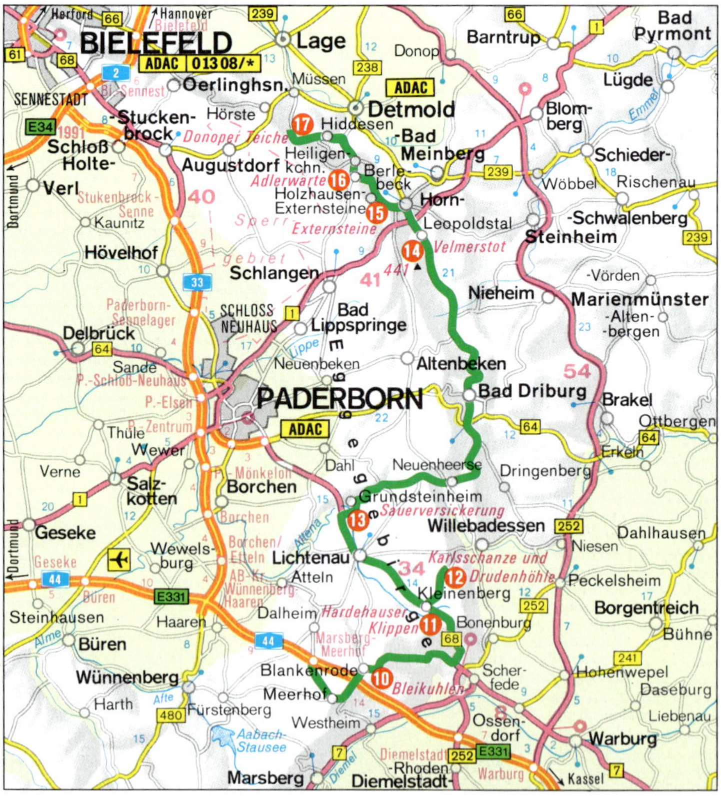

Route 2 **Südlicher Teutoburger Wald und Eggegebirge**

Ein Streifzug durch das Hermannsland

⑩ Bleikuhlen bei Blankenrode

Zwischen Sauerland und Eggegebirge verläuft ein über 12 km langer Riß in der Erdkruste, der »Westheimer Abbruch«. Im Laufe von Jahrmillionen schieden sich Erzminerale aus dem heißen Wasser aus, das in der Spalte zirkulierte. Blei und zinkhaltiges Galmeierz wurden hier schon seit dem Mittelalter im Tagebau geschürft. Zurück blieb ein mit Schwermetallen verseuchter Boden, auf dem gewöhnliche Pflanzen nicht gedeihen. Die sogenannten Galmeipflanzen dagegen haben sich diesem Untergrund angepaßt und wachsen nur an solchen Stellen. Frühlingsmiere, das blau bis rötlich-violett blühende Westfälische Galmei-Stiefmütterchen, eine besondere Art der Gänsekresse und andere Pflanzen bilden bei Blankenrode die einzigartige Lebensgemeinschaft der Westfälischen Galmei-Stiefmütterchen. Daß man diese seltenen Pflanzen nicht niedertreten, abreißen oder gar ausgraben darf, sollte selbstverständlich sein. Zum Wanderparkplatz »Bleikuhlen« geht es am Gasthof »Dewenter« kurz nach Überquerung der A 44 rechts ab. Am Parkplatz beginnt ein Waldlehrpfad.

⑪ Hardehauser Klippen

Eine schöne Sicht auf das in einer weiten Talmulde gelegene Kloster Hardehausen und das nahe Sauerland kann man vom Eggekamm südlich des Ortes Kleinenberg genießen. Rauh wirkt im Vergleich zu den sanft geschwungenen Bergketten dagegen das Gebiet der Hardehauser Sandsteinklippen mit seinen herabgestürzten Felsen und entwurzelten Bäumen. Vom Gasthof »Grünewald« 1,5 km vor Kleinenberg an der B 68 führt der mit »X« markierte Eggeweg nach Westen. In etwa 20 Minuten gelangt man auf einen Pfad, der sich oberhalb der Klippen entlangzieht. Nach wenigen hundert Metern kann man auf einem mit »O.S.« markierten kurzen, steilen Weg zu einem Opferstein hinabsteigen. Zum Blockmeer führt der Mickenpatt, ein Pfad, der kurz vor einer Stelle mit

Wisente sind die Attraktion in einem 60 ha großen Freigehege beim Kloster Hardehausen.

Vor dem Aussterben bewahrt
In freier Wildbahn ist der Wisent, ein europäisches Wildrind, seit 1921 ausgerottet. Durch planmäßige Zucht mit Tieren, die in zoologischen Gärten und Gehegen überlebten, konnte ein geringer Bestand der Art jedoch erhalten werden. In Polen leben heute ausgewilderte Wisente bereits wieder frei in ihrer angestammten Heimat. Im Eggegebirge kann man sie beim Kloster Hardehausen in einem Freigehege unweit der Hardehauser Klippen ⑪ beobachten. Die Tiere ziehen sich vor allem bei sommerlicher Hitze in die schattige Abgeschiedenheit der Wälder zurück. Man sollte deshalb für seinen Besuch möglichst die Zeit zwischen 14 und 16 Uhr wählen, dann werden die Wisente gefüttert. Außer ihnen leben auch noch Tarpane im Gehege, Rückzüchtungen einer ausgestorbenen Wildpferdeart.

Im Talkessel von Bad Driburg entspringen kohlensäurehaltige Mineralquellen aus den Bruchspalten des Eggegebirges. 1777 wurde im Ort das erste Badehaus errichtet.

lohnender Fernsicht nach links abzweigt. Sobald man einen Fahrweg erreicht, folgt man diesem nach links. Vor einer Rechtskurve steigt man die Böschung nach oben und kehrt auf dem Eggeweg zurück (Gesamtzeit ca. 1½ Stunden).

⓬ Karlsschanze und Drudenhöhle

Nach Osten hin stürzt der Eggekamm steil ab. Meterhohe Sandsteinklippen und herabgefallene Felstrümmer bilden westlich der Ortschaft Kleinenberg wildromantische Landschaftsszenerien. Eine lohnende, etwa 5 km lange Wanderung führt zu einigen besonders markanten Stellen des Steilabbruchs.

3 km hinter Kleinenberg kommt man an der Straße Richtung Willebadessen zum Wanderparkplatz »Alte Eisenbahn«. Von dort führt der mit einem »X« gekennzeichnete Eggeweg zum »Kleinen Herrgott«, einer wahrscheinlich karolingischen Steinsetzung. Hier zweigt ein Weg in das Gebiet der Karlsschanze ab, einer mächtigen frühgeschichtlichen Wallanlage. Hinter dem Gedenkkreuz für den von Wilderern erschossenen Förster Krahe führt rechts die nächste Abzweigung an den inneren Wall. Nach dem Verlassen der Anlage biegt der Hauptweg rechts ab. Man folgt aber dem schmalen Pfad, der geradeaus durch den Wald führt. Kurz darauf geht es links bergab (ab hier Schilder zur »Drudenhöhle«), dann nochmals nach links und schließlich wieder links den Berg hinauf.

Imposante Felsbrocken, umgestürzte Bäume, steile Klippen und Quellsümpfe bieten hier ein Bild urtümlicher Wildheit. Nach steilem Anstieg auf einem überwucherten Pfad erreicht man die Drudenhöhle, auch Gertrudskammer genannt, eine Felsenhöhle in den Klippen, um die sich manche Sagen und Geschichten ranken. Keltische Druden oder Druiden sollen einst dort gehaust haben, auch von einer Eremitin namens Gertrude wird berichtet, und ein Prähistoriker nimmt sogar an, daß hier das Heiligtum der Sachsen, die Irminsul, gestanden haben könnte. Direkt über der Höhle befindet sich der »Faule Jäger«, ein mächtiger Felsklotz von 6 m Höhe und 24 m Umfang, der in heidnischer Zeit als Opferstein gedient haben soll.

Der Weg führt nun unterhalb der Klippenwand am Hang entlang, bis er nach etwa 1 km wieder auf den Eggeweg stößt, über den man zum Parkplatz zurückkommt.

⓭ Sauerversickerung bei Grundsteinheim

Wie ein flaches Pultdach steigen die Gesteinsschichten der Egge vom Paderborner Hochland bis zum Eggekamm allmählich an. Die nach

Fast alle Bäche an der Velmerstot fließen ins Tal der Emmer – hier bei Schieder –, die kurz vor Hameln in die Weser mündet. Das Eggegebirge wirkt als Wasserscheide: Nach Osten fließt das Wasser zur Weser, nach Westen zum Rhein.

Westen fließenden Bäche versickern an zahlreichen Stellen in den zerklüfteten, wasserdurchlässigen Gesteinen des Hochlandes.
Bei Grundsteinheim läßt sich dieses Phänomen an der Sauerversickerung nach trockenen Perioden gut beobachten. Das Wasser versickert hier in sogenannten Schwalchen, das sind Schlucklöcher im Flußbett. Nach zwei bis drei Tagen kommt das verschwundene Naß in den Paderquellen von Paderborn wieder zum Vorschein.
Parkmöglichkeiten gibt es in der Ortsmitte von Grundsteinheim. Von dort aus folgt man dem Flußbett aufwärts bis zur Sickerstelle. Auch der Spaziergang auf die Sauerkanzel oberhalb des Ortes lohnt sich, hier bietet sich ein schöner Blick auf das Tal und den Fluß. Am Weg gibt es einen Spiel- und einen Grillplatz.

14 Velmerstot

Vom 441 m hohen Gipfel der Lippischen Velmerstot mit seinen kantig aufragenden Sandsteinklippen hat man eine herrliche Sicht über die Höhenzüge und die tief eingeschnittenen Täler der Egge und des Teutoburger Waldes. Im Süden wird der Berg von der Preußischen Velmerstot knapp überragt. Diese kann mit ihren 468 m in Anspruch nehmen, die höchste Erhebung des Eggegebirges zu sein. Beide Gipfel sind durch einen flachen Sattel verbunden, die Preußische Velmerstot ist jedoch militärisches Sperrgebiet und damit leider nicht zugänglich.
Es bieten sich mehrere Möglichkeiten an, den Gipfel der Lippischen Velmerstot zu erklimmen. Der direkte, mit einer »62« gekennzeichnete Weg führt von der Silbermühle steil über den Nordabfall hinauf. Der Eggeweg (»X« und »H«) führt von der Silbermühle aus durch das romantische Silberbachtal zur Kattenmühle, wo es dann erst langsam bergan geht, bis man etwa in halber Höhe auf den direkten Weg zum Gipfel trifft. Kurz nach dem Zusammentreffen beider Wege kommt man am Steinbruch Silberort vorbei, in dem einst Baumaterial für den Kölner Dom und den Reichstag in Berlin gebrochen wurde.
Ein besonderes Naturerlebnis ist die Wanderung durch das Silberbachtal. Es markiert die Grenze zwischen Teutoburger Wald und Eggegebirge. Mit seinen mächtigen Sandsteinblöcken und Klippen gilt es als ein landschaftlicher Höhepunkt dieses Gebiets. Auf knapp 2 km Länge fließt der Silberbach zwischen dem Waldhotel Silbermühle und der Kattenmühle durch eine enge und wildromantische Schlucht, in der auch der Eggeweg entlangführt. Das Tal gilt als eines der schönsten weit und breit.
Für eine Wanderung durch die Schlucht und auf den Gipfel fährt man über ein kleines Sträßchen zur Silbermühle, das kurz nach Leopoldstal

Obwohl im 19. Jh. vor allem Fichten angepflanzt wurden, ist das Eggegebirge noch etwa zur Hälfte von natürlichen Buchenwäldern bedeckt.

Wanderwege – lang, aber lohnend
Teutoburger Wald, Eggegebirge und Wiehengebirge werden von mehreren tausend Kilometern markierter Wanderwege durchzogen. Davon wurden einige Wegstrecken zu Fernwanderrouten verknüpft. Die bedeutendsten sind:
– Hermannsweg
Der 156 km lange Weg führt den Wanderer von Rheine im Tecklenburgischen über Bielefeld zur Velmerstot 14 im Eggegebirge. Er verläuft von Nordwesten nach Südosten stets über die Höhenzüge des Gebirges und bietet dadurch immer wieder herrliche Aussichten. Wandern ohne Gepäck ist hier möglich; über entsprechende Pauschalangebote informiert der Fremdenverkehrsverband Teutoburger Wald. Weitere Auskünfte erteilt auch der Teutoburger-Wald-Verein.
– Wittekindsweg
Die äußerst abwechslungsreiche, 95 km lange Route führt über den Kamm des Wiehengebirges von Osnabrück bis zur Porta Westfalica. Auskünfte bekommt man beim Wiehengebirgsverband.
– Eggeweg
Er ist mit 70 km der kürzeste der drei Fernwanderwege, dafür aber vermutlich der älteste, denn auf dieser Route über das Gebirge zogen schon die Legionen der Römer wie auch ihre germanischen Feinde. Er führt von den Externsteinen 15 nach Marsberg und ist ein Teil des Europäischen Fernwanderwegs E 1. Auskünfte erteilt der Eggegebirgsverein.

Farbenprächtiges Spektakel
Über 2000 einheimische und exotische Vögel kann der Besucher in den 120 Volieren des Vogel- und Blumenparks Detmold-Heiligenkirchen (zwischen 16 und 17) bewundern – ein ebenso lautes wie farbenprächtiges Spektakel, zu dem auch die im Park freifliegenden Papageien ihren Teil beitragen, indem sie die Besucher mit ihren Sprechkünsten erheitern. Geordneter geht es beim »Vogelwunschkonzert« zu, hier kann man per Knopfdruck die Stimmen von 200 meist einheimischen Vögeln abrufen. Der Vogelpark ist an der Straße von den Externsteinen nach Detmold ausgeschildert (April–Okt. tägl. 9–18 Uhr geöffnet).

links von der Strecke Bad Driburg–Horn-Bad Meinberg abzweigt. Man kann als Ausgangspunkt aber auch die Kattenmühle ansteuern, und zwar über die Straße Horn-Bad Meinberg–Altenbeken, von der man aus Richtung Horn kurz vor Veldrom links abbiegt. Auch die Kattenmühle bietet die reizvolle Möglichkeit, erst durch das Silberbachtal zu wandern und dann über den steilen Pfad von der Silbermühle auf den Velmerstotgipfel zu steigen.

15 Externsteine

Wenige Naturdenkmäler in Deutschland üben eine solche Anziehungskraft aus wie die Externsteine. Hunderttausende von Besuchern bestaunen jährlich die mächtigen Klippen aus Sandsteinen der Kreidezeit. Ähnlich wie die Dörenther Klippen 1 am anderen Ende des Teutoburger Waldes wurden hier Gesteinsschichten bei der Gebirgsauffaltung senkrecht gestellt, während der Eiszeiten freigelegt und zu bizarren Formen abgeschliffen. Die wie riesige Zähne aufragenden Felssäulen haben immer wieder die Phantasie der Menschen angeregt und dienten vermutlich schon in vorgeschichtlichen Zeiten als Kultstätte. Im 12. Jh. meißelten Mönche ein monumentales Relief, das die Kreuzabnahme Christi darstellt, in den 37,5 m hohen Hauptfelsen.
Um die Externsteine herum ist ein etwa 5 km langer, mit »R« gekennzeichneter Wanderweg angelegt worden. Im Norden führt er durch das Naturschutzgebiet Bärenstein mit seinen im Wald verborgenen Steinbrüchen. Alte Eichen und Buchen bilden hier den Baumbestand, daneben wachsen große Bestände der Stechpalme.
Beim Rückweg kann man auch den mit einem »H« gekennzeichneten Hermannsweg wählen. Er führt auf einem Höhenzug durch ein Waldgebiet mit mächtigen, teilweise abgestorbenen Eichen, zwischen denen sich kleine wacholderbestandene Heideflächen ausbreiten. Südlich der Externsteine lohnt es sich, dem Weg auf den Knickenhagen zu folgen. Der langgestreckte Bergrücken, auf dem sich die Externsteine als kleinere Felsgruppe fortsetzen, bietet schöne Ausblicke ins Umland. Am Ende des Knickenhagen erreicht man wieder den ausgeschilderten Rundweg.
Zufahrt und Parkplatz bei den Externsteinen sind im weiten Umkreis ausgeschildert.

Einst eine vorgeschichtliche Kultstätte, zählen die Externsteine heute zu den bekanntesten Natursehenswürdigkeiten Deutschlands. Ihre Umgebung kann man auf einem Rundwanderweg erkunden.

⑯ Adlerwarte Berlebeck

Freifliegende Greifvögel, die bis zu 1000 m hoch aufsteigen, um dann wieder auf den Arm des Falkners zurückzukehren, sind die Attraktion der Adlerwarte Berlebeck. Sie gilt als größte Greifvogelwarte Europas. Vor über 50 Jahren gegründet, beherbergt sie heute mehr als 80 Adler, Falken, Geier, Eulen und andere Greifvögel aus aller Welt. Verletzte Raubvögel werden hier gesund gepflegt, außerdem ist die Adlerwarte auch eine Brutstation für Uhus im Zuge der Wiedereinbürgerung dieses fast ausgestorbenen Nachtraubvogels.
Die Zufahrt ist von der Straße zwischen Horn-Bad Meinberg und Detmold ausgeschildert (geöffnet tägl. 8.30–18 Uhr, im Winter bis Einbruch der Dämmerung; Freiflugveranstaltungen tägl. um 11 und 15, im Winter schon um 14.30 Uhr; ☏ 05231/47171).

⑰ Donoper Teiche und Hiddeser Bent

Schon von den Dichtern der Frühromantik wurde das Gebiet um die Donoper Teiche wegen seiner landschaftlichen Schönheit gerühmt. Tief sind die Täler hier in Flugsandfelder eingegraben – Sand, den der Wind aus der Senne auf die Ostseite des Teutoburger Waldes getragen hat.
Nadelwald, mächtige Buchen und knorrige Eichen, an feuchten Stellen Birken- und Erlenbruchwald, Bachläufe und Quellen bilden eine abwechslungsreiche Landschaft. Der vielgestaltige Wald bietet Lebensraum für Vogelarten wie z.B. Spechte und Käuze; auch Rehe und Hirsche lassen sich hier oft beobachten.
Im östlichen Teil des Naturschutzgebiets befindet sich das Hiddeser Bent, das letzte intakte Hochmoor im Teutoburger Wald. Ein Wanderweg, der vom Krebsteich aus nach Osten führt, vermittelt dem Besucher Einsicht in dieses einzigartige Gebiet, in dem eine Vielzahl seltener Pflanzen gedeiht. Neben Wollgras und Sonnentau sind hier von Botanikern allein 37 Moosarten gezählt worden.
Auf der Landstraße von Horn-Bad Meinberg aus erreicht man das Naturschutzgebiet über Heiligenkirchen und Hiddesen, an dessen westlichen Ortsrand sich das Gebiet anschließt. Ein günstiger Ausgangspunkt für Wanderungen ist der Parkplatz beim Ausflugslokal »Forstfrieden«. Hier findet man auch schöne Picknickmöglichkeiten und einen Grillplatz.

Mit mehr als 80 Vögeln gilt die Adlerwarte Berlebeck als größte Greifvogelwarte Europas. Täglich finden hier Freiflugvorführungen statt.

An trockenen, kalkreichen Südhängen blüht im Spätsommer der Deutsche Enzian.

Natur im Museum

Die naturkundliche Abteilung des Lippischen Landesmuseums in Detmold (zwischen ⑯ und ⑰) kann auf eine 150jährige Tradition zurückblicken. Entsprechend reichhaltig sind die Bestände auf den Gebieten Geologie und Mineralogie sowie an Tierpräparaten. Der Besucher erhält dadurch einen hervorragenden und kurzweiligen Einblick in die natürlichen Gegebenheiten des Teutoburger Waldes und des Weserberglandes. Das Museum liegt im Zentrum Detmolds an der Ameide 4 (Di–Fr, So 9–12, 14–17, Sa 9–12 Uhr geöffnet).

Tiere unserer Heimat

Für Tierfreunde bietet sich von ⑰ aus ein interessanter Abstecher an. Eingebettet in die hier parkartige Landschaft des Teutoburger Waldes liegt der Heimattierpark Olderdissen am westlichen Stadtrand von Bielefeld neben der Straße Richtung Steinhagen (ausgeschildert). In dem frei zugänglichen, 8 ha großen Park mit zahlreichen Gehegen leben ca. 1000 Tiere unserer Heimat, darunter Gemsen, Mufflons, Wölfe, Wisente sowie Eulen und zahlreiche andere Raubvögel.
Eine große Ausstellung mit präparierten Tieren rundet das Bild der Tierwelt Mitteleuropas ab. Zum Park gehören auch verschiedene Freizeiteinrichtungen, u.a. ein Kinderspielplatz (Führungen: ☏ 0521/512299).

Von Münden, »wo Werra sich und Fulda küssen«, bis Minden zur Porta Westfalica schlängelt sich die Weser als einigendes Band durch eine verwirrende Vielfalt von Gebirgen und schmalen Kämmen, von zerborstenen Klippen und alten Vulkanen: das Weserbergland. Berühmt wurde dieser wunderschöne Teil Deutschlands nicht nur durch seinen großartigen Baustil der Weserrenaissance. Ein Begriff sind auch die Lügen-

geschichten des Freiherrn von Münchhausen und die Sage vom Rattenfänger von Hameln. Entlang dem landschaftlich reizvollen Flußtal führt die Deutsche Märchenstraße vorbei an Burgen und Schlössern, Felsen und Höhlen, die immer wieder an die Sagen und Geschichten der Kindheit erinnern. Einen stimmungsvollen Zauber verbreiten auch die anmutigen Uferlandschaften, wo stille Bergwälder bis an die Weser reichen.

14 Weserbergland

Eine Welt der Märchen und Sagen

Flußlauf mit Hindernissen

Die großen Waldreviere nordwestlich des Harzes, vor allem die prächtigen Laubwälder, locken alljährlich unzählige Naturfreunde an. Meilenweit kann der Wanderer im Solling (11), im Reinhardswald und im Bramwald durch tiefe Stille und Einsamkeit streifen. Windige Höhen mit reizvollen Ausblicken findet man dagegen eher in den lichten, frühlingsfrischen oder herbstbunten Kammwäldern von Süntel (16), Deister (22), Ith (19) sowie den Bückebergen.

Zur Schönheit der Natur gesellt sich kunst- und kulturgeschichtlicher Reichtum. Das Land ist nicht nur Hintergrund zahlreicher Sagen und Märchen; handfeste geschichtliche Tatsachen haben es geformt: Burgen, Klöster und Kirchenbauten zeugen bis heute davon. Kunstsinn und Gewerbefleiß prägten die Städte entlang des Stromes. Die Weserrenaissance – Synonym für die großartige Architektur dieser Landschaft – gestaltete Bürgerhäuser und blieb nicht nur Vorrecht des Adels. Anteil an dieser Entwicklung hatte stets die Weser, auch wenn ihre Bedeutung für die Schiffahrt weit hinter der anderer deutscher Flüsse zurückstand. Die Zollgrenzen der zahlreichen Anliegerstaaten und ungünstige natürliche Bedingungen wie fehlende Wassertiefe waren die Gründe dafür. Durch die Versalzung der Werra

und die Abwässer aus Industriebetrieben zählt die Weser heute jedoch leider auch zu den stark belasteten Flüssen Deutschlands.

Beim Leuchtturm Roter Sand in der Nordsee beendet die Weser ihren 440 km langen Lauf, den ihr tektonische Vorgänge am Oberlauf ❸ recht beschwerlich gemacht haben: Tief mußte sich der Fluß seinen Weg durch den Scheitel des Sandsteingebirges graben, das sich im Quartär zwischen Bramwald und Reinhardswald bis zu 100 m hoch aufwölbte. Die Weser war hier bereits im Tertiär in ausgeprägten Mäandern geflossen, bevor sie sich wegen der Hebung des Gebirges tiefer einschneiden mußte. Der Fluß wurde gleichsam Gefangener seines eigenen Tals. Zwischen Holzminden und Bodenwerder ❻ versperrte ihm eine Barriere aus Kalkstein, bei Vlotho eine aus Sandstein den Weg, und zuletzt mußte er das Wesergebirge in der Porta Westfalica ⓯ durchbrechen. Wo der Fluß weichere Gesteine ausräumte, entstanden breite Talauen. Dieser charakteristische Wechsel von engen Durchbruchsstrecken und weiten Niederungen macht nicht zuletzt den Zauber des Wesertals aus.

Vielfalt ist Trumpf

Abwechslungsreich ist das Bergland längs des Flusses. Die Oberflächenformen lassen bisweilen Beschaffenheit und Lagerung der Gesteine ahnen. Die Geologen unterscheiden hier zwischen zwei Landschaftsformen: Im südlichen Weserbergland sind es Schichttafellandschaften. Aus flachlagernden Schichten des Buntsandsteins bauen sich Reinhardswald, Bramwald, Solling ⓫ und Vogler ❼ auf. Bis auf den Vogler handelt es sich um kaum gegliederte waldbedeckte Hochflächen, die dank der verhältnismäßig geringen Höhenunterschiede hervorragende Wandergebiete darstellen.

Die sogenannten Schichtkammlandschaften prägen den nördlichen Teil des Weserberglandes beiderseits des Flusses. Hier bilden die Schichtgesteine des Juras die langen, nach Nordwesten streichenden Kämme von Ith ⓳, Selter ❿, Deister ㉒ und Weserkette. Die Kreideformation ist mit Sandsteinen, Kalksteinen und Tonsteinen vor allem in den Bückebergen vertreten. Die Schichtkämme erhielten ihr markantes Aussehen durch die gebirgsbildenden Vorgänge der Saxonischen Faltung und die daraufhin einsetzende Abtragung durch fließendes Wasser und Eis.

Lage Zwischen südlichem Teutoburger Wald und Eggegebirge im Westen und Leinetal im Osten; im Norden begrenzt von Porta Westfalica und Schaumburger Wald, im Süden von Warburger Börde und Kaufunger Wald
Ausdehnung Nord–Süd ca. 100 km; West–Ost ca. 65 km
Länder Nordrhein-Westfalen, Niedersachsen und Hessen
Höchste Erhebungen Im Norden: Hohe Egge 437 m; im Süden: Große Blöße 528 m
Wichtigste Flüsse Weser und Diemel, als Begrenzung Leine
Landschaftsformen Mittelgebirgslandschaft, im Süden Schichttafel-, im Norden Schichtkammlandschaften, tief eingeschnittenes Flußtal der Weser, im Südosten charakteristische Bergkegel
Naturparks Naturpark Münden, Naturpark Solling-Vogler, Naturpark Weserbergland-Schaumburg-Hameln
Information Fremdenverkehrsverband Weserbergland-Mittelweser, Inselstr. 3, W-3250 Hameln 1, ☎ 05151/24566; Fremdenverkehrsamt der Stadt Porta Westfalica, Haus des Gastes, Kempstr. 6, W-4952 Porta Westfalica, ☎ 0571/791280; Sollingverein, Weidenweg 4, W-3450 Neuhaus im Solling, ☎ 05536/423; Wanderverein Hameln-Weserbergland, Postfach 101222, W-3250 Hameln 1, ☎ 05151/41945; Wanderverein Porta Westfalica-Mittelweser, Am Hornacker 11, W-4952 Porta Westfalica, ☎ 0571/71583

Route 1 Südliches Weserbergland

Ein beschwerlicher Weg zum Meer

❶ Urwald Sababurg

Vom Tierpark Sababurg sind es bis zum 70 ha großen »Urwald« 2 km auf der Straße in Richtung Beberbeck/Hofgeismar. Das Auto stellt man am Parkplatz Reinhardswald/Drecktor ab. Eine Tafel am »Eingang« in den

Der Urwald Sababurg ist ein Naturschutzgebiet. Üppige Farne wuchern um uralte Bäume, seit nahezu einem Jahrhundert sicher vor forstwirtschaftlichen Eingriffen. Auch eine vielfältige Fauna existiert hier noch.

Schnurren bei Punsch und Tabaksqualm

Hat es den »Lügenbaron« wirklich gegeben, oder ist er die Schöpfung eines Dichters mit burleskem Humor? In Bodenwerder (zwischen 6 und 7) kann man sich davon überzeugen, daß ein echter Freiherr von Münchhausen namens Karl Friedrich Hieronymus der Urvater aller Münchhauseniaden ist. Hier, wo die Weser vielleicht am schönsten ist, wurde er bei seiner Geburt 1720 ins Kirchenbuch eingetragen, und hier starb er auch nach einem bewegten Leben mit 77 Jahren. Mit 18 Jahren war er in ein russisches Kürassierregiment eingetreten und mit 20 zum Leutnant, mit 30 dann zum Rittmeister befördert worden. Bald darauf kehrte er auf sein heimatliches Gut zurück. Hunde, Pferde und die Jagd waren fortan sein Zeitvertreib. Im oberen Zimmer seines Gartenhauses, der »Grotte«, gab er Freunden bei Punsch und Tabaksqualm seine Schnurren zum besten. Da mag ihm auch die Geschichte mit dem Pferd in den Sinn gekommen sein, das ihm zur Hälfte weggehauen wurde, ohne daß er deshalb abgesessen wäre. So steht denn auch ein halbes Pferd heute als Brunnen vor Münchhausens Geburtshaus, das zum Rathaus Bodenwerders geworden ist. Hier kann man in der Münchhausenstube so wichtige Dinge besichtigen wie seine Pfeife und die Kanonenkugel, auf der er ins Türkenlager geflogen sein will (Mai–Okt. tägl. 9.30–12 und 14–17 Uhr geöffnet; jeden 1. So im Monat ab 15 Uhr Münchhausen-Spiele).

9 Lippoldshöhle und Lügenstein

Tief hat sich die Glene auf ihrem Weg zur Leine in den Dolomit von Duinger Berg und Reuberg eingesägt. Dabei hat sie Höhlen angeschnitten, die einst durch Auslaugung von Mineralien entstanden waren und im Mittelalter dem Bösewicht Lippold als Behausung gedient haben sollen. Sicher ist, daß die Höhlen – »Küche«, »Pferdestall«, »Gemächer« genannt – von Menschenhand erweitert worden sind. Möglicherweise haben sie schon Kelten oder Germanen als Kultstätte gedient. Wer die teilweise nur 1 m hohe Höhle erkunden will, benötigt eine Taschenlampe. 100 m weiter nördlich schwebt in 7 m Höhe ein etwa 2 t schwerer Steinblock in einem schmalen Felsentor bedrohlich über Ihrem Kopf. Er soll herabfallen, heißt es, sobald ein Lügner das Tor passiert.
An der Straße im Glene-Durchbruch, 1 km vor Brunkensen, liegt ein Wanderparkplatz. Hier beginnt der markierte Weg (2 km, Markierung: weißes Dreieck) zu beiden Natursehenswürdigkeiten.

10 Selterklippen

Fast auf der gesamten Länge des Selterkamms stehen, wie lässig in Linie angetretene Soldaten, merkwürdige Gestalten im Buchenwald. Sie heißen Kammerkeule, Räucherschinken, Schweizerkäs, Nußknacker und Klamottenwand. Die bizarren Klippen bestehen aus Dolomitgestein, das vor mehr als 100 Millionen Jahren in einem flachen Meer entstand, dann über den Meeresspiegel gehoben und zu einem breiten Schichtengewölbe aufgefaltet wurde. Auf dem Scheitel dieses Gewölbes brach der Leinetalgraben ein. In ihm lagerten sich später dicke Schichten aus Lehm, Sand und Kies ab. Der Bruchrand zeigt sich bis heute in Gestalt dieser seltsamen Dolomitklippen auf dem Selterkamm hoch über dem Leinetal. Den rund 9 km langen und bis zu 2 km breiten Selterkamm zwischen Delligsen und Greene fährt man am besten aus südlicher Richtung an. Am Ortsausgang von Naensen führt in Richtung Pumpspeicherwerk Erzhausen eine Asphaltstraße 3 km bergauf bis zum Parkplatz am Oberbecken. Wenn Sie das Auto hier stehenlassen und sich rechts halten, erreichen Sie einen Weg entlang der Klippen. Es gibt verschiedene markierte Wanderwege zwischen 2 und 6 km Länge.

Der Sage nach eine Bedrohung für Lügner: der 2 t schwere Lügenstein, der in 7 m Höhe über dem schmalen Felsentor schwebt.

⓫ Solling und Mecklenbruch

Inmitten des Sollings liegt Silberborn. Aus Richtung Dassel kommend, finden Sie am Ortseingang rechts einen Wanderparkplatz. Von hier folgen Sie dem Waldweg mit Hinweisschild »Hochmoor« ungefähr 1 km weit. Hinter einem Gattertor zweigt 200 m weiter links bei einer Hinweistafel der Pfad ins Moor ab. Das Mecklenbruch ist das größte Hochmoor im niedersächsischen Bergland außerhalb des Harzes, mit dem der Solling viel gemein hat: dichten Wald, dünne Besiedelung, kühles und feuchtes Klima. In den Eiszeiten bildeten sich durch Umlagerung des verwitterten Buntsandsteins und Vermengung mit Löß wasserundurchlässige Böden. Auf diesen staunassen Molkenböden entstanden in der Nacheiszeit inselförmige Torfmoore. Die Moorbildung muß vor ungefähr 4500 Jahren eingesetzt haben, da die Torfschicht in einem Hochmoor jährlich nur um ungefähr 1 mm wächst und die Torfdecke hier bis zu 5 m mächtig ist. Die 63 ha große offene Moorfläche wurde durch fast 200jährigen Torfabbau stark beeinträchtigt.

Seit 1981 wurde das Wasser gestaut, so daß sich die Lebensbedingungen für die Torfmoose, Wollgras und Sonnentau wesentlich verbesserten. Ein sicherer Holzsteg quer durch das Moor schützt Pflanzen und Menschen gleichermaßen.

Im Mecklenbruch wächst die Glockenheide, ein Zwergstrauch mit nadelartigen Blättern und rosa Blüten.

⓬ Hoher Hagen

Ein Nord-Süd-Schnitt durch die Dransfelder Hochfläche würde allein zwischen Adelebsen und Hedemünden 16 markante Bergkuppen als erloschene Vulkane zu erkennen geben. Man könnte sehen, wie Lava in Schloten das Muschelkalkplateau durchbrochen und Basaltkegel geschaffen hat, die noch bis zu 200 m höher sind. In Steinbrüchen sind durch die Freilegung der Förderspalten die bizarren, vieleckigen Basaltsäulen gut zu erkennen. So auch auf dem Gipfel des Hohen Hagen (508 m), wo man den großen Steinbruch rekultiviert und Rundwanderwege sowie einen Waldschäden-Lehrpfad angelegt hat. Da dieser Kegel als höchste Erhebung der Dransfelder Basaltberge von fast allen Höhen des oberen Weserberglandes zu sehen ist, benutzte ihn der geniale Mathematiker Carl Friedrich Gauß als Festpunkt bei der Vermessung des Königreichs Hannover. Der alte Gaußturm wurde ein Opfer des Basaltabbaus, dafür lockt der neue mit Aussicht und Café (Mo–Fr 12–20, Sa/So 11–21 Uhr geöffnet). In der Ortsmitte von Dransfeld weist ein Hinweisschild zum Gaußturm. Am Campingplatz vorbei erreicht man auf einer Waldstraße nach 3,5 km den Parkplatz am Turm.

Verschiedene Orchideenarten wie das Schwertblättrige Waldvögelein gedeihen auf den Kalkböden in der Rühler Schweiz und am Breitenstein.

Auf einem Holzsteg können Besucher, ohne Pflanzen zu zertreten oder Tiere zu stören, das Hochmoor Mecklenbruch erkunden.

Ausflüge hoch zu Roß zählen zu den vielen Freizeitangeboten im schönen Weserbergland.

Ein ungleiches, aber friedliches »Paar«: Bachstelze und Mufflon im Wisentgehege des Sauparks Springe.

Wo Tiere wie in Freiheit leben
Schon 1836–40 wurde der Saupark 21 *mit einer 16 km langen Mauer umgeben, das Wisentgehege in der Nordostecke ist jedoch erst 1928 entstanden. Hier gelang es, die vom Aussterben bedrohte letzte Wildrindart Europas zurückzuzüchten und zu vermehren. Viele Kälber konnten inzwischen an andere Zuchtstationen abgegeben werden. Der vorbildliche Wildpark ist zur Heimat von mittlerweile 68 Tierarten geworden. Urwildpferd, Luchs und Wildkatze lassen sich hier beobachten, Elch, Dam- und Muffelwild sind heimisch geworden, und natürlich fühlen sich auch die Schwarzkittel wohl. Um ihnen bequemer nachstellen zu können, hatten Hannovers Könige einst die Mauer um den Park errichten lassen.*

Als günstige Ausgangspunkte für Wanderungen bieten sich an: für den nördlichen Ith der Wanderparkplatz am Gasthaus »Felsenkeller« (Wegweiser in Coppenbrügge, Mo Ruhetag); für den mittleren Ith der Wanderparkplatz an der Paßstraße von Lauenstein nach Haus Harderode; für den südlichen Ith mehrere Parkplätze an der Paßstraße Weenzen–Eschershausen. Vom Wanderparkplatz im Ruthetal bei Eschershausen-Holzen sind die Rothestein- und die Bärenhöhle gut zu erreichen.

20 Wasserbaum

Folgen Sie in Ockensen den Hinweistafeln zum Wasserbaum. 250 m hinter der ehemaligen Sägemühle steht das seltsame Gebilde. Es sieht tatsächlich aus wie ein abgesägter Baum, aus dem Wasser sprudelt. In fast 100 Jahren hat das stark kalkhaltige Wasser des Ith 19 ein hölzernes Rohr mit Sinter überzogen und so den »Wasserbaum« wachsen lassen. Die hölzerne Röhre hatte sich einst der Sägemüller als »Überlaufventil« für seinen Stauteich am Ithhang einfallen lassen. Von seiner Mühle aus konnte er das aus der 5 m hohen Röhre quellende Wasser sehen und wußte dann, daß der Teich für den Turbinenbetrieb ausreichend gefüllt war. Das Rohr ist heute längst verfault, aber der Wasserbaum sprudelt weiter, bis die Kalkablagerungen ihn eines Tages verstopfen werden.

21 Saupark Springe

Das 2579 ha große Naturschutzgebiet mit dem ganzjährig geöffneten Park an den Hängen des Kleinen Deister und des Nesselbergs liegt südlich von Springe (Schilder zum »Saupark-Wisentgehege« mit großem Parkplatz). Zwei Rundwanderungen durch das Gehege (ein oder zwei Stunden) und insgesamt 50 km markierte Wege im Saupark stehen zur Auswahl. Das einst königliche Jagdrevier ist seit den dreißiger Jahren des 19. Jh. forstwirtschaftlich kaum verändert worden. So haben sich die prächtigen Laubmischwälder mit ihrer artenreichen Bodenflora, mit seltenen Farnen und bunten Sträuchern wie dem Seidelbast naturnah erhalten. Besonders mächtige Eichen stehen im feuchten Hallerbruch, wo auch das Wisentgehege liegt. Mehr als 60 Tierarten lassen sich in diesem Wildgehege beobachten. Auch die sehenswerte Jagdschau im Jagdschloß Springe (Mo geschlossen; neue Öffnungszeiten ab Mai 1991, zu erfragen unter ☏ 05041/2023) lohnt einen Besuch.

Seltsam geformte Felsklippen aus Dolomitgestein wie z. B. der Kamelskopf prägen den Schichtkamm des Ith, der im Innern von Höhlen durchzogen wird.

㉒ Deister

Günstiger Ausgangspunkt für eine Wanderung auf dem »nördlichsten Berg Deutschlands«, wie der Deister gern bezeichnet wird, ist der große Parkplatz am Nienstedter Paß (227 m), den Sie von Nienstedt aus erreichen.

Wie sein Gegenstück, der Süntel, ist der Deister ein Bruchstück eines großen geologischen Sattels, der sich im Verlauf der Saxonischen Faltung aufwölbte und durch übergroße Spannungen an seinem Scheitel einbrach. Die Flüsse Aue und Haller haben seinen Kern, der aus weichen Tonschichten des Braunen Juras bestand, ausgeräumt. Dadurch kam es auch hier zu einer Reliefumkehr. So kann man sich erklären, weshalb der Deister auf der Nordseite flacher ansteigt, auf der Südseite jedoch steil abbricht. Hier an der scharfen Bruchkante treten die harten Kreidesandsteine – auch Deisterformation genannt – zutage. Bis zu 25 m hohe Klippen stehen auf dem Kamm, darunter die Teufelskammer und die Alte Taufe. Mit etwas Glück kann man in den alten Sandsteinbrüchen noch Mineralien und Fossilien finden.

Ein beliebtes Wandergebiet: der bewaldete Kleine Deister bei Springe.

Vom Kultstein zum Taufbecken

Jemand hat A.T. für Alte Taufe in das harte Gestein gemeißelt. Der berühmte Gesteinswürfel auf dem Deisterkamm ㉒, etwa 1,5 km nördlich des Nordmannsturms, ist kaum zu übersehen. In der Tat wirkt die wassergefüllte Vertiefung wie ein Taufbecken.

Der Sage nach soll einst ein heidnischer Fürst gegen die ersten Christen gekämpft und deren Söhne oder Töchter als Blutopfer gefordert haben, wenn er siegreich war. Als er jedoch auf umgekehrte Weise seine Tochter hergeben mußte, wurde sie als Christin erzogen. Nun geschah es, daß eines Tages ihr Mann und ihr Sohn in die Hände des Bösewichts fielen. Die mutige Frau machte sich auf, um Rechenschaft von ihm zu fordern, und siehe da, der grausame Mann erkannte die Ruchlosigkeit seines Tuns und ließ sich auf dem ehemaligen Kultstein zum Christen taufen.

Die Hannoveraner betrachten den Höhenzug im Südwesten als den Hausberg ihrer Stadt und haben sich damit ein ideales Freizeit- und Wandergelände erkoren. Der Weg über den Deisterkamm von der Cäcilienhöhe im Norden bis zum Steinkrug an der Südostspitze ist ein ordentliches, aber dennoch vergnügliches Stück Wanderung. Heisterburgschänke, Nordmannsturm und Annaturm versprechen zünftige Stärkung unterwegs – und wenn die Füße dennoch müde werden, gibt es genügend Stichwege, die den Heimweg abkürzen. Zahlreiche Wegmarkierungen zeigen, daß auch große Fernwanderwege durch den Deister führen, etwa der Europäische Fernwanderweg Nordsee–Bodensee.

Gemütliche Ausflüge mit Schiff, Kanu, Fahrrad oder auch zu Fuß: Im Weserbergland gibt es viele Möglichkeiten, den Strom, seine idyllischen Uferlandschaften und die bewaldeten Hügel des Landstrichs kennenzulernen.

»Je höher man den Berg hinaufsteigt, desto kürzer, zwerghafter werden die Tannen, sie scheinen immer mehr und mehr zusammenzuschrumpfen, bis nur Heidelbeer- und Rotbeersträucher und Bergkräuter übrigbleiben. Da wird es auch schon fühlbar kälter. Die wunderlichen Gruppen der Granitblöcke werden hier erst recht sichtbar; diese sind oft von erstaunlicher Größe. Das mögen wohl die Spielbälle sein, die sich die bösen Geister

einander zuwerfen in der Walpurgisnacht, wenn hier die Hexen auf Besenstielen und Mistgabeln einhergeritten kommen . . .« Nach bald einem halben Jahrhundert kann man heute wieder auf den Spuren Heinrich Heines den Brocken besteigen, jenen sagenumwobenen Blocksberg im Harz, »und ringsum alle Berge, Wälder, Flüsse, Flächen, unendlich weit« betrachten.

15 **Harz**

Hexentanz und Bergmannskunst

Lage Zwischen dem Leinetal im Westen, dem Mittellandkanal im Norden, der Magdeburger Börde und dem Saaletal im Osten sowie dem Eichsfeld und der Goldenen Aue im Süden
Ausdehnung West–Ost ca. 110 km; Nord–Süd ca. 50–100 km
Länder Niedersachsen, Sachsen-Anhalt, Thüringen
Höchste Erhebungen Brocken 1142 m, Wurmberg 971 m, Bruchberg 928 m, Achtermannshöhe 926 m
Wichtigste Flüsse Leine, Innerste, Oker, Ilse, Bode, Wipper, Oder, Rhume, Söse
Landschaftsformen Mittelgebirge mit ausgedehnten Hochflächen um ein zentrales Bergland mit zum Teil zu Talsperren aufgestauten Wasserläufen; im Harzvorland Lößhügelland mit Schichtkämmen und Schichtstufen
Nationalpark/Naturparks Nationalpark Hochharz; Naturpark Harz; Naturpark Elm-Lappwald
Information Harzer Verkehrsverband, Marktstr. 45, W-3380 Goslar, ☏ 05321/20031; Landkreis Göttingen, Reinhäuser Landstr. 4, W-3400 Göttingen, ☏ 0551/5250; Landschafts-, Heimat- und Verkehrsverband Eichsfeld, Marktstr. 66, W-3408 Duderstadt, ☏ 05527/841200; Fremdenverkehrsgemeinschaft Elm-Lappwald, Südertor 6, W-3330 Helmstedt, ☏ 05351/1210–11; Wernigerode-Information, Breite Str. 12, O-3700 Wernigerode, ☏ 0037927/33035; Thale-Information, Rathausstr. 1, O-4308 Thale (Harz), ☏ 00374550/2597; Halberstadt-Information, Spiegelstr. 12, O-3600 Halberstadt, ☏ 0037926/21603; Aschersleben-Information, Poststr. 6, O-4320 Aschersleben, ☏ 0037457/2811; Stadtverwaltung Harzgerode, Markt 1, O-4306 Harzgerode, ☏ 0037455 94/2301

Der Höchste im Norden

Der Brocken (37) ist ein Norddeutscher, einer von der stillen, zurückhaltenden Art. Der sanft ansteigenden Granitkuppe (1142 m) sieht man nicht an, daß sie Norddeutschlands höchster Gipfel ist. Auch der Wurmberg (20), im niedersächsischen Teil des Gebirges gelegen, besitzt mit 971 m eine für nördliche Verhältnisse stattliche Höhe.
Als Heinrich Heine im Herbst 1824 seine »Harzreise« unternahm, war das noch ein zeitraubendes Unternehmen. Heute kann man das Gebirge mit dem Auto von Süden nach Norden bequem in einer Stunde durchqueren. Und wer es auf Schusters Rappen versuchen will, muß sich auf einen rund 50 km langen Marsch einstellen, bei dem ihm allerdings wirklich problematische Steigungen weitgehend erspart bleiben. Die Gebirgsränder sind zwar steil, jedoch nehmen das Innere sanft gewellte Hochflächen ein, die ein treppenartiges Geländerelief bilden.

Ein geplündertes Schatzkästchen

Die Abtragung hat im Laufe der Jahrmillionen die gefalteten Gesteinsschichten des Harzes gekappt und das Gebirge, das im Erdaltertum vielleicht einmal Alpenformat hatte, zu einer flachwelligen Landschaft eingeebnet. Deshalb bezeichnen Geologen die Hochflächen des Gebirges als Rumpfflächen und die von ihnen gebildete Treppe als Rumpftreppe. Im Erdmittelalter lag der Harz sogar viele Millionen Jahre lang tief unter dem Meeresspiegel; nur den Hebungen der Erdkruste in jüngster erdgeschichtlicher Zeit verdankt er es, daß er heute wieder der Höchste im Norden ist.

Unter den Schichten aus meist wertlosem, »taubem« Gestein, die im Laufe der Zeit von Wasser, Wind und Eis weggeräumt wurden, öffnete sich im Grundgebirge eine wahre Schatzkammer: Allein im niedersächsischen Harz gibt es rund 80 größere, heute meistenteils ausgebeutete Erz- und Mineralgänge, die mit Bleiglanz, Zinkblende, Kupferkies, Roteisen und vielen anderen begehrten Mineralien gefüllt waren. Allerweltsgesteine wie Granit, Tonschiefer und Quarzit kommen ebenso vor wie der seltenere Hornfels und Korallenkalk oder ausgesprochene Raritäten wie der golden glänzende Schillerfels oder der wie eine Forellenhaut grünweiß gefleckte Forellenstein.

Der Harz zählt zu den wasserreichsten Regionen Deutschlands. Seine schnellfließenden, klaren Flüsse – wie hier die Ilse – machen einen guten Teil seines landschaftlichen Reizes aus.

Norddeutschlands Wasserspeicher

»An manchen Orten sprudelt das Wasser aus den Steinen und Wurzeln stärker hervor und bildet kleine Kaskaden. Da läßt sich gut sitzen.« Der Harz ist von jeher reich an Wasser. Man kann das kostbare Naß wie Heine mit den Augen des Romantikers, aber auch ganz nüchtern als Rohstoff betrachten, und die Harzer verstehen es, aus dem Überfluß Gewinn zu ziehen. Früher nutzten sie das Wasser vor allem als Energiequelle, ersannen ihre weltberühmten »Wasserkünste«, ausgeklügelte Konstruktionen, mit denen Pumpen, Fördermaschinen, Pochhämmer und Fahrkünste in den Gruben und Hütten angetrieben wurden. Heute wird Trinkwasser für Millionen von Menschen in mehreren großen Stauseen gesammelt, in Wasserwerken aufbereitet und durch Rohrleitungen zahlreichen norddeutschen Städten zugeführt. Die Natur sorgt dafür, daß diese Einnahmequelle nicht versiegt: In den Hochlagen des Harzes fallen im Jahresdurchschnitt bis zu 1500 l Niederschlag pro Quadratmeter Bodenoberfläche, das ist doppelt bis dreimal soviel wie im Vorland. Im Winter häuft sich der Schnee oft zu meterdicken Decken an; Goethe, der im Dezember 1777 durch die tief verschneiten Fichtenwälder zum Brocken 37 hinaufstieg, zeigte sich von dem »grenzenlosen Schnee« beeindruckt. Mit dem Gedanken, der Harz könnte im Eiszeitalter von einer Kappe aus ewigem Eis bedeckt gewesen sein, mochte sich der Geheimrat aus Weimar indes nicht anfreunden. Doch hier irrte der Dichter, der ja auch Naturwissenschaftler war. Der Harz war zumindest in der jüngsten Eiszeit stark vergletschert, vermutlich als einziges der deutschen Mittelgebirge nördlich des Mains.

Langsam sterben die Wälder

Die Eiszeiten haben im Umkreis des Brockens 37 deutliche Spuren hinterlassen, nicht zuletzt in der Flora. Die Rentierflechte, auch als das Isländische Moos bekannt, die Zwergbirke, kaum einmal 50 cm hoch, und der zarte Siebenstern mit seiner schneeweißen, siebenstrahligen Blüte sind nur einige Beispiele für Pflanzenarten, die man eher im Nadelwaldgürtel Skandinaviens oder jenseits der polaren Waldgrenze in der Tundra erwarten würde. Der Grenzsaum, an dem der Wald vor Schnee, Eis, Frost und Sturm kapituliert, liegt im Harz jedoch tiefer, als man denkt. Das Gipfelplateau des Brockens jenseits der 1100-m-Höhenlinie befindet sich bereits oberhalb der Waldgrenze, die in den Alpen rund 1000 m höher verläuft. Der finstere, von Hochmooren und bizarren Felsklippen durchsetzte Fichtenwald, der im Harz die Lagen zwischen 800 und 1100 m einnimmt, ist ein Ebenbild der nordeuropäischen Taiga. Tannen kommen im Harz allerdings von Natur aus nicht vor. Bären, Wölfe und Luchse wurden systematisch ausgerottet; den letzten Bären hier traf 1705 die tödliche Kugel, 1798 ereilte den letzten Wolf sein Schicksal, der Luchs hat immerhin bis 1818 überlebt.

Die mittleren und tieferen Lagen sind ebenfalls dicht bewaldet; der Wald nimmt durchschnittlich zwei Drittel, im Mittelharz, dem höchsten Teil des Gebirges, sogar mehr als vier Fünftel der Fläche ein. Im Oberharz (im Nordwesten) und im Unterharz (südöstlich der höchsten Gipfel) ist das grüne Kleid aus Fichten und Buchen mit den bunten Farbtupfern der Bergwiesen geschmückt. Zur Hauptblütezeit, etwa Mitte Juni, mischen sich da die gelben Blüten der Trollblume mit dem Rotviolett des Waldstorchschnabels, den weißlichen Blütenständen der aromatisch duftenden Bärwurz und zahlreichen anderen Wiesenblumen. Aus den Kahlschlägen leuchten in roten Tönen das Schmalblättrige Weidenröschen und der Rote Fingerhut, der für den Harz so typisch ist, hervor. Die Kahlschläge werden seit einigen Jahren immer größer, denn im Harz geht das Waldsterben um. In den Höhenlagen zwischen 700 und 1000 m stauen sich die mit saurem Regen beladenen Wolken an den Bergen, und hier ist nahezu jeder Baum krank. Zuerst verfärben sich die Nadeln der Bäume, dann fallen sie ab, bis schließlich nur noch von Wind und Sonne gebleichte Baumgerippe übrigbleiben.

Im Vorland ist alles anders

In dem großen Gebiet zwischen Lüneburger Heide im Norden und Thüringer Becken im Süden, zwischen der Leine im Westen und der Saale im Osten gibt es natürlich etliche Berge – den Elm 10, die Asse oder den Huy –, an Brocken 37 und Wurmberg 20 gemessen sind sie aber kaum mehr als »Fußvolk«, und es gereicht ihnen zur Ehre, wenn die Geogra-

Die große Niederschlagsmenge in den Hochlagen füllt die zumeist künstlich angelegten Wasserspeicher des Harzes immer wieder rasch auf – auch die weiter unten zur Talsperre aufgestaute Oker.

phen sie dem Harzvorland zurechnen. Wer nun meint, das Vorland sei zwar niedriger, aber doch sonst mit dem Gebirge eng verwandt, täuscht sich gründlich. Besteht im Vorland der geologische Untergrund hauptsächlich aus Kalkstein, Tonstein und Sandstein des Erdmittelalters, so tritt im Harz das Grundgebirge Deutschlands zutage: die wie eine Ziehharmonika gefalteten, in zahllose Schollen zerbrochenen und von Granit und dunklen Tiefengesteinen durchdrungenen Formationen des Erdaltertums. Über dem Fundament aus festen Gesteinen lagern im Harzvorland

Route 1
Nordharz und nördliches Harzvorland
Während die Hochlagen des Gebirges in der Regel von November/Dezember bis März/April tief verschneit und die Wanderwege zu den Natursehenswürdigkeiten oft unpassierbar sind, können Sie die folgende, etwa 250 km lange Rundfahrt auch in der kalten Jahreszeit antreten; sie führt durch reizvolle Täler und das fruchtbare Vorland.
Streckenverlauf:
Von der A 7 Ausfahrt Seesen/Harz auf der B 248 in Richtung Bad Gandersheim bis Schlackenmühle, dort links auf die B 243 und nach 6,5 km auf die B 242 zur Iberger Tropfsteinhöhle ❶ bei Bad Grund; weiter auf der B 242 bis Clausthal, im Ort links auf die B 241, am Ortsende von Zellerfeld rechts ab nach Schulenberg und der Straße weiter zum Okerstausee folgen, dann rechts ab auf die B 498, in Altenau in Richtung Torfhaus zum Bruchberg ❷ fahren; zurück zum Stausee und der B 498 in nördlicher Richtung bis zur Kästeklippe ❸, ins Okertal ❹ und nach Oker folgen; nun nach rechts in Richtung Bad Harzburg zum Langenberg ❺; am Ortsrand von Bad Harzburg rechts ab zum Elfenstein ❻; zurück und im Ort rechts ab auf der B 4 zum Radauwasserfall ❼; dann wieder zurück und ab Bad Harzburg auf der A 395 bis zur Ausfahrt Schladen-Süd und nach Schladen, im Ort auf der B 82 über Hornburg bis Semmenstedt, hinter dem Ort nach rechts über Uehrde nach Barnstorf ❽; hinter der Bahnlinie rechts abbiegen und über Watenstedt zum Heeseberg ❾ bei Jerxheim; im Ort auf die B 244 bis Schöningen, dort links Richtung Königslutter und auf der Elm-Hochstraße durch den Naturpark Elm-Lappwald ❿ und zur Kaiser-Lothar-Linde ⓫ in Königslutter; dann links auf die B 1 Richtung Braunschweig bis zum rechten Abzweig zum Riddagshausen-Weddeler Teichgebiet ⓬; in der Braunschweiger Innenstadt dann auf die B 248 und in südlicher Richtung über Salzgitter-Bad nach Lutter am Barenberge, dort rechts abbiegen nach Bodenstein ⓭; weiter über Mahlum nach Bockenem, dort links über Königsdahlum zum Dillsgraben ⓮; über Klein Rhüden geht es zurück zur Anschlußstelle Rhüden der A 7.
Auf dieser Route stehen Hotels, Gasthöfe und Pensionen aller Preisklassen zur Verfügung. In den Kur- und Urlaubsorten des Naturparks Harz empfiehlt es sich, Quartiere vorzubuchen.

Formen und Räume, von der Natur gestaltet: die faszinierende Welt der Iberger Tropfsteinhöhle.

fast überall mehrere Meter dicke Schichten aus Lößlehm, aus dem sich in der Nacheiszeit fette Schwarzerden und andere nährstoffreiche Böden gebildet haben. Die fruchtbaren Lößbörden, von der Hildesheimer Börde im Westen bis zur Magdeburger Börde im Osten, sind von alters her ertragreiches Ackerland, auf dem heute im Wechsel vor allem Weizen, Gerste und Zuckerrüben geerntet werden. Für den Wald bleibt in einer solchen »Agrarsteppe« kaum noch Platz.

Route 1 Nordharz und nördliches Harzvorland

Durch Täler und Lößland

1 Iberger Tropfsteinhöhle

Im Iberg (561 m) bei Bad Grund entdeckten Höhlenforscher bisher ungefähr 50 unterirdische Hohlräume. Der von schönen Buchenwäldern bedeckte Berg ist aus Korallenkalk aufgebaut, der viele gut erhaltene Fossilien aus dem Devon enthält. Der Kalk wird vom Wasser leicht gelöst und hat sich im Innern der Höhlen zum Teil als Sinter wieder abgelagert. Der Eingangsstollen der schon 1874 für Besucher erschlossenen Iberger Tropfsteinhöhle führt in eine märchenhafte Welt, in der man mit ein wenig Phantasie einen »Wasserfall«, den »Zwergenkönig«, die »Hand des Riesen« und viele andere sonderbare Tropfsteingebilde entdecken kann. Dazu gehören auch die sogenannten Heliktiten beim Höhlenausgang, hakenförmig gekrümmte Deckentropfsteine, die entgegen der Schwerkraft nach oben wachsen. Die Iberger Tropfsteinhöhle liegt etwa 1 km nordöstlich von Bad Grund, unmittelbar an der B 242 (April–Okt. tägl. 9–17, Nov. und Febr.–März Di–So, Dez. und Jan. Do und So sowie 25. Dez.–6. Jan. tägl. 10–16 Uhr geöffnet).

2 Bruchberg und Wolfswarte

Wie es heißt, sollen die Wölfe auf der Wolfswarte (919 m), einer Felsklippe aus hellgrauem Quarzit an der Nordwestflanke des Bruchbergs (928 m), einst Wacht gehalten haben, um ihre Artgenossen durch Geheul vor den Jägern zu warnen. Der Aussichtspunkt war gut gewählt, denn von hier läßt sich fast der gesamte Oberharz überschauen: Im Westen ist die ausgedehnte Clausthaler Hochfläche mit ihren Teichen zu erkennen, nördlich davon liegt die Schalke (763 m) mit einem recht auffälligen

Der idyllische Kellerhalsteich ist einer von den vielen Teichen, die die Clausthaler Hochfläche bedecken. Von der Höhe der Wolfswarte aus meint man, auf eine Seenplatte zu blicken.

Betonturm, der für militärische Zwecke errichtet wurde. Der Bruchberg verdankt seinen Namen den Hang- und Kamm-Mooren, die den zweithöchsten Berg Niedersachsens bedecken. Diese artenarmen, von Torfmoos-Fichtenwäldern bestandenen Moore sind insofern eine Seltenheit, als sie nicht in Mulden, sondern aufgrund hoher Niederschläge und hoher Luftfeuchtigkeit an Hängen und auf Kämmen entstanden. Sie erreichen den Parkplatz »Steile Wand« von Altenau aus über die Landstraße in Richtung Torfhaus nach etwa 5,5 km. Auf dem markierten Weg (blaues Dreieck), der von hier zur Wolfswarte hinaufführt (1,2 km), können Sie die bis zu 1,5 m mächtige Torfschicht gut erkennen.

3 Kästeklippe

Der 2,5 km lange, steile Aufstieg vom Parkplatz am künstlichen Romkerhaller Wasserfall (Hinweisschild »Über die Klippen zur Käste«), der etwa 3 km von Schulenberg entfernt in Richtung Oker an der B 498 liegt, kostet zwar manchen Tropfen Schweiß und ist bei Schnee und Eis auch nicht ganz ungefährlich, doch die imposanten Granitfelsburgen auf dem Bergsporn über dem Okertal und der phantastische Ausblick lohnen die Mühe. Die Klippen sind Reste festen Gesteins, die der Abtragung während der Eiszeiten widerstanden haben. Die Kette beginnt mit der Feigenbaumsklippe, dann folgt die Mausefalle, ein von einer dünnen Granitplatte gestützter tonnenschwerer Gesteinsblock, der – so scheint es – bei der geringsten Berührung herabzustürzen droht, ein paar hundert Meter weiter die rauchgeschwärzte Hexenküche, schließlich die eigentliche Kästeklippe, die fast freischwebend über dem Okertal balanciert. Im »Kästehaus« an den Klippen (ganzjährig bewirtschaftet) können Sie sich für den Abstieg ins Okertal stärken. Während der Sommermonate fährt von Bad Harzburg auch ein Linienbus zum »Kästehaus« (Fahrplanauskunft bei der KVG Bad Harzburg, ☏ 05322/52017).

4 Okertal

Das Okertal zwischen der Okertalsperre und dem nördlichen Rand des Harzes ist eine Landschaft von faszinierender Wildheit: verkrüppelte Kiefern, im Talgrund weißschäumendes Wildwasser. Der Fluß mußte sich hier einen Weg durch den Okergranit und den glasharten Hornfels am Saum des Granitmassivs bahnen. 300–400 m hoch steigen die steilen Hänge auf. Ab dem Parkplatz an der B 498 beim Romkerhaller Wasserfall schlängelt sich ein etwa 4 km langer, schmaler Pfad (rotes Dreieck) am westlichen Ufer der Oker entlang; ein weiterer Ausgangspunkt für markierte Rundwanderwege durch das fast alpin anmutende Harztal ist der vom oben genannten Parkplatz etwa 3 km nördlich an der B 498 gelegene Parkplatz am »Waldhaus Okertal« (Mo Ruhetag). Wenn Sie es einrichten können, sollten Sie das Okertal am Wochenende besuchen, wenn mehr Wasser aus der Talsperre gelassen wird und der Fluß wieder zum reißenden Wildwasser wird.

Auch der harte Granit konnte der Kraft des Wassers nicht widerstehen – davon zeugen die gewaltigen Geröllblöcke im Bett der Oker.

Von Menschenhand geschaffen: der 60 m hohe Romkerhaller Wasserfall.

Bei entsprechendem Wasserstand ein anspruchsvolles Wildwasser: die Oker.

Die Grube Glücksrad – einst reich an Erzen

Bei Oberschulenberg (zwischen 1 und 3) hatten es die Harzer Bergleute leicht, an die Schätze des Erdinnern zu gelangen, denn einer der ergiebigsten Erzgänge des Oberharzes tritt hier direkt zutage: Er »beißt aus«, wie die Geologen sagen. Im Bereich der ehemaligen Grube Glücksrad ist er vollständig freigelegt. Die beiden erzreichen Zonen am Rand – mit grauem Bleiglanz, messingfarbenem Kupferkies, blauem Azurit, grünem Malachit und anderen Mineralien – sind größtenteils ausgebeutet, das wertlose Ganggestein dazwischen mit hellgrauem Kalkspat und farblosem Quarz blieb beim Abbau stehen. Diesen aufschlußreichen Einblick in eine typische Ganglagerstätte sollten Sie sich nicht entgehen lassen. Die Grube Glücksrad erreichen Sie auf dem 3,5 km langen Geologischen Rundwanderweg Nr. 1, der am Wanderparkplatz in Oberschulenberg beginnt und über die geologisch hochinteressante Umgebung der Ortschaft informiert. Das Hinweisschild »Lochstein« am nördlichen Ortsrand führt nach knapp 100 m zum historischen Grenzstein der Grube Glücksrad; etwa 50 m weiter nördlich liegt der Erzgang.

5 Langenberg

Wer eine Leidenschaft für Gesteine, Mineralien und Fossilien hat, sollte sich die »Klassische Quadratmeile der Geologie«, die Nordharzer Aufrichtungszone zwischen Goslar und Bad Harzburg, nicht entgehen lassen. Mit Siebenmeilenstiefeln geht es hier durch die Erdgeschichte. Einen besonders aufschlußreichen Blick ins Erdinnere gewährt der 2,5 km lange und durchgehend etwa 300 m hohe Langenberg bei Oker. Der kahle Bergrücken hat einen Hauptkamm mit Kalken des Weißen Jura. Südlich und nördlich des Schichtkamms treten in einem ein bis zwei km breiten Streifen am Harzrand nahezu alle Formationen des Erdmittelalters zutage, anhand derer sich dessen Geschichte anschaulich rekonstruieren läßt. Sie sind steil aufgerichtet und zum Teil sogar übergekippt, deshalb blickt man bei dem hellgrauen Kalkstein des Weißen Jura, der hier abgebaut wird, auf die Unterseite der Schichten. Leider ist das Kalkwerk Oker nicht frei zugänglich; die beste Sicht auf den Langenberg mit seiner interessanten Geologie genießt man vom Straßenrand der B 6 zwischen Oker und Bad Harzburg.

6 Elfenstein

An die zarten Wesen der Sagen- und Märchenwelt erinnert diese Klippe auf einer mit Buchen und Fichten bestandenen Bergkuppe kaum, eher wirkt sie wie eine wehrhafte Festungsmauer. Ähnlich wie der »Pfahl« im Bayerischen Wald (s. a. S. 650) ist sie ein aus weicherem Gestein durch Abtragung teilweise freigelegter Quarzgang, der eine tiefe Spalte in der Erdkruste ausfüllt. Die stark verwitterte, rund 400 m lange Mauer aus rötlichweißem Milchquarz ragt an ihrer Nordseite bis zu 30 m hoch auf. Von der Aussichtsplattform auf dem Elfenstein haben Sie einen weiten Blick über das nördliche Harzvorland. Biegen Sie in Bad Harzburg gleich rechts in die Straße Am Schloßpark ein und nach 1,2 km wiederum rechts in die Straße Am Silberborn, die nach 500 m mit einer Wendeschleife endet. Hier parken Sie und steigen auf einem schmalen Pfad in einer halben Stunde zum Elfenstein hinauf.

7 Radauwasserfall

Der 22 m hohe Wasserfall stürzt zwar mit Getöse über eine Felswand herab, mit Lärm hat sein Name jedoch nichts zu tun. Das Flüßchen Radau, das in den Hochmooren am Torfhaus entspringt, stürzt hier auch nicht ganz freiwillig in den Abgrund, sondern wurde 1859 in ein neues Bett geleitet, um als schäumender Wasserfall mehr Besucher in den Harz

Hier hat man der Natur etwas nachgeholfen: Der Radauwasserfall, eine Attraktion des Harzes, wurde künstlich angelegt.

zu locken. Inzwischen aber gehört die künstliche Kaskade fest zum Landschaftsbild des Radautals. Im Sommer macht sie die Luft in dem engen Kerbtal frisch und kühl, und im Winter verwandelt sie sich in ein märchenhaftes Gebilde aus bläulich glitzerndem Eis. Parken Sie am besten an dem Weg, der etwa 100 m hinter dem Wasserfall von der B 4 in Richtung Torfhaus nach links abzweigt. Er führt, etwa 2 km flußaufwärts, die B 4 entlang in eine mit seltenen Gesteinen besonders reich gesegnete Gegend. Hier findet man z.B. den grünlichgrauen Gabbro, ein magmatisches Gestein, den tiefschwarzen Harzburgit und den grün-weiß gefleckten Forellenstein.

8 Barnstorfer Salzwiese

Ein Fleckchen Nordseeküste mitten im Binnenland, wenigstens was die Flora betrifft. Die unauffälligen Gräser und Kräuter der Salzwiesen wie das Andelgras oder die Salzbinse wird nur der Fachmann auf den ersten Blick erkennen. Unübersehbar ist dagegen der Queller, die Charakterpflanze des Schlickwatts – vor allem im Herbst, wenn sich die typische Salzpflanze mit der Form eines winzigen Säulenkaktus leuchtendrot verfärbt. Warum aber kommen inmitten der fruchtbaren Schöppenstedter Lößbörde, rund 250 km von der Nordsee entfernt, nun plötzlich Pflanzen vor, die an der Küste des Wattenmeers beheimatet sind? Sie haben sich an einer Stelle angesiedelt, deren Bodenverhältnisse denen ihrer eigentlichen Heimat ähneln. Denn in der Niederung bei Barnstorf tritt an mehreren Stellen Wasser aus, das Salz enthält. Aus einem Salzsattel, der hier nahe an die Erdoberfläche reicht, wird es vom Grundwasser herausgelöst. Fahren Sie in Barnstorf zum nordöstlichen Ortsrand (Richtung Warle), und parken Sie am Sportplatz in unmittelbarer Nähe der Salzwiese.

9 Heeseberg

Ein Panoramablick über das Harzvorland und den Harz, der interessante Rogenstein, der hier hervorragend aufgeschlossen ist, und eine Wiesensteppenflora mit botanischen Raritäten wie dem flaumig behaarten Sandveilchen oder der purpurnen Kartäusernelke – drei gute Gründe, den 200 m hohen Höhenzug bei Jerxheim anzusteuern. Am Ortseingang zweigt links ein befestigter Feldweg (Hinweisschild »Heeseberg«) ab, der nach 1,4 km am Wanderparkplatz bei der Gaststätte »Zum Heeseberg« (Mo Ruhetag) endet. Vom Aussichtsturm, der aus dem für den Harz-Nordrand charakteristischen Rogenstein, einem Kalkoolith des Buntsandsteins, erbaut wurde, reicht der Blick nach Norden bis zum Elm, hinter dem die riesigen Schornsteine der Braunkohlenkraftwerke auftauchen. Im Süden erkennt man zwischen den endlosen Getreidefeldern eine feuchte Niederung, das Große Bruch, eines der südlichsten Urstromtäler Deutschlands, das sich bis zur Elbe verfolgen läßt. Am Horizont erhebt sich schließlich der dicht bewaldete Harz mit seinen ausgedehnten Hochflächen und der Granitkuppe des Brockens aus dem nahezu waldfreien Vorland.

Die alte Kaiserstadt Goslar verdankte ihren Reichtum vor allem der Erzgrube Rammelsberg. Sogar nach Rußland wurde Harzer Erz exportiert.

Der »kostbarste Berg Deutschlands«
Wer auf dem Weg vom Okertal 4 zum Langenberg 5 zunächst auf der B 498 weiterfährt, ist bald in Goslar. Kein Harzbesucher sollte den Besuch der alten Kaiserstadt versäumen. Den Reichtum, der sich in der Kaiserpfalz mit ihrem großartigen Reichssaal, im spätgotischen Rathaus und den vielen historischen Bauwerken widerspiegelt, verdankt die malerische Stadt an der Gose vor allem der Erzgrube Rammelsberg, die 1988 nach über 1000jährigem Abbau geschlossen wurde. Insgesamt förderten die Bergleute hier schätzungsweise 28 Millionen Tonnen Erz zutage: Silber, Gold, Eisen, Blei, Zink, Kupfer, dazu Wismut, Antimon, Kadmium und viele andere Metalle. Die gesamte geförderte Erzmenge würde nach heutigen Preisen einem Wert von etwa 24 Milliarden Mark entsprechen. Auf dem Gelände der ehemaligen Erzgrube kann man sich heute im Rammelsberger Bergbaumuseum Goslar, Bergtal 19, über den »kostbarsten« Berg Deutschlands informieren: Stollen, Umkleideräume der Bergleute und Mineraliensammlungen sind hier u.a. zu besichtigen (tägl. 9.30–18 Uhr geöffnet, 24. Dez. geschlossen).

Ob sie die magischen 1000 Jahre erreicht? Mehr als 850 hat die Kaiser-Lothar-Linde schon hinter sich.

Erdgeschichtliche Kostbarkeiten
Otto Klages, ein Amateur reinsten Wassers, hat im Laufe vieler Jahre eine Petrefaktensammlung zusammengetragen, die ihresgleichen sucht. In den Steinbrüchen und Tongruben rund um seine Vaterstadt Königslutter gelangen ihm großartige Funde. Durch Tauschaktionen hat er seine auch von der Wissenschaft beachtete Sammlung noch um vorzügliche Stücke erweitert. Sie ist heute teilweise im Besitz der Stadt Königslutter und veranschaulicht Jahrmillionen Erdgeschichte. Hier gibt es Mineralien zu studieren und Schmucksteine zu bewundern – das Herzstück der Sammlung aber bilden die Versteinerungen. Vor allem die Seelilien aus dem Elm, wirbellose Meerestiere des Oberen Muschelkalks, werden den naturkundlich Interessierten beeindrucken. Besonders stolz ist das Museum auf die prachtvolle violette Seelilie Encrinus carnalli. Versäumen Sie die Otto-Klages-Sammlung in Königslutter, Sack 1, nicht, wenn Sie der Kaiser-Lothar-Linde ⑪ Ihre Aufwartung machen (geöffnet Mo–Do 16–17, Sa, So, Fei 15–17 Uhr; Auskünfte: Fremdenverkehrsamt Königslutter, ☏ 05353/501129).

⑩ Naturpark Elm-Lappwald

Freunde von Kreuzworträtseln kennen ihn als »norddeutsches Gebirge mit drei Buchstaben«, Geologen sprechen vom »größten Seelilienfriedhof der Welt«, und Wilhelm Raabe hat ihn als »Musterforst« gerühmt. Gemeint ist der Elm, der seit 1977 zusammen mit dem benachbarten Lappwald den 47000 ha großen Naturpark Elm-Lappwald bildet. Der bewaldete und bis zu 322 m hohe Bergrücken wird hauptsächlich aus den Schichten des Muschelkalks aufgebaut, die zum Teil ungewöhnlich reich an Fossilien sind. Manche der Kalksteinbänke, die unter einer dünnen Bodendecke liegen, bestehen fast nur aus den Stielgliedern von Seelilien. Zwischen den fossilreichen Bänken lagern salz- und gipshaltige Schichten, die vom Sickerwasser ausgelaugt werden und Erdfälle bilden. Die südöstliche Hälfte des Elms ist von solchen Einbruchkesseln förmlich übersät. Die Wälder des Elms gelten als erstklassiges Rot- und Schwarzwildrevier; Bussard, Kolkrabe, Schwarzspecht und Eichelhäher sind hier ebenso heimisch wie Erdkröte, Laubfrosch, Molch und sogar der Feuersalamander. Beiderseits der Elm-Hochstraße Schöningen–Königslutter liegen mehrere Wanderparkplätze, von denen markierte Rundwanderwege in »Norddeutschlands schönsten Buchenwald« mit einer Fläche von rund 8000 ha und zu den Erdfällen führen. Der 4 km lange Steinkuhlen-Rundweg (Markierung: Nr. 18), der am Parkplatz »Lutterspring« an der Elm-Hochstraße knapp 1 km südlich von Königslutter beginnt, führt rings um Steinbrüche. Hier kann der Fossiliensammler nach Versteinerungen im Muschelkalk suchen (Ausstellung des dafür erforderlichen Berechtigungsscheins beim Fremdenverkehrsamt Königslutter, Am Markt 1, W-3308 Königslutter, ☏ 05353/501129).
Am Parkplatz »Lutterspring«, mit Orientierungstafel, beginnt auch der 2,5 km lange Abt-Fabricius-Weg (Markierung: Nr. 19), auf dem man durch das Elmrandgebiet in unmittelbarer Nähe der Stadt Königslutter rings um den Klosterteich wandern kann. Durch prächtige alte Laubwaldbestände mit Buchen, Eichen, Linden, Kastanien, Eschen und seltenen Hainbuchen führt der Weg zur Lutterquelle.

⑪ Kaiser-Lothar-Linde

Dicke leben länger: Die mächtige Linde hinter dem Kaiserdom von Königslutter im Hof des Niedersächsischen Landeskrankenhauses scheint den besten Beweis dafür zu liefern. Sie ist nur knapp 20 m hoch, aber ihr Stamm hat in Brusthöhe einen Umfang von 15 m. Der im wahrsten Sinne des Wortes stämmige Baum mit seiner riesigen Krone soll der Überlieferung nach von Kaiser Lothar III. (1075–1137) gepflanzt worden sein. Er wäre demnach über 850 Jahre alt. Der Weg zum Kaiserdom und zur Linde ist in Königslutter mit dem Wegweiser »Dom« markiert. Er endet an einem Parkplatz an der Nordseite des Gotteshauses. Von dort sind es noch wenige Schritte bis zum Standort der Linde an der Südseite des Doms.

⑫ Riddagshausen-Weddeler Teichgebiet

Als Zisterziensermönche im 12. Jh. in einem Sumpfgelände vor den Toren Braunschweigs 28 Karpfenteiche anlegten, konnten sie nicht

Der Naturpark Elm-Lappwald ist vor allem an Wochenenden ein beliebtes Erholungsgebiet der Bewohner des Großraums Braunschweig–Salzgitter.

ahnen, daß ihr Werk 800 Jahre später als Europareservat anerkannt werden würde. Das inzwischen zum Teil verlandete Teichgelände bei Riddagshausen und Weddel mit den benachbarten Röhrichten, Bruchwäldern und Feuchtwiesen erhielt 1962 vom Internationalen Rat für Vogelschutz diesen Ehrentitel für hinreichend geschützte Gebiete von internationaler Bedeutung verliehen. Kaum sonst irgendwo in Norddeutschland gibt es eine reichere Flora und Fauna: 750 verschiedene Pflanzenarten gedeihen in der parkartigen Landschaft, und etwa 225 Vogelarten wurden hier beobachtet, darunter Rohrweihe und Rohrsänger, Neuntöter und Kiebitz, außerdem zahlreiche Wasservögel wie Graugans, Höckerschwan und Haubentaucher. Auch zahlreichen Amphibienarten bietet das Teichgebiet einen Lebensraum. Das Reservat ist durch befestigte Wege erschlossen; von ihnen aus kann man nahezu jeden Winkel überschauen. Folgen Sie von der B 1 dem Wegweiser nach Riddagshausen bis zur Abzweigung zum ehemaligen Kloster Riddagshausen (3 km). Dort kann das Auto stehenbleiben, und bei der Orientierungstafel an der gegenüberliegenden Straßenseite beginnt die Wanderung (Fernglas zur Beobachtung der Vogelwelt empfehlenswert) durch das Teichgebiet: Von hier aus benötigt man für einen Rundgang um den Kreuzteich 30 Minuten, um den Mittelteich 45 Minuten und um den Schapenbruchteich eine Stunde.

⑬ Bodensteiner Klippen

Was ist hier natürlich, und was haben vielleicht unsere Vorfahren in grauer Vorzeit geschaffen? Angesichts der bizarren Felsburgen und -türme, die sich in den Wäldern am Südende des Hainbergs verbergen, stellt sich immer wieder diese Frage. Da gibt es ein Tor, das wie der Eingang zu einer heidnischen Kultstätte aussieht. Die Sofaklippe kann man sich gut als bequeme Lagerstatt eines germanischen Fürsten vorstellen, und die Opferkessel auf den Sandsteinfelsen lassen Gedanken an blutige Rituale aufkommen. Wahrscheinlich waren aber nur Wasser, Wind und Eis die Baumeister der eindrucksvollen Felsgebilde. Sie haben die Oberfläche des Sandsteins mit den sonderbaren Formen der Wabenverwitterung überzogen und die Klüfte im Gestein zu Gassen erweitert, so daß ein verwirrendes Felsenlabyrinth entstand. Zu den Bodensteiner Klippen biegen Sie in der Ortsmitte von Bodenstein zunächst nach Neuwallmoden ab, nach 300 m fahren Sie links in die Straße Zu den Klippen und parken hier. Zu Fuß gelangen Sie über einen Feldweg (400 m) zum Landschaftsschutzgebiet. Im Anschluß an den Feldweg führen Sie ein 3,7 km langer Naturlehrpfad (Markierung: Eichenblatt) und zwei 1 bzw. 6,9 km lange Rundwanderwege (Markierung: weiße Ringe) durch das Felsenlabyrinth.

⑭ Dillsgraben

Zum vielleicht sehenswertesten Erdfall Norddeutschlands fährt man von Bockenem 3 km auf der Landstraße nach Königsdahlum, biegt am Ortseingang scharf rechts in Richtung Hary ab und folgt nach weiteren 1,3 km dem Hinweisschild zum Wanderparkplatz. Von hier sind es noch etwa 100 m zu Fuß zum Dillsgraben, der 130 m im Durchmesser mißt und

Von befestigten Wegen aus, die nicht verlassen werden dürfen, erschließt sich das tier- und pflanzenreiche Riddagshausen-Weddeler Teichgebiet.

Der Dillsgraben, ein riesiger wassergefüllter Trichter, entstand durch Auslaugung von Gips und Salz.

<u>*Fast alles über Tiere*</u>

Wer sein Wissen über die Tierwelt erweitern möchte, findet im Naturhistorischen Museum in Braunschweig ⑫ großartiges Anschauungsmaterial vor. Mit der »Bienentanzuhr« kann der Besucher die »Sprache« der für ihren Fleiß gerühmten Insekten nachvollziehen, eine »Tragzeitenuhr« informiert über die Fortpflanzung der Säugetiere. Dioramen lassen die norddeutsche Tierwelt vergangener Zeiten nacherleben, und in Aquarien tummeln sich Fische aus den Meeren der Welt, aus Teichen, Seen und Flüssen. Feinste Gebilde werden als vergrößerte Modelle oder im Stereomikroskop demonstriert. Das bekannteste Stück der Sammlung ist das Skelett der Stellerschen Riesenseekuh, einer Tierart, die schon bald nach ihrer Entdeckung in der Beringsee (1741) der Robbenjagd zum Opfer fiel (Staatliches Naturhistorisches Museum, Pockelstr. 10 a, geöffnet Di–So 9–17, Mi 9–19 Uhr; ☏ 05 31/3 91-43 51).

<u>*Der tausendjährige Rosenstock*</u>

Ein Rosenstock an der Außenmauer des Chors des Hildesheimer Doms hat Weltruhm erlangt – soll er doch über 1000 Jahre alt sein. Kaiser Ludwig der Fromme, so berichtet die Legende, habe im 9. Jh. den Strauch einst bei Frost und Schnee blühen sehen und deshalb den Bau einer Kapelle befohlen. Grabungsergebnisse deuten darauf hin, daß das legendäre Alter des Rosenstocks zutreffen könnte, und im Zweiten Weltkrieg hat dieser selbst einen Beweis seiner ungewöhnlichen Lebenskraft erbracht. Kaum war der fast meterhohe Schutt beiseite geschafft, der ihn beim Brand des Doms verschüttet hatte, da begann er wieder zu grünen. Von den Bodensteiner Klippen ⑬ aus verläuft unsere Rundfahrt über die Anschlußstelle Bockenem der A 7. Von hier aus sind es noch ca. 30 km bis Hildesheim.

60 m tief ist. Seinen Grund, in dem der Sage nach das Schloß eines frevlerischen Ritters namens Dile versunken sein soll, füllt ein See; die Fische darin, behauptet die Legende, seien die verzauberten Burgleute des Ritters. Tatsächlich aber ist das trichterförmige Naturphänomen durch die Auslaugung von Gips und Steinsalz in den Schichten des Mittleren Muschelkalks entstanden. An den steilen Wänden des Erdfalls, der seit 1960 als Naturdenkmal geschützt ist, hat sich Mischwald ausgebreitet.

Route 2 Südharz und südliches Harzvorland

Von Höhen, Höhlen und Mooren

⑮ Hainholz und Beierstein

98 ha umfassen die beiden Naturschutzgebiete südlich von Osterode, die ein geschlossenes, noch weitgehend intaktes Gipskarstgebiet bilden – eine Natursehenswürdigkeit ersten Ranges. Die heimische Flora mit farbenprächtig blühenden Pflanzen wie dem Großen Ehrenpreis, dem

Route 2
Südharz und südliches Harzvorland
Die rund 180 km lange Strecke führt an Mooren, Höhlen und Karstquellen, an Erdfällen, Baumriesen und Pilzfelsen vorbei. Man lernt ein Gipskarstgebiet kennen, kann sich wandernd erholen – Wanderschuhe sind angeraten! – und findet in Schaubergwerken und naturkundlichen Museen großartige geologische Anschauungsstücke. Diese Reiseroute ist in der kalten Jahreszeit nicht empfehlenswert, da auf den Straßen der höheren Gebirgslagen mit Behinderungen durch Schnee und Eis zu rechnen ist.
Streckenverlauf:
Ab Ausfahrt Northeim-West der A 7 auf der B 241 nach Osterode, dort auf die B 243 Richtung Herzberg, die zweite Ausfahrt nehmen und nach 2,5 km rechts nach Düna zu Hainholz und Beierstein ⑮; zurück nach Osterode, hier rechts und auf der B 241 bis Clausthal-Zellerfeld, dort rechts und etwa 1 km auf der B 242 bis zu den Oberharzer Teichen ⑯; weiter auf der B 242 Richtung Braunlage bis zum Gasthaus »Sonnenberg« am Bruchbergmoor ⑰; nach 2 km zum Oderteich ⑱; dann rund 5 km weiter zum Gasthaus »Königskrug« bei der Achtermannshöhe ⑲; weiter nach Braunlage zur Kabinenseilbahn auf den Wurmberg ⑳; dann über die B 242 und B 4 bis hinter Hohegeiß und zu den Dicken Tannen ㉑; nun über Zorge nach Walkenried, hier zunächst Richtung Wieda, dann Richtung Bad Sachsa zur Zwergenschmiede ㉒; zurück nach Walkenried und südwärts über Neuhof und Tettenborn nach Nüxei zum Römerstein ㉓; weiter auf der B 243 nach Scharzfeld und beim Bauernhof rechts zur Einhornhöhle ㉔ und dem Großen Knollen ㉕; von Scharzfeld über Pöhlde zur Rhumequelle ㉖; dann über Rhumspringe, Rüdershausen nach Gieboldehausen, dort links auf die B 27 Richtung Göttingen, 3 km hinter Wollbrandshausen links nach Seeburg ㉗; nun nach Ebergötzen, hier links nach Landolfshausen, weiter südwärts über Falkenhagen, Sattenhausen, Wöllmarshausen und Kerstlingerode nach Bischhausen, hier sodann rechts nach Bremke und zum Reinhäuser Wald ㉘
Zurück zur Anschlußstelle Friedland der A 7 geht es westwärts über Reinhausen, Stockhausen und Dramfeld. Zahlreiche, meist gutbürgerliche Hotels und Gasthöfe findet man im Harz in allen größeren Orten und an der gesamten Strecke; im südlichen Harzvorland ist die touristische Infrastruktur noch wenig ausgebaut.

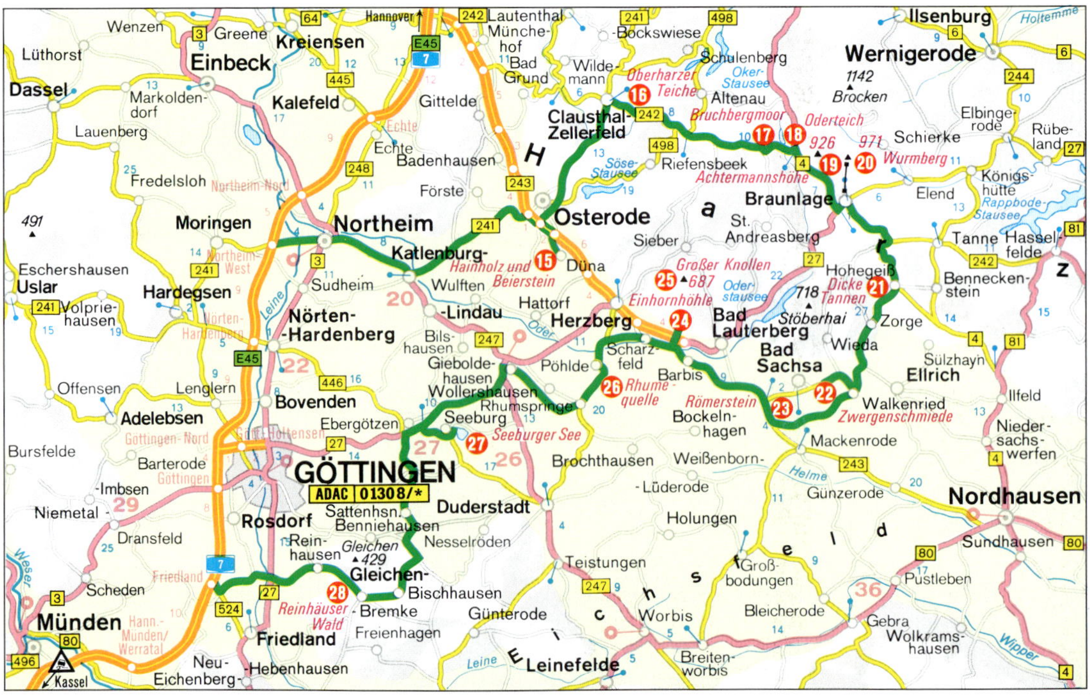

Dost und dem Weidenblättrigen Alant erhöht noch den Anreiz, sich hier umzusehen. Auf dem 1,5 km langen Naturkundlichen Pfad, der hinter Düna beim Wanderparkplatz am Hainholz beginnt, läßt man sich durch das Labyrinth von Karrenfeldern, Schlotten, Bachschwinden und Erdfällen geleiten. Das Naturschutzgebiet darf nur auf den markierten Wegen betreten werden. Auf Extratouren sollte der Besucher auch im eigenen Interesse verzichten, denn der Untergrund mit mindestens 30 kleineren und größeren Höhlen ist löcherig wie ein Schweizer Käse. Schon in der Altsteinzeit wurde dies den Wollhaarnashörnern, die im Hainholz von Jägern in diese natürlichen Fallgruben gelockt wurden, zum Verhängnis. Der Naturlehrpfad führt auch am Eingang der rund 160 m langen und bis zu 15 m hohen Jettenhöhle vorbei. Sie ist nicht als Schauhöhle erschlossen, aber – nur mit entsprechender Ausrüstung! – zugänglich. Als Naturfreund sollten Sie sich freilich mit einem Blick in den Höhleneingang begnügen – die Fledermäuse, die sich dort von ihren nächtlichen Ausflügen erholen, werden Ihnen dankbar sein.

In der Wildvogelstation im Sösetal begegnet man auch dem Auerhahn – hier in charakteristischer Balzstellung.

Ein Sanatorium für Vögel
Die Wildvogelstation im Sösetal bei Osterode, nahe Hainholz ⓯, hat es sich zur Aufgabe gemacht, kranke Vögel gesund zu pflegen, um sie dann wieder in die freie Natur zu entlassen. Sie beherbergt derzeit rund 50 verschiedene Vogelarten, darunter Birk-, Schnee- und Auerhühner sowie allerlei Eulen (geöffnet April – Nov. Mo – Sa 14 – 18, So und Fei 10 – 18, in den Sommermonaten tägl. 10 – 18 Uhr; Osterode-Dorste, Roter Born 4, ☏ 0 55 52/3 90). Sie fahren von Osterode die B 498 in Richtung Sösetalsperre. Am Parkplatz beim Forsthaus Sösetal beginnt ein beschilderter Weg zur Wildvogelstation.

⓰ Oberharzer Teiche

Stehende Gewässer sind im Harz von Natur aus selten. Wie die modernen großen Stauseen, lebenswichtige Trinkwasserspeicher, wurden auch die vielen kleinen Teiche künstlich angelegt. Dies geschah schon vor Jahrhunderten und zu dem Zweck, die Pumpen, Seilwinden und Pochhämmer der Bergleute mit Wasserkraft anzutreiben. Die künstlichen Gewässer veränderten die Naturlandschaft stark, bereicherten sie aber auch. Fische, Muscheln und Krebse, Molche, Frösche, Kröten und andere Bewohner feuchter Biotope haben sich in ihnen angesiedelt. Dazu kommen Pflanzen wie der Wasserknöterich, der die Gewässer im Sommer mit rosaroten Blütenteppichen überzieht, oder der honigduftende Hirschsprung, der sich in Massen auf den im Herbst trockengefallenen Teichböden ausbreitet. Der Parkplatz am Entensumpf an der B 242, ungefähr 1 km östlich von Clausthal-Zellerfeld, ist als Ausgangspunkt für eine beliebig ausdehnbare Teichwanderung auf markierten Wanderwegen zu empfehlen.

⓱ Bruchbergmoor

Ein Hochmoor von 210 ha Ausdehnung bedeckt den Bruchberg, der seit 1954 unter Naturschutz steht. Hierhin haben sich Niedersachsens letzte Wildkatzen zurückgezogen, und seit 1978 balzt auch der Auerhahn wieder hier. Die Vegetation wird vom Torfmoos dominiert, aber auch Rosmarinheide, Igelsimse und Sonnentau kommen vor. In rund 10 000 Jahren sind die Torfschichten dieses letzten noch intakten Gipfelmoors in Mitteleuropa zu einer Mächtigkeit von mehreren Metern herangewachsen. Gut zwei Drittel des Gebiets nimmt Fichtenwald ein, der Rest ist offene Fläche. Ein besonders schönes Teilstück, das ungefähr 1 km^2 große Sonnenberger Moor, hat nur eingesprengte Waldinseln. Hier gibt es die typische Hochmoorvegetation und – als eine wirkliche Besonderheit – Moorfälle zu sehen. Sie entstehen dort, wo das Wasser im Untergrund Torf ausspült.

Der Zankwieser Teich nördlich von Clausthal-Zellerfeld wurde zur Gewinnung von Wasserkraft angelegt.

Das Sonnenberger Moor auf dem Bruchberg ist Teil des größten Gipfelmoores in Mitteleuropa.

Natur – faszinierend und deprimierend
An der Stieglitzecke zwischen den Oberharzer Teichen ⑯ und dem Bruchbergmoor ⑰ passiert die B 242 in einer Höhe von 828 m den geschlossenen Bergkamm, der sich vom südlichen Gebirgsrand bei Osterode bis nach Torfhaus im Oberharz zieht. Ungefähr 300 m vor der Paßhöhe liegt rechts der Straße ein Parkplatz. Der Ausflug zur Hanskühnenburg-Klippe (811 m) ist eine zünftige Tour. Hin und zurück sind es 16 km auf dem mit einem blauen Dreieck markierten Wanderweg. Er führt an Quarzitklippen und Blockströmen vorbei durch Moore und Torfmoos-Fichtenwälder, über Gräben mit dunkelbraunem Moorwasser und weißschäumende Wildbäche. Die aus einem Felsenmeer herausragende Hanskühnenburg ist eine quaderförmige Quarzitklippe von 8 m Höhe. Das großartige Naturerlebnis ist leider getrübt, denn nirgends im Harz hat das Waldsterben so tiefe Spuren hinterlassen wie hier. Vor Jahren traf die Bezeichnung Waldgaststätte für das turmartige Wirtshaus »Hanskühnenburg« (tägl. 9–17 Uhr, Do Ruhetag) noch zu, heute erinnern abgestorbene Bäume daran, welch schwerwiegenden Schaden die Umwelt genommen hat.

Pforten der Unterwelt
Der Harzer Bergbau ist heute so gut wie eingestellt. Wer sich aber ein Bild davon machen will, wie es unter Tage aussieht und wie in den Stollen gearbeitet wurde, findet allerlei Gelegenheiten dazu. Das Oberharzer Bergwerks- und Heimatmuseum in Clausthal-Zellerfeld ⑯, Bornhardtstr. 16 (geöffnet tägl. 9–17 Uhr; ☏ 05323/82502), zeigt in einem Schaubergwerk und mit zahlreichen Modellen die verschiedenen Abbau- und Förderverfahren. Im Historischen Silberbergwerk Grube Samson in St. Andreasberg, Am Samson, unweit des Bruchbergmoors ⑰, gibt es die letzte bis heute noch betriebene Fahrkunst zu bewundern (Führungen tägl. 11 und 14.30 Uhr, Gruppen nach Anmeldung, So Ruhetag; ☏ 05582/1249). Das Bergbaumuseum am Knesebeckschacht in Bad Grund ①, Knesebecker Weg, zeigt vor allem moderne Bergbautechnik (Führungen Mai–Okt. Di–So stündlich 10–16, Nov.–April Do und So stündlich 10–15 Uhr; ☏ 05327/2021). Im 19-Lachter-Stollen in Wildemann, Bahnhofstr. (Führungen tägl. 10, 11, 14, 15, Nov.–Mitte Dez. 11 Uhr, Gruppen nach Anmeldung; ☏ 05323/6111), als kurzer Abstecher von der Iberger Tropfsteinhöhle ① lohnend, können die Besucher 400 m weit in den Berg hineinspazieren. Ein Leckerbissen für Freunde schöner Steine ist die Mineraliensammlung der Technischen Universität in Clausthal-Zellerfeld ⑯, Adolf-Römer-Str. 2 A (geöffnet Mo 14–17, Di–Fr 9–12 Uhr; ☏ 05323/722737).

Man parkt links der B 242 unmittelbar vor dem Gasthaus »Sonnenberg«. Vom Parkplatz führt ein Pfad etwa 50 m weit durch den Wald bis an das typische, hier 3–4 m hohe Randgehänge des Hochmoors. Wer möchte, kann diesen Pfad (Markierung: blaues Dreieck) entlang dem östlichen Moorrand noch 4,5 km weiter (Hinweg) bis zur Hauptstraße Altenau–Torfhaus wandern.

⑱ Oderteich

2 km hinter dem Gasthaus »Sonnenberg« überquert die B 242 den Damm des Oderteichs (Parkmöglichkeit). Dieser älteste Stausee Deutschlands, 1714–21 von Harzer Bergleuten angelegt und nicht mit dem modernen Oderstausee bei Bad Lauterberg zu verwechseln, könnte ebensogut ein natürlicher Moränenstausee sein. In der jüngsten Eiszeit lag hier nämlich das Firnfeld eines Talgletschers, der das Odertal tief ausschürfte. An der Westflanke des Tales führt am Rehberger Graben ein schöner und bequemer Wanderweg 7 km lang bis zum »Rehberger Grabenhaus« (Mo Ruhetag). Im Winter darf er allerdings nur bis 17 Uhr begangen werden, damit das Wild nicht unnötig gestört wird. Erläuterungstafeln am Weg informieren über Geologie, Landschaftsgeschichte und Pflanzenwelt des Odertals. Gleich am Anfang gibt es z.B. eine große Grube, in der man gut erkennen kann, wie der sprichwörtlich harte Granit durch die Verwitterung in lockeren Gesteinsgrus und Sand zerfällt. Die Hohen Klippen steigen 3 km talabwärts lotrecht aus dem Odertal auf.
Goethe fand hier 1783 heraus, wie der widerstandsfähige Hornfels des Rehbergs entstanden ist – als nämlich im Erdaltertum glutflüssige Granitschmelze von unten in die vorhandenen Grauwacken- und Tonschieferschichten eindrang.

⑲ Achtermannshöhe

Die kahle Achtermannshöhe schaut wie ein Glatzkopf aus den dunklen Fichtenwäldern auf der Wasserscheide zwischen Weser und Elbe hervor. Sie besteht weitgehend aus hellem Granit, aber obenauf lagert eine Kappe aus dunkelgrauem, besonders hartem Hornfels, dem die Verwitterung weniger anhaben kann. Auf den Gesteinsblöcken rundum gedeiht die leuchtendgelbe Landkartenflechte. Wie die unscheinbaren und seltenen Nabelflechten ist sie ein Relikt der jüngsten Eiszeit. Eine eigentümliche Form weist die »Kamelfichte« auf, das höckerförmig gebogene, ziemlich ramponiert wirkende Exemplar einer Fichte am Fuß des Berges, die als Naturdenkmal geschützt ist. Den Achtermann, wie die Harzer die Höhe

Der jungen Oder – hier bei Oderbrück – sieht man nicht an, daß sie weiter unten zwei Stauseen füllen wird.

kurz nennen, erreichen Sie am bequemsten über den Wanderweg »31 J« (2 km) vom Parkplatz am Gasthof »Königskrug« aus (Ende Nov.–Mitte Dez. geschlossen) an der B 242; hier kann man sich zuvor mit überdimensionalen Windbeuteln, den sogenannten »Sturmsäcken«, für die Tour zum mit 926 m dritthöchsten Berg Niedersachsens stärken.

20 Wurmberg

Wer gut zu Fuß ist, kann von der Achtermannshöhe 19 auf dem Wanderweg »31 J« gleich noch 4,5 km zum Wurmberg, dem mit 971 m höchsten Berg Niedersachsens, weiterwandern. Bequemer ist die knapp zwanzigminütige Fahrt mit der Kabinenseilbahn von Braunlage aus (im Ort von der B 4 aus ausgeschildert; Fahrplanauskunft: ☏ 05520/725). Vom Gipfelplateau aus bietet sich ein großartiger Panoramablick über den Harz. Am Osthang des Berges sieht man die steinerne Heiden- oder Hexentreppe. Sie steigt den Berg hoch auf eine ringförmige Anlage aus frühgeschichtlicher Zeit zu, die vermutlich Kultstätte war. An dieser Bergseite finden sich noch Reste von Hornfels, ansonsten besteht der Wurmberg wie der Achtermann aus Granit. Mächtige Blöcke davon lagern an vielen Stellen an den Hängen. Bis zum Brocken im Norden sind es vom Wurmberg nur 4,5 km Luftlinie.

Wäre das Wolfsbachtal besser zugänglich gewesen, hätten die Dicken Tannen nicht überleben können.

21 Dicke Tannen

Die Dicken Tannen, die an den Hängen des Wolfsbachtals bei Hohegeiß bis über 50 m hoch aufragen, sind eigentlich Fichten. Dick sind sie aber zweifellos. Die Stämme der zwischen 300 und 350 Jahre alten Baumriesen erreichen Durchmesser bis zu 1,5 m. Daß sie nicht der Säge zum Opfer gefallen sind, obwohl der Harzer Erzbergbau stets riesige Mengen Holz benötigt hat, verdanken sie ihrem Standort im früher schwer zugänglichen Wolfsbachtal. Sie finden den herrlichen Baumbestand, in den sich ebenso alte Laubbäume mischen, wenn Sie in Hohegeiß der Straße in Richtung Zorge und den Wegweisern »Skicentrum« und »Waldhotel Dicke Tannen« folgen. Vom Hotel (Mo Ruhetag) aus führt Sie ein markierter Wanderweg (rotes Dreieck) in nur fünf Minuten durch schöne Bergwiesen zum Ziel.

Fragile geologische Wunder sind die Gipsquellungshöhlen im Südharz – die Zwergenschmiede ist die größte.

22 Zwergenschmiede

Es passiert schon einmal, daß beim Frühstück ein paar Tropfen Kaffee auf die Zeitung fallen. Die Flüssigkeit dringt dann in das Papier ein, es quillt auf und bildet, weil es sich zur Seite hin kaum ausdehnen kann, an den durchfeuchteten Stellen kleine blasenartige Erhebungen. Ganz ähnlich muß man sich die Entstehung der Gipsquellungshöhlen im Naturschutzgebiet Sachsenstein-Priorteich bei Walkenried vorstellen. Vom Zechsteinmeer abgelagerte Anhydritschichten werden von Wasser durchdrungen. Dabei wandelt sich der Anhydrit in Gips um, der ein weitaus größeres Volumen als das Ausgangsgestein hat und sich deshalb wie eine Blase von den darunterliegenden Schichten abhebt. Höhlen, die so entstehen, sind sehr zerbrechlich und stürzen meist schnell wieder ein. Die Zwergenschmiede, auch Waldschmiede genannt, die größte bekannte Gipsquellungshöhle im Südharz und eine bedeutende geologische Sehenswürdigkeit, muß daher immer wieder ausgebessert werden.
Von Walkenried fahren Sie in Richtung Wieda, biegen dann links nach Bad Sachsa ab und erreichen nach 1,3 km links der Straße einen Wanderparkplatz. Folgen Sie ab hier zu Fuß den Wegweisern zum Priorteich (Badegelegenheit). Über den Staudamm des Teichs gehen Sie bis zur Bahnlinie Herzberg–Ellrich; 150 m hinter der Streckenmarkierung »137/2« zweigt rechts ein Pfad ab, der nach 50 m an der Höhle endet.

23 Römerstein

Wenn der Wind im Frühjahr richtig steht, kann man den bewaldeten und von Dolomitklippen bekrönten Bergkegel am Fuß des Südharzes buchstäblich riechen, denn dann schlägt einem der stechende Knoblauchduft des Bärlauchs entgegen. Der Geruch nach Tang und Salzwasser würde eigentlich besser passen, denn der Römerstein ist ein Riff. Die fossile Gesteinsformation hat sich hauptsächlich aus den kalkhaltigen Ausscheidungen von sogenannten Moostierchen und aus Kalkalgen aufgebaut – in Verbindung mit dem im Wasser des hier einst brandenden Meeres enthaltenen Magnesium wurde daraus das Sedimentgestein Dolomit. Das war vor etwa 270 Millionen Jahren. Später wurde der Römerstein unter

Eine Kirche im Fels
Mit dem Besuch der Einhornhöhle 24 läßt sich bequem die Besichtigung der Steinkirche, einer Höhle am westlichen Ortsrand von Scharzfeld, verbinden. Man folgt von der Durchgangsstraße dem Hinweisschild zum Schwimmbad bis zu einem Parkplatz unterhalb der B 27/B 243. Die Klufthöhle im Dolomitgestein diente vermutlich schon altsteinzeitlichen Jägern als Unterschlupf. Jedenfalls deuten Knochenfunde von Bisons und Rentieren darauf hin. Im frühen Mittelalter wurde die Grotte auf fast 30 m Länge und zu einer Breite und Höhe von je 6–8 m erweitert. Eine in das Gestein gehauene Kanzel und ein Altar deuten auf eine frühe Nutzung als Kirche hin. Kein Geringerer als Bonifatius, der Apostel der Deutschen, soll sie im 8. Jh. eingerichtet haben.

jüngeren Ablagerungen begraben und erst in den Eiszeiten durch die Abtragung wieder freigelegt. Der Sage nach ist der Römerstein die zerstörte Burg von Riesen, die mit dem benachbarten Volk der Zwerge in Feindschaft lebten. Seinen Namen verdankt das zackige Felsgebilde dem jungen Riesen Romar, der sich – ungeachtet der Fehde – in Ruma, die Tochter des Zwergenkönigs, verliebte und so den unbändigen Zorn des Zwergenherrschers heraufbeschwor.
Von Nüxei an der B 243, wo der Römerstein schon als Kuppe zu erkennen ist, wandert man auf einem Feldweg in nördliche Richtung und erreicht so das fossile Riff in einer Viertelstunde.

24 Einhornhöhle

Die Höhle mit einer erschlossenen Gesamtlänge von 550 m gliedert sich in eine Vielzahl von Kammern, Sälen und Grotten, die miteinander in Verbindung stehen. Der »Schillersaal« weist eine bemerkenswerte Akustik auf, die »Blaue Grotte« ist für ihr Licht berühmt, und die »Leibniz-Halle« beeindruckt durch ihre räumlichen Dimensionen. Tropfsteine finden sich in der einen Dolomitrücken durchziehenden Höhle nur vereinzelt. Um so mehr Überreste eiszeitlicher Tiere wurden aus dem braunen Lehm des Höhlenbodens geborgen, darunter solche von Bisons, Wölfen, Nashörnern, Löwen und vor allem von Bären. In früheren Zeiten hoffte man hier auch auf Überreste des Einhorns, jenes sagenhaften gehörnten Fabelwesens, zu stoßen, um daraus Liebestränke und Mittel gegen Krankheiten zu bereiten. Der große Gelehrte und Philosoph Gottfried Wilhelm Leibniz (1646–1716) ließ sich von Knochenfunden gar zu einer gewagten Rekonstruktion des »Unicornu fossile« hinreißen. Dieses Ungetüm ist auf einem Faltblatt abgebildet, das man an der Kasse bekommt (Führungen tägl. 9–17 Uhr; 1. Nov.–31. März geschlossen). Beim Dolomitwerk an der B 27/B 243 in Scharzfeld beginnt die ausgeschilderte Straße zum Wanderparkplatz bei der Einhornhöhle.

25 Großer Knollen

Vom Parkplatz bei der Einhornhöhle lohnt sich eine Wanderung zum Großen Knollen (687 m), einem der höchsten Gipfel im Südharz. Sie wählen zunächst den Wanderweg »13 H« (Markierung: grünes Dreieck), der Sie dann zu der aus Rhyolith, einem vulkanischen Gestein, aufgebauten Bergkuppe führt (gesamte Streckenlänge etwa 5,5 km, wegen der steilen Endstrecke knapp zwei Stunden Gehzeit). Der Aussichtsturm am Berggasthof (Mo Ruhetag; 1. Nov.–15. Dez. geschlossen) bietet einen

Der Quelltopf der Rhume, dem das Wasser aus neun Metern Tiefe zuströmt, wechselt seine Farbe mit dem Wetter.

weiten Blick über das fruchtbare Eichsfelder Becken bis hinüber zu den bewaldeten Muschelkalkhöhen des Obereichsfelds und des Göttinger Waldes. Wer sich für Mineralien interessiert, sollte auf dem mit einem blauen Punkt gekennzeichneten Weg vom Gipfel aus einen etwa 1 km langen Abstecher in Richtung Bad Lauterberg unternehmen. Am Weg liegen alte, zugängliche Roteisensteingruben, wo das Eisenmineral in den sonderbaren Formen des glänzend-glatten Glaskopfs vorkommt.

Der auch am Seeburger See zu findende Wasserknöterich kann gleichermaßen im Wasser und an Land vorkommen.

26 Rhumequelle

In kühlem Smaragdgrün schimmert an sonnigen Tagen der große Quelltopf des Flüßchens Rhume bei Rhumspringe. Hier und dort wallt die Oberfläche ein wenig auf; nur daran erkennt man, daß Wasser aus 9 m Tiefe nachströmt, und zwar bis zu 5000 l pro Sekunde. Besonders wenn der Pegelstand der Harzflüsse hoch ist, nimmt die Schüttung rasch zu, und nach längeren Regenfällen ist das austretende Wasser durch mitgeführte Schlammpartikel braun gefärbt. Hauptsächlich in Flußbetten versickertes Wasser tritt hier ans Tageslicht. Größtenteils kommt dieses, wie mit Farbversuchen bewiesen werden konnte, von Oder und Sieber. Von Pöhlde aus fährt man bis kurz vor Rhumspringe, wo linker Hand ein Parkplatz liegt. Man geht nur noch wenige Meter bis zur Quelle.

27 Seeburger See

Das »Auge des Eichsfelds« liegt in einer Senke, die seit dem Ende der jüngsten Eiszeit durch Salzauslaugung entstanden ist. Der fast kreisrunde See mit einer Fläche von gut 80 ha und einem Durchmesser von etwa 1 km ist an der tiefsten Stelle nur 4 m tief. An seinen Ufern zieht sich ein 20–30 m breiter Gürtel aus Schilfröhricht entlang, aus dem das aufgeregte »djip-djip-djip« der Rohrammer und der schnarrende Gesang der Rohrsänger zu hören sind.
Außerdem machen Zugvögel am Seeburger See gerne Rast. Vor allem von September bis April kann man hier Seeschwalben, Möwen, Enten, Limikolen, Kormorane und viele andere Vögel beobachten. Die Zufahrt zum See ist in weitem Umkreis ausgeschildert; ein großer Parkplatz und der Landgasthof »Graf Isang« (ganzjährig geöffnet) befinden sich am westlichen Ufer bei Seeburg. Von dort führt der gut instand gehaltene Wanderweg Nr. 1 in 2–3 Stunden um den See.

28 Reinhäuser Wald

Auffallend geformte Buntsandsteinklippen machen den Reinhäuser Wald südöstlich von Göttingen, vornehmlich ein Laubwald mit tief eingeschnittenen Bachtälern und Schluchten, für den Naturfreund besonders anziehend. Der deutsche Buntsandstein, der sich sonst im Landschaftsbild bescheiden zurückhält, bildet hier spektakuläre Felsen und macht seinem Ruf als Wüstengestein alle Ehre.
Wie ein Pilzfelsen in der Sahara balanciert z.B. der Taufstein nordwestlich von Lichtenhagen auf seinem schmalen Sockel; der Hurkutstein, die

Der Seeburger See ist nicht nur ein beliebter Badesee, sondern auch Rastplatz vieler Zugvögel, darunter Seeschwalben und Kormorane.

In einem idyllischen Tal rauscht die Ilse über zahlreiche bemooste Stromschnellen vom Brocken herab.

Jägersteine und viele andere Klippen sind von auffälligen Bienenwabenmustern überzogen, die infolge der Verwitterung nur an den Felswänden entstehen, die durch Wind und Sonne stark austrocknen. Ein guter Ausgangspunkt für Wanderungen durch den Reinhäuser Wald ist der Parkplatz an der Straße Bremke–Reinhausen, etwa 100 m nach dem Ortsausgang von Bremke. Die Klippen und die Wanderwege sind dort auf einer Übersichtstafel markiert.

Route 3 Ostharz und östliches Harzvorland

Teufelsmauer und Hexentanzplatz

29 Ilsefälle

Markante Kerbtäler gehören zu den charakteristischen Landschaftsformen des Harzes. Sie entstanden vor allem im Eiszeitalter, als sich die Flüsse unter dem kühlen, niederschlagsreichen Klima tief in das Gestein einschnitten. Das Wasser transportierte aus den Hochflächen herausgewitterte Gesteinsblöcke talwärts, und in den Flüssen bildeten sie jene Stromschnellen, die als »Fälle« zu Anziehungspunkten für Naturfreunde geworden sind. Zu diesen gehört auch die Ilse – wenn ihr nicht der sommerliche Wassermangel zu schaffen macht. Als »echtes Brockenkind« rauscht sie in einem der anmutigsten Täler des Gebirges auf langen Strecken mit starkem Gefälle über bemooste Steinblöcke zu Tal. Durch ein hohes Felsentor, dessen rechten Pfeiler der 150 m aufragende Ilsestein (474 m) markiert, tritt der Fluß ins nördliche Vorland aus. Der Granitkoloß trägt Reste einer fast 1000 Jahre alten Felsenburg und bewirkt – wie der »Schnarcher« im Oberharz 37 – ein Ausschlagen der Kompaßnadel. Hier, am Ausgangspunkt auch einer Wanderung zur 1 km entfernten Paternosterklippe (521 m), die einen schönen Blick zum Brokken bietet, befindet sich ein Rasthaus (Mo, Di geschlossen). Das Auto bleibt in Ilsenburg am Parkplatz »Kurpark« (im Ilsetal) zurück. Nach ca. 400 m beginnt am letzten Kurheim links der markierte steile Aufstieg zum Ilsestein (roter Punkt, ca. 3 km) oder der Weg flußaufwärts zu den Ilsefällen (rotes Dreieck, ca. 3,5 km).

Route 3
Ostharz und östliches Harzvorland
Diese Rundfahrt erschließt auf einer Länge von ca. 220 km Naturschönheiten der Landschaft zwischen Brocken 37 und Selketal 34. Zuweilen muß man einige Wanderkilometer in der herrlichen Harzlandschaft einplanen.
Streckenverlauf:
Ab Ausfahrt Harlingerode der A 395 geht es über Bettingerode zur B 6 nach Ilsenburg, dort rechts ab zu den Ilsefällen 29; zurück nach Ilsenburg und weiter auf der B 6 ostwärts nach Drübeck zur Klosterlinde 30; weiter über Wernigerode, Benzingerode nach Blankenburg 31; durch den Ort und über Timmenrode nach Thale, dort rechts ins Bodetal 32 bei Thale; von Thale aus nun wenige Kilometer östlich zur Teufelsmauer bei Neinstedt 33; über Gernrode nun weiter nach Ballenstedt, dort rechts nach Meisdorf und ins Selketal 34; Weiterfahrt südwärts über Pansfelde nach Abberode, dann rechts auf die B 242, auf ihr nun bis hinter Harzgerode und rechts die B 185 bis 3 km hinter Mägdesprung, hier links ab nach Gernrode und zu den Saalsteinen beim Ortsteil Bad Suderode 35; weiter südwestwärts über Friedrichsbrunn nach Allrode, dort rechts nach Treseburg, hier links und über Altenbrak nach Hüttenrode, dort links und auf der B 27 bis Rübeland 36; Weiterfahrt auf der B 27 über Elbingerode nach Elend, dort rechts ab nach Schierke 37 und zum Naturschutzgebiet Oberharz; von Schierke geht es weiter nordwärts über Bahnhof Drei Annen Hohne und Lossen-Denkmal zur Steinernen Renne 38; nun weiter nach Wernigerode, hier links über die B 6 zurück nach Ilsenburg und zur A 395.

Bei dieser Route durch den Ostharz sollte man Unterkünfte, zumeist ehemalige Ferienheime (entspricht Kategorie Hotel) und Privatzimmer, schriftlich vorbestellen. Ein Unterkunftsverzeichnis zum Ostharz ist beim Harzer Verkehrsverband, Marktstr. 45, W-3380 Goslar, ☏ 05321/20031 erhältlich.

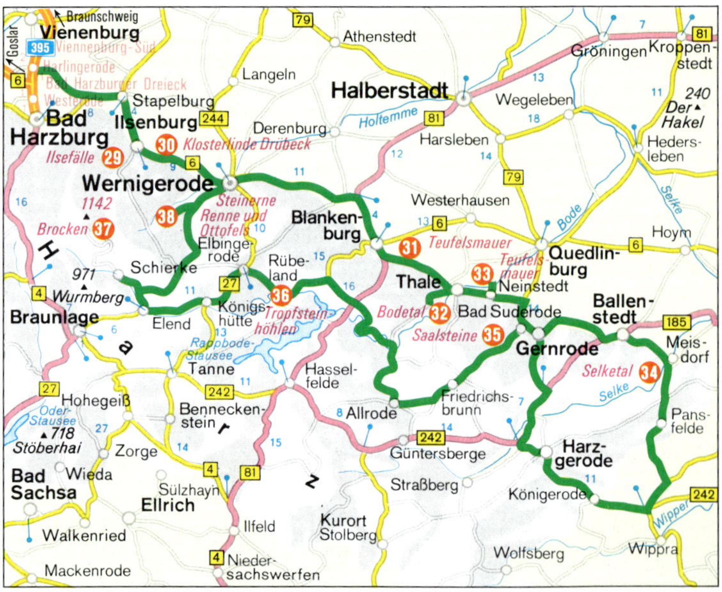

30 Klosterlinde Drübeck
Der kleine Ort unweit der Wasserscheide zwischen Elbe und Weser entstand um eines der ältesten Klöster des Harzes herum, das 877 gegründete Benediktinerinnenkloster. An seine Glanzzeit erinnert die romanische Basilika, vielleicht auch die vielbewunderte Linde im Klosterhof. Der Stammumfang des gewaltigen und immer noch gesunden Baumes beträgt etwa 7 m, der Durchmesser der lichtgrünen Krone ca. 20 m. Einige der unteren Äste des Baumes, der sich in 6 m Höhe gabelt, neigen sich bis zum Boden, um von da wieder aufwärts zu streben. Wie eine 30 m hohe Glocke bedeckt die Linde den größten Teil des schattigen Hofes. Sie steht vor dem Langhaus der Basilika, unmittelbar an der B 6 Ilsenburg–Wernigerode beim Ortsschild Drübeck.

31 Teufelsmauer bei Blankenburg
Diesem Naturphänomen besonderer Art werden wir bei Neinstedt 33 noch einmal begegnen: Bis nach Blankenburg hinein schiebt sich der bewaldete Rücken des Heidelbergs vor, dem als gezackter Kamm eine wild zerklüftete Felsmauer aus massigem Sandstein aufsitzt – die Teufelsmauer. Eindrucksvoll zieht sich die bizarre Steinformation an der Straße nach Timmenrode entlang, wo sie in die Ebene übergeht, um sich weiter südöstlich dann noch einmal zu erheben. Ein herrlicher schmaler Steig, durch Geländer und eingehauene Stufen für den Besucher gesichert, führt über die ganze Länge von ca. 3 km. In luftiger Höhe wandelt man an verkrüppelten Eichen, an Birken und Ebereschen vorbei, schnuppert im Frühling den Duft zahlloser Maiglöckchen und bewundert prächtige Wabenverwitterungen und Eisenschwarten, wie sie für den durch Eisenverbindungen gelb bis dunkelbraun gefärbten Sandstein der Teufelsmauer charakteristisch sind.
Fahren Sie in Blankenburg in Richtung Thale. Etwa 300 m vor der Tankstelle führt links eine Straße steil bergauf. Auf ihr erreichen Sie die Gaststätte »Großvater« (wird augenblicklich umgebaut; Eröffnung voraussichtlich Anfang 1992), wo Sie parken können. Dort befindet sich auch der 12 m hohe Aussichtsfelsen gleichen Namens, der den Anfang des Weges (R 4, blauer Punkt) über die Teufelsmauer markiert.

32 Bodetal
Seit jeher zählen Kenner das Bodetal zwischen Treseburg und Thale zu den Glanzpunkten des Harzes, seit 1937 steht es unter Naturschutz. Als im Tertiär der Harz gehoben wurde, floß die Bode noch in großen Windungen durch eine breite Talmulde hoch über der heutigen Talsohle. Nun konnte der Fluß sein Bett nicht mehr verlassen, er schnitt sich immer tiefer in Ramberggranit, Hornfels und Schiefer ein und schuf das »Tal der engen Wege«. Strudeltöpfe und ausgewaschene Kehlen an den höhergelegenen Felswänden markieren den Verlauf der damaligen Bode. Der

Hier auf dem 451 m hoch gelegenen Hexentanzplatz bei Thale mit seinen markanten Felsen ließ Goethe seine Walpurgisnacht stattfinden.

Die etwa 3 km lange Teufelsmauer bei Blankenburg im Ostharz lädt zu einer – ungefährlichen – Gratwanderung ein.

Gletschertöpfe im Huywald
Der zweithöchste der drei aus Muschelkalk bestehenden Sättel im nördlichen Harzvorland ist mit 314 m der bewaldete Huy nordwestlich von Halberstadt. Wer die alte Bischofsstadt auf der Fahrt von Drübeck 30 nach Blankenburg 31 besucht, sollte auch den Abstecher zur Försterei Ziegenkopf (ca. 8,5 km in Richtung Dingelstedt, dann 1,5 km vor dem Ort links abbiegen) nicht scheuen. Von geologischem Interesse ist hier (200 m südwestlich der Försterei) die im Mittelalter geschaffene Danielshöhle im Buntsandstein, der unter dem Muschelkalk zutage tritt. Auf der Weiterfahrt treffen Sie nach etwa 6 km auf eine weitere geologisch interessante Erscheinung: die Gletschertöpfe auf dem etwa 1 km südlich von Huy-Neinstedt gelegenen Hardelsberg. Schmelzwasser hat in einer älteren Eiszeit große Steine an ein und derselben Stelle herumgewirbelt und dadurch kreisrunde, tiefe Löcher in das harte Kalkgestein geschmirgelt. Wer ein Wildgericht schätzt, sollte die unweit der Danielshöhle gelegene Waldgaststätte »Gambrinus« (Mo, Di geschlossen) aufsuchen.

Roßtrappe: Was wie ein riesiger Hufabdruck wirkt, geht wohl auf eine Germanenkultstätte zurück.

Der Sprung zur Roßtrappe
Mit dem Roßtrappefelsen im Bodetal 32 *verbindet sich die Sage von der todesmutigen Prinzessin Brunhilde. Auf der Flucht vor dem Finsterling Bodo wagte sie dereinst mit ihrem Riesenpferd einen unglaublichen Sprung über den Abgrund des Flußtals auf den Felsen hinüber. Dabei schlug das edle Tier seinen Huf so tief in den Granit hinein, daß die verbliebene »Trappe« noch heute zu sehen ist. Brunhilde verlor bei der riskanten Aktion ihre Krone, der Verfolger Bodo aber stürzte in den schäumenden Fluß, der seitdem – nach ihm – Bode heißt. In einen schwarzen Hund verwandelt, muß der Bösewicht nunmehr die Krone der kühnen Prinzessin bewachen. Um Mitternacht, so erzählen die Harzer, kann man sein jämmerliches Geheul hören.*

beeindruckende Granitfelsen der Roßtrappe (437 m) bildet zusammen mit dem 451 m hohen Hexentanzplatz hoch über dem Talgrund ein großartiges, bizarres Felsentor, das den Fluß durch die sogenannte Nordrandstörung in das Vorland entläßt. Die Roßtrappe erreichen Sie von Thale mit dem Auto über die Roßtrappenchaussee Richtung Treseburg. Die Straße führt zu einer Ausflugsgaststätte; von hier ist es noch etwa 1 km zu Fuß zur südlich gelegenen Aussichtsplattform des Roßtrappefelsens mit schönem Ausblick auf das Bodetal. Zum Hexentanzplatz – dem Schauplatz der Walpurgisnacht in Goethes »Faust« – fahren sie ca. 2,5 km in Richtung Friedrichsbrunn, dann rechts zum Parkplatz. Von Thale aus kann man aber auch per Kabinenseilbahn den Hexentanzplatz erreichen; außerdem gibt es einen Sessellift zum Berghotel »Roßtrappe« (Fahrzeiten bitte vor Ort erfragen). Im Naturschutzgebiet Bodetal finden Sie mehrere Gaststätten, viele Wanderwege, einen Tierpark sowie das Harzer Bergtheater am Steilhang des Hexentanzplatzes.

33 Teufelsmauer bei Neinstedt

Im Streit mit Gott um die Herrschaft über die Erde soll Luzifer die Riesenmauer aufgetürmt haben, der wir – wenn auch in anderer Form – schon bei Blankenburg 31 begegnet sind. Der urtümliche Zackenkamm zeigt seine wildeste Gestalt, bevor er mit den sogenannten Gegensteinen bei Ballenstedt endet. Nun war es aber mitnichten der Teufel, sondern der Harz selbst, der bei seiner Hebung am Nordrand alle älteren Gesteinsschichten des Erdmittelalters aufrichtete.

Die spätere Abtragung ließ die festeren Gesteine als parallel zum Harzrand verlaufende Schichtrippen hervortreten. Steil ragt bei Neinstedt die schon von weitem sichtbare Mauer aus verkieseltem kreidezeitlichem

Wo es Hexen gab, war auch der Satan nicht weit: Die Teufelsmauer mit ihrem wild gezackten Kamm ist aber wohl doch auf natürliche Art entstanden.

Sandstein über der Bodeaue auf. Alte Kirschbäume und Heckenrosen wachsen hier, Trockenrasen bedeckt den Gehängeschutt. Sie fahren von Neinstedt 1 km in Richtung Weddersleben. Unmittelbar nach der Bodebrücke liegt ein Wiesenparkplatz zu Füßen der Teufelsmauer.

Bei genauer Betrachtung kann man in den Saalsteinen die sattelartige Form der Felsgebilde erkennen.

34 Selketal

Zwischen Selkemühle und Burg Falkenstein hat sich die Selke in die Rumpfflächenlandschaft des Unterharzes eingeschnitten. Steil steigen die stark zerklüfteten blaugrauen Felshänge und Klippen über dem Fluß empor, der von herrlichen Laubwäldern gesäumt wird. Namen wie Sauberg, Hirschstein oder Wolfsklippen weisen auf vergangene Zeiten hin, als hier bis tief in das Gebirge hinein Jagdhöfe angelegt wurden. Auch heute noch zeichnet sich das Selketal durch Wildreichtum aus. Hirsch, Reh und Wildschwein sind heimisch, sogar die Wildkatze hat sich behauptet. Nennenswert ist der Bestand an Mufflons, die 1906 hier eingebürgert wurden. Am Fluß läßt die Wasseramsel ihr »zit« und »zrrb« vernehmen, und mit etwas Glück kann man den prächtigen Eisvogel beobachten. Von Meisdorf fahren Sie in Richtung Pansfelde. Nach ca. 2 km kommt rechts ein Abzweig zu einem Parkplatz. In unmittelbarer Nähe befinden sich das Gasthaus »Zum Falken« (Mo Ruhetag), eine Waldschänke (tägl. Imbiß) und die Jugendherberge. Der Aufstieg zur Burg, die das Museum für Kultur- und Jagdgeschichte beherbergt (Dez. und Jan. sowie Mo geschlossen), ist 1,3 km lang. Den Fluß entlang zur Selkemühle sind es dann noch 7 km.

Pflastersteine aus der Teufelsmauer

Wäre es nach den Leuten von Weddersleben gegangen, hätten sie aus der Teufelsmauer (31 und 33) Pflastersteine gemacht! Nur die Tatkraft einiger kluger Männer und die Tatsache, daß die Teufelsmauer als »herrenlos« galt, bewahrten die bizarre Felsformation vor diesem Schicksal. Ein Landrat und ein Oberpräsident setzten die Erhaltung mit Strafandrohung durch. »Wenn lediglich der Geldstandpunkt entscheiden dürfte, so würde z.B. auch jede Stadtgemeinde ihre altertümlichen Baudenkmäler veräußern oder vernichten können«, machten sie zur Erhaltung geltend. Das war Mitte des 19. Jh., und seitdem blieb die Teufelsmauer von menschlichen Eingriffen verschont!

35 Saalsteine

Die beiden markanten Granitklippen bei Bad Suderode sind Ausläufer des mächtigen Ramberg-Massivs, das im Tertiär wie der Brocken und der Auerberg aus dem weicheren Gesteinsmantel herausgeschält wurde. Sie bilden ein Felsentor, durch das der von der Hochfläche herabfließende Kalte Bach in das nördliche Vorland austritt. Mit ihren Namen Anhaltischer und Preußischer Saalstein erinnern die beiden Naturdenkmäler an die Staatenvielfalt des ehemaligen Deutschen Reiches. Zwischen den heute zusammengewachsenen Orten Bad Suderode, einst preußisches Dorf in der Provinz Sachsen, und Gernrode, vormals anhaltisches Städtchen, verlief einst eine Landesgrenze. Der Name selbst weist auf die sattelartige Form der Felsgebilde hin (»Saal« = niederdeutsch für Sattel). Sie parken am Waldrestaurant »Felsenkeller« (Mi, Do geschlossen). 100 m hinter dem Ortsschild erfolgt ein Abzweig in Richtung Friedrichsbrunn. Am Kalten Bach aufwärts zweigt nach ca. 250 m ein Weg nach rechts über die Straße zum nahegelegenen Preußischen Saalstein ab. Zum Anhaltischen Saalstein ist es ein paar hundert Meter weiter, zunächst am Bach entlang und beim Fischteich schräg links steil aufwärts.

36 Rübeländer Tropfsteinhöhlen

»Zur Lincken sind zwey zusammen-getröpfelte Steine, so wie ein paar Weiber-Brüste aussehen«. So beschrieb Fr. Chr. Lesser 1735 »eine Menge curieuseste Gebilde«, die er staunend beim Besuch der Baumannshöhle

Im verschwiegenen Selketal kann gerade ein melancholischer Herbsttag den herben Reiz der Harzlandschaft offenbaren.

Lebendiges Brauchtum: Finkenmanöver in Benneckenstein.

Harzer Finkenmanöver
Mit dem Finkenmanöver am Pfingstmontag knüpft der kleine Ort Benneckenstein alljährlich an eine alte Bergmannstradition an. Einst haben die sensiblen kleinen Vögel ihre Besitzer in die Schächte und Gruben begleitet, um sie vor Gefahren wie Gasausbrüchen und schlagenden Wettern zu warnen. Heute ist die »gesangliche« Ausbildung der Finken eine beliebte Freizeitbeschäftigung der Ortsbewohner. Der Jungfink tritt im weiß verhangenen Käfig gegen seine Konkurrenten an. Die Schläge der kleinen Sänger werden als »Reiterspazier« und »Plockspiepe«, als »Putzebart« oder »Jeckelreiter« bezeichnet, und Experten wissen über 30 solcher Schläge sicher zu unterscheiden! Rhythmus, Melodiegebung und sogar solistische Brillanz der gefiederten Künstler werden benotet. An der Strecke von Rübeland 36 ins Naturschutzgebiet Oberharz 37 zweigt in Königshütte die Straße nach Tanne ab, und von dort aus ist Benneckenstein rasch erreicht.

erblickt hatte. Staunen hat noch jeden Besucher angesichts der vielgestaltigen Tropfsteine von teilweise beeindruckender Größe ergriffen. Auch Goethe war einst von dieser unterirdischen Schatzkammer hingerissen. Nach ihm ist ein 40 mal 60 m großer Saal benannt, der durch einen kristallklaren See noch an Schönheit gewinnt. Die »Palmengrotte« beeindruckt mit Farbenspielen und einem über 3 m großen Stalagmiten.
Die Hermannshöhle mit ihrem Höhlenbach und einer vermessenen Strecke von 1750 m ist kaum weniger attraktiv. Grottenolme, vor Jahrzehnten ausgesetzt, sind hier heimisch geworden, und zahlreiche Fledermausarten bevölkern das aus mehreren Etagen bestehende unterirdische System. In grauer Vorzeit suchten Bären die Hermannshöhle auf; eindrucksvolle Knochenfunde zeugen davon. Auch die ältesten Funde menschlichen Lebens im Harz hat man hier gefunden. Die an Klüften durch Kalklösung vor 400000–500000 Jahren entstandenen, nahe beieinanderliegenden Höhlen sind dank zahlreicher Hinweisschilder im Ort Rübeland sehr gut zu finden (geöffnet 15. Mai–15. Sept. 9.15–17.15, 16. Sept.–14. Mai 9.15–12, 12.30–16.15 Uhr).

37 Brocken

»Heiterer, herrlicher Ausblick! Die ganze Welt in Wolken und Nebel, und oben alles heiter!« Goethes Blick vom Brocken, dem mit 1142 m höchsten Harzgipfel, kann diesen Worten zufolge weder Stadt noch Dorf erfaßt haben. Dabei sind bei idealen Wetterbedingungen angeblich über 700 Siedlungen im weiten Umland zu sehen. Häufig verbirgt der »Regenfänger« sein Haupt jedoch im Nebel. Dann scheinen am Brocken und auf den anderen Harzbergen die Blockmeere und Klippen, die Zwergstrauchheiden, Moore und verkrüppelten Fichtenwälder ein seltsames, märchenhaftes Eigenleben zu entfalten. Rothirsch, Wildkatze und Alpenspitzmaus sind in dem Gebiet heimisch, Rauhfußkauz und Alpenringdrossel brüten hier. Die 10-km-Wanderung zum Brockengipfel erfordert ein gehöriges Stück Beinarbeit. Man steigt von Schierke über die alte Bobbahn steil zur Brockenstraße empor, folgt dieser bis zur Heinrichshöhe (1044 m) und gelangt zuletzt auf dem Knochenbrecherweg zum Gipfel. Wenn Ihnen dieser Fußmarsch zu weit und anstrengend ist, sollten Sie mindestens den Klippen um Schierke einen Besuch abstatten. Die Feuersteinklippen (761 m) liegen nur etwa 250 m oberhalb des Bahnhofs im Wald. Die Mauseklippen finden Sie 200 m südlich des Heimes »H. Duncker«. Von hier sind es nur noch 150 m zu den großartigen Schnarcherklippen (671 m) mit ihrer für das Brockengebiet kennzeichnenden Wollsackver-

Rübeland kann nicht nur mit faszinierenden Höhlen, sondern auch mit dem zum Baden einladenden Blauen See aufwarten.

Die Klippen um Schierke – hier der Feuerstein – lohnen einen Abstecher bei einem Besuch des Brockens.

witterung. Ein mitgeführter Kompaß zeigt Ihnen ein seltenes Naturphänomen: An einer mit einem Kreuz bezeichneten Stelle des besteigbaren der beiden »Schnarcher« weicht die Magnetnadel ab und reagiert damit auf den eingelagerten Magneteisenstein.

38 Steinerne Renne und Ottofels

Auf der Hochfläche am Fuß des Brockens (1142 m) liegen dicht beieinander die Quellen von Ilse und Holtemme. Während die Ilse über Oker und Aller zur Weser fließt, streben die Wasser der Holtemme über die Bode und Saale zur Elbe. Der Oberlauf der Holtemme mit seinem starken Gefälle trägt seit Jahrhunderten die Bezeichnung Steinere Renne und bietet – besonders im Frühjahr oder nach Regenfällen – ein optisches Spektakel: Über ein imposantes Blockmeer stürzt das Wasser kaskadenartig zu Tal. An der Stelle, wo das Naturschauspiel am eindruckvollsten ist, befindet sich das Hotel und Restaurant »Steinerne Renne« (tägl. geöffnet). Wandern Sie von hier etwa 1,5 km weiter aufwärts in Richtung Südosten, dann passieren Sie nacheinander die Wotansklippen, den bizarr geformten Gebohrten Stein, die Ohrenklippen und schließlich den Ottofels (584 m). Diesen Granithärtling können Sie auf eisernen Leitern erklimmen. Die Mühe lohnt, denn oben bietet sich ein wunderbarer Blick auf das Harzvorland und den Brocken. Man erreicht das Gebiet vom Lossen-Denkmal aus, ca. 1 km vor Hasserode. Hier zweigt links ein vor allem bei nasser Witterung schlechter Fahrweg ins Thumkuhlental ab. Ihm folgen Sie, sich rechts haltend, vorbei am Ottofels zum Parkplatz oberhalb der Gaststätte »Steinerne Renne« (ca. 5 km). Diese Strecke ist allerdings schlecht beschildert. Man kann das Auto jedoch auch am Bahnhof Hasserode abstellen und mit der Bahn eine Station bis zum Haltepunkt »Steinerne Renne« fahren. Nach halbstündigem Fußweg (2 km) auf beschilderten Wanderwegen sind Sie am Gasthaus.

Ottofels: Die Aufstiegsmühen belohnt eine herrliche Fernsicht.

Die Hermannshöhle ist eine der großartigen Tropfsteinhöhlen bei Rübeland. Einst diente sie Felsenbären als sicherer Unterschlupf.

Seit fast 100 Jahren auf atemberaubender Strecke: die Harz-Querbahn.

Mit Dampfkraft durch den Mittelharz

Am 27. März 1899 war es amtlich: Über 30 Jahre nach dem ersten Antrag auf Genehmigung und nach dreijähriger Bauzeit waren Wernigerode und Nordhausen durch Eisenbahnschienen verbunden, die quer durch den Mittelharz führten. Schon bald erfreuten sich Kaffeefahrten nach Elend oder Schierke reger Nachfrage, und ein paar Jahre später dampften »Walpurgiszüge« die Nebenstrecke vom Bahnhof Drei Annen Hohne zum Brocken 37 hinauf. Über 90 Jahre nach ihrer ersten Fahrt ist die Bergbahn immer noch in Betrieb (Auskunft über den Fahrplan: Bahndirektion Magdeburg, ☏ 00 37 91/37 50).
Die kurvenreiche Fahrt (60,5 km) über zahllose Brücken und durch einen Tunnel dauert drei Stunden und überrascht mit großartigen Bildern der Harzlandschaft. Die kühne Trasse, eine Spurbreite von nur 1 m und das Inventar der Nostalgiebahn, zu der eine Mallet-Lokomotive von 1898 gehört, entzücken jeden Eisenbahnfan.

Auf den höchsten Berg des Harzes

Schon Goethe lustwandelte im Dezember 1784 auf diesem schönen, ca. 8 km langen Weg zum Brocken 37, der heute wieder jedermann offensteht. Er bietet den bequemsten Aufstieg zum sagenumwobenen Blocksberg, dem Schauplatz der Walpurgisnacht. Ab Torfhaus (bei 2) ist der Goetheweg ausgeschildert; er führt entlang einem kleinen Graben an den Luisenklippen und am Eckersprung vorbei und über die ehemalige Grenze. Ein kurzer, steiler Anstieg auf einem früheren Kolonnenweg führt auf die Bahntrasse der stillgelegten Brockenbahn. Dieses Ausweichmanöver ist notwendig, weil das letzte Stück des Weges heute zu einem Naturschutzgebiet gehört. Nun sind es noch ca. 2 km auf der Schierker Straße, bis man den »klassischen« Gipfelblick genießen kann. Allerlei nachrichtendienstliche Anlagen, Relikte der deutschen Teilung, trüben freilich die großartige Perspektive beträchtlich.

Von des Reiches Streusandbüchse, wie die Mark Brandenburg einst scherzhaft genannt wurde, zu den fruchtbarsten Böden Deutschlands. Von der flachwelligen Kornkammer über die breiten Auen der Elbe hinweg zu Flugsanddünen – wie hier bei Gommern – und in hügelige Kiefernwälder. Arm und reich liegen oft nahe beieinander; besonders kraß ist der Gegensatz jedoch zwischen Magdeburger Börde und Fläming.

16 Magdeburger Börde und Fläming

Kornkammer und Streusandbüchse

Beide Landschaften sind Kinder der Eiszeiten, doch die Natur hat sie ungleich behandelt. Neben großen Findlingen haben die Gletscher östlich der Elbe nur unfruchtbare Endmoränen und Sander hinterlassen. Die Magdeburger Börde dagegen ist gesegnet mit fruchtbaren Schwarzerdeböden. Salzquellen und Steinbrüche künden hier schon vom Übergang des Norddeutschen Tieflandes zum Mittelgebirge des Harzes.

Lage Im Nordosten vom Baruther Urstromtal, im Nordwesten vom Mittellandkanal, im Westen von Elm und Lappwald begrenzt; die südliche Grenze bilden die Bode sowie die Elbe und die Schwarze Elster östlich von Wittenberg
Ausdehnung West–Ost ca. 170 km; Nord–Süd ca. 40 km
Länder Sachsen-Anhalt, Brandenburg
Höchste Erhebungen Im Fläming: Hagelberg 201 m, Golmberg 178 m; in der Magdeburger Börde: Bullenberg 210 m, Rodenberg 208 m
Wichtigste Flüsse Elbe, Saale, Plane, Schwarze Elster, Bode, Ehle, Nuthe
Landschaftsformen Meist flachwelliges Hügelland; im Fläming im Osten häufig steiler und mit großen Waldgebieten; in der Magdeburger Börde im Westen viel Ackerbau und nur vereinzelte Waldinseln
Information Amt für Fremdenverkehr, Magdeburg Information, Alter Markt 9, O-3010 Magdeburg, ☏ 00 37 91/3 16 67; Wittenberg Information, Collegienstr. 8, O-4600 Wittenberg, ☏ 00 374 51/22 39

Wo einst die Flamen siedelten

Die höchste Erhebung, die eiszeitliche Gletscher in Norddeutschland hinterließen, ist zwar nur eine unauffällige Kuppe, aber der 201 m hohe Hagelberg bei Belzig (nördlich von ⑩) bietet eine weite Sicht über den Höhenrücken des Fläming. Ruhe, Abgeschiedenheit und große, stille Kiefernwälder lassen vergessen, daß diese Landschaft nur etwa 70 km vom Zentrum Berlins entfernt liegt. Nach flämischen Siedlern hat man den mittelgebirgsähnlichen Endmoränenzug benannt. Im 12. Jh. machten diese Siedler das Land urbar und hinterließen auf den mageren Sandböden ein ausgewogenes Mosaik von Wald- und Ackerflächen. Große Findlinge, gewundene und steilwandige Täler, die sogenannten Rummeln, ergeben im Fläming ständig neue und überraschende Landschaftsbilder. Der Endmoränenbogen aus der Saale-Eiszeit reicht von den Toren Magdeburgs über 100 km weit nach Osten bis zum Tal der Dahme.

Maßstab deutscher Äcker

Neidvoll blicken Bauern auf die Magdeburger Börde. Seit 1934 mißt man das gesamte deutsche Ackerland an den dortigen fruchtbaren Schwarzerden. Die Bodenwerte der damals durchgeführten Reichsbodenschätzung sind in der Landwirtschaft heute noch gültig. Glücklich schätzen sich jene Bauern, deren Böden eine Ertragszahl zwischen 80 und 90 aufweisen. Kartoffeln wachsen schon bei Bodenwerten um 80. Den Wert 100 erreichen nur wenige Gegenden in Deutschland, darunter die Magdeburger Börde. Die mineral- und humusreichen Böden sind vor Jahrtausenden aus Löß entstanden – dem feinen, kalkhaltigen Staub, den der Wind aus eiszeitlichen Schottern und Sanden herausgeblasen und hier abgelagert hat. Die ersten Ackerbauern kamen schon vor 6500 Jahren in die Börde. Funde aus der Jungsteinzeit belegen, daß die fruchtbare Landschaft schon damals vergleichsweise dicht besiedelt war. Auch heute noch ist diese Landschaft ein wichtiges Landwirtschaftszentrum Deutschlands. Auf den Feldern dominieren Weizen, Gerste und Zuckerrüben sowie der Gemüseanbau. Die Magdeburger Börde ist nahezu waldlos, die Ackerflächen erstrecken sich so weit das Auge reicht, nur ab und zu sieht man dazwischen Büsche und einige Baumreihen.

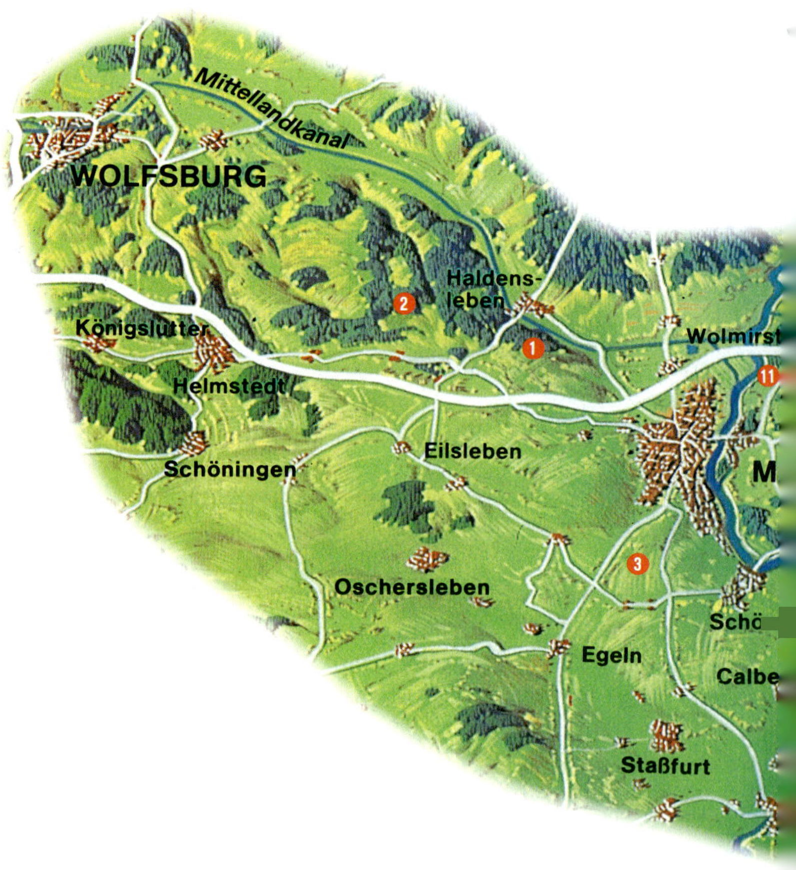

Vom Weinberg bei Lostau, einem der beliebtesten Ausflugsziele der Magdeburger, genießt man einen schönen Blick auf die weiten Elbauen.

Vorboten des Mittelgebirges

Überall in der reichen Bördelandschaft stehen alte, kulturhistorisch oft wertvolle Natursteinbauten. Das Baumaterial stammt aus Steinbrüchen, in denen Millionen Jahre altes Gestein an die Oberfläche tritt – in der Landschaft oft nur von einer meterdicken Lößdecke überlagert. Die romanische Klosterkirche von Leitzkau (zwischen ❹ und ❺) besteht z.B. aus Quarzit, die Kirchenruine Nordhusen bei Hundisburg ❶ wurde aus Grauwacke errichtet, und in der Marienkapelle in Marienborn (bei ❷) ist ausschließlich Sandstein verbaut worden. Deutlich sichtbar ist das Grundgebirge nur an wenigen Stellen. So durchstoßen im Westen die karbonischen Gesteine des Flechtinger Höhenzugs die eiszeitlichen Ablagerungen. Auf einem Felsriegel wurde der Magdeburger Dom erbaut. Auch in der Elbaue bei Gommern ❹ reicht der sogenannte Gommernquarzit bis fast an die Geländeoberfläche heran. Viele ehemalige Steinbrüche sind dort heute mit Wasser gefüllt und dienen vielen Erholungsuchenden als Badeseen. Trotz ihrer wenig markanten Reliefs ist die Magdeburger Börde geologisch wesentlich vielgestaltiger als der Fläming. Erkennen kann man das freilich viel leichter an den Bausteinen alter Gebäude als in der offenen Landschaft.

Wieder Biber im Urstromtal

Für den Landeskundler scheidet die Elbe Bördelandschaft und Fläming. In Wahrheit trifft die waldbedeckte Fläming-Endmoräne jedoch erst nördlich von Magdeburg direkt auf den Strom. Während sich der Fluß von Südosten her durch ein breites Urstromtal schlängelt, das besonders um Steckby ❺ noch mit einem naturnahen, oft schier undurchdringlichen Auwald bedeckt ist, schneidet sich die Elbe weiter nördlich ihr Tal in die Moränenwälle von Hohenwarthe ⓫ ein. Nur wenige Kilometer vorher, auf der Höhe des Magdeburger Doms, steht das Grundgebirge so nah an der Oberfläche an, daß die Elbe sich durch die harten Felsen der Flechtlinger Scholle eine Bahn brechen mußte. Erst nach diesen beiden Engpässen ist der Weg frei in das nördliche Flachland. Von Wittenberg bis Magdeburg fließt die Elbe immer wieder durch Feuchtwiesen und Auwälder, in denen Weiden und Erlen wachsen.

Naturfreunde horchen auf, wenn sie von den Elbbibern erfahren, die südlich vom über 1000jährigen Magdeburg in den Auwäldern bei Steckby ❺ leben. Um 1950 gab es nur noch etwa 200 Tiere, die voneinander getrennt in wenigen Ansiedlungen an mittlerer Elbe, Mulde und Schwarzer Elster ihrem Ende entgegensahen. Dank intensiver Schutzbemühungen breiteten sich die Biber in den siebziger Jahren wieder aus. 1984 hat man die Nager von der Elbe aus der strengsten Schutzkategorie entlassen, weil sie heute nicht mehr akut vom Aussterben bedroht sind. Inzwischen leben über 2000 Biber in etwa 700 Ansiedlungen im nördlichen Deutschland am windungsreichen Strom.

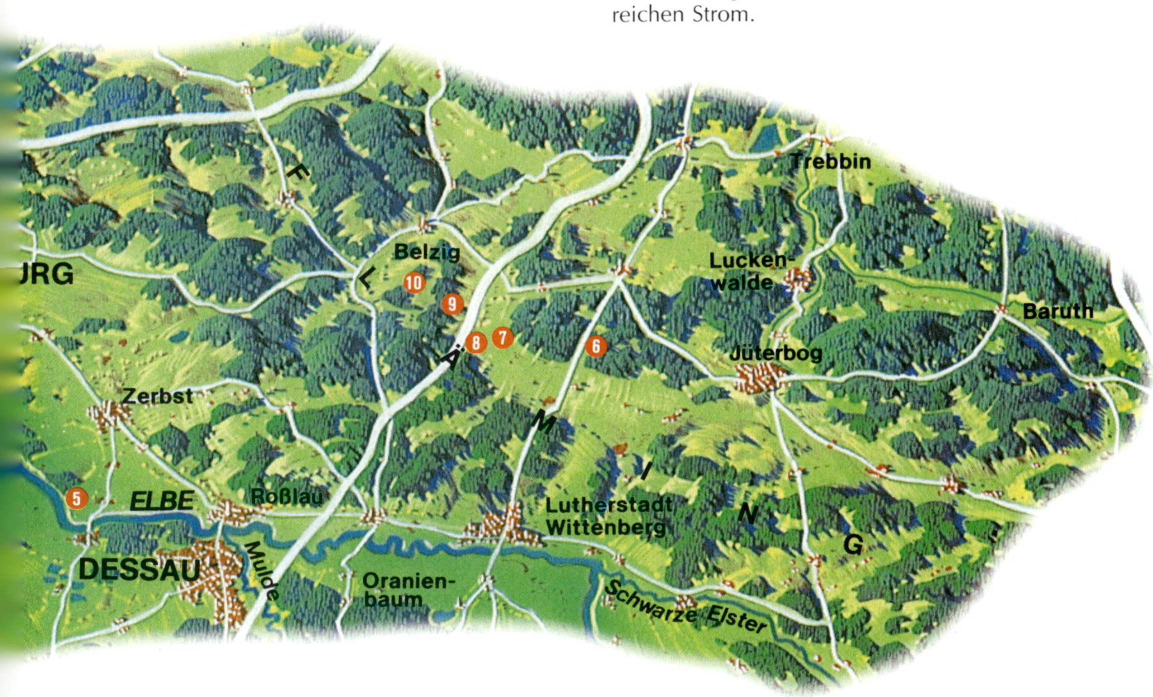

Routenvorschlag Magdeburger Börde und Fläming

Von Rummeln und Riesensteinen

❶ Landschaftspark Hundisburg

Peter Josef Lenné (1789–1866), den Meister der königlich-preußischen Gartenbaukunst, kennt man vor allem durch große Parks, die Schlösser wie Sanssouci und Babelsberg umgeben. Lenné wirkte jedoch auch im stillen, so z.B. in der preußischen Provinz bei Haldensleben. Anfang des 19. Jh. entstand 5 km südlich von Hundisburg ein englischer Landschaftspark, an dessen Gestaltung sich auch Lenné beteiligte. Der Naturkundlich-historische Lehrpfad Althaldensleben-Hundisburg führt heute die Besucher durch die 100 ha umfassenden Anlagen, die auf einen Barockgarten um das Renaissanceschloß Hundisburg und den Garten des ehemaligen Klosterguts Althaldensleben zurückgehen. Von den Hundisburger Anlagen aus dem Barock sind noch so viele Reste erhalten, daß Denkmalschützer den ehemaligen Terrassengarten aus dem 18. Jh. erneuern wollen. Der Lehrpfad ist als Rundkurs angelegt und mit Tafeln ausgestattet, die über Geologie, Pflanzen- und Vogelkunde, Parkgestal-

Routenvorschlag
Magdeburger Börde und Fläming

Die rund 320 km lange Rundfahrt führt meist auf gut ausgebauten Straßen zunächst durch die fruchtbare Börde und entlang der Elbe, sie durchquert dann den waldreichen Hohen Fläming und erreicht über die westlichen Ausläufer erneut das Elbtal bei Lostau, wo sich Ihnen ein Panoramablick über beide Landschaften bietet.

Streckenverlauf:

Von der A 2 Berlin–Hannover Ausfahrt Magdeburg-Olvenstedt rechts über die B 71 nach Haldensleben, dort links Abstecher zum Landschaftspark bei Hundisburg ❶; zurück nach Haldensleben und zunächst links auf die B 245 in Richtung Bebertal, aber noch in Haldensleben hinter der Bahnlinie rechts ab nach Süplingen und geradeaus weiter bis Ivenrode und ins Naturschutzgebiet Bischofswald ❷; von dort 2 km zurück bis zur Kreuzung und rechts weiter über Altenhausen und Erxleben nach Uhrsleben, dort auf die B 246a und zunächst bis nach Bahrendorf, hier Abstecher links nach Sülldorf ❸; weiter auf der B 246a nach Schönebeck und Gommern ❹; dort rechts auf die B 184 nach Zerbst und als Abstecher über die B 187a südlich nach Steutz, dann rechts ab in die Auenlandschaft bei Steckby ❺; zurück nach Steutz und die B 187a querend nach Rosslau, dort weiter auf der B 187 nach Coswig und Wittenberg, dann links auf die B 2 und an Kropstädt vorbei über Marzahna zu den Findlingsblöcken bei Dietersdorf ❻; zurück nach Marzahna und rechts ab nach Hohenwerbig, hinter dem Ort links ab auf die kleine Straße nach Zixdorf, dort rechts weiter nach Garrey ❼; Sie verlassen das Dorf in einer spitzwinkeligen Kurve und erreichen 2 km nordwestlich eine Kreuzung, dort als Abstecher 4 km nach links bis Klein Marzehns ❽; zurück zur Kreuzung und nördlich weiter bis Neuendorf, dort links ab und über die Autobahn hinweg ins Planetal nach Raben ❾ und zur Brautrummel bei Grubo ❿; über Jeserig auf die B 107, nach Wiesenburg und dort auf der B 246 in Richtung Magdeburg über Loburg und Möckern bis Königsborn, hinter dem Ort rechts nach Heyrothsberge und nach 2 km wieder rechts auf die B 1 in Richtung Burg, 2 km nach Gerwisch links ab zum Weinberg bei Lostau ⓫; von dort zurück auf die A 2 Berlin–Hannover Auffahrt Lostau/Hohenwarthe und weiter zum Ausgangspunkt der Rundfahrt.

Als Berliner Naherholungsgebiet hat der Hohe Fläming für den Fremdenverkehr eine gewisse Bedeutung und ist über die zwei Autobahnen A 2 und A 9 auch äußerst günstig zu erreichen. Übernachtungsgelegenheiten gibt es dort jedoch in der Regel nicht. Die Agrarlandschaft der Börde kennt keinen Tourismus. Für eine Übernachtung kommen auf der Rundfahrt daher nur die kulturhistorisch bedeutsamen Städte Magdeburg und Wittenberg in Frage.

tung sowie Ur- und Frühgeschichte informieren. Ein zusätzlicher baumkundlicher Pfad macht die Besucher außerdem mit vielen der über 100 Gehölze bekannt, die dort vorkommen.

❷ Naturschutzgebiet Bischofswald

Mit einem Park hat dieser urwüchsige Wald mit seinen 500 bis 800 Jahre alten Stiel- und Traubeneichen schon lange nichts mehr zu tun. Ende des vorigen Jahrhunderts richtete man hier jedoch ein forstliches Versuchsrevier ein. Vom früheren Park des Forstamts Bischofswald künden heute noch kleinflächige Anpflanzungen nichtbodenständiger Baumarten wie Fichte, Lärche, Douglasie, Sitkafichte und Weißzeder. Seit den letzten 50 Jahren genießt der Wald den Status eines Totalreservats, in dem keinerlei forstliche Eingriffe erfolgen dürfen. Für die alten Eichen erwies sich das allerdings als ungünstig. Viele sind schon von jungen Bäumen überwuchert, die den alten das Licht nehmen. Die absterbenden und zusammenbrechenden Baumriesen machen jedoch gerade den besonderen Reiz des über 7 ha großen Reservats aus. Auf den teilweise noch erhaltenen alten Wegen kann man das urwaldähnliche Naturschutzgebiet gut kennenlernen. Von Ivenrode fährt man 2 km in Richtung Hörsingen bis zur Siedlung Bischofswald, an die sich rechts der Straße das Naturschutzgebiet unmittelbar anschließt.

❸ Salzpflanzen in Sülldorf

Für sein in der Tiefe lagerndes Salz ist das Gebiet um Sülldorf schon lange bekannt. Von alters her nutzte man hier die Heilwirkung der Salzquellen. Zeitweise hatte der kleine Ort drei Solbäder, von denen eines noch bis nach dem Zweiten Weltkrieg in Betrieb war. Im Bereich der 1,3 ha großen Salzpflanzenstelle treten einige kleine Solquellen aus, deren Salzgehalt zwischen 4 und 10 % schwankt. Niedriger, im Herbst rot überlaufener Pflanzenwuchs kennzeichnet die Salzstelle. Es handelt sich dabei um den salzliebenden Gemeinen Queller, der normalerweise nur

Auch mit dem Rad lassen sich die ausgedehnten Anlagen des Landschaftsparks Hundisburg erkunden.

Rund 3000 Jahre alt ist die »Teufelsküche« bei Haldensleben, ein steinzeitliches Hünengrab.

<u>*Ein Paradies für archäologische Spürnasen*</u>

In Haldensleben (zwischen ❶ und ❷) können archäologische Spürnasen fündig werden. Im Forst zwischen dem südwestlichen Stadtrand von Haldensleben und den Dörfern Süplingen und Bebertal harren 84 sogenannte Großsteingräber aus der Jungsteinzeit auf ihre »Entdeckung« durch Hobbyarchäologen. Zwar führt ein beschilderter »Gräberweg« durch das größte Hünengräberfeld Mitteleuropas, doch nicht alle Grabstätten sind so einfach zu finden wie das Grab »Sachsenberg« in der Nähe der Haldenslebener Nervenklinik oder die »Teufelsküche« an der Straße nach Bebertal, unweit der Waldgaststätte »Ziegelei«. So bleibt dem Hobbyforscher neben der Freude an der schönen Natur noch die Spannung, immer wieder neue Hünengräber aufzuspüren.

Verlandende Altwasser markieren im Steckby-Lödderitzer Forst das einstige Überschwemmungsgebiet der Elbe.

Von der UNESCO als Biosphärenreservat anerkannt, vor verschmutztem Flußwasser durch Deiche geschützt: die Heimat des Elbbibers bei Steckby.

auf periodisch vom Meer überfluteten Küstenstreifen vorkommt. Links des Flüßchens Sülze führt ein Feldweg westlich von Sülldorf etwa 500 m flußaufwärts zur Salzstelle.

4 Flugsanddüne bei Gommern

20 m hoch und über 100 m lang ist die Flugsanddüne direkt am Ortsrand von Gommern an der Straße nach Pretzien. Die ihrer Pflanzendecke beraubte, heute wieder aktive Wanderdüne am sogenannten Fuchsberg bildet aber nur einen kleinen Teil der ausgedehnten Dünenlandschaft, die am Rand der Elbaue unmittelbar nach der letzten Eiszeit aufgeweht wurde. Hinter dem sandig-weißen Hang ziehen sich spärlich mit Gras und schütteren Kiefern bewachsene Dünen weit nach Süden hin. Nordwestlich der Düne stößt man auf einen ehemaligen Steinbruch, der inzwischen zu einem beliebten, etwa 2 ha großen Badesee geworden ist. Harte, rund 350 Millionen Jahre alte Quarzite sind hier nur von einer dünnen Decke eiszeitlicher Ablagerungen bedeckt. Anfang dieses Jahrhunderts hat man den Stein für Straßenbauzwecke gebrochen. Der sogenannte Gommernquarzit fand als Baumaterial nicht nur in der Umgebung vielfältige Verwendung. Er wurde über die Elbe bis Magdeburg und sogar nach Hamburg verschifft. Nach Besichtigung der Flugsanddüne sollte man der Straße nach Pretzien weiter folgen und einen Abstecher zum Pretziener Wehr machen. Dort beginnt nämlich ein 2 km langer Naturlehrpfad, der auch einige historische Bauten berücksichtigt.

5 Steckby-Lödderitzer Forst

Die Auenlandschaft um Steckby gehört als Teil des Biosphärenreservats Mittlere Elbe zu den größten und bedeutendsten Naturschutzgebieten Deutschlands. Das Schutzgebiet umfaßt rund 3500 ha und erstreckt sich zu etwa gleichen Teilen beiderseits der Elbe. Die großen, naturnahen Auwälder sind von zahlreichen Altwässern durchzogen. Biber und Schreiadler haben sich in dieser Aue angesiedelt; Schwarzstörche suchen hier nach Nahrung. Selbst Seeadler wurden an der mittleren Elbe gesichtet, wo man schon früh planmäßig Vogelschutz betrieb. Bereits 1920 wurde die Vogelschutzstation Steckby, die heutige »Biologische Station«, gegründet. Abgesehen von den Kernzonen sind große Teile des Naturschutzgebiets über begehbare Deiche entlang der Elbe oder durch Wege erschlossen. Von Steckby aus führt ein 2 km langer Wanderweg elbabwärts zu einer weiten, von der Elbe regelmäßig überfluteten Auwiese, auf der vereinzelt Alteichen stehen. Den Laubmischwald des an die Auwiese angrenzenden Steilhangs prägen ebenfalls urwüchsige Stieleichen. Die Terrasse aus alten Flußschottern wurde dagegen leider einförmig mit Kiefern aufgeforstet. Echten Auwald mit Erlen, Weiden und Pappeln findet man eher auf der südlichen Seite der Elbe.

Doppelt attraktiv: die Flugsanddüne bei Gommern und der Badesee in einem ehemaligen Steinbruch an ihrem Rand. Die Düne ähnelt einem Bogen, weil der Sand an ihren niedrigen Enden von Pflanzen festgehalten, in der Mitte dagegen verweht wird.

Wenn Sie von Steckby nach Steutz zurückfahren, biegen Sie rechts nach Aken auf die B 187a ein und zweigen in Aken wieder rechts nach Kühren und Lödderitz ab. Von den letzten beiden Ortschaften führen einige Wege in nördlicher Richtung nach 2 bis 3 km zur Elbe. Bis Sie den Deich erreichen, passieren Sie im Wald viele kleine und größere Tümpel, die aus Altarmen der Elbe hervorgegangen sind. Hier haben sich vor allem Biber angesiedelt. Auf die Anwesenheit der Nager weisen an vielen Stellen kegelförmige Baumstümpfe hin.

6 Riesen- und Schneiderstein

Inmitten eines ausgedehnten Blockmeeres auf dem saale-eiszeitlichen Endmoränenrücken des Hohen Fläming liegen beiderseits der B 2, etwa 2 km nördlich von Dietersdorf, zwei große Findlinge. Beide sind von der Straße aus durch Hinweistafeln leicht zu finden. Es handelt sich um ausgesprochen gewaltige Findlinge, zieht man die Entfernung zu ihrem etwa 1000 km weiter nördlich, in Finnland gelegenen Ursprungsgebiet in Betracht. Der Riesenstein ist 4 m lang und 3,5 m breit. Er ragt 1,7 m aus dem Boden und liegt etwa 250 m östlich der Straße. 80 m westlich der Straße befindet sich der durch zahlreiche Sagen bekannte Schneiderstein. Er ist in der Mitte gespalten und etwas kleiner als der Riesenstein. Der messerscharfe Schnitt durch den von grauen Flechten überzogenen, grobkörnigen und rötlichen Granit hat immer wieder die Phantasie der Menschen angeregt. Über seine Entstehung kann man auf Hinweistafeln am Schneiderstein vier verschiedene Sagen lesen.

7 Neuendorfer und Garreyer Rummel

Bei Neuendorf und Garrey finden Sie weder Schießbuden noch Riesenräder – statt dessen aber zwei stille Trockentäler, im Fläming Rummeln genannt. Beide beginnen auf der Höhe von Garrey und lassen sich vom Dorf aus gut überblicken. Die Garreyer Rummel verläuft nach Nordwesten bis zur Landstraße Neuendorf – Klein Marzehns. Die Neuendorfer Rummel senkt sich nach Norden auf das gleichnamige Dorf zu. Beide Täler entstanden während der letzten Eiszeit (Weichsel-Eiszeit) außerhalb der Vereisungsgebiete durch Bäche, die tiefe Erosionsrinnen in die noch vegetationsfreien Sand- und Geröllablagerungen rissen. Heute versickert das Wasser und rauscht nur noch in Ausnahmefällen durch die Täler. Früher dienten beide Rummeln als Schafweide. Auf diese Weise blieben sie bis in jüngste Zeit weitgehend wald- und buschfrei. Inzwischen aber beginnen Busch- und Baumgruppen, die Trockentäler zu besiedeln. Landschaftlich außerordentlich reizvoll, weisen die beiden Täler darüber hinaus auch bemerkenswerte geologische Zeugnisse auf. So stößt man etwa am Wanderweg durch die Neuendorfer Rummel auf den sogenannten »Schollenstein«, ein relativ weiches Konglomeratgestein, das von

Das Geheimnis des Schneidersteins: Wasser drang in die Ritzen ein, gefror und spaltete den Findling.

Ein Findling und drei Schneider

Selten beschäftigt ein Fels die Volksseele so wie der in zwei Teile gespaltene Schneiderstein 6 bei Dietersdorf. Mit der Elle – so erzählt es eine Sage – soll ein Schneider den Findling gespalten haben. Bloß – war es jener Schneider, der einst von Treuenbrietzen nach Wittenberg wanderte, vom Teufel bedroht wurde und dann in seiner Not den Fels zerschlug? Oder war's gar der Teufel selbst, der in einer anderen Sage als Schneider verkleidet eine Kraftprobe mit einem armen Menschen anzettelte und diesen – einen echten Schneidergesellen – im Stein verschwinden ließ? Einleuchtend erscheint aber auch die Geschichte vom Ehekrach zwischen zwei schneidernden Riesen. Da soll der Mann voller Wut die Elle nach seinem Weib geworfen, glücklicherweise aber nur den Stein getroffen haben, der durch die Wucht des Aufpralls zersprang. Die geologische Erklärung klingt dagegen ganz nüchtern: Der Frost hat den Findling gesprengt.

Wo einst Schafe weideten, hat längst junger Birkenwald die Mulde der Neuendorfer Rummel erobert. Ein ruhiges Fleckchen Erde: Auf dem Wanderpfad durch das Trockental trifft man kaum eine Menschenseele.

Landschaftspark bei Schloß Wiesenburg.

Baumriesen im Schloßpark
An der Grenze zwischen den alten Kurfürstentümern Brandenburg und Sachsen wurden im 16. Jh. viele ehemalige Burgen zu repräsentativen Renaissanceschlössern umgebaut. Besonders schön ist Schloß Wiesenburg (nordwestlich von ⑩), das in einem riesigen, 200 ha großen Landschaftspark liegt. Mehrere 500–600 Jahre alte Stieleichen, darunter ein Exemplar mit sieben Stämmen, bilden die Veteranen des vielfältigen Baumbestands. Fast 40 Arten ausländischer Laub- und Nadelbäume sind um drei Teiche einzeln oder in Gruppen angeordnet. Mit der Anlage des Parks wurde um 1830 begonnen. Entsprechend mächtig sind daher viele der nun 160jährigen Exoten. Ausgedehnte Rhododendronbüsche mit vielen unterschiedlichen Arten bieten im Frühjahr einen farbenfrohen Blütenflor. Der südliche Teil des Parks präsentiert sich mit lichtem, waldartigem Charakter im Stil eines englischen Gartens.

Gletschern der vorletzten Eiszeit (Saale-Eiszeit) hierher transportiert wurde. Es ist eine Besonderheit, weil sonst zumeist nur härteste Gesteine wie Granit die lange Fahrt unter dem Eis nach Norddeutschland überstanden haben. Empfehlenswert ist ein 7 bis 8 km langer Rundwanderweg ab Garrey. Sie folgen zunächst der Neuendorfer Rummel bis zur Landstraße Neuendorf – Klein Marzehns und wandern dann auf der Straße etwa 1 km nach links in Richtung Klein Marzehns, bis Sie das Tal der Garreyer Rummel erreichen. Dort kehren Sie »rummelaufwärts« wieder zum Ausgangspunkt zurück.

⑧ Buchenwald bei Klein Marzehns

Nur an wenigen Orten hat sich der natürliche, einst flächendeckende Buchenmischwald im Hohen Fläming erhalten. Fast überall mußte er schnellwachsenden Kiefern weichen, die preußische Forstleute bevorzugt gepflanzt haben. Bei Klein Marzehns bilden Traubeneichen gemeinsam mit Rotbuchen hallenartige Altholzwälder, die wegen des Lichtmangels unter den hohen Bäumen nur einen kargen Bodenbewuchs zulassen. Von Klein Marzehns führt ein teilweise gepflasterter Waldweg am Feuerwachturm vorbei über eine Wiesenfläche nach rechts zum Naturschutzgebiet, das von der A 9 Leipzig–Berlin durchschnitten wird. Vor etwa zehn Jahren hat die Forstverwaltung im südwestlichen Teil des Waldes Roteichen und Hickorybäume angepflanzt. Letztere sind in Nordamerika beheimatet und liefern walnußartige Früchte.

⑨ Planetal

Etwa 100 m nordwestlich von Raben durchquert die Landstraße nach Grubo das Planetal. Hier ist der beste Ausgangspunkt für Wanderungen durch das tief eingeschnittene, V-förmige Kerbtal. Es wurde als Schmelzwasserrinne schon während der Saale-Eiszeit angelegt. Ein Wanderweg verläuft links der Plane talabwärts von der Quelle bis nach Rädigke. Das Tal und die Umgebung des Hohen Flämings erinnern hier schon ans Mittelgebirge. In zahlreichen Windungen schlängelt sich der Bach durch den engen Talgrund. An den steilen Talrändern treten vom Planeursprung, 1 km oberhalb von Raben, bis nach Rädigke fast überall Quellen zutage, deren Wasser zur Plane fließt. Auf dem nassen Boden entlang der kleinen Bäche bilden sich Moore und sogenannte Bruchwälder. Den dort wachsenden Erlen macht es nichts aus, wenn sie mit ihren Wurzeln im Wasser stehen.

Ein Bruchwald im Planetal: Die Erlen ertragen – im Gegensatz zu Buchen und Eichen – »nasse Füße«. Sie wachsen auf einer 10 bis 20 cm mächtigen Torfschicht, dem sogenannten Bruchwaldtorf.

⑩ Brautrummel und Riesenstein
Wie die anderen Rummeln im Hohen Fläming ist auch die 1,5 km lange Brautrummel bei Grube während der letzten Eiszeit entstanden. Sie bildete sich am Rand der Vereisungszone im Bereich der Endmoränen. Weil der Boden ständig gefroren und wasserundurchlässig war, konnte das rasch abfließende Wasser tiefe Erosionsrinnen – die Rummeln – auswaschen. Nur ganz selten, nach starken Regenfällen, führt das Tal heute für kurze Zeit noch Wasser. Zumeist von Bäumen rechts und links begleitet, schlängelt sich von der Straße Grubo–Bergholz aus ein abwechslungsreicher Wanderweg durch die nach Süden auslaufende Brautrummel, der von Informationstafeln und Bänken gesäumt wird. Dicht beim oberen Anfang der Brautrummel, etwa auf halbem Weg an der Straße von Grubo nach Bergholz, liegt neben der Straße der Riesenstein, ein roter Granitfindling von 5,2 m Länge und 4,3 m Breite. Der Koloß steckt jedoch tief im Untergrund und schaut nur 70 cm aus dem Boden heraus.

⑪ Weinberg bei Lostau
Einen herrlichen Rundblick über das Elbtal, die Börde im Südwesten und den Fläming im Osten erlaubt bei klarem Wetter der Lostauer Weinberg, der die Elbaue am Ostufer um 35 m überragt. Kein Wunder, daß der Endmoränenhügel zu den beliebtesten Ausflugszielen der Magdeburger gehört. Den nach Südwesten gerichteten Steilhang bepflanzten im Mittelalter Mönche mit Reben. Heute ist von dem einstigen Weinberg freilich nichts mehr zu sehen, denn bei Hochwasser tritt die Elbe regelmäßig an den Prallhang heran und spült Meter für Meter weg. So erklärt sich die Entstehung der bis zu 10 m hohen Steilwände aus Geschiebemergel und Löß. Auf den bewaldeten Hangpartien wachsen vorwiegend Feldulmen. Baumfreie Abschnitte werden von wärmeliebenden Steppenpflanzen besiedelt, unter anderem gedeihen dort das reizvolle Haarfedergras, das Löffel-Leinkraut und die zarte gelbe Skabiose. Am Steilhang leben auch unzählige Kaninchen, die überall ihre Löcher graben und leicht zu beobachten sind. Eine zoologische Kostbarkeit ist der Segelfalter, ein blaßgelber, schwarz gesäumter Schmetterling, der hier einen seiner nördlichsten Siedlungsplätze hat. Sie finden das fast 6 ha große Naturschutzgebiet, wenn Sie von der Lungenklinik Lostau auf einem Feldweg zu der Bungalowsiedlung gehen, die direkt am südlichen Ende des Weinbergs liegt. Dort beginnen mehrere Wanderwege, die ober- und unterhalb des Steilhangs entlangführen.

Blick vom Weinberg bei Lostau: Ausgedehnte, fast parkartig wirkende Weiden prägen die Elbniederung nördlich von Magdeburg.

Bis zu 10 m hohe, senkrechte Wände zeigen die Stärke der Mergel- und Lößschicht am Lostauer Weinberg an.

Waffenbrüderschaft am Hagelberg
Vom kahlen Hagelberg (201 m), der höchsten Erhebung im Hohen Fläming (nördlich von ⑩), öffnet sich eine weite Rundsicht über diesen waldreichen Höhenzug und nach Südwesten Richtung Elbtal. Mehrere Wanderwege und ein Naturlehrpfad haben am Hagelberg ihren Ausgangspunkt. Dessen Kuppe ist von kleineren, eiszeitlichen Geschiebeblöcken bedeckt, aus denen am Ortseingang des Dorfes Hagelberg ein Denkmal errichtet wurde – zur »Erinnerung an die Deutsch-Russische Waffenbrüderschaft im Gefecht bei Hagelberg am 27. August 1813«. Damals kämpften die beiden Heere gemeinsam gegen die Truppen Napoleons. Der Krieg wurde wenige Monate später in der Völkerschlacht bei Leipzig zugunsten der verbündeten Armeen entschieden. Im Heimatmuseum der nahen Stadt Belzig, das in der Burg Eisenhardt untergebracht ist, veranschaulicht ein Diorama die Schlacht bei Hagelberg (geöffnet April–Okt. Di–Sa 9–12, 13–16, So, Fei 10–12, 13–17; Nov.–März Sa, So, Fei 10–12, 13–16 Uhr und nach Voranmeldung; ☏ 003 73 66/24 61).

Biber, Luchs und Meister Lampe
Die Chance, einen Elbbiber zu beobachten, hat man in der freien Natur leider selten . Die Nager sind scheu und außerdem nur nachts aktiv. Als einer der wenigen Tiergärten hält der Magdeburger Zoo (bei ⑪) seit 1966 einige Biber in einem Forschungsgehege. Hier lassen sich die Tiere aus nächster Nähe betrachten. Seit 1977 gelingt dem Tiergarten sogar ihre Vermehrung. Bekannt wurde der Zoo durch seine florierende Zucht von Europäischen Luchsen und weiteren Raubkatzen. Auch Meister Lampe sieht man mit Kinderstube in einem Tiergehege. Der Zoologische Garten befindet sich im Norden der Stadt, Am Vogelgesang 12 (geöffnet im Sommer 8–19, im Winter 8 Uhr bis Einbruch der Dunkelheit).

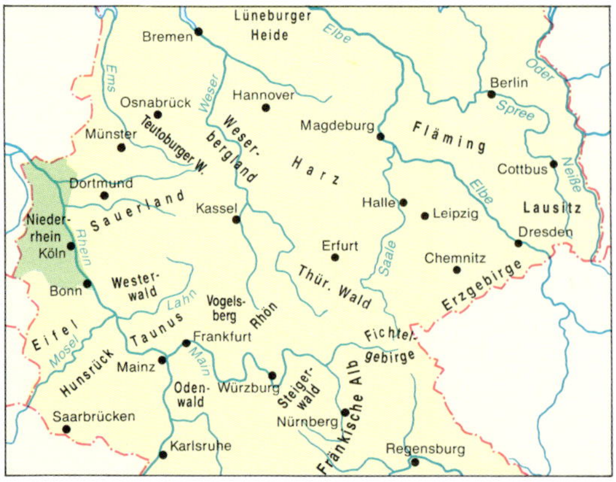

Die niederrheinische Landschaft, deren Weite von eiszeitlichen Höhenrücken, Flußterrassen und ausgedehnten Deichsystemen gegliedert wird, entfaltet ihre herben Reize erst im raschen Wechsel von Wind und Wetter. Im Sommer, wenn den Strahlen der untergehenden Sonne schwarze Gewitterwände gegenüberstehen, kontrastieren hell leuchtende Hoffassaden mit den scharfen Schlagschatten streng ausgerichteter,

langer Pappelreihen. Erlebenswert sind die Niederungen und Flußauen aber auch zur Winterzeit, wenn die Zugvögel aus dem Norden Europas zu Tausenden in ihre wärmeren Quartiere einfallen. Vieles mußte zwar der Industrie und dem Fortschritt weichen, aber noch gibt es zahlreiche charakteristische Landschaftsbereiche, so wie hier am Altrhein bei Xanten.

17 Niederrhein

Land unter dem Horizont

Lage Zwischen der niederländischen Grenze im Norden und Westen, der Eifel und der Voreifel im Süden und dem Münsterland, dem Großteil des Ruhrgebiets und dem Bergischen Land im Osten
Ausdehnung Nord–Süd 120–140 km, West–Ost 60–80 km
Land Nordrhein-Westfalen
Höchste Erhebungen Vaalsberg 322,5 m, Schievelsberg 203 m, Endmoränenhöhenzug zwischen Kleve und Moers mit Höhen um 100 m
Wichtigste Flüsse Rhein, Erft, Lippe, Rur
Landschaftsformen Lößbedeckte Flußterrassenlandschaft mit weiten Auen; kleine Sanddünen und Flachmoore; einzelne Endmoränenzüge; Flußmarschen des Rheins
Naturparks Deutsch-Niederländischer Naturpark im Westen, Naturpark Hohe Mark im Osten, Naturpark Kottenforst-Ville im Süden
Information Landesverkehrsverband Rheinland, Rheinallee 69, W-5300 Bonn 2, ☏ 02 28/36 29 21; Verein Linker Niederrhein, Karlsplatz 14, W-4150 Krefeld, ☏ 0 21 51/77 82 38

Die gestaltende Kraft des Rheins
Preiswerter und umweltfreundlicher Transportweg, Trinkwasser- und Rohstofflieferant, aber auch lebensgefährliche Naturgewalt zu Hochwasserzeiten, Landschaftsgestalter und Frischluftschneise – am Niederrhein zählt nur der Fluß. Nachdem er sich durch das Nadelöhr zwischen Köln und Deutz gezwängt hat und, wie zur Strafe für diesen Zwang, bei Hochwasser die Altstadt Kölns regelmäßig überflutet, kann er sich ausbreiten. Nördlich von Duisburg treten Uferbefestigungen und Deiche zurück, der Strom weicht bei starker Wasserführung in sein altes Bett aus und überflutet die Reste der Auwälder wie seit Urzeiten. Der regelmäßige Besuch von nord- und nordosteuropäischen Zugvögeln auf ihrer winterlichen Reise, vor allem Enten und Gänse, rückt seit einigen Jahren die ökologischen Qualitäten der Rheinaue zwischen Orsoy und Emmerich wieder stärker in den Blickpunkt.

Parks, Landschafts- und Bauerngärten
Im Gegensatz zum benachbarten Mittelgebirge bietet sich die topfebene Rheinniederung, unterbrochen nur durch eiszeitliche Endmoränenwälle, in hervorragender Weise für die Anlage von Parks und Landschaftsgärten an. Nicht verwunderlich also, daß seit der gartenverliebten Zeit des Barock viele solche Kunstlandschaften entstanden sind. Die Gartenanlagen in Kleve ⑩, geplant unter Johann Moritz von Nassau-Siegen, später verändert von dem Landschaftsgärtner Maximilian Friedrich Weyhe, zeugen noch heute von der Inspiration ihrer Erbauer. Alten Baumbestand inmitten parkartiger Gärten weisen auch der Moerser Schloßpark und viele der kleineren Adelssitze wie beispielsweise Haus Aspel bei Rees auf. Rosenschauen werden in Schloß Kalbeck bei Goch veranstaltet, während die Liebhaber alter Klostergärten in Kamp-Lintfort auf ihre Kosten kommen. Weiträumige natürliche Landschaften wie der Deutsch-Niederländische Naturpark oder die Hohe Mark mit ihren Sanderflächen und Dünen dienen ebenfalls der Erholung gestreßter Ruhrrevierbewohner.

Von Koks bis Kies
Im Süden Braun-, in der Mitte Steinkohle und im Norden Salz, dazwischen überall Sand und Kies, das sind die Rohstofflagerstätten des Niederrheins. Auf 2500 km^2 zwischen der niederländischen Grenze im Westen und Köln/Bonn im Osten erstreckt sich das potentielle Abbaugebiet der Braunkohle. Entstanden sind die Flöze vor mehr als 15 Millionen Jahren aus dem organischen Material subtropischer Sumpfwälder und Moore. Man schätzt, daß bei den augenblicklichen Energiepreisen 35 Milliarden Tonnen den Abbau lohnen.
Auch der Steinkohleabbau ist inzwischen aus dem Revier in das Gebiet des Niederrheins vorgedrungen, Zentren sind Kamp-Lintfort, Neukirchen-Vluyn, Duisburg-Walsum und Dinslaken. Zwar wurde einiges unternommen, um die Auswirkungen des Bergbaus auf die Natur gering zu halten, doch die Folgeschäden sind beträchtlich: Über den ausgekohlten Flözen senkt sich der Boden ab, Bäche und Gräben ändern ihren Lauf, teilweise »drehen« sie sogar »um«, und die Flächen »saufen ab«, wie es im Fachjargon heißt, oder können nur mit großem Energieeinsatz trocken gehalten werden. Einige der neu entstandenen Feuchtgebiete haben sich jedoch hervorragend entwickelt. Problematisch sind auch die Abraumhalden, die nur schwer begrünt werden können.
Steinsalz gewinnt man im Untertagebau bei Borth. Es wird vor allem in der Industrie verwendet, während der ökologisch bedenkliche Einsatz zur Enteisung der Straßen zurückgeht. Landabsenkungen über ausgebeuteten Salzstöcken in flußnahen Regionen können Hochwasser zur Folge haben. Dies ruft einerseits Ökologen auf den Plan, die den Lebensraum einer periodisch überfluteten Rheinaue gern ausgeweitet sähen, betrifft andererseits aber auch die Sicherheitsansprüche der Stromanwohner.

Route 1 Nördlicher Niederrhein

Natur aus zweiter Hand

❶ Eltenberg
Der nur 82 m hohe und 500 m lange Eltenberg ragt immerhin 60 m über die Rheinebene empor. Von dort oben reicht der Blick weit über die Weiden-

und Heckenlandschaft der Niederung mit ihren Deichsystemen bis nach Kleve, Xanten und in die Niederlande. Entstanden als Moräne während des Eiszeitalters, markieren Einschnitte in den Hängen des Berges noch immer die Rinnen, in denen einst das Schmelzwasser der Gletscher floß. Mitten auf dem Eltenberg steht der Drususbrunnen, knapp 60 m tief und trotz seines an die Römer erinnernden Namens aus dem Mittelalter stammend. Die 1000jährige Stiftskirche Hochelten ist – zumindest optisch – Teil der barocken Gartenanlagen Kleves auf der anderen Rheinseite. Der Eltenberg ist mit dem Auto bequem vom Dorf Elten aus (1,5 km, ausgeschildert) zu erreichen.

❷ Altrhein bei Bienen-Praest

Im ausgedehnten »Parterre« des Niederrheins ist der Altrheinarm zwischen Rees-Bienen und Emmerich-Praest sozusagen die »gute Stube«

mittendrin. Er ist das bedeutendste Rückzugsgebiet für Wat- und Wasservögel im Bereich des Feuchtgebiets Unterer Niederrhein. Von einem Wanderweg aus, der zwischen Bienen und Praest über die Deichkrone läuft, ist die Altrheinaue bestens einzusehen. Bereits 1982 wurde ein Viertel der etwa 5 km langen ehemaligen Rheinschlinge entschlammt und damit der Verlandungsprozeß des Gewässers um 90–100 Jahre verzögert. Es war ein heikles Unternehmen mit unsicherem Ausgang: Hätte der Schwimmbagger die Sohle durchstoßen, wäre das Wasser im Untergrund versickert. Die alte Rinne wäre trockengefallen, die einheimischen Tier- und Pflanzengesellschaften verschwunden. Glücklicherweise passierte nichts. Den Trauerseeschwalben blieb ihr einziger beständiger Brutplatz in Nordrhein-Westfalen erhalten; die durchziehenden Fischadler behielten ihre Jagdgründe.
Rotschenkel, Uferschnepfe, Austernfischer und Teichrohrsänger brüten dort nach wie vor, und selbst die Große Rohrdommel, wegen ihres Rufs im Volksmund »Moorochse« genannt, brütet im unzugänglichen Schilfgelände. Im Süden des Gebiets, an der Straße zwischen Bienen und Grietherbusch, ist ein natürlicher Auwald erhalten. Seekanne, Weiße Seerose und Schwanenblume behielten ihren sumpfigen Lebensraum. Da der alte Rheinarm nur über das Grundwasser Verbindung mit dem Hauptfluß hat, gelangen keine schädlichen Abwässer hierher.
Erholen kann man sich vom Besuch des Naturschutzgebiets im Fischrestaurant »Naß« in Grietherort, das, an der ehemaligen Anlegestelle der Fähre nach Grieth gelegen, einen hervorragenden Blick auf den Rhein

Route 1
Nördlicher Niederrhein
Der Rhein ist die Leitlinie dieser ca. 180 km langen Strecke. Sie führt durch einige der Vogelparadiese ❷ ❹ und Dünenlandschaften ❸ der Rheinaue und bietet mit den wichtigsten Waldgebieten des Niederrheins ❻ ❽ Gelegenheit zu ausgiebigen Spaziergängen.
Streckenverlauf:
A 3 Duisburg–Arnheim, Ausfahrt Emmerich-Elten, links in den gleichnamigen Ort, vom Eltenberg ❶ auf der B 8 über Emmerich am Alten Rhein ❷ entlang Richtung Rees; vor Rees rechts ab auf die B 67, nach Überquerung des Rheins gleich wieder rechts über Hönnepel bis Wissel zu den Sanddünen ❸; weiter auf die B 57 über Kalkar nach Xanten zum Altrhein ❹; links über Beek am Rand eines Naturschutzgebiets durch Werrich und Perrich bis zur B 58, links ab über die Rheinbrücke von Wesel, vor den Kasematten auf die B 8 Richtung Rees in die Dünen der Flürener Heide zum Schwarzen Wasser ❺; auf Nebenstraße an Hamminkeln und Brünen vorbei bis Holsteeg; erneut rechts zum Dämmerwald ❻ und weiter zur Lippeaue ❼ nahe der B 58; auf dieser Richtung Wesel, über den Rhein nach Alpen ❽; über Veen durch die Sonsbecker Schweiz ❾ Richtung Xanten; in Pauelshof links, am Römischen Turm vorbei nach Sonsbeck und auf die A 57 bis Ausfahrt Goch/Kleve, weiter nach Kleve ❿; auf der B 9 bis Kranenburg, am Ortseingang links Richtung Grafwegen ⓫; zurück nach Kranenburg, links ab zum Grenzübergang Wyler und zum Altrheinarm ⓬.
Alle größeren Orte entlang der Route bieten Unterkunftsmöglichkeiten an. Zur Rast laden aber auch Gasthöfe in den kleineren Gemeinden ein.

bietet. Von der B 8 biegt man am Ortsausgang Bienen rechts ab, parkt am Fuß des Deichs und kann sich dort mit Hilfe einer Schautafel orientieren.

Ohne die schützende Decke aus Silbergras könnten sich die Wisseler Dünen wieder in Bewegung setzen.

❸ Wisseler Dünen

Gegen Ende der letzten Eiszeit wurden vielerorts fein- und mittelkörnige Sande durch den Wind aus den Niederterrassen des Rheins und seiner Nebenarme ausgeweht und zu Dünen aufgetürmt. Auch die Rodung bodenschützender Wälder hat später zur Bildung von Dünen beigetragen. Zu finden sind solche Dünen allerdings nur noch selten, da sie meist durch den Menschen abgetragen wurden. Die bis zu 8 m hohen Wisseler Dünen bei Kalkar stammen wahrscheinlich aus dem Spätmittelalter und zählen zu den besterhaltenen Uferbegleitdünen am Niederrhein. Bereits seit 1934 steht das Gebiet unter Naturschutz. Die schützende Vegetationsdecke aus Silbergras sollte durch Besucher nicht verletzt werden, da sich die Dünen sonst wieder in Bewegung setzen könnten. Von der B 67 kommend, folgt man den Schildern zum Wisseler See, der mit seinem herrlichen Sandstrand zum Baden einlädt. Ein Teil des ehemaligen Baggersees ist abgesperrt und soll als Reservat für Wasservögel ausgewiesen werden. Gleich daneben liegen die Dünen. Parkmöglichkeiten gibt es am Campingplatz.

Auf dem Fürstenberg bei Xanten nistet eine große Kolonie von Saatkrähen in den Baumwipfeln.

❹ Fürstenberg und Xantener Altrhein

Das Nibelungenlied besingt Xanten als Heimat des Helden Siegfried. Der Archäologische Park stellt rekonstruierte Zeugnisse der römischen Colonia Ulpia Traiana vor. Neben kulturhistorischen Denkmälern bieten Xanten und Umgebung aber auch zahlreiche Naturdenkmäler. Der Fürstenberg ist eine Stauchmoräne, die steil zum Xantener Altrhein hin abfällt. Von der Hangkante schaut man auf Niederterrasse, Rheinaue, die Bislicher Insel mit ihren Baggerseen und den erst Ende des 18. Jh. entstandenen Altrheinarm. Vielfältig wie die Landschaft sind die Böden: Moränenschotter, vom Wind herbeigetragene Flugsande, Flußsedimente und die organischen Böden der Moore. Die Schwimmblattgesellschaften des Altrheinarms beherbergen die Seekanne und Seerosen, in den sumpfigen Uferzonen blüht die Schwanenblume. Berühmt ist die Gegend aber vor allem wegen ihres Vogelreichtums: Uferschnepfe, Austernfischer, Trauerseeschwalbe, als Wintergäste Brand- und Graugans, Tafel- und Reiherente, Silber- und Sturmmöwe. Zum Altrheinarm gelangt man zu Fuß, ausgehend von Beek, auf den Fürstenberg über eine Straße, vorbei am Sportplatz südlich von Xanten.

Im Lauf der Jahrtausende hat der Rhein immer wieder sein Flußbett geändert und Altarme wie den Altrhein bei Birten südlich von Xanten hinterlassen. Pappelreihen gehören zum Bild der flachen Niederrheinlandschaft.

Der Wespenbussard ist im Sommer im Dämmerwald heimisch. Er gräbt die Waben von Bienen und Wespen aus, deren Larven er frißt.

5 Schwarzes Wasser
Nördlich von Wesel, mitten in den bewaldeten Dünen der Flürener Heide, liegt das Schwarze Wasser, der einzige Heideweiher am Niederrhein. Er besitzt keinen Abfluß, ist nur etwa 1,5 m tief und sehr nährstoffarm. In unmittelbarer Nachbarschaft zu Feuchtbiotopen grenzen Moorbirkenbrüche, Torfmoos, Moosbeere, Rosmarinheide und Wollgras direkt an trockene Wald- und Heidelandschaften der Umgebung mit Kiefern, Eichen, Birken und Glockenheide an. Verschiedene Froscharten, darunter auch der verschwunden geglaubte Moorfrosch, leben hier neben Eidechsen, Ringelnattern und vielen Spinnen- und Insektenarten, darunter seltene Libellen. Von der B 8 in der Höhe von Wesel-Flüren zweigt eine Straße rechts ab, der man bis zu einem kleinen Bahnübergang folgt. Auf Sandwegen geht man durch den Wald (ca. 700 m) bis zum Naturschutzgebiet (Informationstafeln).

6 Dämmerwald
Wälder reinigen die Luft wie Staubfilter, dämpfen Lärm, schützen Boden und Wasser und sind Lebensraum für Pflanzen und Tiere. Der Dämmerwald ist zugleich eines der wichtigsten Naherholungsgebiete für die Menschen des angrenzenden Ballungsraums. Weitgehend naturbelassen haben sich Bäche in Schleifen tief in den Waldboden eingeschnitten. Eichen und Buchen wachsen dort seit 100 Jahren, die feuchten Niederungen alter Mäander sind mit Erlenbruchwald bestanden. Seggen- und binsenreiche Naßwiesen wechseln sich ab mit trockenen Heideflächen. In Pfeifengrasbeständen am Waldrand sonnt sich die Kreuzotter, Moor- und Grasfrösche besiedeln die feuchteren Regionen des Waldes. Roter Milan und Wespenbussard finden in dem weitläufigen Waldgebiet im Naturpark Hohe Mark noch ausreichend Nahrung. Der Dämmerwald ist außerdem Lebensraum für den einzigen nennenswerten Rotwildbestand am ganzen Niederrhein. Entlang der Straße zwischen Mahlberg und der B 58 kann man von mehreren Parkplätzen aus in den Dämmerwald spazieren.

7 Lippeaue
Die Harmonie von landschaftlicher Schönheit und ökologischem Wert ist selten geworden – in der Lippeaue bei Damm und Bricht, naturnah wie kaum eine andere Flußaue des Niederrheins, aber noch zu finden. Dieses Naturschutzgebiet im Naturpark Hohe Mark erstreckt sich zwischen Hünxe und Schermbeck und ist Teil des Feuchtwiesen-Schutzprogramms des Landes Nordrhein-Westfalen. Zwischen dem Niveau der Niederterrasse und dem Wasserspiegel liegen 7 m. Abbröckelnde Steilufer sind ökologisch verträglich befestigt worden. Die Altwasser und Erosionskanten der Flußaue, Zeugnisse regelmäßiger Überflutungen, sind Lebensraum für zahlreiche Pflanzen und Tiere. Weiden und Erlen am Ufer, Röhrichte und Großseggenriede am Rand von Tümpeln werden belebt von Schafstelze, Wiesenpieper, Nachtigall, Bekassine, Schwarzkehlchen und Moorfrosch, bedrohten Tierarten, die hier eine Heimstatt finden.
Um an den Fluß zu gelangen, biegt man in Damm von der B 58 ab, fährt in die Straße Zur Alten Lippe, parkt nach wenigen hundert Metern und wandert zu Fuß in die Flußaue. Näher ans Wasser führt die Straße durch

Unter Naturschutz steht der einzige Heideweiher am Niederrhein: das Schwarze Wasser bei Wesel.

Dichte Farnbestände breiten sich unter den hohen Laubbäumen des Dämmerwaldes im Naturpark Hohe Mark aus.

Drevenack (Richtung Hünxe) nach Krudenburg, einem kleinen, verwinkelten Dorf mit gemütlichen Gaststätten, wo man direkt an der Lippe parken kann.

Im Sommer kann man in der Lippeaue auch die Schafstelze beobachten, die sich gerne in Feuchtgebieten aufhält.

8 Leucht

Große Waldgebiete sind heute rar am Niederrhein. Germanen und Römer, Holländer und Franzosen, sie alle nutzten das Holz der Eichenwälder. Aufforstungen aus jüngerer Zeit, z.B. auf Abraumhalden, konnten nur bedingt Ersatz schaffen. Daher ist die Leucht im Staatsforst Xanten besonders wichtig als Sauerstofflieferant und als Abtragungsschutz für den sandigen Boden. Außerdem beherbergt sie noch einige kleine, unter Naturschutz gestellte Biotope wie das Saure Venn, ein kleines Niedermoor mit Torfmoosen, Flatterbinsen und Reitgrasbeständen. An der Kreuzung von B 58 und L 491 befindet sich der nördliche Parkplatz, von dem aus man über die Autobahnbrücke den Wald erreicht. Zum südlichen Parkplatz gelangt man nach etwa 3 km über die L 491 in Richtung Kamp-Lintfort rechts neben der Straße. Spaziergänge sind über ein rechteckig angelegtes Wegenetz möglich.

9 Sonsbecker Schweiz und Xantener Hees

Vom Aussichtsturm auf dem Dürsberg in der Sonsbecker Schweiz hat man den besten Blick ins Rheintal. Wendet man sich in Richtung Sonsbeck, so bietet sich eine durch Baumreihen, Feldgehölze, Äcker und

Charakteristisch für die Lippeaue sind die steil abfallenden Uferböschungen.

Die Leucht bei Alpen mit dem typischen Eichen-Buchen-Bestand, eines der wenigen größeren Waldgebiete am Niederrhein. Wie Fremdkörper wirken hier die vom Menschen eingebrachten Kiefern im Hintergrund.

Denkmal einer vergangenen Arbeitswelt: die restaurierte Holländer-Mühle in Donsbrüggen bei Kleve.

Mühlen im Wind
Seit Jahrhunderten mußten sich die Menschen vor den oft lebensbedrohenden Kräften der Natur schützen, meistens haben sie aber im Einklang mit der Natur gewirtschaftet und sich klug deren Kräfte nutzbar gemacht. Wasser wurde von alters her für Mühlen an der Niers eingesetzt, heute noch mitten in Goch und am Haus Caen bei Straelen zu besichtigen. Zum Mahlen von Getreide bot sich dagegen die Kraft des Windes an. Besonders sorgfältig restaurierten Heimatfreunde Windmühle und Backhaus in Kleve-Donsbrüggen bei Kleve (10). 1824 wurde die achteckige Holländer-Mühle errichtet. Turm und Kappe sind mit handgespaltenen, unbehandelten Eichenschindeln aus dem Spessart in drei Lagen abgedeckt. Das Flügelsystem tüftelte ein deutscher Flugzeugbauer aus, als die Mühle vor einigen Jahrzehnten überholt wurde. Daher repräsentiert diese Mühle den Stand der Technik vor 50 Jahren, als das Mühlensterben begann. Die Flügel stellen sich selbsttätig auf unterschiedliche Windstärken ein. Eine Besonderheit dieser Mühle: Sie hat nicht den üblichen »Steert« hinten, der je nach Windrichtung die Flügel optimal zum Wind stellt, sondern eine Windrose mit derselben Funktion. Samstags wird regelmäßig gemahlen – natürlich nur, wenn der Wind weht – und gebacken. Ab zwölf Uhr können Kunden herzhafte Steinofenbrote aus frisch gemahlenem Vollkornmehl kaufen (Di 16–18, Sa 10–17 Uhr geöffnet; ☏ 02821/30273).

Weiden gegliederte Landschaft dar. Reizvoll ist die Aussicht zu jeder Jahreszeit, gleich ob im Winter die arktischen Gänse im Formationsflug über den Himmel ziehen, im Sommer die Bussarde im thermischen Aufwind langsam in die Höhe segeln oder ob im Wechsel von Sonne und Wolken das Gelb der Weizenfelder mal leuchtet, mal zu stumpfem Grau wird. Ein Holzpfahl an der Straße von Sonsbeck nach Xanten weist den Weg zum Turm, den man nach ungefähr zehn Minuten zu Fuß erreicht. Zum Parken ist in einer Stichstraße Platz.
Die Hees in Sichtweite der Sonsbecker Schweiz ist ein Waldgebiet mit steilen Moränenhängen, alten Baumbeständen in weitgehend natürlichem Zustand, geprägt von Stiel- und Traubeneichen, von Birken und Buchen, dicht bewohnt von vielen Singvögeln und wärmeliebenden Insekten. Als Abstecher von der Sonsbecker Schweiz parkt man hinter der Gaststätte »Am Röschen«, gegenüber der Einmündung der Straße zum Xantener Gewerbegebiet, auf dem großen Parkplatz mit einem Übersichtsplan der Hees. Für den Philosophenweg muß man eine Stunde, für den Wanderweg um die Hees 1½ Stunden Gehzeit rechnen.

(10) Klevische Gärten

»Bauen, Graben und Pflanzen« waren die Hobbys von Johann Moritz von Nassau-Siegen – sofern er nicht gerade mit dem Regieren oder auf dem Schlachtfeld beschäftigt war. Als er 1647 vom Großen Kurfürsten Friedrich Wilhelm von Brandenburg zum Klevischen Statthalter gemacht wurde, begann er sofort mit der Umwandlung der Hänge des Reichswaldes in Terrassengärten. Von seiner geschickten Gartenplanung zeugt noch heute die Anlage des Amphitheaters mit dem Minervabrunnen und drei Teichen davor. Der Liebe des preußischen Kammerpräsidenten Julius Ernst von Buggenhagen zu exotischen Bäumen verdankt die Anlage an der Tiergartenstraße eine Reihe botanischer Kostbarkeiten. Bei einem Spaziergang stößt man auf Tulpen- und Trompetenbaum, Libanonzeder, Hickory-, Mammut- und Amberbaum. Daneben werden uralte Exemplare von Edelkastanie, Rotbuche und Platane gepflegt. Nicht versäumen sollte man den Besuch des nebenan gelegenen Zoos, der sich um den Erhalt alter Haustierrassen bemüht und u.a. Brabanter Kaltblüter hält, die man früher am Niederrhein als Ackerpferde nutzte.
Vom Aussichtsturm an der Königsallee genießt man einen hervorragenden Blick über die Niederung und den Reichswald.

(11) Reichswald

Filter für Niederschläge und Trinkwasserspeicher, Kultstätte und Hügelgräber-Friedhof, Waldweide für Kühe, Schafe, Ziegen und Schweine, Lieferant von Holz für Bauten und Kohlenmeiler – dies sind nur einige der vielen Funktionen, die der Reichswald erfüllte. Viele der ehemaligen Nutzungen haben im Reichswald bis heute ihre Spuren hinterlassen.

Vom Wald zum Landschaftspark: Das Amphitheater mit dem Minervabrunnen ist das Zentrum der Klevischen Gärten.

Über Hohlwege wurde die Holzkohle abtransportiert, Wallhecken oder Knicks zeugen von Schlagwirtschaft und Waldweide.
Heute dient der Reichswald mit seiner bunten Mischung verschiedener Nadel- und Laubhölzer vor allem der Erholung, erfüllt aber auch eine wichtige Funktion als Trinkwasserreservoir für die umliegenden Gemeinden. In zwei Naturwaldzellen, Rehsol und Geldenberg, können sich wieder natürliche Pflanzen des Niederrheins unter dem Schutz von hundertjährigen Sandbirken, Stiel- und Traubeneichen entwickeln.
Ein imposantes Naturdenkmal, die 600 Jahre alte Kurfürsteneiche, fiel leider den Orkanen im Frühjahr 1990 zum Opfer, doch soll der umgestürzte Baum liegenbleiben. Man erreicht die Stelle, wenn man von Kranenburg auf der B 504 Richtung Goch fährt. Nach ca. 5 km geht es links zum Waldeingang. Der Weg läuft auf einen Feuerwachturm zu, führt am zweiten Jagen (so werden die rechteckigen Waldstücke genannt) nach rechts und erreicht nach 300 m den Baumkoloß.
Ein Rundgang durch das Waldgebiet ist möglich von einem der Parkplätze an der Straße von Kranenburg in Richtung Grafwegen/Forsthaus Nergena, direkt an der Grenze.

Die 600 Jahre alte Kurfürsteneiche im Klever Reichswald fiel den Orkanen im Jahr 1990 zum Opfer.

12 Wyler Meer

Das Wyler Meer ist der Rest eines Altrheinarms. Bereits der Name des nahe gelegenen Kranenburg weist auf den regelmäßigen Besuch von Kranichen hin, die seit Jahrhunderten über die Düffel (so heißen die Niederungen zwischen Nimwegen und Kleve) zogen und bis in die achtziger Jahre unseres Jahrhunderts noch gelegentlich gesichtet wurden. Schon im 13. Jh. wurden die feuchten Niederungen gerodet und von Holländern über ein Poldersystem entwässert. Oft gesehene Gäste am Wyler Meer sind heute arktische Saat- und Graugänse, die zu Tausenden Ende Oktober einfliegen und zu Frühjahrsbeginn zurück in ihre Heimat aufbrechen. Am Ufer des Wyler Meeres sind ferner regelmäßig Graureiher beim Fischen zu beobachten. Sie zieht es immer wieder zurück in ihre Brutkolonie bei Beek in den Niederlanden. Austernfischer, Flußregenpfeifer, Steinkauz, Großer Brachvogel und Bekassine gehören zu den Brutvögeln der Düffel. Die reizvollen Zufahrtsstraßen sind mit Silbereichen, Eschen und Pappelalleen gesäumt.
Ausgangspunkt zum Altrheinarm ist der Parkplatz am großen Grenzübergang an der B 9. Von dort gelangt man auf einem Fußpfad in 15 Minuten in den Uferbereich des Wyler Meeres.

Geköpfte Zeugen
Kopfbäume wie im Hülser Bruch 25 oder beim Wyler Meer 12 gehören zum Niederrhein wie Kolke und Steinkäuze. Oft findet man alles zusammen: Die Kolke sind von Kopfbäumen gesäumt, in deren Höhlen Steinkäuze brüten. Am Fuß der Stämme suchen Kröten nach Futter und werden bei den Raupen des Weidenbohrers oder den Ameisen fündig. Auch Mittelspecht und Mauswiesel finden ihre Beute unter der Borke und in den Höhlen der Kopfweide. Da man in den letzten Jahrzehnten die Äste und Zweige weder für die Korbflechterei noch als Brennholz brauchte, wurden die rissigen Zeugen menschlichen Wirtschaftens kopflastig und brachen auseinander. Aus ökologischen und landschaftsästhetischen Gründen werden die Kopfbäume, vor allem Weiden, aber auch Eschen und Eichen, neuerdings wieder beschnitten.

Nicht wegzudenken aus der niederrheinischen Landschaft sind die Kopfweiden – durch den regelmäßigen Schnitt von Gerten und Ruten sind die Stämme kopfförmig verdickt.

Route 2
Südlicher Niederrhein

Am Anfang führt die ca. 330 km lange Route durch die Ballungsgebiete am Niederrhein. Inselhaft sind aber selbst dort naturnahe Bereiche (⑬ – ⑱) erhalten. Linksrheinisch besonders interessant ist der Vergleich von alten ㉑ mit neuen ㉒ Rekultivierungsgebieten des Braunkohlentagebaus. Aber auch die Feuchtgebiete im Nettetal ㉕ lohnen einen Besuch.
Streckenverlauf:
Startpunkt ist Hiesfeld ⑬, zu erreichen über die A 3 Ausfahrt Dinslaken-Süd; durch die nördlichen Stadtteile von Duisburg an der Grenze zu Dinslaken bis zur B 8, hier Richtung Voerde, dann links ab nach Stapp zur Walsumer Aue ⑭; zur A 59 und bis Abfahrt Duisburg-Buchholz zur Sechs-Seen-Platte ⑮; als Abstecher empfehlenswert ist die Ilvericher Rheinschlinge ⑯, dazu der B 8 folgen bis zur B 7, dann rechts bis zur Abfahrt Meerbusch/Neuss und erneut rechts bis Büderich; zurück auf die B 7 bis Grafenberg, dort rechts ab über Vennhausen zum Unterbacher See ⑰; von der Auffahrt Düsseldorf/ Erkrath bis Kreuz Hilden auf der A 46, dann A 3 bis zum Heumarer Dreieck, dort auf die A 59, nach der Ausfahrt Flughafen Köln-Bonn wird die Wahner Heide ⑱ umfahren; über Troisdorf und Sieglar nach Bergheim zum Siegmündungsgebiet ⑲; von der Auffahrt Bonn-Beuel-Nord über die A 565 auf die A 555 Richtung Köln bis Abfahrt Godorf, über Brühl zum Rekultivierungsgebiet der Liblarer Seenplatte ⑳ an der B 265; weiter bis zur A 61 Richtung Mönchengladbach, an der Abfahrt Bergheim/Elsdorf auf die B 55 bis zur Abzweigung links Richtung Niederzier zur Sophienhöhe ㉑; in Jülich/Mersch auf die A 44

Richtung Mönchengladbach, beim Kreuz Holz auf die A 46 Richtung Düsseldorf, von der Abfahrt Grevenbroich/Kapellen zum Liedberg 22; auf der B 230 bis Rheydt, über Dahlen und Wegberg zur B 221 und nach rechts bis Kaldenkirchen 23; weiter auf der B 221, dann rechts auf der B 509 zu den Krickenbecker Seen 24; weiter auf der B 509 an Hüls vorbei zum Hülser Bruch 25; zurück zur B 9 und rechts über Tönisberg nach Schaephuysen 26.
Die gut erschlossenen Naherholungsgebiete rechts des Rheins laden vor allem bei sommerlichem Wetter zum Verweilen ein. Übernachtungs- und Einkehrmöglichkeiten sind aufgrund der Ortsdichte überall vorhanden.

Entstanden als Spätfolge des Bergbaus: die Walsumer Aue bei Duisburg.

Route 2 Südlicher Niederrhein

Streifzug durch die Kölner Bucht

13 Hiesfelder Wald
Kernstück des Hiesfelder Waldes am Südrand des Naturparks Hohe Mark ist der Rotbach mit seinen Zuflüssen. Da das Gewässer noch weitgehend ungezähmt ist, kann sich das Bachbett immer wieder verlagern. Neben Mischwald mit Beständen der seltenen Königs- und Rippenfarne und offenen Weiden enthält der Hiesfelder Wald kleine Heidemoore mit sommerlich blühender Heide und Bachauen, in denen sich der Specht deutlich hämmernd zu Wort meldet.
Ausgehend vom Parkplatz »Hiesfelder Wald« an der Abfahrt von der A3, können ein Waldsportpfad sowie unterschiedlich lange, auf Tafeln bezeichnete Wanderwege benutzt werden. Besonders interessant ist das nördlich gelegene Tal des Rotbachs, den man überquert, wenn man die Landstraße von Sterkrade nach Grafschaft fährt.

14 Walsumer Aue
Der blaue Himmel über der Ruhr ist zwar noch nicht überall zu sehen, aber selbst Städte wie Duisburg, der Ort mit dem größten Binnenhafen der Welt, haben sich zu Metropolen im Grünen gewandelt, wo Schafe auf den Deichen des Rheinvorlandes weiden. Die Walsumer Aue im Norden der Stadt entstand als Spätfolge des Bergbaus: In die Bergsenkungen über leeren Schächten strömte Rhein- und Grundwasser und schuf so ein wichtiges Feuchtgebiet. Zwei große Kraftwerke symbolisieren zwar die Nähe des Energiezentrums Ruhr, doch Tier- und Pflanzenwelt lassen dies rasch vergessen. In alten Stromrinnen und Tümpeln laichen Frösche und Kröten, auf dem Kiesbett des Rheins brütet der Flußregenpfeifer. Bäume der Weichholzaue wie Grauerle, Weiden und Pappeln wechseln ab mit Hecken aus Weißdornbüschen, Waldrebe und Hopfen.
Um in die Walsumer Aue zu kommen, orientiert man sich im Norden an den Schildern »Zum Stapp« an der Straße von Duisburg-Hamborn nach Voerde, im Süden an den Schildern »Fähre Orsoy«, fährt aber nicht zur Auffahrtsrampe, sondern biegt vorher rechts nach Alt-Walsum ab. Direkt am Rand des Naturschutzgebiets kann man dann das Auto stehenlassen.

Die künstlich angelegten Gewässer der Sechs-Seen-Platte bei Duisburg – hier der Wolfsee – sind nicht nur wichtige Erholungsgebiete, sondern auch wertvolle Biotope.

15 Sechs-Seen-Platte
Im Osten und Süden von Duisburg bieten Stadtwald, Wedau-Sportpark und Sechs-Seen-Platte Großstadtbewohnern die notwendigen Erholungs- und Erlebnisräume. Buchen, Roteichen und andere Laubbäume sorgen für Frischluftschneisen und Kühlung. Selbst alte Bombentrichter fanden neue Bedeutung als Laichgebiet für Frösche und Wohnstätte für Libellen und Wasserinsekten.
Die Anfänge der Sechs-Seen-Platte reichen bis in die Wilhelminische Zeit zurück, als der Wambach-See ausgebaggert wurde. Seit 1962 wurde das Freizeitangebot um Bootsverleih, Modellboothafen, Grillplätze und Schutzhütten erweitert. Surfer, Angler und Schwimmer finden hier im Sommer ein kleines, großstadtnahes, allerdings nicht mehr stilles Paradies. Wedau und Sechs-Seen-Platte sind weiträumig ausgeschildert. Empfehlenswert ist ein Spaziergang am Seeufer entlang; Ausgangspunkt ist der Parkplatz »Kalkweg« beim Wedau-Stadion.

16 Ilvericher Rheinschlinge
Als Naturinsel mitten im Ballungsraum Düsseldorf/Neuss könnte man die Ilvericher Rheinschlinge bezeichnen. Der Altrheinarm ist zwar verlandet,

Von Artenschutz und Eierschalen – ein Museum macht mobil
»Den Wegen der Schöpfung nachgehen und die Geschöpfe in ihrer Geschichtlichkeit zeigen, um Ehrfurcht vor dem Leben zu wecken und damit zum Naturschutz anzuregen« – das ist Motto und Auftrag des Düsseldorfer Aquazoos (zwischen 16 und 17), der bei Besuchern hoch im Kurs steht. Neben lebenden Fischen der bergischen und niederrheinischen Gewässer, aus Mittelmeer, Nordsee und Atlantik, Pinguinen, dazu Krokodilen und Amphibien in einer Tropenhalle beherbergt das Löbbecke-Museum, dem der Aquazoo angeschlossen ist, auch die Landessammlung rheinisch-westfälischer Schmetterlinge mit 95 000 Exemplaren. Es gibt Eierschalen-, Käfer- und Mineraliensammlungen und viele Schauräume mit Themen zur Erdgeschichte und Entwicklung der Tierwelt. Außerdem bestimmen und pflegen die Wissenschaftler illegal eingeführte exotische Tiere, die auf dem nahe gelegenen Flughafen vom Zoll beschlagnahmt wurden (geöffnet tägl. außer Fei 10–18 Uhr, Düsseldorf-Stockum, Kaiserswerther Str. 380, ☏ 0211/8996169).

in zwei Bächen, die gemeinsam in den Rhein münden, findet man aber hier und da noch Muscheln. Ein Erlenbruchwald und viele gut erhaltene Kopfweiden entlang alter Gräben sind Hinweise auf hohen Grundwasserstand. Auf der Issel, einer ovalen Erhebung in der Mitte des alten Rheinarms, stehen Gehölzgruppen inmitten von Grün- und Ackerland. Goldammer, Nachtigall und sogar Baumfalke und Pirol bewohnen die Niederung.
Ilverich erreicht man von Düsseldorf aus über die B 7 bis zur Abfahrt Meerbusch/Neuss, folgt der B 9 in Richtung Krefeld und biegt hinter Büderich rechts ab bis zum »Haus Meer«. Von dort gelangt man zu Fuß in die Rheinaue.

17 Unterbacher See

Ein Erholungsgebiet, in dessen Umkreis von 30 km fünf Millionen Menschen leben, hat großen Zulauf, besonders wenn es so abwechslungsreich gestaltet ist und so unterschiedliche Anreize zur Beobachtung und Betätigung bietet wie der Unterbacher See bei Düsseldorf. Von 1926 bis in die Mitte der siebziger Jahre wurden dort Kies und Sand abgebaggert, die in einer Mächtigkeit bis zu 30 m anstanden. Nach dem Rückzug der Kiesbagger ergriffen Ruderer, Surfer, Segler, Schwimmer und Angler Besitz von dem nun entstandenen See. Doch auch Bläßhühner, Haubentaucher und – vor allem im Winter – Zwergtaucher, Tafel- und Reiherenten zieht es zum Ausruhen und Jagen aufs Wasser. Im November, kurz vor Sonnenuntergang, bietet sich noch ein besonderes Schauspiel: Dann fallen Hunderte von Saatkrähen und Dohlen auf der Suche nach Nahrung in die Äcker der Umgebung ein.
Von den Großparkplätzen am Unterbacher See lohnt ein Spaziergang in den nordwestlich gelegenen Eller Forst. Früher periodisch überflutet und noch immer ausgesprochen feucht, beherbergt er Waldgesellschaften mit Schwarzerlen, Faulbaumgebüschen und Gagelsträuchern. Das Erholungsgebiet ist von Vennhausen aus in Richtung A 46, Anschlußstelle Düsseldorf/Erkrath, grün auf gelbem Grund ausgeschildert.

Der Unterbacher See ist ein Paradies für Wassersportler. Frühmorgens, am Abend und bei schlechtem Wetter den ganzen Tag über gehört das Gewässer jedoch den unzähligen Wasservögeln allein.

⓲ Wahner Heide

An der Nahtstelle zwischen Rheinischem Schiefergebirge und Niederrheinischer Bucht liegt die Wahner Heide, die als Naturreservat allen Belastungen trotzt. Sie dient als Flughafenlandebahn, Truppenübungsplatz, Jagdrevier, Forstbetriebsfläche und nicht zuletzt als Erholungs- und Naturschutzgebiet. Verschiedene Sonnentauarten, Woll- und Pfeifengras auf Bulten zeigen Heidemoorflächen an, während Heidekraut die trockenen Sandflächen besiedelt. In Panzerspuren laicht die Knoblauchkröte, auf den trockenen Standorten lebt die Ringelnatter, jagt der Steinschmätzer nach Beute, baut die Heidelerche ihr Nest, und in Tümpeln und Teichen stochern Bekassinen nach Nahrung. Um die unterschiedlichen, vom Menschen geschaffenen Lebensräume zu erhalten, werden von Zeit zu Zeit das Buschwerk entfernt, Nadel- durch Laubwald ersetzt, die Heide gemäht, die Vegetation auf Dünen gefördert und entwässernde Gräben geschlossen.

Vom Autobahnkreuz Flughafen an der A 59 ist die Wahner Heide bestens zu erreichen. Folgt man den Schildern nach Troisdorf, kann man das gesamte Gebiet auf Nebenstraßen umfahren oder den Wagen am Rand parken und auf befestigten Wegen hineinlaufen. Zu beachten sind die Hinweise auf die Beschränkungen für Besuche während der Übungszeiten des Militärs.

⓳ Siegmündung

Am Mittel- und Niederrhein befinden sich nur noch die Mündungsgebiete von Ahr und Sieg in einem relativ natürlichen Zustand. Das unruhige Relief und die unterschiedliche Schichtung des Bodens, von Grobkies bis Lehm, sind Signale dafür, daß die Siegaue auch heute noch periodisch überflutet wird und mittransportiertes Material des Flusses sich ablagert. Einige typische Reste der Weichholzaue sind in Form von Silberweiden erhalten, in weiten Bereichen herrschen inzwischen jedoch Pappel-Kulturen vor. Dennoch sind Rohrammer, Heckenbraunelle, Sumpfrohrsänger und Turmfalke dort heimisch. Wintergäste sind u.a. Krickente,

Obgleich das Naturschutzgebiet Wahner Heide mit seinen Heidemoorflächen unmittelbar neben dem Flughafen Köln-Bonn und einem Truppenübungsplatz liegt, dient es als vielfältiger Lebensraum für Flora und Fauna.

Die Kornweihe, bei der Liblarer Seenplatte ein regelmäßiger Wintergast, jagt ihre Beute in Bodennähe.

An der Liblarer Seenplatte kommt der Kaisermantel, ein prächtiger Perlmutterfalter, vor.

Konzertpausen im kurfürstlichen Park
Traditionsgemäß startet die nordrhein-westfälische Landesregierung die neue parlamentarische Session nach der Sommerpause mit einem Barockmusik-Konzert im Brühler Schloß Augustusburg nahe der Liblarer Seenplatte ⑳. Nirgendwo sonst in Nordrhein-Westfalen kann man Konzertpausen in einem Naturschutzgebiet verbringen und den Kulturgenuß zwischen Rotbuchen, Gingko- und Mammutbäumen, Sumpfzypressen und Trauerweiden, zwischen denen Fledermäuse nach Insekten jagen, beim Schrei von Waldkauz und Waldohreule ausklingen lassen. Kurfürst Clemens August, einem Jäger und Liebhaber architektonischer Pracht, verdanken die Besucher die Möglichkeit, Kultur und Natur fast gleichzeitig genießen zu können. Aber auch ohne zusätzliche kulturelle Angebote lohnt sich ein Gang durch den Park, besonders wenn Tulpen- und Magnolienbäume in voller Blüte stehen. Die beiden Brühler Schlösser Augustusburg und Falkenlust sind im ganzen Stadtgebiet ausgeschildert (geöffnet tägl. außer Mo 9–12, 14–16 Uhr; Dez./Jan. geschlossen; Konzertinformation: ☏ 02232/43183).

Löffelente und der Haubentaucher. Der Wechsel von feuchten Mulden und trockenen Rücken, Mäandern mit weiten Gleit- und steilen Prallhängen und Kolken zieht auch Wat- und Schnepfenvögel an. Zugang zur Siegniederung findet man von der Straße zwischen Bergheim und Schwarzrheindorf aus. Man parkt an der Siegbrücke, steigt hinab in die Aue und quert den Fluß auf einer kleinen Ponte, einer seilgezogenen Fähre, direkt an einer Gaststätte.

⑳ Liblarer Seenplatte

Über 40 Seen mit etwa 750 ha Wasserfläche sind nach dem Rückzug des Braunkohlentagebaus auf dem früheren Abbaugebiet bisher entstanden, besonders augenfällig entlang dem ehemaligen Villerücken zwischen Brühl und Liblar. In Vertiefungen, die nicht mit Abraum verkippt oder von Menschenhand rekultiviert wurden, bildeten sich über wasserstauenden Tonschichten Weiher und Seen. Zusammen mit neu angelegten Wäldern hat sich so eine abwechslungsreiche Landschaft entwickelt. Stolz weisen die Rheinischen Braunkohlewerke darauf hin, daß inzwischen 75 ha dem strengen Artenschutz dienen und Zwerg- und Haubentaucher, verschiedene Entenarten, Wespenbussard, Grün- und Kleinspecht, Pirol, Grauammer und andere regelmäßig, Rohrweihe, Bekassine und Brachpieper gelegentlich in diesem Gebiet brüten. Fischadler, Eisvögel, Kormorane und die seltenen Raubwürger, Kornweihen und Goldregenpfeifer benutzen die Seen entweder als Rastplatz beim Durchzug oder versorgen sich und ihre Jungen dort mit Futter. Zauneidechse und Ringelnatter, Bergunke, Springfrosch, Kreuz- und Wechselkröte und Schmetterlinge wie

Beliebtes Ausflugsziel ist die Siegmündung bei Bergheim. Mit dem kleinen Fährboot kann man zum anderen Ufer übersetzen.

Schillerfalter, Kaisermantel und Aurorafalter stellen für ein Stück »Natur aus zweiter Hand« eine beachtliche Artenvielfalt dar. Liblarer See, Heider Bergsee und Bleibtreusee im Naturpark Kottenforst-Ville sind von Parkplätzen entlang der B 265 zwischen Hürth und Erftstadt gut zu erreichen.

21 Sophienhöhe

Die Sophienhöhe ist das Gegenstück zum Hambacher Tagebau, dem »größten Loch der Welt«, wie gelegentlich behauptet wird. Ein großer Teil des Abraums, der neben der Braunkohle von fünf riesigen Schaufelradbaggern mit einer Leistung von bis zu 240 000 m^3 pro Tag aus dem Abbaugebiet geholt wird, wandert auf diesen künstlichen Höhenrücken. Zwischen 1979 und 1986 wurden bereits sechs Millionen Forstpflanzen gesetzt, und jährlich soll eine Million hinzukommen. Rotbuchen werden mit Eichen, Spitzahorn, Europäischer Lärche und anderen Baumarten gemischt. Sie wachsen auf sogenanntem Forstkies, einer Mischung aus Kies, Sand und etwa 20 % Löß. Er enthält zerkleinerte Baumstümpfe aus Altholz als organisches Material. Inzwischen hat sich auch eine stattliche Zahl von Wildkräutern auf der Sophienhöhe angesiedelt, doch fehlen noch weitgehend die typischen Pflanzengemeinschaften natürlicher Wälder. Wanderwege, Bänke und auch ein Grillplatz laden zur Erholung ein. Nicht weit vom Aufstieg zur Höhe sollte man von einem Aussichtspunkt aus einen Blick auf den Tagebau Hambach werfen, wo unter 180 bis 400 m mächtigen Deckschichten die Braunkohlenflöze lagern. An der Straße Richtung Niederzier sind das Erholungsgebiet und der Aussichtspunkt deutlich ausgeschildert.

22 Liedberg

Der Liedberg östlich von Mönchengladbach ist einer der wenigen Berge mit festem Gestein am Niederrhein. Er besteht aus Sandstein, der als Baustoff erst wieder in der Eifel vorkommt. Daher lieferten Sandgruben und Steinbrüche des Liedbergs seit der Altsteinzeit Arbeits- und Baumaterial. Monumente, Treppenstufen, Fenster- und Türeinfassungen sowie Wassertröge wurden aus Liedberger Sandstein gefertigt. Ebenso kostbar war der feine weiße Quarzsand unter dem Sandstein. Er wurde teilweise unter Tage gewonnen, diente zur Herstellung von Glas und als Streu auf Fußbodendielen. Noch heute sind an den Flanken des etwa 30 m hohen Bergrückens Steinbrüche und Sandgruben aus alten Zeiten zu sehen. Der Liedberg liegt an der B 230 zwischen Neuss-Holzheim und Rheydt. Mehrere Wanderwege sind auf Holztafeln markiert.

Vom Baum zur Kohle

Ursprünglich von Vögten der Herrschaft Paffendorf in der sumpfigen Erftniederung erbaut, dann zwischen Gotik und Renaissance neu errichtet und später neugotisch umgebaut, dient das Wasserschloß Paffendorf (vor der Sophienhöhe 21), seit 1958 im Besitz der Rheinischen Braunkohlewerke, heute als Informationszentrum über Entstehung und Abbau der Braunkohle. Großfotos, grafische Darstellungen, Lichtwände und Dioramen informieren über diesen Rohstoff und seinen Abbau. Versteinerte Pflanzenabdrücke geben Einblicke in den Forschungsstand der Paläobotanik. Lebendes Zeugnis von der Entstehungsgeschichte einer unserer wichtigsten Primärenergiequellen, die uns das Tertiär bescherte, geben fast 300 Bäume und Sträucher im Park: Aus ihren Vorfahren, darunter Gagel-, Weiden-, Birken- und Ulmengewächse, aber auch Kiefern und Eiben, entstand der heutige Rohstoff. Der Eisenholzbaum, Sumpfzypressen und Sequoien, von denen zwei eindrucksvolle Originalstümpfe am Eingang des Arboretums ausgestellt sind, und auch andere Arten, besonders in den nachgebildeten Mooren des Tertiärs, sind unter den herrschenden Klimabedingungen nur schwierig zu pflegen. Schloß Paffendorf ist im Umkreis von Bergheim weiträumig ausgeschildert (März–Okt., Informationszentrum im Schloß So 10–17, Park tägl. 10–17.30 Uhr geöffnet; ☏ 02271/42232).

Seit Menschengedenken wird am Liedberg bei Korschenbroich, der als Zeugenberg aus der niederrheinischen Tiefebene herausragt, Sandstein abgebaut. Hier ein längst wieder bewaldetes altes Abbaugebiet.

Auf Knüppeldämmen in die Natur- und Kulturgeschichte
Ein Bauerngarten wie zu Großvaters Zeiten mit einem Kräutergarten, Schafen, Ziegen und Schweinen, dazu mit Spinnerinnen und Korbflechtern als Gästen ist Mittelpunkt unterschiedlicher Lehrpfade, die in die Gewässerkunde einführen, kulturgeschichtliche Eigenarten des südlichen Schwalm-Nette-Raums vorstellen, pflanzenkundliche Schwerpunkte haben oder auf geologische Besonderheiten und Bodenprofile aufmerksam machen. Auf Knüppelwegen läuft man durch Laub- und Bruchwald, passiert Flachmoore und Feuchtheiden entlang kleiner Bachläufe. Das bereits 1350 in einer Urkunde als Burg Wildenrath erwähnte heutige Haus Wildenrath ist auf einer Flachmotte, einem kleinen Verteidigungshügel, gelegen. Mit zahlreichen Seminaren und Veranstaltungsreihen dient es der Umwelterziehung und -information von Schülern, Universitätsangehörigen und allgemein Interessierten. Es ist im Besitz der Stadt Wegberg. Am südlichen Ortsausgang von Wildenrath, auf dem Weg zum Grenzwald 23, sind die Naturlehrpfade an der B 221 ausgeschildert.

Fossa Eugeniana
Isabella Clara Eugenia, Statthalterin der spanischen Krone in den Niederlanden, in aller Pracht von Peter Paul Rubens gemalt, schenkte zu Beginn des 17. Jh. ihren schönen Namen einem Kanal, der nie in Dienst gestellt wurde. Die geplante Verkehrsader und Verteidigungslinie mit Rheinberg und Venlo als Endpunkten wäre zwar ohne Schleusen nie zu befahren gewesen, doch die Eroberung der spanischen Schanzen durch die Niederländer vereitelte ohnehin das ehrgeizige Projekt. Napoleon griff den Plan wieder auf, doch beendeten die politischen Entwicklungen auch den neuen Anlauf. Landschaftlich besonders schön ist der Kanalabschnitt mit Graben und Wall an der deutsch-niederländischen Grenze nördlich der Krickenbecker Seen 24 bei Damm und Walbeck, etwa 500 m vom Zollamt Lingsfort entfernt (Erläuterungen auf einer Tafel).

23 Grenzwald

Wald ist rar am Niederrhein. Während im Durchschnitt ein Viertel der Fläche Nordrhein-Westfalens bewaldet ist, stehen im Bereich des Forstamtes Mönchengladbach auf nur 12 % des Bodens Bäume. Auf den nährstoffarmen Sandböden entlang der deutsch-niederländischen Grenze wachsen zu 80 % Kiefern. Forstleute sind heute froh darüber, denn nach dem Krieg entstanden große Kahlflächen. Als letzte Reste des Waldes schließlich 1946/47 abbrannten, war der Boden schutzlos der Erosion preisgegeben; Humus und Sand wurden weit fortgeweht. Um die Flächen wieder zu bewalden, wurden 32 Millionen Jungpflanzen im Deutsch-Niederländischen Naturpark Maas-Schwalm-Nette gesetzt. In Kaldenkirchen kann man über Gerber- und Knorrstraße bis zur Gaststätte »Zum Galgenvenn« fahren. Ein Rundwanderweg führt an der Grenze entlang und im Bogen zum Ausgangspunkt zurück. Lohnend ist ein Besuch der Sequoien-Farm, die nach dem Krieg angelegt wurde. Dort wachsen viele Gehölze der gemäßigten Breiten sowie eine eindrucksvolle Allee von Mammutbäumen. Sehenswert ist auch ein Arboretum. Besuchszeiten sind bei den Stadtwerken Nettetal (☏ 02157/120520) zu erfragen.

24 Krickenbecker Seen

Torfstecher haben seit dem 15. und 16. Jh. zunächst periodisch, ab dem 17. Jh. regelmäßig die Moore im Bereich der Nette abgetorft. Aus den ehemaligen Torfkuhlen entwickelten sich die Seen zwischen Schloß Krickenbeck im Norden und Boisheim im Süden. Das Naturschutzgebiet Krickenbecker Seen mit Schrolik- und Poelvennsee, Glabbacher und Hinsbecker Bruch im Naturpark Maas-Schwalm-Nette erreicht man von der B 221, dann nach rechts auf die B 509, vorbei am Ausflugsziel »Leuther Mühle« direkt am Netteufer neben der Straße. Zu den Seen geht es links ab bis zu einem großen Parkplatz, etwa 500 m vor dem Schloß. Auf einer Schautafel wird das Wegenetz beschrieben. Badelustige können hier im Sommer eine Wanderung mit einem Besuch im Strandbad verbinden. Der Reiz des Gebiets liegt in seiner optischen und ökologischen Vielfalt. Da der Mensch die Landschaft seit Jahrhunderten genutzt hat, sind gerodete Wälder zu Wiesen geworden, gelb von Sumpfdotterblumen, und haben sich in den Verlandungsbereichen der Torfkuhlen reiche Gagelstrauch-Bestände ausgebildet. Daneben gibt es aber noch Reste von Hochmooren, die Torfmoose, Sonnentau, Seggenwiesen und Knabenkraut beherbergen. Das Naturschutzgebiet Sekretis entlang der Nette vor der Einmündung in den Glabbacher Bruch ist der letzte größere Erlenbruchwald am Niederrhein, bemerkenswert vor allem wegen der dort heimischen größten rheinischen Graureiherkolonie.

Der Grenzwald bei Kaldenkirchen im Deutsch-Niederländischen Naturpark besitzt neben aufgeforstetem Kiefernbestand auch noch alte Laubwaldreste.

㉕ Hülser Bruch und Hülser Berg

Auf dem Hülser Berg und im Hülser Bruch, im Norden Krefelds gelegen, wechseln unterschiedliche Landschaftstypen auf engstem Raum ab: Hoch- und Bruchwald, Acker- und Grünland, Feuchtwiesen, Gehölzstreifen, Gräben und Geländestufen. Von Frühjahr bis Frühsommer färben Sumpfdotterblumen viele Wiesen gelb. Zwei Dutzend Steinkauzpaare haben vor allem in den Kopfbäumen Brutplätze bezogen. Im Erlenbruchwald am Fuß des Hülser Berges hat sich dank vieler Quellen ein kleines Moor erhalten. Waldohreule, Habicht, Baumfalke und Wespenbussard finden hier und in den angrenzenden Niepkuhlen, die früher von Torfstechern ausgebeutet wurden, ausreichend Lebensräume. Zu erreichen ist der Hülser Berg von Hüls aus nach Osten bis zum Wanderparkplatz (Gaststätte und Aussichtsturm).

㉖ Endmoräne Schaephuysen

Besser als vom Endmoränenhöhenrücken bei Schaephuysen ist die Weite der Aldekerker Platte nicht zu überschauen. Ganz allmählich fällt die Endmoräne nach Westen ins Maastal ab. Das Gletschereis, das während der Saale-Eiszeit aus Nordosten vorstieß, schob einen Wall aus Kies- und Sandablagerungen vor sich her. Unter der Last der Eismassen zerbrach der gefrorene Boden in einzelne Schollen, die von der Gletscherstirn wie von einer Planierraupe zusammengeschoben wurden. Das Schmelzwasser der Gletscher suchte sich schließlich seinen Weg in die Flußebene und schnitt dabei tiefe Durchbrüche in die Moräne. An der B 60 von Aldekerk nach Schaephuysen liegt ein Parkplatz, von dem aus man einen Spaziergang auf den Kamm der Moräne machen kann.

Die Grünlandflächen im Hülser Bruch dienen vielfach als Schafweide.

Bis weit über die niederländische Grenze hinweg ins Maastal sieht man vom Kamm der Endmoräne bei Schaephuysen. 80 m erreicht der höchste Punkt.

Brauchtum bewahren und pflegen

Im Frühjahr und Sommer ist das Freilichtmuseum Grefrath zwischen Krikkenbecker Seen ㉔ und Hülser Bruch ㉕ ein beliebtes Ausflugsziel. Dann werden Ackerflächen zwischen der Dorenburg, dem Mittelpunkt des Freilichtmuseums mit ständig wechselnden volkskundlichen Ausstellungen, und den Fachwerkbauten und Häusern aus handgestrichenen Feldbrandziegeln wieder mit Kaltblütern bearbeitet. Anschirren und Pflege der mächtigen Tiere sind nicht nur für Pferdeliebhaber interessant. Zu sehen sind im Museumsdorf Zweiständer-Fachwerkhäuser mit Krüppelwalmdach – Satteldächern, die vorn und hinten abgeschrägt sind – und ein geschlossenes fränkisches Hofgeviert, traditionelle Bauformen am Niederrhein. Die Hofanlage, die in Hagen bei Viersen Stein für Stein ab- und in Grefrath wieder aufgebaut wurde, beherbergt das Handwerkszentrum mit Korbflechterei, Töpferei und Brunnenbau sowie eine Spielesammlung. Auflokkern kann man den Rundgang mit einem Essen im »Pannekookehuus«. Die Schilder zum Eisstadion führen in Grefrath auch zum Freilichtmuseum (tägl. außer Mo April–Okt. 10–18; Nov.–März 10–16.30 Uhr geöffnet; ☏ 02158/3840).

Der Wal, der unter die Haie fiel

Als Geologen ihn fanden, war er schon 10 Millionen Jahre lang in riesige harte Konglomerate eingebacken. Komplett mit seinem 2 m langen Schädel und der 5 m langen Wirbelsäule war der Bartenwal während einer Eiszeit mitsamt der umgebenden Scholle in höhere Schichten gedrückt worden. Um ihn herum: Haifischzähne – die Räuber hatten ihm offensichtlich den Garaus gemacht. Vorsichtig bargen die Wissenschaftler ihren Fund, luden ihn auf einen Tieflader, um den Wal mitsamt seinem steinernen Grab in Acryl einzugießen. Doch auf dem Weg ins Museum zerbrach die Kostbarkeit in Stücke. Restauratoren setzten sie mühsam wieder zusammen. Eine Kopie des urweltlichen Säugetiers ist in einem »Schneewittchensarg« im Geologischen Landesamt in Krefeld nahe dem Hülser Berg ㉕, De-Greiff-Str. 195 (in der Nähe der Eishalle), zu besichtigen (geöffnet zu den Geschäftszeiten des Landesamtes Mo, Di 7.30–16, Mi–Fr 7.30–15.30 Uhr).

18 Bergisches Land und Sauerland

Im Land der tausend Berge

Unmittelbar vor den Toren der Metropolen Köln und Düsseldorf sowie des Ruhrgebiets liegt eine Landschaft, die zu jeder Jahreszeit zum Wandern und Entdecken einlädt. Obwohl hier Hunderttausende Erholung suchen, gibt es noch wunderschöne Gegenden, in denen man einsam und allein der Natur auf die Spur kommen kann. Denn die Natur hat diese Landschaft üppig ausgestattet: mit weite Aussicht bietenden Bergen, idyllischen Tälern – hier das Wippertal bei Marienheide – und ausgedehnten Wäldern, mit Höhlen und Heiden, mit dem prachtvollen Mosaik einer vielgestaltigen Flora und Fauna. Attraktionen eigener Art sind schließlich die Stauseen, die der Mensch im wasserreichen Mittelgebirge angelegt hat, um Trinkwasser und Energie zu gewinnen; sie haben die Natur verändert und sind nebenbei zu Refugien für viele seltene Tier- und Pflanzenarten geworden.

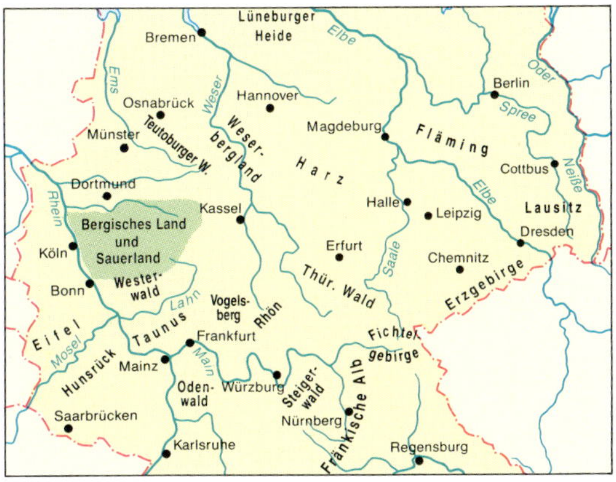

Lage Nordostflügel des Rheinischen Schiefergebirges, zwischen der Kölner Bucht im Westen, dem Westerwald im Süden, dem Hessischen Bergland im Osten und dem Münsterland mit dem Ruhrgebiet im Norden
Ausdehnung West–Ost ca. 130 km; Nord–Süd ca. 70 km
Land Nordrhein-Westfalen
Höchste Erhebungen Sauerland: Langenberg 843 m, Kahler Asten 841 m (Rothaargebirge), Nordhelle 663 m (Ebbegebirge); Bergisches Land: Unnenberg 506 m
Wichtigste Flüsse Rhein, Ruhr, Wupper, Sieg, Lenne, Eder, Lahn
Landschaftsformen Mittelgebirgslandschaft, im Westen Flußterrassen zum Niederrheinischen Tiefland, ansonsten kleine Hochflächen zwischen tief eingeschnittenen Tälern mit vielen zu künstlichen Seen aufgestauten Flüssen
Naturparks Naturpark Bergisches Land, Naturpark Rothaargebirge, Naturpark Diemelsee, Naturpark Arnsberger Wald, Naturpark Homert und Naturpark Ebbegebirge
Information Landesverkehrsverband Rheinland, Rheinallee 69, W-5300 Bonn 2, ☎ 02 28/ 36 29 22; Landesverkehrsverband Westfalen, Friedensplatz 3, W-4600 Dortmund, ☎ 02 31/ 52 75 06; Fremdenverkehrsverband Sauerland, Brückenplatz 14, W-5760 Arnsberg 2, ☎ 0 29 31/ 140 11; Touristikzentrale Sauerland, Heinrich-Jansen-Weg 14, W-5790 Brilon, ☎ 0 29 61/ 91 32 29; Sauerländischer Gebirgsverein, Emster Str. 104, W-5800 Hagen, ☎ 0 23 31/5 52 55; Kreisverkehrsverband Südsauerland, Seminarstr. 22, W-5960 Olpe, ☎ 0 27 61/68 22; Touristikverband Siegerland-Wittgenstein, Koblenzer Str. 73, W-5900 Siegen, ☎ 02 71/3 37 74 78; Verkehrsverein Rheinisch-Bergisches Land, Am Rübezahlwald 7, W-5060 Bergisch Gladbach 2, ☎ 0 22 02/1 36 85; Bergischer Naturschutzverein, Schmitzbüchel 2, W-5063 Overath, ☎ 0 22 04/79 77

Vom Meer zum Land

Beinahe 400 Millionen Jahre ist es her, daß sich im Bereich des westlichen Deutschlands ein riesiges, flaches Meer erstreckte. Auf seinem Boden lagerten sich damals, in der Devonzeit, mächtige Sedimentschichten ab – aus Material, das die Flüsse von Nord und Süd herbeischafften. Kleinlebewesen hinterließen große Kalkmengen, die ebenfalls zu Boden sanken; Korallen schufen Riffe von unglaublichen Ausmaßen. Einige von ihnen – z.B. im Neandertal (1), im Strundertal (4) oder im Felsenmeer bei Hemer (23) – kann man heute bei Wanderungen betrachten. In die Sedimentgesteine wurden natürlich auch abgestorbene Tiere eingebettet, die sich als Fossilien bis auf den heutigen Tag erhalten haben.

Im Karbon, vor rund 300 Millionen Jahren, verschob sich die Erdkruste und drückte mit gewaltiger Kraft den ehemaligen Meeresgrund nach oben: Das Variskische Gebirge entstand. Es zog sich von den Ardennen bis zu den Sudeten. Das Bergische Land und das Sauerland gehören zum Nordostflügel eines Teils dieser gewaltigen Höhenkette, des Rheinischen Schiefergebirges.

Höhlen und Heiden

Wind und Wetter haben die Berge über Jahrmillionen hinweg zum großen Teil abgeschliffen; nur ganz besonders harte Gesteine konnten ihnen widerstehen und prägen heute als markante Felsen – wie bei Bruchhausen (17) und Albaum (31) – das Landschaftsbild.

Das Wasser wirkte aber auch unter der Erdoberfläche. Eingesickertes Regenwasser wusch aus dem Kalkgestein Höhlen heraus, deren weitverzweigte Gänge, Hallen und Dome mit bizarren Tropfsteinen man nur bewundern kann: u.a. in der Aggertalhöhle (5), der Tropfsteinhöhle Wiehl (6), der Attahöhle (11) oder der Dechenhöhle (24).

In der Erdneuzeit entstand die Senke der Kölner Bucht als Ergebnis von Verschiebungen in der Erdkruste, die hier auch heute noch zu kleineren Erdbeben führen. West- und Ostteil des Rheinischen Schiefergebirges wur-

den voneinander getrennt. Der Rhein nagte von Westen her das Bergische Land an und schuf gigantische Terrassen; dort, wo der Boden zu schlecht für die Landwirtschaft ist, haben sich eindrucksvolle Heidelandschaften wie die Ohligser Heide 2 mit ihrer typischen Flora erhalten. Schöne Heiden findet man übrigens auch in den höheren Lagen des Sauerlandes, z.B. die Heinsberger Hochheide 32.

Vater und Söhne auf Streifzug: Am Rande des Gerstenfeldes gibt es so manches zu erklären.

Wo man hinblickt: Wasserreichtum

Die Wolken, die von Westen heranziehen, stauen sich an den Höhen, was vor allem eines bedeutet: Regen. Das Bergische Land und das Sauerland gehören zu den regenreichsten Gegenden Deutschlands. So verwundert es nicht, daß hier viele bekannte Flüsse entspringen, etwa die Wupper, aber auch die Eder, die Sieg und die Lahn, deren Quellen an der Eisenstraße 26 liegen.

Das fließende Wasser hat Täler ins Gestein eingegraben, die allemal einen Besuch und eine Wanderung lohnen. Dies gilt um so mehr, als sie oft geologische Besonderheiten oder wertvolle Feuchtgebiete mit vielen seltenen Tieren und Pflanzen aufweisen. Zu nennen wären hier u.a. das Siegtal (bei 8) oder das Ilsetal 27.

Der Mensch hat sich den Wasserreichtum zunutze gemacht. Er legte riesige Stauseen zur Energie- und Trinkwassergewinnung an. Die Talsperren ziehen Erholungsuchende aus nah und fern an, Wassersportler, Badenixen und Wanderer. Aber auch die Natur hat ihre Hand auf die künstlichen Gewässer gelegt und eroberte weite Uferbereiche. So entstanden für viele bedrohte Lebewesen wertvolle Rückzugsgebiete wie am Bigge- 10, Henne- 18 oder Möhnesee 19.

Was wäre eine Beschreibung des Bergischen Landes und des Sauerlandes, erwähnte sie nicht die bedeutenden Wälder, die das Gebiet bedekken: Die großen Waldungen des Nutscheids 7 oder Wilzenberg und Aberg 14 sind nur einige von vielen herrlichen Wandergebieten.

Route 1 Bergisches Land

Wie eine schiefe Treppe

❶ Neandertal

Ganz im Norden des Rheinischen Schiefergebirges hat die Erosionskraft der Düssel dieses Tal aus den harten Kalken des Erdaltertums (Oberdevon) herausgeschnitten. Oft durchwanderte der Liederdichter Joachim Neander (1650–80) die Schlucht mit ihren Wasserfällen, Felsen und Grotten, um zu innerer Einkehr und Anregungen zu gelangen. Durch seine Beschreibungen wurde das Düsseltal zunächst regional bekannt. Dies änderte sich, als Johann Carl Fuhlrott 1856 die Schädelplatte eines Frühmenschen fand und die Bezeichnung »Neandertaler« weltweit bekannt wurde. Von der einst wildromantischen Landschaft ist infolge des Kalkabbaus kaum etwas geblieben. Dennoch bieten gerade die verlassenen Steinbrüche vielen Pflanzen und Tieren neue Lebensräume. Buntspecht, Baumfalke, Waldkauz, Eisvogel, Blauflügel- und Prachtlibellen sowie Geburtshelferkröte besiedeln das zum Naturschutzgebiet erklärte Tal. Hinter der Gaststätte »Neanderhöhle« (mit großem Parkplatz), in der man sich mit einer typischen bergischen Kaffeetafel stärken kann, geht es am Museum vorbei zum Wildgehege. Über Winkelsmühle und Bracken

Route 1
Bergisches Land

Die ca. 200 km lange Tour berührt die unterschiedlichen Teile des Bergischen Landes: die Ausläufer der Niederrheinischen Bucht, die Randterrassen und das Bergische Bergland bis zum Siegtal. Enge Täler wie z. B. Eifgen- ❸ und Strundertal ❹, dazwischen bewaldete Höhenrücken wie der Nutscheid ❼, machen den besonderen Reiz dieser Landschaft aus.

Streckenverlauf:

Von der A 3 Ausfahrt Düsseldorf/Mettmann auf die B 7 Richtung Mettmann, von der aus das Neandertal ❶ ausgeschildert ist; die Straße weiter durch Hochdahl nach Hilden, dort links ab Richtung Ohligs zur Ohligser Heide ❷; weiter nach Ohligs und in südlicher Richtung zur Auffahrt Solingen, nun auf die A 3 Richtung Leverkusen, am Kreuz Leverkusen auf die A 1 Richtung Dortmund bis Ausfahrt Burscheid, dort auf die B 51 Richtung Wermelskirchen, nach ca. 2 km rechts ab zur Markus-Mühle im Eifgental ❸; weiter nach Dabringhausen, dort rechts und weiter über Altenberg und Odenthal, vor Bergisch Gladbach links auf die B 506 und bei Altehufe rechts ab nach Herrenstrunden im Strundertal ❹; von dort auf Landstraßen über Herkenrath und Moitzfeld auf die A 4 in Richtung Gummersbach, bei der Ausfahrt Overath auf die B 55 und nach Engelskirchen und weiter bis Ründeroth zur Aggertalhöhle ❺; kurz hinter Ründeroth rechts ab auf die B 56, unter der A 4 durch und kurz darauf links nach Wiehl ❻; weiter südlich über Schloß Homburg und Oberelben nach Ruppichteroth, dort Richtung Windeck über den Nutscheid ❼ bis vor Wilberhofen; im Siegtal links nach Dattenfeld ins Windecker Ländchen mit seinen Siegmäandern ❽; zurück nach Wilberhofen und die Sieg abwärts über Eitorf, Stadt-Blankenberg und Dondorf auf die A 560 bis zum Autobahnkreuz Bonn/Siegburg, dort auf die A 3 in Richtung Siegburg bis zur Ausfahrt Troisdorf, von dort über die B 484 auf die B 56 in Richtung Much bis Stallberg ❾

Wie eine schiefe Treppe steigt das Bergische Land vom Rhein nach Osten an. Es ist eine Landschaft zum Atemholen und wie geschaffen dafür, Eile und Großstadthektik zu vergessen. Die abwechslungsreiche Natur mit herrlichen Waldgegenden wie z. B. dem Nutscheid ❼ und reizvoll gelegenen Talsperren, u. a. dem Wiehltalstausee (bei ❻), bietet zahlreiche Wandermöglichkeiten. Außerdem laden so schöne Städtchen wie Engelskirchen oder Lindlar (beide bei ❺) zu einem Besuch ein. Das Bergische Land ist zu jeder Jahreszeit interessant.

gelangt man zum Ausgangspunkt mit der kleinen Neandertalerplastik zurück (insgesamt 12 km langer Rundweg). Sehenswert ist das Neandertal-Museum in Erkrath (Thekhauser Quall, geöffnet Di–Sa 10–17, So 11–18, Nov.–Febr. So 11–17 Uhr).

2 Ohligser Heide

Über mächtigen Lagen von Rheinschottern liegt in der Ohligser Heide seit dem Ende der letzten Eiszeit eine Flugsanddecke, die Dünen gebildet hat. In den Senken sammelte sich Regenwasser, es entstanden Weiher und Moore. Trotz Entwässerung sind Teilflächen naturnah erhalten geblieben und stehen unter Naturschutz. Ein großer Teil der Heide ist jedoch aufgeforstet und für Spaziergänger erschlossen.
Vom Stadtzentrum Hilden kommend, biegt man nach Unterqueren einer S-Bahnlinie links ab in Richtung »Südfriedhof«, nach ca. 500 m erneut links und erreicht nach Überqueren der Autobahn (A 3) einen Wanderparkplatz auf der linken Straßenseite. Dort beginnen drei Rundwanderwege (A 1–A 3, ca. 1–3 Stunden) durch die nordwärts gelegene Heide, die hier überwiegend bewaldet ist.

Museum von Weltrang
Das Fuhlrott-Museum in Wuppertal (Auer Schulstr. 20), benannt nach dem Finder des Neandertalers, besitzt berühmte Sammlungen zur Geologie des Bergischen Landes und zur Welt der Insekten, Vögel und Säugetiere (geöffnet Di–Do 10–13, 15–20, Fr–So 10–13, 15–17 Uhr). Angeschlossen sind Forschungsstellen und museumspädagogische Dienste, die auch mit dem hier ansässigen Naturhistorischen Verein zusammenarbeiten. Mikroskopier-, Präparier- und Bestimmungskurse zeigen den Weg zum sinnvollen Umgang mit der Natur und zum Studium ihrer Wunder. Man besucht das Museum am besten im Zusammenhang mit dem Neandertal 1, das nur wenige Kilometer weiter westlich liegt.

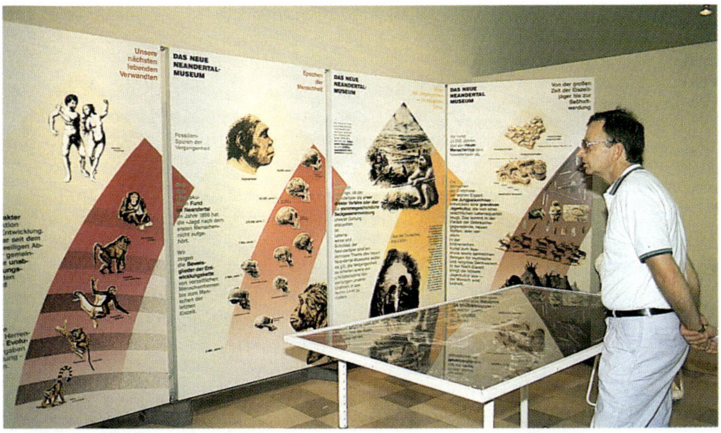

Sehenswertes über die Anfänge der Menschheit gibt es im Neandertal-Museum.

An dieser Stelle des Neandertals ahnt man noch etwas von der Stimmung, in der Joachim Neander einst seine Lieder geschrieben haben mag. Weltberühmt aber wurde das Tal als Fundstätte des nach ihm benannten Frühmenschen.

Strundertal: Der Aronstab (oben) wird durch gefangene Insekten befruchtet. Die roten Beeren (unten) enthalten den Samen.

Auf nassen Böden wachsen Bruchwälder, helle Birken dienen als »Wegweiser«. Im Röhricht finden sich Froschlöffel und Sumpfschachtelhalm, in stärker verlandeten Bereichen Gagelstrauch und Beinbrech.

❸ Eifgental
Eine der reizvollsten Gegenden des Bergischen Landes ist das Eifgental zwischen Altenberg und Dabringhausen. Eng und windungsreich zieht sich das Tal des Eifgenbaches hin; an den Talhängen stehen Fichten, Hainbuchen und Eichen, das Ufer säumen Weiden und Pestwurz. Vor allem die letzten 6 km bis zur Mündung des Baches in die Dhünn lohnen einen Spaziergang – am besten von der Markus-Mühle aus, wo man am Straßenrand parken kann. Hinter der Mühle beginnt dann der Wanderweg ins Eifgental.
Die Talflanken sind aus sandigen Grauwacken aufgebaut. Etwa auf halbem Weg zeigt eine Felswand Rippelmarken, wie man sie vom Nordseestrand kennt: versteinerter Meeresboden! Zwei unter Naturschutz stehende mächtige Eichen weisen auf die Herkunft des Namens »Eifgenbach« hin. Die feuchten Felsen des Tales bieten einer reichen Moosflora ideale Lebensbedingungen: 198 Moosarten (147 Laub-, 47 Leber-, 4 Torfmoose) wurden allein an einem Felsen entdeckt.

❹ Strundertal
Durch einen zerklüfteten Kalkuntergrund wird dem Strunderbach unterirdisch soviel Sickerwasser zugeführt, daß im Quellteich in Herrenstrunden rund 50 l Wasser in der Sekunde aus dem Boden treten. Nach Verlassen der B 506 fährt man in Herrenstrunden direkt auf den großen Parkplatz bei der Kirche zu; von dort ist der Weg zur Quelle (Naturdenkmal) ausgeschildert. Zur Zwergenhöhle, einer typischen Karsthöhle (nicht begehbar), sind es zu Fuß von der Kirche aus etwa 15 Minuten. Man folgt der Landstraße in Richtung Spitze, biegt nach ca. 500 m links in einen Feldweg ein und geht bei einem Bildstock rechts den Hang hinauf.
An den Steilhängen stehen artenreiche Mischwälder, auf der Talsohle Reste kleiner Auwälder mit Schwarzerle, Esche, Schwarzpappel und Weidengebüsch. Hier trifft man auch auf Aronstab, Schlüsselblume und Brunnenkresse. Typisch für das Kalkgebiet ist die Grüne Nieswurz, die ihre unscheinbaren Blüten bereits entfaltet, wenn ringsum noch Schnee liegt; sie verrät so ihre Verwandtschaft mit der Christrose.

Das Eifgental gilt als eines der schönsten Täler im Bergischen Land. Windungsreich schlängelt sich der Eifgenbach durch die Ebene, umsäumt von herrlichen Laubbäumen. Hobbybotaniker und -geologen wird das Tal begeistern.

Die ergiebigen Fossilienfundplätze des Strundertals sind mittlerweile als Naturdenkmäler geschützt, Sammeln ist verboten. Doch gibt es in der Umgebung Stellen, wo Straßenbau oder Steinbrucharbeiten die Hänge aufgeschlossen haben: Dort findet man im Geröll mühelos fossile Korallen und andere Versteinerungen.

5 Aggertalhöhle

Auf der B 55 nach Engelskirchen ist die Aggertalhöhle noch vor Ründeroth ausgeschildert. Ein großer Parkplatz befindet sich bei der Gaststätte, wo auch die Führungen beginnen (geöffnet 15. März–1. Nov. Mo–So 9.30–17 Uhr, ab sechs Personen). Im devonischen Kalkgestein dieser Gegend, ursprünglich ein riesiges Korallenriff, sind zwei große, miteinander in Verbindung stehende Höhlen ausgewaschen worden. Besichtigen kann man lediglich eines der Höhlensysteme auf einer Länge von 600 m. Die Gänge sind 2–3 m hoch, einzelne Klüfte erreichen sogar eine Höhe von 18 m.
Den Boden bedeckt Verwitterungslehm, an einigen Stellen haben sich kleine Seen gebildet. Ungewöhnliche Aragonitkristalle sind die Besonderheit der Aggertalhöhle.
Höhlen im Kalk werden oft von oberirdisch erkennbaren Dolinen begleitet. Die Einstürze dieser Höhle sind am Altenberg zu beobachten. Der Rundwanderweg »A 2« (3,3 km) durch das Naturschutzgebiet mit herrlichem Buchenwald beginnt ebenfalls beim Parkplatz.

6 Tropfsteinhöhle Wiehl

Ein bezauberndes Farben- und Formenspiel entfalten die Kristalle der Wiehler Höhle im Lichtkegel der Lampe. Bei einer halbstündigen Führung kann man 1,2 km der insgesamt 1,6 km langen Höhle besichtigen (geöffnet 15. März–1. Nov. Mo–So 9–17, 2. Nov.–14. März Sa, So 11–16 Uhr; ☏ 02262/9022). Ihre Besonderheit machen die vielfältigen Tropfsteinbildungen und dabei vor allem die prachtvollen Sinterkaskaden aus. Der gut ausgeschilderte Höhleneingang liegt unmittelbar an der Straße von Wiehl nach Nümbrecht.

Weit mehr als nur ein Zoo

Der landschaftlich reizvoll gelegene Zoologische Garten Wuppertal, am nördlichen Rand unserer Tour unweit des Neandertals 1, öffnete 1881 seine Pforten und gilt heute als eine der wichtigsten Einrichtungen seiner Art in Deutschland (ausgeschildert, geöffnet April–Okt. Mo–So 8.30–18, Nov.–März Mo–So 8.30–17 Uhr). Man sollte sich das Vergnügen nicht entgehen lassen, mit der einzigartigen Schwebebahn hierher zu fahren.
Zu den Glanzstücken gehören das moderne Menschenaffenhaus, das riesige Aquarium und die artenreiche Vogelsammlung.
Über die übliche Tierhaltung hinaus versuchen die Zoologen, aussterbende Haustierrassen weiterzuzüchten. Selbstverständlich bemüht sich der Zoo auch besonders um Tierarten, die in freier Natur bedroht sind; Zuchterfolge erzielte man beispielsweise bei Nebel- und Schneeleopard, Schwarzfußkatze, Löwenäffchen und – erstmals in Europa – bei Kolibris.

Vor Jahrmillionen entstand die Aggertalhöhle bei Ründeroth. Den Besucher erwartet eine unterirdische Zauberwelt mit Tropfsteinen und langgestreckten Korallenbänken, in die unzählige versteinerte Meerestiere eingelagert sind.

Ein Paradies für Schmetterlinge ist der Nutscheid – auch für den Großen Schillerfalter.

Natur im Schloß
Das Museum des Oberbergischen Kreises auf Schloß Homburg bei Nümbrecht, direkt an der Straße von der Wiehler Höhle 6 zum Nutscheid 7 gelegen, beschränkt sich nicht auf die Darstellung der Kulturgeschichte und Volkskunde, sondern verfügt auch über reiche Sammlungen zur Erdgeschichte sowie zur Pflanzen- und Tierkunde (geöffnet Mai–Sept. Di–So 10–17, Okt.–April Di–So 10–16 Uhr). Unterhalb des Schlosses liegen die Dicken Steine, Härtlinge aus Quarzit, die sich der Abtragung durch die Homburger Bröl widersetzten. Tafeln geben Informationen zur Erdgeschichte. Neben dem idyllischen Schloßteich steht ein Gebäude, das eine Säge- und Getreidemühle beherbergt.

7 Nutscheid

Im Höhenzug des Nutscheid, der sich nördlich der Sieg zwischen Winterscheid und Waldbröl erstreckt, liegt oberhalb von Windeck der Forst gleichen Namens. Mit über 1500 ha Fläche ist er einer der größten Wälder im Bergischen Land. Von der Sieg her baut sich der Bergzug wie ein Wall auf, vom Waldbrölbachtal aus erscheint er trotz seines bis zu knapp 380 m hohen Kamms flach. In den Forsten leben Rehe, Wildschweine, in jüngster Zeit angesiedelte Mufflons. Bemerkenswert ist die vielfältige Vogelwelt. Fast alle heimischen Spechtarten brüten hier, daneben Greifvögel wie Rotmilan, Habicht, Sperber, Schleiereule, Stein- und Waldkauz. Übrigens: Die Wälder gelten als ausgesprochen pilzreich.

Die Wiesentälchen an den Nutscheidflanken überraschen an warmen Tagen durch ihre reiche Schmetterlingsfauna: 547 Arten konnten hier festgestellt werden, darunter ausgesprochene Raritäten wie Großer Schillerfalter und Großer Fuchs.

Zur Bröl hin zieht sich ein Hangmoor, in dem der Beinbrech vorkommt. Zwischen Torfmoosen wachsen Lungenenzian, Glockenheide und Kreuzblume. Zu diesem Naturschutzgebiet biegt man in Ruppichteroth links auf die B 478 in Richtung Waldbröl ab, nach Benroth rechts bis zum Weiler Neuenhähnen; danach kann man in einer Rechtskurve auf der Kammhöhe parken und von dort in zehn Minuten, sich immer links haltend, bis zu einer Schranke gehen, hinter der das Hangmoor liegt.

Für Wanderungen eignet sich als Ausgangspunkt der Wanderparkplatz »Nutscheid« zwischen Ruppichteroth und Windeck. Dazu fährt man nach Ruppichteroth zurück, biegt links ab nach Rossel und Wilberhofen und erreicht kurz vor Rossel auf der rechten Seite den Parkplatz mit vier markierten Routen (A 1–A 4 mit 7 bis 16 km Länge).

Steil hebt sich der bewaldete Höhenrücken des Nutscheid vom Siegtal ab – hier bei Dattenfeld.

8 Siegmäander im Windecker Ländchen

Zwischen Au und Eitorf ändert die Sieg immer wieder ihre Richtung. So schlägt sie ab Au einen um 5 km nach Norden abweichenden Bogen, der in sich wiederum durch acht Mäander und mehrere Umlaufberge untergliedert ist. Die Schlingen bildeten und verlagerten sich nicht gleichzeitig, so daß sich verschiedene Entstehungsphasen nebeneinander beobachten lassen. Hinter Schladern zieht die Sieg eine sehr enge Schlinge. Hier hat sich der Fluß erst im 19. Jh. einen neuen Lauf gesucht – eine Folge des Eisenbahnbaus (Blick von der Straße Schladern–Dattenfeld). Im alten Flußbett blieb ein Altwasser zurück, ein wertvoller Lebensraum für Wasserpflanzen und -tiere, die im strömenden Fluß keine Lebenschance hätten. Gegenüber von Schladern, auf der Talsüdseite, liegt ein Parkplatz, von dem aus man rasch flußabwärts den Siegwasserfall erreicht. Bei Dreisel und Dattenfeld ist der ehemalige Flußlauf nur noch an den Landschaftsformen erkennbar: Die umliegenden Höhen, etwa die Ruine Windeck (Wanderweg »X S« ab Bahnhof Wilberhofen), gewähren hier Aufschluß. In Kontrast zu den Altwassern steht die offene, von Weiden gesäumte Aue unterhalb von Dattenfeld (Promenade am rechten Ufer). Dazu parkt man am besten im Ortszentrum von Dattenfeld und geht in wenigen Minuten zum Siegufer; die Promenade reicht siegabwärts ungefähr bis zur Einmündung der Straße von Ruppichteroth (ca. 1 km).

An den Stallberger Fischteichen findet man das seltene Pfeilkraut. Es blüht von Juni bis August.

9 Stallberger Fischteiche

Obwohl die Teiche einmal künstlich angelegt wurden, sind dazwischen durch natürliche Versumpfung Heidemoore mit Gagelstrauchbeständen entstanden. Zwar haben Entwässerung und Forstwirtschaft das Moor etwas zurückgedrängt, doch noch immer gedeiht hier eine reiche Pflanzenwelt. In den Teichen herrschen optimale Lebensbedingungen für Amphibien sowie viele Kleinlebewesen, von denen sich Lurche und räuberische Insekten ernähren. Diese wiederum dienen der artenreichen Vogelwelt als Nahrung. Am Ufer schwanken Rohrkolben und Schilf, das Pfeilkraut entfaltet seine Blätter, Seerosen öffnen ihre Blüten.

Von der B 56 in Richtung Much zweigt man nach der Autobahnbrücke rechts ab (Seligenthal/Stallberg) und erreicht gleich wieder rechts einen großen Parkplatz. Der Rundwanderweg »A 3« beginnt an der Fußgängerbrücke über die B 56, berührt nach zehn Minuten den ersten Teich und führt innerhalb einer Stunde wieder zurück.

Baumblüte bei Windeck. Immer wieder ändert die Sieg ihre Richtung und fließt in vielen Mäandern dem Rhein zu. Nicht nur im Frühjahr lohnt es sich, das reizvolle Flußtal wandernd zu erkunden.

Route 2 Nördliches Sauerland

Viel Grün vorm Revier

⑩ Biggesee mit Listersee

Der Biggesee, durch eine Staumauer vom schmalen Listersee getrennt, ist mit einem Fassungsvolumen von fast 180 Millionen m³ einer der größten künstlichen Seen Deutschlands.

Zwischen 1957 und 1965 wurde die vor allem der Energiegewinnung und dem Hochwasserschutz dienende Talsperre errichtet. Auf 18 km Länge zieht sie sich in vielen Windungen durch bewaldete Berge von Olpe bis Attendorn. Ein rund um den See führender, asphaltierter Fahrweg mit

Route 2
Nördliches Sauerland

Charakteristisch für den nördlichen Teil des Sauerlands und die rund 250 km lange Strecke sind die zahlreichen Karsterscheinungen. Herausragend sind die Attahöhle ⑪ und das Felsenmeer in Hemer ㉓ mit seinen bizarren Kalkfelsen. Daneben bieten die Wälder und Seen wie z. B. Bigge- und Möhnesee ⑩ ⑲ für die Bevölkerung des nahen Ruhrgebiets viele Erholungsmöglichkeiten.
Streckenverlauf:
Von der A 45 (Sauerlandlinie) Ausfahrt Olpe direkt an der Südspitze des Biggesees durch Eichhagen und hinter Sondern rechts über den See, dann links zur Halbinsel Bremge ⑩; zurück zum Westufer, nach rechts am See entlang bis Attendorn, am Ortsende Richtung Finnentrop zur Attahöhle ⑪; zurück nach Attendorn, links halten über Helden und Niederhelden nach Borghausen, dort rechts auf die B 236, bald nach dem Ort links und ein kurzes Stück auf der B 55 zum Rübenkamp bei Elspe ⑫; zurück zur B 236 und ihr über Lennestadt bis Saalhausen ⑬ folgen; weiter nach Schmallenberg mit Wilzenberg und Aberg ⑭; auf der B 236 nun über Neu-Astenberg zum Kahlen Asten ⑮; weiter bis Winterberg, dort links auf die B 480 bis Niedersfeld, dort rechts ab zum Neuen Hagen ⑯; zurück zur B 480 und rechts über Wiemeringhausen nach Assinghausen, dort rechts ab nach Bruchhausen ⑰; nun nach Norden über Elleringhausen bis Olsberg, weiter über Bigge auf die B 7 nach Meschede, dort links auf der B 55 ans Westufer des Hennesees ⑱ bis nach Enkhausen; zurück nach Meschede, dort links und auf der B 7 bis Arnsberg, nun rechts auf der B 229 über Breitenbruch zum Möhnesee ⑲; zurück nach Arnsberg, auf der B 7 bis Neheim-Hüsten, dort links auf die B 229 und über Hachen und Beckum bis Balve ⑳; die B 229 zurück bis Sanssouci, dem »Tor zum Hönnetal« ㉑; hinter Sanssouci links auf die B 515 bis zur Rekkenhöhle ㉒; weiter auf der B 515, nach 2 km links ab nach Hemer mit dem Felsenmeer ㉓; auf der B 7 links durch Iserlohn bis zur Dechenhöhle ㉔
Das Sauerland mit seiner vielfältigen Landschaft ist touristisch gut erschlossen.
Im Sommer stehen Wandern und Wassersport im Vordergrund, im Winter lockt das Sauerland als größtes nordwestdeutsches Wintersportgebiet. Auch kleinere Gemeinden, z. B. Schmallenberg (bei ⑭), Winterberg (zwischen ⑮ und ⑯) oder Möhnesee ⑲, haben genügend Unterkünfte.

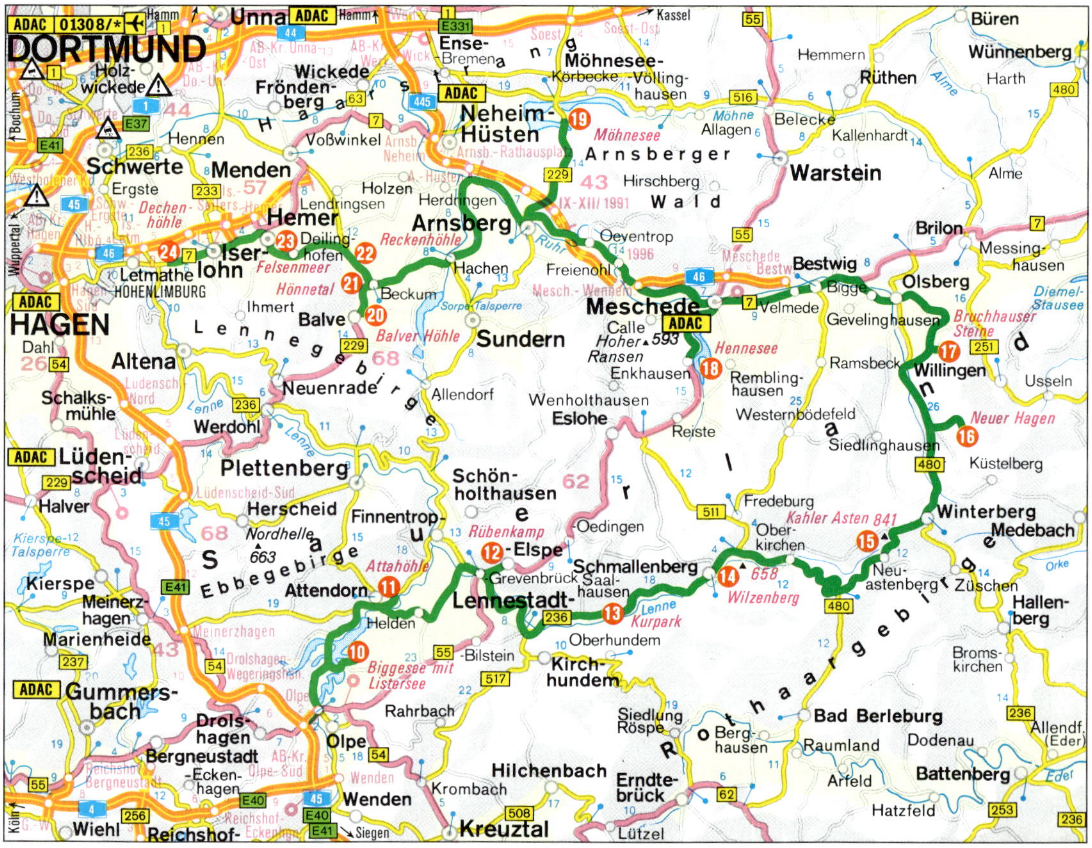

vielen Parkplätzen und Bänken gestattet von jeder Stelle den Blick auf den bei gutem Wetter mit Segelbooten und Fahrgastschiffen bedeckten See. Am Ostufer des Biggesees liegt die für Hobbybotaniker spannende Halbinsel Bremge; in einem Wäldchen zwischen Gehweg und See wachsen die zweiblättrige Schattenblume, daneben Fichtenspargel und, als ganz große Seltenheit, Mittleres Wintergrün.
Ein Wanderparkplatz befindet sich südlich der Brücke, die von Süden her zu der Halbinsel führt.

11 Attahöhle

Die sicher zu den schönsten Tropfsteinhöhlen Deutschlands gehörende Attahöhle wurde 1907 bei Sprengungen in einem Kalksteinbruch entdeckt. Durch einen 80 m langen Stollen gelangt der Besucher in eine faszinierende »Unterwelt«. Schon die erste Station des etwa 45 Minuten dauernden Rundgangs wartet mit einem zu Kristallen erstarrten »Wasserfall« auf, dessen Tropfen in der Höhlenbeleuchtung wie Edelsteine schimmern. Über Stationen mit für sich sprechenden phantastischen Namen wie Alhambragrotte, Wolkenhalle, Burgengrotte, Kapelle, Ruhmeshalle oder Kristallpalast kommt man zum prächtigen »Thronsaal« der Fürstin Atta, der sagenhaften Gründerin Attendorns. Wer einmal die Attraktionen der Höhle, etwa die 5 m langen »Gardinen«, die zum Teil zu Säulen zusammengewachsenen Stalaktiten und Stalagmiten und die kristallisier-

Am Ostufer des Biggesees trifft man auf den Fichtenspargel. Da er keine »normalen« Blätter treibt, heißt er auch Ohnblatt.

Energiespeicher und zugleich Erholungsgebiet für Tausende: der Biggesee.

Inmitten ausgedehnter Wälder liegt die Burg Schnellenberg, die in ihren Mauern ein Hotel mit malerischem Ambiente beherbergt.

Die Stadt der Mitte
Attendorn, im Herzen des Naturraums Bergisches Land/Sauerland gelegen, kennt man vor allem wegen der Attahöhle 11. Enge Straßen und Gassen geben Zeugnis von der großen Zeit der ehemaligen Hansestadt, die erstmals 1072 urkundlich erwähnt wurde. Wohl einzigartig ist das Straßenlaternen-Museum am Alten Markt; die Exponate sind Geschenke verschiedener Hansestädte. Ebenfalls am Alten Markt steht der »Sauerländer Dom«, die Attendorner Stadtkirche aus dem Jahr 1200. Das Kreisheimatmuseum (geöffnet Di–Fr 9–13, 15–17, Sa 9–13 und So 11–13 Uhr) zeigt wunderschöne Mineralien aus der Gegend und prähistorische Höhlenfunde, aber auch Zinnfiguren, alte Handwerkserzeugnisse, Jagdutensilien und Sakralkunst. Einen traumhaften Überblick über die Stadt bietet die hervorragend erhaltene Burganlage Schnellenberg (Weg gut ausgeschildert), die 1225 erstmals urkundlich erwähnt wurde (weitere Stadtinformationen bei: Attendorner Reise- und Fremdenverkehrs GmbH, Rathauspassage, W-5952 Attendorn, ☏ 02722/64229).

Rund um Lennestadt
Als Abstecher vom Weg vom Rübenkamp ⑫ zum Saalhausener Park ⑬ lohnt sich die Fahrt zum 600 m hoch gelegenen Aussichtsturm Hohe Bracht (in Lennestadt rechts halten Richtung Bilstein, Parkplätze und Gaststätte vorhanden). Der Turm gewährt einen herrlichen Ausblick über die sauerländische Bergwelt. Im Tal sieht man Bilstein mit seiner Burg. In entgegengesetzter Richtung liegt die 1930 eingerichtete Vogelwarte Altenhundem (mit vogelkundlichem Museum; Besichtigung für Gruppen anmelden: ☏ 02723/5230 oder 5848).
Zwei wertvolle Pflanzenstandorte bei Lennestadt seien noch erwähnt: Von der B 517 geht auf halber Strecke zwischen Kirchhundem und Welschen-Ennest links eine Straße nach Silberg ab. Im dortigen Naturschutzgebiet Sellenbruch liegt das größte mitteleuropäische Vorkommen des seltenen Königsfarns.
Kurz vor Welschen-Ennest führt rechts eine Straße zur Einsiedelei. In der Nähe des Forsthauses stehen viele Exemplare des Kleinen Zweiblattes, einer Orchidee. Selbstverständlich dürfen keine Pflanzen beschädigt, gepflückt oder ausgegraben werden.

ten Kronen gesehen hat, wird dieses Erlebnis nie vergessen. 1986 wurden weitere Gänge, Grotten und Hallen mit kristallklaren Seen und Flüssen in der Attahöhle entdeckt, die zugänglich gemacht werden sollen. Die Zufahrt zur Höhle (geöffnet Mai–Sept. tägl. 9.30–16.30, Okt.–April tägl. 10–16 Uhr) ist in Attendorn ausgeschildert. Parkflächen gibt es ausreichend vor dem Eingangsbereich.

⑫ Rübenkamp bei Elspe

Elspe ist nicht nur für Freunde der Karl-May-Festspiele ein Begriff, sondern mehr noch für Freunde von Wildpflanzen, die auf dem westlich der Freilichtbühne gelegenen Rübenkamp ein phantastisches Naturschutzgebiet vorfinden. Der Untergrund dieses felsigen Geländes, schwarzer und grauer Dolomit, bestimmt die Zusammensetzung seiner Pflanzendecke. Auffallend sind zunächst die vielen Wacholderbüsche, aber auch beachtliche Vorkommen des Männlichen Knabenkrauts und des Gewöhnlichen Sonnenröschens fallen dem Kundigen ins Auge. Der Deutsche Enzian tritt manchmal in solchen Massen auf, daß das Gelände blau gefärbt ist.
Am besten benützt man die für die Festspiele vorgesehenen Parkplätze, bald nach dem Ortseingang links. Ein Fußweg führt links an dem Freilichttheater vorbei. Einen guten Blick auf das Naturschutzgebiet hat man oberhalb der Naturbühne.

⑬ Kurpark Saalhausen

Im Kurort Saalhausen stellt man sein Auto am günstigsten auf dem Parkplatz beim »Haus des Gastes« ab. In den vier von der Lenne gespeisten Teichen des Parks wachsen Wasserpflanzen aller Art, am

Der Aussichtsturm mit Restaurant auf der Hohen Bracht.

Eine der schönsten Tropfsteinhöhlen Deutschlands ist die Attahöhle bei Attendorn mit ihren meterlangen Stalagmiten und Stalaktiten.

Lenneufer gedeihen darüber hinaus Rote Pestwurz, Drüsiges Springkraut, Kohldistel und Blutweiderich. Vom nahe gelegenen Hohen Lehnberg (667 m) genießt man einen schönen Blick über das Rothaargebirge. Auf einer Teilstrecke des Wanderwegs »X 18«, ausgehend vom Parkplatz in der Ortsmitte von Saalhausen, gelangt man in etwa 45 Minuten zum Gipfel. Der Weg ist als Waldlehrpfad angelegt, der auch weniger beachtete Pflanzen wie Farne und Schachtelhalm berücksichtigt.

14 Wilzenberg und Aberg

Auf dem 472 m hohen, von Nadelwald bedeckten Aberg im Naturpark Rothaargebirge lassen sich – mit dem Fernglas – besonders gut Turmfalken und Wanderfalken beobachten. Wenn man sein Auto in der Nähe des Kurparks Schmallenberg abstellt, kann man den Gipfel in etwa einer Stunde erreichen.

Auch auf dem ebenfalls im Naturpark gelegenen, 658 m hohen Wilzenberg (Zufahrt über Grafschaft, Parkplatz am Fuß des Berges, Aufstieg 20 Minuten), weithin zu erkennen an dem aufragenden Kreuz, fühlen sich Turmfalken wohl. Im Gegensatz zum Aberg trifft man hier vornehmlich Laubwald an. Beeindruckend ist das Waldmeistervorkommen, das sich zwischen der auf dem Berg errichteten Barockkapelle und dem nicht weit entfernten, einen großartigen Rundblick bietenden Aussichtsturm hinzieht.

15 Kahler Asten

Vom Astenturm auf dem mit 841 m zweithöchsten Berg Westfalens, dessen Umgebung als Wintersportgebiet bekannt ist, genießt man einen grandiosen Ausblick über das »Land der tausend Berge« (Parkplatz neben der B 236 direkt am Turm; in der Eingangshalle ständige Ausstellung »Tierwelt des Sauerlandes«, Turm tägl. 9–20 Uhr geöffnet).

Ein Naturschutzgebiet beginnt 50 m neben dem Astenturm; es besteht aus einer vom Sturm gebeutelten Wacholderheide. Auf einem am Parkplatz neben dem Astenturm beginnenden, 2½ km langen und als Heidelehrpfad angelegten Rundweg kann man das Gelände begehen.

Der 23 m hohe Astenturm auf dem Kahlen Asten, Westfalens zweithöchstem Berg, bietet nicht nur phantastische Fernblicke; er beherbergt auch eine Wetterstation.

Erlebnis unter Tage
Das Besucherbergwerk Ramsbeck liegt 7 km südlich von Bestwig, durch das Sie auf der Fahrt von den Bruchhauser Steinen 17 zum Hennesee 18 kommen. Gleich in der Eingangshalle fällt eine Sammlung von schönen Mineralien ins Auge, die überwiegend hier gefunden wurden. Im Erzmuseum können Sie sich über den Bergbau informieren. Das aufregendste Erlebnis jedoch: Bekleidet mit Helm und Schutzanzug, kann man mit der Grubenbahn 300 m tief in den Dörnberg einfahren. Am Untertagebahnhof werden Sie von Bergleuten begrüßt, die Sie durch die Originalstollen zu den Abraumgebieten führen; dort demonstrieren sie die Arbeit vor Ort (geöffnet 16. März–14. Okt. Mo–So 9–17, 15. Okt.–15. März Di–So 9–17 Uhr; Grubenführung 1 Stunde, letzte Einfahrt 16 Uhr; Anmeldung für Gruppen: ☏ 02905/250).

Etwa 200 m vom Turm entfernt liegt die Lennequelle, mit 818 m die höchstgelegene Quelle Nordwestdeutschlands. Bemerkenswert an ihr ist, daß sie von Zeit zu Zeit austrocknet.
Ein anderer, 4 km langer Rundwanderweg führt durch das obere Renautal. Er beginnt an der Köhlerhütte, nördlich der Straße vom Kahlen Asten nach Winterberg (Parkplätze vorhanden). Hier sind u. a. so seltene Pflanzen wie der Eisenhutblättrige Hahnenfuß anzutreffen.

16 Neuer Hagen

Das Naturschutzgebiet Neuer Hagen östlich von Niedersfeld ist mit 75 ha die größte Hochheide Westdeutschlands. Hier konnten sich ganz verschiedenartige Biotope entwickeln, weil das Gelände im Unterschied zu anderen Hochheiden von Sumpf- oder Moorstellen unterbrochen ist – ein idealer Lebensraum für Amphibien. Man findet hier auch Restvorkommen des im Eiszeitalter eingewanderten Alpenbärlapps und der Islandflechte. Im östlichen Bereich der Heide liegt ein Hochmoor über wasserundurchlässigem Schiefer; dort wachsen u.a. Enzian und Arnika.
Vor Jahren war die Heide gefährdet, weil sich Sträucher und Bäume (vor allem Birken) immer mehr ausbreiteten. Seit Ende der achtziger Jahre weiden hier wieder Schafherden und sorgen dafür, daß sich die typische Vegetation erneuern kann. So wird man auch in Zukunft Preiselbeeren, Rausch- und Krähenbeeren zum Bestand zählen können. Wenn man in Niedersfeld rechts von der B 480 abbiegt, gelangt man nach etwa 2½ km zum Wanderparkplatz »Neuer Hagen«. Hier beginnt ein ca. 4 km langer Rundweg durch das Naturschutzgebiet.

17 Bruchhauser Steine

Die vier riesigen Porphyrfelsen (ab Ortsmitte Olsberg-Bruchhausen ausgeschildert) bestehen aus erstarrter Lava, die durch Spalten aus dem Erdinnern aufstieg und dann erkaltete. Die Felsen liegen im Geviert; der größte hat eine Grundfläche von 10000 m^2 und ist 87 m hoch. Im einzelnen heißen sie Born-, Gold-, Raven- und Feldstein.
Man gelangt zu den Bruchhauser Steinen, indem man in Assinghausen rechts von der B 480 abbiegt. Der Weg ist ausgeschildert. Wer bis hinauf

Im Naturschutzgebiet Neuer Hagen bei Niedersfeld liegt die größte Hochheide Westdeutschlands. Eine Wanderung in diesem Gelände mit seinen vielen seltenen Pflanzen und Tieren ist für den Naturfreund immer wieder ein Erlebnis.

zum zweiten der beiden Parkplätze fahren will, muß am Kiosk eine Eintrittsgebühr für das zu den Bruchhauser Steinen gehörende Naturschutzgebiet entrichten. Der am zweiten Parkplatz beginnende Rundwanderweg ist etwa 2 km lang.

18 Hennesee

Um den 1955 fertiggestellten, etwa 200 ha umfassenden Stausee herum gedeiht eine artenreiche Flora. So etwa blüht in einem Laubwald zwischen Tennisplatz und Staudamm Anfang April der Gefleckte Aronstab, eine Gleitfallenpflanze, die Insekten so lange gefangenhält, bis die Blüten bestäubt sind. Am Ostufer des Sees kann man auch Märzveilchen entdekken, an den Wegen der Westseite wachsen Kriechender Günsel, Gundermann und Kugeldistel.
Ein Fototip: Den besten Blick auf den See haben Sie auf der Straße von Enkhausen nach Schüren, etwa 500 m unterhalb des Flugplatzes Meschede-Schüren. Zum See gelangt man, wenn man in Meschede von der B 7 links auf die B 55 abbiegt (Parkmöglichkeiten vorhanden).

Riesige Blöcke aus erkalteter Lava: die Bruchhauser Steine.

39 Millionen Kubikmeter Wasser faßt der Hennesee, mit dessen Bau man schon 1905 begonnen hat. Heute ist er ein attraktives Ausflugsziel.

An den seichten Ufern der Stauseen des Bergischen Landes fühlen sich Stockenten besonders wohl.

Neue Lebensräume für Vögel
Talsperren prägen die Landschaft des Bergischen Landes. Schon in früheren Zeiten erlaubten es die hohen Niederschläge, Bäche für die Fischereiwirtschaft zu stauen. Die später entstandenen riesigen Staubecken der Sengbach-, Bever-, Kerspe-, Lingese-, Brucher-, Agger-, Wiehl-, Dhünn- und Henne-Talsperre 18 dienen der Energie- oder Trinkwassergewinnung. Viele gelten als gute Fischgründe, außerdem als Eldorado für Wasservögel, insbesondere während des Vogelzugs im Frühjahr und im Herbst. Der sommerliche Wassersport hindert allerdings störanfällige Arten an der Brut.

Kleine Umschau am Möhnesee
In den Orten rund um den Möhnesee 19 laden 400 km gekennzeichneter Wanderwege zu ausgedehnten und etwas abseits vom Wasser auch sehr einsamen Spaziergängen durch den Arnsberger Wald ein. Völlinghausen im Osten des Sees lockt mit einem Wildpark; die Kanzelbrücke in Wamel, etwa 1 km vom Nordufer entfernt, zählt zu den schönsten Steinbrücken Deutschlands. Die gewaltige Sperrmauer des Möhnesees, 1913 aus Bruchsteinen errichtet, im Zweiten Weltkrieg zerstört und wieder aufgebaut, ist ein technisches Kulturdenkmal. Ihre beeindruckenden Maße: 650 m Länge, 40 m Höhe und 34 m Breite; sie ließ einen See mit 135 Millionen m^3 Wasser entstehen, der Segler, Surfer und Camper von weit her anlockt.

Der älteste Hochofen
Gleich bei der Balver Höhle 20 liegt an der B 229 (ausgeschilderter Parkplatz) die Luisenhütte in Wocklum mit dem ältesten funktionstüchtigen Hochofen Deutschlands. Ein erster kleiner Ofen wurde hier bereits 1748 gebaut und 1834 modernisiert. Mitte des 19. Jh. betrug der Ausstoß 2,68 t Roheisen pro Tag. Doch schon bald wurden die Arbeiten eingestellt, das Bauwerk war dem Verfall preisgegeben. In den dreißiger Jahren unseres Jahrhunderts pachtete der Kreis Arnsberg das Anwesen und übergab es 1950 als Kulturdenkmal der Öffentlichkeit. Angeschlossen ist eine Dauerausstellung zur Sozialgeschichte der Hütte (geöffnet Mai–Okt. Di–Sa 10–18, So 11.30–18 Uhr; weitere Informationen unter ☏ 02375/3134).

19 Möhnesee

Bevor die B 229 erstmalig den 1913 angelegten, über 10 km^2 großen Möhnestausee überquert, sollten Sie das Auto abstellen (Parkplatz vor dem Hotel-Restaurant »Torhaus«). Der Hevearm des Sees ist ein wunderschönes, 256 ha großes Naturschutzgebiet mit einzigartiger Vogelwelt. Auf seiner Süd- und Nordseite gestatten jeweils kilometerlange Wanderwege das Beobachten vor allem von Wasservögeln. Hier ist das Fernglas der wichtigste Begleiter, denn Stockenten, Reiher, Haubentaucher, Sturm- und Silbermöwen, Höcker- und Singschwäne sowie Kormorane flüchten, sobald Menschen sich nähern. Sollten die Vogelscharen nicht den Hevearm bevölkern, so hält man mit dem Glas Ausschau zur Körbecker Brücke und zum Stockumer Damm, die weiter östlich über den See führen. Manchmal fliegen die Vögel dorthin, um in den Vorstaubecken nach Nahrung zu suchen.
Im Sommer empfiehlt sich eine Fahrt mit dem Schiff; Rundfahrten beginnen an der Delecker Brücke nördlich des Hevearms, führen an der Sperrmauer vorbei und schließlich hinein in das Naturschutzgebiet. Die Vögel haben sich an die langsam und gleichmäßig fahrenden Boote gewöhnt und flüchten kaum noch.

20 Balver Höhle

In Balve, das im Naturpark Homert liegt, ist der Weg zur Höhle ausgeschildert; vom Parkplatz aus sieht man schon ihr gewaltiges Eingangsportal (geöffnet April–Nov. Di 10–15, Mi 13–16, Do, Fr 10–14, So 11–15

Sonnenuntergang am Möhnesee, einem Paradies für Segler und Surfer.

Der Sage nach hatte Wieland der Schmied im gewaltigen Gewölbe der Balver Höhle seine Werkstatt. Funde aus der Höhle sind im Museum von Balve ausgestellt.

Uhr; Anmeldungen für Führungen außerhalb dieser Zeiten: ☏ 02375/4017; Führungsdauer: ca. 30 Minuten). Wie alle bekannten Höhlen des Sauerlandes liegt die Balver Höhle in Kalkgesteinen, die im Devon, vor über 350 Millionen Jahren, entstanden sind.
Das ungewöhnliche Ausmaß des Hauptgewölbes (90 m lang und 12 m hoch) und bedeutende Funde haben die Höhle schon im 19. Jh. berühmt gemacht. Menschen verschiedener Kulturkreise haben sie seit der letzten Eiszeit als Wohn- und Fluchtort in Anspruch genommen. Aufgrund vieler Funde steht fest, daß das Hönnetal schon vor 100000 Jahren vom frühen Neandertaler besiedelt war. Neben menschlichen Relikten fand man auch Höhlenbärenskelette und einen Mammutzahn.

Ideales Übungsgebiet für Bergsteiger ist das Hönnetal mit seinen Kletterfelsen.

21 Hönnetal

Sie nehmen am besten den etwa 3 km langen Hönne-Wanderweg von Sanssouci (Parkmöglichkeit) zur Bahnstation Klusenstein, um das Naturschutzgebiet der Hönne mit ihren steil aufragenden Uferfelsen zu durchqueren. Am Bach wächst in großer Zahl die Hirschzunge, eine andernorts sehr seltene Farngattung; vielleicht läßt sich auch die scheue Wasseramsel blicken. Am Wanderweg liegen gleich fünf Höhlen: Große Burghöhle, Kleine Burghöhle, Friedrichshöhle, Feldhofhöhle und Tunnelhöhle. Betrachten kann man diese Höhlen allerdings nur von außen. Die Burg- und Feldhofhöhle waren einst Wohnhöhlen; man fand darin steinzeitliche Gebrauchsgegenstände. Im Tal gibt es noch weit über 50 Höhlen, die jedoch größtenteils nicht begehbar sind. Vom Haltepunkt Klusenstein hat man eine gute Sicht auf den gegenüberliegenden »Uhufelsen« und das Felsmassiv »Sieben Jungfrauen«, ein beliebtes Klettergebiet.

22 Reckenhöhle

Auf halbem Weg zwischen Balve und Klusenstein steht »Haus Recke«, ein Hotel, das gleichzeitig Ausgangspunkt für den Besuch der Reckenhöhle ist (geöffnet März–Nov. Mo–So 9–16.30 Uhr; im Winter nach Anmeldung im »Haus Recke«, ☏ 02379/209; Dauer der Führung: ca. eine Stunde). Im Winter 1888 war dem Bauer und Gastwirt Franz Recke

Über 50 Höhlen gibt es im wildromantischen Hönnetal, im Naturpark Homert gelegen. Die Reckenhöhle ist jedoch eine der wenigen Tropfsteinhöhlen dieser Karstlandschaft.

Eine verwunschene Welt mit phantastischen Gebilden eröffnet sich dem Besucher in der Reckenhöhle.

aufgefallen, daß gegenüber seinem Haus aus einer Felsspalte Dunstschwaden aufstiegen; er erweiterte den Spalt – und fand eine wunderschöne Tropfsteinhöhle mit vielen Gängen, Hallen und Seen. Zunächst mußten dicke Lehmablagerungen, die viele Knochen enthielten, beseitigt werden, ehe 1890 die Besichtigung der Höhle möglich wurde.
Die Gänge haben insgesamt eine Länge von 1700 m, davon sind 400 m begehbar. Ihre Stationen tragen phantasievolle Namen – Paradies, Fuchsbau, Kapelle und Tanzsaal, was bereits vielversprechend auf die faszinierende Formenvielfalt der Tropfsteinwelt hindeutet.

23 Felsenmeer bei Hemer

Im sogenannten Massenkalk, einem ungeschichteten, »massigen« Kalkstein, schuf das Wasser unterirdische Hohlräume. Gleichzeitig führten Verschiebungen der Erdkruste zu tiefen Spalten im Gestein, und durch fortdauernde Verkarstung entstand schließlich das 130000 m² große Hemeraner Felsenmeer. Es läßt sich in drei Abschnitte gliedern. Das »Kleine Felsenmeer«, ein zerklüftetes Feld von Kalkfelsen, geht auf die Verwitterung an der Erdoberfläche zurück. Deutlich sind an den Felsen auch muschelähnliche Fossilien und versteinerte Korallen zu erkennen. Im »Großen Felsenmeer« entstand durch Einsturz eines Hohlraums eine Doline von 30 m Tiefe und ca. 100 m Durchmesser. Beim »Paradies« handelt es sich ebenfalls um eine Doline – sie hat sogar einen Durchmesser von 200 m. Mittlerweile ist allerdings nicht mehr sicher, ob diese und viele andere Einstürze reine Karsterscheinungen sind. Neuere Forschungen erhärten den Verdacht, daß im Bereich des Hemeraner Felsenmeers bereits vor mehr als 1000 Jahren Erzabbau im großen Stil stattfand, dessen Stollen und Gänge später einfielen.

Der Sage nach soll unter dem Felsenmeer bei Hemer der Palast des Zwergenkönigs Alberich verborgen gewesen sein.

Der Weg zum Felsenmeer ist in Hemer ausgeschildert. Parken kann man am Hotel »Meise« direkt an der Hönnetalstraße. Eine Wanderung von hier aus durch das Felsenmeer und zurück dauert etwa 45 Minuten. Ebenfalls vom Hotel »Meise« aus erreicht man nach wenigen Schritten die Heinrichshöhle (ausgeschildert; geöffnet März–Nov. Sa–Do 10–18 Uhr; Führungen). Sie wurde bereits 1812 entdeckt. Erst 1904 fand man 18 vollkommen erhaltene Tierskelette, u.a. von Höhlenbären.

24 Dechenhöhle

Die weiten Grotten und Hallen der Dechenhöhle (in Iserlohn ausgeschildert) mit ihrem großen Schatz an Tropfsteingebilden ziehen seit Generationen Besucher in ihren Bann (geöffnet April–Okt. Mo–So 9–17, Nov.–März Mo–So 10–16 Uhr).

In klaren Seen spiegeln sich marmorartige Tropfsteingebilde, umgeben von steinernen Wolken, Vorhängen und Säulen. Besonders beeindrucken die hauchdünnen Sintervorhänge, die, fast durchsichtig, im künstlichen Licht kristallartig glitzern. Die Gänge haben eine Länge von 870 m, davon sind 400 m begehbar (Führung dauert 30 Minuten).

Wenige Meter unterhalb des Eingangs befindet sich ein Höhlenkundemuseum (Öffnungszeiten wie die Höhle), wo Entstehung und Entwicklung der Dechenhöhle anschaulich aufbereitet sind. Die Nachbildung eines Höhlenbären aus der Eiszeit ist die Hauptattraktion.

Route 3 Rothaargebirge

Abseits der großen Straßen

25 Obernau-Stausee

Vom Parkplatz in Brauersdorf, gleich unterhalb des Staudamms, geht der 10 km lange, mit Bänken versehene Rundweg zunächst am schmaleren Wasserarm entlang. Hier kann man mit etwas Glück Graureiher bei der Jagd beobachten. Den sich anschließenden Erlen-Auwald benutzen die beeindruckenden Vögel als bevorzugten Ruheplatz. Im Mai leuchten die

Bei Brauersdorf im Siegerland entstand am Zusammenfluß von Obernaubach und Nauholzbach der Obernau-Stausee, ein stiller, unberührter Trinkwasserspeicher, der sich harmonisch in die sanfthüglige Landschaft einfügt.

Berghänge am See an vielen Stellen gelb: Der Besenginster blüht. Im Herbst, wenn seine Früchte gereift sind, begleitet den Wanderer das Knacken der aufspringenden Hülsen. Nach etwa 6 km tummeln sich in einer kleinen Flachwasserbucht viele Stockenten und Haubentaucher. Etwas weiter trifft man auf ein üppig wachsendes Pestwurzvorkommen. Wieder am Damm angelangt, schauen Sie auf das neue Brauersdorf – das alte Dorf ist bei Anlage der Talsperre in den Fluten versunken.

26 Eisenstraße

Noch im letzten Jahrhundert fuhren die Pferdekarren aus dem Wittgensteiner Land ins Siegerland, um Holz und Holzkohle abzuliefern, die von zahlreichen Eisenhütten benötigt wurden. Auf dem Rückweg nahmen die Fuhrknechte Roheisen mit, das in Wittgensteiner Schmieden weiterverarbeitet wurde.

Die Eisenstraße führt ab Lützel gut 15 km durch den Wald. Die Parkplätze (mit Informationstafeln) haben Namen: »Dreifichten«, »Schöne Aussicht«, »Krämers Wiese«, »Ederquelle« und »Siegquelle«. Von allen Wanderwegen hat man immer wieder freie Sicht auf die Bergwelt des Siegerlandes.

Von »Krämers Wiese« aus überquert man die Straße und gelangt nach 800 m an einen botanisch interessanten Teich, wo neben Schilf u.a. der Breitblättrige Rohrkolben wächst. An den Teichrändern wuchern Rippenfarn, Waldfrauenfarn und Buchenfarn. Hier fühlt sich auch der Europäische Siebenstern wohl. Seine Früchte gleichen haargenau einem Fußball in Miniatur. Die sich anschließende Wiese liegt im Sommer wie ein roter Teppich da, verursacht durch ein riesiges Vorkommen des Storchschnabels. Vom Parkplatz »Ederquelle« sind es bis zur eingefaßten Quelle nur zehn Minuten Fußweg. Beim Parkplatz »Siegquelle« (fünf Minuten zur Quelle, ausgeschildert) ist der Wald besonders dicht; auf den Freiflächen trifft man Farnwälder an, in denen vor allem Adlerfarn, zum Teil auch Wurmfarn zu finden sind. Die Lahnquelle befindet sich etwas weiter in Richtung Hainchen am Gasthof »Forsthaus«.

27 Ilsetal

Das einsame Tal des Ilsebachs erstreckt sich etwa 12 km lang vom aus drei Häusern und einer Gaststätte bestehenden Heiligenborn bis Feudin-

Route 3
Rothaargebirge
Die ca. 140 km lange Rundtour durch das südliche Sauerland und nördliche Siegerland führt meist auf kleinen Landstraßen durch den Naturpark Rothaargebirge. Diese Mittelgebirgslandschaft hat wenig Spektakuläres an sich und besticht eher durch die Ruhe und Beschaulichkeit ihrer malerischen Täler wie am Odeborn 29 oder im Ilsetal 27 und ihrer Heideflächen, z. B. der Heinsberger Hochheide 32.
Streckenverlauf:
Von Siegen auf der B 62 nach Netphen, von dort nach Brauersdorf zum Obernau-Stausee 25; zurück nach Netphen, rechts ab auf die B 62 und nach Lützel, dort rechts ab auf die Eisenstraße 26; von Grossenbach weiter bis Lahnhof, weiter in Richtung Hainchen, links ab nach Heiligenborn ins Ilsetal 27; zurück in Richtung Lützel und vor Lahnhof rechts ab auf die Lahn-Ferienstraße, über Volkholz bis Feudingen, rechts bis zur B 62, dort links bis Balde, dort auf der B 480 bis Hemschlar 28; weiter nach Bad Berleburg im Tal des Odeborn 29; zurück ins Edertal auf der B 480 und bei Markhausen rechts über Berghausen und Aue nach Röspe 30; die Straße weiter und über Rüspe, vorbei am Rhein-Weser-Turm und am Panoramapark Sauerland, nach Oberhundem, dort links bis Würdinghausen, hier wieder links und nach Albaum 31; weiter die Straße südwärts nach Heinsberg zur gleichnamigen Hochheide 32 und über Hilchenbach und Kreuztal zurück nach Siegen zur A 45.
Das Rothaargebirge ist vor allem ein Wanderparadies mit gut markiertem Wegenetz. Ausgangspunkte sind z. B. der Obernau-Stausee 25, die Ederquelle (an der Eisenstraße 26) oder auch der Ort Heinsberg 32.
Einfache Frühstückspensionen und Dorfgasthöfe zum Übernachten findet man überall, vor allem in den Kneippheilbädern Bad Laasphe (vor 28) und Bad Berleburg (vor 29) gibt es auch Hotels.

gen. Parken kann man auf dem Parkplatz »Rothaargebirge«. Von dort ist der im Tal verlaufende Wanderweg »X 2« ausgeschildert, bis zum Weiler Lindenfeld dauert ein Spaziergang ca. 30 Minuten. Bei der Ilsequelle (15 Minuten zu Fuß vom Gasthof) verbreitet verwilderter Jasmin seinen betörenden Duft. Im ganzen Tal finden wir große, gelbe Flächen: Standorte der unter Naturschutz stehenden Trollblume. An den Talhängen steht schöner alter Mischwald mit hochstämmigen Fichten, Eichen und Hainbuchen. Wer sich ganz ruhig verhält, wird immer wieder Graureiher und Habichte beobachten können.

28 Naturschutzgebiet Am Kerstall

Vor Hemschlar, gut 5 km südlich von Bad Berleburg, an der B 480, liegt das Naturschutzgebiet Am Kerstall. Gegenüber der Bushaltestelle »Weidenhäuser Mühle« führt ein Fußweg (20–30 Minuten) den Hang hinauf zum Naturschutzgebiet. Einen Parkplatz findet man allerdings erst 300 m weiter in Richtung Bad Berleburg rechts der Straße.
In der Bergwacholderheide finden wir bis zu 5 m hohe Büsche zwischen Schmiele und Besenginster. Zur Blütezeit des Ginsters (April bis Mai) ist es hier am schönsten. Dann summen Bienen und Hummeln um die Blüten, und Kaninchen flüchten vor dem Habicht. Auch dieser Bergheide droht Gefahr durch die Ausbreitung der Kiefer.

29 Odeborntal

Der Odeborn durchfließt Bad Berleburg, vor dessen Schloß man das Auto stehen läßt. Im Schloßpark mit seinen Teichen und dem alten Baumbestand gedeiht u.a. der Braune Streifenfarn (an der Burgmauer), unter den Bäumen duften im Frühjahr ganze Teppiche von Maiglöckchen und anderen Frühlingsblumen.
Weiter nördlich im Odeborntal liegt bei Hof Rüsselsbach (3 km hinter Schüllar) das Naturschutzgebiet Auf dem Gebrannten, eine 16000 m^2

Herrliche Wälder flankieren die Eisenstraße zwischen Lützel und Lahnhof. Schon in vorchristlicher Zeit transportierte man Eisenerz über die Ederhochfläche.

große Wacholderheide. Man verläßt Bad Berleburg auf der B 480 in nördlicher Richtung und biegt nach ca. 3 km rechts in Richtung Wundertshausen ab. Nach ungefähr 3,5 km liegt rechts der Parkplatz »Winterbach«; von dort führt der Wanderweg »A 6« (4 km, 1 Stunde) zum Naturschutzgebiet. Die von Flechten bedeckten Büsche erreichen eine Höhe von bis zu 5 m! Fichten, Birken und Buchen sind dafür verantwortlich, daß sich der Wacholderbestand nicht verjüngen kann. Auf dem Boden hat sich die Drahtschmiele breitgemacht, ein dünnes Gras, dazwischen stehen typische Heidepflanzen.

30 Feuchtgebiet Röspe

Hinter Röspe liegt links an der Straße nach Oberhundem ein weitläufiges Naturschutzgebiet mit interessanten Feuchtbiotopen. Etwa 300 m nach einer alten Brücke beginnt in einer Rechtskurve ein geradeaus weiterlaufender Forstweg, wo Parkmöglichkeiten bestehen. Wer den Weg weitergeht, hat wie von einer Galerie einen wunderbaren Ausblick auf das Feuchtgebiet (Fernglas mitnehmen!). Der Röspebach versorgt das Tal mit Wasser, und so sind die Wiesen auf 1 km Länge mit Tümpeln und spärlichen Sträuchern besetzt. Neben Wollgräsern gedeihen hier das

Wie in freier Wildbahn leben Hirsche im »Panoramapark Sauerland«.

Die gewaltigen Felsblöcke der Albaumer Klippen sind vulkanischen Ursprungs. Auf ihrer Oberfläche wachsen seltene Moose und Flechten.

Harte Arbeit für ein karges Leben

Sehr lehrreich ist das Schieferschaubergwerk im Bad Berleburger Ortsteil Raumland im Odeborntal 29. Hier wird – in Handarbeit – der Abbau dieses ortsbildprägenden Deckmaterials demonstriert (geöffnet April–Okt. Mi 15–17, Sa 10–12 Uhr). In der Holzwerkstatt »Drehkoite« in Berleburg-Girkhausen (dort ausgeschildert) führen Handwerker vor, wie hier seit Hunderten von Jahren ohne Motorantrieb aus einem einzigen Stück Holz bis zu fünf Holzschüsseln gedreht und Holzlöffel von Hand geschnitzt wurden (Vorführungen ganzjährig Do 15.30 Uhr, Anmeldung: ☏ 02758/725).

Wasserscheide und Wildgehege

Fährt man von Röspe 30 in Richtung Oberhundem, sollte man den nach 8 km linker Hand auftauchenden, fast 700 m hoch gelegenen Rhein-Weser-Turm besteigen (mit großem Parkplatz direkt an der Straße). Hier auf dem Rothaargebirgskamm verläuft die Wasserscheide zwischen Rhein und Weser. Loipen und Sprungschanze bieten im Winter gute Sportmöglichkeiten. Nur 1 km weiter führt ein Weg links ab zum »Panoramapark Sauerland«. Entstanden aus dem »Hochwildgehege Rothaargebirge«, ist er heute ein Abenteuer- und Erlebnispark. Hier fährt die Transmobilbahn auf den Eggenkopf, um dann 1000 m ins Tal zu sausen. Schußfahrten auf der 1200 m langen Wasserbobbahn durch sprudelnde Wildwasser, ein Kinderpark mit Mehrfachrutschen, Trampolin, Waldtheater, Freilichtbühne und Musikpavillon sind Erlebnisse für jung und alt. Für Naturfreunde besonders attraktiv ist der Pflanzenschaugarten mit heimischen und exotischen Gewächsen; Wanderwege entlang den Freigehegen mit Elchen, Bisons, Hirschen, Muffel- und Sikawild runden das Angebot ab (Wild- und Erlebnispark geöffnet Ostern–31. Okt. 10–18 Uhr, Wildpark außerdem Nov.–Ostern 11–16 Uhr; weitere Informationen: ☏ 02723/7648).

Gefleckte und das Breitblättrige Knabenkraut, beides Orchideen. In den Tümpeln tummeln sich zwischen Blutauge, Fieberklee und Sumpfveilchen Frosch- und Schwanzlurche.

31 Albaumer Klippen

Vom kleinen Parkplatz »Albaumer Klippen« gleich hinter Albaum gelangt man auf steilem Pfad in 20 Minuten zu den Klippen; einige der insgesamt 15 Felsen ragen bis zu 30 m aus dem Wald empor! Sie bestehen aus Keratophyr, einem grünlichgrauen Lavagestein, und zeugen vom Vulkanismus im Sauerland, der die Bildung des Variskischen Gebirges im Devon begleitete. Wer den Berg erklommen hat, sieht schon bald die ersten sieben nahe beieinanderliegenden Klippen, die anderen sind allerdings etwas weiter verstreut.
Dichter Flechtenbewuchs auf den Steinen zeigt, daß hier häufig eine hohe Luftfeuchtigkeit herrscht. Zum Eindruck idyllischer Waldeinsamkeit tragen auch die üppig wachsenden Farne bei, die sich zwischen den Felsblöcken festgesetzt haben.
Neben dem markanten Eichenfarn finden sich auch seltene Moose und Bärlappe, alles Pflanzen, die in der Roten Liste der bedrohten Pflanzenarten aufgeführt sind.

32 Heinsberger Hochheide

In Heinsberg biegt man hinter der Kirche links ab, nach 300 m rechts und stößt nach ca. 2,5 km auf den Parkplatz »Hochheide«. Von dort läßt sich auf zwei verschieden markierten Wegen (A 3, X) die Heinsberger Hochheide erkunden (jeweils ca. 20 Minuten), wo unter der Woche absolute Einsamkeit herrscht. Den Charakter der Landschaft prägt vor allem das Heidekraut; im August breiten die Zwergsträucher einen prachtvollen lila Blütenteppich aus. Neben Wacholderbüschen drängen sich einzelne Birken, Kiefern und Fichten. Überall steht die Preiselbeere, an vielen Stellen wird sie von der Moosbeere begleitet.
An den Birken sitzen oft wild wuchernde Zweigbüschel, sogenannte Hexenbesen; eingedrungene winzige Pilze bewegen die Bäume zu diesem »unordentlichen« Wachstum.

Heidekraut bedeckt weite Flächen der Heinsberger Hochheide.

Mineralien und Erze
Das kleine Bergbaumuseum in Hilchenbach-Müsen (mit Schaubergwerk), nach der Heinsberger Hochheide 32, ist im ehemaligen Bethaus untergebracht. Wo Erz gefördert wurde (hier übrigens bis 1955), gibt's auch dekorative Mineralien. Auf den alten Halden können Sammler noch heute fündig werden. Das Museum zeigt solche Mineralien aus der Gegend und dazu noch Gebrauchsgegenstände des Bergbaus (geöffnet jeden 2. So im Monat 14–16 Uhr, während der Schulferien in Nordrhein-Westfalen jeden So 14–16 Uhr; Anmeldung für Gruppen außerhalb dieser Zeiten: ☏ 02733/61150).

An den Rändern der Heinsberger Hochheide drängen sich Kiefern und Fichten. Hier gedeiht auch die Eberesche, deren Früchte Vögel sehr schätzen. Da sie die Samen unverdaut wieder ausscheiden, tragen sie zur Verbreitung des Baumes bei.

Tagelang durch Wälder wandern, ohne auf ein Dorf zu treffen: Hier, ziemlich genau in der Mitte Deutschlands, ist dies noch möglich – auf den Spuren von Hänsel und Gretel sozusagen, denn aus dem Hessischen Bergland stammen die meisten Märchen der Brüder Grimm. Damals, als sie die Geschichten aufzeichneten, empfanden die Menschen die Natur noch als Gegner. Heute sind wir für jedes unberührte Fleckchen, für jede

Tier- und Pflanzenart dankbar, die in unserem dichtbesiedelten Land überleben konnte. Im Hessischen Bergland und in »Hessisch Sibirien«, wie der Vogelsberg auch genannt wird, finden wir noch viele Gegenden, in denen die Natur die beiden letzten Jahrhunderte wie Dornröschen verschlafen hat – so etwa im Werratal bei Witzenhausen, wo von der rechten Talseite bereits Burg Hanstein als Vorbote Thüringens grüßt.

19 Hessisches Bergland

Das grüne Herz Deutschlands

Bad Karlshafen
Hofgeismar
Warburg
Grebenstein
Weser
Münden
Marsberg
Arolsen
Zierenberg
19
Fulda
KASSEL
13
Wolfhagen
Korbach
20
18
Eder-Stausee
21
16
Emstal
Baunatal
Lohfelden
17
Eder
14
Melsungen
Fritzlar
15
Spangenb
Bad Wildungen
Frankenberg
22
Borken
Homberg
1
Roter
Wallau
Biedenkopf
Wetter
Schwalmstadt
Bad Hersfeld
24
Marburg
Kirchhain
Stadtallendorf
23
Weimar
Cappel
Alsfeld
Homberg
Schlitz
Hünfeld
Bad Salzschlirf
Fulda
Gießen
Lauterbach
Mücke
Großenlüder
Grünberg
Laubach
Fuld
28
Lich
Schotten
TAUFSTEIN 774 m
30
27
26
VOGELSBERG
Hungen
29
32
31
25
33
Neuhof
Butzbach
Nidda
Bad Salzhausen
Gedern
Flieden
Bad Nauheim
Schlüchtern
Friedberg
Bad Soden-Salmünster
Steinau
Büdingen
Bad Homburg
Wächtersbach
Bad Orb
Langenselbold
Bad Vilbel
FRANKFURT
Gelnhausen
Hanau
Main

Märchenhafte Wälder

»Es war einmal ...«, so fangen viele Märchen der Brüder Grimm an – die meisten von ihnen haben ihre Wurzeln im waldreichen Bergland Hessens. »Es war einmal ...«, so müßten in aller Regel auch Studien über die natürliche Flora und Fauna Deutschlands beginnen. Das Hessische Bergland und der Vogelsberg bilden in dieser Hinsicht keine Ausnahme: Es sind überwiegend Kulturlandschaften, die der unberührten Natur nur noch wenig Platz lassen. Immerhin aber kommt Hessen in Deutschland auf einen ziemlich hohen Waldanteil von fast 40 %. Besonders in der östlichen Hälfte des Hessischen Berglandes nimmt der Wald auch heute noch große geschlossene Flächen ein.

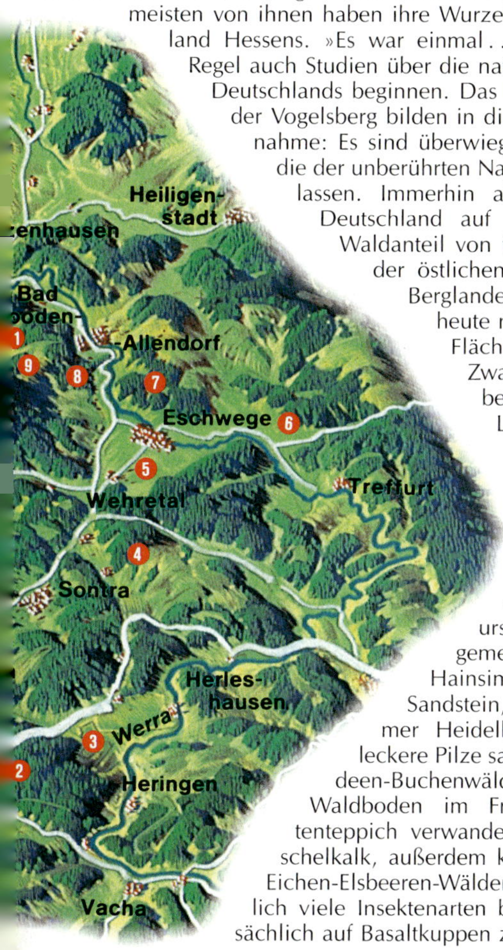

Zwar haben die heute neben den einheimischen Laubbäumen häufig vorkommenden Nadelhölzer von Natur aus hier eigentlich nichts zu suchen, sondern wurden angepflanzt, aber es gibt auf weiten Flächen auch noch die ursprünglichen Pflanzengemeinschaften: So wachsen Hainsimsen-Buchenwälder auf Sandstein, in denen man im Sommer Heidelbeeren und im Herbst leckere Pilze sammeln kann, die Orchideen-Buchenwälder, in denen sich der Waldboden im Frühjahr in einen Blütenteppich verwandelt, findet man auf Muschelkalk, außerdem kommen wärmeliebende Eichen-Elsbeeren-Wälder vor, die außergewöhnlich viele Insektenarten beherbergen und hauptsächlich auf Basaltkuppen zu finden sind.

»Steinreiche« Landschaften

Die variationsreiche Vegetation deutet es schon an: Unterschiedlichste Gesteine bauen das Hessische Bergland und den Vogelsberg auf. Sandstein formt aussichtsreiche Berge ❶ und markante Klippen ⓰, im Muschelkalk prägen von Bergstürzen geschaffene Steilhänge ❹ ❻ ❼ das Landschaftsbild. Und dann immer wieder: Basalt, das Vulkangestein. Zwar sind die Feuerberge, die vor 10–20 Millionen Jahren Lava und Asche spuckten, längst erloschen und abgetragen, doch noch immer bildet der harte Basalt die Kuppen vieler Berge, darunter auch die des Meißners ❿, und beeindruckende Felsformationen ❺ ⓱. Der karge, kalte Vogelsberg ㉖ – ㉝, die südöstliche Ecke des Gebiets, kann gar mit einem Superlativ aufwarten – er ist das größte zusammenhängende Basaltmassiv des europäischen Festlandes.

Für die Flüsse ein gemachtes Bett

Die in Richtung Norden und Osten vom Vogelsberg abfließenden Bäche tragen auch zur Entstehung des Flußsystems bei, das dem »eigentlichen« Hessischen Bergland seinen Stempel aufdrückt, denn sie strömen der Fulda zu, die sich mit der Werra bei Münden zur Weser vereint. Die Täler von Fulda und Werra ⓬ ähneln sich sehr: Typisch bei beiden ist der ständige Wechsel zwischen breiten Talniederungen und Engtalstrecken, in denen sich das Wasser durch harte Gesteinsschichten schneiden muß. Die Talweitungen wurden nur zum Teil von den Flüssen selbst geschaffen, denn durch Salzauslaugung im tieferen Untergrund entstanden an vielen Stellen breite Senken – Fulda und Werra konnten sich dort gewissermaßen ins gemachte Bett legen. Der Eder ⓯ wird die mühsame Erosionsarbeit ebenfalls erleichtert: Sie folgt im Unterlauf der Hessischen Straße, einer alten Senkungszone der Erdkruste.

Lage Zwischen dem Weserbergland im Norden, dem Rheinischen Schiefergebirge mit Taunus im Westen, dem Oberrheinischen Tiefland und dem Spessart im Süden, der Rhön im Südosten und den Randhöhen des Thüringer Beckens im Osten
Ausdehnung Nord–Süd ca. 60–160 km; West–Ost 50–120 km
Länder Hessen, im äußersten Nordosten Niedersachsen
Höchste Erhebungen Vogelsberg: Taufstein 773 m; Fulda-Werra-Bergland: Meißner 754 m, Wüstegarten/Kellerwald 675 m, Bielstein/Kaufunger Wald 642 m, Eisenberg/Knüllgebirge 636 m, Hohes Gras/Habichtswald 615 m, Rabenkuppe/Ringgau 515 m
Wichtigste Flüsse Fulda, Werra, Eder, Schwalm, Nidda
Landschaftsformen Mittelgebirgslandschaft, im Norden und Westen durch breite Täler in einzelne Massive aufgelöst, teils Buntsandstein, teils Muschelkalk, teils Basalt; Vogelsberg im Süden, ein abgetragenes Basaltmassiv mit zentraler Hochfläche und radiär verlaufenden Flußtälern
Naturparks Naturpark Münden und Naturpark Meißner-Kaufunger Wald im Nordosten; Naturpark Habichtswald im Norden; Naturpark Hoher Vogelsberg im Süden
Information Hessischer Fremdenverkehrsverband, Abraham-Lincoln-Str. 38–42, W-6200 Wiesbaden, ☎ 0611/731725; Fremdenverkehrsverband Vogelsberg-Wetterau, Goldhelg 20, W-6420 Lauterbach/Hessen 1, ☎ 06641/85-323; Fremdenverkehrsverband Kurhessisches Bergland, Parkstr. 6, W-3588 Homberg (Efze), ☎ 05681/775250; Fremdenverkehrsverband Waldhessen, Friedloser Str. 6, W-6430 Bad Hersfeld, ☎ 06621/87359; Fremdenverkehrsverband Werra-Meißner-Land, Nordbahnhofsweg 1, W-3430 Witzenhausen, ☎ 05542/50558; Touristik-Zentrale Waldeck, Kreishaus, Südring 2, W-3540 Korbach 1, ☎ 05631/54144

Auch die fruchtbare, milde Wetterau, die zwischen dem Vogelsberg und dem Stadtgebiet von Frankfurt den Südwestzipfel unseres Gebiets bildet, verdankt ihre Entstehung und ihren Charakter einer geologischen Einbruchzone: Sie ist die nördliche Fortsetzung des Oberrheingrabens.

Route 1 Waldhessen

Auf den Spuren von Frau Holle

❶ Alheimer

Der Aufstieg auf den rund 550 m hohen Gipfel über dem rechten Ufer der Fulda ist mühsam, aber sehr lohnend: Vom Aussichtsturm auf dem höchsten Punkt hat man einen traumhaften Rundblick über das Fulda-Werra-Bergland und die benachbarten Gebirge. Im Nordosten erhebt sich der Hohe Meißner ❿, der »König des Hessischen Berglandes«, dessen Form an einen umgekehrten Backtrog erinnert. Der Eisenberg ㉔ im Südwesten, die höchste Erhebung des Knüllgebirges, ist wie der Meißner an einem Sendeturm zu erkennen. Hinter dem Steilanstieg zum Seulingswald ❷ im Südosten tauchen die unverwechselbaren Kegel der Kuppen-

Route 1
Waldhessen

Die etwa 200 km lange Fahrt durch die östliche Hälfte des Hessischen Berglandes führt durch meist recht einsame Landschaften beiderseits von Werra und Fulda, schließt aber auch Abstecher zu den höchsten Basaltbergen und den Karstregionen am Fuß des Hohen Meißners im Naturpark Meißner-Kaufunger Wald mit ein. Große Waldgebiete mit schönen Mischwäldern laden auf dieser Route immer wieder zu Wanderungen ein.

Streckenverlauf:

Von der A 7 Würzburg–Kassel über die Ausfahrt Melsungen auf die B 253 nach Melsungen, dort rechts auf der B 83 im Fuldatal flußaufwärts zum Alheimer ❶ bei Rotenburg a. d. Fulda; auf der B 83 weiter bis Bebra, rechts auf der B 27 den Ort umfahren und über Weiterode und über Ronshausen nach Hönebach, am Ortsanfang rechts Richtung Friedewald in den Seulingswald ❷; zurück bis Hönebach und weiter über Wildeck nach Obersuhl zum Rhäden ❸; von Obersuhl auf die B 400 nach Wölfterode, bei der Abzweigung der B 400 weiter geradeaus in Richtung Norden über Ulfen und Krauthausen zur B 27 und dort rechts Richtung Wichmannshausen unterhalb der Boyneburg ❹; zurück auf die B 27, auf dieser rechts und nach knapp 3 km halbrechts auf der B 452 nach Reichensachsen, dort rechts ab nach Langenhain, im Ort links Richtung Eschwege zur Blauen Kuppe ❺; weiter nach Eschwege, dort auf der B 249 werraufwärts nach Wanfried unterhalb der Plesse ❻; auf der B 249 wieder zurück bis kurz vor Eschwege und rechts ab über Grebendorf und Neuerode nach Hitzelrode am Gobert ❼; über Motzenrode und Jestädt wieder zur B 27 westlich von Eschwege, auf dieser rechts in Richtung Bad Sooden-Allendorf und nach 3 km links ab in Richtung Berkatal-Frankershausen zum Bilstein ❽; anschließend auf derselben Straße weiter zu den Kripp- und Hielöchern ❾ bei Berkatal-Frankershausen; über Wolfterode nach Vockerode, dort nach rechts hinauf auf den Hohen Meißner ❿ mit seinen vielen Sehenswürdigkeiten; anschließend nach Norden in Richtung Bad Sooden-Allendorf bis Kammerbach, dort links in Richtung Dudenrode zur Kammerbacher Höhle ⓫; weiter über Hilgershausen nach Oberrieden, dort links auf die B 27 entlang der Werra Richtung Witzenhausen, nach 3 km links ab in Richtung Wendershausen zum Zweiburgenblick ⓬; weiter flußabwärts nach Witzenhausen, dort auf der B 80 bis Anschluß Hann. Münden/Werratal der A 7, auf der A 7 in Richtung Kassel bis zur Ausfahrt Hann. Münden/Lutterberg, von dort weisen die Schilder »Steinberg-Naturpark Münden« den Weg ins Herz des Kaufunger Waldes ⓭.

Wer den Kreis schließen will, fährt anschließend auf der A 7 über Kassel zurück zur Ausfahrt Melsungen, dem Ausgangspunkt dieser Fahrt.

rhön auf, an der entgegengesetzten Seite der Kompaßrose reicht der Blick bis zu den Kuppen des Habichtswaldes. Alle diese Höhen bestehen – zumindest im Kern – aus vulkanischen Gesteinen, der Alheimer selbst dagegen ist ein Zeugenberg aus verwitterungsbeständigem Sandstein, aus dem auch der Aussichtsturm errichtet wurde.

Von März bis Oktober kann man von der B 83 (Hinweisschild »Alheimer«) durch ein schönes Wiesental bis zum Parkplatz an der Alheimerhütte fahren und von dort in etwa 15 Minuten auf einem Pfad (Markierung: weißer Punkt) zum Gipfel aufsteigen. Vom 1. November bis 15. März ist die Zufahrtsstraße für den Autoverkehr gesperrt. In dieser Zeit können Sie auf dem Wohnmobil-Stellplatz am Hotel-Restaurant »Hof Guttels« (tägl. geöffnet) etwa 3 km vor der Alheimerhütte parken.

2 Seulingswald

Das große geschlossene Waldgebiet auf der Wasserscheide zwischen Fulda und Werra beweist, wie eng die Naturgeschichte Deutschlands mit der Entwicklung der Kulturlandschaft verflochten ist. Der Seulingswald, heute eine der einsamsten Gegenden Deutschlands, war einst ein beliebtes Jagdrevier der Landgrafen von Hessen. Da Lärm bekanntlich das scheue Wild vertreibt, versuchten die fürstlichen Weidmänner damals mit allen Mitteln, Störenfriede aus ihrem Revier zu verbannen. Kaufleute, die mit ihren ächzenden und quietschenden Wagen auf der alten Handelsstraße zwischen Frankfurt und Leipzig den Seulingswald passierten, bekamen den Unmut der Landgrafen ebenso zu spüren wie die armen Bauern, die ein Stück Wald gerodet hatten und ihre karge Ernte vor den gefräßigen Tieren schützen wollten. Die kleinen Dörfer, die im 12. und 13. Jh. auf den Sandsteinhochflächen entstanden waren, mußten deshalb später wieder aufgegeben werden. Seither hat sich die Walddecke über den gerodeten Flächen wieder geschlossen; an die früheren Felder erinnern heute nur noch ehemalige Ackerraine, von den verlassenen Dörfern blieben nur ein paar Mauerreste erhalten.

Das einstige Dorf Hammundeseiche erreicht man bequem über die Straße von Hönebach nach Friedewald; nach etwa 5 km liegt rechts der Straße

Heute wird man nicht mehr von landgräflichen Handlangern verjagt: Als eine der einsamsten Gegenden Deutschlands lädt der Seulingswald zum Wandern ein.

An vielen Grillplätzen im Hessischen Bergland läßt sich nach dem Wandern der Hunger gut stillen.

Das Grimmsche Märchenland
Märchen lassen sich im Gegensatz zu Sagen in der Regel nicht einem bestimmten Schauplatz zuordnen. Wenn die Märchen der Brüder Grimm trotzdem als »urhessische« Märchen gelten, dann liegt das in erster Linie an der Jubiläumsausgabe der Grimmschen Märchen, die 1907 erschien. Sie war mit Zeichnungen des Marburger Malers Otto Ubbelohde (1867–1922) geschmückt, der sich die Anregungen für die Motive natürlich in seiner hessischen Heimat holte. Das Häuschen, an dem Hänsel und Gretel knusperten, als sie sich im Wald verirrten, hat z.B. ein konkretes Vorbild: das Küsterhaus der ehemaligen Pfarrkirche St. Martin auf dem Christenberg im Burgwald bei Münchhausen, auf halber Strecke zwischen Frankenberg und Marburg gelegen.

Die scheue Bekassine, ein Watvogel, kommt in Sümpfen und Feuchtgebieten wie dem Rhäden von Obersuhl vor.

der Wanderparkplatz »Nadelöhr«, von dem der Rundweg Nr. 1 (2 km lang) zur ehemaligen Dorfstelle mit den Fundamenten der Dorfkirche, dem Dorfbrunnen und der uralten, knorrigen Dorfeiche führt.

❸ Rhäden von Obersuhl

Die jüngste deutsche Geschichte hat in der Natur des Hessischen Berglandes deutliche Spuren hinterlassen. Als der Eiserne Vorhang zwischen den beiden deutschen Staaten heruntergelassen wurde, konnten große Flächen beiderseits der Grenze nicht mehr intensiv genutzt werden und »verwilderten«. Für die Pflanzen- und Tierwelt war das ein Segen, denn so entstanden wertvolle Naturreservate. Nach der Öffnung der innerdeutschen Grenze bemühen sich die Naturschutzverbände, diesen »Grünstreifen« möglichst unversehrt zu erhalten. Den Rhäden von Obersuhl, im Werratal unmittelbar an der bisherigen Grenze gelegen, haben die Zugvogelschwärme schnell als ungestörten Rastplatz entdeckt. Für Kormorane, Störche, Kraniche und andere Zugvögel ist das Feuchtgebiet ein wichtiger »Trittstein«, auf dem sie bei ihrer weiten Reise etwas ausruhen können. Ohne den Einsatz von Naturfreunden, die die Aufforstung verhinderten und das Gebiet durch Dämme, Gräben und Wehre bewässern, wäre das Naturreservat inzwischen allerdings verschwunden. Sie erschlossen den Rhäden auch für Besucher, die hier die Vogelwelt beobachten können. Das Kerngebiet darf zwar nicht betreten werden; ein großer, mit einem Fernrohr ausgerüsteter Beobachtungsstand gestattet jedoch einen hervorragenden Überblick über das Teich-, Sumpf- und Wiesengelände. Man erreicht den Aussichtspunkt über den asphaltierten Feldweg, der am westlichen Ortsrand von Wildeck-Obersuhl scharf rechts von der Landstraße abzweigt und nach etwa 1 km an einem Parkplatz mit Orientierungstafel endet. Im Dorf gibt es außerdem ein interessantes Naturschutz-Informationszentrum (April–Okt. So 10–12 Uhr geöffnet sowie nach Vereinbarung, ☏ 06626/1887 oder 8105).

❹ Ringgau und Boyneburg

In den kleinen Dörfern am Westrand des Ringgaus erinnern sich viele Einwohner noch genau an den 23. Juni 1956. Damals ging an der hohen Schichtstufe, die das Muschelkalkplateau begrenzt, ein großer Bergsturz nieder. Ein Geologe berichtete über das denkwürdige Naturereignis später so: »Schon einige Zeit vor dem Ereignis bemerkten Waldarbeiter ein fremdartiges Krachen und Knistern, vermutlich das beschleunigte Aufreißen von frischen Gesteinsspalten und das Zerreißen von Wurzeln. Am 23. Juni um 11 Uhr hörten Bauern auf den näher liegenden Feldern ein lautes Poltern, Bewohner der nächsten Dörfer ein fernes, dumpfes

Das Kerngebiet des Rhäden bleibt Zugvögeln als ungestörter Rastplatz reserviert. Man kann sie allerdings mit einem Fernrohr beobachten.

Grollen. Danach leuchtete aus dem dunklen Wald des Steilhanges der Kalkstein der Abrißwand und Bergsturzmassen in hellem Weiß. Aus dem Gewirr der zerborstenen Felsen ragten die Stämme zerschmetterter Bäume, abgeknickte Baumkronen und zerrissene Baumwurzeln ...« Die Wunde, die der Bergsturz in den Hochwald schlug, eine 100 m breite Schneise, ist inzwischen vernarbt.

Von der Boyneburg aus kann man einen Blick auf das Gebiet werfen, in dem sich der Bergsturz ereignete. Dazu biegt man in Wichmannshausen an der Dorfkirche mit dem hübschen Fachwerkturm nach rechts ab und folgt dem Schild »Gut Boyneburg«. Nach 2,5 km kommt man vor der Einfahrt zum Gut rechts zu einem Parkplatz, von dort aus geht es auf dem mit einem weißen Strich markierten Weg steil bergauf zur Ruine der ehemaligen Reichsburg. Doch nur noch das geübte Auge erkennt von hier oben aus das Bergsturzgelände am gegenüberliegenden Schickeberg. Aber auch im Umkreis der Burg haben sich durch langsame Rutschungen tiefe Spalten im Boden aufgetan, die den Rittern seinerzeit das Ausheben von Burggräben ersparten. Ein einstündiger Abstecher zum Schickeberg führt über den ausgebauten Waldweg unterhalb der Boyneburg, dabei kommt man durch ein reizvolles Naturschutzgebiet mit schönen Buchen- und Eichenwäldern.

Der seltene, streng geschützte Gefranste Enzian zählt zu den botanischen Kostbarkeiten auf der Blauen Kuppe.

5 Blaue Kuppe

Der Panoramablick, den man von der 339 m hohen Kuppe auf das fruchtbare Hügelland zwischen Meißner, Ringgau und Werra genießen kann, wäre für sich allein schon den kleinen Umweg hierher wert. Die Blaue Kuppe (auf halber Strecke links der Straße von Langenhain nach Eschwege mit Parkplatz auf der Kuppe) bietet als »Zugaben« aber auch noch einen tiefen Einblick in den Gesteinsuntergrund und eine sehenswerte Flora mit botanischen Kostbarkeiten wie dem leuchtendblauen Gefransten Enzian oder der lilafarbenen Sprossenden Felsennelke. Auf der Kuppe, die wie ein hohler Zahn von einem ehemaligen Steinbruch kraterartig ausgehöhlt ist, bietet sich der Kern eines Vulkanschlots dar. Die Felsnadel, die in der Mitte wie ein riesiger Zeigefinger in den Himmel ragt, besteht aus kompaktem Basalt, an den Rändern des Steinbruchs ist der Buntsandstein als Mantel des Basaltpfropfens aufgeschlossen. »Bunt«-Sandstein trifft hier allerdings nicht ganz zu, denn die Schichten haben an der Blauen Kuppe eher blasse, fahlgraue oder -gelbe Farben. Der Name der Kuppe kommt vom blaugrauen Basalt, und die bleichen Farben des Sandsteins hängen unmittelbar mit dem Lavagestein zusammen: Unter der großen Hitze, die die flüssige Lava ausstrahlte, hat sich die Farbe des ursprünglich meist tiefroten Sandsteins verändert, außerdem wurden die

Flüssige Lava ließ an der Blauen Kuppe den tiefroten Buntsandstein zu einem grauen oder gelblichen Mantel über dem Basalt verblassen.

Sandkörner angeschmolzen und fest miteinander verschweißt. Kontaktmetamorphose nennen die Geologen dieses Phänomen, das hier mustergültig ausgeprägt ist.

6 Plesse

Die Randhöhen des Thüringer Beckens fallen zum Werratal hin in schroffen Steilhängen ab. Sie bestehen meist aus Muschelkalk, der wie am Ringgau 4 auf seinem rutschigen Sockel aus den tonigen Gesteinen des Röt (Oberer Buntsandstein) zu Bergstürzen neigt. Die hellgraue Felswand, die oberhalb von Wanfried aus den Buchenwäldern hervorleuchtet, entstand 1640, als eine Muschelkalkscholle vom Berg abriß und den Steilhang hinunterstürzte. Eine solche Felswand, besonders wenn sie aus Kalkstein besteht und an einem Südhang liegt, ist in unseren Breiten ein außergewöhnlicher Lebensraum mit einer beinahe »exotischen« Flora und Fauna. An der Plesse gibt sich z.B. die rötliche Bergdistel, ein typischer Hochgebirgsbewohner, mit der leuchtendroten Feuerlilie und der Küchenschelle ein Stelldichein. Vor den Klippen, die im Sommer von der Sonne stark erhitzt werden, gaukeln seltene Schmetterlinge, darunter der Schwalbenschwanz und der Große Schillerfalter.

An der Plesse kann man den Großen Schillerfalter beobachten. Beim Männchen schimmern die Flügel blau.

Im Hessischen Bergland ist die geschützte Feuerlilie eine Seltenheit. Eigentlich ist sie auf Gebirgswiesen der Alpen und in hohen Mittelgebirgslagen beheimatet.

Wer die über 300 m Höhenunterschied zwischen dem Werratal und dem Aussichtsturm auf der Plesse zu Fuß auf direktem Wege bewältigen will, sollte in der Ortsmitte von Wanfried dem Schild »Plesseturm/Freizeitanlage« folgen. Bequemer geht der Anstieg vom Parkplatz an der B 249 (Wanfried–Mühlhausen) aus, kurz hinter dem 5 m hohen Wasserfall im Elfengrund (Schild). Der Wanderweg Nr. 56 führt an einem großen Steinbruch vorbei leicht ansteigend zum Aussichtspunkt oberhalb der Steilwand.

7 Gobert

Die »Hessische Schweiz« ist gewiß nicht mit dem Berner Oberland zu vergleichen, den Vergleich mit dem Schweizer Mittelland dagegen brauchen die Muschelkalkhöhen des Gobert (auch Goburg genannt) nördlich von Eschwege nicht zu scheuen. Kalksteinklippen und bizarre Felsformationen wie der Wolfstisch, Buchenwälder auf den Höhen und Wiesen in den Tälern verbinden sich zu einem Landschaftsbild, das im Hessischen Bergland einmalig ist.

Als Ausgangspunkt für Wanderungen steuert man den Luftkurort Hitzelrode an, der in einem von Felswänden umgebenen Talkessel liegt. Biegen Sie in der Ortsmitte von der Hauptstraße links ab, und folgen Sie dem Schild »Grillstation«. Der Fahrweg endet nach 300 m an einem Wanderparkplatz mit Grillstation. Auf dem asphaltierten Weg, der hinter dem Blockhaus mit der Grillstation halblinks bergauf führt, erreicht man nach knapp 1,5 km die Kammhöhe, die die hessisch-thüringische Grenze

Die Plesse, eine Muschelkalkwand oberhalb von Wanfried, ist ein Biotop seltener Pflanzen wie der Feuerlilie und der Bergdistel.

markiert. Wenn Sie dem mit einem weißen »X« markierten Wanderweg links nach Nordwesten folgen, kommen Sie nach 2,5 km zu einem Aussichtspunkt hoch über dem Werratal. Bei schlechter Sicht ist es dagegen lohnender, auf dem gleichen Weg nach rechts über den Wolfstisch und den Blitzstein bis zur Silberklippe (4 km) zu wandern.

8 Höllental und Bilstein

In dem engen Kerbtal, das die Berka, ein Nebenfluß der Werra, in die gefalteten Gesteinsschichten des Werragebirges geschnitten hat, begegnet Ihnen zum ersten Mal Frau Holle – nicht persönlich, aber doch im Namen Höllental, der nichts mit dem Verbannungsort sündiger Seelen, sondern etwas mit der Mutter der Pechmarie zu tun hat.
Ausgangspunkt für Wanderungen durch das Höllental ist daher auch der Parkplatz am Waldgasthaus »Frau Holle« (Mo Ruhetag). Dort hat man die Wahl zwischen sieben Rundwanderwegen von 2–4 km Länge. Weg Nr. 1 führt in knapp zehn Minuten zum Bilstein, einem steilen Diabasfelsen, der sich am linken Talhang rund 100 m über die Talaue erhebt.
Seine Flora beherbergt viele wärmeliebende Pflanzen, die aus Süd- und Südosteuropa stammen und am Bilstein ihren nördlichsten Vorposten erreichen. Neben Blütenpflanzen wie dem extrem seltenen, hellpurpurnen Steifen Lauch klammern sich vor allem südeuropäische Farne und Moose in die Spalten und Klüfte des dunkelgrauen Diabas.

9 Kripplöcher und Hielöcher

Ein Spaziergang durch die Naturschutzgebiete Kripplöcher und Hielöcher bei Berkatal-Frankershausen mit ihren Erdfällen ist gefährlicher als etwa eine Wanderung durchs Moor: 1958 brach hier ein Kuhgespann im Boden ein und verschwand auf Nimmerwiedersehen. Die leicht löslichen Gips- und Dolomitschichten, die im Werragebirge zutage treten, werden von ungezählten Hohlräumen durchzogen. Sie können bei der geringsten Belastung einstürzen. Begnügen Sie sich deshalb mit einem vorsichtigen Blick auf das von Einstürzen geformte Karstgelände, und verlassen Sie auf keinen Fall die Wege! Zwischen den Wacholdersträuchern, die der Vogelwelt als sichere Nistgehölze dienen, wachsen Orchideen und verschiedene Enzianarten.
Die Kripplöcher und Hielöcher sind leicht zu finden: In der Ortsmitte von Berkatal-Frankershausen biegt man nach Orferode ab und folgt kurz vor dem Ortsausgang links der Straße »Oberdorf«, nach etwa 400 m tauchen dann links die grauen und weißen Felsen an den Hielöchern auf.

10 Meißner

Keiner der Gipfel zwischen dem Reinhardswald und der Rhön ist landschaftlich so abwechslungsreich wie der mit 754 m nach dem Vogelsberg

Auf den Bilstein südlich von Bad Sooden-Allendorf – nicht zu verwechseln mit dem Bilstein am Vogelsberg – führt ein reizvoller Rundwanderweg.

Einsturzgefahr: Unterirdische Hohlräume durchziehen die Naturschutzgebiete Kripplöcher und Hielöcher.

Abraumhalde eines Kaliwerks im Werratal: Durch den Abbau des »weißen Goldes« wird der Fluß stark belastet.

Das »weiße Gold«
Echtes Gold kommt im Hessischen Bergland nur an wenigen Stellen vor; das »weiße Gold«, das Steinsalz, ist dagegen vor allem im Untergrund des Fulda-Werra-Berglandes in dicken Schichten vorhanden. Man gewinnt es dort seit Jahrhunderten. In Bad Sooden-Allendorf, vom Höllental 8 oder von der Kammerbacher Höhle 11 aus zu erreichen, war Salz bis in unser Jahrhundert hinein die wichtigste Lebens- und Wirtschaftsgrundlage. Die Stadt hat deshalb im Söder Tor ein interessantes Salzmuseum eingerichtet, das den Besucher über die Solquellen, die Salzgewinnung und den Transport des »weißen Goldes« auf den alten Salzstraßen informiert (Mi 15–18, So und Fei 14–17 Uhr geöffnet). Zum Salzmuseum gehören auch noch verschiedene Außenanlagen wie das Gradierwerk und das Salzamt.

Die horizontalen Basaltsäulen bei der Kitzkammer auf dem Meißner bildeten sich beim Erstarren der Lava.

In die »Unterwelt« des Höllentals
Zu den wertvollsten Bodenschätzen des Hessischen Berglandes gehört der Kupferschiefer. Er wurde bereits im Mittelalter in kleinen Gruben gefördert. Sie sind inzwischen stillgelegt worden, weil sich der Abbau bei den gegenwärtigen Rohstoffpreisen nicht lohnt. Das jahrhundertealte Bergwerk Grube Gustav im Höllental, nahe der ehemaligen Bergarbeitergemeinde Abterode und dem Meißner ⑩, wurde nach der Stillegung im Jahr 1968 als Besucherbergwerk eingerichtet. Unter fachkundiger Führung kann man hier tief unter der Erde die Gesteine und Mineralien kennenlernen und einen Eindruck von der mühseligen Arbeit der Bergleute gewinnen (Öffnungszeiten unregelmäßig, Auskunft: ☏ 05657/7233).

höchste Berg des Hessischen Berglandes, ein Basaltrücken mit schönen Bergwiesen und Mischwäldern, Heide- und Moorgebieten. Das vielbesuchte Ausflugs- und Wandergebiet bildet heute den Kern des Naturparks Meißner-Kaufunger Wald. Unmittelbar links neben der Landstraße, die an der Ostflanke vom Gipfelplateau nach Kammerbach hinunterführt, liegt der sagenumwobene Frau-Holle-Teich. Hier soll – so die Überlieferung – Frau Holle die Kinder aus der Tiefe des Wassers ans Licht der Welt gebracht haben.
Lassen Sie das Auto auf dem Parkplatz am Frau-Holle-Teich stehen und folgen Sie dem mit einem weißen »X4« markierten Frau-Holle-Pfad. Er berührt fast alle wichtigen Sehenswürdigkeiten des Meißners: die Kalbe, einen einmaligen Aussichtspunkt, die Stinksteinwand, wo seit Jahrhunderten im Untergrund ein Braunkohlenflöz schwelt (oft riechbar), die Hausener Hute am Berggasthof »Hoher Meißner« (Mo Ruhetag), nicht weit davon entfernt die Kitzkammer, eine Grotte in einer Felswand aus Säulenbasalt, in der Frau Holle der Sage nach faule Mädchen in Katzen verwandelt und eingesperrt haben soll, und schließlich die Seesteine, eine mächtige Basaltklippe.

⑪ Kammerbacher Höhle

An der Landstraße, die von Kammerbach in Richtung Dudenrode führt, liegt etwa 1 km nach dem Ortsende an einer scharfen Kurve rechts ein kleiner Parkplatz. Das Schild »Höhle« weist auf die Kammerbacher (auch Hilgershäuser) Höhle hin, deren Eingang Sie auf dem Wanderweg Nr. 26 nach etwa 150 m erreichen.
Die vom Sickerwasser aus dem Dolomit des Zechsteins gelaugte Höhle ist mit 50 m Tiefe, 20 m Breite und 12 m Höhe die größte Höhle Hessens, gleichzeitig ist die Grotte, in der unsere Vorfahren der Frau Holle Blumenopfer darbrachten, die älteste namentlich nachweisbare Höhle Deutschlands; schon in einer Urkunde von 1267 wird sie erwähnt. Im Innern liegt ein kleiner Höhlensee, dessen Wasser früher wunderbare Kräfte zugeschrieben wurden. Wenn z.B. in der Osternacht zwischen elf und zwölf Uhr ein Mädchen aus dem Höhlensee Wasser schöpft und sich damit abreibt, so soll es immer schön bleiben. Der Höhleneingang ist heute mit einem Gitter verschlossen, durch dessen Stäbe man aber fast den gesamten Höhlenraum überschauen kann.

⑫ Zweiburgenblick

Im Unterlauf der Werra zwischen Bad Sooden-Allendorf und Witzenhausen mußte sich der Fluß durch mehrere Sperren aus harten Gesteinen graben. Sie gehören meist zu schmalen, langgestreckten Schollen der

Dieser Blick auf den Meißner von Germerode aus läßt dessen landschaftliche und geologische Vielfalt kaum erkennen. Er besteht aus einer mächtigen Basaltdecke, die auf einem Sockel aus Sandsteinen und Kalksteinen lagert.

Erdkruste, die als geologische Gräben abgesunken sind und die Werra zwingen, den Weg des geringsten Widerstands zu suchen. Das Werratal und die B 27, die dem Tal folgt, winden sich daher in weit ausholenden Schlingen durch die Senke zwischen dem Kaufunger Wald und dem Eichsfeld.

Wenige Kilometer unterhalb von Oberrieden passiert der Fluß die Werleshäuser Pforte. Hier versperrte ihm ein Riegel aus dicken Sandsteinbänken den Weg. Die Werra hatte etwa zwei Millionen Jahre Zeit, dieses Hindernis aus dem Weg zu räumen. Zwischen den roten Sandsteinklippen am linken Ufer und dem Fluß bleibt für die Straße nur ein schmaler Streifen übrig. Gleich hinter der Talpforte weitet sich dann das Werratal wieder.

Biegen Sie dort von der B 27 nach links auf die Straße nach Witzenhausen-Wendershausen ab. Etwa 1 km hinter der Abzweigung liegt rechts der Straße direkt an der Werra ein Rastplatz, von dem man den besten Blick auf das Durchbruchstal hat. Es wird von zwei Burgen flankiert: links Burg Hanstein in Thüringen, rechts Burg Ludwigstein in Hessen – daher der Name »Zweiburgenblick« für diesen landschaftlich schönsten Abschnitt des Werratals.

13 Kaufunger Wald

Nach dem klimatisch begünstigten Werratal, in dem im Frühjahr bei Witzenhausen rund 150 000 Kirschbäume blühen, kommt man sich im Kaufunger Wald beinahe wie in der nordeuropäischen Taiga vor. Das fast unbesiedelte Waldgebiet, das teils zum niedersächsischen Naturpark Münden, teils zum hessischen Naturpark Meißner-Kaufunger Wald gehört, ist nichts für Naturfreunde, die weite Fußmärsche scheuen.

Um sich wenigstens den steilen Aufstieg zu dem bis über 600 m hohen Gebirge zu ersparen, nimmt man am besten die Ausfahrt Hann. Münden/Lutterberg der A 7 Kassel–Göttingen. Dort weisen die Schilder »Steinberg-Naturpark Münden« den weiteren Weg.

Sie führen u.a. zum Naturschutzgebiet Hühnerfeld, einer moorigen Bergwiese, die von mannshohen Adlerfarndickichten eingerahmt wird. Nur mühsam können sich einzelne Birken, Kiefern und Fichten auf dem durchnäßten, sauren Torfboden behaupten. Zwei Rundwanderwege (Nr. 4 und Nr. 5) verlaufen am Rand des Moores. Weitere Wanderparkplätze mit Liegewiesen, Schutzhütten und Grillplätzen findet man am Steinberg sowie in der Nähe des Bielsteins, einer aussichtsreichen, 642 m hohen Basaltkuppe nördlich von Großalmerode. Für die Wanderung vom Parkplatz am Hühnerfeld über den Frau-Holle-Pfad (markiert mit weißem X4) bis zum Bielstein sollte man einen vollen Tag ansetzen.

Am Zweiburgenblick im Werratal gehören erst seit kurzem beide Burgen wieder zum selben Staat: Burg Hanstein in Thüringen, Burg Ludwigstein in Hessen.

Zu allen Jahreszeiten zu empfehlen: ein Besuch des Gewächshauses für tropische Nutzpflanzen in Witzenhausen.

Hier ist gut Kirschen essen: Sauerkirschenernte im Werratal bei Witzenhausen.

Ein Tal voller Kirschen
Rund 150 000 Kirschbäume entfalten im Werratal bei Witzenhausen, an der Route zwischen dem Zweiburgenblick 12 und dem Kaufunger Wald 13 gelegen, Ende April/Anfang Mai ihre rötlich-weißen Blüten und verwandeln das Tal in ein einziges Blütenmeer. Anfang Juli, wenn die Kirschen reif sind, feiert Witzenhausen die »Kesperkirmes«. Aus dem Marktbrunnen fließt dann Kirschsaft (Information: Städtisches Verkehrsamt, Am Markt 1, W-3430 Witzenhausen 1, ☏ 05542/5745).

Wo der Pfeffer wächst
Im Werratal wachsen nicht nur Kirschen, sondern auch Erdnüsse, Bananen, Vanille und Pfeffer. Und wo? In Witzenhausen, unterhalb des Zweiburgenblicks 12, im Gewächshaus für tropische Nutzpflanzen der Gesamthochschule Kassel. Insgesamt 1200 m² Fläche unter Glas stehen für die Kultur der Nutzpflanzen zur Verfügung. Ein Rundweg führt von der Orangerie bis zum Kakaohaus, in dem das feuchtheiße Klima des tropischen Regenwaldes herrscht, durch die verschiedenen Klimazonen der Subtropen und Tropen. Pflanzentafeln vor den Hauptkulturen informieren über Herkunft, Anbau und Verwendung wichtiger Nutzpflanzen (Mi und Fr 14–16, So und Fei 1. Okt.–30. April 15–16, 1. Mai–30. Sept. 16–17 Uhr geöffnet; Gruppen nur nach Anmeldung: ☏ 05542/503231).

Route 2 Westhessische Senke

Von Auen und Basaltkuppen

14 Heiligenberg

Die knapp 400 m hohe Basaltkuppe über dem rechten Ufer der Eder bietet zweifellos einen guten »Einstieg« ins Hessische Bergland – botanisch, geologisch, historisch, vor allem aber als Aussichtspunkt, von dem aus bei guter Sicht fast alle Stationen dieser Route zu erkennen sind; die Orientierungstafeln an der Mauer des Bergfrieds helfen dabei. Das Mauerwerk der im 12. Jh. errichteten Burg enthält die häufigsten Gesteine des Hessischen Berglandes: den Basalt in seinen verschiedenen Varianten und die Sandsteine der Buntsandsteinformation. An den Steilhängen unterhalb der Burg gedeiht auf dem kaffeebraunen, nährstoffreichen Basaltlehm ein prächtiger Eichen-Hainbuchen-Wald.

Route 2
Westhessische Senke

Die mit Abstechern rund 260 km lange Route bringt uns – vornehmlich auf hübschen, ruhigen Landsträßchen – zu den Schönheiten der westlichen Hälfte des Hessischen Berglandes. Sie schlägt einen weiten Bogen um die Westhessische Senke, die schon in grauer Vorzeit dicht besiedelt war. Sie ist daher ungewöhnlich reich an vorgeschichtlichen Fundstätten. Die Randhöhen der Westhessischen Senke wurden dagegen erst viel später erschlossen.

Streckenverlauf:

Von der Ausfahrt Melsungen der A 7 Würzburg–Kassel ein kurzes Stück auf der B 253 Richtung Fritzlar, dann rechts ab zum Heiligenberg 14; zurück zur B 253, rechts nach Gensungen und geradeaus weiter nach Felsberg, dort links über Lohre zu den Ederauen 15 zwischen Nieder- und Obermöllrich; weiter auf der Landstraße nach Fritzlar und dann in Richtung Naumburg über Züschen zum Riesenstein 16; zurück nach Fritzlar und auf die A 49 Richtung Kassel bis zum Rastplatz »Scharfenstein« 17; auf der A 49 weiter bis zum Südkreuz Kassel, dort auf die A 44 Richtung Dortmund bis zur Ausfahrt Kassel-Wilhelmshöhe und links in Richtung Herkulesdenkmal und Bergpark Wilhelmshöhe 18; weiter in Richtung Habichtswald-Ehlen bis zur B 251, dort rechts zum Dorf Dörnberg, im Dorf links ab nach Zierenberg, dem »Tor« zum Dörnberg 19; zurück nach Dörnberg zur B 251 und auf dieser nach rechts über Habichtswald-Ehlen, Istha und Freienhagen bis zur Abzweigung rechts nach Höringhausen, durch das Dorf geradeaus in Richtung Ober-Waroldern zum Naturschutzgebiet Rudolfshagen 20; über Höringhausen zurück zur B 251, dort links und gleich wieder rechts auf die B 485, knapp 5 km hinter Sachsenhausen rechts ab nach Waldeck zum Edersee 21; auf landschaftlich reizvoller Strecke am Ostende des Edersees entlang und weiter bis nach Edertal-Affoldern, dort rechts nach Mehlen auf die B 485 Richtung Bad Wildungen, nach 2 km in Giflitz rechts ab über Kleinern nach Gellershausen, dort links über Hüddingen und Hundsdorf nach Armsfeld und weiter nach Fischbach, rechts über Haddenberg und Dodenhausen nach Schönstein unterhalb des Wüstegartens 22; von Schönstein rechts über Moischeid nach Gilserberg auf die B 3 in Richtung Marburg, nach etwa 10 km links ab nach Kirchhain und weiter nach Amöneburg 23; zurück nach Kirchhain, dort rechts auf der B 454 über Stadtallendorf und Schwalmstadt bis kurz hinter Oberaula, wo links das Sträßchen nach Willingshain und zum Eisenberg 24 abzweigt.

Über Raboldshausen kommt man wieder zur A 7, auf der es in Richtung Kassel zum Ausgangspunkt bei Melsungen zurückgeht. In den Dörfern und Städtchen findet man außerhalb der Hauptsaison problemlos ein Quartier in einem gemütlichen Gasthaus; dort sollte man die kulinarischen Spezialitäten der Gegend kosten.

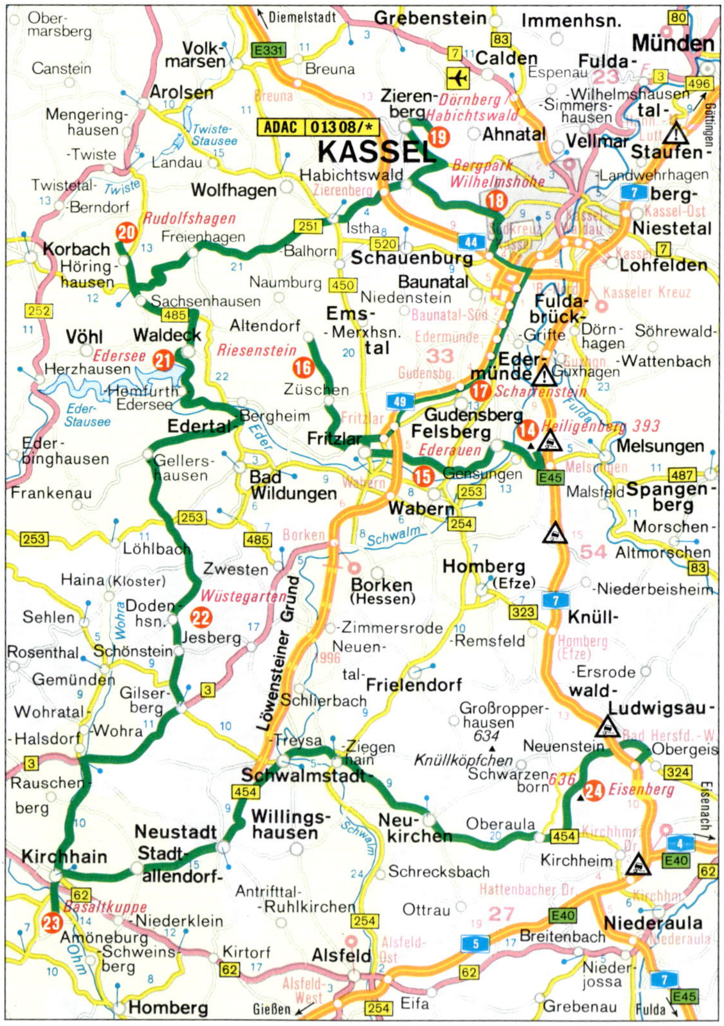

Der Heiligenberg liegt ganz in der Nähe der Anschlußstelle Melsungen der A 7; die Nebenstraße, die von der B 253 abzweigt (Hinweisschild), endet nach 1,5 km am Parkplatz beim Burghotel. Von dort führt ein steiler, etwa 300 m langer Weg hinauf zur Burgruine.

⑮ Ederauen

Die Wälder im Lößhügelland am Zusammenfluß von Eder und Schwalm wurden wohl schon in der Jungsteinzeit bis auf winzige Reste gerodet. Nur in der Talaue der Eder blieb ein schmaler Waldstreifen erhalten, der vielen Pflanzen-, Vogel- und Amphibienarten einen Lebensraum bietet. Wenn ein Wald im Hessischen Bergland den Titel »Urwald« wirklich verdient, dann dieser Auwald, vor allem im Abschnitt zwischen Ober- und Niedermöllrich. Die weitgehend ursprüngliche Auenlandschaft sieht genauso aus, wie man sich einen »echten« Urwald vorstellt: bizarre Baumgestalten, hauptsächlich Eichen, Erlen, Pappeln und Weiden, durch deren Kronen sich Schlingpflanzen winden, darunter ein meterhohes, sattgrünes Dickicht aus ineinander verfilzten Sträuchern und Kräutern, durchzogen von stillen, dunklen Altwassern, über denen im Sommer Libellen und Stechmücken tanzen. Die Wege durch die Ederauen sind schmal, rutschig und enden oft im Dickicht. Wer deshalb auf die Urwaldsafari lieber verzichten will, begnügt sich mit den Einblicken von den Ederbrücken bei Ober- und Niedermöllrich aus.

⑯ Riesenstein

In der Umgebung von Fritzlar besitzt beinahe jedes Dorf seine berühmte prähistorische Fundstätte. Was liegt deshalb näher, als auch die mit einer grünen Moospatina überzogenen Sandsteinfelsen auf dem Bergrücken zwischen Züschen und Altendorf als heidnische Kultstätten zu deuten? Der Volkmarser Weg (mit V gekennzeichnet) führt von Altendorf aus nach etwa 2 km zu diesen Klippen.

Der höchste Felsen, der Riesenstein, hat die Phantasie der Forscher besonders beflügelt, gibt es doch auf der Buntsandsteinklippe eine schalenförmige Vertiefung, von der eine Rinne an den Flanken der Klippe hinabführt. Derartige Mulden entstehen durch Verwitterungsvorgänge, aber was ist eine solch nüchterne Erklärung gegen die schaurige Vorstellung, heidnische Priester hätten auf dem Klippenaltar den Göttern Tiere, vielleicht auch Menschen geopfert, und das Blut wäre durch die »Blutrinne« aus der »Opfermulde« geflossen?

In der Talaue beim Zusammenfluß von Eder und Schwalm gibt es noch weitgehend ursprüngliche Auwälder, die durchaus die Bezeichnung »Urwald« verdienen.

Auf lockerem, etwas feuchtem Boden wie in den Ederauen gedeiht die Ährige Teufelskralle.

Die häufige Gemeine Flockenblume kommt auch in den Ederauen vor und kann bis zu 130 cm hoch werden.

Die seltene, geschützte Europäische Trollblume, auch Goldknöpfchen oder Kugelranunkel genannt, kommt auf feuchten, humusreichen Böden wie etwa denen der Ederauen in größeren Beständen vor.

Das »Schatzkästchen« des Hessischen Berglandes

Vom Bergpark Wilhelmshöhe ⑱ lohnt sich ein Abstecher zum »Ottoneum« am Steinweg 2 in der Kasseler Innenstadt. Dort ist das älteste Naturkundemuseum Hessens untergebracht. Seine wertvollen Sammlungen wurden zum Teil schon von den Landgrafen Wilhelm der Weise (1567–92) und Moritz der Gelehrte (1592–1627) zusammengetragen. Mit den Bereichen Tierkunde, Pflanzenkunde und Erdkunde bietet das Museum einen interessanten und umfassenden Überblick über die Natur des Hessischen Berglandes. Neben der ältesten systematischen Pflanzensammlung und einer umfangreichen Gehölzsammlung in Buchform mit Blättern, Blüten und Früchten beherbergt das Naturkundemuseum auch den berühmten »Goethe-Elefanten«, dessen Skelett der Dichterfürst seinerzeit untersuchte (Di–Fr 10–16.30, Sa, So 10–13 Uhr geöffnet; Eintritt frei).

⑰ Scharfenstein

Der wildzerklüftete Basaltfelsen bei Gudensberg sieht beinahe so aus, als hätte ihn ein gewaltiger Blitz getroffen und in mehrere scharfkantige Blöcke zerspalten. Nach der Sage ruht unter dem kahlen, dunkelgrauen Felsen eine schöne Jungfrau, die alle sieben Jahre zum Leben erwacht und ihre finstere Gruft verläßt. Wer sie dann trifft und ihr siebenmal »Helfgott« zuruft, soll die Schöne erlösen und ihre kostbaren Schätze besitzen. Eine Pause auf dem Rastplatz »Scharfenstein« an der A 49 und ein Spaziergang über die Brücke hinüber zu der Felsengruppe könnten sich also auszahlen.
Aber auch ohne diese »sagenhaften Aussichten« ist der Scharfenstein einen Besuch wert: Nirgends im Hessischen Bergland findet man schönere Basaltsäulen.

⑱ Bergpark Wilhelmshöhe

Wenn ein Park so geschickt in die natürliche Landschaft eingepaßt ist und sich seit über 300 Jahren organisch aus den von Wildbächen zerfurchten Wäldern an der Ostflanke des Habichtswaldes entwickelt hat, dann kann man ihn getrost in den Kreis der Natursehenswürdigkeiten aufnehmen. Der Bergpark Wilhelmshöhe, mit seinen schäumenden Kaskaden und Wasserfällen, künstlichen Klippen und Grotten, mit über 800 Baum- und Straucharten der größte und schönste Bergpark Europas, ist gleichzeitig ein lebendiges Dokument dafür, wie sich das Verhältnis des Menschen zur Natur gewandelt hat. Ging es den Gartenarchitekten der Barockzeit noch darum, der Natur mit geometrischen Mustern ihren persönlichen Stempel aufzudrücken, so ließen sich die Vertreter der englischen Gartenkunst schon von der Naturlandschaft inspirieren. Bei einem Spaziergang durch die über 300 ha große Parkanlage kann man sich von der so entstandenen Verbindung von Architektur und Landschaft überzeugen.
Das Herkulesdenkmal hoch über dem Park (beschildert, Parkplätze) bietet eine großartige Aussicht, von dort führen Kaskaden mit Wasserspielen über zahlreiche Stufen hinab (Herkules-Besteigung: 15. März–15. Nov. Di–So 10–16 Uhr; Wasserspiele: Himmelfahrt–Ende Sept. Mi, So, Fei 15–15.45 Uhr; beleuchtete Wasserspiele jeden 1. Sa im Juni, Juli, Aug., Sept. bei Einbruch der Dunkelheit).

⑲ Dörnberg und Habichtswald

Strenggenommen ist der 579 m hohe Dörnberg, ein Dorado der Segelflieger, nur zum Teil eine Natursehenswürdigkeit. »Echte« Natur sind die Helfensteine, die Wichtelkirche und die anderen Basaltklippen, die wie

Der Bergpark Wilhelmshöhe ist eine geglückte Verbindung von Architektur und Landschaft. Im 18. Jahrhundert entstanden hier drei Ensembles: das Oktogon mit dem Herkules, Schloß Wilhelmshöhe und die künstliche Ruine der Löwenburg.

abgekaute Zahnstümpfe aus den Bergmatten ragen. Wenn man jedoch der Natur freien Lauf ließe, dann wären die jetzt noch größtenteils kahlen, nur hier und dort von Wacholdersträuchern und Dorngestrüpp bedeckten Muschelkalk- und Basalthänge bald wieder bewaldet. Damit hätte aber für manche seltene Pflanzenart, die jetzt noch in den Magerrasen gedeiht, die letzte Stunde geschlagen. Bäume und Sträucher müssen daher immer wieder mühsam gerodet werden, um den Lebensraum mit seiner seltenen Flora zu erhalten.

Man erreicht den Dörnberg am bequemsten über die Straße Zierenberg–Calden (16 % Steigung!). An ihrem höchsten Punkt zweigt rechts ein asphaltierter Weg ab, der nach 1,5 km zu einem Wanderparkplatz führt. Dort haben Sie die Wahl zwischen dem Alpenpfad (5 km, Markierung: 1) und dem Jägerpfad (6 km, Markierung: 2). Beide Rundwanderwege verbinden die wichtigsten Sehenswürdigkeiten.

20 Rudolfshagen

Die meisten Autofahrer fahren an dem Wald zwischen Höringhausen und Ober-Waroldern vorbei, ohne zu ahnen, daß sie eines der interessantesten Naturschutzgebiete Deutschlands verpassen. Wenn man aber etwa 1,5 km hinter Höringhausen das Auto auf dem kleinen Parkplatz am Waldrand abstellt und dem mit einem umgekehrten »T« markierten Waldweg folgt, dann versteht man bald, warum das 75 ha große Waldstück Rudolfshagen seit 1978 unter Naturschutz steht: Mehr als 200 Ameisenhügel liegen hier verstreut, manche sind über 1 m hoch. Während sich die Forstleute in vielen Wäldern mit bescheidenem Erfolg bemühen, die Kleine Rote Waldameise in ihren Revieren anzusiedeln, vermehren sich die Ameisen im Rudolfshagen von Jahr zu Jahr. Mit dem ihrer Art eigenen Fleiß bekämpfen sie schädliche Insekten und tragen so dazu bei, daß der Wald gesund bleibt.

Die Hügel der Kleinen Roten Waldameise im Rudolfshagen können über 1m Höhe erreichen.

Die Kleine Rote Waldameise, eine von rund 200 mitteleuropäischen Ameisenarten, trägt zur Gesundheit des Waldes bei.

Der Dörnberg im Habichtswald mit seinen Basaltklippen ist ein Standort seltener Pflanzen, denen durch Gestrüpprodung das Überleben ermöglicht wird.

Die Große Allee
Arolsen, die Barockresidenz im Twistetal nördlich vom Waldgebiet Rudolfshagen 20, besitzt eine der schönsten Alleen Deutschlands. Graf Georg Friedrich von Waldeck, ein Onkel des Stadtgründers, ließ 1676 die sechsreihige, 2000 Schritt (1625 m) lange Eichenallee als Verbindungsweg vom alten Residenzschloß zum Lustschlößchen Charlottenthal anpflanzen. Von den 888 im 17. Jh. gesetzten Eichen sind die meisten noch heute erhalten. Außer der Großen Allee gibt es im »Hessischen Versailles« noch drei weitere prachtvolle Alleen: die Fürstenallee (Kastanien), die Spendelallee (Linden) und die Ulmenallee.

Der künstlich aufgestaute Edersee ist ein beliebtes Freizeitparadies. Die hier lebenden Graureiher geraten durch den Menschen allerdings immer stärker in Bedrängnis.

21 Edersee

Die Graureiher, die sich nach dem Bau der Talsperre kurz vor dem Ausbruch des Ersten Weltkriegs am Edersee ansiedelten, wechseln ihre Brut- und Nistplätze häufig. Sie tun es allerdings nicht aus freien Stücken, sondern weil sie verfolgt und gestört werden. Die Graureiherkolonie am Edersee flüchtete in den letzten Jahrzehnten mehrmals vor Tieffliegern und rücksichtslosen Wassersportlern. Man kann sich daher nur mit einem Fernglas bewaffnet auf die Suche begeben, um die imposanten Vögel in irgendeiner Bucht des Edersees zu erspähen. Selbstverständlich sollte man den unter Schutz gestellten Graureiher nur aus gebührender Entfernung beobachten.

22 Wüstegarten

Der Kellerwald paßt von den Landschaftsformen und vom geologischen Aufbau nicht so recht zum Hessischen Bergland: Er besteht aus gefalteten, metamorphen Gesteinen, hauptsächlich Schiefern, Grauwacken und Quarziten. Es gibt hier reiche Bodenschätze, vor allem Kupfer- und Eisenerze sowie Gesteinsarten, die sich zu Schmucksteinen schleifen lassen. Achat war im Kellerwald z.B. früher so häufig, daß er in der Stadtmauer von Bad Wildungen vermauert wurde!
Bei einer Wanderung (4,5 km) auf den höchsten Gipfel des Gebirges, den Wüstegarten (675 m), den man am besten von Schönstein aus erreicht (etwa 200 m hinter dem Ortsausgang in Richtung Jesberg links in den mit »Wü« markierten Feldweg einbiegen), sollten Sie daher die Augen offen halten. Die hellgrauen Klippen, die in den vom Wind zerzausten Buchenhochwäldern auf dem Kamm aufragen, bestehen allerdings aus gewöhnlichem, sehr hartem Quarzit.

23 Basaltkuppe in Amöneburg

Das Städtchen im Marburger Land hat fast südeuropäisches Flair, nicht nur wegen der artenreichen Flora mit wärmeliebenden Pflanzenarten, die hier in einem Naturschutzgebiet gehegt und gepflegt wird, sondern vor allem wegen seiner für unsere Breiten ungewöhnlichen Lage. Es thront wie viele Orte in der Provence oder in Andalusien auf einer Bergkuppe. Sie besteht aus Basalt, hier sogar aus besonders schönem Säulenbasalt, der in einer Felswand an der Ostseite der Kuppe zutage tritt. An der Nordseite gibt es eine weitere Besonderheit: Dort bleibt an einer

Eine geologische Besonderheit im Hessischen Bergland ist der Kellerwald mit seinen Quarzitklippen wie hier am Wüstegarten. In prähistorischen Zeiten wurden aus dem feinkörnigen Gestein die sogenannten Quarzitgeräte gefertigt.

bestimmten Stelle auch im kältesten Winter kein Schnee liegen, weil aus Spalten im Basalt warme Luft aufsteigt, die den Schnee schmelzen läßt. Mit den Städten im Süden teilt Amöneburg die Parkprobleme. Lassen Sie deshalb Ihr Auto auf einem der beiden Wanderparkplätze an der Zufahrtsstraße stehen, und entdecken Sie Amöneburg und seine Umgebung auf dem aussichtsreichen Mauerrundweg und dem Naturlehrpfad, die am Ortseingang beginnen.

24 Eisenberg
Mit seinen Bergmatten, Hecken und Wetterfichten wirkt der höchste Berg des Knüllgebirges (636 m) wie eine Miniaturausgabe der Langen Rhön, die man bei guter Sicht vom Aussichtspunkt »Rhönblick« an der Südseite oder vom Aussichtsturm auf dem Gipfel hinter der markanten Silhouette der Milseburg im Südosten erkennt. Auch in seinem kühlen, stürmischen und schneereichen Klima sowie im Gesteinsaufbau ist der breite, weitgehend unbewaldete Basaltrücken des Eisenbergs, dessen Name auf den früher hier betriebenen Erzabbau hinweist, ein getreues Spiegelbild der Rhönberge.
Die Kreisstraße 34, die 3 km hinter Oberaula von der B 454 abzweigt und sich streckenweise sehr steil zum Eisenberg hinaufwindet, führt etwa 1 km hinter dem Feriendorf der Stadt Hannover am »Opferstein« (Parkplatz in einer scharfen Rechtskurve) vorbei. Wie beim Riesenstein 16 sehen auch hier manche Forscher in dem hellgrauen Quarzitblock eine heidnische Kultstätte mit »Blutauffangschale« und »Blutabflußrinne«.

Wildpark Knüll: Tiere aus der Nähe erleben
Hier fressen einem die Tiere, die manches Großstadtkind nur noch aus dem Fernsehen kennt, buchstäblich aus der Hand: z.B. die Hirsche und die Mufflons, die in dem 40 ha großen Wildpark frei zwischen den Besuchern umherlaufen. Temperamentvollere Tiere wie Wildpferde, Wisente und Wildschweine sind in Gehegen untergebracht. Im Kleintierhaus tummeln sich Kaninchen, Meerschweinchen, Frettchen und Waschbären. Man erreicht den Wildpark auf ausgeschilderten Zufahrtsstraßen über Remsfeld und Schellbach von der Anschlußstelle Homberg (Efze) der A 7 als Abstecher vom Eisenberg 24 aus (April–Sept. tägl. 9–18, Okt.–März So, Fei 10–16 Uhr geöffnet; für Gruppen nach Anmeldung: ☏ 05681/775236).

Route 3 Vogelsberg

Kühle Wälder, windige Höhen

25 Salzwiesen von Münzenberg
Salzpflanzen im Binnenland? Salzquellen wie die am Ufer der Wetter bei Münzenberg lassen Erdbeerklee, Queller und Andelgras auch fernab vom Meer mitten in Deutschland gedeihen! Was das Naturschutzgebiet unterhalb von Münzenberg außerdem interessant macht, ist seine Vogelwelt: Mit Glück und einem Fernglas kann man bei ruhigem Verhalten hier die seltene Rohrweihe, die Sumpfohreule und den Roten Milan beobachten;

Buchstäblich hervorragend ist die Lage Amöneburgs auf einem Basaltkegel, der schon in frühgeschichtlicher Zeit besiedelt und befestigt wurde. Im 13. Jahrhundert wurde das Städtchen, das an Orte in Südeuropa erinnert, gegründet.

Vom Bismarckturm auf dem Taufstein hat man einen weiten Blick über den Oberwald des Vogelsbergs bis zur Rhön.

auch für Kiebitz und Graureiher bieten Feuchtwiesen, große Röhrichtflächen und ein Erlenbruchwald ungestörten Lebensraum.
An der Sporthalle (ausgeschildert) von Münzenberg befinden sich Parkplätze. Kurz danach zweigen rechts zwei Feldwege in das Gebiet der Salzwiesen zwischen Münzenberg und Ober-Hörgern ab.

㉖ Taufstein

Zwischen bemoosten, wild durcheinandergewürfelten Basaltfelsen und pilzbewachsenen Baumleichen stehen die von Wind und Schneelasten bizarr geformten Bäume des »Urwaldes« am Taufstein, der mit 773 m höchsten Erhebung des Vogelsbergs. Das frostige Klima der Eiszeiten hat die Basaltmassen zu Blockfeldern verwittern lassen. Der häufige Regen schafft heute gute Lebensbedingungen für Pflanzen wie Bärlappe, Moose und Flechten.
Einen weiten Rundblick über den Oberwald und bis hinüber zur Rhön hat man vom Bismarckturm inmitten des kleinen, seit 1906 nicht mehr forstlich genutzten »Urwaldes«. In Breungeshain dem Schild »Hoherodskopf« bis zu den Parkplätzen am Fuß des Hanges folgen. Von hier sind es noch 500 bis 600 m Fußweg zum Bismarckturm (beschildert).

㉗ Forellenteiche

Die bunten Bergwiesen bei den Forellenteichen im Hohen Vogelsberg, mit selten gewordenen Pflanzenarten wie Verschiedenblättriger Kratzdistel, Trollblume, Eisenhut, Siebenstern, Arnika und Knabenkräutern, verdanken ihre Entstehung dem Menschen: Die typische Flora kann sich nur entwickeln und halten, wenn die Wiesen einmal pro Jahr gemäht werden und wenn keine Düngung erfolgt. So überleben anspruchslose, schwache Arten, ohne von kräftigen »Allerweltsarten« verdrängt zu werden. Zur Vielfalt auf den Wiesen an den Forellenteichen tragen die Uferränder der Nidda und moorige Stellen bei. Vom Parkplatz auf dem Hoherodskopf (von Breungeshain ausgeschildert, Orientierungstafel am Clubhaus) führt ein ca. 2 km langer markierter Weg zu den Teichen.

㉘ Breungeshainer Heide

Ein Hochmoor, Bergwiesen mit seltenen Pflanzen und ein Magnetfels machen den besonderen Reiz dieses Naturschutzgebiets im Oberwald des Vogelsbergs aus. Im niederschlagsreichen Gebirgssattel zwischen Taufstein und Sieben Ahorn hat sich auf wasserundurchlässigem Basaltlehm das einzige Hochmoor des Vogelsbergs gebildet. Hier wachsen Moorpflanzen wie Torfmoos und Wollgras, Sonnentau und Krähenbeere. Um den Torf abbauen zu können, wurden früher Entwässerungsgräben

Route 3
Vogelsberg

Die etwa 100 km lange Strecke führt von der milden, reichen Wetterau hinauf ins Herz des kargen, rauhen Vogelsbergs mit seinen kühlen Wäldern und windigen Höhen.
Streckenverlauf:
Von der A 5 Frankfurt–Gießen über die Ausfahrt Bad Nauheim auf die B 275 Richtung Bad Nauheim, nach etwa 3 km links über Steinfurth und Rockenberg zu den Salzwiesen von Münzenberg ㉕; im Ortsteil Ober-Hörgern auf die B 488 über Lich nach Laubach und weiter bis zur B 276, auf dieser rechts nach Schotten, dort links die B 455 und nach ca. 1 km wieder rechts ab nach Breungeshain, in unmittelbarer Nähe des Ortes liegen der Taufstein ㉖, die Forellenteiche ㉗, die Breungeshainer Heide mit dem Geiselstein ㉘ und die Basaltsteinwand Bilstein ㉙; von Breungeshain auf die Ringstraße Hoher Vogelsberg und nach Ilbeshausen-Hochwaldhausen mit den Uhuklippen ㉚; in Ilbeshausen rechts nach Grebenhain, dort rechts auf die B 275 und kurz darauf links ab nach Bermuthshain und weiter in Richtung Ober-Moos zu den Vogelsberger Teichen ㉛; zurück zur B 275 und links nach Hartmannshain, dort rechts nach Herchenhain am Ernstberg ㉜; die Straße weiter über Sichenhausen und Burkhards zur B 276, diese links nach Gedern, zum Nidder- und Hillersbachtal ㉝.
Auf der B 275 über Florstadt nach Friedberg und rechts auf der B 3 nach Bad Nauheim an der A 5.

angelegt; das Moor trocknete aus und starb zum größten Teil ab. Erst als die Gräben verschlossen und die (unerwünschten) Nadelhölzer und Birken entfernt waren, erholte sich das Hochmoor wieder. Stehengebliebèn sind nur die seltenen Karpatenbirken, Relikte aus dem Eiszeitalter.
Die auf der Wiese nördlich des Moores goldgelb blühende Arnika hat wohl Anlaß für den Namen »Goldwiese« gegeben. Selten sind auch viele andere Pflanzen, die hier gedeihen: Türkenbund, Knabenkrautarten, Bergflockenblume, Trollblume, Teufelskralle und feuchtigkeitsliebende Arten wie Moosbeere, Blutauge und Bachnelkenwurz. Der im Wald gelegene Basaltdurchbruch des Geiselsteins enthält Magneteisen – er lenkt deshalb die Kompaßnadel ab. Unweit des Felsens finden sich seltene Gebirgspflanzen wie Alpenmilchlattich, Gebirgshahnenfuß und Grüne Waldhyazinthe.
Das Betreten des Moores und der Wiesen ist verboten, von den Wegen hat man aber einen guten Einblick. Auf einem mit einem Greifvogel markierten Wanderweg kann man ab den Parkplätzen »Heide« oder »Niddaquelle« Moor und Goldwiesen in einer guten Stunde umwandern. Die Parkplätze erreicht man von Breungeshain aus in nördlicher Richtung (ausgeschildert).

Mit menschlicher Hilfe entstand die reizvolle Flora bei den Forellenteichen.

Das ausgetrocknete Hochmoor Breungeshainer Heide wurde wiederbelebt: Heute ist es Lebensraum zahlreicher feuchtigkeitsliebender Pflanzen.

Salziger Sprudel

Die Solquellen Bad Nauheims, die seit 1959 nur noch zu Kurzwecken dienen, wurden schon um 500 v. Chr. zur Salzgewinnung genutzt. Das Salzmuseum im Teichhaus-Schlößchen am Kurpark zeigt die Geschichte der Salzgewinnung seit der Frühzeit. Salzentstehung und Salzpflanzen sind weitere Themen (Di, Do, Sa 15.30–17.30, So 9.30–11.30 Uhr geöffnet). Sehenswert sind auch die kohlensäure- und salzhaltigen Thermalquellen im wunderschönen Sprudelhof Bad Nauheims. Die Stadt lädt gleich am Ausgangspunkt unserer Tour auf dem Weg nach 25 zu einem Abstecher ein.

Den Vogelsberg verstehen

Näheres über den Vogelsberg kann man im Naturschutz-Informationszentrum auf dem Hoherodskopf erfahren, dem kleineren »Bruder« des Taufsteins 26. Informationstafeln erklären die Entstehung des Gebirges, ein großes Modell macht seine Gliederung sichtbar. Die Ausstellung zeigt die Tier- und Pflanzengemeinschaften der verschiedenen Lebensräume des Vogelsbergs ebenso wie seine touristischen Attraktionen. Aber auch Waldschäden, ihre Ursachen und Folgen werden dargestellt, dazu gibt es Anregungen, wie man selber zum Umweltschutz beitragen kann (Mo–Fr 13–17, vormittags nach Anmeldung unter ☏ 06044/2071 oder 2631, Sa, So, Fei 10–17 Uhr geöffnet).

Der Schmied und der Teufel

Waldschmiede, die Eisenerze verarbeiteten, gehörten zu den ersten Siedlern des Vogelsbergs. Ein Schmied spielt auch in der Sage vom Namen des Vogelsbergs eine Rolle.
Aus Armut hatte er dem Teufel seine Seele verkauft. Würde er aber dem Teufel drei Aufgaben stellen, die dieser nicht lösen konnte, so sollte er frei sein. Je näher das Ende der Frist kam, desto trübseliger wurde er. Da kam ein buckliges Weiblein in seine Schmiede, das guten Rat wußte. Als der Teufel erschien, schnitt der Schmied eine Handvoll seiner krausen Haare ab – die sollte der Böse geradeschmieden, was ihm natürlich nicht gelang. Dann zeigte er ihm ein Stück geschmiedetes Eisen und fragte, was das werden solle. Der Teufel antwortete, es sei eine Schippe, der Schmied aber schlug es krumm und machte eine Hacke daraus. Als letztes führte er den Teufel zu seiner Frau. Sie war in Brotteig gewälzt, mit Federn überschüttet und saß auf einer Vogelstange.
Der Teufel geriet außer sich vor Zorn, weil er nicht sagen konnte, was das sei. Er schrie, einen derartigen Vogel habe er auf der ganzen Welt noch nicht gesehen wie auf diesem elenden Vogelsberg – und fuhr mit Gestank in die Luft.

Der Bilstein (666 m) am Vogelsberg besteht nicht – wie der Bilstein an der Werra – aus Diabas, sondern aus Basalt.

29 Bilstein

Die zerklüfteten Basaltmassen des Bilsteins (666 m) ragen kantig über dem Eichelbachtal empor – Überreste von Lava, die in ältere Gänge oder Spalten eingedrungen ist und dort erstarrte. Das weichere Gestein ringsum wurde durch Verwitterung abgetragen. Zahlreiche Flechten und Moose haben sich auf den plattenförmig erstarrten Schichten angesiedelt. Unterhalb der Klippe und im angrenzenden Wald gibt es Blockmeere aus moosbewachsenen Felsen, zwischen denen Farne wachsen. Von der Klippe hat man eine weite Aussicht über die Wetterau und bis zum Taunus.

An der Straße von Breungeshain nach Sichenhausen liegt bei einem Schild zum Segelflugplatz ein Parkplatz. Von dort kann man in etwa 20 Minuten auf einem mit »X« markierten Weg zum Bilstein wandern.

30 Uhuklippen

Ob hier jemals Uhus gebrütet haben, wissen wir nicht. Interessant sind die Klippen aber auf jeden Fall als Dokument der Erdgeschichte.

In schnellem Lauf fließt das Wasser des Schwarzen Flusses über dunkle, bemooste Basaltfelsen am Osthang des Vogelsberger Oberwaldes ins Tal. An seinen Ufern findet man Reste von Schlackenhaufen – hier wurde einst Eisen gewonnen. Auf einem Waldlehrpfad, der links am Ufer entlangführt, kommt man zu den Uhuklippen (Parkplatz in Hochwaldhausen, am Ende der Jean-Berlit-Str. rechts). An diesen eindrucksvollen, von der Witterung zerklüfteten Resten der uralten Lavaströme des Vogelsbergs wächst auch ein schönes Eibenwäldchen. Auf dem Rückweg sollte man dem Hessenweg »5« folgen, der den Weg zu den Klippen kreuzt. Er führt dicht am Fluß entlang.

Einige Kilometer östlich der Uhuklippen, bei Grebenhain-Nösberts, gibt es Feuchtwiesen mit prächtiger Flora.

31 Vogelsberger Teiche

Heimat, Rast- und Brutplatz für viele Vogelarten sind die künstlich aufgestauten ehemaligen Fischteiche im südwestlichen Vogelsberg. Im Lauf der Zeit haben sie einen natürlichen Charakter angenommen, so daß im Wasser und in den Verlandungszonen heute auch seltene Pflanzen gedeihen. Während der Nieder-Mooser Teich hauptsächlich als Badesee erschlossen wurde, sind Rothenbachteich, Ober-Mooser Teich und Reichloser Teich Naturschutzgebiete. Über 100 Brutvogelarten wurden hier festgestellt, für mehrere Arten ist das Gebiet der letzte Brutplatz in Hessen. In der Brutzeit überwachen Naturschützer daher die Teiche. Haubentaucher, Tafel- und Reiherente, Wasserralle und Bekassine, Kie-

An den Vogelsberger Teichen, hier das Naturschutzgebiet Reichloser Teich, wurden über 100 Brutvogelarten gezählt. Auch Durchzügler wie der äußerst seltene Fischadler wurden schon gesichtet.

bitz und Schafstelze brüten hier oder in der Umgebung. Selten gewordene Greifvögel wie Habicht, Sperber und Schwarzmilan finden Nahrung zur Aufzucht ihrer Jungen. Regelmäßige Gäste sind Graureiher, als Durchzügler trifft man fast alle europäischen Wat- und Entenvögel und sogar sehr gefährdete Arten wie den majestätischen Fischadler und den unverwechselbaren Schwarzstorch.
Am besten beobachtet man die Vögel am Rothenbachteich, dort wurde unweit des Parkplatzes ein Hochstand eingerichtet (Fernglas nicht vergessen!). Ansonsten führt nur am Damm ein Weg entlang, um den Vögeln möglichst viele Ruhezonen zu lassen. Auch die Wege am Ober-Mooser Teich darf man auf keinen Fall verlassen.

Keine spektakulären Sehenswürdigkeiten, dafür aber beschauliche, herbe Schönheit bietet das Naturschutzgebiet am Ernstberg.

32 Ernstberg

Oberhalb des kleinen Ortes Sichenhausen erhebt sich der Ernstberg über den stillen Wiesen des oberen Niddertals. Keine spektakulären Attraktionen, aber die rauhe Schönheit der Vogelsberglandschaft können Sie hier kennenlernen. Arnika, Deutscher Enzian und Trollblume finden ihren Platz zwischen Felsen, verkrüppelten Buchen, umgestürzten Bäumen und dichten Hecken. Hier weidet auch das Vogelsberger Höhenrind, eine kleine, rötliche, dem Klima angepaßte Rasse, die früher zugleich als Zugtier, Milch- und Fleischlieferant diente.
Am besten erreichen Sie den als Naturschutzgebiet ausgewiesenen Ernstberg vom Parkplatz »Marktplatz« in Herchenhain aus. Ein mit »R4« markierter Weg führt in etwa einer Stunde um das Gebiet.

33 Nidder- und Hillersbachtal

Rings um den Gederner See ist ein beliebtes Naherholungsgebiet entstanden. Die angrenzenden Täler von Nidder und Hillersbach, mit fast 300 ha ein großes Naturschutzgebiet, zeigen eine typische Vogelsberger Kulturlandschaft mit naturnahen Bachläufen inmitten von Wiesen, Wäldern und Hecken. Immerhin 84 Brutvogelarten finden hier ihren Lebensraum. Der Gederner See und vor allem der talabwärts gelegene Spießweiher besitzen auch als Rast- und Brutplätze große Bedeutung.
Den See, von dem aus mehrere Wanderwege durch das Gebiet führen, erreicht man von der Ortsmitte von Gedern aus.

Im Süden des Naturparks Hoher Vogelsberg liegt das Niddertal, ein Naturschutzgebiet mit harmonischer, abwechslungsreicher Kulturlandschaft. Vom nahe gelegenen Gederner See aus führt eine Reihe von Wanderwegen durch die Umgebung.

20 Thüringer Becken, Eichsfeld und Vogtland

Weiße Felsen und Heilquellen

Wie ein aufgeschlagenes Buch der Erdgeschichte erscheinen die Talhänge von Saale, Unstrut und Wipper – vor allem aber bieten sie eine großartige Fülle an Farben und Formen. Vielfältig schillert der Buntsandstein von Vitzenburg. Hell leuchten die Muschelkalkterrassen des Wipperdurchbruchs nahe Seega. In weißem Gestein formten Naturkräfte auch die Barbarossahöhle im Kyffhäuser – hier im Bild – mit ihren spektakulären Gebilden. Trutzige Burgen sind aus heimischem Fels gebaut. Buchtenreiche, ausgedehnte Stauseen wie Pöhl und Pirk beleben die schlichte, bergige Waldlandschaft des Vogtlandes. Heilkräftige Mineralquellen sprudeln hier aus der Erde und haben den Ruf bekannter Kurorte wie Bad Elster und Bad Brambach begründet.

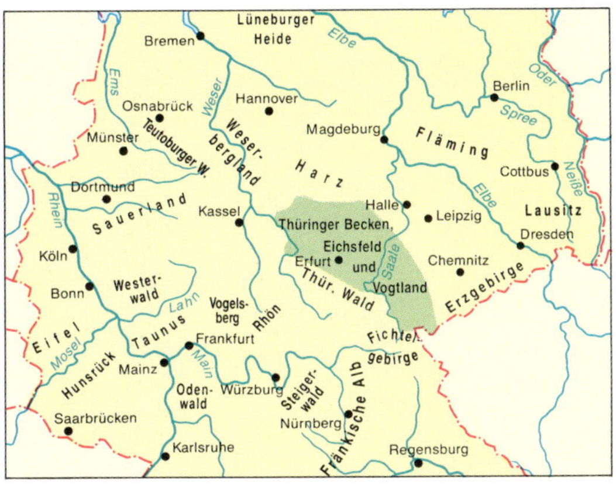

Lage Zwischen dem Harz und dem östlichen Harzvorland im Norden, der Leipziger Bucht, dem Sächsischen Hügelland und dem Erzgebirge im Osten, dem Thüringer Wald im Westen und Südwesten sowie dem Frankenwald im Süden
Ausdehnung Nordwest–Südost ca. 190 km; Südwest–Nordost ca. 90 km
Länder Sachsen-Anhalt, Thüringen, Sachsen
Höchste Erhebungen Vogtland: Schneckenstein 890 m, Hoher Brand 803 m; Eichsfeld: Höheberg 521 m; Kyffhäusergebirge: Kulpenberg 477 m
Wichtigste Flüsse Werra, Unstrut, Wipper, Saale, Weiße Elster
Landschaftsformen Vom schwach bewaldeten Hügelland des Eichsfelds über die Mulde des von einigen Höhenzügen durchsetzten, ansonsten waldarmen Thüringer Beckens bis zur Mittelgebirgslandschaft des Vogtlandes, dessen Hochfläche von tiefen Tälern zerschnitten ist
Information Bad Frankenhausen-Information, Poststr. 19, O-4732 Bad Frankenhausen, ☏ 0037 4586/337; Bad Langensalza-Information, Neumarkt 9, O-5820 Bad Langensalza, ☏ 0037 624/2568; erfurt-information, Bahnhofstr. 37, O-5020 Erfurt, ☏ 0037 61/26267; Gera-Information, Dr.-Rudolf-Breitscheid-Str. 1, O-6500 Gera, ☏ 0037 70/26432; Gotha-Information, Hauptmarkt 2, O-5800 Gotha, ☏ 0037 622/54036; Greiz-Information, Markt 13, O-6600 Greiz, ☏ 0037 7793/6537; Jena-Information, Neugasse 7, O-6900 Jena, ☏ 0037 78/24671 und 22050; Mühlhausen-Information, Görmarstr. 57, O-5700 Mühlhausen, ☏ 0037 625/2912; Naumburg-Information, Lindenring 36, O-4800 Naumburg, ☏ 0037 454/2514; Touristinformation Nordhausen, Zentraler Platz (Eingang), Töpferstr. 42 (Postadresse), O-5500 Nordhausen, ☏ 0037 628/8433; Sangerhausen-Information, Göpenstr. 19, O-4700 Sangerhausen, ☏ 0037 456/2575; Sondershausen-Information, Ferdinand-Schlufter-Str. 20, O-5400 Sondershausen, ☏ 0037 6289 9/8111

Gips, Salz und fruchtbare Böden

Der Süd- und Westrand des Kyffhäusers 11 beeindruckt durch unzählige weiße Felsen: Gips aus dem bis zu 270 Millionen Jahre alten Zechstein. Erdfälle, Senken und Höhlen wie die sagenumwobene Barbarossahöhle 10 sind durch Auslaugung entstanden. Auch auffällige kleine Kuppen kann man im Gestein erkennen – hier hat sich Anhydrit bei der Umwandlung in Gips durch Wasseraufnahme aufgebläht.
Den Kyffhäuser flankieren nördlich die Goldene und südlich die Diamantene Aue. Man hat in diesen Niederungen jedoch weder Gold noch Edelstein gefunden; die Böden sind so fruchtbar, daß sie schon im Mittelalter ihre klangvollen Namen erhalten haben. Die Absenkung der beiden Auen kam dadurch zustande, daß Wasser die Steinsalze aus tieferen Gesteinsschichten herausgewaschen hatte. Auch gegenwärtig setzen sich diese Prozesse fort: Es kommt immer wieder zu Erdfällen und Bodenabsenkungen, die selbst Häuser leicht beschädigen können. Diese Bodenbewegungen haben Bad Frankenhausen 10 einen unübersehbar schiefen Kirchturm beschert.

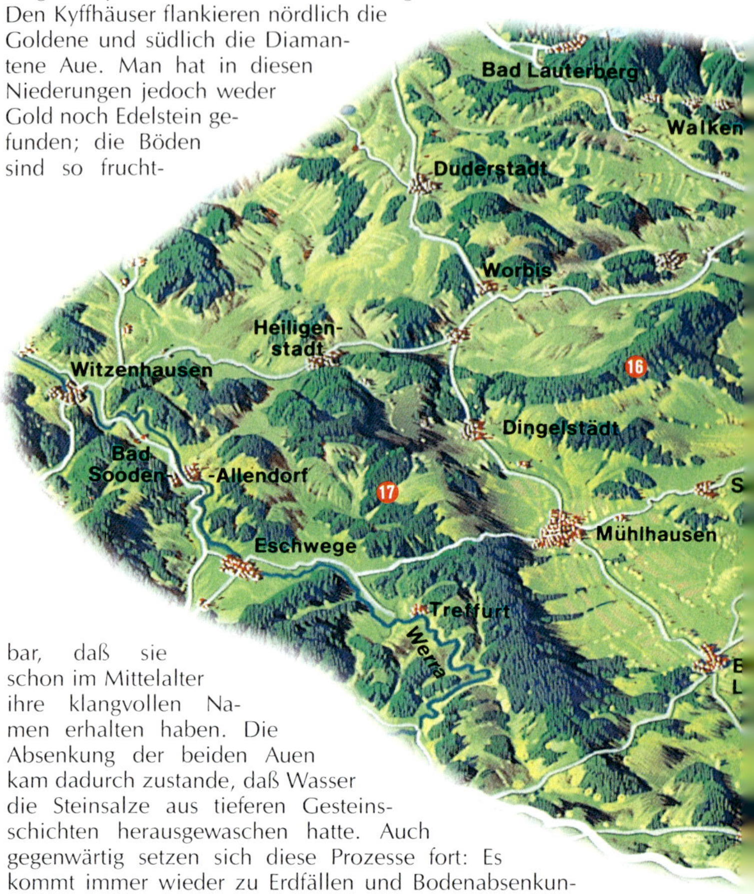

Steine erzählen

Vielfach sehen wir im Thüringer Becken Gebilde aus der bis zu 250 Millionen Jahre alten erdgeschichtlichen Abteilung des Buntsandsteins. Wie in einem Bilderbuch zur Geologie sind seine Schichten im Engtal der Unstrut bei Memleben 7 und vor allem an den Steilhängen von Vitzenburg 6 aufgeschlossen: eine Farbenfülle, die dem Gestein seinen Namen gegeben hat. Die obersten Schichten des Buntsandsteins, der Röt, verwittert zu leuchtendroter Erde – zu sehen bei Nordhausen auf der Fahrt von der Heimkehle 14 zum Erdfall Großes Seeloch 15.
Der bis zu 243 Millionen Jahre alte Muschelkalk stammt aus der Zeit, wo sich hier einst ein Meer erstreckte – auch Ammoniten und versteinerte Muscheln, Korallen und andere Meeresbewohner zeugen davon. Die Täler im Muschelkalk wie das Leutratal 1, die Toten Täler 4 und vor allem das Wipperdurchbruchstal 9 gehören mit ihren helleuchtenden Felsklippen und bizarr geformten Terrassen zu den besonderen landschaftlichen Schönheiten des Thüringer Beckens.

Schlimme Unstrut – brave Saale

Unstrut, unheimliche Strut, böse Strut: Jahrhunderte hindurch charakterisierten diese Namen treffend den Saale-Nebenfluß mit seiner unsteten Wasserführung. Schon die im Mittelalter hier siedelnden Zisterziensermönche mußten ihre Äcker und Weinberge mühsam gegen Hochwasser schützen. Die 1857 gegründete »Sozietät zur Regulierung der Unstrut« ließ das Flußbett zwischen Wendelstein und Wangen vertiefen; ferner baute man einen Flutkanal von Schönfeld bei Artern bis Memleben 7 – Hochwasser verursachten jedoch weiterhin große Schäden. So wurden im Frühjahr 1956 rund 20000 ha Wiesen und Felder überschwemmt. Starke Regenfälle ließen den Fluß an einer Stelle im gleichen Jahr gar zu einem 1,5 km breiten See anschwellen. Erst durch den Bau von Rückhaltebecken und Kleinspeichern ist es in den letzten Jahren gelungen, die Hochwassergefahr zu bannen.

Die auch Atlasbeere genannte Elsbeere liebt nährstoffreiche, kalkhaltige Lehmböden, wie sie im Thüringer Becken vorkommen. Sie kann bis zu 20 m hoch werden.

Ein weit freundlicheres Ansehen als die Unstrut genießt die liebliche Saale. In vielen bekannten Liedern hat man sie besungen, und auch Maler fanden hier stets lohnende Motive. Das bekannte Gemälde »Waldandacht« von Adolph von Menzel (1815–1905) zeigt ein liebliches Waldtal bei Bad Kösen. Und selbst Goethe hat in seinen Zeichnungen vielfach Saalelandschaften dargestellt: »Saalepartie bei Jena«, »Kalkfelsen an der Saale« und »Saaletal unterhalb der Dornburger Schlösser« sind hierfür schöne Beispiele.

Felsen, Schlösser, Rosengärten

Auf der Fahrt an der Saale von Kunitz (3) nach Bad Kösen stehen links auf steilen Muschelkalkfelsen die prachtvollen Dornburger Schlösser. »Ich weiß nicht, ob Dornburg Dir bekannt ist; es ist ein Städtchen auf der Höhe im Saaltale unter Jena, vor welchem eine Reihe von Schlössern und Schlößchen gerade am Absturz des Kalkflözgebirges zu den verschiedensten Zeiten erbaut ist; anmutige Gärten ziehen sich an Lusthäusern her ...«, schrieb Goethe am 10. Juli 1828 an Karl Friedrich Zelter.

Auf einem Ritt durch das Saaletal hatte der Dichterfürst 1776 Dornburg entdeckt. Er konnte seinen Landesherrn Herzog Karl August von Sachsen-Weimar dafür gewinnen, die Anlage auszubauen und einen Schloßgarten anzulegen. Oft weilte Goethe dort, zumeist im Renaissanceschloß, das auch als Goetheschloß bekannt ist. Zum Komplex gehören noch das Rokokoschlößchen und das Alte Schloß. An den gepflegten Schloßgarten grenzen Weinberge. Ein Besuch lohnt sich vor allem im Sommer, wenn hier in großer Fülle und Farbenpracht die Rosen blühen.

Route 1
Nördliches Thüringer Becken und Eichsfeld

Unsere ca. 350 km lange Tour führt – überwiegend auf Nebenstrecken – zu den hervorragenden Natursehenswürdigkeiten des Thüringer Beckens wie dem Großen Gleisberg (3) und den Steilhängen bei Vitzenburg (6) und streift das Eichsfeld mit dem Keulaer Wald (16).

Streckenverlauf:

A 4 Chemnitz–Weimar bis Ausfahrt Jena-Göschwitz, in südlicher Richtung ein kurzes Stück auf der B 88 bis Maua, dort wieder rechts nach Leutra (1); zurück nach Maua und auf der B 88 nach Jena, im Zentrum links auf die B 7 Richtung Weimar, am Stadtende von Jena rechts abbiegen und über Cospeda nach Closewitz zum Rautal (2); danach nach Löbstedt, hier ein kurzes Stück links der B 88 folgen, dann gleich wieder rechts ab nach Kunitz (3); über Golmsdorf und bei Dornburg auf die B 88, weiter bis Camburg, dort links und hinter der Bahn rechts weiter bis Unterneusulza, hier rechts nach Bad Kösen und auf der B 87 nach Naumburg, im Stadtkern links auf die B 180 Richtung Freyburg bis Kleinjena, dort links nach Großwilsdorf (4); zurück zur B 180 und nach Freyburg, dort rechts und ein Stück weiter auf der B 176, nach etwa 3 km links abbiegen nach Mücheln, dort links nach St. Micheln (5); westwärts weiter über Albersroda zur B 180, dort rechts bis Steigra und hier links über Reinsdorf nach Vitzenburg (6); weiter bis Nebra, hier rechts und über Wangen bis Memleben (7); nun nach Süden über Bucha nach Saubach auf die B 176, dieser rechts Richtung Kölleda bis Backleben folgen, dann rechts nach Burgwenden (8); nördlich von Burgwenden links und über Beichlingen nach Schillingstedt, dort rechts auf die B 85 und über Etzleben und Gorsleben weiter bis zur B 86, diese links Richtung Kindelbrück, bis rechts die Straße über Bilzingsleben und Günserode nach Seega (9) abbiegt; zurück zur B 86 und links in Richtung Sangerhausen bis zum Erreichen der B 85, hier links weiter nach Bad Frankenhausen, am nördlichen Ortsausgang links und über Rottleben zur Barbarossahöhle (10); zurück nach Bad Frankenhausen, hier links und auf der B 85 Richtung Kelbra bis zum Kulpenberg (11); weiter bis Kelbra, dort rechts nach Tilleda (12); wieder nach Kelbra zurück, hier rechts und über Roßla bis kurz vor Agnesdorf (13); zurück nach Roßla und rechts auf der B 80 bis Berga, dort rechts zur Heimkehle (14) hinter Uftrungen; zurück nach Berga und auf der B 80 rechts weiter bis Nordhausen, hier auf die B 243 nach Kleinwechsungen (15); zurück nach Nordhausen und rechts auf die B 80, auf ihr Richtung Worbis bis kurz vor Niedergebra, dort links nach Friedrichslohra, hier rechts und weiter über Friedrichsrode bis vor Keula (16); weiter nach Keula, hier rechts bis Hüpstedt, dort links und nach 1 km rechts, nun über Beberstedt bis Dingelstädt, von hier südwestwärts über Wachstedt nach Großbartloff (17).

Von hier geht es dann zurück nach Dingelstädt und auf der B 247 über Mühlhausen, Bad Langensalza und Gotha zur A 4.

Auf dieser Route gibt es überall Gaststätten verschiedener Preiskategorien; Übernachtungsmöglichkeiten sind jedoch nur begrenzt vorhanden; man sollte vor allem nach »Zimmer frei«-Schildern an Privathäusern Ausschau halten.

Hier sprudelt Gesundheit

Im Süden des Vogtlandes dringen sie aus der Erde: die heilsamen Quellen. Besonders Bad Elster ist eine gefragte Kuradresse. Seinen Aufstieg vom armen Weberdorf zum bekannten Heilbad verdankt der Ort vor allem dem Plauener Physik- und Medizinprofessor Georg Leisner, der 1669 als erster einen »Kurzen Bericht des Elster-Säuerlings« gab. Darin tat er kund, daß die Quellen »sonderlich in Heilung des Scharbock (Skorbut), des Mali Hypochondriaci (Überempfindlichkeiten), Nierensteins und Zipperleins (Gicht) kräftig befunden und berühmt geworden«. Die Leute hätten im Gesundheitseifer »wie die Kühe gesoffen«.
Richtig berühmt wurden die Quellen aber erst im 19. Jh.; König Albert von Sachsen kam höchstselbst, als man 1898 das 50jährige Bestehen des sächsischen Staatsbades feierte. Heute dienen die Kuren in Bad Elster der Behandlung von Kreislaufbeschwerden und Bewegungsstörungen.

Das seltene Purpurknabenkraut fühlt sich in den Rotbuchenwäldern des Leutratals wohl; es blüht von April bis Juni.

Route 1 Nördliches Thüringer Becken und Eichsfeld

Auf den Spuren Barbarossas

1 Leutratal

Unmittelbar nördlich von Leutra (Parkmöglichkeit) liegt das Naturschutzgebiet Leutratal mit seinen knapp 120 ha Ausdehnung. Die terrassenförmig gestuften, manchmal aber auch steilen Hänge bestehen überwiegend aus den Kalksteinen des Unteren Muschelkalks, den man auch Wellen-

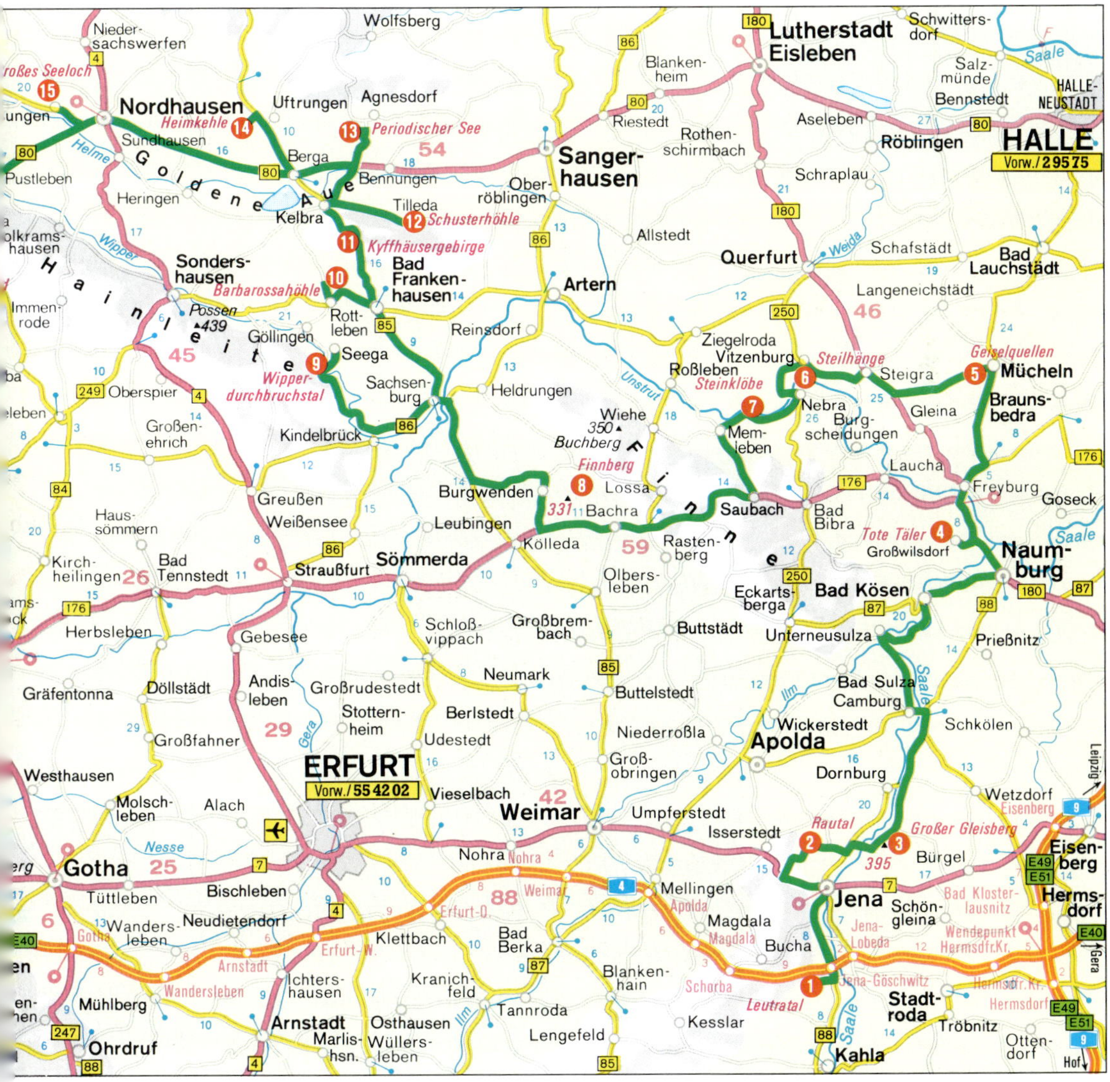

Der Baumpieper läßt seinen trillernden und zwitschernden Gesang in den Wäldern des Leutratals erklingen.

Die Feldlerche, wie der Baumpieper ein Bodenbrüter im Leutratal, stimmt ihren Gesang nur in luftiger Höhe an.

Goethes Rhododendren blühen noch
Der nach Plänen Goethes ab 1813 gestaltete, 7,5 ha große Kurpark von Bad Berka (Dr.-Salvador-Allende-Str.) wird durch einen interessanten, 2 km langen Naturlehrpfad erschlossen. 41 im Kurpark vorkommende Gehölzarten und viele Bodenpflanzen sind auf Tafeln anschaulich erläutert. Besonders sehenswert sind – vor allem in der Blütezeit im Mai und Juni – die großen Rhododendronbüsche, aber auch die alten, prachtvollen Sommerlinden und Stieleichen.
Einen Besuch Bad Berkas können Sie sehr gut vor Beginn der eigentlichen Tour in Leutra 1 einplanen. Sie erreichen den Kurort über die A 4, Ausfahrt Weimar, und dann über die B 87 in südlicher Richtung.

kalk nennt. In ihm versickert viel Wasser; so kommt es, daß die Leutra zwar im oberen und im unteren Teil das ganze Jahr über plätschert, im Mittelbereich hingegen im Sommer versickert – das Wasser rinnt dann in unterirdischen Klüften talwärts.
Der Wald besteht vor allem aus Rotbuchen. Auf den kalkreichen Böden gedeihen Orchideen wie Purpurknabenkraut, Waldvögelein, Bocksriemenzunge oder Fliegen-, Bienen- und Spinnenragwurz. Die drei zuletzt genannten Pflanzen teilen in ihrem Namen mit, von welchen Tieren sie vor allem bestäubt werden. Dazu haben sie besondere Eigenschaften entwickelt: Die Blüten sehen aus wie die Hinterleiber der entsprechenden weiblichen Tiere, ja, sie duften auch so. Die liebeshungrigen Männchen wittern eine gute Gelegenheit – und bestäuben in ihrem Eifer die Orchidee. Wer den besonders attraktiven und stark gefährdeten Rotbraunen Frauenschuh, die schönste Orchidee unserer Heimat, entdeckt, sollte einen großen Bogen um ihn herum machen: Er reagiert extrem empfindlich auf Bodenverdichtung durch Tritt.
An den lichtdurchfluteten Hängen mit ihren kleinen Gebüschen brüten Feldlerche, Baumpieper, Garten- und Dorngrasmücke, Zilpzalp und Goldammer. Wenn Sie einen Frosch, eine Maus oder einen dicken Schmetterling leblos im Dorngesträuch hängen sehen, dann haben Sie das Vorratslager des Rotrückenwürgers entdeckt; ist das Nahrungsangebot reichlich, so legt er etwas für beutearme Regentage zurück.

2 Rautal

Im Vorfrühling lockt das Rautal bei Closewitz viele Besucher an. Zwar tragen die Edellaubhölzer wie Bergulme, Spitzahorn und Esche noch keine Blätter, dafür bedeckt ein gelber Blütenteppich von Winterlingen den Waldboden. Der Winterling, ein Hahnenfußgewächs, stammt aus Südeuropa und kam im ausgehenden Mittelalter nach Deutschland. Ursprünglich in Weinbergen und als Zierpflanze in Gärten gedeihend, breitete er sich durch Verwilderung aus. Im Rautal findet sich heute das einzige größere Wildvorkommen des Winterlings in Mitteleuropa. Es steht als Naturdenkmal unter Schutz.
In Closewitz halten Sie sich rechts und erreichen nach etwa 1,5 km das Rautal (Parkmöglichkeit).

3 Großer Gleisberg

Aus Jena kommend, halten Sie hinter Kunitz am Fuß des bewaldeten Großen Gleisbergs (395 m, Parkmöglichkeit). Neben der weißen Ruine der Kunitzburg schimmern durch das grüne Blätterdach weiße Felskanzeln. Vor Ihnen liegt das fast 250 ha große, faszinierende Naturschutzgebiet Großer Gleisberg.

Sanfte Hänge, lichte Wälder, fruchtbare Böden: das Leutratal mit seinem teils munter plätschernden, teils völlig versickernden Fluß.

Muschelkalk bildet die Hochfläche und die steilen Hänge. Auf dem Weg zur Ruine Kunitzburg (1 km) passieren Sie riesige abgerutschte Muschelkalkschollen. Eichen und Hainbuchen säumen den Weg, an feuchten Stellen wachsen Bergulmen und Eschen, an schattigen Hangpartien Rotbuchen. Unter ihren Kronen gedeiht auf den kalkreichen Böden das bildhübsche Weiße Waldvögelein, eine Orchidee. An Steilhängen wird der Wald zu lichtem Gebüsch mit vielen Elsbeeren, an denen sich die Vögel laben; an Felsabstürzen kontrastieren schwarzgrüne Eiben mit dem hellen Kalk.
Im Reservat brüten – neben vielen anderen Arten – der winzige, aber lautstarke Zaunkönig, der an seinem schwefelgelben Latz leicht zu identifizierende Waldlaubsänger und der Kernbeißer, der mit seinem starken Schnabel auch die härtesten Schalen öffnet. Und noch eine weitere, oft übersehene Tiergruppe ist hier mit immerhin neun Arten präsent: die Asseln, die – wer hätte es vermutet – zu den Krebstieren gehören.

Das Helmknabenkraut gehört zu den geschützten Orchideengewächsen und ist in den Toten Tälern zu finden.

4 Tote Täler

Einst wurde hier Wein angebaut, heute bedecken pilzreiche Wälder, Gebüsche, Trockenrasen- und Grünlandflächen den Hang des Hasselbachtals, den viele Trockentäler – darunter das Todtal, das dem Reservat den Namen gegeben hat – zerschneiden. Sie scheinen in die Schichten des Unteren und Mittleren Muschelkalks förmlich eingeschnitzt zu sein. Zahlreiche Vertreter der beiden spektakulärsten Pflanzenfamilien Europas sind hier zu bewundern: der Orchideen- und der Enziangewächse. Unter den Orchideen ragen Große Händelwurz, Weiße und Grünliche Waldhyazinthe, Bleiches und Rotes Waldvögelein, Purpur- und Helmknabenkraut hervor. Dieser Orchideenstandort gilt als einer der bedeutendsten zwischen Ostsee und Erzgebirge. Von den Enzianen verdienen Gefranster, Gekreuzter und Deutscher Enzian besondere Erwähnung.
Vor allem in den kleinen Gebüschen haben sich ungewöhnlich viele Vogelarten angesiedelt, darunter Feldschwirl, Sperbergrasmücke und Heidelerche.
Von Großwilsdorf (Parken in der Ortsmitte) geht man 1,5 km westlich Richtung Größnitz. Bald erstreckt sich rechter Hand das 260 ha große Reservat.

Der giftige Winterling, eine große Seltenheit, kommt im Rautal wild vor. Er blüht von Februar bis März.

5 Geiselquellen

Zwei Quellorte umfaßt dieses Naturdenkmal: In der Ortsmitte von St. Micheln ist gleich bei der Gaststätte die eigentliche Geiselquelle zu finden. Von dort führt ein 800 m langer Pfad östlich steil hangaufwärts zu den Zwölf-Apostel-Quellen. Beide Quellen haben ein gemeinsames Einzugsgebiet und werden seit langem zur Trinkwasserversorgung genutzt.

Der Große Gleisberg mit der Ruine Kunitzburg ist ein gewaltiger Muschelkalkfelsen. Er thront gleichsam über dem nach ihm benannten Naturschutzgebiet.

An der Saale hellem Strande . . .
Hell ist der Strand des vielbesungenen Flusses leider nicht mehr, doch immer noch thronen hier »Burgen stolz und kühn«, so die Rudelsburg, deren Alter im Dunkel der Geschichte liegt. Eine Chronik erwähnt sie 1171 zum ersten Mal. Nach Zerstörung der Hauptburg wurde sie 1450 wieder aufgebaut, brannte im Dreißigjährigen Krieg aus und blieb dann lange Zeit unbewohnt. Vom Burgturm bietet sich eine imposante Fernsicht in die Täler von Saale und Ilm. Viele bekannte Lieder sind hier entstanden, so 1828 »An der Saale hellem Strande« von Franz Kugler und 1863 »Dort Saaleck, hier die Rudelsburg« von Hermann Allmers.
Auf einem niedrigen Sporn der gleichen Bergzunge liegt, nur durch eine Schlucht getrennt, die im 11. Jh. erbaute Burg Saaleck. Hier informiert ein Museum (Öffnungszeiten bitte vor Ort erfragen) über die Geschichte beider Burgen. Auf der Fahrt vom Großen Gleisberg 3 zu den Toten Tälern 4 fahren Sie in Saaleck direkt an der Rudelsburg und der Burg Saaleck vorbei (Parkmöglichkeit).

Das Unstruttal – hier bei Laucha – ist Teil des nördlichsten Weinbaugebiets Europas.

Mit den Mönchen kam der Wein
Östlich von Vitzenburg 6 beginnt das Weinbaugebiet im unteren Unstruttal. Bereits im 10. Jh. wurden hier – zusammen mit dem Bau von Klöstern – die ersten Weinberge angelegt. Große Ausdehnung erreichten die Rebkulturen im 16. Jh., der Dreißigjährige Krieg aber ließ viele Weinberge veröden. Nach vorübergehender Belebung im 18. Jh. richtete 1876 starker Reblausbefall große Schäden an. Die Rebkulturen gingen auf nur etwa 100 ha zurück. Eine neue Blüte des Weinbaus setzte in den sechziger Jahren unseres Jh. ein. Heute werden an der Unstrut wieder auf rund 234 ha Reben angebaut. Vorwiegend sind es die Weißweinsorten Gutedel, Müller-Thurgau, Riesling, Silvaner und Weißburgunder.

Die Geiselquelle tritt bei einer Verwerfung an kleinen Spalten des Wellenkalks aus und sammelt sich im eingefaßten Quellteich. In den neunziger Jahren des 19. Jh. wurde die Geiselquelle noch als Springquelle beschrieben. Von 1927–30 betrug ihre mittlere Schüttung über 100 l pro Sekunde. Auch heute noch kann man manchmal das Aufsprudeln des Wassers an Luftblasen und hochgewirbeltem Feinmaterial erkennen.
Die Zwölf-Apostel-Quellen sind typische Schichtquellen im Grenzbereich von wasserstauendem Röt und wasserdurchlässigem Muschelkalk. Die durchschnittliche Schüttung beträgt nur etwa 25 l pro Sekunde. Auch hier hat man das Quellbecken dekorativ mit Naturstein eingefaßt.

6 Steilhänge bei Vitzenburg

Als habe ein Riese seinen Farbkasten ausprobiert: Direkt südlich von Vitzenburg (Parken im Ort) fallen gehölzfreie Hänge steil zur Unstrut ab; die Farbskala der horizontalen Buntsandsteinschichten reicht von Weiß über Gelb und Hellbraun bis zu dunklem Rotbraun. Leuchtende Gipsschichten treten vor allem in den oberen Bereichen hervor.
Da die Hänge kaum bewachsen sind, hat die Bodenerosion den Boden abgetragen. Nur auf der Hälfte des Hanges wachsen Trockenrasenpflanzen, die sich diesen kargen Lebensbedingungen angepaßt haben: etwa die recht seltene Erdsegge, ein unscheinbares Gras, der Berggamander mit seinen halbkugeligen, weißen Blütenköpfchen oder das reich verzweigte Graue Sonnenröschen. Auf dem ansonsten nackten Gestein kommen als einzige pflanzliche Lebewesen Flechten vor.

Von besonderer Farbigkeit sind die Buntsandstein-Steilhänge bei Vitzenburg.

Die Geiselquelle liegt mitten in St. Micheln. Wie die nahe gelegene Zwölf-Apostel-Quelle liefert sie noch heute Trinkwasser für das Umland.

7 Steinklöbe

Ein waldfreier Steilhang aus Buntsandstein mit schroffen Felsvorsprüngen und -klippen fasziniert im Engtal der Unstrut nordöstlich von Memleben. Hier liegt ein fast 50 ha großes Naturschutzgebiet. Bei näherem Betrachten werden Sie am Steilhang die originellen Rogensteine entdecken: kugelige, fischrogenähnliche, kalkhaltige Gebilde, die miteinander zu einem typischen Kalkoolith verkittet sind.

Prachtvolle Wälder grünen oberhalb des Steilhangs, aber auch an seinem Fuß. Auf kalkarmen Böden wachsen an warmen Standorten am Hang botanische Raritäten, die sämtlich auf der Roten Liste der bedrohten Arten stehen: Das Frühlingsadonisröschen mit seinen bis zu 8 cm großen gelben Blüten, die aus rund 20 Blütenblättern zusammengesetzt sind, können Sie ebensowenig übersehen wie die wunderschöne Violette Königskerze. Die Nacktstengel-Schwertlilie fällt wegen ihrer Größe – rund 1 m ist sie hoch – und ihrer bizarren, lilafarbenen Blüten ins Auge. Die weißen, roten oder violetten Blüten der bis zu 60 cm hohen, sehr hübschen Pyramidenorchis werden von Nachtfaltern bestäubt; 19 verschiedene Arten konnten nachgewiesen werden.

Den bunten Fels sehen Sie schon rechter Hand bei der Anfahrt aus Wangen, doch können Sie auf der schmalen Straße nicht parken. Sie fahren also weiter bis Memleben (Parken in der Ortsmitte). Dann wandern Sie etwa 1,8 km weit die Straße zurück und gelangen von hier aus zum Ufer der Unstrut.

Die Violette Königskerze, die bis zu 1 m hoch werden kann, bevorzugt sonnige Hänge wie an der Steinklöbe.

8 Finnberg

Die Finne markiert als auffälliger, bewaldeter Höhenzug die nordöstliche Grenze des inneren Thüringer Beckens, einer sanft gewellten Landschaft, die vorwiegend als Ackerland genutzt wird. Ihr nordwestlicher Ausläufer, der Finnberg, ist ein schmaler Grat und mit 331 m die höchste Erhebung weit und breit. Im ausgehenden Erdmittelalter war es hier zu Verwerfungen und Überschiebungen der Schichten des Geländes gekommen. Wie im Lehrbuch zeigt ein Aufschluß am Nordwesthang überkippte – also über 90° aufgerichtete – Muschelkalkbänke.

Zum grandiosen Pflanzeninventar des über 70 ha großen Naturschutzgebiets gehören viele schöne und seltene Gewächse, etwa der Weiße Diptam, der Märzenbecher, die Kartäusernelke, die Bienenragwurz und das Purpurknabenkraut. Eindrucksvoll ist die Bewaldung des Finnbergs: Am Nordhang herrschen Rotbuchen vor, den Südwesthang bedecken vor allem Stein- und Stieleichen. In ihrem abgestorbenen Holz entwickelt sich in fünf langen Jahren der gewaltige, geweihtragende Hirschkäfer, der mit 7,5 cm Länge größte europäische Käfer. Er leckt mit Vorliebe den Pflanzensaft der Eiche. Bevor Sie ihn sehen, hören Sie ihn: Im Flug klingt er fast wie ein Modellhubschrauber.

In Burgwenden lassen Sie das Auto stehen und gehen auf einem 3 km langen Wanderweg in östlicher Richtung zum Finnberg.

Ein Kleinod der Architektur

Zwischen St. Micheln 5 und Vitzenburg 6 empfiehlt sich ein Abstecher nach Burgscheidungen. Sie fahren dazu hinter Steigra über Karsdorf zur dortigen Schloßfestung, die weithin sichtbar über der Unstrut aufragt. Das Schloß geht auf eine alte Höhenburg zurück. Nach wechselvoller Geschichte wurden 1724–32 Nord- und Ostflügel der bestehenden vierflügeligen Renaissanceanlage im Barockstil neu errichtet. So ist hier ein zwei Stilepochen in sich vereinigendes architektonisches Kleinod entstanden. Beim Besuch sollten Sie auch einen Blick in den etwa 7 ha großen gepflegten Schloßgarten werfen. Sehenswert ist vor allem die barocke Terrassenanlage am Nordhang mit ihrem reichen Skulpturenschmuck.

Der Terrassengarten des Schlosses von Burgscheidungen an der Unstrut ist eine Meisterleistung barocker Gartenarchitektur.

Die seltene Stengellose Kratzdistel wird höchstens 20 cm hoch. Sie liebt kalkhaltigen und lehmigen Boden, wie er für das Wipperdurchbruchstal typisch ist.

9 Wipperdurchbruchstal

Zwischen Seega und Günserode durchfließt die Wipper in einem 130 m tiefen Cañon die Schichten des Muschelkalks. Am Hang sind, jeweils abhängig von der Widerstandsfähigkeit der Gesteine gegen Verwitterung, vielgestaltige Felsterrassen, -leisten und -bänke herausgebildet. Den Hangfuß bedecken Schutthalden aus abgebrochenem Gestein. Das Durchbruchstal ist das Kernstück eines über 400 ha großen, einmaligen Naturschutzgebiets.

Die starke topographische Gliederung sorgte dafür, daß ein buntes Mosaik von artenreichen Biotopen entstanden ist. Der wohl interessanteste Lebensraum ist der Magerrasen, zu dessen farbiger Ausstattung der Gefranste Enzian, der Dänische Tragant, die Gemeine Küchenschelle, die Großblütige Braunelle, das Brandknabenkraut und andere seltene Arten zählen.

Sie durchfahren einen Teil des romantischen Tales auf der Strecke Günserode–Seega. Parken Sie sodann in Seega und wandern Sie dann ein Stück zurück zum Naturschutzgebiet.

10 Barbarossahöhle

Mit ihren 2,4 ha ist die Barbarossahöhle die größte Gipshöhle Mitteleuropas – und eine der schönsten dazu. Sie fahren von Bad Frankenhausen über Rottleben (beschilderter Weg) direkt an die Höhle heran (tägl. geöffnet, Öffnungszeiten bitte vor Ort erfragen, eine Parkmöglichkeit befindet sich bei der Höhle).

Entstanden ist das Naturdenkmal der Zechsteinzeit dadurch, daß Wasser in das Gestein eindrang, es langsam auslaugte und so immer größere Hohlräume und unterirdische Seen schuf. Wenn die Gewölbe dem Druck von oben nicht mehr standhielten, stürzten Teile der Decke ein. Bergleute

Hell leuchtet der Muschelkalkfels des Wipperdurchbruchstals.

Die sagenumwobene Barbarossahöhle mit ihren herrlichen Sälen entstand durch Gipsauslaugung. Sie ist Mitteleuropas größte Gipshöhle.

haben die Höhle 1865 entdeckt, als sie nach Kupferschiefer suchten. Da die Barbarossa-Sage in dieser Zeit vor der deutschen Reichsgründung sehr populär war, wurde die Höhle zum würdigen Aufenthaltsort des Kaisers Rotbart erklärt und erhielt bald ihren heutigen Namen. Schon 1866 konnten die ersten Besucher die Höhle betreten.
Ein 160 m langer Eingangsstollen führt zum »Empfangssaal«; 38 m weit spannt sich eine gewaltige Decke über die Halle. Nördlich schließen sich das »Felsenmeer«, ein mit Gesteinsbrocken angefüllter Raum, und die »Kristallkammer« mit ihren glitzernden Gipsnadeln an. Nun geht es zurück zum »Empfangssaal«, um den südlichen Höhlenteil zu besichtigen. Zwischen zwei Seen liegt die »Neptungrotte«; in der »Lohgerberei« haben sich dünne Gipsschalen abgelöst und hängen wie Felle von der Decke. Dahinter erhebt sich der »Wolkenhimmel« mit seinen blendendweißen Alabasterpartien. Der breiteste Raum ist mit 42 m der »Tanzsaal«.

Auf dem Kyffhäuser: das Barbarossa-Monument.

11 Kyffhäusergebirge

Das 19 km lange und 7 km breite Kyffhäusergebirge wirkt wie eine Miniaturausgabe des Harzes. Sein höchster Gipfel, der Kulpenberg (477 m), trägt einen 94 m hohen Funkturm, in dem sich auch ein empfehlenswertes Turmcafé befindet. Während der Kreidezeit wurde hier der Buntsandstein von einer älteren Grundgebirgsscholle durchstoßen, die im Norden stärker herausgehoben ist. An der steilen Bruchstufe treten Gneise und mächtige Sandsteinschichten des Karbons zutage. In diese Schichten sind verkieselte Baumstämme eingelagert. Besonders am Süd- und Westrand des Gebirges ragen weiße Felsen aus Gips auf.
Breite, fruchtbare Niederungen flankieren den Kyffhäuser: die Goldene Aue im Norden und die Diamantene Aue, das Frankenhäuser Tal, im Süden. Auf dem 457 m hohen Kyffhäuser-Burgberg wurde 1890–1896 ein 81 m hohes Barbarossa-Denkmal errichtet. Von dort hat man einen traumhaften Blick über das Kyffhäusergebirge und die Goldene Aue bis zum Harz im Norden und über das Thüringer Becken im Süden.
Sie durchfahren den Kyffhäuser auf der B 85 von Bad Frankenhausen nach Kelbra und kommen am Kulpenberg (Parkplatz) vorbei. In Kelbra zweigt rechts die Straße nach Tilleda ab, die zur Auffahrt zum Denkmal führt (Parkplatz). Das Gebirge durchziehen viele gut beschilderte Wanderwege.

Rotbart wartet im Kyffhäuser
Einst regierte in deutschen Landen der ruhmreiche Kaiser Friedrich I. (1152–90). Liebevoll nannte man ihn wegen seines langen, feuerroten Bartes Kaiser Rotbart, italienisch Barbarossa. Er starb auf einem Kreuzzug ins Heilige Land. Der Sage nach ist er aber nur in tiefen Schlaf verfallen, um dereinst wiederzukehren und das Reich in neuer Größe aufzurichten. Doch solange Raben um den Berg fliegen, dauert sein Schlaf. Die Barbarossahöhle 10 soll des Kaisers Ruhestätte sein. Eine überlebensgroße Skulptur Barbarossas schmückt das Kyffhäuserdenkmal 11.

12 Schusterhöhle

Die wunderschöne Gipshöhle, als Naturdenkmal geschützt, liegt am Südrand des Angers in Tilleda (Parkplatz).

Goldene Aue: Bei Kelbra, am Fuße des Kyffhäusergebirges, erstreckt sich der von der Helme gespeiste Stausee – ein artenreiches Vogelschutzgebiet.

Seltene Bäume, röhrende Hirsche
Auf der Fahrt von der Heimkehle (14) zum Erdfall Großes Seeloch (15) fahren Sie durch Nordhausen. Botanisch Interessierte sollten nicht versäumen, den hier in der Parkallee gelegenen Park Hohenrode zu besuchen. 1875 ließ der Kautabakfabrikant Carl Kneiff die 10 ha große Anlage auf ehemaligen Bergäckern einrichten. Später erweitert, entstand hier ein wegen seines Gehölzartenreichtums bekannter Park. Als besonders wertvoll gilt der umfangreiche Bestand verschiedener Ahorn- und Eichenarten. Insgesamt sind an die 300 Gehölzarten und -formen registriert. Architektonische Zierde des frei zugänglichen Parks ist das ehemalige Wohngebäude der Familie Kneiff, eine gelungene Nachbildung eines italienischen Landhauses.
Das Auto können Sie bei der Gaststätte »Parkhaus« abstellen. Von hier aus erreichen Sie auch das nahe gelegene, 7 ha große Wildgehege. Hier werden vor allem Rot-, Dam-, Muffel- und Rehwild unter naturnahen Bedingungen gehalten. Von einem bequemen Weg aus, der rings um das Gehege führt, können Sie die Tiere in Muße beobachten. Turbulent geht es bei der Rothirschbrunft im September zu.

Regenwasser drang einst in kleine Risse und Spalten des Gesteins ein und wusch den leicht löslichen Gips der Zechsteinzeit aus. Zunächst entstand ein sogenannter Ponor (serbokroatisch für Abgrund): ein trichterförmiges »Schluckloch«, in das Oberflächenwasser hineinstürzt. Unterirdisch sucht es dann seinen Weg, spült weitere Gipsschichten und -höhlen aus und tritt irgendwo wieder zutage.

(13) Periodischer See

Der Periodische See ist die Attraktion des gut 60 ha großen Naturschutzgebiets Bauerngraben. Etwa 1 km vor Agnesdorf biegt links ein Weg zu dem geheimnisvollen Gewässer ab, das schon durch den umgebenden Laubwald schimmert (Parkmöglichkeit).
Weiß leuchten die Gipsfelsen am Nordufer; abgebrochene Brocken sind bis ins Wasser hinuntergestürzt. Entstanden ist der See durch das Wasser des Glasebachs, der bisweilen versickert und dessen tiefes Tal in das Seebecken übergeht. Im Südosten und Südwesten des Sees liegen im Karstgestein zwei große »Schlucklöcher«, in denen ein Gutteil des Wassers verschwindet – sofern sie nicht durch Laub oder Schlamm verstopft sind. Die beiden Löcher nehmen jedoch nicht nur Wasser auf, sie können auch den See speisen – wenn der Wasserspiegel im verkarsteten Gestein entsprechend hoch ist. Man nennt sie daher »Wechselschlünde«. In niederschlagsreichen Perioden kann die Wasserfläche bis zu 5 ha groß werden. In Trockenzeiten dagegen verschwindet der See völlig. So wird aus dem Jahr 1649 berichtet, daß hier ein Knecht »ersoffen« sei. 1723 hingegen muß der See trocken gelegen haben, denn der Pfarrer von Breitungen konnte im Becken laut Chronik 22 Schock Gerste und 18 Schock Hafer ernten. Die Wildkatze hat hier eines ihrer letzten deutschen Verbreitungsgebiete. Sie werden sie wegen ihrer nächtlichen Lebensweise freilich kaum zu Gesicht bekommen, vielleicht aber die charakteristischen Pfotenabdrücke oder ein von ihr gerissenes Tier.

Das Naturschutzgebiet Bauerngraben lädt zu ausgedehnten Wanderungen ein.

Hell leuchten die Felsen aus dem Grün der Bäume am steilen Ufer des Periodischen Sees, der in Trockenzeiten auch völlig verschwinden kann.

⓮ Heimkehle

Gewaltige 2 km führt diese grandiose Gipshöhle im Thyratal ins Bergesinnere, von denen immerhin 700 m für Besucher zugänglich sind. 22 m hoch ist der »Große Dom« – bei einem Durchmesser von 65 m. Geheimnisvoll funkeln die glasklaren Höhlenseen, wenn sie von den Unterwasserscheinwerfern illuminiert werden.
Wie einige andere spektakuläre Höhlen unserer Route entstand auch die Heimkehle durch Karstwasser, das die Gipsschichten des Bergsockels chemisch und mechanisch ausgelaugt hat. Urkundlich wird sie erstmalig 1357 erwähnt. In Kriegszeiten sollen die Bewohner der Umgebung hier Zuflucht gesucht haben. 1920 wurde die Höhle touristisch erschlossen. Im Zweiten Weltkrieg war hier ein Rüstungsbetrieb untergebracht; deshalb wurde der Eingang 1945 gesprengt. Knapp zehn Jahre später betraten wieder Ausflügler die Höhle.
Kurz hinter Uftrungen (Richtung Rottleberode) führt links ein beschilderter Weg zum Höhleneingang (Parkplatz, Gaststätte). Die Höhle ist – wie das Karstmuseum Heimkehle – täglich geöffnet (Mai–Sept. 10–17, Okt.–April 10–16 Uhr; ☏ 0037 4 56 93/3 05).

Der Heimkehle, einer der beeindrukkendsten Gipshöhlen, ist im Ausgangsstollen das Karstmuseum Heimkehle angeschlossen.

⓯ Großes Seeloch

Wie kommt bloß dieser runde, wassergefüllte Trichter mit seinen 150 m Durchmesser in die Landschaft? Unterirdische Wasserströme haben aus den Gips- und Kalkschichten immer größere Hohlräume ausgewaschen. Dort, wo die Höhlendecke zu dünn wurde, brach sie ein – und ließ an der Erdoberfläche ein rundes oder ovales Loch entstehen. Regenwasser, das hineinfließt, versickert normalerweise schnell im Karst; beim Großen Seeloch jedoch ist der Abfluß verstopft – durch eingeschwemmtes Laub und Gesteinsmaterial. Deshalb liegt sein Wasserspiegel auch deutlich über dem der Umgebung. Ein Geheimnis des Naturdenkmals ist bis heute nicht gelüftet: Kein Mensch weiß, wie tief der Erdfall in den Untergrund reicht. Übrigens: Im nördlichen Thüringer Becken gibt es noch weitere Erdfälle; keiner jedoch erreicht den Umfang und die Faszination des Großen Seelochs.
Von Kleinwechsungen, wo Sie das Auto stehenlassen können, gehen Sie 2 km nordwestlich in Richtung Hochstedt.

⓰ Keulaer Wald

Ein riesiger, einsamer Rotbuchenwald, der zum Wandern geradezu einlädt: So präsentiert sich das 300 ha große Naturschutzgebiet. Um die

Sein letztes Geheimnis hat das von schönem Laubwald umstandene Große Seeloch bis heute nicht preisgegeben: Niemand weiß, wie tief das Gewässer ist, das nach einem Erdfall entstand.

Nicht gerade spektakulär, aber sehr malerisch ist der Wasserfall der Lutter: Rauschend fließt das Wasser über die Kalkstufen herab.

500 m hoch liegt es auf einem Plateau des Dün, eines Muschelkalk-Höhenrückens im östlichen Eichsfeld. Man glaubt sich fast in einen Urwald versetzt. Sie sind in einem Plenterwald: Hier stehen Bäume jeglichen Alters und damit unterschiedlicher Höhe und Stärke direkt beieinander; nie wurden große Flächen geschlagen, sondern immer nur einzelne ältere Stämme.
Zum Unterwuchs des Waldes gehören Pflanzen wie die Quirlblättrige Weißwurz, die Zwiebeltragende Zahnwurz, der Bärenlauch oder die Mandelblättrige Wolfsmilch. Alle Wolfsmilcharten sondern bei Verletzung einen klebrigen, weißen Saft ab – daher der Name. Wer eine Lupe dabei hat, ist fein heraus: Er erkennt, daß die unscheinbaren gelbgrünen vermeintlichen Einzelblüten in Wirklichkeit Blütenstände sind – um eine kleine weibliche Blüte mit ihrem Griffel stehen einige winzige männliche Blüten mit Staubgefäßen. Da die Euphorbien – so ihr wissenschaftlicher Name – nicht mit prächtigen, farbigen Blüten protzen können, müssen sie die bestäubenden Insekten auf andere Weise locken: Sie bieten ihnen ihren süßlichen Nektar an, den sie in besonderen, direkt neben den Blüten sitzenden Drüsen produzieren.
Links und rechts der Straße Friedrichsrode–Keula beginnt nach etwa 4 km das Reservat. Parken Sie hier und erforschen Sie den Urwald auf – allerdings nicht markierten – Wegen; Pfadfinderqualitäten sind dabei durchaus von Vorteil.

17 Wasserfall der Lutter

10 m stürzt das Wasser der Lutter bei Großbartloff über mehrere Kalkfelsen herab. Diese harten Stufen sind – geologisch betrachtet – mit ihren 5000–10 000 Jahren recht jung. Sie entstanden, als aus kalkhaltigem Quellwasser die Kalkfracht ausfiel, weil sich das Wasser erwärmte und vom Druck entlastet wurde. Auch Algen und Moose haben ihren Teil beigetragen: Sie entziehen dem Wasser Kohlendioxyd, das daraufhin weiteren Kalk abgibt.
Am Ortseingang von Großbartloff biegen Sie links ab und fahren direkt zum malerisch gelegenen, rauschenden Wasserfall, wo Sie auch eine Parkmöglichkeit finden.

Die Plothener Teichplatte verdient zweifellos das Prädikat Vogelparadies. Andernorts so seltene Tiere wie Schwarzstörche und Fischadler können Sie hier sogar mit bloßem Auge entdecken.

Route 2 Südliches Thüringer Becken und Vogtland

Edelsteine an dunkler Felswand

⑱ Plothener Teichplatte

75 km² groß ist das nordwestlich von Plothen gelegene Teichgebiet. Im Spätmittelalter wurden etwa 2000 kleine Seen als Fischgewässer angelegt; 1929 zählte man noch 1600 davon, und heute sind lediglich um die 1000 erhalten geblieben – die anderen verlandeten. Drei kleine Teichflächen (11 ha) südöstlich von Dreba stehen unter Naturschutz. Als »Himmelsteiche« beziehen sie ihr Wasser fast ausschließlich vom Regen, haben also keine Zuflüsse. Dafür verbindet sie ein verzweigtes Grabensystem. Zwar hat die Schilfwelt der Teiche dem Pflanzenfreund einiges zu bieten – erinnert sei nur an das Vorkommen seltener Wasserpflanzen wie dem Übersehenen Wasserschlauch oder dem Echten Pfeilkraut –, doch ihre überragende Bedeutung hat sie als Vogelparadies. Im Herbst fallen allabendlich bis zu 20000 Stare zur Übernachtung am sogenannten Stareneich ein. Hier brüten Stock-, Knäk-, Krick-, Tafel- und Reiherente – eine ungewöhnliche Artenpalette. Die seltenen Rohrsänger sind mit drei Arten vertreten, dazu gesellen sich Raritäten wie Teichhuhn, Rauhfußkauz, Dorngrasmücke, Zilpzalp, Weidenmeise oder Rohrammer. Während der Zeit des Vogelzugs kommen Dutzende von Arten hinzu; selbst ohne Fernglas werden Sie den Fischadler und den Schwarzstorch erspähen.

Route 2
Südliches Thüringer Becken und Vogtland
Die rund 130 km lange Route beginnt im Süden des Thüringer Beckens mit der Plothener Teichplatte ⑱ und führt dann – vorwiegend auf reizvollen Nebenstrecken – durchs Vogtland zur Drachenhöhle Syrau ㉑ und den Schneckensteiner Topasen ㉗.
Streckenverlauf:
A 9 Berlin–Nürnberg Ausfahrt Dittersdorf, Richtung Neustadt bis Linda, dort links und über Kleina und Dreba bis vor Plothen ⑱; südwestwärts weiter über Volkmannsdorf nach Crispendorf, hier rechts und über Eßbach nach Ziegenrück ⑲; zurück nach Crispendorf, rechts abbiegen und über Möschlitz, Burgk und Isabellengrün nach Gräfenwarth und zur Steinrose ⑳; von Gräfenwarth weiter in Richtung Plauen, über die Autobahn hinweg und nach 3 km rechts auf die B 282, dieser bis Syrau ㉑ folgen; weiter in Richtung Plauen bis zum Erreichen der B 92, diese links Richtung Elsterberg ein Stück hoch zur ehemaligen Gaststätte »Heiterer Blick« ㉒; weiter in Richtung Elsterberg nach Steinsdorf, hier rechts über Trieb und Jocketa nach Alt-Jocketa ㉓; nun südwärts über Möschwitz bis Plauen, dort weiter nach Süden auf der B 173 und kurz hinter Pirk gleich nach Passieren der Bahnlinie rechts nach Geilsdorf ㉔; zurück zur B 173, Richtung Plauen und gleich bei Göswein rechts abbiegen zur Talsperre Pirk ㉕; ostwärts weiter über Planschwitz bis Oelsnitz, ein Stück auf der B 92 Richtung Adorf, nach 2 km links und über Görnitz, Tirschendorf und Schilbach nach Schöneck ㉖; nordostwärts weiter bis Muldenberg, dort rechts Richtung Klingenthal und nach 3 km links abbiegen zur Siedlung Schneckenstein ㉗.
Über Muldenberg und Grünbach erreichen Sie Falkenstein; von dort geht es auf der B 169 nach Plauen und ab hier auf der B 282 zurück zur Autobahn (Auffahrt Schleiz). Gaststätten sind auf dieser Route überall anzutreffen; Übernachtungsmöglichkeiten gibt es jedoch in der Regel nur in größeren Orten.

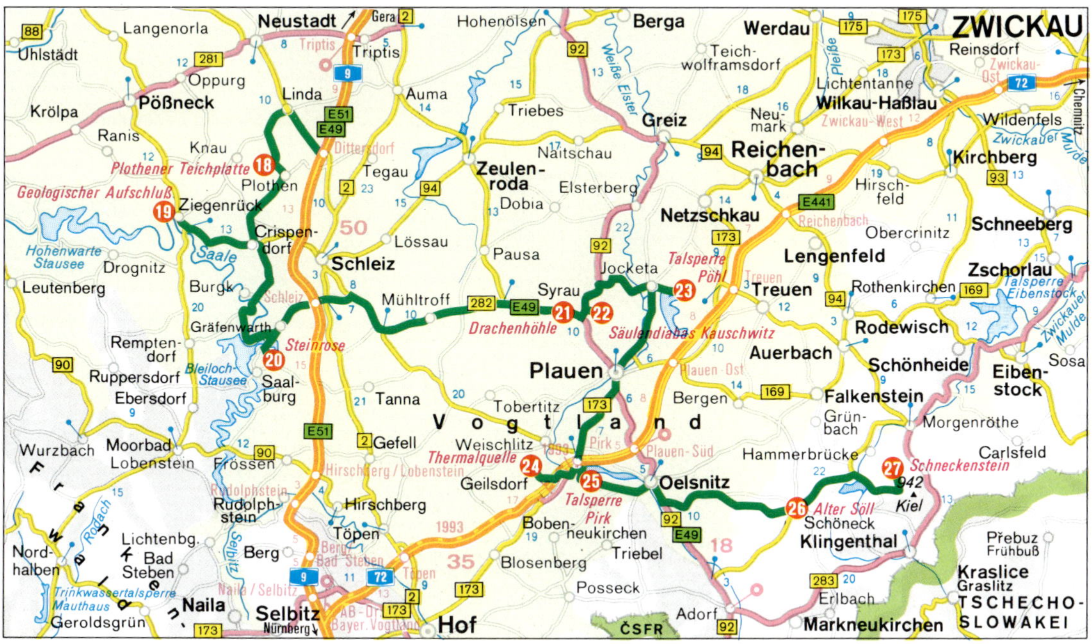

Die Weidenmeise nistet bei den Plothener Teichen in morschen Erlen, Birken oder Weiden.

Bei den Plothener Teichen jagt nachts auch der seltene Rauhfußkauz. Tagsüber ruht er im Geäst von Nadelbäumen.

Große Teile des Teichgebiets durchqueren Sie auf der Strecke von Dreba nach Plothen (Parkmöglichkeiten an der Straße).

⑲ Geologischer Aufschluß bei Ziegenrück

Ein Blick auf eine 350 Millionen Jahre zurückliegende Abteilung des Erdaltertums: Der große geologische Aufschluß von Ziegenrück zeigt Ton- und Grauwackenschiefer aus dem Karbon. Deutlich ist die Schieferung des Gesteins in dünne, ebene Platten zu erkennen. Man hat die Platten früher hier im großen Stil abgebaut, um damit die Häuser der Gegend zu decken.

Das Naturdenkmal liegt links der Straße nach Moxa am Ortsausgang von Ziegenrück (Parkmöglichkeit). Vom Aufschluß führt links ein 1,5 km langer, beschilderter Wanderweg zur 470 m hoch gelegenen Teufelskanzel; hier bietet sich dem Besucher ein imposanter Blick vor allem auf die Hohenwarte-Talsperre.

⑳ Steinrose

Wie von einem Bildhauer modelliert, einer Rosenblüte auffallend ähnlich, zeigt sich das originelle, nur etwa 1,5 m hohe und 1 m breite Steingebilde bei Gräfenwarth. Es besteht aus kugeligem Diabas: Magma erstarrte hier während des Devon, vor etwa 380 Millionen Jahren, innerhalb der Erdkruste zu diesem grauen Gestein. Wenn Diabas verwittert, zerfällt er manchmal in Bestandteile, die wie die Schalen einer Zwiebel angeordnet sind und hier einer steinernen Rose ähneln.

Sie fahren von Gräfenwarth in Richtung Saalburg etwa 2 km bis kurz hinter die Talsperrenbrücke. Hier liegt links, wenige Meter von der Straße entfernt, aber etwas versteckt in einer kleinen Anlage, das Naturdenkmal (Parkmöglichkeit).

Fast wie ein Fluß wirkt die Hohenwarte-Talsperre bei Ziegenrück.

Der Abbau der 380 Millionen Jahre alten Diabassäulen bei Kauschwitz konnte verhindert werden: Sie wurden rechtzeitig unter Naturschutz gestellt.

21 Drachenhöhle Syrau

Erst 1928 haben Steinbrucharbeiter diese traumhafte Tropfsteinhöhle entdeckt, die durch Auslaugung von Kalkbänken entstanden ist (Febr.– Okt. tägl. 9–16.30 Uhr geöffnet); noch im selben Jahr kamen die ersten Touristen. 81 Stufen führen in die Tiefe des zweistöckigen Naturdenkmals; insgesamt müssen Sie über 398 Stufen steigen.

Herrliche Tropfsteine in nuancenreichem Formen- und Farbenspiel erfreuen das Auge. Sie sehen von der Decke herunterhängende Stalaktiten, die ihnen vom Boden entgegenwachsenden Stalagmiten und die aus beiden entstandenen Sintersäulen. Besonders attraktiv wirken die »Plauener Gardinen«: fein gemusterte, 2,5 m lange und 1 m breite Kalkvorhänge. Einen großen Teil der Höhlenfläche nehmen bis zu 16 m tiefe Seen ein, deren Wasser das ganze Jahr über genau 8 °C warm – oder kalt? – ist.

22 Säulendiabas Kauschwitz

Wenn kieselsäurearmes glutflüssiges Magma innerhalb der Erdkruste erstarrt, bildet sich Diabas. Das hier anstehende Gestein ist 380 Millionen Jahre alt und stammt aus dem Devon. Unter ganz bestimmten Erkaltungsbedingungen erstarrt das Material zu markanten Säulen. Hier im aufgelassenen Steinbruch nordöstlich von Kauschwitz erreichen die Säulen eine Höhe von 20 m. Ursprünglich waren auch sie zum Abbau vorgesehen, doch gerade noch rechtzeitig wurde der Steinbruch unter Naturschutz gestellt. Sie lassen Ihr Auto bei der ehemaligen Gaststätte »Heiterer Blick« stehen; auf der anderen Straßenseite liegt der Steinbruch.

23 Talsperre Pöhl

Der 7 km lange und 4,1 km^2 große Stausee bildet mit seinen zahlreichen Buchten und an manchen Stellen steilen Ufern eine reizvolle Fjordland-

Luftigen, gewellten Stoffbahnen ähneln die Kalkgebilde tatsächlich: die »Plauener Gardinen« in der Drachenhöhle Syrau.

Nur selten erscheint ein Name so zutreffend: die Steinrose aus Diabas bei Gräfenwarth.

Plauener Spitzen

Auf der Fahrt von der Talsperre Pöhl 23 nach Geilsdorf 24 kommen Sie durch Plauen, das Zentrum des Vogtlands. Die hier produzierten, heute in 50 Länder exportierten »Plauener Spitzen« haben den Ort weltbekannt gemacht. Schon im 15. Jh. gab es in Plauen eine bedeutende Textilproduktion. Um 1600 stellte man von der ursprünglichen Schafwollweberei auf die Verarbeitung von Baumwolle um. Die Spitzenherstellung blühte jedoch erst mit der Erfindung der Maschinenstickerei 1857 auf. Kostbarkeiten der Spitzen- und Stickereibranche können Sie in der ständigen Ausstellung »Plauener Spitze« sehen (Altmarkt, Altes Rathaus, geöffnet Di–Fr 10–16.30, Sa 9–12.30 Uhr, Mo, So geschlossen).

Malerisch liegt die 25 °C warme Geilsdorfer Thermalquelle im Kemnitzbachtal.

Kuren in Bad Elster
Im Tal der Weißen Elster liegt in reizvoller, waldreicher Mittelgebirgslandschaft, umgeben von ausgedehnten Parkanlagen, Bad Elster. Etwa 25 000 Kurgäste kommen jedes Jahr hierher, um ihren Kreislauf und ihren Bewegungsapparat behandeln zu lassen. Die Grundlage der Therapie bilden vor allem heilkräftige Quellen. Drei von ihnen – die Moritzquelle und die beiden Marienquellen – spenden Wasser für Trinkkuren. Fünf weitere, stark kohlensäurehaltige Quellen werden für Sprudel- und Mineralbäder genutzt. Erst zu Beginn des 19. Jh. wurde die Heilkraft der Quellen erkannt. Im Jahr 1848 eröffnete man im königlich-sächsischen Staatsbad die erste Kursaison.
Sie fahren auf der Strecke von Geilsdorf 24 nach Schöneck 26 in Oelsnitz auf die B 92. Hier geht es dann hinter Adorf rechts nach Bad Elster.

Fast vergessen – der Schönberger Säuerling
Wer auf der Fahrt von der Talsperre Pirk 25 nach Schöneck 26 noch einen Abstecher ins Obere Vogtland mit seinen Bädern machen möchte, fährt von Oelsnitz auf der B 92 südwärts über Adorf und Bad Brambach nach Schönberg. Südlich dieses Ortes liegt unmittelbar an der Grenze zur Tschechoslowakei die Mineralquelle Schönberger Säuerling. Das Flächennaturdenkmal ist die kohlensäurereichste Quelle des Vogtlandes. Schon 1716/17 hat man die drei ursprünglichen Quellen zu einem Brunnen vereinigt. Trotz nachgewiesener Eignung wurde die Quelle nicht für medizinische Zwecke ausgebaut. Mit dem Aufblühen von Bad Elster und Bad Brambach geriet sie schließlich in Vergessenheit.

schaft. Die 1958–64 erbaute Sperrmauer beeindruckt mit einer Höhe von 50 m und einer Länge von 312 m. Rings um den Stausee liegen Campingplätze, Badestrände und viele andere Freizeiteinrichtungen. Am Westufer legt ein Fahrgastschiff zur einstündigen »Kreuzfahrt« ab.
Westlich des Sees liegt das tief eingeschnittene Triebtal, ein Naturschutzgebiet, das der 435 m hohe Eisenberg (Aussichtsturm) überragt. Den Talgrund beherrscht ein Eschenwald, in dem im Sommer das Echte Springkraut auffällt. Berühren Sie die fast reifen Früchte, die wie winzige Gurken aussehen; Sie werden – wie von einem leichten Stromschlag gerührt – erschreckt die Hand zurückziehen: Die Samen springen schlagartig aus der Fruchtschale und fliegen mehrere Meter weit. An den Südhängen gedeiht ein Mischwald, in dem Eichen dominieren; dazwischen liegen Felsbereiche, wo keine Bäume wachsen können, dafür aber eine artenreiche Kräutergemeinschaft. In ihr verdient die Sprossende Felsnelke mit ihren hübschen, rotlilafarbenen Blütenköpfchen als besondere Rarität Erwähnung. Den gegenüberliegenden Hang kennzeichnen Pflanzen, die Schatten und Feuchtigkeit brauchen. In Frühjahr leuchten hier die blaßblauen Blüten des Dreilappigen Leberblümchens. Ameisen verbreiten übrigens die Samen, denen die Pflanze als Lockmittel ein schmackhaftes Anhängsel mitgibt.
Sie fahren am besten nach Alt-Jocketa (Parkmöglichkeiten in Strandnähe).

24 Thermalquelle Geilsdorf

Anfang der sechziger Jahre stieß der Schürfbohrer in 771 m Tiefe auf eine uralte Gesteinsschicht, aus der mit hohem Druck 25 °C warmes Wasser hervorschoß. Damit war die einzige Thermalquelle des Vogtlandes entdeckt; sie schüttet 250 l pro Minute. Das Mineralwasser wird allerdings bisher für Heilzwecke nicht genutzt. Sie parken in der Ortsmitte von Geilsdorf und gehen auf einem beschilderten Weg zur Gaststätte »Neumühle« im Kemnitzbachtal. Die eingefaßte Quelle liegt unmittelbar oberhalb der Gaststätte in einer kleinen Anlage.

Die Talsperre Pöhl nordöstlich von Plauen bietet viele Freizeitmöglichkeiten.

Mitten im Ort Schöneck am Westrand des Erzgebirges erhebt sich der Alte Söll, eine markante Klippe aus hartem dunklem Quarzitgestein.

㉕ Talsperre Pirk

Seit über 50 Jahren staut die Talsperre Pirk die Weiße Elster, einen einst wilden Gebirgsfluß. Harmonisch fügt sich der 4 km lange und bis zu 500 m breite Stausee in die sanfte Mittelvogtländische Kuppenlandschaft ein. Die nur 24,5 m hohe Staumauer ist 257 m lang. Zahlreiche Freizeiteinrichtungen haben einen Teil des Uferbewuchses zerstört, doch sind selbst die Reste sehenswert.
Man erreicht die Talsperre (von allen Richtungen ausgeschildert) am einfachsten über Göswein (Parkmöglichkeit direkt am Ufer).

㉖ Alter Söll

Unübersehbar ragt die markante Felsklippe zwischen Kirche und Rathaus von Schöneck (Parkmöglichkeit) auf. Das Naturdenkmal besteht aus 500 Millionen Jahre altem, dunkelgrauem Quarzitgestein.
Es lohnt sich, den 734 m hoch gelegenen Aussichtsfelsen zu besteigen. Man genießt von dort einen herrlichen Blick über das Obere Vogtland mit dem Elstergebirge und dem Elstertal hinweg bis zum Fichtelgebirge.

Der Schneckenstein: Berühmt wurde der Felsen als Fundstätte von ungewöhnlich schönen Topasen.

㉗ Schneckenstein

Topas, ein Mineral, das die Inder »Feuerstein« nannten, kommt recht häufig vor. Klare, schön farbige Topase, die sich als Edelsteine schleifen lassen, sind dagegen selten. Hier auf dem 890 m hoch gelegenen Schneckenstein entstanden sie, als vor etwa 300 Millionen Jahren granitisches Magma aus dem Erdinnern in die älteren Schiefergesteine eindrang und komplizierte Umwandlungsprozesse in Gang setzte. Die schönsten Stücke können Sie heute im Grünen Gewölbe in Dresden bewundern. Kurfürst Friedrich August I. (1670–1733), besser bekannt als August der Starke, ließ die 1728 von einem armen Tuchmacher entdeckten Steine hierher bringen.
Ende des 18. Jh. wurde der Topasabbau als unrentabel eingestellt, was die Touristen nicht daran hinderte, an dem Felsen herumzuklopfen, um vielleicht doch noch ein Klümpchen Edelstein zu erhaschen. Deshalb mußte das Naturdenkmal eingezäunt werden.
Die nur wenige Häuser zählende Siedlung Schneckenstein liegt – wenn Sie aus Muldenberg kommen – direkt links der Straße. Von der Gaststätte »Schneckensteinklause« (Parkmöglichkeit) führt ein beschilderter Weg (ca. 1 km) zum Schneckenstein.

Die Weiße Elster fließt in einem schmalen, romantischen Waldtal mitten durch das Vogtland. Westlich von Oelsnitz wurde sie zur Talsperre Pirk aufgestaut, die Nutzwasser für die heimische Textilindustrie liefert.

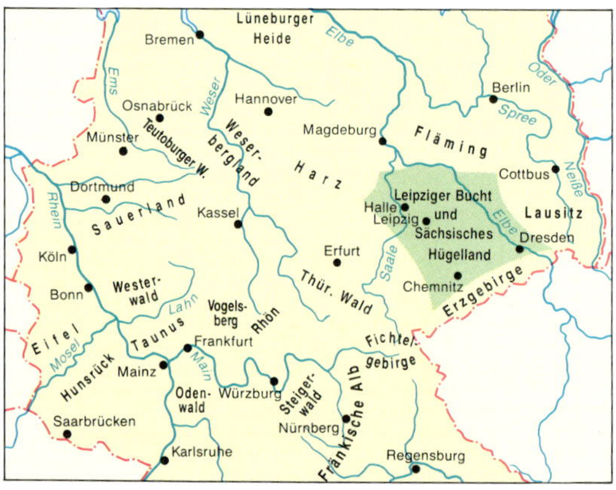

Eintönig, ja reizlos wären die Weiten des Leipziger Tieflandes ohne den Schmuck der grünen Auen und Heiden. Lieblich präsentieren sich die Fluren im Erzgebirgsvorland – hier im Naturschutzgebiet Rochsburg. Nach Osten und Süden ragen bewaldete Hügel auf, rotes Gestein bedeckt die Kuppen. Elbaufwärts aber, vor den Toren Dresdens, wird die Landschaft zum großen Garten. Reben wachsen an den Talhängen, schwarzblaue

Trauben leuchten im Herbst durch dunkelgrünes Laub. Üppige Vegetation säumt die stillen Teiche Moritzburgs. Schiller fühlte sich hier »aufgehoben wie im Himmel«, denn die »Elbe bildet eine romantische Natur um sich her«. Auch der heutige Besucher wird trotz aller Umweltbelastungen immer noch empfinden, daß man diese Gegend zu Recht »Sächsisches Eden« nennt.

21 Leipziger Bucht und Sächsisches Hügelland

Sächsisches Eden

Lage Zwischen der Magdeburger Börde und dem Fläming im Norden, der Lausitz im Osten, dem Erzgebirge und dem Elbsandsteingebirge im Süden, dem Thüringer Becken und dem Vogtland im Westen sowie dem Harz im Nordwesten
Ausdehnung Nord–Süd ca. 120 km; West–Ost ca. 130 km
Länder Im Norden Sachsen-Anhalt und Brandenburg, im Süden Sachsen
Höchste Erhebungen Erzgebirgsvorland: Börnicher Höhe 496 m; Sächsisches Hügelland: Collmberg 314 m; Halle-Leipziger Tieflandsbucht: Petersberg 250 m
Wichtigste Flüsse Elbe, Mulde, Pleiße, Saale, Weiße Elster, Schwarze Elster, Zwickauer und Freiberger Mulde
Landschaftsformen Von der waldarmen, fruchtbaren Halle-Leipziger Tieflandsbucht über die flachwellige, abwechslungsreich durch Waldgebiete (Heiden) aufgelockerte Landschaft des Sächsischen Hügellandes bis zum Erzgebirgsvorland im Süden ansteigend
Information Altenburg-Information, Ecke Weibermarkt 17, O-7400 Altenburg, ☎ 00 37 4 02/31 11 45; Chemnitz-Information, Straße der Nationen 3, O-9001 Chemnitz, ☎ 00 37 71/6 20 51; Dessau-Information, Friedrich-Naumann-Str. 12, O-4500 Dessau, ☎ 00 37 47/46 61 und 52 33; Dresden-Information, Prager Str. 10–11, O-8010 Dresden, ☎ 00 37 51/4 95 50 25; Freiberg-Information, Weingasse 9, O-9200 Freiberg, ☎ 00 37 7 62/36 02; Halle-Information, Kleinschmieden 6, O-4010 Halle, 00 37 46/2 33 40; Halle-Neustadt-Information, Block 338, O-4090 Halle-Neustadt, ☎ 00 37 7 62/65 63 98; Leipzig-Information, Sachsenplatz 1, O-7010 Leipzig, ☎ 00 37 41/7 95 90; Meißen-Information, An der Frauenkirche 3, O-8250 Meißen, ☎ 00 37 53/44 70; Fremdenverkehrsamt Moritzburg, O-8105 Moritzburg, ☎ 00 37 51 97/3 56; Wörlitz-Information, Angergasse 131, O-4414 Wörlitz, ☎ 00 37 47 95/2 16; Zwickau-Information, Hauptstr. 46, O-9540 Zwickau, ☎ 00 37 74/60 07

Wo einst Palmen grünten und Krokodile schwammen
Vor 50 Millionen Jahren, im Tertiär, wurden die 500 m unter dem heutigen Geiseltal südwestlich von Halle lagernden mächtigen Salzschichten des Zechsteins ausgelaugt. An der Erdoberfläche bildeten sich große Senken, in denen Sümpfe, Moore und flache Seen entstanden. Im damals herrschenden feuchten, subtropischen bis tropischen Klima entfaltete sich eine üppige Vegetation aus Palmen, Sumpfzypressen, Mammutbäumen und vielen anderen, heute meist ausgestorbenen Arten. Auch eine reichhaltige, ebenso exotische Fauna fand hier beste Lebensbedingungen: Krokodile, Riesenschlangen, Tapire und Urpferde bevölkerten die Landschaft ebenso wie Halbaffen, Hyänen oder Geier.
Im sauren Moorwasser verwesten die Überreste der abgestorbenen Lebewesen. Aus dem organischen Material bildete sich Torf. Der Untergrund senkte sich und wurde mit der Zeit von Sandschichten überlagert: Unter dem Druck dieser Decke entstand aus dem Torf Braunkohle. Durch besondere Bedingungen während des Moorwachstums haben sich im Geiseltal viele der einst hier verbreiteten Pflanzen und Tiere als Versteinerungen erhalten. Sie werden seit 1925 – beim Braunkohlenabbau – systematisch geborgen. Die bemerkenswertesten Stücke sind heute im Geiseltalmuseum in Halle ❷ ausgestellt – für Besucher eine gute Gelegenheit, sich über die Lebewesen einer weit zurückliegenden Epoche zu unterrichten.

Fruchtbare Böden, wertvolles Gestein
Der Löß ist bekannt für seine Fruchtbarkeit und dafür, daß er die besten Ackerbauflächen bietet. Wie er allerdings entstanden ist, mag so manch einen überraschen: Aus eiszeitlichen Moränen und Flußablagerungen hat der Wind feinsten Staub ausgeblasen und an anderer Stelle deponiert. Feldspat, Quarz und Kalkspat waren die Hauptbestandteile des Staubes, aus dem sich dann der Lößboden entwickelte. Zum Lößland gehören neben der Magdeburger Börde und dem zentralen Thüringer Becken auch der Süden der Leipziger Bucht sowie Teile des Sächsischen Hügellandes zwischen Mulde und Elbe. Auf diesen Fluren werden Weizen, Zuckerrüben und andere anspruchsvolle Kulturen angebaut; der Wald mußte dem Ackerbau weichen. So erklärt sich, daß wir ihn nur noch auf Restflächen in Flußauen und anderen schwer erschließbaren Gebieten finden.
Am Wachtelberg ❺, auf dem Kleinen ❻ und dem Schildauer Berg ❼, aber auch bei Alt-Oschatz ❽ und an anderen Orten der Leipziger Bucht ist der auffallend rote Quarzporphyr zu

sehen. Seit Jahrhunderten wird er in vielen Brüchen als wertvoller Bau- und Dekorationsstein abgebaut. Die aufgelassenen Steinbrüche mit ihren Restfelsen, dem wassergefüllten Bruchloch und der bewaldeten Umgebung haben sich häufig zu landschaftlichen Schmuckstücken entwickelt; sie wurden daher unter Naturdenkmalschutz gestellt. Der Quarzporphyr entstand vor rund 280 Millionen Jahren im Rotliegenden. Vulkane förderten Magma aus der Tiefe an die Erdoberfläche, wo es erstarrte.

Weinbau wird im Tal der Oberen Elbe schon seit dem 12. Jahrhundert betrieben. Weine aus bevorzugten Lagen erreichen eine beachtliche Qualität.

Auen, Heiden, Bergwälder

Die Burgaue von Böhlitz-Ehrenberg ❹ ist nur ein kleiner Teil des etwa 70 km² großen Auwaldes bei Leipzig. Zuweilen fast urwaldähnlich, dann aber wieder parkartig erscheint diese Landschaft. Durchflossen von der Weißen Elster und der Pleiße, ist die Aue von einem weitverzweigten Gewässernetz mit Totarmen und Schlenken geprägt.

»Erst« 100jährige Stieleichen haben auf den feuchten, fruchtbaren Böden Dimensionen erreicht, daß man sie gut und gern für 1000 Jahre alt halten könnte. Leider sind die Ulmen durch das massenhafte Auftreten eines Schädlings, des Ulmensplintkäfers, stark zurückgegangen. Ungehemmt üppig dagegen entwickelt sich die Bodenvegetation. Zur Erhaltung des Auwaldes wurden neben dem Naturschutzgebiet Burgaue die Reservate

Route 1
Nördliches Sächsisches Hügelland und Dresdener Heide

Die rund 380 km lange Route führt teils auf Haupt-, teils auf Nebenstrecken von Dessau über Leipzig quer durch das Sächsische Hügelland zur Dresdener Heide ⓫ und endet im Tharandter Wald ⓯ südwestlich der Elbmetropole. Streckenverlauf: A 9 Berlin–Leipzig Ausfahrt Dessau-Süd, nach Dessau ❶; zurück zur Autobahn und dieser nach Süden bis zur Ausfahrt Großkugel folgen, dort auf der B 6 nach Halle, hier links und ein Stück auf der B 80 Richtung Eisleben, in Halle-Neustadt rechts über Halle-Nietleben nach Halle-Dölau ❷; zurück auf die B 80 und weiter in Richtung Eisleben bis Seeburg ❸; zurück nach Halle und auf der B 6 Richtung Leipzig bis kurz vor Lützschena, hier rechts abbiegen nach Böhlitz-Ehrenberg ❹; weiter nach Wahren, dort zurück auf die B 6, nun über Leipzig nach Wurzen, in der Ortsmitte rechter Hand zum Ortsteil Dehnitz ❺; zurück nach Wurzen und nordwärts weiter nach Kleinzschepa, dort rechts nach Hohburg ❻; über Thammenhain nun nach Kobershain, dort rechts und bis zur Gneisenaustadt Schildau ❼; weiter nach Sitzenroda, dort rechts und über Dahlen nach Oschatz, in der Ortsmitte rechts in Richtung Lampersdorf bis Alt-Oschatz ❽; zurück nach Oschatz, im Ort rechts und auf der B 6 bis Meißen, dort über die Elbbrücke Richtung Coswig nach Sörnewitz ❾; weiter über Coswig nach Moritzburg ❿; nun rechts bis Boxdorf, hier links und über Wilschdorf nach Dresden-Klotzsche ⓫; hier auf der B 97 bis Dresden, über die Elbe und Richtung Pirna die B 172 bis Dresden-Lockwitz, rechts weiter Richtung Reinhardtsgrimma, kurz vor Bärenklause-Kautzsch rechts nach Babisnau ⓬; auf die Hauptstraße zurück und rechts über Kreischa, Possendorf und Obernaundorf bis Rabenau ⓭; weiter Richtung Freital und bei Hainsberg links nach Tharandt ⓮; nun südwestwärts weiter bis Grillenburg ⓯; ein Stück weit zurück Richtung Tharandt, dann links und über Kurort Hartha und Spechtshausen nach Herzogswalde, hier links auf der B 173 nach Mohorn ⓰; auf der B 173 Richtung Dresden bis Grumbach, dort links zur Auffahrt Wilsdruff der A 4.

An allen Sehenswürdigkeiten der Route gibt es Gaststätten. Übernachtungsmöglichkeiten sind in kleineren Orten oft nur begrenzt vorhanden.

Elster- und Pleißeauwald (70 ha, südwestlich von Connewitz) sowie Dölitzer Holz (10 ha, westlich von Leipzig-Dölitz) geschaffen.
Auf ärmeren Böden haben sich Heidelandschaften entwickelt – so etwa die kiefernbestandene Dölauer Heide bei Halle ❷. Als Waldinseln inmitten ausgedehnter Ackerfluren sind sie wertvolle Refugien für viele Pflanzen und Tiere. So finden hier Greifvögel und Höhlenbrüter wie Specht, Meise und Kleiber gute Nistmöglichkeiten. Diese Waldgebiete, allen voran die Dresdener Heide ⓫, sind beliebte Erholungsgebiete.
Reizvoller ist zweifellos der Bergmischwald wie etwa der Tharandter Wald ⓯ mit seinem Baumartenreichtum, den Flüssen, Bächen, Felsen und Schluchten. »Welch eine Fülle von Schönheit«, schrieb einst Heinrich von Kleist über den Besuch Tharandts: »Mitten im engen Gebirge hat

Das Geiseltalmuseum in Halle präsentiert neben Fossilien auch Mineralien wie diesen Kalkspatkoloß.

Fossile Tier- und Pflanzenwelt in Halle
Allen naturgeschichtlich Interessierten sei empfohlen, das Geiseltalmuseum in Halle (zwischen ❶ und ❷) zu besuchen (Domstraße 5, Mo–Fr 9–12, 14.30–17, April–Juli und Sept.–Nov. an jedem 4. So im Monat 10–12 Uhr geöffnet). Es informiert über die Tiere und Pflanzen, die im Tertiär, vor 50 Millionen Jahren, im Geiseltal bei Halle lebten. In der dortigen Braunkohlenlagerstätte wurden allein während der letzten 60 Jahre 40 000 größere Fossilreste gefunden – viele davon gut erhalten. Schon auf dem Museumshof kann man zwei mächtige Stücke des etwa 5 m hohen, versteinerten Stammes einer Sumpfzypresse bewundern.

Mit dem Boot auf Erkundungstour
Von Dessau ❶ aus sollten Sie unbedingt einen Abstecher zum berühmten Wörlitzer Park machen. Nach rund 15 km erreichen Sie über Vockerode den großen Parkplatz am Eingang. Alter Baumbestand in kaum überschaubarer Vielfalt (779 Arten, Formen und Varietäten), ausgedehnte Wiesen, farbenprächtige Blumenrabatten, malerische, oft exotisch anmutende Bauten und Grotten, wertvolle Skulpturen sowie ein Netz von Seen und Kanälen kennzeichnen diesen einmalig schönen Landschaftspark. Am Anleger vor dem Schloß können Sie eine der in den Landesfarben grün-weiß-rot gestrichenen Gondeln besteigen. Auf jedem der kleinen Seen und Kanäle gibt es etwas Neues zu entdecken. Der 122,5 ha große Park wurde unter maßgeblicher Mitwirkung des Fürsten Leopold Friedrich Franz von Anhalt-Dessau vor etwa 200 Jahren in den Elbauen angelegt.

man die Aussicht in drei reizende Täler.« Gemeint sind die Gründe der Wilden Weißeritz ⓮ im Osten und Süden sowie das Schloitzbachtal im Nordwesten des Orts.

Sächsischer Wein

Auf der Fahrt von Meißen zum Boselfelsen ❾ fallen die Reben an den Elbhängen ins Auge. Hier liegt ein Teil des Meißener Weinbaugebiets, das sich entlang der Elbe von Diesbar-Seußlitz im Nordwesten bis Radebeul im Südosten erstreckt und eine Fläche von etwa 210 ha umfaßt. Der Weinbau geht bis ins Jahr 1161 zurück. In der 1852 erschienenen »Beschreibung des Königreiches Sachsen« von Gottlob Eduard Leo heißt es: »Ist auch unser Landwein nicht mit dem Rhein- und Moselweine zu vergleichen, so liefern doch die Sächsischen Weinberge... einen guten trinkbaren Wein... Wird der Meißner Wein aus den besten Bergen gut gepflegt, so kann er mit der Zeit eine vorzügliche Güte erlangen.«

Route 1 Nördliches Sächsisches Hügelland und Dresdener Heide

Von den Schildbürgern und der »Sächsischen Loreley«

❶ Platanenallee

Dessau, die alte Residenz Sachsen-Anhalts, kann sich rühmen, besonders gepflegte Parkanlagen zu besitzen. Ein Kleinod darunter ist die vierreihige Platanenallee, ein Naturdenkmal. Unter ihren fast 500 Bäumen sind zwar 15 verschiedene Baumarten vertreten, doch fallen darunter die riesigen Platanen mit ihren schirmförmigen Kronen und der hellen, in Platten sich ablösenden Rinde besonders ins Auge. Von der Abfahrt Dessau-Süd stadteinwärts kommend, passieren Sie – quasi im Vorbeifahren – den »grünen Tunnel« in der Heidestraße in Dessau-Süd zwischen Lorkweg und Bahnüberführung.

❷ Dölauer Heide

Nordwestlich von Halle gelegen, präsentiert sich das Landschaftsschutzgebiet als lückenloser, fast 800 ha großer und touristisch gut erschlossener Wald mit artenreicher Flora und Fauna. Die Eiszeiten haben die heutigen Geländeformen geprägt; die Hügel in der Heide sind aus Grundmoränen hervorgegangen. Höchste Erhebung ist der Kolkturmberg (133 m, mit Aussichtsturm), ihm folgen Langer Berg und Kellerberg (jeweils 130 m) sowie Schwarzer Berg (129 m). Von Halle-Dölau (Parkplatz am »Café Heiderand«, Heideweg) führen gut ausgeschilderte Wege zu den Sehenswürdigkeiten des Schutzgebiets.
Heute bedecken überwiegend Kiefern- und Kiefernlaubholzforste die Heide. Den ursprünglichen, reichen Mischwald aus Winterlinden, Traubeneichen und Hängebirken treffen wir aber noch im über 50 ha großen

Die fast 500 mächtigen Bäume der Platanenallee in Dessau zeugen von der prunkvollen Stadtanlage der einstigen Residenz.

Naturschutzgebiet Bischofswiese im Nordteil der Heide an – nur ein paar hundert Meter vom Ausgangspunkt entfernt. Hier erfreut uns eine reiche Bodenflora; an attraktiven Seltenheiten seien die Türkenbundlilie, der Diptam und die Färberscharte genannt. An warmen, trockenen Standorten fallen die Weiße Schwalbenwurz und die Große Fetthenne ins Auge. Besonders beachtenswert ist der Reichtum an Greifvögeln: Habicht, Mäusebussard, Rotmilan, Schwarzmilan, Turmfalke, Waldkauz und Waldohreule ziehen hier ihre Kreise.
Mit ähnlichen botanischen und zoologischen Attraktionen wartet auch das 16 ha große Naturschutzgebiet Lintbusch im Südwestzipfel der Heide auf (gut 2 km vom »Café Heiderand«). An ihrem Nordostrand, gleich neben der Gaststätte »Waldkater«, befindet sich ein kleines Heidemuseum (April–Sept. Sa–Mi 9–12, 14–17 Uhr geöffnet). Die Exponate informieren über Flora, Fauna und Urgeschichte des Gebiets.

Die Waldohreule mit ihren charakteristischen Federohren horstet in der Dölauer Heide.

3 Süßer See bei Seeburg

Wie das Becken des Süßen Sees zwischen Halle und Eisleben entstanden ist, läßt sich folgendermaßen beschreiben: Seit vielen Millionen Jahren laugte das Wasser hier riesige Steinsalzlager aus, die in der Erdrinde lagen. Vor etwa fünf Millionen Jahren war es dann soweit: Der Buntsandstein, der über den ausgelaugten Salzschichten lag, brach ein. Es bildeten sich zwei Seen: der große Salzige See, der jedoch 1893 bis auf einen kleinen Rest verschwand, und der Süße See. Er ist etwa 5 km lang und bis zu 1 km breit; die Wasserfläche beträgt 2,6 km^2.
Die Tier- und Pflanzenwelt des Süßen Sees ähnelt der an einem südosteuropäischen Gewässer – hier ist es im Durchschnitt etwas wärmer als in der Umgegend. Daher werden hier sogar Aprikosen geerntet. Typische Steppenpflanzen haben sich angesiedelt, etwa das wunderschöne, sehr selten gewordene Frühlingsadonisröschen mit seinen großen, gelben Blüten, der ebenfalls gelbblühende, dem Boden aufliegende Stengellose Tragant, der in dieser Gegend sein einziges deutsches Vorkommen hat, oder die Steppenwolfsmilch, deren Name verrät, wo sie sich wohl fühlt. Man findet sie vor allem in den Naturschutzgebieten Galgenberg und Fuchshöhlen und Lämmerberg und Vockenwinkel, die direkt nördlich an den See anschließen (Parken in Seeburg, Weg am Nordufer).
Im Süden fällt das Land flach zum See ab; der Schilfgürtel bietet seltenen Vogelarten, etwa der Rohrweihe, der Rohrdommel und der Wasserralle, gute Lebensbedingungen. Auf den Salzwiesen bei Aseleben (B 80, 2 km westlich von Seeburg, im Ort parken), einem Naturschutzgebiet am Südufer, gedeihen charakteristische Salzpflanzen wie Queller, Salzaster und Gemeiner Salzschwaden, die man sonst nur von den Meeresküsten kennt.

Auch der Habicht lebt gern in Nadelforsten in der Nähe von offenem Gelände, wie sie das Gebiet aufweist.

4 Burgaue bei Böhlitz-Ehrenberg

An die 20 km lang ist der Auwald, der Leipzig als fast geschlossener Grüngürtel umgibt. Als typischer Teil davon steht die Burgaue unter Naturschutz. Fast wie ein Park wirkt dieser Wald, in dem mächtige

Das Seeburger Schloß liegt am Nordostufer des Süßen Sees. Ein Besuch des Gewässers ist allemal lohnend – für Erholungsuchende wie für Naturfreunde.

Die Pyramide von Leipzig
Auch Leipzig (bei 4) hat eine Pyramide. Sie ist zwar nur wenige Meter hoch, besitzt aber Seltenheitswert. Aus Steinen zusammengemauert, die einst die Gletscher hierher verfrachtet haben, steht sie auf dem Gustav-Schwabe-Platz, einer kleinen Grünanlage nordöstlich vom Völkerschlachtdenkmal. Im Jahr 1903 hat man das originelle Bauwerk aus Fundstücken errichtet, die in Baugruben der Umgebung zutage kamen. Auf einen Betonkern wurden 550 Findlinge gesetzt. Sie bestehen überwiegend aus Granit und haben einen Durchmesser von 40–80 cm. Vereinzelt erkennt man Gletscherschrammen an der Gesteinsoberfläche.

Löwen aus Leipzig in Afrika
Der 1878 gegründete Zoologische Garten Leipzig (bei 4) gehört zu den bedeutendsten deutschen Tiergärten (Dr.-Kurt-Fischer-Str. 29; im Sommer tägl. 8 bis Einbruch der Dunkelheit, im Winter 8–17 Uhr geöffnet). Auf 30 ha werden rund 2000 Tiere aus etwa 570 Arten und Rassen gehalten. Der Bestand enthält Seltenheiten wie das Anoa – ein kleines, in Indonesien heimisches Wildrind –, den Bergtapir, die Schneeziege oder das Urwildpferd. Weltberühmt wurde der Zoo durch seine Löwenzucht – selbst nach Afrika wurden Leipziger Löwen exportiert! Auch der alte Baumbestand und die gepflegten Gartenanlagen machen den Zoorundgang zum Erlebnis.

Der dämmerungs- und nachtaktive Siebenschläfer ist im Schutzgebiet Kleiner Berg anzutreffen.

Im Schloßpark Machern, der Ende des 18. Jahrhunderts entstand, gibt es seltene Baumarten zu bewundern.

Spaziergang im Schloßpark Machern
Auf der Fahrt von Böhlitz-Ehrenberg ④ nach Wurzen ⑤ kommt man durch Machern. Im dortigen 35 ha großen Schloßpark, angelegt Ende des 18. Jh., laden bequeme Wege durch einen herrlichen alten Baumbestand, prachtvolle Alleen und ein Teich zu Spaziergängen ein. Sehenswert ist vor allem die nahe dem Schloß verlaufende Allee aus Tulpenbäumen. Weitere seltene Baumarten sind Ginkgo, Nordmannstanne, Kanadische Hemlocktanne, Schlitzblättrige Erle, Götterbaum und Gleditschie. Den Park erschließt ein neben dem Schloß beginnender, beschilderter naturkundlicher Wanderpfad.

Ein Vermögen für Gehölze
Es lohnt sich, die Fahrt von Schildau ⑦ nach Alt-Oschatz ⑧ für einen Abstecher zum Landschaftspark Treblitzsch zu unterbrechen. Sie fahren von Sitzenroda in Richtung Torgau bis Beckwitz, dort rechts nach Mehderitzsch, hier erneut rechts und auf der B 182 bis zum Park, der etwa 4 km hinter Belgern östlich der Straße liegt. Die 5 ha große Anlage wurde 1928 von dem damaligen Besitzer Max Schlenker eingerichtet. Sein ganzes Vermögen opferte der leidenschaftliche Gehölzkundler dafür; Vorbild war offenbar der Wörlitzer Park. Die nach 1945 verwilderte Anlage wurde inzwischen rekonstruiert und Besuchern zugänglich gemacht. Die meisten der 224 Gehölzarten und -formen des Parks sind gut beschriftet.

Stieleichen, Eschen, Linden, Ahorne und Hainbuchen vorherrschen. In ihren Zweigen brüten 38 Vogelarten, darunter allein vier Spechtarten: Grün-, Klein-, Mittel- und Buntspecht. Unter den Bäumen wachsen viele Kräuter: Der Gefleckte Aronstab lockt mit Aasgeruch Insekten in seine Kesselfalle und läßt sie erst nach der Bestäubung wieder frei. Die blauvioletten, charakteristisch geformten Blütchen des seltenen Spießblättrigen Helmkrauts fallen sofort auf. Der Bärenlauch verströmt einen intensiven Knoblauchgeruch; in den dreißiger Jahren störten sich feine Nasen am Duft des üppig wuchernden Liliengewächses, und man versuchte, es auszurotten – zum Glück vergeblich.
Zur Burgaue fahren Sie auf den Parkplatz an der Waldstraße neben dem Sportplatz Böhlitz-Ehrenberg im Nordosten des Orts. Viele gut beschilderte Wanderwege führen von hier aus durch das Schutzgebiet.

⑤ Wachtelberg bei Wurzen

Von Dehnitz, einem südlich der Stadt gelegenen Ortsteil Wurzens, führt ein kurzer Aufstieg zum 148 m hohen Wachtelberg. Der Aussichtsturm bietet einen beeindruckenden Blick, z.B. im Westen nach Leipzig, im Nordwesten nach Eilenburg, zu den Hohburger Bergen ⑥ und zum Schildauer Berg ⑦ im Nordosten. Früher wurde am Wachtelberg Granitporphyr, ein körniges Ganggestein, gebrochen; davon zeugen noch kleine Steinbrüche. Im nicht einmal 2 ha großen Flächennaturdenkmal hat die Gemeine Küchenschelle ihr einziges Vorkommen in Sachsen; seit 1911 steht sie unter Naturschutz. Tausende von Besuchern strömen im April herbei, um von den bezeichneten Wegen aus das Meer der blauviolett leuchtenden Glockenblüten zu bestaunen.
Hoch oben über dem Wachtelberg lauern Turmfalke und Waldkauz auf Beute. In den Hecken brüten – neben vielen anderen Arten – Stieglitz, Sperbergrasmücke und Nachtigall.

⑥ Kleiner Berg bei Hohburg

Am südlichen Ortsrand von Hohburg beginnt ein 2 km langer Naturlehrpfad (Markierung: gelbes Viereck), der das abwechslungsreich bewaldete Naturschutzgebiet erschließt und den Besucher auf Schautafeln über Geologie, Flora und Fauna der Region informiert. Der Weg führt unter anderem zum 205 m hohen Kleinen Berg mit seiner Quarzporphyrkuppe; das Eis der Gletscher hat sie während des Eiszeitalters zu einem auffälligen Rundhöcker geschliffen.
Das Mosaik der verschiedenen Laubwaldarten des knapp 40 ha großen Schutzgebiets bietet vielen kleineren Säugetieren Heimstatt und Nahrung, etwa dem Dachs, dem Mauswiesel, dem Siebenschläfer, der Waldspitzmaus und einigen anderen Mäusearten. Insgesamt brüten im Reservat 48 Vogelarten, von denen der seltene Wespenbussard besondere Erwähnung verdient.

⑦ Schildauer Berg

Das Städtchen Schildau (Schilda) ist vor allem durch die »Schildbürgerstreiche« bekannt. Naturfreunde wird jedoch eher der im Südwesten des

Fast 500 Jahre soll der Maulbeerbaum in Schildau alt sein. Einst diente er der Seidenraupenzucht.

Ortes liegende, 217 m hohe Schildauer Berg mit seinem Porphyrsteinbruch interessieren. Der markierte Naturlehrpfad dorthin (7 km) beginnt auf dem Marktplatz (Parkmöglichkeit).
Spektakuläres finden Sie auch am Kirchberg: Dort steht ein mehrstämmiger Maulbeerbaum mit einer riesigen Krone. Der Veteran, dessen knorrige Äste Pfeiler und Streben abstützen, soll im Jahre 1518 gepflanzt worden sein; er gehört zu den ältesten Exemplaren seiner Art in Deutschland. Gleichzeitig ist er ein lebendes Denkmal für die im 16. Jh. aufkommende Zucht von Seidenraupen, die auf Maulbeerbäumen leben.

8 Quarzporphyrbruch bei Oschatz
Als hübsch bewaldetes Tal präsentiert sich heute der aufgelassene alte Steinbruch; die Talflanken bildet säulenförmiger, auffallend roter Quarzporphyr: ein etwa 280 Millionen Jahre altes, vulkanisches Gestein. Waagrechte und senkrechte Klüfte durchziehen die Säulen. Auf der Talsohle ist ein großer, fischreicher Teich entstanden. Malerisch spiegeln sich die roten Felsen im klaren Wasser.
Der alte Steinbruch liegt 500 m nördlich des Ortsteils Alt-Oschatz. Man kann an das Naturdenkmal auf einem befestigten Feldweg heranfahren (Parkmöglichkeit).

Auffallend roter Quarzporphyr prägt das Bild des aufgelassenen Steinbruchs bei Oschatz.

9 Boselfelsen bei Sörnewitz
Die »Sächsische Loreley« sollten Sie sich auf keinen Fall entgehen lassen. Von Meißen entlang der Elbe in Richtung Dresden fahrend, erkennen Sie schon von weitem das rotbraune Granitmassiv der Bosel. Es liegt direkt an der Straße kurz vor Sörnewitz, einem Ortsteil von Coswig. Parken Sie am besten in Sörnewitz an der Gaststätte. Auf der Straße erreichen Sie in wenigen Minuten den Fuß des Boselfelsens, der 100 m über der Elbe thront wie die Loreley über dem Rhein. Ein bequemer Wanderweg (1 km) führt zur Felsspitze, dem »Kap der Bosel«, empor. Die Fernsicht reicht bei klarem Wetter über den gesamten Dresdener Elbtalkessel bis zu den Bergen der Lausitz, der Sächsischen Schweiz und des Osterzgebirges.

Ein Garten auf dem Boselfelsen
Wer den Boselfelsen 9 erklommen hat, sollte sich noch etwas Zeit nehmen, um den hier gelegenen Boselgarten zu besichtigen (Ostern–Ende Sept. Mi, Sa 10–17 Uhr geöffnet). Die nur 1,4 ha große Anlage zeigt, gut beschriftet, 700 Pflanzenarten, darunter 80 Gehölzarten. Es handelt sich überwiegend um Pflanzen, die einem Klima mit heißen, trockenen Sommern und strengen Wintern angepaßt sind. Besonders lohnend ist ein Besuch im Mai oder Juni, wenn Fingerkraut, Steinkraut, Graslilie, Ehrenpreis, Sigmarskraut, verschiedene Wildrosen und der Blutrote Storchschnabel blühen. Geschützte Pflanzen wie Arnika, Feuerlilie und Hohe Schlüsselblume kann man auf einem gesonderten Beet im untersten Gartenteil bewundern.

10 Frauenteich bei Moritzburg
Eine der bedeutendsten Natursehenswürdigkeiten Sachsens ist das etwa 100 ha große Reservat Frauenteich. Man fährt in Moritzburg am Schloß vorbei Richtung Radeburg bis zum Parkplatz am Wildgehege. Nach 300 m geht man links auf dem Neubauernweg zum Frauenteich mit seiner kleinen Insel.
Die Flora zeigt – trotz Schäden als Folge der hier intensiv betriebenen Gänsemast – noch immer die natürliche Ausstattung eines großen Teichs mit seinen Verlandungsflächen, Flachwasserzonen und Tiefwasserberei-

Der Boselfelsen nahe Meißen fordert einen Vergleich mit der Loreley am Rhein geradezu heraus. 100 Meter hoch ragt der mächtige Granitfelsrücken über der Elbe auf.

Eine Augenweide ist das idyllische Prießnitztal in der Dresdener Heide.

Das Wildgehege weist auf die Tradition der Moritzburg als kursächsisches Jagdschloß hin.

Wildgehege Moritzburg
Beim Besuch des Frauenteichs ⑩ parkt man am Wildgehege Moritzburg (März–Okt. tägl. 9–17; Nov.–Feb. Sa, So 9–16 Uhr geöffnet). Im 40 ha großen Gehege leben rund 160 Tiere aus 30 Arten und Rassen. Elche, Rot-, Dam-, Muffel-, Schwarz- und Rehwild sind in Freigehegen untergebracht. Geräumige Volieren beherbergen zahlreiche Greifvögel. Gelegentlich veranstalten Falkner öffentliche Flugvorführungen. Auch bei der Fütterung im Wildgehege (tägl. 14.30 Uhr) können Sie zuschauen.

chen. Unter anderem wachsen gleich zwei Pflanzenarten hier, die sich – auf sehr unterschiedliche Weise – von Kleintieren ernähren. Der Rundblättrige Sonnentau lockt mit duftendem, glänzendem Schleim Insekten auf seine klebrigen Arme, die das Opfer nicht mehr freilassen, sondern verdauen. Der Verkannte Wasserschlauch fängt seine schwimmende Beute, indem er plötzlich die Klappe seiner Fangblase öffnet; der Wasserfloh – beispielsweise – wird dann durch Unterdruck eingesaugt und durch Verdauungssäfte aufgelöst.
Nicht zuletzt als Vogelparadies ist der Frauenteich weithin bekannt: Über 200 verschiedene Arten haben die Ornithologen hier bisher beobachtet. Auf den nassen Wiesen findet man u.a. das Braunkehlchen, die Bekassine und den Kiebitz. Im Röhricht brüten Rohrammer, Zwergtaucher und Rohrweihe. In den Bäumen am Nordufer kann man Pirol, Rotrückenwürger und Gartenbaumläufer entdecken. Als Durchzügler erscheinen neben vielen anderen Arten Fischadler, Gänsesäger und Trauerseeschwalbe.
Der mit Karpfen besetzte Teich enthält darüber hinaus eine reichhaltige Fischfauna mit Schleie, Plötze, Barsch, Aal, Gründling, Zwergwels und Dreistachligem Stichling. Dem Fischotter, der seit einigen Jahren hier wieder ein Zuhause gefunden hat, bietet sich also ein üppiges Jagdrevier. Zum Erholungsgebiet um Moritzburg gehören 35 Teiche, die alle keinen Zufluß haben: Sie werden nur von den Niederschlägen gespeist. Sehenswert für Naturfreunde ist auch das Naturschutzgebiet Dippelsdorfer Teich mit seiner reichen Vogelwelt, 2,5 km südwestlich von Moritzburg.

⑪ Dresdener Heide

Die Dresdener Heide, ein 50 km^2 großer, geschlossener Wald im Nordosten der Stadt, präsentiert sich als ein ideales Wandergebiet. Hier herrscht die Kiefer vor, der außer der Fichte Laubgehölze wie Eiche, Linde oder Rotbuche beigemischt sind. 211 m hoch ragt der Wolfshügel empor, die höchste Erhebung der Heide. Lassen Sie sich vom Prießnitz-Wasserfall begeistern: Ein Granitriegel versperrt dem Bach den Weg – ihm bleibt nichts anderes übrig, als den Fels in mehreren Stufen schäumend zu überwinden.
Vom Bahnhof Dresden-Klotzsche (Parkmöglichkeit) gehen Sie zu Fuß über die Königsbrücker Landstraße, den Wesselgrundweg und die Prießnitztalstraße zum nördlichen Eingang des Waldbads Klotzsche. Dort führt ein beschilderter Fußweg am Ufer der Prießnitz entlang zum Wasserfall (1,5 km).

⑫ Babisnauer Pappel

Der exponiert stehende, weithin sichtbare Baumveteran ist eine der ältesten und dicksten Pappeln Deutschlands (von Dresden-Lockwitz über

Die alte Schwarzpappel bei Babisnau nahe Dresden hebt sich majestätisch von ihrer Umgebung ab. Die Stieleiche links daneben wirkt geradezu zierlich.

Babisnau direkt zum Naturdenkmal fahren, Parkmöglichkeit). Etwa 5 m mißt der Stammumfang des Baumriesen in Brusthöhe.
Ein Bauer pflanzte die Schwarzpappel im Jahre 1808, um seinen Besitz zu markieren. 1885 baute man ein Aussichtsgerüst in den Baum, der inzwischen bereits zum beliebten Wanderziel geworden war. Heute steht neben der Pappel eine Plattform, die einen herrlichen Blick gewährt, vor allem auf Dresden, Heidenau, Pirna und Teile des Elbsandsteingebirges.

13 Rabenauer Grund

Das 85 ha große Naturschutzgebiet umfaßt das steile, mäandrierende Engtal der Roten Weißeritz von Rabenau bis Coßmannsdorf. Hier faszinieren den Besucher schroffe, von Schluchten zerfurchte Hänge mit senkrechten Felsabstürzen. Der Gneis, ein hartes, hellglänzendes Gestein, türmt sich zu bizarren Gebilden.
Vom Bahnhof Rabenau (Parkplatz) führt ein beschilderter Wanderweg durch den Grund (hin und zurück 7 km). Sie passieren zunächst die Rabenauer Mühle und kommen dann an Felsen vorbei, die der Volksmund ihrer Form wegen Brautbett und Predigtstuhl nennt. Danach gehen Sie durch das sogenannte Nadelöhr, einen 1834 geschaffenen Felstunnel. Oft wird der Talboden so eng, daß man sich auf dem schmalen, 1834 angelegten Pfad regelrecht hindurchzwängen muß. Seit 1882 führt eine Kleinbahnlinie durch den Grund, die das Tal im Bereich des Reservats dreizehnmal auf Brücken überquert. Auf der 283 m hohen, felsigen Teufelskuppe kehren Sie um und gehen den gleichen Weg zurück.
Unterschiedlichste Waldgesellschaften beleben den Grund. Im Unterwuchs der Hangwälder fallen schöne Bestände des seltenen Waldgeißbarts auf; bis zu 2 m hoch wird diese Staude, deren Samen vom Wind verbreitet werden – jeder einzelne wiegt weniger als ein zehntausendstel Gramm. Direkt daneben findet sich das ebenfalls rare Wilde Silberblatt; nicht die Laubblätter waren bei dieser Pflanze namengebend, sondern die vertrockneten Fruchtscheidewände. Auch am Hangfuß überraschen botanische Kostbarkeiten, etwa die Quirlblättrige Weißwurz, der Purpurhasenlattich, das Ährige Christophskraut und der Seidelbast. An wärmeren Standorten, vor allem am Ausgang des Grundes, wachsen der Großblütige gelbe Fingerhut, der weit über 1 m hoch werden kann, und die ebenfalls recht hohe Pfirsichblättrige Glockenblume mit ihren bis zu 5 cm großen, himmelblauen Blüten.

Stattliche 130 cm Höhe kann der seltene Großblütige gelbe Fingerhut erreichen, der im Rabenauer Grund wächst.

Die Pfirsichblättrige Glockenblume fühlt sich ebenfalls auf den nährstoffreichen Böden des Grundes wohl.

14 Weißeritztalhänge bei Tharandt

Eine Großbäckerei mitten im Wald? Tatsächlich sind rings um den Backofenfelsen (nordwestlich von Hainsberg, rechts der Straße Freital–Tharandt) im Gestein Löcher zu entdecken, die stark an Backöfen erin-

Der Backofenfelsen mit seinen namensgebenden Aushöhlungen liegt im malerischen, engen Tal der Wilden Weißeritz bei Tharandt. Im Mischwald dieses Naturschutzgebiets lebt eine vielgestaltige Fauna.

Das Weißeritztal ist ein Vogelparadies, wo auch das Rotkehlchen seinen melancholischen Gesang ertönen läßt.

Die Singdrossel ist eine einfallsreiche Sängerin, die das vielstimmige Konzert im Weißeritztal bereichert.

nern. Die Konglomerate, aus denen der imposante Fels besteht, sind nicht besonders fest und witterten deshalb in solchen charakteristischen Formen aus.

Wir sind im Tal der Wilden Weißeritz, einem über 400 ha großen Naturschutzgebiet zwischen Dorfhain und Hainsberg. Im teilweise recht engen Tal ragen noch weitere markante Felsrippen und -klippen auf. Ein Buchen-Eichen-Mischwald mit ungewöhnlich artenreichem Unterwuchs bedeckt den Talboden; entsprechend vielfältig ist auch die heimische Tierwelt. Über 50 Brutvogelarten wiesen die Ornithologen nach, darunter auch Habicht, Grauspecht und Kernbeißer. Sechs verschiedene Arten von Fledermäusen sind hier noch vertreten, die allesamt auf der Roten Liste der bedrohten Arten stehen. Auch am Boden wimmelt es: Allein 15 Ameisen- und fast 70 Spinnenarten haben die Experten hier gefunden.

Vom Parkplatz am Bahnhof Tharandt gehen Sie 300 m stadteinwärts und dann links den Niederleitenweg (Markierung: grünes Kreuz) entlang der Weißeritz bis kurz vor den Bahnhof Freital-Hainsberg-West. Hier biegen Sie links ab, überqueren beim Backofenfelsen den Fluß und gelangen auf dem Brüderweg zurück nach Tharandt (7 km).

⓯ Tharandter Wald

Etwa 6000 ha mißt die geschlossene Waldfläche des Landschaftsschutzgebiets Tharandter Wald. Den höher gelegenen zentralen und südwestlichen Teil bedeckt ein Bergmischwald, der vor allem aus Fichte, Bergkiefer und Rotbuche besteht. Im Ostteil dominiert ein Eichen-Buchen-Wald.

Am besten erschließt sich der Wald auf einer Wanderung über den forstlichen und jagdkundlichen Pfad bei Grillenburg (Parken bei der Gaststätte am Ortseingang). Durchs Dorf gehen Sie am Gondelteich vorbei zum rechts am Waldrand beginnenden, 4,2 km langen Rundwanderweg (Markierung: Eichenblatt). Viele Text- und Bildtafeln liefern Informationen über Geologie, Flora, Fauna, Forstwirtschaft und Jagd in diesem beliebten Dresdener Naherholungsgebiet.

Gleich am Anfang des Wegs kommen Sie zu einem alten Steinbruch. Hier wurde über 700 Jahre lang der begehrte, feinkörnig-weiße Dünensandstein abgebaut – Material auch für die berühmte Goldene Pforte des Freiberger Doms.

⓰ Quarzporphyrfächer Mohorn

Ein Unikum für Deutschland ist dieses 280 Millionen Jahre alte Naturdenkmal. Wie die eigentümliche fächerartige Anordnung der roten Quarzporphyrsäulen und -platten entstanden ist, können die Geologen nicht genau sagen; sie vermuten, daß die Quarzporphyrlava, die hier während des Perms aus dem Boden drang, durch besondere Abkühlungsbedingungen zu diesem geologischen Wunder geformt worden ist.

Sie fahren von Mohorn etwa 1 km Richtung Grund bis zum links abzweigenden, mit »Porphyrfächer« beschilderten, 700 m langen Wanderweg (Parkmöglichkeit links der Straße).

Am Mulde-Steilhang im Döbener Wald befindet sich die Felsgruppe Feueresse mit ihrer regelmäßig geformten Quarzporphyrwand.

Route 2 Südliches Sächsisches Hügelland und Erzgebirgsvorland

Von Teichen und Felsen

⑰ Döbener Wald

Das wenig nordöstlich von Döben gelegene, rund 140 ha große Reservat schützt einen typischen Ausschnitt des Porphyrhügellandes; steile Täler –

Route 2
Südliches Sächsisches Hügelland und Erzgebirgsvorland
Die rund 270 km lange Route führt, teilweise auf Nebenstrecken, durch den Süden des Sächsischen Hügellandes und Teile des Erzgebirgsvorlandes. Prachtvolle Wälder erwarten Sie, bizarre Felsen und Steilhänge – und mit den Rohrbacher ⑱ und den Eschefelder Teichen ⑲ auch wertvolle Feuchtgebiete.
Streckenverlauf:
A 14 Dresden–Leipzig Ausfahrt Grimma, dort auf die B 107 Richtung Colditz und noch in Grimma links ab nach Döben ⑰; zurück bis Grimma, weiter in westlicher Richtung nach Pomßen, hier links Richtung Otterwisch abbiegen und nach 2,5 km rechts ab bis Rohrbach ⑱; zurück auf die Straße nach Otterwisch, dieser bis 2 km hinter Kitzscher folgen, rechts ab auf die B 176 nach Borna, hier links ab auf die B 95 bis Frohburg, dort rechts nach Eschefeld ⑲; auf der B 7 und hinter Windischleuba links auf die B 93 bis Altenburg, im Ort auf die B 7 und über Großstöbnitz nach Schmölln ⑳; weiter bis Untschen, dann links ab nach Nöbdenitz ㉑; zurück zur B 7, dieser links folgen und über die Auffahrt Ronneburg auf die A 4 Richtung Chemnitz, bei der nächsten Ausfahrt Meerane die A 4 verlassen, dann auf der B 93 durch Zwickau und am Ortsbeginn von Wilkau-Haßlau rechts über die Muldebrücke nach Cainsdorf ㉒; zurück nach Zwickau, nun rechts ab auf die B 173 bis Chemnitz, dort auf die B 95 in nordwestlicher Richtung, nach ca. 17 km rechts ab nach Penig, nach Überqueren der Zwickauer Mulde rechts und bald darauf wieder rechts bis zur Rochsburg ㉓; weiter über Lunzenau nach Obergräfenhain, dort rechts ab auf die B 175 bis Rochlitz, dort zunächst südöstlich nach Lauenhain, dann links ab in Richtung Schweikershain und nach ca. 2 km rechts ab zur Talsperre Kriebstein ㉔; weiter nach Waldheim, dort links ab über Hartha nach Leisnig, im Ort rechts in Richtung Großweitzschen bis Klosterbuch ㉕.
Über Großweitzschen erreicht man – am Ortsende rechts fahrend – die B 169, die in Richtung Riesa zur Auffahrt Döbeln-Nord der A 14 Dresden–Leipzig führt.
Gaststätten gibt es hier in nahezu allen Orten. Übernachtungsmöglichkeiten bieten sich jedoch vorwiegend in den Städten. Es empfiehlt sich daher eine rechtzeitige Planung.

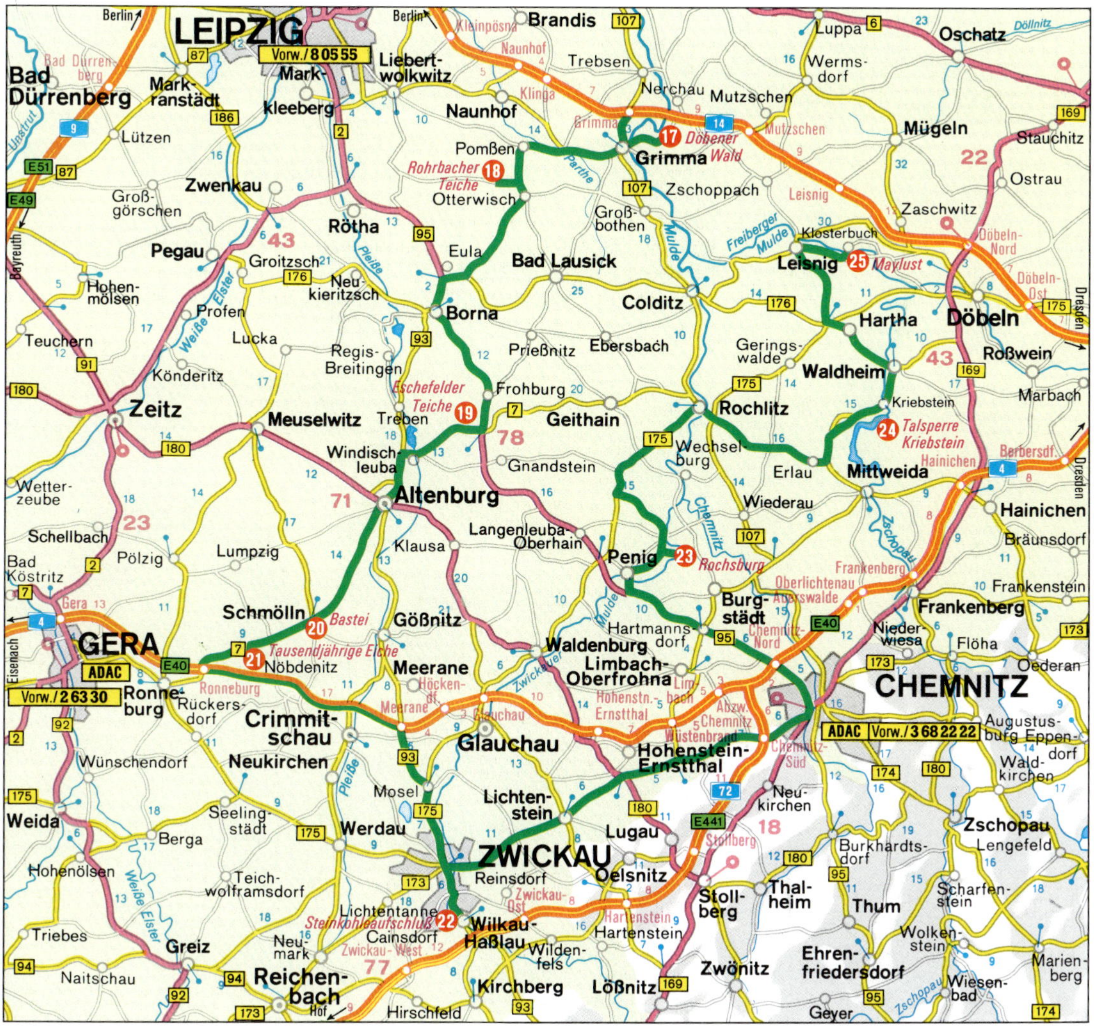

das der Mulde und die ihrer Nebenflüsse – durchschneiden hier das Plateau. Die sehr starke Gliederung hat dazu geführt, daß ganz unterschiedliche Lebensräume für Tiere und Pflanzen entstanden sind. Der artenreiche Mischwald birgt in seiner Krautschicht so hübsche und seltene Pflanzen wie den unverwechselbaren Gefleckten Aronstab, das Gelbe Windröschen mit seinen fast immer als Paar erscheinenden Blüten und die giftige Weiße Schwalbenwurz, die den Rüssel nektarsuchender Insekten mit einem zangenförmigen Klemmkörper so fest umklammert, daß die Tiere oft umkommen, wenn sie sich befreien wollen. In den Baumwipfeln turnt der nachtaktive Siebenschläfer, rastlos jagt das wendige Hermelin, und den Waldboden durchwühlt der behäbige Dachs in der Dämmerung nach Würmern und Larven.

Auch wer sich für Geologie interessiert, kommt am Steilhang der Mulde auf seine Kosten: Die Felsgruppe Feueresse beeindruckt durch die schöne, regelmäßige Ausbildung ihrer Quarzporphyrsäulen.

18 Rohrbacher Teiche

Ein Vogelparadies vor den Toren Leipzigs, so präsentiert sich die von den Quellen der Gösel gespeiste Teichlandschaft, die nördlich direkt an Rohrbach grenzt. 78 ha stehen unter Schutz, darunter natürlich auch die wichtigsten Teiche Mühl-, Mittel- und Großteich.

Enten, Rallen, Taucher und Rohrsänger sind mit jeweils mehreren Arten vertreten. Hier kann man die ebenso seltene wie mit ihrem apart hellbraun, dunkelbraun und grau abgesetzten Gefieder besonders schmucke Rohrweihe antreffen, und selbst der schillernd türkisblaue Eisvogel geht an den Teichen auf Fischjagd. Sollten Sie das zur Vogelbeobachtung eigentlich unabdingbare Fernglas vergessen haben – ein Besuch lohnt sich trotzdem: Auf den offenen Wasserflächen beeindrucken im Sommer die großen Blüten der Weißen Seerosen und die kleinen rosafarbenen des Wasserknöterichs, der übrigens auch – mit dann verdicktem Stengel – an Land gedeiht.

19 Eschefelder Teiche

Auf der Fahrt von Frohburg nach Eschefeld kommt man direkt an einem bedeutenden, über 150 ha großen Feuchtgebiet vorbei, den Eschefelder Teichen (Parkmöglichkeit an der Straße).

Bereits seit dem 15. Jh. züchtet man in den künstlich angelegten Teichen Karpfen; unbeabsichtigt entstand so ein Dorado für Wasservögel und Amphibien. Gelegentlich holen sich Fischadler einen der begehrten Speisefische. Während der Zugzeit rasten hier über 5000 Enten aus vier

Beschauliche Abendstimmung an den Eschefelder Teichen: Das große Feuchtgebiet bietet Brut- und Rastplätze für zahlreiche Vogelarten. Sogar der seltene Fischadler findet hier und da einen Leckerbissen.

Arten, an die 20000 Rauchschwalben übernachten gelegentlich im Schilf, Hunderte von Lachmöwen brüten in Kolonien an den Teichen.
Ein vielstimmiges Konzert erschallt hier auch zur Paarungszeit der Amphibien: Laub-, Gras-, Moor-, See- und Teichfrosch quaken ebenso lautstark wie Knoblauch-, Erd- und Wechselkröte, sogar die Rotbauchunke fällt ein. Lautlos finden hingegen Salamander sowie Kamm- und Teichmolche zueinander.

20 Bastei in Schmölln

Sie ist zwar »nur« die kleine Schwester des berühmten Felsenlabyrinths im Elbsandsteingebirge; für diese Region jedoch sind ihre bis zu 12 m hohen bizarren Felsen durchaus bemerkens- und sehenswert. Zudem ist die Schmöllner Bastei glatte 150 Millionen Jahre älter als ihr Gegenstück in der Sächsischen Schweiz: Bereits vor etwa 250 Millionen Jahren, in der Trias, entstand ihr Sandstein.
Parken Sie in der Ronneburger Straße unterhalb des Pfefferbergs. Der Fußweg auf diesen Berg führt in wenigen Minuten zum Naturdenkmal.

21 Tausendjährige Eiche von Nöbdenitz

Die nahe der Kirche in Nöbdenitz (Parkmöglichkeit) stehende, kaum 18 m hohe Stieleiche hat auf Brusthöhe einen Stammumfang von etwa 12,80 m. Sie dürfte damit die stärkste noch lebende Eiche Deutschlands sein. Freilich: Der Stamm des Baumes ist innen völlig hohl und die Krone vom Alter gezeichnet.
Turbulent ist die überlieferte Geschichte des Baumveteranen: 1815 wurde die Eiche vom Blitz getroffen, 1821 riß ein Sturm ihre Krone ab. 1824 mauerte man sogar eine Gruft in die Eiche, um darin den Minister

Großartiges Naturdenkmal und Kunstwerk in einem: der versteinerte Wald in Chemnitz.

Der versteinerte Wald von Chemnitz
Inmitten der Chemnitzer Innenstadt (zwischen 22 und 23), Theaterplatz 1, am Ostgiebel des Museums für Naturkunde, können Sie ihn bewundern: den versteinerten Wald. Fast gespenstisch wirken die hier aufgestellten versteinerten Stämme heute ausgestorbener Nacktsamer, einer Unterabteilung des Pflanzenreichs. Dieser Wald grünte im ausgehenden Erdaltertum vor etwa 280 Millionen Jahren, bevor vulkanische Ascheschlammströme sich darüber ergossen und die Versteinerung einsetzte. Heute lassen uns die Fossilien ahnen, wie die Pflanzenwelt damals ausgesehen haben mag. Die steinernen Stämme – der dickste hat einen Umfang von 5,25 m – wurden vor rund 100 Jahren bei Bauarbeiten in Chemnitz gefunden.

Die innen völlig hohle, schon sehr angegriffene Eiche in Nöbdenitz trotzt bereits seit tausend Jahren aller Witterungsunbill.

Rabensteiner Felsendome
Das im Chemnitzer Ortsteil Rabenstein (zwischen 22 und 23) am Weg nach dem Kalkwerk (Straßenname) gelegene Schaubergwerk enthält auf zwei Sohlen Weitungen, die, gestützt von mächtigen Säulen, wie Dome wirken. Sie sind beim Abbau des Kalksteins entstanden. Bekannt geworden ist das Bergwerk durch die brillant ausgebildeten, weiß glänzenden Kalkspatkristalle, die hier abgebaut wurden (Mi–Mo 9–17 Uhr geöffnet; letzte Führung 16 Uhr).

und Gutsbesitzer zu Nöbdenitz, Hans Wilhelm von Thümmel, zu bestatten. Für diese seltsame Ruhestätte soll es einen triftigen Grund gegeben haben: Der mittellose von Thümmel hatte in das Gut eingeheiratet. Bei einem Streit herrschte ihn seine Frau an: »Ohne Heirat hättest du nicht einmal genug Land für dein Grab!« Der so Gekränkte kaufte sich daraufhin die Eiche im damaligen Pfarrgarten als Grabstätte.

22 Steinkohleaufschluß von Cainsdorf

Auf den ersten Blick eher unscheinbar und doch eine Attraktion: der in Europa einmalige natürliche Aufschluß von Steinkohle am westlichen Hang der Mulde links und rechts des Bahnhofs Cainsdorf, wo Sie auch parken können. Pechschwarz glänzende Steinkohle streicht hier mit einer Mächtigkeit von etwa 1,5–2 m an der Oberfläche aus. Drei voneinander getrennte Kohlenflöze sind es, die teilweise sogar noch in den Fluß hineinragen.
Den besten Blick auf das seltene Phänomen hat man von der Muldebrücke am Bahnhof Cainsdorf aus.

23 Rochsburg

In der Landschaft des Mulde-Zschopau-Erzgebirgsvorlandes mit seinen Lößlehmböden mußte der Wald bis auf kleine Restflächen den Ackerfluren weichen. Bewaldet sind daher nur noch die steilen Talhänge der Erzgebirgsflüsse. Ein schönes Beispiel dafür ist das beiderseits der Zwickauer Mulde rings um die Rochsburg (Parkplatz) gelegene, rund 120 ha große Naturschutzgebiet. An den Steilhängen ragen hier schroffe Gneis- und Granulitfelsen hervor, die meist die 60 Höhenmeter bis zum Fluß herabreichen.
Im naturnahen Waldbestand finden sich Traubeneiche, Rotbuche, Hainbuche, Bergahorn, Esche, Schwarzerle und andere Laubbäume, und an den steinigen Hängen wachsen attraktive wärmeliebende Pflanzen. Die Pechnelke mit ihren hübschen, roten Blütchen sollte man nicht unbedingt anfassen: Ihr Stengel ist unterhalb der Knoten stark klebrig. Die nach unten hängenden weißen Blüten des Nickenden Leimkrauts öffnen sich nur nachts, verströmen dann aber einen betörenden Duft, der Nachtfalter zur Bestäubung anlockt. Dort gedeiht auch der bis zu 1,5 m hohe Schwarzwerdende Geißklee, ein Schmetterlingsblütler, der seinen

Solch üppige Laubwälder aus Rotbuche, Bergahorn und vielen anderen Arten finden sich im Erzgebirgsvorland nur noch an den Steilhängen der Flußtäler – wie an der Zwickauer Mulde.

Namen der Tatsache verdankt, daß seine Stengel sich beim Trocknen schwarz färben. Er bevorzugt trockene Standorte.

㉔ Talsperre Kriebstein

Die malerisch zwischen den bewaldeten Hängen am Unterlauf der Zschopau in einem großen Landschaftsschutzgebiet gelegene Talsperre Kriebstein mit ihren Freibädern, Campingplätzen und gepflegten Gasthäusern ist ein vielbesuchtes Erholungsgebiet in naturnaher Umgebung. Erbaut wurde die 9 km lange, 11,6 Millionen l Wasser fassende Talsperre in den Jahren 1927 bis 1929. Die durchschnittlich 25 m hohe Sperrmauer bildet einen weitgeschwungenen Bogen.
An die Talsperre können Sie rechts vor dem kleinen Ort Kriebstein unmittelbar heranfahren; Sie finden dort auch einen Parkplatz.

Beachtliche 9 km lang ist der Kriebsteinstausee mit seinen zahlreichen Urlaubs- und Freizeiteinrichtungen.

㉕ Maylust bei Klosterbuch

Das rund 25 ha große bewaldete Schutzgebiet zieht sich am linken Talhang der Freiberger Mulde östlich von Leisnig hin. Am Steilhang ragen fast senkrechte Felsklippen aus Quarzporphyr auf. Blockfelspartien bedecken die mittleren und unteren Bereiche der Hänge. Höchste Erhebung ist die 220 m hohe Felswand Maylust, benannt nach dem Oberförster May, der hier 1860 einen Aussichtspunkt anlegte. Von dort hat man einen faszinierenden Blick ins Flußtal. Am besten stellen Sie Ihr Auto in Klosterbuch ab. Zu Fuß überqueren Sie wieder die Brücke und stehen in wenigen Minuten auf dem Felsen.
Dem schönen Mischwald aus Stiel- und Traubeneiche, Rot- und Hainbuche, Sommer- und Winterlinde, Berg- und Spitzahorn, der das Gebiet bedeckt, sieht man die schonende Art der Waldbewirtschaftung an: Beim hier üblichen Plenterbetrieb werden – im Gegensatz zum Kahlhieb – nie größere Waldflächen abgeholzt, sondern nur einzelne Stämme oder Baumgruppen entnommen. Deshalb stehen hier noch Bäume unterschiedlichsten Alters wie in einem Urwald direkt nebeneinander.
In diesem Schutzgebiet gedeiht die hübsche Mondviole, auch als Wildes Silberblatt bekannt, mit ihren hellvioletten Blüten und den silbrig schimmernden Fruchtresten. Sie hat einer sehr seltenen Pflanzengesellschaft, dem hier vorkommenden Mondviolen-Schluchtwald, sogar den Namen geliehen.

Beschaulich und romantisch liegt der Ort Klosterbuch an der Freiberger Mulde zu Füßen des Aussichtsfelsens Maylust. Im umliegenden Mischwald stehen dank schonender Waldbewirtschaftung mehrere Baumgenerationen nebeneinander.

Stundenlang dahingleiten auf einem wuchtigen, vom Fährmann sicher gestakten Kahn, über unzählige, scheinbar regellos verzweigte Flüsse, Fließe, Gräben, durch eine ganz eigentümliche, ursprünglich anmutende Landschaft – dieses Erlebnis bietet der Spreewald. Theodor Fontane verglich »das endlos wirre Flußrevier« gar mit Venedig und seinen zahllosen Kanälen. Eher verborgene Reize weist dagegen die südlich an-

grenzende Niederlausitz auf, die stellenweise bis zur Unkenntlichkeit vom Braunkohlentagebau gezeichnet ist. Bald jedoch geht es empor zu den felsbekrönten Gipfeln des Zittauer Gebirges. Malerische Sandsteinfelsen, vor allem aber große Granitmassive charakterisieren diese mitunter bizarre Bergwelt, die mit den zauberhaften Felsgebilden der Jonsdorfer Felsenstadt etwas in Europa Einmaliges zu bieten hat.

22 Lausitz und Spreewald

Vom »grünen Venedig« zur Felsenstadt

Lage Zwischen der Brandenburgischen Seenplatte im Norden, der Oder und der Lausitzer Neiße im Osten, dem Lausitzer Gebirge im Süden, dem Elbsandsteingebirge im Südwesten und dem Sächsischen Hügelland im Westen sowie dem Fläming im Nordwesten
Ausdehnung Nordwest–Südost ca. 150 km; Nordost–Südwest ca. 80 km
Länder Brandenburg, Sachsen
Höchste Erhebungen Lausche 793 m, Hochwald 749 m
Wichtigste Flüsse Spree, Malxe, Lausitzer Neiße, Schwarzer Schöps, Schwarze Elster
Landschaftsformen Vom Urstromtal mit dem Spreewald steigt das Gelände über die Altmoränenlandschaften der Niederlausitz zum Lausitzer Bergland und zum Zittauer Gebirge an
Information Cottbus-Information, Postfach 164, Altmarkt 29, O-7500 Cottbus, ☏ 00 37 59/ 2 42 54; Görlitz-Information, Obermarkt 29, O-8900 Görlitz, ☏ 00 37 55/53 91-92; Zittau-Information, Rathausplatz 6, O-8800 Zittau, ☏ 00 37 5 22/39 86; Löbau-Information, Rittergasse 2, O-8700 Löbau, ☏ 00 37 5 21/33 33; Kahnfährmannsgenossenschaft, Maxim-Gorki-Str. 81, O-7543 Lübbenau, ☏ 00 37 58 87/32 78; Kahnfährgenossenschaft, Heinrich-Heine-Str. 16, O-7500 Lübben, ☏ 00 37 5 86/71 22

Sandstein und Granit

Die ältesten Gesteine der Oberlausitz stammen aus dem Erdaltertum. Während der Kreidezeit vor etwa 100 Millionen Jahren war das Gebiet Teil eines ausgedehnten Meeres, dessen Ablagerungen sich zu mehrere hundert Meter mächtigen Kalk- und Sandsteinen verfestigten. An der Wende zum Tertiär kam es zu nachhaltigen tektonischen Bewegungen des Untergrunds. Die tiefer liegenden Granite wurden bei diesem Vorgang von den Deckschichten befreit und von Ost nach West als Pultscholle auf die weniger gehobenen benachbarten Schichtpakete des heutigen Elbsandsteingebirges geschoben. Vor allem im Südosten des Lausitzer Berglands wirkte der tertiäre Vulkanismus und schuf etwa die Lausche ⓫ und die Landeskrone ❼.

Die Erosionsarbeit der Flüsse und die Verwitterung bewirkten in der Folgezeit eine Auflösung der Formen in einzelne Riedel. Besonders auffällige Spuren hinterließen die Abtragungskräfte im Zittauer Gebirge: Tiefe, schluchtartige Täler, bizarre Nadeln und Türme aus gelblichem Quadersandstein verleihen diesem Gebiet seinen eigenartigen Reiz. Besonders markant sind die Formen am Oybinfelsen ❽ ausgebildet.

Was Romantiker entzückte

Der pittoreske Oybin ❽ mit seinen schroffen Felsen, den düsteren Ruinen, den mächtigen Baumrecken und dem alten Bergfriedhof hat zur Zeit der Romantik bedeutende Maler wie Carl Gustav Carus (1789–1869), Caspar David Friedrich (1774–1840) und Adrian Ludwig Richter (1803–84) zu stimmungsvollen Gemälden inspiriert. Stellvertretend sei nur das Ölbild »Der Friedhof in Oybin im Winter« von Carus erwähnt, das im Museum der bildenden Künste in Leipzig zu bewundern ist.

Auf Fontanes Spuren

»Und daß dem Netz dieser Spree-Kanäle / Nichts von dem Zauber von Venedig fehle, / Durchfurcht das endlos wirre Flußrevier / Mit seinem Boot der Spreewalds-Gondolier!« So pries der Dichter und populärste Wanderer der Mark Brandenburg, Theodor Fontane (1819–98), den Spreewald ❶ ❷ nach seinem ersten Besuch im Jahr 1858. Doch erst in den achtziger Jahren des vorigen Jahrhunderts wurde das »grüne Venedig« zum allseits beliebten Ausflugsziel. Von Berlin und Dresden starteten Gesellschaftsfahrten nach Lübbenau. Alle Besucher wollten per Kahn durch das Naturparadies gestakt werden. 1908 schlossen sich die »Gondolieri« zu einer Kahnfährmannsgenossenschaft zusammen. Heute gibt es in Lübbenau mehr als 260 aktive Fährleute. Wer auf Fontanes Spuren wandert, sollte eine fröhliche Kahnpartie durch die einmalige Flußauenlandschaft nicht versäumen.

Den südwestlichen Eckpfeiler des Zittauer Gebirges bildet die Lausche (793 m). Vom Gipfel des höchsten deutschen Berges östlich der Elbe reicht der Blick über die malerische Landschaft bis weit in die Tschechoslowakei hinein.

Wie der Spreewald entstand
Eiszeitliche Schmelzwässer formten einst vor den Eisrandlagen das Glogau-Baruther Urstromtal. Von Süden her schüttete dann die Spree einen breiten Schwemmfächer in das Urstromtal. Auf den sandigen Ablagerungen strebten die einzelnen Wasserläufe fächerartig auseinander. So entstand ein feuchtes Niederungsgebiet mit verästelten Wasserläufen, den Spreewaldfließen. Später wurden zur wirtschaftlichen Erschließung des Gebiets weitere Kanäle und Gräben künstlich angelegt.

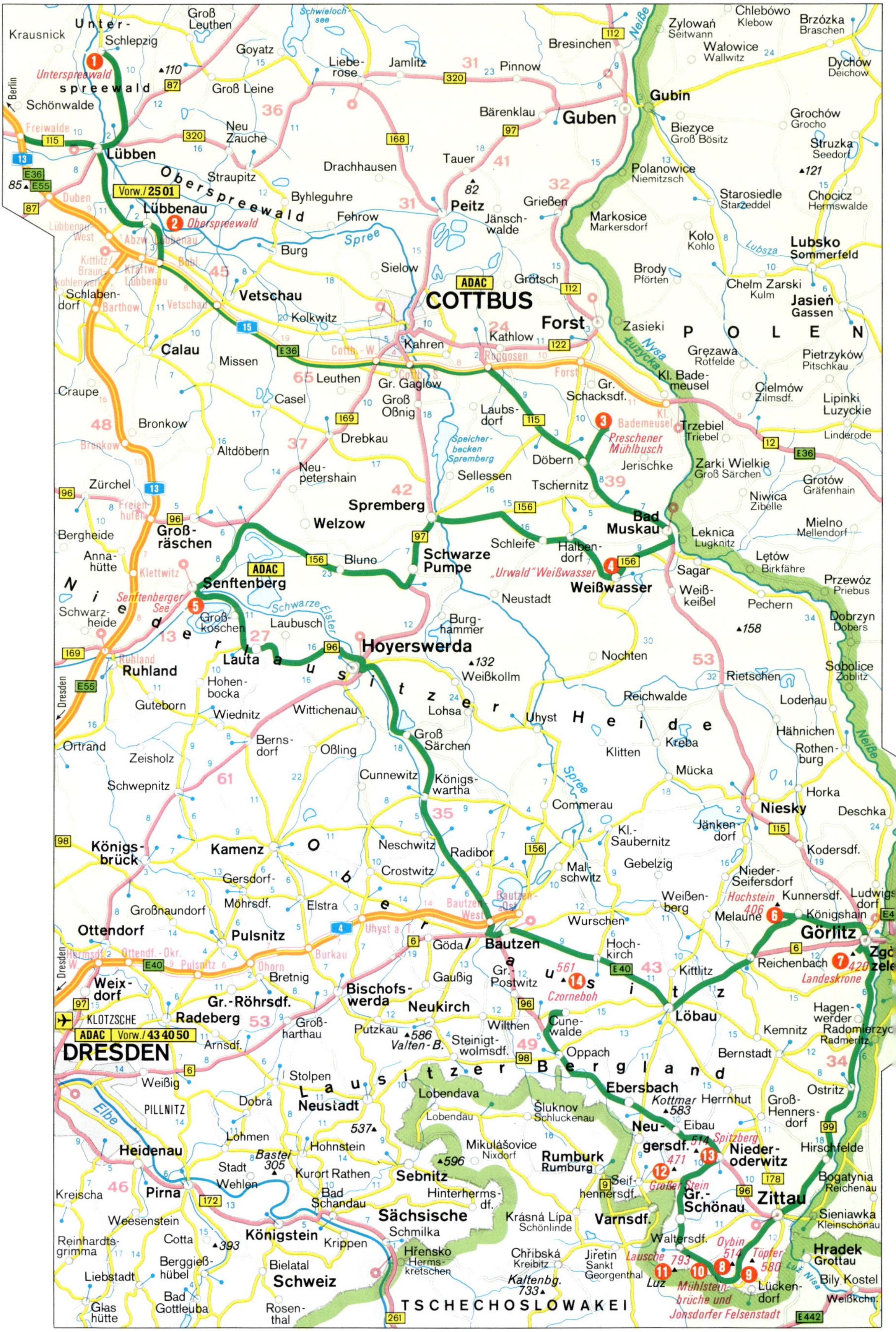
Krausnick
Unter-
spreewald
Schlepzig
Unterspreewald
Groß Leuthen
Goyatz
Schwielochsee
Liebe-
rose
Jamlitz
Pinnow
Bresinchen
Neiße
Zylowań
Seitwann
Chlebówo
Klebow
Brzózka
Braschen
Wałowice
Wallwitz
Dychów
Deichow
Berlin
Schönwalde
Freiwalde
Groß Leine
Neu Zauche
Bärenklau
Guben
Gubin
Biezyce
Groß Bösitz
Grochów
Grocho
Struzka
Seedorf
Lübben
Drachhausen
Tauer
Straupitz
Oberspreewald
Byhleguhre
Peitz
Grießen
Polanowice
Niemitzsch
Starosiedle
Starzeddel
Chocicz
Hermswalde
Duben
Lübbenau
Obers preewald
Fehrow
Jänsch-
walde
Markosice
Markersdorf
Kolo
Kohlo
Lubsza
Lubsko
Sommerfeld
Lübbenau West
Abzw. Lübbenau
Burg
Spree
Kittlitz/Braun-
kohlenwerk
Krafttw. Lübbenau
Sielow
Brody
Pförten
Chełm Żarski
Kulm
Schlaben-
dorf
Barthow
Vetschau
Vetschau
Kolkwitz
ADAC
COTTBUS
Grötsch
Forst
Zasieki
Jasień
Gassen
Calau
Missen
Kahren
Cottb.-W.
Kathlow
Roggosen
Nysa Łużycka
P O L E N
Grężawa
Rotfelde
Pietrzyków
Pitschkau
Leuthen
Gr. Gaglow
Cottb.-S.
Forst
Gr. Schacksdf.
Kl. Bade-
meusel
Ciełmów
Zilmsdf.
Lipinki
Łużyckie
Craupe
Casel
Groß
Oßnig
Laubs-
dorf
Bademeusel
Trzebiel
Triebel
Linderode
Bronkow
Drebkau
Speicher-
becken
Spremberg
Preschener
Mühlbusch
Altdöbern
Bronkow
Neu-
petershain
Döbern
Jerischke
Żarki Wielkie
Groß Särchen
Grotów
Gräfenhain
Zürchel
Sellessen
Tschernitz
Niwica
Zibelle
Spremberg
Bad
Muskau
Freien-
hufen
Welzow
Bergheide
Groß-
räschen
Schleife
Halben-
dorf
Łęknica
Lugknitz
Mielno
Mellendorf
Anna-
hütte
Klettwitz
ADAC
Senftenberg
Bluno
Schwarze
Pumpe
„Urwald“ Weißwasser
Weißwasser
Sagar
Letów
Birkfähre
Niederlausitz
Senftenberger See
Schwarz-
heide
Groß-
koschen
Schwarze Elster
Laubusch
Neustadt
Weiß-
keißel
Pechern
Przewóz
Priebus
Burg-
hammer
Dobrzyn
Dobers
Ruhland
Ruhland
Lauta
Hoyerswerda
Weißkollm
Nochten
Rietschen
Sobolice
Zoblitz
Dresden
Hohen-
bocka
Lausitzer Heide
Guteborn
Wittichenau
Lohsa
Uhyst
Reichwalde
Lodenau
Wiednitz
Ortrand
Berns-
dorf
Oßling
Groß
Särchen
Klitten
Kreba
Hähnichen
Rothen-
burg
Zeisholz
Mücka
Schwepnitz
Cunnewitz
Königs-
wartha
Spree
Horka
Commerau
Niesky
Deschka
Oberlausitz
Kl.-
Saubernitz
Jänken-
dorf
Königs-
brück
Kamenz
Neschwitz
Radibor
Mal-
schwitz
Gebelzig
Kodersdf.
Gersdorf-
Crostwitz
Nieder-
Seifersdorf
Großnaundorf
Möhrsdf.
Elstra
Bautzen-West
Bautzen-Ost
Weißen-
berg
Hochstein
Kunnersdf.
Ludwigs-
dorf
Melaune
Königshain
Ottendorf
Uhyst a. T.
Wurschen
Görlitz
Zgorzelec
Pulsnitz
Göda
Bautzen
Hoch-
kirch
Hermsdf.
Ottendf.-Okr.
Pulsnitz
Ohorn
Burkau
Reichenbach
Landeskrone
Kittlitz
Weix-
dorf
Bretnig
Gr.-
Postwitz
Czorneboh
Dresden
Gr.-Röhrsdf.
Bischofs-
werda
Gaußig
Löbau
Hagen-
werder
Neukirch
KLOTZSCHE
Radeberg
Groß-
harthau
Putzkau
Valten-B.
Wilthen
Cune-
walde
Kemnitz
Radomierzyce
Radmeritz
ADAC
DRESDEN
Arnsdf.
Steinigt-
wolmsdf.
Oppach
Lausitzer Bergland
Bernstadt
Weißig
Stolpen
Ebersbach
Ostritz
Elbe
PILLNITZ
Dobra
Neustadt
Lobendava
Lobendau
Šluknov
Schluckenau
Kottmar
Herrnhut
Groß-
Henners-
dorf
Eibau
Lohmen
Neu-
gersdf.
Spitzberg
Nieder-
oderwitz
Hirschfelde
Heidenau
Hohnstein
Bastei
Mikulášovice
Nixdorf
Rumburk
Rumburg
Stadt
Wehlen
Kurort Rathen
Sebnitz
Seif-
hennersdf.
Großer Stein
Bogatynia
Reichenau
Kreischa
Pirna
Bad
Schandau
Hinterherms-
df.
Gr.-
Schönau
Zittau
Sieniawka
Kleinschönau
Weesenstein
Sächsische
Krásná Lípa
Schönlinde
Varnsdf.
Reinhardts-
grimma
Cotta
Königstein
Schmilka
Krippen
Waltersdf.
Oybin
Hradek
Grottau
Hřensko
Herms-
kretschen
Chřibská
Kreibitz
Jiřetín
Sankt
Georgenthal
Lausche
Töpfer
Luž
Lužická Nisa
Bily Kostel
Weißkchn.
Liebstadt
Berggieß-
hübel
Bielatal
Schweiz
Kaltenbg.
Mühlstein-
brüche und
Jonsdorfer Felsenstadt
Lücken-
dorf
Glas-
hütte
Bad
Gottleuba
Rosen-
thal
TSCHECHOSLOWAKEI

Routenvorschlag Lausitz und Spreewald

Wasserlabyrinth und Felsenstadt

❶ Unterspreewald

Der Titel »Perle des Unterspreewaldes« gebührt zweifellos dem Naturschutzgebiet Buchenhain, birgt es doch auf seinen fast 300 ha botanische und zoologische Kostbarkeiten allerersten Ranges. In den Niederungen findet sich eine extrem seltene Pflanzengesellschaft: der Bulten-Erlenbruch. Riesige Weißmoospolster – die »Bulten« – umfassen die Stammfüße der Erlen, und so scheint jeder Baum auf einem silbergrün schimmernden, samtigen Sockel zu stehen. In den höher gelegenen Bereichen wächst prachtvoller Mischwald, in dem die Rotbuche dominiert; je nach Standort gesellen sich Ahorn, Esche, Hainbuche und Stieleiche dazu. Den Waldboden überzieht im Frühjahr ein bunter Teppich: Leberblümchen, Frühlingsplatterbse, Schuppenwurz, Buschwindröschen, Gelbes Windröschen und Maiglöckchen zeigen ihre attraktiven Blüten und verströmen betörende Düfte.
Auch die Tierwelt hält Überraschungen für Sie bereit: Plötzlich taucht ein schwarz glänzender Fischotter aus dem Wasser auf, schreitet ein Kranich gravitätisch einher. Mit etwas Glück können Sie auch Schwarzspecht, Blaukehlchen und Schwarzstorch beobachten.
Von der Gaststätte in Schlepzig wandern Sie auf beschildertem Weg in westliche Richtung zum Schutzgebiet (hin und zurück rund 8 km). Doch auch der Wasserweg steht Ihnen offen: Während der Saison wartet an der Abfahrtstelle »Strandcafé« in Lübben fast immer ein Kahn unter dem Schild »Fahrt durch den Unterspreewald«, um Sie hierherzubringen.

❷ Oberspreewald

Ein Labyrinth zahlloser kleiner und kleinster Wasserläufe macht den ungewöhnlichen Reiz des Spreewaldes aus. Ingesamt 300 km sollen sie lang sein, davon sind 194 km mit dem Kahn befahrbar. Wegen des geringen Gefälles spalteten sich einst die Spree und ihre größeren Zuflüsse Malxe und Berste in viele kleinere Wasserläufe auf; später erweiterte man das Gewässernetz planvoll durch Kanäle und Gräben. Fast 300 km^2 des Spreewaldes stehen unter Landschaftsschutz.
Im östlich von Lübbenau gelegenen Oberspreewald sind die Fließgewässer besonders zahlreich. Sie durchziehen von Baumreihen eingefaßte weite Wiesenflächen und Bruchwaldpartien, führen an kleinen Äckern und Gärten vorbei. Hier liegt der Waldanteil niedriger als im Unterspreewald. Durch den hohen Grundwasserspiegel hat sich eine üppige Vegetation entwickelt: Im Frühjahr leuchten die großen, gelben, markant geformten Schwertlilienblüten, im Sommer blühen Weiße und Gelbe Teichrose. Eine botanische Kostbarkeit ist der vor allem bei Lübbenau, Lübben und Schlepzig wild wachsende Märzenbecher.
Fast überall brütet der Weißstorch, gelegentlich kann man auch seinen Vetter, den Schwarzstorch, beobachten. Manchmal taucht gar der bunt-

Einer der drei Häfen des Spreewaldes: Lübbenau. Der größte Teil des Verkehrs wird auf dem Wasser abgewickelt.

Per Kahn durch den Spreewald
Was wäre ein Spreewaldbesuch ❶ ❷ ohne Kahnpartie? Schon seit über 100 Jahren lassen sich Schaulustige auf breiten Kähnen von freundlichen Fährmännern und -frauen durch das Labyrinth der Kanäle und Fließe staken. Vorbei geht es an prächtigen Bäumen und üppig wuchernden Uferpflanzen, wobei geschickt die niedrigen Holzbrükken – sie heißen hier Bänke – unterquert werden. Immer wieder schweift der Blick über weite Wiesenflächen. Schachfiguren gleich, stehen hier glokkenförmige Heuschober, die Wahrzeichen des Spreewaldes. Besonders malerisch wirken auch die aus wuchtigen Balken gezimmerten Bauernhäuser mit ihren blumengeschmückten Fenstern und den am Bootssteg hängenden Briefkästen für die kahnfahrenden Postboten. Zu empfehlen sind Kahnfahrten in den Oberspreewald vom Fährhafen Lübbenau aus. Die Fahrtdauer schwankt zwischen drei und acht Stunden. Starten kann man auch in Burg. Ab Lübben sind Kahnfahrten sowohl in den Ober- als auch in den Unterspreewald möglich; sie beginnen jeweils am dortigen Strandcafé (Vorbuchung bei der Kahnfährmannsgenossenschaft, Maxim-Gorki-Str. 81, O-7543 Lübbenau, ☏ 0037 5887/32 78).

Routenvorschlag
Lausitz und Spreewald
Die ca. 380 km lange Route führt zum Teil auf Nebenstrecken vom Spreewald durch die Niederlausitz, passiert die Oberlausitz und steigt dann zum Zittauer Gebirge an. Außergewöhnliche Sehenswürdigkeiten sind das Fließgewässerlabyrinth des Spreewaldes ❶ ❷, der Senftenberger See ❺ als Beispiel für eine neugeschaffene Erholungslandschaft, der wildzerklüftete Oybin ❽ mit seinen romantischen Ruinen, die Jonsdorfer Felsenstadt ❿ und der sagenumwobene Czorneboh ⓮.
Streckenverlauf:
Von der A 13 Berlin–Dresden Ausfahrt Freiwalde, dann auf der B 115 nach Lübben, weiter auf der B 87 Richtung Beeskow und bei Börnichen links nach Schlepzig ❶; zurück nach Lübben, dort links auf die B 115 bis Lübbenau ❷; von hier aus beim Abzweig Lübbenau auf die Autobahn, diese in Richtung Forst bis zur Ausfahrt Roggosen hinter Cottbus, weiter auf der B 115 bis Döbern, in der Ortsmitte links halten und zum Preschener Mühlbusch ❸; zurück nach Döbern und weiter die B 115 nach Bad Muskau, dort rechts und auf der B 156 bis Weißwasser ❹; hier rechts ab und über Halbendorf, Schleife und Graustein zur B 156, auf ihr über Spremberg bis zur B 169, links nach Senftenberg ❺; südwärts weiter auf der B 96 nach Bautzen, von hier aus der B 6 Richtung Görlitz bis Reichenbach folgen, kurz hinter dem Ort geht es links nach Königshain ❻; ostwärts weiter über Girbigsdorf nach Görlitz ❼; nun auf der B 99 nach Süden bis Zittau, von dort südwärts parallel zur Bahnlinie zum Kurort Oybin ❽ ❾; südlich von Oybin rechts ab zum Kurort Jonsdorf ❿; hier westwärts weiter nach Waltersdorf ⓫; von dort aus nach Norden über Großschönau nach Spitzkunnersdorf ⓬; hier weiter über Niederoderwitz nach Oberoderwitz ⓭; nun auf der B 96 nordwestwärts über Ebersbach bis Wurbis, dort rechts ab nach Weigsdorf und hier wieder rechts nach Cunewalde ⓮.
Über die B 96 gelangt man bei der Anschlußstelle Bautzen-West wieder auf die Autobahn. Alle Sehenswürdigkeiten verfügen in ihrer Nähe über Gaststätten; Übernachtungsmöglichkeiten sind allerdings sehr oft nur begrenzt vorhanden. Die Haupterholungsorte des Zittauer Gebirges zeichnen sich durch ein gut instand gehaltenes Netz von Wanderwegen aus.

Mit etwas Glück kann man im Oberspreewald noch den schillernden Eisvogel entdecken.

Ein Meer von Alpenrosen
Besonders lohnend ist eine Besichtigung des Rhododendronparks Kromlau zur Alpenrosenblüte im Mai und Juni. Von Weißwasser ❹ aus und in Richtung Spremberg fahrend, biegt man am Ortseingang von Halbendorf rechts nach Kromlau ab. In dem 1850 angelegten, etwa 200 ha großen Landschaftspark, der sich rechts der Straße erstreckt, wurden ab 1890 Tausende von Rhododendren (Alpenrosen) gepflanzt. Sie haben sich prächtig entwikkelt. Am eindrucksvollsten erlebt man den Alpenrosenbestand des Parks beim Durchwandern des mehrere hundert Meter langen Rhododendrontals – im Frühling ein Blütenmeer! Ferner birgt der Park viele Baumriesen, etwa die 30 m hohen exotischen Tulpenbäume und die gewaltigen Trauerbuchen, deren unterste Zweige fast den Boden berühren.

schillernde Eisvogel auf. Den großen Reichtum an Libellenarten hat noch niemand genau erfaßt, den an Schmetterlingen sehr wohl: In einem kleinen Teilgebiet wurden genau 241 verschiedene Arten gezählt.
Am besten erschließt sich der Spreewald auf einer traditionellen Kahnpartie von Lübbenau aus. Wer zu Fuß das »grüne Venedig« erkunden will, sollte an der Gaststätte »Wotschofska« starten. Der Pfad dorthin beginnt am Gasthof »Spreeschlößchen« in der Spreestraße in Lübbenau und führt über insgesamt 15 Brücken zum Ziel (Wanderzeit eine Stunde).

❸ Preschener Mühlbusch

Von einer Quelle ausgehend, durchschneiden mehrere kleine Schluchten das bewaldete, rund 24 ha große Naturschutzgebiet. Der gleich unterhalb der Quelle verlaufende Bach trieb einst eine Mühle an (daher der Name). Sehenswert sind vor allem die stattlichen Weißtannen, die hier ihr nördlichstes natürliches Vorkommen haben. Pflanzen, die sonst eher im Gebirge wachsen, findet man hier, etwa das zu den Nachtkerzengewächsen gehörende Alpenhexenkraut. In nassen Bereichen gedeiht der seltene Sumpfporst. An einigen Stellen fallen große Bestände der blaßvioletten bis rötlichen Schuppenwurz auf, die an den Wurzeln von Haselnußsträuchern und Erlen schmarotzt.
Die Anfahrt von Döbern führt durch Gosda bis kurz vor den Ortseingang von Preschen (Parkmöglichkeit). Unmittelbar links der Straße erstreckt sich in einer Breite von rund 500 m das Naturschutzgebiet.

❹ »Urwald« Weißwasser

Das fast 100 ha große Naturschutzgebiet beeindruckt vor allem durch seinen urwüchsigen Waldbestand. Sie erreichen es vom Wasserturm an

Sehenswert: der Kromlauer Rhododendronpark mit der Teufelsbrücke.

Die zahlreichen Wasserläufe, die Fließe, mit kleinen Inseln, den Kaupen, machen den Reiz des Spreewaldes aus.

Der »Urwald« bei Weißwasser mit seinem prachtvollen Baumbestand lädt zu beschaulichen Wanderungen ein.

der Hegelallee in Weißwasser (im Ort parken) auf dem beschilderten Naturlehrpfad (15 km), dem Grünen Weg. Inmitten des »Urwaldes« kommen Sie an einem ehemaligen Jagdschloß vorbei und stehen bald fasziniert vor mächtigen alten Platanen, Roßkastanien und Sommerlinden: Reste eines Parks, den Hermann Fürst von Pückler-Muskau (1785–1871) im 19. Jh. hat anlegen lassen. Auch stattliche Eichen, Kiefern, Weißtannen und Fichten sehen Sie hier.
Wenig später stoßen Sie auf den Wolfsstein; die Inschrift teilt mit: 1845 wurde hier der letzte Wolf des Muskauer Forsts erlegt. Andere zoologische Besonderheiten können Sie dagegen mit Glück noch heute beobachten, etwa das Auerhuhn, die Blauracke oder den Hirschkäfer. Dem Naturlehrpfad folgend, kehren Sie auf der »Rennbahn« genannten Straße nach Weißwasser zurück.

5 Senftenberger See

Der südlich von Senftenberg gelegene See entstand 1967 durch Flutung des 26 Jahre lang betriebenen Braunkohlentagebaus von Niemtsch. Am See baute man eine Freizeitanlage (17 km Strand, Campingplatz, Gaststätten, Bootsverleih usw.). Im Südostteil des fast 1250 ha großen Gewässers liegt eine große Insel, die zusammen mit einem Uferstück zum Naturschutzgebiet erklärt wurde. Das bewaldete Reservat darf niemand betreten, die vielen hier brütenden Vögel wie Lachmöwe, Uferschwalbe, Bläßhuhn und Stockente sind jedoch vom Ufer aus mit dem Fernglas gut zu beobachten. Wer in der Zeit des Vogelzugs kommt, wird reich belohnt: Vor allem die ruhigen Buchten dienen Zugvögeln – insbesondere den Graugänsen – als Rast- und Sammelplatz.
Um zum See zu kommen, fährt man nach Niemtsch (südwestlich von Senftenberg) oder Großkoschen (südöstlich der Stadt); in beiden Orten gibt es Parkplätze.

6 Hochstein

Der 406 m hohe Hochstein liegt im Zentrum des gleichnamigen, fast 70 ha großen Naturschutzgebiets. Wir erreichen den Berg in etwa 30 Minuten Fußweg vom Parkplatz am Bahnhof Königshain.
Die Gipfelfelsen bestehen aus grobkörnigem Granit. Sie sind zum Teil in charakteristischer Weise verwittert und erinnern an Stapel von Wollsäcken; »Wollsackverwitterung« nennen die Geologen deshalb dieses Phänomen treffend. Mächtige Blockfelder bedecken Kuppe und Hänge des Berges, von dessen Aussichtsturm man einen ausgezeichneten Rundblick genießt. Im Unterwuchs des schönen Mischwaldes leuchtet weiß der seltene Siebenstern, duftet der Waldmeister, verlocken Heidelbeersträucher zum Naschen der schmackhaften Früchte.

Wie aufgeschichtet wirken die Granitfelsen des Hochsteingipfels.

Die Sorben: Leben und Wirken

Die Sorben, Angehörige einer heute 100 000 Seelen zählenden slawischen Minderheit, besiedeln seit der Zeit der Völkerwanderung die hochwasserfreien Gebiete des Spreewaldes. Sie leben in 176 zweisprachigen Orten der Lausitz. Neben der Viehzucht betreiben sie auch Gemüsebau. Vor allem die Spreewälder Gurken sind weithin bekannt und geschätzt, aber auch auf Meerrettich, Zwiebeln, rote Rüben, Kürbis und Weißkohl hat man sich mit Erfolg spezialisiert. Wenn Sie mehr über die Sorben erfahren möchten: Bei der Fahrt von Senftenberg 5 nach Königshain 6 kommen Sie durch Bautzen. Das in der Ortenburg 3 gelegene Museum für Sorbische Geschichte und Kultur (geöffnet tägl. 9.30–12.30, 13.30–16, Di, Do bis 17 Uhr, 1. Mo im Monat geschlossen) informiert anschaulich über Geschichte, Kultur und Kunst dieser nationalen Minderheit. Dort können Sie auch die Nachbildung einer Heidebauernstube aus der Mittleren Lausitz und eine Sammlung bäuerlicher Wirtschaftsgeräte aus dem 19. Jh. sehen.

Aus einem häßlichen, gigantischen Loch, das der Braunkohlentagebau im Süden Brandenburgs hinterlassen hat, entstand der Senftenberger See. Leider können nicht alle Eingriffe im Lausitzer Bergbaurevier so wie hier wiedergutgemacht werden.

Anschauliche Informationstafeln erläutern Geologie und Botanik der Landeskrone.

Der Natur auf der Spur
Das Naturkundemuseum Görlitz 7, am Marienplatz, gehört zu den bedeutendsten deutschen Einrichtungen dieser Art (geöffnet April–Sept. Di–Fr 9–12, 13–17, So 10–12, 13–17, Okt.–März nur bis 16 Uhr). Die Sammlung enthält allein rund 15 000 Präparate von Wirbeltieren und etwa 5000 Vogeleier. Hinzu kommen 15 000 Schnecken- und Muschelschalen, 1,5 Millionen präparierte Insekten, ein 100 000 Pflanzen umfassendes Herbarium sowie über 12 000 Exponate aus dem Bereich der Mineralien und Fossilien. Von den ständigen Ausstellungen sei die »Tierwelt der Oberlausitz« hervorgehoben.

7 Landeskrone

In Gipfelnähe der 420 m hohen Landeskrone, so heißt es, dreht der Kompaß durch: Der hohe Magnetitanteil des Basalts soll die Nadel ablenken. Der weithin sichtbare Berg, der in einem über 60 ha großen Naturschutzgebiet liegt, überragt seine Umgebung um immerhin 200 m. Der Mischwald hält hier, was sein Name verspricht: Einträchtig stehen Stieleiche, Winterlinde, Hainbuche, Esche, Bergulme sowie Berg- und Spitzahorn mit Nadelbäumen beieinander. Doch auch der Bodenbewuchs bietet Ungewöhnliches: Hier zeigt sich die seltsam geformte Blüte der nach Pfeffer duftenden Haselwurz, blüht der unverkennbare Gefleckte Aronstab, bedeckt der Mittlere Lerchensporn weite Flächen. In Gipfelnähe erkennt man das intensiv rosa blühende Sigmarskraut, das vor Hunderten von Jahren von den damaligen Bewohnern des Berges angepflanzt wurde und sich seitdem halten konnte: ein sogenanntes Kulturrelikt. Daß sich in einer so reichen Flora auch zahlreiche Tiere wohl fühlen, verwundert nicht. Allein 53 verschiedene Landschneckenarten haben die Spezialisten hier nachgewiesen, und sie fanden über 200 Arten einer einzigen Käferfamilie. Gelegentlich sieht man Waldeidechse und Glattnatter vorbeihuschen.
Zwei Gipfel hat die Landeskrone. Sie sind durch einen breiten Sattel miteinander verbunden, und auf dem höheren steht ein Aussichtstürmchen, das bei günstigem Wetter einen Blick bis zum Riesengebirge erlaubt. Man fährt vom westlichen Görlitzer Ortseingang hinauf oder nimmt einen der beschilderten Wanderwege.

8 Oybin

Der 1 km lange, steile Weg zum 514 m hohen Oybin beginnt am Parkplatz neben dem Bahnhof des gleichnamigen Ortes. Hier endet eine Linie der aus Zittau kommenden beliebten Schmalspurbahn. Linker Hand wandern wir durch den Hausgrund; im Hausgrundteich spiegeln sich bizarre Felsen und Baumriesen. An gewaltigen Felsblöcken und stattlichen Buchen vorbeiwandernd, erreichen wir die Berggaststätte. Von hier geht es weiter zum hoch aufragenden Gipfel. Wild zerklüftet wie die Felslandschaft des Elbsandsteingebirges zeigt sich der etwa 100 Millionen Jahre alte gelbliche Quadersandstein.
Über die wechselvolle Geschichte des Berges, der nur einen Steinwurf von der Grenze zur Tschechoslowakei entfernt liegt, informiert anschau-

Bereits in der Bronzezeit war der hoch über dem gleichnamigen Ort aufragende Oybin besiedelt. Seine markanten Klippen ziehen seit jeher Besucher in ihren Bann.

lich ein Bergmuseum (Mai bis Mitte Okt. geöffnet Do–Di 9–17 Uhr). Eine Besichtigung lohnen auch die Bergkirche und der ein wenig unheimlich wirkende Bergfriedhof: Harmonisch fügen sich die Spuren alter Kultur in die ursprüngliche Natur ein. Verständlich, daß sich die Maler der Romantik hier zu einigen Gemälden anregen ließen.

9 Töpfer

Die Wanderung beginnt wiederum am Parkplatz beim Bahnhof Oybin. Auf dem markierten Weg (grünes Quadrat) steigt man direkt zum 580 m hohen kreidezeitlichen Sandsteinfelsen des Töpfers empor (2 km). Das Gipfelplateau ist überraschenderweise etwa 500 m breit. Auf dem Weg zur Gaststätte »Töpferbaude« kommt man durch ein rund 300 m langes Felslabyrinth. Durch waagrechte Schichtung und senkrechte Klüfte ist hier der Sandstein zu bizarren Einzelfelsen verwittert. Einige Blöcke liegen nur noch an ein oder zwei Punkten auf! Neben dem Gasthaus führen Stufen zu einem faszinierenden Felsentor empor.
Eilige Besucher gehen auf dem gleichen Weg zurück; wer aber noch Lust hat, kann einen Abstecher (hin und zurück 2 km) zum 570 m hohen Scharfenstein machen, der ähnlich schroffe Felsformen aufweist.

10 Mühlsteinbrüche und Jonsdorfer Felsenstadt

Vom Parkplatz am Gondelteich in Jonsdorf gehen wir den Weg am Grundbach entlang und steigen dann auf beschildertem Pfad zu den Mühlsteinbrüchen empor (Gesamtstrecke 3 km). Ein wildromantisches Labyrinth – Felsklüfte, -gänge und Gruben, von Gebüsch und Wald überwuchert – erwartet uns. Von etwa 1560 bis 1922 wurde hier in einem Steinbruch der Sandstein für Mühlsteine gebrochen. Durch die heftigen Basaltintrusionen während des tertiären Vulkanismus verklebten und verschmolzen die einzelnen Sandkörnchen zu einem besonders harten Stein, den die Müller gerne kauften. Auf dem Wanderweg erblikken wir zunächst das kuriose Felsgebilde der Drei Tische. Wenige Schritte weiter tut sich das Bärloch auf. Steil geht es dann zum Carola-Felsen hinauf, der eine lohnende Rundsicht auf die Mühlsteinbrüche bietet. Der markierte Weg führt uns weiter zur »Steenbruchschmiede«, der rekonstruierten ehemaligen Werkzeugschmiede des Steinbruchs. Wenn man sich rechts hält, kommt man am Steilhang entlang zum Schwarzen Loch. Hinter dem Humboldt-Felsen verläßt der Weg den Steinbruch durch eine gemeißelte Schlucht, und man betritt das berühmte Naturschutzgebiet Jonsdorfer Felsenstadt. Gleich zu Beginn fesseln die zauberhaften Felsgebilde Große und Kleine Orgel den Betrachter. Orgelpfeifen ähnlich, reihen sich fünf- bis sechskantige, fast 2 m hohe Sandsteinsäulen aneinander. Danach erreicht man den sogenannten Alpenpfad.
Im Unterwuchs der Nadelwälder fallen vor allem die Zwergsträucher wie Heidelbeere, Preiselbeere und Heidekraut auf. An den kleinen Bächen und in den Sümpfen stehen typische feuchtigkeitsliebende Bergpflanzen: der Purpurhasenlattich etwa, dessen Name die Farbe seiner Blüten verrät,

An moderne Skulpturen erinnern die märchenhaften Sandsteingebilde der Jonsdorfer Felsenstadt.

Von Ständern, Schwellen und Kopfbändern

Immer wieder sieht man auf der Fahrt durch die südliche Oberlausitz 8–13 originelle malerische Bauten – sogenannte Umgebindehäuser. Als typische Hausform ehemaliger Weberdörfer fügen sie sich harmonisch ins Landschaftsbild ein. Besonders fallen die hölzernen Bogen über den Fenstern und das Fachwerk im Obergeschoß auf. Beides geht auf die eigenartige Bauweise des Hauses zurück. Nach dem Auslegen von Steinen im Grundriß wurden darauf die Ständer, dicke Holzbohlen, aufgerichtet und oben mit Schwellen – waagrechten Balken – belegt. Beides verband man stabil mit den sogenannten Kopfbändern. Ständer, Schwellen und Kopfbänder heißen als Ganzes Umgebinde. Darauf wurde in üblicher Weise das Fachwerk des Obergeschosses errichtet. Erst dann bauten Zimmerleute das Erdgeschoß des bis dahin wie auf Stelzen stehenden Hauses in Blockhausform aus. Die meisten Umgebindehäuser stammen aus dem 18. und 19. Jh. Sie werden von den heutigen Bewohnern liebevoll gepflegt.

Touristisch erschlossen, vielleicht allzusehr, ist das faszinierende Felsentor auf dem Töpfer im Zittauer Gebirge nahe Oybin.

Wie von Künstlerhand geschaffen: die Kleine Orgel bei Jonsdorf.

Vulkanischen Ursprungs ist der Große Stein, der seit mehr als 60 Jahren unter Naturschutz steht.

der Bergehrenpreis, dessen zartlilafarbene, kleine Blüten von dunkler gefärbten Adern filigran durchzogen werden, oder der saftgrüne, urtümliche Waldschachtelhalm. Durch diese Wildnis streifen Baummarder, Steinmarder und Dachs auf der Suche nach Beute. In den Bäumen brüten seltene Vögel, z.B. Schwarzspecht, Gimpel, Steinkauz und der größte Eulenvogel Europas, der Uhu.

⑪ Lausche

Mit 793 m ist die Lausche der höchste deutsche Berg östlich der Elbe und zugleich der südwestliche Eckpfeiler des Zittauer Gebirges. Man erreicht den Berg mit seinem wildzerklüfteten Phonolithgipfel am besten von Waltersdorf aus. Vom südlichen Ortsende führt kurz vor der Grenze zur Tschechoslowakei rechts ein 2 km langer Wanderweg (Markierung: zuerst grüner Kreis, dann gelber Strich) zum Berg hinauf, vorbei an zahllosen Felsblöcken und beeindruckenden Blockhalden. Der Gipfel bietet einen herrlichen Ausblick auf das Riesengebirge im Osten und die Sächsische Schweiz im Westen.

Im prächtigen Buchenwald achte man vor allem auf die vielfältige Farnflora: Wurm-, Dorn-, Eichen- und Buchenfarn sind hier zu finden. Am Fuß des Hanges gedeihen botanische Kostbarkeiten, aus denen – auch im Wortsinn – die faszinierende Türkenbundlilie hervorragt.

⑫ Großer Stein

Von Spitzkunnersdorf (Parken an der Gaststätte) geht man in Richtung Leutersdorf und hinter den letzten Häusern links auf Wiesenwegen zum schon von weitem sichtbaren, 471 m hohen Großen Stein (Gesamtwegstrecke etwa 3 km).

Feinkörnige Tuffe am Nordhang weisen auf vulkanische Aktivität im Tertiär hin. Später stieg Basaltlava an die Oberfläche und bildete ausgedehnte Decken und Kuppen, wie sie am Osthang des Großen Steins zu finden sind. Stockförmig drang schließlich – ebenfalls vulkanische – Phonolithschmelze in die Erdrinde.

⑬ Oberoderwitzer Spitzberg

In Gipfelnähe des 514 m hohen Spitzbergs fallen links und rechts des Weges kleine Steinplatten auf. Metallisch hell klingen sie, wenn man daran klopft: Klingstein sagt der Volksmund dazu. Phonolith, so der

Den südöstlichsten Zipfel Sachsens markiert das Zittauer Gebirge. Rund um die fast 800 m hohe Lausche erstreckt sich eine besonders stark von der Umweltzerstörung bedrohte Landschaft.

wissenschaftliche Name, bildet den kegelförmigen Gipfel des Berges, der wie so viele in der Lausitz durch vulkanische Tätigkeit im Tertiär entstand. An der Südostseite tritt das grünlichgraue Gestein als 0,5–1 m dicke Säulen zutage – in dieser Form sieht man den Phonolith äußerst selten. Von Oberoderwitz geht es hinter der Bahnüberführung zum markanten Berg hinauf (1,5 km). Auf dem Gipfel lädt die »Spitzbergbaude« zur Rast.

14 Czorneboh

Von Cunewalde (im Ort parken) steigen wir zum nordwestlich gelegenen, 561 m hohen Czorneboh hinauf (4 km). Außerhalb der Hauptsaison kann man auch mit dem Auto hochfahren.

Ausgehend von einem schmalen Kamm, fallen die Gipfelpartien nach beiden Seiten steil ab. Granodiorit mit hellem und dunklem Glimmer ist das vorherrschende Gestein. Überall sieht man gigantische, matratzenähnliche Verwitterungsformen, die an Riesenaltäre erinnern. Zudem sind in den Felsen häufig Einschlüsse von Grauwacke zu erkennen; bei ihrer Verwitterung entstanden napf- oder schalenförmige Vertiefungen im Gestein, so z. B. das sagenumwobene Opferbecken und – an einem der Felstürme – das Teufelsfenster.

Der Blick vom ältesten Aussichtsturm der Oberlausitz reicht von den Hügeln bei Bautzen im Norden bis zur südlich gelegenen Mittelgebirgslandschaft im Grenzgebiet zur Tschechoslowakei. Der eigentümliche Name des Berges stammt übrigens aus dem Sorbischen: »Corny Bóh« heißt in dieser Sprache »schwarzer Gott«.

Kostbare Gewebe

Die Fahrt von Waltersdorf 11 nach Spitzkunnersdorf 12 führt durch Großschönau, seit dem 17. Jh. ein bekanntes Zentrum der Leinendamastherstellung in Deutschland. Das Damast- und Heimatmuseum Großschönau, Schenaustr. 3, zeigt Trachten und Stoffe aus drei Jahrhunderten (geöffnet 15. April–Okt. Mo–Sa 9–12, 14–17, jeden 1. So im Monat 14–17; Nov.–14. April nur Führungen Di 10.30, 13.30, Fr 11 Uhr; an Feiertagen geschlossen).

»Klingstein« bildet den Gipfel des Oberoderwitzer Spitzbergs.

Czorneboh – der Name des Berges sagt es: Wir sind im Land der Sorben, die auch Wenden genannt werden. Die slawische Volksgruppe hat über Jahrhunderte hinweg ihre kulturelle Eigenart bewahren können.

23 **Eifel**

Maare und Moore

Eine eher unwirtliche, kalte und rauhe Gegend, die doch zugleich Lebensraum ist für wärmeliebende Pflanzen und Tiere, wie man sie auch im Mittelmeerraum findet: Gegensätze sind charakteristisch für die Eifel. Die Mittelgebirgslandschaft zwischen Ardennen und Rhein weist ganz unterschiedliche, doch in vielerlei Weise reizvolle Naturräume auf. Bäche und Flüsse, die sich zwischen steil aufragenden Felsufern ihren verschlungenen Weg suchen, prägen das Bild ebenso wie bizarre Gesteinsformationen, Höhlen und Hochmoore. Südlich der Hohen Eifel stößt der Wanderer auf etwas in unseren Breiten Besonderes: die Maare – hier das Meerfelder Maar hinter dem Windsborn, dem einzigen deutschen Kratersee nördlich der Alpen –, entstanden infolge gewaltiger Vulkanausbrüche. Oder er kann seinen Blick über weite Hochflächen mit gleichsam aufgesetzten, gerundeten Kuppen schweifen lassen, die sich bei näherem Hinschauen als erloschene Vulkane entpuppen.

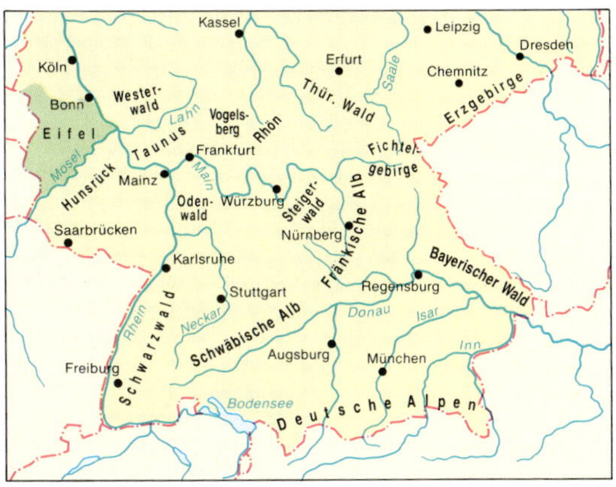

Lage Zwischen dem Rhein im Osten und den Grenzen zu Belgien und Luxemburg im Westen; zwischen der Kölner Bucht im Norden und der Mosel im Süden
Ausdehnung Nord–Süd ca. 120 km; West–Ost ca. 110 km
Länder Nordrhein-Westfalen, Rheinland-Pfalz
Höchste Erhebungen Hohe Acht 747 m, Ernstberg 700 m, Schwarzer Mann 697 m, Weißerstein 690 m
Wichtigste Flüsse Rhein, Mosel, Rur, Erft, Ahr, Kyll
Landschaftsformen Mittelgebirge mit flachwelligen Hochflächen, tief eingeschnittenen Tälern und einzelnen höheren Kuppen
Naturparks Naturpark Kottenforst-Ville, Deutsch-Belgischer Naturpark, Deutsch-Luxemburgischer Naturpark
Information Fremdenverkehrs- und Heilbäderverband Rheinland-Pfalz, Löhrstr. 103–105, W-5400 Koblenz, ☎ 0261/31079; Landesverkehrsverband Rheinland, Rheinallee 69, W-5300 Bonn 2, ☎ 0228/362921–22; Fremdenverkehrszweckverband Rhein-Mosel-Eifel-Touristik, Bahnhofstr. 9, W-5400 Koblenz, ☎ 0261/14024; Tourist-Information Vulkaneifel, Mainzerstr. 25a, W-5568 Daun, ☎ 06592/17200; Eifelverein, Hauptgeschäftsstelle, Stürtzstr. 2–6, W-5160 Düren, ☎ 02421/13121; Kölner Eifelverein, Thusneldastr. 9, W-5000 Köln 21, ☎ 0221/883464

Geologisches Sammelsurium

Geologisch ist die Eifel nicht leicht auf einen Nenner zu bringen. Ein großer Teil ihres Gesteinsuntergrunds stammt bereits aus dem Erdaltertum. Vor 400 Millionen Jahren bildeten sich die ersten Gebirgsmassive, deren älteste Überbleibsel man im Hohen Venn findet. Im Laufe der Zeit sank das Gebirge stellenweise ab, ein breiter Trog quer durch die Eifel wurde vom Meer überflutet. Aus Geröll-, Sand- und Schlammablagerungen bildete sich in Jahrmillionen Material für das heute sichtbare Grundgebirge. Aus den Überresten abgestorbener Meereslebewesen entstanden die Kalkfelsen bei Prüm, Gerolstein, Hillesheim, Dollendorf und Blankenheim. Überflutungen der Eifel im Erdmittelalter ließen – vor allem in der

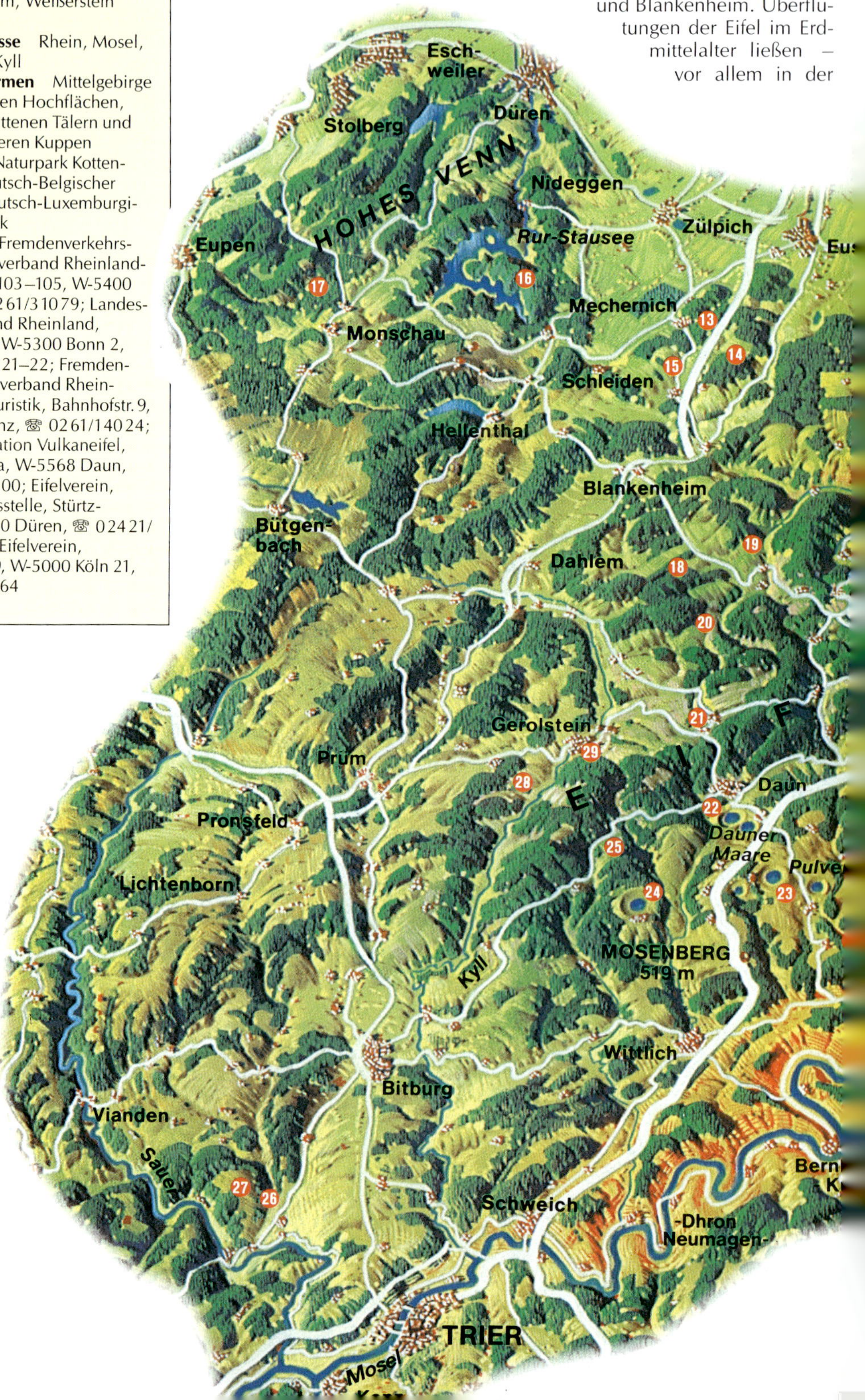

Trierer und Mechernicher Mulde – Muschelkalk und Buntsandstein zurück. Vor 45 Millionen Jahren begann zwischen Ulmen und Adenau der erste Hauptzyklus der Vulkanausbrüche. Er dauerte ungefähr 20 Millionen Jahre. Danach stieg das Schiefergebirge auf, ohne daß die Vulkane völlig zur Ruhe kamen. Die zweite Serie von massiven Ausbrüchen begann vor etwa einer Million Jahren und reichte bis in die Steinzeit vor 10 000 Jahren. Wehrer Kessel 4 und Laacher See 5 entstanden in dieser Periode. In der Westeifel bildeten sich die typischen Eifelmaare bei Daun 22, Gillenfeld 23 und Manderscheid 24.

Bei Adenau erhebt sich auf der Nürburg (678 m) die gleichnamige Ruine auf römischen Fundamenten.

Alter Raubbau, neue Chancen

Die geologischen Eigenarten der Eifel haben die Voraussetzungen für eine vielfältige Nutzung geschaffen. Schon die Römer bauten ihre Wasserleitungen mit Tuffstein, gut eineinhalb Jahrtausende später wurden die Tunnelmündungen der Eisenbahnstrecke Trier–Köln mit Buntsandstein ausgekleidet. Tuffstein blieb, als ausgesprochen leichtes Material, überall begehrt und fand noch beim Bau der Gedächtniskirche in Berlin oder des Hauptbahnhofs in Hamburg Verwendung. Bimssteine aus dem Umkreis des Laacher Sees werden noch immer zu Hohlblockziegeln verarbeitet oder – in pulverisierter Form – im Straßenbau eingesetzt. Und auch »Katzenköpfe« aus Basalt sind bei Pflasterarbeiten in Innenstädten heute wieder sehr gefragt. Einige Gesteinsarten wie die Mayener 11 und die Mendinger Basaltlava wurden allerdings so sehr in Anspruch genommen, daß ihr Abbau nicht mehr oder nur noch für die Restaurierung alter Gebäude möglich ist.

Grenzgebiete wie die Eifel liegen oft im Windschatten wirtschaftlicher Entwicklungen. Dadurch werden jedoch ihre ökologischen Qualitäten gesichert oder sogar gestärkt, wie am Deutsch-Luxemburgischen und Deutsch-Belgischen Naturpark zu sehen ist. Zwar hat sich die Rohstoffindustrie vieler Bodenschätze bemächtigt, doch sind in aufgelassenen Steinbrüchen, Kies-, Sand- und Tongruben neue Lebensräume entstanden, wo jetzt Erholungsuchende die Natur erleben können. Daher haben Naturschützer durchaus ambivalente Gefühle beim Anblick von Gruben und Steinbrüchen: Einerseits tragen die Bagger Kalkkuppen und Schlackenkegel rigoros ab, vernichten damit Lebensräume und verwunden das Gesicht einer einzigartigen Landschaft, andererseits schaffen sie aber interessante künstliche Aufschlüsse und fördern damit wissenschaftliche Erkenntnisse.

Route 1 Osteifel

Lavastrom und Kraterrand

❶ Kottenforst

Bereits 973, als Kaiser Otto I. das Waldstück den Kölner Erzbischöfen schenkte, wurde der Kottenforst in einer Urkunde beschrieben. Nachdem im 17./18. Jh. die geistlichen Herren ihre Residenz nach Bonn verlegt hatten, richteten sie den Wald für die Parforcejagd ein – vor allem Rothirsche wurden mit laut bellenden Hundemeuten gehetzt und schließlich erlegt. Damals entstand das ausgedehnte Wege- und Schneisensystem, das noch heute in seiner sternförmigen Struktur im Süden des Naturparks Kottenforst-Ville, z.B. im Bereich Jägerhäuschen, zu sehen ist. Clemens August, 1723–61 Kurfürst zu Köln, verewigte sich hier als Jäger und Baumeister. Aus seiner Regierungszeit wird mehrfach von der »Schweinshatz« berichtet. Die Jagd auf Schwarzwild ist auch heute noch sehr beliebt im Kottenforst.
Der beste Ausgangspunkt für Wanderungen im Kottenforst ist der Parkplatz an der Straße zwischen Meckenheim und Villip (Ausfahrt Meckenheim-Merl von der A 565).

Route 1
Osteifel
Die ca. 260 km lange Route führt südlich der Ahr rasch auf die Höhen der östlichen Eifel. Mit Laacher See ❺ und Ulmener Maar ❿ werden Zeugen des jungen Vulkanismus aufgesucht, der Abbau vulkanischen Gesteins kann bei Plaidt ❻ und Mayen ⓫ besichtigt werden. Die »einschneidende« Arbeit der Flüsse im Gebirge wird an den kurvenreichen Verläufen von Mosel ❽ oder Ahr ⓬ besonders deutlich.
Streckenverlauf:
A 565 Ausfahrt Meckenheim-Merl nach Villip ❶; weiter über Ober- und Niederbachem nach Mehlem ❷; auf der B 9 rheinaufwärts bis Sinzig, durch den Ort und dann in südwestlicher Richtung über Königsfeld und Ramersbach nach Beilstein ❸; ein Stück zurück und in südlicher Richtung nach Spessart, dort links nach Niederzissen und von dort wieder in südlicher Richtung bis Wehr ❹; Richtung Mendig kurz vor Bell links ab nach Maria Laach ❺; vor der Ortschaft Mendig auf die A 61 Richtung Koblenz und vorbei am Plaidter Hummerich ❻; an der Ausfahrt Plaidt die A 61 Richtung Ochtendung verlassen, rechts auf die B 258 bis zur Abzweigung nach Trimbs, dann über Polch und Pillig, über den Elzbach und über Brohl zur Mosel bei Treis-Karden, nun auf der B 49 Richtung Cochem zum Dortebachtal ❼; weiter bis Bremm ❽; dann über Beuren nach Bad Bertrich ❾; weiter über Kennfus und Lutzerath nach Alflen und auf der B 259 nach Ulmen ❿; an Höchstberg vorbei ins Elzbachtal, nordöstlich über Monreal bis Mayen, dort nach Ettringen ⓫; über Weibern nach Kempenich, dort links auf die B 412, nach 9 km rechts ab und an der Hohen Acht vorbei bis Adenau, dort rechts auf der B 257 ins Ahrtal bis Altenahr ⓬; zum Anschluß an die A 61 weiter der B 257 folgen.
Die Gasthöfe in den kleinen Dörfern entlang der Route haben durchaus ihren Reiz, vielfältigere Übernachtungsmöglichkeiten bieten sich aber eher in größeren Orten wie Cochem, Ulmen, Mayen oder Altenahr an. Vor allem in der Sommersaison sollte das Quartier vorbestellt werden. Die beste Reisezeit für die Eifel ist jedoch ohnehin im Spätsommer und Frühherbst, wenn es sich schön wandern läßt.

❷ Rodderberg

Vom Rheintal aus ist der Rodderberg, der etwa so alt ist wie die Vulkane des Laacher-See-Gebiets ❺, kaum zu erkennen. Selbst auf der Hochfläche sieht man den flachen Tuffring erst, wenn man dicht davorsteht. Am Rand des Kraters sind die Löß- und Tuffschichten gut zu unterscheiden (Informationstafel). Der Rodderberg bildet die nördliche Verbreitungsgrenze für viele seltene wärmeliebende Pflanzenarten. Das verwitterte Lavagestein bietet gute Lebensbedingungen für den Schmalblättrigen Hohlzahn, für Habichtskraut- und Mauerpfefferarten. Etwa 300 m weiter gewährt der Heinrichsblick, die historische Richtstätte des ehemaligen Amtes Mehlem, weite Sicht über das Rheintal, auf das gegenüberliegende Siebengebirge mit dem Drachenfels und manchmal bis zum Kölner Dom im Norden. Zum Rodderberg fährt man am Ortseingang von Mehlem rechts ab, folgt der steilen Kraterstraße bis zum Parkplatz und erwandert den ausgeschilderten Rundweg in ca. 45 Minuten.

❸ Wacholderheide Beilstein

Schafherden beweideten früher die Hochflächen der Eifel und hielten jeglichen Aufwuchs kurz. So machte sich auf den weiten Flächen lediglich Besenheide breit. Nur eine Gehölzart war sicher vor Tritten und Bissen: der Wacholder, ein einheimischer Vertreter der Zypressengewächse. Gewöhnlich wird er 1–4 m hoch, so auch auf der Wacholderheide bei Beilstein. Von dem Weiler führt eine nicht zu verfehlende kleine Straße zum Landschaftsschutzgebiet. Vom Rand aus hat man einen weiten Blick über die Ackerschläge und Weiden, Hangabbrüche und Hecken des Plateaus im Umkreis der Hohen Acht, des höchsten Eifelbergs. Von Heckenbach, ca. 2,5 km weiter Richtung Kesseling, führen mehrere markierte Wanderwege durch das Gebiet. Gegen raschwüchsiges Laub- oder Nadelholz kann der Wacholder sich nicht durchsetzen, so daß die geschlossenen Bestände heute besonders gepflegt werden müssen. Im nahen Kesselinger Tal, nördlich von Kesseling in Richtung Steinerberghaus, hat der Eifelverein bereits Anfang des Jahrhunderts eine 50 ha große Fläche angekauft, in ein Naturschutzgebiet verwandelt und damit dem land- und forstwirtschaftlichen Zugriff entzogen.

Nicht nur nachts singt die Nachtigall, die im dichten Unterholz des Kottenforstes nistet.

Die Goldammer bevorzugt buschbestandene Flächen, wie sie die Wacholderheiden der Eifel bieten.

Zum Naturpark Kottenforst-Ville gehört der Venusberg bei Bonn mit einem Wildfreigehege, das außer Schwarz- auch Rot- und Damwild beherbergt.

Der Schwarze Milan ernährt sich gern von Fischen und brütet deshalb oft in der Nähe von Gewässern.

Maria Laach – Formenvielfalt in Stein
Nahezu 900 Jahre sind Kloster und Kirche von Maria Laach 5 alt, eine bedeutende romanische Basilika mit drei Schiffen, zwei Querhäusern, zwei Chören und fünf Türmen und einer Vorhalle, dem Paradies. Graf Heinrich II. von Luxemburg-Salm wollte sich dort 1093 eine Ruhestätte schaffen. Doch bevor sie fertig war, starben er und seine Frau – der Rohbau ruhte. 1156 wurde »Maria ad lacum« schließlich geweiht. Daraufhin entwickelte sich aus der klösterlichen Anlage ein blühendes Gut. Noch heute floriert die sehenswerte Klostergärtnerei. Buchhandlung, Galerie und Café befriedigen eilige touristische Bedürfnisse. Wer mehr Zeit hat, sollte den Steinlehrpfad an der rückwärtigen Klostermauer abschreiten. Ein verschiefertes Backhaus, Stücke von Basaltsäulen, Römertuff, U-förmige Steine der alten römischen Wasserleitung, Basalt-»Katzenköpfe« für Straßenpflaster und eine Trockenmauer dokumentieren einmal mehr, daß die Eifel »steinreich« ist. Sieben Minuten weiter in den Wald hinein, immer den Schildern nach, findet man das Naturkundemuseum St. Winfrid mit zahlreichen Dioramen, die einheimische Tiere in ihrer natürlichen Umgebung zeigen (1. März–31. Okt. tägl. 9.30–18, 1. Nov.–28. Febr. tägl. 9.30–17 Uhr geöffnet; ☏ 02652/4785). Kinder können Fährten und Spuren verschiedener Wildarten raten. Erholung finden Besucher nach dem Rundgang in einer Cafeteria mit Terrasse. Mit dem Wagen gelangt man, von der Ausfahrt Mendig (A 61) Richtung Burgbrohl fahrend, direkt zu einem Parkplatz, wenn man vor dem Kloster, das ständig zugänglich ist, nach links den Schildern folgt.

4 Wehrer Kessel

Der Wehrer Kessel ist, am Rand deutlich sichtbar, von Tuffelsen gesäumt, die auf Eruptionen vor mehr als 50 000 Jahren zurückzuführen sind. Das Ausbruchszentrum lag wahrscheinlich am Nordostrand, wo sich heute die Welschwiesen, ein kleines Naturschutzgebiet mit eisenhaltigen Sauerquellen, erstrecken. Über einen Feldweg zwischen Wehr und der Autobahn, in der Nähe der Welschwiesenmühle, gelangt man dorthin. Sichtbarer Wegweiser ist ein Großseggenried, ein dicht von Röhricht – mit eingestreuten Erlen und Weiden – bewachsenes Flachmoor. Am häufigsten ist in den feuchten Wiesen die Schnabelsegge zu finden. Wollgras, Wiesenschaumkraut und Knabenkraut besiedeln die wasserreichsten Stellen, wo die Quellen Eisenocker abscheiden. Von Brenk am westlichen Kraterrand, von Wehr aus über Steinbergerhof zu erwandern, hat man einen hervorragenden Rundblick auf das Gebiet, in dem einst die Eruptionen stattfanden.

5 Laacher See

Als im Tertiär und Quartär das Rheinische Schiefergebirge gehoben wurde, zerbrach das starre Massiv in verschiedene Schollen. An den Bruchstellen stiegen vulkanische Schmelzen auf. Ältere Vulkane des weiteren Umkreises schleuderten ihr Magma empor, und es bildete sich der Ringwall um den heutigen Laacher See. Er selbst mit den ihn umgebenden Kuppen entstand durch Bodenabsenkung. Bald füllte Wasser das Becken. Der einstige Vulkan war erst vor rund 11 000 Jahren aktiv, erdgeschichtlich gesehen also bis in die jüngste Zeit. Seine Eruptionen waren gewaltig, die Asche wurde u.a. bis nach Pommern und Südfrankreich verweht. Wahrscheinlich sind bereits Menschen Zeugen dieser Katastrophe gewesen: In Neuwied-Gönnersdorf wurde eine altsteinzeitliche Siedlung entdeckt, begraben von den Tuffen aus diesem Gebiet.
Die Vulkane sind zwar inzwischen erloschen, aber noch immer steigen Kohlensäureblasen am Ostufer des Laacher Sees auf: Sie stammen aus dem Magma, das in der Tiefe langsam erkaltet. Wenn der See zugefroren ist, kann man die Kohlensäurequellen besonders gut als Löcher in der Eisdecke erkennen.
Der See bietet auf einem Rundwanderweg (8 km) hervorragende Voraussetzungen für die Beobachtung von Vögeln. Das Auto kann man auf den Parkplätzen am Campingplatz, am Kloster oder am Hotel »Waldfrieden« abstellen. An der Jägerspitze und der Alten Burg, im Bereich des Abflußgrabens am Schilfgürtel oder der Südbucht bei den Fischerhäusern lassen sich mit dem Fernglas faszinierende Vogelbeobachtungen machen: Hauben- und Zwergtaucher finden sich ebenso wie verschiedene Entenarten, daneben z.B. Schwarze Milane, Kormorane und viele Singvogelarten.

6 Plaidter Hummerich

Von der zweigipfligen Vulkankuppe des Plaidter Hummerich mit seinen eindrucksvollen Steilhängen steht vom östlichen Kegel nur noch eine Hälfte. Über die andere hat die Industrie bereits verfügt, die Nutzer haben sich trotz der nicht unbedeutenden Trocken- und Halbtrockenrasen-Flora gegenüber den Naturschützern durchgesetzt. Allenfalls einen einzigen Kegel wird man wohl bei künftigen Fahrten auf der Autobahn noch sehen, der ehemalige Sattelberg wird also nicht mehr zu erkennen sein. Noch aber kann man am Rastplatz »Hummerich« am Rand der A 61 zwischen Kruft und Plaidt neben dicken Lavablöcken halten und in den Aufschlüssen am Fuß des Kegels die Schichten des Aschenauswurfs betrachten. Im Gipfelbereich sind Archäologen auf die Spuren von Neandertalern gestoßen.

7 Dortebachtal

Fast wie durch ein betoniertes Schlupfloch unterhalb der Eisenbahntrasse, die die B 49 entlang der Mosel begleitet, betritt man das Naturschutzgebiet Dortebachtal zwischen Pommern und Klotten, ein Kleinod der Natur, das in diesem Raum seinesgleichen sucht. Ein braunes Holzschild an einem verzierten Pfahl weist zurückhaltend darauf hin (Parkplatz an der Straße). Gut zu Fuß muß man auf jeden Fall sein, um dieses enge Tal zu erwandern. Ca. 5 km sind es von Pommern und Klotten entlang der Mosel.
Neben einem Wasserfall hat das Dortebachtal vor allem eine wärmeliebende Vegetation wie im Mittelmeerraum zu bieten: den Weißen Diptam

etwa, auch Brennender Busch genannt, die Astlose Graslilie, die Gemeine Küchenschelle, die Echte Hauswurz, ferner außergewöhnliche Farnarten und die Rapunzel-Glockenblume. Entsprechend exotisch muten auch die Sträucher an, die an den steilen Seitenhängen wurzeln. Amphibienliebhaber werden sich an den unterschiedlichen Eidechsenarten freuen, u.a. der Smaragdeidechse, die hier und da übers warme Gestein flitzt. Auch der Apollofalter ist in diesem und anderen, nach Süden gewandten Moseltälern zu Hause. Die Zippammer, die solche Lebensräume ebenfalls liebt, Wasseramsel und Eisvogel an den Gewässern sind gefiederte Vertreter der so vielfältigen Fauna des Dortebachtals.

8 Moselschleifen bei Bremm

Wie kam die Mosel zu ihren Mäandern? Im Tertiär schlängelte sich der Fluß noch durch eine weite Ebene. Als die Erdkruste dann gehoben wurde, blieb die Mosel in ihrem Bett gefangen und schnitt sich tief in den Untergrund ein. Aus den »freien« Mäandern der Flußebene entstanden so die zwischen den Talhängen »eingesperrten« Mäander der heutigen Mosel. Fährt man das Moseltal aufwärts, passiert man zunächst den grauen Abschnitt mit den Schiefern des Devons, es folgt der rote im mittleren Bereich (z.B. roter Buntsandsteinfelsen gegenüber Trier), und im Oberlauf ist schließlich schwarzer Schiefer vorherrschend.

Die Erosionsarbeit der Mosel im Gestein, ihre Schlingen, ist besonders gut oberhalb von Bremm vom Gipfelkreuz zu sehen. Man erreicht es über die Straße nach Beuren von einer Serpentine aus über einen ausgeschilderten Wirtschaftsweg. Auch ein 7 km langer Abstecher zur Marienburg bei Bullay – von Bremm aus über die B 49 in Richtung Zell – ist wegen des Ausblicks ins Moseltal und über Eifel und Hunsrück lohnend.

Eine Fundgrube für Naturfreunde: Im günstigen Klima des Dortebachtals bei Cochem sind seltene wärmeliebende Pflanzen und Tiere heimisch.

Als Inbegriff einer mittelalterlichen Wohnburg gilt die Burg Eltz im Elzbachtal.

Romantik pur: Burg Eltz

Auf einem steilen Felsen in der tief eingeschnittenen Schlucht des Elzbachtals thront Burg Eltz (zwischen 6 und 7), die romantische deutsche Burg schlechthin. Schließlich ziert sie eine Briefmarke und sogar den alten Fünfhundertmarkschein – Reverenz vor ihrem beeindruckenden, überaus vielgestaltigen architektonischen Erscheinungsbild. Erwähnt wurde die Anlage bereits 1157 als Reichslehen. Sie ist eher Wohn- als Wehrburg (geöffnet April–Okt. Mo–Fr 9–17.30, So, Fei 10–17.30 Uhr). Mit dem Wagen kann man sich von Lasserg (B 416) über Wierschem (südlich von Münstermaifeld) aus nähern und vom Parkplatz im Wald zu Fuß zur Burg hochsteigen.

Bei Bad Bertrich am Ueßbach formte erkaltete Vulkanlava interessante Säulenstrukturen. Besonders gut können Sie sie in der künstlich angelegten Elfen- oder Käsegrotte erkennen.

9 Thermalquelle Bad Bertrich

Von einer bequemen Parkbank am Ufer des Ueßbachs aus, tief unten im Römerkessel mit der evangelischen Kirche auf einem Hügel als Mittelpunkt, läßt der Besucher Bad Bertrichs den Blick an den mehr als 200 m hohen, schroffen Berghängen entlanggleiten. Schon die Eroberer Germaniens aus dem sonnigen Süden wußten die wohlige Wärme der 32 °C warmen Thermal- und Heilquelle zu schätzen. Die in Deutschland einzigartige Glaubersalztherme enthält viele Mineralsalze und viel gelöstes vulkanisches Kohlendioxyd. Wie die Menschen schätzen auch die Pflanzen die Wärme des windgeschützten Tales und die stark besonnten Südhänge. Die Nähe zur Mosel, die als Pflanzenwanderweg vom Mittelmeer über Südfrankreich zum Rhein gilt, und der vulkanische Boden förderten das Wachstum des Buchsbaums am Palmberg (ausgeschilderter Wanderweg von 15 bis 20 Minuten am Hang hinter den Kuranlagen) sowie von Bergahorn, Gemeiner Zwergmispel, Schlüsselblume, Rapunzel-Glockenblume und Mistel an anderen warmen Standorten. An einer Nebenstraße am westlichen Ortsausgang von Bad Bertrich, bei der Gaststätte »Elfenmühle«, kann man parken und am Wasserfall die frei zugängliche Elfen- oder Käsegrotte besichtigen. Dort sind die Lavaströme aus sechs Förderschloten am weitesten in ein Seitental vorgedrungen. Die Lava erkaltete säulenartig. Dabei entstanden Querrisse, die der Verwitterung Vorschub leisteten und das Gestein wie aufgeschichtete Käseräder aussehen ließen. Im Tal des Ueßbachs brütet die Wasseramsel, leben Feuersalamander, Ringel- und Würfelnattern.

10 Ulmener Maar und Jungfernweiher

Ein Maar oder mehrere? Das ist die Gretchenfrage, die sich Geologen stets bei Untersuchungen der Maarseen in Ulmen und Umgebung stellen. Sicher ist nur: Das Ulmener Maar entstand durch Dampfexplosionen, als die rotglühende Lava mit dem Grundwasser in Berührung kam. Ob der Jungfernweiher, der nach einem Ausbruch des Vulkans von einem Aschen- und Lavastrom abgedämmt wurde, früher auch einmal ein Maar war, ist dagegen zweifelhaft. Burgruine und Wald am Rand des Ulmener Maares und dessen Lage mitten im Ort laden zu Erholungsspaziergängen geradezu ein (Beschilderung »Maar«). Die Ritterburg der Herren von Ulmen aus dem 13. Jh. ist das ganze Jahr über einen Besuch wert, besonders aber am ersten Wochenende im Juli, wenn das Burg- und Heimatfest stattfindet.

Der Jungfernweiher ist von Ulmen über die B 257 zu erreichen. Man folgt einfach dem Hinweisschild »Campingplatz Ulmener Weiher«. Wat- und Wasservögel finden in den schlammigen Ufern reichlich Nahrung. Brutvögel in diesem Gebiet sind Hauben- und Zwergtaucher, Krick- und

Der 30 ha große Jungfernweiher im Naturschutzgebiet Ulmener Maar ist ein Paradies für Wat- und Wasservögel. Vom überdachten Beobachtungsturm aus kann man das bunte Treiben gut verfolgen, ohne die Tiere zu stören.

Knäkente, Kiebitz, Schafstelze, Wiesenpieper, Braun- und Schwarzkehlchen; Fischadler, Rohrweihe und Trauerseeschwalbe treten als gelegentliche Gäste auf. Die Vegetation bestimmen Binsenwiesen und Seggenriede. Auf mehreren markierten Wanderwegen kann man sich diese Vielfalt erschließen.

⓫ Mayener Grubenfeld

Die alten Gruben und Steinbrüche, die an der Straße zwischen Mayen und Ettringen liegen, geben eindrucksvoll Aufschluß über alte Basaltabbaumethoden. Noch heute sind die typischen fünf- oder sechseckigen Säulen zu sehen, Zeugen der jüngeren Basaltdecke. Die darunterliegende ältere, weniger verwitterte Schicht wurde bevorzugt abgebaut. Alte Gerätschaften wie z.B. Hebezüge mit ihren verbretterten Führerkabinen verbreiten die morbide Atmosphäre verfallener Industriegebiete, die von der Natur zurückerobert werden. Neue Besiedler haben die Steinbrüche wiederentdeckt: Amphibien wie Teich- und Bergmolche, Geburtshelfer-, Erd- und Kreuzkröte laichen dort in feuchten Tümpeln, und Neuntöter, schwarz, weiß und braun gefiederte Singvögel, jagen nach Beutetieren, um sie auf den Dornen der Schlehen aufzuspießen. Da sich das Gelände in Privatbesitz befindet und auch sehr unwegsam ist, sollte man es nur von der Straße aus einsehen.

Ein ideales Laichgebiet für Amphibien bilden die Tümpel in den ehemaligen Steinbrüchen bei Mayen.

⓬ Ahrschleife bei Altenahr

»Das wundersamste aber sind die Schlingungen des Flusses um und durch die Felsenmauern«, schrieb Ernst Moritz Arndt 1844 über die Ahr. Gemeint haben könnte der Dichter u.a. die Ahrschleife bei Altenahr, auch Langfigtal genannt. Der Wanderweg beginnt mitten in Altenahr (Parkplätze) und führt vor dem Eisenbahn- und Straßentunnel, der die Distanz zum Talboden verkürzt, an der Ahr entlang. Bei Hochwasser, dessen Marken am Tunnel aufgezeichnet sind, nimmt der Fluß ebenfalls die Abkürzung durch den Tunnel. Der Weg durchs Tal, das an einigen Stellen nur 80 m breit ist, dauert etwa eine halbe Stunde. Nach wenigen Metern ragen fast senkrecht geklüftete Schieferfelsen empor, von großen Querklüften unterteilt. Gut zu sehen sind versteinerte Rippelmarken, waschbrettartige Wellenreliefs, wie man sie von Sandstränden her kennt. Gegenüber einer kleinen Staustufe liegt flußab ein Steinbruch: Hier kann man im Detail die einzelnen Schichten studieren. Botaniker freuen sich über die artenreiche Felsenheide im Tal. Hervorstechend sind die Kartäuser- und die geschützte Pfingstnelke, die die wärmende Sonne auf der Südseite schätzen. Fetthenne und Mauerpfeffer stellen ähnliche Ansprüche ans Klima. Streifenfarn, Flechten und Moose haben sich auf die feuchteren Standorte zurückgezogen.

Schieferspaltereien

Ganz ist er nicht durch Mineralfaserplatten verdrängt worden, aber viel von den Vorräten des Dachschiefers wird nicht mehr gebraucht. Daher liegen auch keine Schätzungen über seinen Bestand vor. In der Großgrube Katzenberg bei Mayen ⓫ wird der anthrazitfarbene Tonschiefer, der vor knapp 400 Millionen Jahren, im Devon, entstand, jedoch nach wie vor unter Tage gewonnen. Die Grube ist für Besucher nicht zugänglich. Den alten Gruben waren früher Schieferspaltereien angeschlossen, die das Bedachungsmaterial für die umliegenden Ortschaften lieferten. In den Städten und Dörfern der Osteifel und des Rheintals bestimmen Schieferdächer, viele von Flechten und Moosen übergrünt, noch heute das Ortsbild.

Ein wenig abseits des Touristenstroms findet man Ruhe und Beschaulichkeit: Das Naturschutzgebiet Langfigtal liegt in einer der charakteristischen Ahrschleifen bei Ahrweiler.

Route 2 Hohe Eifel und Westeifel

Wo die Meere Maare heißen

(13) Katzensteine bei Satzvey

Fährt man von Satzvey nach Mechernich durch das Tal des Veybachs, dessen Schlingen und Schleifen nie reguliert wurden, schimmern auf halbem Weg bunte Sandsteinfelsen durchs Laub der Bäume. Von Hell-

Route 2
Hohe Eifel und Westeifel
Auf der einschließlich Abstecher 420 km langen Route werden ganz unterschiedliche Naturlandschaften der Hohen Eifel und der Westeifel berührt. Im Deutsch-Belgischen Naturpark liegen Rurstausee (16) und Hohes Venn (17), im Umkreis von Daun die Maare (22) – (24). Sie bieten ebenso Einblick in die Erdgeschichte wie auch der Kalem (28), die aktive Mineralquelle des »Brubbel« (25) oder die Felsen bei Gerolstein (29) und Dollendorf (18). Ein 60 km langer Abstecher nach Süden führt zum Ferschweiler Plateau (26) (27) im Deutsch-Luxemburgischen Naturpark.
Streckenverlauf:
A 1 Ausfahrt Euskirchen-Wißkirchen auf die B 266 Richtung Mechernich, in Obergartzem links nach Satzvey (13); nun über Mechernich und Holzheim nach Bad Münstereifel (14); zurück nach Holzheim, dort links über Harzheim auf die B 477 bis zur Kakushöhle kurz vor Weyer (15); hinter Weyer vor Zingsheim rechts nach Kall und auf der B 266 nach Gemünd, dort rechts auf die B 265, bald links abbiegen nach Heimbach (16); über Schmidt um den Rurstausee herum nach Rurberg, dann in Simmerath auf die B 399 bis Mützenich (17); nun über Monschau auf der B 258 bis Harperscheid, dort rechts nach Hellenthal, nach Ortsdurchfahrt links nach Büschem, dort rechts über Rescheid zur B 421, nun links über Stadtkyll nach Jünkerath, dort wieder links über Feusdorf und Ripsdorf ins Lampertstal (18); in Dollendorf links nach Ahrhütte, dort der B 258 bis Dorsel folgen, hinter dem Ort links ab nach Aremberg (19); zurück nach Dorsel, nun über Ahrdorf nach Nohn (20); über Bongard nach Dreis (21); weiter auf der B 421 bis Daun (22); der B 421 folgen, rechts Richtung Gillenfeld abfahren zum Pulvermaar (23); weiter nach Manderscheid, dort Richtung Meerfeld (24); nun über Deudesfeld und Schutz bei Weidenbach auf die B 257 und bis Wallenborn (25); ein Stück die B 257 zurück und über Salm nach Birresborn, von Birresborn bietet sich ein lohnender Abstecher (60 km) nach Süden an über Kyllburg und Bitburg, von dort auf der B 257 bis Irrel, nun rechts ab Richtung Prümzurlay (26); über Ferschweiler bis zum Ferschweiler Plateau (27); zurück in Birresborn (28) geht es nach Gerolstein (29) zum Schlußpunkt der Route.
Außer herrlicher Natur findet man in der Westeifel auch sehenswerte römische Überreste, z.B. in der Nähe von Bad Münstereifel (14), oder mittelalterliche Burgen wie bei Gerolstein (29). Diese Orte, ebenso wie Heimbach, Monschau und Daun, sind auf zahlreiche Übernachtungen eingestellt. Für die Rast unterwegs bieten sich viele Gasthöfe an.

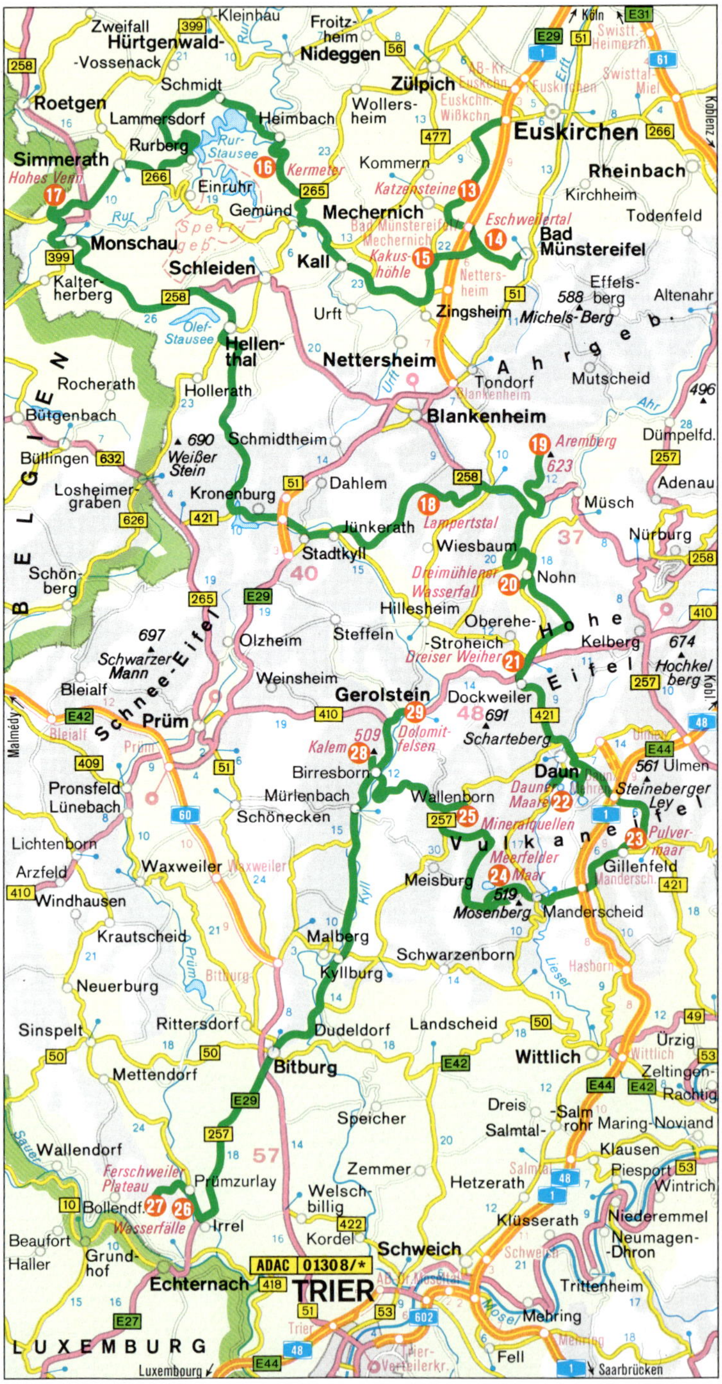

grau über Gelb und Dunkelrot bis zu Anthrazit reicht die Farbpalette. In einem Steinbruch direkt an der Straße kann man nach schwerem Regen beobachten, was Erosion bedeutet: Rinnsale zerfurchen die steilen Felsen und hinterlassen am Fuße große Sandaufschüttungen. Gesimse, Hohlkehlen und Felstürme entstanden bei der allmählichen Verwitterung. Einschlüsse von härterem Gestein, Geröll oder ganze Kiespakete wurden von Wind und Wetter herauspräpariert. Siedlungsspuren des Steinzeitmenschen sowie kleine, schwer zu enträtselnde Werkzeuge und Kultgegenstände fand man bei den Katzensteinen unter Felsüberhängen. Am Rand der Talstraße, direkt vor den Katzensteinen, liegt ein kleiner Parkplatz. Von hier aus kann man auch den nahe gelegenen aufgelassenen Steinbruch, dessen Zufahrt mit dicken Gesteinsbrocken versperrt ist, in wenigen Minuten erreichen.

⓮ Eschweilertal, Stadtwald Bad Münstereifel

Um wertvolle Eichenwälder mit Gehölzen wie Elsbeere und Felsenbirne sowie den Lebensraum zahlreicher Orchideenarten zu schützen, wurden Grundstücke im Eschweilertal und auf den Kalkkuppen im Stadtgebiet in öffentliches Eigentum überführt. Auf diese Weise entstand ein zusammenhängendes Naturgebiet. Vom Wanderparkplatz »Hirnberg« zwischen Nöthen und Bad Münstereifel geht man am Waldrand um den Hirnberg herum hinab ins Eschweilertal, überquert den Bach und findet dort nach insgesamt 4 km Wegstrecke einen Grauwacken-Steinbruch mit geologischen Aufschlüssen dieses Gesteins. Um in den östlichen Teil des Münstereifeler Waldes zu kommen, fährt man von der Höhe über scharfe Serpentinen durch die Stadt, dann über die B 51 nach Eicherscheid und weiter über Schönau nach Mahlberg. Am Ortsausgang stößt man auf den Michelsberg (588 m) mit ausgedehnten Parkmöglichkeiten an seinem Fuß und einem Kinderspielplatz auf halber Höhe. Die restaurierte Wallfahrtskapelle auf der Spitze lohnt den etwa 500 m langen Anstieg. Von einem kleinen eingezäunten Plateau davor genießt man eine der besten Rundumsichten auf die Eifel bis hin zur Hohen Acht und zur Nürburg.

⓯ Kakushöhle

Im Kartstein bei Weyer hat Quellwasser im Laufe der Zeit Höhlen aus dem Kalkstein ausgewaschen. In der Kakushöhle, auch Große Kirche genannt, kann man unter jüngeren Bodenschichten Ablagerungen aus der

In der während der Steinzeit bewohnten Kakushöhle bei Weyer wurden Knochen von Höhlenbär, Mammut und Ren gefunden.

Wildtiere hautnah
Wie das Freilichtmuseum lohnt auch der Hochwildschutzpark Mechernich-Kommern allein schon eine Familientour in die vordere Eifel. Zum Freigehege weisen Schilder an der Straße von Satzvey nach Mechernich, kurz vor den Katzensteinen ⓭. Besonders Kindern kommt die Anlage sehr entgegen: Sie können auf einem Abenteuerspielplatz tollen und in einem Streichelzoo ihre Scheu gegenüber Haustieren verlieren. Ungefähr 80 ha Fläche umfaßt der Park inmitten von Wäldern mit Birken, Buchen und Eichen. Er ist gut durch Wege erschlossen und mit Beobachtungsständen und Ruhebänken ausgestattet. Gehalten werden Elche, Sika-, Dam-, Rot-, Reh-, Muffel- und Steinwild. Außerdem sieht man viele Wildschweine, die unter den Bäumen nach Futter graben. Essen und Trinken kann man gut und reichlich in der Wald- und Gartengaststätte am Eingang des Parks (geöffnet tägl. 9–18 Uhr; ☏ 02443/6532).

Spaziergänge durch die Zeitalter
So kompakt, konzentriert und kompetent wie in Nettersheim südlich der Kakushöhle ⓯ bekommt man die Eifel als Natur- und Kulturphänomen kaum anderswo präsentiert. Drei Lehrpfade, verwoben zu einem System, führen ein in Natur und Geschichte der Gegend. Als diese noch zum »Alten Roten Nordkontinent« gehörte, vor 350–400 Millionen Jahren, lag Nettersheim auf einem Korallenriff, das eine Lagune von der offenen See trennte. Muscheln, versteinerte Dreilappkrebse, Armfüßer, Korallen und andere Fossilien können Sammler mit ein wenig Glück in einem der 34 Aufschlüsse selber finden, zumindest aber im Informationszentrum »Alte Schmiede« unter dem Mikroskop begutachten. Einblicke in die Natur bieten ein Gewässerlehrpfad und Ökowanderungen durch einen Buchenwald, an einem Wollgrassumpf entlang, durch mit Lehrtafeln veranschaulichte Vogelschutzgebiete oder Feuchtwiesen. Im »Naturschutzzentrum Eifel« können sich Besucher über Landschaftstypen und Nutzungsformen informieren (geöffnet Mo–Fr 9–16, Sa, So 10–17 Uhr; ☏ 02486/1246). Der Archäologische Pfad schließlich macht vertraut mit römischen Wirtschaftsweisen, mit »Pingenfeldern«, den durch Einsturz alter Grubenbaue an der Erdoberfläche entstandenen trichterförmigen Vertiefungen, sowie mit Formen des oberirdischen Erzbergbaus und Tempeln und Gräbern aus der Römerzeit (Information: Gemeinde Nettersheim, Krausstr. 2, W-5376 Nettersheim-Zingsheim, ☏ 02486/780; Führungen So 15 Uhr).

Über grüne Grenzen
Kürzere und auch längere Spaziergänge kann man von Baraque Michel in Belgien aus unternehmen, vielleicht im Anschluß an den Besuch des Hohen Venns auf deutscher Seite ⓱*. Bei Kalterherberg überquert man die Grenze (Ausweis nicht vergessen, auch bei Wanderung), fährt über Bôsfagne nach Sourbrodt und erreicht nach etwa 6 km in nördlicher Richtung die Parkplätze. Die Wanderwege sind ausgeschildert. Moortümpel, Heideflächen mit Erika, Moor- und Preiselbeeren wechseln ab mit Bachläufen in tief eingeschnittenen Schluchten und mit Mischwäldern. Wildkatze, Dachs und sogar Fischotter jagen im Hohen Venn. Bei den Vögeln ist das Birkhuhn mit seinem auffälligen lauten Balzverhalten besonders hervorzuheben. Dank rigoroser Schutzmaßnahmen sieht man es noch häufiger auf den nahezu baumlosen Hochflächen (Information: Verkehrsamt der Ostkantone, Mühlbachstr. 2, B-4780 St. Vith, ☏ 0032-80/227664).*

Häuser im Schutz von Rotbuchen
Auf Hochplateaus wohnt sich's im allgemeinen recht zugig; der Wind kann die Häuser von allen Ecken und Enden angreifen. Im Monschauer Land hüllen die Bauern daher von alters her ihre Höfe in Hecken ein. Einige dieser natürlichen Schutzwälle aus bodenständigen Rotbuchen sind bereits 300 Jahre alt. Sie brechen den Wind, nehmen ihm seine Kraft und lassen den Boden auch im Winter auf der windabgewandten Seite wärmer bleiben. Auf diese Weise verhindern sie, daß der Boden abgetragen wird. Die Hecken leisten Schlagregen und Schnee so heftigen Widerstand, daß Gebäudeschäden später eintreten als üblich in solch stürmischen Gegenden. Allerdings muß man die Hecken ständig sorgfältig trimmen. Im Monschauer Heckenland sind die knorrigen Schutzwälle überall zu finden, z.B. auf Höfen an der B 258 südlich von Monschau und östlich des Hohen Venns ⓱.

Älteren Steinzeit erkennen. Der Mensch des Eiszeitalters hat dort offenbar lange Zeit Zuflucht gefunden. Vor allem aber wurden große Mengen tierischer Knochen und Zähne entdeckt, insbesondere von Raubtieren wie Höhlenbär und Höhlenhyäne, aber auch von ihren Beutetieren wie Wollnashorn, Mammut und Ren. Früher müssen die Quellen auf der Oberfläche des Kartsteins ausgetreten sein, heute findet man sie 90 m tiefer – eine Folge der Hebung des Rheinischen Schiefergebirges. Der Zugang zur Kakushöhle ist von der B 477 vor Weyer ausgeschildert. Die Höhle ist frei zugänglich. Man sollte eine Taschenlampe nicht vergessen.

⓰ Rurstausee und Kermeter

Mitten im Deutsch-Belgischen Naturpark liegt ein gewaltiges Bauwerk: der 72 m hohe Staudamm der Rurtalsperre Schwammenauel. Man erreicht ihn von Heimbach in westlicher Richtung. Neben der Trinkwasserversorgung des Ballungsgebiets um Aachen dient der Stausee auch als Erholungsgebiet in naturnaher Umgebung. Vor allem Heimbach bietet vielfältige Sport- und Freizeitbeschäftigungen: Angeln, Reiten, Klettern an Sandsteinfelsen, eine Segelschule und Bootsfahrten.
Im Viereck zwischen Rursee, Urftstausee – ein Nebenarm des großen Stausees –, Heimbach und Gemünd liegt der Kermeter, ein dichtbewaldeter Höhenrücken. Auf ihm fallen relativ geringe Niederschläge, da er im Regenschatten der westlichen Hocheifel und der Ardennen liegt. Außerdem ist das Klima hier besonders mild. Sandsteine, Tonschiefer und Grauwacken prägen die Böden des Höhenrückens, auf dem Wälder mit Eichen, Rotbuchen, Hainbuchen und Haselnußsträuchern wachsen. In Schluchten kommen Esche, Bergahorn, Ulme und Kirsche hinzu. Nach dem Krieg wurde dieses natürliche Bild durch Aufforstungen mit Nadelhölzern verfälscht, doch heute legt man wieder gesteigerten Wert auf den Laubwald. Der Kermeter war schon zu Zeiten der Karolinger ein beliebtes Jagdrevier, und Kaiser Karl der Große, der bekanntlich oft in Aachen weilte, stellte neben Rotwild auch Bären, Wölfen und Luchsen – damals gab es sie noch – nach. Heute leben viele Vogelarten, daneben Frösche, Kröten und Kleinsäugetiere in dem stillen Waldgebiet. Ausgangspunkt für eine Wanderung auf den Kermeter (4 km) bis zur Abtei Mariawald ist das Hotel »Talsperre« unterhalb der Burg in Heimbach.

⓱ Hohes Venn

»O, schaurig ist's, über das Moor zu gehn«, ist die Anfangszeile der Ballade »Der Knabe im Moor«, verfaßt von der großen westfälischen Dichterin Annette von Droste-Hülshoff (1797–1848). Bis vor einem Jahrzehnt noch

Erholung in naturnaher Umgebung bietet die Rurtalsperre. An vielen Stellen reicht der Wald bis ans Ufer heran.

galt diese lyrische Botschaft auch für das Hohe Venn, ein Naturreservat mit herbem Charme, abseits ausgetrampelter Erholungspfade im Dreieck der beiden belgischen Städte Eupen und Malmédy sowie Monschau auf deutscher Seite. Heute läßt sich der schwankende Boden des Hochmoors auf Holzwegen begehen. Von den Quarzitblöcken nördlich von Mützenich aus, die »Kaiser Karls Bettstatt« genannt werden (vom Ort her ausgeschildert), lassen sich schöne Wanderungen unternehmen.

18 Lampertstal

Mineralogisch und geologisch interessierte Naturfreunde können vom Parkplatz »Höneberg« aus, einem aufgelassenen Steinbruch an der Straße von Ripsdorf nach Dollendorf, auf die Suche nach Versteinerungen gehen. Vor ca. 370 Millionen Jahren lebten dort in einem Flachmeer des Mitteldevons vor allem verschiedene Arten von Armfüßern, Muscheln und Korallen. Vom Parkplatz »Höneberg« führt ein Wanderweg hinunter ins Lampertstal. Er stößt auf ein markiertes Wanderwegenetz, auf dem man beliebig lange Wanderungen im Lampertstal unternehmen kann.
Ein Naturschutzgebiet wie dieses, 650 ha groß und lediglich von zwei schmalen Straßen und einigen Wirtschaftswegen durchzogen, findet sich auch in der waldreichen Eifel so schnell kein zweites Mal. Im Lampertstal wechseln sich Wacholderheiden auf Kalkuntergrund ab mit Grünland, das ungedüngt und nach alter Bauerntradition als Schafweide genutzt wird. Vor allem die geschützt und sonnig gelegenen Plätze werden von vielen Tieren geschätzt, von Wiesenpieper, Goldammer, Neuntöter und Dorngrasmücke, aber auch von Zauneidechse und Schlingnatter. In den nassen Gebieten, um Quellen herum oder in Kalksümpfen, findet man Natternzunge, verschiedene Seggen- und Wollgrasarten. Aber allein schon der Anblick der hügeligen Landschaft, der Wechsel zwischen feuchten Tälern und runden Rücken lohnt einen Spaziergang.

19 Aremberg

Da er fast von der gesamten Eifelhochfläche und bei guter Sicht sogar vom Siebengebirge, dem Bergischen Land und dem Westerwald aus zu sehen ist, gilt der 623 m hohe Aremberg als einer der markantesten Zeugen der tertiären Vulkantätigkeit in der Eifel. Vor ca. 20 Millionen Jahren wurde diese Kuppe als sogenannte Quellkuppe von aufsteigendem Magma hochgewölbt, doch kam es zu keinem Ausbruch und Ausströmen von Lava. Regen und Frost ließen die Deckschichten dann verwittern und das zu Basaltsäulen erstarrte Magma auf der Kuppe als Klippen und Blockhalden zutage treten. Am Fuß des Berges sind die sehr viel älteren Grauwak-

Ganz isoliert stehend, gilt der 623 m hohe Aremberg als einer der markantesten Zeugen der Vulkantätigkeit in der Eifel.

An nassen, kalkreichen Stellen wächst im Lampertstal die zu den Farnen zählende Natternzunge.

<u>Blei aus Bergestiefen</u>
Im Wiesental unterhalb des Dorfes Rescheid südlich von Hellenthal (zwischen 17 und 18) wird 1991/92 das Besucherbergwerk Rescheid voll hergerichtet und für jedermann zugänglich sein. Man wird dann durch frischgemauerte Lichtschächte, die auf das Stollensystem unter Tage hinweisen, 18 m tief auf die ehemaligen Abbausohlen steigen können. Bleibergbau war in den vergangenen Jahrhunderten Knochenarbeit, zumal die Hauer das Erz teilweise auf dem Bauch liegend schürften, zwölf Stunden am Tag mit zwei Stunden An- und Abmarsch zusätzlich. Seit wann in den sandigen Schieferlagen aus der devonischen Epoche der Erdgeschichte Blei geschürft wird, ist nicht mehr genau zu klären. Wahrscheinlich versorgten sich schon die Römer in der Westeifel mit Erz. Die Kostbarkeiten der Bleigrube sind kleine Stalaktiten und leuchtendrote Eisensinterungen, entstanden durch Oxydation wassergelöster Metallteilchen. Auch die Rippelmarken auf den Schieferschichten sind noch gut zu erkennen – es sind waschbrettartige Muster, wie man sie im Meeressand findet, hier allerdings versteinert (Heimatverein Rescheid, ☏ 02448/1213).

In den trockenen Blockhalden des Arembergs finden Zauneidechsen einen geeigneten Lebensraum. Während der Paarungszeit zwischen April und Mai zeigen die Flanken der Männchen ein leuchtendes Grün.

ken und Schiefergesteine erhalten. Die Überreste einer Burg und ein Weg, gepflastert mit überdimensionalen »Katzenköpfen«, deuten auf die alte Besiedelung des Berges hin: Bereits 1166 wird auf einen Wehrbau hingewiesen. Biologisch sind die Ahorn-Ulmen-Wälder auf den Blockhalden interessant, in denen sich auch die Alpen-Johannisbeere findet. Auf der Hochfläche wächst ein Buchenwald mit Perlgras als Unterwuchs. Auch einige Orchideenarten haben ihre Heimat auf dem alten Basaltkegel, der feuchte ebenso wie trocken-warme Standorte, auf denen sich Eidechsen besonders wohl fühlen, vereint. Auf verschiedenen gut markierten Wanderwegen läßt sich der Aremberg gut erforschen. Vom gleichnamigen Ort führt eine kleine Straße auf den Berg hinauf.

20 Dreimühlener Wasserfall

Feste Schuhe und Trittsicherheit sind die Voraussetzungen für einen Besuch des Dreimühlener Wasserfalls. Von der Straße nach Kelberg biegt man hinter Nohn am Schild »Wasserfall« rechts ab und läßt nach 200 m den Wagen stehen. Von dort verläuft der ausgeschilderte Weg zunächst zwischen dem Ahbach und stillgelegten Bahngleisen, um dann direkt am Ahbach entlang als glitschiger, enger Waldpfad zu dem 5 m hohen Wasserfall zu führen. Der rund 20 Minuten lange Fußweg lohnt sich trotz der Mühe: In Schlingen mit natürlichem Auenbewuchs und an steilen Felsklippen vorbei gurgelt der grüne Bach am Fall vorbei ins Tal.
Als 1912 die Eisenbahnstrecke von Jünkerath nach Dümpelfeld gebaut wurde, waren Bäche im Weg, die sich aus drei Quelltöpfen speisten. Diese faßten die Bauingenieure zusammen und leiteten das Wasser unter dem Bahnkörper hindurch über einen Tuffklotz in den Ahbach. Die kleinen Zuflüsse enthalten viel gelösten Kalk, der an den Laubmoospolstern hängenbleibt und Kalksinter bildet, also ständig wachsende Ablagerungen. In den letzten knapp 80 Jahren haben sie eine ca. 7 m hohe, 11 m lange und ca. 1–2 m breite Kalktuffzunge entstehen lassen. Sie wächst stetig weiter auf den Ahbach zu, sinkt aber auch, weil sie pro Jahr um rund 4,5 t schwerer wird, ebenso gleichmäßig in den Lehmgrund ein.

21 Dreiser Weiher

An Ausdehnung liegt der Dreiser Weiher nur knapp hinter dem Meerfelder Maar 24, dem größten in der Westeifel. Er mißt am oberen Maarrand 1200–1400 m im Durchmesser. Trotz seines Namens ist der Weiher ein Trockenmaar. Lediglich eine Feuchtwiese kann man auf dem Maarboden entdecken. Innerhalb des gesamten Kessels, der von der Sohle bis zum

Die Umleitung von drei Bächen zum Ahbach vor rund 80 Jahren führte zur Entstehung des Dreimühlener Wasserfalls. Durch die ständige Ablagerung von Kalk wächst die »Nase« aus Kalksinter auf den Ahbach zu.

Scheitel des Walls zwischen 35 und knapp 120 m mißt, befinden sich mehrere Krater, aus denen vulkanisches Lockermaterial herausgeschleudert wurde. Vor allem sogenannte vulkanische Bomben aus Olivin und Ultrabasit haben diesen Vulkankessel bekannt gemacht. Seit einigen Jahren wird aus dem Maarboden Mineralwasser gepumpt und abgefüllt. Das trockene Maar, das im vorigen Jahrhundert durch Aufstau des Ahbachs zur Fischzucht genutzt wurde, liegt an der B 421 nach Hillesheim, etwas westlich von Dreis. Es ist gut von Wirtschaftswegen erschlossen, da bis an den eigentlichen Maarboden heran geackert wird. An den Schildern, die das Naturschutzgebiet ausweisen, läßt man das Auto stehen und geht zu Fuß über den Grund des Kessels.

22 Dauner Maare

»Die Augen der Vulkaneifel« werden die Maare poetisch genannt, und auf Luftbildern könnte man sie auch dafür halten. Als sie entstanden, ging es jedoch weniger beschaulich zu: Gaseruptionen und Wasserdampfexplosionen schleuderten Unmengen von Sand und Gestein in die Luft und rissen Löcher in die Erdoberfläche. Diese füllten sich zunächst mit abbröckelndem Gesteinsschutt, dann mit Wasser. Nahe Daun sind gleich vier Maare in unterschiedlichen Höhenlagen zu sehen. Das höchstgelegene ist das Weinfelder Maar oder Totenmaar südlich der Stadt. Es ist das jüngste der Maargruppe und 51 m tief. Da es keinen erkennbaren Zulauf gibt, erneuert sich das Wasser erst nach etwa 50 Jahren. Am Ostufer haben sich Reste von Besenginster und Trockenrasenflora erhalten. Eine kleine Kapelle erinnert an das Dorf Weinfeld, das nach einer Pestepidemie im 16. Jh. aufgegeben wurde.
Bei Schalkenmehren liegen zwei sehr unterschiedliche Maare direkt nebeneinander – zur Ginsterblüte im Mai und Juni Träume in Gelb. Das westliche, das Schalkenmehrener Maar, ist, im Unterschied zum Weinfelder Maar, ein großer nährstoffreicher See mit schönem Wasserpflanzenbestand, u.a. der Wasserschraube. Am Rand ist ein Campingplatz eingerichtet, Baden, Bootfahren und Angeln sind erlaubt. Weiter östlich befindet sich noch ein trockenes Maar, das beim Ausbruch des jüngeren westlichen Vulkans mit Gesteinsschutt und Asche zugeschüttet wurde. Der Torf des Moores, das sich später bildete, wurde teilweise abgebaut. Das Gemündener Maar, westlich des Totenmaars gelegen, hat wieder einen anderen Charakter. Es wird aus einem kleinen Bach gespeist und liegt tief und geschützt in einem Kessel, der eine Durchmischung des Wassers behindert. Bäume stehen am Rand des Maarkessels, wo u.a.

Wildparks wie auf der Perlenschnur

180 km ist die Deutsche Wildstraße lang. Starten kann man in Pelm bei Gerolstein 29 mit dem nahen Adler- und Wolfspark auf der Kasselburg, wo Greife im Freiflug präsentiert werden. In östlicher Richtung geht es dann über Kirchweiler und Pützhorn zum Hirsch- und Saupark bei Daun östlich der Maare 22 an der B 257. Weiter nach Norden der B 257 folgend kommt man nach Kelberg. Von dort aus kann man über Köttelbach einen Abstecher auf den Hochkelberg mit weiter Rundumsicht machen. Wieder auf der B 257 nach Süden zweigt nach 1,5 km eine Straße nach Mosbruch am Rand eines verlandeten Maares ab. Die Reise führt weiter nach Osten über Uersfeld und Bermel nach Monreal. Dort knickt die Wildstraße nach Süden ab; über Kaisersesch geht es durch das eindrucksvolle Enderttal über Landkern nach Klotten an der Mosel nahe dem Dortebachtal 7. Nach dem Besuch des dortigen Wildparks fährt man nach Cochem, dann wieder auf der B 259 zurück in die Eifel. Nach 8,5 km zweigt links eine Straße nach Gevenich ab, der man über Driesch und Gillenfeld bis Manderscheid folgt. Weiter geht es zunächst nach Süden über Neumühle nach Großlittgen, nun rechts nach Schwarzenborn, am Ortsende links und über Spangdahlem auf die B 50, wo man bei Dudeldorf zum Eifelpark Gondorf abzweigt. Alle Parks sind weiträumig ausgeschildert (genaue Vorführ- und Öffnungszeiten: Tourist-Information Vulkaneifel, Daun, ☎ 06592/17200).

Durch Radiokarbonmessungen wurde die Entstehungszeit der Dauner Maare ziemlich genau festgestellt. Das Schalkenmehrener Maar ist danach mit rund 11 000 Jahren das älteste.

Sprudelnd tritt der »Brubbel«, eine Kohlensäurequelle in Wallenborn, in periodischen Abständen in Aktion.

auch der Großblütige Fingerhut wächst. Die Straße von Daun nach Manderscheid verläuft mitten durch das Maargebiet. Die Seen sind von großen Parkplätzen (Hinweisschilder zu den Maaren) aus gut zu erreichen. Ein längerer Ausflug lohnt sich.

23 Pulvermaar

Das Pulvermaar bei Gillenfeld ist mit 74 m das tiefste Gewässer der deutschen Mittelgebirge, das jüngste und nach dem Laacher See auch der größte See in der Eifel. Ein breiter Buchenwaldgürtel umgibt es. Da sein Wassereinzugsgebiet nur 1 km^2 beträgt, erneuert sich das Seewasser etwa alle 70 Jahre. Lohnend ist ein knapp 3 km langer Spaziergang um den See. Man läuft auf dem Tuffwall des Vulkantrichters und sieht auf dem Rundweg auch andere vulkanische Gesteinsarten. Außerdem lädt das ungemein klare Wasser des Pulvermaares zu Aktivitäten wie Baden, Bootfahren und Angeln ein.

Der Weg zum Pulvermaar ist von der B 421 aus gut ausgeschildert (Straße Richtung Gillenfeld); die Entstehung des Maares wird auf einer Tafel am Rand vorzüglich erklärt.

24 Meerfelder Maar und Mosenberg

Das Alter des Meerfelder Maares mit dem größten Maarkessel der Westeifel ist unter den Wissenschaftlern noch umstritten – auf jeden Fall beträgt es einige 10 000 Jahre. Heute ist es eines der attraktivsten Erholungsgebiete der Eifel. Bereits seit 10 000 Jahren ist das Wasser sehr nährstoffreich. Funde von abgestorbenen Insekten und Kleinkrebsen im Maarboden lassen diesen Schluß zu. Da es durch Wasserverschmutzung bis 1984 immer wieder zur Massenvermehrung von Blaualgen kam, mußte das Maar regeneriert werden: Über eine Tiefenwasserleitung wurde Schlamm aus der untersten Wasserschicht abgeleitet und der gesamte Wasserkörper stärker mit Sauerstoff angereichert. Mit Erfolg – Schleien, Aale und Barsche entwickeln sich gut, und auch die einzelnen Algenarten wachsen wieder ausgewogen und normal.

Nur 2 km vom Meerfelder Maar entfernt liegt der Mosenberg. Hier lassen sich die unterschiedlichen Formen vulkanischer Ausbrüche gut erkennen. Über vier Kratern haben sich Schlackenkegel gebildet. Die fünfte Ausbruchstelle heißt zwar Hinkelsmaar, ist aber ein Stratovulkan mit einem kleinen Kraterkessel, in dem sich einst Wasser sammelte. Geblieben ist davon jedoch nur ein mooriger Sumpf. Einige hundert Meter entfernt, in einem der beiden Hauptkegel, hat sich der einzige deutsche Kratersee nördlich der Alpen gebildet, der Windsborn. Die räumliche Nähe macht auch den Unterschied zwischen dem Maar bei Meerfeld und dem See im

Von den rund 30 Maaren der Eifel ist das Pulvermaar bei Gillenfeld mit 36 ha nach dem Laacher See das größte und mit 74 m auch das tiefste. Gut ist der bewaldete Vulkantrichter aus Tuff und Sand zu erkennen.

Krater deutlich: Zum Maar geht man in eine Senke hinab, zu dem Kratersee steigt man auf einen Kegel. Vom Gipfelkreuz hat man den schönsten Blick aufs Wasser und die Hochebene.
Meerfelder Maar und Mosenberg sind ab Manderscheid ausgeschildert. Das Maar läßt sich auf einem guten Rundweg in ca. 60 Minuten umwandern. Vom Parkplatz an der Straße von Manderscheid nach Bettenfeld braucht man ca. acht Minuten zu Fuß bis hoch zum Windsborn.

(25) Mineralquellen Wallenborn

Sechs Mineralquellen treten im Ortsgebiet von Wallenborn an die Erdoberfläche. Die bemerkenswerteste wurde 1933 in einer Tiefe von 38 m angebohrt und liegt mitten im Ort (ausgeschildert). Bevor man sie 100 m rechts der Dorfkirche brodelnd vor sich sieht, ist sie bereits zu riechen: Unverkennbar sticht einem der Geruch von faulen Eiern in die Nase. Der »wallende Born«, im Volksmund auch »Brubbel« genannt, springt nicht wie ein Geysir in die Höhe: Vulkanische Gase lassen ihn nur brodeln. Rostrot wegen seines Eisengehalts, ist er nach einer Ruhezeit von 35 Minuten jeweils für etwa 20 Minuten aktiv. 60–70 l Wasser laufen dann in einen Bach, allerdings nur bei normalem Grundwasserstand. In trockenen Zeiten geht kein Wasser verloren. Überkochen kann die Quelle nicht – ihre Temperatur übersteigt, im Unterschied zu den isländischen Quellen, nie 8–9 °C. Warum sie brodelt, ist nicht genau geklärt. Möglich ist, daß sich in der Tiefe periodisch eine Gasblase aus Kohlendioxyd und Schwefelwasserstoff bildet, die die Wasseroberfläche in Wallung bringt, sobald der Gasdruck den Druck der Wassersäule übersteigt.

(26) Wasserfälle bei Irrel

Um die Wahrheit vorwegzunehmen: Um echte Wasserfälle handelt es sich hier nicht. Zwischen Irrel und Prümzurlay zwängt sich die Prüm in einer engen Klamm durch diesen Teil des Ferschweiler Plateaus (27), gurgelnd und mit großer Wucht schießen die Wassermassen durch die Engstellen. Regen und Schmelzwasser sind im Laufe der Zeiten durch den porösen Sandstein gesickert und haben die darunterliegenden Schichten des Keupers zernagt und unterhöhlt. Große Sandsteinblöcke brachen deshalb vom Hang ab, stürzten in die Prüm und zwängten den Bach ein. Eine überdachte Holzbrücke bietet den besten Blick auf das grünlich schäumende Wasser. Zwischen den bemoosten Felsen werden Wildwasserrennen ausgetragen.
Von einem ausgeschilderten Parkplatz (ein Rundweg ist markiert) 1,3 km hinter Irrel an der Straße Richtung Prümzurlay gelangt man in knapp zehn Minuten zur Brücke.

Der Windsborn, ein Kratersee, ist nur 1,75 m tief und liegt hinter einem vollkommen erhaltenen Schlackenwall verborgen.

Von der überdachten Brücke hat man einen guten Blick auf das reißende Wildwasser der Prüm bei Irrel.

Im ewigen Eis der Eifel
Die Eishöhlen bei Birresborn (bei (28)) und Gerolstein (29) stehen unter Naturschutz. Sie sind gewissermaßen natürliche Tiefkühltruhen, in denen sich die kalte, schwere Luft sammelt und aus dem eingesickerten Wasser Eistropfsteine wachsen läßt. Die Eiszapfen schmelzen nicht, da die Höhlen steil nach unten führen und sich die warme Luft wie ein Deckel auf die kalte in der Höhle legt, eine Luftzirkulation also nicht stattfindet. Im Mittelalter deckte sich der Kurfürst von Köln bei festlichen Gelagen mit Höhleneis zur Kühlung der Delikatessen ein. Im letzten Krieg dagegen fanden die Birresborner in den Höhlen Schutz vor Bombenangriffen.
Zu den Höhlen von Gerolstein fährt man die Straße nach Kalenborn-Scheuern und biegt vor Roth links ab zu einer Schlackengrube. Etwa 300 m von deren Rand entfernt, mit Holzschildern ausgezeichnet, befinden sich die Eishöhlen.
In Birresborn geht es von der Ortsmitte den Holzschildern nach bis zu einem Parkplatz vor einer Serpentine; von dort läuft man noch 1,5 km. Die Eishöhlen sind das ganze Jahr zugänglich. Führungen werden nicht veranstaltet. Wer sie besichtigen will, sollte eine Taschenlampe nicht vergessen.

Die Versteinerung von Armfüßern, muschelähnlichen Meerestieren, wurde in Gerolstein gefunden.

Auf Treppenstufen in die Teufelsschlucht
Etwa 100 Stufen muß man überwinden, um in die »Felsenhölle« zu kommen, und ein paar mehr noch, um sie wieder zu verlassen. Dazwischen liegt die Teufelsschlucht. Eingeschnitten in bizarr geformte Buntsandsteinfelsen, ist sie das Herzstück eines Naturlehrpfads, der am Parkplatz des Forsthauses in Ernzen westlich von Irrel 26 beginnt. An einer Schutzhütte am Rand sind auf großen, ausfahrbaren Schwenktafeln Gesteinsarten, Jahresringe von Bäumen, Holzarten und Wasserkreisläufe erläutert. Drinnen sind Sammlungen von Fossilien, Käfern, Schmetterlingen, Vogeleiern und -nestern, Pilzen und Insekten ausgebreitet. Ein Wildgehege, Gesteinsblöcke und Einrichtungen für den Vogelschutz im weiteren Umkreis der Hütte komplettieren den Naturlehrpfad, der über das Ferschweiler Plateau 27 und die Teufelsschlucht wieder zur Hütte führt. Er ist 3 km lang und ist in 1–1½ Stunden zu erwandern (Information: Verkehrsamt der Verbandsgemeinde, W-5527 Irrel, ☏ 06525/7930).

27 Ferschweiler Plateau

Auf der schmalen Straße zwischen Prümzurlay und Ferschweiler muß man sich mit dem Auto auf engen Serpentinen durch ein schmales, tief eingeschnittenes Tal erst auf das Ferschweiler Plateau hocharbeiten. Es fällt nach mehreren Seiten steil ab und besteht aus Keuper- und Liasschichten, die bis zu 60 m mächtig sind. Bemerkenswert ist die schöne Wabenbildung auf den Sandsteinfelsen. Eichen- und Buchenbestand prägt den Wald, in dem sich mit der Hirschzunge eine Charakterpflanze des Schluchtwaldes findet. Elsbeere, Eberesche, Mehlbeere und sogar Leuchtmoos sind dort ebenfalls heimisch. Wenn man Glück hat, sichtet man einen Roten Milan; und man kann nur hoffen, daß sich auch der Wanderfalke, der als Brutvogel noch bis 1970 in der Gegend vorkam, bald wieder einstellt.
Um die Sandsteinklippen hautnah zu erleben, sollten Besucher den Wagen auf dem Parkplatz des Hotels »Zum Felsenpfad« in Ferschweiler am Ortsausgang Richtung Bollendorf parken. Dort ist der Felsenpfad auf einer Tafel markiert. Der kürzere Rundweg, am Felsenweiher vorbei, dauert etwa vier Stunden.

28 Kalem

Wer Birresborn Richtung Büdesheim verläßt, kann den Wagen in der ersten Spitzkehre stehenlassen und am Osthang des Kalems entlanglaufen. Hoch über dem Kylltal, auf einem Rundweg von etwa zehn Minuten, stößt man in einem aufgelassenen Steinbruch auf Basaltsäulen wie aus dem Lehrbuch des Vulkanismus. Mehrere Meter hoch, einige sogar 15–18 m, mit einem Durchmesser von einem Meter, stehen die mächtigen Steine übereinander, die meisten nahezu senkrecht, andere etwas

Charakteristisch für den Süden des Deutsch-Luxemburgischen Naturparks mit tiefen Tälern und bizarren Felsen ist die Teufelsschlucht bei Ernzen.

aufgefächert und gekippt durch Unebenheiten im Untergrund. Vor einer halben Million Jahren – es kann auch 200 000 Jahre früher oder später gewesen sein – strömte Lava aus dem Kalem, ergoß sich ins Kylltal und erstarrte dort rasch. Nachfolgende Lavazungen wurden dadurch auf einer Länge von fast 3 km aufgestaut; beim Erkalten entstanden dann durch Schrumpfung die Säulen. Die Lava enthält faustgroße Einschlüsse von grüner Glasmasse. Bei einem zweiten Ausbruch suchte sich die Lava dann neue Wege und strömte ins nahe gelegene Fischbachtal. Fährt man von Birresborn durchs Kylltal nach Gerolstein, kann man den Abbau der Lava in großen Brüchen und Gruben beobachten.

29 Dolomitfelsen Gerolstein

Aus einem Café oder Restaurant am rechten Talhang der Kyll hat man einen schönen Blick auf die geologischen Schätze von Gerolstein, dessen Name untrennbar mit der Mineralwasserproduktion verbunden ist. Fast mitten in der Stadt ragen die von Regen und Schnee, Sonne und Frost zerklüfteten Felsen senkrecht empor. Ganz unterschiedliche Gesteinsarten prägen die Umgebung der Stadt. Die Gerolsteiner Munterley, Teil eines Naturschutzgebiets gleich am nördlichen Stadtrand, hat z.B. einer ganzen Dolomitscholle den Namen gegeben. Die Straße »Unter den Dolomiten« ist Ausgangspunkt einer ca. 1,5 km langen Wanderung zu den Dolomitfelsen; diese sind Reste eines ehemaligen Korallenriffs mit vielen Fossilienfundstätten und entstanden im Urmeer der Devonzeit. Die Dietzenley, ein Sandsteinfelsen, mit Basaltgängen und mit einem Aussichtsturm ausgestattet, lädt ebenfalls zu Wanderungen ein. Man erreicht sie nach einem Fußmarsch von 45 Minuten von der Büschkapelle aus (bei Lissingen, südlich von Gerolstein) oder direkt von der Straße kurz vor Büscheich. Botanisch interessant bei diesen Wanderungen sind die Kalkmagerrasen, Gebüsch- und Waldökosysteme mit Felsenbirne, Weißdorn und Wacholder.

Informationen über die Vielfalt der Rifflandschaft, ihre landschaftliche Schönheit, die fossilienführenden Gesteinsschichten und prähistorischen Fundstellen hält das Verkehrsamt Gerolstein, ☏ 065 91/13 80, gerne für Sie bereit.

Sprudelndes Wasser aus der Kruste der Erde

Die Qualität von Mineralwasser wird von der Art der Gesteine im Quellgebiet bestimmt, oder mit anderen Worten: Die Mischung macht's! In der Eifel sprudeln besonders viele gute Quellen, zumal in der Umgebung von Gerolstein 29. Kalk- und Mergelablagerungen aus den Meeren der Devonzeit vor 360 Millionen Jahren, die sich in Dolomitgestein verwandelten, wurden von Vulkangestein überlagert, in dessen Spalten Kohlensäure zirkuliert. Wo die Eifeler Kalkmulden sich mit der Kette der Eifelvulkane schneiden, wird die kribbelnde und kühlende Wohltat in Flaschen abgefüllt: Tiefenwässer durchströmen die Gesteinsschichten und nehmen Kohlensäure, Mineralien und Spurenelemente auf, in einem 100 km langen Band zwischen Ormont in der Schnee-Eifel bis Bad Bertrich im Osten. Sie werden dann aus Brunnen gefördert, und dies schon seit den Römern. Darauf deuten Überreste von artesischen Brunnen und Funde römischer Keramik hin. Führungen für Gruppen nach vorheriger Anmeldung veranstalten: Gerolsteiner Sprudel, Gerolstein, ☏ 065 91/141 27; Birresborner Phönix Sprudel, Birresborn, ☏ 065 94/2 15; Dauner Sprudel, Daun, ☏ 065 92/6 15; Nürburg Quelle, Dreis, ☏ 065 95/101-0.

Auf den Sandsteinfelsen des Ferschweiler Plateaus wächst das Leuchtmoos. Linsenartige Zellen des Vorkeimes reflektieren sogar die geringen Lichtmengen von schattigen Standorten.

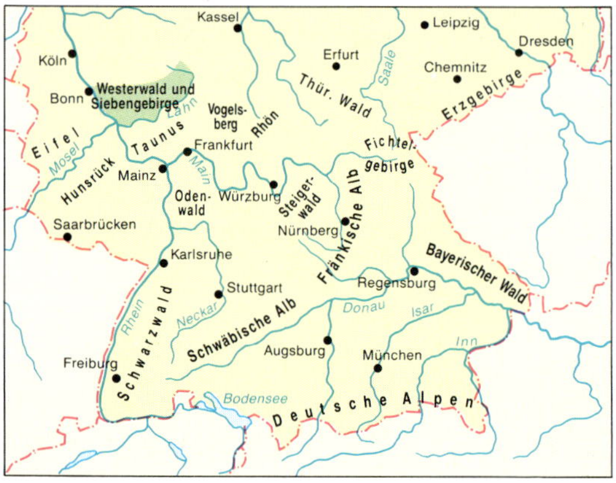

Rufmord kann auch eine Landschaft treffen. Beim Stichwort Westerwald spukt vielen sofort das Klischee vom unwirtlichen, kargen Land der armen Leute durch die Köpfe; da erinnert man sich gerne an das Volkslied, demzufolge da oben »der Wind so kalt« pfeife. Doch wer – selbst bei eiliger Fahrt über die Autobahnen nach Frankfurt, Köln oder Dortmund – wachen Auges ist, sammelt Eindrücke einer abwechslungsreichen

Landschaft, deren spröden Reiz man sich erst erschließen muß. Was sich dem Geduldigen zwischen Rhein, Lahn und Sieg an Naturschönheiten enthüllt, ist mehr als eine Reise wert – wie auch diese Partie des Siebengebirges mit Burg Drachenfels und Schloß Drachenburg beweist.

24 Westerwald und Siebengebirge

Sprödes Bergland – vom Winde umweht

Lage Ostflügel des Rheinischen Schiefergebirges zwischen der Eifel im Westen, Bergischem Land, Siegerland und Wittgensteiner Land im Norden, den Lahnbergen im Osten und dem Taunus im Süden; flankiert von den Tälern des Rheins, der Lahn und der Sieg
Ausdehnung West–Ost ca. 110 km; Nord–Süd 50–60 km
Länder Rheinland-Pfalz, Hessen, im Nordosten und Nordwesten Nordrhein-Westfalen
Höchste Erhebungen Westerwald: Fuchskaute 657 m, Stegskopf 654 m, Salzburger Kopf 653 m; Siebengebirge: Großer Ölberg 460 m, Löwenburg 453 m
Wichtigste Flüsse Rhein, Lahn, Sieg, Dill, Wied
Landschaftsformen Welliges Hochplateau im Nordosten, das langsam nach Süden und Westen absinkt und in markanten, randbildenden Höhenzügen endet; durchschnitten und umrahmt von Tallandschaften mit Engtälern und Becken
Naturparks Naturpark Siebengebirge, Naturpark Rhein-Westerwald, Naturpark Nassau sowie Teile der Naturparks Bergisches Land im Nordwesten und Hochtaunus im Südosten
Information Fremdenverkehrs- und Heilbäderverband Rheinland-Pfalz, Löhrstr. 103, W-5400 Koblenz, ☎ 0261/31079; Hessischer Fremdenverkehrsverband, Abraham-Lincoln-Str. 38–42, W-6200 Wiesbaden, ☎ 0611/731725; Landesverkehrsverband Rheinland, Rheinallee 69, W-5300 Bonn 2, ☎ 0228/362921-22; Fremdenverkehrsverband Lahn-Dill, Westerwald und Taunus, Karl-Kellner-Ring 51, W-6330 Wetzlar, ☎ 06441/407-256; Westerwald-Touristik, Postfach 1407, W-5230 Altenkirchen, ☎ 02681/81358; Westerwald-Verein, Peter-Altmeier-Platz 1, W-5430 Montabaur, ☎ 02602/124206 und 124287; Fremdenverkehrsverein Westerwald, Kirchstr. 48 a, W-5430 Montabaur, ☎ 02602/3001; Verschönerungsverein für das Siebengebirge, Prinz-Albert-Str. 11, W-5300 Bonn 1, ☎ 0228/213006

Wald und Wild

Nach außen schotten sich der Westerwald und das ihm nordwestlich vorgelagerte Siebengebirge geradezu ab. In steilen Hängen erhebt sich die Mittelgebirgslandschaft über den Tälern von Rhein, Lahn und Sieg. Nur die Kölner Bucht, das Neuwieder und das Limburger Becken bilden natürliche Tore. Im Hohen Westerwald wirken dagegen die höchsten Punkte wie Hügel – die 657 m hohe Fuchskaute ⑯, der Stegskopf (654 m) und der Salzburger Kopf (653 m). Die Aussicht zeigt eine sanft gewellte, weite Fläche mit kaum eingedellten Tälern und Mulden.
Große Waldflächen erstrecken sich vom Siebengebirge ① über die Linzer Höhe, bedecken die Leuscheid und die Höhen zur Sieg hin ⑮. Aber auch die Montabaurer Höhe ⑧ und der Abstieg zum Lahntal sind mit ihrem dichten Baumbewuchs nicht nur für Jäger verlockend. Tierfreunde können Rehe und Hirsche beim abendlichen Äsen beobachten. Die scheuen Wildschweine bekommt man seltener zu Gesicht, dafür sind auf der Montabaurer Höhe ⑧ Mufflons eingeführt worden. Vogelfreunde zieht es besonders zur Zeit des Vogelzugs an die Westerwälder Seenplatte ⑥ und an den Krombach-Stausee ⑲, wo Wasservögel in großer Zahl einfliegen.

Land in Sicht

Im Devon, vor rund 400 Millionen Jahren, war der Bereich des Rheinischen Schiefergebirges von einem Flachmeer bedeckt. Flüsse schleppten Schlamm und Sand herbei, die im Laufe der Zeit zu Grauwacken und Tonschiefer gepreßt wurden. Diese umschließen oft Versteinerungen von Meerespflanzen und -tieren, die man mit Glück in frischen Aufschlüssen, wie sie etwa beim Straßenbau entstanden sind, finden kann. Aber auch Vulkanausbrüche unter dem Meeresspiegel prägten das geologische Profil der Region: Magma drang in die Ablagerungen am Meeresboden ein und erstarrte, vulkanische Aschen lagerten sich als sogenannte Schalsteine ab. Als das Meer in der Karbonzeit vor etwa 350 Millionen Jahren zurückwich, wurde der einstige Meeresboden zum Variskischen Gebirge aufgefaltet. Talflanken lassen hier und da noch erkennen, wie die Gesteinsmassen zu manchmal bedrohlich wirkenden Klippen und Mulden verformt wurden. Wir sehen heute freilich nur noch das Fundament des Gebirges; längst haben Wasser und Wind die Gipfel abgeschliffen. Nur wo hartes Gestein wie der gelblich schimmernde Quarzit der Erosion trotzte, blieben Höhen des Erdaltertums erhalten – etwa die Montabaurer Höhe ⑧, die Leuscheid oder die felsenreiche Kroppacher Schweiz ⑤.

Braunkohle, Basalt – und Säuerlinge

Um die Mitte des Tertiärs, vor etwa 30 Millionen Jahren, sackte das Gebirgsfundament stellenweise in die Tiefe: Es entstanden das vom Rhein durchflossene Becken zwischen Koblenz und Neuwied sowie die Talwei-

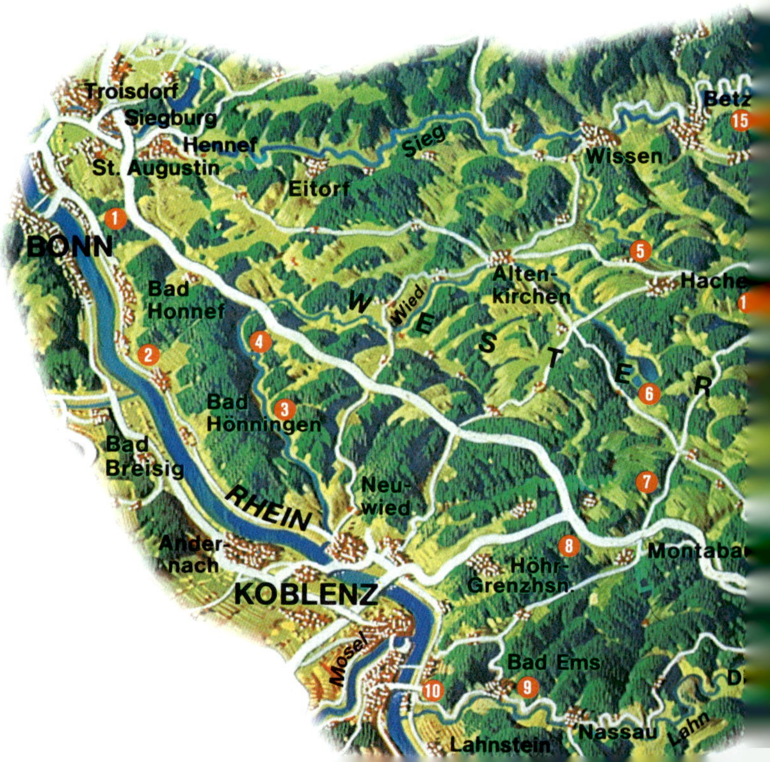

tungen bei Siegburg und Limburg. Der Rhein und seine Nebenflüsse schürften enge Täler in den Gebirgsrumpf, so z.B. das Wiedtal 4. Tonlager und Braunkohlenflöze entstanden ebenfalls in dieser Epoche, als abgesunkene Teile des Westerwaldes von Seen bedeckt waren. Schließlich spien Vulkane ihre Lavamassen aus – es bildete sich der Basalt, der dem ganzen Hohen Westerwald wie ein schützender Deckel aufsitzt. Ein mächtiges Zeugnis des tertiären Vulkanismus stellt die Erpeler Ley 2 dar. Darüber hinaus entstanden der am Drachenfels 1 gut sichtbare helle Trachyt und der dunklere Andesit. Wer heute »Selters« oder »Fachinger« trinkt, ahnt kaum, was diese Mineralwässer mit dem Westerwalder Vulkanismus zu tun haben. Die Säuerlinge, kohlensäurehaltige Mineralquellen, beziehen ihre Würze aus den Klüften des Erdinnern.

Für Alexander von Humboldt eine der schönsten Landschaften der Welt: das Siebengebirge mit dem Drachenfels.

Ein Vergnügen ganz eigener Art ist eine Dampferfahrt auf dem Rhein, dessen Mittelgebirgshänge sich dabei aus besonders eindrücklicher Perspektive präsentieren.

Route 1 Siebengebirge und Niederer Westerwald

Auf der Sonnenseite des Waldes

❶ Siebengebirge mit Drachenfels

Alexander von Humboldt sah im Siebengebirge das »achte Weltwunder«, und auch Goethe kam eigens zu Studien hierher. In diesem vulkanischen Gebiet sind nämlich, so die Geologen, auf engem Raum fast alle Kräfte vereinigt, die am Aufbau der Erdkruste arbeiten.

Einen ersten Blick aufs Siebengebirge werfen Sie am besten von seinem höchsten Punkt aus. Der 460 m hohe Große Ölberg gewährt auch einen ausgezeichneten Blick zum Westerwald, ins Bergische Land und ins Rheintal. Sie erreichen ihn, wenn Sie von der A 3, Ausfahrt Siebengebirge, in Richtung Königswinter fahren. Nach etwa 2 km erreicht die Straße bei der Margarethenhöhe ihren Scheitel (Parkplätze). Ein mit dem Buchstaben »R« markierter Weg führt von dort in 30 Minuten zum Gipfel.

Den hoch über dem Rheintal aufragenden Drachenfels erreicht man von Königswinter aus am besten mit der originellen Zahnradbahn (Parkplätze an der ausgeschilderten Station).

Schon die Römer schätzten als Baustoff das helle Gestein vom Drachenfels, den vulkanischen Trachyt – später wurde u.a. der Kölner Dom daraus errichtet. Vom Abbau wäre der Felsen vernichtet worden, hätte nicht 1820 König Friedrich Wilhelm III. von Preußen energisch eingegriffen und den Steinbruchbetrieb verboten. Später richtete man hier das erste Naturschutzgebiet Deutschlands ein. Von dem durch die Steinhauer lädierten Berg genießen Sie aus 321 m Höhe einen hervorragenden Blick auch auf die anderen Kuppen des Siebengebirges – Zeugen eines Vul-

Route 1
Siebengebirge und Niederer Westerwald
Die knapp 200 km lange Route zeigt besonders deutlich, wie wenig das Bild vom unwirtlichen Westerwald stimmt: Sie führt zur Sonnenseite des Mittelgebirges, durch die engen Täler von Wied ❹ und Lahn ❾ an die Höhen heran.
Streckenverlauf:
A 3 Köln–Frankfurt Ausfahrt Siebengebirge zum Großen Ölberg vor Königswinter und zum Drachenfels ❶ im Siebengebirge; von dort auf der B 42 südwärts nach Erpel ❷; auf der B 42 weiter nach Bad Hönningen, im Ort links ab nach Hausen (Wied), dort rechts nach Niederbreitbach mit Abstecher ins Fokkenbachtal ❸; zurück nach Hausen und wiedaufwärts zur Weißenfelser Ley hinter Roßbach im Wiedtal ❹; weiter an der Wied entlang über Neustadt bis Oberlahr, dahinter links auf die B 256, die bei Altenkirchen zur B 414 wird; vor Hachenburg nach links zum Kloster Marienstatt in die Kroppacher Schweiz ❺ abbiegen; weiter nach Hachenburg und südwärts nach Steinebach a. d. Wied, von dort zur B 8 und auf dieser links nach Steinen zur Westerwälder Seenplatte ❻; weiter auf der B 8, hinter Arnshöfen rechts auf die B 255 und über Ettinghausen nach Niederahr; am Ortsausgang rechts nach Moschheim und dort rechts nach Leuterod am Malberg ❼; zurück nach Moschheim, dort südwestlich nach Boden, hier rechts die B 255 weiter nach Montabaur ❽; dort bis zur B 49, ihr rechts folgen bis Neuhäusel, bald dahinter links über die B 261 nach Bad Ems zur Bäderlei ❾; dort rechts die B 260 nach Lahnstein, zur Ruppertsklamm und zum Allerheiligenberg ❿.

Sollten Sie an den Ausgangspunkt der Route zurückkehren wollen, gelangen Sie auf der B 42 rheinabwärts nach Neuwied und von dort auf der B 256 durch den reizvollen Naturpark Rhein-Westerwald zurück zur A 3 Köln–Frankfurt Auffahrt Neuwied.
Mondäne Kur- und Ferienorte an Rhein und Lahn wie Königswinter, der Ausgangspunkt für das Siebengebirge ❶, Bad Hönningen und Bad Ems mit der Bäderlei ❾ bieten vielfältige Übernachtungs- und Freizeitmöglichkeiten. Ruhiger ist es auf den Höhen des Westerwaldes und in den Tälern von Wied ❹ und Nister mit der Kroppacher Schweiz ❺, wo bodenständige Gastronomie zur Einkehr einlädt.

kanismus, der vor 30 Millionen Jahren hier die Gegend erschütterte. Nicht etwa sieben, sondern über 30 alte Vulkanruinen sind es, die das Siebengebirge aufbauen. Freilich waren das niemals feuerspeiende Berge – das flüssige Magma kam hier nicht an die Erdoberfläche, sondern blieb in Röhren stecken und erkaltete. Wind und Wetter haben die Schlote schließlich von der sie umgebenden Steinhülle befreit.
Ruhiger als auf dem bisweilen überlaufenen Drachenfels ist es auf der östlich davon gelegenen Wolkenburg (324 m). Zu ihr spazieren Sie etwa 500 m die Drachenfels-Straße hinab und biegen dann rechts auf ein Sträßchen ein, dem Sie weitere 500 m hinauf folgen. Weit schweift der Blick über die mit naturnahen Laubwäldern bestandenen Berghänge. Der ehemalige Latitsteinbruch an der Südflanke der Wolkenburg bietet wärme- und trockenheitliebenden Pflanzen wie Schildampfer oder Elsbeere Lebensraum.
Wenn Sie zu Fuß nach Königswinter zurückkehren wollen, nehmen Sie am besten den Weg durchs 2 km lange Nachtigallental, das sich kerbenartig am nordwestlichen Abhang der Wolkenburg öffnet. Jetzt tief unten, gehen Sie zwischen uraltem Devongestein hindurch – der Beweis, daß die jungen Vulkanberge des Siebengebirges auf einem älteren Fundament aufsitzen.

Das Siebengebirgsmuseum in Königswinter bietet unter anderem eine Ausstellung zur Geschichte des Weinbaus.

2 Erpeler Ley

Als Zeuge des tertiären Vulkanismus erhebt sich das wuchtige Basaltmassiv Erpeler Ley weithin sichtbar 130 m über der Talsohle des Rheins. Der Strom hat aus weichem Schiefergestein den harten Basaltkern herausmodelliert und fließt nun im Bogen um das Hindernis herum. Vom Gipfelplateau blickt man weit talaufwärts und hinüber zur Eifel. Pflanzenfreunde entdecken hier Arten, die man so weit nördlich gemeinhin nicht vermutet: Feldmannstreu, Bergsteinkraut und Sichelblättriges Hasenohr gehören zur Flora der sogenannten Steppenheide. Hier gedeihen jedoch auch »Gartenflüchtlinge« aus den mittelalterlichen Burggärten, die einst wohlgepflegt die Höhen des Rheins säumten: Der Goldlack – das »Gelbveigelein« der Minnesänger – gehört genauso dazu wie die blaue Schwertlilie und der Färberwaid, aus dem man früher einen Textilfarbstoff gewann. Zur Erpeler Ley gelangen Sie bequem, wenn Sie von Erpel nach Orsberg hinauffahren und dort am Ortsende rechts abbiegen. Nach 1,5 km erreichen Sie einen Parkplatz. Von hier führt ein beschilderter Weg in knapp 200 m fast eben zum Gipfel.

Reiseziel der Dichter
Im 19. Jh. bildete das Siebengebirge 1 ein bevorzugtes Reiseziel für Dichter und Denker nicht nur aus Deutschland. Goethe, Ferdinand Freiligrath, Heinrich Heine und Lord Byron besuchten z.B. den Drachenfels und widmeten dem Vulkankegel manchen Vers. Über die ersten Touristen informiert das Siebengebirgsmuseum der Stadt Königswinter in der Kellerstr. 16. Außerdem werden Geologie und Landschaftsgeschichte hier leicht verständlich präsentiert. Eine nachgebaute Weinbergterrasse dokumentiert Anbaumethoden im nördlichsten Weinanbaugebiet Westdeutschlands, und auch alte Handwerkszweige wie der weithin bekannte Königswintersche Backofenbau werden vorgestellt (geöffnet April–Mitte Okt. Do–Di 14–17, Mi 14–19; Mitte Okt.–März Sa, So 14–17, Mi 14–19 Uhr).

3 Fockenbachtal

Das tief eingeschnittene Fockenbachtal mündet von Nordosten her bei Niederbreitbach ins Wiedtal, von wo Sie etwa 5 km talaufwärts fahren müssen, um zur Fockenbachsmühle zu gelangen. In dem feuchten Eschen-Schluchtwald der Umgebung leuchten neben dem saftigen Grün der Farne im zeitigen Frühjahr die weißen und gelben Blüten von

Lavamassen aus dem Erdinnern bildeten einst die Erpeler Ley. Vom Plateau aus erkennt man einmal mehr die immense Bedeutung des Rheins als Verkehrsweg.

Ein beeindruckender Bergsturz ist die Hangelei im engen Baltal.

Bei Gönnersdorf ritzten Jäger während der letzten Eiszeit Mammuts wie diesen in den Schiefer.

Die ersten Bewohner des Westerwaldes
Über das Leben der Neandertaler und der altsteinzeitlichen Jäger können Sie sich im »Museum für die Archäologie des Eiszeitalters« im Schloß Monrepos oberhalb von Neuwied-Segendorf informieren. Lange Zeit lebten die Bewohner des Westerwaldes als Jäger und Sammler. So zeigen Funde von Steinwerkzeugen und Knochen der Jagdbeute, daß sich die Neandertaler bereits vor mehr als 100000 Jahren hier aufgehalten haben.
Von großer Bedeutung sind auch Siedlungsplätze aus der Zeit zwischen 35000 und 10000 v. Chr.: In Höhlen des Lahntals und in Freilandsiedlungen des Neuwieder Beckens (Neuwied-Gönnersdorf, Andernach) wurden viele Fundstücke, darunter auch zahlreiche Belege eiszeitlicher Kunst, geborgen. Sie erreichen das Museum vom Fockenbachtal 3 aus über Niederbreitbach auf idyllischer Straße entlang der Wied (geöffnet April–Okt. Di–So 9–17; Nov.–März Mi, Sa, So 10–17 Uhr; behindertengerecht, mit Cafeteria).

Märzenbecher und Goldstern; bald folgen das blau blühende Immergrün, das Gelbe Windröschen und verschiedenfarbige Lerchenspornarten. An einigen Bäumen schmarotzt die merkwürdige Schuppenwurz, die sich oft truppweise bei ihrer Wirtspflanze ansammelt. In der Nähe der Fockenbachsmühle sind einige bemerkenswerte Felsen als Naturdenkmäler geschützt: Der 3 m hohe Stangenstein, ein wuchtiger eisenhaltiger Quarzitfels, steht östlich von ihr im Hangwald. Von der Mühle aus folgen Sie der Talstraße 500 m talaufwärts. Dort zweigt rechts ein markierter Wanderweg ab, auf dem Sie nach etwa 1 km den Fels erreichen. Eine weitere Attraktion ist die Hangelei, ein beeindruckender Bergsturz im engen Baltal, das 500 m von der Fockenbachsmühle talabwärts links abzweigt. Auf markiertem Pfad sind dann noch 700 m bis zu dem Gewirr von Quarzitfelsen aus dem Devon zu gehen.

4 Wiedtal

Die Wied, der längste Fluß des Westerwalds, hat ihren Talgrund durchschnittlich um 250–300 m tief in die Hochflächen eingeschnitten – mal als enges Kerbtal, mal als Sohlental. Ständig hat der Fluß seine Richtung geändert und so das Tal mit Prall- und Gleithängen versehen; gelegentlich finden sich auch spektakuläre Umlaufberge, so z.B. bei Burglahr. Lohnend ist die Aussicht von der Weißenfelser Ley zwischen Roßbach und Neustadt, wo Sie eine haarnadelähnliche Talschlinge der Wied bestaunen können.
Der steile Pfad zur Aussichtskanzel zweigt 4 km hinter Roßbach (Parkplatz am westlichen Ortsende), gleich nach der zweiten Brücke über die Wied, rechts von der Talstraße, ab. Südöstlich von Neustadt ragen der 351 m hohe Bertenauer Kopf und der Telegraphenhügel (349 m) auf, die, umgeben von Basaltsteinbrüchen, beide als Zeugen des jungtertiären Vulkanismus unter Naturschutz stehen. Man trifft hier auf Basalttuffe und -laven, aber auch auf typische Basaltsäulen, die entstehen, wenn die glühende Lava bei der Abkühlung schrumpft. Am nordwestlichen Ortsende von Neustadt (Parkplatz) trifft man auf den markierten Kölner Weg, der nach etwa 2 km zum Bertenauer Kopf führt.

5 Kroppacher Schweiz

Zwischen Hachenburg und Wissen fließt die Nister in einem engen, gewundenen Tal mit bewaldeten Hängen durch das Herzstück der Kroppacher Schweiz. Das Wasser des Flüßchens grub in den weichen Schiefer eine tiefe Rinne ein, konnte aber den härteren Fels nicht abtragen. Oft handelt es sich dabei um Quarzgänge, die wie steinerne Adern das Gebirge durchziehen. Als markante Klippen blieben sie hier an vielen Stellen stehen. Wenn Sie von Hachenburg nach Norden nisterabwärts fahren, sollten Sie nach 3 km bei der gotischen Zisterzienserabtei Marien-

Die Wied durchfließt den Naturpark Rhein-Westerwald. Ihr Wasser ist reich an Fischen, und an den Ufern des romantischen, schlingenreichen Flüßchens klappern historische Mühlen.

statt einen Halt einlegen. Direkt am Parkplatz beginnen mehrere Rundtouren. Ein kurzer Abstecher führt von hier etwa 500 m steil hinauf zum Aussichtspunkt der ehemaligen Burg Vroneck mit einer durch die Erosion modellierten Klippe, dem sogenannten Felsenstübchen. Von Marienstatt können Sie auch talabwärts dem Weg Nr. 1 in Richtung Astert folgen. Nach etwa 3 km kommen Sie zur Hohen Lei, einem hohen Schieferfels in lichtem Buchenwald.

Die Töpferei hat im Kannenbäckerland Tradition: hier Tongruben am Malberg bei Leuterod.

6 Westerwälder Seenplatte

Die Teiche im Quellgebiet der Wied nahe der B 8 bei Freilingen, Dreifelden und Wölferlingen versorgten schon im 17. Jh. die Tafel des Fürsten zu Wied mit Fischen. Auch heute noch hat das Abfischen der Weiher im Herbst Volksfestcharakter. Hauptsächlich werden Karpfen und Schleien gezogen, dazu Hechte, Zander, Bach- und Regenbogenforellen. Zu den Teichen, die unter Naturschutz stehen, gehören der Haidenweiher bei Seeburg und der Südteil des Dreifelder Weihers, an dem sich eine Vogelbeobachtungskanzel befindet. Der Brinkenweiher an der B 8 ist besonders besuchenswert. Am besten lassen Sie Ihr Fahrzeug am Ortsende von Steinen auf dem Parkplatz an der B 8 stehen und gehen nach Südosten, parallel zur B 8, an einem winzigen Friedhof vorbei. Sie wandern etwa 500 m am Seeufer entlang und biegen dann links auf den Damm zwischen Brinken- und Postweiher ein. Hoffentlich haben Sie einen Feldstecher dabei! Die Schilfgürtel und die Schlammbänke der Teichränder bieten vielen Vögeln Futter-, Rast- und Brutplätze. Regelmäßig brüten hier Hauben- und Zwergtaucher, Stockente, Teich- und Bläßralle, Kiebitz und Bekassine. Auch die nahe gelegenen großen Wälder und Sumpfwiesen gewähren Nahrung und Unterschlupf für Dauerbrüter wie Durchzügler. Über die fast 200 verschiedenen Arten informieren Tafeln auf dem Damm.

7 Malberg

Weithin sichtbar erhebt sich der 422 m hohe Malberg einem riesigen Maulwurfshügel ähnlich über Leuterod im sanft gewellten Montabaurer Becken. In Form und Gestein unterscheidet er sich von den umliegenden Bergen: Er besteht aus 30 Millionen Jahre altem, grünlichgrauen Phonolith. Vor allem rund um den Gipfel liegen mächtige Brocken des vulkanischen Gesteins. Schlagen Sie einmal mit einem Metallgegenstand dagegen – wörtlich übersetzt bedeutet Phonolith nämlich Klingstein! Höhlen, Spalten und Felsstürze dokumentieren hier, wie unterschiedlich die Verwitterung wirken kann. Ein gewaltiges Blockmeer erstreckt sich am Nordhang. Bis 1925 bestanden vor allem an der Südflanke zum Teil heute noch erkennbare Steinbrüche; dann wurde der Berg unter Naturschutz gestellt. Seither hat sich ein prächtiger Hochwald entwickelt. Ein knapp

Das weiße Gold der Kannenbäcker

Mit »weißem Gold« ist der Ton gemeint, der im Kannenbäckerland gewonnen wird. Auch heute noch baut man das hochwertige Material im Tagebau ab – hauptsächlich bei Siershahn und Wirges (zwischen 7 und 8). Solch eine Tongrube kann man z.B. westlich der Straße Mogendorf–Siershahn besichtigen. Als »Kannenbäcker« bezeichnete man schon im Mittelalter die Hersteller von Zier- und Gebrauchskeramik, insbesondere von Pfeifen und Krügen. Der Ton der Kannenbäcker entstand aus Ablagerungen in Tertiärseen vor rund 30 Millionen Jahren und enthält fossile Pflanzenreste, die Auskunft über die damalige Flora des Westerwaldes geben. Das hohe Niveau der Westerwälder Töpferkunst hat ihr mittlerweile Weltruf verschafft. Für die besten deutschen Keramikarbeiten verleiht der Westerwaldkreis alle drei Jahre im Herbst (das letzte Mal 1989) im Keramikmuseum Westerwald in Höhr-Grenzhausen (Di–So 10–17 Uhr geöffnet, ☏ 0 26 24/36 66) den »Westerwald-Preis für Keramik«.

Zu herrlichen Spaziergängen lädt die alte kurfürstliche Chaussee auf der Montabaurer Höhe ein.

Viele Teiche der Westerwälder Seenplatte stehen wie der Haidenweiher unter Naturschutz.

Über Holzstege und auf schmalen, z. T. mit Seilen gesicherten Pfaden leitet der Fußweg durch die Ruppertsklamm.

An den trockenen, kalkhaltigen Hängen des Allerheiligenberges findet man die seltene Ästige Graslilie.

Heilkraft aus der Tiefe
Im und um den Westerwald herum gibt es auffallend viele Badeorte und Brunnen: Bad Hönningen und Bad Ems 9, Biskirchen und Fachingen, Probbach und Montabaur 8, um nur einige zu nennen. Überall dort, wo die Erdkruste Verwerfungen aufweist, finden sich Mineralquellen, deren Heilkraft bald erkannt wurde. Die Bruchlinien machen sich bisweilen aber auch alles andere als heilbringend bemerkbar – mit gar nicht so unbedeutenden Erdstößen. Ein Verhängnis ganz anderer Art nahm 1870 von Bad Ems aus seinen Lauf. Die »Emser Depesche«, im Auftrag König Wilhelms I. von Preußen an Bismarck gesandt, sollte den folgenreichen Deutsch-Französischen Krieg auslösen.

1 km langer, nicht markierter Weg führt von einem Wanderparkplatz links der Straße Leuterod–Moschheim, etwa 500 m nach dem Ortsausgang von Leuterod, steil zum Gipfel empor.

8 Montabaurer Höhe

Vom Turm des 540 m hohen Köppel aus, der neben der Alarmstange (546 m) und dem Lippersberg (534 m) die höchste Erhebung des aus hartem Quarzit aufgebauten Bergzugs ist, genießen Sie bei gutem Wetter einen herrlichen Blick über weite Wälder hinweg – zum Großen Feldberg im südöstlich liegenden Taunus, zum Siebengebirge 1 im Nordwesten und zum Eifelgipfel Hohe Acht im Westen. Hohe Niederschlagsmengen und die kargen Bodenverhältnisse hatten hier Ackerbau unmöglich gemacht; es blieb ein etwa 50 km^2 großer Wald als Jagdrevier erhalten. Seit Jahrzehnten wird hier Rotwild gehegt. Zum Köppel gelangen Sie von Montabaur über den Stadtteil Elgendorf, von dem Sie weiter in Richtung Ransbach-Baumbach fahren. Nach 3 km erreichen Sie links der Straße einen großen Waldparkplatz. Von dort führt ein 3 km langes, für den Verkehr gesperrtes Waldsträßchen zum Aussichtsturm, bei dem sich auch eine Gaststätte befindet.

9 Bäderlei

Lei, Lay oder Ley bedeutet im Rheinland schlicht »Fels«. Die Bäderlei überragt das Staatsbad Ems, von dessen 16 Heilquellen sich der andere Namensteil ableitet. Zu Fuß erreichen Sie den Felsen, wenn Sie von der Grabenstraße im Ort den Schildern folgen, die zum Konkordiaturm (Parkplatz) weisen. Von dem hohen Steinturm oberhalb der Bäderlei, welcher den Talgrund der Lahn um gut 180 m überragt, blickt man weit ins mittlere Lahntal und auf die Hänge von Taunus und Westerwald. Kochsalzhaltige Mineralquellen haben Bad Ems weltberühmt gemacht. Die interessanteste unter ihnen ist die Springquelle »Robert Kampe«. Ohne Hilfe von Pumpen schießt das heiße Wasser 7 m hoch aus der Erde. Die Quelle kann jederzeit beim Kurhaus, Ecke Grabenstraße, bestaunt werden. Wichtig war in Bad Ems zeitweise auch der Blei-Zink-Bergbau; in den Abraumhalden suchen heute Mineraliensammler Quarz, Kupferkies und Dolomit.

10 Ruppertsklamm und Allerheiligenberg

Die Ruppertsklamm, ein 1,5 km langer Erosionsgraben, mündet an der B 260 kurz vor Lahnstein bei einer Schleuse in die Lahn. Vom Parkplatz am Allerheiligenberg können Sie in etwa 40 Minuten 1 km weit auf steilem Pfad in die bewaldete Schlucht vorstoßen. Von der Kapelle auf dem Allerheiligenberg gewinnt man einen schönen Überblick über den

Schon die Römer bauten hier Badehäuser und genossen die Thermalquelle: Heute ist Bad Ems an der Lahn ein international bekanntes Heilbad.

Mündungsbereich der Lahn mit der Burg Lahneck diesseits und Schloß Stolzenfels jenseits des Rheins. Sie finden die Kapelle, wenn Sie in Niederlahnstein zur Wohnsiedlung »Im Lag« hinauffahren. Hier an den trockenen Hängen gedeihen zudem seltene wärmeliebende Pflanzen wie Goldaster oder Ästige Graslilie. Bemerkenswert ist auch der giftige, rötlichblühende Diptam, dessen ätherische Öle sich an sehr heißen Tagen entzünden lassen – was ihm auch den Namen Brennender Busch einbrachte.

Route 2 Hoher Westerwald

Wo sich Basalt zu Blöcken türmt

⑪ Heidenhäuschen

Schon von weitem sieht man den bewaldeten Bergrücken des Heidenhäuschens, der sich bei Hadamar-Oberzeuzheim am Rand des Limburger Beckens erhebt. In wuchtigen Blöcken ist der Basalt am 398 m hohen Hauptgipfel aufgetürmt; als Felsenmeer bedeckt er den steilen Südhang. Der Name des Berges weist darauf hin, daß hier wohl noch in längst christlichen Zeiten heidnische Bräuche gepflegt wurden. Von der B 54 zweigt etwa 2 km nach Oberzeuzheim eine Straße nach Hangenmeilingen ab. In dem Ort biegen Sie rechts zu einer Wochenendhaussiedlung

Route 2
Hoher Westerwald
Zu markanten Punkten in der Natur des Hohen Westerwaldes bringt Sie die ca. 150 km lange Rundfahrt; vor allem geologische Besonderheiten werden Sie überraschen. Namen wie Druiden- ⑮ und Ketzerstein ⑯ oder Heidenhäuschen ⑪ weisen darauf hin, daß bereits für unsere vorchristlichen Vorfahren die bizarren Basaltformationen dieser Gegend kultische Bedeutung hatten.
Streckenverlauf:
A 3 Köln–Frankfurt Ausfahrt Limburg-Nord, auf der B 49 Richtung Wetzlar, vorbei an Ahlbach, dahinter links auf der B 54 über Hadamar-Oberzeuzheim nach Hangenmeilingen zum Heidenhäuschen ⑪; die B 54 weiter nach Elbtal, links nach Dornburg-Frickhofen, von dort zum Ewigen Eis bei der Dornburg ⑫ vor Wilsenroth; von Wilsenroth nun nach Berzhahn und dort rechts nach Gemünden, am Ortsausgang rechts Richtung Seck und zur Holzbachschlucht ⑬; weiter nach Seck, dort links nach Hellenhahn-Schellenberg, hier links und auf der B 255 nach Höhn, dort rechts nach Bad Marienberg zum Großen und Kleinen Wolfstein ⑭; von dort weiter zur B 414 und links nach Kirburg, hier rechts und über Langenbach, Weitefeld-Oberdreisbach und Niederdreisbach nach Alsdorf, dort rechts nach Kirchen-Herkersdorf und Offhausen zum Druidenstein ⑮; zurück nach Alsdorf und links über Herdorf nach Neunkirchen, dort rechts und über Burbach auf die B 54 Richtung Limburg, nach 7 km links ab auf die B 414, 1 km hinter Nister-Möhrendorf links ab zur Fuchskaute ⑯; weiter auf der B 414, nach 2 km links ab nach Waldaubach und über Rabenscheid nach Langenaubach ⑰; von Langenaubach südwärts nach Breitscheid, dort links nach Erdbach ⑱; zurück nach Breitscheid, dort links und über Gusternhain nach Driedorf, hier rechts ab nach Mademühlen und etwa 1 km weiter Richtung Oberrod zum Krombach-Stausee ⑲; zurück nach Mademühlen, dort rechts nach Münchhausen, wieder rechts nach Odersberg und hier rechts nach Arborn zur Felsgruppe der Klipp ⑳; über Mengerskirchen, Waldbrunn-Fussingen und Ellar geht es nun nach Elbtal, dort links auf die B 54 und zurück zur A 3 Köln–Frankfurt Auffahrt Limburg-Nord.
Im Zentrum des Hohen Westerwaldes liegt als ruhiger Kurort Bad Marienberg. Hier finden Sie Hotels verschiedener Kategorien; einfachere Pensionen und Fremdenzimmer gibt es überall in der vom Reiseverkehr noch eher wenig erfaßten Landschaft.

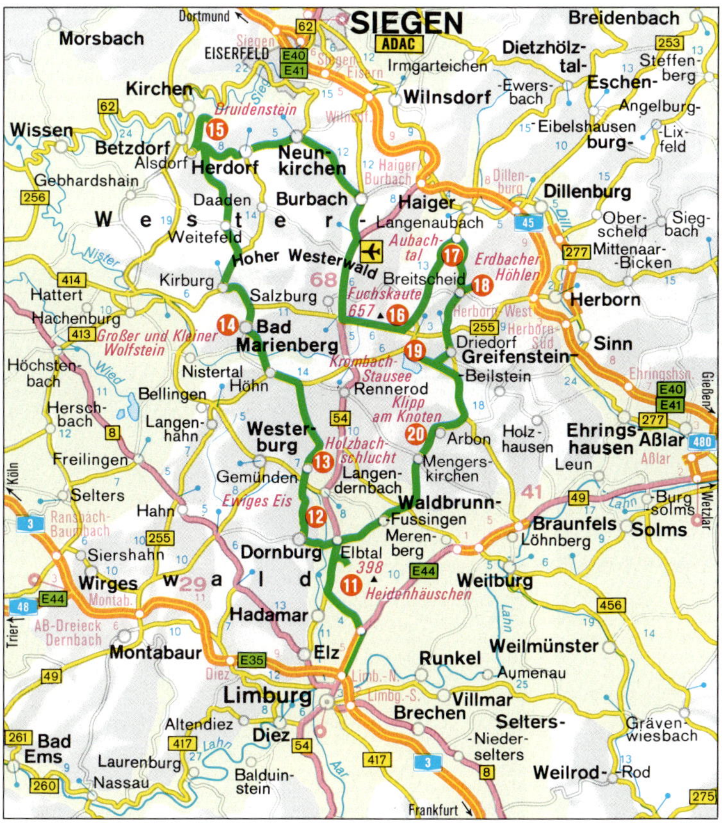

Zu Säulen erstarrte Lava im Basaltpark in Bad Marienberg.

ab, die direkt unter dem Gipfel des Heidenhäuschens liegt. Von ihrem oberen Ende führt ein Fußweg nach knapp 100 m in das Naturschutzgebiet. Von der Höhe können Sie die Sicht nach Limburg und hinüber zur Montabaurer Höhe ❽ genießen.

⓬ Ewiges Eis bei der Dornburg

Der Watzenhahn (475 m) oberhalb Willmenrod machte einmal als »wandernder Berg« Schlagzeilen, als 1957 der gesamte Bergrücken in Bewegung kam: Feuchte Tonschichten dienten der auf ihnen liegenden Basaltdecke gleichsam als Rutschbahn. Diese Gefahr ist inzwischen gebannt. Zum Watzenhahn-Massiv gehört auch die Dornburg (396 m) bei Wilsenroth. Sie bietet Spektakuläres: ein Basalt-Felsenmeer, naturnahe Bewaldung, seltene Pflanzen wie etwa das Schwertblättrige Waldvögelein, weite Ausblicke und – Ewiges Eis! Inmitten der sogenannten Basaltrosseln – etwa handtellergroße, gesplitterte Basaltscherben, welche die Südflanke des Berges bedecken – führen zwei Stollen aus dem 19. Jh. in die Tiefe. Mögen die Temperaturen noch so hoch sein – aus dem vergitterten Schacht strömt das ganze Jahr über kalte Luft empor. Eine Brauerei nutzte lange Zeit die Stollen als natürliches Kühlhaus. Komplizierte Luftbewegungen in den Felsspalten sind für das Phänomen des Ewigen Eises verantwortlich. Auffallend ist auch, daß die Kompaßnadel in der Nähe des – magnetisierten – Felsenmeers zu zittern anfängt. Zu den Basaltrosseln gelangen Sie, wenn Sie von Frickhofen in Richtung Wilsenroth fahren. Linker Hand passieren Sie zunächst ein Ferienheim mit Kapelle (hier Ausschilderung), dann biegen Sie rechts auf den nächsten Feldweg ein (Parkplatz). Von dort sind es noch etwa 400 m bis zum Ewigen Eis.

⓭ Holzbachschlucht

Das weiche Wasser besiegt auch harten Basalt. Ein Beweis dafür ist der Durchbruch des Holzbachs zwischen Seck und Gemünden. Auf 1 km Länge hat er sich in einer Klamm bis zu 20 m tief ins Gestein eingefräst. Auf der schmalen Talsohle liegen schwere Felsblöcke, die von den steil aufragenden Hängen herabgestürzt sind. Von Gemünden in Richtung Seck fahrend, stoßen Sie direkt am Waldrand rechts auf einen kleinen Parkplatz, wo ein etwa 3 km langer Rundweg durch die Schlucht ausgeschildert ist. Auf oft abenteuerlichen Stegen führt dieser Sie am mit Eichen und Buchen bewaldeten Hang entlang durch das Tal des Baches, wo auch Reste alten Bacheschenwaldes anzutreffen sind.

⓮ Großer und Kleiner Wolfstein

Die Basaltvariante Blockbasalt stellen Ihnen zwei mächtige Felsgruppen bei Bad Marienberg vor. Bei der Stadthalle fahren Sie über die Kirburger Straße stadtauswärts und biegen (an einer Telefonzelle) halblinks in die Straße Unter den Eichen ab. Am Waldrand (Parkmöglichkeit) beginnt ein

Basaltdecken schützen die Berge

Im Basaltpark, einem stillgelegten Steinbruch in Bad Marienberg ⓮, demonstrieren der Original-Maschinenpark und ein Ausstellungsraum, wie früher das vulkanische Gestein abgebaut und weiterverarbeitet wurde. Wie ein gußeiserner Deckel schützt der harte Basalt nach wie vor das Bergland vor der Abtragung. Experten schätzen die reichen Vorräte an diesem Vulkangestein im Westerwald auf 10 Milliarden m^3; am Stegskopf erreicht die Basaltdecke sogar über 50 m Mächtigkeit. In den letzten Jahren jedoch warnen die Naturschützer zunehmend vor ökologischen Schäden durch einen weiteren Abbau des Gesteins. Der Basaltpark ist ab der Marienberger Stadtmitte ausgeschildert und liegt an der Bismarckstraße auf dem Weg zum Stadtteil Zinhain (ganzjährig geöffnet, Ausstellungsraum Mai–Okt. Di–So 10–12, 14–16 Uhr).

Ein Blockmeer aus erkaltetem Magma, dem grauschwarzen Basalt, bedeckt den Südhang der Dornburg.

Ein Stück unberührte Natur: die wildromantische Holzbachschlucht zwischen Seck und Gemünden.

5 km langer Rundwanderweg mit der Markierung »A 3«, welcher Sie zu den beiden Wolfsteinen führt (Hinweisschilder). Am Großen Wolfstein ist die Lava nicht zur bekannteren Säulenform, sondern zu großartig aufgetürmten Quadern erstarrt. Vom Kleinen Wolfstein, der verborgen im Wald liegt, können Sie auf dem nur 100 m entfernt vorbeiführenden, breiten Weg einen Abstecher in Richtung Zinhain unternehmen: Am Waldrand der Marienberger Höhe angekommen, überrascht Sie bei gutem Wetter eine ausgezeichnete Fernsicht über den Hohen Westerwald und große Teile des Niederen Westerwaldes. Ein jederzeit zugänglicher Wildpark zeigt am Fuße der Marienhöhe in weiträumigen Gehegen Wild- und Haustiere.

Der Druidenstein: Die Ausrichtung der Basaltsäulen läßt deutlich die Strömungsrichtung des Magmas erkennen.

15 Druidenstein

In den nördlichsten Ausläufern des Westerwaldes ragt der 431 m hoch gelegene imposante Basaltkegel des Druidensteins unweit von Kirchen/Sieg im Hochwald empor. Die zahllosen Säulen, aus denen er besteht, sind meilerförmig gebündelt und erreichen eine Höhe von 15 m; die Basis des Klotzes mißt 100 m^2. Der Gesteinsabbau hat freilich nur noch ein Drittel des – inzwischen naturgeschützten – Felsens übriggelassen. Die Ausrichtung der Säulen läßt die Form des Magmapfropfens erkennen, welcher sich hier im Tertiär durch das alte Devongestein zwängte und schließlich erkaltete. Bis um 800 n. Chr. sollen an dem Felsen heidnische Opferfeste stattgefunden haben. Mit dem Wagen erreichen Sie den Druidenstein von Offhausen aus, der Nachbargemeinde von Herkersdorf. Die Straße Zum Windhang führt rechts bergauf (Beschilderung). Beim Feuerwehrhaus biegen Sie rechts ab und fahren geradeaus weiter bis zu einem Waldparkplatz. Von hier sind es nur noch wenige Meter zu dem Basaltfelsen.

16 Fuchskaute und Ketzerstein

Von der Fuchskaute, der mit 657 m höchsten Erhebung des Westerwaldes, hat man eine beeindruckende Aussicht auf die herbe Hügellandschaft des Hohen Westerwaldes. Ein fruchtbarer Boden, Verwitterungsprodukt des Basalts, trägt hier ein üppiges Pflanzenkleid – auf großen Flächen etwa die schöne Arnika. Schmetterlinge – unter ihnen gelegentlich auch Admiral und Aurorafalter – umgaukeln die Blüten; Raupen

Von der höchsten Erhebung des Hohen Westerwaldes, der Fuchskaute (657 m) aus, hat man einen weiten Blick auf das herbe, hügelige Land. Im Sommer, wenn die Arnika blüht, lohnt sich ein Besuch besonders.

Der schimmernde Felsen mitten im Wald, das Wildweiberhäuschen, ist der Rest eines Korallenriffs aus dem Devonmeer, das vor 400 Millionen Jahren das Land bedeckte.

finden reichlich Nahrung. Die Bergkuppe der Fuchskaute ist von Nister-Möhrendorf aus sowohl zu Fuß als auch mit dem Auto erreichbar (ab hier ausgeschildert; vom Parkplatz des Ortes zunächst der B 414 entlang und dann auf markiertem Wanderweg weiter beträgt die Gehstrecke etwa 2,5 km). Von Nister-Möhrendorf lohnt sich auch ein Abstecher zum Ketzerstein, einer Felspartie aus Blockbasalt, die ihrer altarähnlichen Form wegen schon als heidnischer Opferaltar gedeutet wurde. Sie fahren über Willingen und Löhnfeld nach Weißenberg. Dort biegen Sie gleich rechts in die erste Straße ein (Parkmöglichkeit). Zu Fuß folgen Sie 500 m dem leicht ansteigenden Weg durch Wiesen mit den hier typischen, als Windschutz angelegten Hecken aus Fichtenstreifen. Vom Ketzerstein schweift der Blick nach Norden zu den Höhen an Sieg und Dill.

17 Aubachtal

Das Gebiet um Langenaubach weist auf engstem Raum eine enorme Vielfalt erdgeschichtlicher Zeugnisse auf. Gleich am südöstlichen Ortsrand ragt im Wald ein merkwürdig weißlich schimmernder Felsen hervor, das 40 m hohe Wildweiberhäuschen. Es ist der verwitterte Rest eines Korallenriffs aus dem Devonmeer. An seiner Nordflanke sind die Öffnungen zweier nicht zugänglicher Höhlen, die wohl durch Sickerwasser entstanden sind, zu erkennen. Darin hat man Reste der eiszeitlichen Tierwelt dieser Gegend gefunden: Halsbandlemming, Nordische Wühlmaus, Eisfuchs, Ren und Alpenmoorschneehuhn. Wie anfällig das Kalkgestein gegen die Wirkung des Wassers ist, sieht man an den Dolinen, trichterförmigen Erdeinbrüchen im Wald und auf den Wiesen oberhalb des Felsgebildes. Wenn Sie am Ortsende von Langenaubach in Richtung Rabenscheid links zum Bahnhof abzweigen und dort parken, erreichen Sie das Naturschutzgebiet zu Fuß in etwa 10 Minuten. Sie folgen dem Sträßchen bis zur Aubachbrücke, hinter der gleich links ein Pfad zum Wildweiberhäuschen abzweigt. Die eiszeitlichen Tierknochenfunde am Wildweiberhausfelsen kann man im Heimatmuseum der nahe gelegenen Stadt Haiger besichtigen (geöffnet Mo–Fr 10–12, 15–17, Sa 10–12 Uhr).

18 Erdbacher Höhlen

In der Gegend südlich von Breitscheid und Erdbach, die von einem alten Kalkriff aus dem Devon geprägt ist, finden Sie verschiedene Karsterscheinungen nahe beieinander: Der Erdbach versickert am Ortsrand von Breitscheid an der Straße nach Erdbach in Klüften und tritt nach etwa 1 km als Karstquelle in dem trockengefallenen Tal wieder aus. Der Bach durchfließt hier ein 391 m langes und 93 m tiefes – leider nicht zugängliches – Höhlensystem. 1973 wurde darin ein 700 kg schwerer Tropfstein entdeckt, der rund 6000 Jahre zum Wachsen brauchte. Vom Dorf Erdbach (Parkmöglichkeit) führt ein ausgeschilderter Weg etwa 500 m südwestlich in das Rolsbachtal zu zwei Kalksteinhöhlen, die begehbar sind.

Der Querschnitt durch diesen Tropfstein aus dem Höhlensystem bei Erdbach zeigt deutlich, wie er über Jahrtausende schichtweise gewachsen ist.

Gewaltige Korallenfelsen am Eingang zur Großen Steinkammer bei Erdbach.

In der Großen und Kleinen Steinkammer entdeckte man vorgeschichtliche Funde aus der Hallstattzeit, die sich heute im Landesmuseum in Wiesbaden befinden. Auf etwa halber Strecke treffen Sie auf den Steinbruch am Homberg, der als Fundort für fossilienreiche Schiefer des Unterkarbons bekannt wurde. Im kleinen, aber feinen Museum in der alten Schule von Erdbach erhalten Sie einen Überblick über die Geologie des Gebietes (geöffnet Mo–Sa 8–17 Uhr).

Vor 30 Millionen Jahren entstand die Felsgruppe der Klipp aus Lavaströmen, die aus dem Erdinnern hervorquollen. Sie liegt vor dem zum Knotenmassiv gehörenden Galgenkopf.

19 Krombach-Stausee

Die schilfbestandenen, sumpfigen Uferzonen der Talsperre, die 1946 zur Energiegewinnung errichtet wurde, sind im Frühjahr und Herbst ein idealer Rastplatz für Zugvögel: Kormorane und Singschwäne, Pfeif- und Schnatterenten, Limikolen und Bartmeisen geben sich hier ein Stelldichein, selbst Fischadler kommen gelegentlich an den 93 ha großen Stausee. Zu diesen Zeiten sollten Sie Ihr Fernglas nicht vergessen. Auch Brutvögel wie Haubentaucher, Stock- und Reiherente sind an der Krombach-Talsperre anzutreffen. Ornithologen haben hier bisher mehr als 30 Watvogelarten nachgewiesen. In der Nähe des Reher Campingplatzes besteht deshalb ein Naturschutzgebiet mit einer Beobachtungsstelle der Vogelschutzwarte. Ansonsten aber ist der See ein schöner Badeplatz. Im Sommer erreicht er Wassertemperaturen zwischen 20 und 24 °C.
Das Naturschutzgebiet erreichen Sie von Mademühlen auf der Straße in Richtung Oberrod. Bei der Abzweigung auf der Höhe des Mademühlener Campingplatzes wählen Sie die Straße, die weiter um den Stausee in Richtung Rehe zum Parkplatz am Reher Campingplatz führt.

20 Klipp am Knoten

Die 485 m hohe Felsgruppe der Klipp liegt vor dem Galgenkopf, einem Teil des Knotenmassivs (605 m). Die bizarren Felsen der Klipp entstanden im Tertiär, als glutflüssige Lavaströme eine dünne Stelle der Erdkruste durchstießen und zu Basaltblöcken erstarrten. Sie haben von hier einen guten Ausblick auf den 2 km entfernten Knoten, der dem Lahntal zugewandt den letzten Vorposten des Hohen Westerwaldes darstellt. Der mit einzelnen Fichten und Wacholderbüschen bestandene Berg bildet wirklich einen Knoten, da er sich im Schnittpunkt verschiedener längs und quer verlaufender, wellenförmiger Erhebungen befindet. Die kahlen Felsen der Klipp, umgeben von Schafweiden, erreichen Sie über die Straße Odersberg–Arborn, die immer wieder herrliche Ausblicke über die Höhen an Lahn und Dill gewährt. Nachdem Sie hinter Arborn in Richtung Mengerskirchen zunächst in eine langgestreckte Linkskurve gefahren sind, umrunden Sie den Galgenkopf mit der Klipp in der nächsten Linkskurve. Dort befindet sich linker Hand am Straßenrand ein Parkplatz, von dem aus Sie auf einem knapp 4 km langen, markierten Wanderweg das Denkmal des Bauerndichters Adolf Weiß erreichen können.

Der Krombach-Stausee ist ein Vogel-, aber auch ein Badeparadies. Mit Wassertemperaturen von 20 bis 24 °C im Sommer gehört er zu den warmen Seen.

25 **Hunsrück**

Dornröschen zwischen Rhein, Mosel und Saar

Steinreich, aber bettelarm sei der Hunsrück. Ein Schuß Bitterkeit schwingt in diesem Urteil mit, das für die Menschen in dieser Region über Jahrhunderte hinweg herbe Realität war. Es gab Zeiten, da bot der »rauhe Hundsbuckel« seinen Bewohnern so wenig Brot, daß es Tausende in die Fremde trieb. Bis in unser Jahrhundert hinein dauerte der Dornröschenschlaf dieser reizvollen Schiefergebirgslandschaft. Erst während der letzten vier Jahrzehnte erlebte die Region einen wirtschaftlichen Aufschwung. Während das Attribut »bettelarm« also der Vergangenheit angehört, blieb das andere erhalten: Naturliebhaber schätzen die »steinreiche« Gegend, wie hier den Kallenfels bei Kirn, die schwermütige Schönheit und den verträumten Charakter des Hunsrücks.

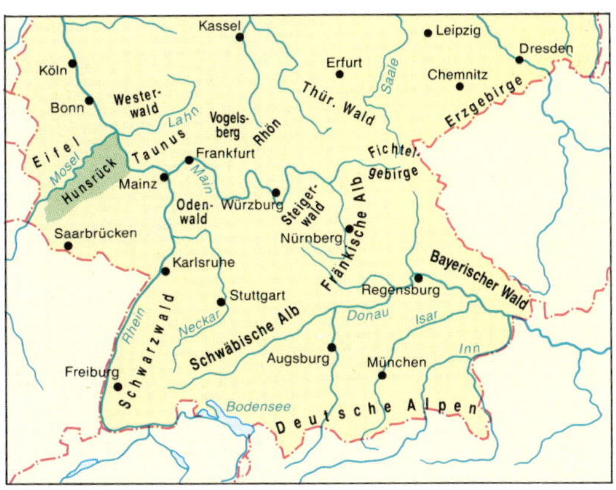

Lage Südwestteil des Rheinischen Schiefergebirges zwischen dem Mittelrhein im Osten, der Saar im Westen, der Mosel im Norden und der Nahe im Süden
Ausdehnung Nordost–Südwest ca. 100 km; Nordwest–Südost ca. 45 km
Land Rheinland-Pfalz
Höchste Erhebungen Erbeskopf 816 m, An den zwei Steinen 766 m, Steingerüttelkopf 757 m
Wichtigste Flüsse Rhein, Mosel, Nahe, Saar, Ruwer, Große und Kleine Dhron
Landschaftsformen Mittelgebirgslandschaft mit weiten, welligen Hochflächen, überragt von einzelnen Bergrücken aus harten Quarziten; ausgedehnte Waldgebiete im südlichen und südwestlichen Teil, kurze schluchtartige Bachtäler, Flachmoore und Blockhalden
Naturpark Naturpark Saar-Hunsrück
Information Fremdenverkehrsverband Rheinland-Pfalz, Postfach 1420, Löhrstr. 103–105, W-5400 Koblenz, ☏ 0261/31079; Fremdenverkehrsverein Rhein-Hunsrück, Ludwigstr. 4, W-6540 Simmern, ☏ 06761/7078; Hunsrückverein, Kreisverwaltung Birkenfeld, Schloßallee 11, W-6588 Birkenfeld, ☏ 06782/150; Nahe-Hunsrück-Touristik, Bahnhofstr. 31, W-6570 Kirn, ☏ 06752/2055; Mosel-Saar-Ruwer, Touristik-Information, Kreisverwaltung Trier-Saarburg, Mustorstr. 12, W-5500 Trier, ☏ 0651/715374

Grünlich dämmernder Urwald
»Die schnelle Nahe hatt' ich überschritten, Frühnebel lag noch auf der Flut, weiter kam ich auf einsamem Weg durch düsteren, grünlich dämmernden Urwald ... Waldeinsamkeit umfing mich ...« Der römische Dichter Decimus Magnus Ausonius war der erste, der in seinem Gedicht »Mosella« aus dem Jahr 371 n. Chr. die Landschaft des Hunsrücks beschrieben hat. Was den Dichter bereits vor über eineinhalb Jahrtausenden beeindruckte, ist bis heute weithin ein Merkmal der Region geblieben: die Waldeinsamkeit.
Abgesehen von der 400–500 m hohen Hochfläche aus Tonschiefern und Grauwacken, die von alters her landwirtschaftlich genutzt wird, bestimmen im südlichen und südwestlichen Hunsrück ausgedehnte Waldflächen das Landschaftsbild: der Soonwald, u. a. mit dem Koppenstein ❾, das Nahe-Bergland mit den »Kirner Dolomiten« ❺, der Lützelsoon mit dem Teufelsfels ❻ und der Idar- und Hochwald ⓯–㉑ bilden ein geschlossenes, siedlungsarmes Waldareal von fast 100 km Länge und durchschnittlich 12 km Breite. Hier streifte einst auch der »Jäger aus Kurpfalz« durch sein Revier – am Forsthaus Entenpfuhl im Soon soll es gelegen haben. Der dichte Waldgürtel bedeckt die von Nordost nach Südwest streichenden Kämme aus hartem, widerstandsfähigem Quarzit, die die 600–800 m hohen Bergzüge bilden.
Über Jahrhunderte war das Hunsrück-Hochwaldgebiet ein Zankapfel – umstrittenes Grenzland zwischen Deutschland und Frankreich. Es diente als natürlicher militärischer Schutzwall, aber auch als Aufmarschgebiet. Die Folge: Die Region blieb wirtschaftlich vernachlässigt und galt bis in unser Jahrhundert hinein als arm. Doch die Randlage bescherte dem Hunsrück auch einen Vorteil, den die Besucher heute besonders zu schätzen wissen: Er ist eine noch weitgehend intakte Naturlandschaft. Als Waldoase für Erholungsuchende und Wanderer befindet sich der Hunsrück gleichsam in der Mitte zwischen den dichtbesiedelten Ballungsräumen Westdeutschlands, Ostfrankreichs und Südbelgiens.

Landschaft der Stille
Glücklicherweise ist der Hunsrück bislang vom Massentourismus verschont geblieben. Er rangiert eher noch unter den touristischen Geheimtips für Naturfreunde. Vielleicht auch deshalb, weil Besucher, die auf »spektakuläre« Attraktionen hoffen, wahrscheinlich enttäuscht sein werden. Die Naturschönheiten der Region offenbaren sich nicht vordergründig. Doch wer hier in der Stille des Waldlandes Erholung sucht, der wird ganz sicher an den botanischen Raritäten, der reichen Tierwelt und der Schönheit von Tälern wie dem Trollbachtal ❶ oder dem Baybachtal ❿ sowie von Wäldern, Mooren und Bergwiesen seine Freude haben; oder man denke nur an die beeindruckenden Narzissenwiesen bei Damflos ⓲ und das beschauliche Moorgebiet am Rösterkopf ⓳.
Die aus dem Hunsrück stammende Schriftstellerin Wanda Icus-Rothe pries die Luft als »prickelnd wie Champagner« – eine Einschätzung, die Wissenschaftler, wenn auch in deutlich sachlicherer Sprache, bestätigen. So registriert etwa die Meßstelle Deuselbach am Erbeskopf im Hunsrück die reinste Luft Deutschlands. Selbst weitgereiste Menschen ließen sich von dem unaufdringlichen Zauber des Hunsrücks gefangennehmen: »Der Macht der Bilder in dieser bäuerlichen Landschaft hoch oben zwischen den Wäldern kann sich niemand entziehen«, urteilte etwa der deutsche Schriftsteller Alfons Paquet vor 60 Jahren – eine Einschätzung, die auch der heutige Besucher mühelos nachvollziehen kann.

Route 1 Östlicher Hunsrück

Reise in die Urzeit

❶ Trollbachtal
Das tief eingeschnittene Trollbachtal erstreckt sich von Burg Layen/Rümmelsheim bis nach Münster-Sarmsheim. Bis zu 15 m hohe Felsen ziehen sich als einzelne Türme oder Wände die linke Talseite hinauf. Sie sind Reste einer sehr alten Formation, des Rotliegenden. Die

braunrote Farbe des Gesteins charakterisiert den Namen sehr zutreffend. Ein Bach legte die harten Felspartien frei, die Verwitterung modellierte daraus die bizarren Formen. Da das Trollbachtal zu den trockensten und wärmsten Gebieten in Rheinland-Pfalz zählt, beherbergt es eine Reihe von botanischen Besonderheiten: Die steilen Sonnenhänge bieten trokkenheit- und wärmeliebenden Pflanzenarten Lebensraum. Eine Rarität ist die Grundblütige Segge, die hier im Mai 1934 erstmals entdeckt wurde. Diese unscheinbare Seggenart kommt in Deutschland außer im Trollbachtal nur noch am Idsteiner Klotz im südlichen Baden vor. Zahlreiche Gräser, der Blutrote Storchschnabel, die Astlose Graslilie, Küchenschelle und Salbei setzen an den Hängen farbliche Akzente. Wo es der Boden erlaubt, reifen Trauben, manchmal unterbrochen von Eichenmischwaldinseln. Mehrere Weinberge wurden inzwischen aufgelassen und damit dem natürlichen Bewuchs zurückgegeben.

Gegenüber dem Rotenfels: der Rheingrafenstein, prächtige Kulisse für das Kurhaus von Bad Münster am Stein.

2 Rotenfels

Der Rotenfels gehört zu den bedeutendsten Felswänden außerhalb der Alpen. 327 m hoch und fast 1000 m lang erhebt sich das stark zerklüftete Massiv senkrecht über der Nahe. Die steilen, im Abendlicht rot leuchtenden Rhyolithwände sind ein beliebtes, wenn auch nicht ungefährliches Kletterziel, da der Fels wenig fest ist und leicht zu scharfsplittrigem Schutt zerfällt. Vom Plateau aus, der Bastei, bietet sich eine unvergleichliche Aussicht: Jenseits der Nahe erheben sich pyramidenartig die mineralienreichen Zwillingsfelsnadeln des Rheingrafensteins (236 m), daneben liegt der Rhyolithstock der 322 m hohen Gans (s. a. S. 525). Rund 46 ha dieser Felslandschaft sind seit 1939 unter Naturschutz gestellt. Hier finden sich vor allem Pflanzen- und Tierarten, die Trockenheit und Wärme zum Leben benötigen. Zu den typischen Trockenrasenpflanzen des Rotenfels zählen etwa das Federgras, dessen Rispen wie kleine Girlanden an den Felsenklippen wehen, die Küchenschelle, der Pferdesesel und die seltene Zottige Wicke. Zwischen den sonnenerwärmten Felsen können auch zahlreiche Kräuter ihre intensiven Aromen entfalten. Ebenso reich ist die Tierwelt: Neben sehr vielen Schmetterlings- und Schreckenarten gibt es Mauereidechsen, Würfel- und Glattnattern und sogar

Das reich zerklüftete Massiv des Rotenfels – hier hinter dem Bad Münsterer Ortsteil Ebernburg – ist ein beliebtes Kletterziel.

die selten gewordene Zippammer. Vom Aussichtspunkt der Bastei kann man den atemberaubenden Flugkünsten der Turmfalken zusehen, die hier wieder einen Lebensraum gefunden haben. Eine Parkmöglichkeit befindet sich auf dem Berg am Gasthaus »Zur Bastei«, am besten zu erreichen von Norheim aus über Traisen. Der fast flache Weg zum Rotenfels ist dann ausgeschildert. Man erreicht diesen nach etwa 10 Minuten Gehzeit.

(3) Kellenbachtal

Entlang der B 421 von Simmertal nach Heinzenberg dokumentieren die Schieferfelsen des Kellenbach- oder Simmerbachtals die eindrucksvolle Erosionsleistung des Flüßchens, das hier ein tiefes Durchbruchstal zwischen dem Soonwald und dem Lützelsoon geschaffen hat. Steilhänge, Felsterrassen und Felszacken formen eine wildromantische, pittoreske Landschaft. Die Kräfte der Verwitterung haben bis heute den harten, splittrig brechenden Schiefer nicht abtragen können. Diese Felsenlandschaft beherbergt botanische Kostbarkeiten verschiedener pflanzengeographischer Herkunft, so etwa die 1,5 m hoch wachsende Mondviole, Eiszeitrelikte wie das Blaugras und den Traubensteinbrech sowie das zur Fruchtzeit sehr dekorative Federgras. Es ist hauptsächlich in den Steppenzonen Rußlands verbreitet und wächst hier isoliert an einem weit nach Westen vorgeschobenen Standort. Besonders farbenprächtig leuchten die Hänge im Mai/Juni, wenn die Blütenstände des Blutroten Storchschnabels mit dem Blau der Pfirsichblättrigen Glockenblume, dem gelben Ginster und dem leuchtendroten, stark duftenden Diptam kontrastieren. Verschiedene Parkmöglichkeiten gibt es entlang der B 421 sowie in Heinzenberg, am Schloß Dhaun oder in Simmertal.

Route 1
Östlicher Hunsrück

Schroffe, fast alpin anmutende Felslandschaften wie am Rotenfels (2) oder Koppenstein (9) sowie Fossilienfundstätten (8) und romantische Täler, etwa das Trollbachtal (1) oder das Baybachtal (10) bilden den Schwerpunkt dieser etwa 220 km langen Rundfahrt.

Streckenverlauf:
A 61 Ludwigshafen–Koblenz Ausfahrt Bingen, dann auf der B 50 nach Norden zur B 9, auf ihr bis Büdesheim, nun Richtung Westen bis Münster-Sarmsheim zum Trollbachtal (1); weiter auf der B 48 bis Bad Münster am Stein-Ebernburg, dort rechts ab nach Norheim und zum Rotenfels (2); zurück nach Norheim, weiter durch das Nahetal bis Simmertal, dort von der B 41 rechts zur B 421 ins Kellenbachtal (3) abbiegen; zurück zur B 41 bei Simmertal und der Nahe folgen, kurz vor Kirn links Abstecher zum Hellberg (4); in Kirn rechts ins Hahnenbachtal abbiegen, bis Hahnenbach, dort rechts nach Oberhausen zu den »Kirner Dolomiten« (5); von Hahnenbach weiter bis Rudolfshaus, dort rechts über Bruschied zum Teufelsfels (6); zurück nach Bruschied und über Schneppenbach bis zur Kreuzung bei Woppenroth, dort links zur Woppenrother Heide (7); weiter über Schlierschied zur Kaisergrube in Gemünden (8); von hier ist auch ein Abstecher zum Koppenstein (9) möglich; ab Gemünden weiter über Simmern nach Emmelshausen, dort links Abstecher nach Gondershausen und zum Baybachtal (10); von Emmelshausen auf der B 327 bis Buchholz und zur Ehrbachklamm (11); danach zurück nach Buchholz und entweder über die A 61 von der Anschlußstelle Boppard oder über die parallel zur A 61 verlaufende Landstraße über Rheinböllen nach Stromberg, dort zunächst rechts zu den Schlucklöchern des Dörrebachs (12) und die Straße zurück zum Stromberger Karst (13); von hier zur Auffahrt Stromberg der A 61 und zurück zur Anschlußstelle Bingen. Obwohl der Hunsrück in weiten Teilen noch nicht so stark überlaufen ist, findet man in vielen größeren und kleineren Orten gute Übernachtungsmöglichkeiten.

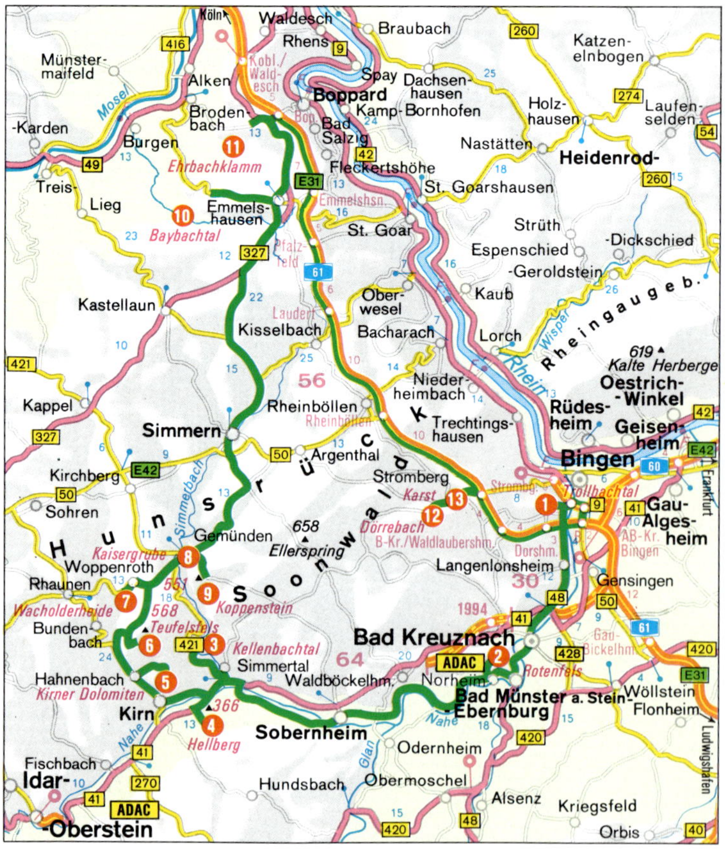

❹ Hellberg

Um das Vulkanmassiv des Hellbergs mit seiner vielgestaltigen Vegetation zu schützen, ist der gesamte, 366 m hohe »König der Naheberge« als 48 ha großes Naturschutzgebiet ausgewiesen. Eine Parkmöglichkeit besteht am Bowlingcenter in Meckenbach, zu erreichen über die B 41 Richtung Kirn, wenn man am Abzweig Meckenbach hinter dem Hellbergtunnel links abbiegt. Die Entstehung des Hellbergs geht auf das Erdaltertum zurück. Während des Oberrotliegenden drang an mehreren Schwächezonen in der Erdkruste glutflüssiges Magma an die Oberfläche und erstarrte zu harten Diabasen oder, wie am Hellberg, zu Melaphyr. Zwei unterschiedliche Pflanzengesellschaften besiedeln den Hellberg: Auf den Blockhalden aus Verwitterungsschutt an den Nordhängen der Melaphyrkuppe findet man während des Eiszeitalters eingewanderte Arten wie den Rheinischen Steinbrech und das Blaugras, das silbergraue Behaarte Zakkenmützenmoos, den Sponheimer Rasensteinbrech und den Traubensteinbrech. Dieser erreicht hier die Nordwestgrenze seines Verbreitungsgebiets. Alle diese Pflanzenarten kommen sonst nur im Hochgebirge vor. Ganz anders sieht es auf dem Gipfel und an den felsigen Südhängen des Hellbergs aus. Hier leben Pflanzen, die sich an Wärme und Trockenheit angepaßt haben, so etwa das Roßschweif-Federgras, die zarte blaue Skabiosen-Flockenblume oder die weiße Traubige Graslilie. Wo die Humusschicht es erlaubt, gedeihen Feldahorn, Traubeneiche und verschiedene Zwergsträucher. Die Tierwelt des Hellbergs ist dagegen bisher noch kaum erforscht. Käferspezialisten können indes auf zwei Besonderheiten stoßen: den Elfpunkt-Prachtkäfer und den Steineichenrüssler. Das Hauptverbreitungsgebiet beider Käfer liegt sonst in Südeuropa. Und noch eine Besonderheit: Von den bisher bekannten – oft wunderschönen – 300 Wanzenarten des Naheraums sind viele nur hier zu finden, so etwa die wärmeliebende Streifenwanze und die Rote Mordwanze.

Der Simmerbach, im Unterlauf auch Kellenbach genannt, ist der größte Zufluß der Nahe aus dem Norden. Das Kellenbachtal – hier bei Gehlweiler – gilt als eines der schönsten Seitentäler der Nahe.

❺ »Kirner Dolomiten«

Gleich oberhalb Kirns erheben sich die »Kirner Dolomiten« des Kyr- oder Hahnenbachtals. Da sie bereits auf der Oberhausener Gemarkung liegen, heißen sie auch Oberhauser Felsen oder Kallenfelsen. Sie sind am besten

Oberhalb von Kirn erheben sich die imposanten Kallenfelsen, die auch als »Kirner Dolomiten« bekannt sind. Mit ihren schroffen Zacken und Graten sind sie ein anspruchsvolles und vielbesuchtes Klettergebiet.

Zum eigentümlichen Teufelsfels, dem Rest eines größeren Massivs, führt ein nicht sehr steiler Weg hinauf.

von Oberhausen aus zu erreichen. Eine Parkmöglichkeit besteht am ausgeschilderten Sportplatz. Von hier geht es zunächst auf einem gut erkennbaren Weg 20 m geradeaus, dann links hoch in den Wald. Der nicht sehr steile Pfad führt durch einen Mischwald direkt zu den »Dolomiten« (Gesamtwegdauer ca. 5 Minuten). Die Felsen erheben sich in einem dreifachen, kühnen Bogen mit schroffen Zacken und Graten oberhalb des Talhangs, den zusätzlich drei Burgruinen schmücken. Die weniger widerstandsfähigen Mantelgesteine hat die Erosion bereits abgetragen, so daß der Quarzit heute als imposanter Härtlingszug die Talhänge überragt.

6 Teufelsfels

Auf den Spuren des legendären Schinderhannes wandert der Besucher am Berg der Versuchung, dem Teufelsfels, der sich mit einer Höhe von 568 m über den Schneppenbacher Forst erhebt. In diesem Wald hatte der Räuberhauptmann zumindest zeitweilig sein Hauptquartier aufgeschlagen, und ganz in der Nähe, in der kleinen Ortschaft Schneppenbach, wurde er 1803 gefangengenommen. Der Name des Berges rührt indes von einem anderen »Herrn« her: Zu diesem Fels – so geht die Sage – soll einstmals der bocksfüßige Versucher den Herrgott geführt haben, um ihm das zu Füßen liegende Land als Eigentum anzubieten. Der heutige Besucher kann beim Blick vom Teufelsfels – und noch besser vom 16 m hohen Aussichtsturm direkt auf dem Fels – nachfühlen, wie schwer es damals gewesen sein mag, der teuflischen Versuchung zu widerstehen. Ist die Sicht klar, so lassen sich von hier oben 42 Ortschaften ausmachen. Der Blick nach Südosten schweift über das kuppenbesetzte Hügelland der Nahe, im Westen erstrecken sich die welligen Hunsrück-Hochflächen und der baumbestandene Kamm des Idarwaldes. Der Teufelsfels ist das imposanteste erdgeschichtliche Naturdenkmal des ganzen Soon. Dabei ist der steilwandige, fast quaderförmige Quarzithärtling nur der stehengebliebene Rest eines in der Vorzeit viel größeren Felsmassivs. Parkmöglichkeit besteht an einem Schießstand, etwa 400 m vor Hennweiler, zu erreichen über Rudolfshaus und Bruschied. Von dort führt ein markierter, 1,5 km langer, nicht sehr steiler Waldpfad zum Gipfel.

7 Wacholderheide von Woppenroth

Links der Straße von Woppenroth nach Rhaunen – etwa 500 m nach dem Ortsausgang – weist ein Schild auf das Naturschutzgebiet Wacholderheide hin. Mit dem Auto erreicht man das Gebiet auf einem Fahrweg nach 300 m. Dort befindet sich an einer Schutzhütte mit Grillplatz auch eine Parkmöglichkeit. Für Wanderungen gibt es keine Wegmarkierungen (Wanderkarte!). Die Woppenrother Wacholderheide gilt als Relikt einer trockeneren Klimaperiode der Nacheiszeit und ist Rest einer Steppenflora, die einstmals große Teile des Hunsrücks überzog, dann aber

Die Wacholderheide von Woppenroth: Bäume und Büsche drohen diese im Hunsrück sehr selten gewordene empfindliche Vegetationsform zu verdrängen.

zunehmend Ackerflächen und Fichtenschonungen weichen mußte. Bei Woppenroth wachsen noch stattliche Wacholderbüsche und Trockenrasenpflanzen, auch wenn sich die empfindliche Wacholdervegetation bereits vehement gegen die Sträucher und Baumsämlinge aus dem benachbarten Wald zur Wehr setzen muß. Im Sommer lohnt ein Besuch dieser im Hunsrück inzwischen selten gewordenen Vegetationsform besonders: Dann blühen hier die Heckenrosen verschwenderisch üppig und bilden einen lebhaften Kontrast zum Dunkelgrün des Wacholders.

8 Kaisergrube von Gemünden

Gemünden genießt unter Paläontologen einen ähnlichen Ruf wie Troja unter den Archäologen. Keine nennenswerte Sammlung auf der Welt mit Versteinerungen aus dem Erdaltertum kommt ohne ein Fundstück dieses Gebiets aus, das den Küstenrand des Devonmeers bildete. Bei tropischfeuchtem Klima lagerten sich damals – vor rund 400 Millionen Jahren – mächtige Ton- und Sandschichten ab, in denen die Meereslebewesen in versteinerter Form Jahrmillionen überdauern konnten. Die paläontologische »Karriere« Gemündens hängt indes noch mit zwei weiteren Begebenheiten zusammen: Zum einen baute man in der dortigen Kaisergrube bis zu Beginn dieses Jahrhunderts Schiefer für Dachpfannen ab. Und der Gemündener Gastwirt Lorenz interessierte sich damals weniger für den Bierumsatz in seiner Schenke als für die fossilienverdächtigen Schieferplatten, die er den Bergleuten, den Schieferbrechern und -spaltern »für'n Bier und'n Korn« (und für ein paar Mark) abhandelte. So entwickelte sich der Gastronom zum »Schliemann der Paläontologie«. Mehrere hundert verschiedene Lebewesen der Devonzeit sind heute bekannt, einen Großteil von ihnen verdankt man der Fundstätte von Gemünden. Zu besonderer Berühmtheit hat es dabei der »Panzerfisch von Gemünden« gebracht. Seit 1957 durchleuchtet Professor Wilhelm Stürmer von der Universität Erlangen die Schiefer der Gemündener Abraumhalden mit Röntgenstrahlen, um so bisher unentdeckte Fossilien aufzuspüren. Eine solche Aufnahme zeigt z. B. nicht nur das Facettenauge eines Trilobiten oder Dreilappkrebses – auf dem Röntgenbild sind sogar die Sehnervstränge sichtbar. Die Kaisergrube (im Ort ausgeschildert) und ein kleines Privatmuseum mit Fossilien können besichtigt werden (geöffnet von April bis Okt. 9–18 Uhr tägl. außer Mo; Auskunft: ☎ 06765/1220 oder 06104/3052). In der nahe gelegenen Schiefergrube »Herrenberg« bei Bundenbach können Besucher selbst nach Fossilien suchen (geöffnet April–Okt. tägl. 10–13, 14–17 Uhr; Führungen ab sechs Erwachsene, große Gruppen mit Voranmeldung, Auskunft: ☎ 06544/589). Für 12 DM erhält man eine Schubkarrenladung Schieferplatten. Werkzeug ist für 3 DM zu leihen. Der Weg zur Grube ist in Bundenbach ausgeschildert (Hammer und Schlegel).

Der unscheinbare Eingang zu einer weltbekannten Fundstätte: die Kaisergrube in Gemünden.

Im Zeitraffertempo durch die Erdgeschichte

Auf nur 4 km Länge bietet der Geologische Lehrpfad in Gemünden (bei 8) auf 35 Stationen eine wissenschaftlich fundierte Einführung in die Geologie, Mineralogie und den Bergbau des Hunsrücks. Die Gesteine, die an den einzelnen Stationen präsentiert werden, sind in chronologischer Reihenfolge aufgestellt. Der Spaziergang auf dem Lehrpfad ermöglicht daher eine Reise im Zeitraffertempo durch die Erdgeschichte dieser Region. Sie beginnt mit den ältesten Gesteinen der Erdurzeit und endet bei den sehr jungen, »nur« etwa 20 Millionen Jahre alten Gesteinen. Auf dem Pfad begegnet man etwa den Gneisen von Wartenstein, den fossilienreichen Schiefergesteinen von Bacharach, Bundenbach und Gemünden, dem Korallenkalk und den Erzen von Stromberg und den mit versteinerten Austern versetzten »Strandsanden« von Eckelsheim.

Erdgeschichte zum Anfassen und Begreifen: Auf dem Geologischen Lehrpfad in Gemünden erhält der Besucher Einblicke in die Paläontologie.

Das – noch nicht einmal gar so alte – Wasserrad bei der Schmausenmühle im Baybachtal erinnert an Arbeitsmethoden vergangener Zeiten.

⑨ Koppenstein

Ein Quarzitsattel und ein markanter, 16 m hoher Bergfried sind die weithin sichtbaren Merkmale der 551 m hohen Koppensteiner Höhe. Der Gipfel läßt sich in 15 Minuten vom Wanderparkplatz »Koppenstein« an der Straße Gemünden–Henau erreichen. Dieser Quarzithärtling ist der Rest eines längst abgetragenen Gebirges. Mit etwas Phantasie läßt sich erkennen, daß nur noch die Hälfte des Sattels, und zwar der Südostschenkel, vorhanden ist. Die zweite Hälfte, der Nordwestschenkel, fehlt. Er ist im Karbon abgerissen und in der Tiefe versunken. Die Umbiegung des Sattels in den ehemaligen Nordwestschenkel ist jedoch noch deutlich zu sehen. Die Faltung der harten Gesteinsbänke läßt auf einen gewaltigen Druck schließen, der an dieser Stelle geherrscht haben muß. Die Tatsache, daß der Nordwestschenkel abgerissen ist, zeigt, daß hier neben horizontalen Spannungen auch vertikal ausgerichtete Kräfte am Werk waren. Einer der mächtigen Gipfelquarzite, aus denen der Bergfried am Koppenstein herauszuwachsen scheint, sieht aus wie ein Wackelstein, der jeden Augenblick seinen Halt verlieren könnte. Im Inneren des Bergfrieds führt eine Eisentreppe empor zur Aussichtsplattform. Von hier entlohnt ein überwältigender Panoramablick, insbesondere auf die sich weit ausdehnende Simmerner Mulde im Nordwesten, für die Mühe des Aufstiegs.

⑩ Baybachtal

Bis heute ist das Baybachtal das romantischste und ursprünglichste aller Hunsrücktäler. Im Oberlauf ist es bei weitem nicht so zerklüftet wie in seinen tieferen Lagen. Der Bach verläuft hier vielmehr durch ein sanftes Tal mit einzelnstehenden Mühlen und Gehöften. Wer es von Reifenthal an der B 327 bis zur Mosel nach Burgen gänzlich durchwandern möchte, benötigt einen ganzen Tag. Wer weniger Zeit oder Kondition mitbringt, sollte sich auf den besonders schönen mittleren Talabschnitt zwischen der Burgruine Waldeck und der Schmausenmühle konzentrieren. Die bewirtschaftete Mühle (Di Ruhetag) ist von Gondershausen (Weg ausgeschildert) aus leicht zu erreichen. Für die Wanderung mit mittlerem Schwierigkeitsgrad benötigt man ca. 2 Stunden auf ausgeschildertem und markiertem Weg (wechselnde Zeichen, Wanderkarte!). Ganz in der Nähe

Das anmutige obere Baybachtal mit seinen sanft geschwungenen Geländeformen kontrastiert stark mit dem wildromantisch-zerklüfteten Unterlauf des Baches.

befinden sich die 70 m hohe Barataley, die Rabenley und eine steil abfallende Engstelle, das »Schiffchen«. Der Wanderweg, der an einem Schieferstollen vorbeiführt, in dem sich Fledermauskolonien niedergelassen haben, ist häufig nur so schmal wie ein Felsen- und Klettersteig. Im »Bierkessel« schäumt das Wasser des Baybachs weiß auf. Maiglöckchen bedecken im Frühjahr oft den ganzen Talhang. Die in den sechziger Jahren für ihre Folklorefestivals berühmte Ruine Waldeck erreicht man von Dorweiler aus auch mit dem Auto. Ein vom Ort an ausgeschilderter Fahrweg führt bis kurz vor die Burgruine hinauf. Von dort sind es noch 2–3 Minuten Fußweg.

11 Ehrbachklamm

Zwischen der Eckmühle und der Ruine Schöneck, unterhalb der einsamen Ruine Rauschenburg, liegt die Ehrbachklamm, ein wildromantischer Bachtobel, der erahnen läßt, welche Kräfte den Hunsrück geformt haben. Die Ehrbachklamm ist mit ihren Wasserfällen und Strudellöchern, den bizarren Felsenpartien und -klippen eine der schönsten Landschaften der ganzen Region. Das enge Tal bietet sich als eine von dunklen Schieferfelsen, rauschendem Wasser und ursprünglicher Vegetation geprägte Kulisse der Einsamkeit und Unberührtheit dar. Der schmale Pfad wurde teilweise aus den Felsen gesprengt. Mehrere Holzbrücken und Treppen erleichtern das Vorwärtskommen.

Mächtige Felsen und ein Bergfried prägen den Gipfel des Koppensteins.

Einer der reizvollsten Wanderwege des Hunsrücks, der an manchen Stellen aus dem Fels gesprengt werden mußte, führt durch die faszinierende Ehrbachklamm.

Wölfe, die oft dämonisierten Stammväter unserer Haushunde, leben im Hochwildschutzpark bei Rheinböllen.

Tieren auf der Spur

In Rheinböllen (zwischen 11 und 12) lohnt sich ein Besuch des Hochwildschutzparks Hunsrück, eines fast 100 ha großen Freigeheges, in dem neben Wölfen, Luchsen und Braunbären auch Bisons, Wisente, Rot- und Damwild, Wildschweine und Mufflons leben. Der Park erstreckt sich rund um den Volkenbacher Weiher und ist ganzjährig geöffnet (Kassenzeiten: März – Okt. tägl. 9–18 Uhr). Von Rheinböllen aus lohnt sich auch eine – allerdings schweißtreibende – Wanderung auf das südlich gelegene Hochsteinchen (648 m) im Soonwald oder ein Abstecher ins östlich gelegene Blücher- und Steeger Tal. Von dort hat man eine schöne Aussicht auf Bacharach und den Rhein mit seinen Weinbergen.

Das ganze, etwa 17 km lange Tal läßt sich in 4–5 Stunden von Buchholz bis Brodenbach an der Mosel bequem durchwandern (Wanderparkplatz in Buchholz gegenüber dem Bahnhof, ab hier mit »E« ausgeschildert). Dabei erreicht man unterhalb der imposanten Ehrenburg einen Sattel. In den Schiefern, die von links bis an den Talweg heranreichen, kann man mit einigem Glück Abdrücke devonischer Fossilien (Brachiopoden und Muscheln) finden.

⓬ Dörrebach

An der Brücke zum Gasthaus »Weinbergerhof«, kurz vor dem Dörfchen Dörrebach, versickert plötzlich auf einer kurzen Strecke von 30–35 m der Lehnbach, der ab hier Dörrebach heißt. Die Versickerungsstelle liegt auf einer Wiese unterhalb der Brücke. Das Wasser des Baches wird von mehreren Löchern, sogenannten Ponoren, gewissermaßen verschluckt – ein für den Hunsrück einmaliger Vorgang, der nur mit den geologischen Verhältnissen im Stromberger Karst ⓭ zu erklären ist. Die erste, kräftigere Bachschwinde befindet sich unter einem schweren, abgeschliffenen Natursteinblock, gleich unter dem Brückenbogen. Die stärkste Versickerungsstelle liegt etwa 50 m unterhalb der Brücke bei der Gabelung der L 250 und der L 242, ganz in der Nähe des »Weinbergerhofs«. Manchmal kann man an den beiden Stellen sogar das schlürfende Geräusch des absinkenden Wassers deutlich hören. Von hier ab ist das Bachbett, vor allem in regenarmen Sommern, buchstäblich ausgedörrt, so daß an der Oberfläche nichts mehr an den Wasserlauf erinnert. Der Bach verläuft dann unterirdisch weiter.
Etwa 4 km weiter östlich liegen in Stromberg zwei Karstquellen, etwa 100 m oberhalb der eigentlichen, meist aber trockenen Dörrebachmündung. Die Quellen findet man am Ortsausgang von Stromberg Richtung Simmern gegenüber einem kleinen Parkplatz. 3 m unterhalb der Straße liegt dann der sogenannte Warme Brunnen (nicht beschildert). Das Wasser, das hier aus dem Mauerwerk am rechten Ufer des Guldenbachs austritt, könnte aus dem unterirdisch verlaufenden Dörrebach stammen. Allerdings ist es bis heute noch nicht gelungen, dies durch Färbeversuche nachzuweisen. Seltsam ist dabei auch die Tatsache, daß das Wasser der stärkeren Karstquelle – des »Kalten Stegs« – das ganze Jahr über eine Temperatur von nur etwa 5 °C aufweist, während das Wasser der anderen, gut 20 Schritt entfernten, wesentlich schwächeren Quelle – des

Urwaldartig mutet hier das Lehnbachtal an – gar nicht weit von der Stelle, wo der Wasserlauf im Karstuntergrund versickert. Dort ändert er auch seinen Namen: Aus dem Lehnbach wird der Dörrebach.

»Kinderquells« oder »Warmbrunnens« – eine gleichmäßige Temperatur von 17 °C hat und zudem weicher, also kalkärmer ist.

⓭ Stromberger Karst

Die »Stromberger Kalklinse« am Zusammenfluß von Gulden-, Dörre- und Welschbach ist vor allem geologisch interessant. Seit 1925 nennt man sie »Stromberger Karst«, weil hier Wasserläufe versickern und unterirdisch weiterfließen. Es gibt sogar, ähnlich wie im jugoslawischen Karst, einige kleine Höhlen im Gestein. Hier lebten der Sage nach die Stromberger Zwerge, die in den Höhlen einst nach Gold gegraben haben sollen (Gollenfels = Goldfels, Guldenbach = Goldbach). Dennoch wäre die Goldsuche hier vergeblich, aber vielleicht trösten hübsche Quarzkristalldrusen und farbig marmorierte Kalkstücke aus Stromberg darüber hinweg. Der gewöhnlich graublaue, bisweilen auch grauschwarz bis gelblichblau gefärbte Kalk von Stromberg gehört dem Mitteldevon an. Er ist also geologisch jünger als der Taunusquarzit und der Hunsrückschiefer, die beide durch die ungeheueren Kräfte, insbesondere Druck und Temperatur, der Variskischen Gebirgsbildung und Faltung im Unterdevon entstanden sind. Korallen des warmen Devonmeers, das vor 380 Millionen Jahren große Teile des heutigen Hunsrücks bedeckte, haben die Kalklinse gebildet. Neben den Korallen haben Stringocephalen (Eulenköpfe), eine Gattung der Brachiopoden, zur Kalkbildung beigetragen. Daher nennt man den Stromberger Kalk auch Stringocephalen-Kalk. Doch die Kalkschalen der Armfüßer lösten sich vollständig auf. Gut erhaltene Versteinerungen der vorzeitlichen Meeresbewohner sind deswegen leider recht selten. Stellenweise durchziehen weiße und gelbe Kalkspatadern das Gestein. Wegen seines marmorierten Aussehens wurde es früher auch als »Stromberger Marmor« verwendet. Daneben enthält es Quarzgänge mit prächtigen Quarzkristalldrusen. Diese Drusen finden sich überall in Stromberg, und zwar in den Gärten als Beeteinfassung. Reste der Höhlen sind heute nur noch teilweise vorhanden. Da sie sich inzwischen auf dem Gelände eines Kalkwerks (ausgeschildert) befinden, sind sie nur von außen einzusehen (nähere Auskünfte an der Pforte). Auf den Kalkböden des Stromberger Karsts gedeihen vor allem Trockengräser sowie Kartäusernelke und Hauhechel. An den Blütenpflanzen erfreuen sich zahlreiche Schmetterlinge, so etwa verschiedene Bläulingsarten, sowie der Admiral, der Trauermantel und der seltene Schwalbenschwanz.

Wo Bonner Diplomaten ihre Böcke schießen

Der etwa 25 000 ha große Soonwald, zwischen Gulden- und Simmerbach (zwischen ❾ und ⓭) gelegen, ist heute nach dem Pfälzer Wald das größte zusammenhängende Waldgebiet Westdeutschlands und ein Dorado für Rotwild. Die relative Nähe zu Bonn ließ den Soonwald deshalb zum bevorzugten Jagdrevier diplomatischer Gäste aus aller Welt werden. Bereits in der Vergangenheit machte der Wald als Jagdgebiet Furore. Hier war der sagenhafte »Wilde Jäger« ebenso zu Hause wie der »Jäger aus Kurpfalz«. Im frühen 19. Jh. fand schließlich auch der Hunsrücker »Nationalheld« und Räuberhauptmann Schinderhannes im Soonwald Unterschlupf. Das siedlungsarme Waldgebiet beherbergt bis heute die sonst selten gewordene Wildkatze. Doch man benötigt eine gehörige Portion Glück, um diese scheuen Tiere zu entdecken. Wölfen allerdings, die vor gar nicht allzu langer Zeit ebenfalls den Soonwald durchstreiften, wird man nicht mehr begegnen. An der »Wolfseiche« brachte 1852 ein Jäger den letzten Soonwald-Wolf zur Strecke.

Eine offene Wunde in der Landschaft: Im aufgelassenen Kalksteinbruch bei Stromberg tritt an den Steilwänden ein Stück Erdaltertum plastisch vor Augen. In den nahe gelegenen Karsthöhlen haben der Sage nach Zwerge nach Gold geschürft.

Das seltene Brillenschötchen wächst auf dem steinigen Untergrund der »Gefallenen Felsen« im Nahetal.

Ein Besuch im historischen Kupferbergwerk
In Fischbach (bei (14)) am Ausgang des idyllischen Fischbachtals bietet sich das historische Kupferbergwerk »Hosenberg« zu einem Besuch an. Es gilt als die einzige original aus dem Mittelalter stammende Kupfermine Deutschlands und war bis 1792 in Betrieb. Der Kupferabbau dort wurde urkundlich 1472 zum ersten Mal erwähnt. Doch wahrscheinlich hat man bereits in keltischer Zeit Kupfererze an der Nahe abgebaut. Die Qualität des Fischbacher Kupfers wurde der des berühmten schwedischen Kupfers aus Falun gleichgesetzt. Besucher können die etwa 10 km langen Stollen und Schächte des Schaubergwerks besichtigen (geöffnet 1. März bis 15. Nov. tägl. 10–17, sonst nur Sa und So 10–17 Uhr; Führungen: ☎ 067 84/3 04 oder 5 15).

Route 2 Westlicher Hunsrück

Narzissen, Wildkatzen und Achate

(14) »Gefallene Felsen« von Idar-Oberstein

Bei einer Art von geologischem Betriebsunfall vor 12 000 Jahren sind die »Gefallenen Felsen« von Idar-Oberstein entstanden. An der B 41 nach Kirn lehnen die Felsplatten und Gesteinsbrocken von der Größe eines mehrstöckigen Hauses am Ortsende der Edelstein-Doppelstadt direkt am Ufer der Nahe. Der Nahe verdanken die Felsen auch ihre Entstehung. Der Fluß hatte nämlich den einstigen Prallhang so weit unterspült, daß das bereits stark zerklüftete Konglomeratgestein teilweise den Halt verlor und einzelne Felsen ins Flußbett abrutschten. Ungewöhnlich wie die Gesteinszusammensetzung selbst ist die in den Spalten und Rissen angesiedelte Flora: Als besondere Seltenheit findet man hier neben Trockenrasen das Felsenfingerkraut – eine Pflanze, die sonst vor allem im Mittelmeerraum beheimatet ist. Das leuchtendgelbe Brillenschötchen hat dagegen an der Nahe seinen Verbreitungsschwerpunkt. Der seltene, ebenfalls gelb blühende Bleiche Schöterich ist in ganz Rheinland-Pfalz nur hier anzutreffen und erreicht im Nahetal die Westgrenze seines Verbreitungsgebiets. Tiefgründigere Bodenschichten und Schattenhänge tragen Ahornarten und Hainbuchen. Parkmöglichkeiten, um zum Fuß der Felsen zu gelangen: an der ersten Ampel nach der Nahe-Überbauung in Oberstein rechts ab. Beim Neuen Schloß in Idar-Oberstein beginnen in Richtung Nahbollenbach mehrere gut ausgeschilderte Wanderwege durch das Waldgebiet zu den »Gefallenen Felsen«.
Der Straßentunnel der B 41 durch die Felsen befindet sich gerade im Bau, eine Beeinträchtigung der Naturschönheit, die allerdings den Bewohnern Idar-Obersteins zugute kommt.

(15) Rosselhalde

Dort, wo das Idarbachtal oberhalb von Kirschweiler einen Quarzitzug – den Wildenburger Rücken – durchschneidet, liegt der Kempfelder Ortsteil Katzenloch. Auf der nördlichen Talflanke vor der kleinen Ortschaft befinden sich ausgedehnte Quarzitblockmeere, die auch Rosseln genannt werden. Sie sind ein Beispiel für die mechanische Verwitterung, insbesondere infolge der Frostsprengung während der Eiszeiten. Wasser und

Route 2
Westlicher Hunsrück
»Edelsteinen« geologischer, botanischer und zoologischer Natur kann man auf dieser ca. 110 km langen Rundfahrt durch den Naturpark Saar-Hunsrück begegnen. Sie führt z.B. zu dem Blockmeer der Rosselhalde (15), an den beeindruckenden Narzissenwiesen bei Damflos (18) vorbei zu einem der letzten Moorgebiete am Rösterkopf (19) und zur Wildenburg (20).
Streckenverlauf:
Die Rundfahrt beginnt in Idar-Oberstein mit den »Gefallenen Felsen« (14); auf der B 422, der Deutschen Edelsteinstraße, fährt man dann nordwestlich bis Katzenloch zur Rosselhalde (15); in Katzenloch rechts ab nach Sensweiler zum Steinbach-Stausee (16); zurück zur B 422 nach Allenbach und auf der Bundesstraße westwärts bis zum Erbeskopf (17); an der Kreuzung mit der B 327, der Hunsrück-Höhenstraße, links abbiegen, über Malborn nach Thiergarten, dort links nach Damflos zu den Narzissenwiesen (18); zurück nach Thiergarten und auf der B 327 bis zum Abzweig der B 407, dieser folgen, bis es rechts nach Reinsfeld geht, von dort weiter zum Moorbirkenbruch am Rösterkopf (19); zurück nach Reinsfeld, erneut auf die B 407 und über Höfchen und Abtei zur B 327, der man nördlich nach Morbach folgt, im Ort rechts nach Kempfeld abbiegen und von dort zur Wildenburg (20) und zur nahe gelegenen Mörschieder Burr (21); den Ausgangspunkt Idar-Oberstein erreicht man entweder von Mörschied über Herborn oder über Kempfeld und Katzenloch durch das romantische Idarbachtal.
Der Hunsrück bietet in vielen kleinen und größeren Orten gutbürgerliche und teilweise sehr preiswerte Einkehr- und Übernachtungsmöglichkeiten.

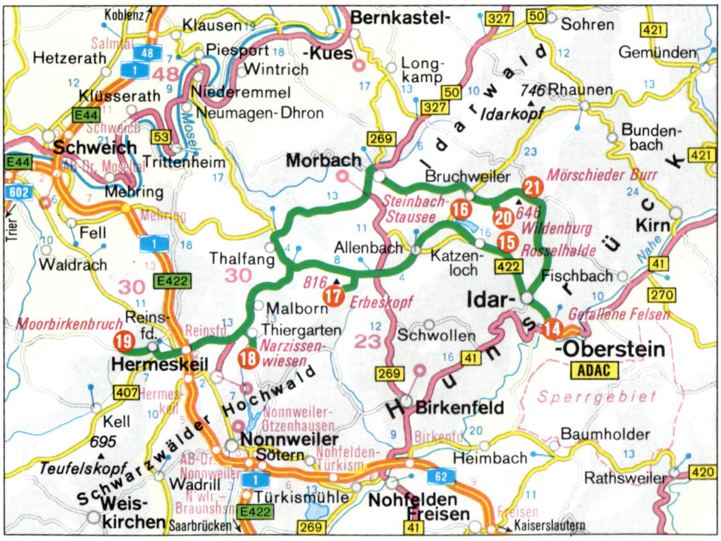

Erde versickern zwischen den scharfkantig zerfallenen Quarzitblöcken, so daß eine Vegetation sich nur schwer ansiedeln kann. Noch immer arbeiten die Erosions- und Verwitterungskräfte. Vor allem am Ende des Winters bezeugen eigentümliche helle Töne oft das langsame Hangrutschen der Blöcke. Das größte Blockmeer ist die bereits 1936 unter Naturschutz gestellte rund 52 ha große Rosselhalde, die sich von der linken Talsohle des Idarbach-Durchbruchs bis auf 527 m Höhe hinaufzieht. Hier ist der Standort der Karpatenbirke, die die Halde seit der jüngsten Eiszeit besiedelt. Die im Hochgebirge beheimatete Birkenart hat auf der Rosselhalde einen ihrer wenigen Standorte halten können. Besonders reizvoll ergänzen alte Eichen und Buchen diese Steinwildnis. Zwischen den Felsblöcken stehen auch noch umgestürzte, halb vermoderte und bemooste Baumveteranen. Die Rosselhalde ist übrigens auch ein Revier der scheuen Wildkatze. Man erreicht das Naturschutzgebiet auf einem geschotterten Weg, der kurz nach der Abzweigung der Idartalstraße in Katzenloch rechts in den Wald führt. Dort besteht auch eine Parkmöglichkeit. Nach 200 m ist der Fuß der Rosselhalde erreicht.

Im Geologischen Freimuseum von Sensweiler zu finden: Rhyolith, ein ungemein hartes vulkanisches Gestein.

16 Steinbach-Stausee

Die Steinbach-Talsperre bei Sensweiler ist das Trinkwasserreservoir für Idar-Oberstein. 5 Millionen m^3 Trinkwasser sind hier zu normalen Zeiten gespeichert. Auf einem etwa 6 km langen Rundwanderweg kann der Besucher diesen künstlich angelegten, dennoch idyllischen See umwandern. Parkmöglichkeiten befinden sich direkt am Ufer. Besondere Attraktion des kleinen Ortes Sensweiler ist indes das Geologische Freimuseum, ein Lehrpfad (Eintritt frei, ganzjährig geöffnet), auf dem man die Gesteinsarten der Gegend kennenlernen kann. Es liegt im Waldstück Krahloch und ist von Sensweiler ausgeschildert. Für den Besuch sollte man etwa 1 Stunde Zeit veranschlagen. Parken kann man direkt am Weg vor dem Eingang zum Lehrpfad.

Blütenlos, aber voller Farben: die Farnbedeckung lichter Bodenstellen auf dem Erbeskopf.

17 Erbeskopf

Mit 816 m ist der Erbeskopf die höchste Erhebung des Hunsrücks. Im Winter – sofern Schnee liegt – spielt sich hier auf mehreren Pisten und Rodelbahnen das lokale Wintersportgeschehen ab. Doch auch zu jeder anderen Jahreszeit lohnt ein Besuch, besonders bei guter Fernsicht. Ein Aussichtsturm bietet einen herrlichen Ausblick auf das Moseltal und die Landschaft des Hunsrücks mit den beiden parallelen Höhenzügen des

Manch einer mag das Badeverbot vielleicht bedauern – der Tier- und Pflanzenwelt im und um den Steinbach-Stausee kommt es aber sehr zugute. Der Wasserspiegel der über 1,5 km langen, von Schilfgürteln gerahmten Talsperre liegt 465 m hoch.

Der Waldstorchschnabel schätzt die feuchten Wiesen an den Hängen von Mosel, Saar und Ruwer.

Wo der Lochschlund blüht
Neben den hübschen Narzissenwiesen ⑱ bietet der südwestliche und westliche Hunsrück (bei ⑲) noch mehr botanische Leckerbissen. An den Flußhängen von Mosel, Saar und Ruwer finden sich viele wärmeliebende Pflanzenarten, die ihr Hauptverbreitungsgebiet im Mittelmeerraum haben. Eine der interessantesten dieser Raritäten ist der Lochschlund, ein hellvioletter Rachenblütler. Die kleinblütige und unauffällige Pflanze ist auf schieferhaltigen Halden und an sonnigen Wegböschungen anzutreffen. Neben den zahlreichen kleinen Quellmooren gehören die Magerwiesen zu den wertvollsten Landschaftselementen dieses Raumes. Hier wächst neben Arnika, der Gelben Narzisse oder der Bärwurz auch die Mondraute. Dort wo die nährstoffarmen Wiesen zugleich naß sind, kann man den Fieberklee und das Blutauge, den Waldstorchschnabel und den Bergfrauenmantel finden.

Die »Weißen Wacken« im Hunsrück
Quarz und Quarzit gibt es im westlichen Hunsrück häufig. Die Quarze heißen wegen ihrer hellen Färbung »Weiße Wacken« und sind zumeist mit Blei-, Zink- oder Kupfererzen durchzogen. Entstanden sind diese Gesteinsarten während der Gebirgsbildung, als in Spalten heiße Minerallösungen aus der Tiefe aufstiegen und nach dem Erkalten Quarzgänge bildeten. Durch die Verwitterung und Abtragung wurden die Gänge als Mauern und Türme, Klippen und Blöcke aus dem weicheren Schiefer herauspräpariert. Wacken findet man über den tief eingekerbten Tälern der Großen und der Kleinen Dhron, etwa im »Singenden Tal« von Dhronecken (zwischen ⑰ und ⑱). Besonders pittoresk sind die Quarzitbildungen der Berger und der Prosterather Wacken nördlich von Morbach (bei ⑳). Zusätzlich von einer Burgruine gekrönt sind die Hunolsteiner Wacken westlich von Morbach. Auf dem mächtigen Quarzithärtling erheben sich die Reste einer Burg, die die Ritter von Hagen zu Hunolstein im 12. Jh. erbauen ließen.

Schwarzwälder und des Osburger Hochwaldes. Man erreicht den Erbeskopf auf der Straße, die ca. 2 km nach Überquerung der B 269 links von der B 422 abzweigt. Nach wenigen hundert Metern erreicht man den Parkplatz am Sandkopf. Mit einer Fläche für 2000 Fahrzeuge (mit Grillplatz) vermittelt er einen Eindruck von dem Ansturm, den das Gebiet besonders im Winter bewältigen muß. Vom Parkplatz führt ein mit »14« markierter Weg zum Aussichtsturm auf dem Erbeskopf (hin und zurück ca. 15 Minuten).

⑱ Narzissenwiesen

Die Narzissenblüte im westlichen Hunsrück ist ein besonders schönes Erlebnis, das die Natur dem Besucher im Frühling bereitet. Besonders gut läßt sich das Naturschauspiel auf einigen Wiesen zwischen den Orten Thiergarten und Damflos nordöstlich von Hermeskeil beobachten. Ende April/Anfang Mai zieren hier Tausende von Gelben Narzissen die weiten Wiesen. Wahrscheinlich sind diese nur 15 cm hohen Frühlingsboten von Frankreich her in den Hunsrück eingewandert. Noch vor zwei Jahrzehnten wuchsen hier zahlreiche weitere Bergwiesenblumen, mehr als 45 Arten sind nachgewiesen. Sie fielen der intensiven landwirtschaftlichen Nutzung und Düngung zum Opfer. Auch die Bestände der Narzissen sind inzwischen bedroht.
Man erreicht die Narzissenwiesen auf einer Umgehungsstraße von Thiergarten nach Damflos. An der Brücke über die Prims stellt man den Wagen ab und folgt der Straße zu Fuß. Zur rechten Seite liegen nun die etwa 10 ha großen Narzissenwiesen.

⑲ Moorbirkenbruch am Rösterkopf

Eines der letzten größeren Moorgebiete des Osburger Hochwaldes ist das Moorbirkenbruch am Südhang des Rösterkopfs (708 m). Die 5 ha große Fläche liegt etwa 650 m hoch. Das Moorbirkenbruch ist ein Eiszeitrelikt und pflanzengeschichtlich von besonderer Bedeutung. Die namengebenden Moorbirken bestimmen das Bild des Bruchs. Im Unterwuchs finden

Am Fuß der Wildenburg, unterhalb der Ruine, erstreckt sich ein großes Wildfreigehege mit Rot-, Dam-, Muffel- und Steinwild sowie vielen Wasservögeln.

sich schöne Bestände des seltenen Atlantischen Siebensterns und eine große Kolonie des Sprossenden Bärlapps. Das Gebiet ist bequem vom Parkplatz an der Straße Reinsfeld – Holzerath über einen ausgeschilderten Weg zu erreichen (1 km Fußweg). Am Rand des Moors befindet sich ein Knüppeldamm, der die empfindlichen Schwingrasen schützt. Er darf nicht verlassen werden.

⑳ Wildenburg

9000 ha Mischwald, vorwiegend Eichen und Buchen, gehören zum Wandergebiet Wildenburg rund um den Wildenburger Kopf (675 m), der mittleren und höchsten der drei Kuppen des Wildenburger Rückens bei Kempfeld. Ein mächtiger Quarzitfels erhebt sich, weithin sichtbar, über die bewaldete Kuppe der Wildenburg und gibt dem ganzen Berg seine eigentümliche Gestalt. Ein Aussichtsturm gestattet bei entsprechender Wetterlage eine gute Fernsicht: Sie reicht bis zu der kegelförmigen Kuppe des Schaumbergs bei Tholey im Saarland und bis zum Donnersberg im Südosten. Manchmal ist sogar der Kegel des Melibokus im Odenwald auszumachen. 400 km beschilderte Wanderwege durchziehen das Wildenburger Gebiet auf dem etwa 15 km langen Felskamm. Die Ruine Wildenburg ist eine teilweise rekonstruierte keltische Fliehburg. Direkt unterhalb der Ruine – hier besteht auch eine Parkmöglichkeit – befindet sich ein 42 ha großes Wildfreigehege mit Rot-, Dam-, Schwarz-, Muffel- und Steinwild (geöffnet tägl. 8.30–17 Uhr). An der Südseite des zum Teil nur 1 km breiten, sehr steilen Wildenburger Rückens befinden sich Quarzitblockhalden, wie sie auch an der Mörschieder Burr ㉑ oder an der Rosselhalde bei Katzenloch ⑮ anzutreffen sind. Man erreicht das Gebiet von Kempfeld aus. Dort den Hinweisschildern zur Wildenburg folgen. Vom Parkplatz sind es nur noch wenige Meter zur Ruine.

㉑ Mörschieder Burr

Das Naturschutzgebiet Mörschieder Burr ist knapp 20 ha groß und läßt sich von Mörschied oder von der Wildenburg (mehrere markierte Wanderwege) aus gut erreichen. Die grandiose Felskulisse auf der 646 m hohen Anhöhe bietet eine weite Aussicht über das Pfälzer Bergland. Tiefgründiger Verwitterungsschutt aus hartem Taunusquarzit bildet eine ausgedehnte Blockhalde bis zum Fuß der Wand. Zwar fand man bislang keinen sicheren Hinweis dafür, daß die Mörschieder Burr in keltischer oder nachkeltischer Zeit befestigt war, doch die Historiker wollen die Existenz vor- oder frühgeschichtlicher Wehrbauten und Schutzanlagen nicht gänzlich ausschließen. Zumindest bot die Anhöhe hervorragende Befestigungsmöglichkeiten und diente vielleicht sogar als Beobachtungs- und Signalstation.

Die Mörschieder Burr ist eine imposante Felsenanhöhe mit guter Aussicht; die zahllosen Quarzitblöcke wirken wie Trümmer einer künstlichen Anlage.

Gut getarnt: der Ziegenmelker.

Schöner als der Name: der Raubwürger.

Fliegt hüpfend: der Wiesenpieper.

Die Gesänge des Ziegenmelkers

In den Bächen und Bruchwäldern des südwestlichen Hunsrücks kann der aufmerksame Besucher Berg- und Fadenmolche, Teich- und Kamm-Molche, Feuersalamander, Erd- und Geburtshelferkröten, Kreuzkröten und Gelbbauchunken entdecken. An stehenden Gewässern beziehen Gras- und Wasserfrösche ihr Quartier. Unter den Reptilien findet sich mitunter die Berg- oder Waldeidechse. Auch ein gefiedertes Kleinod hat die Region zu bieten: So kann man etwa im Palmbruch bei Morbach (bei ⑳) noch dem Ziegenmelker begegnen. Es gehört allerdings viel Glück dazu, den scheuen nacht- und dämmerungsaktiven Vogel tatsächlich zu Gesicht zu bekommen. Eher schon wird man an warmen Sommerabenden seinen »Gesang« vernehmen, ein Schnurren, das wie ein sich drehendes Spinnrad klingt. Erst 1979 hat man in den einsamen Nadelwäldern sogar den Rauhfußkauz wieder entdeckt. Hier lebt auch die Tannenmeise. Der Raubwürger lauert von Baum- und Gebüschspitzen aus seiner Beute – Insekten und kleinen Wirbeltieren – auf. An Bach- und Flußufern jagt der blau schillernde Eisvogel, und auf den ausgedehnten Feuchtwiesen lebt der Wiesenpieper.

Grüne Lunge des Rhein-Main-Gebiets

Der Taunus, lange Zeit einfach die »Höhe« genannt, bildet den südöstlichen Eckpfeiler des Rheinischen Schiefergebirges und gilt als Gegenstück zum Hunsrück. Die Mittelgebirgslandschaft besteht weitgehend aus devonischen Gesteinen, von denen der Taunusquarzit am markantesten ist. Aus diesem Material besteht auch der Große Feldberg (im Hintergrund links), der höchste Taunusgipfel. Schon bei den Römern war der harte Stein als Baumaterial sehr beliebt. Mit seiner Lage zwischen den Ballungsräumen Frankfurt/Hanau, Wiesbaden/Mainz und Gießen/Wetzlar ist der Taunus heute ein wichtiges Naherholungsziel für weit über drei Millionen Menschen. Zu den besonderen Attraktionen der Natur zählen hier vor allem die glitzernde Pracht der Kubacher Kristallhöhle bei Weilburg oder die Eschbacher Klippen bei Usingen, ein Quarzgang, der mit einer Länge von 60 m und einer Höhe von 17 m zu den eindrucksvollsten Naturdenkmälern im weiten Umkreis gehört.

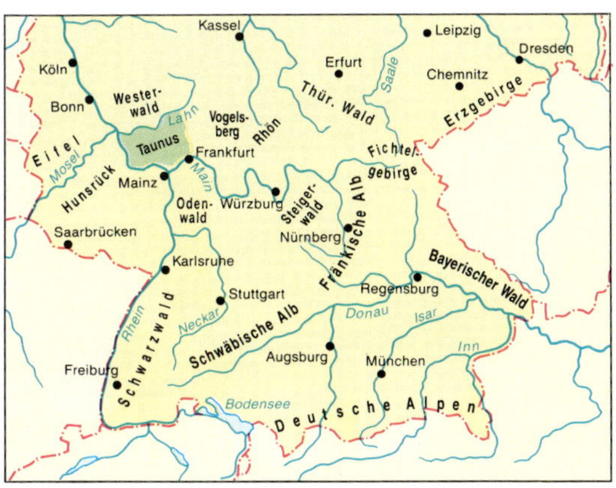

Lage Zwischen dem Lahntal im Norden, dem Mittelrheintal im Westen, der Oberrheinebene im Süden und der Wetterau im Osten
Ausdehnung Südwest–Nordost ca. 75 km; Nord–Süd ca. 30–50 km
Länder Hessen, Rheinland-Pfalz
Höchste Erhebungen Im Südosten: Großer Feldberg 880 m, Kleiner Feldberg 826 m, Altkönig 798 m; im Südwesten: Kalte Herberge 619 m, Hohe Wurzel 614 m
Wichtigste Flüsse Rhein, Lahn, Aar, Wisper, Weil
Landschaftsformen Mittelgebirgslandschaft mit Kammlinie im Hochtaunus, nach Norden zum Hintertaunus allmählich abfallend, nach Süden steiler Abfall zum Vortaunus; geprägt von weiten Hochflächen, Becken und tief eingekerbten Tälern
Naturparks Naturpark Rhein-Taunus im Südwesten, Naturpark Hochtaunus im Osten, Naturpark Nassau im Nordwesten
Information Hessischer Fremdenverkehrsverband, Abraham-Lincoln-Str. 38–42, W-6200 Wiesbaden, ☏ 0611/731725; Fremdenverkehrsverband Main + Taunus, Kisseleffstr. 7, W-6380 Bad Homburg v. d. Höhe, ☏ 06172/178352; Fremdenverkehrsverband Rheingau-Taunus, Rheinstr. 5,

Zwischen Wald, Wein und Wiesen

Ursprünglich bestimmten Eichen- und Buchenwälder das Landschaftsbild des Taunus. Dieser Wald wurde im ausgehenden Mittelalter durch Rodungen, Köhlerei und Nutzung als Stangenholz für den Wein- und Hopfenanbau zunehmend vernichtet, so daß sich die Landschaft in ein Heide- und Buschgebiet verwandelte. Steigender Holzbedarf führte dann vor 200 Jahren zur Aufforstung mit Fichten, die heute im Hochtaunus 70 % der Bewaldung ausmachen. Die weiten Hochwälder sind für die Bevölkerung des Rhein-Main-Gebiets zu einer wichtigen »grünen Lunge« geworden und locken an Wochenenden ganze Völkerscharen auf den Hochtaunus, vor allem auf den Großen Feldberg, den mit 880 m höchsten Berg des Rheinischen Schiefergebirges. Aus Grünschiefer beispielsweise – mit ca. 350 Millionen Jahren eines der ältesten Gesteine überhaupt – sind die Bergsporne von Kronberg (12) und Falkenstein (13) aufgebaut. Erdgeschichtlich jüngeren Datums sind der Tonschiefer und der harte Taunusquarzit, die den Gebirgskamm bilden, z. B. sichtbar beim Marmorstein (11) oder dem Brunhildisfelsen auf dem Großen Feldberg (18). Vom Gebirgskamm geschützt vor den rauhen Winden aus dem Norden, steigen auf der Südseite des Taunus die Hänge des Rheingaus sanft zu den ebenfalls begünstigten Bergen des Vortaunus auf, hinter denen sich die steile Kammlinie des Hochtaunus erhebt. Diese Lage wirkt wie ein riesiger Hohlspiegel, in dem sich die Sonne fängt – ideale Voraussetzungen, unter denen einer der besten deutschen Weine gedeiht: der Rheingau-Riesling. Ganz im Kontrast zum Steilabfall im Süden zeigen sich die weiten, von Wald und Ackerland geprägten Flächen des Hintertaunus im Norden, die vom Gebirgskamm sanft zum Lahntal abfallen.

Routenvorschlag Taunus

Einblick in die frühe Erdgeschichte

❶ Rettbergsaue

Gegenüber von Schloß Biebrich in Wiesbaden liegt die Rheininsel Rettbergsaue. Zwei verschiedene Auwaldtypen lassen sich hier unterscheiden: die Weichholzaue direkt am Wasser mit Schwarzpappeln, Grauerlen und Silberweiden sowie die Hartholzaue auf den trockeneren Standorten u. a. mit Stieleichen, Eschen und vielen Ulmen, von denen inzwischen aber etliche dem Ulmensterben zum Opfer gefallen sind. Im Unterholz überwiegen Weißdorn und Schwarzer Holunder.

Stieleichen, Eschen, Sommerlinden und zahlreiche umgestürzte Bäume in der Hartholzaue werden überwuchert von Efeu und Waldrebe, an vielen Stellen trägt auch eine dichte Krautschicht zum urwaldartigen Charakter dieses Gebiets bei.

Über 50 Brutvogelarten finden in dem undurchdringlichen Dickicht sichere Nistplätze. Dazu zählen Mäusebussard, Turmfalke, Rebhuhn, Fasan, Waldkauz, Waldohreule, verschiedene Spechtarten, Saatkrähe und Schwarzer Milan. Aufmerksamkeit verdient auch der Graureiher, der ursprünglich zu den vielen Gastvogelarten zählte, heute aber regelmäßig auf der Insel brütet.

Von einem Fußgängersteig bei der Autobahnbrücke (A 643) über den Rhein führt eine Treppe hinunter zur Insel. Das Naturschutzgebiet darf nur auf den ausgeschilderten Wegen betreten werden. Mit einem Fernglas lassen sich die Vögel sehr gut von der Brücke aus beobachten. Zu den Freizeit- und Campinganlagen auf der Insel besteht im Sommer ein Fähr-Pendelverkehr (Ablegestelle gegenüber Schloß Biebrich).

❷ Rheingauer Gebück

Die Methode, eine Landschaft durch Hecken als »lebende Verteidigungswälle« zu schützen, war schon zu Cäsars Zeiten bekannt und bis ins Mittelalter hinein in Deutschland verbreitet. Solch eine 38 km lange und etwa 50 m breite »lebende Mauer« aus Hainbuchen und Rotbuchen zog sich einst auch am Westufer der Walluf entlang, stieg zwischen Martinsthal und Schlangenbad die Höhe hinauf, folgte dem Taunuskamm nach Westen bis Stephanshausen, senkte sich dann zur Wisper und lief nach Südwesten in Richtung Lorchhausen. Die jungen Bäume wurden dicht an dicht gepflanzt, die Triebe umgebogen (»gebückt«) und immer wieder mit sich selbst verflochten. Brombeerbüsche in den Zwischenräumen trugen zusätzlich zur Undurchdringlichkeit der Verteidigungsmauer bei.

Bei einem einstündigen Spaziergang vom Wanderparkplatz »Bitter-Eiche« oberhalb von Hausen v. d. Höhe an der Straße nach Kiedrich lernt man ein Stück der einstigen Einfriedung kennen. Die Abzweigung vom geteerten Fußweg ist durch eine Holztafel gekennzeichnet, die direkt

W-6220 Rüdesheim, ☏ 06722/3041; Fremdenverkehrsverband Westerwald-Lahn-Taunus, Schmiede 43, W-6250 Limburg/Lahn, ☏ 06431/296221; Fremdenverkehrsverband Lahn-Dill, Westerwald und Taunus, Karl-Kellner-Ring 51, W-6330 Wetzlar, ☏ 06441/407256; Taunusklub, Odenwaldstr. 10, W-6232 Bad Soden, ☏ 06196/23322; Rhein-Taunus-Klub, Hans-Böckler-Str. 80/82, W-6200 Wiesbaden, ☏ 0611/428932

Idyll vor den Toren Wiesbadens: Im Naturschutzgebiet Rettbergsaue brüten über 50 verschiedene Vogelarten.

Rheingauer Gebück: Eine »lebende Mauer« schützte den Rheingau im Mittelalter vor Eindringlingen.

über dem Rastplatz »Philipps-Ruh« hängt. Bergauf am Weg zum einstigen Torbollwerk der Mapper Schanze wurden zu Demonstrationszwecken neue Gebückbüsche angepflanzt.

(3) Geisenheimer Linde

Geisenheim am Rhein, Standort der Staatlichen Forschungsanstalt für Wein-, Obst- und Gartenbau, trägt den Beinamen »Lindenstadt« nach einer über 600jährigen Linde, die vor dem Rathaus steht.
Der Baum wurde 1585 erstmals erwähnt. In seinem Schatten tagte im Mittelalter die Rats- und Gerichtsversammlung. Erst in unserem Jahrhun-

Routenvorschlag Taunus

Die knapp 300 km lange, abwechslungsreiche Route folgt von Wiesbaden aus zunächst dem Rheintal (1), führt dann ins Hintertaunus- oder Buchfinkenland zum Lahntal (6) und wendet sich schließlich bei Weilburg nach Südosten zum Hauptkamm des Mittelgebirges im Hochtaunus mit dem Großen Feldberg (18) als höchster Erhebung.
Streckenverlauf:
Von Wiesbaden-Biebrich mit der Rheininsel Rettbergsaue (1) auf der B 42 bis Eltville, dort rechts ab nach Hausen v. d. Höhe zum Rheingauer Gebück (2); zurück nach Eltville und auf der B 42 rheinabwärts bis Geisenheim (3); weiter auf der B 42 nach Lorch, dort rechts ab Richtung Bad Schwalbach durchs Wispertal (4); weiter bis zur Einmündung in die B 260 und links bis Holzhausen, dort links auf der B 274 nach Nastätten, im Ort rechts und kurz darauf links ab nach Endlichhofen (5); zurück auf die B 274 und über Holzhausen und Katzenelnbogen bis Schiesheim, links auf der B 54 nach Diez, von dort Abstecher nach Balduinstein (6); zurück nach Diez, weiter nach Limburg und auf der B 49 nach Weilburg, dort kurz auf die B 456 und rechts ab nach Kubach (7); zurück zur B 456 nach rechts und kurz darauf links ab nach Braunfels (8); wieder zurück auf die B 456 in Richtung Usingen, kurz davor links ab nach Eschbach (9); dann über Wernborn nach Maibach (10); zurück nach Wernborn und auf der B 275 nach Usingen, dort auf der B 456 Richtung Bad Homburg bis zur Saalburg mit dem Marmorstein (11); weiter bis Oberursel, dort auf der B 455 nach Kronberg (12); anschließend nach Falkenstein (13) (14) und Königstein (15); von Königstein Abstecher nach Eppenhain (16); zurück nach Königstein und auf der B 8 zu den Schmittröder Wiesen (17); weiter auf der B 8 und rechts ab (beschildert) zum Großen Feldberg (18); über Niederreifenberg, Schmitten und Brombach zur B 275, dort links nach Riedelbach (19). Wiesbaden erreicht man dann über die B 275 und ab Neuhof über die B 417.
Landgasthöfe sind an der Strecke kaum vorhanden, Unterkunftsmöglichkeiten gibt es in ausreichender Zahl hauptsächlich in den größeren Städten oder Kurbädern wie in Bad Schwalbach, Königstein, Kronberg, Usingen und Bad Camberg.

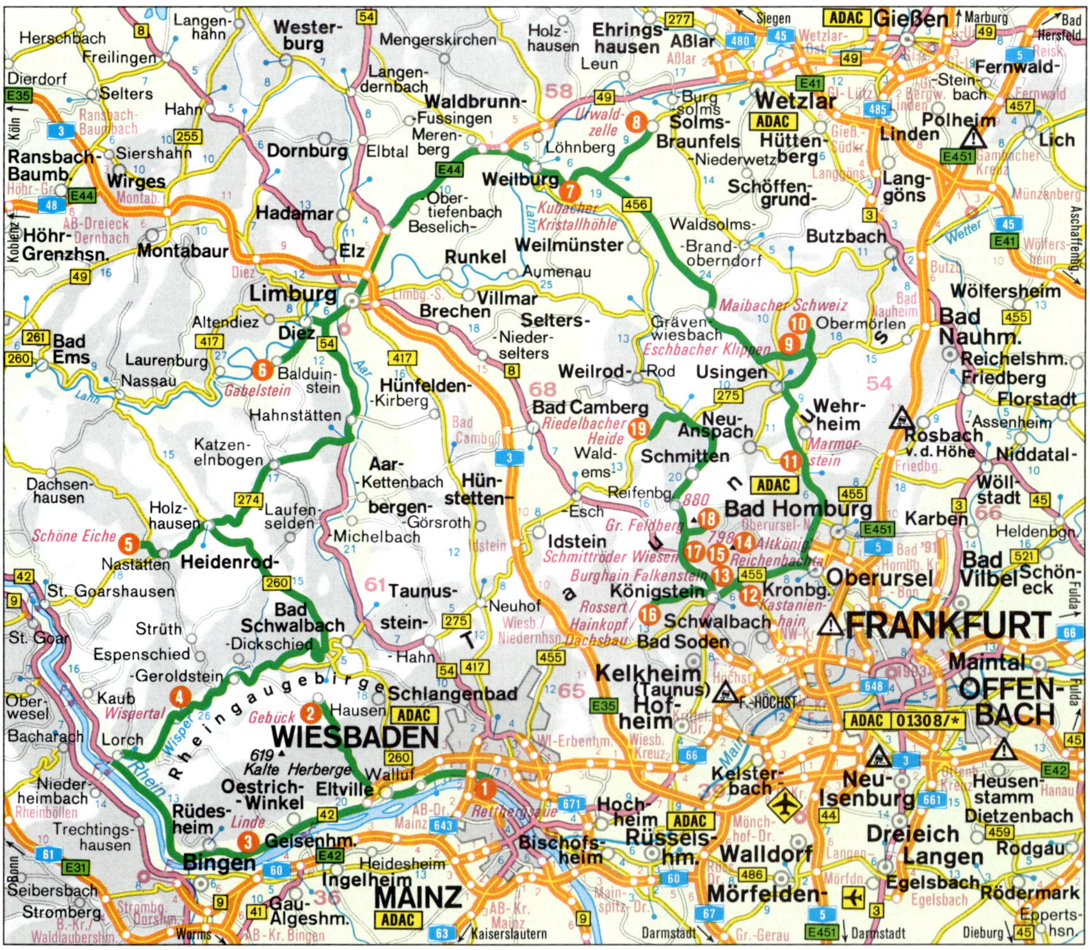

dert, Anfang der achtziger Jahre, wurde die hohe Krone entfernt, so daß der Baum heute eine halbkugelförmige Gestalt besitzt. Die weit ausladenden Äste über dem mächtigen Stamm von 4 m Umfang werden durch ein Holzgerüst gestützt, das auf mehr als zwei Dutzend eisernen Pfosten ruht. Die großblättrige Sommerlinde blüht nur im oberen Teil, unten dominieren besonders große Blätter. Dies geht auf die Tatsache zurück, daß der Baum seit 1615 jährlich im unteren Bereich zurückgeschnitten wird – ursprünglich um zu verhindern, daß die Äste zu groß werden und dadurch die umliegenden Gärten nicht genug Sonne erhalten.
Alljährlich am zweiten Juliwochenende herrscht Feststimmung, wenn die Geisenheimer ihr im Rheingau so beliebtes Lindenfest feiern.

4 Wispertal

Beim Winzerstädtchen Lorch mündet die Wisper in den Rhein. Hier beginnt, nur wenige Kilometer abseits des weinseligen Trubels, die Fahrt durch das schönste Tal des Taunus, begleitet von einem wildromantischen Bach. Im Unterlauf säumen Schwarzerlen in einem ausgeprägten Auwald die Ufer. Dann verengt sich das Tal, steile Felswände rücken zusammen und zwängen Bachlauf und Straße im Talgrund ein. Die unterschiedlich widerstandsfähigen Quarzite, Sandsteine und Schiefer zwangen die Wisper zu immer neuen Schlingen und Windungen. Ein typischer Berg- und Talwind ist der sogenannte Wisperwind. Er strömt tagsüber vom Rheintal aufwärts und kehrt vor allem an warmen Sommerabenden als starker, fast schon unangenehmer Fallwind wieder zurück.
Den Flußlauf begleitet die kurvenreiche, 26 km lange reizvolle Straße nach Bad Schwalbach. Zahlreiche Parkplätze laden zu Spaziergängen und Wanderungen ein. An der Strecke gibt es verschiedene Einkehrmöglichkeiten, so z. B. in der »Kammerburg«, der »Laukenmühle« oder in Geroldstein; als Spezialität bieten die Ausflugslokale Forellengerichte an.

5 Schöne Eiche bei Endlichhofen

Die über 450 Jahre alte Eiche bei Endlichhofen trägt ihren Namen zu Recht: Sie gilt als einer der schönsten Bäume Deutschlands. Einsam steht sie mit ihrer breiten und dichten Krone am linken Straßenrand etwa 200 m vor dem Ortseingang von Endlichhofen. Der wunderschön gewachsene, 25 m hohe Baum hat einen Stammumfang von knapp 7 m, ist allerdings innen hohl, nachdem die Eiche nach dem Ersten Weltkrieg in Brand geriet. 1974 entstand im Hohlraum des Stammes erneut ein Brand, worauf der Baum 1978 saniert wurde und auch eine Wurzelbehandlung erhielt. Seither tragen Stahlseile die schweren Äste.
Endlichhofen liegt etwa 3 km hinter Nastätten nördlich der B 274.

6 Gabelstein

Unterhalb von Balduinstein beschreibt die Lahn eine 7 km lange Schleife. An der engsten Stelle nähern sich die Talabschnitte bis auf 700 m einander an. Durch Erosion entstand hier ein imposanter, rund 100 m tief zum Fluß abfallender Steilhang: der Gabelstein. Der unterhalb von

Die Loreley – von Dichtern besungen, von Schiffern gefürchtet. Den Schieferfelsen am Rhein erreicht man bei einem Abstecher von Endlichhofen aus.

Nicht überall ist das Wispertal so lieblich wie bei Lorch. Talaufwärts rücken die Felswände eng zusammen.

Über 450 Jahre alt ist die 25 m hohe Schöne Eiche bei Endlichhofen.

Sagenumwobener Fels am Rhein – die Loreley
»Ich weiß nicht, was soll es bedeuten . . .«, klingt noch heute aus den Lautsprechern vorbeifahrender Schiffe das vertonte Gedicht von Heinrich Heine. Bezaubert vom Gesang der schönen, goldhaarigen Sirene fand mancher Schiffer sein frühes, nasses Grab. Selbst von der Liebe bezwungen, stürzte sich die Schöne schließlich von ihrem hohen Felsen herab. Gefahren für die Schiffahrt birgt diese engste Stelle des Mittelrheins bei St. Goarshausen noch immer, wie zusteigende Lotsen beweisen. Vor allem bei Niedrigwasser sind Felsbarrieren und Stromschnellen gut zu erkennen. Auf Besucher aus aller Welt übt der vielbesungene, 132 m hohe Schieferfelsen, an dem der Taunus im Rheintal jäh sein Ende findet, eine magische Anziehungskraft aus.
Man erreicht ihn über die B 274 bei St. Goarshausen als Abstecher von Endlichhofen 5.

Der Gabelstein, 100 m über der Lahn gelegen, bietet einen schönen Blick auf die Cramberger Lahnschlinge.

Cramberg gelegene Felsen besteht aus devonischem Schiefer, typisch für den Mittellauf der Lahn. Er beherbergt zahlreiche wärmeliebende Pflanzenarten.

Wer die eindrucksvolle Aussicht vom Gabelstein auf die Cramberger Lahnschlinge, den Westerwald und Cramberg genießen will, sollte vom Wanderparkplatz »Gabelstein« oberhalb des Wasserkraftwerks bei Cramberg den kleinen Fußweg wählen, der in wenigen Minuten nach oben führt. Man kann den Aussichtsfelsen auch von der Kirche von Balduinstein aus in etwa 45 Minuten auf einem teilweise schmalen, steilen Felspfad mit schönen Ausblicken ins Lahntal erreichen.

7 Kubacher Kristallhöhle

Glitzernder Höhepunkt der Rundfahrt durch den Taunus ist der Besuch der Kubacher Kristallhöhle bei Weilburg mit ihrer unvergleichlichen Pracht. Wer sie kennenlernen will, muß allerdings erst einmal auf 346 Stufen 53 m tief unter die Erde steigen, vorbei an der »Kapelle« bis zum »Dom«. Dort unten herrschen eine Luftfeuchtigkeit von rund 85 % und Temperaturen von 9 °C. Im Licht der Scheinwerfer gleißen und glitzern zahllose schneeweiße Perltropfsteine aus Kalkspat- und Aragonitkristallen an Wänden und Decke, widergespiegelt in einem Höhlensee. Da diese auch als Knöpfchensinter bezeichneten Kristalle nur aus mehr als 20 °C warmem Wasser entstanden sein können, vermutet man, daß es in der Höhle wahrscheinlich früher eine unterirdische heiße Quelle gab. Tropfsteine von bizarrem Aussehen säumen den weiteren Weg, der mit einem Blick in die 30 m hohe Südhalle sein Ende findet, bevor man wieder ans Tageslicht aufsteigt.

Die Kubacher Kristallhöhle wurde erst 1974 durch einen Zufall entdeckt: Gesucht – aber nicht gefunden – hatte man eigentlich eine riesige Tropfsteinhöhle, von der Berichte von Bergleuten in dieser Gegend aus dem vorigen Jahrhundert erzählt hatten.

Die seit 1981 zugängliche Höhle liegt 3 km südöstlich von Weilburg an der Straße von Kubach nach Freienfels; die Führung dauert etwa eine Stunde (1. April–31. Okt. Mo–Fr 14–16, Sa, So, Fei 10–17 Uhr geöffnet). Eine Ausstellung im »Höhlenhaus« und ein ganzjährig geöffnetes Freilichtmuseum ergänzen das Angebot für Besucher.

<u>Bergbautradition in Weilburg</u>

Die barocke Residenzstadt Weilburg, durch die man auf dem Weg zur Kubacher Kristallhöhle 7 kommt, war einst Mittelpunkt des Bergbaus im Lahn-Dill-Gebiet, in dem noch bis in die dreißiger Jahre dieses Jahrhunderts rund 50 Erzgruben betrieben wurden. Heute sind sie alle stillgelegt. Ein kleines, originalgetreu nachgebautes Eisenerzbergwerk findet man im Heimat- und Bergbaumuseum (1. April–31. Okt. Di–So 10–12, 14–17; 1. Nov.–31. März Mo–Fr 10–12, 14–17 Uhr geöffnet) von Weilburg gegenüber dem Schloß. Ausgestellt ist dort neben Werkzeugen und Maschinen auch eine große Mineraliensammlung. Zu einem besonderen Erlebnis wird eine Einfahrt in den »Tiefen Stollen« (ab zehn Personen nach Voranmeldung, ☏ 06471/31459).

8 Urwaldzelle und Kurpark in Braunfels

Wildnis und Natur aus Menschenhand liegen in Braunfels nahe beieinander. Konnte sich die »Urwaldzelle« mit ihren Baumriesen seit Jahrhunderten aus einem beweideten Hutewald natürlich entwickeln, so war die gestaltende Hand der Gärtner im Kurpark unterhalb der Burg dagegen stets gegenwärtig. In der Urwaldzelle im Naturschutzgebiet Herwighöhe erheben sich inmitten eines Buchenwaldes 400–500jährige Eichen mit Stammdurchmessern bis zu 1,5 m; riesige Buchen, Hainbuchen, Feldahorne und Ulmen wachsen zwischen umgestürzten, vermodernden

Vom Eingang der Kubacher Kristallhöhle geht es 53 m unter die Erde.

Die markanten Eschbacher Klippen bestehen aus Quarz. Der weichere Schiefer der Umgebung ist dagegen längst verwittert und abgetragen.

Baumleichen und vermitteln einen Eindruck von urtümlicher Wildnis. Auf dem Südhang des Gebiets stehen Eiben und auf lichteren Stellen viele Orchideenarten wie das Purpurknabenkraut oder das Weiße Waldvögelein. Zahlreiche Brutvögel finden hier einen ungestörten Platz, darunter Kernbeißer, Waldbaumläufer, verschiedene Spechtarten, Waldlaubsänger und Misteldrossel.
In die Urwaldzelle führt ein Waldlehrpfad, der am Parkplatz »Obermühle« an der Straße nach Tiefenbach beginnt.
Am Fuß der imposanten Burg in Braunfels liegt der Kurpark »Herrengarten«. Einen Teil dieses Parks legten die Grafen von Solms-Braunfels vermutlich Anfang des 17. Jh. in Anlehnung an den Heidelberger Schloßpark an. Vollständig erhalten blieb die 1875 gepflanzte Kastanienallee im unteren Teil des Herrengartens. Auch viele prachtvolle exotische Bäume kann man im Kurpark bewundern, darunter einen Mammutbaum, Lebensbäume aus Amerika und China sowie einen Gingkobaum.

In der Urwaldzelle bei Braunfels brütet auch der seltene Kernbeißer.

Tiergarten und Waldmuseum
Im ehemaligen Tiergarten der Fürsten zu Solms-Braunfels leben Rot-, Dam-, Muffel- und Schwarzwild (Eintritt frei, Wildfütterung tägl. gegen 16 bis 17 Uhr). Sechs Rundgänge führen durch das mit Zäunen abgeschirmte Gelände. Im Park informieren Tafeln über die heimische Vogelwelt und über die verschiedenen Pilzarten.
Den Tiergarten erreicht man von Braunfels 8 über die Straße Richtung Philippstein. Nach 200–300 m biegt man links in die Schlesierstraße ein und fährt über die nach ca. 500 m rechts abzweigende Tiergartenstraße zum Wildpark.
Naturfreunde stöbern gerne im Dr. Kanngiesserschen Waldmuseum, das eine reichhaltige Gesteins-, Pflanzen- und Schmetterlingssammlung besitzt und sich unmittelbar beim Kreiskrankenhaus in Braunfels befindet (tägl. 10–17 Uhr geöffnet).

9 Eschbacher Klippen

Am Nordrand des Usinger Beckens erheben sich die Eschbacher Klippen, ein 60 m langer und bis zu 17 m hoher Felskamm aus Quarz, der auch »Buchstein« genannt wird. Über Millionen Jahre haben Verwitterung und Abtragung das weichere Schiefergestein der Umgebung verschwinden lassen und so den harten, widerstandsfähigen Quarz als bizarren Höhenzug herauspräpariert. Rund um das Naturdenkmal breitet sich eine Heidelandschaft aus, die sich dank hoher Luftfeuchtigkeit, eines milden Klimas und mineralstoffarmen Bodens entwickeln konnte. Hier gedeihen Heidekraut, Wacholder, Ginster, Kiefern und Birken.
Oberhalb von Eschbach an der Straße nach Michelbach führt gegenüber einem Parkplatz ein Weg (rechts vom Hinweisschild) zu den Klippen.

10 Maibacher Schweiz

Kein spektakuläres Naturdenkmal erwartet den Besucher der Maibacher Schweiz, dafür aber eine Wanderung durch eine typische Tauuslandschaft mit schönen Schieferfelsen. Von den Eschbacher Klippen 9 führt ein bequemer Wanderweg in einer guten halben Stunde in das Michelbachtal mit der Maibacher Schweiz. Man kann die Wanderung aber auch im hübschen Dorf Maibach beginnen, das man mit dem Auto von Eschbach über Wernborn erreicht.
In dem kleinen Fachwerkort liegt der Ausgangspunkt für die Wanderung zum romantischen Michelbachtal am südlichen Ortsende bei einem kleinen Tiergehege. Auf dem mit einem schwarzen »T« markierten Weg wandert man durch Wiesen, die im Frühsommer in ein Meer von Butterblumen verwandelt werden, und erreicht in rund 20 Minuten einen schmalen Pfad, der an Schieferfelsen entlang in das kleine, verschwiegene Michelbachtal führt. Ringsum von steilen Felswänden umgeben, kann man dort den Echoeffekt ausprobieren.

Ruhe empfängt den Wanderer im romantischen Michelbachtal in der Maibacher Schweiz. Die schwarzen Schieferfelsen sind typisch für den Taunus.

Hell leuchtet am Marmorstein der Taunusquarzit aus dem dichten Grün der Bäume hervor.

Hinter der stacheligen Hülle wartet eine leckere Frucht: Im Kronberger Hardtwald wachsen Eßkastanien.

Am obergermanischen Limes
Es sieht aus, als sei die römische Wachmannschaft eben erst aus ihrem Kastell am obergermanischen Limes abgezogen – so präsentiert sich die Saalburg beim Marmorstein ⑪ dem Besucher. Erst bei genauerem Hinsehen entdeckt man auch viel Wilhelminisches – kein Wunder, wurde doch die Anlage unter Kaiser Wilhelm II. um die Jahrhundertwende detailgetreu rekonstruiert. Im Jahr 83 n. Chr. als Erdkastell begonnen, dann in ein Holzkastell und schließlich um 210 n. Chr. in ein Steinkastell umgewandelt, beherbergte die Saalburg eine römische Kohorte von 500 Mann. Schon 50 Jahre später vertrieben die Germanen die Römer endgültig aus der Region, und das Kastell verfiel.
Im Museum ist eine einzigartige Sammlung von Ausgrabungsstücken aus der Römerzeit ausgestellt: Werkzeuge, Waffen, Haushaltsgeräte sowie Schmuck und Gläser (ausgeschildert an der B 456 südlich von Usingen; geöffnet tägl. 8–17 Uhr).

⑪ Marmorstein

Der Name täuscht: Nicht edler Marmor erwartet den Besucher hier, sondern eine mächtige Felsklippe aus widerstandsfähigem Taunusquarzit. Am Fuß der steil nach Südosten abfallenden Wände haben sich große Blockhalden gebildet. Knorrige Eichen und Linden, oft nur als abgestorbene Überreste einstiger grüner Pracht, sowie Rotbuchen und Nadelwald auf den Höhen ergänzen das reizvolle Bild dieses Naturschutzgebiets.
Den Marmorstein erreicht man vom Parkplatz bei der Saalburg an der B 456 Richtung Bad Homburg zu Fuß in etwa 20 Minuten; der Weg ist mit einem Rotwild-Symbol gekennzeichnet. Von den Klippen reicht der Blick bis in die Mainebene.

⑫ Kastanienhain in Kronberg

»Kestebaam« nennen die Einheimischen ihre Edelkastanien, die im Gebiet von Kronberg dank des beinahe südländischen Klimas schon seit dem Mittelalter gedeihen. Wahrscheinlich waren es die Römer, die diese Bäume aus dem sonnigen Süden nach Germanien mitbrachten. Kastanien waren über Jahrhunderte ein begehrter Handelsartikel und immerhin so wichtig, daß im Jahr 1389 bei einer Fehde die Frankfurter die Kastanienbäume der Kronberger schälen ließen, um ihnen dadurch wirtschaftlichen Schaden zuzufügen. Mit dem Bau des Gotthard-Eisenbahntunnels im Jahr 1882 und der damit verbundenen Einfuhr von italienischen Kastanien verlor dieser Erwerbszweig jedoch an Bedeutung. Heute gibt es auf der Gemarkungsfläche noch rund 30 ha mit Kastanienbäumen. Ein ausgedehnter Kastanienhain befindet sich im Hardtwald, den man auf einem kurzen Fußweg vom Parkplatz beim Neuen Friedhof im Südwesten der Stadt erreicht.
Im Herbst, wenn Erntezeit ist, kann dort jeder für seinen Privatbedarf die schmackhaften Edelkastanien sammeln. Geschäftstüchtige Kinder des Ortes bieten zu dieser Jahreszeit aber auch überall die Früchte zum Verkauf an.

⑬ Burghain Falkenstein

Widerstandsfähiger Grünschiefer, ein vulkanisches Gestein, das bei der Gebirgsbildung zu Schiefer umgewandelt wurde, bildet den mächtigen, 498 m hohen, nach Osten steil abfallenden Bergsporn von Falkenstein, auf dem die Burgruine thront. Fossilien hat man hier nicht finden können, daher konnte das genaue Alter des Schiefergesteins nicht mit Sicherheit bestimmt werden. Der Falkensteiner Hain ist dank seines nährstoffreichen Bodens Standort einer reichen Pflanzenwelt (über 200 Arten haben Botaniker dort bestimmt) und wird von Kennern als Insel mit floristischen Kostbarkeiten im sonst eher artenarmen Südtaunus sehr geschätzt. Eichen, Buchen und Hainbuchen, Mehl- und Elsbeeren bilden einen dichten Laubmischwald, in dem auch wärmeliebende Sträucher wie die Felsenbirne zu finden sind. In der Krautschicht kommen u. a. verschiedene Lerchenspornarten, Gelbes Windröschen, Kriechende Gemswurz, Schuppenwurz und Christophskraut vor.

Hohe Holzpalisaden wie hier bei Taunusstein bildeten einst den Limes. In der Saalburg beim Marmorstein informiert ein Museum über die Römerzeit.

Im Ort Falkenstein führt von der Kirche aus ein etwa 20minütiger Wanderweg (Markierung: schwarzes »X«) durch das Naturschutzgebiet bis zur Burgruine. Oben bietet sich nicht nur eine prächtige Aussicht auf die Taunusberge und die Mainebene – eine Überraschung für den Besucher sind auch die Steinbockmischlinge, die dort ausgesetzt wurden.

⑭ Altkönig

Wer die Stille der Bergwälder sucht, findet am Altkönig einen angenehmen Kontrast zum Großen Feldberg. Der 798 m hohe Berg ist dem Gebirgskamm wie ein Vorposten vorgelagert und nur über Wanderwege erreichbar. Rund um den Gipfel der stark abgerundeten Bergkuppe zieht sich ein mächtiger doppelter Ringwall als Rest einer vermutlich 400–100 v. Chr. aus Quarzitblöcken errichteten Befestigungsanlage. Von hier aus herrschte wohl einst ein keltischer Stammesfürst über sein Territorium.
Buchen- und Fichtenwälder bedecken die Hänge, am Südwesthang sind auch Mehlbeerbäume zu finden. In Gipfelnähe sind die Bäume stark verkrüppelt, ihr bizarres Aussehen verdanken sie Schnee, Eis und dem heftigen Wind. An den Nord- und Nordosthängen wächst ein in Hessen recht selten vorkommendes Laubmoos, auch seltene Spinnenarten hat man dort entdeckt. Im Nordosten des Naturschutzgebiets erstreckt sich die Weiße Mauer, eine Blockhalde aus Quarzit. Dort steht ein Wald aus Eichen, Buchen, Mehlbeeren, Ebereschen und Bergahornen, dessen Urtümlichkeit durch knorrige Wuchsformen noch unterstrichen wird.
Ausgangspunkt für eine Besteigung des Altkönigs ist der Wanderparkplatz »Schardtwald« oberhalb des Bürgerzentrums in Falkenstein. Man folgt zunächst der Ausschilderung zur Waldgaststätte »Fuchstanz«. Erst dort steigt der Weg zum Gipfel an. Der Aufstieg dauert etwa 1½ Stunden.

⑮ Reichenbachtal

Lediglich 100 m breit und nur rund 1 km lang ist das nördlich von Falkenstein gelegene Naturschutzgebiet Reichenbachtal. Hier ist der Tonschiefer zu einem nährstoffreichen Boden verwittert und liefert damit die Voraussetzung für einen im Südtaunus recht seltenen Artenreichtum. Auf verhältnismäßig kleinem Raum fühlen sich unterschiedliche Pflanzengesellschaften wohl – sowohl Feuchtwiesen im sumpfig-nassen Talgrund als auch Trockenheit liebende Arten sind hier vertreten. Im Frühjahr verwandelt sich das Tal in ein Meer von Schlüsselblumen. Man sieht Arnika und Akelei, und in Bachnähe finden sich, begleitet von Erlen, Sumpfveilchen, Schlangenknöterich und verschiedene Seggenarten. Im Laubwald, der sich hangaufwärts fortsetzt, blühen Türkenbund, Seidel-

Der rötlich-weiße Schlangenknöterich wird bis zu 1 m hoch. Er gedeiht u. a. im Reichenbachtal.

Über 1000 exotische und einheimische Tiere
Auf einem weitläufigen Wiesen- und Waldareal an der B 455 zwischen Kronberg ⑫ und Königstein ⑮ tummeln sich über 1000 Tiere, darunter Elefanten, Affen, Giraffen, Kamele, Flußpferde, Flamingos und Känguruhs, dazu im Streichelzoo zahme Esel, Schafe und Ziegen. Rund 200 verschiedene Tierarten zählt man im Georg-von-Opel-Freigehege für Tierforschung, kurz Opelzoo genannt (tägl. 8.30 Uhr bis Einbruch der Dunkelheit geöffnet), das sich nicht nur als Touristenattraktion versteht, sondern auch dazu beiträgt, bedrohte Tierarten zu schützen. Auf dem Gelände gibt es Spielplätze mit über 100 Spielgeräten, darunter auch eine 30 m lange Riesenrutschbahn, ein Trampolincenter sowie Seilbahnen und Karussells.

Ein Paradies für Wanderer: Den Altkönig kann man nur zu Fuß erreichen. Zwei ringförmige Steinwälle aus der Keltenzeit umgeben die runde Bergkuppe. Die beiden 980 m und 1450 m langen Wälle liegen unter hohen Fichten verborgen.

Felsblöcke aus Grünschiefer und eine artenreiche Strauchvegetation prägen das Bild am Rossert.

bast und das Gelbe Windröschen. Besonders wertvoll wegen ihres Orchideenreichtums sind die Wiesen des nördlichen Reichenbachtals, in denen z. B. Knabenkraut und Waldhyazinthe wachsen. Als Brutgebiet wird das Reichenbachtal u. a. von verschiedenen Spechtarten, der Wasseramsel, dem Garten- und dem Waldbaumläufer aufgesucht.
Von Königstein (Parkplatz »Tillmannsweg« an der B 8 Richtung Limburg) führt ein bequemer Wanderweg in 1½ Stunden rund um das Reichenbachtal. Bei einem kurzen Abstecher (15 Minuten) besteht Einkehrmöglichkeit in der Waldgaststätte »Fuchstanz«.

16 Rossert, Hainkopf und Dachsbau

Gleich drei Gipfel aus Grünschiefer mit bizarren Felsbildungen machen den besonderen Reiz dieses Naturschutzgebiets südwestlich von Königstein aus. Der 515 m hohe Rossert ist der höchste dieser drei Berge im Vortaunus. In früheren Zeiten bedienten sich die Anwohner mit Brennholz aus den Wäldern, dadurch wurde der Laubwald aufgelichtet, und es entstand eine artenreiche Strauchschicht, in der Buschwindröschen, Gelber Fingerhut und Lerchensporn auf nährstoffreichen Böden gut gedeihen. Verschiedene Orchideenarten finden sich auf einer Waldwiese zwischen Rossert und Hainkopf.
Das Naturschutzgebiet ist auf Wanderwegen (Markierung: schwarzes »T«) am besten von Eppenhain aus in südlicher Richtung in 30 Minuten erreichbar.

Auf den Schmittröder Wiesen wächst neben Orchideen auch der Gemeine Teufelsabbiß, eine alte Heilpflanze.

17 Schmittröder Wiesen

Rund 3 km nördlich von Königstein fallen links und rechts an der B 8 zwei langgestreckte Parkplätze ins Auge. Hier liegt östlich der Straße nach Glashütten das 22 ha große Naturschutzgebiet Schmittröder Wiesen, das über schmale Wege zugänglich ist. Auf verhältnismäßig kleinem Raum wechseln Waldstücke mit stark feuchten Quellsümpfen und trockenen Bereichen ab. Auf den Wiesen gedeihen das im Taunus seltene Pfeifengras, Teufelsabbiß, Ziest sowie verschiedene Orchideen- und Seggenarten, darunter die Hartmannsegge. Auch seltene Vögel, wie die bestandsbedrohte Waldschnepfe und der Große Eisvogel, sollen dort noch vorkommen.

18 Großer Feldberg

Quarzitblöcke zwischen weicherem Schiefer bilden den Untergrund des 880 m hohen Großen Feldbergs, der höchsten Erhebung des Taunus und zugleich des gesamten Rheinischen Schiefergebirges.
Schon von weitem sieht man auf der unbewaldeten Kuppe den 70 m hohen Fernmeldeturm der Bundespost und den Aussichtsturm des Tau-

Vom Großen Feldberg aus reicht die Sicht über die Oberrheinebene hinweg bis in die Pfalz und ins Elsaß. Den Gipfel kann man auch mit dem Auto erreichen, schöner aber ist die rund zweistündige Wanderung auf den höchsten Berg des Taunus.

nusklubs, dem ein Wanderheim mit Restaurant angeschlossen ist. Im Sommer ist der Große Feldberg oft von Wolken umhüllt. Bei klarer Sicht, vor allem in den Wintermonaten, bietet sich jedoch ein Rund- und Fernblick, der seinesgleichen sucht: Bis hinunter in die Oberrheinebene, mit etwas Glück sogar bis zur Pfalz und ins Elsaß reicht an manchen Tagen die Aussicht.

Mit dem Auto (die Zufahrt ist weiträumig ausgeschildert) erreicht man den waldfreien Gipfel direkt – zusammen mit vielen anderen Besuchern, die hier ebenfalls Aussicht und Einkehrmöglichkeiten genießen möchten. Wer daher ein Naturerlebnis in größerer Ruhe schätzt, sollte sich den Gipfel erwandern. Ein Wanderweg (Markierung: schwarzes Geweihzeichen, später schwarzes »T«; rund zwei Stunden Gehzeit) beginnt am Wanderparkplatz »Windeck« an der Zufahrtsstraße. Durch Fichtenhochwald, später durch Krüppelkiefern und Buschwald führt die Strecke am Nordhang des Großen Feldbergs mit schönen Ausblicken ins Hintertaunusland zum Gipfelplateau hinauf. Der Abstieg für den Rückweg beginnt am Andenkenkiosk (Markierung: roter Fuchs).

Über dem Feldberg ziehen bei gutem Wetter Adler ihre Kreise. Sie gehören zum Falkenhof nahe dem Kiosk, in dem über 60 Greifvögel, darunter Steinadler, Turmfalke, Milan, aber auch Sperber und Uhu gehalten werden (Mitte April–Mitte Nov. 10–18 Uhr geöffnet).

Ob zu Fuß oder mit dem Wagen zum Gipfel – lohnend ist auf jeden Fall ein Abstecher zum Brunhildisfelsen, einem mächtigen Quarzitblock in Sichtweite des Fernmeldeturms. Hier soll der Siegfried der Nibelungensage die Walküre Brunhild aus ihrem langjährigen Schlaf erweckt haben. Vielleicht war es aber auch die Merowingerkönigin Brunhild, die dem Felsen ihren Namen gab.

19 Riedelbacher Heide

Etwa 1 km westlich von Riedelbach wurde ein schöner Wacholderbestand unter Naturschutz gestellt. Entwickelt hat sich dieses Vorkommen durch Beweidung, da das Vieh die harten Zweige des Wacholders mied, andere Sträucher und Schößlinge dagegen regelmäßig abfraß. In den letzten Jahren konnten sich jedoch Kiefern, Fichten, Birken, aber auch Mehlbeere und Zitterpappel hier wieder vermehrt ansiedeln. Heidekraut und Heidelbeere, Besenginster und der goldgelbe Flügelginster zwischen den säulenförmigen Wacholdern prägen bislang aber noch den Charakter dieses Gebiets. Als Reste des ursprünglichen artenarmen Magerrasens sind Drahtschmiele, Blutwurz, Hundsveilchen und Katzenpfötchen an manchen Stellen zu finden.

Das Naturschutzgebiet grenzt an den Sportplatz (Parkplätze) westlich von Riedelbach; der Ort liegt an der B 275.

In der Riedelbacher Heide ist das Hundsveilchen selten geworden: Bäume verdrängen dort die Heidepflanzen.

Eulen und Papageien

Wo kann man heute noch Eulen beobachten, die scharfäugigen Greifvögel der Nacht? Im Vogelpark Hochtaunus gibt es dazu reichlich Gelegenheit: Über 100 Eulen werden dort, artgerecht wie kaum irgendwo in Europa, gehalten. In den großen Volieren, aber auch in der freien Natur, kann man dort verschiedene Papageienarten sowie Greifvögel aus nächster Nähe in Augenschein nehmen. Daneben vermittelt ein Lehrpfad Wissenswertes über die Vogelwelt.

Der Park ist mit Grillmöglichkeiten, Rastplätzen und Spielgeräten ausgestattet und kann von März bis Oktober besucht werden (tägl. 10 Uhr bis Einbruch der Dunkelheit geöffnet). Man erreicht ihn, wenn man vor Riedelbach 19 von der B 275 nach rechts in Richtung Idstein abbiegt. Der Vogelpark liegt 4 km hinter Rod a. d. Weil an der Straße nach Bad Camberg.

Die dunkelgrünen Wacholderbüsche erinnern daran, daß die Riedelbacher Heide einst eine Viehweide war. Heute wachsen dort auch Kiefern und Birken – die Heidelandschaft ändert langsam ihren Charakter und wird zum lichten Wald.

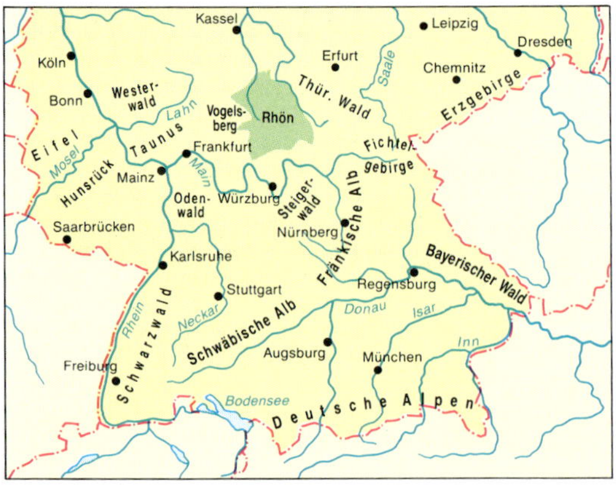

Das Bergland am Dreiländereck von Bayern, Hessen und Thüringen ist ein rauhbeiniger Sonderling unter den deutschen Mittelgebirgen. Ein Heimatdichter hat seinen Charakter in wenigen Zeilen treffend beschrieben: »Mitten drin im deutschen Garten liegt verträumt die Hohe Rhön; reich an Kuppen, reich an Mooren, einsam und still und weltverloren, herb und rauh und dennoch schön.« Bei einem Ausflug in die Rhön darf man also

keine liebliche, idyllische Landschaft erwarten. Mit seinen baumlosen, grasbedeckten Basaltkuppen – die bisweilen faszinierende Erscheinungsformen aufweisen wie hier die eckigen Basaltsäulen am Gangolfsberg – und den einsamen Mooren, in denen noch die Birkhähne im Frühjahr ihre merkwürdigen Balztänze aufführen, hat das dünnbesiedelte Gebirge eher etwas vom herben Charme der schottischen Highlands.

27 **Rhön**

Reich an Kuppen, reich an Mooren

Lage An der Hauptwasserscheide von Weser und Main, zwischen dem Hessischen Bergland im Norden, dem Vogelsberg und dem Spessart im Westen, den mainfränkischen Gäuplatten und den Haßbergen im Süden sowie dem Thüringer Wald im Osten
Ausdehnung Nord–Süd ca. 80 km; West–Ost ca. 80 km
Länder Hessen, Bayern, Thüringen
Höchste Erhebungen Wasserkuppe 950 m, Kreuzberg 928 m, Dammersfeldkuppe 928 m, Heidelstein 926 m
Wichtigste Flüsse Fulda, Werra, Fränkische Saale, Sinn
Landschaftsformen Mittelgebirgslandschaft, im Kern weite Hochflächen von 700–900 m Höhe (Hohe Rhön), am Rand zahlreiche Bergkuppen über Buntsandstein- und Muschelkalkplateaus
Naturparks Im Nordwesten Naturpark Hessische Rhön; im Südosten Naturpark Bayerische Rhön
Information Fremdenverkehrsverband Rhön, Wörthstr. 15, W-6400 Fulda, ☏ 0661/6006-305 oder -318; Tourist Information Rhön, Postfach 1820, W-8730 Bad Kissingen, ☏ 0971/801-119–122; Tourist Information Rhön, Landratsamt, W-8740 Bad Neustadt/Saale, ☏ 09771/94216; Bad Salzungen-Information, Hochhaus am Leninplatz, O-6200 Bad Salzungen, ☏ 003767 3/2509; Meiningen-Information, Bahnhofsvorplatz/Lindenallee, O-6100 Meiningen, ☏ 003767 6/2770; Rhönklub, Marktstr. 24, W-6400 Fulda, ☏ 0661/73488

Vulkane auf dem Rückzug

In dem fast 1000 m hohen deutschen Mittelgebirge trifft man an vielen Stellen auf Felsen aus erstarrter Lava, und die höchsten Gipfel der Rhön bestehen aus vulkanischen Gesteinen wie die Wasserkuppe ⓭, die Milseburg ⓮ und der Kreuzberg ⓰. Nach echten Vulkanen wird man allerdings vergeblich Ausschau halten, denn die letzten Eruptionen fanden vor mehreren Millionen Jahren statt – die ehemaligen Vulkane sind längst bis auf ihre Fundamente eingeebnet. Vulkanische Gesteine nehmen heute daher bloß noch allenfalls ein Zehntel der Gebirgsfläche ein, den Rest teilen sich vor allem die Schichten des Buntsandsteins, die etwa beim Staatsforst Geiersnest ㉖ zu finden sind, und des Muschelkalks, aus dem z.B. der Dreienberg ❸ besteht.

Das Buckelland

Unsere Vorfahren gaben im Mittelalter dem Bergland zwischen Fulda, Werra und Fränkischer Saale einen besonderen Namen: Buchonia. Über die Bedeutung dieses Namens diskutieren die Gelehrten noch heute. Manche deuten ihn als »Buchenland«, weil die Rhön früher fast ausschließlich von Buchenwäldern bedeckt war; aber auch »Buckelland« ergibt einen Sinn, denn in der Kuppenrhön und der Vorderrhön ❹ ❼ ❽, dem breiten nördlichen Randsaum des Gebirges, bestimmen zahllose kleine und große Bergkuppen das Landschaftsbild. Viele dieser Kuppen haben eine gewisse Ähnlichkeit mit den kegelförmigen Schichtvulkanen, doch in Wirklichkeit sind sie nur Vulkanruinen mit einem dünnen Kern aus hartem Lavagestein. In der Hohen Rhön, in der die drei höchsten Gipfel des Gebirges (Wasserkuppe 950 m ⓭, Kreuzberg 928 m ⓰, Dammersfeldkuppe 928 m) liegen, schließen sich die Kuppen zu ausgedehnten Basaltplateaus zusammen. Lieblicher wird das Landschaftsbild dagegen in der Südrhön, die von hügeligen, leicht gewellten Hochflächen geprägt ist.

Mitten drin im deutschen Garten

Die Hohe Rhön liegt normalerweise von Dezember bis März unter einer tiefen Schneedecke, und in ihren Mooren ⓫ ⓴ kann es selbst in den Sommermonaten nachts schon einmal Frost geben. Der Volksmund bringt das Klima der Rhön auf die kurze Formel »neun Monate Winter, drei Monate Schnee«, und ihr Beiname »Hessisches Sibirien« klingt ebenfalls nicht gerade verlockend. Doch so rauh und abschreckend ist das Klima im weiteren Umkreis der Wasserkuppe ⓭ auch wieder nicht. Die Kammlagen der Hohen Rhön sind zwar kühl, windig und mit jährlichen Niederschlägen von teilweise mehr als 1000 mm sehr feucht, die Sonne scheint hier aber mindestens ebensolang wie im Vorland. Und der gelblichgraue Smog, der vor allem im Winter oft die Niederungen füllt, ist auf den Höhen unbekannt.
Wer sich in der Flora ein wenig auskennt, wird bei einer Wanderung ohnehin bald feststellen, daß das Bild von der »rauhen Rhön« bestenfalls die halbe Wahrheit wiedergibt: Wenn man etwas genauer hinschaut, dann entdeckt man Pflanzenarten aus allen möglichen Klimazonen. Orchideen aus dem südlichen Europa wie das Purpurknabenkraut kommen hier genauso vor wie der Siebenstern und die Rosmarinheide, die beide in Skandinavien beheimatet sind. Wenn der Besenginster, ein Einwanderer aus Nordwesteuropa, im Mai und im Juni seine goldgelben Blüten entfaltet, ist das hellviolette Wunderveilchen, das vom Balkan seinen Weg hierher gefunden hat, schon wieder am Verblühen. Der Artenreichtum hängt zum Teil mit der zentralen Lage der Rhön zusammen – eben »mitten drin im deutschen Garten«, wo sich die Verbreitungsgebiete verschiedenster Pflanzenarten überlappen. In ihm spiegelt sich aber auch das bunte Mosaik von Hochwäldern, Felsfluren, Mooren, Wiesen, Hecken, Heideflächen und Magerrasen wider, das den landschaftlichen Reiz des Gebirges ausmacht.

Nix, nox, nux ...

Ein alter lateinischer Spruch zählt die Naturschätze der Rhön auf: »Nix, nox, nux, nebulae sunt munera Rhoenae« (Schnee, Nacht, Nuß und Nebel sind die Schätze der Rhön). Mit ihren Gaben hat die Natur die Rhön tatsächlich nicht gerade verschwenderisch bedacht: ein wenig Braunkohle, Torf und Eisen, am nördlichen Rand in großer Tiefe Salzlagerstätten, dazu jede Menge Basalt und andere Gesteine, mit denen aber auch keine Reichtümer zu verdienen sind. Die steinigen Böden geben nur dürftiges Ackerland ab, zumal bei dem ungünstigen Klima der Hohen Rhön. Das Gebirge galt deshalb bis in unser Jahrhundert hinein als das Land der armen Leute, die sich in Heimarbeit ihr Brot verdienten, als Hausierer durch Deutschland reisten oder nach Übersee auswandern mußten. Kein Wunder, daß die Rhön stets nur dünn besiedelt und der Druck auf die Natur hier niemals so groß wie in den Ballungszentren in anderen Teilen des Landes war.

Wie einst die über 13 m langen und mehr als 100 t schweren Langen Steine an den Fuß des Stoppelsbergs transportiert wurden, ist bis heute ein Rätsel.

Route 1 Hessische und Thüringische Rhön

Wo die Riesen Kegel spielen

1 Stoppelsberg und Lange Steine

In der Sagenwelt der Rhön wimmelt es von Riesen; unsere Vorfahren konnten sich viele Naturerscheinungen nur durch Wesen mit übernatürlichen Kräften erklären. Bei den Langen Steinen, vier mächtigen Sandsteinblöcken, die am Fuß des Stoppelsbergs vor einem alten Steinbruch liegen, weiß auch die Wissenschaft keine überzeugende Erklärung. Die Geologen fanden zwar heraus, daß die Monolithen aus den Schichten des Oberen Buntsandsteins stammen; welche Kräfte die zum Teil über 13 m langen und mehr als 100 t schweren Blöcke an ihren heutigen Ort verlagert haben, ist jedoch noch immer ein ungelöstes Rätsel. Vielleicht haben Steinmetzen die Felsen

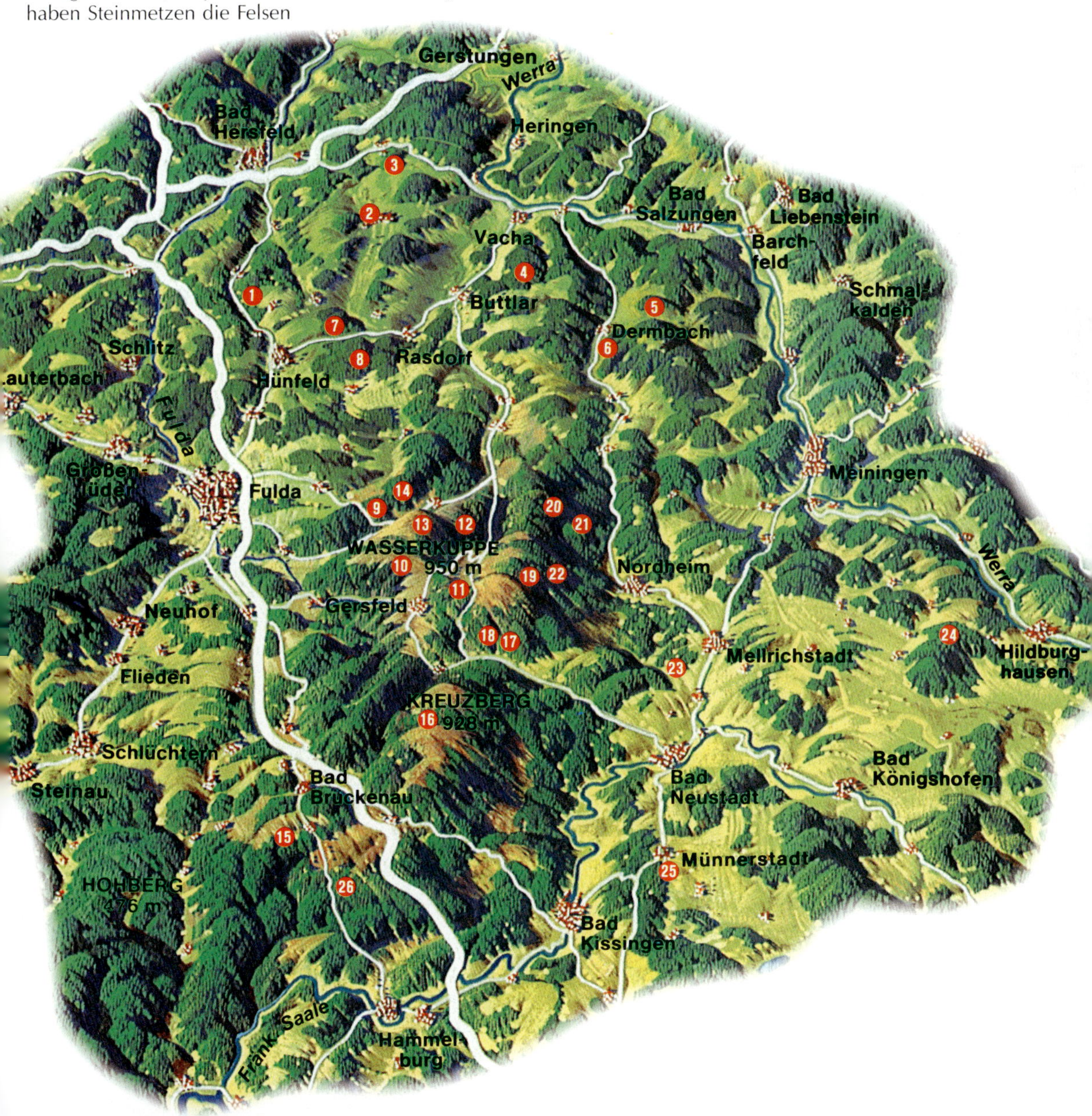

vor langer Zeit bewegt, was aber bei deren gewaltigem Gewicht ziemlich unmöglich erscheint. Jedenfalls weisen sie deutliche Bearbeitungsspuren auf, außerdem haben sich Generationen von Besuchern mit Inschriften auf den Langen Steinen verewigt.
Das »Hessische Kegelspiel« im Osten scheint ebenfalls von Riesen für Riesen gemacht: acht gleichmäßig geformte Bergkegel von 480–550 m Höhe, dazu der 630 m hohe Soisberg als »König« – wer außer Riesen könnte dieses exakt angeordnete Neunerfeld abräumen! In diesem Fall haben die Experten allerdings eine einleuchtende Erklärung. Die merkwürdige Anordnung der Berge hängt mit dem Verlauf von Spalten im geologischen Untergrund zusammen. Dort, wo die Gesteinsschichten an den Schnittstellen von Bruchzonen stark zerrüttet sind, konnte vor etwa 10–15 Millionen Jahren glutflüssiges Magma nach oben dringen. Die Schmelze ist längst erstarrt und bildet jetzt den harten Kern der Kegel.
Die Burgruine Hauneck auf dem Stoppelsberg, die vom Bergfried herab den besten Überblick über das »Hessische Kegelspiel« bietet, wird bereits an der B 27 durch ein Schild angekündigt. Folgen Sie diesem Hinweis bis zum Gasthof »Burg Hauneck« am Ortseingang von Oberstoppel (Jan./Febr. zeitweise geschlossen, Mo Ruhetag; ☏ 06673/250). Von dort steigt man auf dem Wanderweg (Markierung: weißes X) etwa 1 km zur Burgruine hinauf; die Langen Steine erreicht man auf demselben Weg nach weiteren 1,2 km.

❷ Dorflinde in Schenklengsfeld

Für ihr gesegnetes Alter ist die Linde im Ortskern von Schenklengsfeld noch bemerkenswert vital. Ihre vier dicken, vernarbten Stämme müssen

Route 1
Hessische und Thüringische Rhön
Die etwa 235 km lange, ansprechende Route führt zunächst auf der Wasserscheide zwischen den Tälern der Haune und der Ulster durch die landschaftlich sehr abwechslungsreiche Vorderrhön nach Thüringen und in einem Bogen zur Kuppenrhön zurück. Während dieser Streckenteil normalerweise zu jeder Jahreszeit ohne spezielle Winterausrüstung befahrbar ist, braucht man für die anschließende Fahrt durch die Hohe Rhön in der kalten Jahreszeit Winterreifen, besser noch Schneeketten. Auch sind in den Gipfellagen Anfahrtswege und Parkplätze bei Schneefall nicht stets geräumt.
Streckenverlauf:
Von der A 7 Würzburg–Kassel Ausfahrt Hünfeld/Schlitz nach Hünfeld, dort links auf die B 27 in Richtung Norden, kurz nach Rothenkirchen rechts ab nach Oberstoppel zum Stoppelsberg ❶; weiter über Dittlofrod nach Eiterfeld, links über Fürsteneck, Ober- und Unterweisenborn zur Linde in Schenklengsfeld ❷; von dort weiter nach Motzfeld am Dreienberg ❸; auf der B 62 nach Vacha in Thüringen, dort erst rechts ein kurzes Stück auf der B 84, dann links nach Völkershausen, nach 5 km rechts ab nach Wölferbütt am Dietrichsberg ❹; wieder zur Hauptstraße und dort rechts über Oechsen und Unteralba nach Dermbach, dort links auf die B 285, nach ca. 2 km rechts über Urnshausen nach Bernshausen zur Kutte ❺; zurück auf die B 285 nach Dermbach und weiter nach Glattbach zum Ibengarten ❻; erneut zurück nach Dermbach, dort links über Unteralba, Bremen und Geisa nach Rasdorf in Hessen, links auf die B 84, nach 3,5 km rechts ab zum Stallberg ❼; zurück auf die B 84 Richtung Hünfeld, nächste Straße links ab zum Haselstein ❽; weiter über Morles, Hofbieber, Langenbieber, Kleinsassen und Wolferts zur Steinwand ❾; über Poppenhausen zum Wachtküppel ❿; durch Gersfeld über Mosbach auf die B 278, diese links bis zum Roten Moor ⓫; weiter bis kurz vor Wüstensachsen, dort links auf die B 284 Richtung Gersfeld zum Schafstein ⓬; weiter auf der B 284 bis zum nächsten Abzweig rechts zur Wasserkuppe ⓭; in Abtsroda rechts über Dietges nach Rupsroth, dann links über Dörmbach zur Milseburg ⓮.
Über Langenbieber zur A 7 (Ausfahrt Fulda-Nord) und eine Ausfahrt weiter nach Norden zum Ausgangspunkt.

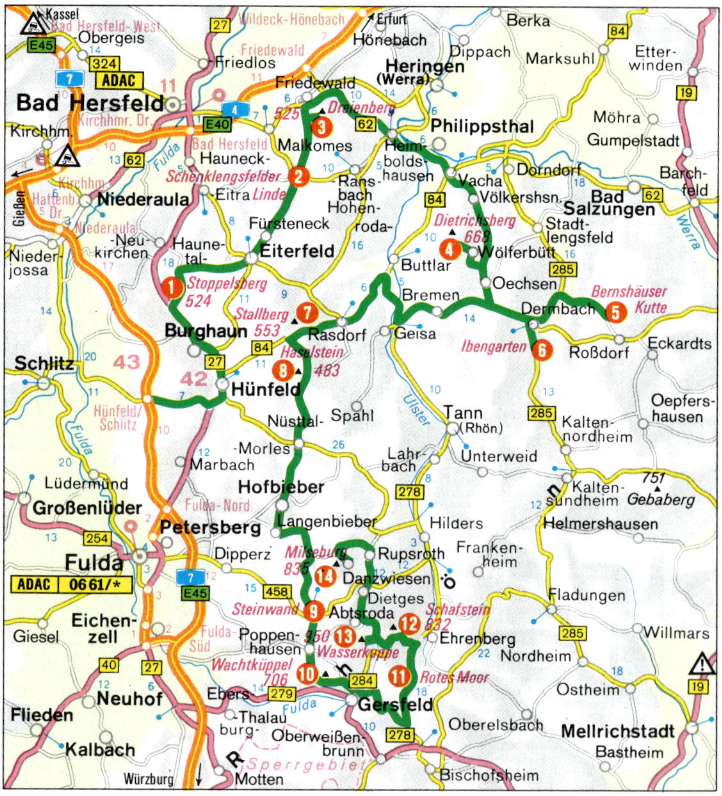

zwar durch ein Korsett aus Drahtseilen zusammengehalten werden, und sie braucht auch ein Stützgerüst, um ihre 30 m weit ausladende Krone zu tragen, aber jedes Jahr im Frühling zieht sie ein neues, laubgrünes Kleid an. Wie alt die rüstige »Dame« eigentlich ist, weiß niemand genau zu sagen. In Schenklengsfeld nennt man sie die »Tausendjährige«; ein Basaltblock vor der Linde trägt die Inschrift »Gepflanzt im Jahre 760«. Ob's stimmt?
Der Dorfplatz mit dem Baum-Methusalem ist leicht zu finden: in der Ortsmitte gegenüber der Kirche rechts in Richtung Heringen abbiegen, dann nach etwa 100 m scharf links durch eine schmale Straße zum Dorfplatz, auf dem die Schenklengsfelder alle zwei Jahre (an den ungeraden Jahreszahlen) im Juni zu Ehren ihrer Linde das Lindenblütenfest feiern.

Drahtseile und ein Stützkorsett halten die 1000jährige Schenklengsfelder Dorflinde mit ihrer 30 m weit ausladenden Krone zusammen.

3 Dreienberg

Im Juni, wenn der aromatische Duft der Lindenblüten die Luft erfüllt, blühen auch in den naturnahen Buchenwäldern am Dreienberg viele schöne Blumen, darunter die Waldakelei, das Rote Waldvögelein, das Kleine Wintergrün oder die sehr seltene Fliegenragwurz, die mit ihrer wie ein (weibliches) Insekt geformten Blüte männliche Fliegen als unfreiwillige Helfer bei der Befruchtung anlockt. Der Dreienberg, ein Muschelkalk-Zeugenberg am nördlichsten Ende der Rhön, ist bis heute ein Geheimtip für Naturfreunde geblieben. Hier kommen auf engem Raum ungewöhnlich viele Pflanzenarten vor.
Im Grenzsaum zwischen dem Buntsandsteinsockel und der Muschelkalkkappe gedeiht die Flora besonders üppig; an diesem Saum führt auch der 8,5 km lange Panoramarundweg (Markierung: weißes P auf grünem Grund) um den Berg entlang. Sie erreichen den ersten Wanderparkplatz am Rundweg, wenn Sie 1 km hinter dem Ortsende von Motzfeld rechts in einen Feldweg einbiegen, der bis zum Waldrand führt.

4 Dietrichsberg und Geiskopf

Als eine der nördlichsten Kuppen der Thüringischen Rhön erhebt sich der Dietrichsberg (668 m) als flacher Kegel mit guter Aussicht über dem welligen Buntsandsteinland. Wie bei anderen Rhönbergen auch, schützte eine Decke aus Basalt den Sockel vor Abtragung. Spätere Eruptionen sind

Bergkuppen mit bewaldeten Hängen, verstreut liegende Dörfer, Einzelgehöfte, Äcker und Weiden prägen das abwechslungsreiche Landschaftsbild der Kuppenrhön.

Eine botanische Rarität: die in der Rhön auf Kalkböden wie am Dreienberg wachsende Fliegenragwurz mit ihren verblüffend insektenähnlichen Blüten.

dann seitwärts erfolgt, »wo unfern der Kuppe die Basalte in ungeheuren Massen gethürmt, ein grauen-, aber auch wundervolles Bild der Zerstörung darbieten«, so ein Buch von 1870. Gemeint ist damit der Geiskopf, der dem Gipfel des Dietrichsbergs an Höhe nur wenig nachsteht und als eigenständige Kuppe an der Südostseite des Berges schon von weitem erkennbar ist. Der kleine Aufschluß am Geiskopf weist prächtige, bis zu 15 m hohe Basaltsäulen auf, seine Umgebung wird von einem bemoosten Blockmeer geprägt.
Nur wer gut zu Fuß ist, wird den Auf- und Abstieg richtig genießen, denn das Auto bleibt auf dem Dorfplatz von Wölferbütt zurück. Man wandert die Dietrichsbergstraße ca. 1,5 km hinauf und biegt bei den zwei Kastanien rechts ab; die Forststraße führt nach etwa 800 m im Bogen an einer kleinen Wildfutterhütte vorbei (weißer Pfeil). Am Schlagbaum kann man nach links dem alten Fahrweg 100 m bis zum ehemaligen Steinbruch folgen (waagrechte und fächerförmige Basaltsäulen an der gegenüberliegenden Wand) oder rechts auf einem kleinen Pfad zum Blockmeer des Geiskopfs wandern. Unterhalb des Blockmeers führt links ein Weg (weißer Pfeil) zum Geiskopf-Aufschluß. Dort nimmt man den mit einem weißen Pfeil und weißen Quadrat markierten Pfad durch den Wald zur Dietrichsbergstraße zurück. Für den Rundgang sollte man drei Stunden einplanen.

5 Bernshäuser Kutte

Ein kreisrunder See inmitten rotleuchtender Buntsandsteinwände, die bis zu 20 m hoch die Wasserfläche fast ganz umgeben: Viele Besucher fragen sich, wie er wohl entstanden ist. Besonders an den Grenzen von Gesteinsschollen bildeten sich durch Auslaugung der salzführenden Zechsteinschichten große Hohlräume, die unter der Last der darüberliegenden Buntsandsteinschichten einbrachen. Solch ein riesiger, wassergefüllter Trichter (4,77 ha Fläche, 45 m Tiefe) ist auch die Kutte von Bernshausen; kleinere – etwa den sagenumwobenen Schönsee und die Roßdorfer Kutte ganz in der Nähe – gibt es noch etliche hier. Zwischen den Felswänden und dem Wasser bleibt Raum für einen schmalen Pfad, der unter Eichen und Buchen den See umrundet.

Am Geiskopf, der als eigenständige Kuppe der Südostseite des Dietrichsbergs vorgelagert ist, präsentiert sich unweit des Gipfels ein eindrucksvolles, mit Moos überzogenes Basaltblockmeer.

Sie folgen der schmalen Straße, die etwa 100 m hinter dem Ortseingangsschild von Bernshausen nach rechts Richtung Roßdorf führt. Nach 600 m zweigt ein Wiesenweg zur Kutte ab, die Sie schon von der Straße aus sehen können.

6 Ibengarten

Vor drei Jahrzehnten zählten Naturschützer hier fast 600 Eiben, gegenwärtig sollen es noch rund 350 Exemplare sein. Trotzdem gilt das 57,8 ha große, seit 1938 naturgeschützte Areal des ehemaligen Klosterwaldes bei Dermbach immer noch als eines der größten Eibenvorkommen Deutschlands. Am Westhang des Neubergs findet der Naturfreund einen schönen Laubmischwald vor, wie er für die Muschelkalkhänge charakteristisch ist: Über einer Rasendecke aus Blaugras breitet sich dichtes Unterholz aus Hartriegel, Weißdorn, Mehlbeere und verschiedenen Ahornarten aus, während Buchen und die bis zu 12 m hohen Eiben das obere Stockwerk dieses naturnahen Waldes bilden. Auch wenn Lokalpatrioten den Eiben ein Alter von bis zu 1000 Jahren zubilligen möchten: Die ältesten sind wohl »nur« 500 Jahre alt.
Der Ibengarten liegt oberhalb des Dörfchens Glattbach. Das Auto läßt man an der Feldabrücke zurück. Hier zeigt ein Schild noch 1,2 km Fußweg (rot markiert) bis zum Ibengarten an. Der Weg führt den Berg hinauf, links im Bogen um einen mit Wacholder und Schlehen bestandenen Hang und taucht dann in den Bergwald ein.

7 Stallberg

Meterdicke, knorrige Baumveteranen, dazwischen von der Sonne gebleichte Baumgerippe und umgestürzte Bäume, die im undurchdringlichen Unterholz langsam vermodern: So stellt man sich einen Urwald vor, und so ähnlich kann man ihn am Stallberg (553 m) in der Kuppenrhön auch erleben. Im großen Blockmeer an der Westflanke der Basaltkuppe haben mächtige Buchen, Ulmen, Eschen, Linden und Ahorne im scharfkantigen Gesteinsschutt Fuß gefaßt. In der frühgeschichtlichen Ringwallanlage auf der Kuppe ragen dunkle Basaltklippen wie riesige Maulwurfshügel auf.
Den Stallberg und den benachbarten Morsberg, beliebte Wandergebiete, erschließen mehrere Rundwanderwege. Den Wagen läßt man am besten auf dem Wanderparkplatz (mit Schutzhütte, Grillstelle, Spielgeräten) an der Paßhöhe zwischen Stallberg und Morsberg stehen. Ein Weg (Markierung: weißes X) führt von hier hinauf zum Gipfel (3,5 km).

8 Haselstein

Viele Dutzend Bergkuppen zählt die Kuppenrhön, und jede hat ihren eigenen, unverwechselbaren Charakter. Auf unserer Rundfahrt taucht ein paar Kilometer hinter dem Stallberg im Süden ein merkwürdig geformter Berg auf: der Haselstein, der das gleichnamige Dörfchen um gut 80 m überragt. Er sieht im Gegenlicht wie ein riesiger grauer Felszapfen aus, der sich aus dem Erdinnern nach oben geschoben und dabei die Erdkruste an einer weichen Stelle durchbohrt hat. Der sonderbare Berg besteht aus Phonolith. Das grünlichgraue vulkanische Gestein tritt an dem mit einem

Das Museum in Tann – nicht nur für verregnete Tage
Die kleine Stadt im Ulstertal, südlich von Geisa am Weg vom Ibengarten 6 zum Stallberg 7 gelegen, beherbergt neben dem Freilichtmuseum »Rhöner Museumsdorf« ein naturkundliches Museum mit einer umfangreichen Sammlung einheimischer Tiere und Pflanzen. Sie werden in wirklichkeitsgetreuen Landschaftsnachbildungen präsentiert. Man sieht z.B. einen Rhöner Bachlauf mit der seltenen Wasseramsel und dem früher hier heimischen Fischotter oder eine typische Moorwiesenlandschaft der Hohen Rhön, in der fünf Birkhähne balzen. In anderen Dioramen sind eine Felswand aus Säulenbasalt mit den in der Rhön eingebürgerten Mufflons und eine Wildschweinrotte dargestellt, die sich in einem Schlammloch suhlt. Das Natur- und Jagdmuseum am Marktplatz ist von Ostern bis Mitte Oktober tägl. von 10–12 und von 14–17 Uhr geöffnet.

Bereits am frühen Morgen versammeln sich die Birkhähne im Frühjahr zum Balztanz.

Die scheue Wildkatze hält gelegentlich auch am Schafstein nach Beute Ausschau.

Den seltenen Europäischen Siebenstern trifft man in den Karpatenbirkenwäldern des Roten Moores an.

Wie für Kletterer geschaffen sind die 25 m hohen Phonolithsäulen der Steinwand.

roten Dreieck markierten Pfad zutage, der vom Wanderparkplatz an der Südwestflanke des Haselsteins zum Gipfel führt. Man erreicht diesen Parkplatz von der Ortsmitte des Dorfes (Abzweigung nach Hünfeld) durch die Schloßbergstraße nach ungefähr 500 m.
Beachten Sie beim Aufstieg die Pflanzen auf den Klippen an der Südseite des Haselsteins. Im Sommer blühen dort als botanische Kostbarkeiten die blaßrote Sprossende Felsennelke und die weiße Astlose Graslilie. Sie gehören zur typischen Flora der Phonolithkuppen, die neben Gehölzen wie der Mehlbeere, der Eberesche und den beiden Weißdorn-Arten viele Kleinfarne und Dickblattgewächse umfaßt.

9 Steinwand

Der Hochrhön-Ring, der zu den höchsten Gipfeln der Hessischen Rhön führt, quert 2 km hinter Wolferts am Gasthaus »Steinwand« (Di Ruhetag) einen niedrigen Bergsattel. Nur wenige Schritte vom dortigen Wanderparkplatz entfernt erhebt sich die gewaltige Felsgruppe wie die unbezwingbare Mauer einer mächtigen Burg. Bis zu 25 m ragen die annähernd quadratischen Steinsäulen akkurat aneinandergereiht in die Höhe. Kein Wunder, daß diese auffällige Felsformation einst mit dem Teufel in Verbindung gebracht wurde, scheint sie doch von fremder Hand geformt zu sein. Hier soll der Leibhaftige – als Priester verkleidet – ehemals Predigten abgehalten haben.
Die Geologen hingegen erklären die Steinwand wissenschaftlich-nüchtern als Klippe aus hartem Nephelin-Phonolith. Das Gestein bildet beim Abkühlen und Schrumpfen häufig solche Säulen oder Platten.

10 Wachtküppel

Der »Lausbub der Rhön«, der als Däumling von Kopf bis Fuß nur 706 m mißt und sich trotzdem vorwitzig unter die Riesen des Gebirges mischt, bietet seinen Besuchern das unbestritten beste Panorama im hessischen Teil der Rhön. Im Norden erkennt man die Milseburg (835 m 14) mit ihrem markanten, sargdeckelförmigen Umriß, im Nordosten ragt die Wasserkuppe (950 m 13) auf, zu erkennen an den hellen Kuppeln der militärischen Anlagen, ein einzelner Fernsehsender im Osten markiert den Gipfel des Heidelsteins (926 m), die zwei Sendemasten im Südosten stehen auf dem Gipfelplateau des Kreuzbergs (928 m 16), und im Westen ragen die beiden Türme der Burgruine Ebersburg aus dem Wald.
Wo findet man diesen »Lausbuben«, auf dem dereinst die Ritter von Ebersberg nach Feinden und reicher Beute Ausschau hielten? Auf einer der Höhen, die das Becken am Fuß der Wasserkuppe umrahmen und dem Luftkurort Poppenhausen sein besonders mildes Klima bescheren. Von Poppenhausen fährt man knapp 3 km in Richtung Gackenhof, biegt auf der Paßhöhe links ab und erreicht nach 1,5 km die Kirche St. Wendelin. Dort läßt man den Wagen stehen und geht zu Fuß weiter bis zum Gipfel.

An den Hängen der Wasserkuppe entspringt auch die 218 km lange Fulda.

An die einsamen Tundren Nordeuropas erinnert das Rote Moor mit seinen Karpatenbirkenwäldern, die seltenen Vogelarten Lebensraum bieten.

⓫ Rotes Moor
Versunkene Dörfer, Moorjungfern, die nachts als Irrlichter über den Mooren schweben, Blut, das aus dem Moorboden quillt – in der Sagenwelt der Rhön spielen die Moore eine Hauptrolle. Wie so oft enthalten die Sagen ein Körnchen Wahrheit. Das Moorwasser hat durch die in ihm gelösten Humusstoffe tatsächlich meist eine rotbraune Farbe, ähnlich wie geronnenes Blut; der schwach zersetzte Hochmoortorf ist ebenfalls rotbraun, und das Rote Moor trägt seinen Namen daher zu Recht. In der Tat gab es in der Nähe des zweitgrößten Moores der Rhön (40 ha) früher auch ein Dorf, das allerdings nicht im Moor versank, sondern im Dreißigjährigen Krieg zerstört wurde.
Ausgangspunkt für Wanderungen durch das einzige größere Hochmoor Hessens ist der Parkplatz »Moordorf« an der B 278 Bischofsheim–Wüstensachsen. 500 m westlich davon liegt der Informationspavillon mit ausführlichen Erläuterungen zum Roten Moor. Von dort führt ein 1 km langer Bohlensteg durch die Randzone des Moores bis zu einem Beobachtungsturm.
Das Rote Moor hat unter dem früheren Torfabbau für die Heilbäder der Rhön stark gelitten und muß deshalb seit einigen Jahren wieder mühsam saniert werden. Die Naturschützer wollen vor allem einen Lebensraum für die Birkhühner erhalten, die am Rand des Moores in den Beerensträuchern reichlich Nahrung und Platz für ihre imposanten Balzspiele finden. Eine weitere Besonderheit des Roten Moores sind die Karpatenbirkenwälder, von denen es größere zusammenhängende Bestände in Mitteleuropa nur noch in der Hohen Rhön gibt. In ihnen finden außer dem Birkhuhn auch andere von der Ausrottung bedrohte Vogelarten wie die Bekassine, die Waldschnepfe und der Wiesenpieper Unterschlupf.

⓬ Schafstein
Schafe weiden auf der Basaltkuppe an der Ostflanke des Wasserkuppe-Massivs schon lange nicht mehr, dafür hausen hier Füchse und Dachse, gelegentlich kommt sogar einmal eine Wildkatze bei ihren Streifzügen in das urwaldähnliche Naturschutzgebiet. Die vielen umgestürzten Bäume, die großen Gesteinsblöcke und der dichte Unterwuchs aus Stauden erschweren den Aufstieg; wer ein Stück nahezu unverfälschter Natur erleben möchte, sollte jedoch die Mühen auf sich nehmen.
Das Auto lassen Sie am besten am höchsten Punkt (Hinweisschild »780 m«) der Straße stehen, die von der B 284 Wüstensachsen–Gersfeld in Richtung Reulbach abzweigt. Auf der anderen Straßenseite führt auch der mit einer »2« markierte Weg vorbei, der Sie durch den Wald hinauf zum Schafstein (832 m) bringt. Von oben blickt man auf die gewaltigen Blockmeere aus moos- und flechtenbedeckten Basaltblöcken, die den Wald am Fuß der Kuppe förmlich zu überrollen scheinen. Innerhalb der Blockmeere wachsen nur an wenigen Stellen Bäume, vor allem Ahorne, die schneller als andere Arten auf dem lockeren Gesteinsschutt Fuß fassen.

Die seltene Bekassine mit ihrem langen Schnabel kann man im Roten Moor beobachten.

Auf der »Pirsch« in der Rhön
Im Ehrengrund, einem von Wäldern umschlossenen Wiesental bei Gersfeld, nicht weit vom Roten Moor ⓫ entfernt, darf man auf die Pirsch gehen, allerdings bloß mit der Kamera. Nur für die Petrijünger macht man eine Ausnahme: Sie dürfen in einem Angelteich ihr Glück versuchen und Forellen, Karpfen und Schleien fangen. Der Hochwildschutzpark Ehrengrund gehört zu den schönsten Wildparks Europas. Über 150 Tierarten bevölkern das 40 ha große Freigehege, darunter Hirsche, Rehe, Steinböcke, Mufflons, Gemsen und Wildschweine, die man bei uns in freier Wildbahn nur selten beobachten kann. Dazu kommen viele kleinere Tiere wie Hasen, Waschbären, Eichhörnchen und Scharen von Vögeln, die sich ohne größere Scheu zwischen den Besuchern tummeln (geöffnet Mo–So 9–18, im Winter 10–16 Uhr; nähere Auskünfte: ☎ 0 66 54/6 80). Man erreicht den Wildpark über eine ausgeschilderte Zufahrtsstraße oder zu Fuß in 15 Minuten von der Stadtmitte in Gersfeld aus.

Eine imposante geologische Naturerscheinung sind die gewaltigen Basaltblockmeere am Schafstein, die sich in breiter Front mehrere hundert Meter hinab bis in eine bewaldete Mulde erstrecken.

An die Pioniertage des Segelflugsports erinnert das Fliegerdenkmal auf der Wasserkuppe.

⑬ Wasserkuppe

Der höchste Gipfel der Rhön, mit 950 m gleichzeitig höchster Berg Hessens, ist nicht zu übersehen. Von der B 284 zweigt rechts der Hochrhön-Ring in Richtung Abtsroda ab, der bis knapp unter den Gipfel führt und Ihnen den anstrengenden Aufstieg erspart. Ermattete Wanderer finden auf dem Gipfelplateau eine große Auswahl von Gaststätten und Hotels, darunter eines mit dem beziehungsreichen Namen »Peterchens Mondfahrt« (Di Ruhetag; Nov.–Mitte Dez. geschlossen). Vom Gipfel aus hat man eine herrliche Aussicht auf die Kuppenrhön.

Bei der Anfahrt kommt man in 855 m Höhe an der Quelle der Fulda vorbei (Parkplätze). »Sie wächst zur Werra hingezogen, zum Deutschen Strom und senkt die Wogen als Weser schiffbelebt ins Meer«, verkündet hier eine Bronzetafel. Die Fuldaquelle ist nur eine von vielen Quellen, die an den Hängen der Wasserkuppe austreten: Der in den obersten 100–150 m aus Basalt aufgebaute Berg verdient seinen Namen. Das von vielen Klüften und Spalten durchzogene Ergußgestein nimmt das Sickerwasser rasch auf und gibt es an der Grenze zu den darunter lagernden wasserstauenden Tuffschichten in kräftig sprudelnden Quellen wieder ab. Auf dem Gipfelplateau führt ein Rundweg (eine Stunde) vom Parkplatz am Segelfliegerlager zum Fliegerdenkmal, von dem man den besten Ausblick auf die Kuppenrhön hat, und wieder zurück zum Parkplatz.

⑭ Milseburg

Wenn man der Sage glauben darf, dann liegt der Riese Mils unter dem Berg mit dem weithin sichtbaren, sargdeckelförmigen Gipfel begraben. Er hat sich den markantesten Berg der Rhön als letzte Ruhestätte ausgesucht. Die Milseburg ist, wie ihre Beinamen »Totenlade« und »Heufuder« schon andeuten, kein schöner Berg, aber einer mit Charakter. Das graue Phonolithgestein, aus dem die Felsklippen am Gipfel und die ausgedehnten Blockmeere an den Hängen bestehen, verleiht der Vulkanruine ein düsteres Gesicht.

Sie braucht die Farbtupfer, die die Vegetation im Frühjahr und Sommer auf den graubraunen Boden zaubert. Das Pflanzenkleid umfaßt nahezu die gesamte bunte Palette der in der Rhön verbreiteten natürlichen Waldgesellschaften: von den Buchenwäldern mit hohen Stauden im Unterwuchs an den kühlen Nordhängen bis hin zu den lichten Buschwäldern aus krüppeligen Eichen an der felsigen, von der Sonne beschienenen und ausgetrockneten Südseite. Im Schatten der Bäume findet man viele botanische Kostbarkeiten, darunter die im Juli und August blühende Türkenbundlilie und die Pfingstnelke, die schon im Mai ihre Blüten entfaltet. Dazu kommen über 200 Moosarten wie das seltene, bärlappähnliche Geldbeutelmoos, das rotbraune oder grüne Polster bildet.

Massiv ragt die Milseburg aus den welligen Bergwiesen der Kuppenrhön auf. Um den markanten Vulkanberg ranken sich viele Sagen.

Der Berg der Flieger
Die sanft abfallenden, unbewaldeten Hänge der Wasserkuppe ⑬ sind ein Eldorado für Flugsportler. Ob nun Segelflieger, Motorflieger, Drachenflieger, Gleitschirmflieger oder Modellflieger, die lieber mit beiden Beinen auf der Erde bleiben und ihr Miniaturflugzeug mit Funksignalen durch die Lüfte steuern – alle treffen sich auf dem höchsten Berg der Rhön, um ihrem Hobby zu frönen. Die Wasserkuppe ist die Wiege des Segelfluges. Bereits 1911 unternahmen hier wagemutige Piloten mit einfachen Maschinen die ersten Gleitflüge, 1924 wurde auf der Wasserkuppe die erste Segelflugschule der Welt eröffnet. Das Segelflugmuseum Wasserkuppe (geöffnet tägl. 9–12 und 13–18 Uhr; ☏ 0 56 54/77 37) informiert über die Geschichte des Segelfluges; Rundflüge für Passagiere im Motor- und Segelflugzeug bietet die Segelflugschule (☏ 0 66 54/3 64), Mitflüge im Flugdrachen die Drachenflugschule (☏ 0 66 54/3 53) an.

Einblicke in die Unterwelt
Was ist Basalttuff? Wie entsteht Braunkohle? Welche Tierarten lebten in den Meeren der Muschelkalkzeit? Warum sind in der Rhön an vielen Steilhängen Gesteinsschollen abgerutscht? Der Geologische Wanderpfad, der an dem Wanderparkplatz am östlichen Ortsrand von Abtsroda beginnt und in einer rund 10 km langen Schleife am Nordwest- und Westhang der Wasserkuppe ⑬ entlangführt, gibt auf diese und viele andere Fragen zur Geologie der Rhön ausführlich Antwort. Die insgesamt 48 Erläuterungstafeln informieren über den inneren Bau der Rhön, begleiten den Wanderer bei seinem Ausflug in die Erdzeitalter und zeigen ihm, welche Gesteine es in der Rhön gibt und wo man sie sammeln kann.

Zwei Rundwanderwege gehen vom Waldparkplatz »Milseburg« am Hochrhön-Ring aus: Der mit »M 2« bezeichnete Weg (4,3 km lang) führt ohne größere Steigungen um die Kuppe herum, der Weg »M 1« (3,5 km lang) windet sich bis zur Schutzhütte des Rhönklubs (tägl. 11.30–20, Mitte Jan.–Mai Sa, So 11.30–20 Uhr geöffnet) knapp unter dem 835 m hohen Gipfel hinauf, auf dem eine Wallfahrtskapelle und die Reste einer keltischen Fliehburg zu sehen sind. Die Erbauer der Burg mußten den von zum Teil senkrechten Felswänden umgebenen Gipfel nur an wenigen Stellen durch Mauern aus Felsblöcken verstärken.

Route 2 Bayerische Rhön und Grabfeld

Teufelsspuk und Mooraugen

⑮ Dreistelzberg

Die »Krone der südwestlichen Rhön« erinnert aus der Ferne an einen Irokesenkamm, die steifbürstige, manchmal grün gefärbte Haartracht, die bei Punkern sehr beliebt ist. Der 660 m hohe Basaltkamm mit dem vom Wind zerzausten Buchenhochwald überragt das Sinntal bei Bad Brückenau um rund 400 m. Ein Aussichtsturm am westlichen Ende des Kamms gibt durch eine Schneise den Blick frei auf die markantesten Höhen der Bayerischen Rhön im Norden und Nordosten: die kahle Dalherdakuppe (801 m), im Truppenübungsplatz Wildflecken gelegen und daher für Touristen tabu, den Volkersberg, den »Kleinen Sinai« der Rhön, zu erkennen an der Silhouette der Wallfahrtskirche, die Schwarzen Berge mit der vorgelagerten Platzer Kuppe, dahinter den Kreuzberg ⑯ mit den beiden Sendemasten.

Wer dieses Panorama erleben möchte, sollte sich allerdings auf einen längeren Fußmarsch einstellen, denn vom Parkplatz »Elfenwiese« (auf der B 27 von Bad Brückenau etwa 2 km Richtung Hammelburg, dann rechts noch 700 m) muß man auf den Rundwanderwegen 4 und 3 noch fast 200 Höhenmeter bis zum Aussichtsturm bewältigen.

⑯ Kreuzberg

Wer geologische Exkursionen für eine »trockene« Angelegenheit hält, wird spätestens in der Klosterschänke auf dem Kreuzberg (Anfang Nov.–Mitte Dez. geschlossen) eines Besseren belehrt: Das dunkle, süffige Bier, das es dort seit 1731 im Ausschank gibt, wird aus dem Quellwasser gebraut, das in der Nähe des Klosters an dem Quellhorizont zwischen der Basaltkappe und den Muschelkalkschichten austritt. Da sich das Basalt-

In der Klosterschänke auf dem Kreuzberg können sich müde Wanderer bei einem Glas Bier ausruhen.

<ins>*Natur erleben und verstehen*</ins>

Wer vor Ort mehr über die Natur der Rhön erfahren möchte, sollte an den Botanisch-Geologischen Wanderwochen teilnehmen, die die Verkehrsämter der rund um die Milseburg ⑭ gelegenen Luftkurorte Poppenhausen und Hilders sowie Hofbieber in den Sommermonaten unter fachkundiger Führung veranstalten. Diese siebentägigen Wanderwochen sind für Urlauber gedacht, die gerne wissen wollen, welche Pflanzen am Wegesrand gedeihen und welche Gesteine dort vorkommen. Bei den Wanderungen lernt man auch die wichtigsten Natursehenswürdigkeiten der Rhön kennen. Nähere Informationen: Verkehrsamt Poppenhausen/Wasserkuppe, Postfach 10, W-6416 Poppenhausen, ☏ 06658/518; Verkehrsamt Hilders, Kirchstr. 2–6, W-6414 Hilders 1, ☏ 06681/651; Fremdenverkehrsbüro Gemeinde Hofbieber, Postfach 20, W-6417 Hofbieber, ☏ 06657/8095.

<ins>*So weit die Füße tragen*</ins>

Die Rhön ist »wanderbar«, zu jeder Jahreszeit, für jede Schuhgröße. Allein im Naturpark Bayerische Rhön gibt es über 300 markierte Rundwanderwege, die aneinandergereiht rund 2000 km messen. Fast unüberschaubar präsentiert sich auch die Palette der von den verschiedenen Fremdenverkehrsämtern organisierten Wanderungen. Sie reicht von Tageswanderungen bis zu den Rhön-Wanderwochen und zum Angebot »Wandern ohne Gepäck«.
Geübten Wanderern sei der Panoramarundweg empfohlen, der in fünf Tagesetappen von Gersfeld aus 100 km weit durch die schönsten Teile der Hohen Rhön führt und dabei vom Kreuzberg ⑯ über den Gangolfsberg ㉒, das Schwarze Moor ⑳ und die Milseburg ⑭ bis zur Wasserkuppe ⑬ die interessantesten Natursehenswürdigkeiten berührt (Informationen beim Fremdenverkehrsverband Rhön, Wörthstr. 15, W-6400 Fulda, ☏ 0661/6006-305 oder -318).

gestein in Wasser kaum löst, enthält das Quellwasser nur wenige Mineralien und eignet sich deshalb hervorragend zum Bierbrauen.
Die Basaltkappe des Kreuzbergs ist im Eiszeitalter stark verwittert. An der Südostflanke zieht sich das Johannisfeuer, ein großes Blockmeer aus aschgrauen Basaltblöcken, die steilen Hänge hinab. Zu den Zeugen der Eiszeit gehören auch die Reste von Frostmusterböden, die auf dem 928 m hohen Gipfelplateau erhalten sind. An besonders klaren Tagen kann man vom »heiligen Berg der Franken« aus im Osten den Ochsenkopf im Fichtelgebirge, im Norden den Hohen Meißner und manchmal sogar dahinter den Brocken im Harz (jeweils mit Sendetürmen) erkennen.
Bei der Anfahrt von Wildflecken müssen Sie sich an der Einmündung in die Straße Bischofsheim–Kreuzberg rechts halten. Sie endet nach knapp 2 km an einem gebührenpflichtigen Parkplatz.

17 Lange Rhön

Die Hochflächen der Langen Rhön zwischen dem Tal der Brend bei Bischofsheim und dem Dreiländereck am Schwarzen Moor 20, wo Hes-

Route 2
Bayerische Rhön und Grabfeld
Dieses Gebiet südlich der Hauptwasserscheide zwischen Main und Weser erschließt sich auf einer ungefähr 235 km langen Rundfahrt, auf der man teilweise von Oktober bis in den Mai hinein mit Verkehrsbehinderungen durch Schnee und Eis rechnen muß. Auf der Hochrhön-Straße führt die Route durch den interessantesten Abschnitt zwischen Bischofsheim und Fladungen bis in Höhen um 850 m. Ein viel lieblicherer Landschaftscharakter zeigt sich hingegen im Grabfeld und in der südlichen Rhön am Ende der Tour.
Streckenverlauf:
Von der A 7 Würzburg–Kassel zur Ausfahrt Bad Brückenau/Volkers, auf der B 27 über Bad Brückenau Richtung Hammelburg, kurz vor Breitenbach rechts ab zum Dreistelzberg 15; zurück nach Bad Brückenau, dort auf die B 286 Richtung Bad Kissingen, nach 4 km links ab in Richtung Riedenberg über Oberbach und Wildflecken zum Kreuzberg 16; weiter nach Bischofsheim, auf der Hochrhön-Straße Richtung Fladungen in die Lange Rhön 17; weiter zur Teufelsmühle 18 und – als kleiner Abstecher – zum Steinernen Haus 19; zurück zur Hochrhön-Straße und weiter zum Schwarzen Moor 20; in Richtung Fladungen geht es hinter Leubach rechts ab über Rüdenschwinden nach Hausen am Eisgraben 21; weiter über Stetten und Sondheim nach Urspringen und rechts hinauf zum Gangolfsberg 22; zurück nach Urspringen und über Oberelsbach, Unterelsbach und Bastheim links zum Frickenhäuser See 23; weiter nach Oberstreu und links auf der B 19 über Mellrichstadt nach Henneberg in Thüringen, dort rechts ab über Jüchsen und Haina nach Römhild und links zum Kleinen Gleichberg 24; zurück nach Römhild, links über Milz ins bayerische Trappstadt, rechts über Bad Königshofen nach Münnerstadt mit den Naturschutzgebieten Hainberg und Wurmberg 25; über die B 19/B 287 nach Bad Kissingen, dort erst rechts auf die B 286 und dann links über Oberthulba und Frankenbrunn nach Hetzlos, weiter auf die B 27 Richtung Bad Brükkenau, in Neuwirthshaus rechts ab zum Staatsforst Geiersnest 26; von Schönderling ist es auf der B 27 dann nicht mehr weit bis Bad Brückenau, dem Ausgangspunkt der Tour.

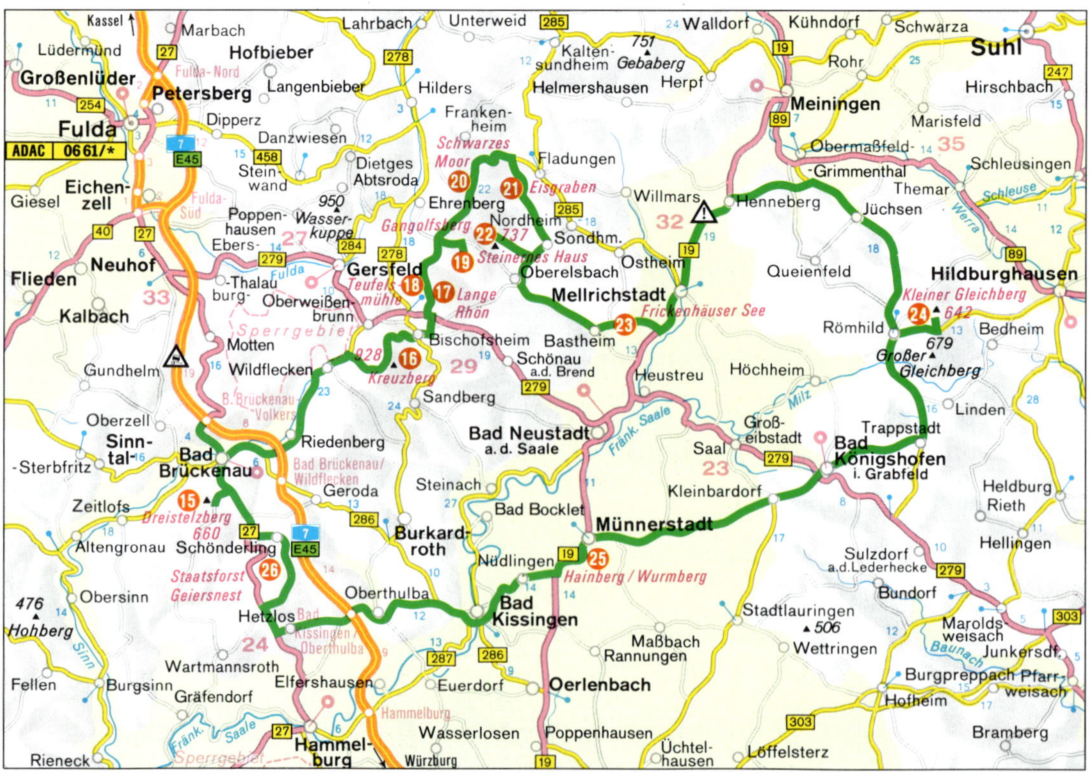

sen, Bayern und Thüringen aneinandergrenzen, gehören zu den für den Naturschutz wertvollsten, aber auch am stärksten gefährdeten Landschaften Deutschlands. Ihre Bergwiesen und Moore sind der Lebensraum vieler vom Aussterben bedrohter Pflanzen und Tiere, darunter des Birkhuhns, das hierzulande nur noch in der Rhön und in den Alpen vorkommt. Bitte haben Sie Verständnis dafür, daß man im über 2600 ha großen Naturschutzgebiet sein Auto nur auf ausgewiesenen Parkplätzen abstellen und die freie Landschaft nur auf markierten Wegen betreten darf.

Ein guter Ausgangspunkt für eine Wanderung ist der Wanderparkplatz Nr. 39 am Bauersberg bei Bischofsheim. Man erreicht ihn über die Hochrhön-Straße Bischofsheim–Fladungen (bei Kilometer 3,5 auf das Schild »Rothsee« achten). Von dort führt ein 12 km langer naturkundlicher Wanderpfad durch ein ehemaliges Bergbaugelände, über die Höhen der Langen Rhön und auch zur Teufelsmühle 18.

Warum die Lange Rhön eigentlich so heißt, begreift man erst, wenn man das Gebiet der ehemaligen Braunkohlengrube am Bauersberg (mit einem für Besucher ausgebauten Stollen, Braunkohlenflözen und Basaltgängen) hinter sich gelassen und die kahlen Hochflächen erreicht hat: Kilometerweit erstrecken sich hier wellige, mit Gras bedeckte Plateaus, auf denen nur da und dort einzelne Büsche und Bäume stehen. Die herbe Schönheit dieser Hochflächen, über die der Sturm im Winter den Schnee treibt, ist allerdings nicht auf natürliche Weise entstanden: Früher waren sie mit dichten Buchenwäldern bewachsen, die im 16. Jh. abgeholzt und in Glashütten und Eisenschmelzen verheizt wurden. Inzwischen gehören jedoch die Wiesen, die den Platz der Wälder eingenommen haben, fest zum Landschaftsbild der Langen Rhön.

Einem wogenden Meer gleicht der im Sommer üppig blühende Schlangenknöterich auf den feuchten Wiesen des Naturschutzgebiets Lange Rhön.

18 Teufelsmühle

Tief eingekerbte Schluchten sind in der Rhön selten, eine der schönsten zerschneidet die Südflanke der Langen Rhön. Wer im Spätsommer oder Herbst an der Hochrhön-Straße dem Hinweisschild zum Hotel-Restaurant »Jagdschloß Holzberghof« (Mo Ruhetag) folgt, findet nach 250 m an der Brücke meist nur ein friedliches Wässerchen, das zwischen grünbemoosten Basaltblöcken zu Tal plätschert. In der Schneeschmelze oder nach starkem Regen verwandelt sich der Bach jedoch in ein weißschäumendes Wildwasser. Es stürzt über die Felsriegel, die den Talgrund queren, und

Im tief eingekerbten Schwarzbachtal plätschert der klare Bergbach zwischen grünbemoosten Basaltblöcken meist friedlich vor sich hin. Bei Hochwasser bildet er jedoch einen imposanten Wasserfall – die Teufelsmühle.

Erstarrtes Ergußgestein in Basaltbrüchen verrät häufig noch den vulkanischen Ursprung der Rhön.

Kultur und Natur – vereint im Rhön-Museum

Wie eng Natur und Kultur in der Rhön miteinander verflochten sind, zeigt das Rhön-Museum in Fladungen, östlich des Schwarzen Moores ⑳ gelegen. Es ist im ehemaligen Zehntschloß, einem prächtigen Renaissancebau aus dem 17. Jh., untergebracht. Die Herstellung von Keramik, ein Schwerpunkt der Sammlungen, hängt beispielsweise eng mit den tonigen Gesteinen des Tertiärs zusammen, die man in der Rhön findet; sie lieferten früher auch den Rohstoff für die von den Fuldaer Fürstäbten betriebene Porzellanmanufaktur. Die traditionelle Holzschnitzerei ist ebenfalls in den waldreichen Buntsandsteinlandschaften der Rhön verwurzelt. Neben vielen Werken der Volkskunst beherbergt das Rhön-Museum auch eine Gesteinssammlung, ein Rhön-Herbarium und eine große Käfer- und Schmetterlingssammlung (geöffnet 1. April–31. Okt. Di–So 9–11.30, 13–16.30 Uhr, in der übrigen Zeit nur nach Voranmeldung; ☏ 09778/1575).

bildet dabei zwei imposante Wasserfälle, von denen der untere Teufelsmühle genannt wird. Sie erreichen ihn auf dem naturkundlichen Pfad und dem mit der Ziffer 3 markierten Wanderweg.
Der Wasserfall ergießt sich in einen Kolk, in dem die Basaltblöcke bei Hochwasser wie Mahlsteine herumgewirbelt werden – daher der Name. Außer dieser »teuflischen« Laune der Natur bietet die feuchte, schattige Schlucht noch eine weitere Attraktion: einen üppigen Schluchtwald mit vielen Farnen und Moosen. Aus dem grünen Dickicht leuchten im Sommer die hellvioletten Blüten des Ausdauernden Silberblatts und die großen, goldgelben Blüten des Rührmichnichtan hervor.

⑲ Steinernes Haus

Der Höllenfürst ist in der Hohen Rhön allgegenwärtig. An bestimmten Tagen, so heißt es, dringen am Steinernen Haus bei Oberelsbach schwarzer Rauch und Schwefeldampf aus dem Gestein: Der Teufel, der hier vor langer Zeit aus Basaltsäulen ein Haus errichtet haben soll, ruft sich auf seine Weise in Erinnerung. Aber auch ohne Teufelsspuk ist das Steinerne Haus einen Abstecher wert. In dem ehemaligen Steinbruch führt uns die Natur vor, wie auch härteste Gesteine vom Zahn der Zeit zermürbt werden. Die schönen fünf- und sechskantigen Basaltsäulen, die am Nordrand der Grube zutage treten, lösen sich durch die Verwitterung zur Erdoberfläche hin immer mehr in kugelige Blöcke auf und verschwinden schließlich ganz im kaffeebraunen Basaltlehm. Nach dieser Lektion tut vielleicht ein Bad im 7500 m^2 großen Basaltsee oder eine gegrillte Bratwurst gut – der Rastplatz »Steinernes Haus/Basaltsee« ist für die Erfüllung dieser Wünsche eingerichtet.
Die Anfahrt erfolgt von der Hochrhön-Straße zunächst auf der Straße nach Oberelsbach, nach 2,5 km biegen Sie rechts ab (Hinweisschild) und fahren dann noch 1,5 km bis zum Rastplatz, der im Winter allerdings nicht freigehalten wird.

⑳ Schwarzes Moor

»O, schaurig ist's über das Moor zu gehn, wenn es wimmelt vom Heiderauche ...«, werden sich manche Besucher mit Annette von Droste-Hülshoff denken, wenn sie über einen schmalen Bohlensteg durch das Schwarze Moor wandern und in die dunklen, unergründlichen Mooraugen schauen. Der 2,2 km lange, auch für Rollstuhlfahrer geeignete Bohlensteg wurde allerdings weniger zum Schutz der Besucher errichtet, die in den teilweise über 8 m mächtigen, durchweichten Torfschichten versinken könnten, sondern vor allem, um die empfindliche Hochmoorflora zu schützen. Das größte und ökologisch wertvollste Moor der Rhön, unmittelbar an der Hochrhön-Straße (Parkplatz an der Abzweigung nach Fulda) und genau auf der Wasserscheide zwischen Weser und Main gelegen, steht seit einem halben Jahrhundert unter Naturschutz.
Laien mag das Pflanzenkleid der Hochmoore, das hauptsächlich aus anspruchslosen Torfmoosen und Gräsern besteht, eintönig erscheinen.

Beim Steinernen Haus liegt der hübsch eingewachsene Basaltsee, ein gern besuchtes Erholungsgebiet.

Ein schmaler Steg führt die Besucher durch die seltene Pflanzen- und Tierwelt des Schwarzen Moores.

Wenn man genauer hinsieht, entdeckt man zwischen den graugrünen Moospolstern jedoch so seltene Arten wie den Rundblättrigen Sonnentau, der das Problem der Nährstoffversorgung auf seine Weise löst und sich als »fleischfressende Pflanze« auch von Insekten ernährt. Die typischen Tierarten der Hochmoore in der Rhön sind ebenfalls klein und unscheinbar wie der Moor-Perlmutterfalter, oder sie halten sich wie das Birkhuhn und die Kreuzotter scheu im Hintergrund.

21 Eisgraben

Das Schwarze Moor 20 wird durch den Aschelbach entwässert, der am Waldrand als Wasserfall über eine 8 m hohe Felswand stürzt und von dort an Eisgraben genannt wird. Im allgemeinen brauchen Wildbäche viele tausend Jahre, um ein Kerbtal in den Gesteinsgrund zu schneiden – der Eisgraben ist hier jedoch eine bemerkenswerte Ausnahme: Er schaffte es an einem einzigen Tag. Die bis zu 10 m tiefe Schlucht entstand bei einem Wolkenbruch, der am 26. Juli 1834 über der Langen Rhön niederging. Irgendwann wird der Eisgraben diese Meisterleistung wiederholen müssen, denn von den Hängen der Schlucht rutschen langsam Gesteinsschollen herab, die die Kerbe von den Seiten her allmählich zuschieben. Manchmal reißt eine rutschende Scholle eine tiefe Bresche in den Schluchtwald. Die umgestürzten Bäume werden schnell von Moosen und Flechten überwuchert, die in der feuchten und sauberen Gebirgsluft hervorragend gedeihen.
Am unteren Ausgang des Eisgrabens liegt das Dorf Hausen. Von dort führt die Eisgrabenstraße bachaufwärts etwa 1,7 km weit bis zu einem Wanderparkplatz mit Grillstelle, Tischen und Bänken, wo Sie das Auto stehen lassen. Der 3 km lange Weg bis zum Wasserfall am oberen Ende der Schlucht ist mit einem roten Dreieck markiert.

22 Gangolfsberg

Der heilige Gangolf, der Patron heilkräftiger Quellen, genießt in der Rhön besondere Verehrung. Auf dem Gipfel des nach ihm benannten Berges stand einst eine Kapelle. Vom Wanderparkplatz Nr. 27 führt ein Naturlehrpfad an der Ruine dieser Kapelle vorbei. Sie erreichen den Parkplatz, wenn Sie von Urspringen her zunächst 3,5 km in Richtung Berggasthof »Thüringer Hütte« (Di Ruhetag; Nov. geschlossen) fahren, dann links auf einen Waldweg abbiegen und noch 1 km weit dem Schild »Naturlehrpfad« folgen.
Am Gangolfsberg wartet die vulkanische Rhön noch einmal mit zwei Drei-Sterne-Sehenswürdigkeiten auf: einem urwüchsigen Blockhaldenwald mit Sommerlinden, Traubeneichen und einem weiteren Dutzend Gehölzarten sowie mit einer Felswand, die im Volksmund »Prismenwand« heißt. Mit »Prismen« sind die formvollendeten, bis zu 15 m langen Basaltsäulen gemeint, die aus der Felswand ragen. Die Talwiesen unterhalb der Felswand sind im März/April von den weißen Blüten der Märzenbecher übersät.

Reisen ohne Eile: Im Sommer werden viermal wöchentlich romantische Postkutschenfahrten von Bad Kissingen nach Bad Bocklet angeboten.

Die guten Tropfen der Rhön
Das hervorragende Rhöner Bier, das nicht nur am Kreuzberg 16 gebraut wird, hat im Wein der Rhön ein würdiges Gegenstück. Wein aus der rauhen Rhön? Ja, richtig gelesen. Die Rhön ist eines der ältesten deutschen Weinbaugebiete, schon um 780 wurde in Urkunden eine Reihe von Weingärten genannt, etwa bei Münnerstadt oder bei Hammelburg. Im Saaletal bei Hammelburg, südlich unserer Tour zwischen Münnerstadt 25 und dem Staatsforst Geiersnest 26, hat der Weinbau die Klimaschwankungen und den scharfen Wettbewerb bis heute überstanden. Bei Weinkennern haben die Lagen Heroldsberg, Trautlestal und Schloßberg einen guten Ruf.
In der Hohen Rhön, wo die Weintrauben nicht reifen, keltert man süßherbe Fruchtweine: Kirschwein, Schlehenwein, Heidelbeerwein, Preiselbeerwein . . . Vor allem das Städtchen Fladungen, östlich des Schwarzen Moores 20, hat darin eine lange Tradition.

Ein unterirdisches Labyrinth
Glücklicherweise behagten die in der Sandsteinhöhle von Walldorf herrschenden Temperaturen von 8–10 °C den Pilzen nicht. So kam man auf die Idee, statt der Champignonzucht in der Höhle Märchenbilder vorzuzeigen, zur Freude vor allem der kleinen Besucher. Das lag nahe, hatte doch der Märchendichter Ludwig Bechstein aus dem benachbarten Meiningen eine enge Beziehung zu dieser Landschaft und ihrem Sagenschatz.
Prosaisch ist hingegen die Entstehungsgeschichte der Höhle: Sandmacher hatten sich Tag und Nacht mit primitiven Werkzeugen in die Buntsandsteinschichten des Werratals hineingewühlt, um hier Scheuersand für Holztische und Zimmerdielen zu brechen, zu zerreiben und zu sieben. Seit dem Mittelalter entstand so ein ungeheures unterirdisches Labyrinth von etwa 65 000 m^2 Fläche, getragen von 2500 Säulen – die größte Höhle dieser Art in Europa (Öffnungszeiten bitte vor Ort erfragen). Sie können Walldorf an der Werra als Abstecher vom Ibengarten 6 oder von der Strecke zwischen Frickenhausen 23 und den Gleichbergen 24 besuchen. Die Höhle liegt direkt am Ortsrand. Lassen Sie Ihr Auto auf dem großen Parkplatz unterhalb der Kirchenburg in Walldorf zurück. Der Weg ist vom Parkplatz aus im Ort ausgeschildert.

Zarte Perlmutterfalter beleben die Hochmoore der Rhön. Die Unterseite ihrer Hinterflügel schmücken Perlmutterflecken.

<u>Besuch bei den Kelten</u>
Hätte ein Professor damals – man schrieb das Jahr 1838 – nicht erkannt, daß die Steinwälle auf dem Kleinen Gleichberg 24 Menschenwerk waren, dann hätte man sie als Baumaterial für die Landstraße von Meiningen nach Römhild benutzt. Und wären die dabei gefundenen Waffen, Schmuckstücke und Gefäßtrümmer nicht von einem Arzt sorgsam gesammelt und von einem Prähistoriker in einem eigens dafür gebauten Museum verwahrt worden, so wäre die Vorgeschichtsforschung im Südthüringer Raum um vieles ärmer.
Es gäbe dann auch nicht das attraktive Ensemble, das den Besuch der Gleichberge so lohnend macht: Im Museum (Parkplatz »Waldhaus«; Öffnungszeiten bitte vor Ort erfragen) am Fuß der Steinsburg – wie der Kleine Gleichberg auch genannt wird – kann der Interessierte nachempfinden, wie die Menschen oben am Berg einst gelebt haben – über einen Zeitraum von fünf bis sechs Jahrtausende!

23 Frickenhäuser See

Die natürlichen Seen der Rhön kann man an den Fingern einer Hand abzählen. Einer der schönsten liegt bei Frickenhausen, im südöstlichsten Winkel des Naturparks Bayerische Rhön. Er hat einen Umfang von 380 m und füllt einen annähernd kreisrunden Erdfall aus. Im Sommer drängen sich an seinem schmalen Ufer die Badelustigen; die abgehärteten Rhöner stören sich an den kühlen Wassertemperaturen offenbar nicht. Der See wird von Quellen mit Grundwasser gespeist, und das ist in dieser Gegend höchstens 10 °C warm.

Wer auf ein erfrischendes Bad oder wenigstens eine Wanderung um den See (vom Wanderparkplatz Nr. 58 aus gibt es vier Rundwanderwege zwischen 2,1 und 6,3 km Länge) nicht verzichten möchte, sollte am Ortseingang von Frickenhausen nach rechts in die Seestraße einbiegen; an der nächsten Straßengabelung zweigt rechts die Straße zum See ab.

24 Kleiner Gleichberg

Als beherrschende Landmarken sitzen die Basaltkegel der beiden Gleichberge in der leicht bewegten Keuperlandschaft des Grabfeldes, das thüringische Städtchen Römhild um mehr als 300 m überragend. Ihre Entstehung verdanken sie – wie die Berge der Rhön – dem tertiären Basaltvulkanismus. Im Bereich ausgeprägter, sich kreuzender Störungslinien brach einst die Basaltlava durch das Deckgebirge, die Gleichberge sind die verwitterten Reste solcher Schlote. Verwitterung hat auch die Basaltsäulen in Blockmeere verwandelt, die nicht nur den Kelten als willkommenes Baumaterial für die Steinsburg auf dem Gipfel des Kleinen Gleichbergs dienten. Staunend klettert man zwischen pilzbefallenen, von Spechten zersiebten Baumruinen durch die bemoosten Ringwälle, die das Gipfelplateau konzentrisch umgeben. Oben schlägt den Besucher die vielgerühmte Aussicht in ihren Bann, die bei schönem Wetter nach Südwesten die weite Landschaft zwischen Haßbergen und Rhön präsentiert und im Nordosten über das Werratal zum Thüringer Wald reicht. Da fällt manchem Hölderlin ein, der schrieb: »So studiert' ich am liebsten die Geographie der beiden Halbkugeln ...«

Von Römhild aus erreichen Sie nach 4 km den Parkplatz am Waldhaus (Gaststätte), wo Sie das Auto stehen lassen. Ein gelb markierter Weg führt von hier den Berg hinauf bis zur Schutzhütte (etwa 800 m). Ab dort ist der Weg als »Aufstieg« beschildert, und Sie wandern durch die Ringwälle auf der Westseite des Berges zum Plateau. Der mit »Abstieg« gekennzeichnete Pfad führt östlich um den Berg herum zur Hütte zurück.

25 Hainberg und Wurmberg

Das Fachwerkstädtchen Münnerstadt versetzt seine Gäste ins Mittelalter. Aber auch die Naturschutzgebiete Hainberg, Roth, Wurmberg und Pos-

Rastplätze mit Grillhütten und andere Freizeitangebote machen die Rhön zu einem attraktiven Erholungsgebiet.

senberg vor den Toren der Stadt sind historische Stätten: Sie dokumentieren die Landschaftsgeschichte. Man gelangt zu den Naturreservaten, wenn man in der Stadtmitte von der B 19 abbiegt und dem Schild »Sportzentrum/Hallenbad« folgt. Nach dem prächtigen mittelalterlichen Torturm fährt man rechts ab auf die Schwimmbadstraße und noch 1,8 km weit bis zu dem Parkplatz vor der Eisenbahnbrücke. Von dort geht es dann zu Fuß weiter im Tal oder bergauf zur Turmruine auf dem Hainberg (blaues Dreieck).

Das mustergültige Trockental, in dem die Naturschutzgebiete liegen, stammt aus den Eiszeiten, als der Dauerfrostboden die Spalten im Kalkstein »plombierte«; jetzt versickert das Wasser im Untergrund. Damals erhielt das Tal auch seinen typischen Querschnitt mit den steileren Sonnen- und den flacheren Schattenhängen.

Ein Überbleibsel aus der jüngeren Vergangenheit sind die geschützten Wacholderheiden. Sie entstanden, als in der Rhön auf den mageren Rasen an den Muschelkalkhängen noch extensive Weidewirtschaft (vor allem mit Schafen) betrieben wurde. Ohne den ständigen Verbiß, der verhindert, daß sich Gehölze ausbreiten, verwandeln sich die botanisch hochinteressanten Halbtrockenrasen jedoch allmählich in Gebüsche und schließlich in Wälder. Noch sind ein paar Fleckchen Steppenheide mit einer artenreichen Flora erhalten, in denen man vom zeitigen Frühjahr bis in den späten Herbst hinein die schönsten Blumen findet, so etwa die blaublühende Kleine Traubenhyazinthe (April/Mai), den sehr seltenen rötlichweißen Brennenden Busch, auch Weißer Diptam genannt (Mai/Juni), und den Großblütigen Fingerhut (Juni–Sept.) mit seinen riesigen schwefelgelben Blüten.

26 Staatsforst Geiersnest

Rund 80% der Fläche der Rhön bestehen aus Buntsandstein. Man nähme deshalb einen falschen Eindruck von diesem Gebirge mit nach Hause, wenn man nicht wenigstens zum Schluß der Fahrt noch eine echte Buntsandsteinlandschaft kennenlernen würde. Diese »Pflichtübung« fällt beim Staatsforst Geiersnest besonders leicht, denn das unbesiedelte Waldgebiet, das sich vom Thulbatal im Osten etwa 10 km weit nach Westen bis zum Schondratal erstreckt, ist für Wanderer und Naturfreunde eine Art Geheimtip.

Biegen Sie also in der Ortsmitte von Neuwirthshaus von der B 27 rechts in die Willkommstraße ein, und folgen Sie der schmalen Forststraße (nur für Fahrzeuge unter 3,5 t Gesamtgewicht befahrbar) nach Schönderling.

Die Sandsteinhochflächen mit ihren oft versumpften Muldentälern sind hier von Mischwäldern bedeckt, ein echter »Hänsel-und-Gretel-Wald«, in dem man sich schon einmal verlaufen kann, zumal es markierte Rundwanderwege nur vom Waldparkplatz Nr. 150 aus an der Kirche in Schönderling gibt. Und mitten drin in diesem Wald liegt ein einsames Jagdhaus, das sich gut als Kulisse für eine Wilderer- oder Räubergeschichte eignen würde …

Stille, einsame Landschaften laden in der Rhön immer wieder zu Spaziergängen und Wanderungen ein.

Wo die Natur heilt
Bei den »guten Tropfen« der Rhön darf man die Heilquellen nicht vergessen, die an vielen Stellen austreten und in den weltbekannten Badeorten wie Bad Kissingen, unweit des Hainbergs 25, oder Bad Brückenau, nördlich des Staatsforsts Geiersnest 26, zu Trink- und Badekuren verwendet werden. Fachleute schätzen an den Heilquellen der Rhön die ausgewogene Mischung von verschiedenen gelösten Salzen und natürlicher Kohlensäure.
Die heilkräftigen »Cocktails« erhalten ihre Mineralsalze hauptsächlich aus den Stein- und Kalisalzlagern des Zechsteins, und vulkanische Intrusionen, die im tieferen Untergrund langsam abkühlen, liefern die prickelnde Kohlensäure.

Amsel, Drossel, Fink und Star …
Das Vogelleben der Rhön ist so bunt wie ihr Landschaftsmosaik. Den sicherlich besten Einblick in die Welt der gefiederten Tiere bietet der 2 km lange Vogellehrpfad »Hirschtränke« 2 km nordwestlich der Ortschaft Aschach bei Bad Kissingen, nur wenige Kilometer vom Hainberg 25 entfernt. Der älteste derartige Lehrpfad Bayerns informiert mit mehr als 100 Erläuterungstafeln sowie Gehegen, Horsten, Futter- und Badeplätzen über die heimische Vogelwelt.

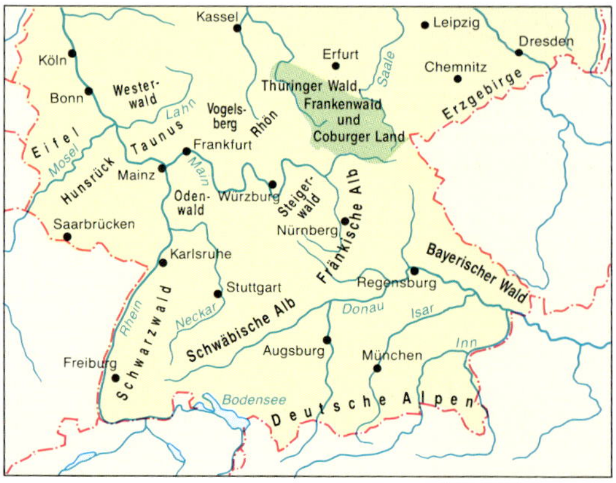

»Wo Berge sind, ist Gott; auf dem platten Lande hauset der Teufel.« Mit diesen Zeilen bekundete vor fast 200 Jahren der Schriftsteller Friedrich Gottlob Wetzel die Eindrücke seines Besuchs in Thüringen. Den Teufel brauchen wir hier also nicht zu fürchten, denn an Bergen ist vom Thüringer Wald bis hinüber ins Land der Franken wahrlich kein Mangel. Sie bekrönen den Kamm als mächtige Kuppen, legen die Landschaft in sanfte

Wellen oder säumen, als bizarre Klippen, die Täler der Flüsse. Bedeckt wird dieses Berg- und Hügelland – wie hier an der Thüringer Warte – von ausgedehnten Wäldern, die das einstige Ausmaß der Bewaldung Deutschlands erahnen lassen. Es ist der Wechsel von Wäldern und zahlreichen Wiesen und Äckern, der, neben den gerundeten Formen der Berge, viel vom Zauber dieser Landschaft ausmacht.

28 Thüringer Wald, Frankenwald und Coburger Land

Die Perle Deutschlands

Lage Zwischen dem Thüringer Becken im Norden und Nordosten, dem Vogtland im Osten, dem Fichtelgebirge und der Fränkischen Alb im Süden und den Haßbergen im Südwesten; im Westen Übergang in die Rhön, im Nordwesten in das Hessische Bergland
Ausdehnung Nordwest–Südost ca. 150 km; Nordost–Südwest ca. 30–70 km
Länder Bayern, Thüringen
Höchste Erhebungen Thüringer Wald: Großer Beerberg 982 m, Schneekopf 978 m, Großer Finsterberg 944 m, Großer Inselsberg 916 m; Frankenwald: Döbraberg 795 m, Wetzstein 792 m; Coburger Land: Mirsdorfer Kuppe 525 m
Wichtigste Flüsse Werra, Ilm, Schwarza, Saale, Main, Rodach, Itz
Landschaftsformen Im Norden langgestreckter Gebirgszug mit hohen Bergrücken und tiefen Tälern; im Osten Mittelgebirge mit weiten Hochflächen und ebenfalls tief eingeschnittenen Flußtälern; Steilabfall des Frankenwaldes nach Südwesten zum Maintal; im Westen sanfte Hügellandschaft
Naturpark Naturpark Frankenwald
Information Fremdenverkehrsverband Franken, Am Plärrer 14, W-8500 Nürnberg, ☏ 0911/ 264202; Tourist Information Frankenwald, Amtsgerichtsstr. 21, W-8640 Kronach, ☏ 09261/748; Tourist Information Oberes Maintal-Coburger Land, Kronacher Str. 30, W-8620 Lichtenfels, ☏ 09571/18283; Tourist Information Stadt und Land Coburg, Herrngasse 4, W-8630 Coburg, ☏ 09561/74180; Arnstadt-Information, Haus zum Palmbaum, Markt 3, O-5120 Arnstadt, ☏ 0037618/2049; Fremdenverkehrsamt Bad Blankenburg, Magdeburger Gasse 1, Postfach 29, O-6823 Bad Blankenburg, ☏ 0037792 7/2667; Eisenach-Information, Bahnhofstr. 3–5, O-5900 Eisenach, ☏ 0037623/ 4895 oder 76161–62; Ilmenau-Information, Ernst-Thälmann-Str. 2, O-6300 Ilmenau, ☏ 0037672/ 2358; Oberhof-Information, O-6055 Oberhof, ☏ 00376682/ 332; Saalfeld-Information, Blankenburger Str. 4, O-6800 Saalfeld, ☏ 0037792/3950; Sonneberg-Information, Platz der Republik, O-6400 Sonneberg, ☏ 0037674/ 2711; Suhl-Information, Steinweg 1, O-6000 Suhl, ☏ 003766/ 20052

Die ungleichen Brüder

Lang und kompliziert ist die Entstehungsgeschichte des sich über etwa 100 km erstreckenden thüringischen Höhenzugs, gemeinhin Thüringer Wald genannt, der geologisch gesehen aber in zwei vollkommen unterschiedliche Teile zerfällt: den eigentlichen Thüringer Wald im Norden und das Thüringer Schiefergebirge im Süden.
Während der »Wald« – wie die Bewohner ihre Heimat kurz und liebevoll nennen – sich bis zu 600 m steil über sein Vorland erhebt, wirkt das Schiefergebirge stellenweise fast wie ein Flachland. Im Gegensatz zu dem schmalen Kammgebirge, wie man es zwischen Eisenach und Suhl findet, handelt es sich hier um breite Rumpfflächen mit einzelnen Härtlingskuppen. Auch die Gesteine sind unterschiedlich: Trifft man im Thüringer Wald vorwiegend auf vulkanische Gesteine und Tiefengesteine, so sind es im Schiefergebirge neben Quarziten und Grauwacken vorwiegend Tonschiefer. Die älteren Schiefergesteine wurden zur Herstellung von Schreibgriffeln, die des Unterkarbon noch heute als Dachschiefer abgebaut.
Die geologische Grenzlinie zwischen beiden Gebirgsteilen verläuft etwa zwischen Gehren und Schönbrunn. Der Reisende nimmt den Übergang als eine Veränderung des Landschaftsbildes wahr: Vom bewegten Kamm des Thüringer Waldes mit seinen dichten Wäldern, steilen Hängen und tief eingeschnittenen Tälern geht es hinab zum Schiefergebirge wie auf einen breit hingestreckten Rücken. Flache Buckel wechseln auf dieser Hochfläche ab mit sanften Mulden, bis hin zum Gebiet der oberen Saale, wo das Thüringer Schiefergebirge ohne geologische Grenze in den Frankenwald übergeht.

Gut Runst!

Es läßt sich nicht beweisen, daß sich auch schon die reitenden Boten auf dem Rennsteig 6 diesen Gruß zuwarfen, mit dem sich Wanderer auf dem Gebirgspfad traditionell begegnen. Durch historische Quellen aus dem 16. und 17. Jh. belegbar ist dagegen die Bedeutung dieses erstmals im Jahr 1330 als »Rynnestig« erwähnten Pfades als Geheimweg, über den Kuriere eilige Botschaften beförderten. Die große »Runst«, die Wanderung über die gesamte Kammlänge, führt auf 168 km von Hörschel bei Eisenach über die höchsten Erhebungen des Thüringer Waldes bis nach Blankenstein an der oberen Saale. Vor dem historischen Hintergrund ist der Rennsteig-Volkslauf zu sehen, der alljährlich in der ersten Maihälfte stattfindet. Man muß schon ziemlich durchtrainiert sein, wenn man die »kurze« (Neuhaus–Schmiedefeld 45 km) oder die »lange« (Eisenach–Schmiedefeld 65 km) Laufstrecke in einem Stück bewältigen will. Aber man kann den Rennsteig natürlich auch in Teiletappen mit seinen herrlichen Ausblicken genießen. Dem »Vater der Rennsteigwanderung«, dem aus Gotha stammenden Offizier und Topographen Julius von Plänckner, der im Jahr 1830 zum ersten Mal die gesamte Strecke in nur fünf Tagen zurücklegte, wurde an einem Ehrenplatz eine steinerne Bank mit Erinnerungstafel gewidmet: In »Plänckners Aussicht« am südlichen Hang des Großen Beerbergs (982 m) erreicht der Rennsteig seinen höchsten Punkt. Von dort reicht die Sicht bis hin zur Hohen Rhön. Jahrzehntelang war eine Tour über die gesamte Strecke nicht möglich. Nun gehört der Rennsteig, der die Wasserscheide zwischen den Flußsystemen von Werra und Saale und gleichzeitig auch die Dialektgrenze zwischen Thüringen und Franken bildet, wieder auf seiner gesamten Länge den Naturfreunden aus Ost und West, und man kann wieder zu der alten Sitte zurückkehren, bei Hörschel einen Stein aus der Werra mitzunehmen und ihn nach erfolgter Rennsteigtour bei Blankenstein in die Saale zu werfen.

Zwei Erdzeitalter stoßen aufeinander

Wo 40 Jahre lang der Mensch eine politische Grenze errichtete, hat es von Natur aus nie eine Trennlinie gegeben. Eine geologische Grenze findet sich erst wieder am Westrand des Frankenwaldes: Dort verläuft die sogenannte Fränkische Linie 34, die, etwa 100 km lang, bis zum Südwestrand des Steinwaldes reicht: ein tiefreichender Riß in der Erdkruste, der an der Wende von der Kreide zum Tertiär durch gewaltige Verschiebungen innerhalb der Kruste entstanden ist. Entlang dieser Bruchkante hob sich das oberfränkische Grundgebirge über Jahrmillionen stetig empor. Gesteinsschichten aus zwei Erdzeitaltern prallen hier direkt aufeinander. Während im Osten das Urgestein des Erdaltertums aus der Tiefe der Erdkruste auftauchte, prägten im Westen, auf der anderen Seite des Bruchs, die Gesteine des Erdmittelalters das Relief der Landschaft. Der Zug und Druck des alten Gebirges auf das Vorland war so groß, daß die starren Gesteinsverbände zersprangen und sich ineinander verkeilten. So treten die einzelnen Schichten verschiedener Erdzeitalter heute im schmalen Streifen zwischen Fränkischer Linie und der Obermainlandschaft überraschend als direkte Nachbarn zutage. Geologen bezeichnen diesen Landstrich als Bruchschollenland. Treppenartig steigt es bis zur Fränkischen Linie stetig an. Hügel mit Wiesen und Äckern und bewaldete Bergrücken bilden einen reizvollen Wechsel mit kleinen Flußtälern. Nach Osten hin jedoch, etwa auf der Linie Sonneberg–Bayreuth, ändert sich das Landschaftsbild abrupt: Unmittelbar hinter der Fränkischen Linie geht es steil hinauf zum Frankenwald. Auch das Coburger Land be-

Wer möchte in solch einer Gegend nicht die Wanderstiefel schnüren: Im Thüringer Wald wie im Frankenwald und im Coburger Land findet man herrliche Wander- und Spazierwege.

steht aus einem Schollenmosaik, das beim Aufsteigen des Gebirgszugs des Thüringer Waldes zerbrach und heute insgesamt eine schiefe Ebene bildet, die nach Süden geneigt ist. Auf ihr fließen die Gewässer mit dem Gefälle dem Main zu.

Jahrhunderte im Dienst der Flößerei

Ursprünglich waren die Höhen des Frankenwalds von nahezu undurchdringlichen Wäldern bedeckt – aber das ist schon sehr lange her. Läßt man heute den Blick über die Landschaft schweifen, dann sieht man einen steten Wechsel von Wäldern und gerodeten, in Äcker und Wiesen

Route 1
Thüringer Wald

Der größte Teil der etwa 310 km langen Rundstrecke führt auf landschaftlich reizvollen Wegen den Höhenzug entlang. Die Route durchquert aber auch das Gebirge – den engen Tälern folgend, entlang den Flüssen oder auf alten Paßübergängen, die schon vor Jahrhunderten Thüringen mit Hessen und Franken verbanden.
Streckenverlauf:
Von Eisenach auf der B 7 in südöstlicher Richtung nach Schönau ❶; weiter über Mechterstädt zur Autobahnanschlußstelle Waltershausen und auf der A 4 Richtung Erfurt bis zur Ausfahrt Wandersleben, von dort zu den »Badlands« und den Drei Gleichen ❷; weiter von der Wachsenburg über Arnstadt, Stadtilm und Rudolstadt nach Saalfeld, am Ortsanfang rechts auf die B 281 zu den Feengrotten ❸; von dort zurück nach Saalfeld und auf der B 85 zu den Obernitzer Bohlen ❹; weiter auf der B 85 über Probstzella und Lauenstein zur Thüringer Warte ❺; kurz hinter dem Ort rechts ab und über Ebersdorf nach Kleintettau ❻; von hier weiter nach Tettau, dort wieder nordwärts über Spechtsbrunn und Piesau auf die B 281 nach Schmiedefeld und Reichmannsdorf, am Ortsbeginn links auf schmaler Straße nach Meura ❼; abwärts nach Leibis, dort rechts ab über Unterweißbach ins Schwarzatal bei Schwarzburg ❽; nun geht es wieder ein Stück zurück und dann rechts ab nach Köditz, von hier auf der B 88 über Königsee und Gehren nach Ilmenau, im Ort links abbiegen auf die B 4 nach Manebach zum Großen Hermannstein ❾; zurück nach Ilmenau und weiter auf der B 88 nach Elgersburg ❿; dort rechts ab zur B 4 in Richtung Plaue und vor dem Ort nach links in Richtung Gräfenroda zum Spring ⓫; in Gräfenroda rechts ab auf die B 88, über Ohrdruf und Georgenthal nach Friedrichroda ⓬; 5 km hinter dem Ort links ab über Tabarz zum Großen Inselsberg ⓭; anschließend hinunter nach Brotterode; dort rechts ab zum Rennsteig mit Glöckner und Gerberstein ⓮; vom Kamm führt eine Straße hinab nach Bad Liebenstein, dann geht es rechts ab über Schweina zur B 19 in Richtung Eisenach zur Hohen Sonne bzw. zur Drachenschlucht ⓯ bei Eisenach.
Um Übernachtungsmöglichkeiten sollte man sich rechtzeitig vor Reisebeginn kümmern. Ausführliche Auskünfte erhält man bei den Informationsstellen in Arnstadt, Eisenach und Saalfeld. Die schönste Reisezeit des Jahres ist im Juli und August.

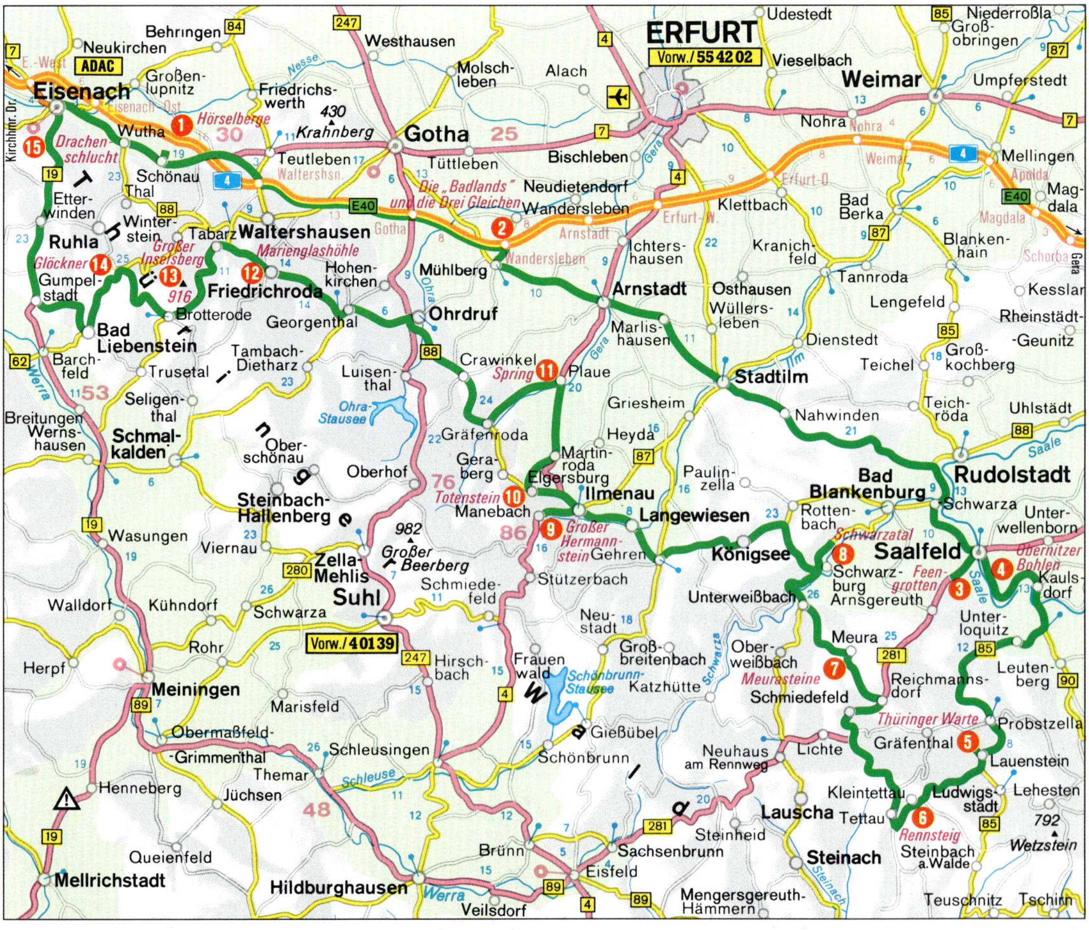

umgewandelten Flächen. Aber nicht allein zur Gewinnung landwirtschaftlicher Nutzflächen wurden ganze Wälder abgeholzt. Seit dem Mittelalter verdienten die Bewohner des Frankenwaldes ihren Lebensunterhalt vor allem auch mit der Flößerei. Tannen und Fichten, die hier etwa 60 % des Baumbestandes ausmachten, und die ebenfalls stark vertretenen Eichen waren als Bau- und Grubenholz oder als Material für den Schiffbau begehrt. Zudem machten die zahlreichen Flüsse, die den »Nortwald«, wie er damals genannt wurde, durchzogen, den Flößern das Handwerk leicht. Nur das schwere Buchenholz war für das Flößen ungeeignet. Es wanderte statt dessen in die einheimischen Bergwerke und in die Schmelzöfen der Eisenhämmer und Glashütten. So wurde der Wald schneller abgeholzt, als er nachwachsen konnte. Und statt den natürlichen Mischbestand zu erhalten, pflanzte man schnellwüchsige Fichten. Als Folge dieser Veränderung des ursprünglichen Lebensraums starben viele heimische Tier- und Pflanzenarten hier aus.
Im Mai 1958 glitten zum letzten Mal für den Handel bestimmte Flöße flußabwärts. Dies war zwar das Ende einer langen Tradition, gleichzeitig aber auch das Ende eines langwährenden Raubbaus am Wald, der heute zu den kostbarsten Gütern dieser großartigen Erholungslandschaft zählt.

Tannhäuser im Venusberg
Richard Wagner hat mit seiner romantischen Oper Tannhäusers Schicksal in der ganzen Welt bekannt gemacht. Und mit dem Venusberg, in dem der betörte Tannhäuser Monate und Jahre bei dem »wunderbaren Frauenbild«, der Venus, verbracht haben soll, ist kein anderer gemeint als der Große Hörselberg bei Eisenach ❶*. Der Sage nach soll es Venus aber nicht gelungen sein, Tannhäuser an der Rückkehr in die Welt zu hindern. Sein reuevoller Pilgergang nach Rom jedoch war vergebens. Mit den strengen Worten »Zieh hin, Verlorener!« wurde der Sünder vom Heiligen Vater zurückgewiesen – direkt zurück in die offenen Arme der Verführerin im Venusberg. Und da soll Tannhäuser noch heute sitzen. Wer der Sage auf den Grund gehen möchte, kann die Tannhäuser- und die Venushöhle am Großen Hörselberg bei Eisenach besichtigen. Erstaunlich nur, daß die Liebenden in getrennten Höhlen gelebt haben sollen. An den beiden Höhlen kommt man auf dem beschilderten Wanderweg vom Eisenacher Ortsteil Petersberg her vorbei. Der Weg bis zum Großen Hörselberg ist ca. 5 km lang.*

Route 1 Thüringer Wald

Vom Venusberg zur Drachenschlucht

❶ Hörselberge

Nicht nur, daß hier der Sage nach Frau Venus und Tannhäuser, der Wilde Jäger und der getreue Eckart anzutreffen sind: Der eigenwillige Muschelkalkzug südöstlich von Eisenach hat dem Besucher auch geologisch und botanisch Sehenswertes zu bieten. Wie eine hoch aufragende Mauer erhebt sich der gewaltige, im leichten Bogen geschwungene Schichtkamm über der Hörselaue. 6 km weit läßt es sich herrlich darauf wandern: auf schmalem, deutlich erkennbarem Pfad, vorbei an Buchen, Ahorn und Lärchen, Weißdorn und Heckenrosen, den Zauberteppich der artenreichen Kalkflora, darunter das Rote Waldvögelein, zu Füßen – und bei einer Rast auf den Klippen im Süden die dunklen Bergketten des Thüringer Waldes und im Westen die Silhouette der Wartburg vor Augen. In östlicher und nördlicher Richtung hingegen schaut man auf die fruchtbare Keuperlandschaft des Thüringer Beckens, unter das der Muschelkalk in sanfter Neigung eintaucht.

Der Große Hörselberg südöstlich von Eisenach erinnert an eine gewaltige Befestigungsanlage. Eine artenreiche Flora und weite Ausblicke machen hier eine Wanderung zu einem Naturerlebnis.

Die Sage vom zweibeweibten Grafen
Als er am Kreuzzug Kaiser Friedrichs II. teilnahm, geriet der Graf von Gleichen in die Sklaverei. Er wurde jedoch von der liebreizenden Tochter des Sultans, die sich in ihn verliebt hatte, befreit. Mit Erlaubnis des Papstes nahm er sie zu seiner zweiten Frau und zog mit ihr wieder heimwärts, wo die erste Gemahlin nicht nur ihn, sondern auch die Nebenbuhlerin freudig empfing! Das Tal heißt noch heute Freudenthal, der Weg zur Burg Gleichen ❷ hinauf Türkenweg. »In größter Liebe und Eintracht lebten sie miteinander«, so die rührende, vielfach zitierte Sage. Beweis für den Wahrheitsgehalt, so heißt es, sei neben anderen Dingen aus dem Gleichenschen Nachlaß vor allem der aus dem 13. Jh. stammende Grabstein im Dom zu Erfurt: Er zeigt den Grafen mit zwei Frauen. Doch Historiker können desillusionierend sein. Sie behaupten, es werde der Graf Sigismund von Gleichen lediglich mit seinen aufeinanderfolgenden Gemahlinnen, Agnes von Querfurt und Katharina von Schwarzburg, dargestellt. Leider ist das wohl beweiskräftigste Indiz, das »dreischläfrige Bett von Tannenholz, grün angestrichen, vier und eine halbe Elle lang und vier Ellen breit«, von den Franzosen während der Besetzung im Jahr 1812 zu Brennholz verarbeitet worden.

Als Ausgangspunkte für eine Wanderung eignen sich alle Orte auf der Südseite der Hörselberge: Wutha, Schönau, Kälberfeld. Besonders schön aber ist der Aufstieg durch den Zapfengrund, wo der unterhalb des Muschelkalks lagernde Buntsandstein an die Oberfläche tritt. Dazu überquert man in Schönau die Eisenbahnstrecke und die Hörsel und läßt das Auto am besten in Kahlenberg zurück. Auf markiertem Weg (rotes Dreieck) sind es 3,5 km zum 484 m hohen Großen Hörselberg.

❷ Die »Badlands« und die Drei Gleichen

Daß ausgerechnet »Badlands«, also vegetationsarme, wüstenähnliche Gebiete, viele Naturfreunde anziehen, wird bei diesen natürlich entstandenen Flächen gut verständlich. Im Gebiet der Drei Gleichen, einem Burgenensemble auf drei Bergkegeln, wurden die »Badlands« wegen ihrer charakteristischen Erscheinung und Prägnanz im Landschaftsbild sogar unter Schutz gestellt. Auch wenn hier die typischen Erscheinungen Miniaturformat haben: Mit etwas Phantasie und dem richtigen Blickwinkel kann man sich bisweilen in die Wüsten Zentralasiens oder Nordamerikas versetzt fühlen. Doch auch der nüchterne Betrachter wird sich dem Reiz dieser nahezu vegetationslosen, bunt leuchtenden Mergelhänge mit ihren tiefen, durch Erosion entstandenen Furchen nicht entziehen können. Zu finden sind die »Badlands« an den Südhängen der Burgberge von Burg Gleichen, Mühlburg und Wachsenburg.

Aber nicht nur ihretwegen lohnt sich ein Besuch der Drei Gleichen. Vom Kaffberg, wenig westlich der Burg Gleichen, hat man den oft gepriesenen Blick auf alle drei Berge gleichzeitig. Von der Mühlburg führt ein 6 km langer Wanderpfad über die Schloßleite zur Wachsenburg. Benannt ist dieser Weg, der noch weiter in den Thüringer Wald führt, nach Gustav Freytag, dessen 1873 erschienener historischer Roman »Das Nest der Zaunkönige« auf der Mühlburg spielt.

Von der Autobahnausfahrt Wandersleben erreicht man nach wenigen Kilometern in nördlicher Richtung die Gaststätte »Freudenthal« (Mo, Di geschlossen). Vom Parkplatz aus führt ein etwa 500 m langer Fußweg zur Burg Gleichen hoch. Ein paar Kilometer südlich der Autobahn liegt Mühlberg. Von hier führt ein Weg über ca. 500 m zur Mühlburg. Von Mühlberg in Richtung Arnstadt fahrend, erreicht man nach 5 km Holzhausen, von wo es zur Wachsenburg hinaufgeht, die zu einem Hotel mit einer Gaststätte in historischem Stil ausgebaut wurde (Gaststätte »Veste Wachsenburg«; Mo Ruhetag). Nach ca. 500 m, auf halber Höhe, gibt es einen bewachten Parkplatz. Bis hinauf zum Burghof, weitere 500 m, dürfen nur Hotelgäste sowie Behinderte fahren.

An den Südhängen von Burg Gleichen (hier im Bild), Mühlburg und Wachsenburg erstrecken sich die unter Schutz gestellten »Badlands« – vegetationsarme Mergelhänge, die einen wüstenähnlichen Charakter aufweisen.

3 Saalfelder Feengrotten

Der Abbau des Alaunschiefers in den Bergen südlich von Saalfeld hat zur Entstehung dieses faszinierenden Naturphänomens geführt. 300 Jahre lang, vom 16. bis zur Mitte des 19. Jh., haben Bergleute hier unter Tage das zur Herstellung von Alaun und Vitriol benötigte Gestein gefördert. In den seitdem verlassenen Grubenräumen löste Sickerwasser Minerale aus dem Gestein und ließ farbige Tropfsteine wachsen. Als man die Höhle 1911 wiederentdeckte, boten sich dem Auge »Ablagerungen von weißem butterähnlichem Eisenphosphat, Sinter von eisenhaltigem gelbem Eisenocker, zarte biegsame Stalaktiten von Diadochit, blaue und grüne Rinden von Kupfersalzen« – so beschrieben in einer alten Heimatkunde. Der heutige Besucher wird – mit einem Umhang bekleidet – 40 Minuten lang durch diese einzigartige Tropfsteinhöhle geführt. Den Höhepunkt des Rundgangs bildet der Besuch im »Märchendom mit Gralsburg« (geöffnet 1. Febr.–31. Okt. tägl. 9–16 Uhr; Sonderführungen nach Vereinbarung, ☏ 0037792/2451). Der direkt vor der Höhle gelegene Parkplatz ist an der B 281 von Saalfeld in Richtung Neuhaus ausgeschildert.

Die Wand des Obernitzer Bohlens zeigt deutlich die ungleichförmige Lagerung verschiedener Gesteinsformationen.

4 Obernitzer Bohlen bei Saalfeld

Wie die aufgeschlagenen Seiten eines gigantischen Buches wirkt diese zweite Saalfelder Natursehenswürdigkeit. Der Bohlen gilt als Musterbeispiel einer Diskordanz. Was damit gemeint ist, kann auch der Laie von der unmittelbar unterhalb der Felswand entlangführenden Straße aus gut erkennen. Über den aus dem Oberdevon stammenden gefalteten Schieferschichten liegt waagrecht ein Stapel von Sedimenten aus der Zeit des Zechsteinmeers. Die Hauptwand und der Hintere Bohlen sind Bestandteile eines 21 ha großen Naturschutzgebiets. Hier kann man, weit entfernt von ihrem eigentlichen Verbreitungsgebiet, die seltene Alpenaster finden, die im Juli und August ihre violetten Blüten öffnet. Von der Straße aus wird man sie an der gewaltigen Felswand allerdings auch mit dem Fernglas kaum entdecken können. Wer den Bohlen daher besteigen will, kann vom Ortsteil Köditz (Zufahrt durch eine Bahnunterführung; Hinweisschild) aus auf einem Fußweg in etwa 15 Minuten hochgehen. Um die Felswand nur zu betrachten, reicht jedoch ein Halt an der B 85 in Richtung Probstzella, 2 km hinter Saalfeld – dort, wo an der Abzweigung nach Obernitz eine Brücke über die Saale führt.

Fernab von ihrem ursprünglichen Verbreitungsgebiet gedeiht am Obernitzer Bohlen die seltene Alpenaster.

5 Thüringer Warte

Einen großartigen Rundblick auf die umliegenden Mittelgebirge, den Thüringer Wald, den Frankenwald und das Fichtelgebirge, bietet der

Nicht Fabelwesen, sondern frühere Bergleute waren es, die durch Alaunschieferabbau die Grundlagen für die Entstehung der Saalfelder Feengrotten schufen. Die farbigen Tropfsteine bieten einen zauberhaften Anblick.

Ein wildromantisches Tal
Der Waldlehrpfad Pechleite führt durch eines der malerischsten Täler des oberen Frankenwaldes, das Loquitztal nördlich von Ludwigsstadt (zwischen 5 und 6). Der Pfad beginnt in der Nähe des Großparkplatzes im oberen Dorf des Ortes Lauenstein am Nordhang des Burgbergs und führt gleich steil bergab auf teilweise sumpfigem, lehmigem Boden. Informations- und Übersichtstafeln informieren über die Aufgaben des Waldes, über Pflanzen- und Tiergemeinschaften, über die Geologie des oberen Loquitztals und seine Geschichte. Der Weg ist zuweilen zwar sehr eng, dafür jedoch machen überhängende Felsen und der steile Abhang hinunter in die Flußauenlandschaft der Loquitz den Lehrpfad um so interessanter. Charakteristische Feuchtzonengewächse sowie Bäume und Sträucher der Uferzone bestimmen das Bild. Auskünfte über den etwa 7 km langen Lehrpfad erhalten Sie in Ludwigsstadt bei der Stadtverwaltung, ☏ 09263/636.

25 m hohe Aussichtsturm Thüringer Warte auf dem 678 m hohen Ratzenberg. Man sollte sich diese beeindruckende Schau über die vielfältigen Landschaften der Region nicht entgehen lassen. Nicht umsonst trägt der Turm seinen Namen. Bei guter Fernsicht reicht der Blick fast 50 km weit nach Thüringen hinein.
Sie erreichen die Thüringer Warte von Lauenstein aus auf der Ringstraße. Am Fuß des Ratzenbergs können Sie parken und die letzten Meter auf asphaltiertem Weg hochwandern.

6 Der Rennsteig bei Kleintettau

Über Ebersdorf gelangen Sie nach Kleintettau. Hier kreuzt der Rennsteig die Route. Von dem insgesamt 18 km langen fränkischen Teilstück des Rennsteigs ist ein 10 km langer Abschnitt zur Frankenwald-Hochstraße ausgebaut worden. Erst jetzt kann man Victor von Scheffels Hymne an den Rennsteig wieder zu Recht zitieren: »Ein deutscher Bergpfad ist's! Die Städte flieht er. Und keucht zum Kamm des Waldgebirgs hinauf. Durch Laubgehölz und Tannendunkel zieht er. Und birgt im Dickicht seinen scheuen Lauf.« Denn das 48 km lange Endstück des Weges zwischen Ernstthal und Blankenstein war für Wanderer aus der ehemaligen DDR jahrzehntelang unzugänglich: Entweder verlief es über das Gebiet der Bundesrepublik oder durch den Sperrgürtel im grenznahen Bereich.
Wer wandern will, kann direkt von Kleintettau aus auf dem Rennsteig nach Südosten gehen oder auch ein Stück mit dem Auto fahren und von den Wanderparkplätzen aus starten. Es gibt hier auch Tafeln mit Beschreibungen von zahlreichen Rundwanderwegen. Wanderhütten, Grillplätze, Kneippbecken und Reitställe liegen am Weg.

7 Meurasteine

Die Meurasteine entdeckt man nicht einfach so im Vorüberfahren: Die Klippen, oft als eine der großartigsten Felspartien Thüringens bezeichnet, muß man erst aufspüren. Der Weg dorthin führt in eine Waldeinsamkeit, die vielleicht einen Eindruck davon vermittelt, wie das ganze Gebirge vor der Erschließung ausgesehen haben mag. Ohne auf eine Siedlung zu treffen, schweift der Blick über Täler und Wälder bis hinüber zum Fröbelturm bei Oberweißbach. Auf schmalem Steig gelangt man hinunter zu den Steinen, die wie eine dreifach gestaffelte Mauer auf einem Felsrücken in das Schlagetal hineinragen. Mit ihrer seltsam glatten, an grob behauene Marmorblöcke erinnernden Oberfläche haben die harten,

Nach über 40 Jahren ist der Rennsteig heute wieder in seiner ganzen Länge von 168 km erwanderbar. Für ehrgeizige Läufer bietet der Rennsteig-Volkslauf eine Herausforderung: 65 hügelige Kilometer!

etwa 500 Millionen Jahre alten Quarzite der Erosion getrotzt. Die letzte der Felsgruppen kann man über eine Treppe besteigen; Spuren kleiner Fossilien lassen sich hier entdecken. Und in dem kleinen Pavillon, der dort errichtet wurde, fühlt man sich, als schwebe man inmitten der Baumwipfel über dem Tal.
Um nach Meura zu kommen, müssen Sie ab Reichmannsdorf eine schmale Waldstraße benutzen. Kurz hinter dem Ortsschild Meura steht links eine markante Lärchengruppe. Hier können Sie parken und gelangen, der grünen Markierung folgend, nach etwa 700 m zu den Steinen.

Kenner zählen sie zu den schönsten Felsgruppen Thüringens: die Meurasteine östlich von Oberweißbach.

8 Schwarzatal bei Schwarzburg

Einst erhob sich über dem Schwarzatal ein hoher geologischer Sattel. Er bestand aus verschiedenen Schiefergesteinen, darunter Phyllite und Glimmerschiefer, die mit einem Alter von mehr als 600 Millionen Jahren zu den ältesten der in Thüringen vorkommenden Gesteine gehören. Bereits seit dem Erdaltertum wurde der Schiefersattel jedoch abgetragen, so daß wir heute nur noch den Rumpf vor uns haben. In ihn hat sich die Schwarza tief eingeschnitten und dabei das Gefüge der Gesteinsschichten enthüllt. So erwartet den Besucher im Bereich Schwarzburg bis zum Gebirgsrand bei Bad Blankenburg ein wildromantisches Tal, das ohne Zweifel zu den landschaftlichen Höhepunkten Thüringens zählt. Entlang der zu Beginn des vorigen Jahrhunderts erbauten Talstraße strömt klares Wasser über Felsbrocken und Strudellöcher dahin. Beeindruckend sind auch die das Tal beiderseits überragenden Klippen (wie etwa Ingoklippe, Kirchfelsen, Griesbachfels, Teufelstreppe), über die gut markierte Höhenwege führen. Unbedingt sollten Sie – am besten von Schwarzburg aus – zum Trippstein (Treppenstein) hinaufsteigen. Vom Parkplatz an der Pocherbrücke aus führen zwei relativ steile Wege auf den Berg: ein ausgebauter Waldweg und ein Pfad. Beide sind etwa 3 km lang. Auf dem Trippstein, in 250 Höhenmetern über dem Fluß, hat man den schönsten Blick auf Tal, Wälder und das auf einem typischen Umlaufberg gelegene Schloß Schwarzburg.
Ein geeigneter Ausgangspunkt für Spaziergänge auch auf den Trippstein ist die Gaststätte »Schweizerhaus« (Do Ruhetag), wenig nördlich von Schwarzburg links der Straße gelegen. Wenn Sie das Auto hier abstellen, können Sie den Fluß entlang oder hinauf zu den Klippen wandern. Nahe dem »Schweizerhaus« führt eine Brücke über die Schwarza. Hier können Sie sich anhand einer Übersichtskarte über die Pfade, u. a. drei Naturlehr-

Bald wird die Schwarza, nachdem sie hier bei Bad Blankenburg das Gebirge verlassen hat, in die Saale münden. Zwischen Bad Blankenburg und Schwarzburg fließt sie durch ein wunderschönes Tal.

Weil sie den Dichterfürsten faszinierten, wurde einer der Porphyrfelsen bei Elgersburg nach ihm benannt: der Goethefelsen.

pfade im Schwarzatal, informieren. Doch selbst wer das Schwarzatal von Schwarzburg bis Bad Blankenburg nur durchfährt, wird bleibende Eindrücke mitnehmen. Die überaus mannigfaltige Waldvegetation reicht von Eichen- und Lindenbeständen, die eher wärmeres Klima bevorzugen, bis hin zu in härterem Gebirgsklima gedeihenden Buchen-, Tannen- und Kiefernabschnitten. Besonders charakteristisch für die Gegend sind außerdem Weiße Pestwurz, Echte Mehlbeere und Pfingstnelke. Im kühlen Schluchtwald hat sich eine ausgesprochen artenreiche Moosvegetation ausgebildet. Die ebenfalls vielgestaltige Fauna besteht aus Säugern wie dem Rotfuchs, dem Hermelin und der Wasserspitzmaus, aus Greifvögeln (Habicht, Bussard, Sperber, Waldkauz), Spechten und Singvögeln, aber auch aus Lurchen (Feuersalamander) und Kriechtieren, etwa der Kreuzotter, und Schmetterlingsarten. Im Bach finden sich neben Fischen auch Krebsarten.

9 Großer Hermannstein

Mehr als einmal saß und zeichnete der leidenschaftliche Amateurgeologe Goethe in der Höhle im 20 m hohen Hermannstein, der aus einem Konglomerat des Oberrotliegenden besteht. Wohl keine andere Region des Thüringer Waldes ist so eng mit dem Leben und poetischen Schaffen des Dichters verbunden wie das Städtchen Ilmenau und seine Umgebung. Nur knapp 1 km vom Großen Hermannstein entfernt findet sich auch der berühmte, 861 m hohe Kickelhahn. Wahrhaft großartig und erhebend ist der Blick über die Täler vom Goethehäuschen auf dem Berg, jenem »einsamen Bretterhäuschen«, an dessen Wand Goethe am 6. September 1780 eines seiner bekanntesten Gedichte schrieb: »Über allen Gipfeln ist Ruh'...« Fast alle der Natursehenswürdigkeiten hier lassen sich mit Goethe in Verbindung bringen: Den jenseits des Tales, nordwestlich von Manebach, stehenden Emmafelsen zeichnete er ebenfalls, und am Schwalbenstein schrieb er 1779 den vierten Akt der »Iphigenie«. Verbunden sind all diese geologisch und kulturgeschichtlich gleichermaßen bedeutsamen Stätten durch den mit einem »G« markierten, von Ilmenau ins 17 km entfernte Stützerbach führenden Goethe-Wanderweg. Auch den Großen Hermannstein erreicht man auf diesem Weg: Von Manebach aus geht es etwa 1,5 km weit über Helenenruhe am Hang des Kammerbergs entlang zu dem Felsen.

10 Totenstein bei Elgersburg

»Ach wie bist Du mir, wie bin ich Dir geblieben!« Erinnerungen an Goethe auch hier am Fels des Totensteins. »Die Gegend ist herrlich,

Könnte es einen besseren Anreiz für eine Wanderung auf dem Rennsteig geben als diesen Ausblick über den Thüringer Wald? Das Panorama kann man auf dem 861 m hohen Kickelhahn südlich von Ilmenau genießen.

herrlich!« schrieb er bei seinem ersten Besuch der Landschaft um Ilmenau. Es war die Zeit seines Lebens »in Klüften, Höhlen, Wäldern, in Teichen, unter Wasserfällen«. Zu den »Klüften« gehörten auch die kleinen Porphyrfelsen wenig westlich von Elgersburg. Sie bestehen aus vulkanischen Gesteinen des Rotliegenden, die der Erosion sehr viel besser trotzen konnten als der Elgersburger Sandstein. Das sogenannte Totensteinkonglomerat ist am Felsen gut zu erkennen.
Am Körnbachgrund, etwa 150 m hinter dem Ortsschild von Elgersburg in Richtung Geraberg, stellt man am besten sein Auto ab. Der Totenstein erhebt sich unmittelbar am Ortsschild über der Straße. Geht man auf ausgeschildertem Weg etwa 200 m talaufwärts nach Süden (Richtung Freilichtbühne), so gelangt man zu Goethe- und Drößefelsen, die wegen der hohen Luftfeuchtigkeit des Körnbachtals dicht mit Moos bewachsen sind. Tief im Wald südlich von Elgersburg liegt der Piuttifelsen, ein Porphyrblock. Ihn erreicht man nach 2 km auf dem Wanderweg von Elgersburg zur Hohen Warte (ausgeschildert). Den 810 m hohen Berg, von dessen Gipfel man einen herrlichen Rundblick hat, kann man vom Ort in Richtung Südwesten über eine 3,5 km lange Waldstraße auch mit dem Auto erreichen. Ein Parkplatz liegt nur 600 m von dem am Gipfel errichteten Aussichtsturm entfernt.

⑪ Spring bei Plaue

Einst wollte man genau wissen, woher das viele kristallklare Wasser kommt, das dicht bei Plaue am Fuß einer Felswand hervortritt, stark genug, um bereits nach einigen Metern Mühlen anzutreiben. Man versalzte vermutete Zuflüsse und fand heraus, daß der Spring seine großen Wassermengen aus der bei Liebenstein teilweise versickernden Wilden Gera und aus den Niederschlägen bezieht, die auf die weiter westlich gelegene Muschelkalkhochfläche von Gossel fallen. Das Wasser dringt in das zerklüftete Kalkgestein ein und fließt als unterirdische Bäche durch ein System von Hohlräumen, um schließlich über Spaltquellen, als sogenannter Spring, wieder an die Oberfläche zu treten. Aus zehn verschiedenen Öffnungen, deren größte etwa 1,5 m breit und 0,5 m hoch ist, quillt bei Plaue das Wasser hervor. Auf einem gemächlich ansteigenden Weg erreicht man in ca. fünf Minuten die Höhe oberhalb des Springs, wo man sich außerdem zwei große Erdfälle anschauen kann. Der Spring liegt unmittelbar an der Straße nach Gräfenroda. Etwa 150 m hinter dem Ortsschild von Plaue kann man auf einem kleinen Wiesenplatz neben der Straße parken und entlang dem Quellbach zur ungefähr 100 m entfernten Hauptquelle gehen.

Schneekopfkugeln
Eine kleine Wunderwelt tut sich auf, wenn man eine der unscheinbaren rötlichbraunen, nuß- bis faustgroßen Steinkugeln zerschlägt, die man in der Gegend um Oberhof (Abstecher von der Strecke zwischen ⑪ und ⑫) oder an den Nord- und Osthängen des Schneekopfs (südöstlich von Oberhof) immer wieder finden kann. Da glitzern violette und honigfarbene, glasklare oder milchigweiße Mineralien an den Wänden des Hohlraums im Innern, da überraschen Rauchquarze, Achate und Amethyste durch Farbe und Gestalt. Es sind Kristalldrusen, die der Kenner sorgsam halbiert, um möglichst wenige der Kristalle zu zerstören. Wen wundert's, daß auch Goethe vortreffliche Stücke in seiner mineralogischen Sammlung besaß und andere an befreundete Geologen sandte.
Entstanden sind diese Mineralien vor etwa 270 Millionen Jahren, als glutheiß brodelnde Lava durch die Schichten des Rotliegenden an die Erdoberfläche gelangte. In Gasblasen der erstarrten Lava bildeten sich später die schönen Kristalle.
Wer nicht selbst glücklicher Finder solcher »Zauberkugeln« ist, kann sie mancherorts auch kaufen, so z.B. im Heimatmuseum Zella-Mehlis (Ernst-Thälmann-Str. 2; geöffnet Mai–Okt. Mi–Fr 9–12, 13–16, So 9–12, 14–17 Uhr).

Aus Niederschlägen der Muschelkalkhochflächen und aus versickerndem Oberflächenwasser der Wilden Gera speist der Spring bei Plaue seine Spaltquellen. Das Wasser ist hier kristallklar.

Durchscheinende Gipskristalle von funkelnder Schönheit kann man in der Marienglashöhle besichtigen.

Edelweiß am Pfanntalskopf
Für ein natürliches Vorkommen dieses begehrten und deshalb schutzbedürftigen Felsgewächses fehlen im Thüringer Wald die Voraussetzungen. Hier ist das Edelweiß von fachkundiger Hand in die steinige Erde und in das Hochgebirgsklima (sonst nur über 2000 m) am Rennsteig gesetzt worden – und mit ihm Enziane, Alpenkuhschellen, asiatische Trollblumenarten, Rhododendronarten aus China und Nordamerika und andere Heidekrautgewächse sowie viele andere botanische Kostbarkeiten.
Auf einer Fläche von 7 ha ist die alpine Pflanzenwelt (4000 Arten) mitteleuropäischer, asiatischer und nordamerikanischer Gebirge im »Botanischen Garten für Gebirgsflora«, kurz Rennsteiggarten Oberhof genannt, versammelt. Er ist einer der größten seiner Art in ganz Deutschland. Mit seiner Lage hoch oben am Rennsteig bietet er zudem einen weiten Ausblick in das südwestliche Vorland. Wenn Sie gern ein Pflänzchen hätten, können Sie es an der Kasse kaufen. Es ist dann garantiert eines, das auch in tieferen Lagen, z.B. in Ihrem Garten, gedeiht.
Zum Rennsteiggarten führt ein Abstecher von der Strecke von Plaue ⓫ nach Friedrichroda ⓬. Dazu biegt man in Ohrdruf nach Oberhof ab (B 247). Man passiert den Ort und fährt auf der B 247 weiter in Richtung Zella-Mehlis. Nach ca. 1,5 km zweigt am Obelisken die Straße zur Schmücke links ab. An dieser Gabelung befindet sich der Parkplatz des Rennsteiggartens, direkt am Rondell. Bis zum Eingang sind es dann nur noch ca. 200 m zu Fuß (Mai–Okt. tägl. 9–17 Uhr geöffnet).

⓬ Marienglashöhle bei Friedrichroda

Eigentlich schwer vorstellbar, daß es nichts anderes ist als Gips, was so viele Besucher zu dieser Höhle lockt und jeden Betrachter bezaubert. Aber es sind tatsächlich durchscheinende Gipskristalle, die in seltsam verschlungenen, bis zu 60 cm langen Gebilden die Wände der Höhle bedecken und den Eindruck erwecken, man sei gefangen in einem kostbar geschliffenen Kristallpokal. Einst wurden mit diesen natürlich gewachsenen Kleinodien Marienbilder geschmückt – daher der Name Marienglas. Aber bereits 1848 verbot man den Abbau der selten in dieser Größe vorkommenden Kristalle. 1967/68 wurde die Höhle, deren mächtige, von Pfeilern gestützte Hohlräume durch Gipsabbau entstanden waren, allgemein zugänglich gemacht. Schon der Zugangsstollen hat Interessantes zu bieten: Durch »geologische Fenster« erblickt der Besucher diejenigen Gesteinsschichten, die er auf seinem Weg ins Innere des Berges durchquert.
Die Marienglashöhle Friedrichroda liegt hinter dem Ort dicht an der B 88 in Richtung Tabarz. Die Abzweigung zum Parkplatz, von dem aus es noch etwa 150 m bis zur Höhle sind, ist ausgeschildert (geöffnet 15. April–30. Sept. tägl. 9–17, 1. Okt.–14. April tägl. 9–16.30 Uhr).

⓭ Großer Inselsberg

Obwohl der Große Beerberg mit 982 m und auch der Schneekopf mit 978 m höher sind, wird der Große Inselsberg (916 m) aufgrund seiner markanten Gestalt und der von seinem Gipfel aus gebotenen, bei klarem Wetter mitunter bis zum Brocken reichenden Aussicht als »König des Thüringer Waldes« bezeichnet. Der Berg erhebt sich als Quarzporphyrhärtling am südlichen Abhang über den Brotteröder Gneis und im Norden über weichere Schichten des Rotliegenden.
Vom großen Parkplatz an der Grenzwiese aus gibt es zwei verschiedene Möglichkeiten, zum Gipfel zu gelangen: Statt den steilen Asphaltweg zu benutzen, kann man auch den weiter links verlaufenden Weg über die Reitsteine nehmen. Von hier aus genießt man einen weiten Blick in den Brotteröder Kessel und hinüber zum Kamm des Gebirges mit dem Rennsteig.
Bis hinauf zum Gipfel des Berges findet man Buchen, daneben auch sehr viele Ebereschen. An Bodenbewuchs sind Streifenfarn, Mehlbeere und einige Moosarten zu nennen. Neben den Kleinsäugern wie Mäusen bietet die Tierwelt hier in der Hauptsache Vögel: Waldschnepfe, Zaunkönig, Singdrossel beispielsweise.

⓮ Glöckner und Gerberstein

»1813 wurde hier gepflanzt für 1871«, lautet eine eingemeißelte Inschrift im harten Granit des Glöcknerfelsens. Längst sind die von den Schülern der Ruhlaer Forstschule gepflanzten Fichten gefällt worden. Was blieb, sind die in den Fels gehauenen Worte und, zum Gedenken an einen Oberforstrat, der Name »Königstuhl« für den westlichen Felsen. Die massigen Felsen dicht neben dem Rennsteig wurden durch die Abtragung des Ruhlaer Sattels freigelegt. Durch Verwitterung und Abtragung liegen die Blöcke heute übereinandergetürmt und verstreut umher.

Auch wenn er nicht der höchste ist, so wird er doch wegen seiner markanten Gestalt als »König des Thüringer Waldes« bezeichnet: der Große Inselsberg.

Nur etwa 1,5 km weiter trifft man, nach Überquerung des Rennsteigs, auf den ungleich mächtigeren Blockgipfel des 729 m hohen Gerbersteins, des ersten urkundlich erwähnten Berges im ganzen Thüringer Wald. Von dem Felsen aus, der durch ein Geländer gesichert ist, kann man über windzerzauste Buchen, Ebereschen und Ahornbäume bei klarem Wetter bis weit hinein in die Berge der Rhön sehen.
Der Parkplatz an der Glasbachswiese, wo die Straßen von Ruhla, Bad Liebenstein und Brotterode zusammentreffen, ist ein guter Ausgangspunkt für eine Wanderung zu beiden Felsen. Zum Glöckner geht man in westlicher Richtung 900 m weit über den Rennsteig, der in das Straßendreieck mündet; bis zum Gerberstein sind es 600 m nach Osten auf einem gut erkennbaren Waldweg.

15 Drachenschlucht

Auf den ersten Metern im anmutigen Annatal ahnt der Wanderer noch nicht, welch großartige Szenerie ihn erwartet. Bald jedoch verengt sich das etwa 1 km lange Kerbtal zuerst zur Schlucht, dann sogar zur Klamm, bis schließlich mehr als 10 m hohe, senkrechte Felswände bis auf 73 cm Abstand zusammenrücken. Auf einer Länge von 182 m gurgelt unter den Holzbohlen des Pfades der Stein- oder Marienbach. Er folgt den zahllosen Klüften im Gestein und ändert deshalb ständig seine Richtung. Strudeltöpfe in verschiedenen Höhen der grünbemoosten und vor Nässe triefenden Felswände markieren die Jahrtausende, während derer sich fließendes Wasser in das sehr harte Konglomerat des Rotliegenden (Wartburgkonglomerat) eingefräst hat. Der Wechsel dieses Gesteins mit weichen Schiefertonen ist es, der die reizvolle Folge von enger Klamm und lichtem Kerbtal bewirkt hat. Eingerahmt ist diese »Werkstatt der Erosion« durch prächtigen Schluchtwald.
Den 3 km langen Weg durch die Drachenschlucht kann man in beiden Richtungen begehen. Ausgangspunkte sind entweder die Hohe Sonne, direkt an der B 19 gelegen, oder, wenn man aus Eisenach kommt, die Parkgelegenheit an der Sophienaue im Mariental.

Eine faszinierende Szenerie erwartet den Wanderer in der Drachenschlucht: Bis auf 73 cm Breite rücken die Felswände hier zusammen.

Vor gut 120 Jahren künstlich angelegt: der Trusetaler Wasserfall, der höchste des Thüringer Waldes.

Dreimal der höchste

Wer Lust und Zeit hat für weitere Erkundungen im Thüringer Wald, dem seien hier noch drei »Superlative« zum Besuch empfohlen:
Der höchste Wasserfall des Gebirges stürzt bei Trusetal südwestlich von Brotterode (zwischen 13 und 14) von Granitfelsen herab 50 m in die Tiefe. Allerdings ist diese beliebte Sehenswürdigkeit nicht auf natürlichem Weg entstanden: Sie wurde erst 1865 durch die Ableitung der Truse angelegt.
Den mit 20 m Fallhöhe höchsten natürlichen und zugleich den höchstgelegenen Wasserfall des Thüringer Waldes bildet die Spitter, der einzige Bach, der den Rennsteig kreuzt. Sie können den Fall nahe der Ebertswiese nur zu Fuß auf markierten Wegen erreichen: entweder vom Parkplatz »Neue Ausspanne« am Nesselberg aus (ca. 3 km) oder ab Tambach-Dietharz durch das Spittertal (4,5 km). Nach Tambach-Dietharz gelangt man, wenn man auf der Strecke von Plaue 11 nach Friedrichroda 12 in Georgenthal links abbiegt.
Der höchste und für Kletterfreunde bedeutendste frei stehende Felsen des Gebirges ist der sich fast 100 m hoch über dem romantischen Schmalwassergrund erhebende Falkenstein. Sie müssen dorthin allerdings fast 6 km weit wandern! Ausgangspunkt ist der ausgeschilderte Parkplatz am Fuchsberg in Tambach-Dietharz. Der Wanderweg ist markiert.
Bei einem Abstecher nach Rodach – von 19 aus – können Sie im Thermalbad (tägl. geöffnet) eine der wärmsten Thermalquellen Bayerns mit 34 °C genießen. In der Umgebung, im Rodacher Hügelland, haben weit über 100 Schmetterlings-, 64 Vogel- und 30 Orchideenarten Schutz und Lebensraum gefunden. Dazu zählen seltene Vögel wie der Rote Milan, der Weißstorch, der Pirol, die Nachtigall oder der mit den Spechten verwandte Wendehals.

Route 2 Coburger Land

Zu Höhen und Gründen

(16) Staffelberg

Selten bietet sich dem Wanderer eine so großartige Fernsicht wie vom Staffelberg aus. Der weite Blick in das liebliche Maintal, hinüber zum Banzer Wald und weiter bis zum Thüringer Wald im Norden, zum Frankenwald und zum Fichtelgebirge im Osten, auf die Fränkische Schweiz im Süden und die Haßberge im Westen fasziniert jeden Besucher, der das 539 m hohe Plateau erklommen hat. Vom Maintal aus ist die weiße Felskrone des Staffelbergs weithin sichtbar. Auf seinem Gipfel stehen Reste einer keltischen Siedlung aus dem 4. oder 5. Jh. v. Chr. Geologisch bemerkenswert ist, daß am Staffelberg die drei Schichten des Juras zu sehen sind. Der Weiße Jura bildet die Kuppe. Der Braune Jura oder Dogger tritt in der mittleren bewaldeten Zone des Staffelbergs zutage; wer Glück hat, kann so manche schöne Fossilie dieser Schicht entdecken. Darunter liegt der ältere Schwarze Jura. Auf dem Weg zur Gipfelkuppe (Parkplatz in Romansthal, ca. 20 Minuten Gehzeit auf ausgeschildertem, auf dem letzten Stück etwas steilen Weg) begegnet dem Wanderer eine Pflanzenwelt, die nur auf kalkreichen Böden wie denen des Staffelbergs zu finden ist. Im Laub- und Mischwald der unteren Hänge gedeihen der schöne, aber giftige Gemeine Seidelbast, dessen duftende rosa Blüten im Frühjahr vor den Blättern erscheinen, und das Dreilappige Leberblümchen. An den trockenen Südhängen wächst die geschützte Gewöhnliche Küchenschelle. Der Staffelberg ist eine Fundgrube für den botanisch Interessierten, denn mit den unterschiedlichen Untergründen wechselt auch die Flora. Das Plateau hingegen bietet nur wenigen Pflanzen einen Lebensraum: Hier stehen nur vereinzelt Wetterföhren.

Route 2
Coburger Land

Die etwa 150 km lange Strecke umfaßt neben der Fahrt durch das anmutige, sanft hügelige Coburger Land mit dem Itzgrund (17), den Langen Bergen (18) und dem reizvollen Froschgrund (19) auch einen Abstecher nach Südthüringen und dessen bäuerlich geprägte, reizvolle Landschaften. Zu Beginn und am Ende der Tour stehen mit dem Staffelberg (16) und dem Muppberg (22) Erhebungen, die weite Rundblicke gestatten.

Streckenverlauf:

Von Lichtenfels auf der B 173 bis Staffelstein, von dort geht es in östlicher Richtung nach Romansthal zum Staffelberg (16); zurück über Staffelstein, Unnersdorf und Herreth zum Itzgrund (17); dann rechts ab auf die B 4 und über Untersiemau, Coburg, Unter- und Oberlauter ins Lautertal zu den Langen Bergen und zum Weißbachgrund (18); von Oberlauter geht es in östlicher Richtung nach Unterwohlsbach, hinter dem Ort fahren Sie links nach Waltersdorf zum Froschgrund (19); dann weiter nordwärts bis Schalkau, dort links ab auf die B 89 und über Eisfeld und Hildburghausen bis kurz vor Themar zum Eingefallenen Berg (20); weiter geht es in östlicher Richtung nach Schleusingen, dort auf die B 4 bis Brünn, am Ortsrand links auf die B 4/B 281 nach Sachsenbrunn zur Tanzlinde (21) abbiegen; vom Ortsteil Sachsendorf geht es auf die Nebenstraße nach Bachfeld, dort links ab auf die B 89 nach Effelder, dann weiter die B 89 nach Sonneberg, am Ortsbeginn rechts nach Neustadt bei Coburg zum Muppberg (22)

Die günstigste Reisezeit für diese Tour ist der Zeitraum zwischen Mai und Oktober. Übernachtungsmöglichkeiten sind bei der Tourist Information Stadt und Land Coburg, bei der Sonneberg-Information und bei der Suhl-Information zu erfragen. Gaststätten finden Sie in allen Orten an der Strecke.

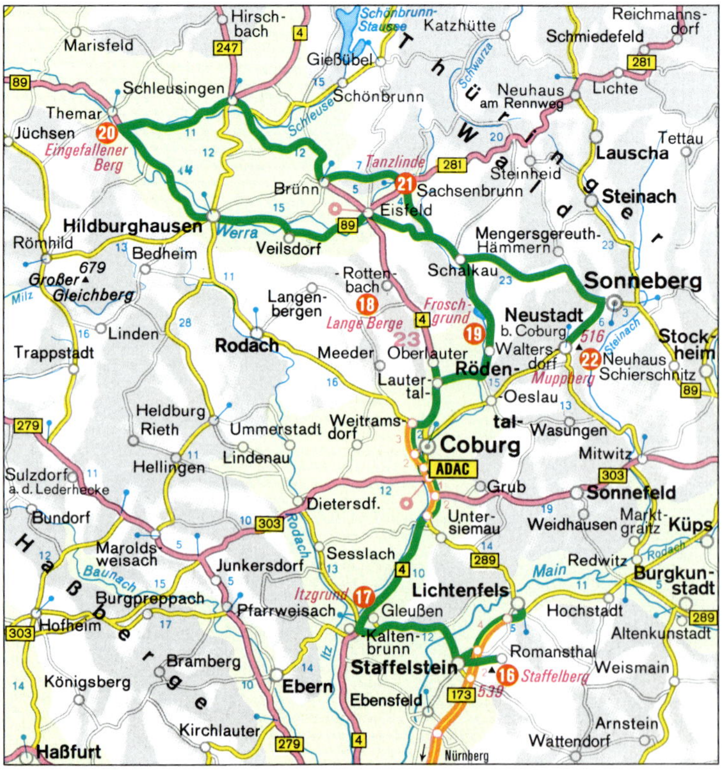

⑰ Itzgrund

Rund um Gleußen erstreckt sich der Itzgrund, der einen schönen Zugang vom Obermaintal in das Coburger Land bietet. Die liebliche Tallandschaft wird von sanften, bewaldeten Höhenzügen eingerahmt. Landwirtschaft bestimmt das Bild dieser Gegend mit ihren fruchtbaren Böden, und stattliche Bauerndörfer mit schönen Fachwerkhäusern und alten Kirchen laden zum Verweilen ein. Geprägt wird das Tal durch die Itz, die im Thüringer Wald entspringt, durch die alte Stadt Coburg mit ihrer eindrucksvollen Veste fließt und sich dann in südlicher Richtung durch die Talauen dem Main zu schlängelt. Bekannt ist der Itzgrund aber nicht nur der anmutigen Landschaft, sondern auch seiner guten Luft wegen, die nicht durch große Industrieansiedlungen belastet wird. Ein gut ausgebautes Radwegenetz (Karten gibt es in jeder Gemeindeverwaltung) und auch zahlreiche Wanderwege führen durch eine noch intakte Natur.
Wenn Sie die deftige fränkische Küche genießen wollen, machen Sie am besten in einem der vielen Dörfer vor dem nächstbesten Gasthof halt.

Der Planetenweg bei Untersiemau zeigt ein Modell unseres Sonnensystems.

Im Itzgrund bei Gleußen fließen Itz und Rodach zusammen.

Der Ausblick vom Gipfelplateau des Staffelbergs ist an schönen Tagen überwältigend: Er reicht bis zum Thüringer Wald und zur Fränkischen Schweiz.

Auf dem Weg zu den Sternen
Wer sich für Astronomie interessiert, sollte sich den Planetenweg bei Untersiemau südlich von Coburg (zwischen ⑰ und ⑱) nicht entgehen lassen. Auf einer Strecke von etwa 10 km wandert man an einem maßstabsgetreuen Modell unseres Sonnensystems entlang: Zwei Schritte entsprechen ungefähr 1 Million km im Weltall.
Ausgangspunkt des Planetenwegs ist die Galgenhöhe, am Ortsrand von Untersiemau gelegen und mit dem Auto leicht zu erreichen. (Sie biegen etwa in der Ortsmitte von Untersiemau links ab und folgen den blauen Schildern. Parkplatz bei der Schule.) Dort befindet sich auch gleich die erste Station mit ausführlichen Hinweistafeln über den weiteren Verlauf des Lehrpfads. Die Planeten sind an den insgesamt neun Stationen als Kugeln plastisch dargestellt. Die Wanderstrecke führt durch den Banzer Wald und endet am Parkplatz des »Berggasthofs«.

Wildpark Tambach in Weitramsdorf
25 verschiedene Wildtierarten kann der Tierliebhaber im Wildpark Schloß Tambach (zwischen ⑰ und ⑱) bewundern. Die großräumigen Gehege sind in eine 50 ha große Parklandschaft eingebunden und vielfach von innen begehbar. Auf zwei Rundwegen (der längere dauert zwei Stunden zu Fuß, der kürzere nur eine Stunde) können Sie Alpensteinböcke, Kamerunschafe, Füchse und zahlreiche Wildvögel beobachten. Informationstafeln sind an beiden Naturlehrpfaden aufgestellt. Je nach Jahreszeit besteht die Möglichkeit, in bestimmten Bächen und Teichen zu fischen. Ein gemütlicher Biergarten und ein Kinderspielplatz laden zum Ausruhen ein.
Kurz vor Coburg geht es links ab auf die B 303 nach Tambach (Gemeinde Weitramsdorf). Der Tierpark ist das ganze Jahr über von 8 Uhr bis Sonnenuntergang geöffnet; Führungen durch den Park finden nach Anmeldung statt (☏ 095 67/2 01); für Kinder wird an den Wochenenden nachmittags Ponyreiten angeboten.

Insgesamt 9 km lang ist der sehr interessante Naturlehrpfad um die Lauterburg.

Um die Lauterburg
Geschichtlich, biologisch und geologisch bedeutsame Punkte im Gebiet zwischen Fornbach und Itz bietet der Naturlehrpfad um die Lauterburg. Am Fuß der Hohen Schwenge (506 m, zwischen ⑱ und ⑲) führt der Pfad in den Wald. Schrift- und Bildtafeln geben Hinweise auf geschützte Tiere und Pflanzen. Nützlinge des Waldes wie Bienen und Ameisen werden beschrieben. Im Fornbachgrund gibt es ein Feuchtbiotop. Weitere Informationstafeln beschreiben geologische Besonderheiten oder geben eine Einführung in die hiesige Landwirtschaft. Ein Pflanzengarten ist ebenfalls zu besichtigen. Der 9 km lange Lehrpfad beginnt am Parkplatz von Schloß Rosenau in der Gemeinde Rödental nordöstlich von Coburg. Eine verkürzte Streckenführung geht aus von einem Parkplatz an der Straße von Unterwohlsbach nach Fornbach und hat eine Länge von 3,3 km.

⑱ Lange Berge und Weißbachgrund

Die Langen Berge, das dolinenreiche Hügelgebiet nordwestlich von Coburg, steigen bis über 500 m hoch an. Vorherrschendes Gestein ist der fossilienreiche Muschelkalk.

Am südlichen Auslauf der Langen Berge und des Thüringer Waldes liegt das malerische Lautertal. Die Coburger nutzen das fruchtbare Tal an den Wochenenden gern als Naherholungsgebiet, nicht zuletzt, weil von dort aus wunderschöne Wanderwege in die Langen Berge und zum Naturschutzgebiet Weißbachgrund führen. Von Oberlauter aus können Sie auf markiertem Weg (weiße »4«) in etwa einer Dreiviertelstunde zum 473 m hohen Lauterberg gehen. Der Weg zum Gipfel ist von der kleinen Ortschaft aus nicht zu verfehlen. Oben angekommen, hat man einen herrlichen Blick auf das Lautertal. Sie werden dort vorgeschichtliche Hügelgräber entdecken können, die aus der Jungsteinzeit vor etwa 6000 Jahren bis heute erhalten sind.

Ein anderer schöner Wanderweg führt vom Nordwestrand von Oberlauter aus mit sanfter Steigung (Markierung: rote Diagonallinie) über die Langen Berge zu einem der höchstgelegenen Aussichtspunkte im Coburger Land, der Sennigshöhe. Aus 523 m Höhe bietet sich ein weiter Ausblick auf den Thüringer Wald im Norden, den Frankenwald im Osten und die Haßberge und die Rhön im Westen. Von dem 8 km langen Fußmarsch können Sie sich auf dem Gipfelplateau in der Alexandrinenhütte (Ostern–Okt. Sa, So und Fei bewirtschaftet) ausruhen.

Das etwa 2 km nördlich von Oberlauter gelegene Tiefenlauter grenzt an das Naturschutzgebiet Weißbachgrund, eine sehr reizvolle Bachaue. Durch den Weißbachgrund führt ein Wanderweg, von dem noch einige andere abzweigen, auf die Langen Berge (ca. 4 km, ansteigend). In dem noch ursprünglichen Waldgebiet kann der Pflanzenfreund eine Reihe botanischer Raritäten, darunter verschiedene Orchideenarten, entdecken.

⑲ Froschgrund

In ihrem natürlichen Flußbett, umgeben von bewaldeten Höhenzügen und feuchten Wiesen, schlängelt sich die Itz durch den Froschgrund. Von Waltersdorf aus (Parkplatz) können Sie an der Itz entlang und durch den Froschgrund in etwa 1¼ Stunden über Mittelberg, Fischbach und Schönstädt nach Weißenbrunn vorm Wald wandern und das schöne Tal der Itz genießen.

Vor fast 400 Jahren gab es bei Themar einen gewaltigen Felssturz, durch den der Eingefallene Berg seinen Namen erhielt. In den Felshalden am Fuß der zerklüfteten Wand bildete sich eine artenreiche Flora.

Am nördlichen Ende des Froschgrunds liegt der Froschgrundsee, ein Hochwasserrückhaltebecken der Flüsse Itz und Effelder, die ihre Quellen im Thüringer Wald haben. Der künstlich angelegte See ist mit seinen Freizeitanlagen optimal an die Umgebung angepaßt. Sein sauberes, kühles Wasser lädt im Sommer zum Baden (Liegewiese), Surfen und Bootfahren ein. In der kalten Jahreszeit kann man das abwechslungsreich bewachsene Seeufer entlangspazieren, vorbei an Wiesen, Sträuchern und Bäumen wie Erlen, Weiden, Buchen und Birken. Ein Gasthof im Landhausstil mit herrlichem Seeblick lädt zum Ausruhen ein.

20 Eingefallener Berg

Schon wenn man sich Themar von Südosten her nähert, fällt über dem jenseitigen Ufer der Werra die langgestreckte, helle, zerklüftete Abrißwand auf. Hier löste sich am 3. April 1595 ein mächtiges Teilstück aus der Flanke des Berges und stürzte in sich zusammen. Mit Donnergetöse fand damit ein geomorphologischer Prozeß seinen vorläufigen Abschluß, der lange Zeit zuvor fast unmerklich begonnen hatte. Niederschlagswasser war ständig in den zerklüfteten Muschelkalkschichten des Berges versickert und hatte die unterlagernde wasserstauende Mergelschicht aufquellen lassen. So entstand gewissermaßen eine Gleitbahn, auf der die Felsmassen vom Massiv weg drifteten und sich schließlich endgültig lösten. Die Wüstung eines Dorfes und die Reste einer erst 1951 wegen Einsturzgefahr abgerissenen Villa bezeugen, wie gefährlich das innere Leben eines solchen Berges für den Menschen werden kann.

Vielseitig ist die Vegetation im romantischen Blockgewirr unter der Felswand; vom mit prächtigen Buchen bestandenen Gipfelplateau des Berges bietet sich zudem ein schöner Blick über das Werratal hinüber zum Thüringer Wald.

Fahren Sie vor dem Ort Themar links über die Werrabrücke. Am besten stellen Sie das Auto direkt dort ab, weil der Weg von hier an zum Teil sehr steinig ist. Wenn man sich weiter links hält, kommt man, vorbei an einer Wassermühle, zu einem einzeln stehenden Haus. Von dort aus sind es, rechts über einen Fußpfad, noch 200 m bis unter die Felswand. Vom Marktplatz in Themar aus führt ein ausgeschilderter, ca. 2 km langer Weg auf den Berg.

21 Tanzlinde in Sachsenbrunn

Eine der seltenen alten Tanzlinden, deren Astkränze speziell für den Einbau von Tanzböden hergerichtet wurden, steht in Sachsenbrunn, im Ortsteil Sachsendorf, direkt an der Straße. Der mächtige untere Astkranz des ungefähr 350 Jahre alten, gesunden Baumes ruht auf zehn Sandsteinpfeilern und trägt den achteckigen Tanzboden, der einen Durchmesser von 6–7 m hat. Der zweite Astkranz der nur 12 m hohen Sommerlinde bildet das grüne Dach der luftigen Tanzlaube, zu der man auf einer Treppenleiter hinaufsteigt. Heute ist es still geworden im Geäst, obwohl die Tanzlinde samt Laube so frisch aussieht wie zu ihren besten Zeiten. Dies waren, so jedenfalls hat man es für eine andere Tanzlinde, diejenige im 17 km entfernten Effelder, nachgewiesen, die Jahre des 18. und 19. Jh. In Effelder finden Sie die Tanzlinde direkt vor der Kirche.

22 Muppberg

Wie ein riesiger Maulwurfshügel erhebt sich der 516 m hohe Muppberg über Neustadt bei Coburg. Einen Parkplatz finden Sie in der Nähe des Krankenhauses. Von dort führt ein Wanderweg schnurstracks in 20 Minuten zum Gipfel hinauf, ein anderer in 1½ Stunden um den Berg herum. Vom Schützenplatz in Neustadt (Parkplatz) führt ebenfalls ein schöner Weg auf den Berg.

Der Muppberg ist eine Insel aus Buntsandstein inmitten anderer Gesteinsschichten. Die Flüsse Röden und Steinach, die ihn von beiden Seiten umfließen, spülten die lockeren Schichten aus der Umgebung fort. Der Muppberg jedoch blieb unversehrt.

Einst war er auf drei Seiten von Sümpfen umgeben: ein geeigneter Platz für die Schutzburg, die die Germanen hier erbauten, von der aber kaum mehr etwas zu sehen ist. Vom 1905 auf dem Berg errichteten Prinzregententurm haben Sie einen herrlichen Blick auf Neustadt und das thüringische Sonneberg. Die gemischte Vegetation auf dem Muppberg besteht sowohl aus Waldbewuchs (reiner Nadel- und Mischwald) als auch aus Heideflächen.

Der Prinzregententurm auf dem 516 m hohen Muppberg wurde 1905 errichtet und bietet eine herrliche Aussicht.

Die Effelder Tanzlinde – ausgestattet mit einem kunstvollen Holzboden – war schon Schauplatz vieler Feste.

Route 3 Frankenwald

Durch die grüne Krone Bayerns

23 Kirchleuser Knock

Für Fossiliensucher ist die Gegend um den Kirchleuser Knock, eine baumlose Hochfläche (513 m), besonders ergiebig. Ammoniten, Schnekken, Seeigel und Muscheln sind in einer erstaunlichen Vielzahl im weichen Mergelkalk der isoliert stehenden Juraschollе bei Kirchleus abgebildet. Sie finden diese rund 150 Millionen Jahre alten Meeresablagerungen mit etwas Glück rund um den Kirchleuser Knock und im Steinbruch bei Kirchleus (ausgeschildert). Dorthin nehmen Sie am besten Hammer und Meißel mit, denn es lohnt sich bestimmt, die eine oder andere uralte Versteinerung vorsichtig herauszumeißeln und als Andenken mit nach Hause zu nehmen.
Von Kirchleus führt ein Wanderweg (Markierung: »V«) in Richtung Schimmendorf zum Knock. Die Entfernung beträgt ca. 3 km.

24 Patersberg

Mit fast 1000 Pflanzenarten zählt das Gebiet um Kulmbach zu den artenreichsten Regionen in Deutschland. Kein Wunder, denn die große Anzahl verschiedenster Gesteine hat diese reiche Flora hervorgebracht. Der Buntsandstein begünstigt Arten, die sich mit nährstoffarmen Böden begnügen. Im Waldkleid des Patersbergs überwiegt die Kiefer, am Boden wächst die Heidelbeere, und am Waldrand stehen Glockenheide und Wildrosen. Auf dem nährstoffreichen Schwarzen Jura oder Lias hat die

Route 3
Frankenwald
Unsere ca. 240 km lange Rundfahrt durch den Frankenwald reicht mit dem Besuch der Wojaleite 30 auch schon ein Stück hinüber ins Vogtland. Sie beginnt in Kronach und führt durch tiefe Täler, an Einödhöfen auf der Hochebene vorbei zu herrlichen Ausblicken über grüne Waldhügel und in die Weite des Obermaingebiets. Landschaftliche Höhepunkte sind der Rote und Weiße Main 25, die tief eingeschnittene Steinachklamm 27, die Hochfläche der Münchberger Gneismasse 29 und das wildromantische Höllental 32.
Streckenverlauf:
Von Kronach auf der B 85 über Weißenbrunn nach Kirchleus zum Kirchleuser Knock 23; weiter auf der B 85 in Richtung Kulmbach bis Höferänger, dort rechts ab über Höfstätten zum Patersberg 24; dann weiter über Veitlahm, Wernstein und Mainleus bis Melkendorf, dort rechts steil hinunter nach Steinenhausen zum Zusammenfluß des Roten und Weißen Mains 25; von Melkendorf nach Kulmbach, im Ort rechts ab auf die B 85 in Richtung Bayreuth, in Leuchau links abbiegen und über Lindau nach Trebgast, dort links nach Spitzeichen 26 fahren; zurück nach Trebgast, dort wieder links über Ködnitz bis Kauerndorf, dort rechts auf die B 289, diese bis Untersteinach, im Ort links die B 303 bis Stadtsteinach nehmen, dort rechts in Richtung Triebenreuth zur Steinachklamm 27; zurück nach Untersteinach, gut 1 km hinter dem Ort links auf die B 289 nach Kupferberg zum Peterlesstein 28; weiter auf der B 289 in Richtung Marktleugast, dort nach rechts über Stammbach in Richtung Streitau zum Weißenstein 29; weiter über Streitau nach Gefrees, links abbiegen und auf der B 2 über Münchberg in Richtung Hof, in Reuthlas rechts nach Schwarzenbach an der Saale, weiter auf der B 289 in Richtung Rehau, kurz vor dem Ort links nach Wurlitz und Woja abbiegen zum Landschaftsschutzgebiet Wojaleite 30; weiter bis Hof, dort auf die B 173, die Frankenwaldstraße 31, nach Naila; von dort führt ein Abstecher nach Norden in Richtung Lichtenberg zum Höllental 32; zurück zur B 173 und auf dieser bis Schwarzenbach am Wald, nun Abstecher in südöstlicher Richtung nach Döbra zum Döbraberg 33; zurück nach Schwarzenbach und weiter auf der B 173 bis Zeyern zur Fränkischen Linie 34 am Prallhang der Rodach; von dort weiter auf der B 173 zurück zum Ausgangspunkt Kronach.
Als Reisezeit empfehlen sich auf dieser Route eher Frühling und Sommer als der Winter. Auf den engen, gewundenen Höhenstraßen läßt es sich zu diesen Zeiten besser fahren. Außerdem kann man dann die Blütenpracht genießen und die verschiedenen Gesteinsarten besser erkennen.

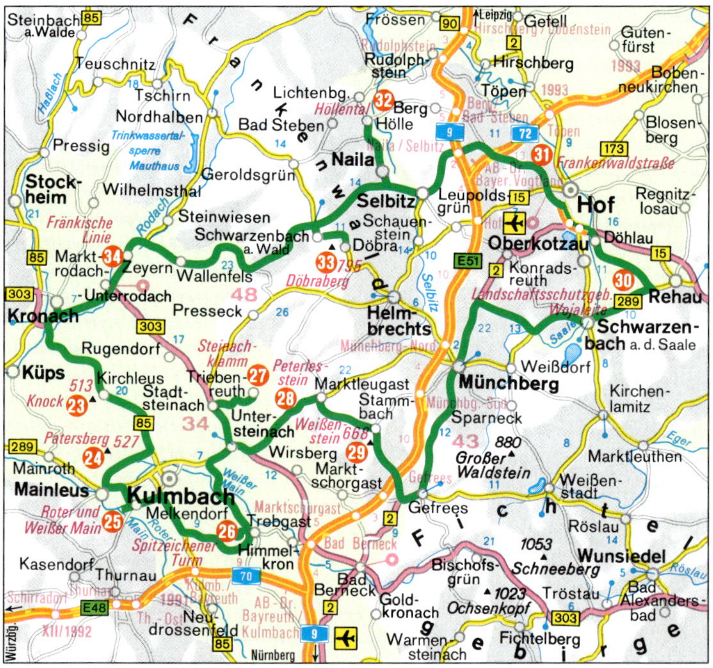

Flora sogar eine noch größere Vielfalt zu bieten. Da gibt es noch den seltenen Gefransten Enzian und den Gemeinen Seidelbast, dessen korallenrote Früchte wie auch die übrigen Pflanzenteile sehr giftig sind.
Wenn Sie Ihr Auto – von Höfstätten kommend – am Fuß des Berges abgestellt haben, können Sie in etwa 20 Minuten zum Aussichtsturm »Schau-dich-um« wandern (Markierung: blaues Kreuz auf weißem Grund). Von dort aus haben Sie dann einen herrlich weiten Blick auf den Thüringer Wald im Norden, den Frankenwald im Osten und das Fichtelgebirge im Südosten.

25 Roter und Weißer Main

Wer denkt schon, wenn er im Frankfurter Raum den stolzen Main betrachtet, an die zwei unbedeutend scheinenden Quellen, aus denen er entspringt? Der Weiße Main hat seinen Ursprung am Osthang des Ochsenkopfs, des zweithöchsten Berges des Fichtelgebirges, der Rote Main im Lindenhardter Forst südwestlich von Bayreuth. Führt der Weg die kleinen Wasserläufe zunächst durch ein Gewirr von schweren Granitblöcken oder durch die tonigen Schichten des Braunen Juras, so vereinigen sich die beiden Flüsse in der Nähe von Kulmbach, bei Steinenhausen, in einem breiten, grünen Tal.
Sie erreichen den Zusammenfluß, wenn Sie direkt hinter Melkendorf rechts abbiegen und der steilen Straße hinab ins Maintal folgen. Viele kleine Seen und saftig grüne Wiesen in der feuchten Flußlandschaft bei Kulmbach laden zum Spazierengehen oder zum Baden und Surfen ein.

26 Spitzeichener Turm

Der kurze Wanderweg hinauf zum Spitzeichener Turm ist Teil des Maintäler Verbindungsweges, der im Rotmaintal bei Langenstadt beginnt und die Täler des Roten und Weißen Mains miteinander verknüpft. Auf etwa 20 km Länge streift er die verschiedenen Gesteinsformationen des Erdmittelalters und kommt dabei einem Geologischen Lehrpfad gleich. Von Spitzeichen (parken am südlichen Ortsrand; Wanderwegmarkierung: M und V) sind es nur etwa 300 m hinauf zum Spitzeichener Turm. Er steht auf einem Hochplateau (529 m) und bietet eine großartige Aussicht auf die umliegenden Mittelgebirge, den Frankenwald, das Fichtelgebirge und die Fränkische Schweiz. Auf dem Weg zurück nach Trebgast sollten Sie im romantisch verzauberten »Malergarten« (Café und Abendrestaurant) halt machen. Von hier aus gelangen Sie auch hinunter zur Trebgaster Naturbühne (ausgeschildert). Im dichten Wald, zwischen riesigen Felsbrocken, liegt diese einmalige Kulisse, auf der in den Sommermonaten die Trebgaster Festspiele stattfinden.

Am Ochsenkopf im Fichtelgebirge entspringt der Weiße Main, der sich bei Kulmbach mit dem Roten Main vereinigt.

<u>Der Wald – ein Zuhause für Pflanzen und Tiere</u>
Von den geologischen Besonderheiten des Kulmbacher Landes erzählen die ersten Informationstafeln des Naturlehrpfads rund um den Rehberg südöstlich von Kulmbach (zwischen 25 und 26). Wir starten unsere Wanderung am Pavillon des Rehbergs (Parkplätze) und folgen den Schildern auf einer Länge von gut 6 km. Moose, Gräser, verschiedene Kräuter, Büsche und Bäume werden beschrieben. Große und kleine Schrifttafeln erläutern die Wirkung des Waldes auf seine Umwelt, die Verdunstung der Waldbäume und den Vogelschutz. Einen besonderen Höhepunkt bildet der Bereich um den Rehturm mit seinen Tafeln zur Tier- und Pflanzenwelt des heimischen Waldes. Vom Turm aus haben Sie einen weiten Ausblick auf das Kulmbacher Land (Informationen: Verkehrsamt Kulmbach, ☏ 09221/802216 und 84081).

Ziemlich genau in der Mitte zwischen Kronach und Kulmbach liegt am Kirchleuser Knock der Steinbruch. Hier und in der näheren Umgebung kann man mit Glück und Geduld Jahrmillionen alte Versteinerungen finden.

Zur 300 m langen, großartigen Steinachklamm führen mehrere beschauliche Wanderwege.

27 Steinachklamm

Glauben wir der Sage, so hat der Germanengott Thor die Steinachklamm eigenhändig mit einem Donnerkeil geschaffen. Mächtige Diabasfelsen vulkanischen Ursprungs umrahmen diesen wildromantischen, tief eingeschnittenen Abschnitt des Steinachtals, dessen stille Wanderwege (mit Markierungen) zu Ausflügen locken, etwa auch zum Forstmeistersprung, einer steil abfallenden Felswand mit schönem Ausblick. Hier entdecken wir recht häufig den geschützten Waldgeißbart. Diese Pflanze mit kleinen, in dichten Rispen stehenden weißlichen Blüten ist typisch für die Schluchtwälder des Steinachtals und kann an günstigen Standorten bis zu 1,5 m hoch werden. Überhaupt begünstigt die sonnige Hanglage dieses Tales eine reichhaltige Pflanzenwelt. Nicht nur der mächtige Thor, sondern auch die Menschen haben in dieser Gegend eifrig gehämmert. Das Vorkommen von Eisenerzen hat früher hier den Bergbau erblühen lassen; Namen wie »Waffenhammer«, »Mittelhammer« und »Oberhammer« weisen auf diese Tradition hin. Am besten sichtbar ist das Eisenerz als Verfärbung im Gestein in der Gegend um die Ruine Nordeck.
Von Stadtsteinach fährt man in Richtung Wildenstein zum Wanderparkplatz in der Nähe der Ruine. Von hier bietet sich auch eine ca. 5 km lange Wanderung (Markierung: zwei blaue Querbalken auf weißem Grund) zur Steinachklamm an. Auf kürzerem Weg erreicht man die Klamm von Triebenreuth aus (Markierung: blaues H; ca. 2 km). Man kann aber auch über Triebenreuth direkt zur Klamm fahren (Parkplatz).

28 Peterlesstein

Kurz hinter Kupferberg, nicht weit von der Straße, liegt der Gipfel des Peterlessteins. Rosenkranzperlen, den Paterla, verdankt der Berg seinen Namen, denn diese wurden früher aus seinem Gestein geschliffen. Seines Serpentingesteins wegen wurde er auch unter Naturschutz gestellt. Diese Gesteinsart ist außerhalb des Alpenraumes recht selten zu finden, und da ihr wichtige Nährstoffe fehlen, bietet sie nur wenigen, angepaßten Pflanzen einen Lebensraum. Ein solcher Spezialist ist der Serpentinstreifenfarn: Er ist auf diese Standortbedingungen angewiesen und gedeiht überhaupt nur auf Geröll und in Felsspalten, die Serpentin enthalten. Und eine weitere Besonderheit hat der Peterlesstein zu bieten: Auf den Kompaß ist hier kein Verlaß, denn die Magneteisenkristalle, die in die Felsbrocken des Gipfels eingesprengt sind, lenken die Nadel immer wieder ab.
Etwa 1,5 km hinter Kupferberg führt am Waldrand links (parken) ein Wanderweg von ca. 1 km Länge (Markierung: zwei rote Querstreifen) zum Peterlesstein mit seinem Blick über die gegeneinander versetzten Hügelreihen der Münchberger Gneismasse bis hin zum Fichtelgebirge.

29 Weißenstein

Mitten im rasanten Wechsel der Gesteinsarten, der das Landschaftsbild des Frankenwaldes im allgemeinen prägt, bildet die Münchberger Gneismasse einen in sich geschlossenen, massiven Komplex. Bis heute streiten Geologen darüber, wie dieser »Fremdkörper« aus verschiedenen Gneisarten und anderen metamorphen Gesteinen hierher gelangt ist. Die einen

Der schönste Teil des Steinachtals liegt bei Wildenstein. Von Stadtsteinach kann man ihn auf einem gut markierten Weg in etwa zwei Stunden erreichen.

sagen, das Gestein sei als Decke aus über 200 km Entfernung von Südosten an seinen derzeitigen Standort geschoben worden. Andere sehen in dem Gestein ein Stück der uralten ozeanischen Erdkruste, die hier aus dem Erdinneren emporgepreßt wurde.
Eklogite, besonders harte, farbenprächtige metamorphe Gesteine, die Granat und Augit enthalten, sowie helle Granulite oder Weißsteine bilden die Felsen des Weißensteins. Mit seinen 668 m überragt dieser Gipfel die übrige Gneishochfläche. Am Parkplatz auf dem Weißenstein können Sie sich anhand der Wandertafel für einen der vielen Wanderwege durch das waldreiche Gebiet entscheiden. Einer der Wege etwa kreuzt die Weißensteinquelle. Der Aussichtsturm auf dem Berggipfel – neben dem Parkplatz – bietet einen weiten Rundblick auf das Fichtelgebirge, den Frankenwald und den Thüringer Wald. Die Gaststätte »Weißenstein« (Do–So, Fei ab 11 Uhr geöffnet) neben dem Turm ist das ganze Jahr über bewirtschaftet. Ein weiterer lohnender Aussichtspunkt an Ihrem Weg zum nächsten Routenziel ist der Ahornberg, etwa 6 km nördlich von Münchberg. Er ist mit seinen 672 m noch etwas höher und bietet einen Blick auf die gesamte Münchberger Hochfläche.

Die Gemeine Grasnelke gedeiht auf kargen, trockenen Böden wie im Landschaftsschutzgebiet Wojaleite.

30 Landschaftsschutzgebiet Wojaleite
Wir haben die Münchberger Hochfläche verlassen und sind im Vogtland mit seinen großzügigen, gestreckten Geländeformen angekommen. Kleine, sumpfige Mulden deuten an, daß Serpentin hier den Untergrund bildet. Dieses harte, nährstoffarme Gestein verwittert zu einem tonigen Boden und läßt Niederschläge nicht im Boden versickern. Von Anfang Juni bis Mitte Juli blühen am Steilabfall der Wojaleite seltene Blumen in ihren schönsten Farben. Die zartrote Pfingstnelke und der goldgelbe Scharfe Mauerpfeffer leuchten aus den Spalten der Felsen ebenso hervor wie die zierliche Gemeine Grasnelke, die Kreuzblume, die Nickende Distel mit ihren purpurfarbenen Blüten und zart gefiederte Farne.
Die Wojaleite liegt nördlich der Bahnstrecke Rehau–Oberkotzau. In Woja biegt man links zum Einödhof ab; dort in der Nähe kann man auch parken. Zu Fuß (Richtung Bahngleis) sind es dann nur noch wenige Meter bis zur Wojaleite. Die wenigen Wege durch die Wojaleite sollten Sie auf keinen Fall verlassen.

Exkursion ins Reich der Fische
Ruhiges Verhalten und gute Kenntnisse sind erforderlich, wenn man Fische im Wasser beobachten und bestimmen will. Am Untreusee unmittelbar südlich von Hof (zwischen 30 und 31) sollten Sie es einmal versuchen. Ein etwa 4 km langer Lehrpfad rund um den See stellt Ihnen die verschiedenen Fischarten des Sees auf acht Bildtafeln vor. Ungefähr 1 ½ Stunden müssen Sie sich schon Zeit nehmen, um nicht nur die Edelfische, sondern auch die sonst wenig beachteten Kleinfische kennenzulernen.

31 Frankenwaldstraße
Mitten durch die »grüne Krone Bayerns«, den Naturpark Frankenwald, führt die Frankenwaldstraße. Als Teil der B 173 führt sie von Hof über Naila, Schwarzenbach am Wald, Wallenfels nach Kronach und über die B 303 weiter nach Mitwitz. Vorbei an der höchsten Erhebung des Frankenwaldes, dem Döbraberg 33, verläuft sie ab Schwarzenstein durch das landschaftlich reizvolle Tal der Wilden Rodach.

Der Peterlesstein ist aus Serpentingestein aufgebaut, das außerhalb der Alpen nur selten vorkommt.

Der seltene Waldgeißbart liebt humusreiche Böden. In der Steinachklamm kommt er häufiger vor.

Der Hirschsprung ist eine der bizarren Klippen im Höllental, die sich zur Rast anbieten.

Im Tal der Sächsischen Saale
Von Bad Steben bis Hof verläuft, streckenweise entlang der Sächsischen Saale, die abwechslungsreiche Panoramastraße. 40 km lang ist die Strecke, die an alten Mühlen, einem Schieferbruch, stillgelegten Bergwerken und dem Rennsteigdenkmal vorbeiführt. Noch reizvoller kann es werden, wenn man Teile des Weges zu Fuß zurücklegt: auf dem Karl-Bock-Weg von Bad Steben nach Lamitz südlich von Hirschberg oder die malerische Strecke von Blechschmidtenhammer durch das wildromantische Höllental (32) nach Hölle. Eine besondere Sehenswürdigkeit ist der Petersgrat bei Joditz, 8 km nördlich von Hof an der Sächsischen Saale: ein sehr schöner Aussichtspunkt, der nur zu Fuß zu erreichen ist und einen weiten Blick auf die Münchberger Hochfläche, das Hofer Vogtland und den Frankenwald bietet. Von der Ortsmitte in Joditz (Wanderparkplatz) kommen Sie auf einem ca. 8 km langen Rundweg (Nr. 3) auf den Petersgrat und zurück.
Zum Rasten und Schauen ist der alte Bahnhof von Lichtenberg 3 km nordöstlich von Bad Steben wie geschaffen. Er war nach dem Zweiten Weltkrieg für lange Zeit stillgelegt, ist wieder restauriert worden und bekommt jetzt eine neue Bedeutung als Ausflugsziel auch für Besucher aus Thüringen und Sachsen.

Rauschend stürzt der Fluß, während der Schneeschmelze ein tosendes Wildwasser, über das Geröll zu Tal. An diesem Flußlauf kann man auch heute noch das artenreiche Tier- und Pflanzenleben einer Feuchtlandschaft erkunden. Nicht weit entfernt von der Quelle am Rauhenberg, südlich des Döbrabergs, hängt das Brunnen- oder Quellmoos seine bis zu 70 cm langen Sprosse in die Strömung. Zahlreiche Kleinlebewesen wie Schnecken, Insektenlarven, Krebse und Würmer bevölkern die dicht flutenden Büschel dieses Wassermooses. Weiter talabwärts streckt zwischen Juni und August der Flutende Hahnenfuß seine zarten weißen Blüten aus dem Wasser hervor; aus seinen fiedrigen untergetauchten Blättern dreht die Strömung lange Zöpfe. Und im Röhricht der Uferzone enthüllt die Sumpf-Schwertlilie ihre gelben Blüten.
Viele kleine und größere Fuß- und Radwanderwege haben ihren Startpunkt an der Frankenwaldstraße. Zwei lange Wanderrouten beginnen in Mitwitz bzw. Hof: zum einen der 126 km lange Karl-Bock-Weg von Mitwitz nach Hof und zum anderen der Wanderweg durch den Frankenwald von Mitwitz nach Gifting, Teil der Europäischen Fernwanderwege Nr. 3 (Atlantik–Böhmerwald) und Nr. 6 (Ostsee–Adria).

(32) Höllental

Steile, bis zu 130 m hohe Felswände und dichter Mischwald umgeben eines der schönsten und imposantesten Täler des Frankenwaldes, das wildromantische Höllental. Dieses Naturschutzgebiet unmittelbar an der Grenze zu Thüringen ist sowohl im Tal als auch an den Hängen von einem dichten, gut markierten Wanderwegenetz durchzogen. Der Fluß Selbitz hat sich hier seinen Weg durch den Fels gebahnt. Der enge Talboden läßt gerade noch Platz für den Höllental-Wanderweg, der den Fluß vom Ort Hölle bis zum 6 km entfernten Blechschmidtenhammer begleitet (Markierung: zwei blaue Balken). Mächtige Blöcke haben sich

Eine großartige Aussicht genießt man vom König David im Höllental.

Der Flutende Hahnenfuß kann in klaren, sauerstoffreichen Fließgewässern wie der Wilden Rodach eine beträchtliche Länge erreichen.

infolge der Erosion aus den Diabasfelsen der Talwände gelöst und sind in das Flußbett gestürzt. Felsklippen wie Hirschsprung, Teufelsfelsen, Elisenhöhe, Drachenfels und König David bieten herrliche Ausblicke über Teile des Thüringer Waldes und des Frankenwaldes bis hin zum Fichtelgebirge. Diese Aussichtspunkte sind auf Wanderwegen zu erreichen. Ein Naturlehrpfad macht Sie mit geologischen Formationen und der Pflanzenwelt des Tales bekannt. Die Felswände, so erfährt man, bestehen aus Diabas-Tuff, einem dunkelgrünen bis schwarzen, ursprünglich lockeren Gestein vulkanischer Herkunft, das sich später verfestigt hat. Zahlreiche Pflanzenarten gedeihen im Höllental. In den Mischwäldern stehen schöne Sträucher der Roten Heckenkirsche und dichte Bestände des Moschuskrauts, erkennbar an den im Frühjahr erscheinenden grünlichgelben, fast würfelförmigen Blütenköpfchen. An den Felsbändern wachsen Pfingstnelken und Tüpfelfarne, und an sonnigen Stellen lugt goldgelb Scharfer Mauerpfeffer aus den Spalten hervor.

Einblick in den Aufbau des Bruchschollenlandes an der Fränkischen Linie bietet der Rodach-Prallhang.

33 Döbraberg

Mit seinen 795 m ist der Döbraberg die höchste Erhebung des Frankenwaldes. Der Döbra-Sandstein ist von grauer bis grünlicher, im verwitterten Zustand auch gelblicher Farbe und gilt als besonders feinkörnig. Auf dem Gipfel des Döbrabergs steht der Prinz-Luitpold-Turm. Von dort oben fällt besonders deutlich ins Auge, daß das Bild des Frankenwaldes vor allem durch drei Landschaftselemente geprägt wird: durch Felder, Wälder und Weiher. Der Blick schweift über die Frankenwald-Hochfläche bis hin zum Fichtelgebirge im Südosten; nach Südwesten können Sie bis zum Staffelberg schauen, während im Nordwesten die Höhen des Thüringer Waldes und im Osten Elster- und Erzgebirge sichtbar werden.
Am besten parkt man direkt in Döbra auf dem ausgeschilderten Wanderparkplatz. Von dort ist es ca. 1 km auf beschildertem Weg zum Döbraberg. Man kann jedoch mit dem Auto auch fast bis zum Gipfel fahren, allerdings gibt es dort nur beschränkt Parkmöglichkeiten.

34 Die Fränkische Linie bei Zeyern

An der Fränkischen Linie, die von Nordwesten nach Südosten am Rand des Frankenwaldes verläuft, liegen Gesteine zweier Erdzeitalter dicht nebeneinander. Das Obermainische Schollen- oder Hügelland gehört geologisch dem Mesozoikum, dem Erdmittelalter, an, das Gebirgsmassiv dagegen dem Paläozoikum, dem Erdaltertum. Bei der Hebung des Frankenwaldes zum Gebirge brach das Erdkrustenstück des heutigen Vorlandes (Obermaingebiet) ab, wurde nicht mit angehoben und in einzelne Stücke zerbrochen, die sich übereinanderschoben. Die Beschaffenheit dieses Bruchschollenlandes läßt sich sehr schön am Prallhang der Rodach bei Zeyern erkennen. Hier geben die imposanten Muschelkalkfelsen einen eindrucksvollen Einblick in die Naturgewalten, die vor Jahrmillionen die Landschaft gestalteten.

Mühlen – Dreh- und Angelpunkte im Wildbach

Mit seinen vielen Flußtälern ist der Frankenwald auch ein Land der Mühlen. Für alle, die sich davon ein Bild machen und den Spuren wandernder Müllersburschen folgen wollen, führt ein Mühlenweg durch die abwechslungsreiche Landschaft zwischen Presseck südwestlich von Schwarzenbach am Wald (zwischen 33 und 34) und Helmbrechts (zwischen 29 und 30). Der Ausgangspunkt für die 18 km lange Rundwanderung ist das kleine Dorf Buckenreuth 4 km östlich von Presseck. Zünftige und urgemütliche Einkehrmöglichkeiten gibt es in der Neumühle und der Kleinrehmühle. Von hier aus führt der Weg aufwärts zum Gasthof »Großrehmühle«. Nach der anstrengenden Wanderung können Sie sich dort bei einem fränkischen Bier und einer deftigen Brotzeit in gemütlicher Atmosphäre ausruhen.

Die Landschaft um den Döbraberg mit ihren weiten Wiesen- und Waldflächen ist sanft und harmonisch gestaltet. Die halb verdeckten Häuser rechts gehören zu dem kleinen Ort Schwarzenbach.

29 Erzgebirge und Elbsandsteingebirge

Zu den Bergen und Felsen im Silberland

Anno 1168 entdeckte man beim heutigen Freiberg reiche Silbervorkommen. Der rasch aufblühende Bergbau hat das Antlitz des heutigen Erzgebirges entscheidend geprägt, ihm seit dem 16. Jahrhundert seinen Namen gegeben. Kaum berührt von der Industrie blieben indes die waldreichen Kammlagen. Liebliche Täler, hohe, felsenreiche Gipfel, Hochmoore mit einer vielfältigen Flora und Fauna: Sie machen den stillen Reiz dieser Landschaft aus.
Wo sich heute das Elbsandsteingebirge erhebt, wogten vor fast 100 Millionen Jahren noch Meereswellen. Als das Wasser abgeflossen war, blieben gewaltige Sandsteinablagerungen zurück. Im Wechselspiel der Naturkräfte entstand beiderseits der Elbe eine waldbegrünte Märchenwelt wie die berühmte Bastei mit geheimnisvollen Felslabyrinthen und grandiosen Schluchten.

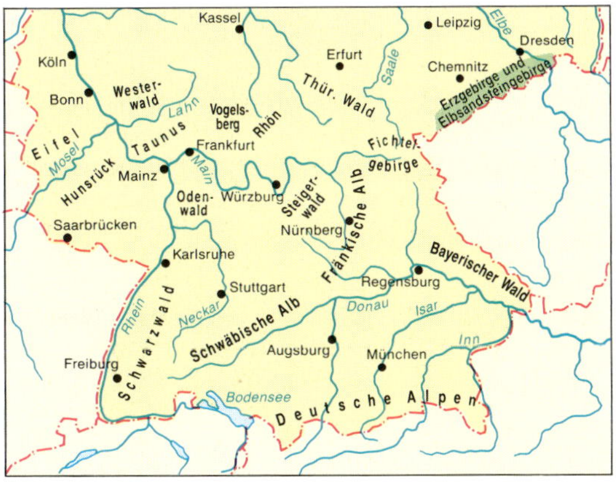

Lage Zwischen dem Sächsischen Hügelland im Nordwesten, der Lausitz im Nordosten, der Tschechoslowakei im Osten, Südosten und Süden sowie dem Vogtland im Westen
Ausdehnung Südwest–Nordost ca. 150 km; Nordwest–Südost ca. 15–30 km
Land Sachsen
Höchste Erhebungen Im Erzgebirge: Fichtelberg 1214 m, Auersberg 1018 m; im Elbsandsteingebirge: Großer Zschirnstein 560 m
Wichtigste Flüsse Elbe, Wilde Weißeritz, Flöha, Zschopau, Zwikkauer Mulde
Landschaftsformen Mittelgebirge; im Erzgebirge vom sanfthügeligen Norden zum Süden mit seinen steilen Bergen hin ansteigend, von Flußtälern zerschnitten; im Elbsandsteingebirge bizarre Felslandschaften mit meist cañonartigen Tälern, teilweise isoliert stehenden Felsnadeln und Tafelbergen
Nationalpark Nationalpark Sächsische Schweiz
Information Reisebüro, Karl-Liebknecht-Str. 13–17, O-9010 Chemnitz, ☏ 0037 71/40346; Fremdenverkehrsbüro der Stadt Pirna, Karl-Marx-Str. 31, O-8300 Pirna, ☏ 0037 56/2897; Landratsamt Pirna, Amt für Tourismus, Zehistaerstr., O-8300 Pirna, ☏ 0037 56/850; Reisewelt, Buchholzstr. 34, O-9300 Annaberg-Buchholz, ☏ 0037 765/2653 und 2804; Schwarzenberg-Information, Ernst-Schneller-Str. 14, O-9430 Schwarzenberg, ☏ 0037 7618/4141; Rathaus, Leninplatz 2, O-9360 Zschopau, ☏ 0037 725/2251

Liebliche Täler, reiche Berge

Wie Wogen auf dem Meer reihen sich die Bergrücken des Erzgebirges aneinander, dazwischen liegen sanfte, weite Täler mit Wiesen und Äckern, von murmelnden Bächen durchflossen. Steiler werden die Gipfel nach Süden hin, hier ragen bizarre Granit- und Basaltfelsen auf wie die Teufelssteine ❽ oder der Hirtstein ⓭. Mehrere Talsperren ❼ ⓮, in dunkle Wälder und lichtgrüne Wiesen eingebettet, bereichern das Bild. Wer diese Landschaft in Ruhe durchwandert, erlebt ihre vielfach verborgenen Naturschönheiten. Krönung des Vergnügens im Sommer kann das Erklimmen eines Gipfels wie des Auersbergs ❻ mit prächtiger Fernsicht sein.
Wer ein Gespür für das Außergewöhnliche hat, den faszinieren die einsamen Hochmoore mit ihrer typischen Tier- und Pflanzenwelt, z.B. der Kleine Kranichsee ❾ oder das grenznah gelegene Georgenfelder Hochmoor ⓯. Auch zur Winterzeit ist das Erzgebirge einen Besuch wert: Bedeckt von filigranem Rauhreif und behangen mit Eiszapfen, werden Bäume und Felsen zu Märchengestalten und laden zu ausgedehnten Winterwanderungen ein.
Vor mehr als 300 Millionen Jahren wurde das Erzgebirge während der Variskischen Gebirgsbildung herausgehoben und intensiv gefaltet. Verwitterung und Abtragung ebneten die Höhen im Erdmittelalter und im Tertiär ein. Im Jungtertiär hob sich das Erzgebirge entlang tektonischer Bruchlinien erneut, während gleichzeitig im Süden der Egergraben einbrach. Die Erzgebirgsscholle wurde hier um mehr als 1000 m hochgehoben und nach Nordwesten schräggestellt, daher rührt der steile Südhang des Erzgebirges. In dieser Zeit entstanden zahlreiche Vulkane, die heute noch durch Basaltsäulen wie am Scheibenberg ❺ und Hirtstein ⓭ bezeugt werden. Seither nagen sich Flüsse und Bäche in die teilweise harten Gesteine und graben tiefe Täler. Dabei blieben Bergkuppen stehen wie der Pöhlberg ❹, der Fichtelberg ⓫ und der Bärenstein ⓬.
Als geologische Einheit ist den Spezialisten das Erzgebirge zu groß; sie gliedern es aufgrund der sehr unterschiedlichen Gesteinszusammensetzung in Ost- und Westerzgebirge – mit dem Tal der Flöha als Grenze.
In den Tiefen der Berge lagern auffällig viele Schätze: Zinn- und Eisenerze, aber auch Erzgänge mit Silber, Kobalt, Nickel, Wismut, Blei, Zink und Uran. Schon über 800 Jahre betreiben die Menschen hier den Bergbau, der Sachsen einst reich gemacht hat. Er hat an vielen Orten deutliche Spuren hinterlassen wie an der Pinge Geyer ❸. Leider tragen sie oft nicht zur Verschönerung der Landschaft bei. Das ändert nichts daran, daß der Besuch eines Schaubergwerks ein einmaliges Erlebnis ist.

Der Erzgebirgler schönster Baum: der Vogelbeerbaum

Einst standen überall im Erzgebirge Weißtannen-Rotbuchen-Wälder, heute treffen wir überwiegend Fichtenforste an, belebt vom lichten Grün der Birken. Die Fichten liefern von alters her den Rohstoff für die begehrten erzgebirgischen Schnitzarbeiten: Nußknacker, Weihnachtspyramiden und Räuchermännchen.
Immer wieder findet man – besonders in höheren Lagen – die Eberesche, auch Vogelbeerbaum genannt. Er schmückt die Landschaft, besonders in Spätsommer und Herbst, mit seinen korallenroten Beeren. Schier unglaubliche Heilkräfte sollen sie besitzen. Der Volksmund berichtet von hoffnungslos Kranken, die durch den Genuß von Vogelbeermus auf wunderbare Weise geheilt wurden. Heute verwundert das niemanden mehr, weiß man doch um den sehr hohen Vitamin-C-Gehalt der Früchte. So wurde der Vogelbeerbaum zum Charakterbaum des Gebirges, ja zum Lieblingsbaum der Erzgebirgler.
Sollten Sie bei einem Besuch im Sommer Muße haben, so empfiehlt sich eine Pilzsammeltour – natürlich nur, wenn Sie sich auskennen. Groß ist mancherorts der Reichtum an Steinpilzen, Rotkappen und anderen »Schwammerln«. So nämlich nennt sie der Einheimische, und das beliebte Schwammerlnsuchen wird sogar in erzgebirgischen Heimatliedern besungen.

Vom Meer zum Felslabyrinth

Kenner zählen das Elbsandsteingebirge zu den schönsten Landschaften Mitteleuropas – und viele Menschen geben ihnen recht, wie die hohen Besucherzahlen belegen. Tafelberge wie der Lilienstein ㉑ oder der Gohrisch ㉕ mit »Kronen« aus Bäumen und Felsen, rauschende Bäche in den wild zerklüfteten Schluchten des Großen Zschand ㉙ oder der

Kirnitzschklamm 30, das blinkende Band der träge dahinfließenden Elbe: Sie prägen das Gesicht der »Sächsischen Schweiz«.
Anstelle des heutigen Gebirges erstreckte sich vor etwa 90 Millionen Jahren, in der Oberen Kreidezeit, ein schmaler Meeresarm zwischen dem Festland des Erzgebirges und einer großen Insel im Nordosten. Im Meer lagerten sich bis zu 200 m mächtige Sandschichten ab, die später zu Quadersandstein verfestigt wurden: Waagrechte Schichtfugen und senkrechte Klüfte zerlegen das Gestein in Quader, wie besonders eindrucksvoll im Polenztal 32 zu beobachten ist. Auf das ehemalige Meer deuten auch noch Muschelabdrücke an manchen Felsen hin.
Das heutige Landschaftsbild wurde vor allem durch die Erosionsarbeit der Flüsse und Bäche geschaffen. Wichtigster Fluß war im Tertiär ein Vorläufer der Elbe. Im Zusammenspiel der Verwitterungs- und Abtragungskräfte entstanden, je nach Festigkeit des Untergrunds, an den Hängen vielgestaltige, bizarre Felsformen. Im zerklüfteten Gestein bildeten sich Risse, Schluchten und Höhlen. Dort, wo Vulkane wüteten, drang glutheißes Magma nach oben und erstarrte zu faszinierenden Basaltformationen.

Der Vogelbeerbaum, auch Eberesche genannt, ist der Charakterbaum des Erzgebirges. Er gehört zu den Rosengewächsen und kann bis zu 15 m hoch werden.

Flößersteig – Zeuge eines alten Gewerbes
Der Wald nimmt die halbe Fläche des Elbsandsteingebirges ein. Hauptbaumarten sind heute Fichte und Kiefer. Laubbäume wie Rotbuche, Birke, Eiche und Eberesche kommen nur vereinzelt vor. Die heute noch bedeutsame Forstwirtschaft war früher der weitaus wichtigste Wirtschaftszweig. Das eingeschlagene Holz war in den großen Städten der Umgebung, etwa Dresden, sehr gefragt, und so transportierten es die Waldbewohner in Form von Flößen dorthin, z.B. auf der Kirnitzsch. Der am Bach entlangführende Heimatkundliche Lehrpfad »Flößersteig«, den man auf dem Weg zur Kuhstallhöhle 28 teilweise benutzt, erinnert daran; er begleitet Sie auf 9 km von Bad Schandau zum Beuthenfall.

Inspiration für Maler und Dichter
Die herrliche Naturszenerie des Elbsandsteingebirges hat manchen berühmten Maler zu Kunstwerken angeregt. So schuf Caspar David Friedrich das Ölgemälde »Ausblick in das Elbtal«, Adrian Zingg die Sepiazeichnung »Partie bei Hohnstein in der Sächsischen Schweiz« und Carl Wilhelm Götzloff das Ölgemälde »Uttewalder Grund«.
Auch Dichter rühmten die Schönheit des Gebirges. Theodor Körner nannte den Ort Bad Schandau »einen Kraft- und Prachtplatz der Natur«. Ein literarisches

Denkmal setzte der humorvolle Dichter Bruno Barthel seiner Heimat mit der Schrift »Im de Bastei rim«. Gute Kondition bewies Friedrich Kind, Verfasser des Librettos zu Webers Oper »Freischütz«. Ihn habe, so meinte er, der schweißtreibende Aufstieg mit über 487 Stufen vom Wehlgrund auf die Bastei nicht angestrengt, sondern »lebhaft inspiriert«.

Route 1 Erzgebirge

Dunkle Wälder – steile Höhen

(1) Drebacher Krokuswiesen

Alljährlich im Frühling (März/April) wallfahren Tausende nach Drebach. Ein seltenes Naturphänomen lockt: Die Wiesen um das Dorf herum (im Ort parken) erstrahlen im blauvioletten Blütenschmuck unzähliger Krokusse. Etwa 7 ha umfaßt das gut erkennbare Naturdenkmal.
Das ungewöhnliche Vorkommen der Frühlingsboten soll ein Verdienst des im 17. Jh. hier lebenden Pfarrers, Arztes und Naturforschers David

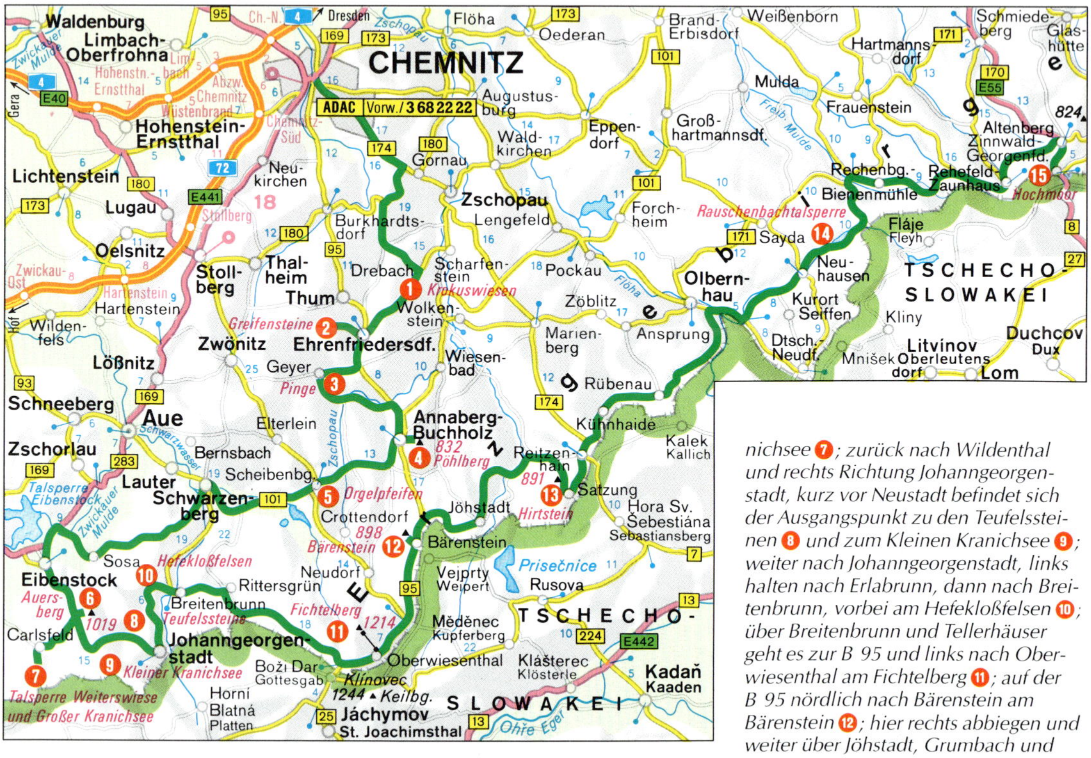

Route 1
Erzgebirge
Die ca. 250 km lange Route führt meist auf Nebenstrecken vom Mittleren Erzgebirge zum Westerzgebirge ansteigend und dann auf dem Gebirgskamm entlang zum Osterzgebirge. Sie berührt alle Höhepunkte der an Natursehenswürdigkeiten reichen Mittelgebirgslandschaft wie die Pinge Geyer (3), den Kleinen Kranichsee (9) und den Fichtelberg (11).
Streckenverlauf:
Von Chemnitz, zu erreichen über die A 4, auf der B 174 Richtung Zschopau, ca. 1 km vor Gornau rechts auf die B 180, bei der Abzweigung Weißbach erneut rechts und über Wilztsch und Venusberg nach Drebach zu den Krokuswiesen (1); weiter nach Ehrenfriedersdorf zu den Greifensteinen (2); dann auf der B 95 Richtung Annaberg-Buchholz, nach 1,5 km rechts nach Geyer, im Ort links Richtung Tannenberg, vorbei an der Pinge Geyer (3); in Tannenberg östlich Richtung Wiesa zur B 95, auf dieser rechts zum Pöhlberg (4) bei Annaberg-Buchholz; in Annaberg auf die B 101 und südlich über Schlettau nach Scheibenberg mit den »Orgelpfeifen« (5); auf der B 101 weiter bis Schwarzenberg, dort an der Bahnüberführung links, über Sosa zur B 283, hier links abbiegen, nach 1,5 km erneut links nach Eibenstock, dort Richtung Johanngeorgenstadt nach Wildenthal am Auersberg (6); auf der Hauptstraße in Wildenthal links und gleich wieder rechts nach Carlsfeld zur Talsperre Weiterswiese und zum Großen Kranichsee (7); zurück nach Wildenthal und rechts Richtung Johanngeorgenstadt, kurz vor Neustadt befindet sich der Ausgangspunkt zu den Teufelssteinen (8) und zum Kleinen Kranichsee (9); weiter nach Johanngeorgenstadt, links halten nach Erlabrunn, dann nach Breitenbrunn, vorbei am Hefekloßfelsen (10); über Breitenbrunn und Tellerhäuser geht es zur B 95 und links nach Oberwiesenthal am Fichtelberg (11); auf der B 95 nördlich nach Bärenstein am Bärenstein (12); hier rechts abbiegen und weiter über Jöhstadt, Grumbach und Steinbach Richtung Satzung zum Hirtstein (13); weiter nach Satzung, links halten nach Reitzenhain, dort auf die B 174, diese 2 km später nach rechts verlassen und über Kühnhaide, Rübenau und Rothenthal nach Hüttengrund, dort rechts, nach 3 km links über Neuhausen zur Rauschenbachtalsperre (14); über Deutschgeorgenthal nach Bienenmühle, dort zweimal rechts über Rechenberg, Neu-Hermsdorf und Rehefeld-Zaunhaus nach Altenberg, dort rechts auf die B 170 nach Zinnwald-Georgenfeld mit seinem Hochmoor (15). Über die B 170 erreicht man dann Dresden, von dort gelangt man wieder zur A 4.
Touristisch ist das Erzgebirge als traditionelles Erholungsgebiet gut erschlossen. An allen vielbesuchten Sehenswürdigkeiten gibt es gute gastronomische Einrichtungen.

Rebentrost sein: Er pflanzte die ersten Krokusse im Pfarrgarten. Seitdem hat sich die Pflanze nicht nur ungeheuer vermehrt, sie bildete auch – mit typischen Merkmalen – eine Lokalform heraus. Die Botaniker gaben ihr einen eigenen Namen: Crocus vernus forma Drebachiensis. Selbstverständlich sollte man die herrlichen Frühlingsblumen nicht pflücken und die Wiesen nicht betreten.

2 Greifensteine

Sieben dicht beieinanderstehende, 20–30 m aufragende Granitklippen bilden dieses beeindruckende Naturdenkmal westlich von Ehrenfriedersdorf (ab Ortsmitte beschildert, Parkplätze in unmittelbarer Nähe der Klippen): verwitterte Reste eines einst mächtigen Granitmassivs, das als glutflüssiges Magma aus dem Erdinnern aufstieg. In den Ritzen gedeihen seltene Farne und Moose wie der Tüpfel-, der Buchen- und der Eichenfarn, das Leuchtmoos und das Mittlere Sternmoos.

Von der 731 m hoch gelegenen Aussichtsplattform haben Sie einen wunderbaren Blick: im Süden zum Erzgebirgskamm, im Westen zum Auersberg, im Norden ins Mittelsächsische Hügelland und im Nordosten und Osten zu den Höhen entlang der Zschopau bis zur Augustusburg; sogar den Petersberg bei Halle soll man bei klarer Sicht erkennen können. Nahe beim Aussichtsfelsen thronte früher die einzige Festung des Erzgebirges, die Burg Greifenstein; das Museum in Ehrenfriedersdorf, im alten Berghaus angesiedelt, informiert darüber (Öffnungszeiten bitte vor Ort erfragen). Weitere Sehenswürdigkeiten des gastronomisch gut versorgten und von zahlreichen Wanderwegen erschlossenen Gebiets sind u.a.: Naturtheater, Ritterhöhle und Stülpnerhöhle direkt bei den Greifensteinen, dazu der 23 ha große Greifenbach-Stauweiher mit vielen Wassersportmöglichkeiten und Campingplätzen (zu erreichen von der Straße nach Geyer).

3 Pinge Geyer

Das Naturdenkmal Granitpinge Geyer liegt – noch im Ort (Parkmöglichkeit) – direkt links an der Straße Geyer–Tannenberg, ein »Loch« von gewaltigen Ausmaßen: 70 m tief, 200 m lang und 160 m breit. In der Mitte steht eine markante Felseninsel.

Seit Jahrhunderten gruben die Bergleute hier nach Zinnerzen und unterhöhlten so allmählich den ganzen Berg. Sie benötigten rund 30 t erzhaltiges Gestein, um einen einzigen Zentner reines Metall zu gewinnen. 1704 stürzte die Grube zum ersten Mal ein; aber die Bergleute ließen sich nicht entmutigen und bauten auch das Bruchgestein ab. Doch 1803 fielen die Stollen, Gruben und technischen Anlagen erneut zusammen und ließen eine »Pinge« entstehen – so nennt man die an der Erdoberfläche sichtbaren Einbrüche unterirdischer Bergbauanlagen.

Die üppig blühenden Krokuswiesen bei Drebach wurden als Naturdenkmal unter Schutz gestellt. Die blauvioletten Frühlingsboten blühen im März und April.

Eine ideale Kulisse für den »sächsischen Robin Hood«: die malerische Naturbühne bei den Greifensteinen.

Das Schloß der Vögel und Jagdtiere

Auf einem Bergkegel aus Quarzporphyr thront in 516 m Höhe das landschaftsbeherrschende Renaissanceschloß Augustusburg in Augustusburg, östlich von Erdmannsdorf auf dem Weg zu den Drebacher Krokuswiesen 1 gelegen. Den Naturfreund wird hier vor allem das Jagdtier- und Vogelkundemuseum interessieren (geöffnet Mo–So 8–12, 13–16.30 Uhr; ☏ 0037 7291/276). Besonders beeindrucken die vielen Dioramen, die die typischen Tiere des Erzgebirges in ihrer natürlichen Umgebung zeigen. Schrifttafeln und Texte vom Tonband vermitteln ergänzende Informationen. Man versäume auch nicht die berühmte Schloßlinde in der Nordostecke der Anlage. Der 1421 gepflanzte Baum hat einen Umfang von etwa 8 m. Die tief angesetzte, weit ausladende Krone mußte inzwischen mehrfach abgestützt werden.

Der »Robin Hood« des Erzgebirges

Die pittoresk zerklüfteten Greifensteine 2 mit ihren vielfältigen Grünschattierungen der Farne, Fichten, Birken und Bergwiesen bilden die wildromantische Kulisse einer der wohl schönsten Naturbühnen Deutschlands, die seit 1931 von Berufsschauspielern bespielt wird. Etwa 3000 Zuschauer finden hier Platz. Alljährlich steht auf dem Spielplan die Geschichte vom Stülpner Karl aus Scharfenstein, dem »sächsischen Robin Hood«. Der legendenumwobene Wilderer hat in der zweiten Hälfte des 18. Jh. wirklich gelebt. Er verteilte die Beute seiner Raubzüge an die hungernden Menschen der Umgebung – ihre Nachfahren verehren ihn noch heute als Helden.

Über den Bergbau und seine Geschichte kann man sich im Erzgebirgsmuseum in Annaberg informieren.

Bergbau und Volkskunst
Das Erzgebirgsmuseum in Annaberg, ganz in der Nähe des Pöhlbergs 4 gelegen, informiert anschaulich über verschiedene Aspekte der Natur- und Kulturgeschichte dieses Landstrichs. Besonders sehenswert ist die umfangreiche Sammlung heimischer Mineralien und Gesteinsproben. Eine Abteilung widmet sich dem Bergbau und seiner Geschichte; sie zeigt alte bergmännische Arbeitsgeräte und das beeindruckende Modell eines Silberbergwerks. Unter den vielfältigen Exponaten zur Volkskunst ragen die filigran geklöppelten Decken und die fein gewirkten Borten heraus (Große Kirchgasse 16; ganzjährig geöffnet tägl. 9–16 Uhr).

Adam Riese und die Verkehrtlinde
Der berühmte Rechenmeister Adam Riese (1492–1559) arbeitete drei Dutzend Jahre als Bergbau-, Münz- und Vermessungs-»Beamter« in Annaberg, unweit des Pöhlbergs 4. Dort erinnern an ihn nicht nur sein Wohnhaus (Johannisgasse 23) und das Denkmal am Köselitzplatz, sondern auch eine besonders bizarr geformte Linde auf dem Trinitatisfriedhof (300 m vom Parkplatz an der B 101). Fast 500 Jahre alt soll der als Naturdenkmal geschützte Baumriese mit seiner gewaltigen, knorrig-wurzelartigen Krone sein. Der merkwürdige Wuchs sei entstanden, so die Legende, die sich um biologische Fakten nicht viel schert, weil der Baum einst umgekehrt, mit den Wurzeln nach oben, gepflanzt worden sei. Das kam so: Adam Riese folgte nicht so recht dem christlichen Glauben. Sein Beichtvater wollte ihn überzeugen: »So sicher wie die Auferstehung von den Toten und das ewige Leben ist, so gewiß wird dieses verkehrt eingepflanzte Bäumchen anwachsen!« Mit diesen Worten drückte er den Steckling umgekehrt in den Boden. Das Wunder geschah, der Zweig ergrünte, und Adam Riese war fortan ein gläubiger Christ.

An den Flanken der Pinge sehen Sie (mit Hilfe des Fernglases) die Spuren des Abbaus: Dort, wo die Stollen taubes Gestein durchzogen, blieben sie schmal; wo sie auf erzhaltige Schichten trafen, wurden sie von den Bergleuten hingegen breit und hoch ausgeräumt.

4 Pöhlberg

Zum 831 m hohen Pöhlberg (östlich von Annaberg-Buchholz; mit Gaststätte und Aussichtsturm, Mo und Di geschlossen) können Sie montags bis freitags hinauffahren (an der B 95 ausgeschildert). Am Wochenende parken Sie gegenüber der Auffahrt und benutzen »Schusters Rappen« für den guten Kilometer Weg bergauf.
Auf der Pöhlbergstraße kommen Sie an eigenartig geformten Basaltsäulen vorbei, den sogenannten »Butterfässern«. Und tatsächlich: Sie sehen wie Fässer aus. Die Tafeln des etwa 3 km langen Naturlehrpfads um den Pöhlberg informieren Sie über die Pflanzen und Vögel des Gebiets. Unter anderem können Sie hier ein seltenes Moos, das Alpenfrauenhaar, entdecken. Der Aussichtsturm schließlich bietet einen guten Fernblick auf Fichtelberg, Auersberg und Augustusburg.

5 Orgelpfeifen

Nirgendwo im Erzgebirge gibt es solch gigantische und eindrucksvolle Basaltsäulen wie am 807 m hohen Scheibenberg südöstlich des gleichnamigen Ortes. Bis zu 40 m hoch reihen sich dort die 0,2–3 m dicken, sechskantigen Säulen fast senkrecht auf großer Fläche aneinander. »Orgelpfeifen« nennt sie der Volksmund treffend. Bis 1935 hat man hier

Ungewöhnlich geformte Basaltfelsen: die »Butterfässer« am Pöhlberg.

Wie Orgelpfeifen reihen sich die riesigen Basaltsäulen am Scheibenberg aneinander. Bis 1935 wurde hier noch Basalt abgebaut.

Basalt als Straßen- und Eisenbahnschotter gebrochen. Seither als Naturdenkmal geschützt, konnten die Basaltsäulen vor weiterer Zerstörung bewahrt werden. Zu dieser geologischen Natursehenswürdigkeit fahren Sie am Ortseingang von Scheibenberg bis zum Steinbruch auf der rechten Seite, dann links einen steilen Waldweg 700 m hinauf zum Fuß der Orgelpfeifen (Parkplatz, Berggaststätte).

6 Auersberg

Der 1018 m hohe Auersberg ist nach dem Fichtelberg 11 die zweithöchste Erhebung des sächsischen Erzgebirges. Sie fahren vom Ortseingang Wildenthal aus die beschilderte Straße bis zum Parkplatz unterhalb des Gipfels. Dann folgt ein kurzer, aber recht steiler Aufstieg. Oben erwarten Sie ein Berggasthof und ein Aussichtsturm. Ein begeisternder Rundblick: Bei gutem Wetter sehen Sie bis Leipzig! Markierungspfeile erleichtern die Orientierung; sie verweisen u.a. auf den 1244 m hohen Klínovec (Keilberg), den schon in der Tschechoslowakei gelegenen höchsten Berg des gesamten Erzgebirges. Die am Fuß des Turms verstreuten Gesteinsblöcke bestehen aus schwarzem und rötlichgrauem, schiefrigem, von hellen Quarzlagen durchzogenem Hornfels.

7 Talsperre Weiterswiese und Großer Kranichsee

Vom Gasthaus »Zur Talsperre« in Carlsfeld (direkt vor der sehenswerten Barockkirche scharf links halten) wandern Sie auf schöner Waldstraße knapp 1 km in südlicher Richtung. Dann biegen Sie links in einen fast zugewachsenen Weg ein und erreichen nach wenigen Minuten die Talsperre Weiterswiese. Beachtliche 910 m hoch liegt dieser nur etwa 1200 m lange künstliche See; er faßt rund 3 Milliarden l Wasser. In der blauen Oberfläche spiegeln sich dunkelgrüne Fichten: eine abgeschiedene landschaftliche Kostbarkeit voller Stille.

Sie gehen zum Hauptweg zurück, halten sich links (südlich) und erreichen in einer halben Stunde den Großen Kranichsee. Dieses größte auf dem Erzgebirgskamm gelegene Hochmoor zieht sich bis weit in die Tschechoslowakei hinein. Kaum irgendwo hat sich die typische Vegetation aus Moosen, Zwergsträuchern und Moorkiefern so ungestört erhalten wie hier – Spezialisten kommen allein wegen der seltenen Moosarten hierher! Auch die Insektenwelt ist mit Raritäten vertreten; am ehesten ins Auge fallen der Hochmoorgelbling, ein Schmetterling, und zahlreiche Libellenarten. Alle diese Lebewesen vertragen keine Störung; bleiben Sie deshalb bitte auf dem markierten Rundweg.

Heimat en miniature

Auf der Fahrt vom Scheibenberg 5 zum Auersberg 6 lohnt sich bei Raschau ein Abstecher nach Waschleithe zum »Heimateck Klein-Erzgebirge« (geöffnet 1. Mai–15. Okt. bzw. je nach Saison, genaue Öffnungszeiten ☏ 0037 76 18/32 08). In der Anlage stehen originelle, teils mit Wasserkraft angetriebene Miniaturen von Burgen, Schlössern, Mühlen, Sägewerken, Hammerschmieden, Bergwerken und Darstellungen aus dem Volksleben. Besonders beeindruckend sind die Modelle von Augustusburg, Schloß Schwarzenberg, der Talsperre Pöhl und der Seilschwebebahn zum Fichtelberg.

300 m davon entfernt liegt ein gepflegter kleiner Wildpark (tägl. geöffnet, mit Gaststätte). Das Schaubergwerk »Herkules-Frisch-Glück« 2 km südlich (Parkplatz direkt an der Straße) gewährt »tiefe« Einblicke in den traditionsreichen erzgebirgischen Bergbau.

Der steile Aufstieg lohnt sich: Vom Auersberg, dem zweithöchsten Berg des sächsischen Erzgebirges, bietet sich eine herrliche Aussicht. Nach Norden blickt man auf die »Talsperre des Friedens« bei Sosa südwestlich von Schwarzenberg.

Der sehr seltene Europäische Siebenstern wächst in den Nadelwäldern des Steinbachtals.

Der Gang ins Silber
Das begehrte Edelmetall wurde in der Silbererzgrube »Glöckl« in Johanngeorgenstadt von 1671 mit Unterbrechungen bis 1958 gefördert; Sie können heute die zur Schauanlage umgestalteten Gänge begehen und sich vor Ort über den Silberbergbau informieren. Unter sachkundiger Führung wandern Sie auf ebener Strecke 200 m in den Berg hinein. Sie sehen dort u.a. alte Grubenräume und eine »Radkammer« aus dem 17. Jh., in der die Wasserkraft mechanisch so umgesetzt wurde, daß sie für die Erzförderung nutzbar war. Historische Werkzeuge und eine Sammlung unterschiedlichster Grubenleuchten aus vier Jahrhunderten komplettieren die Ausstellung (Wittigsthalerstr.; geöffnet Mo–Fr 9–12, 13–16 Uhr; in Saisonzeiten Jan./Febr. auch Sa; ☏ 00 37 76 17/21 40).
Auf dem Weg von den Teufelssteinen ❽ und vom Kleinen Kranichsee ❾ zum Hefekloßfelsen ❿ führt Ihr Weg durch Johanngeorgenstadt.

Ski und Rodel gut!
Das Erzgebirge bietet geradezu ideale Wintersportmöglichkeiten. Vielbesuchtes Zentrum des Skilaufs ist das Fichtelberggebiet ⓫, ausgestattet mit Pisten, Loipen, Schanzen und Hütten sowie Rodel- und Eisbahn. Nationale und internationale Skiflugwettbewerbe finden auf der Großen Fichtelbergschanze statt. Die Umgebung von Johanngeorgenstadt (zwischen ❾ und ❿) wartet ebenfalls mit guter Infrastruktur für den Wintertourismus auf. Gerne fahren die Schneefreunde auch nach Auersberg ❻, Zinnwald-Georgenfeld ⓯, Geising und Bärenstein ⓬.

❽ Teufelssteine

Unvermittelt steht der Wanderer inmitten hoher Bäume vor der plötzlich aufragenden Felsengruppe mit ihren eigenartigen Wülsten und Türmen. Starrt da nicht ein steinerner Menschenkopf herab? Es sei das Haupt eines bösen Ritters, berichtet die Sage. Geologen verweisen eher auf den grobkörnigen Granit, der das Naturdenkmal im Steinbachtal aufbaut, ein klassisches Beispiel der Wollsackverwitterung.
Überall im Tal stehen herrliche, intakte Fichtenwälder, deren 150 Jahre alte Baumveteranen eine Höhe von 40 m erreichen. Im Unterwuchs finden sich als botanische Besonderheiten Europäischer Siebenstern, Keulenbärlapp und Waldhainsimse. Im Talgrund plätschert der noch immer kristallklare Bach; ihm folgt ein instruktiver Naturlehrpfad über Vegetation und Geologie des Gebiets.
Sie erreichen die Teufelssteine in wenigen Minuten vom Gasthof kurz vor Neustadt (Parkplatz) aus auf der Steinbachtalstraße. Die Felsen liegen dann rechter Hand.

❾ Kleiner Kranichsee

Ein vielgestaltiges, ausgedehntes Hochmoor mit einer abwechslungsreichen Pflanzenwelt, über 900 m hoch gelegen: So präsentiert sich das etwa 30 ha große Naturschutzgebiet. Sie erreichen es am besten von der Gaststätte kurz vor Neustadt (Parken) aus auf der nach Süden (rechts) abzweigenden Eisenstraße (2,5 km). Der Bohlenpfad am Rand des Moores bringt Sie auch zur Beobachtungskanzel, von der aus Sie einen instruktiven Blick über das Moor haben.
Die heidelbeerreichen Fichtenwälder, die Latschenbestände, der Riedgürtel und die offenen Tümpel bieten Lebensraum für eine artenreiche Pflanzen- und Tierwelt. Allein 28 Laufkäfer- und 81 Spinnenarten haben die Wissenschaftler hier gezählt, von den seltenen Libellen und Schmetterlingen ganz zu schweigen. Mit etwas Glück entdecken Sie auch den Rundblättrigen Sonnentau, eine Pflanze, die Insekten fängt und verdaut.

Das 30 ha große, geschützte Hochmoor Kleiner Kranichsee bietet zahlreichen seltenen Pflanzen- und Insektenarten ein ideales Rückzugsgebiet.

⑩ Hefekloßfelsen

Wenn Sie von Erlabrunn nach Breitenbrunn fahren, können Sie den bizarren, baumumstandenen Felsen selbst beim Vorbeifahren nicht übersehen. Eine Rast zur intensiven Betrachtung lohnt sich allemal. Sie können schon am Gasthof »Täumerhaus« in Erlabrunn parken und an der Straße entlang die rund 500 m zu Fuß gehen.
Der 12 m hohe Granitfels bietet geradezu ein Musterbeispiel dafür, wie dieses Gestein verwittert: Sie erkennen fünf übereinanderliegende Gesteinswülste, die ihrerseits durch senkrechte und waagrechte Klüfte unterteilt sind. So entsteht der Eindruck aufgeschichteter – steinerner – Hefeklöße. Fortschreitende Verwitterung führt gelegentlich zum Abbruch von Felsmassen; 1825 soll ein abgestürzter Block sogar die damalige Straße versperrt haben.

⑪ Fichtelberg

Der Fichtelberg ist mit 1214 m die höchste Erhebung des sächsischen Erzgebirges. Man erreicht ihn am besten von Oberwiesenthal mit dem Bus oder per Seilbahn (Talstation Nähe Bahnhof). Bei der Bergfahrt fallen die riesigen Skischanzen ins Auge; rings um den Fichtelberg liegt das bedeutendste Wintersportgebiet des Erzgebirges.
Auf der Kuppe aus Graniten und Glimmerschiefer steht ein 40 m hoher Aussichtsturm. Wenn klares Wetter gerade gute Fernsicht verspricht, sollte man mit dem Lift hinauffahren. Das Wetter kann sich am Gipfel allerdings sehr rasch ändern. Selbst bei Regenwolken sollte man sich nicht entmutigen lassen: Minuten später kann schon wieder die Sonne hervorbrechen. Nach Osten und Nordosten sieht man weit über das Erzgebirge hinweg, im Süden verstellt der in der Tschechoslowakei gelegene Klínovec (1244 m) den Blick. Ein Fernglas lohnt sich auf alle Fälle – man kann auch besser die vielen hier brütenden Vögel beobachten, etwa das Wintergoldhähnchen mit seiner gelben Kappe, den an Rinden auf und ab kletternden Waldbaumläufer und den Fichtenkreuzschnabel, dessen Weibchen auffallend gelbgrün und dessen Männchen leuchtendrot gefärbt ist.
Auf dem Plateau zeigt ein »Pflanzengarten« eine stattliche Sammlung heimischer Gebirgspflanzen, aber auch Pflanzenarten der europäischen Hochgebirge fehlen nicht. Besonders im Naturschutzgebiet Schönjungferngrund, der Schlucht im Sattel zwischen Fichtelberg und Hinterem Fichtelberg, fallen wildwachsende Bergpflanzen auf, etwa der Gebirgsampfer, der Alpenmilchlattich und der Platanenhahnenfuß.
Die Hauptbaumart Fichte erreicht hier bei etwa 1200 m Höhe die obere Waldgrenze. Beredtes Zeugnis von ihrem Kampf mit Wind und Schnee geben die zerzausten »Wetterfichten« auf dem Plateau. Manche wurden allerdings Opfer des Waldsterbens.

Der Fichtelberg ist vor allem mit Fichten bestanden, die in einem zähen Kampf mit Wind, Niederschlägen und den Emissionen der Zivilisation stehen.

Der Alpenmilchlattich wächst im Gebirge an feuchten Stellen, so auch rings um den Fichtelberg.

Traurige Berühmtheit erlangten die Bilder vom Waldsterben im Erzgebirge.

Rettet den Wald!
Je weiter wir im Erzgebirge nach Osten kommen, um so mehr kranke und abgestorbene Bäume – meist Fichten, oft ganze Wälder – säumen unseren Weg. Mehr als die Hälfte der Wälder im Erzgebirge haben heute Schäden – und die Tendenz ist weiter steigend. Um überhaupt noch eine Chance zu haben, diese Wälder zu retten, muß sofort europaweit der Schadstoffausstoß drastisch gesenkt werden. Dies gilt sowohl für die Luftbelastung durch Industrie und Autoverkehr als auch für die Abgase aus privaten Heizungen.

⓬ Bärenstein
Auf dem 898 m hohen Bärenstein (mit Gasthof) bietet der Aussichtsturm (wird derzeit renoviert) einen prächtigen Blick über das gesamte Osterzgebirge. Wer auf dem Plateau herumspaziert, sieht von verschiedenen Punkten aus auf den Fichtelberg im Südwesten, den Auersberg im Westen und die Augustusburg im Norden. Man erreicht den Gipfel, wenn man vor der Kirche im Ort Bärenstein links die Bergstraße hinauffährt.
Einen Steinwurf vom Gipfel, am Fuß des Nordhangs (direkter Fußweg), liegt ein ehemaliger Basaltsteinbruch. Die Abbrucharbeiten wurden hier inzwischen eingestellt; so blieb ein Teil der schön geformten, sechskantigen Basaltsäulen als wertvolles Naturdenkmal erhalten.

⓭ Hirtstein
Von der Straße Steinbach–Satzung fahren Sie den beschilderten Fahrweg rechts zum 891 m hohen Hirtstein hinauf. Gleich neben der »Hirtsteinbaude«, einem Berggasthof, fallen in einer kleinen Schlucht die vorwiegend horizontal angeordneten Basaltsäulen auf, Zeugen des Vulkanismus während des Tertiärs. Dann aber erkennen Sie verblüfft ein riesiges »Fächerpalmenblatt« aus Basalt! Der Blick vom Hirtsteingipfel, rund 200 m weiter, erschließt die zum Greifen nahe Bergwelt des tschechischen Erzgebirges.

⓮ Rauschenbachtalsperre
Unsere Route führt direkt an der Talsperre vorbei und überquert auf einer Brücke das Ostende des Stausees, unmittelbar an der Grenze zur Tschechoslowakei. Parken Sie in Neuwernsdorf bei der Gaststätte. Der seit 1963 aufgestaute, 2,5 km lange See faßt rund 15 Millionen m³ Wasser für die Versorgung von Chemnitz.
Von der Straßenbrücke hat man den schönsten Blick über den See und seine reizvolle Umgebung. Durch die schönen Mischwälder südlich von Neuwernsdorf ziehen sich angenehme Wanderwege, darunter der Naturlehrpfad Westlicher Stangenbergweg (Parkplatz an der Straße Neuwernsdorf–Rauschenbach). Wer ihm und dann dem Mittelweg folgt, kommt nach rund 7 km nach Seiffen-Heidelberg, einem kleinen Flecken im Erzgebirge. Der Name verweist auf die früher in dieser Gegend bedeutende Zinnproduktion; das begehrte Metall wurde durch Auswaschen (Seifen) des Verwitterungsschutts gewonnen.

Vom fast 900 m hohen Bärenstein, der ganz nahe der Grenze zur Tschechoslowakei liegt, hat man einen ausgezeichneten Blick zum rund 10 km südwestlich gelegenen Fichtelberg.

⑮ Georgenfelder Hochmoor

Bis zu 3 m dick sind die Torfschichten im gut 12 ha großen Hochmoor, einem grandiosen, schon seit 1926 ausgewiesenen Naturschutzgebiet (in Zinnwald-Georgenfeld rechts halten zur Gaststätte »Grenzsteinhof«, vom Parkplatz dann beschilderter Fußweg).
Durch den deutschen Teil des Moores (der größere Teil liegt in der Tschechoslowakei) führt auf einem Knüppeldamm ein 1200 m langer, gut beschilderter Naturlehrpfad (Wege aus Naturschutzgründen nicht verlassen; Mai–Okt. tägl. Führungen). Er erschließt den »Latschengürtel« mit der Bergkiefer als prägender Baumart. Dazwischen stehen Heidelbeer-, Preiselbeer- und Rauschbeer-Zwergsträucher. Doch ins satte Grün mischen sich einzelne dürre Baumskelette: traurige Zeugen des Waldsterbens. Noch lebt in der vielgestaltigen Moorlandschaft eine artenreiche Insekten- und Vogelwelt: Gefiederte Raritäten wie Fitis, Heckenbraunelle und Alpenbirkenzeisig sind regelmäßig zu beobachten; wer ein Birkhuhn sehen will, braucht allerdings viel Glück.

Die Rauschenbachtalsperre versorgt Chemnitz, die drittgrößte Stadt Sachsens, mit Trinkwasser.

Route 2 Elbsandsteingebirge

Wo die Elbe ihren Lauf nimmt

⑯ Götzingerhöhle und Bärensteine

Vom Parkplatz in der Ortsmitte von Thürmsdorf erreicht man in wenigen Minuten auf dem Wanderweg mit dem roten Kreis die am Fuß des Kleinen Bärensteins gelegene Götzinger- oder Diebshöhle. Die 1574 erstmals erwähnte, 13 m lange und über 5 m breite Haupthöhle, von der kleine Seitenspalten abzweigen, entstand dadurch, daß sich von einem Sandsteinmassiv eine mächtige Wand ablöste. Die Verwitterung ging weiter und ließ die Wand kippen – glücklicherweise nicht vom Massiv weg, sondern zu ihm hin. An den Felswänden erkennen Sie weiße Gipsausblühungen, rotbraune Rostränder und wabenförmige Löcher: Folgen der fortschreitenden chemischen Verwitterung. Die eigenartige Höhle hat schon Wilhelm Leberecht Götzinger (1758–1818) begeistert. Der durch seine populären Bücher über die Sächsische Schweiz bekanntgewordene Pfarrer erhielt hier bereits in seiner Jugend erste Anregungen zum Studium der seltsamen Gebirgsformen.

Der deutsche Teil des Georgenfelder Hochmoors wird von einem 1200 m langen, hochinteressanten Naturlehrpfad erschlossen.

Der Kleine Bärenstein (338 m) ist zwar der höhere, doch der Große Bärenstein (331 m) der eindrucksvollere der beiden wildzerklüfteten Sandsteinfelsen. Eine prächtige Aussicht belohnt den Aufstieg zum Kleinen Bärenstein (ab Götzingerhöhle Wanderweg, Markierung: roter Kreis, 1 km nach Nordost). Vom Gipfel schweift der Blick über Sandsteinfelsen hinweg zu den blauen Bergen des Erzgebirges im Süden, den kleinen Erhebungen um Dresden im Westen, hin zu den markanten Höhen der Oberlausitz im Nordosten und dem Panorama der hinteren Sächsischen Schweiz im Osten.

⑰ Rauenstein

Wir erreichen den 304 m hohen Rauensteinfelsen im gleichnamigen Massiv innerhalb weniger Minuten auf dem nach Nordwesten ziehenden Wanderweg (Markierung: grünes Dreieck) vom kleinen Dorf Weißig aus. Zu den besonderen Sehenswürdigkeiten des Gebiets gehört sicher der Pudelstein, am Südrand des Massivs gelegen. Kleine, runde Knollen überziehen seine Oberfläche, so daß er an ein Pudelfell erinnert. Jedes dieser Knöllchen besteht aus einem hellen Sandsteinkern, auf den rostrote Krusten aus Eisenmineralien aufgelagert sind. Entstanden sind diese Krusten durch Wasser, das beim Verdunsten aus dem Gesteinsinneren aufsteigt und dort die in ihm gelösten Mineralien ausscheidet. Wer die Augen schweifen läßt, erkennt am Fels außerdem Steingitter und -waben, die Verwitterung hat diese Muster geschaffen.

Route 2
Elbsandsteingebirge

Die ca. 180 km lange Route streift alle bedeutenden Sehenswürdigkeiten dieses vielbesuchten Gebirges, vor allem die berühmten Tafelberge und Felsnadeln wie Lilienstein ㉑, Königstein ㉒, die wildromantische Kirnitzschklamm ㉛ und schließlich die berühmte Bastei ㉝ mit ihren bizarren Felsen und Schluchten.
Streckenverlauf:
Vom Ausgangsort Dresden auf der B 172 südöstlich nach Pirna, dort geradeaus halten und über Struppen nach Thürmsdorf zur Götzingerhöhle und den Bärensteinen ⑯; weiter nach Weißig am Rauenstein ⑰; nach diesem Abstecher zurück nach Thürmsdorf und Struppen, hinter dem Ort links, die B 172 überqueren, dann gleich links abbiegen nach Klein-Cotta am Cottaer Spitzberg ⑱; zurück zur Hauptstraße, auf dieser dann rechts nach Berggießhübel mit den Strudellöchern ⑲; die gleiche Straße zurück bis zur Abzweigung rechts nach Langenhennersdorf, rechts halten nach Bielatal, von dort wieder rechts Richtung Rosenthal, von dieser Straße geht es nochmals rechts ab zur Ottomühle an der Eishöhle ⑳; zurück bis Bielatal, weiter über Hütten nach Königstein, von hier mit der Fähre zum Lilienstein ㉑; zurück zum Ort und hinauf zur Festung Königstein ㉒; weiter nach Pfaffendorf, das die Höhle Diebskeller ㉓ und den Pfaffenstein mit der Barbarine ㉔ erschließt; 500 m hinter dem Ort Abzweigung links nach Gohrisch am gleichnamigen Berg ㉕; über Papstdorf nach Koppelsdorf, dem Ausgangspunkt für eine Wanderung auf den Papststein ㉖; von Papstdorf über Kleinhennersdorf nach Krippen, dort links zur B 172, rechts über die Elbbrücke nach Bad Schandau, auf der B 172 weiter, hinter dem Vorort Postelwitz links auf schmaler Straße nach Ostrau, wo der Wanderweg zu den Schrammsteinen ㉗ beginnt; zurück nach Bad Schandau, von dort mit der Kleinbahn (Straßenbahn) durch das Kirnitzschtal zum Lichtenhainer Wasserfall und zur Kuhstallhöhle ㉘; von Bad Schandau geht es anschließend auf der Straße rechts Richtung Hinterhermsdorf, vorbei am Lichtenhainer Wasserfall, bis zur Gaststätte »Buschmühle«, von dort gelangt man zum Großen Zschand ㉙; weiter nach Hinterhermsdorf, im Ort rechts zum Parkplatz, der die Kirnitzschklamm erschließt ㉚; von Hinterhermsdorf über Saupsdorf und Hertigswalde nach Sebnitz, von dort über Schönbach, Krumhermsdorf nach Ehrenberg, dort rechts Richtung Langenwolmsdorf, hinter Cunnersdorf zur Märzenbecherwiese ㉛; zurück nach Ehrenberg und rechts nach Hohnstein, dort die Straße weiter Richtung Rathewalde zur »Hocksteinschenke«, von der aus es ins Polenztal ㉜ geht; weiter durch Rathewalde, dahinter links die Basteistraße zum großen Parkplatz bei den Schwedenlöchern im Naturschutzgebiet Bastei ㉝; wieder zurück zur Hauptstraße, links nach Lohmen, rechts über Dobra zu den Basaltsäulen der Burg Stolpen ㉞.
Von Stolpen kann man dann links Richtung Fischbach zur B 6 gelangen; von dort geht es dann zurück nach Dresden. Die gesamte Sächsische Schweiz ist touristisch hervorragend erschlossen. Überall gibt es Gaststätten, Hotels und gut beschilderte Wanderwege.

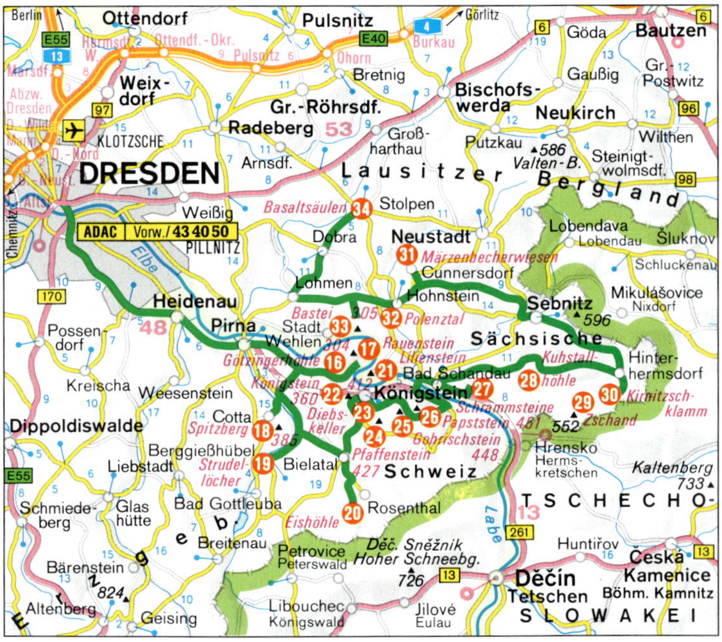

18 Cottaer Spitzberg

Eine Bergkuppe wie ein Kohlenmeiler, aufgeschichtet aus Basaltsäulen: Eine derart sonderbare Form besitzt der Cottaer Spitzberg (385 m). Man erreicht den Fuß des seltsamen Gipfels nach kurzem Aufstieg von Klein-Cotta aus. Auf steiler Eisenleiter überwindet man die letzten Meter. Herrlich ist der Rundblick; nahezu die ganze Sächsische Schweiz ist zu sehen, in der Ferne schimmern die Bergriesen der Tschechoslowakei.
Schon mit bloßem Auge erkennt man in der feinkörnigen Grundmasse des Basalts Einsprengsel aus grünlichem Olivin und schwarzem Augit, aber auch Sandsteineinschlüsse.

19 Strudellöcher

Vom Gasthof »Zwieselmühle« in Berggießhübel erreicht man auf dem idyllischen »Forellensteig« entlang dem Flüßchen Gottleuba in wenigen Minuten das zauberhafte Naturdenkmal.
Schäumend wirbelt hier Wasser über tiefe Löcher in den gewaltigen Sandsteinblöcken. Besonders heftig brodelt es in einem Strudelloch, dessen Wände wie das immens vergrößerte Gewinde einer Schraubenmutter wirken. Vermutlich sind diese großen Felslöcher während der Eiszeiten entstanden: Von Schmelzwässern herangetragene Steine kreiselten immer und immer wieder in zunächst kleinen Höhlungen und »bohrten« sich so ins Gestein. Die Kraft des Wassers hat diese Vertiefungen später ausgeweitet und abgerundet. Etwas weiter flußaufwärts sehen Sie

<u>Der Schatz im Cottaer Spitzberg</u>
Einst sollen im Cottaer Spitzberg 18 reiche, aber den Menschen freundlich gesinnte Zwerge gehaust haben. Als sie das Land verlassen mußten, blieb ihr Schatz im Berg zurück. Immer wieder hat man versucht, ihn zu bergen – doch vergebens. Einige Wichte sind, so weiß es die Legende, zur Bewachung zurückgeblieben und hüten den Schatz sorgfältig vor unbefugtem Zugriff. Gelegentlich sieht man die kleinen Männlein herumhuschen und sogleich wieder in Felsspalten spurlos verschwinden. Manchmal schenken sie einsamen, armen Bergwanderern wortlos Goldmünzen und Edelsteine. Wenn Sie, liebe Besucher, also ein leises Poltern und Raunen aus dem Inneren des Berges hören sollten, erschrecken Sie nicht: Es sind Zwerge, die friedlich in geheimnisvoller Tiefe ihre Goldbarren umstapeln.

Die Strudellöcher von Berggießhübel sind eine Attraktion.

Auch Besucher, die sich nicht für seine geologische Besonderheit interessieren, wird der Spitzberg begeistern – bietet er doch einen herrlichen Blick bis weit in die Tschechoslowakei hinein.

Free climbing und Klettersteig
Es gehört zu den schönsten und spannendsten Erlebnissen in der Sächsischen Schweiz, etwa an den Schrammsteinen 27 den Bergsteigern bei ihren verwegenen Kletterpartien zuzuschauen – oder gar selber zu klettern. Dazu gehört allerdings neben physischer und psychischer Eignung, neben entsprechender Ausrüstung und Kleidung vor allem eine gründliche Ausbildung. Nur wer die Klettertechniken sicher beherrscht, sollte sich an einen der etwa 600 freistehenden Felsen und rund 3500 Kletteraufstiege aller Schwierigkeitsgrade in der Sächsischen Schweiz wagen. Hier wurde übrigens speziell eine dem Sandstein angepaßte Technik und Taktik entwickelt. Die Verwendung von Magnesium ist inzwischen aus Umweltschutzgründen hier verboten.

25 Gohrischstein
Der 448 m hohe, stark zerklüftete Berg liegt inmitten eines großen Waldgebiets. Man erreicht ihn vom Kurort Gohrisch aus auf dem Muselweg (Markierung: hellbrauner Strich; Hin- und Rückweg 8 km). Von den Aussichtskanzeln des exponierten Plateaus aus hat man einen im wahrsten Sinne des Wortes »hervorragenden« Blick. So sieht man im Süden die Fluren von Papstdorf und Cunnersdorf, im Südosten den Großen und Kleinen Zschirnstein, im Osten den Großen Winterberg 29, im Norden den Lilienstein 21, im Westen den Pfaffenstein 24, den Königstein 22, die Bärensteine 16 und den Rauenstein 17 sowie die östlichen Höhen des Erzgebirges.
Wer die Schlucht am nördlichen Plateaurand aufmerksam durchforscht, entdeckt die Schwedenhöhle, eine Klufthöhle, nirgendwo breiter als 1 m, aber immerhin 15 m lang. Man kann sich gut vorstellen, daß Flüchtlinge im Dreißigjährigen Krieg hier ein Versteck gefunden haben.

26 Papststein
Eine Felswand mit etwa 4000 m³ Gestein stürzte 1972 von der Südseite des Papststeins (451 m) polternd in die Tiefe und zermalmte einen 30 m breiten Streifen schönen Kiefernwaldes. Wer dem 1,5 km langen Weg (Markierung: roter Punkt, ab Gaststätte »Koppelsdorf«) folgt, der begreift, wie es dazu kam: Die Verwitterung hat den Berg entlang von Klüften in schmale Rücken und ganze Reihen von Felstürmen zerschnitten. Besonders markant treten die Kleine und die Große Hunskirche mit ihren vielen Kletterwegen hervor.
Über die Feldfluren von Papstdorf blickend, erkennt man im Süden eine Talung. Sie zieht sich von Kleingießhügel zum unteren Bielatal. Geologen fanden in ihr Flußgerölle. Ihre Erklärung: Die Ur-Elbe hat während der Eiszeiten dieses Tal gegraben – heute fließt sie ein paar Kilometer weiter nordöstlich.

27 Schrammsteine
Eine 4 km lange Felsgruppe, urwüchsig und stark zerklüftet, so präsentieren sich die markanten Schrammsteine. Zu ihnen führt vom Parkplatz in Ostrau ein Weg mit blauem Kreuz in südöstlicher Richtung (hin und zurück ca. 10 km).

Links vorbei an der Barbarine reicht der Blick zum Tafelberg Gohrisch. Gleich rechts davon liegt der Papststein mit seinen Felstürmen. Mehr noch als bisher werden wohl künftig die Kletterwege von Wanderern und Bergbegeisterten besucht werden.

Schon am Ortsausgang genießt man den Anblick der Vorderen Schrammsteine mit dem knapp 80 m hohen Falkenstein und der Hohen Liebe. Drei mächtige senkrechte Einschnitte bilden die Schrammtore. Beim Großen Schrammtor erreichen wir das Zentrum der wildromantischen Felsenwelt. Hier hat die Verwitterung in Jahrmillionen eigentümliche Felsen von geradezu unglaublicher Formenvielfalt entstehen lassen. Selbst der Wind hat zerstört – und geschaffen: Er transportierte feinsten Sand hierher und hat ihn zu Dünen aufgeweht. An einer Stelle des Schrammtors modellierte er Höhlen, zwischen denen kleine Pfeiler in Form von Sanduhren stehengeblieben sind.
Vorbei am Schrammsteinwächter erreicht man den Wildschützensteig und dann den Gratweg, der links zu verschiedenen Aussichtspunkten führt. Von der Elbaussicht schweift der Blick über den Strom hinweg zu den Ebenheiten von Reinhardtsdorf-Schöna. Von der Schrammsteinaussicht erblickt man im Nordwesten den Hohen Torstein mit seinen zahlreichen Kletterwegen; im Westen und Südwesten reihen sich die etwa 25 Türme der Torsteinkette auf, von der Tante bis zum Vorderen Torstein. Weiter geht es auf dem Gratweg und dann auf dem Zurückesteig, der den höchsten Teil der Hinteren Schrammsteine überquert. Wieder erkennt man zwei eigenartige Felsen: den Kelchstein und links die merkwürdig zugespitzte Wackerzacke.
Für den Rückweg kann man zur Abwechslung teilweise auch den gleich langen Elbleitenweg (Markierung: grünes Dreieck) benutzen.

Wie kunstvoll angelegt wirken die eindrucksvollen Kaskaden des Lichtenhainer Wasserfalls.

28 Kuhstallhöhle

Raubritter hausten im 15. Jh. in der Burg Wildenstein, und ihre begehrteste Beute waren Rinder; sie versteckten die Tiere in einer nahe gelegenen Höhle mit dem bezeichnenden Namen »Kuhstall«. Die als geologisches Naturdenkmal geschützte Höhle präsentiert sich dem Besucher als riesiges Felstor mit bis zu 11 m Höhe und 17 m Breite, das 24 m weit durch den Berg hindurch führt.
Am besten fährt man mit der Kleinbahn (Straßenbahn) von Bad Schandau durchs Kirnitzschtal zum Lichtenhainer Wasserfall (Endstation). Von dort kommt man in 30 Minuten auf einem beschilderten Wanderweg zu dieser geologischen Attraktion. Von einer Plattform bei der Höhle (daneben eine Gaststätte, in der Saison tägl. geöffnet) genießt man eine herrliche Aussicht hinüber zu den Affensteinen, dem Kleinen Winterberg und den Bärenfangwänden. Über schmale Stufen, die »Himmelsleiter« in der Ritterschlucht, kann man 27 Höhenmeter auf ein Plateau hinaufsteigen, auf dem noch einige Mauerreste vom einstigen Räubernest zeugen.

Der Bad Schandauer Pflanzengarten ist mit seinen 1500 Arten ein lohnendes Ziel für Pflanzenliebhaber.

29 Zschand und Großer Winterberg

Ausgedehnte Wälder, eine wild zerklüftete Sandsteinlandschaft mit »Cañons«, tiefen Einschnitten, darüber breite Basaltkuppen wie der Große Winterberg (552 m): Das alles macht den besonderen Reiz des

Die Schrammsteine geben beredtes Zeugnis von der ungeheuren Kraft der Naturgewalten, die hier eine einmalige, bizarre Formenvielfalt geschaffen haben.

Bergblumen und Arzneikräuter

Auf der Fahrt vom Papststein 26 zu den Schrammsteinen 27 kommen Sie direkt hinter Bad Schandau an einem »Pflanzengarten« vorbei (Mai–Okt. tägl. geöffnet, genaue Öffnungszeiten bitte vor Ort erfragen). Ein Besuch der 0,4 ha großen, terrassierten Anlage lohnt sich vor allem im Mai und Juni, wenn die Rhododendren und die Azaleen bunten, üppigen Blütenschmuck tragen. Unter den etwa 1500 angepflanzten Arten sind viele Arznei- und Gewürzpflanzen; eine eigene Abteilung zeigt geschützte Gewächse.

Der kristallklare Bergsee in der Kirnitzschklamm lädt zu märchenhaften Bootsfahrten ein.

Wie der Name Sächsische Schweiz entstand
Der Begriff Elbsandsteingebirge, der die geologische Beschaffenheit umreißt, ist seit der Mitte des 18. Jh. üblich. Wenig später jedoch wurde »Sächsische Schweiz« zum immer häufiger gebrauchten Synonym für das Elbsandsteingebirge. Wie kam es dazu?
Im Jahr 1766 kam der Maler Adrian Zingg (1734–1816) aus St. Gallen in der Schweiz an die Kunstakademie Dresden. Gern unternahm er mit seinem Landsmann, dem Maler Anton Graff, Wanderungen in die nahegelegene Bergwelt. Beide sahen darin eine »Miniaturausgabe« ihrer Heimat und nannten sie »Sächsische Schweiz«.
Der treffende Name hat sich offenbar rasch eingebürgert. Zingg suchte hier übrigens auch manches Motiv für sein künstlerisches Schaffen; bekannt wurden vor allem seine Zeichnungen »Im Liebthaler Grund« und »Partie bei Hohnstein in der Sächsischen Schweiz« (bei 32), beide sind heute in den Staatlichen Kunstsammlungen in Dresden zu sehen.

rund 1000 ha großen Naturschutzgebiets aus. Einen Teil davon bildet der Große Zschand, ein Seitenarm des Kirnitzschtals. Die Felsen der Schlucht lösen sich in bizarre Nadeln und kleine Plateaus auf, dazwischen gähnen finstere Klüfte und Höhlen. Fasziniert entdeckt man die Richtergrotte, einen gewaltigen Felsüberhang mit kleiner Quelle. Die herabfallenden Wassertropfen höhlen in den felsigen Untergrund winzige Strudellöcher; fallen sie auf lockeren Boden, dann zaubern sie kleine Erdpyramiden.
Der Blick nach unten lohnt im ganzen Gebiet; Zoologen haben hier eine überreiche Kleintierfauna ausgemacht: Dutzende verschiedener Schmetterlingsarten, an die 100 unterschiedliche Spinnen, Myriaden von Käfern und Weichtieren. Wer gen Himmel schaut, entdeckt bestimmt einige Vertreter der 40 hier brütenden Vogelarten wie Birkhuhn, Auerhuhn und Waldkauz. Die Vielfalt der Tierwelt erklärt sich aus dem komplizierten Mosaik der geologischen und klimatologischen Verhältnisse. Sie lassen auch eine vielgestaltige Flora gedeihen.
In den Großen Zschand gelangt man am schnellsten vom Parkplatz an der Gaststätte »Buschmühle«. Den Gasthof »Zeughaus« erreicht man nach 2 km (gelber Punkt); dort kann man umkehren. Wer die Rundwanderung machen will, der geht das Tal weiter aufwärts und hält sich nach 1,5 km rechts zur Richtergrotte (grünes Dreieck). Von dort geht es weiter zum Großen Winterberg (blaues Kreuz). Für den Abstieg benutzt man den Quenenweg (grüner Balken) und den Kleinen Zschand; von der Felsenmühle sind es dann nur noch ein paar Meter zum Ausgangspunkt. Wer den ganzen Rundweg geschafft hat, darf stolz auf eine reizvolle Tour von rund 14 km zurückblicken.

30 Kirnitzschklamm

Zur wohl schönsten unter den wildromantischen Schluchten der Sächsischen Schweiz bringt Sie der rund 3 km lange Hohlweg. Ein blaues Kreuz markiert ihn; Ausgangspunkt ist der Parkplatz südlich von Hinterhermsdorf (Straße endet hier).
Der Pfad führt 160 m steil hinab ins Kirnitzschtal zur Oberen Schleuse, direkt an der Grenze zur Tschechoslowakei. Der Bau einer Staumauer hat aus dem Wildwasser einen 700 m langen und sehr schmalen Bergsee gemacht. Mit dem Boot (Bootsverleih) gleitet man auf kristallklarem Wasser vorbei an bizarren Felsen, deren Baumbewuchs an grüne Kronen erinnert. Reizvoll ist auch ein Spaziergang am Ufer entlang.
Bald erreichen Sie das obere Kirnitzschtal, ein über 50 ha großes Naturschutzgebiet. Die senkrechten Felswände aus gewaltigen Quadersandsteinen rücken nun bedrohlich eng zusammen, bis kaum mehr Platz zum Durchgehen bleibt. Wie ein Seiltänzer balancieren Sie auf einem fußbreiten Felsband über dem schäumenden Bach; Vorsicht ist mit kleinen Kindern geboten. Mächtige Felsabbrüche und vom Wasser unterhöhlte Felsen bilden eine großartige Szenerie. Vorbei geht es am Seufzergründel, einem in die Kirnitzsch mündenden Bächlein, in dem früher Edelsteine gewonnen wurden, vorbei auch an prächtigen, gesunden Mischwäldern aus Rotbuchen, Bergahorn, Tannen und Fichten, mit vielen Baumriesen

Von Bad Schandau aus fährt eine Straßenbahn durchs Kirnitzschtal zum Lichtenhainer Wasserfall unweit der Kuhstallhöhle.

und reichem Unterwuchs. Mit etwas Glück begegnen Sie sogar einem der seltenen Tiere, die hier zu Hause sind, etwa der aufgeregt hin und her fliegenden Wasseramsel mit ihrem weißen Brustlatz.
Für den Rückweg empfiehlt sich der am Ende des oberen Kirnitzschtals beginnende Rabensteinweg (Markierung: grüner Balken), der später wieder in den Hohweg einmündet.

31 Märzenbecherwiesen von Cunnersdorf

Im oberen Teil ihres Laufes fließt die Polenz ruhig in malerischen Schlingen durch die breite Talsohle. 1 km nordwestlich von Cunnersdorf (am Ortsausgang parken), an der Straße nach Langenwolmsdorf, liegt ein kleines Naturschutzgebiet, das seine ganze Pracht im zeitigen Frühjahr entfaltet. Von nah und fern strömen die Besucher herbei, um in den feuchten Wiesen den leuchtendweißen Blütenteppich des Märzenbechers – auch Frühlingsknotenblume genannt – zu bewundern. Die attraktive, unter Naturschutz stehende Pflanze (Pflückverbot!) hat hier eines ihrer größten Wildvorkommen. Etwas später – im April und Mai – öffnet der Waldgoldstern seine auffallend gelben Blüten. Spezialisten erkennen zu dieser Zeit auch das extrem seltene Gebirgshellerkraut mit seinen kleinen weißen Blüten.

Den Eisvogel, hier in seiner typischen Sitzhaltung, kann man mit ein wenig Glück im Polenztal beobachten.

32 Polenztal

Vom Parkplatz an der »Hocksteinschenke« kommen Sie nach 1 km zu dem weitläufigen Naturschutzgebiet mit seinen vielen Wanderwegen. Der Unterlauf der Polenz bildet hier einen tief eingeschnittenen »Cañon« mit bis zu 150 m hoch aufragenden Felswänden aus Quadersandstein. Das Material hat sich in der Oberkreide am Grund eines Meeres abgelagert und zu hartem Sandstein verfestigt; wie alle Sedimentgesteine wird es von horizontal gelagerten Schichtflächen durchzogen. Die Verwitterung hat die Felsen auch vertikal geklüftet, so daß mächtige Quader entstanden sind. Die Gautschgrotte halten viele für die schönste Höhle der Sächsischen Schweiz. Ihr Eingang liegt auf einem Felsvorsprung in der fast senkrechten Wand der Polenzschlucht. Der (vom Talweg her ausgeschilderte) kurze Pfad hier herauf ist nur zwischen Mitte Mai und Ende September begehbar! Im Talgrund zeigt sich ein intakter Mischwald mit Erle, Esche, Ahorn und Fichte, begleitet von einer artenreichen Bodenflora wie dem Purpurhasenlattich, dem Waldgeißbart und der Quirlblättrigen Weißwurz. Hier fühlen sich viele Vögel wohl, unter ihnen solche Raritäten wie der Eisvogel, der Waldkauz und der Schwarzstorch.

Im Polenztal ist nachts auch der Waldkauz unterwegs, um kleine Nager, Vögel und Insekten zu jagen.

33 Bastei

Hauptattraktion des Elbsandsteingebirges ist zweifellos die berühmte Bastei, in einem über 800 ha großen Naturschutzgebiet gelegen. Schon

Mitte des 14. Jahrhunderts wurde von böhmischen Rittern auf der Bastei die Felsenburg Neurathen, eine Naturfestung, angelegt.

Naturliebhaber zieht es bereits im späten Februar nach Cunnersdorf zur Märzenbecherblüte.

Theater im Naturschutzgebiet
Nicht nur Kunstliebhaber schätzen den Besuch eines reizvollen Naturtheaters. Die Felsenbühne Rathen im Naturschutzgebiet Bastei 33 ist in dieser Hinsicht ein besonderes Kleinod. Welcher Bühnenbildner vermag eine solch grandiose Kulisse nachzugestalten? So lohnt sich ein Ausflug auch dann, wenn man keine Theaterkarte hat. In einem flachen, breiten Talstück des Wehlgrunds gelegen, wird die Naturbühne von zahlreichen markanten Felsgruppen umrahmt: den Gansfelsen im Norden, den Wehltürmen und den Felsgebilden der ehemaligen Burg Neurathen mit dem Verlorenen Turm und dem Mönchstein im Süden. Diese Felsenwelt soll Carl Maria von Weber zu der Wolfsschlucht-Szene in seiner Oper »Der Freischütz« inspiriert haben. Bergsteiger erkannten schon früh die hervorragende Akustik an der Stelle der jetzigen Felsenbühne und nutzten den Platz für Chorveranstaltungen. Die Gemeinde Rathen legte dann dort eine Felsenbühne an, die 1936 eingeweiht wurde. Seit 1945 wird das Naturtheater mit seinen über 2000 Sitzplätzen von den Landesbühnen Sachsen bespielt.

wenige Meter hinter dem Parkplatz bei den Schwedenlöchern öffnet eine Waldlücke den Blick auf ein imposantes Felsenmeer; in wenigen Minuten, vorbei am Hotel, erreicht man den 194 m über der Elbe gelegenen Bastei-Aussichtsfelsen. Man blickt hinunter auf den glitzernden Bogen des Flusses zwischen Lilienstein 21 und Königstein 22, erkennt den Kontrast zwischen dem steilen Prallhang bei Niederrathen und den sanft ansteigenden Hügeln bei Oberrathen. Zum Greifen nahe scheint links durch das Baumgeäst die Basteibrücke mit ihrem Felsmassiv. Bei klarem Wetter genießt man eine herrliche Fernsicht: Im Süden ist links vom Königstein der Pfaffenstein 24 zu erkennen, dahinter die bewaldeten Kammlinien des Erzgebirges; im Südosten sieht man den Großen Winterberg 29, im Osten ragt das Felsenlabyrinth der Schrammsteine 27 auf, im Nordosten erhebt sich der Valtenberg (mit Turm) aus dem Lausitzer Bergland.

Romantische Bastei: hier die Steinbrücke über die Mardertelle-Schlucht.

In der Elbbiegung unterhalb der Bastei liegt Rathen. Der auch wegen seines imposanten Naturtheaters bekannte Kurort ist Ausgangspunkt für Touren im Westen der Sächsischen Schweiz.

Steile Stufen führen vom Aussichtsfelsen hinab zur 76,5 m langen Basteibrücke, die 1850/51 aus dem heimischen Sandstein erbaut wurde. Sie verbindet das Basteiplateau mit der Felsenburg Neurathen und bietet einen herrlichen Blick ins Felslabyrinth des Wehlgrunds. Die in der Ferne sichtbaren Felsgebilde tragen so anschauliche Namen wie Hintere und Vordere Gans, Lokomotive oder Lamm – mit etwas Phantasie kann man die namengebenden Formen tatsächlich auch erkennen. Von der Basteibrücke geht es weiter in eine wild zerklüftete Felsgruppe mit dem Neurathener Felsentor und der Burgruine Altrathen, einer Befestigung aus dem 15. Jh.

So reich an Sehenswürdigkeiten ist das Naturschutzgebiet, daß man gar nicht alle ausführlich beschreiben kann. Alle sind von der Bastei aus auf gut markierten Wanderwegen zu erreichen, die wichtigsten seien wenigstens kurz erwähnt: Vehmhöhle und Uttewalder Felsentor, Amsel- und Höllengrund, Felsenbühne Rathen, Steinerner Tisch und Schwedenlöcher. Einen guten Überblick vermittelt der Naturlehrpfad Basteigebiet, der von der Bastei aus als Rundwanderweg angelegt wurde. Wer das Gebiet näher kennenlernen möchte, sollte sich auf jeden Fall genügend Zeit nehmen, denn auch die artenreiche Pflanzen- und Tierwelt lädt zu interessanten Wanderungen ein.

34 Basaltsäulen der Burg Stolpen

Der berühmte Stolpener Basalt – heute Naturdenkmal – entstand vor etwa 30 Millionen Jahren: Im Tertiär drang basaltisches Magma entlang einer Schwächezone aus dem Erdinnern nach oben und erstarrte kurz unter der Oberfläche. Besonders spektakulär wirken die sechseckigen Basaltsäulen an der westlichen Außenseite der Burg sowie zwischen Siebenspitzen- und Kapitelsturm. Sie sind dort bis zu 9 m lang und neigen sich um 50–80° nach Nordosten. Im Burgbereich stehen die Säulen senkrecht in Reih und Glied.

Schon Georg Agricola würdigte den Basalt 1545 in seinem bekannten Buch »De natura fossilium«. Auch Goethe besuchte auf einer Reise nach Schlesien 1790 das Gestein mit seinem ungewöhnlichen Querschnitt. Weithin bekannt wurde die Burg durch die Reichsgräfin Cosel, eine Mätresse Augusts des Starken, die hier von 1716 bis zu ihrem Tode 1765 gefangengehalten wurde.

Von einer besonders reizvollen Seite her erschließt sich die Felsenwelt der Bastei bei einer Bootsfahrt auf dem Amselsee.

20 km östlich von Dresden fasziniert die Burg Stolpen mit ihren charakteristischen Basaltsäulen.

Abstecher zum »Pflanzengarten«
Nach dem Besuch der Bastei 33 sei botanisch Interessierten auch ein Abstecher nach Stadt Wehlen empfohlen. Bergauf führt ein kurzer Weg zum gut 0,5 ha großen, überaus sehenswerten und gepflegten »Pflanzengarten« (geöffnet Mai–Okt. tägl. 8–18 Uhr). Die 1925 von Bergsteigern geschaffene Anlage präsentiert in vier Abteilungen übersichtlich geordnet und präzise beschriftet eine Fülle von Pflanzen vor allem der Sächsischen Schweiz, aber auch anderer europäischer, amerikanischer und australischer Gebirge. Manche Anregung wird das Bauerngärtlein mit seinen Heil- und Gewürzpflanzen geben. Eine kleine Heimatstube informiert anschaulich über Imkerei, Wald, Wild und Naturschutz der Gegend.

Ein Ausflug zum Amselsee
Eine Bootsfahrt in der Gebirgswelt der Sächsischen Schweiz gehört zu den besonderen Vergnügungen. Der Amselsee im Naturschutzgebiet Bastei 33 bietet Gelegenheit dazu. Sie erreichen das 1934 durch Anstauen des Grünbachs angelegte, 600 m lange Gewässer mit seiner 6 m hohen Staumauer von Niederrathen aus auf einem kurzen Wanderweg (Markierung: grüner Strich). Während der Kahnpartie genießt man den Anblick der bizarren Felsen, die das waldumsäumte Ufer überragen. Im Nordosten und Norden sind der Honigstein mit dem »Storchennest«, der Bienenkorb, die kurios anmutende Lokomotive, das Lamm und der Talwächter zu sehen, im Westen grüßen Kleine und Große Gans.
Wer nach geruhsamer Bootsfahrt noch Wanderlust verspürt, kann den Amselfall besuchen (von der Anlegestelle 1,5 km), einen wildromantischen kleinen Wasserfall des Grünbachs. Dem harmlosen Bächlein sieht man nicht an, daß es bei Hochwasser zum reißenden Fluß werden kann – so geschehen am 25. Mai 1906: Die Wassermassen schwemmten damals das Gasthaus am Amselfall hinweg. Heute lädt eine an gleicher Stelle erbaute Gaststätte wieder zum Besuch ein.

30 Pfalz und Saarland

Wein, Wald und schwarzes Gold

Pfalz – da denkt man unwillkürlich an Bilder von verwinkelten Fachwerkdörfern und -städtchen, voll mit fröhlichen Weinzechern, aber auch an das zartrosa Blütenmeer der Mandelbäume im Frühling. Vielleicht sieht man deswegen auch die meisten Besucher im Osten, im Weinland also, ganz so, als seien die geologischen Grenzen des Oberrheingrabens auch eine »Geselligkeitsbarriere«: Dahinter gibt es »nur« noch Wald. Aber was für einen! Schon Kaiser Barbarossa schätzte die Jagd in den unendlichen Wäldern, aus denen unvermittelt leuchtendrote Sandsteinfelsen und so erstaunliche Felsgebilde wie der Teufelstisch herausragen. Und dahinter wieder viel offenes Land, in dem Edelkastanienwälder vorkommen und mächtige Urgesteinsbrüche, wo die Berge einst begehrtes Erz bargen und unten an der Saar noch heute die Kohle, das schwarze Gold, gefördert wird.

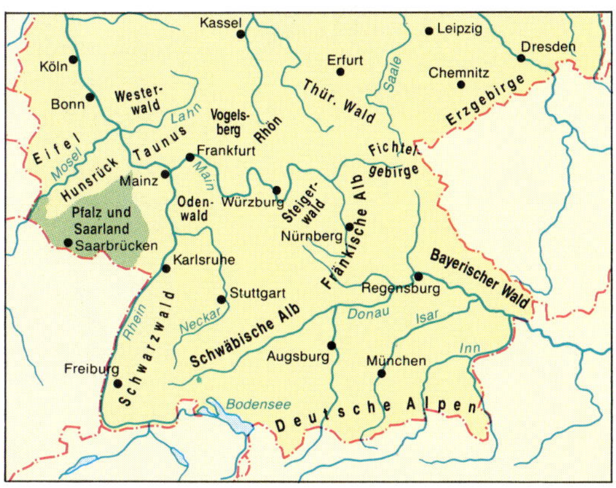

Lage Zwischen Oberrheinebene und Mainzer Becken im Osten sowie der Grenze zu Luxemburg und Frankreich im Westen; im Norden begrenzt von den Höhenzügen des Hunsrücks; im Süden schließt sich Frankreich mit den Vogesen und den Schichtstufenlandschaften Lothringens an
Ausdehnung Nord–Süd 40 bis 110 km; West–Ost ca. 130 km
Länder Rheinland-Pfalz, Saarland
Höchste Erhebungen Pfalz: Donnersberg 686 m, Kalmit 673 m; Saarland: Schimmelkopf 695 m, Weißelberg 569 m, Schaumberg 569 m
Wichtigste Flüsse Saar, Nahe, Glan, Blies, Prims
Landschaftsformen Dichtbewaldete Mittelgebirgslandschaft aus Buntsandstein mit steiler Abbruchkante zum Rheintal (Haardtgebirge), die nach Südwesten in ein Muschelkalk-Schichtstufenland, nach Westen und Nordwesten in eine weniger bewaldete parkartige Hügelzone mit Ackerbaufluren übergeht
Naturparks Naturpark Pfälzer Wald, Naturpark Saar-Hunsrück
Information Fremdenverkehrs- und Heilbäderverband Rheinland-Pfalz, Postfach 1420, Löhrstr. 103–105, W-5400 Koblenz, ☏ 0261/31079; Fremdenverkehrsverband Saarland, Postfach 242, Dudweiler Str. 53, W-6600 Saarbrücken, ☏ 0681/37088 und 35376; Fremdenverkehrs- und Heilbäderverband Rheinland-Pfalz, Geschäftsstelle Neustadt, Martin-Luther-Str. 69, Postfach 100416, W-6730 Neustadt/Weinstraße, ☏ 06321/2466; Südliche Weinstraße – Zentrale für Tourismus, An der Kreuzmühle 2, W-6740 Landau, ☏ 06341/380148; Verein zur Förderung des Tourismus in der Westpfalz, Stadtverwaltung Kaiserslautern, Verkehrs- und Informationsamt, Postfach 1320, W-6750 Kaiserslautern, ☏ 0631/852-2316; Tourist-Information Kusel und Musikantenland, Trierer Str. 41, W-6798 Kusel, ☏ 06381/424234–35; Saarwaldverein, Reichstr. 4, W-6600 Saarbrücken, ☏ 0681/399554; Pfälzerwald-Verein, Fröbelstr. 26, W-6730 Neustadt/Weinstraße, ☏ 06321/2200

Licht, prachtvoll, reichlich: Buchen

Die Rheinebene präsentiert sich vom steilen Bruchrand der Haardt her so mild und freundlich wie eindrucksvoll: Ein Rebenmeer mit nicht weniger als 60 Millionen Rebstöcken steht allein beiderseits der Südlichen Weinstraße. Dreht man sich im Halbkreis nach Westen, ruht der Blick auf einem Meer aus waldbedeckten Hügelrücken, dominiert von prachtvollem Buchenbestand. Obwohl der Pfälzer Wald von Natur aus eine Mischwaldgegend ist und es dort, etwa um Johanniskreuz, auch bedeutende und uralte Eichen gibt, meint man doch, noch nie solche Buchenwälder gesehen zu haben. Und genauso stellt man sich Wald auch vor – kein finsterer Tann, dafür noch im tiefsten Innern lichtdurchfluteter Hochwald. Wohin man blickt, eine Landschaft ohne Düsternis, zartgrün im Frühling, in allen Farben glühend während der Herbstmonate.

»Pfälzer Dolomiten«

Der Buntsandsteinsockel, auf dem der Pfälzer Wald stockt und dessen mittleres Schichtenpaket mit den sogenannten Trifelsschichten zu den bizarrsten Formen verwittert, ist der passende Untergrund für solch einen Wald, denn die Sandsteine sind kalk- und nährstoffarm und daher für den Ackerbau nicht sonderlich geeignet. Dafür »wachsen«, zumal im Wasgau, dem südlichen Pfälzer Wald, in gesunder Selbsteinschätzung von den Einheimischen auch »Pfälzer Dolomiten« genannt, die skurrilsten Gebilde aus dem Waldboden: Hunderte von Felsen aus Sandstein, Kletterfelsen vom Feinsten. An Nylonseilen hantierende und pendelnde Bergsteiger, beschäftigt mit kleinen Gipfeln, gehören daher häufig zum Bild des Pfälzer Waldes.

Ein weiter Park nach Westen

Die Pfalz ist eine Gegend, die neugierig macht. So möchte man z. B. gerne wissen, was sich hinter diesem großen und dichten Wald der Pfälzer noch alles verbirgt: Der erste Eindruck, der sich beim Blick in die West- und Nordpfalz ergibt, ist vor allem ihre Weitläufigkeit. Die Berge haben hier sehr viel Platz zur Ausbreitung und Selbstdarstellung; ein »Vierhunderter« ist schon beachtlich in dieser weiten Parklandschaft. Und noch etwas Erstaunliches: Geologisch sind die im Südwesten benachbarten Höhenzüge des Saarlandes bereits mit Paris verbunden – sie gehören zu einer weiträumigen geologischen Mulde, die vom Buntsandstein der Haardt über den Jura Lothringens bis zur Kreide des Pariser Beckens reicht. Die Verwitterungsformen des Buntsandsteins im südlichen Saarland sind sozusagen nur eine Pfälzer Reminiszenz, unschwer zu erkennen etwa an zwei formal recht gleichgearteten Berühmtheiten wie dem Stiefeler Fels 15 beim saarländischen St. Ingbert und dem Teufelstisch 10 über dem pfälzischen Hinterweidenthal.

Verbindendes und Trennendes

Die Naturräume Pfalz und Saar haben viel Gemeinsames, aber auch interessante Unterschiede. Während in der Pfalz von der Rheinebene her das Rebenmeer sozusagen bis an die Haardt brandet, prägen den Osten des Saarlandes sanft gewellte, fruchtbare Muschelkalkplateaus wie der Zweibrücker Westrich, Ausläufer des lothringischen Schichtstufenlandes und Gegenstücke zu den Gäuen rechts des Rheins. Was indes dem Saarland an Oberirdischem, an Wein fehlt, erscheint dafür im Unterirdischen überaus reichlich. Unter dem Muschelkalk lagern die Schichten des Oberkarbons mit ihren mächtigen Kohlenflözen. Und in der beachtlichen Walddichte – etwa ein Drittel des Saarlandes ist bewaldet – sind die beiden Landschaften einander wiederum sehr ähnlich. Der geologische Untergrund von Pfalz und Saarland ist »im Grunde genommen« ebenfalls sehr ähnlich, auch wenn sich nur studierte Geologen in dem Labyrinth von Gesteinen, Formationen und Lagerungsformen einigermaßen zurechtfinden können. Beide Landschaften gehören zur Saar-Nahe-Senke, Teilstück einer Senke, die sich gegen Ende des Erdaltertums quer durch Deutschland zog. In ihr wucherten zunächst üppige Sumpfwälder und vermoderten zu Torf, aus dem später Kohle entstand, dann diente sie gewissermaßen als riesige Schutthalde für den Verwitterungsschutt aus den benachbarten Gebirgen, anschließend war sie Schauplatz der heftigsten Vulkanausbrüche, die sich je auf dem Boden Deutschlands ereigneten. Diese ganze bewegte Geschichte lag unter dicken Gesteinsschichten verborgen, die erst in der Erdneuzeit abgetragen wurden. Wer beim Wandern von den Pfälzer Wäldern unversehens in die der Saar gerät, wird daher womöglich vor lauter Begeisterung über die herrlichen Waldlandschaften diese »Grenzüberschreitung« gar nicht bemerken.

Zur Rietburg kommt man ganz bequem mit der Sesselbahn. Von der bewirtschafteten Aussichtsterrasse aus genießt man einen weiten Blick.

Route 1 Pfalz

Durch die Einsamkeit des Pfälzer Waldes

1 Rhodt und Rietburg

Natur und Kultur verbinden sich an der Südlichen Weinstraße naturgemäß über den Wein, dessen Rebfluren sich unterhalb der Haardt fast unübersehbar nach Osten, zum Rhein hin erstrecken. Mitten drin (an der Straße nach Edesheim gegenüber der Genossenschaft) befindet sich auch der älteste noch tragende Weinberg Deutschlands mit seinen mehr als 350 Jahre alten, kräftigen Traminerrebstöcken, deren Stämme kaum mit zwei Händen zu umspannen sind. Im Weinort Rhodt scheint die Zeit stehengeblieben zu sein: Mitten durch die am Ende in die Weinberge führende, ge-

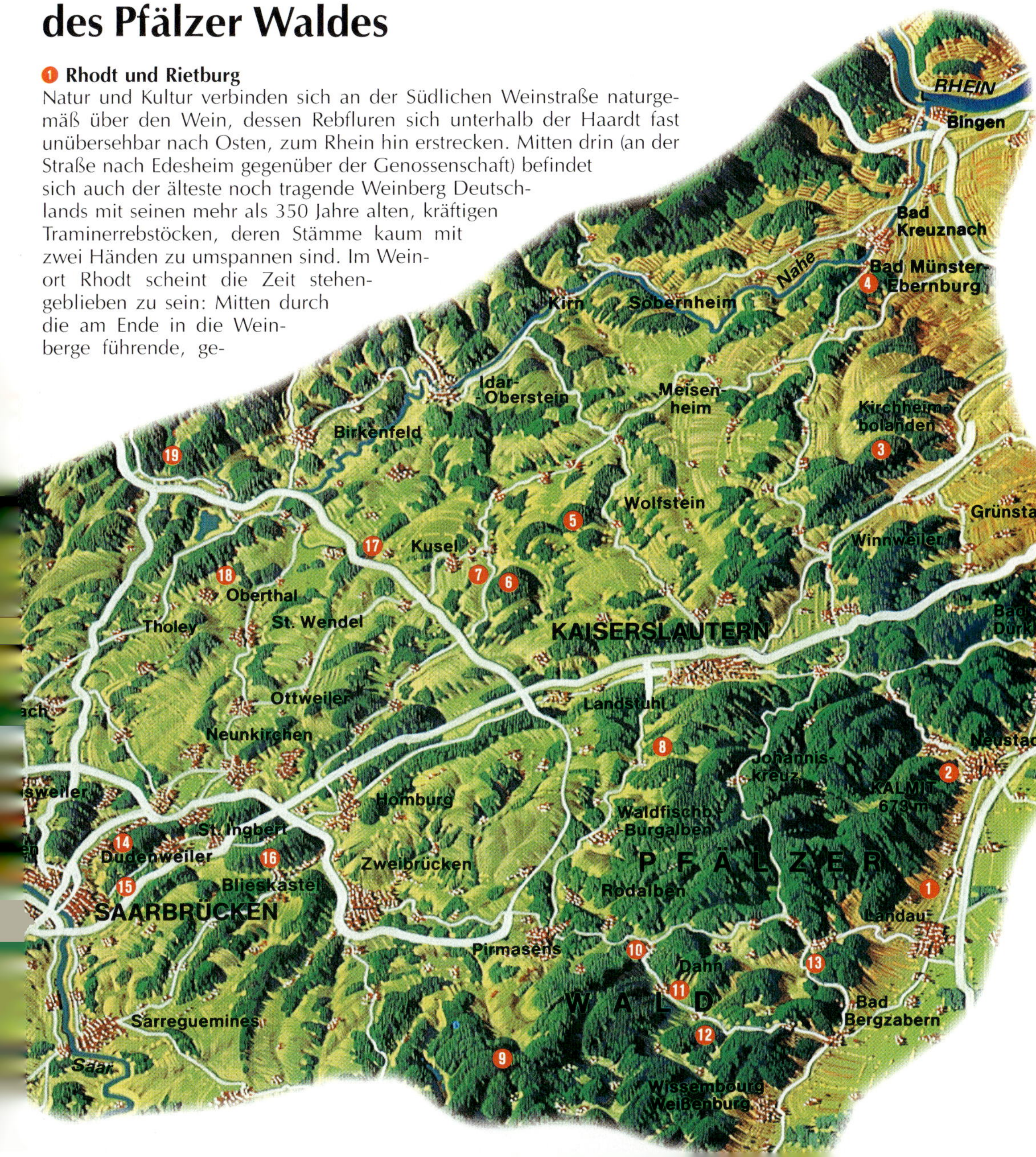

pflasterte Theresienstraße zieht sich eine mächtige Roßkastanienallee, und an den Wänden der behäbigen alten Winzerhäuser ranken Weinreben empor. Das milde Klima läßt Feigen, Zitronen und Oleanderbüsche gedeihen. Von Rhodt führt eine Fahrstraße zur klassizistischen Villa Ludwigshöhe, einem 1851 vollendeten Lustschloß Ludwigs I. von Bayern, idyllisch von einem Kastanienhain und Rebhügeln umgeben. Hinter dem Schloß führt eine Sesselbahn 220 m zur Rietburg (544 m) hinauf, der »Aussichtsterrasse der Deutschen Weinstraße« mit dem »Drei-Dome-Blick« nach Worms, Speyer und Straßburg sowie zum Odenwald und zum Schwarzwald. Von der Rietburg aus gibt es zahlreiche Möglichkei-

Route 1
Pfalz

Die Rundfahrt ist etwa 340 km lang; sie führt aus der Rheinebene hinauf in die Höhen des Naturparks Pfälzer Wald und durchquert das hügelreiche Nordpfälzer Bergland und im Süden das berühmte Dahner Felsengebiet. Touristisch hat das Land einiges zu bieten, um Unterkünfte und Einkehrmöglichkeiten braucht man sich also keine Sorgen zu machen. Dies bedeutet aber nun nicht, daß die Gegend überlaufen wäre: In den Weiten des Pfälzer Waldes findet der Besucher noch Einsamkeit wie sonst nur selten in unserem dichtbesiedelten Land.

Streckenverlauf:

Von Edenkoben, das man von Mannheim/Ludwigshafen oder von Karlsruhe über die A 65 erreicht, auf der Deutschen Weinstraße Richtung Südwesten nach Rhodt zum Weinberg und zur Rietburg (1); zurück nach Edenkoben und auf der B 38 oder der Parallelstraße nördlich nach Maikammer, dort links über Alsterweiler zur Kalmit (2); weiter geht es vorbei am Totenkopf und ins Tal hinunter, bis zur Abzweigung rechts nach Frankeneck bei Lambrecht, dort links auf der B 39 über Weidenthal zur B 37 und wieder links über Fischbach, dann rechts nach Alsenborn-Enkenbach, auf der B 48 nördlich nach Alsenbrück-Langmeil, dort auf der B 40 weiter Richtung Kirchheimbolanden und 1 km hinter Börrstadt links ab bis Dannenfels am Donnersberg (3); über Marienthal auf Nebenstraßen westlich nach Rockenhausen und rechts auf der B 48 nach Bad Kreuznach zum Rheingrafenstein (4); nun südwestlich zuerst ein kurzes Stück das Nahetal, später das Glantal aufwärts über Odernheim, Meisenheim nach Lauterecken, dort links auf der B 270 bis Wolfstein am Königsberg (5); 3,5 km hinter Wolfstein von der B 270 rechts ab und über Rothselberg und Jettenbach nach Bosenbach, hier links bis Oberstaufenbach, rechts über Neunkirchen nach Föckelberg am Potzberg (6); nördlich weiter über Mühlbach am Glan auf die B 423 und links nach Theisbergstegen zum Remigiusberg (7); anschließend südlich zur A 62, Anschlußstelle Glan-Münchweiler, auf der A 62 bis zur Anschlußstelle Bann (Autobahnende), von Bann weiter über Queidersbach nach Linden, dort links nach Krickenbach und zum Karlstal (8); nun an der Moosalbe entlang bis zur Abzweigung links nach Johanniskreuz, dort scharf rechts über Heltersberg nach Waldfischbach-Burgalben und zur B 270 nach Pirmasens, die Stadt in südlicher Richtung durchqueren und weiter Richtung Südwesten über Obersimten und Trulben nach Eppenbrunn zum Altschloßfelsen (9); 3 km nach dem Ort links Richtung Nordosten, vorbei an der Ludwigsthaler Glashütte und durch den Weiler Langmühle nach Hinterweidenthal zum Teufelstisch (10); auf der B 427 südlich ins Felsengebiet von Dahn (11); nach Busenberg zum Drachenfels (12); etwa 4 km hinter Busenberg links ab und über Vorderweidenthal, Silz, Gossersweiler-Stein nach Annweiler zum Asselstein an der B 48 (13); nun nördlich über Annweiler und Albersweiler bis Siebeldingen, dort links und auf der Weinstraße über Rhodt zurück nach Edenkoben.

ten für Spaziergänge und Rundwanderungen. So führt ein etwa 8 km langer, markierter Weg durch ausgedehnte Heidelbeerflächen am Naturdenkmal Schägerstein (640 m) mit seinen mächtigen, teilweise schräg übereinandergeschichteten Felsplatten vorbei. Noch eine halbe Stunde dauert es von dort bis zum Waldparkplatz »Hüttenbrunnen« (362 m), von dem aus dann weitere fünf Rundwanderungen zwischen 1,5 und 7 km Länge ausgewiesen sind.

2 Kalmit

Über dem östlichen Gebirgsrand der Haardt, der steil zur Rheinebene hin abfällt, erhebt sich ein Berg mit einem seltsamen Namen: »Kalmit« (keltisch, etwa = Kahler Berg). Die Kalmit wäre demnach zur Zeit ihrer Namengebung kahl gewesen. Heute dagegen ist der mit 673 m höchste Berg des Pfälzer Waldes und der zweithöchste der gesamten Pfalz dicht bewaldet. Und man muß ganz vorn an den Steilhang gehen, um erst einmal nach Osten, in die Rheinebene sehen zu können. Der 21 m hohe Aussichtsturm, wenige Schritte hinter der Kante gelegen, gewährt dann einen vollkommenen Rundblick: die Pfalz zu Füßen, dahinter der Hunsrück und im Norden der Taunus, im Osten der Odenwald, im Südosten der Nordschwarzwald und im Südwesten die Nordvogesen. Vor allem aber öffnet sich die Sicht in die Ebene – weit über die Rebflächen an der Weinstraße hinweg nach Osten zum fruchtbaren Kraichgau. Von Maikammer aus ist der Berg leicht über den Vorort Alsterweiler und die reizvolle Kalmit-Hochstraße zu erreichen. Der große Parkplatz läßt ahnen, daß hier vor allem während der Sommerwochenenden Hochbetrieb herrscht. Vom Parkplatz ist es noch knapp 1 km Fußweg (markiert)

Ein Klettergarten im Steinbruch: der »Kriemhildenstuhl« bei Bad Dürkheim.

Nicht nur die Liebhaber alter Eisenbahnen möchten gleich zusteigen, wenn das »Kuckucksbähnle« gemächlich durch das Elmsteiner Tal »dampft«.

Naturkundliche Einstimmungen

Etwas außerhalb des Weinfestorts Bad Dürkheim (zwischen 2 und 3), im Stadtteil Grethen, hat das Pfalzmuseum für Naturkunde in der ehemaligen Herzogmühle auf 1400 m² Platz gefunden. Bereits der eindrucksvolle Buntsandsteinbruch in der Nähe des Gebäudes stimmt darauf ein, daß man es hier im wesentlichen mit Pfälzischem zu tun hat: mit der hiesigen Tierwelt, bei der man über die Präparate ausgestorbener, aber ehedem hier heimischer Tierarten wie Stör, Schlangenadler oder Fischotter staunt. Natürlich ist viel Geologie präsent und in Zusammenhang damit auch der Pfälzer Bergbau. Das Museum bietet wohl die beste naturkundliche Einstimmung auf den Pfälzer Wald, vor allem auch wegen des Naturkundlichen Lehrpfads, der vom Pfalzmuseum aus über einen 800 m langen, etwas steilen Weg zu erreichen ist. Hier stehen dann die Waldbäume des Haardtrandes: Kiefer, Weymouthskiefer, Douglasie oder Robinie, die Birke und vor allem die Eßkastanie. Auch werden so interessante frühere Waldnutzungsarten wie Waldweide, Eichel-Schweinemast oder Waldstreunutzung erklärt. Zudem führt der Weg noch an früherer Geschichte vorbei, an einem keltischen Ringwall ebenso wie an einem römischen Steinbruch, dem »Kriemhildenstuhl«.
Das Museum liegt in Bad Dürkheim-Grethen beim Herzogsweiher, an dem auch die B 37 vorbeiführt (geöffnet Di–So 10–17, Mi 10–20 Uhr).

Unterwegs mit dem »Kuckucksbähnle«

Wer es unterwegs sieht, möchte am liebsten gleich aufspringen, was auch so schwer nicht fallen dürfte, denn allzu schnell ist es nicht, das »Kuckucksbähnle«, das zwischen Neustadt und Elmstein im Elmsteiner Tal (bei 2) verkehrt (jeden 2. So Mitte Mai–Mitte Okt. sowie auf Wunsch und Anfrage). Um gut 100 Jahre kann man sich zurückversetzt fühlen, wenn die kleine, ehemals preußische Lokomotive dampfend, ruckelnd und zischend durchs Gelände fährt – im »Blumenpflückertempo«, der Geschwindigkeit, mit der die Betreiber ihre Museumsbahn laufen lassen. Diese Pfalzreise per Eisenbahn beginnt relativ »normal« im Hauptbahnhof von Neustadt auf Gleis 5. In Waggons aus der Zeit der Jahrhundertwende wird man von einer Diesellok bis Frankeneck gezogen, wo die »kleine Preußin« schon schnaubend wartet, um ihre Fahrgäste 12 km westlich auf der ansonsten stillgelegten Strecke nach Elmstein zu bringen. Dort gibt es eine Fülle von Wandermöglichkeiten, etwa den 14 km langen Wanderweg »übers Gebirge« zur Ruine Spangenberg. Hinweise auf diese sehr naturnahe Eisenbahnverbindung sowie auf Fahrpläne, zusätzliche Verkehrsmöglichkeiten und Wanderrouten: Eisenbahnmuseum in Neustadt/Weinstraße, ☎ 06321/30390 oder unter ☎ 06325/8626.

Flechten und Moose überziehen die Felsschichten der Kalmit, und Farne wachsen in den engen Spalten.

In der für Besucher zugänglichen »Weißen Grube« bei Imsbach am Donnersberg wurden früher Erze abgebaut.

Gold am Donnersberg
Eine respektable Anerkennung für nimmermüde Wandertätigkeit kann man sich am und um den Donnersberg 3 herum erlaufen: Für vier Wanderungen gibt es eine bronzene, für acht eine silberne und für zwölf gar eine goldene Anstecknadel. Mit der goldenen Nadel hat man sich bereits ein gutes Stück Nordpfalz erarbeitet – immerhin 120 km. In diesem Gold-Programm werden all die Donnersberg-»Renner« aufgeführt: ein großer Teil vom »Keltenweg« auf dem Hochplateau mit 5,5 km, die sieben Gruben des »Grubenwanderwegs« um Imsbach, ein Stück Weinwanderweg im Zellertal und der berühmte Weg über den »Dampfnudelfelsen« und durch das Wildensteiner Tal. Die Stempelstellen, in denen man sich den Nachweis für seine Laufarbeit abholt, sind allesamt Gaststätten – es geht also nicht spartanisch zu bei dieser Donnersberg-Olympiade. Und selbst wer sich nur auf Bronze festlegen will, hat mit dem Keltenweg, der Grubenwanderung, dem Stück auf dem Zellertal-Weinwanderweg von Albisheim über Harxheim nach Zell und mit dem Donnersberg-»Einstieg« über das romantische Wildensteiner Tal schon viel von dieser Gegend gesehen (Informationen: Donnersberg-Touristik, Uhlandstr. 2, W-6719 Kirchheimbolanden, ☏ 06352/1712).

bis zum Aussichtspunkt. Am Parkplatz beginnen mehrere markierte Rundwege bis zu 4,5 km Länge. Das Kalmithaus ist ganzjährig bewirtschaftet (geöffnet Sa, So und Fei 9–18 Uhr, 1. Mai–31. Okt. auch mittwochs). Empfohlen sei von hier aus vor allem ein kurzer Abstieg zum gerade 1 km südwestlich gelegenen, wuchtigen Felsenmeer auf dem Hüttenberg (591 m) mit seinen originellen Kugelfelsen (Rundwanderweg 3). Solche Felsenmeere sind typisch für die sogenannten Karlstalschichten 8, ein etwa 150 m dicker Stapel von Sandsteinschichten, die zum Mittleren Buntsandstein gezählt werden. Die Felsenkuppe der Kalmit besteht dagegen aus Konglomeraten und Sandsteinen, die viele Gerölle aus blutrotem Karneol enthalten.

3 Donnersberg

Der Donnersberg ist nicht einfach nur ein Berg. Der mächtige Gebirgsstock, dessen charakteristische Silhouette schon von weitem erkennbar ist, hat nicht ohne Grund seit jeher die Phantasie angeregt. Für die Kelten war er wohl der »Berg der Berge« (von keltisch »Dunum« = Berg), wie auch der 8 km lange keltische Ringwall in Gipfelnähe belegt. Die Urväter der Geologie hielten den 686 m hohen Donnersberg, die höchste Erhebung der Pfalz, für den Nordrand der Vogesen – heute weiß man, daß er die bis auf die Grundmauern zerstörte Ruine eines Vulkans ist, der vor 270 Millionen Jahren glühende Asche ausspuckte. Insbesondere der aus Quarzporphyr aufgebaute Hohe Donnersberg ist stark zerklüftet, und felsige Kerbtäler teilen den von außen her so geschlossen wirkenden Komplex in schmale, steile Bergrücken von bis zu 570 m Höhe. Das purpurrote vulkanische Gestein und die ausgedehnten lichten Wälder aus Buchen und anderen Laubhölzern geben dem Ganzen eine fast unwirkliche Intensität. Vom 29 m hohen, 1864 errichteten Ludwigsturm sieht man in einem Panorama weit über das »Dach der Pfalz« hinaus auf all die umliegenden Gebirge wie Pfälzer Wald, Hunsrück, Taunus, Odenwald, Schwarzwald und Vogesen. Ein anderer der vielen markanten Aussichtspunkte ist der Hirtenfels, die »östliche Stirn des Donnersbergs«. Der Hirtenfels steht nahe beim Ort Dannenfels, der vor allem wegen seiner mindestens 600 Jahre alten Edelkastanie, der »Kescht«, bekannt ist. Seit einem Blitzschlag existiert allerdings nur noch ein Ast an dem 9 m dicken Stamm, der von einer schweren Eisenkette zusammengehalten wird. Von Dannenfels gehen die schönsten Donnersberg-Rundwanderwege (markiert) aus. Hervorzuheben ist der Weg durch das Wildensteiner Tal, ein einsames, felsiges und laubwaldbestandenes, tief eingeschnittenes Kerbtal mit einer Fülle floristischer Besonderheiten wie dem wärmeliebenden Französischen Ahorn, Traubeneiche und Glattem Habichtskraut. Auf trockenen, steinigen Hängen finden Schwarzwerdende Platterbse und Hainbuche ihren bevorzugten Standort. Kleine Spalten bergen verschiedene Farne. Im Geröll behaupten sich Goldaster und Glänzender Storchschnabel.

Das markante Doppelfelsengebilde des Rheingrafensteins erhebt sich majestätisch über der Nahe bei Bad Münster am Stein.

4 Gans und Rheingrafenstein

Bei Bad Münster am Stein und dem nahen Bad Kreuznach liegt gewissermaßen der »Bindestrich« zwischen Rheinland und Pfalz. Die Pfalz verabschiedet sich hier in einer verschwenderischen Zusammenschau von Wäldern, Reben und einer grandiosen Felsenlandschaft aus dem für die Nordpfalz so typischen vulkanischen Rhyolith. Mitten in dieser Landschaft sucht sich die Nahe in vielen Schlingen ihren Weg. Auf dem Felsvorsprung mit dem originell einprägsamen Namen »Gans« (322 m) kann man getrost sagen, man sehe »in die Nahe und in die Ferne«. Besonders reizvoll präsentiert sich der Gipfel im Frühling, wenn die zahllosen Felsenbirnensträucher ihre weißen Blüten tragen. Kaum eine Viertelstunde Fußweg abwärts durchs Felsenland steigt im Süden das bizarre Doppelfelsengebilde des Rheingrafensteins (244 m) auf. Der Teufel selber, heißt es, soll in diesem schwindelnd hohen Felsennest einst eine Burg gebaut haben. Sie wurde im Pfälzischen Erbfolgekrieg Ende des 17. Jh. zerstört. Die botanische Vielfalt der stark zerklüfteten Felsen ist auffallend: Pfingstnelke und Felsen-Fetthenne, Streifenfarne und Schafschwingel klammern sich an die steilen Felsbänder. Die harmlose Würfelnatter zieht sich eher ins feuchte Ufergebüsch der Nahe zurück. Wie die Smaragdeidechse gehört sie zu den inzwischen raren Tierarten. Über dem jenseitigen Naheufer erscheint oberhalb von Bad Münster der Rotenfels mit seiner mehr als 200 m hohen, steilen Felswand (s. a. S. 429). Dahinter erheben sich in der Ferne die bewaldeten Kammlagen des Hunsrücks. Um diese Aussicht zu genießen, fährt man in Bad Münster zum »Restaurant Rheingrafenstein« hoch. Dort befindet sich ein Wanderparkplatz mit Wandervorschlägen: Zur Gans sind es von hier aus entweder 0,6 oder 1,5 km, zum Rheingrafenstein 1 km und nach Bad Münster hinunter 1,3 km. In Richtung Gans bietet insbesondere der etwas längere Weg durch einen lichten Laubwald mit viel Holunder und Wildreben einen erlebenswerten Kontrast zum weiten Ausblick des Felsvorsprungs.

5 Königsberg

Westlich von Wolfstein erhebt sich der Königsberg mit seinen 568 m Höhe eindrucksvoll über das Tal der Lauter. Die mächtige Porphyrkuppe hatte es gewaltig in sich: Hier gab es 23 Gruben, in denen man Quecksilber, Zinnober, Silber- und Eisenerze sowie Schwerspat (bis 1955) und

Spuren des intensiven Bergbaus am Königsberg findet man auch an der Oberfläche: Die »Blaue Halde« wird aus einem früheren Stollen gespeist.

<u>*Grillplätze von A bis W*</u>

Wer den Pfälzer Wald mit dem Auto »erfahren« und dabei trotzdem ein Walderlebnis haben will, wer einen zünftigen Betriebsausflug oder eine Wochenendtour mit Freunden plant: Der Verein Naturpark Pfälzer Wald hat eine kleine Broschüre herausgegeben, in der 60 Grillplätze und -hütten verzeichnet sind, von Albersweiler bis Wilgartswiesen, von der Gegend vor dem Donnersberg 3 bis zur französischen Grenze. Für jede Grillstation wird eine Telefonnummer angegeben, unter der man sich erst einmal anmelden muß. Die Lage und die Zufahrten sind kurz beschrieben und die Platzgebühren aufgeführt, die im übrigen sehr unterschiedlich sind und von freiem Eintritt mit Spendenbitte bis zu manch saftiger Kaution von mehreren hundert Mark reichen. Etliche Grillhütten haben fließend Wasser, Toiletten und Strom (Broschüre für 1,50 DM beim Verein Naturpark Pfälzer Wald, Hermann-Schäfer-Str. 17, W-6702 Bad Dürkheim, ☏ 06322/66265).

<u>*Leben mit der Tradition*</u>

Das Freilichtmuseum in Sobernheim (bei 4) zeigt die alten Haus- und Wirtschaftsformen des Landes. Die Ausstellungsidee ist, spezifisch ländliche Haustypen der vier rheinland-pfälzischen »Großlandschaften« Mittelrhein-Westerwald, Mosel-Eifel, Pfalz-Rheinhessen und Hunsrück-Nahe zu bewahren. Kein Stück Land könnte dafür geeigneter sein als das Nachtigallental, ein Seitental der Nahe südlich von Sobernheim. Mitten durch das Freilichtmuseum fließt ein Bach. In seiner Talaue sollen heute kaum noch gepflegte Sonderkulturen wie Flachs, Buchweizen, Dinkel oder Tabak angepflanzt werden. Ein bereits angelegter Musterweinberg weist mit Riesling, Silvaner, Traminer, Elbling, Ruländer, Müller-Thurgau und Portugieser die hier üblichen Rebsorten auf. Die »Museumsgaststätte« im Haus Niederbreisig aus der Zeit zwischen 1630 und 1850 hat vom April bis zum Oktober täglich (außer Mo) bis 20 Uhr, von Dezember bis März 10–20 Uhr geöffnet, im November geschlossen (☏ 06751/5982), das Museum vom 1. April bis 31. Okt. täglich (außer Mo) von 9–17 Uhr (Freilichtmuseum Sobernheim, Nachtigallental, W-6553 Sobernheim/Nahe, ☏ 06751/3840). Man erreicht das Dorf über die B 41 bis Sobernheim, von dort aus am Südufer der Nahe in Richtung Kaiserslautern und danach in Richtung Osten zum »Freilichtmuseum« (ausgeschildert).

Lehrstunde für Waldfreunde

In der kleinen Gemeinde Herschberg (südwestlich von 8) auf der waldreichen Sickinger Höhe wurde 1980 in drei Räumen des Schulhauses ein Waldmuseum eingerichtet. Eine höchst originelle Institution, in der man allerhand über den Wald erfährt: angefangen bei den Waldarbeiterwerkzeugen, etwa den riesigen Sägeblättern aus der Zeit vor der Motorisierung des Baumfällens, bis hin zu den heimischen Waldbaumarten. Von diesen erreichen die Fichten eine Höhe bis zu 60 m, Tannen bis zu 55, Douglasien und Lärchen bis 50, Eichen aber nur bis zu 40 m. Dafür haben sie das härteste Holz, gefolgt von Esche, Buche und Ahorn; das weichste indes haben Linde, Pappel und Weide. Kaum eine Frage zum Thema Wald, zu der man hier keine Antwort bekäme. Die Schule mit dem Waldmuseum liegt mitten in Herschberg, gegenüber dem Dorfbrunnen (geöffnet So 10–12, 14–16 Uhr; Auskunft über Besichtigungen außerhalb der Öffnungszeiten beim Verkehrsamt Wallhalben, ☏ 06375/275).

Zusätzlich bietet Herschberg noch elf Rundwanderwege zwischen 3,5 und 16 km. Fünf davon führen über den »Wasserschaupfad« im schluchtartigen Odenbachtal. 1978 angelegt, ist dieser Pfad auch eine eigene Wanderung wert (Markierung: blaue Welle auf weißem Grund). Sehenswert sind u.a. die vier Wasserfälle am nördlichen Talende und die sechs Fischweiher. Herschberg erreicht man von Landstuhl aus in Richtung Süden über Bann, Queidersbach, Weselberg und Saalstadt. Zum Wasserschaupfad führt die Straße Richtung Südosten nach Brandweinkopf, Parkplatz nach ca. 2 km. Das Wegzeichen »1« markiert den Weg.

Kalk (bis 1967) gewonnen hat. Das Kalkbergwerk ist als Besucherbergwerk erhalten geblieben, in das man mit einer kleinen Grubeneisenbahn einfahren kann (geöffnet Ostern – Oktober So und Fei 13–18 Uhr, Gruppen ab 20 Personen nach Anmeldung unter ☏ 06304/651). Bei dieser Fahrt in den Berg hinein lassen sich die Schichtungen und Strukturen des Ergußgesteins beobachten. Ein 5 km langer, lohnender Naturlehrpfad beginnt an der die Stadt überragenden Ruine Neuwolfstein und führt durch herrliche Waldeinsamkeit über das Alte Schloß, wo man einen weit reichenden Blick ins untere Lautertal genießt (der sich 600 m weiter nochmals wiederholt), und geht dann weiter zur »Blauen Halde«, einem kleinen Waldweiher, der aus einem früheren Bergwerksstollen gespeist wird. Schließlich endet er, nach einem guten Stück Weges entlang dem Königsbach, am Reckweilerhof bei Oberweiler-Tiefenbach.

6 Potzberg

Gegenüber dem eleganten »Einzelgänger« Remigiusberg 7 ist der Potzberg, auf der Ostseite des Glan gelegen, mit seinen Erhebungen Lichtenkopf, Wellenkopf und Heidenhübel schon fast ein Massiv. Der Potzberg firmiert dabei als der höchste Punkt einer Gruppe vulkanischer Kegel und hat mit seinen 562 m auch über 200 m mehr als sein Gegenüber im Westen. Vom 35 m hohen, 1951 aus Hartsteinen der Umgebung gebauten SWF-Sendeturm bietet sich ein umfassender Rundblick über das gesamte Gebiet zwischen Königsberg 5 im Osten und der Burg Lichtenberg nordwestlich von Kusel sowie über einen guten Teil des Nordpfälzer Westrich, als dessen »König« der Potzberg gilt. Bei klarer Sicht erscheint hinter dem Pfälzer Wald im Nordosten auch die unverwechselbare Gestalt des Donnersbergs 3. Im Potzberg hat man Ende des 18. Jh. begonnen, nach Quecksilber zu suchen, und gegen 1800 gab es hier bereits um die 30 Quecksilber-Bergwerke mit eigenwilligen Namen wie »Maria Hilfe«, »Freier Wille«, »Johannes Segen« oder auch »Kaiserzug«. Die Ausbeute war zum Teil respektabel, aber gegen Ende des 19. Jh. stellte man dann die gesundheitsgefährdende Arbeit ein. Aus manchem ehemaligen Stollenmundloch fließt heute eine Quelle, deren auffallendste das eisenhaltige »Gelbe Wasser« ist; es sondert leuchtend gelben Schlamm ab. Ein Hotel-Restaurant macht den Potzberg-Ausflug zu einem durchaus attraktiven Unternehmen, auch wegen eines angrenzenden, 25 ha großen Wildgeheges mit Wisenten, Auerochsen, Mufflons, Rotwild, Wildpferden und Wildschweinen sowie einer Streichelwiese.

Zum Potzberg kommt man über den Ort Föckelberg, von dort führt eine beschilderte Straße auf die Potzberghöhe. Vom großen Parkplatz aus werden zahlreiche Spaziergänge und Wanderungen angeboten. Auch der Wanderweg Potzberg – Burg Lichtenberg, der quer hinüber zum Remigiusberg 7 verläuft, führt hier vorbei. Im Wildpark gibt es einen markierten, 3 km langen Rundweg (Auskünfte: Verwaltung der Verbandsgemeinde, W-6790 Altenglan, Schulstr. 3–7, ☏ 06381/42090).

Der bewaldete Potzberg, ein reizvolles Ausflugsziel, wirkt mit seinen Erhebungen Lichtenkopf, Wellenkopf und Heidenhübel fast wie ein Massiv.

7 Remigiusberg

Er gilt als der »Glanzpunkt« des Glantals, ein eleganter Bergrücken westlich des Flusses, zwischen Theisbergstegen und Haschbach gelegen, mit einem imposanten Blick auf die hügelige Landschaft des westlichen Musikantenlandes, der Landschaft um Kusel am Rand des Nordpfälzischen Berglandes, und im Osten auf den die Gegend überragenden, waldbedeckten Potzberg 6. So lieblich und ruhig das Relief dieser Landschaft scheinen mag, so schroff und dunkel ist ihr geologischer Untergrund. Am Osthang des Remigiusbergs hat man bis 1877 Kohle abgebaut und in den Gruben am Kleeb beim nahen Godelhausen sogar noch bis 1958. Manch ein Steinbruch hier öffnet Einblicke ins Innere des Berges, wobei hier vor allem Melaphyr zutage tritt, ein dunkles Ergußgestein, so uralt wie der in der Nordpfalz noch häufigere, rötliche Porphyr, nur eben dunkler. Volkstümlich heißen beide »Hartstein«, und gleich links unterhalb vom Aussichtsplateau des Remigiusbergs liegt ein wahrhaft gigantischer Melaphyr-Steinbruch, dessen Steine zu Straßenpflaster und Schotter verarbeitet werden. Die Michelsburg (oben links vom Parkplatz) ist diesem Steinbruch schon weitgehend zum Opfer gefallen. Die Kirche St. Remigius (12. Jh.) auf der rechten Seite des Parkplatzes wurde renoviert und lohnt die Besichtigung. Von der Aussichtsterrasse des anschließenden Gasthauses reicht der Blick weit in den Westen. Den Aussichtspunkt Ruine Remigiusberg erreicht man über die B 423 bis Theisbergstegen, von dort in westlicher Richtung auf die auffallend mit Bäumen umstandene Kapelle zu; die Straße führt dann nach rechts auf einen Parkplatz bei der Remigius-Ruine. Dort gibt eine Tafel reichlich Aufschlüsse über die historischen Bewandtnisse des Ortes.
Das Wanderangebot vom Remigiusberg aus ist vielversprechend. Der große Franken-Hessen-Kurpfalz-Weg (rotes Kreuz) führt hier vorbei, und zur Burg Lichtenberg sind es knapp 9 km auf einem Weg, der identisch ist mit dem Musikantenland-Wanderweg.

8 Karlstal

Vor 100 Jahren war das Tal der Moosalbe mit seinen Eisenschmelzen und Walzwerken ein kleines Ruhrgebiet. Heute ist das Stück zwischen Ober-

Die Moosalbe schnitt sich in den Buntsandstein ein und schuf so das Karlstal. Mit seinen grünüberzogenen Blockhalden, seiner Artenvielfalt an Moosen und Farnen zieht es geologisch und botanisch Interessierte gleichermaßen an.

Parken und Wandern
Der Naturpark Pfälzer Wald, seit 1958 bestehend, bedeckt eine Fläche von 1793 km², von denen 70 % reiner Wald sind. Das Wanderwegenetz mit allein 1600 km an Rundwegen gehört dabei zu den dichtesten in Deutschland – aber vor diesen Rekorden braucht einem nicht bange zu sein, denn für Überblick sorgt ein kleiner Führer, der 90 Parkplätze und Rundwanderwege im Pfälzer Wald nennt und beim Verein Naturpark Pfälzer Wald (Hermann-Schäfer-Str. 17, W-6702 Bad Dürkheim, ☏ 06322/66265) zu erhalten ist. Die Rundwege umfassen sowohl kleine Spaziergänge als auch ausgedehnte Wanderungen von 20 km.

und Mittelhammer – Namen, die unschwer die industrielle Vergangenheit erkennen lassen – das schönste Talstück des Pfälzer Waldes. Der Bach quält sich hier zwischen riesigem, von verschiedenen Moosarten überwuchertem Geröll und schroffen Felsen hindurch, an den finsteren und steilen Talhängen wuchert malerisch grüner Farn. Früher hieß es »Wüstental«, wohl wegen des wild zerrissenen Felsenmeers, wie es die nach dem Tal hier benannten Karlstalschichten, die aus festen Sandsteinen bestehen, gerne bilden. »Karlstal« nannte man diesen Talabschnitt erst im 19. Jh. nach Karl, dem ältesten Sohn des Freiherrn Ludwig Anton von Hacke, der als Leiter des Kurpfälzischen Forst- und Jagdwesens 1719 in die Gegend gekommen war, zehn Jahre später schon die erste Eisenschmelze betriebsfertig hatte und in den Jahren 1766/67 im nahen Trippstadt auch noch ein Schloß baute (heute Sitz der Forstverwaltung). Zu seinen damaligen Besuchern soll auch ein gewisser »Monsieur Fritz« gehört haben, kein Geringerer als Friedrich Schiller, dessen Ballade »Der Gang nach dem Eisenhammer« vermutlich von den hiesigen Eisenschmelzen inspiriert ist.
Von der großen Wanderung bis zum kleinen Spaziergang ist hier alles möglich. Der Luftkurort Trippstadt bietet 200 km gut markierter Wanderwege, über die eine Wandertafel am Verkehrsamt Aufschlüsse gibt. Von einer kleinen Parkmöglichkeit am Oberhammer, etwa 1 km südwestlich von Trippstadt, ist man mit wenigen Schritten im Tal. Ein Spaziergang von etwa 3 km Länge führt die Moosalbe entlang zur »Klugschen« oder auch »Wilensteiner Mühle«, einem beliebten Ausflugslokal in der Nähe der im 12. Jh. unter Barbarossa errichteten Burg, deren zum Teil ausgebaute Ruine als Landschulheim dient. Um das Tal in seiner ganzen Schönheit zu erfassen, sollte man ein Stückchen weit vom Oberhammer aus links hoch auf dem Weg mit der weißen »3« im roten Kreis gehen. Am schönsten ist eine Wanderung Anfang Mai, wenn die majestätischen »Karlstalbuchen« ihr helles Laub tragen.

9 Altschloßfelsen

Die Altschloßfelsen werden als das »größte Buntsandsteinriff der Pfalz« bezeichnet. Es ist eine 1300 m lange, steile Felswand mit Verwitterungsskulpturen aller Art: bis zu 20 m hohe Türme, aber auch Felsendächer, schroffe Spalten, Grotten und Höhlen – eine Verwitterungsarchitektur, wie sie insbesondere die festen Sandsteine der nach der Burg Trifels benannten Trifelsschichten erlauben. Diese Naturgalerie, an deren Nordende noch Treppen- und Mauerreste einer Burg aus dem 11./12. Jh. zu erkennen sind, ist der attraktivste Teil des 407 m hoch gelegenen Brechenbergs, direkt an der Grenze zu Frankreich. Bei einer Wanderung dorthin empfiehlt es sich, den Personalausweis nicht zu vergessen. Das Wanderangebot ist hier vielfältig, und sowohl der »Große Westpfalz-Wanderweg« als auch der »Wasgau-Wanderweg« führen an den Alt-

Die Sandsteinschichten der Altschloßfelsen haben der Verwitterung getrotzt: So entstand ein »Buntsandsteinriff« mit Türmen und Toren.

schloßfelsen vorbei. Von Eppenbrunn aus, das gerne als »Tor zum Wasgau« bezeichnet wird, bietet sich der Wanderparkplatz am Spießweiher an, etwa 1 km südlich von Eppenbrunn, westlich der Straße Fischbach–Eppenbrunn, die den passenden Namen »Deutsch-Französische Touristikroute« trägt. Vom Spießweiher aus folgt man der örtlichen Rundwegmarkierung »3«. Nach etwa 2 km teilt sich der Weg und führt in einer großen Schleife um die ganzen Altschloßfelsen herum, so daß man später wieder an diese Weggabelung zurückkommt. Die gesamte Streckenlänge mit Ausgangs- und Endpunkt Spießweiher beträgt 7 km.

Auch bei Eppenbrunn im südlichen Pfälzer Wald, dem Ausgangspunkt von Wanderungen um die Altschloßfelsen, leuchten die Schichten des Buntsandsteins in den verschiedensten Rottönen aus dem Grün des Waldes.

⑩ Teufelstisch

Hinterweidenthal, ein hübscher Erholungsort am Nordrand des Wasgaus und die »Eingangspforte in das Dahner Felsen- und Burgenland«, wird von mehreren höchst eigenartigen Buntsandsteingebilden wie Heufelsen, Rappenfels und Handschuhkopf überragt. Das weitaus berühmteste darunter aber ist der Teufelstisch, der meistgemalte und meistfotografierte Felsen der Pfalz überhaupt und zwischen 1945 und 1949 sogar das Motiv der ersten Rheinland-Pfalz-Briefmarken. Auf zwei schlanken, rund 8 m hohen Pfeilern liegt, oder wie es eher wirkt, balanciert eine etwa 300 t schwere Felsplatte, scheinbar alle Gesetze der Schwerkraft verhöhnend. Wie sie ihr Gleichgewicht hält, darüber wundert man sich vollends, wenn Bergsteiger an langen Seilen von ihr herabhängen und man bei jeder Bewegung meint, die Platte müsse gleich kippen. Teufelszeug! Und deshalb ranken sich auch allerlei Teufelsgeschichten um diese erstaunliche Erscheinung. Die geologische Erklärung für das diabolische Gebilde ist dagegen recht plausibel, wobei Pilz- oder Tischfelsen im Pfälzer Buntsandstein nicht eben selten sind. Der Teufel hatte bei der Entstehung solch bizarrer Felsen gewiß nicht die Hand im Spiel, es sei denn, er hätte schon vor über 200 Millionen Jahren dafür gesorgt, daß die Schichten des Buntsandsteins unterschiedlich stark verfestigt wurden. Die einzelnen Schichten in dem viele hundert Meter dicken Stapel verwitterten deshalb auch unterschiedlich schnell. Sandsteine, in denen Sandkörnchen durch

Weithin bekannt ist die bizarre Felsformation des Teufelstisches: Auf zwei schlanken Pfeilern scheint die tonnenschwere Platte nur zu balancieren.

Unweit von Dahn ist bei der Ortschaft Erfweiler die »Dicke Eiche« zu finden. Das Holz des mächtigen alten Baumes ist noch bis in den Kern hinein gesund.

Häutchen aus Kieselsäure miteinander verklebt sind, werden buchstäblich felsenfest, während tonhaltige Sandsteine an der Luft schnell zerbröseln. Beim Teufelstisch liegt eine feste Sandsteinplatte über weicheren Schichten, die hier noch besonders rasch verwittern, weil das Gestein in der Nähe der Bodenoberfläche meist stärker durchfeuchtet ist. Die Umgebung des Teufelstisches hält auch botanisch einiges bereit: Im Frühsommer setzen die gelben Blütenstände der Frühlingssegge und des Fingerkrauts Akzente, farblich ergänzt durch kleine, rote Pechnelken und später durch die violetten Blütenblätter der Hainflockenblume.
In Hinterweidenthal – an der B 427 – weist ein Schild zum »Spielpark Teufelstisch«. Der Parkplatz befindet sich direkt unter dem Naturdenkmal, zu dem man dann noch ungefähr zehn Minuten hinaufgeht. Ein kleiner, etwa 2 km langer Rundweg führt über die Teufelsschmiede, um die sich natürlich auch wieder teuflische Legenden ranken, zu einem Spielpark mit Minigolf, Bocciabahn, Freiluftschach und anderen Freizeiteinrichtungen. Außerdem gibt es noch zwei Rundwanderwege von jeweils etwa 13 km Länge: in Richtung Süden über den 460 m hohen Maiblumenfelsen und in Richtung Norden über den Rotenstein (423 m) und den Schloßberg (341 m).

11 Burgen- und Felsenkette von Dahn

Das kleine Wasgau-Städtchen Dahn, umringt von so bekannten Felstürmen wie »Braut und Bräutigam«, dem »Jungfernsprung« und den Burgruinen Altdahn, Grafendahn, Tanstein und Neudahn, gab dem pittoresken Gebiet zwischen Queich und Wieslauter den Namen. Der relativ harte, aber nicht sehr dichte Buntsandstein der Trifelsschichten neigt zur Kluftbildung und bietet so der Verwitterung durch Frost, Wasser und Wind ideale Angriffsflächen. So entstand die phantastische Landschaft des Dahner Felsenlandes, das inzwischen mehr als 300 km markierte Wanderwege erschließen. Den Einstieg in dieses Paradies unternimmt man am besten von Dahn aus. So liegt der imposante, 65 m hohe Jungfernsprung am Nordausgang des Ortes an der B 427 in Richtung Hinterweidenthal. Der Legende nach soll eine von einem wüsten Jäger verfolgte Jungfrau in ihrer Not von dort oben ins Tal gesprungen und unverletzt angekommen sein. »Braut und Bräutigam«, nur durch eine schmale Kluft voneinander

Die Ruine Altdahn ist die älteste des Burgenkomplexes zwischen Dahn und Erfweiler: Die Felsenburg entstand vor nahezu tausend Jahren. Geschickt integrierte man die Befestigungsarchitektur in die natürliche Umgebung.

getrennte Doppelfelsen im Süden Dahns, neigen sich dagegen »zärtlich« zueinander. Förmlich zusammengewachsen wiederum erscheinen die Ruinen Altdahn (um 1100), Grafendahn (um 1300) und Tanstein (um 1330) zwischen Dahn und dem nordöstlich davon gelegenen Erfweiler. Altdahn gilt als das Musterbeispiel einer pfälzischen Felsenburg: Natur und Architektur in untrennbarem Einklang. Der leuchtendrote Sandstein der Dahner Burgfelsen weist durch seine exponierte Lage phantastische Wabenverwitterungsformen auf. Zur Orientierung für die zahlreichen Rundwandermöglichkeiten sei die Wegetafel am Dahner Rathaus empfohlen (weitere Informationen und Ortswanderkarte: Fremdenverkehrsbüro, Schulstr. 29, W-6783 Dahn, ☏ 06391/5811 oder 5011). Hier einige Entfernungen für einen spontanen Dahn-Besuch: Ortsmitte–Jungfernsprung etwa 1 km, weiter zur »Burgentrilogie« noch etwa 3 km. Rundwandern sollte man insbesondere auf der aussichtsreichen Strecke von Dahn (Rathaus) zum Jungfernsprung, nach Erfweiler und über die Ruine Altdahn, wo es eine Burgschenke gibt, zurück (9 km) – oder über »Braut und Bräutigam« und den Napoleonsfelsen, eine ebenfalls aussichtsreiche Strecke von 11,5 km; ein kürzerer Rundweg von knapp 7 km führt über die Burgruine Neudahn.

⑫ Drachenfels bei Busenberg

Die Burg Drachenfels ist in und um den Felsen gleichen Namens herum gebaut: Treppen und Gemächer wurden in den gewachsenen Fels getrieben, wobei man die natürlichen Höhlungen geschickt zu nutzen verstand. Die 368 m hoch gelegene Ruine bei Busenberg, mitten in dem bizarren, verwunschenen Dahner Felsenland, gilt gleichermaßen als ein Denkmal der Natur und der Architektur: Die Burg wurde zu Beginn des 13. Jh. erbaut und 1523 während der Sickingenschen Fehde zerstört, jenem verlorenen Kampf eines schwäbisch-fränkischen Reichsritterheeres unter Franz von Sickingen gegen die Fürsten von Trier, Hessen und der Pfalz. Mittlerweile hat sich die Natur die aus den Trifelsschichten des Pfälzer Buntsandsteins herausgearbeitete Burg weitgehend wieder zurückerobert. Geologisch auffallend sind hier die geradezu geometrisch regelmäßigen Formen der Wabenverwitterung und botanisch bemerkenswert ringsherum die vielen wild wachsenden Edelkastanien, die seltenen

Die Natur hat sich die Burg Drachenfels, von der lediglich noch ein Ruinenrest den Wald überragt, fast vollständig zurückerobert.

Die Ruine Lindelbrunn steht auf einem Felsen der Trifelsschicht des Mittleren Buntsandsteins.

Besuch bei Schwarzkitteln und Mufflons

Im östlichen Wasgau bei der Ruine Lindelbrunn, nahe der Grenze zum Elsaß, der Südlichen Weinstraße und dem »Trifelser Land« um Annweiler, liegt der Wild- und Wanderpark Südliche Weinstraße (zwischen ⑫ und ⑬), den es seit 1973 gibt. Seine Besonderheit: Mit Ausnahme der unberechenbaren Wildschweine tummelt sich das Wild ohne Zaun auf dieser etwa 100 ha großen Anlage. Besonders stolz ist man hier auf Dam-, Rot- und den als anspruchslos geltenden Dybowski-Hirsch. Bergziegen bevölkern eine Kuppe gleich am Eingang. Hinter dieser Ziegenkuppe liegt ein kleiner See, wo sich der Biber an seinen Dämmen zu schaffen macht, in Sichtweite zu den an ihren prächtigen Hörnern (»Schnecken«) erkennbaren Mufflons. Wenn man Glück hat, sieht man auch den Uhu mit seinem unheimlich gelben Blick, gewiß aber trifft man auf die urigen und zottigen schottischen Hochlandrinder. Es gibt einen großen Rundweg (»1«) von 90 Minuten Gehzeit, der über einen Wald- und einen Pilzlehrpfad führt, und einen kleinen (»2«) von 60 Minuten. Kinderspielplätze, Grillplätze und ein bewirtschafteter Kiosk machen die Sache familiengerecht. Beliebt ist der Frühsommer, wenn der Park mit den Frischlingen, Lämmern und Kälbern gewissermaßen zur »Kinderstube« wird. Vor dem Tiergehege, vom großen Parkplatz aus, gibt es auch noch eine Wanderung (1½ Stunden) zur berühmten Ruine Lindelbrunn über den Schwein-Felsen (350 m). Schwindelfreie können ihn über eine Eisenleiter erklimmen und von hier aus ein großartiges Stück Wasgau überschauen, aber auch in das Wildgehege blicken, das täglich von 8.30 Uhr bis zum Einbruch der Dämmerung geöffnet ist (Wild- und Wanderpark, ☏ 06346/5588). Der Wildpark ist weiträumig ausgeschildert und liegt 2 km vor Silz links der Straße.

Pfälzer Wein, wie er hier gemäß einer großen Winzertradition gelagert wird, genießt Weltruf. Weinbau betreibt man in dieser Gegend seit dem 8. Jahrhundert.

Von Weinfest zu Weinfest
Die Pfalz und der Wein gehören für viele zusammen. Und wenn die Pfalz, wie es heißt, »die Lachfalte auf der Deutschlandkarte« ist, dann hat sich diese Falte vor allem um die Weinstraße herum tief eingegraben. Wohl 160 Weinfeste gibt es hier während des ganzen Jahres, darunter so große Ereignisse wie den »Erlebnistag« am letzten Sonntag im August, wenn die mehr als 80 km lange Weinstraße für den motorisierten Verkehr gesperrt wird und den Radlern und den sogenannten Schoppenbummlern gehört. Denn hier wird der Wein zum Teil wirklich noch »schoppen«-, also halbliterweise getrunken. 600 000 Schoppen sind es allein beim Bad Dürkheimer Wurstmarkt (zwischen ❷ und ❸), dem größten Weinfest der Welt, das jedes Jahr am ersten und zweiten Septemberwochenende stattfindet. Kaum einen Monat später kommt es dann schon wieder zu einer Rekordveranstaltung, dem »Deutschen Weinfest« in Neustadt (bei ❷), das auch Hundertausende lockt. – Die Saison beginnt mit dem Mandelblütenfest Ende März in Gimmeldingen, einem Ortsteil von Neustadt. Im April feiert man im malerischen Kallstadt das »Fest der 100 Weine«. Um Pfingsten hat dann der prächtige Weinort Rhodt ❶ sein Weinfest, aber die hohe Zeit liegt zwischen Juli und September: Deidesheimer Weinkerwe, Weinfest der Südlichen Weinstraße in Edenkoben, der Billigheimer Purzelmarkt. Im Oktober sitzt man bei Zwiebelkuchen, Pfälzer Eßkastanien und Neuem Wein in Landau (zwischen ⓭ und ❶) beim »Fest des Federweißen«. Und damit die »Weinzähne« auch etwas Festes zu beißen bekommen, ist ja die Pfälzer Küche mit all ihren Deftigkeiten, ihren Leberknödeln, Saumägen und dem unvermeidlichen Sauerkraut wohl erfunden worden.
Umfassend informiert die Broschüre »Weinfeste und Weinseminare in der Rheinpfalz« (Rheinpfalz-Weinpfalz, Postfach 10 10 02, W-6730 Neustadt, ☏ 063 21/130 96).

Farne, Moose und Flechten. Wenige hundert Meter westlich vom Drachenfels erhebt sich im übrigen mit dem Schulerfels eine Wasgauer Kletterherausforderung von nicht unbeträchtlichem Schwierigkeitsgrad, die an Wochenenden viele Wagemutige anzieht.
Die pittoreske Ruine Drachenfels erreicht man vom an der B 427 gelegenen Busenberg aus am schnellsten auf dem örtlichen mit einer »1« ausgewiesenen Wanderweg (ca. 1,5 km) oder vom Parkplatz am »Weißensteinerhof« etwa 1 km südöstlich von Busenberg, ebenfalls auf dem Wanderweg mit der »1« und über einen etwa 1,5 km langen, leichten Anstieg zum Drachenfels.

⓭ Asselstein

Der größte freistehende »Turm« der Südpfalz mit einer eindrucksvollen, 50 m hohen Nordwand, 358 m ü. M. gelegen, gilt als der großartigste Kletterfelsen des Wasgaus. 1909 wurde dieses herausfordernde Sandsteinmassiv aus harten roten und rötlichgrauen Trifelsschichten zum ersten Mal in sportlich einwandfreier Weise erstiegen. Mittlerweile führen rund 30 Kletterrouten zum Gipfel. Der Spaziergänger und Wanderer wird diesen mächtigen Felsen in etwa fünf Minuten umgehen und dabei respektvoll zu den meist zahlreichen Kletterern emporblicken; es ihnen gleichzutun sei dem Ungeübten nicht geraten. Eher ist da die nur wenige Schritte unterhalb gelegene, recht urige »Kletterhütte« zu empfehlen (geöffnet Di–So 10–19 Uhr, Mo Ruhetag). Vom Parkplatz bei der Hütte werden Wanderungen zur berühmten und gerade 2 km Luftlinie entfernt gelegenen Burg Trifels angeboten, die als herausragendes Beispiel einer mittelalterlichen Burg in Deutschland gilt. Auf jeden Fall sollte man den etwas mühsamen, aber durch eine lohnende Aussicht versöhnenden, ca. 1,5 km langen Aufstieg zum nahen Rehberg (576 m) nicht versäumen. Auf das 1862 erbaute Aussichtstürmchen führen 58 Stufen hinauf. Vorher kommt man an der Rehbergquelle vorbei, der mit 540 m höchstgelegenen Quelle in der Pfalz.
Von Silz kommend, erreicht man den Asselstein, wenn man am Ortseingang von Annweiler nach rechts in die August-Bebel-Straße einbiegt, über die Bahnlinie hinweg sind es noch einige Meter zum Straßenknoten Bebel-, Alten- und Wernersberg-Straße; von hier geht dann links die Trifelsstraße ab. Nach etwa 1,5 km ist man am Parkplatz der Kletterhütte, also kurz vor dem Asselstein. Zum Trifels fährt man auf derselben Straße noch etwa 2 km; vom Parkplatz sind es dann etwa 20 Minuten zur Burg hinauf. Auch die Ruinen Anebos und Scharfenberg liegen gut zu Fuß erreichbar an dieser Straße, die nach einer Schleife bei der Burg Trifels wieder nach Annweiler zurückführt.

Im 12. und 13. Jahrhundert lag der Trifels im Zentrum des deutschen Reiches und stellte eine Art Symbol der salischen und staufischen Kaisermacht dar.

Route 2 Saar

Das Saarland: rauchende Schlote und viel Natur

14 Brennender Berg

Wenn nach Regenfällen oder bei kühler Witterung Dämpfe aus dem Boden aufsteigen, wird das Faszinierende dieses Berges im Wald bei Dudweiler augenfällig: Er brennt, und das bereits seit mehreren hundert Jahren. Schon 1770 bekam Goethe heiße Sohlen, als er sich bei seiner Reise ins Saarland dieses Naturschauspiel nicht entgehen ließ. In »Dichtung und Wahrheit« schreibt er über das »seltsame Begegnis«: »Ein starker Schwefelgeruch umzog uns; die eine Seite der Hohle war nahezu glühend, mit rötlichem, weißgebrannten Stein bedeckt, ein dicker Dampf stieg aus den Klunsen hervor«. Das Feuer ist wohl einst beim Kohleabbau entstanden und gloste langsam durch das ganze Flöz. Heute noch fühlt sich das Gestein stellenweise warm an, aber die von Goethe so anschaulich beschriebenen Merkmale haben sich deutlich abgeschwächt, und heiße Füße bekommt bestimmt niemand mehr. Man vermutet, daß der Brand mangels Nahrung seinem Ende entgegengeht; trotzdem umgibt diesen Berg mit seinen aufsteigenden Schwefelschwaden immer noch ein wenig die Aura des Unheimlichen. Von Saarbrücken fährt man die

Route 2
Saar

Wer denkt nicht an Kohle, Stahl und Industrie, wenn von der Saar die Rede ist und vom Land, das sie durchfließt. Unsere gut 220 km lange Route zeigt zwar auch dieses industrielle Gesicht des Saarlandes, dazu aber über weite Strecken eine wenig berührte Natur mit manchem Höhepunkt landschaftlicher Schönheit.

Streckenverlauf:

Von Saarbrücken nach Norden Richtung Sulzbach zum Brennenden Berg 14 bei Dudweiler; in Sulzbach rechts Richtung Südosten bis zur Anschlußstelle St. Ingbert-West der A 6, südlich bis Sengscheid und zum Stiefeler Fels 15; auf der Autobahn nun Richtung Kaiserslautern bis St. Ingbert-Ost und weiter auf der B 40 zum Felsenpfad nach Kirkel 16; auf der B 40 nach Homburg, links über Bexbach nach Wellesweiler, im Ort rechts ab Richtung Wiebelskirchen, dann nordöstlich über Hangard und Steinbach zur B 420, auf dieser Richtung Kusel bis zur Abzweigung links nach Oberkirchen zum Hellerberg und Weißelberg 17; von Oberkirchen nach Freisen und dann links über Nebenstraßen durch Reitscheid, rechts nach Gehweiler, Namborn, Güdesweiler bis Oberthal mit dem gleichnamigen Bruch 18; nun durch Gronig nach Selbach, hier westlich nach Primstal und nördlich, parallel zur A 1, über Kastel nach Nonnweiler 19; weiter auf der »Eichenlaubstraße« durch den Naturpark Saar-Hunsrück über Weiskirchen, Britten bis Saarhölzbach zum Aussichtspunkt Vogelfelsen 20; auf der B 51 südlich nach Mettlach und rechts zur Großen Saarschleife bei Orscholz 21 Von Orscholz kann man dann nach Mettlach zurückfahren und auf der B 51 über Merzig, Dillingen, Saarlouis und Völklingen wieder Saarbrücken erreichen. Auf die saarländische Küche darf man sich freuen, sie verrät schon deutlich französischen Einschlag. Recht unproblematisch – auch für Kurzentschlossene – ist es, in dem relativ dichtbesiedelten Land eine ansprechende Unterkunft zu finden.

Eine Heckenbraunelle füttert hier den viel größeren jungen Kuckuck, einen Brutschmarotzer.

Für manchen Feinschmecker ein Leckerbissen: die Weinbergschnecke, die auch in Waldgebieten vorkommt.

Kenntnisse über den Untergrund: das Geologische Museum der Saarbergwerke
Auf einer großen Informationswand wird anhand von 36 Tafeln und sechs Vitrinen der Weg des Kohlenstoffs über die Pflanze und weiter zu Torf, Braunkohle, Steinkohle, Anthrazit, Graphit und schließlich zum Diamanten erläutert. In der ersten Hauptsammlung werden nahezu 600 Millionen Jahre Erdgeschichte aufgezeigt – geologische Perioden werden anhand fossiler Fundstücke erläutert. Den größten Raum nimmt die zweite Hauptsammlung mit der saarländischen Erdgeschichte ein. In 31 Vitrinen werden vor allem Devon, Karbon, Perm und Trias wiederum über Fossilien, Mineralien und Gesteine dargestellt – mit viel Platz für die Flora und Fauna des Saar- Karbons. In der abschließenden Abteilung »Mineralogie, Petrographie und Lagerstätten« sind u. a. auch Uran- und Eisenerze zu sehen; chemische Zusammensetzungen von Mineralien werden erklärt und die Bildung der Gesteine. Das Museum liegt im Zentrum von Saarbrücken (bei 14), 300 m vom Hauptbahnhof entfernt (Gebäude der Fachhochschule für Bergbau, Trierer Str. 4; geöffnet Mo–Fr 10–17, am 1. So im Monat 9–13 Uhr, Fei geschlossen; Auskunft: Saarbergwerke AG, Hauptabteilung Ausbildung, Saarbrücken, ☏ 0681/405-4098 oder 405-4330).

Landstraße durch Dudweiler Richtung Sulzbach. Am Ortsausgang von Dudweiler geht es nach den Sportanlagen rechts ab in die Straße »Am Gegenortschacht«, dort stellt man das Fahrzeug ab und steigt den mit einem grünen Punkt gekennzeichneten Weg steil bergan. Oben, an einer Wegkreuzung, geht es kurz nach links, wo man nach 20 m auf das Hinweisschild zum Brennenden Berg stößt. Am Ende einer Schlucht ist dann die dampfende Stelle nach etwa 15 Minuten Gehzeit erreicht.

15 Stiefeler Fels

Zuweilen betätigt sich die Natur als ausdauernde Bildhauerin, deren Handwerkszeug nicht Hammer und Meißel sind, sondern Wasser, Wind und Frost. Bei St. Ingbert ist ihr ein besonders skurriles Kabinettstück gelungen: Auf einem fast zierlich wirkenden Sockel sitzt hier ein mächtig ausladender Sandsteinklotz, dessen Form unverkennbar an eine bestimmte Art von Schuhwerk erinnert. Dieser Steinstiefel hat sich aufgrund unterschiedlicher Verwitterungsbeständigkeit der hier anstehenden Buntsandsteinschichten gebildet. Der Gesteinssockel ist im Gegensatz zum dichten, feinkörnigen Sandstein der darüberliegenden »Stiefel«-Schicht recht porös und grobkörnig und verwittert daher viel rascher. Irgendwann wird also der Zeitpunkt kommen, an dem der Sandsteinständer so dünn geworden ist, daß er den schweren Stiefel nicht mehr tragen kann und das Naturkunstwerk zusammenbricht. Das bedeutet nun nicht, daß man sich mit einem Besuch unbedingt beeilen muß, aber entgehen lassen sollte man sich bei einem Aufenthalt im Saarland die Besichtigung dieses einmaligen Sandsteingebildes keinesfalls. Er gilt als ein Wahrzeichen der Saar-Pfalz. Von der A 6, Ausfahrt St. Ingbert-West, fährt man in den südlich der Autobahn gelegenen Ortsteil Sengscheid, überquert dort die A 6 und kommt am Fuß des »Großen Stiefels«, eines markanten, von weitem ins Auge fallenden Berges, zu einem Parkplatz, von dem aus man in zehn Minuten (Eichhörnchen-Markierung) den Tischfelsen erreicht.

16 Kirkeler Wald

Zu den schönsten Waldgebieten des Saarlandes zählt der Kirkeler Wald, in dem der Wanderer auch auf eine ganze Reihe lohnender Natursehenswürdigkeiten stößt. Mit dem Auto fährt man in Kirkel Richtung Blieskastel, biegt vor dem Ortsende von der Blieskasteler Straße nach links in die

Unterschiedliche Verwitterungsanfälligkeit der einzelnen Sandsteinschichten bewirkte, daß der Stiefeler Fels buchstäblich auf tönernem Fuß steht.

Burgstraße und stellt dann sein Fahrzeug unterhalb der Burgruine ab. Die aus dem Hochmittelalter datierenden Reste des Bauwerks stehen auf einem fast kreisrunden Sandsteinberg, der dem Ort Kirkel zu seinem Namen verhalf. Gegenüber dem Haus Nr. 57 geht es nun auf einem Fußpfad in den Wald hinein, wo man sich rechts hält und durch einen klammartigen Geländeeinschnitt auf den Hauptforstweg stößt, der rasch zum Frauenbrunnen führt, einer idyllischen Felsenquelle mit Rastplatz. Etwa 1 km weiter erreicht man den Felsenweg (Hinweisschild und Markierung: roter Fuchs). Erster Höhepunkt dieser von zahlreichen imposanten Sandsteingebilden begleiteten Wegstrecke ist der Unglücksfels, von dem die Sage weiß, daß hier einst ein Reiter aus vollem Galopp heraus in die Tiefe gestürzt sei. Heute lassen sich zahlreiche Klettersportler deshalb aber nicht abhalten, ihre Künste an den senkrechten Wänden zu versuchen. Interessant sind die verschiedenen Verwitterungsformen der Gesteinsoberfläche, aber auch die stark variierende Färbung des Buntsandsteins von dunkelrot, mit einem hohen Eisenoxydanteil, bis hellgelb,

Etwa 5 km lang ist das Höhlensystem im Homburger Schloßberg.

Im 13. Jahrhundert wurde auf einem Sandsteinkegel die Kirkeler Burg errichtet. Auf ihren Resten steht heute ein Aussichtsturm.

Afrikanische Gäste in Saarbrücken

Erst 1950 entstand auf rund 14 ha Saarbrückens Zoo beim Steinbruchgelände am Südhang des Eschbergs (bei 14). Als die Attraktion gilt seit 1977 das Afrika-Haus. Es will einen Überblick vermitteln über die Tierwelt Afrikas jenseits der Sahara. Eine Saarbrücker Besonderheit sind die aus Madagaskar stammenden, dort aber stark gefährdeten Lemuren, von denen man hier schon viele großgezogen hat. Dem interessierten Besucher wird ein halber Tag Aufenthalt im Zoo am Eschberg empfohlen: Mehr als 1000 Tiere, 300 Arten repräsentierend, benötigen Zeit (geöffnet tägl. 8.30–18 im Sommer, bis 17 Uhr im Winter). Man fährt die Mainzer Straße nach Osten, bis es rechts auf den Halberg geht, dort biegt man dann links in die Breslauer Straße ein. Der Zoo ist nach wenigen hundert Metern erreicht.

Ein unterirdisches Labyrinth

Die Homburger Schloßberghöhlen (östlich von 16) gelten als die größten Buntsandsteinhöhlen in Europa. Etwa 30000 Besucher im Jahr staunen über das Labyrinth aus künstlich angelegten Gängen. Die Karlstalschichten des Mittleren Buntsandsteins – und zu ihnen gehört der Homburger Schloßberg – haben dieses gigantische unterirdische System durch den raschen Wechsel von harten und weniger widerstandsfähigen Schichten möglich gemacht. Vom 11. bis zum 17. Jh. wurden Höhlen und Gänge gegraben. Aber auch richtige Kuppeln sind aus diesen teilweise mit den bloßen Fingern auszukratzenden Schichten entstanden, die im Volksmund »Silbersand« heißen und vor Generationen noch richtiggehend bergmännisch gewonnen und als Scheuersand oder Rohstoff für die Glasgewinnung verkauft wurden.

Das weitverzweigte Homburger Schloßberghöhlensystem diente der Bevölkerung noch im Zweiten Weltkrieg als Zuflucht; allerdings waren Lebensmittel wegen der hohen Luftfeuchtigkeit nur bedingt zu lagern, obwohl die Temperatur sommers wie winters bei 10 °C liegt. Das Höhlensystem ist über insgesamt zwölf Stockwerke entwickelt, von denen aber nur die obersten drei zum Besuch frei und in einer Länge von 800 m begehbar sind (geöffnet tägl. 9–12, 13–17 Uhr; Führungen nach telefonischer Vereinbarung, ☏ 06841/2066).

Der Menhir Gollenstein, ein Kultobjekt aus der Steinzeit.

Die drei Aufrechten

Menhire sind Steine von kultischer Bedeutung, die vor allem in Westeuropa vorkommen und oft mehrere tausend Jahre in die vorchristliche Zeit zurückreichen. Das Wort ist wohl keltischen Ursprungs und bedeutet »langer Stein«. Im Saarland heißen sie »Hinkelsteine«, und es gibt dort drei von ihnen. Einer, der Gollenstein, steht sogar im »Guinness Buch der Rekorde« als der »größte erhaltene Menhir Mitteleuropas« und ragt bei Blieskastel (bei ⑯) 6,58 m hoch als ein beeindruckender phallischer Solitär in den Himmel. Der andere Menhir befindet sich mitten in einem Dorf: Es ist der 5,05 m hohe Spillenstein in Rentrisch bei St. Ingbert (bei ⑮); sein Name leitet sich von »Criemhildespill« ab und meint Kriemhildens Spindel. Die beiden genannten Steine verjüngen sich deutlich nach oben und erhalten dadurch die Form eines Obelisken, was indes nicht zu verwechseln ist mit »Obelix«, jenem rundlichen, bärenstarken Comic-Gallier, dem nun der dritte Menhir tatsächlich nicht unähnlich sieht. Auf jeden Fall mußte dieser lange Zeit in den Walhausener Sümpfen verschollene Brocken erst einmal geborgen werden, bevor man ihn am 15. Juni 1984, ausgerechnet auch noch im Hinkelborn (zwischen ⑱ und ⑲), auf den Namen »Obelix« taufte. Der Gollenstein steht zwischen Blieskastel, Alschbach und Lautzkirchen auf freiem Feld. Man fährt in Blieskastel von der B 423 in die Tiergartenstraße, wo der Weg dann ausgeschildert ist. Zum Spillenstein fährt man auf der B 40 von St. Ingbert in Richtung Saarbrücken bis Rentrisch, dort biegt man unmittelbar nach der Brücke über die B 40 rechts in die Straße »Am Spillenstein« ab. Der »Obelix« steht bei Walhausen in der Flur »Hinkelborn«. Walhausen erreicht man über Selbach an der B 269 nahe dem Bostalsee. Durch den Ort durch und die letzte Straße (»In den Hanfgärten«) rechts. Nach 2 km asphaltiertem Weg kurz vor dem Waldrand rechts ab und dann noch 500 m.

was meist auf Verwitterung und Bleichung des Gesteins schon während der Buntsandsteinzeit hinweist. Am Ende des Felsenwegs kommt man zur Hollerkanzel. Hier wurden weichere Schichten im unteren Teil einer Felsbank ausgewaschen, so daß die darüberliegenden härteren Schichten weit überstehen. An einigen Stellen hat die Verwitterung auch höhlenartige Ausbuchtungen im Fels geschaffen, die Hollerlöcher. Nach der Hollerkanzel biegt unser Weg scharf nach links ab und führt, markiert mit einem Rehkopf, an der Hangkante entlang zurück Richtung Burg. Am Ende stößt man auf den Ausgangsweg, über den man nach insgesamt etwa 1½ Stunden wieder den Parkplatz unter der Burgruine erreicht.

⑰ Hellerberg und Weißelberg

Dem von Süden kommenden Autofahrer stellt sich die Freisener Höhe bei Oberkirchen wie ein mächtiger Sperriegel entgegen. Die erdgeschichtlichen Ursprünge des imposanten, über 600 m ansteigenden Höhenzugs liegen in der Zeit des Perms, als vor etwa 270 Millionen Jahren hier glutflüssige Lava zur Erdoberfläche aufstieg. Der vulkanische Untergrund sorgt in unseren Tagen für eine äußerst abwechslungsreiche Vegetation, die stellenweise ausgesprochenen Heidecharakter zeigt. Der Hellerberg, ein südlicher Vorposten des Höhenzugs, bietet nicht nur eine weite Aussicht ins Saarland hinaus, sondern auch Einsicht ins Innenleben des erloschenen Vulkans: Unterhalb des Gipfels wurde früher in einem großen Steinbruch der anstehende Andesit abgebaut. Die Umgebung ist ein kleines Paradies für Mineraliensammler, die hier außergewöhnlich schöne Exemplare von Halbedelsteinen finden können. Besonders die farbenprächtigen Achate aus dieser Gegend haben schon manches Sammlerherz höher schlagen lassen. Wer selbst nicht fündig wird, kann die Gesteinsschätze auch im Mineralogischen Museum von Oberkirchen bewundern (Museumsstr. 7, Voranmeldung empfohlen, ☎ 06855/434).
Die Anfahrt zum Hellerberg führt in Oberkirchen unter einem eindrucksvollen ehemaligen Eisenbahnviadukt hindurch, kurz vor der Autobahn links Richtung Freisen und dann sofort wieder rechts in einen Wirtschaftsweg, der zu Parkmöglichkeiten am Fuß des Berges leitet. Von hier geht es ohne Auto in den Wald und am Steinbruch vorbei zum Aussichtsturm auf dem Gipfel. Eine halbe Stunde braucht man für diesen Abstecher, wenn einen unterwegs nicht allzusehr das Edelsteinfieber packt.
Auch der Weißelberg direkt bei Oberkirchen ist ein lohnendes Ziel. Die bewaldete, 569 m hohe Bergkuppe besteht ebenfalls aus vulkanischem Gestein und ist seit 1950 unter Naturschutz gestellt, vor allem wegen der herrlichen Hochwälder am Süd- wie auch am Nordhang. Sehenswert ist das Steinerne Meer aus herabgestürzten sechskantigen Porphyritsäulen am Fuß des Südhangs. Vielerorts sind auf dem Berg noch Spuren ehemaliger Schürf- und Grabungstätigkeit zu sehen, denn über Jahrhunderte hat

Achate, die als Schmucksteine sehr begehrt sind, kann man noch immer auf dem Hellerberg finden – wenn auch weitaus seltener als in früheren Zeiten.

man hier nach Schmucksteinen, besonders nach Achaten, gesucht, die dann im nahen Idar-Oberstein geschliffen und weiterverarbeitet wurden. Von der Ortsmitte Oberkirchens geht es Richtung St. Wendel bis zur Straße »Am Mehlbörnchen«, in die man scharf rechts abbiegt und dann steil bergauf fährt. Hinter der Unterführung geht es wieder nach rechts bis zu einer Schranke, wo der Weg zum Steinernen Meer ausgeschildert ist (300 m zu Fuß). Man kann von hier mit dem Auto noch ein Stück weiterfahren, bis man einen Sportplatz erreicht, wo es Parkmöglichkeiten gibt. Nun geht es zu Fuß in das Naturschutzgebiet und auf den Gipfel des Weißelbergs. Eine Dreiviertelstunde sollten Sie insgesamt für Auf- und Abstieg einplanen.

Die Zweiblättrige Waldhyazinthe, die von Mai bis Juli blüht, entdeckt man mit etwas Glück im Oberthaler Bruch.

18 Oberthaler Bruch

Moor- und Sumpflandschaften findet man im relativ wasserarmen Saarland nicht oft. So kann man den Oberthaler Bruch mit seinen 50 ha faszinierender Flora und artenreicher Fauna getrost als Rarität in diesem Land bezeichnen. Seit 1984 steht das gesamte Feuchtgebiet mit den malerischen Weihern und Wasserflächen unter Naturschutz, ist aber für Wanderer und Spaziergänger durch Wege recht gut erschlossen, die man natürlich nicht verlassen darf. Bei einem Rundgang kann man sich an den seltenen Pflanzengesellschaften der Braunseggensümpfe, des Borstgrasrasens oder der Spitzblütenbinsenwiese erfreuen oder – bei entsprechender Vorsicht – einige der zahlreichen, anderswo seltenen Amphibienarten beobachten. Insgesamt wurden im Oberthaler Bruch 212 Pflanzenarten gezählt, darunter die seltene Zweiblättrige Waldhyazinthe und der moortypische, insektenfressende Sonnentau. Nicht weniger als 81 Schmetterlingsarten leben auf dem Gelände, und auch der Vogelfreund kommt bei fast 50 hier lebenden Spezies auf seine Kosten.
Aus der Oberthaler Teilgemeinde Güdesweiler kommend, fährt man am Ortsanfang von Oberthal noch vor Überquerung der Bahnlinie rechts in die Scheuersbergstraße, die nach etwa 1 km zu einem Parkplatz am Waldrand führt. Von hier geht es dann nochmals 1 km (gleiche Richtung wie die Straße) zu Fuß in das Moorgebiet hinein.

Mit seinen 50 ha Fläche sucht der Oberthaler Bruch, ein seit 1984 geschütztes Hochmoor, im wasserarmen Saarland seinesgleichen. Ein gut erschlossenes Wegenetz führt durch das malerische, mit Weihern durchsetzte Gebiet.

19 Primstalsperre

Schon seine Lage macht diesen See nördlich von Nonnweiler zu einem landschaftlichen Kleinod: Fjordartig schmal erstreckt er sich zwischen den steil ansteigenden Hängen des oberen Primstals, und dem Wanderer glitzert das blaue Wasser märchenhaft durch die dunklen Stämme der Hangwälder entgegen. Neun lohnende Kilometer umfaßt der Rundweg um den See, allerdings muß man sich darauf einstellen, daß es unterwegs zwar Schutzhütten gibt, aber keine Einkehrmöglichkeit. Auch ein kühles Bad bleibt dem Wanderer versagt, denn der See dient u.a. als Trinkwasserreservoir. Außerdem liefert er mit Hilfe einer 15 km langen Druckleitung zur Blies Kühlwasser für das Kraftwerk Bexbach, und bei Niedrigwasser sorgt er für die Erhöhung des Pegelstandes in Prims und Saar. Nach Norden teilt sich der See in zwei Arme, wobei der östliche durch den Altbach gespeist wird. An seinem Einfluß befindet sich eine Station des Deutschen Wetterdienstes, und 200 m bachaufwärts stößt man auf die Reste des ehemaligen Züscher Hammerwerks.

Bei der Staumauer am Südende des Sees befindet sich ein Parkplatz, der sich als Ausgangspunkt für eine Rundwanderung anbietet. Die Zufahrt zum Damm ist an der Straße von Otzenhausen nach Nonnweiler ausgeschildert. Wem der Weg um den See zu lang ist, der kann auch einen lohnenden, aber etwas steilen Abstecher zum östlich des Sees gelegenen, 620 m hohen Dollberg machen (Weg von der Staumauer aus), den eine sehenswerte keltische Wallanlage bekrönt, der über 2 km lange sogenannte Hunnenring. Bevor man ihn erreicht, kommt man am ebenfalls recht interessanten Kloppbruchweiher vorbei, einer ehemaligen Erzabbaustelle, die ein rühriger Oberförster mit seltenen Baumarten wie Blutahorn, Traubeneiche oder Weymouthskiefer aufgeforstet hat. Hunnenring und Kloppbruchweiher erreicht man auch in wenigen Schritten vom Parkplatz an der Landstraße Richtung Sötern, etwa 1 km nach dem Ort Otzenhausen im Osten von Nonnweiler.

20 Vogelfelsen

Dieser Felsen nördlich des zu Mettlach gehörenden Dorfes Saarhölzbach bietet Gelegenheit, die Schlingen der Saar einmal richtig von oben herab zu betrachten. Um an diesen Aussichtspunkt zu gelangen, fährt man in

Der Hunnenring auf dem 620 m hohen Dollberg bei Otzenhausen ist eine ungewöhnlich gut erhaltene keltische Befestigungsanlage. Stellenweise mehr als 40 m breit und über 10 m hoch, nimmt sie eine Fläche von fast 20 ha ein.

Saarhölzbach von der Kirche Richtung Osten bergaufwärts und erreicht oben einen Waldparkplatz; von dort führt ein ausgeschilderter, gut 1 km langer Weg am Hang entlang zum Felsen. Die Saar, hier aus der Saar-Nahe-Senke mit den oft weicheren Gesteinen des Rotliegenden kommend, hat es vom Vogelfelsen an mit hartem Taunusquarzit zu tun und mußte sich ihren Weiterweg Richtung Norden mühevoll durch eine malerische Talenge schaffen. Auch der an seiner Spitze skurril geformte Vogelfelsen besteht aus Quarzitgestein und konnte so seine markante Position gegen die Erosion der Saar behaupten. Fast senkrecht fällt seine Felswand über 190 m zum Talgrund hin ab und bietet als Aussichtskanzel ihren Besuchern lohnende Ausblicke nach Norden in die felsige Talenge der Saar, aber auch nach Südwesten Richtung Mettlach, wo der Fluß noch in weiten Talauen gemächlich fließen kann. Zum Greifen nah breiten sich auf der gegenüberliegenden Talseite die schütter überwachsenen Gesteinshalden des Tabener Urwaldes aus.

21 Saarschleife an der Cloef

Kaum ein Punkt in der freien Natur des Saarlandes lockt mehr Menschen an und wohl nirgendwo sonst wird so oft auf den Auslöser der Kamera gedrückt wie an der Cloef. Cloef ist das niederdeutsche Wort für Klippe, und Klippen bieten ja meist eine gute Aussicht. So ist es auch hier. Von der Cloef überschaut man nämlich die seltsamste Windung der Saar auf ihrem Weg zur Mosel. Sie umfließt hier einen 3 km langen, teilweise nur wenige hundert Meter breiten Bergrücken und macht an der Spitze dieser Landzunge eine Kehrtwende zurück nach Südosten. Gezwungen wurde der Fluß zu diesem eigentlich absurd anmutenden Verlauf durch das harte Quarzitgestein der Hunsrückausläufer, die der Saar beim ihrem Versuch, sich ihren Weg nach Norden zu bahnen, größten Widerstand entgegensetzen. Die Cloef, genau im äußeren Scheitel der Schleife 130 m über dem Talgrund gelegen, eröffnet dem Besucher das Gesamtpanorama dieses Naturschauspiels: Kilometerlang sieht man das hell glitzernde Band des Flusses auf sich zukommen, blickt dann hinab auf den engen, aber doch behäbig umflossenen Kreisbogen an der Spitze der Berghalbinsel, um die Saar dann, in derselben Richtung, aus der sie gekommen ist, wieder entschwinden zu sehen. Das Ganze ist umrahmt von felsig-steilen Talhängen und dichten Wäldern. Besonders lohnend ist ein Besuch zur Zeit der Laubfärbung im Herbst. Wer das Bild in Ruhe genießen möchte, sollte seinen Besuch auf einen Wochentag legen, auch wenn die Schutzhütte am Aussichtspunkt nur an den Wochenenden bewirtschaftet ist. Von Mettlach aus fährt man westlich nach Orscholz, dort ist die Cloef im Ort ausgeschildert.

Unterhalb des Vogelfelsens, den man zu Fuß von Saarhölzbach aus in 30 Minuten erreichen kann, zwängt sich die Saar durch ein pittoreskes Felsental.

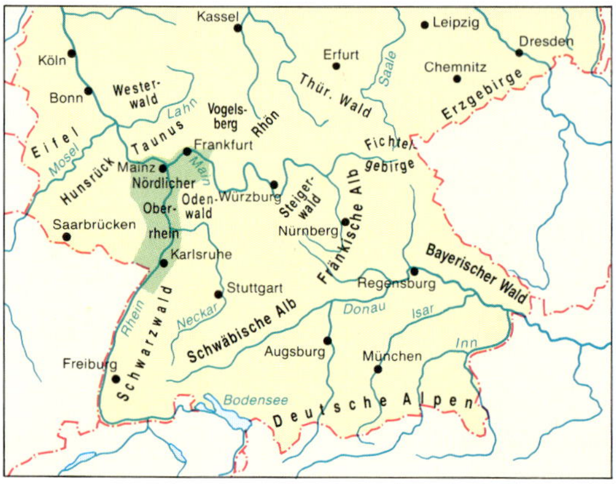

Eine Landschaft, gelagert auf lockeren Sedimenten wie Ton, Kies und viel Sand – vielleicht fehlt es ihr deshalb an Erdenschwere. Dafür gedeihen hier feinste Naturprodukte von so unterschiedlicher Art wie Spargel und Riesling. Es ist eine geschützte, milde Senke; nach Norden wird das Landschaftsprofil immer flacher – der Rhein weist hier an manchen Stellen noch seine ehedem typischen, reizvollen Mäander auf.

An dem großen Strom hat sich vielerorts eine gigantische Industrielandschaft entwickelt, die mit all ihren Versorgungssträngen den Fluß entlang die Natur oft genug zu strangulieren droht. Aber wo sich die Natur neuerdings wieder ein wenig ausbreiten darf, wie etwa in der seit 1984 naturgeschützten, über 7 km langen Rastatter Rheinaue, da ist sie oft wildromantisch, einsam und sehr geheimnisvoll.

31 Nördlicher Oberrhein

Welliges Weinland, wispernde Auen

Lage Beiderseits des Rheins zwischen der Murg im Süden und dem Taunus im Norden; im Westen begrenzt von Haardt und Nordpfälzer Bergland, im Osten von Nordschwarzwald, Kraichgau, Odenwald und Spessart
Ausdehnung Nord–Süd ca. 150 km; West–Ost an der schmalsten Stelle bei Rastatt ca. 15 km, an der breitesten zwischen Bingen und Messel ca. 80 km
Länder Rheinland-Pfalz im Westen, Hessen im Nordosten, Baden-Württemberg im Südosten
Höchste Erhebungen Gerstenberg 317 m, Kahlenberg 302 m, Osterberg 296 m, Kloppberg 292 m
Wichtigste Flüsse Rhein, Main, Neckar, Queich, Lauter, Murg
Landschaftsformen Tiefland mit Stromauen, Terrassen, Dünen und Auenwäldern sowie Lößhügelland auf den Randschollen des Oberrheingrabens
Information Hessischer Fremdenverkehrsverband, Abraham Lincoln-Str. 38–42, W-6200 Wiesbaden, ☎ 0611/731725; Fremdenverkehrs- und Heilbäderverband Rheinland-Pfalz, Löhrstr. 103–105, W-5400 Koblenz, ☎ 0261/31079; Landesfremdenverkehrsverband Baden-Württemberg, Esslinger Str. 8, W-7000 Stuttgart 10, ☎ 0711/247364; Rheinhessen-Information, Schillerstr. 44, W-6500 Mainz, ☎ 06131/263419; Verkehrsverein Karlsruhe 1, Bahnhofplatz 6, W-7500 Karlsruhe 1, ☎ 0721/3553-0; Südliche Weinstraße – Zentrale für Tourismus, An der Kreuzmühle 2, W-6740 Landau/Pfalz, ☎ 06341/380148

Steppenflora im Dünensand

Die nördliche Oberrheinzone ist eine Landschaft, in die man sich erst auf den zweiten Blick verliebt. Beim ersten fehlt ihr alles Spektakuläre. Und da sie nicht zuletzt eine Industrieregion ist, braucht es wohl doch einen gewissen Fleiß, sich hier die Natur-Landschaft zu »erarbeiten«. Dann freilich stößt der Betrachter leicht auf überraschende Kontraste in dieser erdgeschichtlich jungen, weitgehend im jüngsten Erdzeitalter geprägten Gegend. Einmal sind da die flachen, weit hingestreckten, feuchten und sattgrünen Auwälder mit ihrem reichen Laubbaumbestand. Und dann wieder gibt es die Sanddünen, oft bis zu 10 m hoch und von westlichen Winden vorwiegend an den Ostrand des Rheingrabens geblasen. Wellige, oder wie man hier sagen würde, »ruppelige« Landschaftsformen, nun meist von Kiefernwäldern bestanden, finden sich dort. Im Falle des Mainzer Sands 9 bilden sie sogar eine richtige, wenn auch durch städtebauliche Eingrenzungen weitgehend ruinierte Steppe: Zwischen trivialem Hochhausbeton und Autobahnasphalt staunt man über eine höchst exklusive Pflanzen- und Insektenbewohnerschaft, von den seltenen Grabwespen bis zu so mancher Besonderheit unter den Gräsern. Sande, seien sie dünenförmig oder steppenartig arrangiert, ziehen sich von Iffezheim bis Mainz, die Rheinauen von Rastatt bis Oppenheim. Auf dem »Festland«, zumal auf der nicht mehr im Überschwemmungsbereich des Flusses gelegenen Ebene der rechten Uferseite vom Schwarzwald-Vorland bis ins Hessische Ried, scheinen die Sandfurchenwellen der Spargelfelder oft bis zum Horizont zu reichen, wenn sich nicht gerade eine Pappelallee dazwischenschiebt. Links vom Rhein fällt der Blick auf Weinhänge und sanft gewellte Weinfelder: Man ist im Rheinhessischen. Der Kundige weiß, daß hier vor gut 30 Millionen Jahren das Tertiärmeer brandete, wovon übrigens der meeressandige Untergrund 8 zeugt, der noch immer Myriaden von Schnecken- und Muschelschalen oder sogar Haifischzähne umschließt.

Besonnte Fruchtbarkeit

Überhaupt ist Rheinhessen das Kernland unserer Gegend. Der Dichter Carl Zuckmayer (1896–1977), hier geboren und aufgewachsen, erinnert sich in seiner Autobiographie »Als wär's ein Stück von mir« an seine Kindheitslandschaft:

»Meine Heimat ist Rheinhessen, und das heißt, daß sie landschaftlich nichts mit dem zu tun hat, was man unter ›Rhein-Romantik‹ versteht. Diese Gegend zeigt in ihrer starken, besonnten Fruchtbarkeit ein äußerst einfaches, nüchternes Gepräge. Die Rebstöcke stehen ordentlich und brav, die Obstbäume in Reihen gegliedert, alles Land ist Nutzland, und nur der rötliche Hautglanz der Erde verrät etwas von ihrem heimlichen Heißblut, von ihrem gezügelten Temperament. Rot ist die Grundfarbe des Bodens, besonders in der Gegend meines Geburtsorts Nackenheim. Rot ist in vielen Schichten und Stufen über die Rebhügel, Felder und Wege versprengt...

Im Stromland ist es, im Schwemmland, in den dunstgesättigten Auen fruchtbarer Ufer, wo die Völker sich ansiedeln, wo ihre Städte, Märkte, Tempel und Kirchen erstehen, wo ihre Handelswege und ihre Sprachen sich begegnen. Am Strome sein, heißt, in der Fülle des Lebens stehn.« Vieles hat sich seit jenen Tagen verändert, nicht aber die grundsätzliche Gültigkeit dieses Landschaftsporträts.

Wo Spechte klopfen und Nachtigallen schlagen

Besonders gern haben sich am Nördlichen Oberrhein fürstliche Herrschaften niedergelassen. Es ist daher auch ein Land der Schloßgärten: Rastatt mit seinem Favorite-Park, die Karlsruher Anlagen, der weltberühmte Schwetzinger Schloßpark oder der Schloßgarten von Herrnsheim bei Worms, der Favorite-Garten und heutige Stadtgarten in Mainz sind die bekanntesten. Nördlich von Rastatt läßt der Rhein sein früher noch gefällreiches, »verwildertes« Bett hinter sich, um nun stromabwärts über ausgeprägte Mäander gewissermaßen auszulaufen, in so manchen Arm des Altrheins, um wispernde Auwälder herum, wo noch die Mittelspechte klopfen und die Nachtigallen schlagen. Carl Zuckmayer hat gewußt, wo die Welt am schönsten ist:

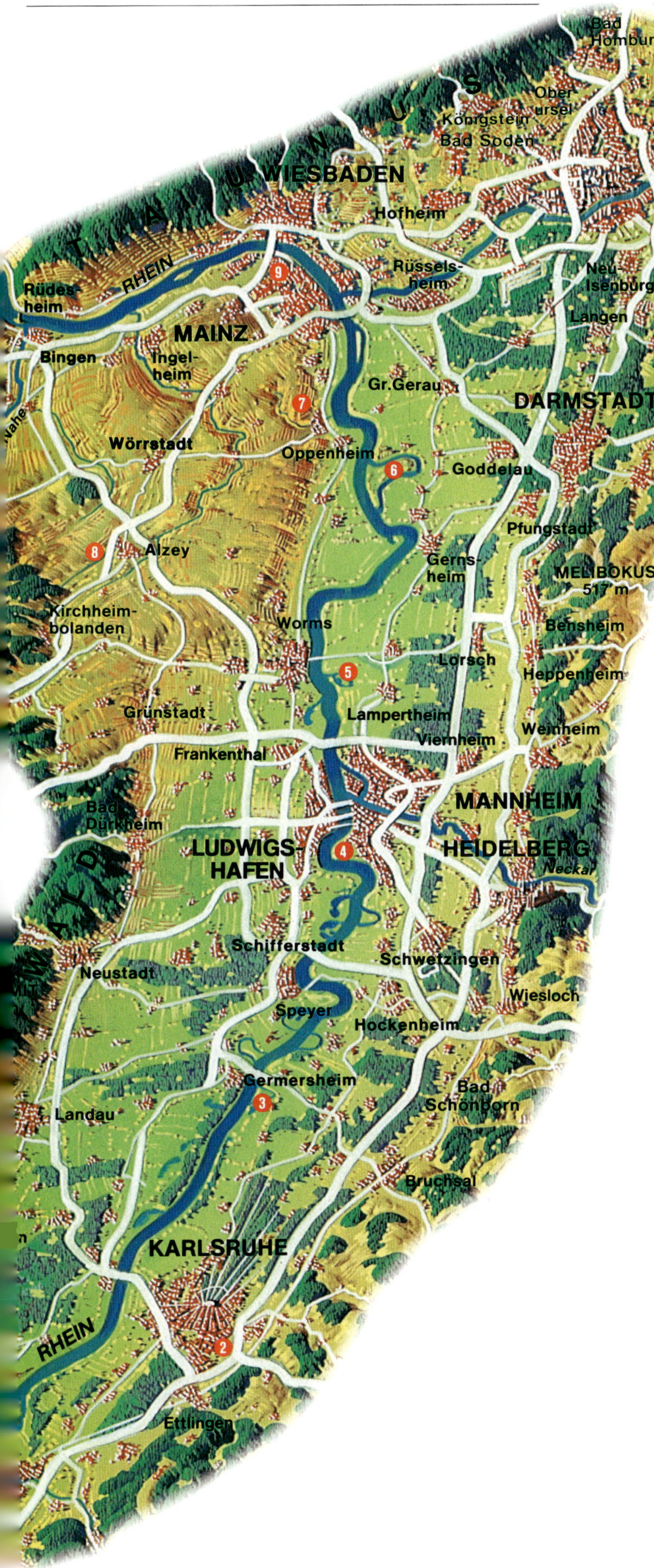

Das Schachbrett kommt von Juni bis August häufig in grasreichem Hügel- und Flachland vor.

Zwischen Mai und Juli kann man in den Rheinauen den Gelbwürfeligen Dickkopffalter beobachten.

Routenvorschlag Nördlicher Oberrhein

Nicht allein die Naturschönheiten machen diese ca. 240 km lange Fahrt entlang des Nördlichen Oberrheins zum Erlebnis, auch manch kulinarischer Höhepunkt erwartet den Reisenden. Zuerst ist da die badische Küche, der man schon die Nähe zu Frankreich anmerkt, dann bei Schwetzingen, wenn gerade Saison ist (April bis Juni), der unvergleichliche Spargel. Hierzu sollte man sich am Ende einer Tagesetappe ruhig ein Gläschen trockenen Niersteiner von der anderen Seite des Rheins gönnen. Dort drüben wiederum, im Hügelland um Alzey, empfehlen sich dann schon die eher deftigen Genüsse der Pfälzer Küche.

Streckenverlauf:

A 5 Basel–Karlsruhe Ausfahrt Rastatt, durch Rastatt nach Westen Richtung Seltz und hinter Plittersdorf zu den Rheinauen ❶; zurück nach Rastatt und auf der B 3 über Ettlingen nach Karlsruhe zum Erlachsee ❷; nun nach Norden und über die B 36 nach Leopoldshafen, im Ort rechts und weiter über Linkenheim, Hochstetten und Liedolsheim nach Rußheim ❸; dann Richtung Huttenheim, vor dem Ort rechts auf die B 35 abbiegen, ihr ein kurzes Stück folgen, dann links auf die B 36, vorbei an Hockenheim und durch Schwetzingen nach Mannheim ❹; dann weiter Richtung Norden auf der B 44 bis Lampertheim ❺; weiterhin nordwärts, an Bürstadt und Biblis vorbei, durch Gernsheim und Biebesheim nach Stockstadt ❻; hinter Stockstadt links ab und über Erfelden, Leeheim und Geinsheim nach Nierstein ❼ auf der anderen Rheinseite; weiter auf der B 420 bis Wörrstadt, dort links auf die B 271 abbiegen nach Alzey, nun westwärts Richtung Mauchenheim/Offenheim, nach 3 km unter der Autobahn durch und nach Weinheim ❽; zurück nach Wörrstadt und nordwärts über Saulheim, Nieder-Olm und Klein-Winternheim zur Auffahrt Klein-Winternheim der A 63, über das Autobahnkreuz und das Autobahndreieck Mainz zur Anschlußstelle Mainz-Gonsenheim der A 643 und von dort zum Mainzer Sand ❾; über die A 643 kann man auch wieder den Rückweg zur A 5 antreten.

»Der beliebteste Tummelplatz unserer Selbstgefährdung aber war der Altrhein... oberhalb der Mainmündung bis fast nach Worms hinauf... Zwischen dschungelhaft verwuchertem Weiden- und Erlengebüsch, zwischen vermorschten Pappelstämmen und aufschießendem Jungholz, spinnt er ein unübersehbares, unerforschtes Adernetz von Bächen, Nebenarmen, Verbindungsgräben, toten Buchten, Sumpflöchern, stehenden Lachen und reißenden, bei Hochwasser zu unwahrscheinlicher Wildheit aufschwellenden Zweigflüßchen...
Der Altrhein – das ist der Rheinstrom der Jungen, der Aufgeweckten, der Hellen... Europas Mutterauge gleitet sorglos über ihn weg. Fische laichen dort ab, und viele Wildenten, auch Reiher, horsten in seinem Röhricht. Die Kinder kennen ihn gut und lieben ihn.«

Bis zu 50 mm lang wird die Gebänderte Prachtlibelle. Der Körper des Weibchens ist metallisch grün, seine durchsichtigen Flügel schimmern geheimnisvoll. Langsam fließende Gewässer wie in der Rastatter Rheinaue werden von diesen schlechten Fliegern bevorzugt.

Routenvorschlag Nördlicher Oberrhein

Den Rhein hinab von Au zu Au

1 Rastatter Rheinaue

Das gut 7 km lange und nur etwa 1 km schmale Naturschutzgebiet reicht vom Unterwasser der Iffezheimer Staustufe bis zur Mündung der aus dem Schwarzwald kommenden Murg. Die Rastatter Rheinaue liegt im Übergangsbereich des Oberrheins von der ehemaligen »Verwilderungszone«, die der Strom wegen des Gefälles in zahlreichen parallelen Gerinnen durchfloß, zur »gemächlichen« Mäanderzone mit ihren weit ausholenden Flußschlingen. 850 ha umfaßt das Gelände, in dem fünf sogenannte Rückzugsgebiete garantieren sollen, daß seltene Pflanzen- und Tierarten geschont werden und der Wald naturwüchsig bleibt – oder wieder in seinen naturnahen Zustand zurückfindet. Neben prächtigen Silberweiden steht in den sehr feuchten Weichholzauen auch noch die Grauerle, eine sonst vor allem in den Alpen und Voralpen beheimatete Baumart, die hier eines ihrer nördlichsten Verbreitungsgebiete findet.
90 Brutvogel-, 45 Libellen- und 430 Schmetterlingsarten bietet die Rastatter Rheinaue Lebensraum. Von den Vögeln trifft man Graureiher, Haubentaucher und Schwarzmilan häufiger an, auch die Laubfrösche fühlen sich hier wohl. Erst seit 1984 steht dieses Auengebiet unter Naturschutz, wohl ein Grund dafür, daß das Wegenetz oft noch nicht optimal markiert ist. Zum ersten Kennenlernen empfiehlt sich ein Spaziergang vom Parkplatz bei der Plittersdorfer Fähre aus (Wegweiser in der Ortschaft Plittersdorf). Von der Fährstation geht es den Fluß entlang Richtung Süden, wo man nach rechts auf die breite Rheinrinne mit ihrem lebhaften Schiffsver-

Seit einigen Jahren steht die Rastatter Rheinaue, ein 7 km langer, schmaler Streifen, unter Naturschutz. Hier haben viele Pflanzen- und Tierarten einen Lebensraum gefunden.

Der Flußregenpfeifer ist am Erlachsee im Lauf der Zeit zu einem Charaktervogel geworden.

Mitten in der Stadt – der Karlsruher Zoo
Der nur 10,5, mit Stadtgarten 22,5 ha große, aber gut bestückte Zoo der badischen Metropole (bei 2) ist Bestandteil des beliebten Stadtgartens zwischen Hauptbahnhof und City-Peripherie. Auf dem Weg in die Innenstadt kommt man an den Zoobewohnern in ihren Häusern vorbei: den Elefanten und Flußpferden im Dickhäuterhaus, den Leoparden, Tigern, Jaguaren und Löwen im Raubtierhaus, den Schimpansen, Pavianen und Meerkatzen im Affenhaus. Es gibt ein Giraffenhaus, eine Robbenanlage und sogar ein Wellensittichhaus, aber auch einen Vogelschutzlehrpfad auf dem Lauterberg, einer 39 m hohen Aufschüttung über einem Wasserbehälter aus dem Jahr 1893. Heute meint man dort, in einem Bergwald zu sein (der Zoo hat vier Ein- und Ausgänge: Hauptbahnhof, Ettlinger Str./Augartenstr., Kongreßzentrum am Festplatz und Beiertheimer Allee; geöffnet Mai–Sept. 8–18.30 Uhr, Okt.–April 9 Uhr bis zum Einbruch der Dunkelheit).

kehr blickt; links breiten sich die weiten Auwälder aus. Silberweiden charakterisieren die sogenannte Weichholzaue, während Pappeln, die leider immer seltener werdenden Ulmen und Stieleichen Hartholzauen bilden. Vorbei an einem Spielplatz führt der Weg zum Rheinwärterhaus, kurz danach biegt man in spitzem Winkel links ab und gelangt auf schnurgeraden Wegen mitten durch die endlos wirkenden Auwälder zurück an den Parkplatz bei der Fähre (Gehzeit 45 Minuten).

2 Erlachsee

Ein seltenes Naturschutzexempel stellt der Erlachsee dar, denn er liegt sowohl noch mitten in der Stadt als auch schon mitten im Wald. Dieses 14,5 ha große Feuchtgebiet war ursprünglich eine Kiesgrube für den Autobahnbau, danach eine forstwirtschaftlich nicht mehr nutzbare Brache, da bereits kurz unterhalb der Abbausohle das Grundwasser stand. Naturschützer nahmen sich des Geländes an, und so wurde nach differenzierten Plänen ein See geschaffen. Mit seiner reich gegliederten Uferlinie, mit Buchten, Inseln und Halbinseln bietet er Lebensraum für eine Vielzahl von Vögeln.
Das Beispiel zeigt, wie schnell stadtnahe Natur regenerieren kann, wenn man die richtigen Voraussetzungen schafft und die Natur dann sich selbst überläßt. Der See ist teilweise eingezäunt, die flache, stark belebte Uferzone darf nicht betreten werden; ein etwa 1,5 km langer, deutlich erkennbarer Rundweg (nicht markiert) ist so geführt, daß Besucher die Tiere nicht stören. Eine Aussichtskanzel am Ufer ermöglicht durch Sehschlitze die Beobachtung von Zwerg- und Haubentauchern, Graureihern und Stockenten. Manchmal zieht aber auch das kopfnickend schwimmende Grünfüßige Teichhuhn vorbei. Der amselgroße Flußregenpfeifer, ursprünglich auf den Schotterinseln der Flüsse zu finden, ist jetzt gewissermaßen der Charaktervogel dieser naturgeschützten Kiesgrube. Der Erlachsee liegt im Landschaftsschutzgebiet Oberwald, einem kräftigen, hartholzauenartigen Laubwald. Nordwestlich des Sees dehnt sich über 16 ha der frei zugängliche Tierpark Oberwald aus, wo in großen Freigehegen »wetterbeständige« Wildtiere gemäßigter und kalter Zonen leben, darunter Bison und Wisent, natürlich Wildschwein, Rothirsch und Reh, aber auch Damhirsch, Elch und Przewalskipferd.
Vom Karlsruher Hauptbahnhof geht es nach rechts wenige hundert Meter die Rüppurrer Straße entlang bis zur Kreuzung Stuttgarter Straße. Dort biegt man rechts in die Mittelbruckstraße ein, fährt unter der Bahnlinie hindurch und wendet sich gleich darauf scharf links zur Wasserwerkbrücke, die über Bahnkörper und Schnellstraße zum Wasserwerk führt; hier muß man das Auto stehenlassen und zu Fuß an den links im Wald

Diese Seelandschaft war noch vor gar nicht langer Zeit eine häßliche Kiesgrube: Der Erlachsee im Landschaftsschutzgebiet Oberwald bei Karlsruhe ist inzwischen ein wahres Vogelparadies.

gelegenen Tiergehegen vorbei bis zum Holderweg (1 km) gehen, diesem dann nach links zum 500 m weiter rechts neben dem Weg gelegenen See folgen. Schneller, aber auf einem weniger ansprechenden Weg, der nicht an den Tiergehegen vorbeiführt, erreicht man den See vom Oberwaldstadion aus. Ab der Ausfahrt Karlsruhe Mitte der A 5 fährt man Richtung Durlach bis zu einem Umspannwerk, dort an der Ampel rechts zum Oberwaldstadion. Hier stellt man das Fahrzeug ab und geht unter der A 5 hindurch zu dem noch 500 m weiter im Wald gelegenen See.

3 Rußheimer Altrhein

Der Rußheimer Altrhein und die von ihm eingeschlossene Insel Elisabethenwörth gehören zu den bedeutendsten Naturschutzgebieten in Baden-Württemberg. Man hat hier 84 Brutvogel-, 470 Großschmetterlings- und 24 Libellenarten gezählt. Neben den typischen Charaktervögeln der Auwälder wie Graureiher und Haubentaucher trifft man auch auf den Pirol und den Roten Milan.

Im Zuge der Flußbegradigungen im ersten Drittel des vergangenen Jahrhunderts wurde die 7 km lange Flußschlinge vom neuen Lauf abgetrennt. Sie gilt heute als Musterbeispiel für die Verlandung eines Rheinaltwassers. Entlang dem 150 m breiten Altrheinarm zieht sich hinter einem unterschiedlich dichten Röhrichtgürtel der typische Auwald mit einer ausgeprägten Silberweiden-Weichholzaue. Hartholzauen mit Stieleichen, Eschen, Hain- und Rotbuchen findet man auf der vom Altrhein eingefaßten Insel Elisabethenwörth. Die einstmals großen Bestände der Blauen Iris sind durch die teilweise intensive landwirtschaftliche Nutzung der Insel längst verschwunden. Dafür kann man das 600 ha große Naturschutzgebiet trockenen Fußes auf Wirtschaftswegen erkunden.

Von der Ortsmitte Rußheims (Kirche) fährt man etwa 1 km in nordwestlicher Richtung auf der Rheinstraße und erreicht dann einen Parkplatz am Rande des Naturschutzgebiets.

4 Reißinsel

In einer nach Westen ausholenden Rheinschlinge im Südwesten Mannheims liegt das Naturschutzgebiet Reißinsel. Ursprünglich bestand es aus drei Inseln, deren trennende Altrheinarme indes durch Verlandung bis auf einige Reste verschwunden sind. Die Originalität dieser ansonsten typischen Rheinauen-Landschaft beruht auf ihrer Lage inmitten der Rhein-Neckar-Industrieregion in unmittelbarer Stadtnähe. Früh schon entdeckte man ihre Schutzwürdigkeit: Am 24. Juli 1881 erwarben die beiden Konsuln Karl Reiß und Simon Hartogensis die 104 ha große, in der Hauptsache aus Wald bestehende Rheinhalbinsel. Als Hartogensis dort

Die Flußregulierung im letzten Jahrhundert schnitt den Rußheimer Altrhein vom neuen Lauf des Rheins ab und förderte so die Verlandung des Altwassers.

Fische, lebendig und versteinert
Das Karlsruher Naturkundemuseum (bei 2), am Friedrichsplatz in einem mächtigen Neo-Renaissancebau untergebracht, geht auf die Sammeltätigkeit der Markgräfin Caroline Louise von Baden (1723–1783) zurück. Bereits Goethe hat hier 1815 die Fossilien aus Öhnigen am Bodensee studiert, die ebenso zu den Berühmtheiten des Museums gehören wie die Versteinerungen von Echsen, Fischen, Seelilien und Kopffüßlern an der riesigen »Holzmaden-Wand« im mächtigen Treppenhaus. Dramatisch lebensnah wirken die Dioramen mit ihren Gruppen einheimischer Säugetiere – so etwa die reißenden Wölfe im Erdgeschoß. Beliebt und für ein Museum auch überraschend sind die sogenannten Vivarien: In zahlreichen Meerwasser- und Süßwasser-Aquarien sowie in Terrarien tummeln sich allerlei Exoten wie Piranhas und Leguane, ferner auch südamerikanische Buntbarsche oder Riesenkröten. Bemerkenswert sind auch ein Nashornschädel und ein Hirschgeweih – eiszeitliche Funde aus den Karlsruher Rheinsanden (Staatliches Museum für Naturkunde, Erbprinzstr. 13, W-7500 Karlsruhe; Di 10–20, Mi–Sa 10–16, So 10–17 Uhr geöffnet; vorheriger Anruf wegen der Öffnung vor und an Feiertagen empfohlen, ☏ 07 21/175-111 und 161).

Einsam wandern im Bienwald
Der Bienwald westlich von Karlsruhe (bei 2) ist ein weit hingestrecktes, 130 km² großes Staatswaldgebiet. Im Winkel zwischen Rhein und Lauter an der Grenze zu Frankreich gelegen, bildet er das dreieckige Südende der Vorderpfalz. Hier ist ein imposantes Stück Natur aus »reinem«, oft sogar noch urwaldähnlichen Laubwald erhalten geblieben. Das üppige, auwaldartige Wachstum hängt mit einer geologischen Besonderheit zusammen: Unter dem Wald zieht sich eine Schicht aus sogenannten Bienwaldtonen, einem stark kalkhaltigen, fast wasserundurchlässigen Gestein, das den Boden feucht hält. Im Bienwald entfalten Rieseneichen manchmal eine Schirmfläche von 300 m², und es gedeihen oft fingerkuppengroße Heidelbeeren. Einsam, mitten im Wald, um den sich auch gruselige Wilderergeschichten ranken, liegt auf einer Scholle aus tertiärem Kalkstein die einzige Ansiedlung, das Dorf Büchelberg. Ansonsten ist dies ein Waldgebiet von einer Geschlossenheit, wie es nicht mehr viele gibt. Hier wandert man noch über Stunden auf ebenen Wegen, ohne einer Menschenseele zu begegnen. Die zahlreichen Radtouren, die etwa von Kandel aus angeboten werden, sind einfach zu bewältigen. Kandel, von Karlsruhe her leicht in nordwestlicher Richtung über die A 65 zu erreichen, ist ohnedies als idealer Ausgangsort für Bienwaldbesucher zu empfehlen.

Gartenkunst in Vollendung

Der Schwetzinger Schloßgarten südlich von Mannheim ❹ ist das Ergebnis einer grandiosen künstlerischen Verflechtung mit der Oberrheinebene. Deren landschaftsbildende Momente wie Wasser, Wälder und die Terrassenstufen innerhalb der Stromebene sind kompositorisch mit in dieses berühmte Gartenkunstwerk einbezogen, das vom geometrischen französischen Barockgarten, dem sogenannten Parterre (1758), ausgeht. Zur Zeit der »Geschmackswende« vom barock-geometrischen französischen zum empfindsam-natürlichen englischen Stil (um 1770) wurde der bis dahin angelegte Garten aber nicht einfach nach der neuesten Mode umgestaltet: Der Lothringer Nicolas de Pigage (1723–1796) und sein Mitarbeiter Friedrich Ludwig von Sckell (1750–1823) schlossen vielmehr den »wilden« englischen Garten im Westen an den Barockgarten an. Die dadurch entstandene Anlage mit ihren durchgängigen Wassersystemen erscheint dabei als eine kunstvoll geformte Rheinaue, in der man sich auf verschlungenen Wegen in vermeintlich freier Landschaft bewegt und immer wieder auf überraschende Perspektiven stößt.

Seit Mitte der siebziger Jahre wird hier unter großem Kostenaufwand restauriert, zuletzt für 1,9 Millionen DM die barocke Apolloanlage, von deren Tempel aus man übrigens ein Gutteil des Gartens überblickt. Auf diese und viele andere pittoreske Anlagen stößt man ohnehin bei einem Rundgang, für den man sich aber unbedingt zwei Stunden Zeit lassen sollte (April–Sept. 8–20, Okt/März 9–18, Nov.–Feb. 9–17 Uhr geöffnet).

allerdings eine Ziegelei errichten wollte, kaufte ihm Reiß seinen Anteil bereits 1885 wieder ab, ließ die Insel so naturwüchsig, wie sie war, und vermachte sie 1914 der Stadt Mannheim mit der testamentarischen Bedingung: »Die Insel ist möglichst in dem jetzigen Zustand zu erhalten und der öffentlichen allgemeinen Benützung zu übergeben.« Am 6. Mai 1914 wurde sie dann zum ersten Mal für die Bevölkerung geöffnet.

Heute ist die Reißinsel mit dem im Süden anschließenden Naturschutzgebiet Bei der Silberpappel ein bevorzugtes Naherholungsgebiet für den Ballungsraum Mannheim-Ludwigshafen. Im Unterschied zur benachbarten Ketscher Rheininsel liegt die Reißinsel noch im Bereich der Rheinhochwasser. 15 ha sind als Naturwaldreservat ausgewiesen – dort soll das naturnahe Bild des Überflutungswaldes erhalten bleiben. Nach der letzten Bestandsaufnahme (1983) gab es hier 41 Käfer-, 42 Schmetterlings- und 88 Vogelarten, darunter so seltene wie Eisvogel und Mittelspecht. Als gefährdete Pflanzen kommen der Blaustern in großen Beständen und auch die äußerst seltene Wildrebe vor.

Man fährt vom Schloßgarten im Mannheimer Zentrum aus die Windeckstraße (B 36) in Richtung Neckarau, biegt dann nach etwa 1,5 km rechts in die Speyerer Straße ein und folgt ihr bis ans Ende, wo man auf einen kleinen Park stößt. Richtung Süden gehend, erreicht man nach wenigen hundert Metern die Reißinsel. Hier, an ihrem nördlichsten Punkt, werden den Besuchern markierte Spazierwege zwischen 1,5 und 7 km Länge angeboten. Wer von Süden über die B 36 kommt, kann die Reißinsel ebenfalls über die Speyerer Straße erreichen oder aber bereits kurz hinter der großen Bahnbrücke beim Stadtteil Neckarau nach links in die Friedrichstraße einbiegen und dann über die Neckarauer und die Rheingoldstraße zum südlichen Ende der Reißinsel fahren (Parkplätze).

❺ Lampertheimer Altrhein

Diese südöstlichste hessische Oberrheinaue grenzt im Osten unmittelbar an das Städtchen Lampertheim. Hier hat sich der Rhein schon vor den großen Flußregulierungen des letzten Jahrhunderts gewissermaßen selbst begradigt: Bei einem Hochwasser am 2. Mai 1802 durchbrach er den Lampertheimer Mäander und verkürzte dadurch seinen Lauf um 6 km. Der so abgeschnittene Altrhein umfaßt heute die Insel Biedensand. Zum Naturschutzgebiet Lampertheimer Altrhein zählt aber auch noch die zwischen Alt- und dem durch die Rheinregulierung 1878 entstandenen Neurhein gelegene Bonnau. Das ganze Gebiet gehört zum Vorland des Rheinhauptdamms, aber während die Insel Biedensand durch Sommer-

Zwei betuchte Naturfreunde schufen die Grundlage für die Erhaltung der Reißinsel in nächster Nähe Mannheims, zusammen mit dem Naturschutzgebiet Bei der Silberpappel heute ein beliebtes Naturerholungsrevier.

deiche geschützt ist, wird die Bonnau regelmäßig und lange vom Rhein überflutet. Zwischen drei und sechs Monaten im Jahr stehen hier die natürlichen Silberweidenbestände unter Wasser, und so konnten die schönsten und besterhaltenen Weichholzauen am Oberrhein entstehen. Ähnlich interessant sind die ebenfalls lange unter Wasser stehenden Auwiesen, deren Flora eng mit den Pflanzengesellschaften in den Stromauen Südosteuropas verwandt ist. Hier wachsen noch Raritäten wie Klebriges Hornkraut, Kleinblütiges Schaumkraut, Kriechendes Fingerkraut, Krauser Ampfer oder das Sumpfrispengras. Fast verschwunden ist die früher häufig vorkommende Wassernuß.
Das Naturschutzgebiet ist in Lampertheim ausgeschildert. Ein dichtes, zum Teil mit Spielkartensymbolen gekennzeichnetes Netz von Wanderwegen ermöglicht Spaziergänge von einer Dreiviertelstunde ebenso wie mehrstündige Wanderungen.

6 Kühkopf und Knoblochsaue

Die »Königsaue« unter den Rheinauen liegt im nördlichsten Abschnitt der Oberrheinebene, etwa 15 km westlich von Darmstadt, und ist mit fast 2400 ha sowohl das größte hessische Naturschutzgebiet als auch das größte Auenschutzgebiet in Mitteleuropa. Die etwa 16 km lange Schlinge des Stockstadt-Erfelder Altrheins um die Kühkopfinsel entsprach ursprünglich dem Verlauf des Hauptstromes. Im Zuge der Rheinbegradigung 1828/29 wurde sie bei Stromkilometer 470 abgetrennt, so daß der vorher linksrheinische Kühkopf mit einem Mal rechts des Stromes lag. Heute trennt nur noch der Altrhein die stromabwärts im Norden gelegene Knoblochsaue vom Kühkopf.
Anschaulich demonstriert dieses große Auengebiet den Typus der Mäanderstromaue mit ihren weit auspendelnden Flußschleifen, ihrem geringen Gefälle und der Ablagerung feinkörniger Sedimente. Da das gesamte Naturschutzgebiet im Vorland des Rheinhauptdamms liegt, kann es bei Hochwasser vollständig überflutet werden; es herrschen also noch weitgehend natürliche Bedingungen. Trotzdem ist die Weichholzaue mit ihren Silberweiden hier weniger ausgeprägt. Namentlich im Norden des Kühkopfs sieht man vor allem die Pappeln, Ulmen und Eichen der Hartholzaue. In den naturnahen alten Baumbeständen finden seltene Vogelarten ihren Lebensraum. Mittelspecht, Nachtigall und der hier noch in Kolonien brütende Schwarzmilan sind die Charaktervögel des Kühkopfs, auf dem man insgesamt fast 240 Vogelarten gezählt hat.
Das Naturschutzgebiet Kühkopf-Knoblochsaue wird von einer ganzen

Auf natürliche Weise, durch ein Hochwasser, entstand der Lampertheimer Altrhein, dessen Auwiesen seltene Pflanzengesellschaften beherbergen.

Die ehemalige Ölschiefergrube Messel ist als Fossilienschatzkammer mittlerweile weltberühmt.

Kaum vorstellbar, daß das hasen- bis fuchsgroße Messeler Urpferd der Vorgänger unserer heutigen Pferde war.

Sensationen aus dem Ölschiefer

Am nordöstlichen Ende des Oberrheingrabens, im Messeler Hügelland, von den Geologen »Sprendlinger Horst« genannt, liegt die weltberühmte Grube Messel (Abstecher von 6), ein stillgelegter Ölschiefer-Tagebau.
Mit dem Einbruch des Rheingrabens bildeten sich vor etwa 50 Millionen Jahren um Messel herum mehrere kleine Seen, die im Lauf der Zeit mit Schlamm und Torf gefüllt wurden. In den Schlammschichten, die sich in Ölschiefer umwandelten, sind die Reste von Pflanzen und Tieren hervorragend konserviert. Während der etwa 100 Jahre des Messeler Ölschieferabbaus (1971 wurde die Grube stillgelegt) stieß man auf die erstaunlichsten fossilen Zeugnisse des Lebens vor 50 Millionen Jahren. Manches davon ist, sei es als Original oder als Abguß, im Messeler Heimatmuseum zu sehen: lebensecht wirkende Barsche, Knochenhechte oder Fledermäuse und, besonders berühmt, das Große und das Kleine Messeler Urpferdchen. Für politisches Aufsehen sorgte die Grube zu Beginn der achtziger Jahre, als sie zur Mülldeponie umfunktioniert werden sollte. Diese Gefahr scheint endgültig gebannt, aber Führungen durch die Grube gibt es derzeit keine. Man muß sich also mit dem sehr empfehlenswerten Fossilien- und Heimatmuseum Messel in seinem ausgezeichnet hergerichteten Fachwerkhaus begnügen (Langgasse 2, bei der Kirche; mit »Museum« ausgeschildert; Sa 14–16, So 10–12, 14–16 Uhr geöffnet; Gruppen außerhalb dieser Zeiten nach Vereinbarung mit der Gemeindeverwaltung, ☎ 06159/256).

Am Kühkopf ist der Schwarzmilan heimisch, der hier sogar noch in Kolonien brütet.

Vom Rhein zur Rinne
Arg muß es der Oberrhein noch vor 170 Jahren in seinem Schotterbett getrieben haben! Der Karlsruher Ingenieur und Rheinbegradiger Johann Gottfried Tulla (1770–1828) schrieb 1825: »Mit den Annehmlichkeiten, in der Nähe des Rheins zu wohnen, waren aber auch immer große Unannehmlichkeiten, Gefahren und Ungemache verbunden, viele Orte sind verschwunden, mehrere sind aus ihren Stellen verdrängt und einige wurden von einem Ufer an das andere verlegt.« Seine Lösung: »In cultivirten Staaten (sollten) die Flußbette in einen regelmäßigen und unveränderlichen Zustand versetzt und in solchem erhalten werden.« Er nannte das »Rektifikation«. 1817 wurde damit nach seinen Plänen zwischen Basel und Rastatt begonnen. Wo der Rhein sich früher in unzähligen Rinnsalen durch den Kies gearbeitet hatte, bekam er nun ein einziges Gerinne zugewiesen. Unterhalb Rastatts wurde sein mäandrierender Lauf begradigt. Eine verbindliche Grenze zwischen dem Großherzogtum Baden und Frankreich war entstanden, die der wilde Fluß nun nicht mehr einfach hin- und herschieben konnte. 1876 wurde die Tullasche Rheinkorrektion abgeschlossen, der Ausbau des Oberrheins zur Wasserstraße, wie etwa bei der Knoblochsaue 6, begann 1906. Buhnen und Leitwerke waren nötig, um zwischen den Geschieben wenigstens eine Fahrrinne von 80 m Breite und 2 m Tiefe offenzuhalten. Kopfzerbrechen machte den »Rheindompteuren« allerdings immer wieder die Sohlenerosion als Folge der erhöhten Fließgeschwindigkeit durch die Begradigung. Um den Oberrhein zur Verhinderung der Sohlenerosion nicht vollends aufstauen zu müssen, führt man ihm bei der Staustufe Iffezheim (1977) Geschiebematerial in künstlichen Gaben zu, was die geplante Staustufe Au/Neuburg überflüssig gemacht und deshalb die Rheinaue bei Rastatt gerettet hat.

Reihe abwechslungsreicher Fuß- und Radwanderwege durchzogen. Den Einstieg in dieses Wegenetz eröffnen zahlreiche Wanderparkplätze. Ein empfehlenswerter Ausgangspunkt ist der Parkplatz Stockstädter Brücke am westlichen Ortsrand von Stockstadt; hier kann man zu sieben Rundwanderungen zwischen 1 und 5½ Stunden Dauer auf markierten Wegen durch das Kühkopfgebiet starten. An Sonn- und Feiertagen erreicht man die Kühkopfinsel auch mit einer Personenfähre von Guntersblum auf der anderen Rheinseite aus. Zur Knoblochsaue, wo es ebenfalls mehrere ausgeschilderte Parkplätze gibt, kommt man von Erfelden aus über die Oppenheimer Straße Richtung Westen.

7 Niersteiner Warte

Von den 1925 ha Gemarkung der Gemeinde Nierstein sind 1090 ha Weinbaufläche. Damit ist Nierstein einer der bedeutendsten Weinbauorte am Rhein. Nicht von ungefähr also steht als Wahrzeichen der Stadt ein Weinberg-Wachturm über den schier endlosen Rebfluren ringsherum: die Niersteiner Warte. Von diesem 190 m hohen Aussichtspunkt aus kann sich der Betrachter ein eindrucksvolles Bild vom Norden der nördlichen Oberrheinebene machen. Nach Osten schweift der Blick über das topfebene Hessische Ried bis zum Odenwald. Nach Süden sieht man auf die nahe liegenden Wälder der Rheinaue wie das Oppenheimer Wäldchen, die Knoblochsaue, den Kühkopf 6 und den Gimbsheimer Altrhein, das einzige große Auwaldgebiet Rheinhessens. Im Südwesten erscheint von fern der Pfälzer Donnersberg mit seinem mächtigen Lavapfropfen, im Westen und Norden geht der Blick über das Mainzer Becken. Hier brandete einst im Tertiär ein Meer, von dem es im geologischen Untergrund Rheinhessens noch vielerlei Zeugnisse, vor allem aus dem Unteren Meeressand, gibt. Auch die Gegend um den Aussichtspunkt selbst, der sogenannte Niersteiner Horst mit seiner roten Weinbergwand, ragt geologisch aus den sonst tertiären Schichten des Mainzer Beckens heraus. Er bildet einen im Quartär entstandenen Horst aus Ton- und Sandsteinen des Rotliegenden, die also aus der Permzeit vor ca. 270 Millionen Jahren stammen und einen vorzüglichen Untergrund für den hier wachsenden Wein bilden.
Man erreicht die Warte vom Niersteiner Marktplatz aus nach links über die Karolingerstraße und das Sträßchen An der Bergkirche. Hinter der Kirche geht es in die Weinberge, und nach etwa 1 km Anstieg hat man den Turm erreicht (Turmschlüssel ist im Verkehrsamt zu erhalten, Mo–Do 7.30–18, Fr 7.30–12 Uhr geöffnet, Sa,So Anmeldung unter ☎ 06133/5111).

8 Trift

So manche Erkenntnis über die Welt vor 30 Millionen Jahren, als noch das Tertiärmeer das Mainzer Becken und auch die Weinheimer Bucht überschwemmte, verdanken wir diesem Ort nahe Alzey. In Weinheims Gruben forschen Geologen wie Paläontologen schon seit 150 Jahren, vor allem in der Trift, einem Naturdenkmal am nordöstlichen Ortsausgang. In dieser mächtigen, bis zu 11 Meter hohen Wand aus tertiären Sanden,

Einen weiten Blick in alle Himmelsrichtungen bietet die Niersteiner Warte, die sich als Weinberg-Wachturm über den Rebfluren der Gemeinde erhebt.

durch die sich Schichten von Kalksandsteinen ziehen, sind große Mengen Schalen und Schalenbruchstücke von Muscheln und Schnecken enthalten – allein hier hat man schon 300 verschiedene Arten gefunden.
Leider hat dieses Naturdenkmal in der Vergangenheit durch unsachgemäßes und rücksichtsloses Vorgehen von Sammlern schon einigen Schaden erlitten; mittlerweile ist es durch einen Zaun geschützt, der beim Betrachten der mächtigen Wand nicht stört, aber dennoch hammerbewaffnete Hobbygeologen abhält.
An der Trift beginnt auch ein 1,8 km langer Weinlehrpfad, der neben vielen interessanten Informationen äußerst lohnende Ausblicke auf Alzey und den Donnersberg bietet. Bei der Natursehenswürdigkeit, die man vom Ort Weinheim aus über die Niederwiesener Straße am nordöstlichen Ortsrand erreicht, gibt es ausreichend Parkmöglichkeiten.

9 Mainzer Sand

Von den Dünengebieten am nördlichen Oberrhein ist das 32 ha große Naturschutzgebiet Mainzer Sand besonders bekannt – wohl auch, weil selten ein solch hochkarätiges Stück Natur in diesem Maße zivilisatorisch bedrängt wurde: durch Hochhaussiedlungen, Autobahnen, Truppenübungsplätze. Und dennoch bietet dieser »Sand« noch immer ideale Voraussetzungen für das Gedeihen seltenster Steppenpflanzen und Steppentiere: Bei 1600 Sonnenstunden jährlich ergibt sich ein Jahresmittel von 9,5 °C, und in manchem Jahr sind an über 40 Tagen sogar Durchschnittstemperaturen von mehr als 25 °C zu verzeichnen.
Als besondere Kostbarkeiten gelten die Sand-Lotwurz, eine zweijährige Steppenpflanze, deren nächste Fundorte in Südfrankreich und Südmähren liegen, oder das Büschelige Gipskraut, das es vermutlich sonst in Deutschland nirgendwo mehr gibt. Insgesamt wachsen in dieser »Vorstadt-Steppe« bei Gonsenheim 174 steppentypische Pflanzen, von denen jede vierte als vom Aussterben bedroht auf der »Roten Liste« von Rheinland-Pfalz steht. Die Insektenwelt des Sands wird schon seit 140 Jahren erkundet – allein 129 Grabwespenarten hat man dabei gefunden und auch den seltenen und gefährdeten Bienenwolf. Von den 77 Falterarten aber, die es um die Jahrhundertwende im Mainzer Sand einmal gegeben hat, finden sich heute nur noch 42. Wer das gut überschaubare Gebiet des Mainzer Sands nicht direkt über die Anschlußstelle Mainz-Gonsenheim, an die das Naturschutzgebiet fast heranreicht, ansteuert, fährt vom Hauptbahnhof Richtung Nordwesten über Kaiser-Wilhelm-Ring und Barbarossaring zum Bismarckplatz. Dort geht es links ab und auf der Hattenbergstraße unter der Bahnlinie hindurch in die Straße Am Schützenweg, die nach wenigen hundert Metern halbrechts in die Erzbergerstraße übergeht. Hinter der Sporthalle biegt man rechts in die Obere Kreuzstraße und fährt weiter zur Bushaltestelle Am Polygon. Dort geht es links ab in den Westring. Auf Höhe des Schilds mit den Hausnummern »Westring 157–217« bestehen Parkmöglichkeiten. Zu Fuß läuft man dann noch eine kurze Sackgasse zum Wiesenrand vor, und nach ca. 100 m geht es rechts durchs Gebüsch: Der Sand ist erreicht; die markierten Wege sollte man natürlich nicht verlassen.

Der Mainzer Sand ist eines der bekanntesten Dünengebiete des Oberrheingrabens: Er bietet einer bei uns seltenen Fauna und Flora gute Lebensbedingungen.

Zu den vielen Grabwespenarten des Mainzer Sands gehört auch der Bienenwolf, der Honigbienen aussaugt.

Steppenelefant und Waldnashorn
Für seine paläontologischen Sammlungen mit eiszeitlichen Fossilien aus den nahe gelegenen Mosbacher Sanden südöstlich von Wiesbaden ist das Naturhistorische Museum Mainz (bei 9) berühmt. Steppenelefant, Steppennashorn und Steppenhirsch sind in der weiten Oberlichthalle ebenso repräsentiert wie Waldelefant, Waldnashorn und Wildschwein oder auch Großbiber und Flußpferd. An der Stirnseite der Halle stellt ein riesiges, lebensgroßes Wandbild die Rekonstruktion eines Steppenelefanten dar. Doch auch zum Naturraum Rheinhessen im allgemeinen vermittelt z. B. die erdgeschichtliche Abteilung reichlich Erkenntnisse – etwa über die Entstehung des Rheingrabens oder über die hiesigen eiszeitlichen Formungsvorgänge. Bildliche Darstellungen, Gesteinsproben und Karten zu den einzelnen Landschaftsformen, vor allem aber die Tierfährtenplatten aus dem Niersteiner Oberrotliegenden geben einen Begriff von der Welt »unter dem Wein«. Das Naturkundemuseum liegt in der Reichklarastr. 1, südlich von Landtag und Staatskanzlei (Di–So 10–17, Do 10–20 Uhr geöffnet; Auskünfte ☏ 06131/122268).

32 Spessart

Im stillen Wald der Spechte

Spessart – wer denkt da nicht an fast endlose Wälder, an märchenhafte Waldeinsamkeit? Beides findet man hier tatsächlich noch, auch wenn inzwischen mitten durch den Spessart die Autobahn verläuft und das berühmt-berüchtigte Wirtshaus längst zu einer ganz normalen Raststätte geworden ist. Trotzdem ist der Spessart bis heute ein stilles, weites Waldland geblieben, in dem Dörfer und Wiesentäler wie kleine Inseln wirken. Als Spechteshart oder Spechtswald war der Spessart jahrhundertelang bevorzugtes Jagdrevier der Fürstbischöfe von Mainz, die mit Argusaugen darauf achteten, daß nichts abgeholzt wurde und keine größeren Ansiedlungen entstanden. Ein Glück für alle, die heute hier Ruhe und Erholung suchen und bei einer Wanderung in einem der lichtdurchfluteten Buchenwälder des Spessarts manchmal noch das Klopfen der Spechte hören können.

Lage Zentral in der deutschen Mittelgebirgslandschaft gelegen; im Südosten, Süden und Westen durch das große Mainviereck begrenzt, im Norden durch die Kinzig vom Vogelsberg getrennt, im Nordosten durch die Sinn von der Rhön
Ausdehnung Nord–Süd ca. 70 km; West–Ost ca. 40 km
Länder Bayern, Hessen
Höchste Erhebungen Im Osten und Südosten: Geiersberg 586 m, Hohe Warte 572 m; im Norden: Horst 540 m; im Nordwesten: Hahnenkamm 436 m
Wichtigste Flüsse Main, Kinzig, Sinn
Landschaftsformen Durchschnittlich 500 m hohes Buntsandsteinplateau, hügeliges Waldgebiet mit meist schmalen Wiesentälern; im Nordwesten deutlich abgesetzt der dichter besiedelte Vorspessart mit weiten Talauen, Feldern und Obstwiesen
Naturparks Im Norden Naturpark Hessischer Spessart; im Süden Naturpark Bayerischer Spessart
Information Fremdenverkehrsverband Franken, Am Plärrer 14, W-8500 Nürnberg 80, ☎ 0911/264202; Tourist Information Spessart-Main-Odenwald, Bayernstr. 18, W-8750 Aschaffenburg, ☎ 06021/394271; Zweckverband Naturpark Hessischer Spessart, Landratsamt, Barbarossastr. 20, W-6460 Gelnhausen, ☎ 06051/85278; Naturpark Spessart, Bayerisches Forstamt Mittelsinn, Brachetalstr. 2, W-8781 Mittelsinn, ☎ 09356/5285; Spessartbund, Strickergasse 16 a, W-8750 Aschaffenburg, ☎ 06021/15224

Wie ein grüner Teppich

So weit das Auge reicht, ziehen sich grüne Wälder wie ein Teppich über die Buntsandsteinberge des Hochspessarts. Buchen sind es zumeist, dazwischen knorrige Eichen und im Norden auch viele Kiefern und Fichten. Auf einer Fläche von über 1000 km² dehnen sich die Forste aus, und sie zählen damit zu den größten Laubwaldgebieten Deutschlands.
Obwohl der Spessart nicht gerade dicht besiedelt ist, finden sich in den größeren Tälern mit ihren langgezogenen Straßendörfern so wertvolle Kulturdenkmäler wie das märchenhafte Wasserschloß Mespelbrunn ❶ oder die gotische Wallfahrtskapelle von Hessenthal. In den stillen kleinen Seitentälern dagegen ist die Natur noch fast unberührt. Hier können auf den Auwiesen Orchideen und viele andere seltene Pflanzen gedeihen. Waldränder und Hecken, Bachauen und Feuchtwiesen bieten Brutplätze und Nahrungsquellen für zahlreiche vom Aussterben bedrohte Vogelarten wie Wasseramsel, Eisvogel und Bekassine.
Dichter besiedelt ist der Spessart im Gebiet zwischen Aschaffenburg und Schöllkrippen. Weite Talauen, Obstwiesen und Felder schieben sich dort zwischen die Wälder und bilden so ein abwechslungsreiches Landschaftsmosaik. Die Ursache dafür liegt im Untergrund. Verwitterung und Abtragung haben die Buntsandsteinschichten hier vollständig entfernt und Formationen des Grundgebirges mit seinen kristallinen Gesteinen zutage treten lassen. Geologen nennen diesen Teil deshalb den kristallinen Spessart. Folge dieses Untergrunds sind fruchtbarere Böden und ein großer Reichtum an Mineralien. Über Jahrhunderte wurden hier Bodenschätze wie Silber, Eisen, Kobalt und Kupfer abgebaut, so etwa bei Schöllkrippen ⓮. Heute lohnt sich der Abbau nicht mehr, doch Mineraliensammler können immer noch fündig werden.

Der Main als Lebensader

In seiner Südhälfte wird der Spessart auf drei Seiten wie ein nach oben offenes Quadrat vom Main eingefaßt. Tief hat sich hier der Fluß in die Sandsteinschichten eingegraben ❹, und er war immer so etwas wie die Lebensader des Hochspessarts. Zum Main flößte man einst das Holz, hier wurden die Erzeugnisse der Glashütten und Töpfer verkauft, und viele Handelswege durch den Spessart führten zu den Städten im Maintal, die wie Perlen an einer Schnur aufgereiht sind, meist von Weinbergen umgeben und von Burgen oder Ruinen überragt wie Klingenberg ❸. Heute haben sich hier im Tal auch zahlreiche Industriebetriebe angesiedelt, die der Spessartbevölkerung etwas Wohlstand gebracht haben.
Aber auch botanisch nimmt das Maintal eine Sonderstellung ein, liegt es doch als eine Art Wärmeinsel zwischen den rauhen Höhen von Odenwald und Spessart. Deshalb können hier Pflanzen wie Spinnen-, Bienen- und Fliegenragwurz, Mauerpfeffer oder Küchenschelle gedeihen, die sonnige und warme Standorte bevorzugen. Und Insekten wie Schnarrschrecken und Singzikaden, die man sonst eher im Mittelmeerraum antrifft, fühlen sich im Maintal ebenfalls wohl.

Jagdrevier der Erzbischöfe und Kurfürsten

Nach dem Ende der Eiszeiten waren die Spessarthöhen wie Rohrberg und Geiersberg ❺ mit Eichenwäldern bedeckt, die nur von wenigen Ulmen, Linden, Hainbuchen und Ahornbäumen durchsetzt waren. Im Laufe der Jahrtausende drangen dann aber schneller wachsende Rotbuchen ein und konnten die ehemals charakteristischen Eichen fast verdrängen. Für Siedler war das Waldgebirge wenig anziehend. Dafür fühlten sich Bär, Luchs und Wolf dort einst ebenso wohl wie Auerochse, Hirsch und Wildschwein. Ein prächtiges Jagdrevier also, das lange Zeit zum Besitz der Erzbischöfe und Kurfürsten von Mainz gehörte. Sie waren es auch, die Ansiedlungen in ihrem Jagdwald verhinderten und nur wenige Jagdfrondörfer duldeten. Diesem Umstand ist die heute noch relativ dünne Besiedelung des Hochspessarts wie auch der Erhalt herrlicher alter Baumbestände zu verdanken. Etwas anders verlief dagegen die Entwicklung im Nordspessart: Glasmacher, die zur Glasherstellung Holz benötigten und daher in dieser Region ihre Wanderglashütten immer wieder an anderer Stelle errichteten, rodeten weite Teile des Waldes, andere Gebiete wurden durch Beweidung zerstört. Ein Grund für die heute noch völlig andersartige Waldstruktur in diesem Teil des Spessarts, der mit schnellwüchsigen Nadelbäumen aufgeforstet wurde und in dem Fichte und Kiefer daher eine dominierende Rolle spielen.

Die Natur unterstützen
Seit immer mehr Spessartbewohner ihre Arbeit in der Industrie oder im Dienstleistungsgewerbe fanden, drohen manche der romantischen Spessarttälchen zuzuwachsen. Die wenig ertragreiche Landwirtschaft wurde häufig eingestellt oder zur Feierabendbeschäftigung. So liegen inzwischen zahlreiche Flächen brach – in einigen Gebieten bis zu 90% des ehemals bebauten Bodens. Als Folge von Verwilderung und Wiederbewaldung verlieren aber viele seltene Pflanzenarten, die auf traditionell genutzte Böden angewiesen sind, ihren Lebensraum. Durch Entbuschung und Mähen der aufgegebenen Flächen oder auch durch Schafbeweidung versucht man, dieser Bedrohung entgegenzuwirken. Zusätzlich wurden auf den Brachflächen teilweise größere Feuchtgebiete angelegt, um Amphibien und vor allem gefährdeten Vogelarten neuen Lebensraum anzubieten, den sie anderswo verloren haben. Selbst die im Spessart schon lange verschwundenen Biber hofft man in versteckten Tälern wieder ansiedeln zu können.

Kein stolzes Wappentier, aber immerhin Namenspatron sind die Spechte: Aus dem Spechteshart wurde der Spessart. Dem Grünspecht bieten die Laubwälder einen ausgezeichneten Lebensraum.

Im Wald, da sind die Räuber ...
Zum Spessart gehörten einst auch die Räuber. Wilhelm Hauff hat ihnen mit der Erzählung »Das Wirtshaus im Spessart« ein literarisches Denkmal gesetzt. Doch so schauerlich romantisch, wie man es aus vielen Geschichten kennt, lief das Leben der wilden Gesellen tief im finsteren Wald sicher nicht ab. Das Elend der heimat- und rechtlosen Vagabunden und die große Armut auch der seßhaften Bevölkerung schufen den Nährboden für Raub und Überfälle. Die dünnbesiedelten Wälder des Spessarts, durch die verschiedene wichtige Verkehrs- und Handelswege führten, waren für Räuberbanden ein ideales Gebiet. In dem zeitweise zu 15 verschiedenen Herrschaften gehörenden Landstrich konnten sie rasch über die Grenzen wechseln, in den schwer zugänglichen Wäldern untertauchen oder in den verarmten Dörfern Unterschlupf finden. Zeitweise war die Räuberei so stark verbreitet, daß wertvolle Fuhren nur noch mit bewaffneter Eskorte durch den Spessart geleitet wurden. Doch als Anfang des 19. Jh. die Zeit der Kleinstaaten vorüber war, kam auch für die Räuber das Ende. Nun machte man gnadenlos Jagd auf das »Gesindel«, und 1812 wurden die letzten Spessarträuber in Heidelberg hingerichtet. Das Elend der Bevölkerung aber blieb beste-

hen: So schrieb noch 1852 der berühmte Arzt Rudolf Virchow in einem Bericht über die Not im Spessart, daß die Mehrzahl der armseligen Hütten nicht einmal einen Schornstein habe und daß Hunger und Seuchen alltäglich seien.

Routenvorschlag Spessart

Mehr als nur ein großer Wald

1 Schloß Mespelbrunn und Elsavatal

Zu den berühmtesten Attraktionen des Spessarts zählt das romantische Wasserschloß Mespelbrunn in einem kleinen Seitental der Elsava (ausgeschildert), das als »Perle des Spessarts« zahlreiche Bildbände, Postkarten

Routenvorschlag Spessart

Wer sich unter dem Spessart nichts als einen riesigen Laubwald vorstellt, wird nach der abwechslungsreichen, rund 230 km langen Fahrt ein anderes Bild von dieser Landschaft haben. Stille Wiesentäler wie das Elsavatal 1 und das Sinntal 8, einsame Dörfer, luftige Aussichtspunkte, aber natürlich auch weite, bewaldete Höhen wechseln in bunter Folge ab. Einen lebhaften Kontrast dazu bildet das liebliche Maintal mit seinen romantischen Städtchen.

Im Spessart ein Wirtshaus zu finden bereitet kaum Probleme, und beim Übernachten, auch im einsamsten Gasthof, braucht man sich heute vor den einstigen Räubern nicht mehr zu fürchten.

Streckenverlauf:

Von der Ausfahrt Weibersbrunn der A 3 Aschaffenburg–Würzburg auf die Deutsche Ferienstraße Alpen–Ostsee nach Mespelbrunn zum berühmten Schloß und ins Elsavatal 1; weiter über Heimbuchenthal bis Neuhammer, dort links ab über Wintersbach zur Geißhöhe 2; zurück nach Neuhammer und links über Eschau ins Maintal nach Klingenberg 3; mainaufwärts über Miltenberg und Freudenberg – von hier aus kann man auf beiden Mainseiten fahren – nach Wertheim und zur Mainschleife bei Urphar 4; zurück nach Wertheim und über Kreuzwertheim links nach Hasloch, dort rechts ab ins Haslochbachtal und über Schollbrunn auf den Spessarthöhen zu Rohr- und Geiersberg 5 bei der Anschlußstelle Rohrbrunn der A 3; von dort ein kurzes Stück zurück nach Rohrbrunn und rechts unter der Autobahn hindurch zunächst in Richtung Weibersbrunn, dann nochmals rechts Richtung Lichtenau ins Hafenlohrtal 6; durch Lichtenau weiter zur B 26, dort rechts über Lohr nach Nantenbach zur Reiherkolonie am Salzberg 7; weiter auf der B 26 bis kurz vor Gemünden, dann links ab ins Tal der Sinn 8; über Rieneck und Burgsinn weiter nach Jossa und links ins Jossatal 9; bei Marjoß rechts ab auf die Spessarthöhen und an der Gabelung links Richtung Steinau zur Bellinger Warte 10; weiter nach Steinau und ein kurzes Stück nach Norden Richtung Freiensteinau zur Teufelshöhle 11; zurück nach Steinau und rechts auf der B 40 im Kinzigtal über Salmünster bis Aufenau, dort links über Bad Orb und rechts im Orbtal hinauf zur Spessart-Höhenstraße und dem Beilstein 12; auf der Spessart-Höhenstraße über Villbach in Richtung Wiesen zum Wiesbüttsee mit dem Wiesbüttmoor 13; weiter nach Wiesen und dann rechts über Groß- und Klein-Kahl nach Schöllkrippen und in den Kahlgrund 14

Über Blankenbach und Schimborn kommt man bei Hösbach wieder auf die A 3 und bei der nächsten Ausfahrt Richtung Würzburg zurück zum Ausgangspunkt, falls man nicht noch Aschaffenburg ansteuern möchte, das einen Besuch durchaus lohnt.

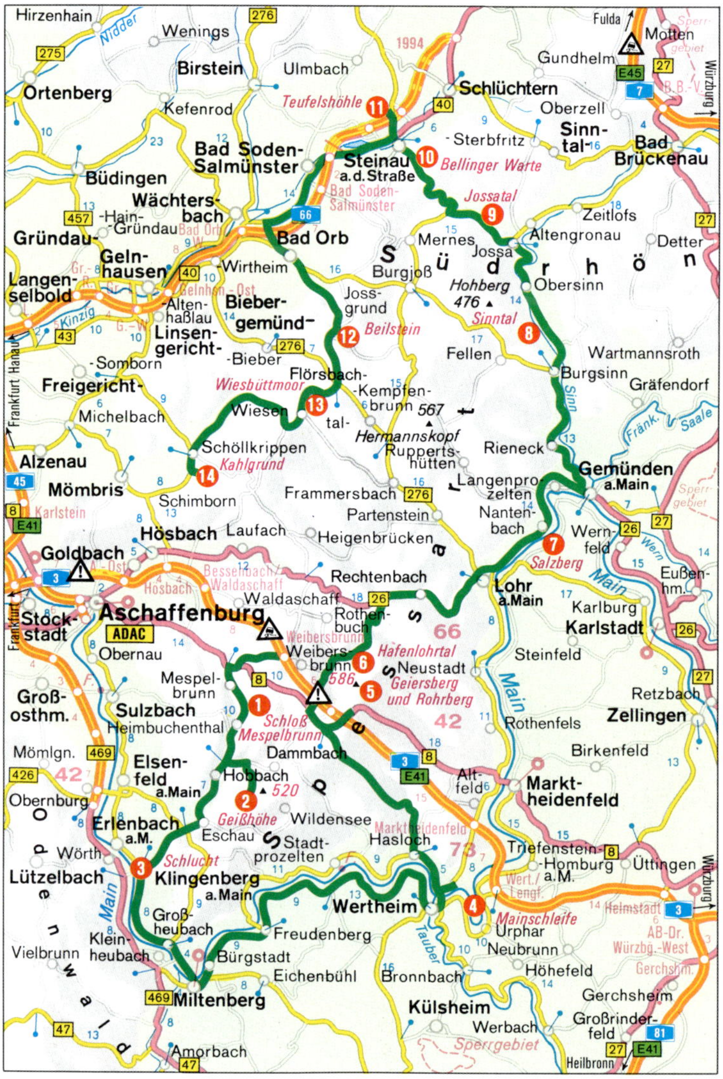

und Fremdenverkehrsprospekte ziert. Mit seinem märchenhaften Flair lockt das inmitten eines Fischweihers gelegene Renaissanceschloß Jahr für Jahr ganze Heerscharen von Touristen und Ausflüglern an. Leider hat das obere Elsavatal durch diesen massenhaften Andrang inzwischen viel von seinem Reiz verloren.
Wer nach einem Besuch des Schlosses und dem unabdingbaren Abstecher zur Geißhöhe ❷ jeglichem Trubel entfliehen möchte, findet im Elsavatal einige Kilometer flußabwärts zwischen Hobbach und Eschau noch eine reizvolle Naturoase. Dieser herrliche Talabschnitt bietet links und rechts der mäandrierenden Elsava mit feuchten Wiesen, Röhrichtflächen, Hecken und Wäldern Lebensraum für eine vielfältige Pflanzen- und Tierwelt. Zahlreiche Vögel, Amphibien und Insekten finden hier teilweise ideale Bedingungen. Auf Rad- und Wanderwegen am Talrand kann man das Gebiet erkunden, mit dem Fernglas lassen sich von dort aus Tiere und Pflanzen in der Auenlandschaft beobachten.

Im südlichen Elsavatal ist der charakteristische Laubwald des Spessarts besonders ursprünglich erhalten.

❷ Geißhöhe

Als schönster und lohnendster Aussichtspunkt des gesamten Spessarts gilt die 520 m hohe Geißhöhe mit dem Ludwig-Keller-Turm. Von seiner Spitze aus schweift der Blick über die unendlich scheinenden Wälder bis hin zum Feldberg im Taunus im Nordwesten, auf die Höhenzüge des Odenwaldes im Westen und Süden und zu den dunklen Bergen der Rhön im Nordosten.
Auf der unbewaldeten Geißhöhenkuppe liegt Oberwintersbach, die höchstgelegene Siedlung im Spessart. Von Wintersbach aus, einem

1569 wurde das märchenhafte Wasserschloß Mespelbrunn vollendet. Heute ist es vielbesuchter Anziehungspunkt für zahlreiche Kultur- und Naturinteressierte.

Wandern auf alten Handelsrouten
Auf den Rücken von Eseln brachte man im Mittelalter das kostbare Salz aus den Salinen im nördlichen Spessart an den Main, um es dort gegen Wein und andere begehrte Güter einzutauschen. Man wählte damals bewußt die etwas längere und beschwerlichere Route über die Spessarthöhen und mied die sumpfigen Niederungen wie auch die Täler, vor allem um den berüchtigten Räubern zu entgehen. Heute ist dieser in Nord-Süd-Richtung von Schlüchtern (nordöstlich der Teufelshöhle ⑪) bis Großheubach (zwischen ③ und ④) verlaufende, 111 km lange »Eselsweg« durchgehend mit einem schwarzen »E« auf weißem Grund markiert und eignet sich hervorragend für eine lohnende Wanderung – auch in Etappen – quer durch den Spessart.
Ein anderer wichtiger Handels- und Verkehrsweg des Mittelalters war die Birkenhainer Straße, die anscheinend aber auch schon viel früher, wie prähistorische Funde vermuten lassen, von Menschen der Jungsteinzeit streckenweise benutzt worden ist. Kaiser Barbarossa wurde hier einmal von seinen welfischen Widersachern gefangengenommen, und wichtige Warentransporte mußten stets von einer bewaffneten Eskorte begleitet werden. Heute geht es auf diesem Weg natürlich gefahrloser zu; der Spessartbund hat die 71 km lange Strecke von Hanau nach Gemünden (zwischen ⑦ und ⑧) mit einem schwarzen »B« auf weißem Grund markiert. Für eine gemütliche Wanderung durch die Einsamkeit der stillen Spessartwälder braucht man auf dieser Route etwa vier Tage.
Auf beiden Strecken bieten Hotels und Gasthäuser auch einen Gepäcktransport zum nächsten Etappenziel an. Eine genaue Beschreibung der Strecken mit Karten erhält man beim Spessartbund (Strickergasse 16 a, W-8750 Aschaffenburg, ☏ 06021/15224).

Waldhufendorf im Tal, erreicht man sie über ein schmales, kurvenreiches Sträßchen. Oben am Waldrand, bevor die Straße dann durchs freie Feld führt, bietet sich ein Parkplatz als Ausgangspunkt für mehrere schöne Wanderungen im Gebiet der Geißhöhe an. In Oberwintersbach selbst gibt es verschiedene Einkehrmöglichkeiten, wo man sich nach einer Wanderung oder nach der Turmbesteigung wieder stärken kann. Der auch mit dem Auto erreichbare Aussichtsturm ist vom 1. Nov. bis 1. März geschlossen, sonst aber immer geöffnet; am nahe gelegenen Gasthaus gibt es Parkmöglichkeiten.

③ Klingenberger Schlucht

Zum Maintal hin fällt der Spessart meist steil ab. Flüsse und Bäche haben sich hier tief in den harten Sandstein eingegraben, es entstanden schluchtartige Täler, auch Klingen genannt. Der malerische Ort Klingenberg hat seinen Namen von einer besonders reizvollen Schlucht, die der Seltenbach unterhalb der romantischen Ruine der Clingenburg geschaffen hat. Der eindrucksvolle Weg, den man vom Marktplatz oder Winzerfestplatz (jeweils Parkplätze) aus erreicht, durch die westlich des Ortskerns gelegene Schlucht führt am Bachbett entlang über zahlreiche Holzbrücken und vorbei an hoch aufragenden, zum Teil bizarren Felsformationen. Am Schluchtende erreicht man ein schon den Römern bekanntes Tonvorkommen, das heute noch in einem Bergwerk vor allem für die Herstellung von Bleistiften und feuerfesten Gefäßen abgebaut wird. Der Stadt Klingenberg brachte dieser Rohstoff einst so viel Geld ein, daß sie auf Steuern verzichten und den Bürgern statt dessen sogar noch einen jährlichen Anteil ausbezahlen konnte.
Wer einen weiten Überblick über das reizvolle Maintal um Klingenberg genießen möchte, sollte von der Ruine Clingenburg (Parkplatz) zur knapp 1 km entfernten »Alten Schanze« hinaufwandern (markiert). Bei dieser vorgeschichtlichen Wallanlage steht ein an den Wochenenden geöffneter Turm, der eine prächtige Sicht auf das Tal und die Umgebung der Stadt mit ihren steilen, weinbepflanzten Hängen bietet, an denen ein vorzüglicher Spätburgunder gedeiht.

④ Mainschleife bei Urphar

Unweit der romantischen Mainstadt Wertheim kann man das »Himmelreich« schon zu Lebzeiten betreten. Östlich der Stadt windet sich der Fluß um einen schmalen, etwa 3 km langen Bergsporn, der so von drei Seiten durch eine riesige Mainschlinge eingefaßt ist – ein idyllisches Stück Landschaft, das nicht zu Unrecht im inneren Teil der Schlinge den Namen »Himmelreich« erhalten hat.

Durch die tief in den Sandstein eingegrabene Klingenberger Schlucht, nahe der gleichnamigen Rotweinstadt, läßt es sich hervorragend wandern.

Mit dem Auto kann man die Berghalbinsel auf der äußeren Mainseite von Wertheim über Urphar Richtung Würzburg umfahren. Lohnender ist es jedoch, das Gebiet zu erwandern. Dazu fährt man bei Wertheim über den Main in Richtung Kreuzwertheim und nach der Brücke gleich rechts, wo man bald einen Parkplatz erreicht. Ab hier führt ein mit »H« markierter Wanderweg ins »Himmelreich«. Die abwechslungsreiche Wanderung führt zuerst durch Obstkulturen am Mainufer entlang und dann auf den Bergsporn hinauf, wo man herrliche Ausblicke auf den Fluß genießen kann. Sandsteinbrüche am Weg sind für geologisch Interessierte lehrreich, eine keltische Wallanlage an der höchsten Stelle zeigt, daß die Menschen schon vor langer Zeit dieses »Himmelreich« zu schätzen wußten. Um an den Ausgangspunkt zurückzukommen, verläßt man auf Höhe des Ortes Bettingen, der im Tal auf der anderen Mainseite liegt, den mit »H« markierten Weg und wendet sich nach rechts, wo ein Pfad hinab in Richtung Kreuzwertheim führt. Für die gesamte Strecke sollten Sie gut drei Stunden veranschlagen.

5 Rohrberg und Geiersberg

Den wohl ältesten Baumbestand des Spessarts findet man am Rohrberg: Mächtige, vielhundertjährige Eichen prägen hier den Wald. Seit dem Mittelalter war der Hochspessart als Jagdrevier vor Rodungen geschützt. Hohes Wildaufkommen und Eichelmast verhinderten eine natürliche Verjüngung des Waldes, bei der die Eichen allmählich von Buchen verdrängt worden wären. Schon früh erkannten Forstleute die Bedeutung der schönen Eichenbestände im Gebiet von Rohr- und Geiersberg. Bevor fast alle Eichen, wie etwa im benachbarten Odenwald, gefällt und als Nutzholz verkauft worden waren, wurden hier neue Eichenwälder nachgezogen, alte Bestände langsam und planmäßig genutzt. Wegen seiner feinen Maserung ist das Holz der Spessarteichen zur Furnierherstellung

Das Wirtshaus im Spessart
Weltberühmt und zum Inbegriff der Räuberromantik des 19. Jh. wurde es durch die schaurig-schöne Geschichte von Wilhelm Hauff und deren Verfilmung: das Wirtshaus im Spessart. Wohl waren Reisen durch die Wälder des Spessarts zu früheren Zeiten alles andere als angenehm und auch nicht ungefährlich, doch Hauff kannte dies nur noch vom Hörensagen, denn als die letzten Spessarträuber 1812 in Heidelberg enthauptet wurden, war er noch ein kleiner Junge. Welches Wirtshaus ihn zu seiner Erzählung angeregt hat, weiß man nicht genau. Es könnte aber die schon 1688 an der Postroute von Brüssel nach Prag eingerichtete »Würtschaft für die Reisenden zu Fuß und zu Pferd« gewesen sein, die nicht weit vom Rohrberg 5 bei Rohrbrunn auf den höchsten Spessarthöhen stand. Denn sicher sind dort bis zum Beginn des letzten Jahrhunderts nicht nur biedere Reisende, sondern auch deren räuberische Kontrahenten eingekehrt. Heute ist von diesem Hauffschen »Originalschauplatz«, der auch in verschiedenen Filmen auftauchte, nichts mehr zu sehen: Er wurde 1958 abgerissen und durch die Autobahnraststätte Rohrbrunn ersetzt.

Dieses »Himmelreich« steht jedem offen – sofern man zu einer etwa dreistündigen Wanderung über den 234 m hohen, Himmelreich genannten Bergrücken in der Mainschleife zwischen Wertheim und Urphar bereit ist.

Familienausflug im Hochspessart
Wer nicht unbedingt eine große Wanderung machen möchte, um den Spessart kennenzulernen und die weiten Laubwälder zu genießen, dem sei ein Ausflug zum Walderholungspark Hochspessart empfohlen. Von Lichtenau im Hafenlohrtal ⑥ aus erreicht man ihn kurz nach der Einmündung in die B 26 Richtung Lohr (ausgeschildert). Der Park ist vor allem für Familien ein ideales Erholungsgelände. An Klettergerüsten, auf Spielwiesen und in einem hölzernen Irrgarten können sich die Kinder austoben, an Grillplätzen kann man seine mitgebrachten Leckerbissen zubereiten, und wer die Gegend um den Park erkunden möchte, kann zwischen fünf ausgeschilderten Wanderwegen wählen. Verschiedene Gasthäuser in der Nähe bieten außerdem die Möglichkeit zu einer gemütlichen Einkehr.

hochbegehrt und kostbar – verständlich, wenn man bedenkt, daß der Stammumfang der Traubeneichen nur um durchschnittlich 2 mm pro Jahr wächst. Für Stämme aus dem in der Forstwirtschaft so genannten Eichenheisterblock bei Rohrbrunn sind auf Holzauktionen schon mehr als 50000 DM gezahlt worden. Die bizarren Riesen am Rohrberg dagegen stehen schon seit 1928 unter Naturschutz.
Auf der B 8 kommt man direkt hinter der Brücke über die Autobahn nahe der Ausfahrt Rohrbrunn zu einem Parkplatz mit Orientierungstafel. Hier beginnt ein 4 km langer markierter Lehrpfad durch das Waldgebiet mit den eindrucksvollen Baumveteranen, in dem allerdings durch die Orkane im Frühjahr 1990 schwere Schäden entstanden sind. Ein anderer Pfad (Markierung: Rotwild) führt von hier aus um die höchste Erhebung des Spessarts, den 586 m hohen Geiersberg.

⑥ Hafenlohrtal

Viele Reisende hat das stille Hafenlohrtal schon begeistert, so auch Kurt Tucholsky, der schrieb: »Wenn Landschaft Musik macht, dies ist ein deutsches Streichquartett.« Der besondere Reiz des Tales ist sein feiner Dreiklang aus Wald, Wiesen und Bächen. Außergewöhnlich ist die Vielfalt der hier vorkommenden Pflanzen- und Tierarten, von denen zahlreiche auf der »Roten Liste« als gefährdet eingestuft werden. Seidelbast, Maiglöckchen, Gelbe Schwertlilie und Fieberklee gehören zu den rund 400 Farn- und Blütenpflanzen, die man im Tal entdecken kann. Bedrohte Vogelarten wie Wasseramsel, Bekassine, Waldschnepfe, Pirol, Eisvogel und Graureiher haben an der klaren Hafenlohr sowie an Seen und Fischteichen ebenso eine Zuflucht gefunden wie Frösche und Eidechsen. Oberhalb von Lichtenau, wo Tucholsky einst sein »Wirtshaus im Spessart« fand, hat man das Tal daher zum Naturschutzgebiet erklärt, und der Ort sowie zahlreiche Parkplätze in der Umgebung sind heute auch ein idealer Ausgangspunkt für Spaziergänge und Wanderungen durch die Auen der Hafenlohr.

Der deutsche Baum schlechthin, die Eiche, prägt das Naturschutzgebiet Rohrberg im Südspessart: Eine umsichtige Forstwirtschaft sorgte dafür, daß jahrhundertealte Bäume erhalten blieben und neue heranwachsen konnten.

Dem Idyll droht inzwischen jedoch Gefahr. Seit Jahren schon wehren sich die Gemeinden und eine Bürgerinitiative gegen Pläne, aus dem Hafenlohrtal einen Trinkwasserspeicher zu machen. Noch sind die Planungen für den 7 km langen Stausee, der eines der letzten intakten Spessarttäler zerstören würde, nicht aufgegeben worden.

7 Salzberg

Der scheue Graureiher wurde durch die Einengung seiner Lebensräume und aufgrund der Verfolgung durch Jäger und Fischzüchter über Jahre hinweg stark dezimiert. Die geduldige Arbeit von Naturschützern, die sich um die Wiederherstellung oder Schaffung von Feuchtbiotopen bemühten, hat inzwischen mancherorts eine Rückkehr der Vögel ermöglicht. Auch im Spessart sieht man die Graureiher wieder häufiger. Eine größere Kolonie von 30 bis 40 Brutpaaren lebt in dem speziell für sie geschaffenen Naturschutzgebiet Salzberg. Die Reiher brüten hier in der geschützten Lage hoher Baumwipfel, so daß man sie von Nantenbach am gegenüberliegenden Mainufer aus gut beobachten kann. Um genau zu sehen, wie die Vögel zu ihren in weitem Umkreis liegenden Jagdgründen aufbrechen und mit Beute wieder zurückkehren, sollte man ein Fernglas dabei haben.

8 Sinntal

Ein botanisches Kleinod, das man in Deutschland nur noch äußerst selten antrifft, blüht von Mai bis Juni im Sinntal. Tausende von Schachblumen bedecken dann die feuchten, im Frühjahr häufig überschwemmten Talauen, vor allem bei Altengronau und zwischen Mittelsinn und Burgsinn. Ihre hängenden Glocken sind purpurrot und weiß wie ein Schachbrett gemustert. Aufgrund des massenhaften Auftretens verwandeln sie die Wiesen im Sinntal in ein wahres Blütenmeer. Doch leider ist auch diese Augenweide für den Naturfreund inzwischen in Gefahr. Durch die Entwässerung der feuchten Wiesen und durch Aufforsten wurden die

Die Graureiher mit ihrer eleganten Haube nisten in großen Kolonien in der sicheren Höhe von Baumwipfeln.

Die Waldschnepfe, ein gut getarnter Dämmerungsvogel, baut ihr Nest in Mulden am Boden.

Ein bedrohtes Idyll ist das Naturschutzgebiet Hafenlohrtal nahe Weibersbrunn. Doch noch bietet es ungewöhnlich vielen Pflanzen- und Tierarten Lebensraum.

Kunstvolles Glas und Spessarträuber
Mensch und Wald – das ist das große Thema des Spessartmuseums in Lohr. Die Lebensweise und die Geschichte der Menschen im Spessart werden hier wieder lebendig. Die kunstvollen Gläser aus den einst berühmten Glashütten, die Werkstätten und Erzeugnisse der Schmiede, Töpfer und Zimmerer sind hier zu sehen. Aber auch die Armut und die harten Lebensbedingungen der Spessartbewohner in früheren Zeiten werden den Besuchern des Museums plastisch vor Augen geführt. Natürlich dürfen hier aber auch die Räuber und das berühmte Wirtshaus nicht fehlen. Ein Besuch im Schloß von Lohr, wo das Museum untergebracht ist, bietet sich als interessante Abwechslung auf der Fahrt vom Hafenlohrtal 6 zum Salzberg 7 an (Di–Sa 10–12, 14–16, So, Fei 10–13 Uhr geöffnet, ☏ 09352/2061).

Ein Blumenmeer und wilde Tiere
Im Tier- und Botanikpark Thalhof bei Steinau ⑩ *erwartet den Besucher eine sehr kultivierte Natur. Als Kontrast zu den teilweise noch urtümlichen Spessartwäldern bietet der Park mit seinen Attraktionen aber eine interessante Abwechslung. So blüht hier im Frühjahr ein ganzes Blumenmeer: Gut 150000 Tulpen sollen es sein, zu denen sich noch 90000 Narzissen gesellen. Im Sommer ist dann Fuchsien- und Dahlienzeit, die hier in der größten Sortenvielfalt Deutschlands zu sehen sind. Auch über 1000 heimische und exotische Tiere leben im Park, darunter Löwen, Affen und Bären ebenso wie zahme Tiere zum Streicheln für die Kinder. Wenn man vom vielen Schauen müde geworden ist, kann man sich im Restaurant niederlassen oder am Grillplatz selbst versorgen. Ein Kinderspielplatz rundet das Freizeitangebot ab (15. März –15. Nov. von 9 Uhr bis Einbruch der Dunkelheit geöffnet, ☏ 06663/6889). Aus Richtung Marjoß erreicht man den Park etwa 2 km vor Steinau links der Straße.*

Standorte der Schachblume schon stark reduziert. Aber auch das unverantwortliche Ausgraben der streng geschützten, sehr empfindlichen Liliengewächse durch rücksichtslose »Blumenliebhaber« macht den Beständen zu schaffen. Der Naturfreund wird sich deshalb am Anblick der blühenden Wiesen erfreuen und die Pflanzen ungestört lassen. Eines der größten Schachblumenvorkommen befindet sich im Naturschutzgebiet Struth etwa 2 km nordöstlich von Altengronau; das Feuchtgebiet erreicht man vom direkt an der Straße gelegenen Parkplatz nach etwa 300 m.

⑨ Jossatal

Im Tal der Jossa sind brachliegende Wiesen zu einem kleinen Paradies für feuchtigkeitsliebende Tiere geworden. Frösche, Kröten und Molche haben hier einen idealen Lebensraum. Relativ ungestört können selten gewordene Vogelarten wie Bekassine und Wachtelkönig auf dem feuchten Anmoor Nahrung finden. Einige Teile des Tales sind deshalb inzwischen unter Naturschutz gestellt worden.
Nicht mehr gepflegt wird die für das Tal einst typische Wirtschaftsform der Wässerwiese. Aber lange, hochbeetähnliche Rücken und Gräben dieses ausgeklügelten und arbeitsaufwendigen Bewässerungssystems, das bis zu sieben Schnitte der Wiesen möglich machte, kann man an vielen Stellen des Jossatals noch entdecken. Allein das lohnt schon eine Wanderung durch die herrliche Auenlandschaft auf dem mit einem roten Kreuz gekennzeichneten Weg von Jossa (Parkplatz) über Marjoß nach Mernes (10 km).

⑩ Bellinger Warte

Die Bellinger Warte, ein mittelalterlicher Wachturm, ist einer der besten Aussichtspunkte im nördlichen Spessart. Der kleine Turm auf dem 343 m hohen Spessartausläufer liegt reizvoll in einem Wäldchen, das durch Ginster, Schlehen und Wacholderbüsche zum offenen Feld hin abgegrenzt ist. Von oben hat man einen schönen Ausblick auf den nördlichen Spessart, ins Kinzigtal und hinüber zum Vogelsberg. Beim Turm gibt es auch einen Rastplatz mit Grillgelegenheit, wo man sich zu einem gemütlichen Picknick niederlassen kann. Das Auto läßt man am Parkplatz in der Nähe des Tier- und Botanikparks Thalhof links der Straße etwa 2 km vor Steinau stehen, von dort sind es noch 15 Minuten zu Fuß.

Die herrliche Auenlandschaft des Jossatals erschließt sich am schönsten bei einer Wanderung oder einer Radtour. Zahlreiche Wege, wie hier bei Burgjoß, 4 km südlich von Mernes, geben dazu Gelegenheit.

⓫ Teufelshöhle

In den nördlichen Randbereichen des Spessarts stehen über dem Buntsandstein teilweise noch Muschelkalkschichten an. Bei diesem Gestein sind Karsterscheinungen keine Seltenheit. Das bekam 1584 auch eine Kuh zu spüren, die auf der Weide vor den entsetzten Augen ihres Hirten plötzlich im Boden versank.
Der dabei entstandene Einsturztrichter erhielt den Namen Teufelsloch, denn schließlich konnte nur der Satan hinter diesem »mysteriösen Vorfall« stecken. Erst viel später entdeckte man, daß das Teufelsloch den Eingang zu einem tiefer gelegenen Höhlensystem mit herrlichen Tropfsteinen bildet, der Teufelshöhle, für deren Name ebenfalls der Böse Pate stehen mußte. Seit Anfang des Jahrhunderts ist diese wohl schönste Karsthöhle Hessens für Besucher zugänglich und verlockt zu einem interessanten und lohnenden Gang durch eine geheimnisvolle Unterwelt mit vielen skurril geformten Tropfsteingebilden.
Mit dem Auto fahren Sie von Steinau in Richtung Ürzell/Freiensteinau, etwa 1 km nach dem Ortsteil Hundsrück führt ein Weg nach links zur Höhle (Ostern–Okt. Sa 13–18, So und Fei 9–18 Uhr geöffnet, ☏ 06663/5655 und 56, Sonderführungen für Gruppen nach Anmeldung).

Die seltene, geschützte Schachblume bevorzugt Flachmoorwiesen. Ihre Zwiebeln sind giftig.

⓬ Beilstein

Die Basaltfelsen des Beilsteins sind wie eine vulkanische Insel inmitten der Sandsteinschichten des Spessarts. Während der Tertiärzeit, als vielerorts Vulkane spien und Lavamassen aus dem Boden quollen, versuchte hier ein Seitenast des Vogelsbergvulkans an die Oberfläche zu dringen, doch er blieb wahrscheinlich als Pfropf im Buntsandstein stecken und wurde erst viele Millionen Jahre später durch Abtragung freigelegt. Heute

Eine Insel aus Vulkangestein: So überragt der Beilstein bei Lettgenbrunn seine Umgebung. Deutlich erkennt man hier die Struktur des Basalts.

Wandern und Angeln im Klingbachtal
Die Straße von Bad Soden-Salmünster nach Mernes führt durch das sehr idyllische Klingbachtal. 3 km nach dem Ortsende von Salmünster (zwischen ⓫ und ⓬), kurz hinter den künstlich angelegten Hirschbornteichen, erreicht man an der Straße nach Mernes einen Parkplatz, der sich als Ausgangspunkt für Wanderungen durch das Tal und über die umliegenden Höhen anbietet. Wer nicht gleich eine längere Strecke in Angriff nehmen möchte, kann einen kurzen, aber sehr lohnenden Spaziergang talabwärts machen (hin und zurück etwa 3 km). Er führt an den Hirschbornteichen vorbei in einen typischen Bruchwald, dessen versumpfte Auen unter Naturschutz stehen. Nach etwa 1 km zweigt der Weg rechts zum Waldhaus ab. Dort kann man vor der Rückkehr auf der Mühlwiese Rast einlegen und sich in der Grillhütte vielleicht sogar eine selbstgefangene Spessartforelle schmecken lassen. An den Hirschbornteichen darf nämlich geangelt werden (Angelschein erforderlich), die Gebühren dafür entrichtet man am Wochenende direkt am See und während der Woche im Waldhaus. Wer nicht auf demselben Weg zurückgehen möchte, kann vom Waldhaus ein Stück bergauf in Richtung Alsberg wandern (Weg Nr. 20) und kommt nach ca. 2 km wieder steil hinab (Markierung: rotes Kreuz) zum Parkplatz.

Uralte Baumveteranen
Im Spessart gibt es an einigen Stellen Baumveteranen, die als mächtige Naturdenkmäler an längst vergangene Zeiten erinnern. So soll eine Linde in Kempfenbrunn, die direkt an der B 276 steht, bereits 1000 Jahre alt sein. Danach wäre sie, was man angesichts des gewaltigen Stammes durchaus glauben möchte, schon zu der Zeit, als Kaiser Barbarossa durch den Spessart zog, ein beachtlicher Baum gewesen.
Nicht viel jünger sind auch die Kreuzeleichen hinter der Ortschaft Lohrhaupten an der Straße nach Ruppertshütten. Wie sechs unbezwingbare Wächter stehen die riesigen Bäume am Weg hinauf zur ehemaligen Zollstation Bayerische Schanz und recken ihr skurriles Astwerk in den Himmel.
Für einen Besuch der Baumveteranen biegt man nach dem Beilstein ⓬ bei Flörsbach links auf die B 276 Richtung Lohr ab und kommt dann nach 4 km nach Kempfenbrunn. Lohrhaupten erreicht man, wenn man von Kempfenbrunn noch 2 km auf der Straße in Richtung Lohr weiterfährt und dann nach links abbiegt (4 km).

ragen die mächtigen Klippen des harten vulkanischen Gesteins rund 30 m aus dem Umland empor. Auf dem nährstoffreichen Boden der »Basaltinsel« konnte eine reiche Flora gedeihen, und man findet hier botanische Raritäten wie Türkenbund, Pechnelke oder die Heidewicke. Schon 1905 wurde das 5,7 ha große Gelände unter Naturschutz gestellt. Trotzdem sind inzwischen leider viele seltene Arten durch rücksichtslose Blumenpflücker ausgerottet worden. Auch heute noch zeugen Unrat und Trampelpfade mitten durch die empfindlichen Pflanzenbestände davon, wie unbekümmerte Besucher ein Naturschutzgebiet allmählich zerstören können. Man sollte sich als Naturfreund von diesen Trampelpfaden aber nicht verleiten lassen, sondern das Gebiet, auf dem auch noch die Reste einer ehemaligen Burg zu sehen sind, nur vom offiziellen Weg aus betrachten. Auf diese Weise kann man auch als Besucher dazu beitragen, die schutzbedürftige Pflanzenwelt zu erhalten. Den Beilstein erreicht man von einem Parkplatz an der Spessart-Höhenstraße direkt bei der Einmündung der Straße von Bad Orb. Zu dem auf der anderen Straßenseite im Wald gelegenen Fels (Weg Nr. 41) sind es von dort nur wenige Minuten.

⓭ Wiesbüttmoor
Moore können sich auf den wasserdurchlässigen Sandböden des Spessarts ebenso wie natürliche Seen normalerweise nicht bilden. Das Wiesbüttmoor stellt jedoch eine Ausnahme dar. Hier hat sich ein quellenreiches Feuchtgebiet in einem kleinen Tal über Jahrtausende zu einem Moor entwickelt, das praktisch immer unberührt blieb. Der insektenfressende Sonnentau sowie Siebenstern, Wollgras, Torfmoose und andere typische Moorgewächse, darunter auch Arten, die man normalerweise nur im hohen Norden findet und die im Eiszeitalter eingewandert sind, gedeihen hier und machen das Wiesbüttmoor zu einer botanischen Kostbarkeit. Das Begehen des Naturschutzgebiets mit seinen sehr trittempfindlichen Moospolstern ist nur auf einem Beobachtungssteg, der ein Stück ins Moor hineingebaut wurde, erlaubt. Man erreicht das Moor auf einem kurzen Weg vom Wiesbüttsee aus. Dort befinden sich Parkmöglichkeiten, eine Grillhütte und ein Campingplatz. Im See, der als Energiequelle für ein inzwischen stillgelegtes Bergwerk aufgestaut wurde, kann man baden.

⓮ Kahlgrund
Den nordwestlichen Vorspessart mit seinen weiten Wiesentälern nennen die Geologen auch kristallinen Spessart, weil hier die sonst charakteristi-

Das Betreten des Wiesbüttmoores ist nur auf einem Beobachtungssteg erlaubt: Die Moospolster sind sehr empfindlich. Hier gedeihen auch Pflanzen, die sonst nur im hohen Norden zu finden sind.

schen Buntsandsteinschichten vollkommen abgetragen sind und darunterliegende metamorphe Gesteine des Grundgebirges wie Glimmerschiefer, Gneis oder Quarzit an die Oberfläche treten.
Im Kahlgrund bei Schöllkrippen sind diese Formationen teilweise gut aufgeschlossen, und man findet auch noch Relikte des hier einst intensiv betriebenen Bergbaus, etwa die Blaugrüne Wand, einen Aufschluß, der zur Grube »Wilhelmine« gehört, in der früher Kupfererz abgebaut wurde. Die Grube selbst kann man nicht mehr betreten, doch die Färbung des Gesteins in der Wand, hervorgerufen durch Einlagerung von Azurit und Malachit, macht den Aufschluß an den Eingängen zu einem geologischen Prunkstück und lohnt einen Besuch. Sie erreichen die gut zugängliche Blaugrüne Wand, wenn Sie von Schöllkrippen südlich nach Sommerkahl fahren, dort weiter nach Obersommerkahl und dann durch die Wilhelminenstraße bis zum Ortsende, wo das Bergwerk links der Straße liegt.
Interessante Einblicke in die Geologie dieses landschaftlich sehr reizvollen Feriengebiets vermittelt auch ein Gang über den Naturlehrpfad Alte Burg, der am Parkplatz am östlichen Ortsausgang von Schöllkrippen beginnt. Der Übergang vom kristallinen Grundgebirge zum Buntsandstein wird hier durch Schautafeln an Aufschlüssen eindrucksvoll dargestellt. Die Altenburg, zu der der etwa 2 km lange Weg hinführt, ist eine keltische Ringwallanlage, die einst wohl als Fliehburg diente. Kurz nach der Altenburg bietet sich eine hervorragende Aussicht auf den Kahlgrund.

Eine steinerne Augenweide
Von Schöllkrippen im Kahlgrund (14) aus lohnt sich ein Abstecher nach Aschaffenburg in das Naturwissenschaftliche Museum im Schönborner Hof (Wermbachstr. 15). Dem Besucher wird hier gezeigt, daß der Spessart nicht nur aus »banalem« Buntsandstein besteht, sondern auch eine Vielzahl teils wertvoller Mineralien birgt. Im Mittelalter war beispielsweise der Spessartin ein begehrtes Tausch- und Wertobjekt. Das ist eine Art Granat, der heute noch als Schmuckstein geschätzt wird. In Glasvitrinen kann man hier besonders schöne Exemplare dieses auch Karfunkel genannten Kristalls bewundern. Darüber hinaus zeigt die Schausammlung eine Vielfalt an Mineralien aus aller Welt. Das Museum besitzt außerdem aus den Bereichen Botanik und Zoologie sehenswerte Sammlungen (tägl. außer Mi 9–12, 13–16 Uhr geöffnet, ☏ 06021/30446).

Mineralien aus aller Welt im Naturwissenschaftlichen Museum in Aschaffenburg: hier Anglesit, Adamin und Baryt.

Die Blaugrüne Wand ist an den Eingängen eines ehemaligen Kupferbergwerks im Kahlgrund bei Schöllkrippen zu sehen. Die Färbung der Felswand wird durch Azurit- und Malachiteinlagerungen im Gestein hervorgerufen.

33 Odenwald

Wald der Romantiker

Heitere Flußtäler hellen das melancholische Dunkel der Nadelwälder auf. Von Löwenzahn gelb gesprenkelte Wiesen und silbrig glänzende, klare Bäche locken die Besucher des östlichen Odenwaldes in kleine, verwunschene Seitentäler. Geheimnisvolle Quellen murmeln leise vor sich hin, der Wald verbirgt seltsame Felsenmeere. Und dazwischen eingestreut liegen vielbesuchte, malerische Fachwerkstädtchen. Tief in den roten Sandstein eingegraben, prägt der Neckar mit seinen Flußschlingen den Südteil des Odenwaldes. Wilde Schluchten, Burgen und Schlösser begleiten diesen Fluß der Romantiker. An der sonnenverwöhnten Bergstraße im Westen gedeihen Obstbäume und Reben in einer heiter-südlich anmutenden Landschaft. Eine der eindrucksvollsten Burgruinen dieses schmalen Landschaftsstreifens zwischen Odenwald und Rheinebene ist auf einem steilen Bergkegel bei Bensheim das Auerbacher Schloß aus dem 13. Jahrhundert, das einen herrlichen Ausblick auf die nähere und fernere Umgebung bietet.

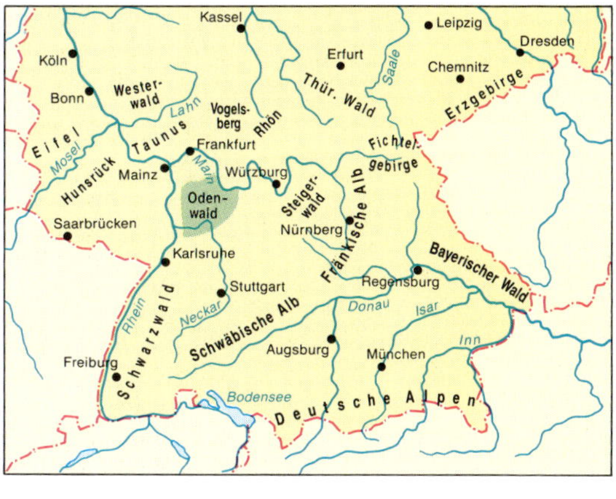

Lage Zwischen dem Main im Nordosten, dem Rodgau im Norden, dem Neckar im Süden und der Rheinebene im Westen; im Osten geht der Odenwald in das flache Bauland über
Ausdehnung Nord–Süd ca. 60 km; West–Ost ca. 60 km
Länder Hessen, Bayern, Baden-Württemberg
Höchste Erhebungen Katzenbukkel 626 m, Neunkircher Höhe 605 m, Hardberg 593 m, Tromm 580 m, Krehberg 575 m, Königstuhl 568 m
Wichtigste Flüsse Neckar, Mümling, Gersprenz, Weschnitz, Main
Landschaftsformen Auf kristallinen Gesteinen aufgebaute Mittelgebirgslandschaft mit Laubmischwäldern und Felsenmeeren im Vorderen Odenwald, Buntsandstein-Hochflächen im Hinteren Odenwald, tief eingeschnittene Flußtäler
Naturparks Naturpark Bergstraße-Odenwald; Naturpark Neckartal-Odenwald
Information Verein Naturpark Bergstraße-Odenwald, Gräffstr. 5, W-6148 Heppenheim 1, ☏ 06252/15377; Naturpark Neckartal-Odenwald, Kurzentrum, Kellereistr. 32–34, W-6930 Eberbach, ☏ 06271/87295; Fremdenverkehrsverband Odenwald-Bergstraße-Neckartal, Marktplatz 1, W-6120 Michelstadt, ☏ 06061/666; Fremdenverkehrsgemeinschaft Odenwald-Neckartal, Technisches Rathaus, W-6950 Mosbach, ☏ 06261/82236 und 82266; Tourist-Information Spessart-Main-Odenwald, Bayernstr. 18, W-8750 Aschaffenburg, ☏ 06021/39 4271; Odenwaldklub, Postfach 1270, W-6128 Höchst im Odenwald, ☏ 06163/4785

Viel besungen

Der Neckar – einst ein Fluß ganz nach dem Geschmack der deutschen Romantiker. In Liedern, Gedichten oder auch Romanen priesen neben anderen Clemens Brentano und seine Schwester Bettina von Arnim, Friedrich Hölderlin und Victor von Scheffel Beschaulichkeit und Märchenstimmung seines Umlandes.
Die geologische Geschichte dieses Gebiets ist höchst wechselhaft verlaufen. Unter dem heutigen Mittelgebirge wölbte sich die Erdkruste im Tertiär immer weiter empor, während der Rheingraben absank. Nicht nur Neckar und Main nagten am landschaftsprägenden Buntsandstein, auch die klimabedingte Verwitterung zermürbte das Gestein. Während im Osten, im Bauland, noch Muschelkalkschichten zutage treten, sind es im zentralen Odenwald die rund 400 m mächtigen, älteren Buntsandsteinschichten. Nur am westlichen Rand des Mittelgebirges verschwanden auch sie. Hier mußten sich der Neckar und seine Zuflüsse ihren Weg durch das uralte, aus dem Erdaltertum stammende kristalline Grundgebirge bahnen. Dieses Gestein birgt viele Erze und Mineralien. Es ist, so wollen es die Märchen und Sagen, die Schatzkammer der schmiedekundigen Zwerge.

»Durch schreckliche Finsternis Schauder erregend«

Der älteste Deutsche lebte wohl im Odenwald, genauer gesagt im Neckartal. Dort jedenfalls fand man 1907 den schätzungsweise 500000 Jahre alten Unterkiefer des Homo heidelbergensis in einer ehemaligen Schlinge des Flusses bei Mauer. Damals bevölkerten noch Flußpferde, Nashörner und Waldelefanten das Gebiet. Dann verwüsteten Eiszeiten das Land. Erst viel später entwickelte sich erneut ein dichter Wald.
In der Steinzeit siedelten in diesen Urwäldern nur wenige Menschen. Frühgeschichtliche Spuren finden sich vor allem an der Bergstraße. Gegen Ende des 1. Jh. wagten sich die Römer in den Odenwald. Der Limes sollte auch dort die Grenze zum Gebiet der Germanen sichern. Geheuer war den Legionären der Odenwald freilich nicht. Ammianus Marcellinus, ein Schriftsteller des 4. Jh., bezeichnete ihn als »durch schreckliche Finsternis Schauder erregenden Wald«.

Sagenhelden und Raubritter

Von der kurzen, ruhmreichen Zeit der frühmittelalterlichen Burgunderherrschaft handelt das Nibelungenlied. Darin spielt der Odenwald als das bevorzugte Jagdrevier von Siegfried, König Gunther und Hagen von Tronje eine Rolle. Auch die sagenhafte Quelle, an welcher der finstere Hagen den Helden Siegfried erschlug, soll im Odenwald zu finden sein. Um die Ehre, die »wahre« Siegfriedquelle zu besitzen, streiten sich allerdings gleich sechs Orte.
Intensiv besiedelt haben das Gebiet erst die christlichen Franken. Die Mönche der Klöster Amorbach, Fulda und Lorsch trieben die Kultivierungsarbeiten voran. Später, mit dem Machtverfall der Reichsklöster, begann der Aufstieg der Ritter. Es war die Zeit der Minnesänger und des Burgenbaus an Neckar und Bergstraße.
Doch aus Rittern waren gegen Ende des Mittelalters Raubritter geworden. Einige von ihnen, wie der berühmte Götz von Berlichingen, stellten sich im 16. Jh. gar den aufständischen Bauern zur Verfügung. Die Rebellion wurde blutig niedergeschlagen. Es folgten die Verwüstungen des Dreißigjährigen Krieges und verheerende Epidemien. Später ließen die Franzosenkriege das Land restlos verarmen. Viele Odenwälder wanderten ins Banat aus. Heute hat vor allem der Tourismus vielen der einst armen Waldgemeinden einen gewissen Wohlstand verschafft. Und in den größeren Tälern haben sich hier und da Industriebetriebe angesiedelt.

Geschundener Wald

Wie fast überall in Deutschland, nahm vom Mittelalter bis ins 19. Jh. hinein auch im Odenwald der Forst schweren Schaden. Brandrodung, Abholzungen für die Erzhütten, Waldweidewirtschaft, Köhlerei, Harz- und Teergewinnung hinterließen ihre verheerenden Spuren. Die wertvollen hochstämmigen Eichen wurden im großen Stil geschlagen und nach Holland verkauft. Zurück blieb vielerorts nur ein kümmerlicher Niederwald, und auch dieser wurde noch gewerblich genutzt: Er diente der Gerbstoffgewinnung bei der Ledererzeugung. Dabei schälte man von den geschlagenen jungen Eichenbäumchen mit dem »Schinner«, einem zuge-

spitzten Hartholzlöffel, die Rinde für die Gerberlohe ab. Das übriggebliebene Holz wurde verheizt, und auf dem entstandenen Kahlschlag baute man Kartoffeln oder Roggen an.

Das laugte den ohnehin schon nährstoffarmen Sandboden vollends aus. Eiche und Buche konnten nicht wieder angepflanzt werden. Im 19. Jh. versuchte man die Wiederaufforstung schließlich mit der »Odenwälder Saat« aus Fichte, Kiefer und Lärche. Das Ergebnis sind die großen Nadelwaldforste, die den Ostteil des Odenwaldes heute bedecken. Zur Jahrhundertwende pflanzten die Forstleute zudem nordamerikanische Weymouthkiefern und Douglasien an. Ganz anders präsentiert sich der Westteil des Mittelgebirges: Auf dem fruchtbareren Boden des kristallinen Odenwaldes bestimmen lichte Buchenforste das Bild.

Die Trockenrasen der Bergstraße sind der Lebensraum der Großblütigen Braunelle.

»Italien mitten in Deutschland«

Der staufische Kaiser Friedrich II. soll im 13. Jh. gesagt haben, an der Bergstraße wolle Deutschland Italien werden. Tatsächlich gestaltet sich die Landschaft hier südeuropäisch-lieblich. Steil erhebt sich der Westrand des Odenwaldes aus der Rheinebene. Obstbäume wachsen am Fuß der Hügel, und darüber erstrecken sich Weingärten bis hoch zum Wald, wo hier und da romantische Schloß- und Burgruinen aus dem Grün ragen. An diesen Hängen bauten die Römer, einem uralten Handelsweg folgend, die befestigte »strata viarum montana«, die Bergstraße. Ihr Name bezeichnet heute das gesamte, etwa 60 km lange Gebiet.

Mediterran gibt sich auch das Klima. Während im Hinteren Odenwald noch Winter herrscht, erwärmen hier früh im Jahr schon erste Sonnenstrahlen die Hänge. An der Bergstraße blühen Obstbäume deshalb auch zwei Wochen früher als auf den benachbarten Höhen. Auf dem fruchtbaren, warmen Lößboden gedeihen Mandelbäume, Eßkastanien, Feigen und natürlich Wein.

Der Bärlauch, der zwischen April und Juni in der bewaldeten Wolfsschlucht bei Zwingenberg blüht, verbreitet einen knoblauchartigen Geruch.

Die Bergstraße bietet auch vielen wärmeliebenden und einen trockenen Standort bevorzugenden Wildblumenarten Lebensraum: Küchenschelle, Orchidee und Akelei, Pechnelke und Großblütige Braunelle gedeihen auf Trockenrasen und in Steppenheidewäldern. In Parks und Gärten haben exotische Gewächse aus aller Welt eine neue Heimat gefunden. Der höchste Mammutbaum und die größte Libanonzeder nördlich der Alpen stehen hier. Bei Weinheim wächst sogar ein richtiger Exotenwald.

Route 1 Vom Neckartal zum Katzenbuckel

Schluchten, Burgen, Zauberwelten

1 Heidelberger Schloßgraben

Nur wenigen Besuchern des Heidelberger Schlosses wird ein interessanter geologischer Aufschluß am Schloßgraben auffallen. Der Graben markiert die Grenze zwischen den wichtigsten Gesteinsformationen des Odenwaldes: Unterhalb des Schlosses liegt Granit, darüber befindet sich Buntsandstein.

Der Aufschluß befindet sich direkt neben der Treppe, die rechts von der Brücke über den Schloßgraben nach unten führt. Hier sind auch die aus Granit- und Porphyrbrocken zusammengebackenen Felsen des Rotliegenden noch erkennbar. Das Gestein stammt aus dem Perm. Es entstand vor rund 270 Millionen Jahren, als das Grundgebirge des Odenwaldes verwitterte. Erst später bildete sich, begünstigt durch ein wüstenhaftes Klima, der darüberliegende Buntsandstein des Odenwaldes. Nach diesem Blick in die Tiefen der Erde bietet der barocke Schloßgarten noch vielfältige und faszinierende Ausblicke auf die Stadt.

2 Heidelberger Felsenmeer

Ein ungestört wuchernder »Urwald« aus Buchen, Birken, Eichen, Hainbuchen und Eschen gedeiht zwischen den flechten- und moosüberwucherten Felsbrocken des Heidelberger Felsenmeeres. Das unter Naturschutz stehende Blockmeer aus Buntsandsteinfelsen befindet sich oberhalb von Schlierbach am Osthang des Königstuhls, des 568 m hohen »Hausbergs« von Heidelberg.

Wegen starken Windbruchs ist das Felsenmeer von Schlierbach aus kaum zu erreichen. Statt dessen kann man den Weg vom Parkplatz auf der Spitze des Königstuhls nehmen; die von der Heidelberger Altstadt dorthin führende Straße ist ausgeschildert. Beim Fernsehturm geht man rechts. Nach kurzem Weg ist auf einem Steinquader der Pfad zum Felsenmeer angegeben. Er führt etwa eine halbe Stunde lang stetig bergab.

In der Nähe des Parkplatzes befinden sich ein Märchengarten und Gaststätten. Vom Fernsehturm hat man überdies eine weite Aussicht auf Neckar- und Rheintal, Heidelberg und den Odenwald. Zum Turm fährt von der Heidelberger Altstadt auch eine Bergbahn.

Route 1
Vom Neckartal zum Katzenbuckel

Die Naturschönheiten des Neckartals ziehen Besucher schon seit Jahrhunderten in ihren Bann. Auf der etwa 80 km langen, durch tiefe Schluchten und über den höchsten Odenwaldgipfel 6 führenden Strecke kann sich jeder davon überzeugen, daß die Landschaft bis heute viel von ihrem Zauber bewahrt hat. In Heidelberg 1 2, dem Ausgangspunkt der Route, bieten zahlreiche Gaststätten und Lokale sehr gute Einkehrmöglichkeiten. Von gutbürgerlichem Ambiente bis zur Studentenkneipe mit ihrem speziellen Flair hat man hier die Qual der Wahl.

Streckenverlauf:

A 5 Ausfahrt Heidelberg zum Heidelberger Schloßgraben 1; direkt von der Heidelberger Altstadt hinauf zum Königstuhl und zum Heidelberger Felsenmeer 2; zurück nach Heidelberg und von dort, auf der B 37 den Schlingen des Neckars folgend, bis direkt vor Neckarsteinach zum Parkplatz unterhalb des Schwalbennestes 3; weiter auf der B 37 über Eberbach zur Wolfsschlucht bei Zwingenberg 4; nun nach Neckargerach, dort links ab aus dem Neckartal Richtung Waldbrunn und zu einem Abstecher zur Margaretenschlucht 5; danach weiter Richtung Waldbrunn, in Oberdielbach Richtung Mudau abbiegen, vom nächsten Ort Waldkatzenbach aus zum Katzenbuckel 6; nun über Strümpfelbrunn auf einer engen, kurvenreichen Straße durch den stillen Höllgrund 7 Richtung Gaimühle; dort scharf nach rechts abbiegen, die Straße nach Reisenbach zum Felsenhaus am Reisenbacher Grund 8 ist nicht ausgeschildert.

Sie bildet den Abschluß dieser Reise durch ein Land, in dem Sagen, Märchen und Lieder aus vergangener Zeit noch heute lebendig sind.

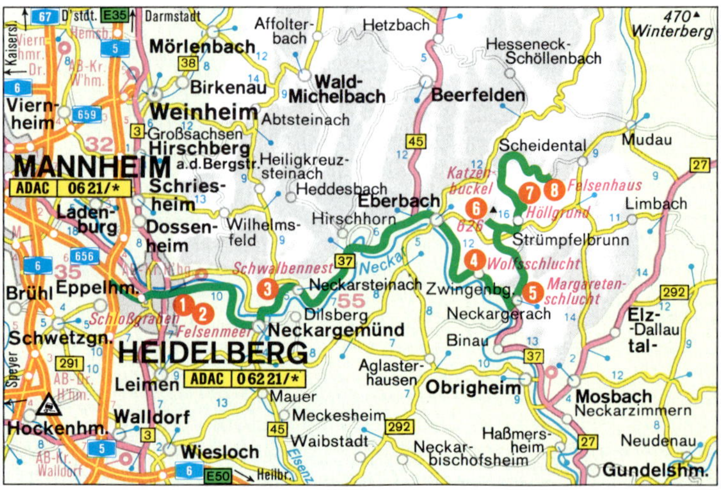

❸ Schwalbennest von Neckarsteinach
Malerisch erheben sich vier Burgen über das enge Flußtal bei Neckarsteinach. Besonders stolz überragt die Ruine Schadeck die hohen, roten Sandsteinfelsen. Zu Recht trägt sie auch den Namen Schwalbennest. Im Areal zwischen Bahnlinie und Burg brach man früher Steine, und sogar Wanderfalken brüteten in diesem abgeschiedenen Gelände. Heute steht es unter Naturschutz und ist nicht ganz leicht zugänglich. Man erreicht es zu Fuß vom Parkplatz an der Straße zwischen Kleingemünd und Neckarsteinach aus. Durch eine Bahnunterführung gelangt man auf einen Grill- und Rastplatz direkt unterhalb einer Felswand, von der ein kleiner Wasserfall herabstürzt. Am Parkplatz beginnt auch ein 3½–4 km langer Waldlehrpfad, der durch einen Eichen- und Buchenmischwald die Steilhänge hinauf zu den vier Burgen führt.

❹ Wolfsschlucht bei Zwingenberg
Wildromantisch hat sich in der Wolfsschlucht bei Zwingenberg ein Bach tief in den Buntsandstein eingegraben. Kein Wunder, daß diese Schlucht den Komponisten Carl Maria von Weber zur eindrucksvollsten Szene seiner Oper »Der Freischütz« anregte. Üppig wuchern hier die Pflanzen. Umgestürzte Bäume, von steilen Felsen herabrieselndes Quellwasser und

Wildromantisch: die enge, üppig bewachsene Wolfsschlucht bei Zwingenberg.

Über dem Flußtal bei Neckarsteinach erhebt sich die Vorderburg. Zwischen dem Ort und Heidelberg verkehren regelmäßig Ausflugsschiffe.

Neckarsteinach: die Burg Schadeck, auch Schwalbennest genannt.

Laubmischwald, Moose und Farne säumen die idyllische Margaretenschlucht bei Neckargerach: Über hohe Sandsteinstufen fällt hier der Flursbach hinunter zum Neckar.

überhängende Klippen, an denen Moose und Farne gedeihen, erwecken ein Bild ursprünglicher Wildheit. Am Parkplatz bei der Gaststätte »Wolfsschlucht«, direkt am Ortseingang von Zwingenberg, beginnt ein Weg, der nach der Unterquerung der Bahngleise zur Wolfsschlucht führt. Direkt am Eingang der Schlucht, die im Frühjahr kräftig nach Bärlauch duftet, liegt auch das Schloß Zwingenberg (geöffnet Mai–Sept. Di–Fr, So 14–17 Uhr; während der Festspielzeit eingeschränkt; im Sommer wird hier im Burghof Webers »Freischütz« aufgeführt).

5 Margaretenschlucht bei Neckargerach

Das Wasser des Flursbachs bei Neckargerach fällt über treppenartige Sandsteinstufen und Felsbrocken tief hinunter zum Neckar. Auf 450 m Länge überwindet er 130 m Gefälle. Bei Hochwasser schwillt das Bächlein zu einem tosenden Wildbach an: Dann stürzt über 50mal mehr Wasser als zu normalen Zeiten durch die Margaretenschlucht. Hier, in kühler, feuchter Luft, gedeihen Moose und Farne besonders gut. Ein Wald aus Hainbuchen, Stieleichen, Rotbuchen, Winterlinden und den sonst selten anzutreffenden Flatterulmen säumt die steilen Hänge. Der Weg zur Schlucht ist von Neckargerach an ausgeschildert. Ein kleiner Parkplatz befindet sich am Ortsrand. Von dort führt ein etwa 3 km langer Rundweg am Hang des Neckars entlang durch die Schlucht und über den Gickelfelsen zurück. Halteseile sichern den steilen Pfad, der bei Regen allerdings schlecht begehbar ist. Parkplätze sowie ein Spiel- und Grillplatz befinden sich auch an der Straße nach Reichenbuch und am Gickelfelsen.

6 Katzenbuckel

Auf dem Aussichtsturm des Katzenbuckels, der mit 626 m höchsten Erhebung des Odenwaldes, kann man den Blick über die Hügel und Täler einer zauberhaften Landschaft schweifen lassen. Bei guter Sicht erscheint am Horizont sogar der Stuttgarter Fernsehturm. Die Lavafelsen des Gipfelbereichs geben einen deutlichen Hinweis auf die Entstehungsgeschichte des Katzenbuckels: Sie sind die Reste eines Vulkanschlots. In einem Steinbruch wurde Juragestein gefunden, das sonst im Odenwald nirgends vorkommt. Die in den Schlot gestürzten Felsbrocken lassen erkennen, daß über dem Buntsandstein des Odenwaldes einst eine weitere mächtige Gesteinsdecke lag. Diese mindestens 400 m dicke Schicht ist im Laufe von Jahrmillionen gänzlich abgetragen worden. Die Zufahrt zum Katzenbuckel ist ab Waldkatzenbach ausgeschildert. Vom Parkplatz am Gasthaus »Turmschenke« gelangt man zu Fuß in etwa zehn Minuten durch einen Buchenwald zum Gipfel. Dort beginnt der Wald- und Naturlehrpfad Katzenweg, der in etwa 1½ Stunden zurück nach Waldkatzenbach führt.

Mit 626 m ist der Katzenbuckel, eine Vulkanruine bei Eberbach, die höchste Erhebung des Odenwaldes. Von seinem Aussichtsturm schweift der Blick hinab ins Neckartal und über bewaldete Hügel und Täler bis in den Mittleren Neckarraum.

7 Höllgrund

Nur eine schmale Straße durchquert das kleine, stille Tal mit seinen feuchten Wiesen, durch das sich in vielen Mäandern der Höllbach windet. Ringsum ist es von einem Wald aus Erlen und Eschen umgeben. Bauernhöfe, zu Gasthäusern umgestaltet, laden zum Verweilen in dieser landschaftlichen Idylle ein. Wer den Höllgrund auf einer Wanderung kennenlernen will, kann sein Auto auf einem der beiden Parkplätze an der Straße von Strümpfelbrunn nach Gaimühle stehen lassen; dort beginnt eine ganze Reihe von Rundwanderwegen durch das Landschaftsschutzgebiet inmitten des Naturparks Neckartal-Odenwald.

8 Felsenhaus am Reisenbacher Grund

Tief verborgen in einem Tal am Ostrand des Odenwaldes liegt der Reisenbacher Grund. Die Ortschaft Reisenbach besteht nur aus wenigen Häusern. Noch ungestört kann das Wasser des Reisenbachs zwischen Erlen und Farnen, Wiesen und Weiden hier seine verschlungene Bahn ziehen. In diesem einsamen Tal läßt es sich gut wandern – z.B. zum Naturdenkmal Felsenhaus. Ein mit einer roten Raute markierter Weg führt auf der Talseite gegenüber dem Parkplatz am »Gasthaus im Grund« nach rechts. Nach Übersteigen eines Wildgatters geht es bergauf in Richtung Felsenhaus, vorbei an den Überresten eines verlassenen Dorfes. Etwa 2,5 km weiter, kurz vor der Wegkreuzung am Steinernen Tisch, liegt links des Pfades das Felsenhaus im Wald. Mächtige Sandsteinfelsen liegen hier übereinandergetürmt. Unter einem von ihnen könnten sogar mehrere Personen bequem Platz finden. Der Überlieferung nach haben hier der Räuber Hölzerlips und der berüchtigte Schinderhannes ihr Versteck gehabt – es soll hier sogar noch ein Schatz vergraben liegen.

Glück auf!

Fast alle historischen Bergwerke des Vorderen Odenwaldes sind heute nur noch Fledermäusen zugänglich. Der Bergwerksgruppe des Schriesheimer Verkehrsvereins ist es zu verdanken, daß eines von ihnen, das über 500 Jahre alte Silberbergwerk »Anna-Elisabeth«, nun auch wieder für Besucher begehbar ist (bei 9). Sie können die zum Teil noch aus dem Mittelalter stammenden Schächte der Grube, in der zuletzt 1817 silberhaltige Erze abgebaut wurden, während einer etwa 45 Minuten dauernden Führung besichtigen (April–Okt. an jedem 1. So im Monat 11–17 Uhr geöffnet; Gruppen nach Anmeldung, ☏ 06203/643 29). Da direkt vor der Grube an der Talstr. 157 keine Parkmöglichkeit besteht, sollten Besucher am Schriesheimer Festplatz parken.

Route 2 Nördlicher Odenwald

Wo die Meere aus Felsen sind

9 Schriesheimer Schwerspatschlucht

In den kristallinen Gesteinen des Vorderen Odenwaldes lagern Erze und Mineralien, die früher auch bergmännisch abgebaut wurden. So gewann man etwa an der Schriesheimer Schwerspatschlucht Baryt, ein Mineral für

Eines der romantischsten Odenwaldtäler ist der am Ostrand gelegene Reisenbacher Grund. Im Wald verborgen befindet sich ein Felsenhaus aus mächtigen Sandsteinplatten, das dem Räuberhauptmann Schinderhannes als Versteck gedient haben soll.

die Farbenindustrie. In der mehrere hundert Meter langen, bis zu 10 m tiefen und an der breitesten Stelle 3,5 m messenden Schlucht kann man die Barytminerale noch immer an den Wänden erkennen. Nicht zu übersehen sind die weißen, wie Perlmutt glänzenden Kristalle des Schwerspats. Um zur Schwerspatschlucht zu gelangen, parken Sie am besten an der Hauptstraße von Schriesheim nach Wilhelmsfeld in der Nähe der Pension »Freyhof«. Von dort führt eine Schotterstraße durch das idyllische Weite Tal. An der Gabelung nach etwa 1,5 km rechts halten. Kurz nach einem Kompressorhäuschen geht links ein Waldweg ab. Von diesem Weg abzweigend, führt nach etwa 40 m ein schmaler Pfad hinauf zur Schlucht.

(10) Tromm

Der Irenenturm auf dem Gipfel der Tromm ist der wohl schönste Aussichtspunkt des Odenwaldes. Die Rheinebene, die Laubwälder und kleinen Täler des Vorderen Odenwaldes sowie die großen, dunklen Nadelholzwälder des Buntsandstein-Odenwaldes lassen sich von hier aus bestens überblicken. Der markante Rücken des 580 m hohen Bergs ist ein beliebtes Erholungs- und Skigebiet. Ein mit einer »2« markierter Rundweg führt vom Parkplatz am Fuß der Tromm in etwa 2 Stunden zum Turm und zurück. Er führt an einigen markanten Felsklippen aus Granit vorbei. Vielleicht sehen Sie hier den Steinschmätzer, der im Odenwald nur auf der Tromm vorkommt. Sie sollten den Weg im Uhrzeigersinn gehen und sich die Schlüssel zum Turm von der Familie Oberle geben lassen. Der Weg zu ihrem Haus ist ausgeschildert. An Wochenenden ist der Turm meist ohnehin geöffnet.

(11) Siegfriedbrunnen

Etwa 30 Gehminuten südöstlich von Grasellenbach liegt, auf einer Anhöhe inmitten eines Fichtenwaldes, die wohl bekannteste der vielen

Route 2
Nördlicher Odenwald
Geschäftige Städtchen an der Bergstraße, kleine Walddörfer, stille Erholungsorte und 6000 km markierte Rundwege – die Naturvielfalt im Odenwald läßt sich auf angenehme Weise auf der 180 km langen Rundfahrt erkunden.
Streckenverlauf:
A 5 Ausfahrt Ladenburg nach Schriesheim zur Schriesheimer Schwerspatschlucht (9); weiter nach Wilhelmsfeld, nach weiteren 3 km links über Wald-Michelbach bis nach Affolterbach, von dort zunächst ein Abzweig nach links zur Tromm (10); zurück nach Affolterbach und ein zweiter Abstecher geradeaus zum Siegfriedbrunnen bei Grasellenbach (11); von Affolterbach nun nach Beerfelden, dort links auf die B 45 nach Erbach, kurz vor Erbach führt ein kleiner Abstecher rechts über Erlenbach und Bullau zum Ebersberger Felsenmeer (12); zurück nach Erbach, dort rechts auf die B 47 und zur Erdbachschwinde (13); zurück zur B 45, Richtung Höchst, etwa 8 km hinter Höchst links auf die B 426 abbiegen, in Lengfeld nun rechts nach Habitzheim, weiter Richtung Spachbrücken und vor dem Ort, hinter der Tannenmühle, zum Reinheimer Teich (14); weiter über Spachbrücken nach Reinheim, ab hier ein kurzes Stück auf der B 38 bis Groß-Bieberau, dort weiter über Fischbachtal nach Brandau, nun nach Beedenkirchen und zum Felsenmeer bei Reichenbach (15); zurück nach Beedenkirchen und über Wurzelbach zum Auerbacher Schloß und zum Melibokus (16), nun auf die B 3 und in südlicher Richtung nach Weinheim zum Exotenwald (17); anschließend zurück nach Schriesheim zur A 5.
In der touristisch gut erschlossenen Region gibt es zahlreiche Einkehr- und Übernachtungsmöglichkeiten.

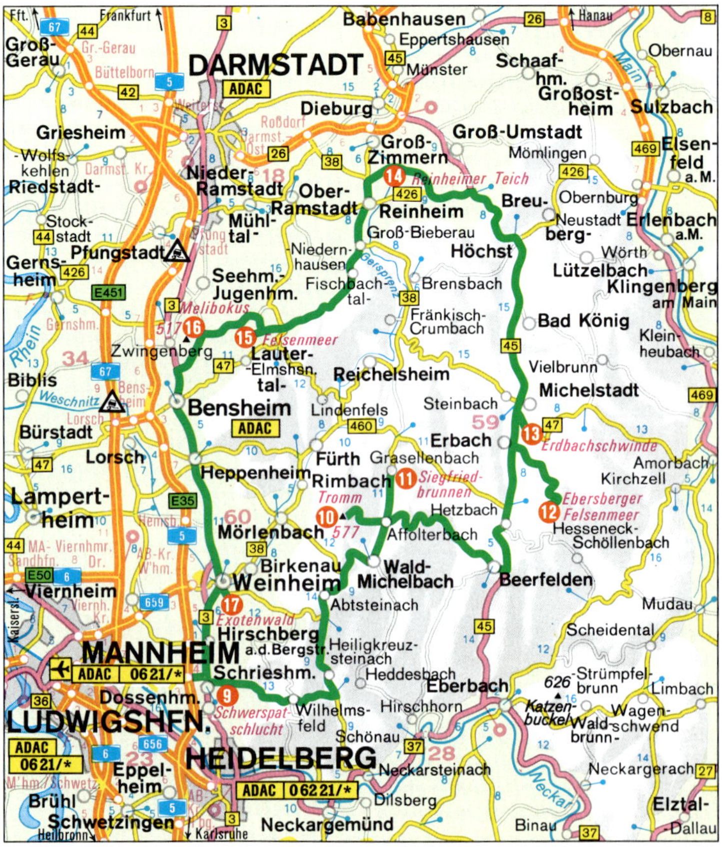

»Siegfriedquellen« im Odenwald. Ein Steinkreuz mit einer eingemeißelten Strophe aus dem Nibelungenlied erinnert an den Tod des Helden – sofern er je gelebt hat. Das auf der gegenüberliegenden Seite von Grasellenbach gelegene Gassbachtal ist eines der am meisten besuchten Wiesentäler im Odenwald. Ein etwa 2,5 km langer Naturlehrpfad erschließt durch einen idyllischen Mischwald das attraktive Hochtal.

12 Ebersberger Felsenmeer

In Gebhardshütte, einer kleinen, einsam gelegenen Waldsiedlung, die man vom Ortseingang Erbach aus über Bullau erreicht, beginnt die Wanderung zum Ebersberger Felsenmeer. Durch dichten Fichtenwald führt ein mit einer »2« markierter Weg in etwa 25 Minuten zu einer eindrucksvollen Blockhalde aus Buntsandstein.
Die sehr scharfkantigen und teilweise ineinander verkeilten Felsen, auf denen Moose und Farne gedeihen, liegen in einem kleinen Buchenwald verborgen. Wie die anderen Felsenmeere im Hinteren Odenwald sind sie Überreste einer harten, durch Kieselsäure gefestigten Buntsandsteinschicht. Die von der Frostverwitterung zerstückelten Sandsteinblöcke blieben liegen, während der feinkörnige Boden längst weggeschwemmt wurde.

13 Erdbachschwinde bei Erbach

Der Erdbach bei Erbach bringt das Kunststück fertig, durch eine breite Felsbarriere, die seinen Lauf quert, einfach hindurchzufließen. In mehreren »Schlucklöchern« verschwindet das Wasser und sickert durch unterirdische Höhlensysteme im klüftigen Muschelkalk. Etwa 100 m weiter tritt es in einem großen Quelltrichter wieder zutage. Die Erdbachschwinde finden Sie am Sportplatz von Erbach. Von der B 47 biegen Sie dazu nach rechts auf die ausgeschilderte Straße nach Erbach ab. Gleich darauf nochmals rechts in die Eulbacher Straße. Wenige Meter nach dem Abzweig zur Danziger Straße besteht links eine Parkmöglichkeit. Von der Straße hinunter zum Sportplatz gehen Sie nach links weiter zur Erdbachschwinde. Den Wiederaustritt des Wassers kann man vom Anfang der Danziger Straße aus überblicken.

Der 580 m hohe Aussichtsberg Tromm liegt zwischen dem laubwaldbedeckten Vorderen Odenwald und dem Hinteren Odenwald mit seinen Nadelwäldern.

Ist die in Stein gefaßte Quelle bei Grasellenbach tatsächlich die Stelle, wo Hagen den Helden Siegfried erschlug?

Ein Baumgreis
Die Dicke Eiche bei Airlenbach (zwischen 11 und 12) ist eine der mächtigsten ihrer Art in Deutschland. Baumchirurgen mußten ihr ein gewaltiges Stützkorsett verpassen. Ihr hohler Stamm böte gleich mehreren Personen bequem Platz. Obwohl an den wenigen noch verbliebenen Wipfelästen in jedem Frühjahr neues Grün treibt, sind die Jahre dieses 800–1000 Jahre alten Eichengreises gezählt. Die Dicke Eiche steht außerhalb von Airlenbach an der Straße von Wald-Michelbach nach Beerfelden, direkt an der Abzweigung nach Hirschhorn.

Gestaltete Landschaft
Im Sinne der Romantik und des Klassizismus hat im 19. Jh. der Gartenbaukünstler Friedrich Ludwig von Sckell im Auftrag des Grafen Franz I. zu Erbach-Erbach den wunderschönen Englischen Garten bei Eulbach angelegt (bei 13). Die alten, teilweise exotischen Bäume bilden mit Teichen und Weihern, der nachgebauten Ruine der »Eberhardsburg« und den antiken Denkmälern eine reizvolle Einheit. In Wildgehegen leben Schwarzwild, Rot- und Damhirsche und als besondere Attraktion eine Wisentherde. Der Englische Garten (☏ 06061/2590, Jagdschloß Eulbach) in Eulbach ist tägl. von 9 bis 17 Uhr geöffnet.

Von der Anwesenheit der Römer, die am Felsberg bei Reichenbach eine Steinmetzwerkstatt betrieben, zeugt unter anderem diese Riesensäule aus Diorit.

14 Reinheimer Teich

Große Schilfbestände, Feuchtwiesen und offene Wasserflächen bilden das Vogelparadies des Reinheimer Teichs. Auf dem unter Naturschutz stehenden, zum größten Teil allerdings verlandeten Teichgelände brüten Krick- und Knäkenten, Rohrweihen, Schilf- und Drosselrohrsänger, Tüpfelsumpfhühner, Bekassinen und Kiebitze, daneben die Zwergrohrdommel und die Große Rohrdommel. Mit den durchziehenden Vogelschwärmen kommen noch weitere seltene Gäste zum Reinheimer Teich. Ein Parkplatz befindet sich am Kopf des Deichwegs. Die Zufahrt zweigt kurz hinter dem Tannenhof von der Straße ab. Vom Deichweg aus hat man einen guten Einblick auf das Gelände. Da Besucher das Naturschutzgebiet nicht betreten dürfen, sollte man ein Fernglas mitnehmen.

15 Felsenmeer bei Reichenbach

Die wohl bekannteste Natursehenswürdigkeit des Odenwaldes ist das Felsenmeer auf dem Felsberg. Eigentlich sind es sogar mehrere Felsenmeere, in denen sich Tausende von rundlichen, grauen Blöcken zusammendrängen. Von Buchenwald überdacht, ziehen sie sich in langen steinernen Zungen die Hänge des Felsbergs hinunter. Diese rundlichen Felsen bestehen im Unterschied zum Buntsandstein bei Ebersberg aus Quarzdiorit, einer Spielart des Diorits. Bei seiner Entstehung bildete das graue Tiefengestein zunächst ein gewaltiges Massiv. Doch bald entstanden Klüfte und Risse in der Gesteinsmasse, durch die Wasser eindringen konnte. Die im Diorit enthaltenen Biotitkristalle verwitterten, Wasser und Frost nagten an den scharfen Kanten der Blöcke, und die abgesprengten Körner wurden rasch fortgeschwemmt. Übrig blieben die rundlichen Blöcke, die aus dem festen Gesteinskern bestanden und der Verwitterung nur wenig Angriffsfläche boten. Einen Teil dieser Felsen bearbeiteten vor über 1500 Jahren römische Steinmetzen. Die behauenen Steine verschifften die Römer bis nach Trier. Einige der Werkstücke, wie etwa eine 9,25 m lange und 27,5 t schwere, nicht mehr abtransportierte Riesensäule, können Besucher noch heute hier bestaunen. Mehrere Wege führen dorthin: Bei Beedenkirchen am Parkplatz »Römersteine« beginnt ein Geologischer Lehrpfad. Von Reichenbach aus ist der Weg zum Parkplatz »Felsenmeer« beschildert. Von dort erreicht man das untere Ende der Felsansammlung in wenigen Minuten.

16 Melibokus bei Bensheim

Das Wahrzeichen des nördlichen Odenwaldes, der 517 m hohe Melibokus, heißt eigentlich ganz schlicht Malchen. Mit Melibokus hatte der antike Geograph Ptolemäus ursprünglich den Harz gemeint, fälschlich

Ein faszinierendes Durcheinander unzähliger abgerundeter Dioritblöcke, die im Tertiär durch Verwitterung entstanden sind, ist das sich über die bewaldeten Hänge des Felsbergs bei Reichenbach ergießende Felsenmeer.

wurde der Name dann auf den markanten Kristallinkegel oberhalb des Zwingenbergs übertragen. Direkt aus der Rheinebene erheben sich seine Hänge, die im unteren Teil mit Reben und Obstbäumen, darüber mit alten, hochstämmigen Buchen bedeckt sind. Auf dem Gipfel steht ein Aussichtsturm, von dem aus man weit über den Odenwald, die Rheinebene und bis hin zum Spessart blicken kann (Öffnungszeiten je nach Witterung). Den Aufstieg beginnt man am besten am Parkplatz »Not Gottes« in der Nähe des Auerbacher Schlosses. Von dort gelangt man auf dem Weg Nr. 6 in etwa 2½ Stunden zum Aussichtsturm und zurück. Auch vom Auerbacher Schloß aus hat man eine wunderschöne Sicht (geöffnet tägl. außer Mo 10–18 Uhr).

17 Weinheimer Exotenwald

Wer unter Mammutbäumen spazierengehen und auch ohne Fernreise eine fremdartige Vegetation erleben möchte, ist im Weinheimer Exotenwald bestens aufgehoben. Rund 80 exotische Baumarten sind hier in der zweiten Hälfte des 19. Jh. angepflanzt worden, um ihr Wachstum im für deutsche Verhältnisse konkurrenzlos milden Klima der Bergstraße zu studieren. Sumpfzypressen und japanische Sicheltannen, Mammutbäume und Libanonzedern sind inzwischen zu einem in Deutschland einzigartigen Wald herangewachsen. Ein 4,4 km langer Rundweg führt zu fast allen Baumarten, die zudem auf Informationstafeln vorgestellt werden. Zugang zum Exotenwald haben Sie vom Weinheimer Schloßpark aus. Der Park ist immer zugänglich. Dort oder in der Nähe der malerischen Altstadt finden Sie auch einen Parkplatz. Im Park können Sie übrigens die mächtigste Libanonzeder Deutschlands bestaunen, einen rund 240 Jahre alten Baum mit 4,5 m Stammumfang und 25 m Höhe.

Ein Vogelparadies: der von Feuchtwiesen umgebene Reinheimer Teich.

Die höchste Erhebung der Bergstraße ist der Melibokus bei Bensheim, ein markanter, 517 m hoher Laubwaldkegel, der von einem Aussichtsturm überragt wird.

Europas größter Mammutbaum

Das warme Klima der Bergstraße läßt viele exotische Pflanzen gedeihen. Im Fürstenlager bei Auerbach (bei 16), ehemals Sommerresidenz der Darmstädter Landgrafen und heute staatlicher Kurpark, entstand Ende des 18. Jh. ein romantischer Park. Etwa 50 zum Teil schon recht alte exotische Baum- und Straucharten verleihen dem Park einen besonderen Reiz. Pflanzungen von so fremdartigen Gewächsen wie der aus China stammenden Paulownie – auch Blauglockenbaum genannt –, von Sumpfzypressen und Libanonzedern gehen in heimischen Wald über. Die besondere Attraktion aber ist Europas höchster Mammutbaum: Das im Fürstenlager wachsende Exemplar hat eine Höhe von 53 m erreicht.

Wie eine grüne Mauer, bis zu 250 m hoch und rund 160 km lang, ragen die bewaldeten Keuperberge Frankens auf; im Westen fallen sie steil zu den flachwelligen mainfränkischen Gäulandschaften ab. Das Bergland besteht hauptsächlich aus Sandsteinen, die hier vor etwa 210 Millionen Jahren abgelagert wurden. Sie verwittern zu einem nährstoffarmen, steinigen Boden, der dem Wald vorbehalten bleibt. Die ausgedehnten

Wälder dieses Berglandes trennt heute der steile Einschnitt des Maintals – hier bei Volkach – in den Steigerwald im Süden und die Haßberge im Norden. Umrahmt von Gebirgen, breiten sich die mainfränkischen Gäulandschaften auf älteren Kalksteinschichten aus, die hier und dort noch eine Decke aus fettem Lößlehm tragen – ein Untergrund, dem heute der Frankenwein seinen Ruf verdankt.

34 Mainfranken, Steigerwald und Haßberge

Wald- und Weinromantik

Lage Zwischen der Mainsenke und der Kitzinger Platte im Westen, der Rhön im Norden, den Tälern von Itz und Main im Osten sowie der Aisch im Süden und der Tauber im Südwesten
Ausdehnung Nord–Süd ca. 80 km; West–Ost ca. 90 km
Land Bayern
Höchste Erhebungen Haßberge: Nassacher Höhe 506 m, Bramberg 495 m; Steigerwald: Hohenlandsberg 498 m, Scheinberg 498 m
Wichtigste Flüsse Main, Aisch, Fränkische Saale
Landschaftsformen Mittelgebirgslandschaft mit tief eingeschnittenen Flußtälern und Hochebenen, Schichtstufenabfall nach Westen mit vorgelagerten Zeugenbergen
Naturparks Naturpark Steigerwald, Naturpark Haßberge
Information Fremdenverkehrsverband Franken, Am Plärrer 14, W-8500 Nürnberg 80, ☏ 0911/264202; Tourist Information Steigerwald, Postfach 28, W-8612 Ebrach, ☏ 09553/217; Tourist Information Haßberge, Rathaus, Obere Sennigstr. 4, W-8729 Hofheim/Unterfranken, ☏ 09523/267; Tourist Information Fränkisches Weinland, Zeppelinstr. 15, W-8700 Würzburg, ☏ 0931/8003-246

Die Waldberge hinauf

Wie trutzige Wachtürme versperren im Westen der Hohenlandsberg (498 m) und der Schwanberg (472 m) ❹ dem Besucher die Zufahrt zum Steigerwald ❶–❻. Hier am Westabfall mit seinen Zeugenbergen ❸ ❺, kegelförmigen Höhen ❷ und Schluchten, die Bäche auf der Suche nach dem kürzesten Weg gruben, gedeiht eine teilweise urwüchsige Vegetation: Auf brachliegenden Weinbergflächen wachsen vereinzelt noch Wildtulpe, Milchstern und Riemenzunge, auf den Gipshügeln im westlichen Vorland wie etwa bei Gerolzhofen konnten sich Reste echter Steppenflora erhalten. Auch wer von Norden her kommt ❻, muß die Höhen mühsam erklimmen, was dem Gebiet auch seinen Namen einbrachte: Steigerwald.

Weil er ein bevorzugtes Jagdgebiet von Bischöfen und weltlichem Adel war, blieb er von der Axt verschont und ist heute Bayerns größtes zusammenhängendes Laubwaldgebiet. Wanderer und Naturliebhaber schätzen seine Buchenwälder mit dem dazugehörigen Unterwuchs und einer artenreichen Fauna.

Von Westen her steil aus der Ebene aufsteigend, dokumentiert das Keuperbergland die ganze Schichtfolge vom Muschelkalk über Gips- und schmale Lettenkeuperbänder, harte, stufenbildende Sandsteine des Keupers bis zu Lias-Deckschichten des Juras. Nach Osten hin neigt sich, kaum merklich, das Gelände und läuft hier, Richtung Regnitztal, in einer beeindruckenden Weiherlandschaft ❶ aus, die u.a. gespeist wird vom Wasser der träge und ohne großes Gefälle dahinfließenden Flüsse. In und an den Seen sind seltene Sumpf- und Wasserpflanzen, verschiedenste Amphibien wie Grünfrosch, Erdkröte und Teichmolch sowie eine artenreiche Wasservogelwelt anzutreffen.

Nur durch den Main vom Steigerwald getrennt und ihm geologisch sehr ähnlich, ziehen sich die Haßberge ❼–❿ über fast 50 km zur Fränkischen Saale hin. Als geologische Besonderheit seien die Basaltpfropfen am Bramberg ❽ erwähnt, die mit dem tertiären Vulkanismus der nahen Rhön zusammenhängen. Nur an einigen wenigen Stellen kommen sie an die Oberfläche und tragen dann ein Pflanzenkleid, das sich deutlich von dem der Umgebung unterscheidet.

Dort, wo die meist tonigen Liasschichten in Resten erhalten sind, präsentiert sich die Flora ebenfalls besonders reichhaltig wie bei Unfinden, nahe Königsberg ❼. Ansonsten herrschen in den Haßbergen Mischwälder vor, in denen die Kiefern überwiegen – je weiter man nach Osten kommt, desto stärker nimmt die Monokultur zu.

Nordwestlich von Bamberg liegt der Naturpark Haßberge, eine Keuperlandschaft mit sanft ansteigenden Höhen, die nach Westen steil abfallen. Mischwälder herrschen hier vor, vereinzelt gibt es aber noch reinen Laubwald.

Heiter und trocken...

»Muschelkalk«: Das ist das entscheidende Stichwort zur Geologie Mainfrankens 11–19, selbst wenn dieses landschaftsbildende Gestein an vielen Stellen von Lößlehmböden und Gipskeuperschichten überlagert ist. Muschelkalk ist in dieser Gegend ein beliebtes Baumaterial, und aus Muschelkalk bestehen auch die meisten Natursehenswürdigkeiten hier: die Felsen im tief eingekerbten Tal des Mains (z. B. 15 17) und seiner Nebenflüsse, die steilen Prallhänge mit ihren Versteinerungen und die markanten Umlaufberge. Weil Mainfranken im Regenschatten der umrahmenden Gebirge liegt, bleibt an manchen Orten, wie etwa im Schweinfurter Becken, die jährliche Niederschlagsmenge unter 600 mm, und Moore wie das Zeubelrieder Moos bei Sommerhausen 12 sind sehr selten. Der Sommer verwöhnt hier in aller Regel die Vegetation mit überdurchschnittlichen Temperaturen.

Wo diese Faktoren – Untergrund und Klima – in derartiger Weise zusammenkommen, wächst ein guter Wein und gedeihen charakteristische und mittlerweile in ganz Europa gefährdete Pflanzengesellschaften, deren Farbenpracht zutiefst beeindruckt. Insgesamt findet der Besucher in Unterfranken eine reich gegliederte Landschaft mit unterschiedlichen Vegetationsformen: die sonnendurchglühten, rebbewachsenen Hänge im Maintal sowie die fruchtbare Gäulandschaft Mainfrankens mit Feldern, Wiesen und kleinen Waldinseln; den westlich steil aufsteigenden Trauf des Steigerwaldes mit Weinlagen und waldbedeckten Spornen, der nach Osten in eine anmutige, wellige Mittelgebirgslandschaft übergeht; sowie die Haßberge mit ihren sanft ansteigenden Höhen, bewaldeten Rundkuppen und lieblichen, zu Spaziergängen einladenden Wiesentälern.

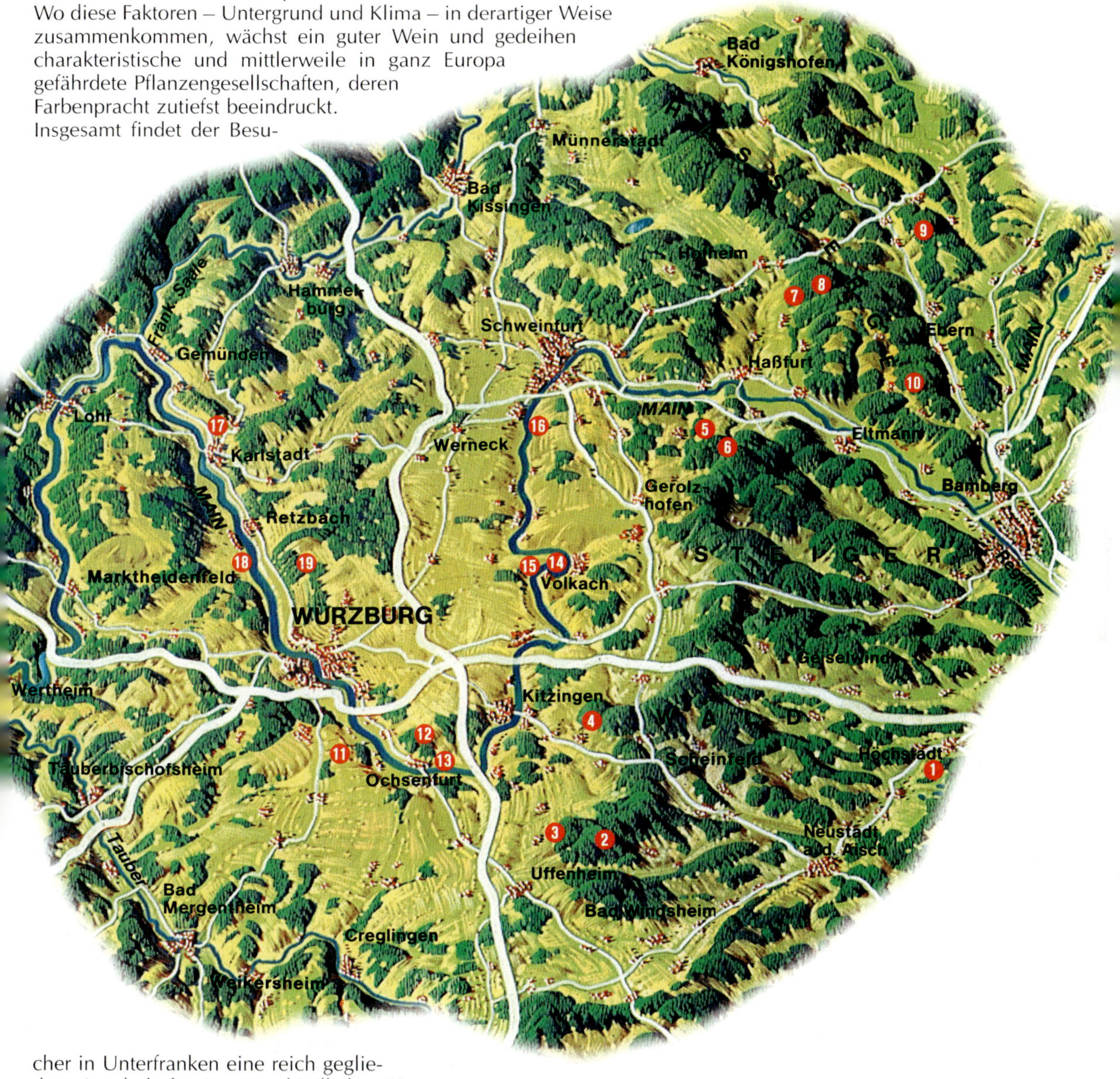

Route 1 Steigerwald und Haßberge

Sanfte Waldberge – freundliche Flußtäler

❶ Aischgrund bei Höchstadt

Die zahllosen Weiher des Aischgrunds (s. a. S. 594) südlich der B 470 bei Höchstadt sind künstlich angelegt. Ein feuchtes Paradies inmitten einer sonst meist trockengelegten Kulturlandschaft und eines der bedeutendsten Vogelreservate in Deutschland. Lachmöwen, Trauerseeschwalben, Schnepfen, Bekassinen, nahezu alle Entenarten und außerdem viele Störche tummeln sich in und an den Teichen. Fast alle Tiere und Pflanzen der Keuperfeuchtgebiete sind hier vertreten und unter Naturschutz gestellt. Am Ufer der mäandrierenden Aisch wachsen Schwarzerle, Faulbaum sowie der Schneeballstrauch. Vom sumpfigen Teichrand mit Gelber Schwertlilie und Wasserminze schiebt sich das Röhricht mit Rohrkolben und Froschlöffel zur Mitte der Weiher vor. Viele Seen dienen der Karpfenzucht. In diesen »flüssigen Äckern« lebt der »Aischgründer Spiegelkarpfen«; nur knapp drei Jahre dauert es, bis er in einem heißen Weinsud als »Karpfen blau« serviert werden kann.

Route 1
Steigerwald und Haßberge

Die etwa 200 km lange Route führt – meist auf einsamen Nebenstrecken – zunächst zu verschiedenen aussichtsreichen Bergen des Steigerwaldes mit prachtvollen Laubwäldern und einer interessanten Pflanzenwelt wie am Scheinberg ❷ oder am Zabelstein ❺; die sich anschließende Fahrt durch die Haßberge bietet ebenfalls floristische Besonderheiten und zudem außergewöhnliche Felslandschaften wie an der Schloßruine Lichtenstein ❾ oder am Lußberg und Veitenstein ❿.
Streckenverlauf:
Auf A 3 Nürnberg–Würzburg Ausfahrt Höchstadt-Ost und B 470 über Gremsdorf nach Höchstadt ❶; B 470 weiter nach Neustadt a. d. Aisch, rechts halten auf die B 8 Richtung Kitzingen, bei Langenfeld links über Sugenheim und Krassolzheim zum Iffigheimer Berg, von hier Fußweg zum Nachbarn, dem Scheinberg ❷; weiter auf der Straße nach Nenzenheim, hier links Richtung Ippesheim zum Bullenheimer Berg ❸; zurück nach Nenzenheim, über Mönchsondheim nach Markt Einersheim, links auf die B 8, nach 3,5 km rechts nach Iphofen, dort links nach Rödelsee, dann rechts Richtung Wiesenbronn, vorbei am Schwanberg ❹; über Wiesenbronn und Rüdenhausen links auf die B 286 nach Gerolzhofen, rechts bis Dingolshausen, hier links nach Hundelshausen am Zabelstein ❺; auf der »Bocksbeutelstraße« weiter nach Donnersdorf, rechts über Oberschwappach und Westheim bei Haßfurt auf einer kleinen geteerten Straße nach Zell am Ebersberg mit dem Böhlgrund ❻; nun über Sand a. Main nach Zeil a. Main, links auf die B 26, nach 1 km rechts über Krum und Altershausen nach Königsberg, rechts in Richtung Hofheim bis Unfinden zur Urwiese ❼; zurück nach Königsberg, links halten, durch den Bramberger Wald nach Hohnhausen am Bramberg ❽; über Bischwind nach Brünn, links nach Kraisdorf, dann rechts, die B 279 querend, über Dürrnhof zur Ruine Lichtenstein ❾; zurück zur B 279, dort links, vorbei an Ebern nach Rentweinsdorf, rechts über Salmsdorf und Kottendorf zum Lußberg ❿, wo der Endpunkt der Route erreicht ist.

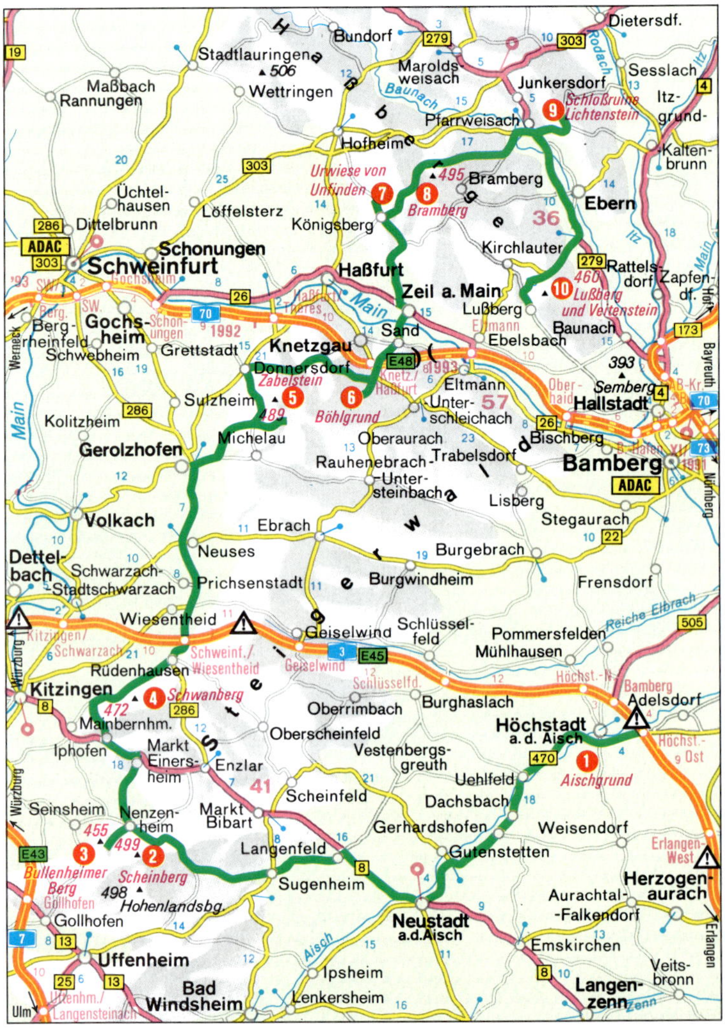

Am günstigsten ist es, wenn man das Auto südlich von Höchstadt auf einem der vielen Waldwege an der Straße Richtung Herzogenaurach stehenläßt und von hier kleinere Spaziergänge auf (allerdings nicht markierten) Waldwegen durch den Aischgrund unternimmt.

2 Scheinberg

Vom Parkplatz am Iffigheimer Berg, zwischen Krassolzheim und Nenzenheim, führen zahlreiche markierte Wanderwege südwestlich zum Scheinberg. Die Sumpfflora des Scheinbergsees zieht vor allem Botaniker an, ebenso sehenswert sind die prachtvollen Eichen des Mittelwaldes, einer seltenen Waldform; sie hat sich aus der ältesten forstlichen Betriebsart, dem Niederwald, entwickelt.

Alle 15–20 Jahre wurden die Wälder abgeholzt, um armdicke Äste als Brennholz, für Reb- und Zaunpfähle sowie Eichenrinde für das Gerben von Leder zu gewinnen. Aus den Wurzelstöcken trieben buschförmige Schößlinge. Ab dem 13. Jh. ließ man jedoch schöne Bäume stehen. So entwickelten sich zweistöckige Wälder aus Nieder- und Hochwald, die den Menschen Feuer- und Bauholz lieferten. Die Bauern trieben ihr Vieh in die frischen Schläge, ihre Schweine fraßen sich im Herbst an den zahlreichen Eicheln satt.

3 Bullenheimer Berg

Durch einen Sattel mit dem Scheinberg verbunden ist der Bullenheimer Berg, der imposante südwestliche Eckpfeiler des Steigerwaldes. Der Rücken dieses Zeugenbergs trägt die Reste einer Fliehburg aus der Urnenfelderzeit. Vor rund 3000 Jahren lag hier ein Zentrum des wirtschaftlichen und sozialen Lebens, wie es die späte Bronzezeit mit hoch-

In der Bronzezeit war der Bullenheimer Berg (454 m) ein bedeutendes wirtschaftliches Zentrum. Heute prägen Fern- und Rundwanderwege das Gebiet.

Der Aischgrund ist bekannt für seine Karpfenzucht: Die Spiegelkarpfen werden von Gourmets sehr geschätzt.

Eine »Dorfschönheit«: Das 1718 vollendete Schloß Weißenstein ist eine der schönsten Barockanlagen Frankens.

Das Schloß des »Narren«

»Wie könnten Künstler, die doch Gott auf der Welt haben will, bestehen, wenn er nicht zugleich Narren werden ließe, die sie ernähren.« Dies soll der Bamberger Fürstbischof Lothar Franz Graf von Schönbrunn gesagt haben, als er sich entschloß, in Pommersfelden, einem bescheidenen Bauerndörfchen nördlich des Aischgrunds bei Höchstadt 1, ein Schloß zu bauen. Als das Schloß nach sieben Jahren Bauzeit 1718 fertiggestellt war, hatte der »Narr« dem Frankenland eine der schönsten Perlen des Barock geschenkt. Die Architekten Johann Dientzenhofer und Maximilian von Welsch verwirklichten dank der Großzügigkeit ihres Auftraggebers mit dem Bau von Schloß Weißenstein Ideen, die bis dahin als unrealisierbar oder zu kühn gegolten hatten (geöffnet April–Okt., Führungen Di–So 9, 10, 11, 11.30, 14, 15, 16, 16.30 Uhr).

In jeder der vier geologischen Stufen des Schwanberges (472 m) gibt es eine spezifische Pflanzengesellschaft.

In Iphofen werden aus verschiedenen Rebsorten vorzügliche Weißweine gewonnen.

Über den mainfränkischen Weinbau und die verschiedenen Rebsorten kann man sich auf mehreren Weinlehrpfaden informieren. Rotwein wird hier vor allem aus den Rebsorten Roter Traminer, Blauer Portugieser und Domina gekeltert.

entwickelter handwerklicher Fertigung, Bergbau und Landwirtschaft insgesamt auszeichnete.

Bei klarem Wetter reicht die Sicht vom 15 m hohen Bullenheimer Aussichtsturm auf dem benachbarten Kapellberg (Wanderweg vom Bullenheimer Berg) über das Vorland des Steigerwaldes, das Mainviereck, den südlichen Steigerwald und weiter bis zu Spessart, Odenwald und Fränkischer Schweiz. Ein 3,5 km langer Rundweg führt von einem gut erkennbaren Wanderparkplatz an der Straße Nenzenheim–Frankenberg über den Bullenheimer Berg.

Im Dorf Bullenheim beginnt übrigens ein instruktiver Weinlehrpfad in die Weinberge der Lage »Paradies«, die einen »Naturgenuß« besonderer Art hervorbringt.

4 Schwanberg

Wen die Pflanzenwelt des Steigerwaldes interessiert, der muß den Schwanberg ersteigen, denn dieser Auslieger (eine Variante der Zeugenberge) ist der Modellberg der fränkischen Keuper-Schichtstufenlandschaft schlechthin. Entsprechend seiner Schichtung steigt er in vier Stufen rund 100 m aus der Mainfränkischen Platte empor. Die verschiedenen Keuperschichten vom Gipskeuper am Fuß des Berges über die Bunten Mergel zum Sandstein tragen jeweils eigene Pflanzengesellschaften. Bis zur Hälfte der Bergeshöhe reichen die Weinkulturen, dann folgt ein Eichenmischwald bis zur Hochebene. Hier gedeihen Silberfingerkraut, Färberginster, Kartäuser- und Pechnelken, Heidekraut und Heidelbeeren. Das karge Plateau des Berges wurde mit Fichten aufgeforstet.

Zu Fuß erreicht man das Schloß Schwanberg von Iphofen aus auf einem geologisch interessanten Rundweg (markiert), und 2 km hinter Rödelsee kann man auch mit dem Auto rechts zum Schloß hinauf abbiegen. Von

Aus Keuperschichten des Erdmittelalters besteht der Zabelstein (489 m). Durch seine exponierte Lage ist er ein vorzüglicher Aussichtsberg.

seiner Terrasse reicht die Aussicht über das Maintal bis zur Rhön und zum Spessart. Das Schloßcafé, das im Winter allerdings geschlossen ist, lädt zur Rast ein. Am Parkplatz davor beginnt der Naturlehrpfad Schwanberg.

Bei der Burgruine auf dem Zabelstein im nordwestlichen Steigerwald beginnen mehrere markierte Wanderwege.

5 Zabelstein
Den nordwestlichsten Ausläufer des Steigerwaldes, den 489 m hohen Zabelstein, bedecken dichte Rotbuchenwälder. Von Hundelshausen den Wegweisern der Panoramastraße Richtung Fabrikschleichach folgend, erreichen Sie nach rund 4 km einen Parkplatz mitten im Wald. Von hier ist der etwa 2 km lange Weg zum Gipfel gut markiert.
Am Steilrand der Schichtstufe ist die für Steigerwald und Haßberge typische Wechselfolge harter und weicher Keupergesteine eindrucksvoll zu erkennen. Vom Gipfel aus genießen Sie einen prächtigen Blick zu den Haßbergen im Norden, zur Rhön im Nordwesten und zum Spessart im Westen. Am großen Spiel- und Rastplatz bei der Ruine starten der lohnende, 98 km lange Steigerwald-Kammweg und weitere markierte Rundwege.

6 Böhlgrund
Von der Straße Zell–Oberschleichach führt eine Abzweigung am Ortsrand rechts in den Böhlgrund hinunter. In engen Kurven wurde die Straße in den harten Sandsteinfels geschlagen.
Hier am Ortsrand beginnt auch ein etwa 3 km langer Wanderweg (Markierung: grünes Dreieck) durch das Naturschutzgebiet, dessen Talhänge aus tonigem Gestein bestehen und deshalb äußerst rutschgefährdet sind. Heute zieht der Bach, der die Senke zwischen den Bergen in diese weichen Bodenschichten gegraben hat, in ruhigen Kurven durch das Tal; an seinem Ufer wachsen Erlen, Eschen, Ahorn und Ulmen. Oberhalb der Wiesen mit ihrem traumhaften Orchideenbestand beginnen an den Talhängen Eichen- und Buchenwälder.
Wer den Böhlbach entlang in westlicher Richtung weiterwandert und dann dem Mainweg (Markierung: blaues M) zum Großen Knetzberg folgt (Gesamtstrecke etwa 4,5 km), trifft hier auf einen rund 3,5 km langen, interessanten Naturlehrpfad, der einen Einblick in die jahrtausendealte Vor- und Siedlungsgeschichte des Steigerwaldes gewährt.

Bier im Weinland?
Mainfranken ist nicht nur ein Weinbauland, sondern gehört durch die fruchtbaren Böden auch zu den größten deutschen Anbaugebieten für Braugerste. Die Bierlandschaft ist vielfältig und spiegelt sich wider in zahlreichen mainfränkischen Bier- und Brauereifesten. Angeboten werden dabei alle Sorten: vom hopfenherben Pils über das Export, das aromatische Land- und das herzhafte Bockbier bis hin zum würzigen Märzen und Weizenbier. Entlang der »Mainfranken-Bierwege« kann man die Erzeugnisse von 14 Brauereien entdekken (weitere Informationen von der Gemeinschaft Mainfranken Bier, Postfach 68 60, W-8700 Würzburg).

7 Urwiese von Unfinden
Kern des fränkischen Keuper-Lias-Landes ist das Mittelfränkische Becken. Nur an wenigen Stellen der weiter nördlich gelegenen Keuperlandschaft

Die Talhänge des Böhlgrunds sind – geologisch gesehen – eine rutschige Angelegenheit. Das Naturschutzgebiet ist mit seiner harmonischen Wiesen- und Laubwaldlandschaft ein lohnendes Wanderziel.

Ausblicke bis in die thüringischen Lande und in den Steigerwald
Am westlichen Rand des Naturparks Haßberge erhebt sich nördlich von Unfinden 7 bzw. Hofheim die 487 m hohe Schwedenschanze, eine vorgeschichtliche Wallanlage, die letztmals im 10. Jh. stark befestigt wurde. Der Name »Schwedenschanze« stammt aus dem Dreißigjährigen Krieg, als die Bevölkerung hier vorübergehend Zuflucht suchte. Vom Aussichtsturm des Berges, der einen schönen Mischwald aus Buche, Lärche und Kiefer trägt, reicht der großartige Rundblick vom Kreuzberg in der Rhön über die Thüringischen Gleichberge hinüber nach Coburg und über die Haßberge hinweg bis hinunter in den Steigerwald. Am nördlichen Ortsende von Eichelsdorf befindet sich ein Parkplatz, von dem man auf dem markierten Schlösser- und Burgenweg den Turm der Schwedenschanze nach knapp 2 km erreicht.

Auf dem Weg der kaiserlichen Kuriere
Überall gut markiert, erschließt der Rennweg zwischen Sulzfeld und Hallstadt auf einer Länge von über 60 km die Haßberge und kommt auch am Bramberg 8 vorbei. Er ist wohl die älteste Wegverbindung durch das Mittelgebirge. Der Pfad, einst ein Botenweg, meidet Täler und Dörfer: Der Weg auf dem einsamen Kamm bewahrte die Kuriere vor neugierigen Blicken und verhinderte, daß die Boten ihre Mitteilungen ausplauderten.
Während der Karolingerzeit verband der Rennweg die fränkischen Machtzentren, die in der Kaiserpfalz Salz bei Bad Neustadt und im Königshof bei Hallstadt lagen. Weiter nach Westen führte der Pfad über die Rhön zum karolingischen Kloster Fulda, nach Südosten schloß er die Verbindung mit Bamberg.

Haßberge haben sich Reste der tonigen Liasschichten und dunkle Schiefer des Schwarzen Juras erhalten; dort überrascht die auf dem Keupergestein eher unscheinbare Flora mit ungewöhnlichen Arten. Ein solcher Fleck ist die »Urwiese« von Unfinden: Das Naturdenkmal bietet der seltenen Sibirischen Schwertlilie und mehreren markanten Orchideenarten einen optimalen Standort.
Auf dem örtlichen Wanderweg mit dem Zeichen »Marder« erreichen Sie das Naturkleinod vom Parkplatz nördlich Unfinden nach rund 1,5 km. Übrigens: Wer Freude an idyllischen Dörfern hat, sollte sich einen Spaziergang durch den denkmalgeschützten alten Ortskern von Unfinden nicht entgehen lassen.

8 Bramberg

Zum Basaltkegel des 495 m hohen Brambergs im Naturpark Haßberge führt von Hohnhausen aus (Parkplatz) eine etwa 4,5 km lange Wanderung zunächst auf dem markierten Amtsbotenweg, dann auf dem ebenfalls markierten Burgen- und Schlösserweg. Vorbei an Wiesen und an jenen kleinen, für die Nebenerwerbslandwirtschaft typischen Äckern, auf denen noch ökologisch wertvolle Obstbäume stehen, verändert sich bereits vor dem eigentlichen Anstieg zur Burgruine Bramberg die Vegetation: Pflanzen aus wärmeren Regionen wie Buschwindröschen, Aronstab, Tollkirsche und Türkenbund, die normalerweise im rauhen Kammklima der Haßberge keine Chance haben, finden hier ideale Bedingungen, denn der kaffeebraune, fruchtbare Basaltboden erwärmt sich schnell. Von der Ruine aus zeigen die Haßberge dem Betrachter ihr charakteristisches Aussehen: ein Waldgebirge, durchsetzt von kleinen Rodungsinseln.

9 Schloßruine Lichtenstein

Die Schloßruine Lichtenstein, eine der schönsten Frankens, thront majestätisch auf einem Sandsteinfelsen. Wind und Wasser haben die Klippenbrocken in vielen Jahrtausenden herausgemeißelt und eine bizarre Landschaft entstehen lassen. Der größte Felsen in diesem als Landschaftspark ausgewiesenen Gebiet ist der Walfischfelsen, der eine kleine Lichtung in einem schönen, alten Baumbestand überragt.

In der Südhälfte des Naturparks Haßberge liegt der 495 m hohe Bramberg, dessen Gipfel von einer Burgruine bekrönt wird.

Das Dorf Lichtenstein mit Parkplatz an der Auffahrt zur Schloßruine (ausgeschildert) erreicht man von Dürrnhof aus.

Der Name des Veitensteins mit seiner rätselhaften Höhle geht vermutlich auf eine slawische Gottheit zurück.

⑩ Lußberg und Veitenstein
Ein geheimnisvoller Fels mit einer Höhle, in der Zwerge wohnen sollen: So präsentiert sich der Veitenstein auf dem 460 m hohen Lußberg (ab Dorf Lußberg etwa 1,5 km langer Wanderweg mit Markierung »Hase«) in den Haßbergen.
An der Westseite des Lußbergs liegt der Veitenstein, eine rund 20 m senkrecht abfallende Felswand mit einer 3 m breiten Kluft, die als merkwürdige Höhle in die Tiefe führt. Die Höhle entstand durch Rutschungen und besteht aus drei Kammern, verbunden durch schmale Durchgänge. Diese Gänge wurden von Menschenhand geschaffen. Warum? Kein Mensch weiß es.
Deshalb ranken sich um diese Gegend allerhand Sagen: So sollen in der Veitensteinhöhle die »Querkeln« hausen, Zwerge aus dem Totenreich. Am Höhleneingang sind Pferde- und Bockshufabdrücke, Drudenfüße und Kreuze eingemeißelt, vielleicht Hinweise auf eine heidnische Kultstätte.

Route 2 Mainfranken

In Schlingen gelegt

⑪ Steinernes Meer bei Winterhausen
Hinter Winterhausen-Fuchsstadt parken Sie links der Straße Richtung Albertshausen. Vom Parkplatz führen Treppen nach oben; dort beginnt auf halber Höhe, gleich hinter den Kleingartenkolonien, das Steinerne Meer: Am Hang liegen meterhohe, gewaltige Blöcke aus Kalkstein; auf ihnen wachsen dicht an dicht Moose und Flechten. In den Felsen haben Verwitterung und Wasser kleine Höhlen und Mulden entstehen lassen, in denen sich wärmeliebende Insekten wohl fühlen.
Der Muschelkalkboden läßt hier eine Trockenrasenbedeckung mit botanischen Seltenheiten gedeihen. Wenn Sie im Frühjahr kommen, fallen

Das Steinerne Meer bei Winterhausen ist ein Lebensraum botanischer Seltenheiten. Die Kalksteinblöcke sind dicht mit Moosen und Flechten bewachsen.

Die Grundmauern der Schloßruine Lichtenstein stammen aus dem 13. Jahrhundert. Die Ruine gilt als eine der eindrucksvollsten in ganz Franken.

Auf dem »Wildschwein-Weg«
Zwischen Sommerhausen und Erlach nahe dem Zeubelrieder Moos ⓬ führt ein Weg (Markierung »Wildschwein«) durch den Wildpark Sommerhausen. Hier leben viele in Europa heimische Tiere, darunter auch selten gewordene Rinder- und Schafrassen. An die Tiere dürfen sauberes Brot und Obst verfüttert werden. Für Kinder gibt es einen Spielplatz (Sa, So, Fei 13–18 Uhr geöffnet; im Winterhalbjahr bei schlechtem Wetter Auskunft unter ☏ 0 93 33/2 31).

Ihnen die großen, violetten Blütenglocken der Küchenschelle ins Auge, deren heller Samenstand im Sommer wie eine zerzauste Frisur wirkt. Sonnenröschen, Akelei und Glockenblumen setzen später im Jahr die Farbtupfer.

⓬ Zeubelrieder Moos

2 km hinter Sommerhausen Richtung Erlach biegt rechts eine Straße zum Parkplatz am Naturschutzgebiet Zeubelrieder Moos ab. Von hier erreichen Sie auf einem breiten Waldweg nach einem gemütlichen Spaziergang zwischen Kiefern, Eichen und Birken den Talgrund, wo Schilder die Grenzen des Naturschutzgebiets markieren.
Durch das Flachmoor fließen zwei Bäche, die den Wasserpegel ausgleichen. Die feuchten Wälder, Röhrichte und Wiesen sind für viele Pflanzen ein idealer Standort; dem Interessierten sei geraten, besonders auf die Orchideen und die Farne zu achten! In den Tümpeln leben Frosch- und Schwanzlurche, auf der Wasserfläche tummeln sich Teichhühner und Wildenten. Wer sich leise verhält und Geduld mitbringt, hört Nachtigall, Grasmücke, Pirol und Sumpfmeise singen.
Östlich schließt sich an das Moor der Ochsenfurter Forst an, der seines uralten Baumbestandes wegen ebenfalls unter Naturschutz gestellt wurde.

⓭ Altarme des Mains

Parallel zum Mainwanderweg Ochsenfurt–Frickenhausen verlaufen mehrere Altmainarme und Buhnenteiche, die künstlichen Rückstaubecken zur Flußregulierung. Obwohl sie in einer dicht besiedelten Landschaft liegen, haben sie sich zu Naturreservaten entwickeln können, die ihresgleichen suchen.
An ihren Rändern wachsen typische Bäume und Sträucher wie Pappel, Weide, Erle und Esche. Auf den Wasserflächen entfalten Teich- und Seerosen ihre grandiosen Blüten. Und natürlich haben sich auch die Wasservögel diesen Lebensraum erobert: Bläßhühner, Haubentaucher, Rohrdommel und verschiedene Entenarten finden ideale Brutbedingun-

Route 2
Mainfranken
Durch die fruchtbare Gäulandschaft und die Flußtäler Mainfrankens zieht unsere etwa 160 km lange Rundfahrt einen großen Bogen, begleitet von bekannten Weinlagen und einer hervorragenden bodenständigen Küche. Unterkünfte gibt es in allen Preiskategorien.
Streckenverlauf:
A 3 Nürnberg–Frankfurt Ausfahrt Würzburg/Randersacker, B 13 über Eibelstadt nach Sommerhausen, rechts zum Winterhausener Ortsteil Fuchsstadt mit seinem Steinernen Meer ⓫; zurück nach Sommerhausen, an der Straße nach Erlach rechts zum Zeubelrieder Moos ⓬; weiter nach Erlach, dort rechts über Zeubelried an den Main, links zu den Altmainarmen von Frickenhausen ⓭; am Main entlang weiter über Segnitz, Sulzfeld und Kitzingen nach Dettelbach, dort rechts auf der B 22 nach Stadtschwarzach, links halten nach Sommerach, im Ort rechts nach Volkach, dort links zum Stadtteil Astheim zu den Sanden ⓮; weiter auf der Straße zur Vogelsburg mit Blick auf die Mainschleife von Volkach ⓯; vor Prosselsheim rechts ab, dem Main folgend, über Eisenheim und Wipfeld nach Garstadt zum Landschaftsschutzgebiet Alter Main ⓰; nun nördlich nach Bergrheinfeld und auf die B 26, über Werneck und Arnstein am Nordrand des Gramschatzer Waldes entlang zum Saupürzel und zu den Gambacher Dolomiten bei Karlstadt ⓱; in Karlstadt auf die B 27 Richtung Würzburg und durch das enge Maintal ⓲; bei Thüngersheim links in Richtung Güntersleben zur Höhfeldplatte ⓳; zurück zur B 27, dann links nach Würzburg und anschließend weiter zur Autobahnauffahrt Würzburg/Randersacker.

gen. Mit etwas Glück entdeckt man sogar Kormorane, die ihr schwarzes Gefieder in der Sonne wärmen. Am Wanderparkplatz »Ochsenfurter Forst« trifft man auf den Mainwanderweg (Markierung: blaues M), dem man auf etwa 4,5 km Länge über den Sportflugplatz nach Frickenhausen folgen kann.

14 Astheimer Sande

Dünen aus Flugsand mitten im Binnenland: Das bietet der Schwemmkegel des Mains, auf dem der Volkacher Stadtteil Astheim liegt, eine naturkundliche Besonderheit ersten Ranges.
Den größten Teil des Geländes nutzen Bauern zum Obst- und Spargelanbau; Kiefern und Robinien säumen die rund 1,5 ha große, landwirtschaftlich nicht genutzte Restfläche (zwischen Dorfrand und Main auf mehreren Dorfstraßen zu Fuß leicht zu erreichen). Auf den mageren Sandböden, über denen im Sommer die Sonne flimmert, gedeiht eine ebenso typische wie seltene Pflanzengesellschaft mit Silbergras, Sandsommerwurz und einigen Nachtkerzengewächsen.

Die Blüten der Gemeinen Nachtkerze, die auf den Sandböden bei Astheim wächst, öffnen sich nur für eine Nacht und einen Tag. Nachts duftet die Pflanze besonders intensiv.

Im Zeubelrieder Moos bei Sommerhausen kommen u. a. Orchideen vor.

Die Altarme des Mains bei Ochsenfurt sind wertvolle Rückzugsgebiete für Tiere und Pflanzen, obwohl sie in dicht besiedelter Umgebung liegen. Rücksichtsvolles Verhalten ist beim Betreten daher besonders wichtig.

Hier profitiert die Natur vom Eingriff des Menschen: Weil die moderne Schiffahrt diese Mainschleife umgeht, blieb der Alte Main bei Grafenrheinfeld als wertvolles Feuchtbiotop erhalten.

15 Mainschleife bei Volkach

Kaum eine Natursehenswürdigkeit weit und breit liegt landschaftlich so schön wie die Mainschleife bei Volkach. Den beeindruckendsten Blick auf den südlichen und den nördlichen Teil der Schleife bietet die auf einem Umlaufberg gelegene Vogelsburg (Parkplatz am Kloster, dann 100 m Fußweg). Vom Bergsattel aus führen viele steile Wege durch die Weinberge hinunter zum Fluß.

Der Main überwindet hier den Volkacher Sattel, eine Muschelkalkaufwölbung. Hier findet der geologisch Interessierte darüber hinaus die Klingen, kurze Kerbtäler, die in grauer Vorzeit vom Fluß erodierten Prallhänge und eine Reihe flacher Schwemmkegel wie bei Astheim 14.

Und auch Pflanzenfreunde kommen auf ihre Kosten: Am oberen Rand der Hänge wachsen Gehölze mit wärmeliebenden Pflanzen, in einigen Weinbergen gedeihen – als große Rarität – beachtliche Bestände der unter Naturschutz stehenden, kurzstieligen Wildtulpe.

16 Alter Main

Hinter Garstadt führen von den Parkplätzen an der Straße Richtung Grafenrheinfeld mehrere unmarkierte Wege in das Landschaftsschutzgebiet Alter Main. Gemächlich fließt hier der Fluß, der im Laufe der Jahrtausende zahlreiche Schleifen geschaffen hat. Sie sind heute als Feuchtbiotope wichtige Rückzugsgebiete für bedrohte Vogelarten wie Haubentaucher, Große Rohrdommel und Rohrweihe. Wir befinden uns im stillsten und abgelegensten Winkel des Maintals, weil die moderne Schiffahrtsstraße diese Mainschleife »abschneidet«.

Zwischen Röthlein und Grafenrheinfeld einerseits und dem schiffbaren Main andererseits erstreckt sich das Wäldchen Elmuß mit dem Eschensee und mehreren kleineren Seen im Innern: ein Auwald, der viele botanische Besonderheiten wie Hohe Schlüsselblume, Lungenkraut und Blaustern aufweist, außerdem ein Vogelschutzgebiet.

17 Saupürzel und Gambacher Dolomiten

Bevor die Straße in Karlstadt ins Maintal hinunterführt, biegen wir an der ersten Ampel rechts ab (Parkplatz vor der Kirche) zum Saupürzel, einem hübschen, markanten Berg mit seltsamem Wald-»Schopf«.

Die »Gambacher Dolomiten« mit ihren grandiosen Felsen ziehen sich von Karlstadt nach Gambach oberhalb des Mains (etwa 2 km langer

Die Mainschleife bei Volkach – hier mit Blick auf Escherndorf – ist eine Naturattraktion, die sich von der Vogelsburg aus besonders reizvoll darbietet. Der Main überwindet hier eine Muschelkalkbarriere.

markierter Wanderweg von beiden Orten); sie bestehen aus fein- bis grobwelligen Muschelkalkschichten, die nach ihrem Aussehen Wellenkalk genannt werden.
Das Naturschutzgebiet Georg-Kraus-Park ist nach seinem Erforscher benannt. Er war einer der ersten, der die Trockenheide- und Trockenwaldvegetation sowie die mit dem Blaugras verbundene Pflanzengesellschaft systematisch erforschte. Und was er alles entdeckte: den Berggamander, die Bibernellrose, die Goldaster, dazu das extrem seltene Graue Sonnenröschen und viele andere markante Pflanzen. Wo eine solch artenreiche Flora blüht, stellt sich auch bald eine vielgestaltige Insektenfauna ein: Hierzu gehören die Große Singzikade, der Rosenkäfer und der Segelfalter.

Die Blüten des Blauroten Steinsamen sind erst rot, dann blau. Die seltene Pflanze liebt kalkhaltigen Boden wie auf der Höhfeldplatte.

18 Mainprallhänge

Zwischen Retzbach und Veitshöchheim schieben sich steile, kahle Muschelkalkwände bis direkt an das Mainufer heran und lassen der Straße nur wenig Raum (Parkplätze z. B. an der Straße Retzbach–Thüngersheim).
Die rund 230 Millionen Jahre alten Muschelkalkfelsen, angenagt von der Kraft und der Ausdauer des fließenden Wassers, bergen in großer Zahl Versteinerungen urzeitlicher Meerestiere. In den Hängen und auf den Kanten der Klippen behaupten sich seltene Pflanzen, die auf diesem trockenen, kalkigen Untergrund leben können, darunter übrigens auch Orchideenarten.

19 Höhfeldplatte

An der alten Kelter am Ortsende von Thüngersheim beginnt ein 4,5 km langer, ausgeschilderter Weinlehrpfad durch die Rebhänge des Maintals, auf dem Sie auch das Naturdenkmal Höhfeldplatte erreichen.
Zwischen wenigen Kiefern erstreckt sich ein Kalktrockenrasen, in dem Sie eine beträchtliche Zahl verschiedener blühender Raritäten finden. Erwähnenswert ist allemal die Familie der Orchideen, die hier mit einigen Arten vertreten ist. Dazu kommen solche faszinierenden Gewächse wie der Diptam, das Salomonsiegel, die Bergkronwicke, der Deutsche Alant und der Blaurote Steinsame, außerdem verschiedene seltene Flechten.
Vom Südrand der Höhfeldplatte aus sehen Sie hinüber zum Volkenberg und weit ins Maintal hinein.

Eine kunsthistorische Perle: Würzburg

Das Stadtbild Würzburgs (bei 19) prägt die über der Stadt thronende Festung Marienberg (12.–17. Jh.), der Wehrsitz der Fürstbischöfe, der sich im 16. und 17. Jh. in eine Schloßanlage wandelte. Das Mainfränkische Museum in der Festung (geöffnet April–Okt. Mo–So 10–17, Nov.–März 10–16 Uhr) zeigt Sammlungen fränkischer oder in Franken tätiger Künstler wie Tilman Riemenschneider oder Giovanni Battista Tiepolo. Zu den bekanntesten Ausstellungsstücken zählen eine Sammlung mittelalterlicher Glaskrüge und eindrucksvolle Grabmäler verschiedener Epochen. In der Stadt dominiert die federführend von Balthasar Neumann erbaute Residenz (1720–44). Neumanns Treppenhaus mit dem sich darüberspannenden Tiepolo-Fresko gilt als architektonische und malerische Meisterleistung.

Die Mainprallhänge, wie hier bei Thüngersheim, sind rund 230 Millionen Jahre alte Muschelkalkwände mit Versteinerungen von urzeitlichen Meerestieren. Am Fuß der Hänge wächst auf dem fruchtbaren Boden ein ausgezeichneter Wein.

35 Mittelfranken

Weite Täler und stille Weiher

Anmutige Landschaftsbilder prägen die Region. Weite Talauen – wie etwa die Wiesentaue, hier von der Ehrenbürg aus gesehen – werden immer wieder von bewaldeten, schmalen Bergrücken unterbrochen, liebliche Seenlandschaften setzen reizvolle Akzente. Voller Überraschungen für den Tier- und Pflanzenfreund steckt der Nürnberger Reichswald, »des Reiches Bienengarten«. Ein einziges Gemüsebeet hingegen ist das Knoblauchsland, das köstlichen Spargel hervorbringt. Im Westen erhebt sich die Frankenhöhe mit ihren abwechslungsreichen Waldgebieten. Die Fränkische Alb ist Teil der Europäischen Wasserscheide, welche die Stromsysteme von Rhein und Donau trennt. Im Neuen Fränkischen Seenland um Gunzenhausen wird inzwischen versucht, einen Wasserausgleich zwischen dem trockenen Regnitz-Main-Gebiet und dem niederschlagsreichen Altmühl-Donau-Gebiet zu erreichen. Weite Talstrecken der Altmühl wurden hier bereits in eine Seenlandschaft verwandelt.

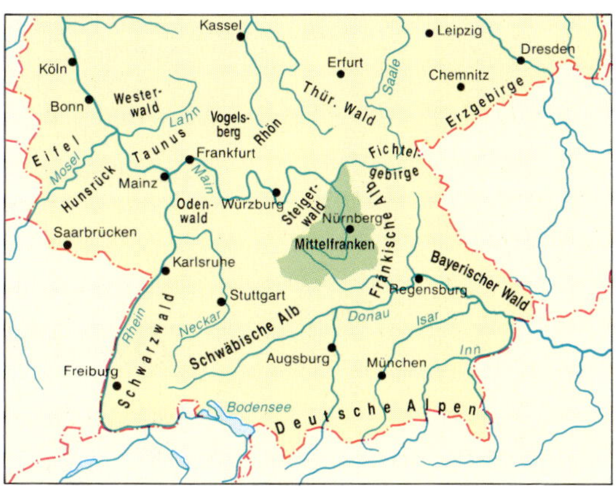

Lage Zwischen Fränkischer Alb im Süden und Osten, Steigerwald und Haßbergen im Nordwesten, der Hohenloher Ebene im Westen und Firngrund und Nördlinger Ries im Südwesten
Ausdehnung Nord–Süd ca. 130 km; West–Ost ca. 90 km
Land Bayern
Höchste Erhebungen Im Südwesten: Hesselberg 689 m; im Südosten: Dillberg 595 m; auf der Frankenhöhe: Birkenberg 547 m, Eichelberg 530 m
Wichtigste Flüsse Fränkische und Schwäbische Rezat, Pegnitz, Rednitz/Regnitz, Aisch, Altmühl, Sulzach, Wörnitz
Landschaftsformen Teilgebiet des Süddeutschen Schichtstufenlandes mit Beckenlandschaft (Mittelfränkisches Becken), Keuperbergland (Frankenhöhe) sowie natürlichen und künstlich angelegten Seenlandschaften
Naturparks Naturpark Frankenhöhe im Westen, im Süden an den Naturpark Altmühltal angrenzend
Information Fremdenverkehrsverband Franken, Am Plärrer 14, W-8500 Nürnberg 80, ☏ 0911/264202; Gebietsausschuß »Das Neue Fränkische Seenland«, Hafnermarkt 13, W-8820 Gunzenhausen, ☏ 09831/4191; Tourist Information Rangau, Städtisches Verkehrsamt, Martin-Luther-Platz 1, W-8800 Ansbach, ☏ 0981/51243; Naturpark Frankenhöhe, Crailsheimer Str. 1, W-8800 Ansbach, ☏ 0981/68324

Kulturlandschaft mit viel Natur
Mittelfranken gehört zum Süddeutschen Schichtstufenland. Das Mittelfränkische Becken, eine sanftwellige Landschaft, die vom Haupttal der Rednitz/Regnitz durchzogen wird, bildet das Zentrum. Den Fluß, der mehrmals seinen Namen wechselt, speisen die Fränkische und die Schwäbische Rezat. Erstere entspringt auf der Frankenhöhe bei Oberdachstetten und fließt über Ansbach durchs Spalter Hopfenland, bis sie sich bei Georgensgmünd mit der bei Weißenburg am Fuß der Schwäbischen Alb entspringenden Schwäbischen Rezat zur Rednitz vereinigt. Diese fließt nun nach Norden, an Nürnberg vorbei, wo ihr aus östlicher Richtung die Pegnitz zuströmt. Von dort an heißt der Fluß Regnitz und fließt über Erlangen und Bamberg in den Main.
Dem Tal der Rednitz/Regnitz folgen seit alter Zeit die großen Verkehrswege. Schon früh entstand hier eine reiche Kulturlandschaft mit bedeutenden Siedlungen wie Nürnberg, Fürth und Erlangen. Im Zuge der Industrialisierung und durch den Bau neuer Verkehrswege – 1835 fuhr die erste deutsche Eisenbahn zwischen Nürnberg und Fürth, zehn Jahre später wurde der Ludwig-Donau-Main-Kanal zwischen Bamberg und Kelheim eröffnet – nahm die Bevölkerung des Rednitz-Beckens stark zu und mit ihr auch die Probleme für Natur und Umwelt.
Ein Beispiel dafür ist die Geschichte des Nürnberger Reichswaldes. Hier wuchsen auf den für das Mittelfränkische Becken charakteristischen kargen Sandböden die ausgedehnten Wälder des Sebalder und des Lorenzer Reichsforsts, benannt nach den beiden Hauptkirchen der Reichsstadt. Sie bilden den ältesten Kunstforst der Welt, denn schon im 13. Jh. begann der Nürnberger Patrizier Peter Stromeir, Nadelwälder »wie Rübenäcker« anzulegen.
Das heutige Naherholungsgebiet, als »Klimaanlage« und Trinkwasserreservoir von unschätzbarem Wert, lieferte einst der Reichsstadt Nürnberg Bau- und Nutzholz. Albrecht Dürer, berühmter Sohn der Stadt, hat in einigen Aquarellen die Schönheit dieser Landschaft festgehalten. Die fast skizzenhaft wirkenden Bilder illustrieren, daß es damals neben dem geradlinigen »Steckeleswald« auch interessante und liebenswerte Ecken gab. Und heute besitzt die Gegend nach wie vor ihre Reize, wie das Sumpfgebiet Brucker Lache ❸ oder die ehemaligen Steinbrüche am Kornberg mit dem Wernloch ❼ zeigen. Im Reichswald finden sich mitunter sogar Schluchten wie die Schwarzachklamm ❻ bei Schwarzenbruck. Da der Nürnberger Reichswald zunehmend zu verschwinden drohte – seit er 1806 mitsamt der Reichsstadt Nürnberg an Bayern überging, wurde mehr als ein Fünftel der 31000 ha großen Fläche gerodet –, wird er nun in weiten Bereichen als Bannwald geschützt.
Das Knoblauchsland nordwestlich von Nürnberg wurde dagegen schon im Mittelalter gerodet. Heute wird hier intensiver Obst- und Gemüseanbau mit Spezialitäten wie Spargel und Meerrettich betrieben, selbst Tabak gedeiht im Knoblauchsland. Südlich von Höchstadt erstreckt sich die liebliche Weiherlandschaft des Aischgrundes ❶, der durch die traditionelle Karpfenzucht bekannt ist.
Das Mittelfränkische Becken wird im Süden und Osten von der Vorlandzone und Steilstufe der Fränkischen Alb begrenzt, im Westen geht es in die von Norden nach Süden verlaufenden Keuperbergländer des Steigerwaldes und der Frankenhöhe über. Die Frankenhöhe, seit 1974 Naturpark, steigt von der östlichen Hohenloher Ebene und der Windsheimer Bucht her steil an und senkt sich nach Osten und Südosten sanft zum Mittelfränkischen Becken hin. Über ein Drittel der Frankenhöhe besteht aus Waldgebieten mit einem großen Reichtum an Baumarten. Vorherrschend sind Eiche, Hainbuche, Esche, Linde und Ahorn. Die weiten Täler von Zenn, Bibert, Fränkischer Rezat, Altmühl und Wörnitz werden von meist bewaldeten Riedeln, wie die schmalen, ebenen Landrücken zwischen den Tälern genannt werden, durchbrochen.

Routenvorschlag Mittelfranken

Zwischen Seen und Sandstein

❶ Mohrhofweiher im Aischgrund
Rund 1500 ha beträgt die Wasserfläche der Weiherlandschaft zwischen Höchstadt an der Aisch und Herzogenaurach. Hunderte von Bauern

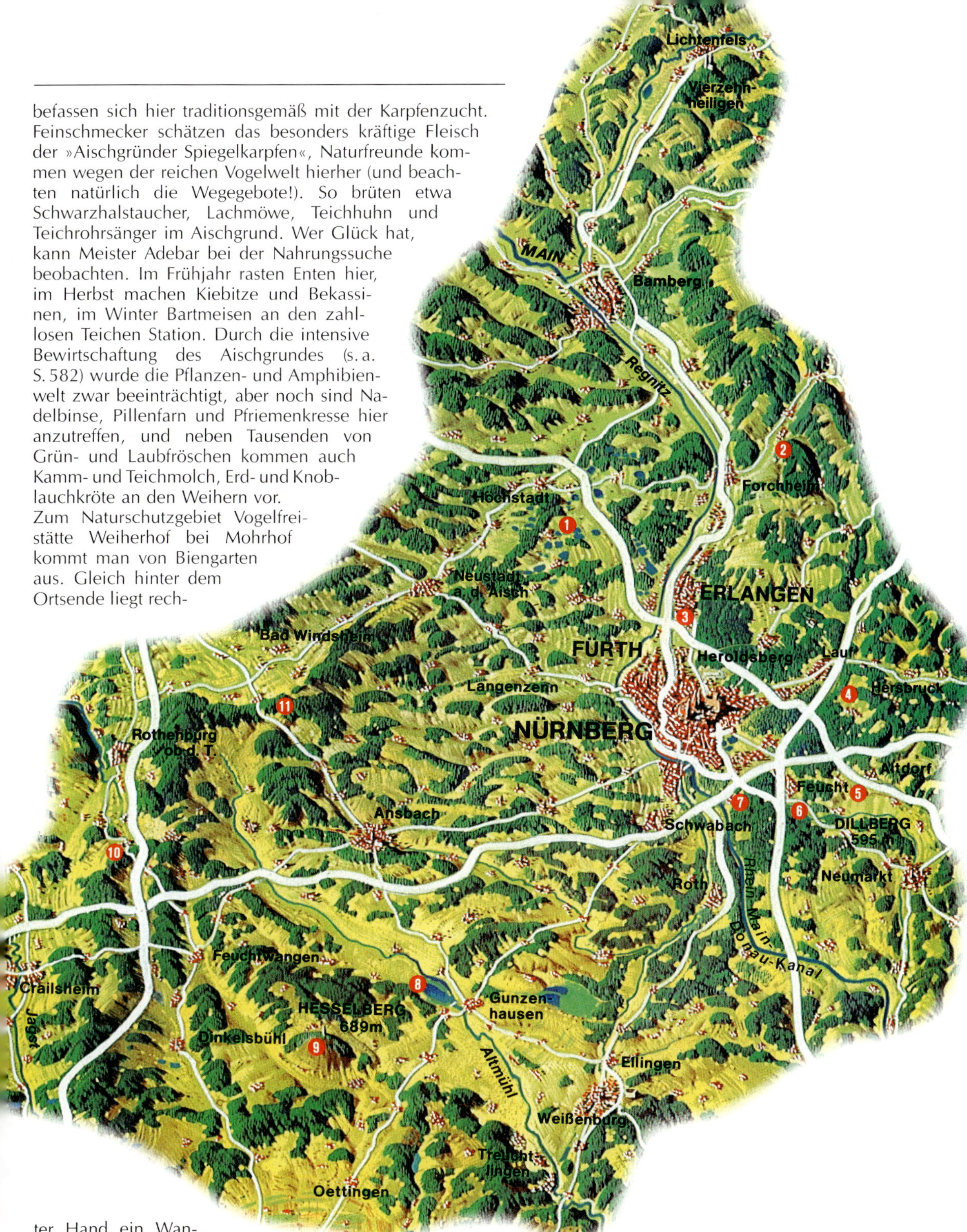

befassen sich hier traditionsgemäß mit der Karpfenzucht. Feinschmecker schätzen das besonders kräftige Fleisch der »Aischgründer Spiegelkarpfen«, Naturfreunde kommen wegen der reichen Vogelwelt hierher (und beachten natürlich die Wegegebote!). So brüten etwa Schwarzhalstaucher, Lachmöwe, Teichhuhn und Teichrohrsänger im Aischgrund. Wer Glück hat, kann Meister Adebar bei der Nahrungssuche beobachten. Im Frühjahr rasten Enten hier, im Herbst machen Kiebitze und Bekassinen, im Winter Bartmeisen an den zahllosen Teichen Station. Durch die intensive Bewirtschaftung des Aischgrundes (s. a. S. 582) wurde die Pflanzen- und Amphibienwelt zwar beeinträchtigt, aber noch sind Nadelbinse, Pillenfarn und Pfriemenkresse hier anzutreffen, und neben Tausenden von Grün- und Laubfröschen kommen auch Kamm- und Teichmolch, Erd- und Knoblauchkröte an den Weihern vor.
Zum Naturschutzgebiet Vogelfreistätte Weiherhof bei Mohrhof kommt man von Biengarten aus. Gleich hinter dem Ortsende liegt rechter Hand ein Wanderparkplatz. Von dort aus führen mehrere Rundwege durch die Weiherlandschaft.

2 Ehrenbürg oder Walberla
Ihren zweiten Namen verdankt die Ehrenbürg der kleinen Walpurgis-Kapelle auf dem Plateau unterhalb des Gipfels. Im Spätherbst, wenn sich das Laub verfärbt, lohnt sich die Wanderung auf diesen Zeugenberg der Fränkischen Alb ganz besonders. Die Hochfläche, ein typisches Trockenrasengebiet, und die steil abfallenden Felswände stehen unter Naturschutz. Von Kirchehrenbach fährt man zum Parkplatz unterhalb des Berges. Hier beginnt der Rundwanderweg Ehrenbürg, der in ca. 30 Minuten zum Gipfel (512 m) mit der Kapelle, zu den schroffen Felsnadeln

und auf den Rodenstein (532 m) führt. Die Gipfel beider Berge sind von Wallanlagen der Bronze- und Eisenzeit umgeben. Oben bietet sich eine herrliche Aussicht ins Tal der Wiesent und über das Vorland der Fränkischen Alb.
Auf der Rückfahrt nach Kirchehrenbach lädt am Ortsrand das fränkische Speiserestaurant »Zum Walberla« zur Rast ein (Biergarten, Sonnenterrasse, Kinderspielplatz; Do Ruhetag).

Routenvorschlag Mittelfranken

Ein gut ausgebautes Straßennetz erwartet den Autofahrer in Mittelfranken. Die knapp 300 km lange Strecke führt durch eine abwechslungsreiche Landschaft, deren Höhepunkte teilweise in der näheren Umgebung Nürnbergs liegen, so etwa die Schwarzachklamm ❻ oder das Wernloch ❼. Aber auch Walberla ❷ und Altmühlsee ❽ sind vom Großraum Nürnberg/Fürth/Erlangen aus relativ schnell erreichbar.
Streckenverlauf:
Von der A 3 Nürnberg–Würzburg bis zur Ausfahrt Höchstadt-Ost, auf der B 470 bis Gremsdorf, dort links über Krausenbechhofen nach Poppenwind und rechts ab nach Biengarten ❶; zurück nach Poppenwind und weiter über Hesselberg und Niederlindach nach Hannberg, dort links über Röhrach, Röttenbach und Hemhofen auf die B 470 nach rechts über Forchheim bis Weilersbach und rechts ab nach Kirchehrenbach ❷; über Gosberg zur Anschlußstelle Forchheim-Süd der A 73, dort in Richtung Nürnberg bis Erlangen-Bruck und auf der B 4 Richtung Nürnberg zur Brucker Lache ❸; auf der B 4 weiter zur A 3, Anschlußstelle Tennenlohe, dort bis zur Ausfahrt Nürnberg-Mögeldorf, nach Schwaig, rechts über Diepersdorf nach Haimendorf ❹; zurück nach Diepersdorf und links ab über Leinburg nach Altdorf, dort rechts Richtung Burgthann nach Grünsberg zur Teufelskirch ❺; weiter über Burgthann nach Ochenbruck und rechts ab nach Schwarzenbruck ❻; über Röthenbach bei St. Wolfgang geht es dann nach Wendelstein zum Wernloch ❼; anschließend ein Stück zurück und nördlich zur A 73 Auffahrt Röthenbach bei St. Wolfgang in Richtung Nürnberg, beim Kreuz Nürnberg-Süd auf die A 6 Richtung Heilbronn bis zur Ausfahrt Schwabach-West und auf der B 466 über Kammerstein nach Gunzenhausen, an der Kreuzung mit der B 13 rechts in Richtung Ansbach am Altmühlsee entlang bis Muhr am See ❽; um den See herum über Streudorf und Wald wieder auf die B 466 Richtung Nördlingen bis Gnotzheim, hier rechts und kurz darauf links ab über Obermögersheim nach Altentrüdingen, links ab nach Wassertrüdingen, dort rechts nach Gerolfingen zum Hesselberg ❾; von Wittelshofen weiter nach Dinkelsbühl, dort rechts auf der B 25 über Feuchtwangen und Wörnitz bis zur Abzweigung nach Gailnau, dort links über Gailnau nach Wettringen zum Gailnauer Berg ❿; zurück zur B 25 und rechts zur Anschlußstelle Wörnitz der A 7 Richtung Würzburg, über Rothenburg bis zur Ausfahrt Bad Windsheim, dort rechts auf die B 470 Richtung Bad Windsheim, nach 4 km rechts ab nach Burgbernheim und links nach Marktbergel zum Petersberg ⓫.
Wer die Runde schließen will, fährt über Westheim und Illesheim auf die B 470 und kommt über Neustadt a. d. Aisch zurück zum Ausgangspunkt Höchstadt-Ost.
Mittelfranken bietet nicht nur abwechslungsreiche Natur, sondern ist auch ein altes Kulturland. Das wird vor allem in der ehemaligen Reichsstadt Nürnberg, aber auch in so malerischen Orten wie Dinkelsbühl oder Rothenburg ob der Tauber besonders deutlich. Man sollte sich also insgesamt genügend Zeit für die Tour nehmen – Übernachtungsmöglichkeiten stehen im Großraum Nürnberg und in den Touristenzentren entlang der Strecke ausreichend zur Verfügung.

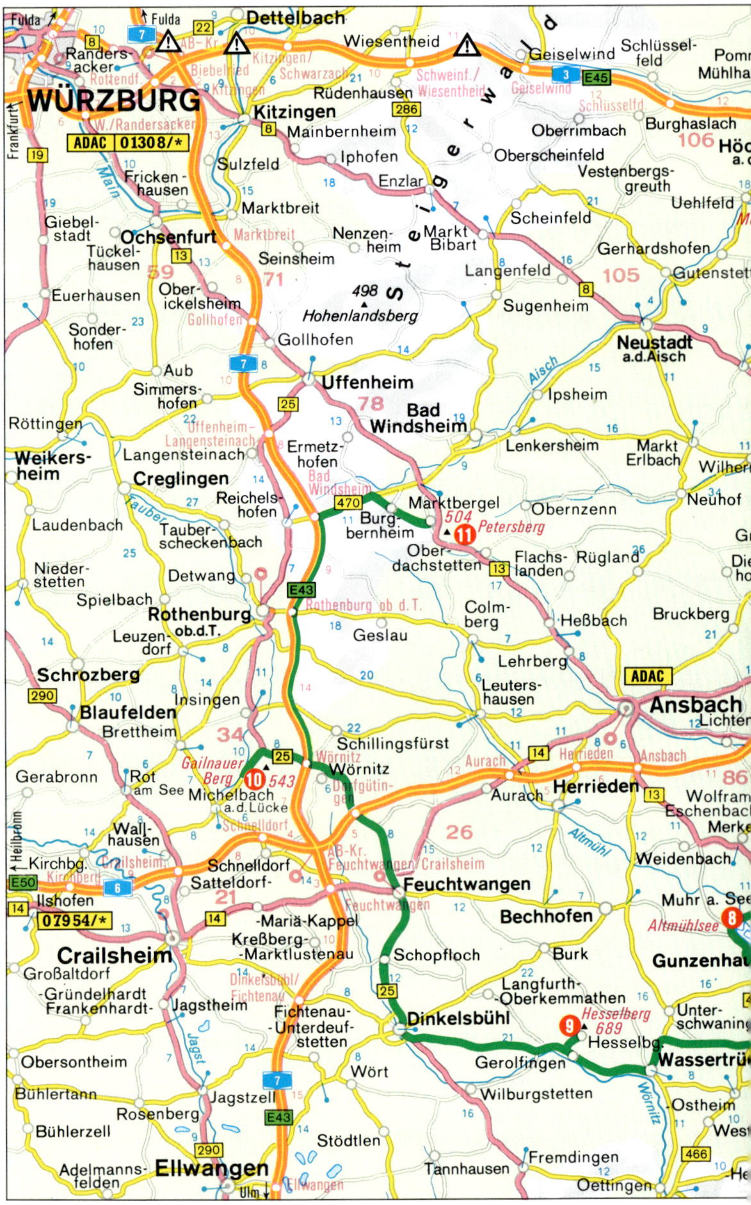

❸ Brucker Lache

Der Erlensumpfwald der Brucker Lache, die den nordwestlichen Zipfel des Sebalder Reichswaldes bildet, zählt zu den schönsten Wäldern dieser Art in Nordbayern und hebt sich von den sonst vorherrschenden eintönigen Kiefernbeständen des Nürnberger Reichswaldes deutlich ab. Neben der Erle kommen hier Traubenkirsche und Esche vor. Feucht- und Moorwiesen lockern das sumpfige Gebiet auf, das einer reichen Vogelwelt Lebensraum bietet. Vor allem haben sich in der Brucker Lache aber Pflanzen erhalten, die als ausgesprochene Raritäten gelten. Die Sumpfschwertlilie und das Sumpfveilchen sind hier ebenso anzutreffen wie Faulbaum, Walzensegge, Seidelbast, Kreuzdorn.
Zur Brucker Lache verläßt man die B 4 in Tennenlohe; nach 400 m in Richtung Tennenlohe-West biegen Sie rechts ab zum Wanderparkplatz. Dort informiert Sie eine Tafel über die Wege durch das 130 ha große Naturschutzgebiet.

In der Brucker Lache entfaltet die Sumpfschwertlilie zwischen Mai und Juni ihre zartgelben Blüten.

❹ Klingender Wasserfall

Der Klingende Wasserfall bildet den krönenden Abschluß der Hüttenbachschlucht bei Haimendorf. Der Wasserfall hat sich mehrstufig in den weißen und gelblichen Sandstein eingegraben. Die schwarzen Adern, die

Was tut das Bier im Wald?
Östlich von Forchheim, auf dem Weg nach ❷, liegt der Kellerwald, eine ausgedehnte Waldfläche mit bis zu 200jährigem Baumbestand. Seinen Namen hat er von einem tief in den Rätsandstein eingegrabenen, weitverzweigten Kellersystem. Es diente in früheren Zeiten als Lagerstätte für Wein, Bier und Lebensmittel. Die konstante Temperatur von 6–10 °C erwies sich vor allem für die Lagerung von Bier als günstig. So mancher Forchheimer Brauer schaffte deshalb den Gerstensaft in den Kellerwald zur Vorgärung. Moderne Kühltechnik hat dieses aufwendige Verfahren inzwischen längst ersetzt, aber die Felsenkeller erfreuen sich mittlerweile als Bierschenken weithin großer Beliebtheit. In einer Vielzahl von Kellerschenken kann man hier gemütlich Brotzeit machen. Von großen Parkplätzen am Fuß des Kellerbergs geht man zu den Schenken hinauf in den Kellerwald.

Waldmuseum mit »Grünem Klassenzimmer«
Südlich der Brucker Lache ❸ liegt das Waldmuseum Tennenlohe, das in seinen Ausstellungsräumen die lange und leidvolle Geschichte des Nürnberger Reichswaldes dokumentiert. Im Freigelände werden Geräte, Werkzeuge und Maschinen gezeigt, die früher bei der Nutzung und Pflege des Waldes verwendet wurden. Dazu gehören Axt und Zugsäge ebenso wie alte Rückewagen, mit denen die schweren Stämme auf die Waldwege gezogen wurden. Auch Schlitten und Pferdewagen gibt es zu sehen, die noch vor 100 Jahren zur Holzabfuhr im Reichswald genutzt wurden. Ein Blockhaus ist als »Grünes Klassenzimmer« für Unterrichtszwecke und Vorträge eingerichtet, ein zweites informiert über die Biologie des Waldes, ein drittes zeigt die einheimischen Tiere des Waldes. Zu finden ist das Museum im Erlanger Ortsteil Tennenlohe, Franzosenweg 60 (geöffnet April–Okt. Mo–Do 9–12, So 10–16 Uhr; Anmeldung für Führungen beim Forstamt Erlangen, ☏ 09131/26042).

Nicht zu verfehlen: Das laute Plätschern des Klingenden Wasserfalls in der Hüttenbachschlucht hört man von weitem.

Ein Zoo mit Weihern und Steinbrüchen
Wer zum Klingenden Wasserfall ❹ unterwegs ist, sollte unbedingt einen Abstecher zum Nürnberger Tierpark machen. Er liegt am östlichen Stadtrand am Fuß des Schmausenbucks und ist von der A 3 Ausfahrt Nürnberg-Mögeldorf ausgeschildert. Die große Waldparkanlage ist weitaus mehr als ein Zoo, bezieht sie doch Wiesen, Weiher und die alten Steinbrüche mit ein, die das Baumaterial für einen großen Teil der Nürnberger Altstadt lieferten. Der 63 ha große Zoo beherbergt rund 2000 Wildtiere aus allen Teilen der Erde. Ein ehemaliger Steinbruch dient beispielsweise als Freigehege für ein Rudel Alpensteinböcke. Im Delphinarium – einzigartig in Süddeutschland – sind Große Tümmler und Guyana-Delphine zu sehen (Am Tiergarten 30, geöffnet April–Sept. 8–19.30, März und Okt. 8–17.30, Nov.–Febr. 9–17 Uhr; ☎ 0911/5430348).

sich überall deutlich von den Schluchtwänden abheben, sind kleine Kohlenflöze, die sich im Keuper unter Luftabschluß und Druckeinwirkung aus abgestorbenen Nadelbäumen gebildet haben.
Ausgangspunkt für eine Wanderung zum Klingenden Wasserfall ist Haimendorf. Man läßt das Auto im Ort beim Kinderspielplatz stehen und folgt am nördlichen Ortsende dem Leinleitenweg hinab zum Wald. Dort führt der Weg geradeaus in die Hüttenbachschlucht und zum Klingenden Wasserfall. Große Aushöhlungen im Sandstein, die der Hüttenbach geschaffen hat, wirken wie Schallmuscheln. So hört man schon von weitem das laute Plätschern des kleinen Baches.

❺ Teufelskirch
Hoch über einem kleinen Zufluß der Schwarzach thront Schloß Grünsberg, der Ausgangspunkt einer Wanderung zur Teufelskirch. Der ausgeschilderte Rundwanderweg 4 beginnt 100 m vom Schloßberg aufwärts in der Straße Am Doktorsbrunnen und führt in 15 Minuten in die tief in den gelben Rätsandstein eingegrabene Schlucht. Bald türmen sich hohe Felsen an beiden Seiten auf, und moosüberzogene Bruchsteine, dazwischen Buschwindröschen, bedecken den feuchten Boden. Am Ende dieses Mini-Cañons stürzt dann ein Wasserfall die hohen Felswände herab.
Gegenüber dem Schloß bietet sich nach der Wanderung die Gaststätte »Zum Postmeister« zur Einkehr an.

❻ Schwarzachklamm
Die Schwarzach entspringt bei Neumarkt in der Oberpfalz und mündet bei Schwabach in die Rednitz. Auf ihrem Weg nach Westen durchbricht sie vier typische Sandsteinschichten des Keupers: unterhalb von Altdorf den Rätsandstein, bei Schwarzenbruck den Burgsandstein, bei Wendelstein den Stubensandstein, bei Neuses den Blasensandstein. Dabei bildet

Die bis zu 40 m tief eingeschnittene Schwarzachklamm wurde zum Naturdenkmal erhoben. Bei Schwarzenbruck kann man den rotbraunen Burgsandstein sehen.

sie jedesmal ein schluchtartiges Tal. Besonders sehenswert ist die Schwarzachklamm bei Schwarzenbruck, wo sich der Fluß durch den rötlichen Burgsandstein genagt und an beiden Seiten mächtige Felsen und ausgewaschene Höhlen stehengelassen hat.
Sie erreichen die Schwarzachklamm von Schwarzenbruck aus. Ca. 2 km nach dem Ortsende in Richtung Röthenbach verläßt man die Straße nach links und fährt zum Parkplatz bei der Waldschenke »Brückkanal« (Hinweisschilder), wo der Wanderweg durch die Schlucht beginnt. Durch die Karlshöhle, eine ausgewaschene Hallenhöhle mit einer Quelle, geht es in die Gustav-Adolf-Höhle und weiter nach Schwarzenbruck. Auf der anderen Talseite führt ein Weg über der Schlucht zurück zum Gasthaus (Mo Ruhetag) und zum Parkplatz. Hier kann man übrigens eine beachtliche Ingenieur-Leistung bewundern: Auf einer Brücke wurde der Ludwig-Donau-Main-Kanal über die Schwarzach geführt.

7 Wernloch

In den Steinbrüchen zwischen Wendelstein und Worzeldorf wurde verkieselter Burgsandstein gebrochen, der zu Pflaster- und Mühlsteinen verarbeitet wurde. Das Wernloch ist einer der ehemaligen Steinbrüche am Kornberg, welche die Natur sich zurückerobert hat. Von Röthenbach kommend, folgt man in Wendelstein am Ortseingang nicht links der Kurve, sondern fährt geradeaus in die Ortsmitte und über eine Brücke. Danach geht es rechts die Nürnberger Straße hinauf und nach ca. 300 m in einer Rechtskurve links ab. Nun fahren Sie geradeaus bergauf in den Wald und erreichen nach weiteren 300 m den Wanderparkplatz, an dessen Ende der Wanderweg beginnt (gelber Balken auf weißem Grund, Hinweistafel). Nach etwa 150 m können Sie rechts hinter dem Laubdikkicht einen vorsichtigen Blick in die Felsschlünde werfen. Nach 200 m führt der Weg rechts hinunter und mündet in den wildromantischen Kessel des Wernlochs. Hier liegen drei stille Seen, von einer Felsbastion überragt, die man auf ihrer linken Seite ersteigen kann. Von dort führt der Weg zurück zum Parkplatz.

8 Altmühlsee

Erst 1985 wurde dieser künstlich angelegte See geflutet. Er dient dem Wasserausgleich zwischen Nord- und Südbayern. Wasser aus dem Einzugsgebiet der Donau wird hier in das des Mains übergeleitet. Vor dem

Der Wunsch des Königs

»Daß mit München die Donau verbunden werde, diese vermittels des Mains mit dem Rhein, daran liegt mir viel.« Den zweiten Teil seines Wunsches hatte sich Bayerns König Ludwig I. erfüllt, als 1845 der Ludwig-Donau-Main-Kanal eröffnet wurde. Die neugeschaffene Verbindung zwischen Regnitz und Altmühl verlief von Bamberg über Nürnberg bis Dietfurt und war 177 km lang. Mit 100 Schleusen wurden die Höhenunterschiede überwunden. Pferde, die beiderseits des Kanals auf Treidelpfaden gingen, zogen die Schiffe. Schon wenige Jahre nach der Fertigstellung des kühnen Projekts machte allerdings die aufkommende Eisenbahn dem Kanal erfolgreich Konkurrenz, und so wurde es immer ruhiger auf der mit so großen Erwartungen angelegten Wasserstraße, bis sie 1950 schließlich ganz stillgelegt wurde. Die erhaltenen Strecken zwischen Nürnberg und Dietfurt sind inzwischen zu romantischen Teilen der Landschaft geworden. Zwischen Schwarzachklamm 6 und Wendelstein verläuft unsere Route parallel zum Kanal.

Auf der Vogelinsel im Altmühlsee wurden bisher über 200 Vogelarten gezählt, darunter auch so seltene wie Pfeifente und Fischadler. Vom vogelkundlichen Lehrpfad aus kann man die gefiederten Inselbewohner in Ruhe beobachten.

Wie im Aischgrund, so brütet auch am Altmühlsee der Teichrohrsänger. Sein napfförmiges Nest befestigt der kaum spatzengroße Zugvogel zwischen Schilfstengeln.

Bau des Altmühlsees war das Gebiet zwischen Gunzenhausen und Weidenbach eine der größten zusammenhängenden Feuchtwiesenflächen Süddeutschlands, von zahlreichen Armen der Altmühl durchflossen. Der seltene Rotschenkel hatte hier sein Revier, daneben kamen Brachvogel, Bekassine, Kiebitz, Uferschnepfe und zahlreiche andere Wasserbrüter vor. Durch die Baumaßnahmen für das Ausgleichsbecken wurde das Gebiet jedoch nachhaltig verändert. Ein großer Teil der Feuchtwiesenflächen wurde überflutet, Altmühl und Nesselbach wurden über weite Strecken begradigt: Veränderungen der Tier- und Pflanzenwelt waren die Folge. Mit der Vogelinsel wurde in Zusammenarbeit mit Ökologen für viele Vogelarten ein Ersatz geschaffen, und manche Anzeichen deuten inzwischen darauf hin, daß sie sich zu einem bedeutenden Brut- und Rastplatz für die Vogelwelt entwickelt.
In Muhr fährt man vor dem Torturm links zur ausgeschilderten Vogelinsel. Am Wanderparkplatz können Sie sich an einem Informationskiosk des Landesbundes für Vogelschutz in Bayern über das 200 ha große Naturschutzgebiet informieren. Hier werden auch naturkundliche Führungen auf die Vogelinsel angeboten (Mitte März–Mitte Juni Do 16, Sa, So, Fei 9 und 16; Mitte Juni–Mitte Sept. tägl. 16 sowie Sa, So, Fei 9, 14, 16; Mitte Okt.–Mitte Nov. Do 15, Sa, So, Fei 10 und 15 Uhr). Um den See führt ein 12 km langer Rad- und Wanderweg (Fahrradverleih in Muhr).

9 Hesselberg

Die Fernsicht vom Gipfel dieses weithin sichtbaren Zeugenbergs (689 m) im Vorland der Fränkischen Alb umfaßt nahezu die ganze Frankenalb im Osten und die Schwäbische Alb nach Westen bis zum Hohenstaufen. Im Süden schaut man über den weiten Kessel des Nördlinger Rieses, das vor 14 Millionen Jahren durch den Einschlag eines Meteoriten entstand. Wer das Glück hat, an einem Föhntag hier zu sein, kann sogar das Wettersteingebirge und die Allgäuer Alpen sehen.
Den Hesselberg erreichen Sie von Gerolfingen aus mit dem Auto (weiße Hinweisschilder), oder Sie fahren weiter bis Wittelshofen und biegen am Ortseingang in Richtung Ehingen ab. Nach etwa 500 m führt rechts eine Straße zu einem Parkplatz. Hier beginnt, gut ausgeschildert, der Geologische Lehr- und Wanderpfad, der in ca. 1½ Stunden auf den Gipfel führt.

Ein gut ausgeschilderter Geologischer Lehrpfad führt in eineinhalb Stunden auf den Hesselberg, dessen oberer Teil aus Weißjuragestein besteht. Ringwälle aus keltischer Zeit belegen dort die frühe Gegenwart des Menschen.

⑩ Gailnauer Berg

Die geologische Schichtenfolge im Naturpark Frankenhöhe reicht vom Oberen Muschelkalk im Taubertal bis zum Blasensandstein auf der bewaldeten Bergplatte der Frankenhöhe. Dazwischen liegen die Schichten des Unteren Keupers und des Gipskeupers. Über dem Muschelkalk liegt der Lettenkeuper, ein bei ausreichender Feuchtigkeit fruchtbarer Boden, auf dem vor allem Gerste, Weizen und Klee gedeihen. Darüber lagert der Schilfsandstein. Sein Name weist auf die Schachtelhalmversteinerungen hin, die in seinen Schichten gefunden und zunächst für Schilf gehalten wurden. Aufschlüsse davon finden geologisch Interessierte im Erdrutsch am Gailnauer Berg. Weil Schilfsandstein wegen seines feinen Korns leicht zu bearbeiten ist, wurde er früher nicht nur gern als Baustein verwendet, sondern auch für Fensterbänke, Grab- und Schleifsteine.
Den Erdrutsch am Gailnauer Berg erreichen Sie mit dem Auto von Wettringen aus. In der Ortsmitte führt die Hollergasse nach links auf den Bergrücken der Frankenhöhe zu. Am Waldrand befindet sich ein Wanderparkplatz. Von dort führt ein Weg nach links in Richtung Norden (gelbe Tafeln mit Tiersymbolen). Nach ca. 1,5 km kommen Sie zum Erdrutsch, der auf einer Strecke von 500 m immer wieder zu sehen ist. Der Wanderweg führt auf einem Rundkurs zurück zum Parkplatz.

⑪ Petersberg

Im Dreieck der Flußläufe von Aisch, Regnitz/Rednitz und Altmühl liegt der Rangau mit Forchheim, Gunzenhausen und Burgbernheim als Eckpunkten. Der Petersberg (504 m) ist die höchste Erhebung dieser Landschaft und bietet eine herrliche Aussicht. Man kann vom südlichen Ortsende von Marktbergel aus direkt über den ansteigenden Bergrücken gehen oder links in die Weinbergstraße, hinter dem Berg durch den Wald auf die Höhe und erneut links auf markiertem Wanderweg bis zum Gipfel (ca. 45 Minuten). Die am wenigsten anstrengende Wanderung beginnt in der Muna-Siedlung an der Straße Marktbergel–Oberdachstetten. Bei der Gaststätte »Zum Büttelberg« führt ein Wanderweg hinauf auf den Petersberg, der den Anstieg mit einem Blick auf das Aischtalbecken belohnt (ca. 30 Minuten). Man sieht auf Burgbernheim, Bad Windsheim und auf die Höhen des Steigerwaldes.

Als Europa noch ein Meer war
Der Geologische Lehr- und Wanderpfad von Wittelhofen auf den Hesselberg ⑨ führt durch die Welt des einstigen Jurameeres, das vor ca. 140–210 Millionen Jahren weite Teile Europas bedeckte. Beim Wandern kann man sich zwanglos anhand von Erdaufschlüssen und Tafeln über die versteinerten fossilienreichen Ablagerungen des Juras informieren. Die Ablagerungen werden in drei Stockwerke, den Schwarzen, Braunen und Weißen Jura, eingeteilt und lassen sich beim anderthalbstündigen Aufstieg auf den Hesselberg gut erkennen. Dazwischen laden zahlreiche Aussichtspunkte mit Ruhebänken zum Verweilen ein.

Der Gailnauer Schloßberg geriet 1957 ins Rutschen, begrub bis zum Folgejahr zwei Wege unter sich und brachte zahlreiche Bäume zum Sturz. Die Ursache für den Erdrutsch wird in den stark wasserführenden Erdschichten des Berges vermutet.

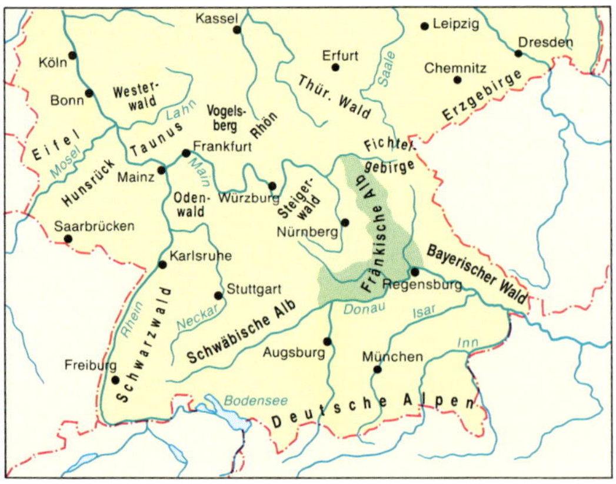

Vor über 200 Millionen Jahren begann ein großartiges Kapitel der Erdgeschichte – die Jurazeit. Dem Besucher der Fränkischen Alb offenbart sich diese Periode der Erdgeschichte, in der sich hier ein riesiges Meer erstreckte, durch ungezählte versteinerte Tiere und Pflanzen. Zu den berühmtesten Zeugen der Vergangenheit gehört der Urvogel Archäopteryx, das evolutionsgeschichtliche Bindeglied zwischen Reptilien und

Vögeln. Wind und Wetter formten mit der Zeit die weißen Kalkfelsen des ehemaligen Meeresgrundes zu einer vielfältigen Landschaft. Durch Verwitterung entstanden zahlreiche Höhlen – wie hier die Teufelshöhle – mit teils imponierenden Tropfsteinen. Im nördlichen Teil, der Fränkischen Schweiz, säumen kühne Felsformationen die Talränder. Im Süden fließt die Altmühl in ihrem tief eingegrabenen Tal durch das Karstgebirge.

36 Fränkische Alb

Die Heimat des Archäopteryx

Lage Im Westen von Mittelfränkischem Becken und Ries begrenzt, im Osten von Fichtelgebirge, Oberpfälzer Wald und Bayerischem Wald, im Norden vom Main und im Süden von der Donau
Ausdehnung Nord–Süd ca. 150 km; West–Ost 30–70 km
Land Bayern
Höchste Erhebungen Poppberg 657 m, Ossinger Berg 651 m, Limpelberg 643 m, Hohenstein 627 m, Kleine Kulm 625 m
Wichtigste Flüsse Main, Pegnitz, Altmühl, Wiesent, Naab, Donau
Landschaftsformen Mittelgebirge; Schichtstufenlandschaft mit Steilrand im Nordwesten, die sich leicht nach Südosten neigt, tief eingeschnittene Flußtäler mit bizarren Kalksteinformationen
Naturparks Naturpark Fränkische Schweiz-Veldensteiner Forst im Norden; Naturpark Altmühltal im Süden
Information Landesfremdenverkehrsverband Bayern, Prinzregentenstr. 18, W-8000 München 22, ☏ 089/2123970; Fremdenverkehrsverband Franken, Postfach 269, Am Plärrer 14, W-8500 Nürnberg 80, ☏ 0911/264202; Tourismus-Zentrale Fränkische Schweiz, Oberes Tor 1, W-8553 Ebermannstadt, ☏ 09194/8101; Fränkische-Schweiz-Verein, Oberes Tor 1, W-8553 Ebermannstadt, ☏ 09194/1433; Tourist Information Frankenalb, Waldluststr. 1, W-8560 Lauf a. d. Pegnitz, ☏ 09123/79254; Tourist Information Naturpark Altmühltal, Notre Dame 1, W-8078 Eichstätt, ☏ 08421/6733; Fränkischer Albverein, Postfach 2019, Dientzenhoferstr. 50, W-8500 Nürnberg 1, ☏ 0911/546690

Spatzenwasser und Hungerbrunnen

Stundenlang kann man über die Fränkische Alb wandern, ohne auf einen Bach oder eine Quelle zu stoßen – die kargen Hochflächen sind von Trockenheit geprägt. Im Kontrast dazu stehen die tiefen Täler, die von Flüssen und Bächen in die bis über 300 m mächtige Kalkplatte des Weißen Juras eingekerbt wurden.

Wegen der Wasserarmut und der kargen Böden ist das Hochland der Fränkischen Alb bis heute dünnbesiedeltes Bauernland geblieben, größere Orte gibt es hier nicht. In den kleinen Dörfern sammelten die Bewohner bis in die fünfziger Jahre hinein das Regenwasser in Zisternen, um es als sogenanntes Spatzenwasser im Haushalt zu verwenden. Für die Viehtränke dagegen speicherten die Bauern das kostbare Naß in großen, wasserdichten Gruben, den sogenannten Hülen.

Ursache der Wasserarmut sind die außerordentlich zerklüfteten Kalksteine und Dolomite des Weißen Juras. Weil wasserstauende Schichten aus Lehm, Ton oder Mergel fehlen, versickert der Regen sofort in die Tiefe. Die Fränkische Alb ist noch wasserärmer als die Schwäbische Alb und hat alle Merkmale eines Karstgebirges: Höhlen, Dolinen, Trockentäler und Hungerbrunnen, wie die Karstquellen auch genannt werden. Aus diesen Brunnen fließt nur dann Quellwasser, wenn sich nach der Schneeschmelze oder nach starken Regenfällen die Spalten im Gestein mit Wasser füllen.

Im Westen ragt der Rand der Fränkischen Alb wie eine steile Mauer aus dem Vorland auf. Das flache Jurameer lagerte hier einst mächtige Kalkschichten ab, die von Kräften aus dem Erdinnern aufgewölbt wurden. Seither neigt sich die Fränkische Alb leicht nach Süden und Osten. Schichten aus Schwarzem, Braunem und Weißem Jura bilden die geologischen Stockwerke des steilen Albrandes im Westen. Doch es sind die zuletzt abgelagerten Kalke des Weißen Juras, die das heutige Erscheinungsbild der Alb prägen. Nach dem Zurückweichen des Jurameers haben Wind und Wasser aus den mehrere hundert Meter dicken Kalkschichten bizarre Felsformationen geformt.

Die Hebung der Erdkruste zwang Flüsse dazu, ihren Lauf zu ändern. Der Urmain, der einst durch das Rednitztal nach Süden abfloß und etwa dort, wo heute Treuchtlingen liegt, in die Altmühl mündete, änderte seinen Weg nach Norden. Auch die Donau, die ursprünglich durch das Altmühltal floß, mußte sich einen neuen Weg suchen. Seitdem trennen nur noch wenige Kilometer die Einzugsgebiete von Rhein und Donau. Schon Karl der Große wollte hier im Jahr 793 die Europäische Hauptwasserscheide mit einem Kanal überbrücken. Doch von dem Traum, Nordsee und Schwarzes Meer zu verbinden, blieb nur der 1230 m lange »Karlsgraben« bei Treuchtlingen bestehen. Erst 1200 Jahre später verwirklichte man diese Idee mit dem Bau des Main-Donau-Kanals.

Markante Felsen, geheimnisvolle Höhlen: Fränkische Schweiz

Im nördlichen Teil der Fränkischen Alb sind die Landschaftsformen markanter als im Süden. Ursache dafür sind unterschiedliche Gesteine: Im Norden dominiert der harte Dolomit, der steile Kuppen bildet, wäh-

Dem Dolomit verdankt die Fränkische Schweiz ihre bizarren Felsformationen: hier die Schusterfelsen im Wiesenttal.

Lichtenfels
Main
Kulmbach
Vierzehnheiligen
Bad Berneck
Bayreuth
Bamberg
FRÄNKISCHE SCHWEIZ
Pottenstein
Pegnitz
Gößweinstein
Forchheim
Auerbach
Regnitz
ERLANGEN
Heroldsberg
Lauf
Hohenstadt
Sulzbach-Rosenberg
Hersbruck
FÜRTH
Amberg
NÜRNBERG
Altdorf
Feucht
Kastl
DILLBERG 595 m
Neumarkt
Roth
Main-Donau-Kanal
Burglengenfeld
Parsberg
FRÄNKISCHE ALB
Berching
Ellingen
Beilngries
Weißenburg
Altmühl
Kinding
ALTMÜHLTAL
REGENSBURG
Kelheim
Eichstätt
Abensberg
Ingolstadt
Neustadt
Vohburg
DONAU
Neuburg
Rain
1
2
3
4
5
6
7
8
9
10
11
12
13
14
15
16
17

Der dämmerungs- und nachtaktive Gartenschläfer, ein Nagetier, lebt in Wäldern und Obstgärten.

rend im Süden flach gelagerte Kalksteinschichten vorherrschen. Die markanten Felsformationen der nördlichen Frankenalb gaben der Fränkischen Schweiz ihren Namen. Über 100 Burgen krönen die Talränder, die von zahlreichen Höhlen und unterirdischen Gängen durchzogen sind. 280 bekannte Höhlen gibt es hier, seit Jahrtausenden wachsen in ihnen die Tropfsteine Millimeter für Millimeter. Das ewige Dunkel wurde in dieser Zeit zur Heimat für eine ganz spezielle Nacht-Tierwelt, zu der Höhlenkrebse, Spinnen, Milben und Fledermäuse gehören.
Bis heute hat die Beschreibung der Fränkischen Schweiz im 150 Jahre alten »Bayerischen Verkehrsbuch« nichts von ihrer Anschaulichkeit verloren: »Nirgendwo spricht die Natur zu dem empfänglichen Menschengemüte eindringlicher von ihrer gewaltigen Schöpfungsgeschichte als in der Fränkischen Schweiz. Heiter und farbenreich breitet sich dieses Miniaturgebirge vor uns aus. Wenn wir in die dunklen, geheimnisvollen Höhlen hinabsteigen, umwittern uns die Schauer von längst verrauschten Jahrtausenden rätselraunender Urzeit. Wo heute der fröhliche Tourist an den letzten Resten dieser gewaltigen Epoche unserer Erdgeschichte mit dem Wanderstabe neugierig herumstochert, da ertönte einst das heisere Geheul der hungernden Hyäne, da erfüllte die schweigenden, düsteren Urwälder der Höhlenlöwe mit dem grollenden Donner seiner Stimme.«
Eines aber ist seit der Gründung des Naturparks Fränkische Schweiz-Veldensteiner Forst anders geworden: Die Zahl der Erholungseinrichtungen hat erheblich zugenommen. Ein dichtes Netz von Wanderwegen und Waldlehrpfaden überzieht den Naturpark. Kletterfelsen und Angelstellen, Wassertretbecken und Kneippanlagen ermöglichen eine abwechslungsreiche Freizeitgestaltung.

Das Altmühltal – ein großartiger Naturpark

Der Süden der Fränkischen Alb liegt im Einzugsbereich der Altmühl. Der große Mäander bildende Fluß hat sich tief in die Hochfläche eingegraben. Das Altmühltal nimmt unter den Naturparks in Deutschland einen vorrangigen Platz ein. Charakteristisch sind kleine Schilfgürtel und Feuchtwiesen in den Talauen, Laub- und Nadelwälder an den Talrändern sowie Wacholder-Steppenheiden zwischen den weißen Jurafelsen an den Hängen.
Wo heute Solnhofen liegt, versanken einst in einer Lagune des Jurameers die Überreste toter Fische, Echsen, Muscheln, Krebse und Insekten. Sie wurden in Kalkplatten eingeschlossen, die durch millimeterdünne tonige Schichten voneinander getrennt sind. Wer will, kann in den Kalkbrüchen

Wo sich einst die Altmühl schlängelte, macht sich heute der heftig umstrittene Main-Donau-Kanal breit. Sein Bau bescherte dem Ort Essing die längste moderne Holzbrücke Europas (193 m).

von Solnhofen ⓮ selbst nach solchen Versteinerungen suchen und sie als Souvenir mit nach Hause nehmen.
Das Altmühltal war schon in der letzten Eiszeit besiedelt, die damaligen Bewohner lebten in Höhlen. Zwischen 600 v. Chr. und der Zeitenwende beackerten Kelten das Land und gruben sogar nach Eisenerz, das sie auch verhütteten. Die Römer errichteten hier ab 90 n. Chr. einen Grenzwall, den berühmten Limes. Im Jahr 213 begann dann unter Kaiser Caracalla der Bau des ca. 165 km langen rätischen Limes, auch Teufelsmauer genannt. Zum Teil ist er heute noch sichtbar. Neben solchen kulturhistorischen Stätten und Baudenkmälern finden Urlauber im ganzen Altmühltal eine abwechslungsreiche Tier- und Pflanzenwelt.

Verschiedene Kletterfelsen im Altmühltal wie der Burgsteinfelsen nahe Dollnstein bieten mit schwierigen Routen Nervenkitzel für Kletterer wie für Zuschauer.

Streuobstwiesen – Refugien bedrohter Arten
Zum typisch fränkischen Landschaftsbild gehören seit Jahrhunderten kleine Dörfer inmitten sogenannter Streuobstwiesen. Letztere haben ihren Namen von den einzeln, also verstreut in der Landschaft stehenden Obstbäumen. Sie stellen nicht nur eine Augenweide dar. Auch für die Umwelt sind die lichten Streuobstwiesen ein Gewinn, gehören sie doch zu den artenreichsten Biotopen Mitteleuropas. Weil die moderne Landwirtschaft auf ihren maschinengerechten Feldern nur noch Monokulturen duldet, sind die Streuobstbestände heute für viele vom Aussterben bedrohte Arten zu einem letzten Rückzugsgebiet geworden. Es leben hier Wiedehopf, Gartenammer, Wachtelkönig, Gartenschläfer und Fledermaus sowie zahlreiche gefährdete Schmetterlings- und Käferarten. Die heute noch vorhandenen Streuobstwiesen liegen meist am Ortsrand und in schwer zu bewirtschaftenden Hanglagen, die oft im Besitz von Nebenerwerbslandwirten sind. Bauern aber, die nur vom Obstbau leben, müssen sich aus wirtschaftlichen Gründen meist auf ertragreiche, aber ökologisch verarmte Obstplantagen spezialisieren.

Kultur verändert Natur
Trotz jahrhundertelanger Nutzung durch den Menschen besitzt die Fränkische Schweiz mit ihren Feldern, Wiesen und Obstbäumen einen beneidenswerten ökologischen Reichtum, um den sie andernorts beneidet wird. Von Tal zu Tal prägen Äcker, Wiesen, Weiden und Wälder, aber auch Wege und Siedlungen in immer anderer Form den abwechslungsreichen Charakter dieser Gegend. Das bunte, kleinräumige Landschaftsmosaik der Fränkischen Alb besitzt historische Ursprünge. Begünstigt hat seine Herausbildung neben landschaftlichen Gegebenheiten eine für Franken typische Tendenz zur Zersplitterung von territorialer und adliger Herrschaft. Vor allem wurde aber der bäuerliche Besitz durch Erbteilung immer wieder parzelliert.
Flurbezeichnungen wie etwa »Weingarten« im oberfränkischen Mittelehrenbach weisen auf den einstigen Weinbau hin. Doch ab dem 18. Jh. erfreute sich das Bier zunehmender Beliebtheit. Um hohe Einfuhrzölle zu sparen, förderte der Bischof von Bamberg den Anbau von Hopfen. Die starke Konkurrenz der Hopfenbauern aus der bayerischen Hallertau machte den Anbau auf den fränkischen Kleinparzellen mit der Zeit aber unwirtschaftlich. Statt dessen pflanzten die Albbauern auf diesen Flächen nun Kirsch-, Apfel- und Zwetschenbäume an. Als nach dem Ersten Weltkrieg die Eisenbahn die leicht verderbliche Ernte schnell zu den Abnehmern in den Städten transportieren konnte, bekam der Obstbau in der Fränkischen Schweiz sogar überregionale Bedeutung.
Mit dem allgemeinen wirtschaftlichen Aufschwung nach dem Zweiten Weltkrieg begann auch in der Landwirtschaft der Fränkischen Alb der große Umwandlungsprozeß. Neue Arbeitsplätze mit besseren Löhnen lockten einen Großteil der Landbevölkerung in die Städte. Landmaschinen erübrigten die mühevolle Handarbeit. Traditionelle Feldfrüchte wie der Raps verschwanden von den Äckern der Fränkischen Schweiz. Erst seit Mitte der achtziger Jahre sieht man die gelbblühenden Rapsfelder zwischen Getreide und Kartoffeln wieder häufiger.
Mit der Technisierung der Landwirtschaft nahm auch ihre Tendenz zur Konzentration zu. Die Konkurrenz des europäischen Agrarmarktes zwang auch die fränkischen Bauern zur Überproduktion um jeden Preis. Immer weniger Landwirte können mittlerweile allein von ihrem Hof leben. Heute werden 85% der Bauernhöfe von Nebenerwerbslandwirten bewirtschaftet. Immer häufiger ist die »Sozialbrache« zu sehen: Flächen, die wegen unrentabler Bewirtschaftung ungenutzt bleiben.

Route 1 **Fränkische Schweiz**

Von Bergen und Tälern, Höhlen und Mühlen

❶ Schwarzer Brand

Beim Schloß in der Ortsmitte von Vorra zweigt rechts der Weg nach Hirschbach ab. Die kleine Straße führt zunächst steil bergauf und dann wieder hinunter in das Hirschbachtal zum Felsgebiet Schwarzer Brand. Vom Ort Hirschbach aus, wo man das Auto parken kann, gibt es zahlreiche markierte Wege in ein Wandergebiet, dessen Pflanzenwelt subalpinen Charakter hat und über 600 verschiedene Arten umfaßt. Die Wanderwege mit einer Gesamtlänge von über 200 km führen an steilen Felsklippen und senkrechten Wänden vorbei auf die Berggipfel, die eine Höhe von knapp 600 m erreichen. Eine herrliche Aussicht hat man z.B. vom Mittagfels (591 m).

Der »Höhenglücksteig« und der »Norissteig« sind nur für schwindelfreie Personen geeignet. Zu empfehlen ist die Mitnahme von Karabinerhaken und einem Klettergurt, um sich auf den beiden Klettersteigen anseilen zu können. Doch auch ungeübte Wanderer kommen gefahrlos durch den Schwarzen Brand. Für sie gibt es genügend markierte Wege, die zwischen 3 und 20 km lang sind und in Hirschbach beginnen und enden. Eine besondere Sehenswürdigkeit, etwa 2,5 km nordwestlich des Ortes, ist die Schlangenfichte im Reichental. Diese scheinbar dürre Fichte hat schlangenartig herabhängende Zweige, die nur an den Enden dünn mit Nadeln besetzt sind. Von den Schlangenfichten gibt es in Europa nur noch wenige Exemplare. Sie stammen vermutlich aus dem Tertiär und haben ihren Samen über Jahrtausende unverändert erhalten. Wer auf den

Route 1
Fränkische Schweiz
Die etwa 130 km lange Route führt durch den nördlichen Teil der Fränkischen Schweiz. Höhepunkte sind die Besichtigungen von mehreren Schauhöhlen wie der Teufelshöhle ❺ und der Sophienhöhle ❼ mit ihren faszinierenden Tropfsteinen sowie der reizvolle Pegnitzdurchbruch bei Velden ❷.
Streckenverlauf:
A 9 Nürnberg–Bayreuth Ausfahrt Lauf-Hersbruck, über die B 14 nach Hersbruck, 4 km hinter dem Ort links abbiegen nach Vorra, in der Ortsmitte am Schloß rechts ab nach Hirschbach zum Schwarzen Brand ❶; zurück nach Vorra und nordwärts über Artelshofen bis vor Velden ❷ zum Durchbruch der Pegnitz; weiter über Velden nach Neuhaus a. d. Pegnitz, dort rechts ab nach Krottensee zur Maximiliansgrotte ❸; nun nach Auerbach, dort links und über die B 85/B 470 Richtung Bayreuth durch den Veldensteiner Forst und an der Anschlußstelle Pegnitz/Gräfenwöhr unter der A 9 hindurch ❹; in Neudorf kurz links auf die B 2 Richtung Gräfenberg/Nürnberg, nach 2 km rechts ab auf die B 470 Richtung Forchheim bis hinter Wannberg zur Teufelshöhle ❺; weiter nach Pottenstein und durch das Püttlachtal nach Tüchersfeld ❻; weiter auf der B 470 bis Behringersmühle, dort rechts ab und in das Ailsbachtal und zur Sophienhöhle ❼; zurück zur B 470 und über diese flußabwärts nach Muggendorf im Wiesenttal zur Rosenmüllerhöhle ❽; dann weiter bis Streitberg zur Binghöhle ❾; anschließend nach Ebermannstadt, dort links ab und dem Trubach folgend über Pretzfeld nach Egloffstein, nun weiter im Trubachtal bis Obertrubach ❿; von dort auf die B 2 Richtung Nürnberg zur Anschlußstelle Nürnberg-Nord der A 3.
Da die Fränkische Schweiz mit ihren kleinen Städtchen und Dörfern an den Wochenenden und vor allem im Sommer sehr gut besucht ist, empfiehlt es sich, zu diesen Zeiten frühzeitig Quartier vorzubuchen.

etwa 20 km langen Höhlen-Rundwanderweg geht, der am ADAC-Parkplatz in Hirschbach beginnt, sollte eine Taschenlampe mitnehmen, denn sieben der 30 Tropfsteinhöhlen sind nur so zu besuchen; in die anderen Höhlen fällt Tageslicht.

❷ Durchbruch der Pegnitz

Zwischen Vorra und Velden hat sich die Pegnitz mit zahlreichen Windungen ihr Bett bis zu 200 m tief in die Schichten des Weißen Juras gegraben. Den ungezähmten Fluß haben mittlerweile viele Kanufahrer für sich entdeckt. Auf beiden Seiten der Pegnitz laden bequeme Wege zu einem Spaziergang ein. Wanderer kommen hier durch eine reizvolle und idyllische Tallandschaft, die mit jeder Windung des Flusses neue Perspektiven eröffnet. Wälder mit Fichten und Buchen umgeben die bizarren und zerklüfteten Felsengebilde, die Wind und Wasser aus dem hellen Dolomit geschliffen haben. Etwa 1,5 km südwestlich von Vorra befindet sich bei Düsselbach ein Wanderparkplatz, von dem ein etwa 12 km langer Wanderweg (Markierung: gelber Kreis auf weißem Grund) bis nach Velden entlang der windungsreichen Pegnitz führt.

Eine einzigartige Sammlung von Schellenbögen, die einst Rinder schmückten, zeigt das Hersbrucker Hirtenmuseum.

Der Norissteig bei Hirschbach ist nur für Schwindelfreie geeignet.

Kajakfahrer und Wanderer kommen im Tal der Pegnitz auf ihre Kosten: Wie hier bei Lungsdorf hat sie sich tief in den hellen Dolomit gegraben.

Bei den Hirten in Hersbruck
Hirtentrachten und -arbeitsgeräte aus vielen Ländern, Musikinstrumente und Kuhschellen: Das Deutsche Hirtenmuseum in Hersbruck (vor ❶) ist den Hirten und Schäfern gewidmet. Das sehenswerte Museum befindet sich in einem malerischen Gebäude aus dem frühen 16. Jh. In seiner heimatkundlichen Sammlung zeigt es Wohnräume und bürgerliches sowie bäuerliches Brauchtum aus Hersbruck und Umgebung, dazu eine große Zinnfigurensammlung. Die Handwerksausstellung dokumentiert 38 Handwerksarten der Region (tägl. außer Mo 10–12, 14–16 Uhr geöffnet; Führungen sind im Eintrittsgeld inbegriffen).

❸ Maximiliansgrotte

Bereits in Neuhaus a.d. Pegnitz ist der Weg zur Maximiliansgrotte, einer der größten deutschen Schauhöhlen, ausgeschildert. Vom Ort Krottensee führt ein Sträßchen zum Waldparkplatz an der Gaststätte »Grottenhof«. Hier ist der Ausgangspunkt für die rund 30minütige Führung in die 70 m tiefe und insgesamt 1,2 km lange Höhle (Karfreitag–Anfang Okt. 9–12, 13.30–17 Uhr geöffnet, Führungen nach Bedarf; ☏ 09156/434). Die sich über fünf Stockwerke erstreckende Höhle beherbergt einen der größten Tropfsteine Deutschlands, den 5,5 m hohen »Eisberg«. Aber auch viele andere Tropfsteinbildungen wie die »Orgelgrotte«, der »Kristallpalast« und die »Schatzkammer« sowie ein unterirdischer See versetzen die Besucher in Erstaunen. Ursprünglich floß durch die nach dem bayerischen Kurfürsten Maximilian II. (1662–1726) benannte Höhle ein Wasserlauf. Doch mit der allmählichen Hebung der Fränkischen Alb senkte sich der Wasserspiegel. Das kohlensäurehaltige Sickerwasser löste Gänge und Kammern in den Fels. Doch an den Stellen, wo das Sickerwasser wieder verdunstete, schied sich der gelöste Kalk wieder aus. Im Laufe von Jahrmillionen wuchsen so auch die mächtigen Tropfsteine der Maximiliansgrotte.

❹ Veldensteiner Forst

Einen bequemen Zugang zum Veldensteiner Forst hat man von mehreren Wanderparkplätzen entlang der B 85/B 470 Richtung Bayreuth aus. Am Parkplatz nach der Unterführung unter der A 9 informieren Hinweistafeln über die Naturlehrpfade im Veldensteiner Forst, der mit der Fränkischen Schweiz einen Naturpark bildet. Der rund 5400 ha große Staatswald liegt südlich von Pegnitz und erstreckt sich von Plech im Westen bis Auerbach im Osten. Bizarre Felstürme, Dolinen und Karstquellen sowie zahlreiche Trockentäler zeigen dem Besucher, daß er sich in einer typischen Karstlandschaft befindet. Im Veldensteiner Forst treffen zwei Florenreiche aufeinander – die atlantische und die kontinentale. Die Flora hat deshalb Merkmale beider Regionen, neben kontinentalen Steppenheiden finden sich auch atlantisch geprägte Wälder.

Weil der Veldensteiner Forst in einer großflächigen Mulde zwischen 400 und 514 m hoch über dem Meeresspiegel liegt, konnte das Wasser die fruchtbare Bodenkrume nicht fortspülen. So blieben Sand und Lehm über dem Dolomitgestein liegen und bildeten einen kargen Boden, auf dem eine Karstflora mit Flechten, Moosen, Kräutern und Orchideen wächst. Zielpunkt zahlreicher Wanderwege im Veldensteiner Forst ist der Große Lochstein, den man von obengenanntem Parkplatz auf kürzestem Weg

Die 1835 entdeckte Maximiliansgrotte war ursprünglich eine Wasserhöhle und zählt zu den bedeutendsten Höhlen Deutschlands. Als Besonderheit wartet sie mit einem riesigen Tropfstein, dem 5,5 m hohen »Eisberg«, auf.

nach knapp 7 km erreichen kann. Er ist ein gutes Beispiel dafür, daß kein noch so hartes Gestein der Kraft des Wassers auf Dauer widersteht: Wie es heißt, haben die Brandungswellen eines vorzeitlichen Meeres das riesige Tor in den Felsturm hineingearbeitet – möglich wäre es.

5 Teufelshöhle

Hinter der Ortschaft Wannberg führt die B 470 in ein enges Tal hinunter. Bei der Schüttersmühle gewähren die Felswände nur noch dem Weihersbach und der Straße Durchlaß. Bereits wenige Meter weiter weist ein Schild auf den Parkplatz an der Teufelshöhle (Karwoche–Ende Okt. tägl. 9–17 Uhr geöffnet, nachmittags 40minütige Führungen, Nov.–26. Dez. und 7. Jan.–Karwoche Di und Sa 10–12, 27. Dez.–7. Jan. tägl. 13.30–15.30 Uhr geöffnet). Unter einer mächtigen Felsterrasse müssen die Besucher zu den Pforten des Naturdenkmals emporsteigen. Mit 60 m Höhe und bis zu 30 m Breite führt der Höhleneingang in eine der Hauptattraktionen der Fränkischen Schweiz.
Während der Eiszeiten suchten nicht nur die Menschen Unterschlupf in den unterirdischen Kammern, Sälen und Domen. Neben dem vollständigen Skelett eines Höhlenbären fanden Archäologen auch große Mengen an Schädeln und Knochen anderer urzeitlicher Tiere. Bis 1922 war nur das 70 m tiefe Teufelsloch bekannt, heute ist das weitverzweigte Höhlensystem auf einer Länge von insgesamt 1,5 km erschlossen. Im Licht der elektrischen Lampen tauchen farbig schillernde Stalagmiten auf, Tropfsteine, die vom Boden aus in die Höhe wachsen und bizarre Zapfen und Kaskaden bilden. Zu den schönsten Tropfsteinbildungen der Teufelshöhle gehören der »Kerzensaal«, der »Barbarossadom«, die »Kristallgrotte« und die »Orgel« sowie ein Vorhang aus unterschiedlich dicken Kalkzapfen. Im »Riesensaal« hätte eine Dorfkirche Platz.

Menschen und Tiere suchten einst in der Teufelshöhle im Weihersbachtal Unterschlupf. Eine ihrer Grotten, der »Riesensaal«, ist 16 mal 30 m groß.

Wildwest im Frankenland
In der Fränkischen Schweiz gibt es sogar eine Westernstadt. Sie liegt im Freizeit- und Familienpark »Fränkisches Wunderland«. Der Freizeitpark mit einem Märchenhain, mit Rutschen und Fahrgeschäften sowie der besagten, mit allen Wildwest-Attributen ausgestatteten Stadt inmitten der »Fränkischen Prärie« befindet sich in der Nähe von Plech. Zu Anfang als Märchenwald eingerichtet, bietet die Anlage mittlerweile eine perfekte Western- und Indianerszenerie. Zum »Fränkischen Wunderland« gelangt man über die A 9, Ausfahrt Plech, oder man unternimmt einen Abstecher durch den Veldensteiner Forst 4 dorthin (Ostern–Mitte Okt. tägl. 9–18, Kasse bis 17 Uhr geöffnet).

Mit Glück und Geduld kann man in manchen Steinbrüchen – wie hier bei Ebermannstadt – auf Ammoniten und Belemniten stoßen.

6 Dolomitfelsen Tüchersfeld

Tüchersfeld im Püttlachtal ist wohl das bekannteste Dorf der Fränkischen Schweiz. Hier ragen die zerklüfteten Dolomitfelsen wie Kirchtürme in die Höhe empor und lassen die daneben stehenden oder gleichsam an ihnen »klebenden« Gebäude wie Spielzeughäuser erscheinen. Auf den trockenen und heißen Felsen wächst eine typische Kalkflora: Flechten und Moose, Farnpflanzen wie Blasenfarn und Mauerraute, Felsenblümchen, Kuhschelle (Küchenschelle), Mauerpfeffer, Sandfingerkraut und Sonnenröschen.

Im sogenannten Judenhof in Tüchersfeld, einem Gebäudekomplex aus den Jahren 1758–62, wurde 1985 nach einer grundlegenden Renovierung das Fränkische-Schweiz-Museum wiedereröffnet. Die Besucher lernen in 43 Räumen zunächst die Geologie der Region und deren Besonderheiten kennen. Die archäologische Abteilung zeigt dann, daß diese Gegend bereits im Eiszeitalter von Menschen besiedelt war. Die historische Ausstellung macht mit der geschichtlichen Entwicklung des Gebiets vertraut. Die Abteilung »Bäuerliche Wohnkultur und Arbeitsweisen« schließlich vermittelt durch die ausgestellten Handwerksgeräte und Trachten einen plastischen Eindruck von früheren Lebensverhältnissen der Bevölkerung (Palmsonntag–Okt. tägl. außer Mo 10–17, im Winterhalbjahr So 13.30–17, Di und Do 13.30–15.30 Uhr und nach Vereinbarung geöffnet; ☏ 09242/1640).

7 Ailsbachtal und Sophienhöhle

Von der Behringersmühle aus führt das Ailsbachtal über Oberailsfeld zur Sophienhöhle. Mit seinen Felstürmen, Trockenrasen und Wacholdersträuchern ist es eines der reizvollsten Täler der Fränkischen Schweiz. Anfangs noch tief eingeschnitten, geht es ab der Schweizmühle langsam in die Albhochfläche über.

Unterhalb der Klaussteinkapelle bei der Burg Rabenstein liegt auf der rechten Straßenseite ein Parkplatz, ihm gegenüber führt ein kurzer Waldpfad alsbald zum Eingang der Sophienhöhle. Die im Tal gelegene Höhle zählt zu den vier großen Schauhöhlen der Region. Sie war schon im Mittelalter bekannt, geriet dann aber in Vergessenheit. 1832 entdeckte sie ein Gärtner des damaligen Schloßbesitzers, des Grafen von Schönborn, erneut. Ihren Namen erhielt die Sophienhöhle dann nach der Schwiegertochter des Grafen.

Markant präsentiert sich Tüchersfeld als das Felsendorf der Fränkischen Schweiz. Helle Dolomittürme ragen hinter den Häusern in die Höhe – wie hier beim »Judenhof«, dem ehemaligen Judenviertel.

Die Sophienhöhle ist eine der größten Klufthöhlen Deutschlands. In drei größeren Räumen ist sie auf einer Länge von 112 m und einer Breite von 82 m zugänglich (20minütige Führungen 1. April–31. Okt. tägl. 9.30–17 Uhr, Nov.–März Führungen nach Anmeldung, ☏ 09202/340 oder 316). Großartige Tropfsteinbildungen wie die »Türkische Stadt«, der »Große Adler« oder der 5 m breite »Steinerne Wasserfall« lohnen den Besuch. In der Sophienhöhle fand man zudem Knochen eiszeitlicher Tiere wie des Höhlenbären, des Mammuts und der Urhirsche.

8 Rosenmüllerhöhle

Von Muggendorf aus führt ein schmaler Pfad zur Rosenmüllerhöhle, der ersten für den Fremdenverkehr erschlossenen Höhle der Fränkischen Schweiz. Im Jahr 1793 hat Professor Johann Christoph Rosenmüller die 45 m lange und 11 m breite Höhle entdeckt. Der Wissenschaftler stieg damals mit Hilfe einer 16 m langen Leiter in die Finsternis hinab. Heute steht die Höhle jedermann offen; da es hier keine Führungen gibt, sollte man eine Taschenlampe mitnehmen. Ausgangspunkt zur Rosenmüllerhöhle ist die Ortsmitte von Muggendorf. Zur Orientierung dient ein Hinweisschild mit Markierungen für mehrere Wanderwege zwischen 1 und 23 km Länge (Höhenweg, Heinrich-Uhl-Weg, Rundwanderweg Langes Tal, Romantischer Rundwanderweg). Der 15minütige Weg zur Rosenmüllerhöhle führt zunächst bergauf, auf halber Höhe beginnt dann ein schmaler Pfad zu den Felsen, an deren Fuß die Höhle liegt.

Die Sophienhöhle mit ihren drei Hallen ist auf über 100 m Länge zugänglich.

Ein wildromantischer Höhenweg oberhalb des Wiesenttals verbindet Streitberg und Muggendorf. Auf ihm kommt man auch zu dieser begehbaren Felsspalte.

Auch Wasserwanderwege bietet die Fränkische Schweiz: Die Wiesent ist bei Kanufahrern und Paddlern beliebt.

Auf der wilden Wiesent
Die Wiesent, die auf einer Länge von rund 60 km die Fränkische Schweiz durchfließt, eignet sich hervorragend zum Wasserwandern. Ein guter Startpunkt ist Plankenfels nördlich von Waischenfeld, wo der Fluß durch ein schönes Felsen- und Waldgebiet fließt. Über Doos, Behringersmühle (nahe 7) und Muggendorf 8 führt der Wasserweg nach Ebermannstadt und Forchheim. Die Wiesent ist ein leichtes Wildwasser, Kanufahrer und Paddler sollten den kleinen Fluß deshalb nicht unterschätzen. Da der Wasserstand zudem ziemlich häufig wechselt, kommt es auf genaues Steuern in der Strömung an.

Erst im Jahr 1905 wurde die Binghöhle mit ihren herrlichen Tropfsteinen entdeckt.

Therapeutischer Wanderweg
Vor allem für Herz- und Kreislaufpatienten hat der Erlanger Professor Erich Lang bei Bärnfels einen Therapeutischen Wanderweg geschaffen. Der etwa 6 km lange Rundweg, der 300 m außerhalb des Ortes beginnt und idealerweise keine größeren Höhensteigungen auf kurzer Strecke aufweist, führt durch die Wiesengründe des Pitz- und Teichtals über den Leinfelser Wald wieder zum Ausgangspunkt zurück. Unterwegs laden 40 Ruhebänke zum Rasten und Entspannen ein. Der Ferienort Bärnfels ist von Obertrubach ⑩ aus leicht zu erreichen.

⑨ Binghöhle

In Streitberg lohnt sich ein Besuch der Binghöhle, einer der größten Höhlen der Fränkischen Schweiz. Die 1905 von dem Nürnberger Industriellen Ignaz Bing entdeckte Höhle ist rund 350 m lang und 60 m tief. In ihrem Innern herrscht eine konstante Temperatur von 12 °C; sie entspricht etwa der mittleren Lufttemperatur über Tage. Tropfsteine wachsen vor allem entlang einem schmalen Gang, dem Bett eines ehemaligen unterirdischen Wasserlaufs. Von den anderen Höhlen in der Fränkischen Schweiz unterscheidet sich die Binghöhle durch ihr Gestein. Sie ist die einzige in den mehr oder weniger horizontal gelagerten Schichten des Weißen Juras. Die Tropfsteine der Binghöhle sind von einer Reinheit und Größe, wie sie keine andere Schauhöhle der Fränkischen Schweiz vorzuweisen hat. Im »Kerzensaal« erklingen die Tropfsteine beim Anschlagen glockenähnlich. In der »Venusgrotte« sind von Fackelrauch geschwärzte Säulen durch die Bildung von Kalksinter zusammengewachsen.
Von Streitberg aus ist der Weg zur Binghöhle ausgeschildert. Der Aufstieg erfolgt entweder von der Ortsmitte in fünf Minuten oder von einem Parkplatz außerhalb des Dorfes (15. März–31. Okt. tägl. 8–12, 13–17 Uhr geöffnet; im Winterhalbjahr Führungen nur nach Anmeldung beim Verkehrsamt Muggendorf-Streitberg, ☎ 09196/717-346).
Nach dem Besuch der Binghöhle empfiehlt es sich, auf die Felsen zur Ruine Streitburg zu steigen (ausgeschilderter 15minütiger Weg). Von hier aus hat man einen herrlichen Blick über den Ort und zur Ruine Neideck, die auf einer Felsnase auf der anderen Seite des Wiesenttals thront.

⑩ Trubachtal

Von Pretzfeld aus führt die Straße nach Obertrubach durch das langgestreckte und reizvolle Trubachtal. Der schönste Abschnitt liegt im oberen Teil zwischen Wolfsberg und Obertrubach. Dort ragen zwischen den Hangwäldern immer wieder weiße Dolomitfelsen malerisch in den Himmel und laden zum Wandern ein. Im Herbst bietet der von Buchen beherrschte Mischwald ein herbes, doch farbenprächtiges Bild, und im Frühjahr ist es die Baumblüte, die das Tal in den hellsten Farben leuchten läßt. In der Nähe von Obertrubach fanden sich Reste einer Siedlung aus der Steinzeit.
Das obere Ende des Trubachtals mit dem Richard-Wagner-Felsen heißt im Volksmund auch »Tal der Mühlen«. Auf einer kurzen Wegstrecke reihen sich hier acht Mühlen aneinander – die Bärenthalmühle, die Hammer-

Von Streitberg aus, einem der ältesten Luftkurorte der Fränkischen Schweiz, führen markierte Wanderwege auch durch den östlich gelegenen Streitberger Wald mit seinen beeindruckenden Felsskulpturen.

mühle, die Mühle bei Haselstauden, die Wolfsbergmühle, die Ziegelmühle, die Reichelsmühle, die Schlöttermühle und die Hackermühle. Solche alten fränkischen Wassermühlen waren es, die zum verklärten Bild der Mühlenromantik – etwa der Schubertzeit – entscheidend beigetragen haben. Heute freilich haben die Wasserräder aufgehört zu klappern, die alten Mühlen stehen unter Denkmalschutz. Einige von ihnen bieten Wanderern aber die Möglichkeit zur Einkehr bei einer gepflegten Brotzeit. Vom Wanderparkplatz am südwestlichen Ortsausgang von Obertrubach führt ein etwa 6 km langer Wanderweg (Markierung: blauer waagrechter Balken auf weißem Grund) durch das Trubachtal vorbei an den Mühlen bis nach Bärenthal.

Unter der tausendjährigen Linde in Effeltrich läßt es sich gut tanzen.

Brauchtum hoch im Kurs

Lebendiges Brauchtum kann man in Effeltrich und Umgebung erleben. Hier, zwischen Erlangen und Forchheim, trägt die Bevölkerung zu festlichen Anlässen noch die alte Sonntagstracht. Höhepunkte sind die Fronleichnamsprozession, bei der die Mädchen ihre Tracht noch mit der Brautkrone verschönern, oder der Georgiritt, der am Georgstag (23. April) oder auch am Ostermontag stattfindet. Am Rosenmontag tragen die jungen Burschen aus Buchsbaumzweigen und Bändern geflochtene Kronen. Andere ziehen als furchterregende »Fasalecken« mit Strohfiguren ins etwas westlich gelegene Baiersdorf. Dort treiben sie symbolisch den Winter aus, indem sie die Strohfiguren in der Regnitz ertränken oder verbrennen.

Als ein besonderes Naturdenkmal gilt die 1000 Jahre alte stattliche Tanzlinde in Effeltrich. Ihr Stammumfang beträgt knapp 9 m, der Umfang der Krone rund 60 m. In der Krone dieser Linde, die mitten im Ort steht, ist ein hölzerner Boden eingezogen, auf dem die Bewohner auch heute noch bei Dorffesten tanzen. Zu erreichen ist Effeltrich als größerer Abstecher von Streitberg 9 auf der Route ins Trubachtal 10, wenn man von Egloffstein nach Leutenbach und dann über Kunreuth fährt.

Die Wasserkraft wurde früher in der Fränkischen Schweiz von über 200 Mühlen genutzt. Die Hammermühle im oberen Trubachtal diente der Eisenerzverarbeitung.

Route 2 Altmühltal

Am Rand des Römerreichs

⓫ Steinerne Rinne

In der Gegend von Weißenburg geht die weite und flache Landschaft in die hügeligen Vorberge der Fränkischen Alb über. Hier hat das nordöstlich von Weißenburg gelegene Dorf Rohrbach, am rätischen Limes gelegen, ein nicht alltägliches Naturereignis zu bieten. Am Fuß der Albausläufer sprudelt in der Steinernen Rinne ein Bach, der sich auf einer Länge von etwa 130 m einen Damm aus Kalktuff aufgebaut hat. Dieser Damm ist stellenweise mehr als 1 m hoch und wächst jährlich 2–3 mm weiter. Eingerahmt von Moosen, plätschert das Bächlein in mehreren kleinen Wasserfällen und Strudeln talwärts, bis es schließlich in das Bett des Rohrbachs mündet. Schautafeln erklären dem Besucher in leicht verständlicher Form die Entstehung dieses kleinen Naturwunders.
Zu finden ist es übrigens leicht. Von Rohrbach aus folgt man den weißen Hinweisschildern »Steinerne Rinne«. Vom Parkplatz außerhalb des Ortes sind es nur noch wenige Meter zu einem Holzsteg, der an der Steinernen Rinne entlang führt. Beim Parkplatz gibt es eine Wiese mit Rastbänken, einen Kinderspielplatz und für Kneippanhänger auch ein Wassertretbecken.

⓬ Nagelberg

Eine interessante Wanderung führt zum Nagelberg (541 m). Man folgt in der Ortsmitte von Dettenheim dem Hinweis »Karlsgraben« und erreicht bald darauf die Auffahrt zum Nagelberg. Beim Wegweiser zur Kriegsgräberstätte geht es links ab zum dortigen Naturlehrpfad, dem Willi-Näpfel-Weg. Das Auto kann man am Hang auf einem ausgewiesenen Wanderparkplatz abstellen. Der 5 km lange Lehrpfad stellt auf über 200 mehrfarbigen Orientierungstafeln die Flora und Fauna dieses Gebiets vor. Er führt

Route 2
Altmühltal
Die etwa 190 km lange Tour führt durch das Altmühltal, eine tief eingeschnittene, abwechslungsreiche Flußlandschaft mit Wiesen, Wacholderheiden wie bei Gungolding ⓰ und markanten Jurafelspartien wie den Zwölf Aposteln und der Teufelskanzel ⓯. Berühmt ist der Plattenkalk aus den Steinbrüchen um Solnhofen ⓮.
Streckenverlauf:
A 9 München–Nürnberg Ausfahrt Altmühltal, dann durch das Anlautertal über Enkering, Erlingshofen, Titting und Burgsalach nach Weißenburg, von dort nordöstlich über Weiboldshausen nach Höttingen, dann rechts ab Richtung Hundsdorf nach Rohrbach zur Steinernen Rinne ⓫; zurück nach Weißenburg und auf der B 2 Richtung Donauwörth/Augsburg bis Dettenheim zum Nagelberg ⓬; weiter auf der B 2 bis Schambach ⓭; dann nach Dietfurt, dort links ab und im Altmühltal über Pappenheim nach Solnhofen ⓮; unter den Zwölf Aposteln und an der Teufelskanzel ⓯ vorbei nach Eichstätt; hinter der alten Bischofsstadt dem grünen Wegweiser »Altmühltal« folgen, der zur Gungoldinger Wacholderheide ⓰ führt; über Kipfenberg und Kinding weiter nach Beilngries; dort trifft die Straße auf den neuen Main-Donau-Kanal, entlang dem Kanal über Riedenburg weiter bis Essing zum Großen Schulerloch ⓱; über Kelheim kommt man dann auf der Landstraße Richtung Regensburg über Alling zur A 3, Anschlußstelle Sinzing.

durch den Wald und über mehrere Aussichtspunkte zum sogenannten Hexentanzplatz. Dort gibt es eine Liegewiese, einen Spielplatz und eine Grillhütte.

Der Nagelberg liegt direkt auf der Europäischen Wasserscheide der beiden großen Flußsysteme von Rhein und Donau, die sich hier begegnen und im Verlauf der Erdgeschichte – und im Grunde bis heute – miteinander um ihr Einzugsgebiet ringen. In der Treuchtlinger Bucht mit ihren sieben Talmündungen entstanden im Eiszeitalter drei Umlaufberge. Einer davon ist der Nagelberg, der einen Scheitelpunkt der Europäischen Hauptwasserscheide bildet.

Vor über 200000 Jahren noch floß die Urdonau auf ihrem Weg nach Osten nur bis zum heutigen Dorf Stepperg, das zwischen Donauwörth und Neuburg a.d. Donau liegt. Hier bog sie nach Norden ab und bahnte sich ihren Weg durch das Wellheimer Trockental bis Dollnstein im heutigen Altmühltal. Von dort aus hobelte die Donau schließlich das spätere Altmühltal bis Kelheim aus. Vor rund 135000 Jahren aber durchbrach sie die Hügel bei Stepperg und suchte sich ihr jetziges Bett. Die Altmühl mündete also einst in der Gegend des heutigen Dollnstein in die Urdonau. Zeitweise floß auch der Urmain über das Rednitz-Rezat-Tal auf die Urdonau zu, wurde jedoch durch Senkungen im Raum Nürnberg/Bamberg umgelenkt.

Auf Streuobstwiesen kann man den Wiedehopf mit seiner schönen Federhaube beobachten.

⑬ Schambachried

Zwischen dem Fuß des Nagelbergs und der B 2 erstreckt sich das Schambachried, ein kleines Moorgebiet. Weil dort seltene Pflanzen wie das Wollgras und verschiedene Knabenkrautarten vorkommen, haben die Behörden dieses Kalkflachmoor mit seinen bedeutsamen Schilfbeständen unter Naturschutz gestellt. Es dürfen also keine Pflanzen zerstört oder

Ein eigenartiges Naturwunder: die Steinerne Rinne aus Kalktuff bei Rohrbach.

Die Fossa Carolina bei Graben zeugt von dem kühnen Versuch Karls des Großen, Rhein und Donau zu einer europäischen Wasserstraße zu verbinden.

Kein Glück mit der Fossa Carolina

Mit dem Karlsgraben, der »Fossa Carolina« am nördlichen Fuß des Nagelbergs ⑫, wollte Kaiser Karl der Große im Herbst des Jahres 793 eine Schiffsverbindung zwischen der Nordsee und dem Schwarzen Meer ermöglichen. Er wählte diese Stelle aus, weil sich hier die beiden Stromsysteme des Rheins und der Donau bis auf 2 km nahe kommen. Der tiefste Punkt der Europäischen Wasserscheide liegt hier nur 10 m über der Altmühl. Für den Kanal ließ der Kaiser auf einer Länge von 1230 m einen 30 m breiten und bis zu 10 m tiefen Graben ausheben. Das Vorhaben konnte jedoch nie vollendet werden, da unaufhörliche Regengüsse die von 6000 Arbeitern am Tage aufgeschütteten Erdwälle nachts wieder fortspülten. Einen Eindruck von dieser Großbaustelle des frühen Mittelalters vermitteln in der Nähe der Ortschaft Graben die Überreste der Fossa Carolina. Zwei Rundwege (1,2 und 2 km lang) führen vom Nordende des Karlsgrabens zum »Brunnen an der Europäischen Wasserscheide«. Aus ihm fließen zwei Rinnsale, eines zur Altmühl und damit in den Donauraum, das andere zur Schwäbischen Rezat und damit in das Einzugsgebiet von Main und Rhein. Der Weg ist von Graben und Dettenheim aus ausgeschildert. Führungen sind bei Voranmeldung möglich (Verkehrsamt Treuchtlingen, ☏ 09142/3121 und 1029).

Der Drosselrohrsänger ist im Schambachried mit seiner knarrenden Stimme weithin zu hören.

Schnappschuß im Altmühltal: Ein Russischer Bär (rechts) trifft auf einer Distelblüte ein Gemeines Blutströpfchen.

Die Römer im Altmühltal

Ende des 1. Jh. n. Chr. schoben die Römer ihre Reichsgrenze über die Donau nach Norden vor. Zum Schutz vor den feindlichen Germanen errichteten sie entlang einem Erdwall hölzerne Wachtürme – der Limes nahm Gestalt an. Später versahen sie ihn sogar mit einer durchgehenden Palisadenwand. Zu Beginn des 3. Jh. wurden die Vorgängerbauten durch steinerne Mauern und Wachtürme ersetzt. Eine wichtige Basis für die Versorgung der römischen Truppen bildeten die zahlreichen römischen Gutshöfe im Hinterland des rätischen Limes. Die Grundmauern solcher ländlich gebauter Anwesen sind an mehreren Stellen zu besichtigen, etwa am Nagelberg ⑫ bei Treuchtlingen oder im Waldgebiet Burgsalach nahe Rohrbach ⑪. Hier gibt es zwei Rundwege »Auf den Spuren der Römer« (5 und 9 km lang). Einen der besterhaltenen Abschnitte des Limes mit den Resten dreier Wachttürme finden Wanderer im Bereich zwischen Pfahldorf, Böhming und Kipfenberg (nördlich von Gungolding ⑯). Bei Böhming sind die Umrisse eines kleinen Kastells im Gelände noch gut erkennbar.

mitgenommen werden. Das Schambachried ist aber auch Lebensraum für viele Enten und für seltene Sumpfvogelarten wie den Drosselrohrsänger. Für einen etwa 1,5 km langen Spaziergang in das Naturschutzgebiet läßt man das Auto am besten auf dem Wanderparkplatz in Schambach stehen; auch vom Wanderparkplatz beim Wellenbad in Treuchtlingen führt ein etwa 2 km langer Wanderweg über Kästleinsmühle und Weinbergshof in das Schambachried.

⑭ Solnhofener Schiefer

Die Altmühl beginnt ihren Lauf durch die Fränkische Alb bei Treuchtlingen. An den Hängen des Flußufers leuchten nun zwischen Wacholderheiden, Trockenrasen und Buchenwäldern die Felsspitzen des Jurakalks hervor. Neben der Straße im Tal sind manche alten Bauernhäuser noch mit den grauen Platten des Solnhofener Schiefers gedeckt. Doch nicht nur zum Hausbau hat man die weltberühmten dünnen Schieferplatten verwendet. Sie eignen sich nämlich hervorragend für das von Alois Senefelder erfundene Steindruckverfahren. Als Lithographiesteine haben die Solnhofener ihre Schieferplatten deshalb in alle Welt exportiert.
Weitaus berühmter aber sind die Solnhofener Steinbrüche als einmalige Fundstätten für Fossilien. Wissenschaftler fanden dort bis heute über 600 Tierarten, die während der Jurazeit vor über 140 Millionen Jahren gelebt haben. In sogenannten Plattenkalk eingeschlossen, blieben sie als Versteinerungen erhalten. Die Begegnung mit den Urahnen unserer Tierwelt, von denen der taubengroße Urvogel Archäopteryx das größte Aufsehen in der Wissenschaft erregt hat, weckt bei Erwachsenen wie Kindern den Forscherdrang.

Im Hobbysteinbruch bei Solnhofen können Fossiliensammler mit Hammer und Meißel ihr Glück versuchen.

Nach dem Betrachten zahlreicher Versteinerungen im Solnhofener Bürgermeister-Müller-Museum (April–Okt. tägl. 9–12, 13–17, Nov.–März Mo–Do 10–12, 14–16, Fr 10–12 Uhr oder nach Vereinbarung geöffnet, ☏ 09145/477), das auch einen Einblick in die Lebensbedingungen der Jurazeit gibt, lohnt sich ein Besuch des Geologischen Lehrpfads. Er beginnt im Steinbruchgebiet, der Weg dorthin ist in Solnhofen ausgeschildert. Wer aber selbst mit Hammer und Meißel nach Versteinerungen suchen will, besucht am besten den Hobbysteinbruch beim Weiler Apfelthal. Von Solnhofen aus fährt man zunächst 2,5 km Richtung Schwarzberg bis zur Abzweigung nach Mühlheim und Langenaltheim; dort führt ein Sträßchen in südlicher Richtung nach Apfelthal.

Attraktion in der »Faßlwirtschaft« in Riedenburg: die fast 2 m hohe Bergkristallgruppe aus den USA.

⓯ Zwölf Apostel und Teufelskanzel

Gemächlich fließt die Altmühl unterhalb von Solnhofen in weiten Schlingen durch das Tal, verliert sich in Seitenarmen und kehrt dann wieder zum Hauptfluß zurück. Das helle Kalkgestein reicht zum Teil bis an die Straße heran, die in engen Kurven dem Fluß folgt. Jede Biegung eröffnet neue Perspektiven, kantige Felsformationen wechseln sich mit hügeligen Trockenrasenflächen ab. Autofahrer sollten sich aber nicht nur von den landschaftlichen Reizen beeindrucken lassen, sondern auch auf die vielen Rad- und Motorradfahrer achten, die hier vor allem an den Wochenenden unterwegs sind.

Zwischen Solnhofen und dem 3 km entfernten Eßlingen führt die Altmühlstraße direkt an einer markanten Felspartie vorbei. Merkwürdige Felsgestalten ragen aus dem Hang empor, die der Volksmund als Zwölf Apostel bezeichnet. Und am Talhang gegenüber leuchtet bei Sonnenschein der weiße Kalkstein der Teufelskanzel, an deren Fuß sich Wacholderheiden ausbreiten. Ein Platz, der hervorragend für eine kurze Rast geeignet ist, um in Ruhe die Schönheit der Landschaft zu genießen. Den nächsten Halt sollte man dann in der einzigartigen barocken Bischofsstadt Eichstätt einlegen.

Der größte Bergkristall der Welt

Im »Drei-Burgen-Städtchen« Riedenburg im unteren Altmühltal (zwischen ⓰ und ⓱) sollte man die »Faßlwirtschaft« besuchen. Dort gibt es in einem Ausstellungsraum neben dem Bierausschank die größte Bergkristallgruppe der Welt zu bewundern. Die funkelnden Quarzkristalle nehmen eine Fläche von 3 mal 2 m ein und sind fast 2 m hoch. Sie haben ein Gewicht von 7,8 t. Die Kristallgruppe ist mindestens 40 Millionen Jahre alt und stammt aus Kansas/USA (geöffnet April–Nov. 10–18 Uhr, im Winter nach Anmeldung ab 20 Personen, ☏ 09442/1447 oder 1366).

⓰ Gungoldinger Wacholderheide

Zwischen den Dörfern Pfalzpaint und Böhming schlägt die Altmühl einen großen Bogen um einen Bergrücken aus hartem Dolomitgestein. Auf ihm

Die menschliche Phantasie gab dieser auffälligen Kalkfelsengruppe im idyllischen Altmühltal zwischen Solnhofen und Eßlingen den Namen Zwölf Apostel.

Von Juni bis August blüht in der Gungoldinger Wacholderheide die Kartäusernelke, die bis zu 60 cm hoch wird.

Am Kanal scheiden sich die Geister
Trotz aller Bemühungen von Landschaftsgärtnern vernarben die Wunden nur schwer, die der Bau des Main-Donau-Kanals in das Tal der Altmühl geschlagen hat. Naturschützer sprachen sich von Anfang an gegen diese Wasserstraße aus. Auch Verkehrsplaner sind geteilter Meinung darüber, ob der Kanal wirtschaftlich überhaupt eine Zukunft hat. Am deutlichsten sieht man die gewaltigen Eingriffe des Menschen in die Natur, wenn man von Westen her bei Dietfurt – auf unserer Route zwischen Gungolding ⑯ und Großem Schulerloch ⑰ gelegen – auf den Kanal trifft. Das Einheitsgrün an den schnurgeraden Ufern und das träge stehende Wasser bilden einen krassen Gegensatz zu dem in zahlreichen Schleifen mäandrierenden Oberlauf der Altmühl.

befindet sich ein rund 70 ha großes Naturschutzgebiet, die Gungoldinger Wacholderheide. Manche Botaniker bezeichnen sie als die schönste Heide des Altmühltals. Dieses landschaftliche Kleinod ist einfach und bequem zu erreichen. Man verläßt die durch das Altmühltal führende Straße in Gungolding nach links, überquert den Fluß und fährt durch den Ort, an dessen Rand man das Auto auf einem ausgeschilderten Parkplatz abstellt. Da das Naturschutzgebiet bis an die Häuser heranreicht, ist man sofort mitten in der an einem Südhang gelegenen Heidelandschaft.
Die Gungoldinger Wacholderheide gilt als bescheidener Rest der alten Steppenheide, die während einer trockeneren Klimaperiode der Nacheiszeit weite Teile Süddeutschlands bedeckt haben soll. Solche Steppenheiden bleiben aber unter den heutigen Klimabedingungen nur erhalten, wenn sie ständig von Schafen beweidet werden, sonst erobern sich bald Büsche und Bäume die Heidelandschaft zurück. Charakteristisch für die Gungoldinger Heide ist neben den Wacholderbüschen das Heideröschen, das auch den Namen Rosmarin-Seidelbast trägt. An manchen Stellen ist der Wacholder mit Rosen-, Schlehen- und Weißdornbüschen sowie mit wilden Stachelbeeren zu einem undurchdringlichen Dickicht zusammengewachsen. Im Frühjahr verwandeln violett blühende Küchenschellen zusammen mit purpurnen Kartäusernelken und verschiedenen Enzianarten das Grün des Trockenrasens in einen bunten Teppich.

⑰ Großes Schulerloch

Zum Abschluß der Fahrt durch das Altmühltal empfiehlt sich ein Besuch der Tropfsteinhöhle »Großes Schulerloch«. Zu erreichen ist sie etwa 1,5 km hinter Essing. Im Weiler Oberau befindet sich direkt an der Straße ein Hinweisschild zur Höhle. Vom Parkplatz aus führt ein 15minütiger Pfad durch schattigen Mischwald zum Großen Schulerloch (30minütige Führungen Palmsonntag–Nov. tägl. 10–ca. 17 Uhr, ☏ 09441/3277; vorherige telefonische Anfrage empfohlen).

Auf trockenen, warmen und kalkhaltigen Böden gedeihen auf der Fränkischen Alb Heiden. Als schönste im Altmühltal gilt die Gungoldinger Wacholderheide.

Die weitverzweigte Tropfsteinhöhle erstreckt sich rund 400 m in das Innere des Berges. Ihre mächtigen Dome und Gänge liegen im Korallenkalk des Weißen Juras. Hier überwintern viele Fledermäuse, die mit ihrem einer Radarsteuerung nahekommenden Orientierungssinn das kleine Einflugloch über dem Höhleneingang finden. Wegen zahlreicher vorgeschichtlicher Funde – Hunderte von Tierknochen und über 2500 Werkzeuge – hat das Schulerloch für die Wissenschaft eine besondere Bedeutung. Vermutlich war die Höhle schon zu Beginn der letzten Eiszeit bewohnt. Im Kleinen Schulerloch, das nicht weit unterhalb der großen Höhle am Hang liegt, hat man 1937 die in den Fels geritzte steinzeitliche, etwa handgroße Darstellung eines Steinbocks oder Hirschs entdeckt, daneben ein rautenförmiges Symbol (nur noch für Wissenschaftler zugänglich).

Halb Reptil, halb Vogel: der etwa taubengroße Urvogel Archäopteryx.

Auch das Altmühltal bietet eindrucksvolle Tropfsteinhöhlen. Im Großen Schulerloch wurden viele Tierknochen und Werkzeuge gefunden.

Archäopteryx und Ammoniten

In Eichstätt, das etwa auf halber Strecke zwischen Teufelskanzel ⓯ und Gungolding ⓰ liegt, lohnt sich ein Besuch des Juramuseums auf der Willibaldsburg. Hier ist die versteinerte Welt der Solnhofener Plattenkalke ausgestellt, vom kleinen Käfer bis zum 4 m langen Meereskrokodil. Beeindruckend sind auch die schneckenförmigen Ammonshörner, Ammoniten von mehr als 1 m Durchmesser. Zudem besitzt das Juramuseum ein vollständiges Exemplar des Urvogels Archäopteryx. Dieses evolutionsgeschichtliche Bindeglied zwischen Reptilien und Vögeln ist um die 150 Millionen Jahre alt. Über die Solnhofener Plattenkalke informiert eine Tonbildschau. Aquarien mit Korallenfischen und Pfeilschwanzkrebsen vermitteln einen Eindruck vom früheren Leben im Jurameer (tägl. außer Mo April–Sept. 9–12, 13–17, Okt.–März 10–12, 13–16 Uhr geöffnet; geschlossen an Neujahr, am Faschingsdienstag, 1. Nov., 24./25. Dez. und Silvester).

37 Fichtelgebirge und Oberpfälzer Wald

Eine steinreiche Landschaft

Im Fichtelgebirge und im Oberpfälzer Wald wurden bereits vor Jahrhunderten in über 100 Bergwerken und mehr als 300 Steinbrüchen beachtliche Mengen von Gold und Silber, Braunkohle und Eisenerz abgebaut. Der Reichtum an Steinen, Mineralien und Erzen führte zur Gründung von zahlreichen Porzellanmanufakturen und Glasschmelzen, Hüttenanlagen und Eisenhämmern. Doch seit der Jahrhundertwende hat sich vieles geändert, Gruben wurden geschlossen. In den Tälern und Wäldern des Mittelgebirges kehrte zwar Ruhe ein, wie hier am Rudolfstein im Fichtelgebirge, aber oft auch wirtschaftlicher Notstand. Heute kommen nicht nur Mineraliensucher in die nordöstliche Ecke Bayerns, sondern auch zahlreiche Urlauber und Wanderer suchen dort Stille und Naturnähe, Entspannung und Erlebnis in einer scheinbar von Menschenhand unberührten Landschaft.

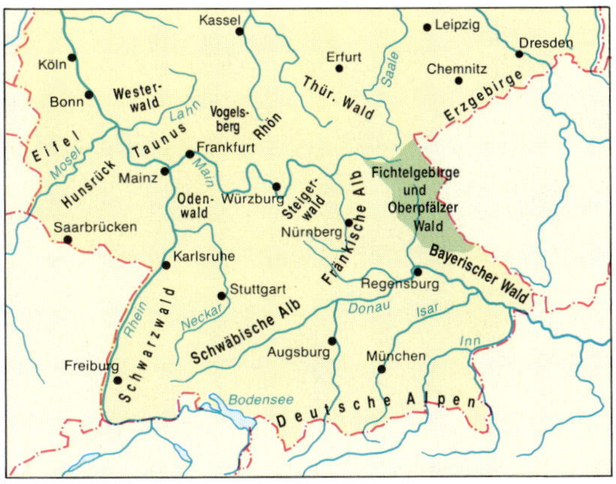

Lage Zwischen dem Frankenwald im Norden, dem Bayerischen Wald im Süden und der Fränkischen Alb im Westen; im Osten reicht das Gebiet bis an die Staatsgrenze zur Tschechoslowakei
Ausdehnung Nord–Süd 120 km; West–Ost ca. 60 km
Land Bayern
Höchste Erhebungen Oberpfälzer Wald: Tillenberg 939 m; Steinwald: Platte 946 m; Fichtelgebirge: Schneeberg 1051 m, Ochsenkopf 1023 m
Wichtigste Flüsse Eger, Naab, Wondreb, Saale, Schwarzach, Roter Main, Weißer Main, Regen
Landschaftsformen Mittelgebirgslandschaft mit markanten Felsformationen aus verwittertem Granit, Gneis und Basalt
Naturparks Naturpark Oberpfälzer Wald; Naturpark Nördlicher Oberpfälzer Wald; Naturpark Steinwald; Naturpark Fichtelgebirge; Naturpark Hessenreuther und Manteler Wald mit Parkstein
Information Fremdenverkehrsverband Ostbayern, Landshuter Str. 13, W-8400 Regensburg, ☏ 0941/560260 oder 57186; Tourist Information Fichtelgebirge, Bayreuther Str. 4, W-8591 Fichtelberg, ☏ 09272/6255; Oberpfälzer Waldverein, Bürgermeister-Prechtel-Str. 31, W-8480 Weiden, ☏ 0961/36451; Fichtelgebirgsverein, Auguststr. 6, W-8670 Hof, ☏ 09281/2531

Felstürme und Hügelland

Drei unterschiedliche Landschaftstypen charakterisieren den nordöstlichen Teil Bayerns bis zur Grenze mit der Tschechoslowakei: Das Fichtelgebirge mit seinen granitenen Felstürmen und steinernen Blockmeeren im Norden, dem sich südlich von der Wondreb-Senke bis zur Cham-Further Senke der Oberpfälzer Wald mit ebenfalls auffälligen Verwitterungsformen anschließt. Davor erstreckt sich mit einem Höhenunterschied von durchschnittlich rund 150 m im Westen das wellige Oberpfälzer Hügelland.

Sanft wellen sich die Bergzüge

Der Oberpfälzer Wald ist aufgrund seines geologischen Aufbaus aus kristallinen Gesteinen des Erdaltertums und der Erdurzeit eine Fortsetzung des Bayerischen Waldes, doch von seinem großen Bruder im Süden unterscheidet er sich dennoch deutlich: Kein Höhenzug reicht an die 1000-m-Grenze heran, und es fehlen auch die dichte Bewaldung und die steilen Abhänge des Bayerischen Waldes. Gneise und Granite bilden den Untergrund des Oberpfälzer Waldes, der während verschiedener Hebungsphasen an einigen Stellen von glühendem Magma durchdrungen wurde. Im feuchtwarmen Klima des Tertiärs verwitterten die Gesteine tiefgründig und bildeten Kaolinlager, die später als Rohstoffquelle für den wirtschaftlich blühenden Zweig der Porzellanherstellung dienten. Höher aufragende, weichere Schichten wurden im Laufe von Jahrmillionen abgetragen, so daß sich die Täler zu breiten Mulden erweiterten. Nur an einigen Stellen, wo harte Granitriegel den Abfluß von Flüssen und Bächen behinderten, entstanden schmale, wildromantische Durchbruchstäler wie das Waldnaabtal ⑩. Hier war es für menschliche Besiedelung zu eng, so daß Flora und Fauna weitgehend erhalten blieben. Mit einem 920 km langen Netz von Wanderwegen gehört der Naturpark Oberpfälzer Wald zu den beliebtesten Urlaubszielen in Deutschland.

Markante Basaltkegel und zahlreiche Weiher

Dem Oberpfälzer Wald ist im Westen ein Bruchschollengebiet vorgelagert. Während der Alpidischen Gebirgsbildung, die sich auch hier bemerkbar machte, zerbrachen entlang der sogenannten Fränkischen Linie die Schichten der Sedimentgesteine wie auf einem überdimensionalen Acker zu Schollen. Dabei wurden auch tiefere Schichten nach

Zum Monte Kaolino türmt sich bei Hirschau die Abraumhalde des »weißen Goldes« auf. Kaolin, ein toniges Material, ist Hauptrohstoff der Porzellanherstellung. Die reichen Lagerstätten brachten der Region wirtschaftlichen Aufschwung.

oben gedrückt, so daß heute unterschiedlichste Gesteine verschiedener Entstehung in unmittelbarer Nachbarschaft anzutreffen sind. Verwitterung und Abtragung formten im Laufe von Jahrmillionen die Erdoberfläche zu einer hügeligen und abwechslungsreichen Landschaft.

In der Oberpfälzer Senke quoll zwischen Weiden und Kemnath im mittleren Tertiär glutflüssiges Magma entlang der Bruchspalten zur Erdoberfläche, wo es erstarrte und Basaltschlote bildete. Im Laufe von Jahrtausenden wurden die weicheren Mantelgesteine durch Wind und Wasser abgetragen, so daß an diesen Stellen heute markante Basaltkegel bis zu 250 m über ihre Umgebung aufragen.

Im Oberpfälzer Hügelland und Oberpfälzer Wald wurden zahlreiche Bäche und Flüsse gestaut, um Mühlen und Eisenhämmer zu betreiben. Viele Weiher und Seen, die heute die Landschaft charakteristisch prägen, sind daher nicht natürlichen Ursprungs. Noch älter ist die Nutzung der

Auf den sauren Böden der Wälder im Fichtelgebirge gedeiht das geschützte Rundblättrige Wintergrün.

Unter den blauviolett gefärbten Tragblättern des Hainwachtelweizens leuchten goldgelb die Blüten hervor. Auch er wächst auf kalkarmen Böden.

Weiher zur Fischzucht durch die Mönche zahlreicher Klöster. Im Mittelalter waren Karpfen und Schleien als Fastenspeise sehr beliebt.

Rauhes Gebirge mit vielen Bodenschätzen
Im Fichtelgebirge, das auch als die »kalte Ecke Deutschlands« bezeichnet wird, bestimmen deutliche regionale Klimaunterschiede den Ablauf der Jahreszeiten. In Weißenstadt am Fuß der höchsten Erhebung des Fichtelgebirges, des Schneebergs, blühen die Apfelbäume rund zwei Wochen später als im östlich gelegenen Hohenberg an der Eger. Im Zeitelmoos bei Fichtelberg ist in der Regel kein Monat im Jahr frostfrei. Das Mittelgebirge mit Höhenlagen zwischen 450 m und 1051 m verbindet in Form eines nach Nordosten offenen Hufeisens den Frankenwald, den Thüringer Wald und den Oberpfälzer Wald mit dem Erzgebirge. Während das Innere dieses Hufeisens aufgrund der Schutzwallfunktion des Hauptmassivs verhältnismäßig niederschlagsarm und von einem kontinentalen Klima geprägt ist, weist die Westflanke hohe Niederschlagswerte bis zu 1100 mm jährlich auf. Die Kamm- und Gipfellagen sind derart rauh und kalt, daß hier selbst die widerstandsfähige Fichte zu kämpfen hat.
Neben sehr alten Schiefern bilden im Fichtelgebirge vor allem Granite und Gneise den Gesteinsuntergrund. Typisch für das Landschaftsbild dieser Region sind die durch Wollsackverwitterung und Frostsprengung entstandenen Felstürme und die Blockmeere in den Höhenlagen. Der Granit kommt in verschiedenen Zusammensetzungen und Farben nur in den Höhenzügen des Hufeisens vor. In diesem magmatischen Tiefengestein waren Erzvorkommen von Gold, Silber, Zinn und Eisen eingelagert, die heute weitgehend ausgebeutet sind. Ortsnamen wie Goldkronach erinnern noch an die einstige wirtschaftliche Blüte. Weitere Produkte, die sich wirtschaftlich nutzen lassen, sind die durch tiefgründige Verwitterung im Tertiär entstandenen Kaolinlagerstätten, Grundlage für Porzellan- und Schamotteindustrie, sowie die Specksteinvorkommen des Tagebaus

Das Fichtelgebirge, das sich wie ein Hufeisen nach Nordosten öffnet, hat dem Naturfreund, vor allem Wanderern, viel zu bieten.

bei Göpfersgrün. Einzigartig ist jedoch die Münchberger Gneismasse mit einer Vielzahl besonderer Mineralien, die zahlreiche Sammler anlocken. Unter anderem befindet sich hier das einzige Eklogitvorkommen in Deutschland, eines sehr farbigen Gesteins aus rotem Granat und leuchtend grünem Augit.

Gesegnet mit Wäldern, Mooren und Quellen

Im Fichtelgebirge sprudelt eine Reihe von heilkräftigen Mineralquellen. Bad Alexandersbad verdankt seine Gründung dem »Sichersreuther Sauerbrunnen«, der heute noch die Grundlage von Heilkuren ist. Kothigen, Biebersbach, Hohenberg an der Eger, die Carolinenquelle und der Jean-Paul-Brunnen in Fichtelberg sind die bekanntesten dieser Quellen.

In den Senken und auf den Sätteln des gesamten Fichtelgebirges hatten sich in Jahrtausenden Moore gebildet, die inzwischen allerdings in großem Umfang abgetorft wurden. Wo jedoch der Boden nährstoffreicher und das lokale Klima milder ist, mischen sich Fichte und Kiefer stärker mit Laubholzarten. Im Bereich um Bad Berneck und Goldkronach, am Hengsberg und am Buchberg, bilden die Laubgehölze sogar fast reine Bestände. Saure, ausgelaugte Böden bestimmen im wesentlichen die Krautschicht in den Wäldern, die sich aus Moosen, Farnen und Blüten-

Route 1
Oberpfälzer Wald

Die ca. 250 km lange Strecke führt auf vielen kleinen Nebenstraßen durch den sanft geformten Oberpfälzer Wald und das Oberpfälzer Bruchschollenland. Vom malerischen Durchbruchstal der Schwarzach ❸ geht es in der Urwaldlandschaft bei Pfrentsch ❺ bis auf wenige Meter an die tschechische Grenze heran. Den flacheren Teil der westlichen Oberpfalz charakterisieren zahlreiche Weiher und Moorgebiete, deren typische Merkmale besonders gut in den Naturschutzgebieten Gscheibte Loh ❼ und Dost ❽ studiert werden können. Höhepunkt allerdings ist das Durchbruchstal der Waldnaab ❿.

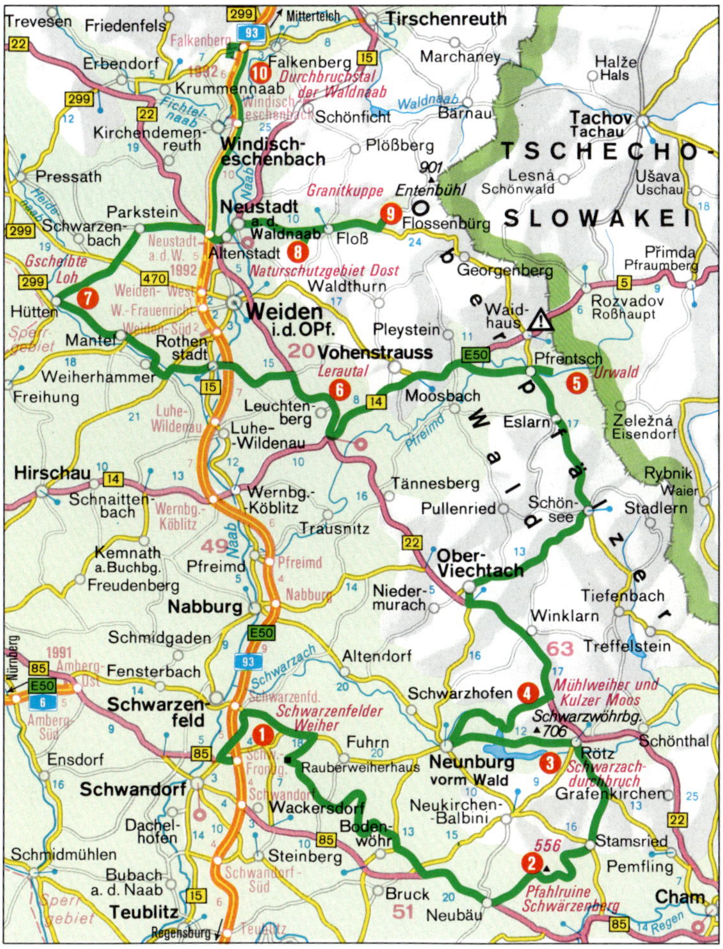

Streckenverlauf:
A 93 Regensburg–Weiden Ausfahrt Schwandorf-Fronberg, dann über Lindenloh Richtung Schwarzenfeld, in Schwaig rechts in Richtung Sonnenried zu den Schwarzenfelder Weihern ❶; kurz vor Sonnenried in Raffach rechts ab nach Rauberweiherhaus, weiter durch den Taxölderner Forst über Taxöldern nach Bodenwöhr-Blechhammer zur B 85 Richtung Cham/Roding, in Neubäu links Richtung Friedersried zur Pfahlruine Schwärzenberg ❷; über Stamsried und Rötz nach Neunburg vorm Wald entlang dem Schwarzachdurchbruch ❸; in Neunburg rechts über Kröblitz nach Thanstein zum Mühlweiher und zum Kulzer Moos ❹; den Wegweisern zur B 22 folgen und dann links nach Oberviechtach, im Ort rechts Richtung Waidhaus und über Schönsee und Eslarn nach Pfrentsch zum Urwald nahe der tschechischen Grenze ❺; links über Burkhardsrieth, Isgier und Lohma zur B 14 und westlich Richtung Nürnberg, bei Wieselrieth rechts zur B 22 Richtung Weiden zum Naturschutzgebiet Lerautal ❻; in Irchenrieth von der B 22 links abzweigen, über Pirk, Rothenstadt und Mantel nach Hütten, dort rechts Richtung Parkstein zur Gscheibten Loh ❼; über Parkstein nach Neustadt, rechts Richtung Flossenbürg, nach 8 km in Würnreuth rechts nach Ritzlersreuth zum Naturschutzgebiet Dost ❽; zurück nach Würnreuth und weiter nach Flossenbürg ❾; über Neustadt zurück zur A 93, nach Norden bis zur Ausfahrt Falkenberg und links ab zum Durchbruchstal der Waldnaab ❿.
Auf der A 93 kann man dann zurück bis zur Ausfahrt Neustadt fahren und anschließend auf die B 22 nach Bayreuth gelangen; hier besteht eine Anschlußmöglichkeit an die zweite Route durch das Fichtelgebirge.
Gute und teilweise noch ausgesprochen preisgünstige Übernachtungs- und Einkehrmöglichkeiten gibt es in der gesamten Oberpfalz, insbesondere während der Vor- und Nachsaison.

pflanzen wie Wintergrün und Wachtelweizen, Preisel- und Heidelbeere, Drahtschmiele und Europäischem Siebenstern, dem Symbol des Fichtelgebirgsvereins, zusammensetzen. Auf kalkreichen Böden ist die Pflanzenwelt artenreicher. Am Gehölzrand oder auf alten Schafweiden blühen Waldanemone, Sonnenröschen, Gefranster Enzian. Mehrere Orchideenarten runden das Bild ab.

Route 1 Oberpfälzer Wald

Geruhsames Waldland

1 Schwarzenfelder Weiher

Die Schwarzenfelder Weiher sind eine weitläufige Seenlandschaft mit über 100 künstlichen Weihern zwischen Schwarzenfeld und Schwandorf. Die Fischweiher, die teilweise bereits um 1700 angelegt wurden, dienen vor allem der Karpfen-, in wenigen Fällen auch der Forellenzucht. Zu erreichen ist dieses Gebiet, das auch als großes Vogelparadies bekannt ist, vom Weiler Schwaig aus, rechts abbiegend in Richtung Sonnenried. Beiderseits der Straße reihen sich zahlreiche Weiher aneinander. Nachdem man einen Wald durchquert hat, biegt man beim Ort Raffach in Richtung Schwandorf-Flugplatz ab und folgt dann dem Wegweiser nach Rauberweiherhaus.

Das ganze Weihergebiet ist Naturschutzgebiet und gehört zum Naturpark Oberpfälzer Wald. Es ist von zahlreichen Wegen erschlossen, so daß man das Auto jederzeit am Straßenrand abstellen und durch Sumpfwiesen und kleine Bruchwälder wandern kann. Leider fehlen bislang beschilderte Rundwege und Beobachtungseinrichtungen.

Ornithologen haben hier 95 Brutvogelarten gezählt, darunter auch viele seltene und bedrohte Arten wie etwa den Graureiher. Bei Rauberweiherhaus lädt der Hausweiher mit breitem Ufer zum Baden ein. Auch von hier aus können zahlreiche interessante Wanderungen zu den umliegenden Weihern unternommen werden. Auf kleinen Nebenstraßen fährt man dann noch weiter durch das Weihergebiet und den Taxölderner Forst bis Bodenwöhr-Blechhammer.

2 Pfahlruine Schwärzenberg

Zur Pfahlruine Schwärzenberg biegt man in Neubäu links ab in Richtung Friedersried. Die Straße führt auf halber Höhe eines bewaldeten Bergrük-

Nicht überall fließt die Schwarzach so gemächlich durch weite, sattgrüne Auen wie hier bei Zangenstein. Einige Kilometer flußaufwärts, bei Rötz, hat sie eine wildromantische Schlucht in den harten Granit geschnitten.

kens an einem riesigen Quarzfelsen mit herausgewitterten weißen Blökken vorbei. Dieser Quarzgang ist ein Teil des »Pfahls« (siehe auch S. 650), einer 150 km langen und 10–100 m breiten Bruchlinie, die sich durch den Bayerischen Wald bis in das Naabtal zieht. Vor rund 300 Millionen Jahren drang hier während der Heraushebung der »Böhmischen Masse« entlang einer Bruchspalte heißes, kieselsäurehaltiges Wasser auf, das zu Quarz auskristallisierte und die Spalte füllte. Während durch Verwitterung und Erosion die umgebenden weichen Schiefer an beiden Seiten der Spalte im Laufe der Zeit abgetragen wurden, blieb der Quarzgang als Härtling bestehen. Auf dem 556 m hohen Schwärzenberg findet man, umgeben von Wald, die Mauerreste der gleichnamigen Burg. Sie wurde im Dreißigjährigen Krieg von den Schweden zerstört.

❸ Schwarzachdurchbruch und Schwarzwihrberg

Zwischen Rötz und Neunburg vorm Wald durchbricht die Schwarzach in einer engen Schlucht den Granitriegel zwischen dem Becken von Rötz und der Neunburger Talmulde. In Jahrtausenden hat der Waldfluß, der aus dem Zusammenfluß von Böhmischer und Bayerischer Schwarzach entstand, steile Hänge in den Fels gesägt, die heute von schattigen, farnbestockten Wäldern bewachsen sind. Dieses Durchbruchstal ist eine der schönsten Flußlandschaften des Oberpfälzer Grenzlandes. Wir erreichen das Schwarzachtal von Rötz aus über die Straße nach Neunburg. Zwischen beiden Orten steigt an der rechten Straßenseite der Schwarzwihrberg empor. Die Berghänge sind mit riesigen Granitblöcken übersät, auf der Bergkuppe stehen eine Ruine sowie ein Aussichtsturm. Die »Totentruhe«, ein Fels in Form eines Sarkophags, markiert den Südrand des Schwarzwihrbergs, auf den mehrere Wanderwege führen. Von der Anhöhe aus bietet sich dem Betrachter ein herrlicher Panoramablick auf den Arber im Südosten und die Schwarzkoppe im Nordosten jenseits der deutsch-tschechischen Grenze sowie in das Regental. Auf die verschiedenen Wanderwege weist eine Tafel hin, die am Parkplatz vor der Brücke über den Eixendorfer Stausee steht. Vom Parkplatz führen ein etwa 6 km langer Wanderweg und auch eine kleine Straße zur Staumauer des Sees und weiter durch das Tal der Schwarzach in Richtung Neunburg.

❹ Mühlweiher und Kulzer Moos

Im Tal nördlich von Thanstein liegen der Mühlweiher und das Kulzer Moos. In der Ortsmitte von Thanstein erläutert eine Karte die verschiedenen Wanderwege mit einer Länge von 1–3 Stunden, die nordwärts nach

Von alter Handwerkskunst
Im Oberpfälzer Handwerksmuseum wird in komplett eingerichteten Werkstätten vortrefflich dokumentiert, wie Uhrmacher, Schuster, Metzger, Bäcker und andere Handwerker zu Beginn des Industriezeitalters gearbeitet haben. Eine Hammerschmiede, der viele hundert Jahre alte Seebarnhammer, wird den Besuchern vorgeführt (April–15. Nov. Di–So 10–12, 13.30–17 Uhr geöffnet, ☏ 09976/1482). Wer sich vor oder nach dem Museumsbesuch stärken will, braucht nicht weit zu gehen. Der Salzfriedlhof, ein Waldlerhaus aus dem 18. Jh., zeugt von der hohen Kunst der damaligen Zimmerleute und ist als Museumsschänke mit Oberpfälzer Küche eingerichtet. Auf dem Weg zum Schwarzachdurchbruch ❸ erreichen Sie das Handwerksmuseum Hillstädt ohne Umweg im westlichen Ortsteil von Rötz.

Überall zählen Moore zu den gefährdeten Lebensräumen. Auch das Kulzer Moos bei Thanstein war bedroht: Hier wurde früher Torf gestochen. Doch zum Glück sind die Schnitte verwachsen, und das Moor zeigt sich in üppiger Blütenpracht.

Ein schmucker Fels
Der Kreuzberg inmitten der Ortschaft Pleystein, die wir auf der Fahrt zum Lerautal 6 *erreichen, indem wir die B 14 bei Schönschleif nach rechts verlassen, zählt zu den besonderen geologischen Sehenswürdigkeiten. Der Pegmatitgang besteht aus einem 38 m hohen Rosenquarzfelsen, der nach Osten steil abfällt. Schmucksteinqualität besitzt dieser Quarz allerdings nicht, da seine Farbe nicht das begehrte durchscheinende, aber intensive Rosa aufweist. Als Folge der Verwitterung stürzte 1960 von der Nordostseite ein über 100 t schwerer Brocken ab.*

Kulz und durch das Obere Moos zurück nach Thanstein führen. Mit dem Auto erreicht man den Mühlweiher bequem über Hebersdorf und die Abzweigung nach Tännesried. Allerdings fehlen im Talgrund entsprechende Parkplätze. Im Norden begrenzen Waldkuppen bei Kulz und im Süden baumbestandene Hänge bei Thanstein die flache Mulde. Die Riedwiesen vom Oberen Moos, vom Kulzer Moos und vom Unteren Moos liegen zwischen Prackendorf und Tännesried. Sie betten Mühl- und Altdammweiher ein. Früher wurde hier Torf abgebaut, doch die Torfstiche sind inzwischen verwachsen. Erhalten blieb dagegen eine abwechslungsreiche Flora mit Birken und Kiefern, Schmalblättrigem Wollgras, Moosbeeren sowie Fieberklee. An den ehemaligen Torflöchern wachsen Blutauge und Sumpfherzblatt sowie die Fadenwurzelige Segge.

5 Urwald am Pfrentschweiher
Von Pfrentsch aus führt eine schmale ausgeschilderte Straße zum landwirtschaftlichen Versuchsbetrieb und Staatsgut im Pfrentschtal. Es ist Ausgangspunkt für eine etwa 1,5 km lange Wanderung in den »Urwald« am Pfrentschweiher, eine einmalige urtümliche Landschaft in einem Grenzwinkel zur Tschechoslowakei. Man stellt das Fahrzeug am besten dort ab, wo die Grünflächen der Versuchsanstalt an einer Birkengalerie enden. An der Pfrentschwiese vorbei, einer schwermütig stillen Landschaft, gelangt man nach Osten in das Urwaldgebiet. Hier wachsen Fichten, Kiefern, Birken und Erlen in einem sich selbst überlassenen Wald. Er steht am Rand des im 19. Jh. trockengelegten, 300 ha großen Pfrentschweihers auf Torfboden. Durch die Entwässerung sackte der Boden im Laufe der Jahre zusammen und legte die Wurzelstöcke der Bäume frei. Jetzt stehen die Bäume etwa 1,5 m über dem Boden auf ihren Wurzeln wie auf Stelzen.

6 Naturschutzgebiet Lerautal
Die Gletscher der Eiszeiten erreichten zwar nicht den Oberpfälzer Wald, aber das kalte Klima hatte auch Auswirkungen auf Boden, Vegetation und Verwitterung. Im Periglazialgebiet tauten lediglich die oberen Boden-

Am Pfrentschweiher, unweit der Grenze zur Tschechoslowakei, gibt es noch ein Stück »Urwald« zu entdecken. Dieser Waldbestand vermittelt einen Eindruck, wie unsere Wälder aussahen, bevor sie zu Forsten wurden.

schichten auf und flossen auf der Dauerfrostunterlage wie ein zähflüssiger Brei hangabwärts. Diese Fließerden transportierten teilweise gewaltige, vom Frost gesprengte Granitfelsen, die schließlich bizarre Blockfelder bildeten. Sie stellen heute die Kulisse für das Naturschutzgebiet am Oberlauf des Leraubachs dar. Die B 22 von Wieselrieth in Richtung Weiden führt uns an der Burgruine von Leuchtenberg vorbei ins Lerautal. Am ersten Parkplatz folgen wir dem Weg zur Sargmühle, der uns nach ca. 200 m in das Naturschutzgebiet bringt. Zwischen Sargmühle und Burgmühle hat der Leraubach die wildromantische Wolfslohklamm geschaffen. Große, vom Wasser rund geschliffene Granitblöcke bilden das markante Profil der Schlucht. Im Kontrast dazu zeigt die Natur zwischen den Felsklötzen liebreizende Pflanzen wie Heidekraut und Heidenelke.

Das Sumpfherzblatt oder Studentenröschen wächst auf den nährstoffreichen Sumpfböden des Kulzer Mooses.

7 Gscheibte Loh

Im Gegensatz zum bewegten Relief des Oberpfälzer Waldes wird nun die Landschaft um Rothenstadt und Mantel weit und eben, unterbrochen nur von einigen markanten Kegeln. In Kies- und Sandwerken werden entlang der Straße Gruben in die Landschaft gebaggert. Wenn sie stillgelegt werden, füllen sie sich mit Wasser und bilden künstliche Biotope, Refugien für Amphibien und Bachstelzen, Seerosen und Binsen. Etwa 7 km hinter der Ortschaft Mantel zweigt bei Hütten eine Straße nach Parkstein ab, auf der wir nach etwa 500 m einen unter Bäumen versteckten Wanderparkplatz erreichen. Von hier aus führen markierte Wege in das Naturschutzgebiet Gscheibte Loh, ein über 100 ha großes Übergangsmoor, das zwischen einem Niedermoor und einem Hochmoor steht. Der Name »Gscheibte Loh« bezeichnet im landläufigen Sinn eine Scheibe, d.h. einen Moorweiher mit rundem Damm. Nach Beobachtung von Ornithologen brüten in dem Naturschutzgebiet 62 Vogelarten, darunter zwölf, die in der »Roten Liste« als besonders schutzwürdig aufgeführt sind. Typische Vertreter für die Pflanzenwelt der Gscheibten Loh sind Weißes Schnabelried, Sumpfweidenröschen, Pfeifengras, Schmalblättriges Wollgras, Rundblättriger Sonnentau, Moosbeere, Sumpfsegge und Gelbe Segge. Außerdem prägen Spirkenbestände die Landschaft. Dabei

Die Heidenelke gedeiht auf sandigen, nährstoffarmen Böden, wie man sie im Lerautal findet.

Stillgelegte Baggerseen entwickeln sich zu wertvollen Biotopen: Im Naturschutzgebiet Gscheibte Loh finden Sie eine artenreiche Flora und Fauna vor.

In Moorgebieten blüht im Frühsommer der sehr seltene Fieberklee – hier mit gelben Sumpfdotterblumen.

Wahrzeichen der Weidener Bucht

An der Strecke zwischen Gscheibter Loh 7 und Naturschutzgebiet Dost 8 liegt am Rand des gleichnamigen Ortes der 596 m hohe Parkstein. Dieses weithin sichtbare Wahrzeichen der Weidener Bucht ist nach Alexander von Humboldt einer der schönsten Basaltkegel der Welt. Im Steinbruch an der Südflanke kann man den inneren Aufbau bewundern. Unzählige Basaltsäulen ragen aus dem Erdinnern an die Oberfläche und bieten dem Betrachter sowohl den Blick auf ihren typischen fünf- bis sechskantigen Querschnitt wie auch auf die stengelig-säulige Absonderung, die für das Basaltgestein charakteristisch sind.

Das Naturschutzgebiet Dost ist reich an Farnen. Selbst zwischen Felsen wächst hier der hübsche Tüpfelfarn.

Eingeschlechtliche Blüten hat die Sumpfsegge: oben die männlichen Ähren, darunter die weiblichen.

Untugend in der Klosterbibliothek
Als Tuchmacher 1614 den Ort Waldsassen gründeten, hatte das dortige Zisterzienserkloster, ehemals reichsunmittelbares Stift, bereits eine 500 Jahre dauernde wechselvolle Geschichte überstanden. Bis weit nach Böhmen reichte in der Blütezeit der Machtbereich des Klosters. Im Zuge der Reformation verließen die Mönche das Stift, nachdem das Umland als Stiftsland benannt wurde, kehrten aber 1669 zurück. Am Ende des 17. Jh. entstand unter den Brüdern Dientzenhofer eine zweitürmige Basilika, die mit Fresken und Stuck reichlich verziert wurde. Ein weiterer Schatz des Klosters ist der Bibliothekssaal mit zehn mannshohen geschnitzten Holzfiguren, die eine Galerie tragen. Jede Figur des Egerer Meisters Karl Stilp symbolisiert eine andere Ausprägung der Untugend: So werden u. a. die Dummheit, die Prahlerei und die Neugier dargestellt. Das Kloster von Waldsassen erreicht man über die B 299 auf der Fahrt nach Falkenberg ⑩ in Richtung Tirschenreuth (Mo 14–16.45, Di–Sa 10–11.30, 14–16.45, So und Fei 10–11, 14–16.45; 15. Nov.–Mi der Karwoche tägl. 13–16 Uhr geöffnet; 14.–25. Dez., Gründonnerstag und Karfreitag geschlossen).

handelt es sich um die aufrechte Form von Bergkiefern, die auch als Moor- oder Sumpfföhren bekannt sind und die gegen Ende des Eiszeitalters aus dem Alpenvorland hierher gelangten.

⑧ Naturschutzgebiet Dost

In dem engen Waldtal der Girnitz hat der Bach mächtige Granitblöcke in Jahrtausenden abgeschmirgelt und glattpoliert. Moorbraunes Wasser schießt über runde Steine und Strudellöcher, darunter eine besonders eindrucksvolle Aushöhlung, die »Des Teufels Butterfaß« genannt wird. Zwischen dem Felsgewirr wuchert eine ständig hoher Luftfeuchtigkeit angepaßte Vegetation aus Farnen, Moosen und Flechten. Von Ritzlersreuth aus, wo nur eingeschränkt Parkmöglichkeiten vorhanden sind, führt ein kurzer Wanderweg direkt in das Tal. Ein anderer Weg führt ab Diepoltsreuth über Gollwitzerhof und Dost nach Wilchenreuth (Dauer 1–1½ Stunden). Bei Feuchtigkeit ist auf dem unwegsamen, steinigen Gelände Vorsicht geboten.

⑨ Granitkuppe Flossenbürg

Für Geologen ist die Flossenbürg eine der schönsten Granitkuppen der Welt. Wir erreichen sie von Würnreuth aus weiter ostwärts. Die Ruinen der Flossenbürg erheben sich weit sichtbar auf einem Granitbuckel, dessen schuppenartige Platten den Entstehungsvorgang deutlich werden lassen: Ein nach oben dringender Schmelzfluß blieb in 3–4 km Tiefe in der Erdkruste stecken und erstarrte dort sehr langsam zu hellem Granit. Nach Abtragung der Deckschichten verwitterte das Gestein zu Schalen.

Eine Besonderheit bietet sich geologisch Interessierten an der Flossenbürg: Die schuppenartigen Granitplatten lassen die Entstehung deutlich werden.

Ein ehemaliger Steinbruch unterhalb der Burgruine zeigt diesen Prozeß. Der Felsbuckel ist von Flechten bewachsen, und stellenweise breitet sich auch in magerer Grasnarbe eine vielblütige Flora mit Behaartem Habichtskraut und Blauem Bergsandglöckchen sowie Preiselbeere und Heidekraut aus. Im Ort Flossenbürg führt vom Parkplatz an der Rumpelbachstraße ein etwa zehnminütiger Wanderweg zur Burg, die einmal Kaiser Barbarossa gehörte. Von hier oben hat man eine herrliche Aussicht auf Höhen, Täler und Ortschaften der grenznahen Oberpfalz und nach Norden in das Stiftsland.

Bei Windischeschenbach wacht seit über 600 Jahren die Burg Neuhaus hoch über dem Waldnaabtal.

⑩ Durchbruchstal der Waldnaab

Hangwälder und Schluchtwaldflora im etwa 8 km langen Durchbruchstal der Waldnaab bilden den Abschluß unserer Fahrt durch die Oberpfalz. Für eine Wanderung durch dieses landschaftlich eindrucksvolle Naturschutzgebiet sollte man sich 4–5 Stunden Zeit nehmen. Bei der Ausfahrt Falkenberg der A 93 biegt man links ab und nimmt nach der Brücke sofort wieder links die erste Einfahrt bei Tannenlohe zum Wanderparkplatz »Waldnaabtal«. Am Parkplatz gibt eine Tafel Auskunft über Naturlehrpfad und markierte Wege durch das rund 200 ha große Naturschutzgebiet. Steile Hänge und verwitternde Granitfelsen, die von der Kraft des Wassers abgerundet wurden, gestalten die Landschaft beiderseits des Tales. Hier hat die Waldnaab einen Granitriegel durchgesägt und ein Durchbruchstal geschaffen, über das der Burgfelsen Falkenberg am Eingang und die Burg Neuhaus am Ausgang wachen. Die Mischwälder an den Hängen werden von bizarr geformten Felsgruppen unterbrochen,

Ein grünes Blätterdach wölbt sich über den von der Waldnaab rundgeschliffenen Granitkolossen, die mit Moos und Flechten überzogen sind.

Expedition ins Innere der Erde

Als wissenschaftliche Attraktion gilt unter Geologen der Ort Windischeschenbach. Hier findet die wohl interessanteste geologische Expedition ins Erdinnere statt. In dieser Gegend schoben sich im Erdaltertum mehrere Platten der festen Erdrinde über- und untereinander. Dabei wurden riesige Bruchstücke im Erdinnern verschluckt, schmolzen dort und lieferten damit die Gesteinsschmelzen, die in Vulkanen ausflossen. Ein kompletter Ozean verschwand in der Tiefe. Stark salzhaltiges Wasser, vielleicht das Wasser eines Urozeans, wurde in 4000 m Tiefe bei einer Vorbohrung schon gefunden. Eine Tiefenbohrung, die mindestens 10 km in die Erdkruste hinabführt, soll mehr Aufschlüsse über die Entstehungsgeschichte der Welt bringen.

Sie erreichen Windischeschenbach auf der Fahrt zum Waldnaabtal ⑩. Der Weg zur Bohrstelle (mit Parkplatz) ist ausgeschildert. Am Parkplatz befindet sich ein Informationspavillon (tägl. 8–17 Uhr geöffnet) mit eingehenden Erläuterungen zur Tiefenbohrung. Führungen (Di, Do, Sa 14 oder 15.30 Uhr möglich) gibt es nur für Gruppen (vorherige schriftliche Anmeldung: KTB, Postfach 67, W-8486 Windischeschenbach, ☏ 09681/4000).

und im Talgrund umspült der Fluß riesige Granitbrocken. Einigen dieser Felsen hat der Volksmund sinnbildliche Namen gegeben wie dem »Tischstein«, der sich 8 m hoch aus dem Wasser erhebt, oder dem »Butterfaß«, einem Strudeltopf, der den Fluß in ein schäumendes Wildwasser verwandelt. Eigenartig geformte Felsgebilde wie »Durchkriechstein« oder »Beim Kammerwagen« gaben einst Anlaß für Sagen und Legenden. Auch für Botaniker ist das Tal ein Erlebnis. Hier wachsen beispielsweise Berg- oder Klettendistel und Türkenbund, Schwalbenwurz und Buschnelke, Bunter Eisenhut und Quirlblättrige Weißwurz.

Route 2 Fichtelgebirge

Vom Main zur Eger

⓫ Oberes Maintal

Südlich von Bayreuth hat sich der Rote Main einen Weg in den Bayreuther Kessel durch die harten Keuperschichten Oberfrankens graben müssen. Er schuf damit zwischen der Eimersmühle bei Neuenreuth und der Bruckmühle bei Neunkirchen ein enges Durchbruchstal. Ein Höhepunkt ist die 20 m hohe Bodenmühlwand westlich vom Emtmannsberg. Die Steilhänge am westlichen Ufer des Rotmains lassen hier die Erd- und Gesteinsschichten des Unteren Keupers hervortreten. In seinen Mergeln wurden Krebsschalen, Fischschuppen und Knochenreste von Sauriern und anderen Tieren gefunden.

Wir erreichen dieses Durchbruchstal von der Autobahnausfahrt Bayreuth-Süd aus über die B 2/B 85 in Richtung Creussen bis zum Parkplatz bei Neuenreuth. Von hier aus benutzen wir den etwa 1,5 km langen Fußweg zur Eimersmühle, wo der mit einem roten »M« auf weißem Grund markierte Rotmain-Wanderweg auf einer Länge von rund 7 km nach Norden durch das Landschaftsschutzgebiet Oberes Maintal bis in die Nähe von Neunkirchen verläuft. Den zweiten Quellfluß des Mains, den Weißen Main, können Sie beim Nußhardt ⓳ kennenlernen.

Route 2
Fichtelgebirge
Die rund 180 km lange Fahrt durch das Fichtelgebirge führt zu dem in Europa einzigartigen Felsenlabyrinth der Luisenburg ⓮, zum mäandrierenden Lauf der Eger bei Silberbach ⓯, entlang der aussichtsreichen Fichtelgebirgsstraße zum Naturschutzgebiet Seelohe mit dem Fichtelsee ⓲ und zu den mächtigen Gneis- und Granitfeldern beim Nußhardt ⓳.
Streckenverlauf:
A 9 Nürnberg–Berlin Ausfahrt Bayreuth-Süd, dann B 2/B 85 Richtung Pegnitz durch das Durchbruchstal des Oberen Mains ⓫; in Creussen links über Kirchenlaibach zur B 22 und über Kemnath nach Erbendorf, hier links Richtung Neusorg, 1 km nach dem Ortsende rechts nach Pfaben in den Naturpark Steinwald zu den Saubadfelsen und zur Platte ⓬; zurück bis zur Einmündung Richtung Neusorg und auf der Bayerischen Ostmarkstraße Richtung Wunsiedel, in Neusorg links über Ebnath nach Nagel, im Ort rechts Richtung Wunsiedel bis Wurmloh, am Ortsende rechts nach Hohenbrand abbiegen zum Fußweg auf die Kösseine ⓭; zurück nach Wurmloh und weiter nach Tröstau, rechts auf der B 303 Richtung Wunsiedel zum Felsenlabyrinth Luisenburg ⓮; über Wunsiedel nach Thiersheim, links über Neuenreuth zum Egertal ⓯; zurück nach Thiersheim, über Röslau und Weißenstadt nordwestlich Richtung Sparneck zum Großen Waldstein ⓰; zurück nach Weißenstadt und südlich weiter Richtung Tröstau, in Meierhof Abstecher zu den Rudolfsteinfelsen ⓱; weiter über Vordorf nach Leupoldsdorf und von dort zur B 303 Richtung Bad Berneck, auf der Fichtelgebirgsstraße erreicht man nach 8 km das Naturschutzgebiet Seelohe mit dem Fichtelsee ⓲; 2 km weiter beginnt die Wanderung zum Nußhardt ⓳; anschließend geht es über Bischofsgrün und Bad Berneck zurück zur A 9. Traditionell ist der Fest- und Veranstaltungskalender in dieser Region sehr umfangreich. Unzählige Stadt- und Volksfeste sowie Kirchweihen laden das ganze Jahr über zu einem gemütlichen Verbleiben in kleinen wie größeren Orten ein.

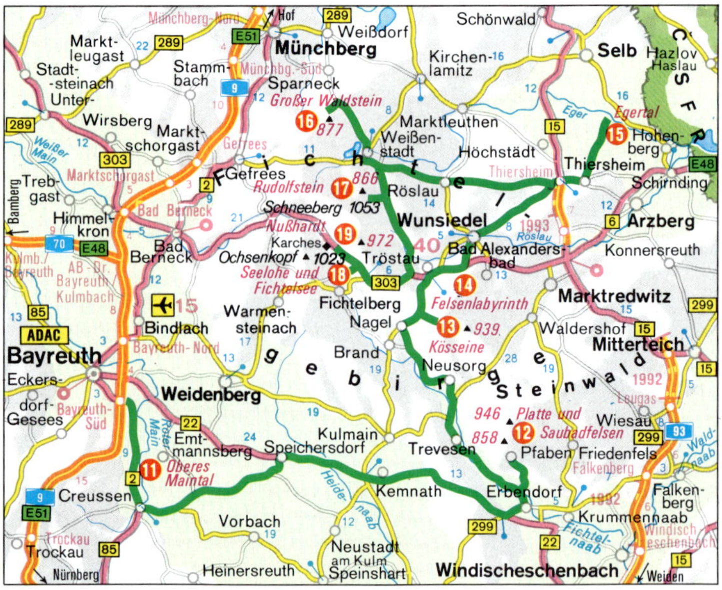

⓬ Saubadfelsen und Platte

Bereits in Erbendorf folgen wir den weißen Hinweisschildern »Steinwald« oder den gelben Ortshinweisen nach Pfaben. In großen Serpentinen führt die Straße den Berg hinauf zu einem Parkplatz am Unteren Saubadweg. Dort beginnen die sehr gut markierten Rundwege zum Hohen Saubadfelsen (858 m) und weiter zur Platte (946 m). Am Zipfeltannenfelsen beginnt ein etwa 3 km langer Waldlehrpfad entlang den Felspartien. Dieser Weg offenbart die besondere Schönheit des westlichen Steinwaldes mit bizarren Felsformationen wie den Zipfeltannenfelsen, den Hinteren und Hohen Saubadfelsen und den Palmlohe- und Huber-Felsen. Auf der Platte empfängt uns ein Gewirr aus Granitblöcken. Dort hinein hat man den Oberpfalzturm gestellt, eine 24 m hohe Konstruktion aus Rundstämmen, die den Berg auf 970 m erhöht. Von hier aus eröffnet sich ein herrlicher Rundblick über Steinwald, Fichtelgebirge und Fichtelnaabtal. Der Steinwald selbst ist ein urwüchsiges, zusammenhängendes Waldgebiet auf einer Fläche von rund 15000 ha. Der Bergrücken erstreckt sich von Südwesten nach Nordosten, und aus seinen dichtbewaldeten Hängen ragen mächtige Felsgruppen auf, die dieser Waldlandschaft das Gepräge und den Namen gegeben haben. Der Untergrund besteht aus einem Phyllitmantel, aus dem mächtige Granitkuppen emporsteigen. Auf dem Boden gedeihen hauptsächlich Fichten, Kiefern, Lärchen, Tannen und Buchen. Unter ihrem Schutz lebt eine artenreiche Tier- und Pflanzenwelt. Hirsch, Auerhahn, Reh, Fuchs, Marder und Eichelhäher sind hier heimisch, Bussarde und Habichte kreisen über den Hängen, und im Wald

Der Eichelhäher gehört zu den wenigen Vogelarten, die Wintervorräte anlegen – meist Eicheln und Haselnüsse.

Sein Name verrät es: Der Steinmarder, hier bei der Werbung, hält sich gerne in felsigem Gelände auf.

Am Ochsenkopf (1023 m) entspringt der Weiße Main, der sich zu einem munteren Bergbach mausert. Mit dem Roten Main vereinigt er sich bei Kulmbach.

Vom Aussichtsturm auf der Kösseine blickt man auf die um den Gipfel verstreuten Granitblöcke.

Reise in die Vergangenheit
Neben prähistorischen Funden zeigt das Fichtelgebirgsmuseum in Wunsiedel auch Stücke zur geschichtlichen und kulturellen Entwicklung der Region. Doch die größte Attraktion ist eine umfassende Sammlung von Mineralien aus Oberfranken, die einen Einblick in die geologische Entwicklung und Vielfalt des Naturraums ermöglicht. Man besucht das Fichtelgebirgsmuseum, das im ehemaligen Spital untergebracht ist (geöffnet Di–Sa 9–17, So und Fei 10–17 Uhr), am besten im Anschluß an die Wanderung durch das Felsenlabyrinth der Luisenburg (14).

hört man nicht selten den Specht trommeln. Von den Kuppen des Steinwaldes kann man bei schönem Wetter das Panorama des Fichtelgebirges mit Schneeberg und Ochsenkopf am Horizont genießen. Im südöstlichen Teil des Naturparks liegt zwischen Wiesau, Schönhaid und Muckenthal in einer bereits im Tertiär gebildeten Senke ein natürliches Weihergebiet. Es wurde durch ehemalige, inzwischen mit Wasser gefüllte Kaolingruben erweitert, die zu Paradiesen aus zweiter Hand für seltene Tiere und Pflanzen wurden. Viele Waldweiher laden zu einem erfrischenden Bad ein. Bei Fuchsmühl wurde eine ehemalige Kiesgrube in einen Wald-Badesee mit Grill- und Spielplatz sowie Liegewiesen verwandelt. Das abseits unserer Fahrtroute liegende Weihergebiet erreicht man über Erbendorf auf der B 299 in Richtung Mitterteich.

(13) Kösseine
Eine schmale Asphaltstraße biegt bei Wurmloh rechts ab über Hohenbrand zwischen Feldern zu einem Wanderparkplatz unterhalb der Kösseine; von hier führt der Höhenweg (Markierung: weißes »H« auf rotem Grund) in 45 Minuten zum Berg hinauf. Augenfällig ist die Doppelkuppenbildung der Kösseine. Die stark bewaldete Kleine Kösseine bildet mit 922 m Höhe den östlichen der beiden Gipfel. Der Ausblick von der 939 m hohen Großen Kösseine gilt als einer der schönsten im ganzen Fichtelgebirge. Rund um den Gipfel liegen tonnenschwere Granitblöcke verstreut – so als ob sie von einem Riesen wie selbstverständlich im Spiel hingeworfen worden wären.

(14) Felsenlabyrinth Luisenburg
Von Tröstau in Richtung Wunsiedel folgt man den Wegweisern zur Luisenburg. Dort ist vom Parkplatz der Naturbühne aus das Naturschutzgebiet Labyrinth zu erreichen (einstündiger Rundwanderweg). Diese Landschaft ist in Europa einzigartig: Felsgruppen und Wackelsteine, einige sind so groß wie Einfamilienhäuser, formen ein Felsengewirr, aus dessen Spalten und Ritzen Bäume und Sträucher wachsen und smaragdgrünes Leuchtmoos schillert. Dessen Leuchtkraft entsteht durch Lichtreflexion in den Pflanzen, die mit linsenförmigen Zellen das zwischen den Felsen recht spärlich auftreffende Licht sammeln. Ein Teil des gebündelten Lichts wird auf den hinteren Zellwänden wie bei einem Katzenauge zurückgeworfen. Durch die Lichtbündelung kann die Pflanze mit $\frac{1}{500}$ des Tageslichts auskommen. Das Moos ist streng geschützt. Karl Leberecht

Teils vor etwa 70 Millionen Jahren entstanden, teils heute künstlich angelegt, ist das Weihergebiet im Südosten des Naturparks Steinwald ein Paradies für seltene Pflanzen und Tiere.

Immermann, deutscher Dichter in der ersten Hälfte des 19. Jh., rühmte die Luisenburg: »Die Laune, die Phantasie, die Bizarrerie, mit der die Natur hier ihre Würfel, Scheiben, Wülste, Dreiecke, Kegel, aufgesetzt, angelehnt, umgeworfen hat, wie sie dann dazwischen Wassertümpel ausgoß, in deren schwarzem Spiegel dieser Rausch noch einmal erscheint, und dunkle Fichten in die Felsspalten pflanzte – es ist eine Beethovensche Symphonie in Stein.« Es war kein Geringerer als Goethe, der das Rätsel um die Entstehung des Felsenlabyrinths löste. Der Dichter und Naturforscher erkannte, daß die seltsamen Formen durch Verwitterung entstanden sind. Hitze und Kälte, Eis und Wasser haben das Granitmassiv zerklüftet und in Felsen zerlegt, die dann teilweise talwärts stürzten und rutschten und einen einmaligen Felsengarten schufen. Die wilde Szenerie dient Deutschlands schönster Freilichtbühne als natürliche Kulisse.

⑮ Egertal

In Neuenreuth hinter Thiersheim folgt man der Straße nach Alt- und Neudürrlas. Von hier aus zweigt eine schmale Straße zum Wellerthal, einer Waldgaststätte, ab, die kurz darauf in einen Schotterweg übergeht und durch den Wald ins Egertal führt. Nach einer Brücke öffnet sich die Zufahrt zu einem Parkplatz, dessen Hinweistafeln mehrere Rundwanderwege anbieten. Von Schwarzenhammer kommend, plätschert hier die Eger auf ihrem landschaftlich schönsten Teilstück weiter bis zu dem Kurort Hohenberg, wo sie dann Deutschland via tschechische Grenze verläßt. Hochwald, markante Felspartien und blumenreiche Wiesengründe wechseln miteinander ab und schufen ein dichtes Mosaik unterschiedlichster Lebensräume, die dem Wanderer Abwechslung bieten.

In etwa einer Stunde läßt sich das gigantische Felsenlabyrinth der Luisenburg leicht durchsteigen.

Die Egerquelle: Bescheiden beginnt bei Weißenhaid die Eger ihren Lauf. Ebenso wie die Eger haben Weißer Main, Saale, Heide- und Fichtelnaab ihre Quelle im Fichtelgebirge.

Die mächtigen Blöcke des Felsenlabyrinths Luisenburg – benannt nach Königin Luise von Preußen – bilden seit 1914 die Kulisse einer Naturbühne.

Mit Ruderboot und Surfbrett

Bei Weißenstadt (zwischen ⑯ und ⑰) wurde die Eger zu einem 102 ha großen künstlichen See aufgestaut, der sich zu einem Zentrum für nahezu alle Wassersportaktivitäten entwickelte. Freizeiteinrichtungen wie Bootsverleih und Badeplatz bieten die Möglichkeit zu einer abwechslungsreichen Unterbrechung der Rundfahrt durch das Fichtelgebirge. Die Zufahrt zum See ist ab Weißenstadt ausgeschildert.

Schönen Steinen auf der Spur

Das Fichtelgebirge und teilweise auch der Oberpfälzer Wald bieten heute noch Mineraliensuchern zahlreiche Fundgruben, wo man seltene wie auch schöne Steine finden kann. Eine der reichhaltigsten Fundstellen liegt in der Nähe von Leupoldsdorf bei Tröstau. Hier wurde in einem Steinbruch, dem Fuchsbau, u.a. Beryll, ein mit dem Smaragd verwandter Edelstein, gefunden. Der Weg zum Steinbruch ist mit weißblauen Streifen markiert und führt in Richtung Seehaus. Leupoldsdorf ist auf dem Weg vom Rudolfstein ⑰ zum Fichtelsee ⑱ ohne Umweg zu erreichen. Aber auch bei den Gipfelwanderungen auf den Bergen kann der Sammler im Verwitterungsschutt tonnenschwerer Granitblöcke immer wieder fündig werden.

⑯ Großer Waldstein

Etwa 4 km nach dem Ortsende von Weißenstadt biegt man von der Waldsteinstraße, die in 762 m Höhe über den Kamm des Waldsteingebirges Richtung Sparneck führt, nach links ab und folgt dem Hinweisschild »Gasthof Waldsteinhaus«. Vom großen Parkplatz am Gasthof führen verschiedene markierte Wanderwege (Übersichtstafel) durch einen Hochwald in das Gebiet des Großen Waldsteins. Der 877 m hohe Hauptgipfel bildet zusammen mit Kleinem Waldstein, Kernberg und Bergkopf den nördlichen Ausläufer des hufeisenförmigen Fichtelgebirges. Im Vergleich mit anderen Gipfeln des Fichtelgebirges fällt beim Großen Waldstein auf, daß anstatt der üblichen Fichten hier Buchen und andere Laubgehölze wachsen. Der Granit ist hier weniger stark zerklüftet, setzt daher der Verwitterung größeren Widerstand entgegen und bildet keinen Blockgipfel. Die »Schüssel«, eine hochragende Granitmauer inmitten zackiger

Am Weißenstädter See findet man reichlich Gelegenheit zum Wassersport.

Vom Gebiet des Großen Waldsteins, sein Hauptgipfel ist 877 m hoch, kann der Wanderer den Ausblick zum nahe gelegenen Weißenstädter See genießen. Der harte Granit hat hier der Verwitterung vielfach widerstanden.

Felstürme, gilt als besonderes Naturphänomen, von dem aus die nördlichen Ausläufer des Fichtelgebirges überblickt werden können. Der Große Waldstein ist Naturschutzgebiet. Für die Umrundung des Gipfels sollte man mindestens eine Stunde einkalkulieren.

Am Waldstein – so will es die menschliche Phantasie – sollen einst Waldgeister und Kobolde gehaust haben.

17 Rudolfstein

Der Rudolfstein (868 m) ist von eigenartigen Felsbildungen gekrönt: den Gipfelfelsen, die über eine Holztreppe bestiegen werden können, sowie den Drei Brüdern, dem Kleinen Amboß und den Schwesternsteinen. Diese gleichmäßig horizontal gegliederten Felstürme entstanden durch Verwitterung. Zu den Besonderheiten gehören große Mulden, die vom Volksmund Druidenschüssel oder Opferkessel genannt wurden. Die Aussichtswarte auf dem Gipfelfelsen bietet einen schönen Ausblick über die Waldsteinkette, die sich im Norden hinter Weißenstadt erhebt. Zum Rudolfstein gelangt man, indem man in Meierhof nach rechts zur »Rudolfstein Loipe« abbiegt, wo am Parkplatz beim Forsthaus die 3,5 km lange Wanderung zum Rudolfstein beginnt. Auf einer Forststraße geht man westwärts und folgt nach einem Steinbruch dem Weg nach links zum Gipfel.

18 Seelohe und Fichtelsee

Nach etwa 8 km auf der Fichtelgebirgsstraße befindet sich bei der Abzweigung Seehaus ein Parkplatz. Von hier führt ein etwa 1 km langer Weg nach Süden (Markierung: blaues »S« auf weißem Grund) in das Naturschutzgebiet Seelohe mit dem Fichtelsee. Die Seelohe ist der Rest

Auf eine Gesteinslandschaft ganz eigener Art trifft man am Rudolfstein. Wie zu Stein erstarrt, stehen hier die Drei Brüder. Andere durch Verwitterung entstandene Felstürme heißen Schwesternsteine.

Mit leichtem Gepäck
Fichtelgebirge und Steinwald sind hervorragende Wandergebiete mit einem dichten Netz ausgebauter Wege. Neben den Hauptrouten zwischen 33 und 55 km Länge erschließen zahlreiche Wege von Parkplätzen aus die Landschaft. Eine ausführliche Beschreibung aller Wege findet der Naturfreund im »Wanderführer durch das Fichtelgebirge«, der vom Fichtelgebirgsverein herausgegeben wird. Als Besonderheit bieten die sechs Fichtelgebirgsgemeinden Bischofsgrün, Wirsberg, Bad Berneck, Fichtelberg ⓲, Warmensteinach und Weißenstadt ⓰ eine Sechs-Tage-Rundwanderung durch ihre landschaftlich attraktive Region an. Zur Erleichterung kann man das Gepäck von einer Station zur nächsten transportieren lassen (Informationen bei den jeweiligen Fremdenverkehrsämtern).

eines 7 m mächtigen Hochmoors, das mit einer Fläche von 45 ha das größte Naturschutzgebiet des Fichtelgebirges darstellt. Torfmoospolster und Seggen bilden den schwankenden Boden, auf dem Sumpfföhre, Fichte und Birke wachsen. Zwischen Rauschbeere und Rosmarinheide blinkt verführerisch für Insekten der Rundblättrige Sonnentau. An trockeneren Stellen wächst das ebenfalls fleischfressende Fettkraut. Besonders schön ist das Moor während der Wollgrasblüte zwischen März und April, wenn die weißen Samenstände zwischen dem dunklen Moorwasser leuchten.
Mitten im Naturschutzgebiet Seelohe liegt der Fichtelsee, der Sage nach einst ein geheimnisvoller Ursee, aus dem die Flüsse Eger, Naab, Saale und Main entsprangen. Tatsächlich ist er ein aus einem alten Moorsee angelegter Stauweiher, der bereits seit 1800 mit Hilfe einer Staumauer den Abfluß des Moorwassers reguliert. In früherer Zeit sollte der See die Austrocknung des Hochmoors verhindern, von dem zu industriellen Zwecken Wasser entnommen wurde. Heute kann das von Fichten umrahmte Gewässer mit Booten befahren werden. Die Wasserfläche ist in den letzten Jahren auf 10 ha vergrößert worden, so daß die Besucher ein attraktives Freizeitangebot mit Bootsverleih, Surf- und Bademöglichkeiten vorfinden. Durch die Anlage von Biotopen rund um den See wird aber auch den Bedürfnissen des Naturschutzes Rechnung getragen. Auf dem Weg zum See erreicht man auch den 30 m abseits liegenden eisenhaltigen Jean-Paul-Brunnen.

⓳ Nußhardt

Am »Waldrasthaus Karches« an der Fichtelgebirgsstraße beginnt nicht nur ein Waldlehrpfad durch das Obere Weißmaintal, sondern der Parkplatz ist auch ein idealer Ausgangspunkt für eine Wanderung zum Gipfel des Nußhardt. Man wählt am günstigsten zunächst den Quellenweg (Markierung: schwarzes »Q« auf gelbem Grund) bis östlich der Höhenklinik

Von Fichten umrahmt liegt der Fichtelsee mitten im größten Naturschutzgebiet des Fichtelgebirges, der Seelohe. Die 10 ha große Wasserfläche ist sowohl als Freizeitparadies wie auch als Naturschutzgebiet von Bedeutung.

Bischofsgrün; dort führt ein anderer Weg (Markierung: blauer senkrechter Balken mitten im weißen Feld) weiter zum Nußhardt; auf halber Strecke zeigt ein Hinweisschild den Weg zum Blockmeer am Haberstein. Vom Nußhardt leitet ein Weg (Markierung: großer blauer Punkt auf weißem Grund) direkt zum Ausgangspunkt zurück (gesamte Weglänge etwa 7 km). Der Haberstein am Fuß des Schneebergs bildet das größte Blockmeer des Fichtelgebirges, ein gewaltiges Trümmerfeld aus verwitterten und zusammengestürzten Granitfelsen, das von dichtem Fichtenhochwald eingerahmt wird. Bereits Goethe zeigte sich 1785 davon tief beeindruckt. Mit mächtigen Gneis- und Granitfelsen ist auch der Nußhardtgipfel (Naturschutzgebiet) bedeckt. Zusammengestürzte Felsen haben eine 25 m lange und 3 m breite Felsenhöhle, die Nußhardtstube, gebildet. Vom Gipfelfelsen, den man über eine Holztreppe erreicht, hat man einen weiten Ausblick auf die innere Hochfläche des Fichtelgebirges.

Auf dem Nußhardt fällt den Besuchern ein Phänomen auf, das in den letzten Jahren in nahezu allen Höhenlagen des Fichtelgebirges registriert wurde: das Absterben großflächiger Waldbestände. Vor allem auf den westlichen Kammlagen ragen abgestorbene Baumstämme wie Speerspitzen in den Himmel. Verantwortlich dafür sind insbesondere die Schadstoffe aus Ballungsräumen und Industriezentren, die von den Winden herangebracht oder in Form von saurem Regen in den Boden gespült werden und in einer Höhe von 800 m auf das Mittelgebirge treffen. Insgesamt ist im Fichtelgebirge der Wald nach einer Erhebung der Oberforstdirektion Bayreuth auf einer Fläche von 3000 ha ernsthaft gefährdet. In Höhenlagen über 800 m ist die Fichte als natürliche Baumart weitgehend verschwunden. Versuche, mit einem 20 Millionen DM teuren »Walderneuerungsprogramm« auf den abgestorbenen Flächen neue Baumbestände heranzuziehen, haben bislang kaum Aussicht auf Erfolg: Der Boden ist zu stark geschädigt. Und Stürme, Frost und saurer Regen bieten den Jungpflanzen keine Lebenschance mehr.

Einen Besuch im »Gleißinger Fels« sollten Sie nicht versäumen.

Besuch unter Tage

Ein besonderes Erlebnis bietet der Besuch des 500 Jahre alten Silberbergwerks »Gleißinger Fels« bei Fichtelberg (bei 18). Besonders attraktiv sind die Tropfsteinbildungen aus Eisenmineralen. Seinen Namen verdankt das Bergwerk dem schimmernden Glanz des Gesteins (gleißender Fels). Auf der Fichtelgebirgsstraße ist die Zufahrt zur Silbermine mit Schildern gekennzeichnet. Während der Sommermonate ist das Bergwerk täglich von 10 bis 17 Uhr geöffnet, sonst sind Gruppenführungen möglich (Auskunft ☏ 09272/848).

Die Nußhardtstube verdankt ihre Entstehung zusammengestürzten Felsen, die eine 25 m lange und 3 m breite Felsenhöhle bilden. Oben am Nußhardtgipfel haben Wanderer dann einen weiten Blick über das ganze Fichtelgebirge.

38 **Bayerischer Wald**

Waldwogen auf Granit und Gneis

»Waldwoge steht hinter Waldwoge«, schrieb Adalbert Stifter, »bis eine die letzte ist und den Himmel schneidet.« Wer jemals an einem klaren Abend gegen die untergehende Sonne über die Bayerwaldberge geblickt hat, kann dieses Dichterwort nachempfinden. Auf uraltem Granit- und Gneisuntergrund dehnt sich beiderseits der bayerisch-tschechischen Grenze das größte Waldgebiet Mitteleuropas aus. Kelten und Markomannen waren die ersten Siedler, und später als anderswo in Deutschland wurde der Wald in forstwirtschaftliche Nutzung genommen. Sein Kernstück, der Nationalpark Bayerischer Wald, gilt heute als einzigartiges Naturwaldreservat in Mitteleuropa. Auf 8000 ha wächst der Wald nach seinen natürlichen Gesetzen. Wer sich für ursprüngliche Waldnatur interessiert, wird in diesem Gebiet nachhaltige Eindrücke gewinnen. Bei uns ausgestorbene Tierarten wie etwa Wölfe, die einst hier heimisch waren, kann man – wie im Bild zu sehen – im Gehege des Nationalparks erleben.

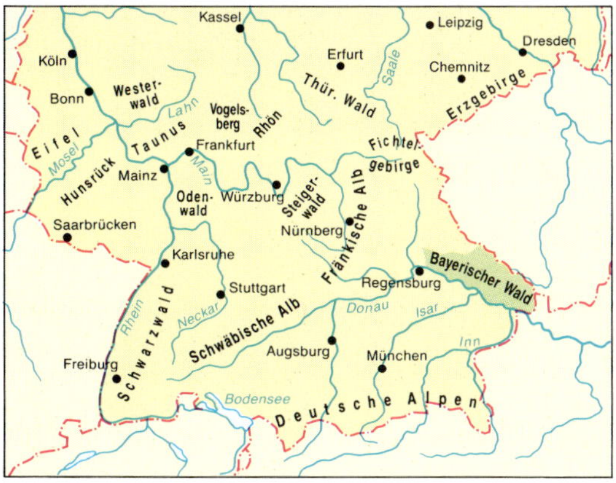

Lage Zwischen Donau im Südwesten und dem Gebirgskamm längs der tschechischen Grenze im Nordosten; im Nordwesten begrenzt durch die Cham-Further Senke und den Regen, im Südosten durch die österreichische Grenze
Ausdehnung Nordwest–Südost ca. 140 km; Nordost–Südwest ca. 40–50 km
Land Bayern
Höchste Erhebungen Großer Arber 1456 m, Großer Rachel 1453 m; im Vorderen Bayerischen Wald: Breitenauer Riegel 1114 m, Geißkopf 1027 m, Brotjacklriegel 1016 m
Wichtigste Flüsse Donau an der Südgrenze, Regen, Ilz
Landschaftsformen Mittelgebirgslandschaft mit breiten, gerundeten Bergkuppen, markanten Felsbastionen, wilden Gipfelblockmeeren, einzelnen klammartig eingeschnittenen Flußtälern und weiten Talmulden
Naturparks/Nationalpark Naturpark Bayerischer Wald; Naturpark Oberer Bayerischer Wald; Nationalpark Bayerischer Wald
Information Landesfremdenverkehrsverband Bayern, Prinzregentenstr. 18, W-8000 München 22, ☏ 089/2123970; Fremdenverkehrsverband Ostbayern, Landshuter Str. 13, W-8400 Regensburg, ☏ 0941/571 86; Nationalparkverwaltung Bayerischer Wald, Freyunger Str. 2, W-8352 Grafenau, ☏ 08552/2077; Naturpark Bayerischer Wald, Verkehrsamt, Hauptstr. 12, W-8377 Frauenau, ☏ 09926/710; Naturpark Oberer Bayerischer Wald, Touristikinformation, Landratsamt, Rachelstr. 6, W-8490 Cham, ☏ 09971/78322; Bayerischer Waldverein, Angerstr. 39, W-8372 Zwiesel, ☏ 09922/9265

Landschaft mit eiszeitlichem Gesicht
Aus der freundlichen Mittelgebirgslandschaft des Vorderen Bayerischen Waldes mit ihren abwechslungsreichen Mischwäldern, Wiesentälchen und verstreuten Siedlungen erhebt sich das dicht bewaldete Grenzgebirge vom Osser im Nordwesten über Arber, Falkenstein ❼, Rachel und Lusen ⓮ bis hinunter zum Dreisessel ⓬ am bayerisch-österreichisch-tschechischen Dreiländereck im Südosten. Dunkle Fichtenwälder krönen die um 1400 m hohen Gipfel- und Kammlagen, die Hanglagen decken noch immer naturnahe Mischwälder, in denen Fichte, Tanne und Buche vorherrschen.
Geologisch gesehen ist der Bayerische Wald ein uraltes, hauptsächlich aus Graniten und Gneisen aufgebautes Gebirge. Seine gerundeten Landschaftsformen erhielten in den letzten Eiszeiten ihr heutiges Gesicht. Die höchsten Erhebungen trugen damals dicke Kappen aus Gletschereis, das bei seiner Bewegung talwärts Felsen freilegte, Schutt- und Gesteinsblöcke vor sich herschob und Moränenwälle absetzte. Die vom Rachel- oder Arbergipfel abfallenden Steilwände und die dunklen Karseen verdanken ihnen ihre Entstehung. Eiszeitliche Frostverwitterung ließ die eindrucksvollen Blockmeere am Lusengipfel, an den Flanken des Rachels, am Steinfleckberg sowie das Steinerne Meer am Plöckenstein entstehen. Eine geologische Besonderheit ist der »Pfahl« ❾, eine haushohe, fast weiße Quarzmauer, die sich von Freyung nach Nordwesten bis in die Oberpfalz erstreckt.

Viel Schnee und Sonne
Das Klima im Bayerischen Wald ist rauh,

die Niederschläge sind mit 1000–2000 mm pro Jahr hoch. Dementsprechend beeindruckend sind auch Höhe und Dauer der Schneedecke. In den Kammlagen kann von November bis Mai Schnee liegen, und er kann eine Höhe von bis zu 3 m erreichen. Meist ist der Winter reich an Sonnentagen. Der viele Schnee, ein Fluch früherer Zeiten, ist heute Grundlage des blühenden Wintersport-Tourismus.
Den Ruf des Bayerischen Waldes als Ferien- und Wanderlandschaft machen vor allem die Waldbestände mit ihren mächtigen Tannen, Buchen und Fichten aus. Eindrucksvolle Relikte des Urwaldes von einst sind erhalten geblieben und bilden den Kern des Waldgebiets im Nationalpark Bayerischer Wald, der vor 20 Jahren aus der forstwirtschaftlichen Nutzung entlassen wurde, so daß er sich in seiner ganzen Ursprünglichkeit präsentiert.

Ein wiedererstandener Urwald

Neben den charakteristischen Baumarten Fichte, Tanne und Rotbuche kommen vor allem in den klimatisch günstigen, warmen Hangzonen auch Bergulme, Esche, Sommerlinde, Bergahorn, Spitzahorn und Eibe vor. Bodenpflanzen gedeihen üppig entlang den Bächen, in Schluchten und in Quellgebieten. In höheren Lagen bleiben die anspruchsvolleren Baumarten zurück, und ab etwa 1150 m beleben nur noch einzelne Bergahorne und Ebereschen das dunkle Meer der Fichten.

Der Fichtenwald – sonst Inbegriff des vom Menschen angelegten monotonen, labilen Kunstforstes – ist unter den extremen Klimabedingungen des Bayerischen Waldes die natürliche Waldgesellschaft. In kurzen Vegetationszeiten langsam herangewachsen, mit dicht anliegender, oft bis zum Boden reichender Krone trotzen die weit auseinander stehenden Bäume den außerordentlichen Beanspruchungen durch Schnee- und Eisanhang. In staunassen, kalten Senken zieht sich der Fichtenwald zungenförmig die Hänge hinab und bildet in anmoorigen Talmulden ausgedehnte Moor-Fichtenwälder. Im Kern dieser Dellen liegen die Hochmoore der Tallagen. Ein lockerer Randwald aus Moorbirke, Waldkiefer und Fichte leitet über zum eigentlichen Hochmoorbewuchs aus Birken und Latschen. Das Gegenstück zu diesen Mooren bilden die einsamen Filze auf den Höhen des Gebirges, vor allem jenseits der Landesgrenze.

Der Ursprünglichkeit der Wälder entspricht die der Tierwelt. Zwar wurden Bären und Wölfe schon im letzten Jahrhundert ausgerottet, doch kommen Luchse wieder vereinzelt vor. Tschechische Naturschützer haben sie mit Erfolg wieder angesiedelt. Hirsche, Rehe, Füchse, Dachse und Marder sind häufig. Der in Deutschland vom Aussterben bedrohte Fischotter kann sich in begrenzter Zahl halten. Auch das Haselhuhn kommt noch recht oft vor, dagegen ist das Auerhuhn im Bestand bedroht und das Birkhuhn ganz verschwunden. Die Wälder sind Heimat aller in Deutschland lebenden Specht- und Eulenarten.

Mit der Gründung des ersten deutschen Nationalparks im Jahr 1970 wurde ein neues Naturschutzkapitel aufgeschlagen. Erstmals wird hierzulande wirklich konsequent ein großes Waldgebiet in seiner natürlichen Entwicklung geschützt. Bäume und Wälder wachsen und vergehen, wie die Natur es will: Windwürfe bleiben liegen, die Borkenkäfervermehrung wird nicht bekämpft – wenigstens hier hat die Evolution in unserem so dichtbesiedelten Raum noch eine Chance.

Nicht nur auf Waldwegen, auch auf dem Wasser läßt sich der Reiz der Landschaft entdecken: Eine herrliche Waldkulisse zu beiden Seiten begleitet die Kajakfahrer im malerischen Regental.

Ein fast schon urzeitlich anmutender Baumveteran – mit hohlem Stamm und von Eisenträgern gestützt – ist die mindestens 1000 Jahre alte Wolframslinde bei Ried.

Route 1 Nördlicher Bayerischer Wald

Grüne Wiesen – blaue Höhen

❶ Wolframslinde

Am östlichen Ortsrand von Ried steht eine mindestens 1000 Jahre alte Linde, die 5 m im Durchmesser und 16 m im Umfang mißt. Vor 20 Jahren wurde sie mit massiven Eisenträgern abgestützt, sonst wäre sie wohl schon in sich zusammengebrochen, denn der Stamm ist völlig hohl. Ihr Anblick regt zum Nachdenken an. Sollte man diesen alten Baum nicht lieber in Würde sterben lassen, statt ihn mit Beton, Draht und einer Giftbehandlung gegen Pilze gewaltsam am Leben zu erhalten? Zur Erinnerung an den Minnesänger Wolfram von Eschenbach trägt dieser mächtigste Baum Ostbayerns seit dem Jahr 1880 den Namen »Wolframslinde«.

❷ Rauchröhren am Kaitersberg

Ausgangspunkt für die Wanderung zu den Rauchröhren ist der Ecker Sattel bzw. das dortige Gasthaus an der Straße von Arrach nach Drachselsried. Für den insgesamt 7 km langen, steilen Weg bis zum Mittagsstein mit der Kötztinger Hütte und zurück – immer dem grünen Dreieck folgend – sollten Sie etwa 2½ Stunden einplanen.
Die Rauchröhren sind zwei senkrecht aufragende, haushohe Felstürme aus Gneis, die durch einen knapp 1 m breiten Spalt getrennt sind. Bei bestimmten Wetterlagen steigt Nebel im Spalt auf, daher der Name. Der langgezogene Rücken des Kaitersbergs bietet von seinen Gipfeln wie dem Großen Riedelstein (1133 m), dem Mittagstein (1034 m) und dem Kreuzfelsen (1000 m) einen ausgezeichneten Blick über den Nördlichen Bayerischen Wald. Die Waldbestände des Kaitersberg-Massivs haben durch forstliche Nutzung längst ihren Urwaldcharakter verloren.

❸ Rißlochfälle

Der Ausgangspunkt für eine Wanderung in dieses reizvolle Bachtälchen, das sich auf halbem Weg zu einer schattigen Schlucht verengt, ist nicht

Route 1
Nördlicher Bayerischer Wald
Diese Rundreise durch den Nördlichen Bayerischen Wald ist insgesamt 150 km lang und führt hauptsächlich zu den Naturschönheiten des Zwieseler Raumes hinauf, in die Bergregionen des Großen Arbers und des Großen Falkensteins ❼, nahe der Grenze zur Tschechoslowakei. Über Zwiesel und Regen geht es zurück in die sanftgewellte Hügellandschaft, dem Verlauf des »Pfahls« ❾ folgend. Den Ausgangspunkt Kötzting erreichen Sie über die B 85 von Nürnberg her über Amberg, Schwandorf und Cham. Von Süden auf der A 3 Regensburg–Passau bis Ausfahrt Straubing, über die B 20 nach Cham und die B 25 über Miltach nach Kötzting.
Streckenverlauf:
Von Kötzting Richtung Furth im Wald bis Ramsried fahren, links abbiegen nach Ried zur Wolframslinde ❶; zurück nach Kötzting und ostwärts auf der Straße nach Lam bis Arrach, am Ortsrand dem Wegweiser nach Bodenmais folgen, nach 9 km ist der Ecker Sattel erreicht, Ausgangspunkt für die Wanderung auf den Kaitersberg zum Riedelstein und zu den Rauchröhren ❷; auf der Landstraße weiter durch das reizvolle Rothbachtal nach Bodenmais ❸; von dort kurvenreich aufwärts zum Großen Arbersee ❹ und weiter über den Brennessattel zur Mooshütte und zum Kleinen Arbersee ❺; über Bayerisch Eisenstein auf der B 11 in Richtung Zwiesel, zwischen Regenhütte und Ludwigsthal links dem Wegweiser zum Zwieseler Waldhaus folgen, dem Ausgangspunkt für den Besuch des Urwaldgebiets Mittelsteighütte ❻; zurück zur B 11 und weiter nach Ludwigsthal, am südlichen Ortsrand ostwärts über Lindbergmühle zum Forsthaus Scheuereck, mitten ins Zentrum der ursprünglichen Waldbestände um den Großen Falkenstein ❼; von Scheuereck über Spiegelhütte nach Buchenau, Ausgangspunkt für die mehrstündige Wanderung zu den Hochschachten ❽; auf der gleichen Straße über Zwieselau nach Zwiesel und über die B 11 nach Regen, hier rechts, der B 85 (Bayerische Ostmarkstraße) folgend, bis Viechtach, unmittelbar nach der Überquerung des Riedbachtals, nördlich Viechtach, erhebt sich neben der Straße das letzte Ausflugsziel, der Große Pfahl ❾; der landschaftlich schönen B 85 folgend nordwärts bis Miltach und von dort zurück zum Ausgangsort der Route nach Kötzting.
Der Bayerische Wald ist als Reisegebiet während des ganzen Jahres reizvoll. In der Hauptsaison empfiehlt sich jedoch eine Reservierung der Unterkünfte.

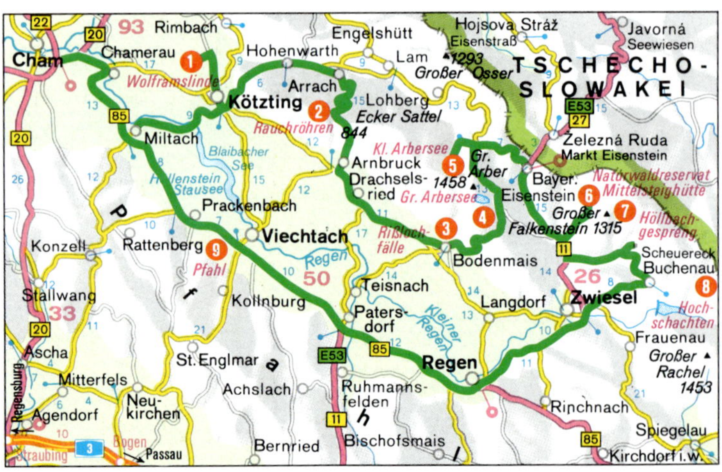

ganz leicht zu finden. Fahren Sie von der Umgehungsstraße ins Zentrum von Bodenmais und folgen Sie den Hinweisschildern zum Hotel »Sonnenhof«. Bleiben Sie an der Anfahrt zum Hotel diesseits des Baches, bis Sie beim Hotel »Waldhaus« einen Parkplatz am Ende der öffentlichen Straße erreichen. Für den Rundweg sollten Sie sich etwa 2 Stunden Zeit nehmen. Zunächst geht es ca. 500 m bachaufwärts auf eine Forststraße, bis ein Wegweiser (Markierung: grüne 2) links zu den Rißlochfällen führt. Folgen Sie diesem schmalen Weg direkt am Bach aufwärts und wählen Sie für den Rückweg den bequemeren, der auf halbem Hang durch einen urwaldartig mit Mischwäldern bewachsenen Steilhang zum Ausgangspunkt zurückführt.
Am attraktivsten sind die Rißlochfälle während der Schneeschmelze und nach stärkeren Regenfällen. Dann tost das Wasser in wilden Kaskaden durch die felsige Schlucht. Am unteren großen Wasserfall wurde eine »Triftschwelle« restauriert. Solche kleinen Stauwehre dienten noch Anfang dieses Jahrhunderts überall im Bayerischen Wald zum leichteren Holztransport in den schmalen Bächen.

4 Großer Arbersee

Besuchen Sie diesen landschaftlich so reizvollen See entweder früh am Vormittag oder am Spätnachmittag, aber möglichst nicht während der Hauptsaison an einem Schönwettertag – er ist dann von Touristen überlaufen. Gasthaus, Bootsverleih und ein benachbarter »Märchengarten« erhöhen zusätzlich den Besucherbetrieb. Der Rundgang nimmt eine Stunde in Anspruch; der Weg am Ufer entlang ist nicht zu verfehlen. Ausgangspunkt ist die Ausflugsgaststätte »Arberseehaus«. Der Weg ist bequem und in der Regel auch im Winter begehbar. Dann überziehen Eispanzer und Galerien von Eiszapfen die Felsen der Seewand, über die während der warmen Jahreszeit Wasser in kleinen Rinnsalen heruntersikkert. Das westliche Seeufer mit botanisch aufschlußreichen Verlandungszonen ist das interessanteste Wegstück. Der Wald zeigt dort noch einen sehr urtümlichen Charakter. Mit mächtigen, knorrigen Wurzeln krallen sich die Bäume auf und zwischen den Felsen der Seewand fest.
Der Große Arbersee ist der größte der drei eiszeitlichen Seen des Bayerischen Waldes. Damals entstanden an den Schattenhängen der höchsten Berge kleine Kargletscher, deren Mulden sich nach dem Abschmelzen mit Wasser füllten. Moränenwälle – das »Arberseehaus« steht auf einem solchen – bildeten natürliche Dämme und ermöglichten so die Entstehung von Seen.

Umrahmt von einem urwüchsigen Wald aus Fichten und Buchen, liegt am Fuß der steilen Seewand der während der letzten Eiszeit entstandene Große Arbersee.

Lohnend: der Besuch des stillgelegten Erzbergwerks Silberberg in Bodenmais.

Der Silberberg
Seit 1313 wurde am Silberberg in Bodenmais 3 Bergbau betrieben. Gold und Silber, vor allem aber Eisenerz wurden abgebaut. Über 60 verschiedene Mineralien konnten nachgewiesen werden. Vier Hauptstollen waren bis zu 600 m tief in den Berg getrieben worden. 1962 wurde der Bergwerksbetrieb eingestellt, doch einige der insgesamt 20 km langen Stollen sind heute für Besucher zugänglich. Eine Führung dauert 45 Minuten (geöffnet 25. Dez.–8. Jan. tägl. 10–16, 9. Jan.–März Di, Fr 13–15, April–Juni tägl. 10–16, Juli–Sept. tägl. 9–17, Okt.–5. Nov. tägl. 10–16 Uhr, 6. Nov.–24. Dez. geschlossen).

König des Bayerwaldes
Der Große Arber (zwischen 4 und 5) gilt als »König des Bayerischen Waldes«, doch kann er heute bestenfalls noch als geschundener König bezeichnet werden, denn kein anderer Berg im Bayerischen Wald ist durch Skitrassen, Seil- und Sesselbahnen, Forstwege und Versorgungsstraßen, durch Radaranlagen und andere technische Einrichtungen und vor allem durch einen massiven Besucherandrang derart belastet wie der Große Arber. Er bietet ein lehrreiches Studienobjekt dafür, wie katastrophal sich konzeptionslose Planung und mangelhafter Landschafts- und Naturschutz auswirken können. In Deutschland gibt es zwar gute Naturschutzgesetze, aber die Einhaltung draußen vor Ort trifft in vielen Fällen auf zahlreiche, miteinander konkurrierende Nutzungsansprüche, bei denen oft genug die Natur auf der Strecke bleibt.

Abgestorben oder umgestürzt: In einigen Gebieten des Bayerischen Waldes, wie beim Naturwaldreservat Mittelsteighütte und beim Naturschutzgebiet Höllbachgespreng, wachsen und vergehen Bäume und Wälder ohne menschlichen Eingriff nach den Gesetzen der Natur.

5 Kleiner Arbersee

Sie erreichen den Kleinen Arbersee, indem Sie 200 m hinter dem Brennessattel links abbiegen zur »Mooshütte«, einer gemütlichen Gaststätte. Von dort aus erreicht man zu Fuß auf einer Forststraße nach 1 km das Ufer des Kleinen Arbersees. Für seine Umrundung reicht eine gute halbe Stunde. Großer und Kleiner Arbersee zeichnen sich durch eine Besonderheit aus: die natürlichen Schwingrasen, die am Ufer aufsitzen und gegen die Wasserfläche vorwachsen. Der Kleine Arbersee wäre wohl schon längst ganz zugewachsen, wäre er nicht früher für die Holztrift benutzt und aufgestaut worden. Diesem Aufstauen verdankt er auch seine berühmten schwimmenden Inseln, losgelöste Schwingrasenstücke von 1½–3 m Dicke, die, je nach Windrichtung einmal eher am Nordrand des Sees, dann wieder mehr gegen die Seewand zu, einen Teil des offenen Wassers bedecken. Sie sind eine einzigartige botanische Fundgrube. Sumpfblutauge, Schlangenwurz, Sumpfhaarstrang, Torfmoose, Moosbeeren, Rosmarinheide und Scheidiges Wollgras wachsen dort.

Die Ufer dieses Sees und insbesondere die Schwingrasen sind außerordentlich empfindlich. Bitte bleiben Sie deshalb auf dem bequemen Rundweg. In der Seewand, aus der die beiden kleinen Quellbäche des Weißen Regens herunterkommen, findet keine Holznutzung mehr statt. Die gefällten Fichten längs des Weges dienen einzig dem Zweck, die Besucher davon abzuhalten, das Seeufer zu betreten, das in den zurückliegenden Jahren durch undisziplinierte Spaziergänger schwer geschädigt wurde.

6 Naturwaldreservat Mittelsteighütte

Das Reservat ist leicht erreichbar. Von Bayerisch Eisenstein kommend, biegt man auf der B 11 links ab in Richtung Zwieseler Waldhaus. Von einem kleinen, nicht markierten Waldparkplatz am westlichen Ende der Siedlung führt ein Spazierweg nach wenigen Metern mitten in den »Urwald«. Viele halten dieses Gebiet für das ursprünglichste des gesamten Bayerischen Waldes. Das ist es nicht, auch wenn dort wie kaum anderswo mächtige meterdicke Buchen, Weißtannen und Fichten wachsen und tote Baumriesen herumliegen. Die Bäume sind zwar sehr alt, viele stammen noch aus den Urwäldern des 17. und 18. Jh., aber alte, vermodernde Stümpfe sind Hinweise, daß auch hier früher Bäume gefällt wurden. Erst im letzten Jahrhundert wurde die Holznutzung eingestellt.

Um einen Eindruck vom Leben und Sterben der Bäume in diesem Naturwald zu gewinnen, folgen wir zunächst einem gut ausgebauten, auch für Behinderte geeigneten Spazierweg bis zum Wanderweg Nr. 4. Ihm folgend erreichen wir nach zehn Minuten bergauf eine kleine Wiese, die von mächtigen alten Buchen umstanden ist. Der Blick öffnet sich über die Baumkronen der alten Urwaldriesen. Die abgestorbenen sind je nach

Einen grandiosen Ausblick bietet der 1456 m hohe Große Arber, der »König des Bayerwaldes«: Im Nordwesten des mächtigen Berges liegt, in einem tiefgrünen Waldmeer eingebettet, der Kleine Arbersee mit seinen drei schwimmenden Inseln.

Jahreszeit dicht an dicht mit Baumpilzen besetzt, die nur auf vermodernden Stämmen existieren können. Deshalb sind sie in Wirtschaftswäldern fast völlig ausgestorben.

7 Naturschutzgebiet Höllbachgespreng

Wenn Sie das durch seinen urwaldartigen Waldbestand charakterisierte Naturschutzgebiet Höllbachgespreng am Großen Falkenstein aufsuchen wollen, beginnen Sie Ihre Wanderung am besten am Forsthaus Scheuereck. Sie erreichen es, wenn Sie die B 11 in Ludwigsthal Richtung Spiegelhütte verlassen und dann oberhalb von Lindbergmühle dem Wegweiser folgen. 3–4 Stunden sollten Sie mindestens für die Wanderung ansetzen, und festes Schuhwerk ist unbedingt erforderlich, auch wenn weite Strecken über Forststraßen verlaufen. Mit einem grünen Dreieck ist der Weg markiert, dem Sie zunächst aufwärts zum Großen Höllbach folgen. Nach ungefähr 3 km erreichen Sie die Höllbachschwelle. Dieser kleine Stausee stammt aus dem letzten Jahrhundert, als die Holztrift, also der Transport des Holzes mit Hilfe des Wassers, im Bayerischen Wald eingeführt wurde. Man hat damals Bäche aufgestaut, dann das Wasser in einem Schwall abgelassen und so das Holz über die zuvor etwas begradigten Bäche ins Tal geschwemmt. Ein – je nach Jahreszeit – mächtiger Wasserfall tost in Kaskaden 15 m weit über bemooste Felsen herunter. Der Wald selbst ist unberührt erhalten geblieben, weil sich in den felsreichen Steilhängen die Forstwirtschaft nicht lohnte.
Achten Sie auf der weiteren Wanderung genau auf den Wegweiser nach links über den Bach Richtung Falkenstein (Markierungen 1, 3 und grünes Dreieck). Es geht steil hinauf bis auf 1100 m Höhe. Der Pfad erreicht nach etwa 500 m eine Forststraße. Folgen Sie nach rechts weiter dem grünen Dreieck, bis ein Bach die Straße kreuzt, und folgen Sie nun einem blauen Kreis mit der Beschriftung »1a«. Bachabwärts erreichen Sie nach kurzer Zeit wieder den Wasserfall und können den Weg zurück nach Scheuereck nicht verfehlen.

Der in felsigen Wäldern lebende Uhu, der im Nationalparkgebiet ausgestorben war, wird nun wieder angesiedelt.

Die giftige Zwittrige Krähenbeere, ein Zwergstrauch, wächst in den Hochmooren des Bayerischen Waldes.

In der unberührten Urwaldlandschaft des Höllbachgesprengs führt der Pfad zwischen Felshängen und mächtigen Bäumen steil bergauf.

Die feurige Kunst der Glasherstellung, für die der Bayerische Wald das Brennholz und als wichtigstes Rohmaterial den Quarz liefert, ist hier seit etwa 650 Jahren heimisch.

Zartes – heiß hergestellt
Daß sich im Bayerischen Wald ebenso wie im Böhmerwald schon vor Jahrhunderten eine berühmte Glasindustrie entwickeln konnte, hängt mit dem Reichtum dieses Gebiets an Holz und Quarz zusammen. Im bedeutendsten der einst 62 Glashüttenorte des Bayerischen Waldes, in Frauenau, wurde 1975 eines der schönsten Glasmuseen Deutschlands eingerichtet. Neben der Innenausstattung einer Glashütte und der Herstellung der verschiedenen Glasprodukte zeigt das Museum eine ganze Palette von Gläsern aus verschiedensten Jahrhunderten, zurückreichend bis in ägyptische und römische Zeit. Interessante Wechselausstellungen ergänzen das Angebot. Auch wer nicht speziell an Glas interessiert ist, wird von seiner Vielfalt und Schönheit fasziniert sein. Man erreicht das Museum von Zwiesel aus als Abstecher zwischen den Routenpunkten 8 und 9 (geöffnet 20. Dez.–14. Mai tägl. 10–16, 15. Mai–31. Okt. tägl. 9–17 Uhr).

8 Hochschachten bei Buchenau

Der Anmarsch ist relativ weit – von Buchenau aus, der Markierung »6« folgend, dauert er bis zum Kohlschachten mindestens 1½ Stunden. Keinesfalls sollten Sie bei diesigem Wetter hinaufwandern, denn prachtvolle Ausblicke erhöhen den Reiz der Schachten. Das Erlebnis von Weite und Stille kann unvergeßliche Eindrücke hinterlassen, wenn im Herbst die Ahorne rot und die Buchen gelb in der Sonne leuchten und über den Tälern eine dichte, weiße Nebeldecke liegt.
Von der Ortsmitte in Buchenau geht es über Forststraßen stetig bergauf. Am Kohlschachten ist in 1160 m Höhe das Plateau erreicht. Unmittelbar am Rand des Kohlschachten wird der Boden feucht. Ein reizvolles Hochmoor öffnet sich, das man auf einem Holzsteg bis zum Latschensee, einem kleinen Moorsee, durchqueren kann. Hochmoore sind äußerst trittempfindlich, deshalb bleiben Sie bitte unbedingt auf dem Steg! Kurz darauf trifft der Steg an einer kleinen Schutzhütte auf den Großen Schachten. Von dort aus lohnt sich ein einstündiger Abstecher zur Alm. Der Rückweg vom Großen Schachten führt leider über die gleichen harten Forststraßen wie der Aufstieg.
Schachten sind ehemalige Weideflächen in über 1000 m Höhe, offene Inseln im Waldmeer der Kammlagen des Bayerischen Waldes. Seit etwa 1600 wurde der Wald meist auf Verebnungen oder sanft geneigten Südhängen gerodet, und bis in die fünfziger Jahre wurden dort im Sommer Rinder und Ziegen gehütet. Von besonderem Reiz sind alte Buchen und Bergahorne, die einzeln oder in Gruppen auf den Schachten wachsen und zum Teil nur noch als bizarre Baumruinen erhalten sind.

9 Der Pfahl

Ausgangspunkt für den Pfahlbesuch ist der Parkplatz an der B 85 am Nordende der mächtigen Steinbrücke über den Riedbach nordwestlich von Viechtach. Schon nach 100 m ragen die 20 m hohen, rötlichweißen Felsen auf. Sie sind zerklüftet und locker von Kiefern bewachsen. Nur diese Baumart gedeiht an solchen extremen Standorten. Schon nach 300 m ist der unzerstörte Teil zu Ende. Ein Schild: »Vorsicht Sprengarbeiten« deutet darauf hin, daß in den letzten Jahrzehnten große Teile dieses einzigartigen Naturdenkmals dem Abbau zum Opfer fielen. Jenseits der Absperrung werden die weißschimmernden Abbrüche dieses geologischen Phänomens sichtbar. Wen der Lärm der Bundesstraße nicht stört, der mag noch ein paar hundert Meter weitergehen, um ein zweites unzerstörtes Teilstück von etwa 300 m Länge kennenzulernen. Es ist bereits stark vom umliegenden Waldbestand zugewachsen, nur einzelne Quarzfelsen ragen noch knapp 20 m hoch über die Baumgipfel auf. Weiter zu gehen lohnt dann nicht mehr.

Filze nennt man die Hochmoore im Bayerischen Wald. In den Hochmooren der Tallagen wachsen lichte Birkenwäldchen.

Ein geologisches Phänomen: Der Pfahl, ein 150 km langer Quarzrücken, verläuft quer durch den Bayerischen Wald.

Der Pfahl ist eine geologische Berühmtheit (s. a. S. 628). Über 150 km Länge erstrecken sich seine weißlichen, zackigen Klippen. Sie sind wenige Zentimeter bis 100 m breit und bestehen fast ausschließlich aus Quarz, wovon sich auch der Name ableitet, denn »Pfahl« kommt von lateinisch pallidus, was bleich, fahl bedeutet. Entstanden ist der Pfahl wahrscheinlich vor etwa 300 Millionen Jahren zur Zeit des Oberkarbons und Perms, als in Rissen und Spalten einer Bruchzone heißes Wasser mit gelöster Kieselsäure aufdrang. Aus der Kieselsäure bildete sich der harte Quarzfels.
Daß die uralte Quarzmauer nicht schon längst der Erosion zum Opfer fiel, ist dem Umstand zu verdanken, daß sie über Jahrmillionen unter ihrem eigenen Verwitterungsschutt begraben war und erst während der letzten Eiszeit freigelegt wurde.

Route 2 Südlicher Bayerischer Wald

Adalbert Stifters Hochwald

⑩ Dreiflüsseeck Passau

Passau ist als Dreiflüssestadt am Zusammenfluß von Donau, Inn und Ilz weithin bekannt (s. a. S. 783). Die »schwarze« Ilz mit ihrem dunklen Wasser kommt aus dem Bayerischen Wald. Der grünliche Inn, der sich während der Schneeschmelze durch feinstverteiltes Gesteinsmehl milchig färbt, kommt aus den Alpen. Die Donau weist als Resultat ihres langen Weges durch dichtbesiedeltes Gebiet eine eher graubraune Farbe auf. An

Keine Angst vorm Schwarzen Mann
Die Herstellung von Holzkohle war früher im Bayerischen Wald weit verbreitet. Heute läßt sich dieses Handwerk noch an zwei Stellen beobachten: im Freilichtmuseum Finsterau und – in einem Privatbetrieb – in Zwieselau zwischen Frauenau und Zwiesel, zu erreichen auf einem Abstecher von der Route zwischen ⑧ und ⑨. Fachgerecht werden jeweils 10–15 Ster Buchenscheitholz um einen Feuerschacht aus Stangen zu einem Meiler aufgeschichtet und mit einer feuerfesten Decke aus Nadelreisig, Gras und Erde abgedeckt. Der fertige Meiler wird von oben in dem mit leicht brennbarem Material gefüllten Schacht angezündet und schwelt 14 Tage lang mit einer Innentemperatur von ca. 600 °C. In der jeweiligen Höhe der nach unten wandernden Brennzone wird der Meiler rundum angestochen, damit Gase und Rauch entweichen können.

Route 2
Südlicher Bayerischer Wald
Diese rund 190 km lange, ausgedehnte Rundreise beinhaltet alle Aspekte, die der Bayerische Wald seinen Besuchern bieten kann: von der abwechslungsreichen Hügellandschaft bis zum Zentrum des Nationalparks mit Felswanderzone und Urwaldgebiet, aber auch zarte Erzeugnisse einer traditionsreichen Glasbläserkunst, entstanden aus den natürlichen Schätzen des Bayerwaldes.
Streckenverlauf:
Ausgangspunkt für diese Rundreise ist die Dreiflüssestadt Passau ⑩, zu erreichen über die A 92 von München oder die A 3 von Nürnberg; von Passau auf der B 12 Richtung Freyung bis Außernbrünst, Abzweigung rechts nach Waldkirchen ⑪; quer durch die Hügellandschaft am Fuß des Grenzgebirges, über Jandelsbrunn, Altreichenau und Frauenberg, zum Fuß des Dreisessels und rechts über eine 8 km lange Bergstraße zur Gipfelregion ⑫; nach diesem Abstecher am talseitigen Ende der Dreisesselstraße nach rechts, Richtung Haidmühle, über Philippsreut auf der B 12 nach Freyung, hier ist der klammartige Einschnitt des Reschbachs, die Buchberger Leite ⑬, einen Abstecher wert; der Umgehungsstraße um Freyung Richtung Grafenau folgen bis zur Abzweigung rechts über Kreuzberg nach Finsterau, das Sträßchen hinunter ins Tal ist der Ausgangspunkt für eine Wanderung zum Lusen ⑭; das Reschbachtal abwärts führt eine kleine Teerstraße nach 5 km auf die Straße Mauth–Spiegelau, dann rechts und den Wegweisern Richtung Spiegelau folgen, hinter dem Ort Glashütte befindet sich an der Nationalparkstraße der Wanderparkplatz »Felswanderzone« ⑮, der Ausgangspunkt eines Rundwegs durch die Urwaldregion; weiter zum Nationalparkzentrum, in dem das Nationalparkhaus, das Dr.-Hans-Eisenmann-Haus, liegt, anschließend Richtung Spiegelau bis zur Abzweigung Racheldiensthütte, Ausgangspunkt für eine Wanderung zum Rachelsee mit seinem Urwaldgebiet ⑯; vom Rastplatz »Filzwald« aus, der 1 km weiter Richtung Spiegelau liegt, kann der Klosterfilz ⑰ besucht werden; über Spiegelau und Grafenau zurück in Richtung Passau auf die B 85, 5 km westlich von Gumpenreit findet sich der berühmte Wackelstein ⑱; zurück auf die B 85 Richtung Passau, nach etwa 9 km in Tittling-Nord Abzweigung nach Hörmannsdorf und links zur Schneidermühle an der Ilz ⑲; zum Abschluß der Rundfahrt zurück nach Hörmannsdorf und auf der B 85 nach Passau, dem Ausgangsort der Reise.

Auf dem Holzweg
Die Holzflößerei (Trift) wurde im Bayerischen Wald selbst auf den abgelegensten Bächen noch bis Anfang dieses Jahrhunderts betrieben. Ziel der Holztransporte war die Donau, die über die Ilz oder den Regen erreicht wurde. Unweit Passau ⑩ wurde unter der Burg Hals hindurch zur Abkürzung einer Flußschleife ein 130 m langer Triftkanal gebaut. Der Kanal ist ein interessantes Kulturdenkmal des Bayerischen Waldes. Ein Besuch des reizvollen Ilztals bei Hals und eine Rundwanderung längs des Triftkanals durch die Felsen und dann am Fluß entlang sind landschaftlich, aber auch botanisch außerordentlich informativ.

klaren Tagen lassen sich von der Aussichtsplattform oberhalb der Veste Oberhaus die unterschiedlichen Farben der Flußbänder eine ganze Strecke weit donauabwärts beobachten, da sich die Wasser der Flüsse nur langsam vermischen. Den unmittelbaren Zusammenfluß erreichen Sie am angenehmsten auf einem Spaziergang durch die schöne restaurierte Passauer Altstadt an Dom und Rathaus vorbei bis zur sogenannten Ortsspitze.

⑪ Saußbachklamm

Als Ausgangspunkt für die Wanderung wählen Sie am besten die Saußmühle (mit Gastwirtschaft) an der Straße von Waldkirchen nach Hauzenberg. Der Pfad ist mit Nr. 1 markiert und nicht zu verfehlen. Eine knappe Stunde reicht für den Spaziergang aus.
Wie die meisten Flüsse des Bayerischen Waldes ist auch der Saußbach in der amtlichen Gewässergütekarte Bayerns als unbelastet verzeichnet, wobei nicht berücksichtigt wird, daß er die meiste Zeit des Jahres kaum Wasser führt. Es wird oberhalb der Klamm zur Stromgewinnung abgeleitet. Deshalb ist ein Besuch auch vor allem während der Schneeschmelze oder nach einem starken Sommergewitter zu empfehlen. Während der wasserarmen Zeit sind die mächtigen Felsblöcke des Bachbetts besonders interessant. Baumfreunde seien auf eine schöne Lindengruppe oberhalb einer kleinen Waldhütte mitten im Naturschutzgebiet hingewiesen, Überreste von Laubgehölzen, die früher den ganzen Flußlauf säumten.

Am berühmten Flußdreieck in Passau kommen drei Flüsse zusammen: Der milchig-grüne Inn aus dem Hochgebirge (oben) und die dunkle Ilz aus dem Bayerischen Wald (links) münden hier in die eher graubraune Donau.

⑫ Dreisesselberg und Hochstein

Der Dreisesselberg mit dem Hochstein (1332 m) bildet den östlichen Schlußpunkt der Bayerwaldberge. Bis zu 30 m hohe Granitfelsen überragen die Wipfel des Bergwaldes. Man erreicht sie bequem in 10–20 Minuten vom bergseitigen Großparkplatz an der Dreisesselbahn aus. Die Wanderung führt durch Hochlagen-Fichtenwälder eines Naturschutzgebiets, die aber durch forstliche Nutzung früherer Zeiten stark verändert wurden. Der ursprünglich abwechslungsreiche Waldaufbau und die dikken Bäume fehlen weitgehend. Vom Hochstein reicht der Blick weit über das riesige Waldgebiet beiderseits der Landesgrenze bis hinauf zu Rachel und Lusen. Vom Dreisessel, auf dem der Sage nach einst drei Könige aus Bayern, Böhmen und Österreich geruht und sich an der Schönheit ihrer Länder erfreut haben sollen, schweift das Auge weit über die reichgegliederte Kulturlandschaft; an klaren Tagen reicht der Blick bis zur Alpenkette. Die Felstürme der Gipfelregion zeigen sehr schön die sogenannte Wollsackverwitterung, Ergebnis der Tiefenverwitterung des Granits aus der Tertiär-Zeit. Erst in den Eiszeiten und später wurden die Schuttdecken abgetragen und die sackartig gerundeten Felsbildungen freigelegt. Besonders auffallend sind im ganzen Gebiet die Granitblöcke, die die Hänge überlagern. Sie wurden während und nach den Eiszeiten durch Frostsprengung zerteilt und sind dann über die Flanken der Berge hinuntergerutscht. Eindrucksvollstes Zeugnis dieser Verwitterungsvorgänge ist das 3 km östlich gelegene Steinerne Meer am Plöckenstein, das man unbedingt besuchen sollte (Wanderung auf markiertem Pfad vom Dreisesselfelsen). Soweit überhaupt Gehölze dort wachsen können, sind es anspruchslose Latschen, deren Wurzeln tief in den kärglichen Boden zwischen den Felsblöcken hinunterreichen.

⑬ Buchberger Leite

Ihren Spaziergang beginnen Sie am besten am Bachübergang unmittelbar am Karbidwerk im Talgrund bei Aigenstadl. Im Dorf führt ein schmales Sträßchen, mit Wanderwegweisern beschildert, nach rechts bergab. Aigenstadl, westlich von Freyung, erreichen Sie von der B 12 aus über die Straße, die nach Ringelai führt.

Leiten sind kleine Talschluchten, die von aus dem Gebirgskamm kommenden Bächen tief in das Urgestein eingegraben wurden. Die längste Zeit des Jahres liegen sie praktisch trocken, denn kleine Elektrizitätswerke lenken das Wasser aus, um Strom zu gewinnen. Das gilt auch für die Buchberger Leite. Trotzdem ist eine Wanderung vor allem unter botanischen Aspekten reizvoll. Das Bachbett ist mit dick bemoosten Steinen übersät. Im Frühsommer blühen zahlreiche Hochstauden wie Waldgeißbart und Alpenmilchlattich. Auf den Felsen ist der zarte Tüpfelfarn häufig. Den Nährstoffreichtum im Boden dokumentieren die zarten Blattrosetten des Waldmeisters, aber auch Eschen, Bergulmen und Bergahorne, die den Fichten-, Tannen- und Buchenwald bereichern. Auch geologisch ist das Tal interessant, weil es auf etwa 1 km Länge den Pfahl durchschneidet.

Beliebtes Wanderziel: die Rachelkapelle oberhalb des Rachelsees.

Feuerfest und weltbekannt

In Deutschland wird nur an einer einzigen Stelle Flockengraphit abgebaut: im Graphitbergwerk Kropfmühl bei Hauzenberg, südlich Waldkirchen ⑪ im Landkreis Passau. Der feuerfeste Graphit kommt auf einer Fläche von etwa 100 km² vor, davon konzentriert auf 3 km². Bei einer Führung kann man nicht nur die Abbaumethoden, sondern auch die schönsten Gesteine und Mineralien, alte Maschinen und Fertigprodukte aus Graphit besichtigen (Beginn der letzten Bergwerksführung jeweils 16 Uhr; Museum Di–So 9.30–17.30 Uhr geöffnet, Nov. geschlossen).

Halali und Petri Heil

Unter der fachlichen Leitung der Nationalparkverwaltung Bayerischer Wald wurde 1989 im ehemaligen Fürstbischöflich-Passauischen Jagdschloß Wolfstein, das heute der Stadt Freyung (bei ⑬) gehört, ein hochinteressantes Museum eingerichtet. Es bietet einen Überblick über Bedeutung und Funktion von Jagd und Fischerei einst und heute, aber auch über die durch menschliche Nutzungen und Zerstörungen der Landschaft verursachte Verarmung der Tierwelt der Gewässer, des Waldes und der Feldfluren. Im Schloß befindet sich auch eine Galerie mit Werken zahlreicher einheimischer Künstler (geöffnet Di–So 10–17 Uhr, Anfang Nov.–Mitte Dez. geschlossen).

Die bis zu 30 m hohen, aufgeschichteten Granittürme des Dreisesselbergs sind durch Verwitterung entstanden.

Zum Steinernen Meer – bemooste, wild verstreute Granitblöcke am Plöckenstein – lohnt sich eine Wanderung.

Über das Thema Waldgeschichte können sich Besucher des Nationalparks im Wandergebiet nördlich von Finsterau informieren.

Waldgeschichte erwandern
Am Nordostrand des Nationalparks, im Mauther Forst zwischen Finsterau ⑭ *und der tschechischen Grenze, werden entlang den verschiedenen Wanderwegen Erläuterungen zur frühen Nutzungsgeschichte der riesigen Wälder des Bayerischen Waldes gegeben und historisch interessante Beispiele gezeigt. Eine der reizvollsten Klausen des Bayerischen Waldes, die Reschbachklause, gehört ebenso dazu wie Triftkanäle, Teile der ehemaligen Waldeisenbahn, Schlittenziehbahnen und ähnliches. Heute verändert sich der Wald in dem Gebiet in dramatischer Weise als Folge von Windwürfen in den Jahren 1983 und 1984 sowie der anschließenden Borkenkäfervermehrung in den Jahren 1987–89. Benachbart zum Waldgeschichtlichen Wandergebiet liegt das außerordentlich informative Freilichtmuseum Finsterau, das mit wiederaufgebauten historischen Bauernhäusern des Bayerischen Waldes einen Eindruck von bäuerlichem Bauen, Wohnen und Wirtschaften in früheren Zeiten vermittelt (geöffnet Mai–Sept. 9–18, Okt. 9–16, Mitte Dez.–April 12–16 Uhr; Nov.–Mitte Dez. und jeden Mo geschlossen außer an Fei).*

⑭ Großer Schwarzbach und Lusengipfel

Start- und Zielpunkt der Wanderung ist der Waldrastplatz »Oberes Reschbachtal« am Ostrand des Nationalparks unterhalb Finsterau. Für eine Wanderung, der Markierung »Soldanelle« folgend, zunächst den Großen, dann den Kleinen Schwarzbach entlang hinauf zum Lusen und zurück über den »Tummelplatz«, sollten Sie sich auf jeden Fall 4–5 Stunden Zeit nehmen.

Der Lusen zählt mit seinen 1373 m zwar nicht zu den höchsten Gipfeln des Bayerischen Waldes, aber er ist sicherlich der markanteste, denn die Gipfelregion besteht aus einem gewaltigen Blockmeer, das auf Verwitterungsvorgänge während der Eiszeiten zurückgeht. Der Schwarzbach hat sich seinen recht ursprünglichen Charakter erhalten. Wenn Sie sich leise verhalten, haben Sie eine gute Chance, die sehr seltene Wasseramsel zu beobachten, die hier noch brütet. Durch einen prächtigen Baumbestand führt der Weg zügig bergauf. In 1155 m Höhe wird der Oberlauf des Schwarzbachs auf einem Steg überquert, gerade am Übergang vom Bergmischwald zum Bergfichtenwald. Ein Meer von Farnkräutern bedeckt den Boden im natürlichen Fichtenwald. Auch wenn die Bäume hier nicht meterdick sind, so sind sie teilweise sicherlich mehrere hundert Jahre alt. Unter den harten Klimabedingungen können sie nur äußerst langsam wachsen. Die nachwachsenden jungen Fichten siedeln sich gern auf vermodernden Stöcken oder liegenden Stämmen an; später zerfällt dann das Holz völlig, und unter den Wurzeln der alten Bäume bleiben auffallende Hohlräume zurück. Im Gebiet des Lusengipfels kann sich nur noch die genügsame Latsche behaupten, daneben einzelne Vogelbeeren.

Vorbei am bewirtschafteten Lusenschutzhaus unterhalb des Gipfels folgen Sie dem grünen Dreieck in Richtung Mauth, treffen nach einer knappen Stunde auf das ehemalige Forsthaus »Tummelplatz«, wechseln über auf die Wanderlinie »Arnika« und erreichen durch uralte Mischwaldbestände über den Brunntobelweg abwärts schließlich wieder den Ausgangspunkt.

⑮ Felswandergebiet im Nationalpark

Ausgangspunkt dieses zweistündigen Rundgangs über romantische Steintreppen und Steige ist der Parkplatz »Felswanderzone« an der Nationalparkstraße zwischen Glashütte und Weidhütte. Er vermittelt einprägsame Eindrücke und Einsichten in das Werden und Vergehen von Wäldern, die einst Urwald waren, dann forstlich genutzt wurden und nun wieder zum Urwald werden dürfen. Vor 20 Jahren, mit der Gründung des Nationalparks, wurde die Holznutzung eingestellt. Die Rückentwicklung zum urwaldartigen Wald ist bereits zu beobachten: Abgestorbene oder umgestürzte Bäume werden nicht mehr entfernt. Die Bäume wachsen, wie sie wollen. Die natürliche Dynamik der Ökosysteme wird im Nationalpark geschützt. Das macht ihn zum derzeit wichtigsten und auch international bedeutsamen Waldnaturschutzgebiet in Deutschland. Zum urwüchsigen Charakter des Gebiets tragen auch die mächtigen Felsbildungen bei. Die

Die markante Bergkuppe des 1373 m hohen Lusen besteht aus mächtigen Granitblöcken, die mit gelbgrünen Schwefelflechten überzogen sind.

höchste Erhebung erreicht rund 1000 m; zahlreiche Aussichtspunkte am Rundweg lohnen zusätzlich den Aufstieg.

⑯ Rachelsee

Die Racheldiensthütte, Ausgangspunkt der Wanderung, erreichen Sie über die Nationalparkstraße vor Spiegelau. Ein Wegweiser markiert die Abzweigung rechts. Der Steig von der Racheldiensthütte hinauf zum Rachelsee ist seit jeher einer der meistbegangenen Wanderwege des Bayerischen Waldes. Abertausende besuchen alljährlich diesen idyllischen, aus der Eiszeit stammenden Bergsee, zu dem keine Straße führt und kein Zivilisationslärm dringt. Die Markierung »Specht« führt in rund 2 Stunden aus 865 m Höhe hinauf auf 1146 m und wieder zurück. Teile des Rundwanderwegs sind als Lehrpfade gestaltet, die einerseits die Entstehungsgeschichte des Rachelseegebiets erläutern (Eiszeitlehrpfad), zum anderen erklären, wie Urwälder im Bayerischen Wald aufgebaut sind und welche Pflanzen oder Tiere in ihnen leben (Urwaldlehrpfad).
Während am Rachelsee, wo seit mindestens 60 Jahren kein Holz mehr geschlagen wurde, urwaldähnliche Verhältnisse herrschen, sind auf der übrigen Strecke die Waldbestände in der Regel gleichförmig und gleichaltrig. Durch die Schaffung des Nationalparks werden diese Wälder nicht mehr genutzt und entwickeln sich auf natürliche Weise wieder zurück zu

Mit Luchs und Wolf auf du und du
Bei Neuschönau (zwischen ⑮ und ⑰) wurden im Lauf der letzten 20 Jahre auf einer Waldfläche von 200 ha zahlreiche große Freigehege und Schauvolieren für einheimische Säugetier- und Vogelarten eingerichtet. Dort leben typische Bewohner der Bergwaldregion des Bayerischen Waldes. Neben den hier ausgestorbenen Arten Wolf, Wisent und Bär sind z. B. Luchs, Rothirsch, Reh, Biber und Otter ebenso zu beobachten wie alle einheimischen Eulen- und Greifvogelarten oder das Auerhuhn. Auf einem 8 km langen Rundweg durch abwechslungsreiche Waldbestände kann man ganzjährig das Gebiet durchwandern und vor allem auch Tiere in ihrer natürlichen Umgebung fotografieren.

Einst hier verbreitet: Braunbären kann man nur noch im weitläufigen Gehege des Nationalparks beobachten.

Der in Deutschland vom Aussterben bedrohte Fischotter lebt noch in kleiner Zahl an Bächen des Grenzgebirges.

Seit über 100 Jahren ausgerottet, streifen inzwischen wieder vereinzelt Luchse durch den Bayerischen Wald.

Dunkle, sich im Wasser spiegelnde Waldhänge umgeben den düsteren und stillen, knapp 1100 m hoch gelegenen Rachelsee. Die umgestürzten, morschen Baumriesen des Urwaldgebiets um den abgeschiedenen Bergsee bleiben hier einfach liegen.

Besucher des Nationalparks sollten die Vorschriften beachten und zum Schutz von Pflanzen und Tieren beitragen.

Leben in und mit dem Wald
Ergänzend zu den interessanten und sehr anschaulichen naturkundlichen Ausstellungen des Nationalpark-Besucherzentrums im Dr.-Hans-Eisenmann-Haus bei Neuschönau (geöffnet tägl. 9–17 Uhr; nach 1. Wochenende im Nov.–Mitte Dez. geschlossen) betreibt die Nationalparkverwaltung seit 1986 in St. Oswald südlich vom Klosterfilz ⑰ ein Waldgeschichtliches Museum, das vor allem die Wechselbeziehungen zwischen Wald und Mensch im Bayerischen Wald, das Leben in und mit dem Wald und seine Nutzungen in früheren Zeiten zum Thema hat. In eindrucksvoller Weise wird z.B. verdeutlicht, wie hart und strapazenreich das Leben der Waldarbeiter noch zu Beginn dieses Jahrhunderts war und unter welch schwierigen Bedingungen Bewohner des Bayerischen Waldes überleben mußten (geöffnet tägl. 9–17 Uhr; nach 1. Wochenende im Nov.–Mitte Dez. geschlossen).

Urwäldern. Vom Wind geworfene Stämme bleiben liegen, vom Fichtenborkenkäfer in den Jahren 1986 und 1987 abgetötete Fichten bleiben stehen. So entstehen neue Strukturen in den ehemaligen Wirtschaftswäldern. Im Forstbetrieb unerwünschte Mischbaumarten wie Vogelbeere, Birke und auch Zitterpappel wachsen wieder nach.

⑰ Großer Filz und Klosterfilz

Im Inneren Bayerischen Wald, wo bis zu 2000 mm Niederschlag pro Jahr fallen und der Untergrund wenig wasserdurchlässig ist, finden sich zahlreiche urtümliche Moore. Hochmoore oder Filze, wie sie im Altbayerischen heißen, sind aber nicht nur in den Hochlagen des Gebirges, sondern auch in den Tälern anzutreffen. Das größte und unberührteste sind der Große Filz und Klosterfilz bei Riedlhütte.

Ein nur einstündiger Rundweg durchquert das Moor an einer schmalen Stelle. Ausgangspunkt ist der Rastplatz »Filzwald« an der Nationalparkstraße 3 km östlich von Spiegelau. Bergab durch einen schönen Fichten-, Tannen- und Buchenbestand erreichen Sie rasch die feuchte Talmulde. Der Pfad durchquert dann einen typischen Moor-Fichtenwald, der in seiner Struktur und seinen Wuchsformen an skandinavische Wälder erinnert. Das ist kein Wunder, denn hier wie dort sind die Wuchsbedingungen, vor allem das kalte Klima, sehr ähnlich. So kommen auch ähnliche Pflanzenarten vor wie z.B. Andromedaheide, Moosbeere und Krähenbeere. Wenige Meter weiter erreicht der Steg das von Spirken, der aufrechten Form der Moorkiefer, bewachsene eigentliche Hochmoor. Beim Bau des Aussichtsturms wurde eine 5 m dicke Torfschicht festgestellt, die sich seit der letzten Eiszeit gebildet hat. Im anschließenden Moor-Fichtenwald sorgen Windwurf und Borkenkäfer für eine differenzierte Walderneuerung. Der Pfad erreicht wieder festen Untergrund, Rotbuche und Weißtanne tauchen auf, die Bodenpflanzen ändern sich, und durch abwechslungsreichen Wald gelangen Sie wieder zum Rastplatz »Filzwald«.

⑱ Wackelstein

Um den im Bayerischen Wald berühmten Wackelstein bei Loh zu erreichen, biegt man von der B 85 bei Gumpenreit rechts ab in Richtung Solla. Knapp 1 km vor der Ortschaft Loh, an einer kleinen Abzweigung nach links, weist ein Wegweiser auf das Naturdenkmal hin. Ein viertelstündiger Fußweg – mit einer bunten Mischung von Ziffern markiert – führt durch einen abwechslungsreichen Kiefern-Fichten-Wald mit

Der viele Tonnen schwere Wackelstein bei Loh liegt so ausbalanciert auf einem Granitblock, daß ihn kräftige Männer angeblich bewegen können.

Buchen, Birken und Lärchen und einem dichten Unterwuchs von Heidelbeere hinauf zum Wackelstein. Der Stein selbst ist ein viele Tonnen schwerer grobkörniger Granitblock, der in einem so labilen Gleichgewicht auf einem ähnlichen Granitblock aufliegt, daß er – so wird jedenfalls behauptet – von kräftigen Männern zum Wackeln gebracht werden kann. In der Nähe sind noch zahlreiche ähnliche Felsbildungen zu beobachten, die durch Wollsackverwitterung entstanden sind.

Im Bergfichtenwald der Hochebenen lebt der sehr selten gewordene Auerhahn, der während der Balz seine Kehlborsten sträubt und die Schwanzfedern radförmig fächert.

19 Ilztal und Diessenstein-Leite

Um eines der ursprünglichsten Flußtäler Deutschlands kennenzulernen, schlagen wir Ihnen zwei Wanderungen vor. Beide nehmen ihren Ausgang an der Schneidermühle. Sie ist zu erreichen, indem Sie bei Hörmannsdorf nördlich von Tittling von der B 85 nach Osten abbiegen und knapp 2 km weiter in Loizersdorf nach Norden Richtung Perlesreut abzweigen. 3 km weiter im Talgrund, unmittelbar am Flußufer, befindet sich ein Wanderparkplatz. Von dort gehen Sie entweder ca. 3 km flußaufwärts zu den berühmten Flußschnellen oder aber etwa 5 km flußabwärts bis zur Schrottenbaummühle, einem gepflegten Gasthof. Dieser Weg hat den Vorteil, daß Sie auf der einen Flußseite hin- und auf der anderen zurückwandern können. Die Landschaft, der abwechslungsreiche Wald und der naturbelassene Flußlauf sind auf beiden Strecken gleich reizvoll. Die bei Passau in die Donau mündende Ilz ist zwar nur 85 km lang, gilt aber zusammen mit ihren Quell- und Nebenflüssen als eines der ursprünglichsten und ökologisch intakten Flußsysteme Deutschlands. Der dort noch vorkommende Huchen und die Flußperlmuschel sind dafür ein Beweis. Einer der reizvollsten und botanisch interessantesten Flußabschnitte ist die Strecke zwischen Ellersdorf, Schneidermühle und Schrottenbaummühle. Flußschnellen, die von Wildwasserkanuten für Meisterschaftskämpfe genutzt werden, wechseln mit ruhiger dahinfließenden Flußabschnitten. Äußerst seltene Pflanzenarten wie der prächtige Straußfarn kommen ebenso vor wie seltene Vogelarten oder Schmetterlinge. Während der Frühsommermonate säumen der gelb blühende Schlitzblättrige Sonnenhut aus Nordamerika und das rosarote, aus Asien stammende Drüsige Springkraut die Flußufer.

<u>Weitblick zu den Alpen inbegriffen</u>
Am Südwestrand des Nationalparks in Oberkreuzberg, südlich von Spiegelau (zwischen 17 und 18), bietet ein 1987 errichteter Aussichtsturm einen ganz ausgezeichneten Blick über die Wälder des Nationalparks, aber auch über die Kulturlandschaft des Vorlandes. An klaren Tagen reicht die Sicht bis zur Alpenkette. Vom Aussichtsturm lassen sich dann auch aus der Distanz sehr gut die Veränderungen des Waldes im Nationalpark beobachten: liegengebliebene Windwürfe oder durch Borkenkäferbefall abgestorbene Fichtenbestände. Es wird sichtbar, wie sich Waldflächen auf natürliche Weise verändern und erneuern.

Eines der ursprünglichsten Flußtäler Deutschlands: das Ilztal, das zwischen Ellersdorf und Schrottenbaummühle von herrlichen Wäldern gesäumt wird.

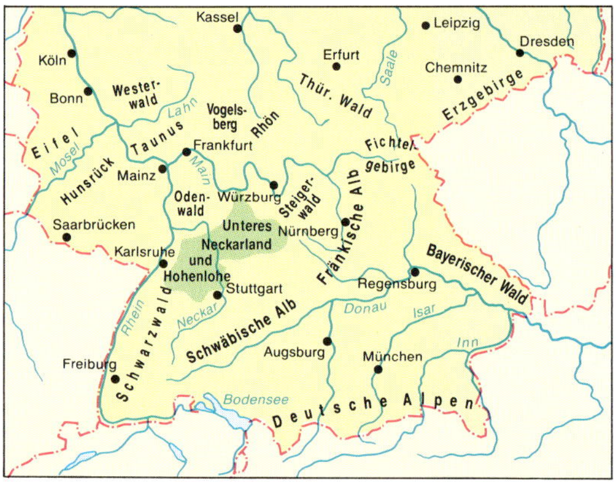

Als touristische Ziele kennt kaum jemand das Untere Neckarland und Hohenlohe – außer den Bewohnern der näheren Umgebung. Denn mit ihren Naturschönheiten halten sie es wie mit ihrem Wein: Sie genießen beides am liebsten selber. Wer sich dennoch auf Entdeckungstour begibt, wird seine Neugier reich belohnt finden. Auf relativ engem Raum entstand eine vielgestaltige Landschaft. Das unmittelbare Nebeneinander von

flachwelligem Hügelland und eindrucksvollen Felspartien, die die Flüsse aus den harten Muschelkalkbänken herausarbeiteten, von engen Flußschlingen – wie hier am Neckar bei Mundelsheim – und weiten Becken bildet den besonderen Reiz dieser Gegend. Und es gibt großartige Beispiele dafür, daß der Mensch durchaus auch helfend in die Natur eingreifen kann.

39 Unteres Neckarland und Hohenlohe

Zwischen Muschelkalk und Keuper

Lage Zwischen der Rheinebene im Westen und dem Schwäbisch-Fränkischen Wald bzw. der Frankenhöhe im Osten, zwischen Schwarzwald und Stuttgart im Süden und dem Odenwald und Mainfranken im Norden
Ausdehnung Südwest–Ost ca. 120 km; Süd–Nordost ca. 110 km
Land Baden-Württemberg
Höchste Erhebungen Im Naturpark Stromberg-Heuchelberg: Baiselsberg 477 m, Schlierkopf 450 m; die Hohenloher Ebene steigt von West nach Ost bis auf 450–500 m an: Hochberg bei Schrozberg 461 m, Rotberg an der Landesgrenze 499 m
Wichtigste Flüsse Neckar, Enz, Jagst, Kocher, Tauber
Landschaftsformen Von engen Tälern zerschnittene Gäulandschaft auf Muschelkalk, darüber bewaldete Keuperhöhen
Naturpark Naturpark Stromberg-Heuchelberg
Information Landesfremdenverkehrsverband Baden-Württemberg, Esslinger Str. 8, W-7000 Stuttgart 10, ☏ 0711/247364; Fremdenverkehrsverband Neckarland-Schwaben, Lohtorstr. 21, W-7100 Heilbronn, ☏ 07131/629061; Gebietsgemeinschaft Neckar-Hohenlohe-Schwäbischer Wald, Städtisches Verkehrsamt, Rathaus, W-7100 Heilbronn, ☏ 07131/562271

Schönheiten am Wasserweg

Ein großer Fluß, der Neckar, und mehrere kleinere Wasserläufe wie Enz, Kocher, Jagst und Tauber zerschneiden die Gäulandschaft zwischen der Rheinebene im Westen und der Frankenhöhe im Osten.
Besonders schöne Landschaftserlebnisse bieten Teile des Neckartals zwischen Ludwigsburg und Heilbronn. Hier zieht der Fluß Schlinge um Schlinge durch den harten Muschelkalk, windet sich in zum Teil engen Schleifen an schroffen Hängen entlang und hat im Laufe der Jahrmillionen bizarre Naturschönheiten geschaffen wie etwa die Felsengärten bei Hessigheim ❾. Ein Blick auf die Landkarte zeigt, daß der Neckar einst zwei weitere Schleifen besaß, bei Kirchheim und bei Lauffen ❽; beide liegen mittlerweile trocken; geblieben sind sogenannte Umlaufberge, deren botanisch interessante Umgebung unter Naturschutz gestellt wurde. Mit den Felsenpartien wechseln Senken an flachen Ufern, und uralte Sand- und Kiesgruben weisen darauf hin, daß die Schätze, die der Neckar mit sich geführt und abgelagert hat, hier gefördert wurden.
Markante Aussichtsberge gestatten einen Blick weit übers »Unterland«, etwa der Michaelsberg bei Cleebronn ❻, die Heuchelberger Warte ❼ und der Wunnenstein ❿.

Begradigt und bereinigt

Um den Neckar schiffbar zu machen – die Arbeiten waren erst in den fünfziger Jahren abgeschlossen –, gestalteten die Wasserbauer den Fluß und seine Umgebung grundlegend um. Es verschwanden die Auwälder, die Inseln und die Schotterbänke, die Stauwehre und die vielen Mühlen mit ihren Zuleitungskanälen. Die Flußlandschaft verlor ihren Charakter und wurde zur »Wasserstraße«, deren Höhenunterschiede die Schiffe mittels Schleusen überwinden. Nur ein kleiner Teil der ursprünglichen Natur hat sich am Altneckar zwischen Freiberg-Beihingen und Pleidelsheim erhalten ⓫.

Kulturlandschaft als Aufgabe

Auch die kleineren Flüsse und Bäche haben Landschaften

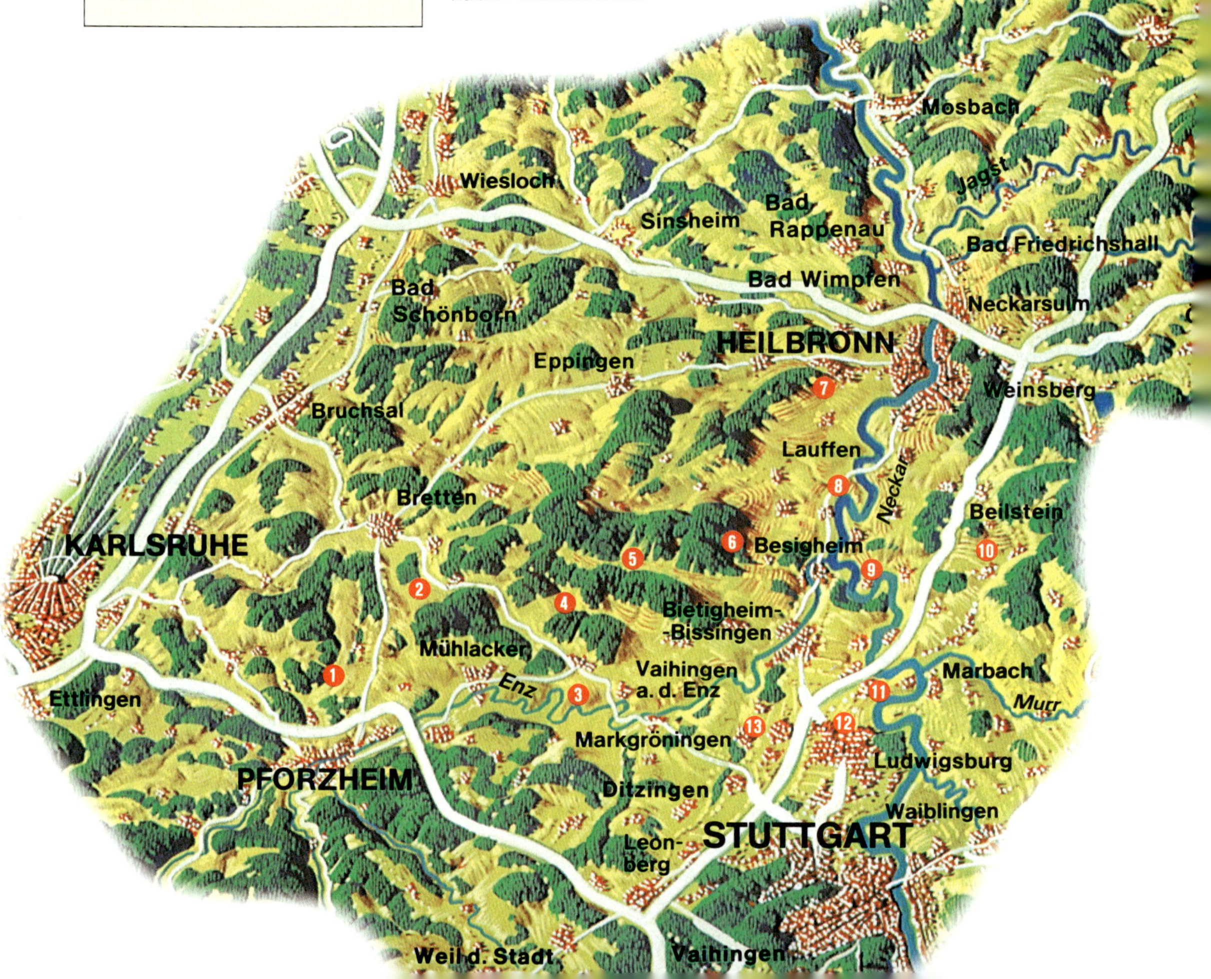

geformt, die einen Ausflug lohnen, etwa die Enz mit ihren Schlingen ❸ oder der Kirbach ❺.
Vor allem der Muschelkalk bildet die »Grundlage« des Neckarlandes. Wo das Wasser ihn ausgelaugt hat, entstanden Natursehenswürdigkeiten wie die Eisinger Löcher ❶, die Eberstadter Tropfsteinhöhle ⓮, der Wachsende Bach bei Krautheim ⓰ oder die Kalksinterfelsen bei St. Wendel zum Stein ⓱. Über dem Muschelkalk liegen an vielen Stellen fruchtbare Lößböden, auf denen die Bauern intensiv Landwirtschaft betreiben. Der besondere Stolz der Region gilt jedoch dem Wein, der an den sonnigen Hängen von Kraichgau, Stromberg, Heuchelberg und Neckartal gedeiht, begünstigt vom milden Klima. Allerdings haben die Rebflurbereinigungen der letzten Jahrzehnte die ursprüngliche Weinberglandschaft zum großen Teil zerstört; alte Anbauterrassen finden sich hier nur noch selten. Die wenigen aber, die man nicht »bereinigen« konnte, werden immer noch traditionell bearbeitet. Stufe um Stufe muß der Büttenträger bei der Weinlese auf- und absteigen, und auch die Pflege der Weinstöcke übers Jahr verlangt eine gute Kondition. Andernorts stehen alte Weinbergteile inzwischen unter Naturschutz wie der Schützinger Spiegel ❹ und Teile des Leudelsbachtals ⓭. Zum Glück greift der Mensch nicht nur zerstörend in die Natur ein; er schuf auch naturnahe Räume, deren Wert nicht hoch genug anzusetzen ist, etwa den Aalkistensee bei Maulbronn ❷ oder den Favoritepark in Ludwigsburg ⓬.

<u>Wo der Besen lockt</u>
Wer sich im Neckarland aufhält, sollte den Besuch einer Besenwirtschaft nicht versäumen. Nach uraltem Recht darf der Wengerter, wie man den Winzer im Schwäbischen nennt, bis zu zwölf Wochen im Jahr selbstangebauten Wein ausschenken. Äußeres Zeichen dafür ist der Strauß, das Rad, der Reifen oder eben der Besen über dem Hoftor oder der Haustür. Jedes Jahr gibt es spezielle Bücher, die die Durstigen sicher an den gewünschten Ort leiten. Doch man findet sich meist auch ohne fremde Hilfe zurecht und geht einfach dem aufgesteckten Besen nach. In der gemütlichen Stube, häufig dem Wohnzimmer des »Wirts«, erhalten die Gäste neben dem Wein (meist Trollinger und Riesling) auch oft einfache Mahlzeiten wie Schlachtplatte, Salzfleisch mit Kraut, hausgemachte Leber- und Griebenwurst, selbstgebackenes Brot und andere Hausmannskost.

Vom Kraichgau ins Hohenlohische
Im flachwelligen Kraichgauer Hügelland, einer fruchtbaren und deshalb traditionell bäuerlichen Gegend, wird vorwiegend Ackerbau betrieben. In den Niederungen der weiten Talmulden liegen Parklandschaften, Wiesen mit einzelnen Bäumen oder Baumgruppen.
Den nordöstlichsten Teil Baden-Württembergs bildet Hohenlohe-Franken, eine weitgespannte Gäuebene zwischen Neckarbecken und Taubergrund: die Kornkammer des Landes. Das gilt besonders für die dünnbesiedelte Hohenloher Ebene. Seit den fünfziger Jahren gibt es dort neben der konventionellen Landwirtschaft auch viele Betriebe, die über der Ökonomie die Ökologie nicht vergessen.
Die tief eingeschnittenen Täler von Kocher, Jagst und Tauber durchziehen die weite Ebene. Entlang diesen Flüssen findet man zu allen Jahreszeiten Ruhe und naturnahe Landschaften. Ob zu Fuß oder mit dem Rad: Jeder Ausflug ist voller Abwechslung. Denn einerseits hat man auf der Hochebene einen weiten Blick, andererseits steht man oft vor einem unvermu-

teten Abstieg in die Täler. Das idyllische Taubertal präsentiert u.a. eine weite Talaue bei Bieberehren (21), eine großartige Steinriegellandschaft bei Niederstetten (20) und eine Felsbastion bei Tauberrettersheim (22); im Jagsttal reicht das Angebot der Natur von einem abgeschiedenen Talabschnitt ohne jeden Autoverkehr bei Hessenau (18) bis zu einer trockengefallenen, heute besiedelten Flußschlinge mit Umlaufberg bei Kirchberg (19).

Route 1 Unteres Neckarland

Mehr als nur Weinberge

(1) Eisinger Löcher

Vor erst ganz kurzer Zeit öffnete sich nahe der Straße nach Göbrichen in der Erde ein gefährlicher Schlund: 1966 brach das Neue Eisinger Loch 14 m tief ein – und heute schaut der Besucher bereits 45 m in den Erdfall hinunter. Das Alte Eisinger Loch stammt wohl aus vorgeschichtlicher Zeit. Seine Maße: 21 m tief, 20 m breit, 40 m lang.
Warum zeigt gerade hier die Erde solche »Narben«? Die harte Gesteinsschicht des Oberen Muschelkalks wird von Klüften und Spalten durchzogen, durch die Wasser in die Gipslager des Mittleren Muschelkalks sickerte. Das Wasser löste den Gips und erweiterte so die Risse zu Fugen, dann zu Höhlen, bis schließlich die Deckschichten einbrachen.
Man erreicht die (nicht ausgeschilderten) Löcher von der Straße Ispringen–Neulingen. Auf der Höhe fährt man über zwei Kreuzungen hinweg. 1 km nach der zweiten biegt man links auf einen Feldweg, stellt das Auto ab und geht auf dem Weg etwa 400 m, dann links über die Wiese. Nach 150 m steht man plötzlich vor dem Heckenrund, welches das Alte Loch umgibt.

Route 1
Unteres Neckarland
Die vom Neckar und seinen Zuflüssen geprägte Gäulandschaft entlang der ca. 150 km langen Tour ist teils dicht besiedelt und in manchen Teilen nicht gerade spektakulär. Dennoch erstreckt sich westlich des Neckars der Naturpark Stromberg-Heuchelberg mit so interessanten Schutzgebieten wie Aalkistensee (2) oder Kirbachtal (5). Nachhaltig vom Menschen geformt, aber einmalig in ihrem Charakter sind außerdem auch die Täler von Enz (3) und Neckar, z.B. bei Lauffen (8) und Beihingen (11).
Streckenverlauf:
A 8 Stuttgart–Karlsruhe Ausfahrt Pforzheim-West, von Ispringen (an der Autobahn) nach Göbrichen, vorbei an den Eisinger Löchern (1); über Bauschlott weiter Richtung Maulbronn nach Ölbronn mit dem Aalkistensee (2); gut 1 km weiter Richtung Maulbronn rechts auf die B 35 nach Illingen, oberhalb schöner Blick auf die Enztalschlinge (3); zurück nach Illingen und durch den Ort nördlich nach Schützingen (4); weiter bis Gündelbach, dort links und über Häfnerhaslach auf der Schwäbischen Weinstraße nach Ochsenbach, kurz davor das Kirbachtal (5); weiter über Eibensbach nach Cleebronn (6); dann über Botenheim nach Brackenheim und rechts bis Nordheim, nun links nach Leingarten-Großgartach (7); zurück nach Nordheim und weiter nach Lauffen, rechts auf die B 27 zur ehemaligen Neckarschlinge (8); weiter die B 27 neckaraufwärts über Kirchheim nach Walheim, dort links über die Brücke nach Hessigheim (9); weiter nach Mundelsheim, dort links Richtung A 81, diese unterqueren und links bis Winzerhausen zum Wunnenstein (10); auf die A 81, Richtung Stuttgart bis Ausfahrt Pleidelsheim, im Ort links nach Beihingen (11); weiter über Freiberg nach Ludwigsburg (12); über die B 27 Richtung Bietigheim nach Tamm, zweimal links Richtung Markgröningen, an der Straße rechts die Weinberge im Leudelsbachtal (13). Um die Runde zu schließen, fährt man hinter Markgröningen rechts auf die B 10 und weiter bis zur A 8 Anschlußstelle Pforzheim-Ost.
Günstige Übernachtungsmöglichkeiten bestehen vor allem in den kleinen Städten an der Schwäbischen Weinstraße.
Für Weinliebhaber hat die Gegend südlich von Heilbronn natürlich manches zu bieten. Doch auch wer weniger Wert auf den Rebensaft legt, sollte abends zu Maultaschen oder anderen schwäbischen Spezialitäten ein »Viertele« Trollinger oder Lemberger probieren. Als Reisezeit sind Spätsommer und Herbst zu empfehlen.

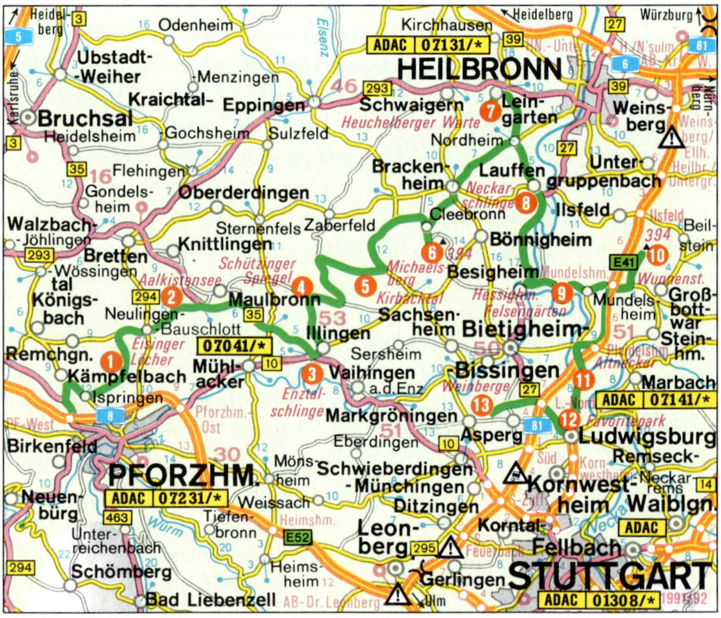

Vorsicht: Der Rand bricht jäh ab! Eine Treppe führt mehr als 10 m tief hinab in den Erdfall.
50 m südlich liegt das Neue Loch. Es fällt noch steiler ab und ist (zur Sicherheit der Besucher) eingezäunt. Von einer Holzpyramide aus blickt man in den Schlund hinunter.

Vorsicht ist geboten, wenn man die Eisinger Löcher anschauen möchte: Jäh fallen die Ränder ab.

2 Aalkistensee
In dem grandiosen Naturschutzgebiet mit seinem knapp 13 ha großen See tummeln sich Schwäne, Bläßhühner, Haubentaucher und andere seltene Wasservögel; zahlreiche Zugvögel machen dort Rast. Im Ufergehölz mit alten Schwarzpappeln, Erlen und hundertjährigen Stieleichen und in der Verlandungszone laichen bedrohte Amphibien. Wer die Pflanzenwelt genauer anschaut, wird selbst Orchideen entdecken.
Knapp 1 km nach Ölbronn (Richtung Maulbronn) liegt links der Parkplatz (ausgeschildert »Aalkistensee«), von dem aus ein gekennzeichneter Wanderweg in etwa 1½ Stunden um den See führt. Aus Naturschutzgründen sollte man die Wege keinesfalls verlassen und sich ruhig verhalten. Vor fast 800 Jahren haben Mönche des nahegelegenen Klosters Maulbronn das Gewässer angelegt, um darin Aale, eine begehrte Fastenspeise, in »Kisten« (Reusen) frisch zu halten – daher der Name des Sees.

3 Enztalschlinge
Einen großartigen Blick auf eine enge, markante Schlinge der Enz gewährt die Ruine Altroßwag. Der Fluß schneidet sich von Pforzheim bis zu seiner Mündung bei Besigheim tief in den Muschelkalk ein, nirgendwo jedoch so schön wie zwischen Mühlhausen und Roßwag. Die hellen Muschelkalkfelsen am steilen Prallhang sind mit Gebüsch bedeckt. Ober- und unterhalb der Felsen tanken Weinstöcke in steiler Lage Sonne für einen guten Tropfen. Die Talauen sind Weideland oder werden für den Obstanbau genutzt. Mit etwas Glück kann man Graureiher beobachten.

Den Aalkistensee, heute ein wertvolles Schutzgebiet für Vögel und Amphibien, legten Maulbronner Mönche einst an, um darin Aale frisch zu halten.

Man fährt von Illingen aus in Richtung Roßwag über eine Anhöhe bis zum Wanderparkplatz, geht zu Fuß ein Stück zurück auf dem Albvereins-Wanderweg mit dem roten Punkt zur Höhe. Nach 150 m liegt links eine Wiese. Man wandert an ihrem linken Rand auf den Wald zu. Von dort führt ein Pfad zur Ruine.

Im Mai und Juni kann man die geschützte, bis zu 90 cm hohe Riemenzunge im Schützinger Spiegel blühen sehen.

Fürstliches Jagdvergnügen im Stromberg

In den großen Wäldern des Strombergs, die heute zum Naturpark Stromberg-Heuchelberg gehören, besaß nur der württembergische Herrscher das Jagdrecht. Ausschweifende Hofjagden, bei denen mehrere tausend Treiber Dienst leisten mußten, gab es bis ins 19. Jh. hinein.

Wir bewundern heute die baulichen Überreste am Wanderweg Freudental–Pfeiferhütte, nur ein paar Kilometer südlich des Michaelsbergs ❻ gelegen: Das »Altertum« ist ein steinerner Jagdunterstand in Form eines Iglus; das Wild wurde vorbeigetrieben, und die Jagdgesellschaft Seiner Majestät brauchte nur noch abzudrücken. Anschließend schmausten die Herren im nahegelegenen »Königsitz«.

❹ Schützinger Spiegel

Rebflurbereinigungen erleichtern den Weinbauern ihre Arbeit, zerstören aber oft wertvolle Biotope. Früher wuchsen in den Weinbergen und an den lichten Waldrändern viele seltene Pflanzen. Im alten Winzerort Schützingen hat man nach langen Auseinandersetzungen einen Kompromiß gefunden: Inmitten der bereinigten Hänge hat man den insgesamt 15 ha großen Schützinger Spiegel, aufgelassene Terrassen des Heiligenbergs, unter Naturschutz gestellt. Ebenfalls geschützt wurden die für das Keuperland so typischen, botanisch ausgesprochen reichhaltigen Waldsäume. So entstand für viele rare Pflanzen, etwa die Riemenzunge oder Bocksorchis, ein optimaler Rückzugsort.

Direkt hinter Schützingen geht es rechts und nach 50 m links in den Höhenweg. Dort stellt man das Auto ab und geht zu Fuß die Verlängerung des Weges weiter. Oben in den Weinbergen wird dann auch schon der brachliegende Teil der Terrassen sichtbar.

❺ Kirbachtal

Eine erlebnisreiche Wanderung durch ein typisches Strombergtal – dazu lädt das schöne Kirbachtal ein. Kein Wunder, daß es schon vor langen Jahren zum Landschaftsschutzgebiet erklärt wurde. Der Kirbach, dort oben noch Krebsbach genannt, entspringt in den weiten Wäldern östlich von Sternenfels. Bewaldete Höhen, etwa das wichtige Naturschutzgebiet Sommerberg, steigen auf beiden Seiten des bald schmalen, bald breiten Tales auf; sumpfige Wiesen voller bunter Blumen begleiten den Bachlauf. Man stößt auf einen von hohem Schilf umstandenen See, in dessen Mitte eine Statue der Jagdgöttin Diana (möglicherweise auch Kybele, im Dialekt der Gegend: »Kibannele«) steht, Relikt des Tiergartens eines ehemaligen herzoglichen Jagdschlosses. Mehrere kleine Seitentäler, die sich von Norden zum Kirbach öffnen, haben den Charakter des Tales und der umliegenden Höhen geprägt. Die Weinorte im Kirbachtal sind bekannt für ihre Lagen. Einkehren können Sie in vielen Gasthäusern.

Unsere Wanderung in Stichworten: Start am Parkplatz zwischen Kirbachhof und Ochsenbach, dem Schild »Kibannele« folgen; nach dem See zum Kirbachhof, auf dem Wanderweg mit dem roten Punkt 800 m bis zum Fahrweg, dann am Waldrand entlang. Kurz vor dem Ende des Waldes links ab in ein Seitental; dem nächsten Fahrweg rechts zurück zum Parkplatz folgen.

❻ Michaelsberg

Bereits aus der Ferne sieht man, wie er das württembergische Unterland beherrscht: der markante Michaelsberg bei Cleebronn (Parkplatz beim Jugendhaus Michaelsberg, Wanderweg »roter Querbalken«). 394 m ragt

Inmitten bereinigter Rebfluren hat man mit dem Schützinger Spiegel der Natur Raum gelassen.

Nur die Statue des »Kibannele« (Kybele) erinnert noch an den herzoglichen Tiergarten im Kirbachtal.

dieser Ausläufer des nördlichen Strombergs auf; ein Sattel verbindet ihn mit der bewaldeten Höhe. Der Blick schweift weit übers Land: im Süden über den Stuttgarter Raum und den Schurwald hinweg bis zur Schwäbischen Alb; im Osten fällt vor den Löwensteiner Bergen das Neckartal kaum auf; im Norden erblickt man die weiten Ackerfluren des Zabergäus und den Heuchelberg, an dessen Ostseite die Heuchelberger Warte 7 zu erkennen ist.

7 Heuchelberger Warte

Schon im 15. Jh. stand hier ein Turm, der die württembergische Landesgrenze zum Nachbarn Baden bewachte. Die Altvorderen hatten sich einen günstigen Punkt ausgesucht: Von der 315 m hohen Heuchelberger Warte bei Leingarten-Großgartach genießt man einen herrlichen Blick auf Zabergäu, Kraichgau und mittleres Neckartal.
Man folgt in Großgartach den Schildern »Heuchelberg« und »Heuchelberger Warte« bis zu den Parkplätzen und ersteigt das Hochplateau; es bietet einen Kinderspielplatz, einen Aussichtsturm und eine Gaststätte (Di–Fr ab 14, Sa ab 11.30, So ab 9 Uhr geöffnet, Mo Ruhetag; der Turm ist ständig zugänglich).

8 Neckarschlinge bei Lauffen

Eine abwechslungsreiche Landschaft, dazu ein bedeutendes Kapitel Flußgeschichte kann man an der Neckarschlinge bei Lauffen nachvollziehen. Ein Bergsporn versperrte den direkten Weg des Neckars nach Norden. So wich der Fluß in einer weiten Schlinge aus. Doch das Wasser erodierte so lange am steilen Prallhang, bis er nachgab: Der Neckar trennte den 1,7 km langen und 1,3 km breiten Sporn am Schlingenhals als Umlaufberg ab. Die alte Schlinge fiel mit der Zeit trocken, nur im nördlichen Teil fließt bis heute die Zaber.
Im Naturschutzgebiet (kurz hinter Lauffen Parkplatz »Forchenwald«, Weg am Hangfuß des Umlaufbergs) findet sich eine abwechslungsreiche Flora und Fauna. Auf den offenen Wasserflächen eines kleinen Stausees ziehen Wasservögel ihre Bahn; die Feuchtwiesen, Schilfdickichte und Großseggenzonen bieten ihnen Brutraum und Versteck. Dort fühlen sich auch Amphibien und zahlreiche Insektenarten wohl. Pfeilschnell surren Libel-

Sonnenkönig und Türkenlouis

Der Eppinger Linien-Weg ist ein 40 km langer kulturhistorischer Wanderweg zwischen Eppingen und Mühlacker (Ausgangspunkt z.B. Eppingen, westlich der Heuchelberger Warte 7 an der B 293). Der französische Sonnenkönig Ludwig XIV. versuchte im 17. Jh., sein Territorium durch Militäraktionen in den südwestdeutschen Raum zu vergrößern. Deshalb ließ Markgraf Ludwig Wilhelm von Baden, genannt der Türkenlouis, im 17. Jh. zwischen Odenwald und Schwarzwald eine 86 km lange »Landesdefensionslinie« errichten. Die Verteidigungslinie war an vielen Stellen mit Schanzen versehen, denen ein sogenannter Verhack aus übereinandergeschichteten Baumstämmen vorgelagert war; »Chartaquen« (Wachtürme) und »Redouten« (Viereckschanzen) sicherten besonders gefährdete Abschnitte. Entlang des Weges fallen immer wieder Überreste der Verteidigungsanlagen auf.

Die alte Flußschlinge des Neckars bei Lauffen bildet diesen kleinen Stausee. Der Fluß bahnte sich vor mehreren tausend Jahren einen kürzeren Weg und rauscht nun in einem 2 m tiefer liegenden Bett über Stromschnellen hinweg.

Das Rebland am Wunnenstein: Vorwiegende Rebsorten der Großlage sind Riesling und Trollinger.

Geier über dem Neckartal
Haßmersheim liegt wie Lauffen 8 am Neckar und an der B 27, jedoch 35 km weiter nördlich. Dort steht die Burg Guttenberg, eine der wenigen unzerstörten Burganlagen aus der Stauferzeit; sie beherbergt eine Greifenwarte mit über 100 Greifvögeln und Eulen (geöffnet März–Nov. tägl. 9–17.30 Uhr). Aus der Nachzucht konnten in den letzten Jahren 30 Seeadler ausgewildert werden! Ein großartiges Schauspiel sind die Flugvorführungen der Adler, Geier und Falken (tägl. 11 und 15 Uhr).

len auf Beutezug vorbei, und Wasserläufer huschen durchs Röhricht. Die Wiesen am Hang zwischen Wald und Sumpf sind im Frühjahr mit zartem Blau überzogen, wenn der Blaustern, auch Scilla genannt, seine hübschen Blüten öffnet.
Schon im nächsten Ort neckaraufwärts (südlich), in Kirchheim, lohnt eine weitere Neckarschlinge mit Umlaufberg mindestens einen Abstecher.

9 Hessigheimer Felsengärten
»Schwäbische Dolomiten« nennen die Einheimischen ihre bedeutendste Naturschönheit, die Hessigheimer Felsengärten (im Dorf ausgeschildert), und sie übertreiben dabei kaum. Mehr als 500 m lang und etwa 80 m über dem Neckar erhebt sich die weiße »Mauer«, Rest eines vor Urzeiten aufgewölbten Muschelkalksattels. Und davor ragen frei stehende Felstürme und -nadeln auf, durch bis zu 10 m breite und 12 m tiefe Spalten getrennt. Auf den mächtigen Klippen entwickelte sich eine wertvolle Steppenheide, geprägt von Trockenheit und Hitze – durch verantwortungslose Wanderer und Kletterer droht ihr allerdings Gefahr. So ist die einst häufige Küchenschelle bereits verschwunden. Die zwei kleinen Trockenrasenareale sollten unter keinen Umständen betreten werden.
Auf jeden Fall lohnt der imposante Blick hinunter auf die Weinbergterrassen und den sanft geschwungenen, träge dahinfließenden Neckar den Aufstieg. Ihm verdanken wir übrigens die beeindruckende Formation: Der Strom gräbt sich hier in den weniger widerstandsfähigen Mittleren Muschelkalk ein. Als Folge gibt der Untergrund langsam nach, die Felstürme neigen sich oder stürzen ab – zuletzt 1924, als Felsen die Weinberge hinunterpolterten und erst auf der Uferstraße liegenblieben.

10 Wunnenstein
Zur beschaulichen Aussicht über das Bottwar- und das Neckartal lädt der Wunnenstein ein. Mit seinen 394 m Höhe ist der Zeugenberg des Keupers einer der markantesten Gipfel im württembergischen Unterland, der sich, weithin sichtbar, deutlich vor den Löwensteiner Bergen abhebt.
Von Winzerhausen aus fährt man Richtung Abstetterhof und Wunnenstein (Parkplatz auf dem Kamm). Oberhalb der Weinberge geht es auf der Südseite des Berges hinauf bis zum bewaldeten Gipfel. Der Aussichtsturm gewährt einen weiten Rundblick über die Wipfel hinweg.

11 Altneckar bei Beihingen
Viele Jahre brauchte der Neckar, um sich sein vielfach geschwungenes Bett zu schaffen. Die äußeren Ränder der Schleifen modellierte er zu

Über nackte Muschelkalkplatten fließt der Altneckar bei Beihingen. Im Sommer kommt es vor, daß er nahezu ganz austrocknet, weil entsprechend viel Wasser in den Schiffahrtskanal geleitet wird.

Prallhängen, an den Innenseiten, den Gleithängen, lagerte er Sand und Kies ab. Heute dient der kanalisierte Fluß als Energieproduzent, Abwasserrinne und Wasserstraße. Nur bei Beihingen zeigt er ein ungewohnt idyllisches Gesicht, weil dieser letzte naturnahe Abschnitt der schiffbaren Strecke des Neckars unter Naturschutz steht: ein wichtiger Rastplatz für Zugvögel und einer der wenigen verbliebenen Zufluchtsorte des gefährdeten Seefrosches.
Man fährt von Pleidelsheim in Richtung Beihingen und parkt rechts vor der Brücke. Zu Fuß geht man über die Brücke, dann nach rechts (Weg »roter Balken«) am Neckar entlang.

In maschinell bewirtschafteten Weinbergen hat er keinen Platz mehr: der Ackergelbstern, ein Liliengewächs.

⓬ Favoritepark

Weniger berühmt, jedoch mindestens genauso faszinierend wie die barocken Gärten des Ludwigsburger Schlosses ist der benachbarte Favoritepark (Parkplätze am Schloß, an dessen Rückseite Haupteingang zum Favoritepark). Schon vor mehr als 50 Jahren wurde er unter Naturschutz gestellt: als einziges im württembergischen Unterland erhaltenes Beispiel eines früheren Weidewaldes. Gerade dieser unterholzfreie, lichte Wald eignete sich hervorragend für einen englischen Landschaftspark, wie er im 18. Jh. in Mode kam. Die Linden und die Kastanien der Hauptallee, die das Wasserschloß Monrepos mit dem Favoriteschlößchen verbindet, gehören zum alten Baumbestand. In den Baumhöhlen breitkroniger Eichen finden Vögel und Fledermäuse Unterschlupf, morsche Stammteile dienen Insekten als Lebensraum. Gelegentlich tauchen die zutraulichen Damhirsche mit ihren mächtigen Geweihschaufeln auf, das scheue Axis- und Muffelwild bekommt man dagegen höchstens bei der Winterfütterung zu Gesicht (geöffnet Febr.–März 9–17, April–Aug. 8–19, Sept./Okt. 9–18, Nov.–Jan. 9–16 Uhr).

Versailles war das Vorbild: Streng geometrisch angelegt sind die Barockgärten im Ludwigsburger Schloßgarten.

⓭ Weinberge im Leudelsbachtal

Zu einem lebendigen Weinberg gehören nicht nur die Rebstöcke, sondern auch bunte Blumen und über Mauern huschende Eidechsen. Deshalb stehen die steilen Weinberge aus dem 13. und 14. Jh., Abschnitte des »Amphitheaters« Leudelsbachtal, unter Naturschutz und werden sorgsam gepflegt. Naturschützer haben auch Pflanzen aus flurbereinigten Weinbergen gerettet und hier eingepflanzt: Wilde Tulpe, Weinberg-Traubenhyazinthe, Federnelke oder den inzwischen fast ausgerotteten Ackergelbstern.
In der Senke zwischen Tamm und Markgröningen biegen Sie rechts ab. Werktags dürfen Sie bis hinauf zum Naturfreundehaus fahren. Dort

<u>*Hier blüht das Barock*</u>
Das »Blühende Barock« in den Gärten der ehemaligen württembergischen Residenz Ludwigsburg, direkt beim Favoritepark ⓬, wartet mit kunstvollen Gartenanlagen aus dem Barock auf (geöffnet April–Okt. tägl. 7.30–20.30 Uhr). Dazwischen liegen weite Bereiche im Stil englischer Parks mit romantischen Ruinen und malerischen Baumgruppen. In einer der größten Freiflugvolieren Europas flattern und singen über 300 heimische und exotische Vögel.
Auch Kinder entdecken im »Blühenden Barock« Unvergeßliches, besonders den Märchengarten mit Hänsel und Gretel, mit dem Froschkönig, den Sieben Geißlein, Schneewittchen und vielen anderen Märchengestalten (geöffnet April–Okt. tägl. 9–18 Uhr).

Zutraulich sind die Damhirsche im Ludwigsburger Favoritepark, der einen bildhaften Eindruck von den früheren Weidewäldern vermittelt.

nehmen Sie den Tamm-Rundwanderweg (Widdersymbol) über eine Wiese zum Wald, gehen ein Stück durch den Wald und am Rand der Weinberge entlang. Auf dem Weg ins Tal halten Sie nach einigen hundert Metern links und folgen dem Sträßchen talaufwärts. Der Weg wechselt bald wieder auf die Seite der Weingärten. Unterhalb folgt man dem Bachlauf aufwärts zum Parkplatz.

Route 2 Hohenlohe

Vom Bauland zum Madonnenländchen

(14) Eberstadter Tropfsteinhöhle

Auch in unseren Tagen sind noch spektakuläre Entdeckungen möglich. 1971 erst fanden Arbeiter in einem Steinbruch südlich von Buchen (am Südostrand des Odenwaldes) diese grandiose Höhle – zufällig, nach einer Sprengung.

Was sie sahen, hatte kaum jemand für möglich gehalten: eine rund 600 m lange Karsthöhle mit Tropfsteingebilden, dicken Stalagmiten mit einem Durchmesser von fast 1 m und ganzen »Vorhängen« zarter Stalaktiten, »Sauschwänzchen« und »Bärten«, »Kanzeln« und »Orgeln«, allesamt aus Kalksinter. Selbst eine »Weiße Frau« glauben die Besucher in einem Tropfstein zu erkennen, der an eine Madonnenfigur erinnert.

Die (von Eberstadt gut ausgeschilderte) Höhle entstand seit dem Tertiär, als der Rheingraben einbrach und der Odenwald sich hob. An Spalten einsickerndes Wasser löste das Muschelkalkgestein und bildete so allmählich Hohlräume. Unter den speziellen Höhlenbedingungen ließ das Sickerwasser durch Verdunstung Kalziumkarbonat ausfallen und schuf so den traumhaften Tropfsteinschmuck (geöffnet März–Okt. tägl. 10–16, Nov.–Febr. Sa, So, Fei 13–16 Uhr; Voranmeldung für Gruppen:

Route 2
Hohenlohe
Die ca. 150 km lange Strecke beginnt mit Naturphänomenen des Karsts wie der Eberstadter Tropfsteinhöhle (14) oder dem Wachsenden Bach (16) und führt dann durch die malerischen Flußtäler von Jagst (18) (19) und Tauber (20).
Streckenverlauf:
A 81 Heilbronn–Würzburg Ausfahrt Osterburken, über Osterburken und Schlierstadt nach Eberstadt (14); zurück zur A 81, diese unterqueren und über Oberkessach und Rossach nach Schöntal, dort erst links, dann rechts zur Neusaßer Linde (15); weiter jagstaufwärts nach Krautheim mit dem Wachsenden Bach (16); anschließend bis Dörzbach, Ausgangspunkt für die Tuffsteinfelsen von St. Wendel zum Stein (17); dann die B 19 nach Ailringen, dort links (im Tal bleibend) über Mulfingen, Buchenbach und Langenburg zu den Jagstschlingen bei Hessenau (18); über Dörrmenz und Lendsiedel zu den eindrucksvollen Jagstmäandern bei Kirchberg (19); nun nordöstlich über Gaggstadt und Oberwinden links auf die B 290, in Blaufelden rechts über Schrozberg nach Niederstetten und weiter die Straße Richtung Vorbachzimmern, von der aus die mächtigen Steinriegel im Vorbachtal (20) zu erreichen sind; von hier nach Laudenbach, dort rechts über Neubronn und Niederrimbach auf die Romantische Straße im Taubertal, diese links nach Bieberehren (21); weiter zur Felsbastion bei Tauberrettersheim (22). Über die Orte Weikersheim und Bad Mergentheim erreicht man bei Boxberg wieder die A 81.
Bekannt ist die Hohenloher Ebene für ihre zahlreichen Schlösser, Burgen und Kirchen. Planen Sie also lieber etwas mehr Zeit für diese Route ein. Nicht zufällig fallen Teilstrecken auch mit der Burgen- und Romantischen Straße zusammen. Die Gegend ist deshalb touristisch gut erschlossen, und selbst in kleineren Orten gibt es ausreichend Hotels und Pensionen.

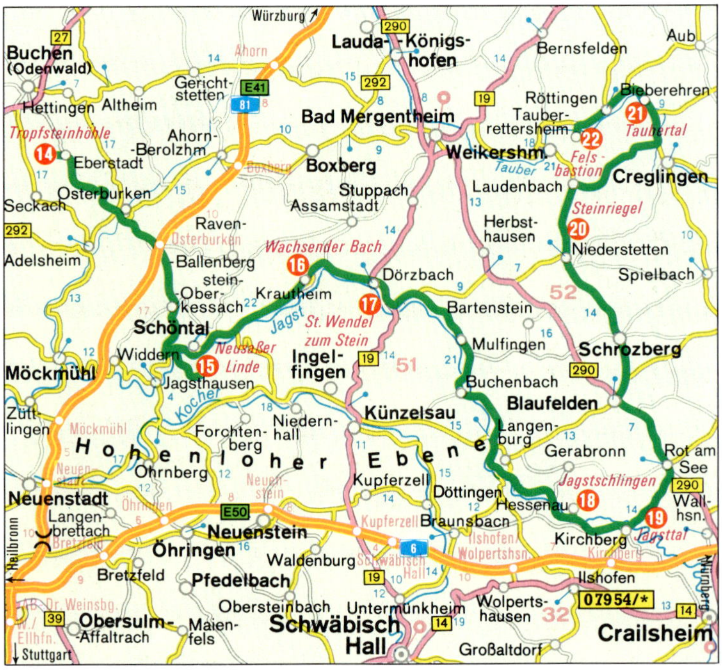

☏ 06292/578). Besonders lobenswert: Die Höhle ist in ihrer ganzen Länge behindertengerecht ausgebaut.

⑮ Neusaßer Linde

Während man früher davon ausging, die Linde sei über 800 Jahre alt (und damit so alt wie das nahe gelegene Kloster Schöntal), so meinen heute die Experten, ihr immer noch würdiges Alter betrage rund 500 Jahre. Jüngst wurde der Baum saniert, so daß er gut und gern doppelt so alt werden kann. In seiner Krone befand sich bis vor wenigen Jahrzehnten ein Gestühl, auf dem einige Leute bequem sitzen und die berühmten Sommernachtsfeste feiern konnten. Bis ins 19. Jh. wurde unter der Linde ein Markt abgehalten.

Ausgangspunkt des Spaziergangs zur Neusaßer Linde ist ein Wanderparkplatz, den man vom Kloster Schöntal aus erreicht. Hinter dem Kloster

Unter der 500jährigen Neusaßer Linde wurde bis ins 19. Jahrhundert in warmen Sommernächten bei Kerzenschein gefeiert.

Die Zauberwelt der Eberstadter Tropfsteinhöhle bietet sich Besuchern in unversehrter Pracht dar. Im Gegensatz zu anderen, früher entdeckten Höhlen sind hier weder Tropfsteine abgeschlagen noch Wände rußgeschwärzt.

Stetig höher wird die Rinne des Wachsenden Baches durch Kalkablagerungen des Quellwassers.

Kleiner (und feiner) geht's kaum
Das kleinste Gebäck der Welt ist wohl das Langenburger Wibele, 22 mm lang und 12 mm breit. Erfunden hat die zarten, nach Vanille duftenden Wibele vor über 200 Jahren der Konditormeister Wibel in der fürstlichen Residenzstadt Langenburg. Im »Café Bauer«, der Geburtsstätte der Wibele, beweisen viele Diplome, wie gut selbst Königen und Zaren die Wibele schmeckten. Wer die Leckereien in Form einer ausgefüllten Acht einmal probiert hat, gibt den gekrönten Häuptern recht – das knusprige Backwerk zergeht auf der Zunge. Langenburg liegt auf dem Weg von St. Wendel zum Stein 17 nach Hessenau 18.

geht es links hinauf auf die Höhe zum Neuhof. Vor dem Neuhof biegt man links ab zum Wanderparkplatz (mit Grillstelle). Von dort sind es nur noch 150 m bis zum Bauernhof Neusaß und dem Wallfahrtskirchlein, bei denen die Linde emporragt. Das Anwesen ist von vor langer Zeit angestauten Weihern umgeben.

16 Wachsender Bach
Ein Bach, der sich nicht etwa tiefer ins Gestein einschneidet, sondern im Gegenteil sein »Bett« anhebt, ist nahe beim Ort Krautheim zu besichtigen (600 m nach dem Ortsausgang links oberhalb der Straße). Wenn kalkhaltiges Wasser beim Austritt aus dem Erdboden vom Druck befreit und erwärmt wird, scheidet sich der Kalk aus, der sich nun am Boden ablagert. Er schafft dem Bächlein eine »steinerne Rinne«, die immer höher wird – im unteren Teil schon 1 m! Fachleute gehen davon aus, daß eine solche Rinne bis zu 30 cm in 100 Jahren wachsen kann.

17 St. Wendel zum Stein
Wer den mächtigen, sagenumwobenen Kalktuffelsen mit der spätgotischen Kapelle nur aus der Ferne sehen will, der blickt einfach an der B 19 zwischen Dörzbach und Hohebach rechts hoch. Um jedoch die Klippe wirklich zu »begreifen«, muß man das Auto in Dörzbach auf dem Parkplatz am Waldrand abstellen und oberhalb der Jagst in einigen Minuten zum kleinen Plateau auf dem Felsen wandern, mehr als 20 m über dem Fluß.
Zahlreiche Quellen mit kalkhaltigem Wasser treten am Hang aus und geben dann ihren Kalk ab. Den Ablagerungen dieser Rinnsale – und der

Die Wallfahrtskapelle St. Wendel zum Stein, benannt nach dem Schutzpatron der Schäfer, lehnt sich gegen einen 23 m hohen, mächtigen Kalktuffelsen.

langen Zeit – verdankt der »Stein« seinen Überzug aus Sinter. Am Hang wächst ein prachtvoller Laubmischwald aus Bergulmen, Sommerlinden und verschiedenen Ahornarten. Eher unzugänglich gibt sich dagegen der feuchtere Schattenhang, der einige botanische Raritäten wie den Hirschzungenfarn birgt.

Der Hirschzungenfarn mit seinen lederartigen Blättern wächst bevorzugt in feuchten Schluchtwäldern und an Schattenhängen.

⓲ Jagstschlingen bei Hessenau

Eine einsame Landschaft voller Ruhe und Beschaulichkeit: Das finden Sie im Jagsttal zwischen Hessenau und Diembot. Der Fluß mäandriert gemächlich in weiten Schlingen durch eine friedliche Wiesenaue, rechts und links von waldigen Hängen begleitet. Hier hämmert noch der seltene Schwarzspecht oder warten Greifvögel auf Beute.
Die Wanderung beginnt in Hessenau. Über die Jagstbrücke fahren Sie links in den Ort hinein und stellen das Auto ab. Im Dorf nehmen Sie den engen Fahrweg nach rechts; zunächst geht es durch den Wald im Naturschutzgebiet Weinberg mit seinen mächtigen Kalksteinfelsen. Der Weg führt dann am Waldrand entlang und nach zwei Kehren über eine Wiese. Nach knapp 3 km haben Sie Diembot erreicht. Hier überqueren Sie die Jagst und folgen dem Weg (rotes Kreuz) nach Leofels. Hinter dem Ort zweigen Sie ab ins Tal und kehren auf einem anderen Weg (roter Balken) zurück nach Hessenau.

⓳ Jagsttal bei Kirchberg

Ein weiterer Abschnitt des Jagsttals lohnt ebenfalls einen Ausflug: die Gegend um Kirchberg an der Jagst. Schloß und Altstadt liegen auf einem Bergsporn, der im Norden und Nordosten schroff abfällt und einen guten Blick in das liebliche Jagsttal gewährt. Im Süden liegt eine alte Talschlinge mit dem Sophienberg als Umlaufberg.
Unser Wandervorschlag: Man durchquert Kirchberg Richtung Rot am See und biegt am Ortsende rechts ab. 50 m weiter kann man am Jagstufer parken. Zwischen den Häusern hindurch steigt man auf dem Wanderweg (roter Punkt) zur Burg Hornberg. Durch Hornberg führt der Weg zu einem besonders schönen Aussichtspunkt unterhalb der Villa Schöneck. Zu Füßen liegen die Jagstschleife und der Sophienberg, dahinter Schloß und Städtchen Kirchberg, rechts grüßt Burg Hornberg. Nachdem man den Hang wieder hinabgegangen ist, nimmt man den linken Weg am Hangwald entlang und überquert nach 1 km die Jagst auf dem holzgedeckten Ockenauer Steg. Dann geht es am Fuß des Sophienbergs zurück nach Kirchberg.

Ruhe, Beschaulichkeit und die natürliche Schönheit eines unverbauten Flußlaufs erwarten den Besucher in den idyllischen Talauen der Jagst wie hier in der Gegend von Kirchberg.

Jagd im Museum
Oberhalb von Niederstetten im Taubergrund ⑳ liegt die Burg Haltenbergstetten, deren östlicher und westlicher Flügel ein Jagdmuseum beherbergen. Über 2000 Einzelstücke, meist Trophäen und Präparate von Wildtieren unserer Heimat, präsentiert die Sammlung. Hinzu kommt eine Kollektion einheimischer und exotischer Vögel und Schmetterlinge. Fremdländischen Großwildarten ist eine eigene Abteilung gewidmet (geöffnet April–Okt. Sa, So 10–12, 14–17.30 Uhr; Sondervereinbarungen für Gruppen: ☏ 07932/205 oder 8292).

⑳ Steinriegel im Taubergrund

Auch »Natur aus Menschenhand« kann wertvoll sein. Den eindrucksvollen Beweis dafür liefern die Steinriegel im Taubergrund. Stein für Stein haben die Bauern seit Jahrhunderten Muschelkalkbrocken am Rand ihrer Äcker und Weinberge aufgehäuft. Heute sind diese Wälle wichtige Reservate für schöne und immer seltener werdende Pflanzen wie den Schmalblättrigen Hohlzahn und den Echten Gamander, für Schwalbenwurz, Kelchsteinkraut und Hungerblümchen, für Weißen, Scharfen und Milden Mauerpfeffer. Im Gebüsch auf den Steinriegeln finden Kleinsäuger und Vögel Unterschlupf, darunter bedrohte Arten wie Neuntöter und Dorngrasmücke.
Das Vorbachtal zwischen Niederstetten und Vorbachzimmern mit seinen Nebentälern beherbergt besonders eindrucksvolle Steinriegel. Die kleinen Riegel (Breite um 2 m) sind meist überwachsen, die größeren dagegen (Breite bis zu 8 m) ähneln einer Geröllhalde im Hochgebirge. Zwischen den Wällen wechseln freie Wiesen, Nadelgehölz und unwegsames Gestrüpp ab.

㉑ Taubertal bei Bieberehren

Als Vogelparadies in einem idyllischen Tal, so präsentiert sich das Taubertal bei Bieberehren. In einem Altarm des Flusses liegen Inselchen, die zum Teil eine »Krone« aus alten, knorrigen Weiden tragen und den gefiederten Freunden vielfältige Brut- und Tummelplätze bieten. Kurz vor dem Ortseingang überquert man die Tauber, parkt und geht rechts am Fluß entlang.

»Stoaroa« nennen die Einheimischen die Steinriegel im Vorbachtal. Im Taubergrund, aber auch an Kocher und Jagst sind sie häufig zu finden.

Wem Ausblicke mehr liegen, der fährt ein Stückchen weiter und biegt rechts Richtung Buch ein. Nach 350 m zweigt rechts ein Feldweg ab. Diesem folgt man den Berg hinauf bis zum Waldparkplatz – und genießt einen herrlichen Blick hinunter ins Taubertal.

22 Felsbastion bei Tauberrettersheim

Einen solchen Prallhang gibt es im Taubertal nur einmal. Fast senkrecht steht die Muschelkalkwand über dem Fluß. In ihren Höhlen und Spalten von Wasser und Wetter herauserodiert, nisten seltene Vögel und Insekten.

Man stellt das Auto an der alten Steinbrücke ab, erkennbar am Brückenheiligen Nepomuk, und nimmt im Ort die erste Straße nach links (Mühlenstraße); der Radwanderweg »Liebliches Taubertal« führt 250 m nach dem Ortsende zur Felsbastion. Wer die Höhe des Felsens erklettert, wird mit einem wunderbaren Blick ins Taubertal und auf die umliegenden Rebberge belohnt.

Waldwirtschaft – einst und heute
Im ehemaligen Jagdschloß Karlsberg östlich von Weikersheim, nur einen Steinwurf von Tauberrettersheim 22 entfernt, ist ein Forstmuseum untergebracht. Schautafeln, Bilder und historische Originale dokumentieren die Entwicklung der Waldwirtschaft von der feudalen Jagd bis heute. Außerdem kann sich der Besucher über den Aufbau des Forstes, über Baum- und Holzarten informieren und sich mit der vielfältigen Nutzung des Waldes vertraut machen (geöffnet April–Mitte Nov. So 14–17, für Gruppen nach Vereinbarung; ☏ 07934/8320).

Madonnenländchen
Überall, an Stegen, Kirchen und Mauern, in Nischen und auf Brücken findet man sie, die Heiligen- und Madonnenfiguren im Taubertal 21 22. Sie stammen meist aus dem 17. und 18. Jh. und wurden vor allem von Weinhändlern, Büttnern und Winzern gestiftet. Der Grund: Weinbau und Weinhandel waren damals der Haupterwerbszweig an der Tauber. Als Zeichen ihrer Dankbarkeit für gute Erträge und Geschäfte ließen die Menschen Heiligenbilder aus Holz oder Stein errichten. Seitdem wird die Gegend an der Tauber Madonnenländchen genannt.

Zeichen des Danks: Madonnenfiguren findet man häufig im Main-Tauber-Kreis.

Das Taubertal, hier bei Bieberehren, läßt sich auch ausgezeichnet auf einer Radtour erleben. Abseits von Straßen führt der Radwanderweg »Liebliches Taubertal« 100 km weit von Rothenburg ob der Tauber bis nach Wertheim.

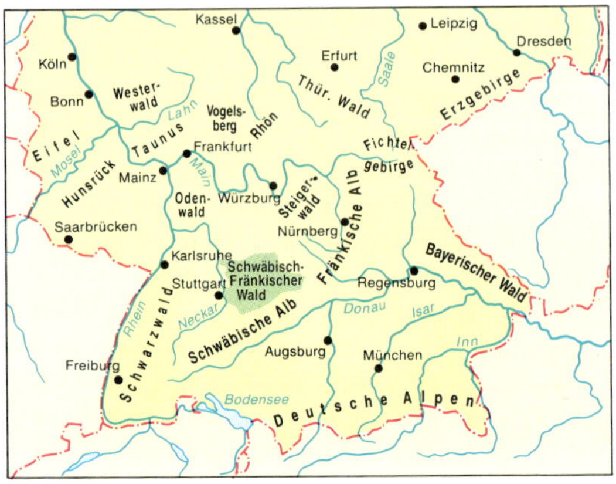

Naturnahe, dünn besiedelte Gebiete in direkter Nachbarschaft zu einem Ballungsraum gibt es hierzulande selten. Eine solche Rarität ist der Schwäbisch-Fränkische Wald: Gleich neben der Industrieregion Stuttgart/ Mittlerer Neckar findet der Erholungsuchende einsame Wälder, durchzogen von geheimnisvollen Klingen – Schluchten mit Grotten, Wasserfällen und imposanten Gesteinsformationen wie hier in der Brunnenklinge bei

Kaisersbach. An idyllischen Flußläufen singen die Vögel einen vielstimmigen Begleitchor zum Geklapper der alten Mühlen. Jede Wanderung wird hier zu einem Gang durch die Erdgeschichte – und zum einprägsamen Erlebnis.

40 Schwäbisch-Fränkischer Wald

Bilderbuchlandschaft in Großstadtnähe

Lage Zwischen dem Neckartal im Westen, der Hohenloher Ebene im Norden, der Frankenhöhe im Nordosten und der Schwäbischen Alb mit ihrem Vorland im Süden
Ausdehnung West–Ost ca. 80 km; Nord–Süd ca. 50 km
Land Baden-Württemberg
Höchste Erhebungen Schurwald: Kernen 513 m; Berglen: Roß-Berg 512 m; Schwäbisch-Fränkischer Wald: Hohe Brach bei Grab 586 m, Hagberg 585 m; Ellwanger Berge: Hohenberg 570 m
Wichtigste Flüsse Rems, Murr, Kocher, Jagst
Landschaftsformen Bewaldetes Bergland mit hohen Sandsteinbergen und tief eingeschnittenen Kerbtälern, den Klingen
Naturpark Naturpark Schwäbisch-Fränkischer Wald
Information Landesfremdenverkehrsverband Baden-Württemberg, Esslinger Str. 8, W-7000 Stuttgart 10, ☏ 0711/247364; Fremdenverkehrsverband Neckarland-Schwaben, Lohtorstr. 21, W-7100 Heilbronn, ☏ 07131/629061; Gebietsgemeinschaft Neckar-Hohenlohe-Schwäbischer Wald, Städtisches Verkehrsamt, Rathaus, W-7100 Heilbronn, ☏ 07131/562271; Naturpark Schwäbisch-Fränkischer Wald, Forsthaus, W-7173 Mainhardt-Mönchsberg, ☏ 07903/1331

Klingen mit klingenden Namen

Dem Geologen fallen beim Stichwort »Schwäbisch-Fränkischer Wald« als Charakteristikum zuerst die Klingen ein, düstere Schluchten mit eindrucksvollen Felsformationen. Ihre Entstehung erklärt er so: Aus einer wasserführenden Schicht im weichen Gestein tritt an einer Kluft das Wasser aus. Es gräbt und wäscht und wühlt – bis eine kleine, dann immer größer werdende Kerbe entstanden ist, denn für die Ausprägung einer breiten Talsohle reicht die Wassermenge nicht. Aber auch am Berg wirkt die Erosion des abtragenden Wassers, es unterhöhlt die Felsen und läßt Grotten entstehen, die oft den Abschluß einer Klinge bilden. Brechen die Decken der Grotten ein, dann bleiben manchmal Naturbrücken stehen wie der Hohlenstein bei Löwenstein ❶, manchmal aber auch nur die senkrechten Wände.

Kein Wunder, daß solche bizarren Launen der Natur die Phantasie anregen. So gaben ihnen die Menschen Namen wie Mordklinge oder Geldmachersklinge. Die größte und eindrucksvollste aber ist die Doppelschlucht Brunnen- und Hägelesklinge bei Kaisersbach ❼, der die benachbarte Gallengrotte ❽ kaum nachsteht. Wo sich in der Klinge das Gestein der Abtragung widersetzt, stürzt sich der Bach als Wasserfall darüber hinweg. Dem verdanken z.B. die Hörschbach-Wasserfälle bei Murrhardt ❿ und der Wasserfall am Holderstein bei Hohengehren ⓬ ihre Entstehung.

Einen Kontrast zur rauhen Seite der Natur bilden liebliche, sanfte Täler im Schwäbisch-Fränkischen Wald. Musterbeispiele dafür sind das Tal der Blinden Rot ❹ und das Strümpfelbachtal ⓫, die einer reichen Tier- und Pflanzenwelt Lebensraum bieten.

Machtvoll rauschen in der Klinge des Hörschbachs die Kaskaden. Im Winter bilden sich hier bizarre Eisvorhänge, wie man sie sonst nur selten sieht.

Der Schwäbisch-Fränkische Wald umfaßt mehrere Höhenzüge im württembergischen Keuperland. Im Süden liegen der Schurwald, die Berglen, der Welzheimer Wald und die Frickenhofer Höhe, im Zentrum die weiten Waldflächen des Mainhardter und des Murrhardter Waldes, im Osten die Ellwanger Berge und der Firngrund. Im Nordwesten schließen sich die Löwensteiner Berge an, ein berühmtes Weinbaugebiet. Den Abschluß im Nordosten bildet die Hochfläche der Waldenburger Berge und – ihr zu Füßen – die Haller Ebene.

Über den 120 km langen Georg-Fahrbach-Weg, einen besonders schönen Wanderpfad, kann man von Stuttgart aus das Kochertal erreichen.

Nur eins gab's reichlich: Holz

»Klämmerlesgäu« nannten die Städter früher scherzhaft, aber auch ein wenig abwertend diese Gegend, weil von hier die hölzernen Wäscheklammern kamen. Ihre Produktion diente den armen Bauern in den abgelegenen Waldbergen als willkommener Nebenerwerb, hergestellt vor allem im Winter aus dem einzigen Rohstoff, den es glücklicherweise im Überfluß gab: Holz.

Wie sollte man es in großen Mengen zu den Verbrauchern in den Städten der Umgebung bringen? Die Waldbesitzer ließen Bäche zu kleinen Seen stauen, um das Holz darin zu sammeln; wurden die Dämme dann geöffnet, sausten die Stämme zu Tal. Auf den Flüssen wie Murr und Kocher verband man sie zu Flößen und transportierte sie auf diese Weise bis nach Backnang und Marbach – oder nach Schwäbisch Hall für die Salzsiederei.

Der Wald hat jahrhundertelang nicht nur Holz geliefert, sondern auch als Viehweide gedient. Rinder und Schafe wurden in den Wald getrieben und sorgten dort für sich selbst. Ein Zeugnis dieser Bewirtschaftungsform wurde mit der »Viehweide« ❷ in den Waldenburger Bergen unter Naturschutz gestellt.

Der Holzreichtum des Gebiets verlockte aber auch noch zu intensiverer Nutzung. Töpfereien entstanden in der Gegend von Alfdorf, wo es reiche Tonvorkommen gab. Wassergetriebene Mühlen – viele noch heute zu sehen – zersägten die Stämme. Brennholz brauchten auch die Glashütten, die vom 15. bis ins 18. Jh. hier arbeiteten; den Quarzsand gewann man ebenfalls aus den Keuperbergen. Heute erinnern noch Ortsnamen wie Neuhütten oder Spiegelberg an diesen Erwerbszweig.

Archäologen fanden im Schwäbisch-Fränkischen Wald zwar Siedlungsspuren aus der Steinzeit, doch danach verschwanden die Menschen offenbar wieder. Erst im 2. Jh. rückte das römische Militär nach Norden vor und befestigte mit Grenzwällen und Kastellen (etwa bei Murrhardt, Mainhardt und Welzheim) das fremde Gebiet.

Der obergermanische Limes schnitt nun eine Grenzlinie in den Wald. Im 5. Jh. fielen dann die Franken ein und drängten die Alemannen (ab dem 9. Jh. kam erst die Bezeichnung Schwaben auf) zurück. Damit war das Gebiet abermals geteilt: in einen fränkischen Nord- und einen schwäbischen Südteil. Diese Dialektgrenze ist heute noch zu finden; der Hagberg (6) markiert sie – und bietet einen hervorragenden Rundblick.

Routenvorschlag Schwäbisch-Fränkischer Wald

Grotten, Klingen, Schluchten

(1) Hohlenstein

Eine von der Natur geschaffene Sandsteinbrücke über einen Bach, die Sie sogar (vorsichtig) benutzen können: Dieses seltene Naturphänomen zeigt der Hohlenstein bei Löwenstein. Wie schaffte das die »Architektin Natur«? Eine Quelle höhlte aus weichen Schichten im Sandstein eine kleine Grotte aus, die sich im Laufe der Zeit zu einer Höhle vergrößerte; schließlich stürzte die Höhlendecke ein, und übrig blieb nur der Eingang der Höhle, der aus härterem, widerstandsfähigem Material besteht. Unter der Felsbrücke hindurch verlaufen heute Bach und Weg.
Vom Wanderparkplatz »Enzwiese« an der B 39 führt der 1,5 km lange

Routenvorschlag Schwäbisch-Fränkischer Wald
Den Autofahrer erwarten auf der 165 km langen Tour meist enge, bergauf und bergab führende Sträßchen durch eine abwechslungsreiche Landschaft. Die Naturhöhepunkte liegen meist abseits von der Hauptstraße, sind aber dank der guten Ausschilderung problemlos zu finden.
Streckenverlauf:
Von der A 81 Stuttgart–Heilbronn Ausfahrt Untergruppenbach über Unterheinriet nach Löwenstein, dort auf der B 39 Richtung Mainhardt, nach 4 km der Hohlenstein (1); auf der B 39 weiter nach Mainhardt, dort links halten und über Gailsbach und Bühl nach Obersteinbach zur Viehweide (2); über Gnadental zur B 14 nach Schwäbisch Hall, dort in Richtung Ellwangen bis Vellberg, dem »Tor« zum Bühlertal (3); anschließend auf derselben Straße im Bühlertal hinauf nach Bühlertann, dort rechts über Bühlerzell nach Adelmannsfelden mit dem Tal der Blinden Rot (4); über Pommertsweiler und Vorderbüchelberg zum Büchelberger Grat (5); auf der Straße weiter hinunter ins Kochertal auf die B 19, nach 4 km links ab über Hohenstadt und Eschach nach Gschwend, von dort direkt an der Straße nach Horlachen rechts der Hagberg (6); weiter über Altersberg nach Kaisersbach, dort links zur Brunnen- und Hägelesklinge (7); zurück nach Kaisersbach, nach dem Ort rechts in Richtung Murrhardt zur Gallengrotte (8); über Vorderwestermurr weiter nach Murrhardt, am Ortseingang in einer Linkskurve rechts zum Wanderparkplatz »Felsenmeer« (9); Murrhardt in Richtung Siebenknie verlassen, gleich hinter der Stadtgrenze links abbiegen zu den Hörschbach-Wasserfällen (10); weiter über Siebenknie und Rottmannsberg nach Althütte, kurz nach dem Ortsausgang in Richtung Ebnisee rechts ab zur Nonnenmühle, dem Startpunkt ins Strümpfelbachtal (11); anschließend über Rudersberg Richtung Schorndorf zur B 29, auf dieser rechts bis Winterbach, dann links aus dem Remstal nach Baltmannsweiler-Hohengehren zum Holderstein (12). Wer die Runde schließen will, fährt nach Plochingen, dort auf der B 313 bis zur A 8 Anschlußstelle Wendlingen, auf dieser Richtung Karlsruhe, am Autobahndreieck Leonberg auf die A 81 Richtung Heilbronn zurück zum Ausgangspunkt.

Rundwanderweg 1 zum Hohlenstein. An dem mit Schutzhütten, Grillstelle und Abenteuerspielplatz ausgestatteten Parkplatz beginnt auch ein instruktiver Waldlehrpfad.

2 Naturschutzgebiet Viehweide
Ein wertvolles Zeugnis der Natur- und Waldgeschichte können Sie vom zweiten Wanderparkplatz an der Straße Obersteinbach–Michelbach aus entdecken: das Naturschutzgebiet Viehweide in den Waldenburger Bergen. Früher trieben die Bauern ihr Vieh in den Wald; Rinder und Schafe fraßen, was ihre hungrigen Mäuler erreichten: Gras, Büsche, Laub und Zweige der Bäume. So ist eine Landschaft entstanden, die an einen englischen Park erinnert; zwischen Baumgruppen von Eichen und Birken gedeihen Wiesen mit Pfeifengras und Borstgras, auf denen im Frühsommer Arnika blüht, und ein Weiher, umgeben von Torfmoospolstern, wächst zu einem kleinen Hochmoor heran.

3 Bühlertal
Das »letzte Wildwasser« weit und breit: Sie erreichen es auf dem Wanderweg mit dem roten Punkt vom Parkplatz an der Stadtmauer in Vellberg aus. Der Weg durch das Tal bis nach Oberscheffach ist etwa 7 km lang. Einsam und weitgehend unberührt ist noch heute der Unterlauf der Bühler. Hier zwischen Vellberg und Cröffelbach hat sich der Fluß tief in die Haller Ebene eingeschnitten. Felswände und Trockenrasen, Obstbäume, Äcker und Wiesen, Heckenraine und Steinwälle lassen ein eindrucksvolles Landschaftsmosaik entstehen. Entsprechend artenreich

Das Naturschutzgebiet Viehweide wirkt stellenweise wie ein angelegter Park, den sich die Natur zurückerobert.

Die Arnika, eine geschützte Heilpflanze, bevorzugt moorige Böden wie den im Naturschutzgebiet Viehweide.

Nahezu unberührt ist das Tal der Bühler, die durch die Haller Ebene fließt.

Nur selten sieht man solch eine von der Natur geschaffene Brücke aus Sandstein: Unter dem Hohlenstein in der Nähe von Löwenstein kann man hindurchlaufen.

Mit seinem rindenfarbigen Federkleid ist der Wendehals gut getarnt. Besonders gerne frißt er Ameisen.

Silberrausch im Mainhardter Wald
Silbrig glitzert an manchen Stellen das Gestein im Schwäbisch-Fränkischen Wald, und vor mehr als 200 Jahren gruben Glücksritter hier auch tatsächlich nach dem begehrten Edelmetall. Doch nur ein Jahr währte der Silberrausch: Das geförderte Gestein stellte sich nach vielen Schmelzversuchen als glimmerhaltiger Sandstein mit etwas Hämatit und Pyrit heraus. Die ehemaligen Silberstollen liegen an der Straße von Wüstenrot zum Schmellenhof links im Wald, vom Hohlenstein ❶ und vom Büchelberger Grat ❺ aus leicht zu erreichen. Auf einem gut ausgebauten Wanderweg kann man über viele Stufen zu den Stollen hinabsteigen, die heute wie natürliche Höhlen und Schlupflöcher aussehen.

sind Flora und Fauna. Mehr als 100 Vogelarten, darunter Raritäten wie Eisvogel und Wasseramsel, Baumfalke, Wendehals, Nachtigall und Pirol sowie drei Dutzend verschiedene Schmetterlingsarten hat man hier schon beobachtet. Und immer wieder sieht man in den Baumwipfeln und am Bach die scheuen Graureiher sitzen (Fernglas mitnehmen!).

❹ Blinde Rot

Entlang der Blinden Rot zwischen Abtsgmünd und Adelmannsfelden wandert man durch ein stilles, romantisches Tal im Keuper der Schwäbisch-Fränkischen Waldberge. Nur einige Mühlen verraten die Anwesenheit von Menschen. Die Blinde Rot entspringt in den Ellwanger Bergen und fließt – entsprechend dem Schichtgefälle – nach Südosten, also entgegen dem Gefälle von Bühler ❸, Jagst und Kocher. Kurz vor der Mündung wird sie vom Kocher »angezapft«. Ihm zustürzend schnitt sie sich tief in den Untergrund ein. Als die Niveauunterschiede fast ausgeglichen waren, konnte die Rot mitgebrachten Sand und Kies ablagern: Es entstand die breite Talaue, wie wir sie heute erleben. Der Fluß windet sich in vielen engen Mäandern durch das liebliche Tal; mitunter wurden kleine Flußschlingen als Altwasser abgeschnürt, in denen sich Frösche und andere Bewohner wohl fühlen. Vom Parkplatz an der Burghardsmühle bei Adelmannsfelden sind es 6 km bis zur Mündung beim Weiler Schäufele.

❺ Büchelberger Grat

Ein herrlicher Aussichtsberg, 100–350 m breit, jedoch 4 km lang: Stolz ragt der Büchelberger Grat mit seinen 516–555 m als die höchste Erhebung unter den Limpurger Bergen empor, einer der markantesten Sandsteinberge, die durch tiefe Seitentäler bis in den weicheren Untergrund aus Mergel zertalt sind. Schon bald nach dem Ausgangspunkt am Wanderparkplatz (mit Grillhütte und Spielwiese), 2 km hinter Vorderbüchelberg, bietet sich an einem Wasserreservoir eine wunderschöne Aussicht nach Osten auf die Ellwanger Berge – vom nordöstlich gelegenen Hohenberg mit der deutlich erkennbaren Wallfahrtskirche bis nach Süden zum Rosenstein-Massiv am Albtrauf. Nur wenig später genießt man auch den Blick nach Südwesten übers Kochertal hinweg nach Hohenstadt. Dahinter grüßen die beiden markanten »Kaiserberge« Hohenrechberg (links) und Hohenstaufen (rechts).

Gemächlich und in vielen Windungen fließt die Blinde Rot durch die sanfte Talaue nördlich von Abtsgmünd dem Kocher zu.

6 Hagberg

Der Hagberg (585 m) markiert eine hierzulande wichtige Grenze: die Mundartgrenze zwischen dem Schwäbischen und dem Fränkischen. Erwähnung verdient er hier jedoch vor allem wegen der beeindruckenden Aussicht, die man von seinem Turm aus genießen kann: nach Nordosten auf die Limpurger Berge, nach Osten auf die Ellwanger Berge, nach Süden auf den ganzen Albtrauf und nach Westen auf die Höhen des Schwäbisch-Fränkischen Waldes. Der Turm ist in der Regel zugänglich; sollte er geschlossen sein, kann man den Schlüssel im nahe gelegenen Anwesen (Hinweis am Turm) gegen ein Pfand erhalten.

Vom 23 m hohen Jugendstilturm auf dem Hagberg hat man eine schöne Aussicht auf die umliegenden Höhen.

7 Brunnen- und Hägelesklinge

Bizarre Schluchten im Sandstein prägen den Schwäbisch-Fränkischen Wald; die unter Naturschutz stehende Doppelklinge, um die es hier geht, ist die wohl eindrucksvollste von allen. Sie ist unschwer vom Wanderparkplatz an der Straße zwischen Kaisersbach und Gehren aus zu erreichen. Der Weg führt durch den engen Talgrund zunächst in die Brunnenklinge. Zum Teil im Bachbett, über umgestürzte Bäume und über Gesteinsblöcke hinweg, kämpft man sich – vorbei an Felsgrotten, -vorsprüngen und -balustraden – immer weiter nach oben. Dichtstehende Buchen und Tannen verwehren den Sonnenstrahlen den Weg. Eine Grotte schließt die vordere Brunnenklinge ab: Fast 6 m ragt der Fels an ihrem Ende auf. Ein kleiner Wasserfall, der an einer wasserführenden Schichtgrenze austritt, höhlte – und höhlt – die Grotte aus.
Der Wanderweg führt nun nach links. Nach etwa 200 m hat man die Hägelesklinge erreicht und wandert unter einer furchteinflößend überhängenden Wand weiter. Mächtige Gesteinsblöcke, Reste der einst riesigen, jetzt aber eingestürzten Grotte, markieren das Klingenende. Ihren Namen hat die Schlucht von dem desertierten Soldaten Johann Hägele, der sich im 19. Jh. in dieser unwirtlichen Gegend vor seinen Häschern versteckt hielt. Aus Naturschutzgründen und zu Ihrer eigenen Sicherheit (rutschige Felsen!) sollten Sie auf keinen Fall die ausgeschilderten Wege verlassen.

Es klappert die Mühle . . .
Über zwei Dutzend Mühlen arbeiteten einst im Welzheimer Wald und prägten das Landschafts- und Kulturbild der Region. Der Mühlenwanderweg rund um Welzheim (Ausgangspunkt: Stadtmitte), leicht erreichbar von der Gallengrotte 8 aus, führt zu verschiedenen Mühlentypen; wer etwas Glück hat, kann noch heute etwa einer Sägemühle in Betrieb zuschauen. Der insgesamt 32 km lange Weg besteht aus drei Rundtouren von je 10–12 km Länge. Rundweg 1 führt zu Heinlesmühle, Menzlesmühle, Ebersberger Mühle und zur Hummelgautsche. Auf Rundweg 2 erreicht man die Voggenbergmühle und die Meuschenmühle. Und auf Rundweg 3 schließlich kommt man zu Laufenmühle, Klingenmühle, Hagmühle und Haghofer Ölmühle.

8 Gallengrotte

Ein Erlebnis ist schon der (ausgeschilderte) Wanderweg vom Waldparkplatz an der Straße von Kaisersbach nach Murrhardt durch eine schöne

Zur 1786 erbauten Klingenmühle im Wieslauftal führt einer der drei Rundwege des Mühlenwanderwegs bei Welzheim.

Steil ragt die Abrißkante des Sandsteins, von der viele Brocken hinabstürzten, über dem Felsenmeer empor.

Naturmuseum in Murrhardt
Aus reiner Liebhaberei begannen die Tierpräparatoren Carl und Egon Schweizer 1931 mit dem Aufbau eines Naturmuseums in Murrhardt (zwischen dem Felsenmeer 9 und den Hörschbachfällen 10 gelegen). Unter der sachkundigen Leitung von Dr. Rolf Schweizer ist daraus inzwischen das bedeutende Carl-Schweizer-Museum geworden, das vorwiegend Tierpräparate präsentiert. Große Schaugruppen zeigen fast alle Säugetiere und Vögel Mitteleuropas in ihrer natürlichen Umgebung. Die heimatgeschichtliche Abteilung bringt neben vorgeschichtlichen und steinzeitlichen Funden auch Zeugnisse aus der Römerzeit und – neuerdings – in der mittelalterlichen Abteilung Beiträge zur Klostergeschichte Murrhardts. Das Museum finden Sie in der Seegasse 27 am Feuersee (geöffnet Karfreitag–Ende Okt. Mo–Fr 11–12, 16–18, Sa 11–12, 15–18, So 9–12, 14–18 Uhr).

Wanderung durch die Erdgeschichte
Der 10 km lange Geologische Pfad bei Welzheim beginnt am Parkplatz an der Laufenmühle, ca. 2 km westlich von Welzheim an der Straße nach Rudersberg. Welzheim erreichen Sie auf schnurgerader Strecke von der Gallengrotte 8 aus. Der Pfad berührt so interessante Naturdenkmäler wie die Kesselgrotte und den Forellensprung, eine Steinbruchwand des Fleins (ein dunkler Schiefer) mit Wasserfall bei Obersteinenberg, die Glasklinge mit ihren mächtigen Sandsteinblöcken, den Aufschluß in den Schichten des Lias beim Langenberger Wasserturm, einen Steinbruch im Keupersandstein am Hansdobelweg, die Lehrbergschichten und das »Geologische Fenster«, einen Hang in der Wieslaufschlucht.

Klinge. Überall stehen Felsen in bizarren Formen, die sich in der Phantasie zu riesigen urweltlichen Ungetümen verwandeln; mühsam suchen die Wurzeln der Bäume zwischen ihnen Halt. Den Abschluß der Schlucht bildet die Gallengrotte mit rund 7 m hohen, extrem eng stehenden Felswänden und mit einem Wasserfall, der das Gestein immer weiter aushöhlt. Die Form der Grotte ist ungewöhnlich: Wahrscheinlich ist sie der Rest einer großen eingestürzten Grotten-»Kuppel«. Hier erklärt sich übrigens das Naturphänomen der Frostsprengung sehr anschaulich: In die Spalten des Sandsteins dringt Regenwasser ein; bei starkem Frost sprengt das sich ausdehnende Eis die großen Steinbrocken auseinander, überhängende Wände stürzen ab und bleiben als Geröllfelder, als Felsenmeere, liegen.

9 Felsenmeer

Die heute als Naturdenkmal geschützten, wild durcheinandergewürfelten Felsbrocken sollen sich einst verfeindete Riesen an den Kopf geworfen haben. Die Erklärung der Geologen ist allerdings nüchterner: Die gigantischen Felsen der etwa 80 m hohen Halde sind von der darüberliegenden Kante des Sandsteins abgebrochen.
Am Wanderparkplatz bei Murrhardt beginnt der 2,6 km lange, informative Waldlehrpfad Römersee–Riesberg, ein Rundweg, der auch am Felsenmeer vorbeiführt. Nicht weit davon entfernt, am Parkplatz »Riesberg«, beginnt als Attraktion von trauriger Aktualität ein Waldsterbepfad.

10 Hörschbach-Wasserfälle

Zwei rauschende Kaskaden, dazwischen eine geheimnisvolle Schlucht, das sind die berühmten Hörschbach-Wasserfälle. Der vordere stürzt etwa 6 m über eine harte Mergelbank, der hintere fällt über mehrere Stufen sogar 12 m in die Tiefe! Der Weg zwischen den beiden schlängelt sich durch die Hörschbachschlucht: durch »Urwälder«, über umgestürzte Bäume und unter überhängenden Felswänden, vorbei an Riesenschachtelhalm und Springkraut und einer vielfältigen Moos- und Farnflora. Auf schwindelerregenden Holzstegen überquert man immer wieder den gurgelnden Bach; an den Hängen sind oft eigenartige Felsformationen zu sehen.
Ausgangspunkt der 3 km langen Wanderung ist der Parkplatz am vorderen Wasserfall bei Murrhardt, von dem ein Weg zum »Gasthaus Wasserfall« (Di Ruhetag) beim Hörschhof 500 m oberhalb des Tals führt.

11 Strümpfelbachtal

In diesem stillen, abgeschiedenen Tal, einem Naturschutzgebiet, finden die im Schwäbisch-Fränkischen Wald ursprünglich heimischen Tiere und Pflanzen nach wie vor ihren natürlichen Lebensraum. Im klaren, sauberen Wasser des über die Felsschwellen rauschenden Strümpfelbachs

Nicht nur für erdgeschichtlich Interessierte ein lohnendes Ziel: Zu wildromantischen Schluchten und Klingen führt der Geologische Pfad bei Welzheim.

flitzen Forellen hin und her; Zaunkönig, Gebirgsstelze und Wasseramsel pfeifen in den Bäumen und auf den zerklüfteten Felsgruppen um die Wette. Farne und Aronstab, Gelbe und Weiße Anemonen, Lungenkraut und Waldgeißbart zählen zu den Vertretern der bunten Pflanzenwelt. Ausgangspunkt für einen Spaziergang ist die Nonnenmühle (bewirtschaftet). Auf dem Wanderweg kommt man nach etwa 2 km zum Strümpfelhof. Die ausgeschilderten Wege dürfen hier nicht verlassen werden.

12 Holderstein

Auch der Schurwald, der südlichste Höhenzug unseres Gebiets, birgt Attraktionen wie z.B. das Naturdenkmal Holderstein bei Hohengehren, einen Wasserfall in einer düsteren Klinge. Zunächst fließt der Klingenbach in einer Sandsteinrinne durch den Wald und stürzt dann durch eine Kerbe im Fels etwa 5 m hinab. Hinter dem Wasserschleier hat das aufspritzende Naß in den weicheren Schichten des Keupersandsteins eine beachtliche Grotte ausgehöhlt. Wenige Meter daneben öffnet sich eine weitere, kleinere Grotte. Die verstreuten großen Felsen überzieht eine weiche Moosdecke, aus der immer wieder bunte Blüten herausragen; wer mit der Hand über das grüne Vlies streicht, spürt, wie kalt und naß das Moos sich anfühlt. In der engen, düsteren und etwas unheimlichen Schlucht sind Farne und Moose stark vertreten.

Man stellt in Hohengehren das Auto ab und geht die Pfarrstraße hinaus durch ein Neubaugebiet. Bald nach dem Ort öffnet sich bei günstigem Wetter rechts eine wunderschöne Aussicht auf den Albtrauf. Nach etwa 500 m folgt man rechts dem Schild »Holderstein«. Vor einer Lichtung, entstanden nach den Stürmen im Frühjahr 1990, führt rechts ein Pfad an den oberen Rand des Holdersteins. Wer die Grotte von unten bewundern will (es lohnt sich), sollte im Bogen um die Felsen herumgehen; sie zu durchklettern ist nicht nur verboten, sondern auch lebensgefährlich.

Im Sommer kommt es vor, daß der Klingenbach-Wasserfall an den mächtigen Felsbänken des Holdersteins versiegt.

Der nur 10 cm große Zaunkönig fühlt sich im unterholzreichen Wald des Strümpfelbachtals wohl.

Aasgeruch lockt Fliegen zur Bestäubung ins Innere des Aronstabs.

Klar und sauber rauscht das Wasser des Strümpfelbachs durch das stille, abgeschiedene Tal.

Der Geiststein und die Täufer

Im Welzheimer Wald zwischen Urbach und Walkersbach (als Abstecher ab Schorndorf auf dem Weg zwischen dem Strümpfelbachtal 11 und dem Holderstein 12 möglich) stößt der Wanderer auf ein seltsames Gebilde: Auf einer Wasserscheide zwischen zwei Klingen erhebt sich ein steinerner »Thron«, der Geiststein, eine merkwürdige Felsformation im Keupersandstein. Hier war im 16. Jh. der heimliche Treffpunkt einer verschwiegenen Christengemeinde, der Täufer. Die Gemeinde war 1525 in der Schweiz gegründet worden und kam durch Wanderprediger in den Welzheimer Wald. Bauern, Weingärtner und Handwerker schlossen sich in kleinen Gruppen zusammen und trafen sich am Geiststein.

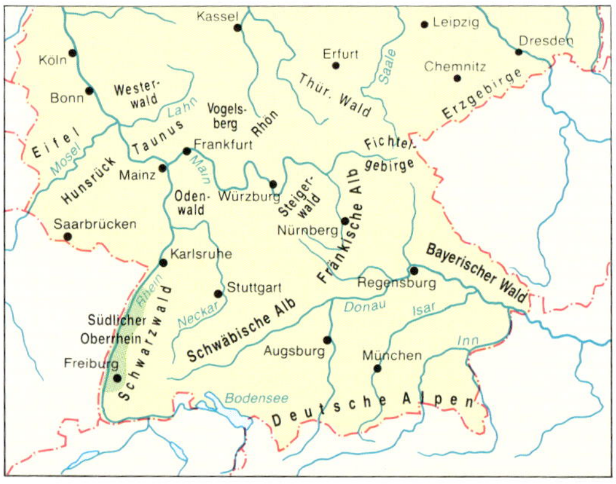

Eine saftiggrüne Ebene, in die allenthalben fruchtbare Lößhügel eingestreut sind, mittendrin gleich einer Insel der Vulkankegel des Kaiserstuhls, am westlichen Rand die feuchten Auwälder des Oberrheins – wie hier der Taubergießen – mit ihren kristallklaren Quelltöpfen: So präsentiert sich die Landschaft zwischen Schwarzwald und Vogesen. Tief eingeschnittene Lößhohlwege, Flaumeichenwälder, Pflanzen aus dem Mit-

telmeerraum und andere botanische Raritäten – nicht alles fiel am Kaiserstuhl menschlichen Eingriffen zum Opfer. An seinem Südrand werden die höchsten Temperaturen Deutschlands gemessen; Lößböden, die dann an manchen Stellen bis zu 70 °C heiß sind, bedecken den vulkanischen Untergrund des Berggebiets. Und natürlich ist der Wein die Essenz dieser sonnenverwöhnten Reblandschaft.

41 Südlicher Oberrhein

Wo Wein und Wasser fließen

Lage Zwischen der französischen Grenze im Westen und der Vorbergzone des Schwarzwaldes im Osten; im Norden bei Baden-Baden und Sinzheim in die nördliche Oberrheinebene, im Süden bei Bad Krozingen ins Markgräfler Land des Schwarzwaldes übergehend
Ausdehnung Nord–Süd ca. 110 km; West–Ost ca. 10–25 km
Land Baden-Württemberg
Höchste Erhebungen Kaiserstuhl im Südwesten: Totenkopf 557 m, Eichelspitze 520 m, Katharinaberg 492 m; im Südosten: Schönberg 644 m
Wichtigste Flüsse Rhein, Dreisam, Elz, Kinzig
Landschaftsformen Schotterebene des Oberrheingrabens mit Flußaue, Niederterrasse und Vorbergzone aus lößbedeckten Grabenrandschollen; rebenbestandene Vulkanhänge und typische Hohlwege des Kaiserstuhls
Information Landesfremdenverkehrsverband Baden-Württemberg, Esslinger Str. 8, W-7000 Stuttgart 10, ☎ 0711/247364; Freiburg Wirtschaft und Touristik GmbH, Rotteckring 14, W-7800 Freiburg

Ein Grabenbruch und seine Folgen

Spannende erdgeschichtliche Vorgänge im Laufe von Millionen Jahren haben das Landschaftsbild des südlichen Oberrheins geprägt. Ursprünglich bildeten Schwarzwald und Vogesen ein zusammenhängendes Gebirge. Im Zuge der Alpenauffaltung begann schließlich im Tertiär vor etwa 50 Millionen Jahren die Gesteinsdecke im Scheitelpunkt zu reißen: Einzelne riesige Schollen brachen ab und sanken nach und nach bis zu 4000 m tief ein. So entstand der 30–40 km breite Oberrheingraben, der ganz allmählich mit einer bis zu 2000 m dicken Schicht aus Meeresablagerungen, Süßwassersedimenten und Rheinschottern aufgefüllt wurde. Heute gliedert sich die Oberrheinische Tiefebene geomorphologisch in Rheinaue, Niederterrasse und Vorbergzone aus Grabenrandschollen. Zu den Vorbergen, die

dem Westabfall des Schwarzwaldes vorgelagert sind, gehören z.B. das Breisgauer Hügelland mit dem Tuniberg 5 sowie der Schönberg 4 und der Batzenberg 3. Eine geologische Besonderheit stellt das Vulkangebirge des Kaiserstuhls 2 6 9 mit seinen lößbedeckten Hängen dar, das unvermittelt aus der brettebenen Grabenlandschaft aufsteigt. Es entstand im jüngeren Tertiär vor etwa 20 Millionen Jahren, als entlang mehrerer Dehnungsspalten Magma an die Erdoberfläche dringen konnte. Lava- und Aschenausbrüche wechselten miteinander. Noch während des Tertiärs begann die Erosion, den ehemaligen Stratovulkan abzutragen. Aber zahlreiche mineralhaltige Quellen und Thermalbäder zeugen noch vom Vulkanismus. Üppige Auwälder begleiteten allerorts den Oberrhein mit seinen zahlreichen Seitenarmen und weiten Mäandern, bis die Rheinkorrektion des badischen Ingenieurs Tulla im 19. Jh. den Strom in ein begradigtes Flußbett zwängte. Dieser Eingriff und der Bau des Rheinseitenkanals (1929–70) führten zu Grundwassersenkungen im Tiefland, so daß die Rheinniederung zunehmend versteppte und von der urwüchsigen Auenlandschaft nur noch Reste erhalten blieben wie der Taubergießen 1 nordwestlich von Freiburg.

Routenvorschlag Südlicher Oberrhein

Sonnenland zwischen Schwarzwald und Vogesen

❶ Taubergießen

Urwüchsige Auwälder reihen sich entlang des etwa 80 km langen Rheinauewegs von Bremgarten nach Meißenheim. Das schönste Stück ist dabei das bekannte Naturschutzgebiet Taubergießen zwischen Rheinhausen und Kappel, das eine ungefähre Vorstellung von der ursprünglichen Rheinlandschaft vor Tullas Flußkorrektur vermittelt. Fast schon wie eine Miniaturausgabe des Amazonasgebiets, 10 km lang und bis zu 2 km breit, gedeiht hier auf 1600 ha eine prächtige Wildnis. »Die Gunst der Lage«, wie der Biograph des Taubergießen, Dietmar Keil, das nennt, macht dieses Auwaldstück zu einem der bedeutendsten in Europa. Dazu trägt natürlich das Treibhausklima der von Bergen flankierten Tiefebene bei – im Taubergießen mit den höchsten Julitemperaturen am Oberrhein. Aber auch die Frühjahrstemperaturen gleichen hier schon denen der ungarischen Tiefebene. Während das Wasser des Rheins zwischen Basel und dem Kaiserstuhl teilweise in den lockeren Schotterlagen versickert und als unterirdischer Grundwasserstrom nach Norden fließt, tritt es im Altrheingebiet des Taubergießen in Form von »Gießen« (Quellen) wieder zutage, als »Gewässer mit kühlem, kristallklarem Naß, das in schmalen, von dichtem Auwald umgebenen Rinnen über blanken Kies strömt oder

Routenvorschlag Südlicher Oberrhein

Die ca. 110 km lange Route, die bei Kappel-Grafenhausen beginnt und nach dem Besuch des Rheinauewaldes Taubergießen ❶ schwerpunktmäßig zu den Natursehenswürdigkeiten des Kaiserstuhls ❷ ❻–❾ führt, vermittelt unterwegs immer wieder erdgeschichtliche und botanische Einblicke in Hülle und Fülle. Einkehrmöglichkeiten gibt es genug auf der gesamten Kaiserstuhlstrecke, die Küche hier gilt als eine der besten in Deutschland. Insgesamt ist das Gebiet touristisch gut erschlossen.

Streckenverlauf:

Auf der A 5 Karlsruhe–Basel bis Ausfahrt Ettenheim, rheinwärts über Grafenhausen nach Kappel und weiter zur Rheinfähre nach Rhinau in das Naturschutzgebiet Taubergießen ❶; auf der elsässischen Rheinuferseite nach Süden durch die Rheinauen bis vor Marckolsheim, dann über die Rheinbrücke nach Sasbach zum Limberg und Lützelberg ❷; hier rechts, am Westrand des Kaiserstuhls entlang über Burkheim nach Breisach, dort ca. 5 km auf der B 31, dann geradeaus weiter über Hausen nach Bad Krozingen und weiter Richtung Staufen, vor dem Ort nach links auf die Badische Weinstraße nach Ehrenkirchen, vom Ortsteil Kirchhofen aus durch das Schneckental nach Schallstadt am Fuß des Batzenbergs ❸; von dort Abstecher zum Schönberg ❹ über Ebringen oder Leutersberg; auf der B 3 nach Freiburg-St. Georgen, dort links auf die B 31 nach Tiengen und weiter auf der Badischen Weinstraße über Opfingen nach Gottenheim am Tuniberg ❺; das Naturschutzgebiet Badberg ❻ erreicht man dann über Bötzingen in Richtung Oberbergen; von Oberbergen über Oberrotweil ins Naturschutzgebiet Eichgasse ❼ bei Bickensohl; weiter nach Achkarren zum Geologischen Weinlehrpfad ❽; am Bahnhof Achkarren anschließend rechts zum Naturschutzgebiet Büchsenberg ❾.

Über Niederrotweil geht es nach Oberbergen und von dort über Endingen entweder zur A 5 oder über Rheinhausen zum Ausgangspunkt Kappel zurück.

i. Br., ☏ 07 61/3 68 90 90; Schwarzwaldinformation, Rotteckring 14, W-7800 Freiburg i. Br., ☏ 07 61/3 26 51; Fremdenverkehrsverband Schwarzwald, Bertoldstr. 45, W-7800 Freiburg i. Br., ☏ 07 61/3 13 17; Verkehrsgemeinschaft Hochschwarzwald, Stadtstr. 2, W-7800 Freiburg i. Br., ☏ 07 61/21 87-209 oder -304; Städtisches Verkehrsamt Breisach, Werd 9, W-7814 Breisach/Rhein, ☏ 0 76 67/8 32 27; Verkehrsamt Offenburg, Gärtnerstr. 6, W-7600 Offenburg, ☏ 07 81/8 22 53; Gebietsgemeinschaft Mittlerer Schwarzwald und Ortenau, Hauptstr. 40, W-7620 Wolfach, ☏ 0 78 34/49 18

Viele Entenarten wie z. B. die Moorente leben im Altrheingebiet des Taubergießen.

Als Durchzügler am südlichen Oberrhein zu beobachten: der schneeweiße Seidenreiher.

Der häufig im Schilf jagende Purpurreiher verweilt auf dem Durchzug regelmäßig im Taubergießen.

In Mitteleuropa sehr selten geworden: Der Fischadler ist bisweilen als Gast am südlichen Oberrhein anzutreffen.

Mit seinen außergewöhnlich langen Hinterbeinen kann der spitzschnäuzige Springfrosch bis zu 2 m weite Sprünge machen.

vom Hauptstrom abgeschnittene Nebenarme wieder auffüllt« (Dietmar Keil). Dazwischen wächst ein lichter Eichen-Ulmen-Wald, dessen Baumriesen oft 30 m Höhe erreichen. Dieser imposante Hartholz-Auwald besteht aus Stieleichen, Flatterulmen, Schwarzpappeln und Eschen, dazu kommen Feld- und Bergahorn, Grau- und Silberpappel, Wildapfel, Winterlinde und Traubeneiche, oft umschlungen von Hopfen, Waldrebe und Efeu. Die urwaldartige Szenerie verdichtet die darauffolgende Strauchschicht mit Hasel, Weißdorn, Pfaffenhut und Traubenkirsche. Am Boden breiten sich Blaustern, Bärlauch, Weiße und Gelbe Anemone, Maiglöckchen und Schlüsselblume aus. Die Altwasserarme sind ein bevorzugter Lebensraum für Bisamratte, Spring- und Laubfrosch, Kreuzkröte, Gelbbauchunke und unendlich viele Arten von Wasservögeln. Moor-, Eisen-, Löffel-, Pfeif-, Berg- und Schellente halten sich hier ebenso auf wie Hunderte von Saatgänsen. Häufig erblickt man Haubentaucher und Schwäne, manchmal auch den Fischadler, dann wieder verschiedene Arten von durchziehenden Reihern – z.B. den feinfedrigen, schneeweißen Seidenreiher oder den Purpurreiher mit seiner kastanienbraunen Halsschärpe. Und schließlich gibt es noch eine Besonderheit: den hier überwinternden Kormoran.

Man sollte für eine Wanderung mit einer detaillierten Karte ausgestattet sein, denn bisweilen führt manch verlockend flacher Kiesweg am Ende

Einer Urwaldszenerie gleicht der üppig wuchernde Auwald des Taubergießen.

Im Taubergießen herrscht ein farbenprächtiges Insektenleben: 80 Prozent aller Libellenarten Mitteleuropas – wie etwa die Azurjungfern – sind hier heimisch.

ins Leere. Ein etwa 4 km langer Rundweg beginnt am Parkplatz vor dem Zollkiosk westlich von Kappel, direkt am Rhein. Er führt nach links den Hochwasserdamm entlang bis vor den Buckelkopf, dann über den Orchideenweg hinweg zum Quelltopf Blaues Loch und von dort über den Atzelkopf auf die »Straße zum Rhein«. Ein Taubergießen-Erlebnis ganz besonderer Art vermittelt eine Fahrt mit dem »Trübord«, einem aus drei großen Brettern zusammengesetzten Nachen, mit dem kundige Fischer aus Kappel, Rust oder Rheinhausen den Naturfreund durch die Altwasserarme des Rheins staken (Auskünfte über Bootsvermittlung erteilt das Rathaus in W-7637 Ettenheim, Kirchstr. 4, ☏ 07822/432-48, wo auch Wanderkarten zum Taubergießen-Gebiet erhältlich sind).

❷ Limberg und Lützelberg

Mit dem 273 m hohen Limberg bei Sasbach, einem nordwestlichen Ausläufer des Kaiserstuhls, ist sehr viel auf den Nenner gebracht, was die Gegend des südlichen Oberrheins charakterisiert: Der Oberrhein mit dem ihm noch verbliebenen Auwaldgürtel zu Füßen des Limbergs, Weinterrassen, seltene Pflanzengesellschaften – vom wärmeliebenden Flaumeichenwald bis zum Trockenrasen – und vulkanische Aufschlüsse sind hier die dominierenden Landschaftselemente. Allein sieben Steinbrüche geben Auskunft über den geologischen Aufbau des Limbergs, der aus einer Wechselfolge von Lavaströmen und Tuffen entstanden ist. Besonders beim mächtig aufragenden Steinbruch VII oberhalb der Talsenke zwischen Limberg und Lützelberg wird die Erdgeschichte sichtbar. Seit 150 Jahren sucht und forscht man ergiebig am Limberg, und bereits 1870 hat man ein hier vorkommendes Ergußgestein entdeckt, das deshalb auch den Namen nach dem hiesigen Fundort an der Ruine Limburg trägt: Limburgit, ein vulkanisches Gestein, das neben Nephelin auch viel Olivin enthält. Dieser Steinbruch VII direkt oberhalb der Straße von Jechtingen her liegt an einem Wissenschaftlichen Lehrpfad, der in 3–4 Stunden durch das Naturschutzgebiet Limberg führt und auf 90 Tafeln über Geologie, Mineralogie, Geschichte, Naturschutz, Forstwirtschaft, Wein- und Obstbau sowie über die Regulierung des Rheins informiert. Die Aussicht an einigen Stellen des Lehrpfads reicht über den zentralen Kaiserstuhl bis hin zu den rebenbedeckten, etwa 300 m hohen Lößhügeln

Im Uferröhricht blüht im Juli der Ästige Igelkolben. Die oberen Kugeln sind männliche, die unteren weibliche Blütenstände.

Auf einer Exkursion durch die sumpfigen Rheinauen kann man viele seltene Pflanzen und Tiere entdecken.

Mississippidampfer im Europapark
Kaum ein größerer Kontrast ist denkbar – die friedliche Stille im Rheinauewald Taubergießen ❶ und der fröhliche Trubel im nahegelegenen Europapark Rust, einem »deutschen Disneyland« am Rhein. Der 400000 m² große Vergnügungspark auf dem Gelände des früheren Schloßparks von Rust hat zahlreiche Attraktionen zu bieten: französische, italienische, englische sowie Schweizer Stadt- und Dorfnachbildungen, Varietés und Revuen, eine Delphinshow und ein 3-D-Kino, eine Schweizer Bobbahn, eine Gebirgsachterbahn und eine Wildwasserbahn. Miniatur-Mississippidampfer fahren auf den Seitenarmen der Elz, die den ehemaligen Schloßpark in Richtung Taubergießen durchfließt. Den Naturfreund mag hier neben dem unbekümmerten Übergang von der Urwaldwelt zur Plastikwelt vor allem auch der 100 Jahre alte gepflegte Baumbestand anlocken und als schroffer Gegensatz zum Wildwuchs im Taubergießen die 100000 in Rabatten gepflegten Blumen.
Zum Europapark fährt man auf der A5 bis Ettenheim/Rust (Ostern–3. So im Okt. tägl. 9–18 Uhr, Juli–Aug. je nach Bedarf länger geöffnet).

Den rötlich blühenden Diptam findet man im Unterwuchs der Flaumeichenwälder am Kaiserstuhl. Die ätherischen Öle dieser seltenen Pflanze duften zitronenähnlich und sind an heißen Tagen leicht entzündlich, weshalb sie im Volksmund auch Brennender Busch genannt wird.

zwischen Herbolzheim und Emmendingen oder sogar bis in den Breisgau hinein. Ausgangspunkt für eine Wanderung auf dem Lehrpfad ist der Parkplatz am Rhein vor der deutschen Zollstation.
Über all dem sollte man den Lützelberg nicht übersehen, den kleinen benachbarten Ableger des Limbergs, der auch in den etwa 6 km langen Wissenschaftlichen Lehrpfad eingebunden ist. Ein Weinlehrpfad folgt stellenweise dem Kreuzweg hoch zur denkmalgeschützten Wallfahrtskapelle »Zur schmerzhaften Muttergottes«. Kurz vor der Kapelle genießt man einen umfassenden Blick auf Rheinauen und Vogesen, vor der Kapelle steht das Naturdenkmal einer 100 Jahre alten Winterlinde, und um die Kapelle herum befindet sich eine ebenfalls als Naturdenkmal ausgewiesene Baumgruppe.

3 Batzenberg

Auf der Westseite trennt das idyllische Schneckental den Schönberg 4 vom vorgelagerten Batzenberg, einem etwa 4 km langen und knapp 1 km schmalen Rebenhügel. Da der Mergeluntergrund hier nur mit einer dünnen Lößschicht überzogen ist, entging der Berg den übrigen Großterrassierungen, wie sie in den vergangenen zwei Jahrzehnten vielerorts durchgeführt wurden. Eine sanfte Gleichförmigkeit herrscht seit der Rebflurbereinigung im Jahr 1976 vor, als 8300 Grundstücke »zur rationelleren Bearbeitung größerer Rebwirtschaftsflächen« auf 3000 zusammengelegt wurden. Von der 320 m hohen Batzenberghütte ist der Blick nun ohne Sichthindernis, weder durch Baum noch durch Hecke! So eröffnet sich ein Panoramablick: nach Süden auf das nahe Markgräfler Land, nach Norden auf Tuniberg 5, Kaiserstuhl und die Häusersilhouette im Freiburger Westen, nach Westen auf Rhein und Vogesen und nach Osten auf den Hochschwarzwald und den Schönberg 4.
Der Batzenberg ist von Süden her über das Schneckental oder von Freiburg aus über die B 3 zu erreichen. In Schallstadt biegt man bei der Eisenbahnunterführung scharf links in den Höhenweg zum Aussichtspavillon ab, der mit dem Wegweiser »Weinstraße« gekennzeichnet ist. Dort beginnt ein 5 km langer Weinlehrpfad rund um den Batzenberg, der u.a. über den hier sehr verbreiteten Gutedel Auskunft gibt, dessen Rebe aus einer ägyptischen Oase stammen soll. Alljährlich im Juni findet auf Höhe der Batzenberghütte ein großes Weinfest statt, wo man sich von den Qualitäten dieser Weinlagen überzeugen kann.

Zu den wenigen mitteleuropäischen Lianen zählt die Gemeine Waldrebe, die an Baumriesen in den feuchten Rheinauen emporklettert. Das im Juni und Juli weißblühende Hahnenfußgewächs ist auch in den Lößhohlwegen am Kaiserstuhl zu finden.

❹ Schönberg

Manch einer hat ihn an trüben Tagen schon mit dem nahegelegenen, 1284 m hohen Schauinsland- oder gar dem 1493 m hohen Feldberg-Massiv verwechselt: Denn obwohl der 644 m hohe Schönberg nur etwa 400 m aus der Rheinebene emporragt, wirkt er mit seinen zahlreichen benachbarten Erhebungen (Schneeburg 516 m, Hohfirst 496 m oder Urberg 420 m) wie ein kleines Gebirge. Erdgeschichtlich aber ist die Schönberggruppe auch nur eine Bruchscholle des Oberrheingrabens, aufgebaut aus Sedimenten verschiedener Formationen von der Trias bis zum Tertiär – aus Gesteinsschichten also, die zwischen 2 und 250 Millionen Jahre alt sind. Im Norden, Süden und Westen sind die Hänge bis auf eine Höhe von etwa 400 m mit Reben bestanden, doch läßt der Kalkuntergrund seit alters her auch einen prachtvollen Laubwald gedeihen. Früher einmal herrschte hier die Eiche vor, und als der berühmte französische Marschall und Baumeister Vauban die 1678 an Frankreich abgetretene Stadt Freiburg zur Festung ausbaute, ließ man dafür 20 000 Eichenstämme vom Schönberg kommen. Seit langem dominiert aber nun die Buche, die an manchen Stellen, etwa am Hohfirst, bis zu 45 m hoch wird. In feuchteren Lagen wachsen Rot- und Sommerlinde, Bergahorn, Bergulme und Esche, Reste eines ehedem noch viel artenreicheren Laubwaldes. Bevor das Laub sich entfaltet, blüht die Fiederzahnwurz. Diese seltene Pflanze mit blaßlila Blüten kommt sonst nur in südlicheren Gegenden vor und erreicht hier am Schönberg ihre nördlichste Grenze.

Die Schönberggruppe ist für den Besucher sehr gut erschlossen. Etwa 30 Wanderparkplätze bilden die Ausgangspunkte eines ausgedehnten, gut gekennzeichneten Wanderwegenetzes. Mehrere Routen sind auch als Lehrpfade angelegt. Den »klassischen« Schönberg-Lehrpfad (Markierung: 40 L und 41 L), der in Aufschlüssen über verschiedene geologische Formationen informiert, säumen allerlei zum Teil sehr seltene Baumarten, Sträucher und Blütenpflanzen; originell sind dabei die 90 Bäume am Weg, die als markante »Persönlichkeiten« ins Naturdenkmalbuch eingetragen wurden. Zudem bietet dieser über Ebringen oder Leutersberg erreichbare Lehrpfad immer wieder herrliche Ausblicke auf die Rheinebene und das 7 km lange Hexental, das den Schönberg auf der Ostseite vom Schwarzwald trennt.

Auf dem abwechslungsreichen, 18 km langen Hexental-Rundwanderweg von Merzhausen über Wittnau nach Bollschweil und wieder zurück über das Möhlintal, Sölden und Au nach Merzhausen (Markierung: roter Ring im weißen Feld) läßt sich der Einbruch des Oberrheingrabens zu ebener Erde nachverfolgen: Der Hinweg entlang der Ostseite des Schönbergs gewährt einen Einblick in die Abfolge von Trias, Jura und Kreide, Gesteinsschichten also des ehemaligen, eingebrochenen Deckgebirges.

Museum für Naturkunde in Freiburg

Mitten in Freiburgs Altstadt (Abstecher von ❸ oder ❺) befindet sich das Museum für Naturkunde in der Gerberau 32. Ein Besuch dieses – seit 1931 im Gebäude der ehemaligen Gerberauschule untergebrachten – Museums ist u.a. als sinnvolle Vor- oder Nachbereitung einer Kaiserstuhlexkursion zu empfehlen. Denn die mineralogische Abteilung enthält neben dem bekannten »Edelsteinkabinett« und der eindrucksvollen Kabine fluoreszierender Gesteine (hier werden Mineralien so bestrahlt, daß sonst nicht sichtbare Strukturen und Farben zum Vorschein kommen) auch aufschlußreiche Schaustücke des magmatischen Kaiserstuhlgesteins. Ebenso interessant in Hinblick auf den Kaiserstuhl ist das »Orchideenkabinett« der botanischen Sammlung, in dem die 55 in Deutschland vorkommenden Orchideenarten mit ihren Eigenschaften und Standorten aufgeführt sind – die meisten davon kommen in der Umgebung Freiburgs vor, viele insbesondere am Kaiserstuhl und auf den Schotterterrassen der Oberrheinebene. Über die »Freiburger Vogeluhr« der zoologischen Abteilung kann man die Stimmen der hier ausgestellten Vögel abrufen – vielleicht hört man die eine oder andere davon im Heckenwerk eines kleinterrassierten Weinbergs wieder. Zudem befaßt sich das Museum in einer Sonderabteilung in einer großangelegten Dokumentation mit der Geschichte der mitteleuropäischen Imkerei. Dem wachsenden Umweltbewußtsein trägt das Naturkundemuseum auch mit regelmäßigen Ausstellungen zu aktuellen Themen Rechnung. Außerdem gibt es ein Kinderprogramm mit museumspädagogischen Initiativen (Di–Fr 9.30–17, Sa, So 10.30–17 Uhr geöffnet, ☏ 0761/ 2163325 oder 27; Eintritt frei).

Rund 400 m ragt der insgesamt 644 m hohe Schönberg aus der Rheinebene empor. Mit zahlreichen Wanderparkplätzen, einem gut ausgeschilderten Wanderwegnetz sowie mehreren Lehrpfaden ist er ein wahres Wanderparadies.

Ein Revier für Haustiere
Der Mundenhof ist gewissermaßen der »Zoo von Freiburg«. Die Ebene im Nordwesten der Stadt erlaubt großzügige Gehege, in denen vor allem heimische Tiere gehalten werden: Rotwild etwa oder Zwergziegen und Zwergesel. Verschiedene Rinderrassen, darunter das Schottische Hochlandrind, sind ebenso zu sehen wie Hängebauchschweine und Lockenschweine, Braunbären und Dromedare. Eindrucksvoll sind auch die in Freiheit kaum noch zu beobachtenden Uhus. Der Mundenhof hat es sich neuerdings zur Aufgabe gemacht, neben der heimischen Tierwelt insbesondere vom Aussterben bedrohte Haustierarten aus aller Welt zu zeigen – sofern sie das Klima der oft schwülen Oberrheinebene vertragen. Von hier aus bieten sich auch Spaziergänge in den nahen Freiburger Mooswald mit den Naturschutzgebieten Hunnenbuck und Arlesheimer See an.
Den 6 km vom Stadtzentrum Freiburg entfernten Mundenhof erreicht man bei einem Abstecher von 5 aus über den nordwestlichen Stadtteil Lehen, an dessen Ortsausgang das Tiergehege ausgeschildert ist: Von dort biegt ein schmales Sträßchen nach links ab und führt zum Parkplatz in der Nähe des Mundenhofs (tägl. bis Einbruch der Dunkelheit geöffnet).

Auf dem Rückweg am westlichen Schwarzwaldrand entlang stößt man auf das infolge des Grabenbruchs zutage tretende Gestein des Grundgebirges, den Granit. Insgesamt ein spannender Rundgang – voller Einblicke für Erdkundler und überdies reich an Ausblicken.

5 Tuniberg

Der heutige Tuniberg ist das Ergebnis eines »modernisierten« und dabei gänzlich um den ursprünglichen Charakter gebrachten Stücks Natur. Zwischen 1960 und 1970 wurden auf dieser etwa 10 km langen und knapp 4 km breiten Kalkscholle des Juras mit ihrer dicken Lößbedeckung 720 ha Rebland flurbereinigt. Der Tunibergrücken erweckt daher den Eindruck einer großflächigen, gleichförmigen Weinplantage, deren Wirtschaftswege weitgehend asphaltiert sind. So gelangt man auf den Wanderwegen hier zwar trockenen, aber auch müden Fußes ans Ziel und darf sich keinesfalls wundern, wenn einem unterwegs mehr Rollski-Langläufer als Wanderer begegnen.
Die Tunibergscholle ist pultförmig nach Osten gekippt, wo sie sich nur 20–30 m über die Ebene erhebt, während sie auf der Westseite 110 m steil ins Rheintal abfällt. Von den beiden Wandervarianten – West- und Ostweg, jeweils 14 km lang – ist der Westweg von Gottenheim nach Munzingen der reizvollere und aussichtsreichere, da er zum Teil entlang der steilen Westkante führt. Unterwegs kann man bei Merdingen einen noch in Betrieb befindlichen Steinbruch besuchen mit Aufschlüssen im gelblichen Kalkoolith. Hauptrogenstein nennt man hier das sonderbare Gestein des Braunen Juras. Wanderziel ist die über dem Ort Munzingen gelegene Ehrentrudiskapelle, wo man in 272 m Höhe mit einer weiten Rundsicht belohnt wird: vom Mooswald und dem Freiburger Westen mit seinen Hochhäusern über den Batzenberg 3 und den Schönberg 4 zum Hochschwarzwald; Rhein und Vogesen sind nah und natürlich auch der Kaiserstuhl. Feinschmecker kennen den Tuniberg auch als Spargelgebiet. Genießt man diese örtliche Spezialität zusammen mit »Schäufele« (wie die geräucherte Schweineschulter hier heißt), »Kratzete« (in Schweineschmalz gebackene, dicke Pfannkuchen) und einer einfachen Kräutersoße sowie dem bekannten Tuniberger Weißwein, dann vermittelt zumindest die Küche noch etwas von der ursprünglichen Landschaft.

Naturschönheit und Wirtschaftlichkeit ließen sich am Tuniberg nicht vereinbaren. Zur Arbeitserleichterung wurden Kleinterrassen in Großterrassen umgewandelt, so daß die Reblandschaft heute einer einförmigen Weinplantage gleicht.

6 Badberg
Unter all den Kaiserstuhlbergen ist der 435 m hohe Badberg mit seinem nahezu waldfreien Gipfel der schönste. Seit 1969 steht er wegen seiner Trocken- und Halbtrockenrasen und seiner »reichen Flora und Fauna mediterraner Prägung«, wie es im entsprechenden Gesetz heißt, unter Naturschutz. Im Sommer hat man hier schon bis zu 70°C am Boden gemessen und immerhin nahezu 40°C im März. Kein Wunder, daß sich da bereits in diesem Monat die zartvioletten Blüten der Küchenschelle zeigen. An der Badberg-Südseite hat sich eine artenreiche Gehölzflora herausgebildet. Im Herbst sind die Hänge voll mit bunten Sträuchern und Bäumen: Wolliger Schneeball, Berberitze, Eingriffliger Weißdorn, Kreuzdorn, Wacholder, Heckenrose, Hartriegel, Felsenbirne, Waldkiefer, Traubeneiche und Flaumeiche.
Das Naturschutzgebiet Badberg erreicht man über den Parkplatz am Badloch, rechts an der Straße von Vogtsburg nach Oberbergen. Das Badloch ist eine 21°C warme Thermalquelle, die noch vom ehemaligen Vulkanismus des Kaiserstuhls zeugt. Seit 1926 gibt es hier ein kleines Tretbassin, das man, wie eine Tafel empfiehlt, im »Storchengang« begehen soll: Die Füße sind bei jedem Schritt über die Wasserfläche zu heben. Der schon ziemlich zugewachsene Steinbruch am Badloch läßt noch an manchen Stellen bräunlich verwitterten Karbonatit erkennen – ein grobkörniges magmatisches Gestein, das hier und bei Schelingen ansteht und in dieser Zusammensetzung den Geologen lange Zeit großes Kopfzerbrechen verursacht hat. Dieses sehr seltene Gestein, das wie Marmor aussieht und wahrscheinlich aus geschmolzenem Kalkstein besteht, stieg hier einst mit den heißen Schmelzen aus großer Tiefe auf.

7 Lößhohlwege: Eichgasse bei Bickensohl
Die Lößhohlwege im Kaiserstuhl kennzeichnen das jahrhundertelange Zusammenwirken von Mensch und Natur. Im Laufe der Zeit durch die Räder landwirtschaftlicher Fuhrwerke eingesenkt und durch Niederschläge ausgeschwemmt, entstanden in der alten Lößlandschaft bis zu 15 m tiefe Hohlgassen, deren fast senkrechte Wände und kastenartiger Querschnitt einen unvergleichlichen Standort besonders für Pflanzen bieten, die klettern, klimmen oder schlingen können: Ackerwinde, Wil-

Der Winzerweg von Riegel nach Achkarren

An der nordöstlichsten Ecke des Kaiserstuhls liegt der Weinort Riegel, wo man den Winzerweg – kurioserweise – schon gleich hinter der Brauerei beginnen kann: Ein Hangweg führt von dort in Windungen an steilen Lößwänden vorbei zur Kapelle auf dem Michaelsberg; von hier oben genießt man weite Ausblicke: nach Westen auf Vogesen, Rhein und Kaiserstuhl, nach Osten auf den Mittel- und Hochschwarzwald. Die bisherige Wegmarkierung (rotes Dreieck auf weißem Grund) führt uns nun weiter zum Winzerweg mit seinem einprägsamen Zeichen der blauen Traube in roter Raute auf gelbem Grund. Nach einem sanften Aufstieg durch Weinland gelangt man am Gasthaus »Silberbrunnen« vorbei – einem ehemaligen Bad der Weinbauern – bergan zur Schönebene. Von da aus führt der Weg über das Naturschutzgebiet Scheibenbuck abwärts in die bekannten Weinorte Schelingen, Oberbergen und Oberrotweil. Zwischen Schelingen und Oberbergen liegt linker Hand der Badberg 6, das größte Naturschutzgebiet im Kaiserstuhl. In Oberrotweil trifft sich der Winzerweg dann mit dem »Querweg Schwarzwald–Kaiserstuhl–Rhein«, endet aber stimmigerweise schon im großen Weinort Achkarren 8 9, wo man sich nach 16 km Fußmarsch im kühlen Keller der Winzergenossenschaft die großen Fässer ansehen und danach auch einige Gläser Wein probieren kann.

Vom 435 m hohen Badberg, einem der interessantesten Naturschutzgebiete des Kaiserstuhls mit einer mediterran geprägten Pflanzenwelt, schweift der Blick nach Süden über Rebterrassen zum Fernsehturm auf dem 557 m hohen Totenkopf.

Am Kaiserstuhl gibt es tiefe Lößhohlwege mit reicher Vegetation wie hier die Eichgasse bei Bickensohl.

Kleine Kaiserstühler Wein-Geologie
Ausgerechnet ein Wundarzt, der mit den Truppen Napoleons durch Europa gezogen war, hatte die einleuchtende Idee, daß die Edelrebe, die er am Vesuv wachsen sah, auch auf dem Vulkangestein des Kaiserstuhls gedeihen müßte. Im Jahr 1815 pflanzte er die ersten Reben in einer Steingrube am südlichsten Zipfel des Kaiserstuhls bei Ihringen ❽; heute erinnert dort am Ihringer Winklerberg eine Gedenktafel an Ernst Georg Lydtin (1779–1835), der mit seinem erfolgreichen Experiment neue Möglichkeiten für die Winzer am Kaiserstuhl schuf. Zuvor hatten sie den Wein ausschließlich auf Löß angebaut; mit der zusätzlichen Nutzung vulkanischer Böden erzielten sie nun eine Vielfalt an edlen, im Charakter recht unterschiedlichen Qualitätsweinen und zudem höhere Weinerträge. Denn die Böden auf vulkanischen Gesteinen halten die Wärme und sind reich an Nährstoffen. Bei trockener Witterung können sich die Weine dort allerdings nicht entwikkeln, sie werden flach und »veratmen« ihre Säure, wohingegen auf den untergründig immer etwas feuchten Lößböden in trockenen, sonnenreichen Jahren duftige, volle Rotweine entstehen können. In Jahren mit gemäßigtem Witterungsverlauf sind Löß- und Vulkanweine vor allem beim Rotgewächs nicht so verschieden voneinander; bei feuchtem, aber sonnigem Witterungsverlauf kann sich auf den Vulkanböden vor allem der Spätburgunder entwickeln – eine Harmonie aus Feuer und Samt –, während auf Lößboden bei dieser Witterung »zurückhaltende« Weine heranwachsen, die sich allerdings noch entfalten können, wenn man Geduld mit ihnen hat und sie lange in Ruhe lagern läßt.

der Hopfen, Waldrebe oder Efeu etwa. Manchmal hängen mächtige Wurzeln von Sträuchern in der Luft, die vielleicht gerade eine Lößplatte abgesprengt haben, andere Wurzeln graben in den Wänden Höhlungen, wo wiederum Vögel nisten können. Denn die haben es mittlerweile schwer am Kaiserstuhl; für sie sind viele Brutplätze verloren, seitdem riesige Maschinen im Rahmen der Rebflurbereinigung die Landschaft radikal umgestalteten und nicht nur Lößhohlwege vernichteten, sondern auch Bäume und Hecken zuhauf. Daß man am Kaiserstuhl noch einige eindrucksvolle Hohlwege findet wie z.B. die Stalleck- und Schlichtengasse bei Ihringen, die Marchgasse bei Oberbergen und die Eichgasse bei Bickensohl, ist nicht zuletzt auch das Verdienst der Naturschützer. Ihnen verdanken hier 300 Vogel- und Insektenarten ihren Unterschlupf, darunter Hausrotschwanz und Kohlmeise, des weiteren die Sandbiene, die Weg- und Grabwespe sowie zwei Faltenwespenarten, die sonst vorrangig im Mittelmeergebiet und in Vorderasien vorkommen.
Die Eichgasse im gleichnamigen Naturschutzgebiet bei Bickensohl – von der Ortsmitte von Bickensohl aus leicht über ein befestigtes Sträßchen mit dem naheliegenden Namen »Hohlgasse« zu finden – gilt als der schönste der wenigen noch verbliebenen Lößhohlwege. Hier befindet man sich etliche hundert Meter lang in »tiefer« Geborgenheit, gewissermaßen unter der Erdoberfläche. Und wenn man den Kaiserstuhl sonst nur durcheilt – hier muß man für ein Weilchen mit Muße gehen und schauen.

❽ Geologischer Weinlehrpfad Achkarren

Weinlehrpfade gibt es hier in großer Zahl – ob am Batzenberg ❸, Tuniberg ❺, Limberg und Lützelberg ❷ oder im zentralen Kaiserstuhl. Oft sind sie die Folge der Reblandzusammenlegungen, deren Vorteile die Tafeln entlang den asphaltierten Wirtschaftswegen immer wieder rühmen. Der 3 km lange Geologische Weinlehrpfad von Achkarren dagegen, der bei der Winzergenossenschaft beginnt und über den Weinbau in Zusammenhang mit der geologischen Bodenbeschaffenheit des Kaiserstuhlvulkans informiert, führt den Besucher aber auch noch in eine ursprünglichere Natur.
Achkarren liegt – ebenso wie die anderen bekannten Weinorte an der Westflanke des Kaiserstuhls – auf einem Untergrund aus vulkanischem Gestein, das sich aus abwechselnden Lagen von Lava und Tuffen zusammensetzt. Der feinkörnige Lößstaub, der im Eiszeitalter vom Wind verweht wurde und sich nach und nach auf dem Vulkangestein ablagerte, wurde schnell mit den viel gröberen Tuffen des Tertiärs vermischt. Der innere Aufbau des Jahrmillionen alten Kaiserstuhl-Vulkans läßt sich an den Aufschlüssen des Geologischen Weinlehrpfads recht gut erkennen. Gleichzeitig erfährt man Wissenswertes über den populären Kaiserstühler Wein, der entweder auf vulkanischen Böden, reinen Lößböden oder auch auf Mischböden wächst. Auf allen drei Bodenarten fühlen sich bei dem hier vorherrschenden milden Klima die anspruchsvollen Burgunderreben

Rebterrassen prägen das Bild bei Achkarren. Hier informiert ein interessanter Lehrpfad über den Weinbau auf den unterschiedlichen Bodenarten.

am wohlsten, der Blaue Spätburgunder genauso wie der Ruländer (auch Grauburgunder genannt) und der Weißburgunder, die am Kaiserstuhl insgesamt zu 50% verbreitet sind. Im Haus der Achkarrer Winzergenossenschaft kann man eine kleine geologische Ausstellung zur Entstehung des Kaiserstuhls besuchen (Mo–Fr 8–12.30, 13.30–17.30, Sa 9–13 Uhr geöffnet, ☏ 07662/6092) und auch die unterschiedlichen Weine von Achkarren probieren. Eine große Weinprobe findet hier jeden Mittwochmorgen um 10 Uhr statt (nach Voranmeldung).

9 Büchsenberg

Vom Achkarrer Weinlehrpfad 8 gelangt man leicht zu Fuß in die nahegelegenen Naturschutzgebiete Büchsenberg und Pfaffenlochberg. Der Büchsenberg ist wegen seines knapp 12 ha großen Flaumeichenwaldes von botanisch hohem Rang, denn in geschlossener Formation kommt die Flaumeiche sonst nur weiter südlich vor – im Rhonetal bildet sie Hügelwälder, und als Bergwald breitet sie sich in den Kalkgebirgen des Mittelmeerraums aus. Hier am Büchsenberg wie auch am Badberg 6 und am Schneckenberg bei Achkarren sowie am Limberg 2 bei Sasbach bietet der Kaiserstuhl der kleinwüchsigen Flaumeiche mit ihrer samtigen Behaarung an den Blattunterseiten nahezu mediterrane Bedingungen: trockenwarme Lagen auf sonnenreichen Hängen, als Untergrund eine dünne Lößschicht über Vulkangestein. Im Unterwuchs des Flaumeichenwaldes am Büchsenberg findet man den nach Zitrone duftenden Diptam vor, eine aus dem Osten bzw. Südosten Europas stammende Steppenheidepflanze mit rötlichen oder weißen, dunkelgeäderten Blüten, deren ätherische Öle an heißen Tagen eine leicht entzündliche Aura bilden.
Wenn man am Bahnhof in Achkarren auf dem Sträßchen entlang der Eisenbahnlinie in Richtung Norden fährt, erreicht man nach 1,5 km den Parkplatz am Büchsenberg, wo ein Steinbruch Aufschlüsse über das Vulkangestein des Kaiserstuhls gibt: Graue Lavaströme, rötlich- bis braungraue Tuffe und vulkanische Gesteinstrümmer liegen hier wechselweise übereinandergeschichtet.

Weinlese am Kaiserstuhl: Das Vulkangebirge ist in der ganzen Welt berühmt für seine edlen Qualitätsweine.

Die asphaltierten Wirtschaftswege am Kaiserstuhl eignen sich gut für gemütliche Radtouren.

Der Querweg durch den Kaiserstuhl
Der »Querweg Schwarzwald–Kaiserstuhl–Rhein«, der mit der Markierung rote Raute auf gelbem Grund versehen ist, bildet am Mauracher Hof bei Denzlingen den Ausgangspunkt einer rund 36 km langen Wanderung durch den Kaiserstuhl und seine nähere östliche Umgebung. Von Denzlingen führt er zunächst durch die Teninger Allmend, einen ausgedehnten Staatswald mit ursprünglich reinem Laubwaldbestand aus Eiche und Hainbuche, in dem jedoch neuerdings seit der regionalen Grundwasserabsenkung auch die raschwüchsige Douglasie, ein Nadelbaum, gedeiht. Danach quert der Weg den Nimberg, der wie eine Miniaturausgabe des Tunibergs erscheint und, etwa 50 m über die Ebene hinausragend, einen umfassenden Blick auf den östlichen Kaiserstuhl gewährt, den man dann nach knapp 3 km durch die Ebene bei Eichstetten (bei 6) erreicht. Von da aus geht es über die Rebhänge eines ausgedehnten Weinberggeländes hinauf zum Aussichtsparkplatz »Bahlinger Eck« und weiter zur Schönebene; auf dieser Strecke eröffnen sich wie in einer Bilderfolge immer neue Aspekte des zentralen Kaiserstuhls – bei guter Sicht vor dem Hintergrund des Rheintals und der Vogesen. Nächste Wanderstation ist der Katharinaberg (492 m), von wo ein Kammweg mit vielerlei Aussichten zum Wanderparkplatz »Auf dem Eck« führt. Im anschließenden Wanderabschnitt bestimmen Rebflurbereinigungen in großen Ausmaßen das Landschaftsbild: Notwendigerweise folgt deshalb der Wanderweg von der Mondhalde hinunter nach Oberrotweil einem asphaltierten, auch für den Auto-Ausflugsverkehr offenen Weinlehrpfad. Von Oberrotweil aus ist jedoch bald Achkarren erreicht, wo als Abstecher die Anschlußmöglichkeit an einen noch recht natürlichen Weinlehrpfad 8 unterhalb des Schloßbergs besteht; auch ein Besuch des nahegelegenen Naturschutzgebiets Büchsenberg 9 ist hier lohnend. Der Querweg mündet schließlich beim Achkarrer Bahnhof in die Ebene; Breisach ist nun bequem und unfehlbar zu erreichen: Der Wanderweg folgt ab hier der Eisenbahnlinie.

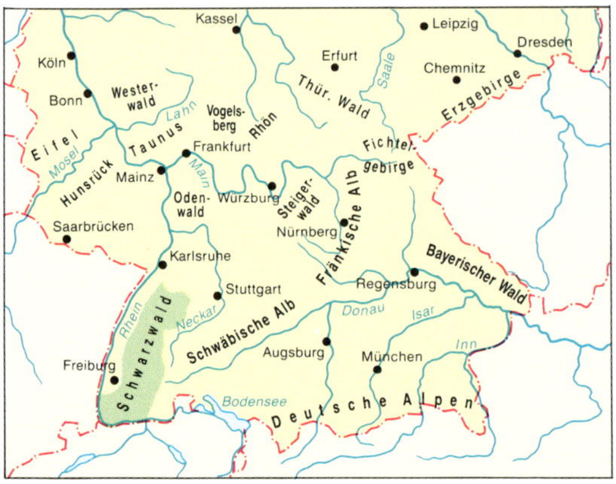

Emporgehoben, erschüttert und zerbrochen: Vor 60 Millionen Jahren haben gewaltige Kräfte aus dem Erdinnern die uralten Gesteinspakete des heutigen Schwarzwaldes und der benachbarten Vogesen samt den darüberlagernden dicken Buntsandsteinschichten aufgewölbt. Gleichzeitig brach die Erdkruste im Scheitel des Gebirges mehrere tausend Meter ein: Der so entstandene Oberrheingraben ist das Zentrum einer geologischen

Zerrungszone, die durch ganz Europa verläuft. Auch heute noch kommt die Erde hier nicht zur Ruhe. Der Schwarzwald ist wie eine vernarbte Wunde; Granite und Gneise aus den Tiefen sind durch die Erosionskräfte vom Deckgebirge entblößt und von einem Eispanzer zu gerundeten Kuppen modelliert worden, der vielerorts kleine, kreisrunde Seen geschaffen hat. Sagenumwoben blinken sie aus den dichten Wäldern hervor.

42 Schwarzwald

Ruhige Höhen auf bewegtem Grund

Lage Zwischen Kraichgau im Norden und Hochrhein im Süden; im Westen von der Oberrheinebene und im Osten vom Oberen Neckartal und der Schwäbischen Alb flankiert
Ausdehnung Nord–Süd ca. 160 km; West–Ost zwischen 30 und 50 km
Land Baden-Württemberg
Höchste Erhebungen Nordschwarzwald: Hornisgrinde 1164 m, Hundsrücken 1080 m, Schliffkopf 1055 m, Hoher Ochsenkopf 1054 m, Mehliskopf 1009 m, Badener Höhe 1002 m; Mittlerer Schwarzwald: Kandel 1241 m, Obereck 1180 m, Rohrhardsberg 1159 m, Roßeck 1154 m, Brend 1148 m; Südschwarzwald: Feldberg 1493 m, Herzogenhorn 1415 m, Belchen 1414 m, Schauinsland 1284 m, Blauen 1165 m
Wichtigste Flüsse Wutach, Wehra, Wiese, Elz, Gutach, Kinzig, Rench, Murg, Breg, Alb, Nagold, Enz
Landschaftsformen Mittelgebirgslandschaft; im Norden Hochflächen und zur Rheinebene tief eingeschnittene Flußtäler; im Süden von Gletschern überformte Bergkuppen mit kleinen Karseen und steilen Kerbtälern
Information Schwarzwaldverein, Bismarckallee 2 a, W-7800 Freiburg im Breisgau, ☏ 0761/22794; Fremdenverkehrsverband Schwarzwald, Bertoldstr. 45, Postfach 1660, W-7800 Freiburg im Breisgau, ☏ 0761/31317; Gebietsgemeinschaft Nördlicher Schwarzwald, Am Waisenhausplatz 26, W-7530 Pforzheim, ☏ 07231/17929; Gebietsgemeinschaft Mittlerer Schwarzwald und Ortenau, Hauptstr. 40, W-7620 Wolfach, ☏ 07834/4918 u. 4919;

Emporgehoben und zurechtgestutzt
An Herbsttagen aus der nebligen Rheinebene in das strahlende Licht der Schwarzwaldhöhen hinauffahren – ein beglückendes Erlebnis, denn dort findet man eine Aussicht, die ihresgleichen sucht: von den Vogesen im Westen über die schneebedeckte Alpenkette im Süden bis zum Albtrauf, dem Steilabbruch der Schwäbischen Alb, im Osten. Im Frühjahr durchfährt man auf dem gleichen Weg sogar mehrere Jahreszeiten: Während am Oberrhein bereits die Pfirsich- und Mandelbäume blühen, liegt »auf dem Wald«, wie die Einheimischen sagen, noch eine dicke Schneedecke. Die Erdgeschichte hat dem Schwarzwald auf engstem Raum eine erstaunliche Vielfalt beschert. Auf dem 1493 m hohen Feldberg 36 kann man es sich heute fast nicht mehr vorstellen, daß die Gneisfelsen des höchsten Schwarzwaldgipfels einmal mehrere Kilometer tief unter dem Erdboden lagerten. Vor rund 60 Mil-

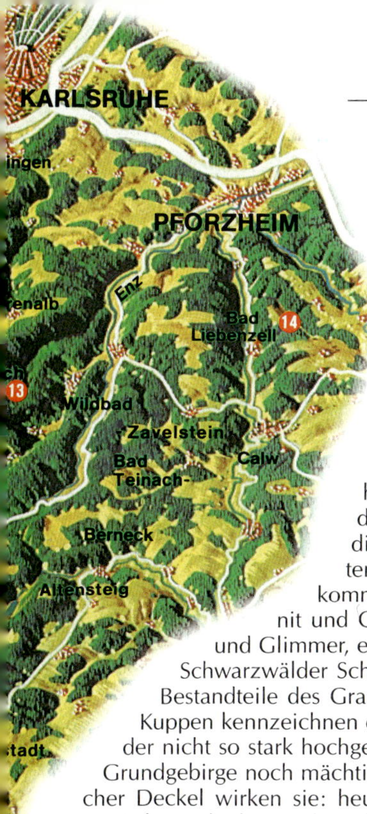

lionen Jahren, zu Beginn der Tertiärzeit, war aber genau das der Fall. Schwarzwald, Rheinebene und Vogesen, damals noch ein weites Tiefland, wurden im Lauf der Alpidischen Gebirgsbildung allmählich zu einem riesigen Sattel aufgewölbt. Im gleichen Maße begann der heutige Oberrheingraben einzusinken, während sich seine Randgebiete weiter hoben. Am stärksten wölbte sich der Südschwarzwald in die Höhe. Aber auch der Nordwesten um die 1164 m hohe Hornisgrinde 5 hat versucht mitzuhalten. Je größer jedoch die Hebungshöhe, um so stärker die Erosion. Dabei wurden tiefe Schichten der Erdkruste freigelegt, und deshalb kommt dort heute das Grundgebirge aus Granit und Gneis zum Vorschein. »Feldspat, Quarz und Glimmer, euch vergess' ich nimmer«, so lernen die Schwarzwälder Schulkinder die wichtigsten mineralischen Bestandteile des Granits auswendig. Sanfte Rundungen und Kuppen kennzeichnen diese Landschaft. Im Nordschwarzwald, der nicht so stark hochgehoben wurde, liegen auf dem welligen Grundgebirge noch mächtige Buntsandsteinschichten. Wie ein flacher Deckel wirken sie: heute meist dichtbewaldete Hochebenen, von tief eingekerbten Tälern durchschnitten.

Spieglein, Spieglein in dem Wald

Nicht genug, daß die Tektonik der Tertiärzeit die Erdkruste in Aufruhr versetzte. In den darauffolgenden Eiszeiten erwies sich der Schwarzwald als Schneefänger für westliche Winde, die an der Gebirgsbarriere ihre eisige Wolkenfracht abluden. Und die bescherte den Höhenregionen einen immerhin 1000 km^2 großen Eispanzer, dessen Zentrum der Feld-

Diese Landschaft bei Furtwangen verdankt ihr Aussehen hauptsächlich den Waldbauern. Immer mehr Landwirte geben auf – und die Täler werden aufgeforstet.

Verkehrsgemeinschaft Elztal und Seitentäler, Haus des Gastes, W-7807 Elzach, ☏ 07682/7990; Verkehrsgemeinschaft Hochschwarzwald, Stadtstr. 2, W-7800 Freiburg im Breisgau, ☏ 0761/2187-209/304; Feriendreieck im Mittleren Schwarzwald, Badstr. 1, W-7838 Freiamt, ☏ 07645/644; Fremdenverkehrsgemeinschaft Südlicher Schwarzwald, Wiesental-Markgräflerland, Palmstr. 3, W-7850 Lörrach, ☏ 07621/410439; Verkehrsgemeinschaft Südlicher Schwarzwald, Hochrhein-Hotzenwald, Kaiserstr. 110, W-7890 Waldshut-Tiengen, ☏ 07751/86444; Landesfremdenverkehrsverband Baden-Württemberg, Esslinger Str. 8, W-7000 Stuttgart 10, ☏ 0711/247364

berg 36 war. Das Gletschereis verwandelte kerbförmige Talquerschnitte in breite, U-förmige Täler. Viele Gipfel wurden durch das Eis rundgehobelt. Im Norden, wo wegen der geringeren Höhe des Mittelgebirges die Niederschläge abnahmen, konnte sich keine geschlossene Eisbedeckung bilden. Kleinere Gletscher formten aber auch hier steile Karwände und Übertiefungen. So entstanden romantische Karseen, die wie kleine Spiegel aus den Wäldern hervorblinken. Zeugen der Eiszeiten sind sie, und man findet sie überall im Schwarzwald. So z. B. sind der Feldsee 36 im Süden und der Mummelsee 6 im Norden sehenswerte Karseen.

Im schönsten Wiesengrunde

Wie das Eis, so hat auch das Wasser Spuren hinterlassen. Wo das Gestein der Abtragung weniger Widerstand entgegenbrachte, haben Flüsse und Bäche weitere Talebenen ausgeräumt: heute genutzt für Wiesen, Äcker und Obstbäume. Im Nordschwarzwald sind die Täler enger, dunkler und bewaldeter. Entstanden ist dort der Text zum bekannten Volkslied »Im schönsten Wiesengrunde«, gedichtet vom Neuenbürger Oberamtsrichter Wilhelm Ganzhorn. Geradezu alpin anmutende Felsschluchten wie das Höllental 38 bei Freiburg und markante Wasserfälle wie bei Triberg 22 finden sich in allen Teilen des Schwarzwaldes. Seltener dagegen sind die

Route 1
Nördlicher Schwarzwald

Der Nordschwarzwald ist der am dichtesten bewaldete Teil des Waldgebirges. Nirgendwo stehen die Fichten und Tannen so eng wie hier, bis tief ins Tal zieht sich das schwarze Kleid, das dem Schwarzwald seinen Namen gab. Im nördlichen Teil fehlt zwar oft der reizvolle Wechsel von Wald und offenen Flächen, wie ihn der Süden aufweist. Dafür ist das touristisch gut erschlossene Feriengebiet in weiten Bereichen ruhiger und beschaulicher. Daß man die Ruhe der ausgedehnten Waldgebiete schon früh zu Erholungszwecken aufgesucht hat, zeigen die alten Fürstenbäder wie Baden-Baden und Wildbad, deren Thermen sich noch heute großer Anziehungskraft erfreuen.
Die ohne Abstecher ca. 260 km lange Rundfahrt hat ihre Höhepunkte vor allem im ersten Teil. Sie führt zunächst über den Gebirgskamm des Nordschwarzwaldes. Die Schwarzwald-Hochstraße 1 berührt die Hornisgrinde 5, den höchsten Gipfel der Region. Erst ab Freudenstadt geht es in die engen, tiefbewaldeten Kerbtäler von Murg, Enz und Nagold hinab, um dann – bergauf, bergab – Hochmoore wie das Wildseemoor 13 und enge Schluchten wie das Monbachtal 14 zu erkunden.
Streckenverlauf:
Von der A 5 Ausfahrt Baden-Baden auf die B 500 nach Baden-Baden. Dort weiter auf der B 500, die ab jetzt Schwarzwald-Hochstraße 1 heißt, Richtung Freudenstadt; hinter Malschbach rechts ab nach Bühlertal 2 und von dort talaufwärts über Längenberg wieder zurück auf die B 500; dort Abstecher zum Herrenwieser See 3 und zum Schwarzenbach-Stausee 4; zurück zur B 500 Richtung Freudenstadt über Hornisgrinde 5 und Mummelsee 6 bis zum Parkplatz »Ruhestein« (linker Abzweig nach Baiersbronn); an der Kreuzung rechts Abstecher zum Karlsruher Grat 7 und nach Allerheiligen 8; zurück zum Parkplatz an der B 500 und zum Wildsee 9; weiter zum Schliffkopf 10 und dann auf die B 28 zum Kniebis 11 und nach Freudenstadt; von dort über die B 462 nach Norden ins Murgtal 12 und auf der Schwarzwald-Tälerstraße Richtung Gaggenau bis nach Weisenbach; dann rechts bergauf über Kaltenbronn zum Wildseemoor 13; anschließend wieder bergab bis ins Tal der Großen Enz nach Sprollenhaus, dort links talabwärts über Wildbad bis nach Calmbach, von dort rechts auf die B 296 in Richtung Calw, in Hirsau im Nagoldtal links auf der B 463 nach Bad Liebenzell und zum Monbachtal 14; dann ein kurzes Stück zurück nach Bad Liebenzell und rechts bergauf nach Schömberg und Höfen im Enztal, dort kurz rechts auf der B 294 in Richtung Pforzheim, bei der Eyachmühle links ab über Bad Herrenalb nach Gernsbach, von hier über Staufenberg und Ebersteinburg zum Battert 15 und dann über Baden-Baden zurück zur A 8.
Der Nordschwarzwald ist für den Fremdenverkehr gut erschlossen. In den Sommermonaten kann es vorkommen, daß die Strecke zwischen Baden-Baden und Freudenstadt stark überlastet ist. Zum Übernachten bieten sich Orte wie Bad Herrenalb, Wildbad, Calw, Freudenstadt oder Baden-Baden an.

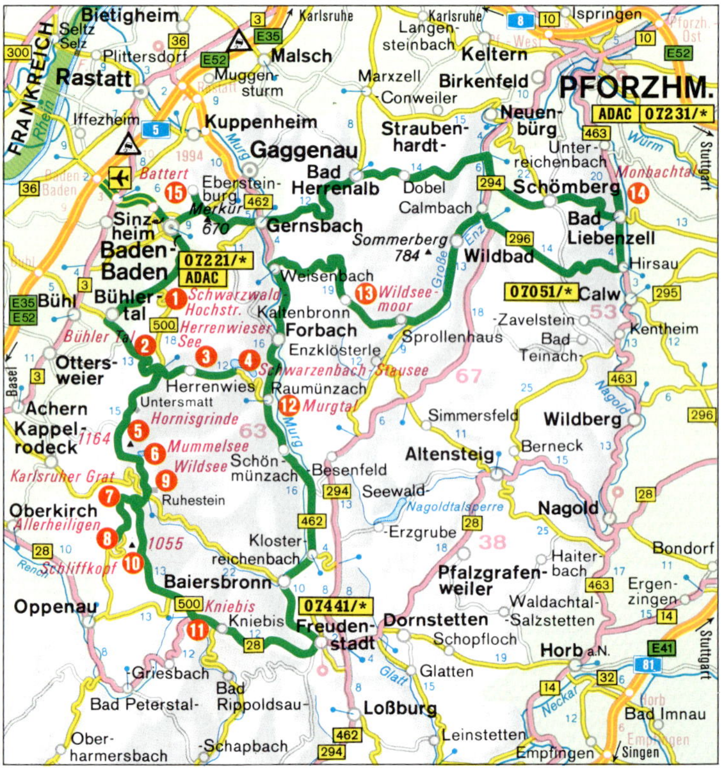

Mühlen geworden, die als Hammerwerke und Eisenschmieden einst die Bodenschätze der Region nutzten und so Arbeit und Lohn in die Täler brachten.

Noch kleidet ihn der Wald

Eine Schreckensvision ist das Waldsterben dort, wo der Wald Inbegriff für Landschaft und Heimat geworden ist. Inzwischen erkennen nicht nur Eingeweihte, daß es dem Wald schlechtgeht. Wenn mit Kalk gegen die Versauerung des Waldbodens vorgegangen wird und sich der weiße Staub wie ein Leichentuch über Pflanzen und Bäume legt, dann sehen auch Laien, daß der Wald die Last aller trägt. Sind die Bäume erst geschwächt, schlägt oft zusätzlich der Borkenkäfer zu. Monotone Fichtenschonungen wie auf der Hornisgrinde 5 frißt er bevorzugt kahl. Allerdings verschlechtert sich der Zustand der Wälder inzwischen nicht mehr in dem Maße wie noch vor wenigen Jahren.

Land der Köhler und Flößer

Jahrhundertelang mußten die Schwarzwälder ihren Lebensunterhalt dem Wald abtrotzen. Die Techniken der Kohlenmeiler, Pottaschesiedereien, Flößerei und Harzgewinnung kann man heute nur noch im Museum (u.a. in Wolfach) bestaunen. Das Strohflechten, Schnitzen und die Uhrenherstellung haben sich vor allem dort gehalten, wo Feriengäste als Abnehmer vorhanden sind.

Aber auch heute wird das natürliche Kapital des Schwarzwaldes gut genutzt. Der Wald ist nicht nur für die Holzwirtschaft ein wichtiger Faktor. »Bioklima« nennen Wissenschaftler mittlerweile das, was Kurgästen zwischen Pforzheim und Waldshut seit Jahren erfolgreich Erholung bringt: Wald, Wind, Kälte und Sonne setzen Reize, die nicht nur Städter beleben. Der immense Zustrom von Erholungsuchenden birgt aber auch Gefahren für die Wälder, die vielerorts noch einen fast unberührten Eindruck machen.

Im 18. Jahrhundert lieferten zahlreiche Kohlenmeiler die Holzkohle zur Verhüttung der Schwarzwälder Eisenerze.

Wo es heiß aus Spalten sprudelt

Dort wo der Schwarzwald hochgehoben wurde und der Oberrheingraben einbrach, entstanden tiefe Risse in der Erdkruste, aus denen jetzt heißes Wasser sprudelt. Quellen der Linderung und Entspannung sind 13 Schwarzwälder Mineral- und Thermalbäder – Bäder, die auch schon die römischen Legionäre kannten (Information: Heilbäderverband Baden-Württemberg, ☏ 0761/408152). Ruinen römischer Badekultur findet man in Badenweiler und Baden-Baden, dem römischen »Aquae«. Wer einmal dort im marmornen Bad der Caracalla-Thermen unter lichtdurchfluteter Kuppel ins heiße Wasser getaucht ist oder sich draußen im Whirlpool und in der Strombahn treiben ließ, kann die Begeisterung der Römer für Badekultur unschwer nachvollziehen.

Route 1 Nördlicher Schwarzwald

Dunkle Tannen und stille Seen

1 Schwarzwald-Hochstraße

Wo an manchen Sommerwochenenden reger Verkehr herrscht, wuchs jahrhundertelang ein so undurchdringlicher Urwald, daß die Besiedelung unmöglich erschien. Erst nach dem Ersten Weltkrieg begann man mit dem Bau der ältesten deutschen Ferienstraße, die das mondäne Baden-Baden mit dem vom Renaissance-Reißbrett geplanten Freudenstadt verbindet. Etwa 60 km weit führt die Panoramastraße in Höhen bis zu 1000 m. Die Aussicht ist großartig: nach Westen tief hinab zur Rheinebene und hinüber zu den Vogesen, im Osten schier endlose Wälder und als schmaler Streif am Horizont die Schwäbische Alb. Mit etwas Glück sieht man im Süden sogar die Alpen. Amtlich wird die Schwarzwald-Hochstraße als B 500 bezeichnet. Bei guter Witterung kann man die Straße an einem Nachmittag abfahren.

Im Norden macht der Schwarzwald seinem Namen alle Ehre: 73 Prozent der Fläche werden forstwirtschaftlich genutzt.

Der Granit der Wiedenfelsen im Bühler Tal verwittert langsam zu rundlichen Gesteinsblöcken, sogenannten Wollsäcken.

❷ Bühler Tal

Felsschluchten im oberen Teil, talabwärts – zum Rheintal hin – ein fruchtbarer Garten – wem sind die Bühler Zwetschgen kein Begriff? Das 13 km lange Bühler Tal bietet romantische wie spektakuläre Ansichten. Klobige Granitblöcke wie die Falkenfelsen erreicht man in 20 Minuten vom Parkplatz beim Hotel »Plättig« an der B 500, nördlich der Einmündung von Bühlertal (ausgeschildertem Weg zur Hertahütte folgen). Die 70 m hohen Gertelbach-Wasserfälle und das Felsenlabyrinth der Wiedenfelsen kann man vom Ortsrand von Bühlertal aus auf dem Wanderweg Nr. 17 in 2½ Stunden erreichen. Große Teile des Bühler Tales sind bereits unter Landschaftsschutz gestellt.

❸ Badener Höhe und Herrenwieser See

Obwohl er kaum 10 m tief und nicht einmal 2 ha groß ist – für die Flößer tief unten auf der Murg reichte der kleine Herrenwieser See aus, um bei niedrigem Wasserstand die »Holländerstämme« zum Rhein hin zu spülen. Heute ist der kleine Karsee, der früher künstlich aufgestaut wurde, ein Naturdenkmal und in 45 Minuten vom Ort Herrenwies im Aufstieg zu erreichen. Wer noch höher hinauf will, kann vom Herrenwieser See in weiteren 45 Minuten die 1002 m hohe Badener Höhe ersteigen und vom Aussichtsturm über die Rheinebene bis zum Straßburger Münster blicken. Vom Turm aus steigt man in einer halben Stunde nach Herrenwies ab.

❹ Schwarzenbach-Stausee

Die gewaltige, 65 m hohe Staumauer der Schwarzenbach-Talsperre war die höchste in Deutschland, als das Monumentalbauwerk 1926 fertiggestellt wurde. Die begehbare Krone der Mauer ist 380 m lang und immerhin noch 6 m dick, an der Basis sogar 48 m. Mit Kanälen und Stollen von insgesamt 8 km Länge wird das Wasser aus dem Hundsbachtal und dem Biberachtal um- und der Talsperre zugeleitet. Auf der 70 ha großen Seefläche tummeln sich an den Wochenenden Surfer und Badegäste; Motor- und Segelboote sind verboten. Von der B 500 erreicht man den Stausee mit dem Wagen, wenn man beim Kurhaus Sand nach Herrenwies abbiegt und etwa 6 km talabwärts fährt. Zu Fuß gelangt man vom Herrenwieser See in 30 Minuten hierher.

Bereits vom milden Klima des Oberrheins verwöhnt: Im Bühler Tal, hier bei Obertal, wächst der »Affentaler«, ein roter Spätburgunder, der mindestens schon seit 1330 – so lange ist der Weinbau hier bezeugt – angebaut wird.

❺ Hornisgrinde

»Grind« bedeutet im Schwarzwälder Dialekt Schädel, und neben Feuchtgebieten findet man auf dem »Kahlkopf« der Hornisgrinde noch moorige Borst- und Pfeifengraswiesen, Heidekraut und vereinzelte knorrige Legföhren. Wer nicht aufpaßt, bekommt auf der höchsten Erhebung des Nordschwarzwaldes nasse Füsse. Hier wächst kaum noch Wald, weil die Bauern schon im 15. Jh. die Höhen rodeten und sie als Viehweide nutzten. Die Reste zeigen deutliche Spuren des Waldsterbens. Da der 1164 m hohe Berg auf dem Scheitel des Erdkrustengewölbes im Nordschwarzwald ruht, steht das Grundgebirge bereits wenige Meter unter dem Gipfel an. Darauf liegt lediglich eine dünne Buntsandsteinschicht. Das Auto läßt man am besten an der B 500 auf dem Parkplatz »Mummelsee« stehen. Von dort führt ein markierter Hangweg mit märchenhaften Ausblicken zum Mummelsee ❻ in einer halben Stunde auf den Gipfel. Die Türme kann man allerdings nicht besteigen – sie liegen auf militärischem Sperrgebiet.

Die »Mummeln«, wie hier im Volksmund die Seerosen genannt werden, gaben dem Mummelsee seinen Namen.

❻ Mummelsee

Der Mummelsee liegt direkt an der Schwarzwald-Hochstraße ❶ und wird deshalb oft von Ausflüglern besucht. Wie kaum ein anderer der sieben Karseen des Nordschwarzwaldes ist der 1032 m hoch gelegene Mummelsee von Sagen und Legenden umwoben. Grimmelshausen und Mörike haben dem Gewässer Erdmännchen, Nixen und Wassergeister angedichtet. Heute ist er – leider – mit Andenkenbuden und Tretbooten ausgestattet. Selten bleibt genug Beschaulichkeit, um sich in die überlieferte Märchenwelt zu versenken. Ein Mythos wurde allerdings schon früh zerstört: Eine Messung des als unergründlich geltenden Sees ergab bereits 1783 nur eine Tiefe von rund 20 m.

❼ Karlsruher Grat

Ein im gesamten Schwarzwald wohl einmaliger Klettersteig, den sich Trittsichere unbedingt anschauen sollten – festes Schuhwerk und Schwindelfreiheit vorausgesetzt. Der Eichhaldenfirst, beim Wandervolk besser unter der Bezeichnung Karlsruher Grat bekannt, ist eine wildzerklüftete Felspartie aus vulkanischem Quarzporphyr. Den teilweise sehr schmalen

Der Quarzporphyr des Karlsruher Grats (auch Eichhaldenfirst) drang schon vor etwa 270 Millionen Jahren im Perm als flüssige Lava aus dem Erdinnern empor. Ein Weg, den allerdings nur geübte Wanderer beschreiten sollten, führt über den Grat.

Bei Allerheiligen stürzt der Lierbach 70 m tief hinab. Auf nur wenigen Kilometern Fließstrecke überwindet er insgesamt etwa 550 Höhenmeter.

Grat erreicht man vom Parkplatz an der Straße, die von der B 500 nach Allerheiligen 8 führt, etwa 2 km vom Parkplatz »Ruhestein« an der Schwarzwald-Hochstraße 1 entfernt. Wer auf dem Karlsruher Grat Lust zum Kraxeln verspürt, kann in einer guten Stunde auf markiertem Pfad an den Gottschläg-Wasserfällen vorbei nach Ottenhöfen hinabsteigen. An der untersten Gefällstufe des Gottschlägbachs erreicht man eine vom Wasser ausgekolkte Höhle, das sogenannte Edelfrauengrab.

8 Allerheiligen

In sieben Kaskaden stürzt der Lierbach unterhalb der frühgotischen Klosterruine Allerheiligen 70 m tief hinab. Der Wasserfall hat unter den steilen Felsstufen tiefe Strudeltöpfe ausgekolkt. Die Wände der schmalen Klamm tragen einen dünnen Schluchtwald mit von Wasser überrieselten Felspartien, auf denen sich Moose, Flechten und Farne angesiedelt haben. Allerheiligen erreicht man mit dem Wagen nach etwa 8 km, wenn man vom Parkplatz »Ruhestein« an der B 500 nach Oppenau abzweigt. Man fährt am Kloster vorbei eine Serpentine bergab und parkt am Eingang zur Lierbachklamm. Von dort steigt man in wenigen Minuten auf luftigen Holzbrücken und Treppen zur Klosterruine hinauf.

9 Wildsee

Wer vom Parkplatz »Ruhestein« an der B 500 dem mit der roten Raute markierten Wanderweg durch den Wald folgt, erlebt nach 30 Minuten ein imposantes Bild: steile, 115 m hohe Felswände und zu deren Füßen ein Karsee, von dichtem Bannwald umwuchert, in dem keine menschliche Hand den Lauf der Natur beeinflußt. Der 2,4 ha große Wildsee wurde wie alle Karseen im Schwarzwald vor rund 20000 Jahren in der Würm-Eiszeit von Gletschern ausgeschürft. Der Frost hat anschließend mächtige Felsblöcke aus den Wänden herausgesprengt, die jetzt unten wie Bauklötze am Hang liegen. Gut zu erkennen sind auch die halbkreisförmigen Schuttwälle, die der Gletscher bei seinem Rückzug liegenließ.

Nicht selten ist der Wildsee wolkenverhangen. Hier fallen die höchsten Niederschläge im Schwarzwald – mit 2000 mm jährlich gut dreimal soviel wie am nahen Rhein. Die Mulde dieses Karsees wurde von eiszeitlichen Gletschern gegraben.

⑩ Schliffkopf
Als 1939 aus militärischen Gründen das letzte Stück der Schwarzwald-Hochstraße ① zwischen Ruhestein und Zuflucht gebaut wurde, protestierten die Naturschützer. Die Straße durchschneidet nämlich eines der größten Naturschutzgebiete des Schwarzwaldes. Das 1380 ha große Schutzgebiet hat als höchste Erhebung den 1055 m hohen Schliffkopf. Hohe Niederschläge und Staunässe haben dort auf dem Höhenrücken für Bodenversauerung und die Ausbreitung von Mooren gesorgt. Den Schliffkopf erreicht man bequem, wenn man mit dem Auto von der B 500 abzweigt und zum Hotel »Schliffkopf« fährt. Vom Parkplatz sind es noch 15 Minuten bis zum Gipfel.

⑪ Kniebis
Auf dem langgestreckten, an Aussichtspunkten reichen Kniebis-Höhenrücken wird die Schwarzwald-Hochstraße von Befestigungsanlagen wie der Schweden- und Alexanderschanze gesäumt. Denn dort trifft die B 500 auf einen alten Handelsweg zwischen Schwaben und dem Elsaß. Herzog Alexander von Württemberg ließ im Jahr 1734 nahe dem höchsten Punkt (971 m) des Bergrückens die Alexanderschanze errichten – als Schutzwall gegen die Franzosen: dort, wo heute die B 28 in die B 500 einmündet. Ein schönes Hochmoor liegt zwischen dem Kurhaus »Zuflucht« und dem Ort Kniebis. Typische Moorvegetation kann man auch nördlich des Kniebis entdecken: Der Ellbachsee, ein von Schwingrasen mit Wollgräsern, Legföhren und hellen Birken umgebener Karsee, liegt nur wenige Wegminuten vom Ski-Stadion im Dorf Kniebis entfernt.

⑫ Murgtal
Das Murgtal gehört zu den schönsten Tälern des Nordschwarzwaldes. Auf der B 462 kann man auf wenigen Kilometern die ganze geologische Formenvielfalt des Gebiets erleben. Durch ein breiteres Wiesental im Buntsandstein führt die B 462 von Freudenstadt, vorbei an den Silbergruben von Christophstal, nach Baiersbronn. Talabwärts ab Schönmünzach beißt sich die Murg nur noch durch harten Granit. Bei Langenbrand treten die Berge bis dicht an den Fluß heran: eine eindrucksvolle Schlucht mit riesigen Gesteinsbrocken und großen Strudeltöpfen, vor 150 Jahren noch von Flößen befahren, mit denen die Murgschiffer ihre riesigen »Holländerstämme« abtransportierten. Erst 1778 begann man Wege durch die Klamm zu bauen. Durch die Elektrizitätsgewinnung oberhalb von Forbach liegt die Schlucht oft trocken, so daß man das Schauspiel der tosenden Wasser nur noch selten erleben kann.

Die Krokuswiese bei Bad Teinach-Zavelstein zeigt sich vor Ostern in ihrem schönsten Kleid.

Kreuzritters Krokuspracht
Kurz vor Ostern ist es soweit. Abertausende von weißen und violetten Krokussen schmücken die Wiesen oberhalb des mittelalterlichen Städtchens Zavelstein (Abstecher zwischen ⑬ und ⑭), das zu den kleinsten Deutschlands zählt und heute zu Bad Teinach gehört. Den Blumenteppich mit mehr als 100 Blüten pro Quadratmeter erreicht man, wenn man von Zavelstein bergauf in Richtung Waldrand geht. Nirgendwo sonst kennt man in Süddeutschland eine vergleichbar dichte Pflanzendecke der zarten Zwiebelpflanzen. Um ihre Herkunft ranken sich Legenden: So sollen Zavelsteiner Kreuzritter die Zwiebeln aus Italien mitgebracht haben. 1979 wurde das 53 ha große Kerngebiet der Krokusblüte unter Naturschutz gestellt. Während der Blütezeit ist der Weg von Zavelstein aus beschildert.

Typisch für das Murgtal sind die kleinen Heuhütten auf den Wiesen wie hier bei Bermersbach. In den eng bebauten Dörfern gab es zu wenig Platz für die Scheunen.

Die Bachforelle liebt sauberes Wasser. Fischer bezeichnen reine Gewässeroberläufe deshalb als »Forellenregion«.

Auf den Fisch gekommen

In den rasch fließenden, sauerstoffreichen Schwarzwaldflüssen gedeiht die Forelle prächtig. Hüfthoch im kalten Wasser stehend, kann man dort als Petrijünger sein Glück versuchen. Wem das aber zu mühsam ist, der kann sich seine Forellen vielerorts auch frisch aus der Fischzucht kaufen. Treppenförmig angelegte Zuchtbecken sind oft sehr versteckt in kleine Seitentäler eingebettet. Meist werden Forellen auch geräuchert angeboten – ein besonderer Lekkerbissen. Wer vom Enztal nach Dobel hinauffährt (zwischen 14 und 15), kann sich am Bahnübergang gleich zwischen zwei Fischzüchtern entscheiden. Rechts, bei einer alten Mühle mit Fischrestaurant, kann man selbst Forellen fangen. Links im Eyachtal betreibt ein Fischzüchter einen Räucher-Imbiß.

13 Wildseemoor und Hohlohsee

Federnden Schrittes über schwankenden Moorboden – beim Wild- und Hohlohsee sollte man lieber auf den mit Eisenbahnschwellen befestigten Wegen bleiben. Nicht nur, um mit trockenen Schuhen wieder aus dem Hochmoor herauszukommen, sondern auch, um die empfindliche Flora zu schonen. »Missen« nennt der Schwarzwälder die Moore, die seit fünf Jahrtausenden auf wasserundurchlässigem Buntsandstein uhrglasförmig emporwachsen. Das Wildseemoor ist das schönste im Nordschwarzwald. Allein von hohen Niederschlägen mit Nährstoffen versorgt, ist es Standort hochspezialisierter Pflanzenarten, die nur mit Tricks überleben – so der fleischfressende Sonnentau, der mit Drüsenhaaren an den Blättern auf Insektenfang geht, weil er im Moor sonst keine Nahrung findet. Wie ein Hefeteig, den man gehen läßt, wölbte sich das Wildseemoor auf einer Fläche von rund 2 km^2 etwa 3 m über die Torf- und Schlammschichten im Untergrund empor. Das 909 m hoch gelegene Naturschutzgebiet erreicht man in 40 Minuten von einem der Parkplätze im Weiler Kaltenbronn, wenn man auf markiertem Weg nordöstlich durch den Wald wandert. Genau in der anderen Himmelsrichtung liegt das kleinere Hochmoor Hohlohsee, das man – ebenfalls von Kaltenbronn aus – in 20 Minuten erreicht.

14 Monbachtal

Durch mächtige Buntsandsteinschichten hat sich der Monbach in einem Nebental der Nagold bei Bad Liebenzell gesägt: eine romantische, mehr als 4 km lange Schlucht, in der sich der Bach zwischen Felstrümmern und Strudellöchern sein Bett sucht. Ins Monbachtal kommt man, wenn man über die B 463 von Bad Liebenzell in Richtung Pforzheim fährt. Vom Parkplatz beim Bahnhaltepunkt »Monbachtal«, 4 km hinter Bad Liebenzell, führt ein Wanderweg entlang dem Bach in die Schlucht, vorbei an moosüberwachsenen Felsen, durch Laubwald und Erlenbruch. Ein strenger Naturschutz hütet seltene Pflanzengesellschaften, in denen u.a. der Gelbe Fingerhut vorkommt.

15 Battert

Viele Kletterer lassen in Baden-Baden das Spielkasino links liegen und steuern lieber gleich die Battertfelsen an. Rot leuchtend in der Abendsonne, bietet dieses Felsenmassiv aus vulkanischem Quarzporphyr einen imposanten Anblick. Das Gestein, in dem sich heute die Seilschaften

Im Fühjahr blüht Wollgras im Wildseemoor. Gäbe es nicht die Eingriffe des Menschen – das Hochmoor wäre die einzige Lichtung in einer sonst dichtbewaldeten Landschaft.

tummeln, erstarrte vor rund 270 Millionen Jahren in der sogenannten Baden-Badener Senke – ein geologisches Tiefengebiet, das nicht in gleichem Maße wie der restliche Nordschwarzwald hochgehoben wurde. Deshalb blieb auch der Battert von der Abtragung verschont und kann heute leicht vom Parkplatz am Ortsrand von Ebersteinburg aus erwandert werden. Seit 1981 steht das 35 ha große Gelände unter Naturschutz, ist aber mit Ausnahme der Blockhalden frei begehbar.

Blick unter Tage
In den Besucherbergwerken bei Neuenbürg im Enztal (zwischen (14) und (15)) sieht man, wie die frühe Industrialisierung im erzreichen Waldgebirge begonnen hat. Die ehemalige Eisengrube »Frischglück«, heute für Besucher geöffnet, liegt links der Straße, die von Schömberg über Waldrennach nach Neuenbürg führt. Die etwa 80 Mineralgänge des »Frischglück«-Reviers sind zwischen 20 und 1000 m lang. Verhüttet wurde das Schwarzwälder Eisenerz in Pforzheim und in Friedrichstal bei Freudenstadt (April–Okt. Sa, So, Fei 10–17 Uhr geöffnet; Gruppen können das Bergwerk auch Mo–Fr nach Vereinbarung besichtigen; ☏ 07082/7970).

Route 2 Mittlerer Schwarzwald

Weinberge und Wasserfälle

(16) Glottertal

Bevor die Fernsehmacher die »Schwarzwaldklinik« im Glottertal entdeckten, war's noch recht still um die Kurklinik in Glotterbad. Vom heutigen Rummel wenig beeindruckt zeigen sich die älteren Frauen. Sie ziehen zum Kirchgang immer noch ihre Tracht an. Nicht den roten Bollenhut, den viele für die Schwarzwälder Tracht schlechthin halten, sondern einen strohgeflochtenen »Schnapphut« mit Blumenaufbau und Samtbändern. Die Weinberge am Anfang des Glottertals zeigen, wie sehr hier schon das rauhe Schwarzwaldklima durch die nahe Rheinebene gemildert wird. Abseits vom Trubel um die »Schwarzwaldklinik« kann man durch das bei Winterbach abzweigende Föhrental spazieren. Wanderfreunde können

Route 2
Mittlerer Schwarzwald
Wer im Mittleren Schwarzwald unterwegs ist, dem erschließen sich die Vorteile eines touristisch noch nicht völlig überlaufenen Gebiets in Kombination mit einer Reise ohne Hektik.
Die etwa 250 km lange Rundfahrt ist eine oft kurvenreiche Bergstrecke durch den in viele Täler und Höhen zerschnittenen Mittleren Schwarzwald. Zwischen den beiden Höhepunkten Kandelgipfel (27) und Brandenkopf (26) erstreckt sich eine überaus liebliche Landschaft der Klöster und Bauernhöfe. Sie ist nicht ganz so dunkel und so dicht bewaldet wie der Norden des Schwarzwaldes und von landschaftlichen Gegensätzen weniger geprägt als der Südschwarzwald.

Streckenverlauf:
Von der A 5 Ausfahrt Freiburg-Nord über die B 294 Richtung Waldkirch, bei Denzlingen rechts ab ins Glottertal (16); talaufwärts in Richtung St. Peter und weiter nach St. Märgen; 3 km weiter über Neuhäusle links bergab nach Dreistegen ins Tal der Wilden Gutach mit Abstecher ins Hexenlochtal (17); weiter talabwärts nach Wildgutach zu zwei lohnenden Fußwanderungen zum Balzer Herrgott (18) und zu den Zweribach-Wasserfällen (19); hinter Wildgutach rechts ab talaufwärts nach Furtwangen; von dort Abstecher zum Brend (20) und zur Bregquelle (21); von Furtwangen auf der B 500 weiter nach Triberg zu den Wasserfällen (22); durch das Gutachtal (23) auf der B 33 nach Hornberg und weiter ins Kinzigtal; bei Hausach auf der B 294 rechts ab in Richtung Freudenstadt; in Wolfach links ins Wolfachtal, nach dem Weiler Untertal links ab in Richtung Bad Peterstal, auf der Paßhöhe Abstecher zum Glaswaldsee (24); in Bad Peterstal im Ort links auf die B 28 und nur wenige Kilometer durch das Renchtal bis Löcherberg; dort links unter der Bahnbrücke abbiegen und steil bergauf Richtung Oberharmersbach, auf der Paßhöhe des Löcherbergwasen Fußweg zur Heidenkirche (25); in Oberharmersbach Abstecher zum Brandenkopf (26) und weiter nach Zell; von dort durchs Kinzigtal über die B 33 nach Haslach und auf der B 294 über Elzach nach Waldkirch, Abstecher zum Kandelgipfel (27) und auf der B 294 wieder zurück zur A 5.
Der Mittlere Schwarzwald liegt abseits der großen Verkehrsströme, verfügt aber über eine gute touristische Infrastruktur. Hotels gibt es in Waldkirch, Furtwangen, Triberg und Wolfach.
In fast allen kleineren Orten werden Privatzimmer angeboten.

oberhalb vom Sägewerk in Oberglottertal links zum 800 m höher liegenden Kandelgipfel 27 aufsteigen, von dem man eine herrliche Aussicht hat.

17 Hexenlochtal

Zum »Hexenloch« wird das enge Kerbtal des Heubachs bei der Schneeschmelze. Beängstigende Wassermassen rauschen dann durch den steilen Tobel mit seinen großen Geröllbrocken, und nur wenige Stunden am Tag erreicht die Sonne die Schlucht. Eine Rarität unter den Schwarzwaldmühlen ist die ehemalige Hexenlochmühle, in der heute Kuckucksuhren hergestellt werden. Als ehemalige Sägemühle nutzte sie die Wasserkräfte des Heubachs. Sie besitzt zwei Wasserräder, je eines links und rechts vom Gebäude. Bei der Mühle, die man von Dreistegen aus nach 2 km erreicht, gibt es einen Parkplatz.

18 Balzer Herrgott

Es war vor mehr als 100 Jahren, als der vermutlich spätgotische Balzer Herrgott am Stamm einer alten Buche aufgestellt wurde. Seit etwa 1920 bezeugen Fotografien, daß die aus Buntsandstein gehauene Christusfigur allmählich von der Buche umklammert wird. 1975 war schließlich nur noch der Kopf zu sehen, und heute wäre die Figur wahrscheinlich im Stamm verschwunden, hätte man das Zusammenwachsen nicht aufgehalten. 1986 wurde der Christuskopf vorsichtig freigelegt. Der Balzer Herrgott ist in der Nähe vom Sägewerk in Wildgutach zu finden. Dort läßt man den Wagen stehen und geht auf der Straße einige Minuten talaufwärts in Richtung Altglashütten, bis links ein beschilderter Wanderweg abzweigt. Durch einen Wald geht es in einer Stunde etwa 300 Höhenmeter steil bergauf.

Durchs Tal der Wilden Gutach
Versteckt, vergessen und weitab vom Trubel liegt das Simonswälder Tal (zwischen 17 und 19). Bis zum Ort Wildgutach hat die Wilde Gutach in ihrem Oberlauf einen steilwandigen Tobel geschaffen; Block- und Schutthalden säumen das enge Tal entlang der kurvigen Straße. Ab Obersimonswald wird es breiter – Raum für die Menschen, die erst vor 500 Jahren das Tal besiedelten. Der Wald lieferte Brennholz für die Glasbläserei in Altglashütten, wurde aber auch für die Eisenschmelze in Kollnau gerodet, wo bis 1868 ein Hüttenwerk bestand. Blei, Silber, Kupfer und Eisenerz schürften die Bergknappen aus dem Gneisgebirge. Im 18. Jh. waren die Lagerstätten erschöpft und der Wald zerstört. Mit Uhrenbau, Schindelherstellung oder Holzschnitzereien besserten jetzt die Simonswälder ihr karges Einkommen auf. »Der Wald isch nit so schö wie uff dene Bilder«, sagt ein Schwarzwälder Sprichwort. Es trifft ganz besonders auf das Simonswälder Tal zu.

Der Wald galt als die »Sparkasse der Bauern«: Das Holz war ein Guthaben, das die Sägen der Hexenlochmühle in klingende Münze verwandelten.

⑲ Zweribach-Wasserfälle

In einem Bannwaldgebiet am Rand des Simonswälder Tales sind die bis zu 10 m hohen Kaskaden Teil eines Urwaldes, in dem keine menschlichen Eingriffe mehr die Natur stören sollen. Der beträchtliche Höhenunterschied von 800 m zwischen Kandelmassiv und Elztal sorgte für die rasche Tiefenerosion des Zweribachs, den man zu Fuß in 25 Minuten von einem kleinen Waldparkplatz aus auf markiertem Pfad erreicht. Um dorthin zu kommen, verläßt man Wildgutach beim Gasthof »Löwen« auf dem Zweribachweg und folgt dem asphaltierten Sträßchen etwa 2 km bergauf. Im Winter belohnt der Anblick von riesigen Eiszapfen den mühevollen, oft vereisten Aufstieg.

⑳ Brend

Beliebt ist er bei Wanderern und Ski-Langläufern, der 1148 m hohe Brend, aus der Ferne betrachtet ein eher unauffälliger Höhenrücken zwischen Furtwangen und Simonswald. Ganz anders empfindet das, wer vom Brend-Aussichtsturm den Blick über die Schwarzwaldhöhen mit Feldberg ㊱ und Kandel ㉗ schweifen läßt. Mit dem 1159 m hohen Rohrhardsberg bildet der Brend einen Höhenzug, der nur an der Kapelle die 1100-Meter-Marke unterschreitet und an vielen Stellen panoramaartige Ausblicke bietet. Zum Brendgipfel fährt man auf einer gut beschilderten Stichstraße, die von Furtwangen nach 6 km direkt zum Aussichtsturm führt.

㉑ Breg- und Elzquelle

»Brigach und Breg bringen die Donau zuweg«, lautet ein geflügelter Spruch, und wenn man in Furtwangen jetzt behauptet, der Donau-

Besonders fotogen präsentieren sich die winterlichen Zweribach-Wasserfälle am Vormittag. Dann bestrahlt die Sonne die eisverkrusteten Felsen.

Der Kuckuck im »Bahnhäusle«
Auf unterhaltsame Art durch die Geschichte der Zeitmessung spaziert man im Furtwanger Uhrenmuseum (zwischen ⑲ und ⑳), denn im Schwarzwald hat man schon vor rund 400 Jahren begonnen, Holzuhren zu bauen. Zunächst waren es nur einfache Stundenanzeiger: Hölzerne Zahnräder wurden durch Gewichte an einer Schnur angetrieben, und auf einer gläsernen Glocke schlug die Stunde. Die erste Kuckucksuhr baute 1738 der Dreher Franz Ketterer in Schönwald, einem Nachbarort von Furtwangen. Weltberühmt wurden die Schwarzwalduhren um 1850, als der Kuckuck ins »Bahnhäusle« kam. Einem Architekten der Badischen Staatsbahn, Friedrich Eisenlohr, wird der Entwurf zugeschrieben. Er verwendete die Formen seiner Bahnwärterhäuschen auch als Gehäuse für die Kuckucksuhren. Dem Furtwanger Uhrenmuseum mit seinen mehr als tausend verschiedenen Uhren ist eine Fachhochschule angeschlossen, die aus der ersten deutschen Uhrmacherschule hervorgegangen ist (geöffnet Nov.–März Mo–Fr 10–12, 14–16; April–Okt. tägl. 9–17 Uhr).

Schon Dichtern der Romantik wie Gustav Schwab waren die Triberger Wasserfälle eine Reise wert.

Alltag im Wald
Mit seinem mächtigen, bis zu 50° geneigten Dach trotzt das Schwarzwaldhaus Wind, Regen und Schnee. Im Freilichtmuseum Vogtsbauernhof wird der Alltag der Waldbauern gezeigt. Die niedrigen Stuben sind so eingerichtet, als wären sie eben erst verlassen worden. Speicher und Backhäusle fehlen ebensowenig auf dem Gelände wie Sägemühle und Hammerschmiede. In zahlreichen Handwerksstuben werden alte Arbeitstechniken gezeigt: So kann man Korbmachern und Strohflechtern bei der Arbeit zusehen. Auf dem 4 ha großen Gelände im unteren Gutachtal (zwischen 23 und 24) stehen neben dem 400 Jahre alten Vogtsbauernhof noch Höfe anderer Schwarzwaldregionen (geöffnet April–Okt. tägl. 8.30–18 Uhr).

Ursprung läge gleich hinter dem Städtchen bei der Martinskapelle, dann ist es doch zunächst einmal die Bregquelle, deren Wasser aber immerhin ins 2888 km entfernte Schwarze Meer fließen. Zur Bregquelle, die ab Furtwangen ausgeschildert ist, fährt man 8 km weit. Vom Parkplatz beim Gasthof »Kolmerhof« sind es noch 40 m bis zu dem gefaßten Brunnen. Von dort braucht man allerdings nur wenige hundert Meter weiter zu gehen, um in den Einzugsbereich eines anderen großen Stromes zu gelangen.
Man überschreitet hier die Mitteleuropäische Hauptwasserscheide, denn die Elz, die unmittelbar neben dem Forstweg zwischen Martinskapelle und Furtwängler Hof fließt, mündet, nachdem sie einen riesigen Haken um den Gschasikopf geschlagen hat, schlußendlich in den Rhein.

22 Triberger Wasserfälle

Die donnernde, gischtende Gutach übertönt jedes Wort. Flechten und Farne überziehen die Felsen der engen, bewaldeten Schlucht und verwandeln den Tobel in einen grün schillernden, wilden Steingarten. Ausruhen auf dem steilen Zickzackweg oberhalb von Triberg kann man sich in Pavillons und auf Sitzbänken.
Der hohe Wasserfall stürzt in sieben Stufen 163 m in die Tiefe. Verantwortlich für diesen gewaltigen Fall ist eine tektonische Störung. Entlang einer Verwerfungslinie sank der östliche Gebirgsteil ab. Die Wasserfälle befinden sich auf der anderen, gehobenen Seite. Durch rückschreitende Erosion gräbt die Gutach in diese Spalte eine immer tiefere Klamm. Sie ist jetzt bei den Wasserfällen angelangt und wird in den kommenden Jahrtausenden – das kann man heute schon voraussagen – das Naturspektakel in Richtung Schönwald verlegen. Bis jetzt profitieren aber immer noch die Triberger vom Wasserfall, den man nur gegen Eintrittsgeld besichtigen kann. Der Eingang befindet sich am oberen Ortsende von Triberg; der Weg ist beschildert.

23 Gutachtal

Fast schon ein alpines Flußtal und einst klassisches Fischgewässer für angelsächsische Touristen – das Gutachtal. Selbst Hemingway kam 1922 hierher, zog aber verärgert von dannen, weil er in Triberg keinen Angelschein bekam. Heute ist die Schlucht durch die B 33 gut erschlossen. Eine besonders romantische Fahrt macht man mit der Bahn, die sich zwischen Hornberg und St. Georgen in vielen Kehren und Schleifen, mit Tunnels und Viadukten, einen Weg auf die Höhe bahnt. Der Grund für dieses technische Wunderwerk aus dem 19. Jh. läßt sich erklären: Die badische Regierung in Karlsruhe hatte kein Interesse daran, die Schwarzwaldbahn von Offenburg nach Villingen über württembergisches Gebiet zu führen, was natürlich einfacher gewesen wäre.
Ein Modell der altehrwürdigen Schwarzwaldbahn kann man im Triberger

Weit über das Gutachtal blickt man vom Schloßfelsen, 7 km nördlich von Triberg. Bei einer Sägemühle steigt dort rechts der Gutach der Robert-Gerwig-Weg bergan, auf dem man in etwa 60 Minuten den Aussichtspunkt erreicht.

Schwarzwaldmuseum besichtigen (geöffnet Mai–Sept. tägl. 9–18, Okt.–April tägl. 10–12, 14–17 Uhr; geschlossen Mitte Nov.–Mitte Dez.).

24 Glaswaldsee

Schwarz und still liegt der Glaswaldsee inmitten einer Arena aus steilen, tannenbestandenen Felswänden – einer der schönsten Karseen im Schwarzwald. 1743 hat der 2,7 ha große und 11 m tiefe See die Bewohner des Glaswaldtals in Angst und Schrecken versetzt. Unter dem Druck riesiger Schmelzwassermengen zerbarst der Gesteinswall vor dem See und riß mehrere Bauernhöfe mit sich fort. Später wurde der See wieder künstlich verschlossen, und die Kraft der Wassermassen machte man sich nur noch gelegentlich zunutze, um dem Flüßchen Wolfach im Haupttal genügend Wasser für die Flößerei zu verschaffen.
Der Wall, der den Glaswaldsee abdichtet, ist eine Endmoräne, die der Gletscher einst aufgeschüttet hat. Der Glaswaldsee zählt heute zwar immer noch zu den schönsten, leider aber auch frequentiertesten Schwarzwälder Seen, was nicht ohne negative Folgen für die Ufervegetation blieb. Seit 1960 hat man daher das gesamte Gebiet unter Naturschutz gestellt. Den See erreicht man vom Parkplatz an der Paßhöhe der Straße Schapbach–Bad Peterstal aus, wenn man auf einem markierten Wanderweg 45 Minuten nordöstlich durch den Wald wandert.

Einzeln gelegene, große Waldbauernhöfe in der charakteristischen Bauweise wie hier an der Gutach prägen die Landschaft im Mittleren Schwarzwald.

Neue Formen der Glaskunst brachten Heimatvertriebene nach dem Zweiten Weltkrieg in den Schwarzwald mit.

Vom Glasklumpen zum Weinkelch

Den Weg vom rotglühenden Glasklumpen zum elegant geschwungenen Weinglas kann man im Glasmuseum Dorotheenhütte in Wolfach (zwischen 23 und 24) direkt miterleben. Wenige Meter vom glühenden Schmelzofen entfernt stehen heute Besucher vor den Glasbläsern und fühlen den Takt, mit dem das noch flüssige Glas den Arbeitsrhythmus bestimmt. Wenige Schritte weiter verzieren Glasschleifer die abgekühlten Kelche mit kunstvollen Motiven. Ein traditionsreiches Handwerk, denn die Rohstoffe – Quarzsand für das Glas und Holz für den Ofen – kamen alle aus dem Schwarzwald. Mundblashütte, Glasmuseum und Glasschleiferei sind ganzjährig zu besichtigen (geöffnet tägl. 9–16.30 Uhr; Jan., Febr. So und 24.–26. 12., 31. 12., 1. 1. geschlossen).

25 Heidenkirche

Haushohe, rot gefärbte Quader liegen mitten im Wald. Was der Volksmund Heidenkirche nennt, ist in Wirklichkeit ein Trümmerfeld gewaltiger Buntsandsteinfelsen. Das legendenumwobene Naturdenkmal regt tatsächlich die Phantasie an, wenn es unvermittelt vor dem Wanderer auftaucht. Buntsandstein liegt auf der Hochfläche, die Löcherbergwasen genannt wird, als relativ dünne Sedimentschicht über dem Grundgebirge. Die Felsen der Heidenkirche sind, vom Wasser angenagt, am Rand der Buntsandsteindecke abgebrochen, die als »Sargdeckel«, wie die Geologen sagen, im Nordosten des Schwarzwaldes landschaftsbestimmend ist. Vom Parkplatz »Löcherbergwasen« auf der Paßhöhe der Straße Bad Peterstal–Oberharmersbach führt in 30 Minuten ein beschilderter Weg zur Heidenkirche.

26 Brandenkopf

Sanft ist die Landschaft um den Brandenkopf. Als höchster Berg der Gegend erreicht er 934 m und bietet vom Aussichtsturm einen umfassenden Rundblick. Von hier oben wird deutlich, warum die Römer bereits 74 n. Chr. das Kinzigtal als Straßenverbindung durch den Schwarzwald wählten: Die Kinzig ist der einzige Fluß, der das Gebirge fast vollständig von West nach Ost durchschneidet – ein natürlicher Verkehrsweg. Erfri-

Route 3
Südlicher Schwarzwald

Die ca. 300 km lange Rundreise führt über Aussichtsberge wie den Belchen 29 in die schroffen Täler des Hotzenwaldes. Vorbei am Schluchsee 33 geht es weit nach Osten zur wildromantischen Wutachschlucht 34. Die Tour gipfelt im höchsten Schwarzwaldberg 36 und endet in der tiefsten Klamm, in der Ravennaschlucht 38 bei Hinterzarten.

Streckenverlauf:

Von der A 5 Ausfahrt Freiburg-Mitte auf die B 31a nach Freiburg, dort folgt man den Wegweisern zum Schauinsland über Freiburg-Günterstal. Auf kurvenreicher Panoramastraße zum Schauinslandgipfel 28; anschließend rechts steil bergab nach Münstertal, dann links in Richtung Schönau bis zur Paßhöhe Wiedener Eck, dort rechts bergauf zum Belchen 29; von dort bergab ins Wiesetal und rechts auf die B 317; dann talabwärts über Schönau nach Zell-Atzenbach, dort links bergauf nach Riedichen und 2 km hinter dem Ort wieder links nach Gersbach und ins Wehratal, talabwärts rechts weiter bis nach Wehr mit Abstecher zur Erdmannshöhle 30 bei Hasel; in Wehr Richtung Hütten, beim Weiler Rüttehof wieder links und 200 m hinter dem Weiler Atdorf Abstecher nach links durch den Hotzenwald zum Hornberg 31; weiter über Niedergebisbach ins Murgtal, dort links in Richtung Todtnau über Todtmoos bis Präg zum Präger Kessel 32; von dort über Bernau nach St. Blasien, weiter nach Häusern auf die B 500 und bei Seebrugg links zum Schluchsee 33; zurück nach Seebrugg und weiter über Rothaus nach Bonndorf, dort links ab über Boll zur Schattenmühle, Ausgangspunkt für den Besuch der Wutachschlucht 34; weiter über Reiselfingen nach Bachheim (auch von hier Abstecher in die Wutachschlucht möglich); von Bachheim nach Norden auf die B 31 und links in Richtung Freiburg bis Löffingen, dann rechts ab nach Dittishausen und Unterbränd; hinter dem Ort links nach Eisenbach und weiter nach Titisee-Neustadt zum Titisee 35; auf der B 317 bis zum Feldberg 36; dann auf der gleichen Straße zurück bis Feldberg-Bärental; dort links bis zum Weiler Bruderhalde und erneut links nach Hinterzarten zum Hinterzartener Hochmoor 37; von dort auf der B 31 in Richtung Freiburg zur Ravennaschlucht 38 und durch das Höllental; weiter auf der B 31 bis Freiburg und zurück zum Ausgangspunkt auf die A 5.

Die Fülle der auf dieser Route beschriebenen Natursehenswürdigkeiten erfordert mehrere Tage Zeit. Als Übernachtungsorte kommen Freiburg, St. Blasien und Titisee-Neustadt in Frage. Touristisch gut erschlossen sind das Feldberggebiet und der westliche Südschwarzwald.

An schönen Sommer- und Herbstwochenenden ist vor allem die reizvolle Umgebung Freiburgs von Ausflüglern überlaufen. Etwas ruhiger und beschaulicher erlebt der Besucher den südöstlichen Teil der Rundfahrt.

schen kann man sich auf dem Gipfel im Wanderheim. Mit dem Wagen kommt man zum Brandenkopf, wenn man im Harmersbachtal bei dem Weiler Oberharmersbach-Dorf auf einem kleinen Sträßchen in Richtung Hausach abbiegt. Nach 5 km und sehr steiler Fahrt erreicht man den Parkplatz, wenige Minuten vom Gipfel entfernt.

27 Kandel
In Waldkirch fahren Sie Richtung St. Peter und erklimmen nach zwölf kurvenreichen Kilometern fast 1000 Höhenmeter. Zum 1241 m hohen Kandelgipfel geht man vom Parkplatz beim Berghotel nur noch wenige hundert Meter. Der Gipfel besteht aus Gneis, ist unbewaldet und empfiehlt sich als dramatischer Schlußpunkt unserer Rundreise durch den Mittleren Schwarzwald: Es gibt, außer dem Kandel, keinen zweiten Berg, von dem aus man sowohl die Gipfel des Südlichen als auch die des Nördlichen Schwarzwaldes überblicken kann. Vom Feldberg 36 im Süden bis zum Kaiserstuhl und den Vogesen im Westen reicht das vor allem im Herbst farbenprächtige Panorama. Im Osten begrenzen die nahen Höhenrücken von Brend 20 und Rohrhardsberg die Aussicht.

Route 3 Südlicher Schwarzwald

Wo Berg und Tal zusammenkommen

28 Schauinsland
Exakt 173 Kurven mit immer wieder neuen Ausblicken führen von Freiburg auf den 1284 m hohen Hausberg der Stadt. Der Panoramablick in alle Himmelsrichtungen macht dem Bergnamen alle Ehre: »Schau ins Land!« Die Vogesen begrenzen im Westen die dunstige Oberrheinebene, aus der als alter Vulkan der Kaiserstuhl emporragt. Im Osten sieht man über Nadelwäldern den nicht weit entfernten Feldberg 36. Bei klarer Sicht glänzen im Süden die Schneefelder der Alpen. Gekrümmte Wetterbuchen sind ein Markenzeichen des Gipfels: Ihre nach Osten geneigten Äste zeigen, woher der Wind weht. Vom Parkplatz bei der Paßhöhe kann man

Dem Schwarzwaldmädel auf der Spur
Schwarz, weiß, rot – vor allem rot, so stellen sich Touristen die Tracht der Schwarzwälderinnen vor. Aber roter Bollenhut, schwarzes Mieder und weißes Leinenhemd werden im Schwarzwald nur in den drei evangelischen Gemeinden Gutach, Reichenbach und Kirnbach getragen. Und die roten runden Bollen tragen auch nur ledige Mädchen zum Kirchgang. Bei verheirateten Frauen sind die Bollen schwarz. Einen Überblick über die Trachtenvielfalt des Waldgebirges gewinnt man im Schwarzwälder Trachtenmuseum in Haslach (zwischen 26 und 27). Es zeigt auch die urigen Fastnachtskostüme der Schwarzwälder Narren (geöffnet April–Okt. Di–Sa 9–17, So, Fei 10–17; im Winterhalbjahr Di–Fr 9–12, 13–17 Uhr; im Jan. nur nach Vereinbarung; ☏ 078 32/80 80).

Das »Häs« vertreibt den Winter
Mit fröhlichem Fasching oder Karneval hat die »Fasnet« so gut wie nichts gemein. Eher gespenstisch wirken die Narren, wenn sie im »Häs« daherkommen. Wer das Narrenkostüm trägt, das oft vom Vater an den Sohn vererbt wird, hat eine ernstzunehmende Aufgabe: Er will den Winter aus dem Wald vertreiben. Wenn man eine besonders traditionsreiche »Fasnet« erleben will, sollte man zwischen »Schmutzigem Dunschtig« und Aschermittwoch nach Elzach (zwischen 26 und 27) kommen. Dort findet alljährlich in der Sonntagnacht vor dem Rosenmontag der »Schuttig-Umzug« statt.

Einst war hier die Sommerweide des Klosters St. Peter: Aus diesem Grund wurde der Kandelgipfel schon im Mittelalter kahlgeschlagen. Als Nebeneffekt bietet der Berg seitdem eine prächtige Aussicht.

Die Schauinslandbahn bewältigt auf einer Strecke von 3,6 km einen Höhenunterschied von 748 m.

Die reich mit Tropfsteinen geschmückte Erdmannshöhle liegt im »Badischen Karst«, einer außergewöhnlich höhlenreichen Landschaft.

den Berg in 1½ Stunden auf dem 5 km langen »Schauinsland-Rundweg« erwandern. Zunächst führt der Pfad an der Bergbahn-Gipfelstation vorbei zum Aussichtsturm. Von dort folgt man dem Weg auf die Südseite der Bergkuppe, hinab nach Hofsgrund zum Schniederlihof – einem Bauernhausmuseum, das Einblicke in die bäuerliche Kultur vergangener Jahrhunderte bietet (geöffnet Juli/Aug. tägl. 10–18; Juni-Sept. Sa, So, Fei 10–18 Uhr; Okt.–Mai: Termine nur nach Vereinbarung, ☏ 07602/242 oder 07661/7993).

29 Belchen

Wer schon einmal auf dem Belchen die Sonne auf- oder untergehen sah, der wird dieses Panorama und das prächtige Spiel der Farben am Himmel nicht vergessen. Der Granitgipfel ist fast unbewaldet, lediglich bedeckt von zerzausten Büschen und einer kurzen Grasnarbe. Allerdings konnten hier subalpine und alpine Pflanzen überleben, und so hat man die Gipfelregion unter Naturschutz gestellt. Als zwar »nur« dritthöchster Schwarzwaldgipfel ist der Belchen wegen des umfassenden Alpenpanoramas dennoch ein Trumpf-As. Freilich bedeutet dies auch, daß an manchen Sonntagen ein reger Verkehr auf der kurvenreichen Straße von der Rheinebene zum Parkplatz besteht. Vom Berggasthof geht man in 15 Minuten zum Gipfel. Leider ist durch die zahllosen Besucher der Bodenbewuchs trotz strenger Bestimmungen und Verkehrsbeschränkungen (für Pkws an Sonntagen in der Saison gesperrt) inzwischen stark gefährdet.

30 Erdmannshöhle

Phantasienamen wie »Märchenreich«, »Rittersaal«, »Zaubergarten« oder »Fürstengruft« haben Höhlenforscher den riesigen Gewölben und Hallen der Erdmannshöhle gegeben. Die große Tropfsteinhöhle zieht sich über 1700 m tief durch den Muschelkalkfels bei Hasel, unweit von Wehr. Besucher können 500 m tief in die beleuchtete Unterwelt eindringen und meterlange verschiedenfarbige Stalaktiten und Stalagmiten entdecken – eine im Schwarzwald einzigartige Erscheinung. Die Höhle am Ortseingang von Hasel erreicht man von Wehr, wenn man auf der B 518 etwa 3 km in Richtung Schopfheim bis zur Abzweigung rechts nach Hasel fährt (geöffnet April–Okt. Mo–Fr 13–17, Sa, So 9–12, 13–17 Uhr; Nov.–Febr. geschlossen; im März nur Fei 9–12, 13–17 Uhr).

31 Hornberg

Auf der höchsten Erhebung des Hotzenwaldes befindet sich heute ein ovaler Stausee: Das Hornbergbecken entstand zwischen 1970 und 1975 und fungiert zusammen mit dem Wehratal-Staubecken als Speichersee für

Diese Schafherde am Belchen weidet auf einer sogenannten Allmende, gemeindeeigenem Land. Hier und im benachbarten Großen Wiesental ist diese alte Form gemeinsamer Bodennutzung noch weit verbreitet.

die Elektrizitätserzeugung. Vom 1050 m hohen Beckenrand präsentiert sich ein umfassendes Panorama: Im Süden fällt der Schwarzwald allmählich zum Hochrhein ab, dahinter erheben sich die steile Kante des Schweizer Jura und die Alpenkette. Im Westen lugen über dem Wiesetal der 1165 m hohe Blauen und einige ferne Vogesenbuckel hervor. Nach Norden dehnen sich endlose Nadelwälder, überragt nur vom Gugelturm bei Herrischried. Zum Hornberg zweigt man, von Wehr kommend, kurz hinter dem Weiler Atdorf links ab und fährt 2 km bergauf.

32 Präger Kessel

Wenn sich sechs Gletscher an einem einzigen Punkt treffen, dann bleibt kein Stein auf dem anderen. Vor rund 20000 Jahren haben sich bei Präg 500 m dicke Eisschichten aufgetürmt und einen genauso tiefen Kessel hinterlassen, in dem heute sieben Täler strahlenförmig zusammenlaufen. Eine Rekordleistung, die aber auch deshalb möglich war, weil bei Präg nicht der harte Granit an die Erdoberfläche tritt, sondern weiche Schiefer und Kalke, die sich vom Eis leichter modellieren ließen. Kommt man heute in den Präger Kessel, sieht man eine reizvolle Waldlandschaft mit Hochweidearealen. Präg, ein kleiner Ort mit anheimelnden Schwarzwaldhöfen, liegt im Zentrum des Kessels. Die fast schon alpin anmutenden Steilflanken erlebt man eindrucksvoll, wenn man in der Ortsmitte von Präg den Wagen abstellt und dann bergauf in nördlicher Richtung einem Pfad zum Wildbogenbächle folgt. An den geröllreichen Hängen des Kessels gedeihen Arnika, Katzenpfötchen und Silberdistel.

33 Schluchsee

Ein Surfer- und Seglerparadies mitten im Hochschwarzwald – da ist es fast schon gleichgültig, ob der rund 7 km lange und 5,2 km^2 große Schluchsee nun ein Werk der Natur oder ein Kunstgebilde ist. Beides ist aber richtig. Ein vom Feldberg 36 herabgleitender Gletscher der Würm-Eiszeit hat das Schluchsee-Becken ausgehobelt und einen kleinen See hinterlassen, der vor 60 Jahren mit einer Staumauer aufgestaut wurde. Der »neue« Schluchsee ist siebenmal so groß wie der alte, heute der größte See im Schwarzwald überhaupt. Einen besonders schönen Blick auf den See hat man, wenn man den Wagen beim Bahnhof Aha parkt und in 30 Minuten auf dem »Schlageter-Weg« zum 1142 m hohen Bildstein hinaufsteigt, einem Gipfel aus grobkörnigem, rötlichgrauem Schluchsee-Granit. Aha liegt an der B 500, 5 km von der Gemeinde Schluchsee entfernt. An der stillen Südseite des Schluchsees kann man entlangspazieren, wenn man gleich hinter Unteraha mit dem Auto links in Richtung Menzenschwand abbiegt und 1 km weiter beim zweiten Parkplatz links über eine Brücke zum Uferweg geht.

34 Wutachschlucht

Früher rauschten nur die Wasser der Wutach durch diese Klamm, doch heute drängen sich an Sommerwochenenden in der unwegsamen

In die Schlucht der »Salpeterer«
Als stilles Gebirge im Südostschwarzwald liegt der Hotzenwald im touristischen »Windschatten«. »Hotzen« wurden die Bauern früher genannt. Und diese waren besonders freiheitsliebend. Als »Salpeterer« kämpften sie im 18. Jh. erfolgreich gegen die Leibeigenschaft, denn der unzugängliche Wald war dank seiner schroffen Täler gegen Eindringlinge gut zu verteidigen. Eine besonders attraktive Schlucht ist das Wehratal. Die Straße von Todtmoos nach Wehr (zwischen 29 und 30) folgt dem Flüßchen, das sich zwischen hohen Felswänden dem Hochrhein zuwendet. In der Aue gedeihen Alpen-Milchlattich und Blauer Eisenhut – eine alpenähnliche Flora. Besonders wild wirkt die Schlucht um das Wehratal-Staubecken (bei 30). Am oberen Ende des Stausees befindet sich ein Parkplatz, von dem ein Fußpfad am westlichen Talrand nach Todtmoos-Au abzweigt. Der Weg, im Granit und Gneis der Klamm angelegt, ist eindrucksvoll: 300 m nahezu senkrecht aufsteigende Felsen überragen den Wanderer.

Die enge Lotenbachklamm mündet bei der Schattenmühle in die wildromantische Wutachschlucht.

Außerhalb der Alpen kommt er sonst selten vor: Der Blaue Eisenhut findet im Wehratal günstige Bedingungen.

Zum heute als Freizeitparadies beliebten Titisee reisten die ersten Feriengäste im 19. Jahrhundert noch mit der Höllentalbahn an.

Schlucht auch die Besucher. Die Grillplätze sind überfüllt, und auf dem engen Wanderpfad pilgern Mineraliensammler, Höhlenforscher und Naturfotografen im Gänsemarsch. Die Schlucht ist mittlerweile für größere Gruppen gesperrt worden; Bootsfahrer dürfen zwischen dem 1. März und 31. Juli überhaupt nicht mehr auf das Wildwasser. Außer an Wochenenden ist die Wutachschlucht jedoch immer noch für jeden Naturfreund ein »Muß«. Einblicke in die Schlucht bietet eine Wanderung zum Räuberschlößle, einem steilen Quarzporphyrfelsen, von dem man aus schwindelerregender Höhe in die rauschende Klamm blickt. Ausgangspunkt ist ein Parkplatz bei der Schattenmühle, die man von Bonndorf erreicht, wenn man über Boll 6 km in Richtung Löffingen fährt. Von der Mühle folgt man dem bezeichneten Pfad 60 Minuten talaufwärts. Das Räuberschlößle heißt wegen seiner zahlreichen Pfingstnelken auch Nägelefelsen (Nelkenfelsen). Abseits vom Weg im schattigen Talgrund gedeihen Pestwurz, Goldstern, Türkenbund und Knabenkraut. Die Schlucht ist auch ein Refugium für seltene Tierarten. Mehr als 600 Schmetterlingsarten sind nachgewiesen. In den Felswänden kann man Gemsen und Wanderfalken beobachten, im dichteren Wald klopft der Schwarzspecht, und in die Flußufer hat der Eisvogel seine Höhlen gegraben. Durch fast alle geologischen Formationen hat sich die Wutach gearbeitet. In den Muschelkalkschichten kommt es zu einem besonderen Schauspiel: Oberhalb vom Rümmelesteg versickert der Fluß im klüftigen Gestein und kommt erst 2 km später wieder aus Felsspalten hervor. Bis zum Rümmelesteg wandert man in 30 Minuten vom Parkplatz beim Friedhof in Löffingen-Bachheim. Ein Schild weist dort zur Wutachschlucht. Bachheim erreicht man, wenn man von der Schattenmühle weiter über Reiselfingen in Richtung Löffingen fährt und dann rechts nach Bachheim abzweigt.

35 Titisee

Sein Bekanntheitsgrad ist dem Titisee zum Verhängnis geworden. Nur an wenigen Stellen ist der in den Eiszeiten entstandene, 2 km lange und bis zu 750 m breite See noch naturbelassen. Nord- und Westufer werden inzwischen von Campingplätzen und Strandbädern gesäumt. Nur im Südosten wirkt der See noch ursprünglich. Der Blick von hier zum bis in den Frühsommer hinein schneegekrönten Feldberg 36 gehört zu den herausragenden Augenblicken einer Schwarzwaldreise. Am dichtbewaldeten Südufer führt ein Wanderweg entlang, den man vom Parkplatz südlich des Luftkurorts Titisee erreicht. Gespeist wird dieser größte natürliche See des Schwarzwaldes vom kleinen Seebach, der im Feldsee 36 entspringt. Den See verläßt die Gutach, die später, zusammen mit der Haslach, zur Wutach 34 wird.

Den Blick zu den Alpen gibt der Feldberg über die benachbarten Höhen hinweg am häufigsten in den Wintermonaten Dezember und Januar frei. Selbst den Gipfel des 243 km entfernten Montblanc kann man bisweilen von hier erkennen.

36 Feldberg
Außerhalb der Alpen ist der Feldberg mit seinen stolzen 1493 m der höchste Punkt Deutschlands. Kein klassischer Gipfel, sondern eher ein riesiger Waldrücken, der sich aus drei Buckeln zusammensetzt: dem Baldenweger Buck (1461 m), dem Seebuck (1450 m) und dem Feldberg selbst. Es ist keine Kunst, den Seebuck zu besteigen. Vom Parkplatz beim Hotel »Feldberger Hof«, zu dem man auf einer Stichstraße von der B 317 gelangt, führt ein Sessellift nach oben. Dort blickt man vom Bismarck-Denkmal über Gneisfelsen zum 300 m tiefer gelegenen Feldsee hinab. Glasklar ist das Wasser des runden Karsees. Gipfelstürmer sollten hier oben allerdings auf den bezeichneten Wegen bleiben, denn die empfindliche Grasnarbe des Feldbergs hat durch die vielen Fußgänger und Skifahrer Schaden gelitten. Wer den »Höchsten« auf ruhigen Pfaden besteigen will, der fährt am besten auf der B 317 über den Feldbergpaß hinüber in Richtung Todtnau und biegt dann nach 5 km rechts ab zur Todtnauer Hütte. Ziemlich schweißgebadet erreicht man von dort in einer Stunde den höchsten Schwarzwaldberg, entschädigt von einer grandiosen Aussicht, die über die Grenzen des Schwarzwaldes hinaus bis zu den Vogesen, zu den Alpen und zur Schwäbischen Alb reicht.

37 Hinterzartener Hochmoor
Bulte, mit Heidelbeersträuchern und Rosmarinheide bewachsene Buckel, sowie tiefe Tümpel geben dem Hinterzartener Moor ein welliges Aussehen. Wer trockenen Fußes hindurch wollte, müßte von Buckel zu Buckel springen – doch das ist in dem Naturschutzgebiet nicht erlaubt und auch nicht nötig: Ein ausgeschilderter Rundweg führt in einer Stunde durch das größte Hochmoor im Südschwarzwald. Zum Moor kommt man, wenn man den Wagen am Hinterzartener Bahnhof abstellt. 300 m östlich davon überschreitet man den Bahnkörper und gelangt direkt zu einstigen Torfstichgebieten und Bergkiefern. Das Hochmoor beherbergt Libellen, die sonst nur noch in den Alpen oder am Polarkreis vorkommen. Wer die Augen aufhält, kann mit etwas Glück eine Arktische Smaragdlibelle oder eine Hochmoor-Mosaikjungfer entdecken.

38 Ravennaschlucht
Die wilde Ravennaschlucht ist das oberste Ende des Höllentals – einst ein Verkehrshindernis auf dem Weg von Freiburg in den Hochschwarzwald, das erst 1887 mit dem Bau der Höllentalbahn erschlossen wurde. Die grandiose Klamm, die einstmals als unbezwingbar galt, kann man zu Fuß durchsteigen, wenn man beim Gasthaus »Sternen« in Höllsteig an der B 31 parkt. Unter dem Viadukt der Höllentalbahn hindurch kommt man auf einen Waldweg, der bald steil ansteigt. In 30 Minuten überwindet man auf Holzstegen und an Wasserfällen vorbei 300 Höhenmeter zum oberen Schluchtende bei der Ravennamühle. Wer weiter auf der B 31 durchs Höllental in Richtung Freiburg fährt, der kommt nach 6 km zum »Hirschsprung«: Ein Denkmal hoch oben auf steilem Felsen zeugt von dem Tier, das auf der Flucht vor Jägern in einem Satz von der einen Talseite auf die andere gesprungen sein soll.

Der Feldsee am Feldberg begeistert Botaniker: Sein Boden ist von Brachsenkräutern bedeckt, die nur in kalk- und nährstoffarmen Gebirgsseen vorkommen.

Der Donau das Wasser abgedreht
Der Rhein gewinnt an Boden, die Donau verliert Terrain. Alle Jahre wieder rutschen zwischen Achdorf und Blumberg Erdmassen zu Tal, bilden im mittleren Wutachtal (Abstecher von 34) buckelige Wiesen; die Hänge sind in Bewegung. Begonnen hat alles zu Beginn des Eiszeitalters. Damals entsprang die Donau noch beim Feldberg 36 und floß hoch über der heutigen Wutachschlucht nach Osten. Die Schmelzwässer der eiszeitlichen Gletscher brachten große Schottermengen in die Gegend von Blumberg. Der Talboden erhöhte sich langsam, und plötzlich brach ein Flußarm nach Süden zum tieferliegenden Hochrhein durch. Seither hat sich im ehemaligen Donaubett die Wutach eine Schlucht gegraben und biegt bei Blumberg zum Hochrhein ab. 250 Höhenmeter über der Schlucht liegt das trockengefallene Donaubett, das sich gemächlich nach Osten zieht, um erst 20 km später ins heutige Donautal einzumünden. Einen Blick über die Flußablenkung erhält man, wenn man in Blumberg, von Achdorf kommend, am Ortseingang parkt und links zu dem an Aussichtspunkten reichen Eichberg in 20 Minuten emporwandert. Nach Blumberg fährt man von Bonndorf als Abstecher von 34 über Ewattingen und Aselfingen etwa 17 km nach Osten.

43 Oberes Neckarland

Von Gäu zu Gäu

Muschelkalk, Keuper, Lias – durch eine regelrechte »Geologentorte« frißt sich der Neckar zwischen seinem Ursprung und Stuttgart. »Steinreich« könnte man dieser Gegend also durchaus als Attribut beifügen. Ein Umstand, von dem man nicht nur hierzulande profitierte, sondern auch anderswo – so sind etwa der Kölner Dom oder das Münchner Neue Rathaus mit Steinen vom Neckar erbaut worden. Auch das hier aus den Tiefen hervorquellende heilkräftige Mineralwasser wird nicht nur in Schwaben getrunken.
Oben ist alles wohlgeordnet: Wellige Grünflächen und sanfte Keuperberge mit weiten Waldgebieten prägen das Bild. Spektakuläres scheint hier nicht vonnöten zu sein, es paßt alles so wunderbar zusammen, daß man sich der Bezeichnung »liebliche Landschaft« in diesem Fall nicht entziehen kann. Eine Landschaft, die sich dem Reisenden nicht aufdrängt, sondern die im Detail entdeckt werden möchte – und das lohnt sich, wie hier der Blick auf Neckartal und Rammert mit der Weilerburg im Vordergrund belegt.

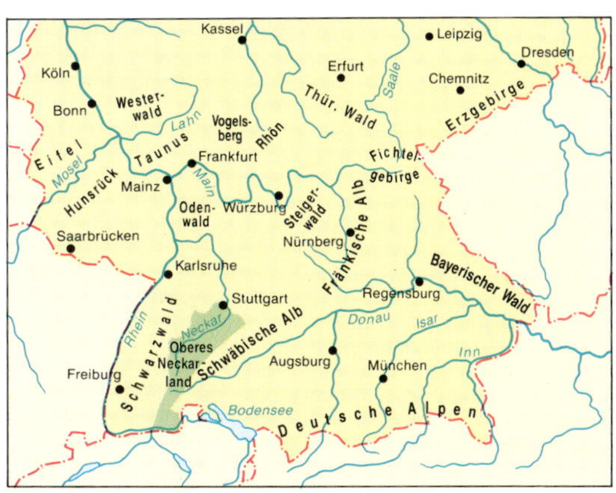

Lage Zwischen dem Strohgäu, Stuttgart und dem Schurwald im Norden und dem Hochrhein mit der Grenze zur Schweiz im Süden; im Westen begrenzt vom Schwarzwald, im Osten von der Schwäbischen Alb
Ausdehnung Nord–Süd ca. 150 km; West–Ost ca. 10–45 km
Land Baden-Württemberg
Höchste Erhebungen Baar: Lupfen 977 m; bei Rottweil: Oberholz 731 m, Hülbberg 718 m; Klettgau: Küssaberg 690 m; Schönbuch: Bromberg 583 m
Wichtigste Flüsse Neckar, Eschach, Eyach, Ammer, Aich, Wutach, Donau, Rhein
Landschaftsformen Im Süden (Klettgau, Baar) Gäuplatten mit Mittelgebirgscharakter; am Neckar, kurz nach dem Ursprung, tief eingeschnittenes Flußtal, ab Rottenburg weite Flußauen mit sanften, bewaldeten Erhebungen bis ca. 600 m im Keupergebiet
Naturpark Naturpark Schönbuch
Information Landesfremdenverkehrsverband Baden-Württemberg, Esslinger Str. 8, W-7000 Stuttgart 10, ☏ 0711/247364; Fremdenverkehrsverband Neckarland-Schwaben, Lohtorstr. 21, W-7100 Heilbronn, ☏ 07131/629061; Verkehrsamt der Stadt Stuttgart, Touristikzentrum i-Punkt, Königstr. 1 a, W-7000 Stuttgart 1, ☏ 0711/2228-240/241; Schwäbischer Albverein, Hospitalstr. 21 B, W-7000 Stuttgart 1, ☏ 0711/290996

Ein Fluß beißt sich durch

Die Umrisse des Oberen Neckarlandes ähneln einem verbeulten Trichter, dessen Spitze auf den Hochrhein zuläuft, während seine Einschüttungsöffnung durch Stuttgart markiert wird. Geologisch gesehen ist es das Kernstück der Südwestdeutschen Schichtstufenlandschaft. Zusammen mit dem Buntsandstein, der vom Schwarzwald nach Osten hin abfällt, vollendet sich hier die Formation der Trias durch Muschelkalk und Keuper. Im Osten kann sich so der nächstjüngere Schichtenstapel und damit die nächste Landschaft anschließen: der Jura in Form der Schwäbischen Alb. Von den Landschaftsformen her ist das Gebiet im Westen und Nordwesten durch die ruhig-herben Muschelkalkebenen der Gäue geprägt, denen nur der Neckardurchbruch zwischen Rottweil und Rottenburg eine gewisse Schroffheit und Dramatik verleiht, bevor der Fluß dann die »lebendigere«, fein modellierte und vielgepriesene Keuperwaldgegend um Tübingen erreicht. Eher als ein in den Süden versprengter Exot erscheint dagegen der Klettgau – imposant, wie er sich über den Hochrhein erhebt. Weit reicht hier der Blick etwa vom Küssaberg ❿ über Alpen, Jura und südlichen Hochschwarzwald, bis er sich im Norden in den Gäuplatten-Trichter hinein verengt zur Hochebene der Baar, wo dem Wanderer auch im Sommer oft noch ein kalter Wind ins Gesicht bläst. Seltsam, denkt man sich gerade auf dem Küssaberg, wenn man über die im Norden liegende Gegend schaut: Je breiter der Gäutrichter sich nach oben öffnet, desto geringer wird die Aussicht, die »Sicht auf die Welt« sozusagen. In der Mitte dieses Oberen Neckarlandes, von der Weilerburg ❹ bei Rottenburg, sieht man dann ringsum nur noch ins Württembergische. Das ist hier allerdings so schön, daß man sich damit begnügen kann. Aber dem Weitblick sind doch die eigenen Grenzen gesetzt. Ein prägendes Moment für die Bewohner? Womöglich!
Das prägende Element der Landschaft, natürlich, ist der Neckar. Und auch an seiner »Laufbahn« erkennt man unschwer württembergische »Nationaleigenschaften«. Denn er ist ein Schaffer und Rackerer, er stammt aus kleinsten Verhältnissen – aber wie er sich durchbeißt! Bei all seinem Ehrgeiz beherrscht er aber auch die Tricks, mit denen man unter der Oberfläche weiterkommt, wie wir gleich feststellen werden. Verfolgen wir also seinen Weg.

Umgekehrt im fremden Bett

Die Anfänge sind recht kärglich. Der Neckar »entsickert« einem trüben Moorgewässer auf der Baar, dem Schwenninger Moos ❽, aus dem heraus auch noch über den Talbach zur Brigach Wasser in die Donau fließt. Damit stammt er von der Europäischen Hauptwasserscheide zwischen Nordsee und Schwarzem Meer. Der Neckar ist also zumindest durch seine Herkunft geadelt, wenn er auch sonst so wenig mitbringt, daß man eigentlich schon nach den ersten 10 km um diesen Moorausfluß fürchten muß, denn allzu schwach ist sein Gefälle, und bereits bei der Dauchinger Mühle ❼ muß er in den unerbittlichen Muschelkalk. Doch kaum vorhanden, hat er bereits vorgesorgt: Schon jetzt nämlich beginnt er sich im Lauf eines alten Donauzuflusses zu bewegen, den er schlicht abgefangen und umgedreht hat. Er liegt also einfach nur umgekehrt im fremden Bett. Vor Rottweil, wo ihm der Muschelkalk dann zu mächtig wird, zapft er die ursprünglich donauwärts fließende Eschach an, die vom Schwarzwald her dreimal so viel Wasser führt wie der Neckar selbst. Ein Zugewinn, mit dem er sich über einen Zeitraum von 600 000 Jahren in den Muschelkalk zwischen Rottweil und Rottenburg einsägen konnte, und zwar gleich mit solchem Eifer, daß er bei Dettingen sogar die darunterliegende rote Sandsteinschicht anritzt. Spektakulär, fast triumphierend verläßt er dann diese Muschelkalkenge bei Rottenburg und begibt sich gelassen in die Weite der Tübinger Ebene mit ihren verstreuten, aus der Talaue zurückgezogenen Keuperwaldbergen, ganz so, als träte er nach harten Wochentagen in einen hellen, warmen Sonntagmorgen ein.
Für den Weg von Rottenburg nach Plochingen hat der Neckar wieder ein anderes Flußbett beerbt – das der ursprünglich aus der Gegend des heutigen Plochingen herkommenden und damals zur Donau entwässernden Lone. In diesem für seine Zwecke wiederum »umgedrehten« Tal muß er aus geologischer Sicht

»aufwärts« fließen, denn er gelangt in immer jüngere Gesteinsformationen, weil sich das gesamte Schichtenpaket der Trias nach Osten hin neigt.

Stubensandstein – eine schwäbische Spezialität

Zwischen Lustnau und Kirchentellinsfurt muß sich der Neckar auf etwa 10 km Länge durch die schwäbische Spezialität Stubensandstein hindurchbeißen, wobei sein Tal sich zusehends verengt. Aber diesem offensichtlich unbequemen Gesteinsuntergrund verdankt etwa der Schönbuch, den der Neckar hinter Tübingen südöstlich umfließt, seinen Wald. Denn dieser Sandstein taugt wenig als Ackerland, dafür läßt er prächtige (Laub-)Wälder gedeihen. In diesen Wäldern ist neben der Eiche vor allem die Buche stark vertreten. Vielerorts durchsetzt allerdings die wirtschaftlichere Fichte bereits den ursprünglichen Laubwald. Die lößbedeckten Muschelkalkflächen, die Gäulandschaften, aus denen sich die Keuperwaldberge erheben, sind altes Ackerbaugebiet. Am Oberlauf des Neckars ist die Lößschicht nicht sehr mächtig, der Ackerboden steinig. Von den Schlehenhecken, die dort häufig den Weg säumen, hat diese Gäulandschaft ihren Namen – Heckengäu. Fruchtbarer, da stärker mit Löß bedeckt, ist das alte Bauernland südlich von Herrenberg, das Korngäu. Stark ackerbaulich genutzt werden auch die fruchtbaren Schwarzjuraflächen südöstlich von Stuttgart. Allerdings treten zwischen Plochingen und Stuttgart, wo der sogenannte Mittlere Neckarraum sein industrielles Gesicht bekommt, Natur und Landschaft hinter Betonmauern, Schornsteinen und Glasfassaden zurück. Ausgerechnet hier,

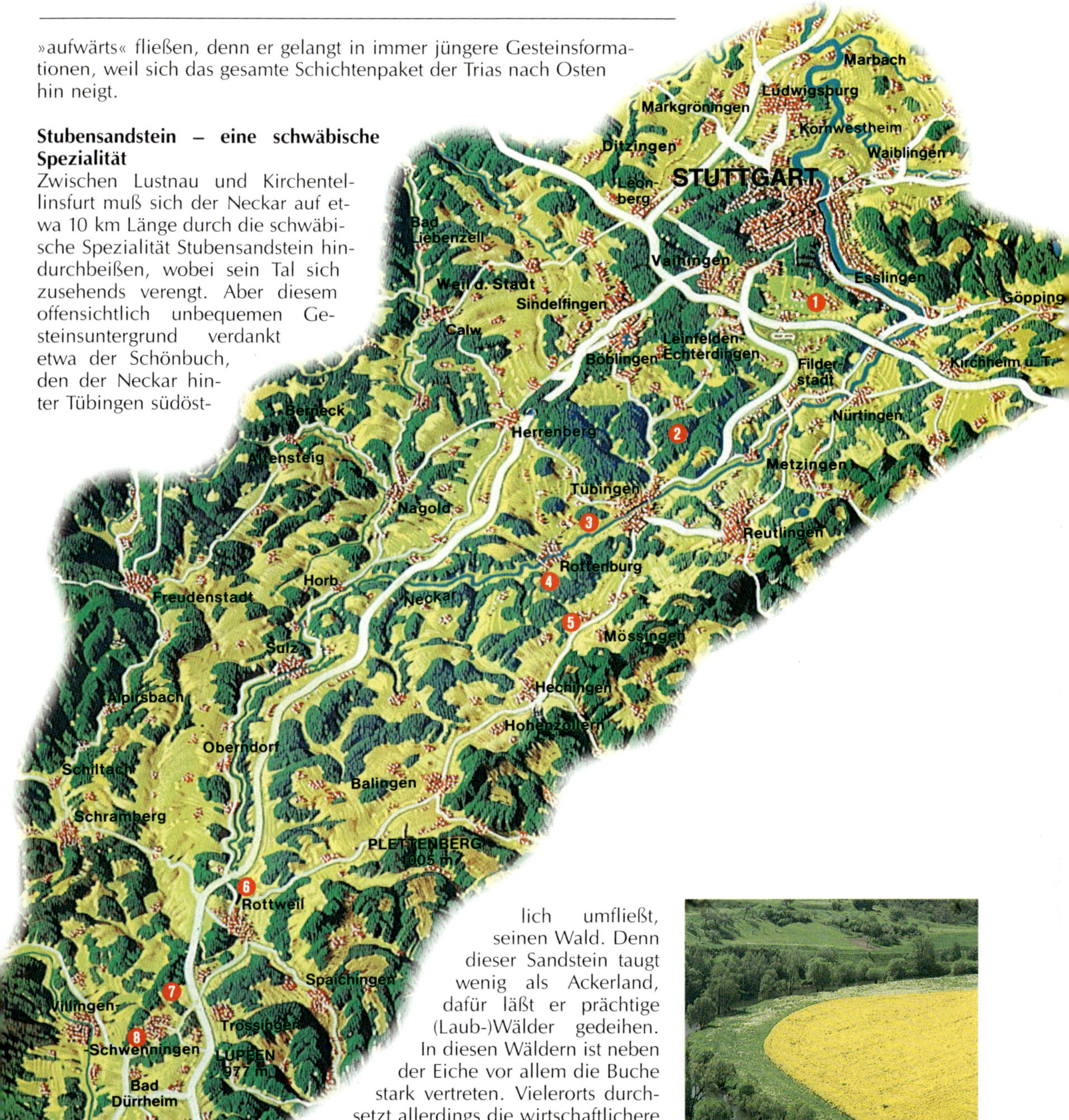

Hier ist der Flußlauf noch nicht reguliert: der bei Kajakfahrern beliebte, flache, junge Neckar nahe Sulzau, wo ein Golfplatz etwas mondänes Flair verbreitet.

Stuttgart – Großstadt mit Natur
An der Grenze zwischen Glemswald und Strohgäu endet das Gebiet des »Oberen Neckarlandes«. Das ist ziemlich exakt nordwestlich von Stuttgart (bei 1), einer Stadt, die auch in Sachen Natur einiges zu bieten hat: zehn Parks und Gärten von teilweise erheblicher Ausdehnung, darunter die Wilhelma, eine botanisch-zoologische Berühmtheit mit 8000 Tieren, beeindruckenden Gartenanlagen und Gewächshäusern. Mitte des vergangenen Jahrhunderts wurde diese Anlage als Maurischer Garten am Cannstatter Neckarufer geschaffen; aus dieser Zeit gibt es dort auch noch einige interessante Architekturdenkmäler (Öffnungszeiten je nach Einbruch der Dunkelheit, mindestens 8–17.30 im Sommer und 8–16 Uhr im Winter).
Das erstaunliche Stuttgarter Schloßgartensystem, das von der Innenstadt, vom Schloßplatz aus, kilometerweit und für jedermann frei zugänglich bis ans Bad Cannstatter Neckarufer reicht, ermöglicht sogar einen Stadtpark-Spaziergang bis hin zur Wilhelma, und auch andere Stuttgarter Naturattraktionen stehen mit dieser grünen Achse in Zusammenhang, deren unterer Teil mit seiner beeindruckenden Platanenallee selbst eigentlich schon eine Natursehenswürdigkeit ist. Von hier geht's nach rechts zu den Mineralbädern – für seine großen Mineralwasservorkommen ist Stuttgart ja berühmt – und geradeaus in den Rosensteinpark, wo dann, am Wilhelmarand entlang, das Museum am Löwentor mit seiner deutlichen Ausrichtung auf die Naturgeschichte des deutschen Südwestens, mit Pflanzen- und Tierfunden aus Trias, Jura und den Eiszeiten, schnell erreicht ist (Di, Do, Fr 9–17, Mi 9–20, Sa 9–18, So, Fei 10–18 Uhr geöffnet).

wo er endlich breit und ungezwungen wieder durch den Keuper in Richtung Nordwesten nach Stuttgart fließt, wird er nur noch als Schifffahrts- und Abwasserrinne mißbraucht, wird sein Tal immer stärker zugebaut. Doch eines scheint gewiß: Der Neckar ist ein »cleverer« Fluß. Vielleicht verläßt er dieses unwirtliche Industrietal einmal über das unterirdische Bett eines noch unbekannten Donauzuflusses. Vielleicht auch, daß er schon längst danach sucht und bereits wieder am »Umdrehen« ist.

Routenvorschlag Oberes Neckarland

An den Ursprung von Neckar und Donau

1 Vulkanschlot von Scharnhausen

Oberhalb der Körschtalsenke, zwischen Ruit und Scharnhausen, liegen mitten in einer der für diese Gegend typischen Streuobstwiesen zwei kleine Gesteinsgruben. Daß es sich bei dem Gestein nicht lediglich um den hier anstehenden Knollenmergel des Keuper handelt, zeigt sich bei genauerem Hinsehen, am besten durch die Lupe: Man erkennt winzige Gesteinsbröckchen, etwa 1 mm groß, aus grünschwarzen Kristallen mit einer glasigen Umhüllung. Hier ist die Füllung uralter, vulkanischer Schlote freigelegt, in denen neben staubfeiner basaltischer Grundsubstanz auch aus großer Tiefe stammende Trümmer des kristallinen Grundgebirges vorkommen, dazu Gesteine des Keupers und des Juras wie Kalksteine und Mergel des Weißjuras. Der Weiße Jura aber liegt normalerweise über den Keuperschichten und muß also einmal bis hierher gereicht haben. Dieser »Vulkan von Scharnhausen« gilt als der »nördlichste Albvulkan«. Seine Schlotfüllung beweist, daß der Weiße Jura und damit die Schwäbische Alb in den vergangenen Jahrmillionen mindestens um 23 km nach Südosten zurückgewichen ist. Ein auf den ersten Blick vollkommen unspektakuläres, für Geologen aber hochbedeutsames Naturdenkmal also inmitten einer sonst eher ereignislosen Gegend – obwohl sich hier auch eine kleine Wanderung durch das milde Körschtal lohnt. Vom Parkplatz am Vulkanschlot aus gehen einige Wege nach rechts ins Tal, auf denen man schnell Hohenheim erreicht, wo der Schloßpark mit belebter Natur, nämlich mit prachtvollen Baumexoten lockt.
Von der A 8 aus fährt man zum »Schlot« über die Ausfahrt Esslingen nach Nellingen, dort geht es dann links nach Scharnhausen und weiter in Richtung Ruit. In der Körschtalsenke (Parkplatz) wird deutlich auf das Naturdenkmal hingewiesen.

Stuttgarts berühmter botanisch-zoologischer Garten, die Wilhelma, wurde vor über 100 Jahren als Maurischer Garten angelegt. Mit 9 weiteren Parks macht er Stuttgart zu einer Großstadt mit Natur.

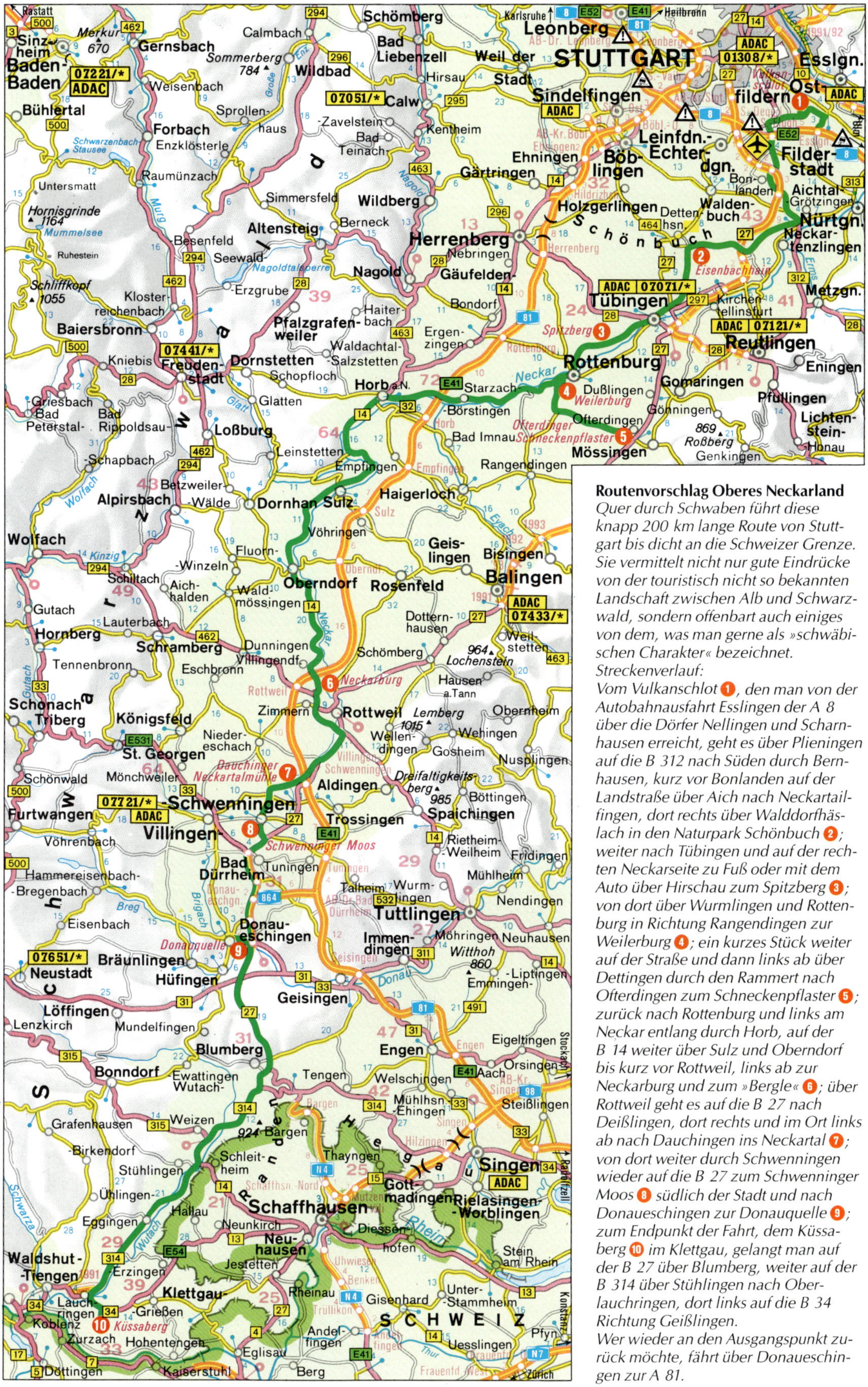

Routenvorschlag Oberes Neckarland

Quer durch Schwaben führt diese knapp 200 km lange Route von Stuttgart bis dicht an die Schweizer Grenze. Sie vermittelt nicht nur gute Eindrücke von der touristisch nicht so bekannten Landschaft zwischen Alb und Schwarzwald, sondern offenbart auch einiges von dem, was man gerne als »schwäbischen Charakter« bezeichnet.

Streckenverlauf:

Vom Vulkanschlot ❶, den man von der Autobahnausfahrt Esslingen der A 8 über die Dörfer Nellingen und Scharnhausen erreicht, geht es über Plieningen auf die B 312 nach Süden durch Bernhausen, kurz vor Bonlanden auf der Landstraße über Aich nach Neckartailfingen, dort rechts über Walddorfhäslach in den Naturpark Schönbuch ❷; weiter nach Tübingen und auf der rechten Neckarseite zu Fuß oder mit dem Auto über Hirschau zum Spitzberg ❸; von dort über Wurmlingen und Rottenburg in Richtung Rangendingen zur Weilerburg ❹; ein kurzes Stück weiter auf der Straße und dann links ab über Dettingen durch den Rammert nach Ofterdingen zum Schneckenpflaster ❺; zurück nach Rottenburg und links am Neckar entlang durch Horb, auf der B 14 weiter über Sulz und Oberndorf bis kurz vor Rottweil, links ab zur Neckarburg und zum »Bergle« ❻; über Rottweil geht es auf die B 27 nach Deißlingen, dort rechts und im Ort links ab nach Dauchingen ins Neckartal ❼; von dort weiter durch Schwenningen wieder auf die B 27 zum Schwenninger Moos ❽ südlich der Stadt und nach Donaueschingen zur Donauquelle ❾; zum Endpunkt der Fahrt, dem Küssaberg ❿ im Klettgau, gelangt man auf der B 27 über Blumberg, weiter auf der B 314 über Stühlingen nach Oberlauchringen, dort links auf die B 34 Richtung Geißlingen.

Wer wieder an den Ausgangspunkt zurück möchte, fährt über Donaueschingen zur A 81.

Ein Laubwald von seltener Schönheit: der lichte Eisenbachhain im Naturpark Schönbuch.

»Es klappert die Mühle am rauschenden Bach ...«
Das Landschaftsschutzgebiet Siebenmühlental ist ein häufig angesteuertes Ausflugsziel der Stuttgarter und der Anrainer auf den westlichen Fildern. Von Besuchen an den Wochenenden der Ausflugsmonate ist also abzuraten. Aber während der Woche gibt es auf den 13 km zwischen Musberg und Waldenbuch (zwischen 1 und 2) gute Gelegenheiten für Wanderungen. Statt sieben waren es einmal elf Mühlen, so viele hat zumindest der im Tal fließende Reichenbach in den zwanziger Jahren noch angetrieben, aber »sieben Mühlen« wurden bereits im späten 14. Jh. erwähnt. Gegenwärtig verarbeiten noch zwei davon Getreide zu Mehl, zwei andere sind Sägemühlen, eine weitere, die Mäulesmühle, beherbergt eine pfiffige Mundartbühne, und in mehreren gibt es Einkehrmöglichkeiten. Eine Wanderung sollte man, wegen der originellen Eselsmühle, in Musberg beginnen (Böblinger Straße bis zum »Fäßle«, links in den Mühlweg; Wanderzeichen rotes Kreuz), dann die ganzen 13 km bis Waldenbuch wandern und mit dem Bus von dort wieder nach Musberg zurückfahren (Linie 86, dichte Busfolge bis Mitternacht). Oder man nimmt von der mit einem größeren Parkplatz ausgestatteten und von zwei Omnibuslinien angefahrenen Seebrückenmühle aus den um etwa 2 km kürzeren Weg. Dem Wegzeichen folgend, kommt man über die Schlechts-, Schlößles-, Walzen-, die Obere und Untere Klein-Micheles-Mühle schließlich zur Burkhardtsmühle, wo die danebenliegende Gartenwirtschaft allerdings nur am Wochenende geöffnet hat. Von hier aus geht man über den sogenannten Bundeswanderweg das Aichtal aufwärts, und es sind dann nur noch 3 km bis Waldenbuch, von wo aus man mit dem Bus zur Seebrückenmühle zurückfahren kann.

2 Eisenbachhain

Seit 1967 steht der Schönbuch als Waldlandschaft unter Schutz, seit 1972 ist er insgesamt ein Naturpark, in dem u.a. bei Bebenhausen 4000 ha einem eingezäunten (aber begehbaren) Wildgehege vorbehalten sind. Den Schönbuch bringt man gern mit ausgedehnten Laubwäldern in Zusammenhang, aber mittlerweile haben sich auch hier zu zwei Dritteln die ökonomisch günstigeren, aber ökologisch ungünstigeren Nadelhölzer durchgesetzt – ein Umstand, dem nun durch vermehrte Aufzucht vor allem der charakteristischen Eiche abgeholfen werden soll. Bis sich allerdings wieder ein Gleichgewicht einstellt, wird es noch viele Jahrzehnte dauern. Eichen begegnen dem Besucher hier auch in Gestalt einsamer Baumveteranen – die »Urenkel-«, »Zeitungs-«, »Schnaps-« oder »Hirschteicheiche« etwa sind solche Einzelexemplare. Das herausragende Laubwaldensemble im Schönbuch jedoch stellt ohne Zweifel das Naturschutzgebiet Eisenbachhain dar, und auch hier gibt es mit der uralten »Eisenbachhain-Eiche« einen Baumveteranen, der dem Wanderer schon von weitem sein skurriles Geäst entgegenstreckt. In diesem Waldgebiet bekommt man einen Eindruck vom »wirklichen« Schönbuch als einem einstmals parkähnlichen Laubwald. Der Eisenbachhain ist ein naturbelassener ehemaliger Hutewald, in den früher das Vieh zum Weiden getrieben wurde. Daher der hallenartige, offene Waldcharakter. Seitdem er vor fast 60 Jahren unter Naturschutz gestellt wurde, wird der Hain als »Bannwald« auch forstwirtschaftlich nicht mehr genutzt.
Vom Parkplatz bei der »Stadtreitereiche« links neben der Verbindungsstraße von Walddorfhäslach nach Holzgerlingen, 500 m vor der Kreuzung mit dem Sträßchen von Dettenhausen über Pfrondorf nach Tübingen-Lustnau, erreicht man den Eisenbachhain in fünf Minuten über einen geschotterten Waldweg, der Richtung Süden führt.

3 Spitzberg

Es gibt weit und breit wohl kaum eine Erhebung, die an Naturvielfalt und Besonderheiten so viel zu bieten hat wie dieser kleine, etwa 6 km lange, nur 2 km breite und um die 470 m hohe Bergrücken zwischen Neckar und Ammer, Wurmlingen und Tübingen. Die Fülle ist erstaunlich: Ein 1200 Seiten dicker und 2 kg schwerer Band berichtet allein über 880 hier vertretene Pflanzenarten, darunter viele wärmeliebende Pflanzen aus der Steppe oder dem Mittelmeergebiet sowie verschiedene Blatterbsenarten und Orchideen. Kein Wunder, denn bis zu 72 °C sollen am Südhang an der Bodenoberfläche schon gemessen worden sein. Entsprechend vielfältig ist auch die Insektenwelt: ein regelrechter Mikrokosmos mit 1300 Käfer- (besonders viele Laufkäfer) und 410 Schmetterlingsarten.

Bei einer Wanderung über den Spitzberg lohnt sich der Weg zur 475 m hoch gelegenen Wurmlinger Kapelle mit wunderbarem Rundblick bei schönem Wetter.

Am Südhang des Spitzbergs wurde ab 1277 intensiv Wein angebaut, bis schließlich im ersten Drittel dieses Jahrhunderts der Weinbau hier drastisch zurückging. In den ausgestockten Weinbergen entstanden nun Brachen, die Mäuerchen dienten als Schlupfwinkel für wärmeliebende Tierarten. Es bildete sich nach und nach ein Vegetationsmosaik aus verschiedenen Pflanzengemeinschaften, die in unseren Breiten vom Grünland bis zum geschlossenen Laubwald reichen. Das ökologisch wertvollste Stück, der Hirschauer Berg oberhalb von Hirschau, steht mit 22 ha unter Naturschutz, der Rest des Bergrückens unter Landschaftsschutz.
Das geologisch abwechslungsreiche Keupergebiet mit seiner hochinteressanten Flora und Fauna lernt man am eindrucksvollsten kennen, wenn man von Hohentübingen her den etwa 6 km langen, mit einem roten Strich markierten Wanderweg nach Wurmlingen einschlägt, der zu der berühmten, 475 m hoch gelegenen Kapelle führt, die seit 300 Jahren die Gegend dominiert.
Die Wurmlinger Kapelle ist auch vom Parkplatz am Bergfuß bei Wurmlingen aus leicht in etwa 20 Minuten zu erreichen. Man kann die Kirche und die Krypta besichtigen und an guten Tagen einen bestechenden Rundblick auf Neckartal, Albrand, Rammert, den Schönbuch und die Gäulandschaft genießen. Fast mit der Hand zu greifen ist im Westen der Pfaffenberg, bedeckt von dichten Wäldern. Dort gibt es im ehemaligen Schilfsandsteinbruch über Wendelsheim einen algenüberwachsenen, geheimnisvollen kleinen See, den Tübinger Professoren, als sie ihn 1920 entdeckten, zum »Märchensee« erklärten.

Der Rosenkäfer fliegt mit geschlossenen Deckflügeln. Auf dem Spitzberg kommt er im Sommer häufig vor.

Einen der schönsten Laufkäfer, den flinken, räuberischen Feldsandläufer, kann man auf besonnten Waldwegen auf dem Spitzberg beobachten.

4 Weilerburg

Auf dem 555 m hohen Rotenberg, einem anmutigen, wohlgeformten Keuperberg südlich von Rottenburg, erhebt sich die Weilerburg. Sie ist dem Rammert, als dessen Wahrzeichen sie gilt, vorgelagert. Der Rammert selbst, ein zwischen Neckar und Steinlachtal gelegener Keuperbergrücken, umfaßt ein geschlossenes, recht einsames Waldgebiet von ca. 5200 ha Größe, das weniger bekannte Gegenstück zum dreimal so großen Schönbuch, der nördlich auf der anderen Neckarseite liegt. Kenner halten den Rammert für ursprünglicher, was sicher auch mit dem ausgewogenen Mischungsverhältnis von 50 % Laubwald zu 50 % Nadelwald zu tun hat.

Vom Rammert reicht der Blick bis auf den Albrand und den Zollernberg mit der erdbebengefährdeten Burg Hohenzollern, dem Stammhaus des Fürstengeschlechts.

»Königsweg« am Schönbuchtrauf: von Aussichtspunkt zu Aussichtspunkt
Genau 33 Rundwanderwege und 9 Streckenwanderungen mit insgesamt 525 km Länge empfiehlt der Schönbuchführer des Schwäbischen Albvereins. Womöglich der schönste, gewiß aber der aussichtsreichste Wanderpfad ist der Schönbuch-Traufweg von Herrenberg nach Hohenentringen (bei 3), dem berühmtesten der Schönbuch-Ausflugslokale (Mo und Fr geschlossen). Wenn man den ganzen, »offiziellen« und etwa 20 km langen Weg nehmen will, wandert man bis nach Unterjesingen, von wo aus man mit dem öffentlichen Busverkehr nun unten am Trauf entlang wieder nach Herrenberg zurückfahren kann. Indessen hat der Weg aber auch viele Abzweig- und Abkürzungsmöglichkeiten. Man beginnt den Schönbuch-Traufweg am historischen Herrenberger Marktplatz und kommt an der großartigen und unlängst mit viel Aufwand restaurierten Stiftskirche vorbei, die vom Schloßberg aus das umliegende Gäu beherrscht. Dem grünen Eichbaum als Wegzeichen für den Naturpfad Schloßberg folgend, erreicht man schnell die Schloßberg-Plattform (522 m) und genießt dort einen herrlichen Blick auf den südwestlichen Schönbuchrand, auf die Gäuebene und das geheimnisvolle, über weite Strecken schluchtartige Ammertal. Wem diese Aussicht bereits genügt und wer nicht den gesamten Wanderweg absolvieren möchte, der kann nun weiter dem grünen Eichbaum und den restlichen 6 km des Naturlehrpfads folgen. Der Weg führt über die Jahnhütte am »Alten Rain« (Grillmöglichkeit) zum Naturfreundehaus und von dort wieder zum Ausgangspunkt zurück.
Wer jedoch den »Königsweg« unter den Wanderpfaden des Schönbuchs entlang dem Trauf bis Hohenentringen und dann nach Unterjesingen hinunter in seiner ganzen Länge erwandern möchte, der folgt nach dem Herrenberger Waldfriedhof einem mit einem einfachen roten Strich markierten Weg, der ihn nun von einem Aussichtspunkt zum anderen führt: vom Kapf (555 m) zum wie ein Sporn ins Ammertal vorgelagerten Grafenberg (550 m) oberhalb von Kayh, dann zur ehemaligen Burg Müneck (543 m) und, immer noch am Trauf entlang, zum Schönbuchspitz (545 m) und dem Pfaffenberg (545 m) sowie zum weit und breit als Studenten-, Ausflugs- und Aussichtslokal gerühmten Schloß Hohenentringen (503 m), wo sich in den letzten 20, 25 Jahren wenig geändert hat und man noch immer auf einfachen Holzbänken direkt am Schönbuchrand sitzen kann, vor sich, auf dem verwitterten Holztisch, das Mostglas.

Der 1874 gebaute zinnenreiche Aussichtsturm, das einzige Bauwerk, das noch an den ehemaligen Sitz der Grafen von Hohenberg erinnert, erlaubt eine herrliche Rundsicht über das Südwestdeutsche Schichtstufenland – allerdings nur im Sommer (Sa von 13 und So von 9 Uhr bis Sonnenuntergang). Den Rammert hat man dann direkt unter sich, über ihn hinweg sieht man zum Trauf der Schwäbischen Alb. Nach Norden geht der Blick auf den Neckardurchbruch bei Rottenburg, etwas weiter östlich erkennt man die Wurmlinger Kapelle und dahinter den Schönbuchrand, während sich im Westen die leicht gewellten Gäuflächen ausbreiten. Ein freundlicher Punkt, von dem aus, so weit man blickt, die Landschaft noch einmal den Vorrang zu haben scheint vor der Industrialisierung.
Von Rottenburg her ist die Weilerburg in Richtung Rangendingen/Hechingen leicht zu erreichen. Nach etwa 2 km ist man im Rottenburger Stadtteil Weiler und fährt auf den Rotenberg mit seinem Turm zu. Vom Parkplatz bis zum Gipfel ist es dann noch knapp 1 km Fußweg.

5 Ofterdinger Schneckenpflaster

Im Bett der Steinlach bei Ofterdingen hat sich die Natur sozusagen ein eigenes Museum geschaffen. Auf einer Länge von 200 m hat das Flüßchen hier eine Schicht des Schwarzen Juras freigelegt, die ein ganzes Relief von versteinerten Muscheln und Ammoniten aufweist. Vor allem die gerippten Gehäuse der Ammonitenart Arietites bucklandi sind teilweise hervorragend herauspräpariert. Wenn die Steinlach nicht gerade Hochwasser führt, können die Besucher trockenen Fußes über diese mächtige Schichtplatte spazieren, die vor etwa 210 Millionen Jahren noch Grund des Jurameers war. Das ganze »Schneckenpflaster«, wie es im Volksmund heißt, weil die Ammonitengehäuse Ähnlichkeit mit unseren Schnecken haben, ist als Naturdenkmal geschützt. Es versteht sich also von selbst, daß man den Versteinerungen nicht mit dem Hammer zu Leibe rücken darf.
Sie gelangen mit dem Auto zum »Schneckenpflaster«, wenn Sie von Rottenburg über Weiler und Dettingen nach Ofterdingen fahren, dort geradeaus in den Ort und kurz vor der Steinlachbrücke rechts abbiegen; dann sind es nur noch ein paar Meter zum frei zugänglichen Bachbett der Steinlach.

»Schneckenpflaster« heißen die Versteinerungen in der Steinlach. Bei Niedrigwasser kann man hier auf dem Grund des einstigen Jurameers spazieren.

6 Neckarburg und »Bergle«
Zwischen Rottweil und Oberndorf »mäandriert« der Neckar richtiggehend. Gerade 10 km nach dem Zusammenfluß mit der Eschach hat er dann auch seinen ersten Umlaufberg herausmodelliert, das 575 m hohe »Bergle« bei der Neckarburg. Früher nahm er in einem großen, querliegenden »S« seinen Weg nach links um das »Bergle« und dann nach rechts um die Neckarburg herum, bevor er wieder seine Generalrichtung nach Norden einschlug. Den ersten Hals dieser Doppelschleife durchbrach er vielleicht mit Hilfe einer Treibeisbarriere, die den Fluß zu einem See aufstaute. Die Kraft, auch den anderen Hals zu durchstoßen, hat er bisher aber noch nicht aufgebracht.
Die verlandete Schlinge unter dem »Bergle« liegt nun ausgesprochen eindrucksvoll als hufeisenförmiger Riesenacker da – wenn frisch gepflügt oder schon geeggt ist, wirkt sie wie ein gewaltiger Erdfluß. Überraschend und rar ist die Vegetation auf dem »Bergle«, besonders augenfällig ist die Wacholderheide, die noch mit Schafen beweidet wird und auf der auch seltene Disteln und Enziane im vollen Sonnenlicht gedeihen.
Von der B 14 aus Richtung Oberndorf fährt man kurz hinter Villingendorf unter der A 81 hindurch und biegt nach ca. 1,5 km links ab auf ein schmales, bis zum Hofgut Neckarburg führendes Asphaltsträßchen. Die Straße geht am »Bergle« vorbei, wobei sich prächtige Ausblicke auf den eigenartigen Umlaufberg bieten. Am Hofgut kann man parken und hat nur noch wenige Meter bis zum Blick auf das schwindelnd tiefe »neue« Neckartal. Von hier gelangt man auch in wenigen Minuten an die wie weiße Klippen aus dem Wald ragenden Reste der Neckarburg.

7 Dauchinger Neckartalmühle
Kaum 10 km nach seiner »Quelle« muß sich der Neckar bei der Dauchinger Mühle bereits mit dem Muschelkalk auseinandersetzen. Es kommt hier zu ersten kleineren »Stromschnellen« – der Müller lacht allerdings, wenn er dieses große Wort hört. Aber immerhin sind hinter der Mühle Muschelkalkschichten von etwa 10 m Höhe angeschnitten: ein sanft geschwungenes Tal mit bizarren Felswänden, an denen sich der Neckar entlangwindet. Man kann sich von der Mühle aus für einen kleinen Spaziergang einfach dem Flußlauf in Richtung Norden, dem Kohlwald zu, anvertrauen. Die Gegend hier wäre fast ein Paradies, wären da nicht auch schon Industrieabwässer im Neckar!
Von Rottweil her fährt man über Deißlingen in Richtung Dauchingen und biegt ca. 2 km nach Überquerung der A 81 nach rechts zu einem Wanderparkplatz ab. Zur Neckartalmühle geht man dann noch etwa 1 km auf ebenem, asphaltiertem Weg.

Kaum 10 km hat der Neckar bis zur Dauchinger Mühle zurückgelegt. Die Idylle wäre vollkommen, müßte das Flüßchen nicht schon hier Abwässer aufnehmen.

Die Wacholderdrossel kommt im Schwenninger Moos vor, um das ein vogelkundlicher Wanderweg führt.

Die Kohlmeise ist in Mitteleuropa noch häufig anzutreffen.

Eine der beiden europäischen Girlitzarten: der seltene Zitronengirlitz. Mit seinem kräftigen, kurzen Schnabel ernährt er sich hauptsächlich von Samen.

Ein richtiges »Entspringen« ist es nicht, eher ein »Entsickern«: der Neckarursprung im Schwenninger Moos.

Auf der Suche nach dem Neckarursprung
Der ausgeschilderte Weg beginnt beim Parkplatz am Hilben-Stadion, dem üblichen Zugang zum Schwenninger Moos 8*, wenn man vom Bahnhof in Schwenningen her kommt. Er führt am stark verlandeten Alten Moosweiher vorbei, wo es noch Rohrkolbenröhricht gibt. Schnell ist der 1934 ausgehobene Neue Moosweiher mit seinem Hinweis auf die Neckarquelle erreicht. Der Neckar entspringt zwar nicht unbedingt exakt an dieser Stelle, aber irgendwo in diesem Moos nimmt er seinen Weg nach Norden auf. Den Neuen Moosweiher säumt bereits ein schmaler Röhrichtgürtel, oft in Gesellschaft des Schmalblättrigen Wollgrases. Weiter führt der Weg nach Westen und dann nach Süden, durch nasse und trockene Moorwälder, durch Bestände von Moor- und Hängebirken, durch Wollgras-Moore und vorbei an den leicht buckligen Horsten des Haarmützenmooses. Zurück zum Ausgangspunkt dieser 3 km langen Wanderung gelangt man am Ostrand des Mooses über eine frühere Schafweide auf bereits gut zersetztem, längst trockenem Torfboden.*

8 Schwenninger Moos

Der Neckar entspringt in einer ausgedehnten Moorlandschaft auf mehr als 700 m Meereshöhe, dem Naturschutzgebiet Schwenninger Moos südlich der Stadt zwischen B 27 und Eisenbahnlinie. Da von dort oben über den Talbach zur Brigach auch der Donau Wasser zufließt, ist dieses Moos gleichzeitig ein Teilstück der Europäischen Hauptwasserscheide zwischen Rhein und Donau: ein hochkarätiges Naturereignis also. Die Einrahmung ist dagegen eher trivial: ringsherum Industrie, dazu ein Eisstadion und Sportplätze in allernächster Nähe, die Eisenbahn fährt fast mitten hinein, und Lärm von der B 27 brandet durch die Moorbirkenwäldchen. In den sechziger Jahren drohte das Moos sogar zu verwalden, da so ein »Hochmoor-Schwamm« es nicht verträgt, wenn er etwa durch Torfstich, wie man ihn hier oben 200 Jahre lang betrieben hatte, entwässert wird. Der wassergefüllte Torf sinkt dann in sich zusammen, Luft dringt ein, Zersetzungsprozesse beginnen, und schließlich entsteht ein hochwüchsiger, geschlossener Wald, der das Wasser aus dem Boden saugt – das Moor wird abgetötet. Seit 1982 versucht man deshalb, den Wald, den das Moos angesetzt hatte, zurückzubauen. Nun hat es wieder nasse »Füße«, ein Zeichen wachsender Gesundheit.

Derzeit präsentiert sich die Moorlandschaft am südlichen Schwenninger Stadtrand als vielgenutztes Naherholungsgebiet mit Spaziergängern und Joggern zu jeder Jahreszeit, insbesondere auf dem knapp 4 km langen Rundweg, den man leicht vom Parkplatz an den Sportplätzen hinter dem

Die Laichballen des Grasfrosches enthalten bis zu 4000 Eier.

Das über 700 m hoch gelegene Schwenninger Moos ist ein Teilstück der Europäischen Wasserscheide zwischen Rhein und Donau.

Eisstadion erreicht. Schnell ist man dann am Neuen Moosweiher, vor dem eine holzgeschnitzte Stele auf den »Ursprung des Neckars« hinweist. Zwar nicht gerade da, aber irgendwo in einem dieser Moorteiche hier oben muß sich eine kleine Wasserader entschließen, den Weg nach Norden zu nehmen – an dieser Stelle strömt das Wasser bereits in nördliche Richtung.

9 Donauquelle

Einen augenfälligeren Ursprung als beim Neckar gibt es dagegen im nahen Donaueschingen mit der »Donauquelle« bereits seit 1896. Ein würdig eingefaßter, glasklarer, runder Quelltopf als Symbol für den Zusammenfluß von Brigach und Breg, welche bekanntermaßen die »Donau zuweg« bringen. Von diesem Punkt aus, heißt es hier, lege die Donau ihren 2860 km langen Weg zum Schwarzen Meer zurück. Ein anziehender Ausgangsort, nur eben heftig umstritten, denn Brigach und Breg fließen vor der Stadt, direkt an der B 27, zusammen; und es gibt auch Leute, die etwa in der Breg den einzigen »wahren« Donauquellfluß sehen. Doch nehmen wir diesen im Donaueschinger Schloßgarten gelegenen Topf getrost als Ursprung an.
Zur »Donauquelle« kommt man am leichtesten vom Postplatz aus in der Donaueschinger Stadtmitte. Zu Fuß geht man an der Stadtkirche vorbei über die Fürstenbergstraße zu den Stadtanlagen. Ein naher, leicht zu findender Weg, der zugleich auch einen ersten Eindruck von dieser reizvollen Barockstadt vermittelt.

10 Küssaberg

Von den Schwäbisch-Alemannischen Gäuplatten ist der Klettgau die südlichste und der zum Hochrhein abfallende Küssaberg wiederum dessen südlichste Begrenzung – so stellt sich über die Gäue eine Beziehung zwischen Hochrhein und Neckar her. Am Küssaberg stehen etliche Orchideenwiesen unter Naturschutz, ebenso wie der Weißjura-Südhang unterhalb der 634 m hoch gelegenen Küssaburg. Die Burg, einst eine weitläufige Anlage hoch oben auf dem Berg, wurde 1634 fast bis auf die Grundmauern zerstört und ist seitdem eine pittoreske Ruine, deren wunderbare Aussicht jede Anfahrt lohnt. Von den Überresten des ehemaligen Turmes aus erscheint der Blick über die Welt fast so offen wie aus der Pilotenkanzel eines der großen Flugzeuge, die über den Berg hinweg Zürich ansteuern: Der Hochrhein, die Schweizer Alpen bis zu den Churfürsten, der Jura, aber auch der Hochschwarzwald und nach Osten der Südrand der Schwäbischen Alb liegen dem Betrachter zu Füßen.
Von Blumberg kommend fährt man auf der B 314 bis Lauchringen und biegt dann links ab auf die B 34. Nach etwa 1 km zweigt ein Sträßchen rechts ab nach Bechtersbohl. Man fährt nun direkt auf den Berg zu. Vom Parkplatz aus sind es noch etwa 500 m steiler Aufstieg bis zur Burg.

So klar wie das Wasser hier ist der umstrittene Ursprung der Donau nicht: die eingefaßte »offizielle« Donauquelle bei Donaueschingen.

Auf Schusters Rappen durchs Obere Neckarland

Der insgesamt 543 km lange »Wanderweg Baden-Württemberg – Main, Neckar, Rhein« von Wertheim nach Lörrach mit der grünen Baumkugel als Markierung führt auf einer Teilstrecke über Filder und Schönbuch auch zum Neckarursprung, wobei er allerdings nach 70 Wanderkilometern hinter dem Rammert erst einmal unser Gebiet verläßt und ein Stück weit mit dem berühmten Alb-Nordrandweg zusammengeht. Man kann die Wanderung in Denkendorf auf den Fildern beginnen, wo auch die um 1200 erbaute, restaurierte Klosterkirche einen Besuch lohnt. Dann geht es unter der nahen Autobahnbrücke hindurch und etwa 500 m am Sulzbach entlang, bis man auf das muntere Wegzeichen stößt, dem man zum aussichtsreichen Filderrand bei Hardt folgt, in Richtung Aich, und dann strikt in Richtung Süden zum Neckartal, nach Pliezhausen, von wo aus es über Rübgarten den Schönbuch hinaufgeht zum Hofgut Einsiedel, weiter dann über die »Zeitungseiche« nach Bebenhausen. Von dort aus gibt es über die Waldhäuser Höhe einen direkten Weg hinein nach Tübingen, wo sich unterwegs der Alte Botanische Garten empfiehlt. Durch Tübingens Altstadt geht es weiter zum Schloß und über den Bismarckturm auf den Spitzberg 3 zur Wurmlinger Kapelle. Hinunter dann nach Wurmlingen selbst, durch die Felder weiter nach Rottenburg, wo es wiederum durch die Altstadt geht. Jenseits, südlich des Neckars, quert dieser Weg ein anderes »großes« Gebiet, den Rammert 4, und geht nun über Dettingen schnurstracks auf Hechingen mit seiner Hohenzollernburg zu. Jetzt nimmt er seinen Verlauf über den Alb-Nordrandweg bis Spaichingen, wo er nach Westen abbiegt und bei Tuningen wieder »unser« Gebiet, das des Oberen Neckars, erreicht. Hinter Bad Dürrheim vereinigt sich dann der Baden-Württemberg-Wanderweg mit dem Schwarzwald-Ostweg von Pforzheim nach Schaffhausen. Gemeinsam führen sie durchs Schwenninger Moos 8 – eine Passage, die bei Kennern als eines der schönsten Wegstücke dieser Wanderung überhaupt gilt. Über Villingen verläßt man das Obere Neckartal wieder und taucht hinein in den »schwärzesten« Schwarzwald, wo man dann am Ende Lörrach erreicht. Das Teilstück von den Fildern über den Alb-Nordrandweg bis zur Baar ist etwa 220 km lang.

Versteinertes Meer aus Kalk und Karst

Ein Spaziergang trockenen Fußes auf dem Meeresgrund: Mit etwas Phantasie ist das auf der Schwäbischen Alb möglich. Denn wo heute weiße Kalksteinfelsen in den Himmel ragen und sich weite Hochflächen erstrecken, befand sich vor über 140 Millionen Jahren das riesige Jurameer. Ein tropisch warmes Gewässer voller Leben, an dessen Stränden Palmfarne wuchsen und wo sich im Flachwasser die Saurier aalten. Als sich das Meer schließlich zurückzog, blieben auf dem Meeresgrund mächtige Schlammschichten abgestorbenen Lebens zurück. Sie wurden zu Stein. Die gewaltigen Kräfte der Natur formten daraus eine der reizvollsten und abwechslungsreichsten Landschaften Deutschlands, in der markante Felsen, wie hier der 825 m hohe Wackerstein bei Pfullingen, einen weiten Blick über Täler und steile Hangwälder bieten. Wer die Schwäbische Alb besucht, wird zu jeder Jahreszeit unvergeßliche Natureindrücke mit nach Hause nehmen.

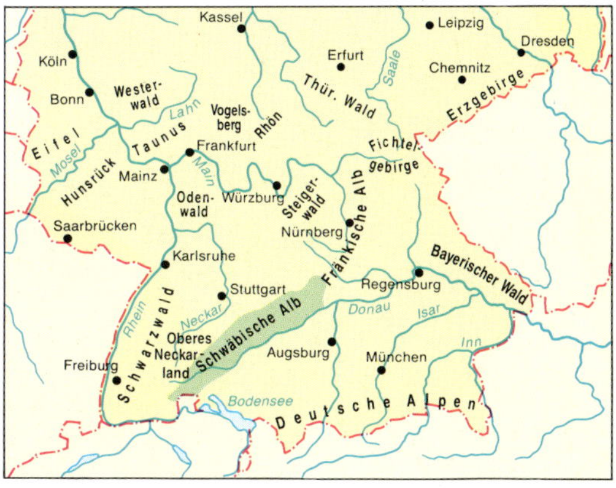

Lage Zwischen der Fränkischen Alb im Nordosten und dem Hochrhein bei Schaffhausen im Südwesten; im Norden flankiert von Oberem Neckartal und Schwäbisch-Fränkischem Wald, im Süden von der Donau
Ausdehnung Nordost–Südwest ca. 200 km; Nordwest–Südost ca. 20–50 km
Länder Baden-Württemberg, im Nordosten Bayern
Höchste Erhebungen Im Südwesten: Lemberg 1015 m, Oberhohenberg 1009 m, Wandbühl 1007 m, Plettenberg 1005 m, Hummelsberg 1002 m, Dreifaltigkeitsberg 985 m; im Nordosten: Stuifen 757 m, Volkmarsberg 743 m, Ipf 668 m
Wichtigste Flüsse Donau, Lauchert, Große Lauter, Brenz, Wörnitz
Landschaftsformen Mittelgebirgslandschaft mit weiten Hochebenen und tief eingeschnittenen Flußtälern, Steilabfall im Norden mit vorgelagerten, meist kegelförmigen Zeugenbergen
Naturpark Naturpark Obere Donau im Südwesten
Information Landesfremdenverkehrsverband Baden-Württemberg, Esslinger Str. 8, W-7000 Stuttgart 10, ☏ 0711/247364; Fremdenverkehrsverband Neckarland-Schwaben, Lohtorstr. 21, W-7100 Heilbronn, ☏ 07131/629061; Touristik-Gemeinschaft Schwäbische Alb, An der Neckarbrücke, W-7400 Tübingen, ☏ 07071/35011 oder Kornhausstr. 14, W-7070 Schwäbisch Gmünd, ☏ 07171/30644; Schwäbischer Albverein, Hospitalstr. 21 B, W-7000 Stuttgart 1, ☏ 0711/290996

Auf Dichterspuren ins Freizeitland

Wochenende für Wochenende übt die Schwäbische Alb fast magische Anziehungskräfte aus: Ein wahrer Pilgerzug an Erholungsuchenden bewegt sich dann aus dem Großraum Stuttgart hinauf zu den schroffen Kalkfelsen und den weiten Hochflächen. Dort wird gewandert und zu Fuß, mit dem Rad oder im Winter auf Skiern die Landschaft erkundet. Manche stöbern hammerbewaffnet in Steinbrüchen nach Muscheln und Schnecken aus dem Jurameer, andere genießen von den Albbergen die herrliche Aussicht ins Unterland. Mutige und Abenteuerlustige gehen unter die Erde, um Höhlen zu inspizieren, oder klettern mit Seil und Haken an senkrechten Felswänden. Noch Kühnere verlassen den Erdboden ganz und schweben lautlos mit dem Drachen oder dem Segelflugzeug über die atemberaubende Landschaft.

Während der Woche allerdings herrscht Stille in den steilen Hangwäldern, und auf der Hochfläche trifft man außer den Albbewohnern nur wenige Menschen. Dem beschaulichen Wanderer offenbart sich dann intensiver, was Dichter von Hölderlin bis Mörike, von Hauff bis Härtling in Worte gefaßt haben. Oft hymnisch schwelgend beschrieben sie diese Landschaft mit ihren wuchtigen Bergkegeln, den tief eingeschnittenen Tälern, den bizarren, weißglänzenden Felsformationen, ihren sanftgeschwungenen Hochebenen und den wacholderbestandenen, parkartigen Heideflächen.

Löcherig wie ein großer Schweizer Käse

Aber nicht nur Erholungsuchende und Dichter hat die Schwäbische Alb in ihren Bann gezogen. Auch zahlreiche Wissenschaftler zieht es hierher: Geologen, Archäologen, Botaniker, Höhlenkundler oder Seismologen, alle erhoffen sich von diesem Gebiet neue Erkenntnisse. Vor etwa 160–140 Millionen Jahren aus den bis zu 800 m mächtigen Sedimenten des Jurameers entstanden, birgt die Alb noch manches ungelöste Geheimnis für die Wissenschaft. Zeugen des Lebens im Jurameer, das vor rund 140 Millionen Jahren versiegte, kann man auch heute noch vielerorts auf der Schwäbischen Alb entdecken. In manchen Schichten finden sich große Mengen versteinerter Ammoniten, Muscheln, Korallen sowie anderer Tiere und Pflanzen des Urmeeres. Durch Verwitterung und Erosion, bei Bau-

maßnahmen im Boden oder beim Kalkabbau in Steinbrüchen tauchen sie nun wieder auf.
Aber auch Geologen und Höhlenforscher finden auf der Schwäbischen Alb ein ideales Betätigungsfeld, denn das 200 km lange und durchschnittlich etwa 40 km breite Mittelgebirge zwischen Rhein und Ries, Donau und Neckar ist Mitteleuropas größtes Karstgebiet. Kaum jemand denkt wohl daran, wenn er über die Alb fährt, daß die Gesteinsschichten unter den Feldern und Wacholderheiden löcherig wie Schweizer Käse sind – Folge einer fast unglaublich anmutenden Naturerscheinung: Die steinharten Jurakalke lösen sich buchstäblich in Nichts auf, wenn das in feinste Ritzen eindringende Wasser Kohlensäure mit sich führt, die aus den Humusschichten an der Erdoberfläche stammt. In Jahrmillionen hat eingesickertes Wasser auf diese Weise im Innern der Schwäbischen Alb ein weitläufiges System von Spalten, Höhlen, Schächten und unterirdischen Wasserläufen geschaffen. Die Böden auf der Schwäbischen Alb trocknen durch das Versickern des Oberflächenwassers schnell aus, dafür sprudeln in den Tälern mächtige Karstquellen, in denen das Wasser wieder zutage tritt, wie im berühmten Blautopf bei Blaubeuren ⓭.

Die traditionelle Wanderschäferei auf der Alb erfüllt eine wichtige Aufgabe: Sie erhält die hier typischen, parkähnlichen Wacholderheideflächen.

Zeugenberge: Denkmäler der Erdgeschichte

Neben der Verkarstung hat auch der Vulkanismus das Landschaftsbild der Schwäbischen Alb geprägt. Während der Jungtertiärzeit, vor etwa 20 Millionen Jahren, hat sich der Druck vulkanischer Gase vor allem im Gebiet von Bad Urach und Reutlingen an vielen Stellen Luft verschafft und die Juraschichten durchstoßen. Die Vulkane sind längst erloschen, aber die mit hartem Basalt gefüllten Schlote bilden im Albvorland prägnante Bergkegel und auf der Hochfläche trichterförmige Vertiefungen, die Maare ⓫.

Charakteristisch für die Landschaft am Albtrauf, der bis zu 400 m hohen Schichtstufe an der nordwestlichen Seite der Schwäbischen Alb, sind auch die in ihrer Form den Vulkankegeln sehr ähnlichen Zeugenberge. Geschützt durch Kappen aus hartem Weißjuragestein, haben sie der Abtragung länger widerstanden als die umliegenden Gebiete und bezeugen nun, daß die Albhochfläche einst viel weiter nach Norden reichte. Am eindrucksvollsten sind zweifellos die majestätischen drei Kaiserberge Hohenstaufen, Rechberg und Stuifen ㉚.

Insel der exotischen Pflanzen

Trockenheit und Kalkgehalt der Böden schaffen auf der Schwäbischen Alb die Grundlage für eine teilweise sehr eigenartige Flora. So ist hier eine Art botanisches Eiland mit Pflanzen entstanden, die man sonst nur im Alpengebiet oder noch weiter im Süden findet. Botaniker vermuten, daß bestimmte Pflanzenarten aus den Steppen Ungarns entlang der Donau, andere aus dem Mittelmeerraum über das Rhonetal hierher gelangt sind. Den meisten Albbesuchern fallen diese botanischen Besonderheiten aber weniger auf als so spektakuläre Pflanzen wie Küchenschelle, Seidelbast oder Traubenhyazinthen, die im Frühjahr ganze Wiesen blau färben. Auch Silberdisteln, die zum Symbol dieser Landschaft geworden sind, sowie verschiedene Orchideen- und Enzianarten sieht man dort immer wieder. An manchen Stellen stößt man auf Wacholderheiden, eine trockensteppenartige Pflanzengemeinschaft, die auf weidende Schafe angewiesen ist, um nicht von Gebüsch überwuchert zu werden. In den Hangwäldern und tief eingeschnittenen Tälern am Albtrauf prägen Laubbäume, besonders Buchen, das Bild.
So reizvoll sich diese Karstlandschaft dem Besucher präsentiert, so schwer hat sie es seit jeher ihren Bewohnern gemacht. Erst seit 1871 gibt es Pumpwerke, um Wasser aus den Tälern zu den wasserarmen Dörfern auf die Hochfläche zu pumpen. Vorher mußte es mühsam mit Ochsengespannen über die steilen Albsteigen hinaufgekarrt werden.

Jagdrevier des Eiszeitmenschen

Daß gerade in dieser eher herben Landschaft älteste Spuren des Menschen gefunden wurden, verwundert etwas. Doch die Schwäbische Alb bot ihm offensichtlich schon vor etwa 30000 Jahren einen Lebensraum. Das Achtal und das Lonetal 22, beide nicht weit von Ulm gelegen, sind

Route 1
Westalb
Die etwa 180 km lange Strecke führt auf meist idyllischen Nebenstraßen durch zwei gegensätzliche Landschaften – vom engen Donautal und der Donauversickerung 1 geht es hinauf auf die weite Hochfläche der Schwäbischen Alb zum Kornbühl mit der Salmendinger Kapelle 6 und zum beeindruckenden Erdrutsch am Hirschkopf 7. Preiswerte Gaststätten und Unterkünfte gibt es außerhalb der Städte auch in vielen Dörfern.
Streckenverlauf:
Von der A 81 Stuttgart–Singen Ausfahrt Geisingen auf der B 311 rechts nach Immendingen zur Donauversickerung 1; weiter über Tuttlingen im Donautal nach Mühlheim, von dort auf die Albhochfläche nach Kolbingen 2; dann rechts ab Richtung Bärenthal ins Bäratal, dort wieder rechts und talabwärts nach Fridingen zu Laibfelsen, Stiegelesfelsen und Donauversickerung 3; von dort geht es wieder ein kleines Stück hinauf auf die Alb nach Irndorf 4 5; dann dieselbe Straße zurück und links ab in Richtung Beuron, weiter im Donautal nach Sigmaringen und links auf der B 32 über Gammertingen nach Burladingen, dort rechts ab über Ringingen nach Salmendingen 6 und Talheim 7; zurück nach Burladingen und auf der B 32 Richtung Hechingen, in Hausen links ab und kurz darauf rechts nach Onstmettingen zum Hangenden Stein 8; von dort Richtung Bisingen und nach knapp 3 km links ab nach Lautlingen, rechts auf der B 463 bis Laufen und links ab nach Tieringen zum Lochenstein 9; über Hausen am Tann, Ratshausen, Weilen, Schörzingen, Wilfingen geht es nun Richtung Gosheim zum Lemberg 10. Über Denkingen, Aldingen und Trossingen zur A 81 Auffahrt Villingen-Schwenningen und nach Süden zurück zum Ausgangspunkt.

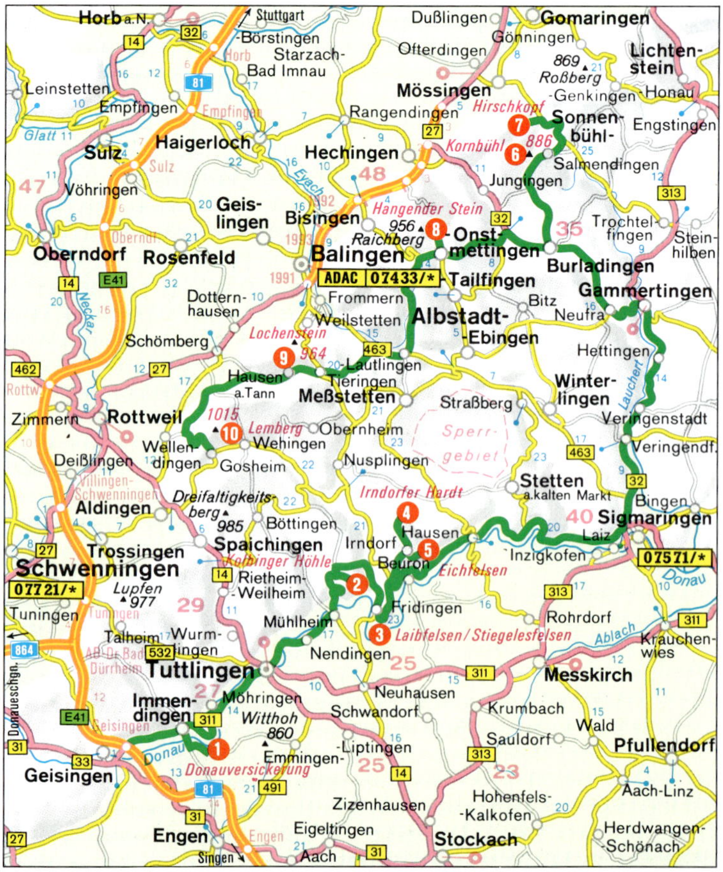

seit einigen Jahrzehnten ein Mekka der Archäologen. In Karsthöhlen und unter Felsüberhängen, die den Eiszeitmenschen wohl als Rastplätze gedient hatten, tragen die Wissenschaftler sorgsam das Erdreich ab und suchen nach menschlichen Lebensspuren.
Die bisherigen Funde an Werkzeugen und Elfenbeinschnitzereien – sie gehören zu den ältesten Kunstwerken der Menschheit – waren sensationell. Man konnte aufgrund von Pollen- und Fettanalysen auch Flora und Fauna zur Zeit der Höhlenbenutzer recht genau rekonstruieren. Tundraähnlich, baumlos und karg war damals die Landschaft. Aber auf dem freien, grasbewachsenen Gelände fanden sich wilde Tiere der Kältesteppe wie Ren, Bison oder Mammut ein, denen der Mensch folgte. In den Sommermonaten jagte er hier und suchte Unterschlupf in den Höhlen. Im Winter, wenn die Alb unter einer dicken Schneedecke lag, mußte er sich in tiefer gelegene Gegenden zurückziehen.
Über 30 000 Jahre ist es also her, daß Menschen die Schwäbische Alb in Besitz genommen haben. Jahrtausende hat sie ihren Bewohnern alles abverlangt, um hier überleben zu können. Heute dagegen verlangt der Mensch diesem einmaligen Naturraum vieles ab, um ihn immer intensiver als Freizeitlandschaft zu nutzen. Es ist daher zu hoffen, daß er dabei stets die Grenzen der Belastbarkeit dieser überaus empfindlichen Naturlandschaft erkennt. Denn nur unter diesen Voraussetzungen können auch die folgenden Generationen die Schwäbische Alb in ihrer ganzen Vielfalt erleben und genießen.

Route 1 Westalb

Wo die Donau fremdgeht

❶ Donauversickerung bei Immendingen

Die junge Donau hat es auf ihrem Weg zum Schwarzen Meer nicht leicht, ein stattlicher Fluß zu werden: Schon nach wenigen Kilometern machen ihr bei Immendingen die Tücken des Karsts zu schaffen. Die Schichten

Bei Immendingen versickern pro Sekunde etwa 10 000 l Donauwasser in den Spalten und Klüften der wasserdurchlässigen Kalkschichten.

Wegen der günstigen Thermik ist die Alb bei Segelfliegern, Ballonfahrern und Drachenfliegern beliebt.

Exkursion durch die Erdgeschichte

Einen abwechslungsreichen Gang durch die Erdgeschichte des oberen Donautals bietet ein Geologischer Lehrpfad, der an der alten Donaubrücke in Tuttlingen (zwischen ❶ und ❷) beginnt und über den Eichen führt, einen dicht bewaldeten Höhenrücken im Norden der Stadt. Auf der 8 km langen Rundwanderung begegnet man zahlreichen geologischen Erscheinungen, die auf insgesamt 14 Schautafeln erläutert werden. Man erfährt u. a., wie eine Doline entsteht, welche Versteinerungen in diesem Gebiet vorkommen, was Bohnerz ist und daß die Urdonau, bevor sie sich ihr markantes Tal gegraben hat, auf der Albhochfläche geflossen ist.
Wem der zweistündige Rundgang zu lang ist, kann vom sehr schön gelegenen Rast- und Grillplatz »Eichen« aus einige besonders interessante Teile des Lehrpfads besuchen. Am Rastplatz, den man von Tuttlingen über die Straße Richtung Rußberg und Risiberg nach etwa 4 km erreicht, befindet sich zur Orientierung eine Wandertafel.
Eine gute Ergänzung zum Geologischen Lehrpfad bietet übrigens das Tuttlinger Heimatmuseum in der Donaustraße 50. Dort ist eine reichhaltige Sammlung mit Gesteinen und Versteinerungen aus der Umgebung ausgestellt (Di, So 14–17, Do 16–19, Sa 10–13 Uhr geöffnet).

Eine der schönsten Schauhöhlen der Schwäbischen Alb ist die Kolbinger Höhle mit ihren Tropfsteinbildungen.

Ein Fluß bricht sich Bahn

»Die großartigste Szenerie in der südlichen Alblandschaft schuf die Natur dort, wo sie den breiten Gebirgsstock mit Gewalt zerrissen und so durch die klaffenden Spalten dem Abfluß der Wasserfluten des einen Beckens in das andere, von West nach Ost, eine Rinne gezogen hat.« So begeistert und pathetisch beschreibt Gustav Ströhmfeld 1893 das Tal der oberen Donau im ersten Wanderführer über dieses Gebiet.

Und tatsächlich: Was die junge Donau bei ihrem Weg durch die mächtige Kalktafel der Schwäbischen Alb zwischen Fridingen und Sigmaringen an Naturszenerien geschaffen hat, ist zum Teil wirklich atemberaubend. Mühsam windet sich der Fluß zwischen hochaufragenden, oft von Burgen und Schlössern bekrönten Kalkklippen des Juras hindurch. Bizarre Felsgebilde ragen über steile Hangwälder hinaus, und nach jeder Flußbiegung eröffnet sich dem Betrachter eine neue, noch eindrucksvollere Felslandschaft. Straße und Eisenbahn haben es im engen Donautal schwer, dem Fluß mit seinen vielen Schleifen zu folgen, und verschwinden immer wieder in Tunneln. Bei der Fahrt durch diesen Talabschnitt sollten Sie es keinesfalls versäumen, öfters einmal anzuhalten und einen der zahlreichen Aussichtspunkte an den Talhängen (zwischen 3 und 5) zu besteigen, um diese einmalige Landschaft auch von oben zu genießen. Ein großartiges Panorama bietet beispielsweise der Knopfmacherfels an der Straße zwischen Fridingen und Beuron (Parkplatz, Gartenwirtschaft). Noch intensiver erlebt man das Donautal natürlich bei einer Wanderung, für die sich verschiedene ausgeschilderte Wege zwischen Fridingen und Sigmaringen anbieten. Reizvoll ist auch eine Fahrt auf der Donau, für die man in Beuron Paddelboote mieten kann (Voranmeldung: ☏ 07466/1014).

des Weißen Juras sind hier so zerklüftet und löcherig, daß die Donau einen Großteil ihres Wassers in den Untergrund verliert.
In jeder Sekunde verschwinden dort etwa 10000 l Wasser in den weitverzweigten Höhlensystemen der verkarsteten Juraschichten. 1877 wollte man es genau wissen, wo das für die Anlieger so wichtige Donauwasser bleibt, und schüttete 10 t Salz in die sogenannten Schlucklöcher. Rund zwei Tage später war die etwa 25 km südlich gelegene Aachquelle salzig. Versuche mit Farbstoffen haben diesen Befund inzwischen mehrfach bestätigt. Da die Aach in den Bodensee fließt und das Wasser von dort in die Nordsee, ist dies der Beweis für ein seltenes Phänomen: Der Rhein überlistet hier die Europäische Wasserscheide, indem er die Donau unterirdisch anzapft. Bei niedrigem Wasserstand im Sommer oder im Herbst läßt sich dieses Naturschauspiel gut beobachten.
Am Ortsende von Immendingen geht es von der B 311 rechts ab. Man überquert die Donau, biegt unmittelbar nach der Brücke nochmals rechts ab und kommt dann über ein 2 km langes asphaltiertes Sträßchen zu einem recht hübschen Rastplatz mit Kinderspielplatz und Grillgelegenheit. Auf einer 1,2 km langen Strecke, neben der man von hier aus bequem auf einem Waldweg spazieren kann, verliert die Donau während trockener Zeiten fast ihr ganzes Wasser. Der Weg endet an einem weiteren Rastplatz, den man von Möhringen an der B 311 aus auch mit dem Auto erreichen kann.

2 Kolbinger Höhle

Zu den schönsten Schauhöhlen der Schwäbischen Alb gehört die Kolbinger Höhle mit ihren prächtigen Tropfsteinen. Imposant ist schon der Zugang. Kurz bevor man den Eingang erreicht, führt der Weg durch ein 15 m langes, mächtiges Felsentor. Die Höhle selbst ist ein Labyrinth von Gängen, Hallen, Seitenkammern und Schächten, das sich hier tief ins Juragestein windet. Auf gesicherten und beleuchteten Steigen können Besucher etwa 200 m weit in die Höhle mit ihren drei Hallen hineingehen (Anfang April–Ende Okt. Sa 13–17, So 10–17 Uhr geöffnet).
Der Weg zur Höhle ist im Ort Kolbingen gut ausgeschildert. Von einem idyllischen Rast- und Kinderspielplatz im Norden des Ortes kann man auf einem Wanderweg in etwa 40 Minuten zur Höhle wandern. Wer's bequemer haben will, fährt auf einem Schottersträßchen weiter. Samstags und sonntags muß man den letzten Kilometer allerdings zu Fuß gehen, dafür ist an diesen Tagen die Wirtschaft an der Höhle geöffnet.

3 Laibfelsen, Stiegelesfelsen und Donauversickerung

In Fridingen fahren Sie nach der Kirche am Friedhof vorbei und dann rechts den Berg hinauf bis zum Parkplatz »Burgsteigle«. Von dort führt ein Wanderweg zum Laibfelsen, auf dem im Frühjahr viele unter Naturschutz stehende Küchenschellen blühen. Das Tal der oberen Donau ist hier recht

Vom imposanten Stiegelsfelsen blickt man auf das abwechslungsreiche obere Donautal bei Fridingen mit einer weiteren Versickerungsstelle des Flusses.

eng, Straße und Eisenbahnlinie, die sonst in der Talaue verlaufen, kürzen an dieser Stelle eine Flußschleife ab. An den steilen Felshängen hat sich eine relativ unberührte Natur erhalten. Zwischen mächtigen Kalkfelsen gedeihen auf kargen Trockenwiesen botanische Raritäten wie Knabenkraut, Pfingstnelke oder der Traubensteinbrech, der aus feinen Öffnungen an den Blatträndern Kalk ausscheidet. Im Talgrund kämpft die Donau ums Überleben: Zum zweiten Mal nach der Versickerung bei Immendingen 1 verliert sie hier viel Wasser an die unterirdischen Karstsysteme und trocknet im Sommer fast ganz aus. Vom Laibfelsen kommt man entlang der Hangkante in ca. 15 Minuten durch ein Naturschutzgebiet zum Stiegelesfelsen mit neuen Ausblicken auf die prächtige Flußlandschaft.

4 Irndorfer Hardt

Wie in einem weiten, großzügig angelegten englischen Park fühlt man sich beim Gang über die Irndorfer Hardt. Auf sanft gewellten Wiesenflächen prägen malerische Baumgruppen, einzelnstehende Eichen, Birken und Ahornbäume sowie mächtige Fichten das Bild. Hier wachsen neben Silberdistel und Türkenbund auch Trollblume und Gelber Enzian. Eine Landschaft, die nicht von allein entstanden ist, sondern erst durch die Nutzung als Kulturland ihr heutiges Aussehen erhielt.

Noch im 19. Jh. trieben die Albbauern ihr Vieh zur Futtersuche in die lichten Wälder. Es entstanden vielerorts die Waldweiden, auch Holzwiesen genannt, auf denen der alte Baumbestand erhalten blieb und junge, nachwachsende Pflanzen vom Vieh abgeweidet wurden. Mit Einführung der Stallwirtschaft wandelte man die Waldweiden dann fast überall zu intensiv genutzten Wirtschaftswiesen um. Dabei wurde meist auch der charakteristische alte Baumbestand beseitigt, weil er die Bewirtschaftung erschwerte.

Daß die Irndorfer Hardt als typische Holzwiese erhalten blieb, verdankt sie ihrer abgelegenen und klimatisch ungünstigen Lage sowie dem frühen Eingreifen der Naturschützer, die das Gebiet bereits 1938 in ihre Obhut nahmen. Für einen Spaziergang durch die etwa 1 km^2 große Irndorfer Hardt braucht man eine gute Stunde Zeit.

Von Irndorf aus erreichen Sie das Gebiet über die Straße in Richtung Schwenningen. Nach etwa 4 km führt links ein Waldweg zum Parkplatz unterhalb des Schnaitkopfs (Antennenmast). Von dort aus sind es nur noch wenige Minuten zu Fuß. Eine Orientierungstafel am Parkplatz erleichtert den Überblick.

5 Eichfelsen

Die wohl lohnendste Aussicht über den grandiosen Donaudurchbruch bietet der Eichfelsen, den Sie mit dem Auto ebenfalls von Irndorf aus erreichen. An der Kirche biegt man von der Hauptstraße ab und fährt in Richtung »Wanderheim Rauher Stein«, nach wenigen hundert Metern

Einen herrlichen Ausblick auf den wohl schönsten Teil des oberen Donautals genießt man vom Knopfmacherfels an der Straße zwischen Fridingen und Beuron.

Wo einst die Fürsten jagten

In den Wäldern zwischen Sigmaringen und der südlich gelegenen Ortschaft Kraichenwies (Abstecher zwischen 5 und 6) schallten einst die Hörner, wenn die Fürsten von Hohenzollern zum herrschaftlichen Jagdvergnügen bliesen. Büchsenknall und hohe Gäste gehören zwar inzwischen der Vergangenheit an, aber Damwild gibt es in dem umzäumten, ca. 883 ha großen Wildpark Josefslust auch heute noch reichlich. Von gut ausgebauten Wanderwegen lassen sich die Tiere bestens beobachten. In kleineren Gehegen werden auch Rehe, Wildschweine und Fasane gehalten. Für Abwechslung ist also bei einem Spaziergang durch das schöne, von Wiesen und Weihern unterbrochene Waldgebiet gesorgt. Außerdem machen zahlreiche Rastplätze, Ruhebänke und Feuerstellen das Gelände zu einer Oase für Erholungsuchende. Namengebend für den Park war das 1727 erbaute Jagdschlößchen Josefslust, das heute als Forsthaus dient. Es steht neben dem Haupteingang an der Schnellstraße von Sigmaringen nach Pfullendorf. Dort finden die Besucher auch eine Orientierungstafel mit Vorschlägen für Rundwanderungen zwischen 2 und 8 km Länge durch das ehemalige fürstliche Jagdrevier. Der Park ist durchgehend geöffnet.

Von Riesenhand erbaut

Fährt man von Hausen Richtung Sigmaringen, erhebt sich kurz nach dem Örtchen Neidingen wie von Riesenhand erbaut eine mächtige Felswand, die das Tal förmlich abzuriegeln scheint. Unter den zahlreichen Felsgebilden des Donaudurchbruchs sind die Neidinger Schaufelsen (zwischen 5 und 6) am imposantesten, bilden sie doch eine kompakte Felswand von ca. 600 m Breite und 170 m Höhe. Die Wand beeindruckt den Beschauer nicht nur vom Tal her, sondern bietet dem, der sie vom Dorf Tiergarten aus besteigt (gekennzeichneter Weg) oder über das Naturfreundehaus Steighöfe von der Hochfläche her zur Wand geht (ebenfalls beschildert), herrliche Ausblicke ins Tal hinab, denn ein Fußsteig erschließt die obere Felskante an dieser Stelle fast auf ganzer Breite.

»Zerstöre nichts und schlag nichts tot!«
Fast 2200 Eintragungen registriert das sorgfältig geführte Höhlenkataster der Schwäbischen Alb, und ständig kommen neue hinzu. Die geheimnisvolle Welt im Innern des Juragebirges ist ebenso vielgestaltig wie weitverzweigt. Seit jeher hat sie den Menschen angelockt, ihm Schutz und Unterkunft gewährt – und seine Phantasie angeregt. Viele Mythen und Sagen spinnen sich um das schaurige Dunkel der Albhöhlen. Namen wie Mordloch, Geisterhöhle, Goldloch oder Teufelsbackofen zeugen davon. In den Höhlen der Alb fanden sich älteste Spuren des Menschen in Europa. Archäologen stellen bei ihren Forschungen häufig fest, daß die Höhlen bis ins späte Mittelalter immer wieder als Unterschlupf oder Versteck benutzt wurden. Im 19. Jh. war es geradezu schick, bei Fackelschein die geheimnisvolle Welt der Tropfsteinlandschaften zu bewundern. Es wurden Höhlenfeste gefeiert, die mancherorts bis heute Tradition haben. Damals begann aber auch ein folgenschwerer Raubbau unter Tage. Nicht nur, daß die glänzend-hellen Tropfsteine durch offene Feuer verrußt wurden. Viele Besucher nahmen sich auch ein Stück Tropfstein als Souvenir mit und plünderten ganze Höhlen regelrecht aus. Im Gegenzug landete häufig das, was man nicht mehr gebrauchen konnte, in Höhlen und Dolinen, die dadurch zu Müllkippen wurden.
Um die Höhlen vor weiterer Zerstörung zu bewahren und sie den Fledermäusen und anderen Höhlentieren als Lebensraum zu erhalten, sollten sich alle Höhlenbesucher unbedingt an das Motto amerikanischer Höhlenforscher halten. Es lautet: »Wenn du eine Höhle besuchst, nimm nichts mit, laß nichts zurück, zerstöre nichts und schlag nichts tot!«

geht es an einer zweiten Kirche links auf einen asphaltierten Feldweg. Nach etwa 1 km stößt man auf einen Wegweiser zum Eichfelsen. Von dort aus sind es noch etwa 500 m zu Fuß bis zum Aussichtspunkt an der Talkante.
Die gewaltige Felsszenerie, von der jungen Donau in Jahrtausenden aus den Juraschichten gefräst, offenbart sich dem Betrachter hier in ihrer ganzen Pracht und Vielfalt. Die wie an einer Kette aufgereihten weißen Jurafelsen und die im Herbst buntgefärbten Buchenwälder an beiden Talseiten bilden einen bizarren Kontrast zu dem blauen Flüßchen, das im Talgrund ruhig zwischen grünen Wiesen dahinfließt. So bedrohlich die senkrecht abstürzenden Felswände wirken, sie boten den Menschen einst auch Schutz und Sicherheit. Auf der gegenüberliegenden Talseite thront auf einem künstlich abgeschrofften Felsen die Burg Wildenstein, und linker Hand, schon am Horizont, scheint Schloß Werenwag in luftiger Höhe zu schweben.

6 Kornbühl

Bei der Fahrt von Ringingen nach Salmendingen ist der ebenmäßige Kegel des Kornbühls nicht zu übersehen. Auf dem Gipfel des markanten Berges steht die Wallfahrtskapelle St. Anna, zu der ein Pilgerweg mit Bildstöcken hinaufführt. Der Spaziergang vom Parkplatz an der Landstraße zum Gipfel des Kornbühls lohnt sich: Oben bietet sich ein eindrucksvoller Rundblick über die weite, sanft gewellte Albhochfläche. Äcker und Wiesen, exakt begrenzt, bilden um den Berg einen Teppich mit geometrischen Mustern. Ein Kontrast dazu sind die naturbelassenen Bergflanken. Vom gehölzfreien Trockenrasen bis zum Mischwald gibt es dort fast alle Pflanzengesellschaften der Schwäbischen Alb. Naturkundler haben auf diesem kleinen Fleckchen Erde 191 Pflanzen- sowie 341 Tierarten gezählt, darunter zahlreiche, die vom Aussterben bedroht sind. Seit 1983 ist der Kornbühl Naturschutzgebiet. Die einzelnen Lebensräume wie Wacholderheide und Waldränder werden regelmäßig gepflegt, um sie vor Überwucherung und Verwilderung zu schützen. So kann sich der Besucher hier auf überschaubarem Gelände ein umfassendes Bild von der Pflanzenwelt der Schwäbischen Alb machen. Wegen der empfindlichen Pflanzen ist das Verlassen der markierten Wege verboten.

Gleich einem geometrisch gemusterten Teppich breiten sich bei Salmendingen rund um den markanten Kegel des 886 m hohen Kornbühls Äcker und Wiesen aus.

❼ Hirschkopf

Wissenschaftler sprachen von einem geologischen Jahrhundertereignis, als am 12. April 1983 am Hirschkopf westlich des Örtchens Talheim der Steilhang des Albtraufs auf einer Länge von 1000 m abrutschte. Durch das Nachgeben aufgeweichter Braunjuratone am Fuß des Berges kam das gesamte Gelände unterhalb der senkrechten Weißjurawände an der Hochfläche in Bewegung. Riesige Hangschollen neigten sich talwärts, Klüfte entstanden, in die große Felsteile nachstürzten, Gesteinsschutt wurde zu Wällen aufgetürmt, Tausende von Bäumen wie Streichhölzer umgeknickt, entwurzelt oder verschüttet. Etwa 4 Millionen m^3 Gesteinsmassen waren in Bewegung, und 80 ha des Hangwaldes verwandelten sich in eine Mondlandschaft.

So ungewöhnlich dieser Erdrutsch dem Betrachter heute erscheinen mag, erdgeschichtlich ist er eher ein »alltäglicher« Vorgang, der die ständige Abtragung am Nordwestrand der Alb augenfällig macht. Das gesamte Rutschgebiet steht unter Naturschutz, so daß man hier beobachten kann, wie sich die Flora ohne Eingriff des Menschen selbst regeneriert. Besucher sollten sich unbedingt an die Naturschutzbestimmungen halten und das Gebiet nur von den Wegen aus betrachten. Einen Parkplatz am Fuß des Hirschkopfs, von dem es bis zum Hangrutsch nur zehn Gehminuten sind, erreichen Sie 2 km westlich von Talheim. Im Ort folgt man den Wegweisern zum Sportgelände.

❽ Hangender Stein

Erdgeschichtliche Vorgänge laufen meist in Zeiträumen ab, neben denen sich die Dauer eines Menschenlebens ausnimmt wie der Takt eines Sekundenzeigers. Deshalb lassen sich solche Vorgänge mit dem Auge kaum wahrnehmen. Am Hangenden Stein kann man jedoch geologische Prozesse auf eine spektakuläre Weise beobachten. Ein halbkreisförmiges Segment der oberen Gesteinsschichten mit einem Durchmesser von etwa 200 m hat sich an dieser Stelle von der Hochfläche abgelöst und ist nun von ihr durch bis zu 15 m tiefe Spalten getrennt. Nur über eine kleine Eisenbrücke gelangt der Besucher auf dieses Felsgebilde in 923 m Meereshöhe. Noch wird es von den unteren Gesteinsschichten gestützt und auf dem Niveau der Hochfläche gehalten. Doch irgendwann werden auch diese Stützen soweit abgetragen sein, daß sich die Verbindungen zur Hochfläche lösen und der mächtige Felsblock in die Tiefe stürzen wird.

Zum Hangenden Stein kommt man zu Fuß vom bewirtschafteten Wanderheim »Nägelehaus« (Übernachtungsmöglichkeit) auf dem Raichberg aus. Man geht von dort auf Waldwegen (Markierung: rotes Dreieck) immer Richtung Osten und erreicht nach ca. 600 m den Albtrauf. In Onstmettingen ist der Weg auf den Raichberg und zum »Nägelehaus«, wo man parken kann, ausgeschildert.

Am Hirschkopf rutschte der Steilhang des Albtraufs im April 1983 auf einer Länge von 1000 m ab; allmählich beginnt sich hier die Flora zu erneuern.

Am Hangenden Stein klafft eine tiefe und breite Spalte – Zeichen der Ablösung ganzer Felspartien am Albtrauf.

<u>Wann wird es wieder wackeln?</u>
Unter Fachleuten gehört das Gebiet zwischen Balingen und Albstadt (zwischen ❽ und ❾) zu den erdbebengefährdetsten Zonen Deutschlands. Und tatsächlich bebte die Alb am 3. September 1978 frühmorgens hier so stark, daß die Nadeln der Instrumente in den Erdbebenwarten wild ausschlugen. In Onstmettingen mußten zahlreiche Bürger ihre Häuser wegen Einsturzgefahr räumen, und auf der Burg Hohenzollern entstand durch herabstürzende Gebäudeteile ein riesiger Sachschaden. Ursache soll der Hohenzollerngraben sein, eine vom Zollernberg Richtung Südosten verlaufende Bruchzone in der Erdkruste. Lange nahm man an, daß sich hier die Spannungen der Gesteinsschichten entladen, die von der Auffaltung der Alpen verursacht werden. Es hat sich aber herausgestellt, daß ein quer zum Zollerngraben laufender Bruch in der Erdkruste die Beben auslöst.

<u>Wanderung mit Blick aufs Märchenschloß</u>
Vom Raichberg bei Onstmettingen aus kann man über den Hangenden Stein ❽ eine kleine, aber lohnende Wanderung am Albtrauf entlang machen. Der gekennzeichnete Weg führt zum Zeller Horn. Von dieser gut 900 m hohen Bergnase hat man den wohl schönsten Blick auf die Stammburg der Hohenzollern. Die zu Füßen des Betrachters liegende Bergwiese am Zeller Horn verdient sowohl Schutz als auch Aufmerksamkeit: Sie gilt als einer der wertvollsten Pflanzenstandorte der Schwäbischen Alb. Zurück auf den Raichberg führt ein markierter, langsam ansteigender Weg. Oben sollte man die paar Stufen auf den Aussichtsturm nicht scheuen, zumal man sich im bewirtschafteten »Nägelehaus«, einem Wanderheim des Schwäbischen Albvereins, stärken kann. Für die etwa 4 km lange Wanderung muß man 1½–2 Stunden einplanen. Der Weg auf den Raichberg und zum »Nägelehaus« ist in Onstmettingen ausgeschildert.

9 Lochenstein

Südlich von Balingen zeigt sich der Albtrauf besonders steil und schroff. Hier, wo die Alb mit über 1000 m ihre höchsten Höhen erreicht, kann man vom Albtrauf aus den Blick ins weite Neckarland schweifen lassen. Einer der imposantesten Aussichtspunkte ist der 964 m hohe Lochenstein. Dieser mächtige, nach allen Seiten steil abfallende Bergstock besteht aus Massenkalken, also aus den Überresten von Korallen- und Schwammriffen des Jurameers, die der Verwitterung besonders lange widerstehen. Die Hangwälder und Felspartien der Balinger Berge beherbergen eine artenreiche Pflanzen- und Tierwelt. In den Felswänden siedeln Pflanzen wie die Augenwurz und die Echte Hauswurz, die sonst nur in den Alpen vorkommen.
Wer vom Parkplatz an der Straße zwischen Tieringen und Hausen am Tann den schmalen Pfad zum leicht nach Süden abfallenden Gipfelplateau des Lochsteins hochsteigt, dem liegen die Stadt Balingen und ein weiter Teil des Albvorlandes zu Füßen.

10 Lemberg

Mit seinen 1015 m Höhe ist der Lemberg der König unter den Albgipfeln, auch wenn andere Berge spektakulärer aussehen. Der abgerundete Rükken des Lembergs, dem Steilabstürze und schroffe Kalkfelsen fehlen, ist mit dichtem Wald, vorwiegend aus Fichten, überzogen. Um den vielen Besuchern eine bessere Aussicht zu ermöglichen, hat der Schwäbische Albverein auf dem Gipfel einen gerüstartigen Turm errichtet, der über die Spitzen der umstehenden Fichten hinausragt. Von dort oben schweift der Blick weit in die Ferne: in den Schwarzwald hinein, ins Neckarland hinaus und bei klarer Sicht über die Albhochfläche hinweg bis zu den Alpen. Eine Rundumsicht, die den 20minütigen Anstieg vom Parkplatz am Fuß des Berges neben der Straße zwischen Wiflingen und Gosheim allemal lohnt.

Route 2
Mittlere Alb
Die etwa 180 km lange Rundfahrt führt über einen der landschaftlich schönsten Abschnitte der Schwäbischen Alb. Höhepunkte sind zweifellos die verschiedenen Höhlen, die einen ausgezeichneten Einblick in das Erdinnere bieten. Aber auch das Randecker Maar 11, ein ehemaliger Vulkantrichter, und das beschauliche Lautertal 16 sind attraktive Natursehenswürdigkeiten. Für das leibliche Wohl sorgen zahlreiche Gaststätten mit gutbürgerlicher Küche.
Streckenverlauf:
Von der A 8 Stuttgart–München Ausfahrt Aichelberg fährt man über Weilheim zunächst Richtung Wiesensteig, biegt dann nach 2 km rechts ab und kommt über Hepsisau zum Randecker Maar 11; auf der Straße weiter durch Schopfloch, links auf die B 465 bis Donnstetten und links über Westerheim nach Laichingen 12; von dort über die B 28 nach Blaubeuren 13; weiter auf der B 492 Richtung Ehingen über Schelklingen nach Schmiechen 14; auf der B 492 bis Ehingen, dort zunächst auf der B 311 Richtung Riedlingen und am Ortsende rechts ab nach Schlechtenfeld, weiter über Lauterach und Emeringen nach Zwiefalten, von dort in Richtung Hayingen über Goßenzugen nach Wimsen 15; weiter nach Hayingen und über Gundelfingen ins Große Lautertal 16; im Großen Lautertal aufwärts bis Gomadingen, dann links über Offenhausen und Engstingen in Richtung Sonnenbühl zur Bärenhöhle 17 bei Erpfingen; von dort über Undingen nach Genkingen und rechts ab zur Nebelhöhle 18; von Genkingen über Lichtenstein und St. Johann nach Bad Urach 19; weiter über Hülben und Erkenbrechtsweiler ins Lenninger Tal nach Owen zur Teck 20; von dort sind es über die B 465 nur wenige Kilometer zur A 8, Anschlußstelle Kirchheim/Teck, und zurück zum Ausgangspunkt Aichelberg.

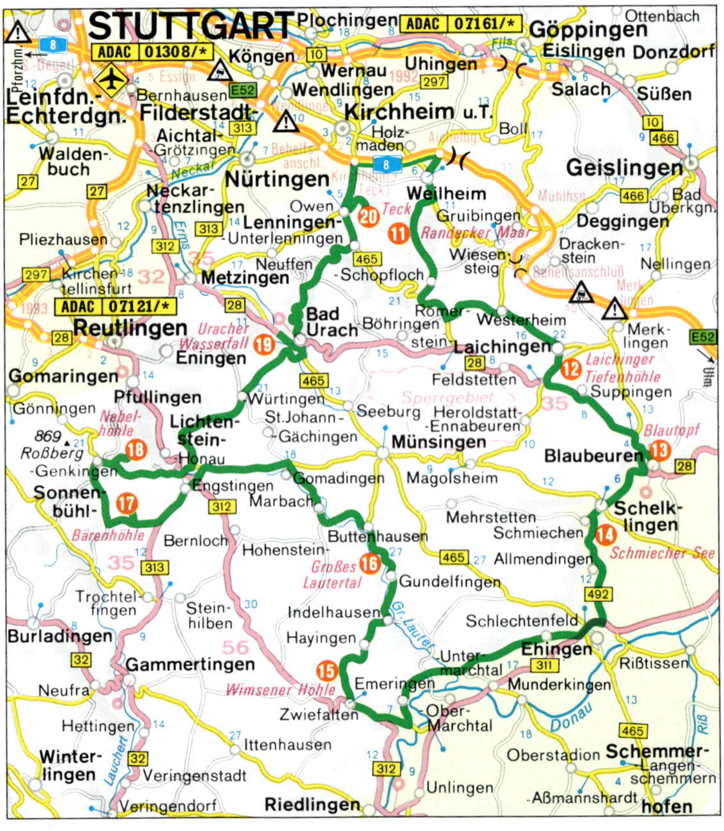

Wer das Gelände um den Berg näher erkunden möchte, sollte den Gipfel überschreiten und dem mit einer »2« markierten Weg folgen. Wenn dieser an einem großen Wegekreuz auf den Weg mit der Nummer 1 stößt, biegt man rechts ab (Markierung: rote Raute) und gelangt über ein Schottersträßchen nach insgesamt 3,5 km zurück zum Parkplatz. Etwa 1 km nach dem Wegekreuz geht ein schmaler Pfad nach links ab. Er führt zur »Wunderfichte«, einem kandelaberartig gewachsenen, sehr skurrilen Fichtenbaum, der zum Naturdenkmal erklärt wurde.

Route 2 Mittlere Alb

Der Alb auf den Grund gegangen

11 Randecker Maar

Bei der Fahrt von Weilheim über Hepsisau nach Schopfloch kommt man durch eine der eigenartigsten Landschaften auf der an Abwechslung gewiß nicht armen Schwäbischen Alb: den kreisrunden ehemaligen Vulkantrichter Randecker Maar. Vor 15 Millionen Jahren, als hier in der Tertiärzeit die Vulkane Feuer spien, hat eine gewaltige Gas- und Dampfexplosion diesen Trichter in die Hochfläche gesprengt. Das entstandene Becken mit einem Durchmesser von 1200 m und einer Tiefe von 60 m füllte sich rasch mit Wasser, und es bildete sich ein See mit reicher Flora und Fauna. In den Ablagerungen am Grund des Maares fanden sich zahlreiche Insekten und Reste subtropischer Bäume. Dem nach Norden fließenden Zipfelbach gelang es im Laufe der Zeit, eine Schlucht in den Kraterrand zu fräsen und das Maar zu entwässern. Zurück blieb, als außergewöhnliches geologisches Naturdenkmal, die Kraterruine. Vom Salzmannstein am Südrand des Kraters aus gewinnt man einen guten Eindruck von der Maarlandschaft, die 1982 als Naturschutzgebiet ausgewiesen wurde. Der Blick reicht von dort auch ins Albvorland hinaus auf den ebenmäßigen Kegel der Limburg, den Schlot eines erloschenen Vulkans, der ebenfalls an die unruhigen Zeiten vor 15 Millionen Jahren erinnert.

Das Naturschutzgebiet Schopflocher Moor 1 km südlich des Randecker

Das Randecker Maar ist ein Vulkantrichter aus der Tertiärzeit mit einem Durchmesser von 1200 m, der einst mit einem Kratersee gefüllt war.

Versteinerung eines Ichthyosauriers: Solch faszinierende Einblicke in die Tierwelt des Jurameers bietet das Museum Hauff in Holzmaden.

Wiedergeburt der Saurier

Einer Saurierdame von 2,80 m Länge bei einer Geburt zuzusehen, wobei ein Junges schon im Wasser schwimmt, während sich fünf andere noch im Mutterleib befinden – diese Vorstellung würde man sicher als Utopie abtun, es sei denn, man kann sich von diesem zu Stein gewordenen Ereignis im Museum Hauff in Holzmaden selbst überzeugen (nördlich von 11).

Als der Museumsgründer Bernhard Hauff begann, im elterlichen Ölschieferbruch nach Versteinerungen zu suchen und bei deren Präparierung neue Techniken entwickelte, ahnte er bestimmt nicht, welch sensationelles Fenster in die Urwelt er damit für Wissenschaftler und Laien öffnen würde. Aus seiner hervorragend bestückten Privatsammlung ging 1937 das heute weltberühmte Museum hervor. Es gewährt dem Besucher faszinierende Einblicke in die Tierwelt des Jurameers vor rund 200 Millionen Jahren. Versteinert und doch äußerst lebensnah – teilweise sind sogar noch Haut- und Weichteile erhalten – treten Ichthyosaurier und Stenosaurus vor die Augen des Betrachters. Fische mit glänzendem Schuppenkleid, das filigrane Skelett eines Flugsauriers und eine 6 mal 18 m große Seelilienkolonie auf einem Baumstamm lassen den Museumsbesuch zu einer Reise weit zurück in die Geschichte des Lebens auf der Erde werden.

Alle Funde stammen aus dem Posidonienschiefer, einer Schicht des Schwarzen Juras, die in der Umgebung von Holzmaden an die Oberfläche tritt und dort sehr reich an Fossilien ist. Wer sich selbst davon überzeugen und auf die Jagd nach Versteinerungen gehen will – es braucht ja nicht gleich ein Saurier zu sein –, kann dies im Schiefersteinbruch Kromer tun. Dieser liegt 500 m nach dem Ortsende von Ohmden links der Straße nach Zell und ist nur Mo–Fr von 9 bis 11.30 und von 14 bis 16 Uhr geöffnet.

Das Museum Hauff in Holzmaden ist ab der Autobahnausfahrt Aichelberg gut ausgeschildert (tägl. außer Mo 9–12, 13–17 Uhr geöffnet).

Die Spiralgehäuse der Ammoniten gehören zu den häufigsten Versteinerungen der Schwäbischen Alb.

Die Mauer der Neandertaler
Für Archäologen ist das Urdonautal bei Blaubeuren ⑬, in dem heute Ach und Blau fließen, eine wahre Goldgrube. Hier und im weiter östlich gelegenen Lonetal werden in den zahlreichen Höhlen an den Talhängen immer wieder Grabungen durchgeführt, die Aufschlüsse über das Leben unserer steinzeitlichen Vorfahren ergeben. In der Großen Grotte unter dem Rusenschloß, das als malerische Ruine hoch über Blaubeuren auf einem Felsen klebt, entdeckten Forscher eine Steinmauer, die vor über 50 000 Jahren von Neandertalern zum Schutz gegen Wind und Kälte erbaut wurde und wohl als eines der ältesten Bauwerke des Menschen gilt (Taschenlampe nicht vergessen; teilweise wegen Grabungen jedoch mit einem Gitter abgeschlossen). 35 000 Jahre alte, von Menschenhand gefertigte Kunstwerke fand man im Geißenklösterle bei Weiler westlich von Blaubeuren. Die aus Elfenbein geschnitzten Tier- und Menschendarstellungen zählen zu den ältesten bisher entdeckten Kunstwerken. Aber es sind weniger solche spektakulären Funde, die ein Bild vom Leben der Steinzeitjäger auf der Schwäbischen Alb liefern, als vielmehr die Detailuntersuchungen der Wissenschaftler. Tierknochen geben ihnen Auskunft über die einstige Fauna und über den Speiseplan der Höhlenbewohner. Pollenanalysen zeigen, welche Pflanzen damals auf der Alb gediehen, und selbst kleinste Steinsplitter lassen Rückschlüsse auf die Arbeitstechniken bei der Geräteherstellung zu. Ergebnisse dieser wissenschaftlichen Arbeit bekommt der Besucher auf anschauliche Weise im Urgeschichtlichen Museum von Blaubeuren gezeigt. Auch wichtige Funde aus den Höhlen der Umgebung sind dort zu sehen, und man bekommt eine Vorstellung davon, wie die Natur hier vor 30 000 Jahren ausgesehen hat. Das Museum in der Karlsstraße 21 ist tägl. außer Mo von 9 bis 12 und von 13 bis 17 Uhr geöffnet.

Maares ist ein weiterer Zeuge dieser erdgeschichtlichen Phase. Es entstand über einem wasserundurchlässigen Vulkanschlot und ist eines der seltenen Moore auf der wasserarmen und verkarsteten Albhochfläche. Vom Otto-Hoffmeister-Haus, direkt an der Straße nach Schopfloch gelegen, führt ein Weg, den man nicht verlassen darf, ins Moor.

⑫ Laichinger Tiefenhöhle

Ein Besuch in der 1882 entdeckten Laichinger Tiefenhöhle gehört zu den eindrucksvollsten Möglichkeiten, das verkarstete Innenleben der Schwäbischen Alb kennenzulernen. 55 m tief führen Leitern und Treppen in das geheimnisvolle Labyrinth aus Schächten und Gängen hinab. Der Höhlenweg leitet den Besucher an der »Kanzel« vorbei zur »Großen Halle« und anschließend durch einen geräumigen Gang weiter zur »Kleinen Halle«, dem tiefsten für Besucher zugänglichen Punkt. Man sieht an den Felswänden Spuren ehemaliger Höhlenbäche und auch unterschiedliche Sintererscheinungen, so etwa im »Streuselkuchengang«, der seinen Namen wegen des schönen Perlsinters an den Wänden hat. Nach einer Strecke von 250 m kommt man knapp 100 m vom Einstieg entfernt wieder an die Erdoberfläche. Bisher haben Höhlenforscher in der Tiefenhöhle 1100 m Gänge vermessen. Von den insgesamt 13 Schächten sind fünf begehbar. Das in diesem System versickernde Wasser tritt im rund 10 km südöstlich gelegenen Blautopf ⑬ wieder zutage. Der Höhleneingang liegt südlich von Laichingen und ist von der Straße Richtung Suppingen ausgeschildert. Beim Höhleneingang befinden sich eine Gaststätte sowie ein kleines Höhlenmuseum (Höhle und Museum Ostern – Ende der baden-württembergischen Herbstferien tägl. 9–17 Uhr geöffnet).

⑬ Blautopf

Tiefblau und unergründlich zeigt er sich bei schönem Wetter seinen Besuchern, von denen ihn viele zu den schönsten und bedeutendsten Natursehenswürdigkeiten auf der Alb zählen. Der sagenumwobene Blautopf ist Deutschlands zweitgrößte Quelle mit einer Schüttung von durchschnittlich 2230 l pro Sekunde, die aber auch ein Maximum von 26 200 l pro Sekunde erreichen kann; das Quelleinzugsgebiet ist 160 km^2 groß. Kalkpartikel, die durch entsprechende Lichtbrechung Blau stärker reflektieren, verursachen das Phänomen der Färbung. Zum faszinierenden Gesamteindruck trägt auch die Umgebung bei: Wie ein Amphitheater steigen die Hangwälder im Halbrund um den Quelltopf auf, gespickt mit bizarren Felsformationen, die weiß über das Grün der Bäume ragen. Auf der kreisrunden Wasserfläche spiegelt sich der Turm des nahen Klosters, und die aus der Tiefe quellenden Wasser stürzen aus dem Blautopf über ein Wehr, um als das Flüßchen Blau der Donau zuzufließen. Eduard Mörike hat dieses eindrucksvolle Bild des »wundersamen Quells« zum »Märchen von der schönen Lau« angeregt, die wegen Kinderlosigkeit von

Interessant ist eine Besichtigung der authentischen Werkzeuge und Geräte in der Hammerschmiede am Blautopf in Blaubeuren.

ihrem Mann auf den Grund des Blautopfs verbannt wurde. Heute können Besucher ein steinernes Denkmal der Märchengestalt am Rand des Topfes bewundern. Mehr von der schönen Lau bekam auch Jochen Hasenmayer, der bekannte Höhlenforscher und Tauchspezialist, nicht zu sehen, als er in die Höhle am Grund des 20 m tiefen Trichters eintauchte – kein ungefährliches Unternehmen. 1985 konnte Hasenmayer knapp 1300 m weit in das wassergefüllte, 9 °C kalte Höhlensystem unter der Alb vordringen. Am Ende dieses Tauchgangs erreichte er eine mächtige, über den Wasserspiegel ragende Felsenhalle, die er »Mörike-Dom« nannte.
In Blaubeuren ist der Weg zum Blautopf ausgeschildert, an schönen Wochenenden gibt es allerdings Parkplatzprobleme. In der Umgebung des Ortes laden zahlreiche Felsformationen wie das bizarre Felsenlabyrinth bei Weiler zu Wanderungen ein.

Viele Albhöhlen wie die Falkensteiner Höhle bei Bad Urach sind nur für erfahrene Höhlenforscher zugänglich.

⑭ Schmiecher See

Der Schmiecher See ist eine der merkwürdigsten Naturerscheinungen auf der Schwäbischen Alb. Er hat nur einen einzigen Zufluß, den Siegentalbach, aber keinen Abfluß. Nach ausgiebigen Regenfällen oder während der Schneeschmelze kann er bei maximal 2 m Wassertiefe fast 100 ha groß werden. In Trockenperioden verschwindet der Geistersee dagegen ganz und läßt eine weite Fläche von Riedgras sowie anderen Sumpfpflanzen zurück. Seine Größe ist nicht, wie man früher annahm, vom Wasserspiegel in den verkarsteten Gesteinen abhängig, sondern von der Wassermenge, die sich in der flachen, nach unten mit Lehm abgedichteten Mulde sammelt und dann langsam versickert und verdunstet. Das gesamte Seegebiet ist ein wichtiger Rast- und Brutplatz für etwa 140 Vogelarten und steht unter Naturschutz. Vor allem im Frühjahr lassen sich mit einem Fernglas Fischadler, Rothalstaucher und Watvögel auf der Rast beim Durchzug beobachten. Parken kann man unterhalb des Kogelsteins, kurz nach dem Bahnübergang über die B 492. Etwa 1 km geht man dann auf einem schmalen, gesperrten Sträßchen Richtung Ringingen, bevor rechts ein Feldweg abzweigt, der nach wenigen hundert Metern links ins Seegebiet führt.

Verschiedene Fledermausarten wie das Große Mausohr überwintern in den Höhlen der Alb. Man sollte die Tiere auf keinen Fall stören.

⑮ Wimsener Höhle

1803 hatte die Wimsener Höhle hohen Besuch: Kurfürst Friedrich I., der spätere König von Württemberg, ließ sich mit einem Nachen auf dem Höhlenbach in die Flußhöhle rudern. Seitdem heißt die Höhle, in der die Zwiefaltener Ach entspringt, auch Friedrichshöhle. In Lateinisch steht über dem Höhleneingang: »Dankbar begrüßt den hohen Besuch die hier waltende Nymphe. Fröhlicher fließet dir nun, Friedrich, die rauschende Ach.« In Booten geht es auf kristallklarem Wasser, das im Eingangsbereich märchenhaft blau glitzert, 70 m weit in den Berg hinein, ehe die Höhlendecke unter den Wasserspiegel abtaucht und die Weiterfahrt

Die Wimsener Höhle mit ihrem kristallklaren Wasser ist mit dem Boot befahrbar. Sie zählt zu den großen Besucherattraktionen der Schwäbischen Alb.

Die graubraunen Mauereidechsen bevorzugen steiniges, trockenes Gelände.

versperrt. Der Höhlenforscher Jochen Hasenmayer erkundete bei Tauchversuchen das anschließende Höhlensystem auf über 700 m Länge und fand ein teilweise unter Wasser stehendes Labyrinth von Gängen, Schächten und Hallen.
Mit dem Auto kommt man von Zwiefalten über Goßenzugen zur Wimsener Höhle. Empfehlenswert ist eine kleine Wanderung (1,5 km) von Goßenzugen entlang der Ach durch das romantische Tal bis zur Wimsener Höhle. Karten für die Besichtigung gibt es im Gasthaus »Friedrichshöhle« am Höhlenportal (1. April–31. Okt. tägl. 9–18 Uhr geöffnet; 1. Nov.–31. März nur für Gruppen nach Vereinbarung, ☏ 07373/813).

Ein landschaftliches Juwel: das Große Lautertal mit windungsreichem Flußlauf, markanten Felsen, Wacholderheiden und Wäldern zwischen Indelhausen und Gomadingen.

⑯ Großes Lautertal

Das Große Lautertal ist ein landschaftliches Schmuckstück der Schwäbischen Alb und die Fahrt von Indelhausen bis Gomadingen ein wahrer Genuß. Mit Wacholderheiden überzogene Hänge, liebliche Talauen, wuchtige Burgruinen aus der Stauferzeit und markante Weißjurafelsen prägen diese Flußlandschaft. Ist man bei der Fahrt talaufwärts in Gundelfingen angelangt, sollte man nach den ersten Häusern scharf rechts abbiegen und die schmale Steige zur Ruine Hohengundelfingen hinauffahren. Die zehn Minuten Gehzeit vom ausgeschilderten Parkplatz bis zu der ehemaligen Burg lohnen sich, denn von hier oben präsentiert sich das Lautertal in seiner ganzen Pracht. Direkt oberhalb der Ruine hat die Lauter fast einen klassischen Umlaufberg geschaffen. Nur noch ein unauffälliger Bergrücken verbindet ihn mit dem linken Talhang und zwingt das Flüßchen auf den langen Weg um den Berg. Talaufwärts fällt der Blick auf das kuriose Felsgebilde des »Spitzigen Steins«: Hier hat der harte Kalk ehemaliger Riffe der Erosion widerstanden. Dahinter erblickt man in der Ferne die Burg Hohenhundersingen, während unten im Tal die Lauter zwischen Wiesen und Feldern gemächlich ihre Schlingen zieht. Für das kleine Flüßchen erscheint das Tal fast überdimensioniert. Der Grund dafür ist die rasch fortschreitende Abtragung an der steilen Albkante, die rund 20 km im Nordwesten liegt. Die zum Neckar fließenden Gewässer haben der in die Donau mündenden Lauter viel von ihrem Einzugsgebiet genommen und ihr so das Wasser abgegraben.

⑰ Bärenhöhle

Eine Tabaksdose, die dem Erpfinger Lehrer Fauth 1834 in eine Felsspalte rutschte, führte zur Entdeckung der meistbesuchten Schauhöhle auf der Schwäbischen Alb. Fauth stieß durch diesen seltsamen Zufall auf die Karlshöhle, den vorderen Teil des gesamten Höhlensystems. 1949 beobachtete ein Höhlenführer, wie Fledermäuse in einem Loch am Ende der Karlshöhle verschwanden. Seine Vermutung, daß die Höhle dahinter weitergehe, bestätigte sich: Die eigentliche Bärenhöhle mit ihrer märchen-

Überreste von Höhlenbärenskeletten, die 1949 hier gefunden und rekonstruiert wurden, gaben der Bärenhöhle bei Erpfingen ihren Namen.

haften Tropfsteinwelt war entdeckt. Ganze Felder mit Knochen von Höhlenbären, die während der letzten Eiszeit in der Gegend gelebt hatten, fand man hier. Archäologen konnten komplette Skelette wieder rekonstruieren. Eines davon steht heute recht gespenstisch zwischen den teilweise bizarr geformten Tropfsteinen. Der Gang durch die 271 m lange Höhle ist ein eindrucksvolles Erlebnis (1. April–31. Okt. tägl. 8.30–17.30, Nov. und März So, Fei 9–17 Uhr geöffnet). Beim Höhleneingang befinden sich auch ein großer Freizeitpark und ein Parkplatz, zu dem man von der Straße zwischen Großengstingen und Erpfingen rechts abzweigt.

18 Nebelhöhle

Ihren Namen soll die Nebelhöhle von Dunstschwaden haben, die früher angeblich immer wieder aus dem Eingang drangen. Auch sonst liegt über der Höhle – sie wurde schon 1486 erstmals schriftlich erwähnt – eine Aura des Phantastischen. Sicher haben dazu früher auch die Erkundungen mit Fackelschein beigetragen, bei denen sich die Menschen zwischen Tausenden von glitzernden Tropfsteingebilden und gespenstischen Schattenspielen wie in einer anderen, geheimnisvollen Welt vorgekommen sein müssen. Die damals von den Pechfackeln schwarz gefärbten Tropfsteine sind heute wieder mit weißem Kalksinter überzogen. Die Tropfsteinbildung schreitet in der Nebelhöhle außergewöhnlich rasch voran. Der Romantiker Wilhelm Hauff hat die Höhle 1826 zu einem Schauplatz seines berühmten Romans »Lichtenstein« gemacht, und den württembergischen König Friedrich I. verlockte sie zu Beginn des 19. Jh. mehrfach zu Besichtigungen. Seither wird jedes Jahr am Pfingstmontag ein rauschendes Höhlenfest gefeiert. Ein Fest für die Augen ist der 380 m lange Gang durch diese Tropfsteinlandschaft mit ihren fünf großen Hallen aber zu jeder Zeit (1. April–31. Okt. tägl. 8.30–17.30, Nov. und März So, Fei 9–17 Uhr geöffnet). Von Genkingen aus ist der Weg zur Nebelhöhle ausgeschildert.

19 Uracher Wasserfall

Verglichen mit den Wasserfällen in den Alpen ist der 37 m hohe Uracher Wasserfall kein besonders gigantisches Naturschauspiel. Trotzdem ist er geologisch äußerst interessant. Im Gegensatz zu anderen Wasserfällen sägt er sich nicht nach hinten in den Berg hinein, sondern schiebt seine Fallkante durch die Bildung von Kalksinter ständig nach vorn. Das Wasser

Eine geologische Besonderheit stellt der Uracher Wasserfall dar: Über eine selbst geschaffene Kalknase stürzt der Brühlbach 37 m in die Tiefe.

Der Tropfsteinschmuck der Nebelhöhle bei Genkingen hat immer wieder die menschliche Phantasie beflügelt.

Von Vulkan zu Vulkan

Zu den schönsten und interessantesten Wanderwegen auf der Schwäbischen Alb gehört der Gustav-Ströhmfeld-Weg am Albtrauf zwischen Metzingen und Neuffen (nordwestlich von 19). Die gut 20 km lange Strecke ist durchgehend mit Hinweis- und Erklärungstafeln zu den geologischen Besonderheiten entlang des Weges ausgestattet. Besonders gut lassen sich hier vulkanische Erscheinungen beobachten. So ist bereits der Floriansberg, den man nach dem Start am Stauferweg beim Bahnhof in Metzingen als ersten »Höhepunkt« erreicht, ein Vulkankegel. Die mit einem Ammonitensymbol gekennzeichnete Strecke führt weiter zum nächsten Vulkan, dem unbewaldeten Jusi, und dann aufs Dettinger Hörnle, wo in einem riesigen Steinbruch sämtliche Weißjuraschichten aufgeschlossen sind. Nach dem Überqueren der Straße, die von Neuffen auf die Hochfläche führt, trifft man auf den Heidengraben, eine keltische Befestigung aus dem 2. Jh. v. Chr. Von hier geht es dann am Albtrauf entlang zur mächtigen Burgruine auf dem Hohenneuffen.
Der 1938 verstorbene Namenspatron für diesen herrlichen Wanderweg hat zahlreiche Alb-Reiseführer geschrieben und sich sehr um das Wanderwegenetz der Schwäbischen Alb verdient gemacht.

Im feurigen Wagen durchs Lenninger Tal

Jedes Jahr, wenn im Lenninger Tal das Korn reift, sieht man von der Teck 20 herab eine Doppelspur, die schnurgerade über die Felder verläuft. Es ist die sogenannte Sybillenspur, ein jahrhundertelang rätselhaftes, unerklärliches Phänomen.

Einst lebte der Sage nach in einer Höhle auf der Teck die Sybille, eine gute und wohltätige Frau. Sie hatte zu ihrem Kummer drei ungeratene und recht ungehobelte Söhne, die auf den benachbarten Bergen hausten und den Leuten im Tal allerhand Unbill zufügten. Die Mutter grämte sich über ihre unflätigen Söhne derart, daß sie eines Tages nicht mehr in deren Nähe weilen mochte. Sie stieg in einen feurigen, von zwei Wildkatzen gezogenen Wagen und fuhr davon. Wo der Wagen den Boden berührte, wuchs das Korn danach kräftiger, was man an der Sybillenspur heute noch sehen kann.

Wissenschaftler, die an den feurigen Wagen der Sybille nicht so recht glauben wollten, zerbrachen sich lange Zeit die Köpfe über dieses Naturschauspiel. Theorien gab es unzählige, aber erst seit 1982 gibt es endgültig Gewißheit. Durch eine Grabung stellte man fest, daß im 2. Jh. n. Chr. hier eine römische Grenzbefestigung mit Wall und zwei Gräben bestanden hatte. Sie wurde im Laufe der Jahrhunderte vollständig eingeebnet. Die Bodenzusammensetzung war dadurch so verändert worden, daß sich dies bis heute im Wuchs des Getreides niederschlägt.

des kurz zuvor entsprungenen Quellbachs ist mit gelöstem Kalk aus dem Juragestein angereichert, der sich im Bachbett und besonders stark an der Hangkante ablagert. Weil so täglich rund 20 kg Kalk ausgeschieden werden, hat sich der Bach im Laufe der Zeit eine 5 m vorragende Kalknase geschaffen. Am Berghang unterhalb des Falls sind wuchtige Sinterhöcker entstanden, über die das Wasser nun dem Tal zustürzt. An kalkverkrusteten Blättern und Moosteilchen kann man die ständige Kalkausfällung eindrucksvoll beobachten.

Die Quellschüttung des Zuflusses beträgt normalerweise 5–10 l pro Sekunde, doch kann sie nach langen Trockenperioden versiegen, während sie bei starken Regenfällen auf bis zu 1000 l pro Sekunde anwächst. In der Umgebung des Wasserfalls gibt es noch weitere sehenswerte Naturerscheinungen. Westlich bauen sich an der Hangkante die mächtigen, bis zu 90 m hohen Rutschenfelsen auf. Sie ziehen sich bis zu einem Sattel hin, der die Albhochfläche mit dem Runden Berg verbindet. Dessen Gipfel, auf dem bedeutende archäologische Funde aus der Alemannenzeit gemacht wurden, erreicht man vom Sattel aus in zehn Minuten. Geht man weiter Richtung Westen, gelangt man zum Gütersteiner Wasserfall, der malerisch über mehrere Sinterterrassen fast 60 m tief den Hang herabstürzt. Wer vom Uracher Wasserfall Richtung Nordosten wandert (Wege markiert), kommt in etwa 40 Minuten zum Gipfel des Uracher Schloßbergs mit seiner riesigen Burgruine. Er bietet eine bestechende Aussicht auf Bad Urach und ins Ermstal. Zum Uracher Wasserfall kommt man in Bad Urach über die B 28 Richtung Dettingen. Man fährt bis zum ausgeschilderten Wanderparkplatz unterhalb des Schloßbergs und geht dann noch 30 Minuten zu Fuß bis zum Wasserfall.

20 Teck

Als höchster Punkt eines weit ins Neckartal vorspringenden Bergsporns präsentiert sich die Teck wie eine vorgeschobene Bastion der Schwäbischen Alb. Der markante Berg mit Aussichtsturm und bewirtschaftetem Wanderheim ist eines der beliebtesten Ausflugsziele dieser Gegend. Man fährt von Owen im Lenninger Tal am Hohenbol, einem eigenartigen, fast kahlen Vorberg vulkanischen Ursprungs, vorbei zu einem der beiden Wanderparkplätze »Bölle« oder »Hörnle«. Zu Fuß geht es dann durch die steilen Hangwälder gut 20 Minuten bergauf. Oben trifft man auf ein recht geräumiges Plateau, auf dem sich einst die mächtige Burg der Herzöge von Teck befand, die im Bauernkrieg 1525 zerstört wurde. Aus ihren Trümmern entstand der heutige Teckturm, der eine hervorragende Aussicht ins Neckartal bietet. Unterhalb der Turmfundamente öffnet sich das sagenumwobene, frei zugängliche Sybillenloch, eine Höhle, aus der im letzten Jahrhundert zahlreiche Skelettreste eiszeitlicher Bären, Löwen und Hyänen geborgen wurden. An der Hangkante entlang führt ein schöner

Der Nordhang des 773 m hohen Bergsporns Teck, vor dem Trauf der Schwäbischen Alb gelegen, ist dank der hervorragenden Thermik eines der ältesten und beliebtesten Segelfluggelände Deutschlands.

Weg vom Gipfelplateau in zehn Minuten zum Gelben Fels (ausgeschildert), unter dem sich die Veronikahöhle befindet. Von hier genießt man eine lohnende Aussicht ins Lenninger Tal.

Route 3 Ostalb

Meteoriten auf der Spur

(21) Roggental

Das rund 12 km lange Tal der Eyb zwischen Geislingen und Treffelhausen gehört zu den besonders schönen und abwechslungsreichen Alblandschaften. Mehrere Naturschutzgebiete und Natursehenswürdigkeiten laden hier immer wieder zum Anhalten und zu kurzen Spaziergängen abseits der Straße ein. So etwa ins Felsental bei Eybach. Dieses 44 ha große, durch einen Fußweg erschlossene Naturschutzgebiet besitzt neben

Route 3
Ostalb

Die ca. 250 km lange Strecke führt meist auf Nebenstrecken über die abwechslungsreiche und landschaftlich reizvolle Ostalb. Zu den Höhepunkten zählen das Lonetal (22), das kreisrunde Nördlinger Ries sowie der schroffe Albtrauf zwischen dem Ipf (28) und den drei Kaiserbergen (30).

Streckenverlauf:

Von der A 8 Stuttgart–München über die Ausfahrt Mühlhausen auf die B 466 nach Geislingen mit einem Abstecher nach Eybach ins Roggental (21); zurück nach Geislingen und links ab auf die B 10 Richtung Ulm bis Urspring, dort links ab ins Lonetal (22) über Lonsee, Westerstetten und Bernstadt Richtung Heidenheim bis zur Autobahn-Anschlußstelle Niederstotzingen, dort rechts unter der A 7 hindurch ins untere Lonetal nach Bissingen; weiter nach Hürben und bis Herbrechtingen zum Eselsbürger Tal (23); von Herbrechtingen links ab über Dettingen nach Heldenfingen (24); weiter nach Gerstetten und rechts ab nach Steinheim am Albuch (25); von dort Richtung Bartholomä zum Wental (26); anschließend ein kurzes Stück auf der Straße zurück links über Zang nach Königsbronn (27); auf der B 19 nach Heidenheim und links ab über die B 466 nach Nördlingen, dort wieder links auf die B 29 nach Bopfingen zum Ipf (28); auf der B 29 weiter über Aalen bis zur Abzweigung links nach Essingen, in Essingen rechts über Lautern nach Heubach (29); weiter nach Schwäbisch Gmünd und dort links Richtung Donzdorf bis Rechberg und Wißgoldingen (30); anschließend zurück bis Straßdorf und links über Metlangen und Lenglingen nach Hohenstaufen (30)
Die Ostalb ist touristisch noch relativ wenig erschlossen. Trotzdem brauchen sich Reisende wegen der Unterkunft keine Sorgen zu machen. In größeren Orten wie Geislingen, Heidenheim, Nördlingen oder Aalen gibt es Hotels verschiedener Kategorien. Auch kleinere Landgasthöfe, in denen man zudem oft noch preiswert essen kann, bieten häufig gepflegte Zimmer an.

Die Silberdistel, ein Wahrzeichen der Alb, wächst auf kalkhaltigen, wasserarmen Böden an sonnigen Felshängen.

Von Mai bis Juni blüht die sehr seltene, polsterbildende Pfingstnelke auf den felsigen Trockenrasen der Alb.

den faszinierenden Felslandschaften des Albtraufs auch eine sehr abwechslungsreiche Pflanzenwelt. Außer den typischen Felsgewächsen findet man an den von den Sonnenstrahlen erhitzten Südhängen auch Magerwiesen und Reste von Steppenheiden. Um an den Eingang des Felsentals zu kommen, fährt man in Eybach Richtung »Sängerheim«, dort gibt es am Parkplatz eine Tafel mit Wanderwegen.
Hinter Eybach rücken die Talflanken enger zusammen, die wuchtigen Felsklötze an den Hängen werden zahlreicher. Sie dürften dem Tal auch seinen Namen gegeben haben, denn Roggental stammt vermutlich von der keltischen Bezeichnung »roc« für Fels. An der Unteren Roggenmühle zweigt nach rechts das Magentäle ab, das zu Wanderungen einlädt. Vom Charakter her dem Felsental ähnlich, besitzt es gleich am Eingang mit dem Roggenstein eines der imposantesten Felsgebilde dieser Gegend. Besonders faszinierend unter diesen Felsen ist die Roggennadel, eine nach oben verjüngte Steinsäule von 43 m Höhe. 2 km talaufwärts im Roggental kommt man zum Parkplatz beim »Mordloch«. Ein Wilderer soll hier einst den von ihm ermordeten Revierförster versteckt haben. Heute ist die Karsthöhle, aus der in wasserreichen Zeiten ein reißender Bach fließt, bevorzugtes Objekt von Höhlenforschern, die schon über 4 km weit in das verzweigte System von Gängen und Hallen eingedrungen sind. Im Februar 1977 hätte das Mordloch seinen Namen beinahe wieder bestätigt. Vier Höhlenforscher wurden im Innern vom plötzlichen Ansteigen des Wasserspiegels überrascht und eingeschlossen. Erst nach vier Tagen konnten sie unter großen Schwierigkeiten befreit werden. Ohne entsprechende Ausrüstung ist die Höhle nur einige Meter weit begehbar.

22 Lonetal und Vogelherdhöhle

Eine besonders abwechslungsreiche Landschaft mit Wäldern, Wiesen, Heideflächen und Felsen bietet das Lonetal zwischen Urspring und Hürben. Sehenswert ist bereits die Quelle der Lone in Urspring. Mitten im Ort entspringt das Karstwasser kristallklar aus dem Lonetopf, der eine Tiefe von 6 m und einen Durchmesser von 10 m hat.
Magerrasen und Wacholderheiden prägen das botanisch sehr wertvolle Naturschutzgebiet Salenberg, das kurz nach Urspring links der Straße nach Lonsee liegt. Ab Westerstetten verläßt die Straße das Lonetal, das

Imposante Felsen wie der wuchtige Roggenstein und die daneben aufragende Roggennadel bei Eybach prägen das von der Eyb durchzogene Roggental.

sich deshalb ideal zum Wandern eignet. Wer will, kann nun über Bernstadt, Nerenstetten, Hausen und Bissingen aber auch gleich zu dem Teil des Lonetals weiterfahren, der es weltberühmt gemacht hat. In verschiedenen Höhlen wurden dort spektakuläre Funde aus der Altsteinzeit gemacht. An der Straße von Bissingen rechts in Richtung Öllingen liegt kurz nach der Lonebrücke links am Hang die frei zugängliche Bocksteinhöhle, in der Archäologen schon im letzten Jahrhundert aufschlußreiche Grabungen durchgeführt haben. Wer von hier aus das Tal 1,5 km abwärts wandert, findet im Hohlenstein-Massiv rechts am Waldrand zwei bedeutende Höhlen (frei zugänglich). Mehr als 10000 Tierknochen wurden hier bereits 1862 geborgen; da über 100 Bärenschädel darunter waren, nannte man den Fundort Bärenhöhle. In der Höhle daneben, dem sogenannten Stadel, fand man eine aus Elfenbein geschnitzte, 30000 Jahre alte menschliche Figur mit Löwenkopf. Bekannteste Fundstätte des Tales aber ist die Vogelherdhöhle an der Straße von Bissingen nach Niederstotzingen, kurz hinter der Abzweigung Richtung Hürben links. 1933 brachten Grabungen herrliche Elfenbeinschnitzereien von Tieren aus der Altsteinzeit zutage. Ebenfalls etwa 30000 Jahre alt, gehören sie zu den ältesten Kunstwerken der Menschheit. Vom Vogelherd talabwärts fahrend, kommt man kurz vor dem Ort Hürben zur Charlottenhöhle (beschildert). Die längste und gleichzeitig auch eine der schönsten Schauhöhlen der Schwäbischen Alb wurde 1893 entdeckt. 532 m weit reichen die üppig mit Tropfsteinen verzierten Gänge und Hallen in den Fels hinein. Eine Führung durch die phantasieanregende Unterwelt dauert 45 Minuten und geht durch den »Paulinendom« und das »Refektorium der Mönche« am »Chorturm« vorbei in den »Göttersaal« (1. April–Mitte Okt. tägl. 8.30–11.30, 13.30–17, So, Fei 8.30–17 Uhr geöffnet).

㉓ Eselsburger Tal

Das Eselsburger Tal, eine gut 4 km lange Flußschleife der Brenz südlich von Herbrechtingen, die sich hier um den bewaldeten Bergrücken des Buigen windet, gilt als ein botanisches und geologisches Kleinod der Ostalb. Berühmt sind die Steinernen Jungfrauen, direkt an der Straße von Eselsburg nach Herbrechtingen, zwei nach oben dünn auslaufende Felssäulen, die sich wie ins Gespräch vertieft gegenüberstehen. Der Legende

Ein besonders schönes Talstück der Brenz ist das wegen seiner vielfältigen Flora geschützte Eselsburger Tal: Der Fluß windet sich hier südlich von Herbrechtingen in einer weiten Schleife um den 523 m hohen Buigen.

Die Bohrmuschellöcher beweisen, daß das Kliff bei Heldenfingen zur Küste eines tertiären Meeres gehörte.

Auf den Spuren des Meteoriten
Abgesehen von der eigenartigen kreisrunden Form ist es für Laien schwierig, im Nördlinger Ries und im Steinheimer Becken heute noch Spuren der Meteoriteneinschläge vor rund 14 Millionen Jahren zu finden. Empfehlenswert ist deshalb eine Wanderung auf dem Geologischen Wanderweg im Steinheimer Becken. Er beginnt und endet am Meteorkrater-Museum in Sontheim (bei 25). Die Normalroute ist 6 km lang, die etwas erweiterte 9 km. Beide Routen führen zu den geologisch wichtigsten Natursehenswürdigkeiten des Steinheimer Meteorkraters: etwa zum Steinbruch am Burgstall, wo man Brekzien findet, ein vom Meteor zertrümmertes und anschließend wieder verfestigtes Gestein. Oder zum Steinhirt, einem Kalkriff des einstigen Kratersees, sowie zur Pharionischen Sandgrube mit ihrem berühmten Schneckensand, einer bedeutenden Fossilienfundstätte. Die einzelnen Sehenswürdigkeiten werden durch neun Schautafeln erläutert. Vor der geologischen Wanderung sollte man das Meteorkrater-Museum besuchen. Hier sind zahlreiche Fossilienfunde von Tieren aus dem früheren Kratersee zu sehen. Umfassende Schautafeln, Fotos und Texte erläutern die Forschungsgeschichte und die Geologie des Steinheimer Beckens und machen mit der Meteoritenkunde vertraut.

zufolge sollen sie einst zwei Mägde gewesen sein, die den Unmut eines Ritterfräuleins erregten und verzaubert wurden, weil sie es wagten, mit Männern zu sprechen. Neben diesen sagenumwobenen Felsgebilden bietet das unter Naturschutz stehende Tal mit etwa 600 verschiedenen Pflanzenarten eine reiche Flora. Vogelliebhaber können hier noch rund 80 Brutvogelarten beobachten.
Das Tal ist ein ideales Gebiet für Wanderungen, so z. B. vom Parkplatz südlich Anhausen brenzabwärts nach Eselsburg und dann kurz vor Herbrechtingen über den Buigen zurück zum Parkplatz (3–4 Stunden). Von Herbrechtingen aus kann man an den Steinernen Jungfrauen vorbei auch direkt nach Eselsburg ins Tal fahren (Einkehrmöglichkeit).

24 Kliff bei Heldenfingen
Der auf Laien eher unscheinbar wirkende Fels am nordöstlichen Ortsrand von Heldenfingen gilt unter Geologen als einmaliges erdgeschichtliches Dokument. Denn nur an wenigen Stellen tritt die gut 25 Millionen Jahre alte Meeresküste aus der Tertiärzeit so deutlich zutage wie hier. Als nämlich die Ablagerungen des Jurameers längst zu festem Stein geworden waren und südlich des heutigen Donautals im Zusammenhang mit der Bildung der Alpen eine riesige Senke entstand, wurde diese zeitweise vom Rhonetal her durch einen Meeresarm überflutet. Zum letzten Mal bedeckte dieses Meer vor etwa 25 Millionen Jahren den Voralpenraum und den südlichen Teil der Schwäbischen Alb, der durch die Meeresbrandung eingeebnet und zur Flächenalb wurde.
Die damalige Meeresküste ist noch als sogenannte Klifflinie an vielen Stellen gut erkennbar, da sie die Grenze zwischen Kuppen- und Flächenalb bildet. Von Heldenfingen zieht sie sich nach Südwesten bis in die Gegend von Lonsee. Sie ist aber nirgends so gut erhalten wie hier am Heldenfinger Kliff. An ihm sind die Spuren der Meeresbrandung so deutlich zu erkennen, daß man meinen könnte, das Wasser nage noch heute am Stein. Im Ort Heldenfingen ist der Weg zu diesem charakteristischen Brandungskliff gut ausgeschildert.

25 Steinheimer Becken
Jahrzehntelang stritten sich die Fachleute über die Entstehung des Steinheimer Beckens und seines »großen Bruders«, des Nördlinger Rieses. Im Mittelpunkt der Diskussion über die zwei kreisrunden Senken stand lange Zeit die Annahme einer vulkanischen Explosion. 1904 wurden erstmals Einschläge von Himmelskörpern als mögliche Ursache angeführt. Doch

Die von einem Fluß ausgewaschenen Dolomitfelsen sind im sogenannten Felsenmeer in

der endgültige Beweis der Meteoritentheorie gelang erst ein halbes Jahrhundert später: Man fand im Gestein bestimmte Minerale, die nur bei extrem hohem Druck gebildet werden, etwa beim Aufprall eines fremden Himmelskörpers auf die Erdoberfläche. Zudem sind die beiden Krater der Ostalb in ihrer äußeren Form den Meteoriteneinschlägen auf dem Mond sehr ähnlich. So hat das Steinheimer Becken in der Mitte eine typische Erhebung, den Steinhirt oder Klosterberg. Dieser Hügel wurde beim Zurückfedern der tieferen Gesteinsschichten nach dem Einschlag in die Höhe gedrückt.
Den Gipfel des Steinhirts, der eine hervorragende Rundsicht über das gesamte Becken bietet, erreicht man zu Fuß vom Parkplatz beim Friedhof an der Straße zwischen Steinheim und Sontheim. Der gut sichtbare Weg hinauf führt durch die »Pharionische Sandgrube«, einen weltbekannten Fossilienfundort. Früher wurde hier Sand abgebaut, der fast ausschließlich aus zerbrochenen Muschelschalen und kleinsten Schneckenhäusern besteht – fossile Überreste eines Sees, der sich nach dem Einschlag gebildet und zwei Millionen Jahre lang den Steinhirt und seine Umgebung überflutet hatte.
Die Grube dient heute nur noch wissenschaftlichen Grabungen, aber auch für interessierte Laien ist ein geologischer Aufschluß zugänglich. Wer Lust und Zeit hat, kann sich dort winzige Schneckenhäuser aus dem seltsamen Sand heraussuchen.

26 Felsenmeer und Wental

Wie eine Ansammlung verwunschener Gnome sehen sie aus – die 30 bis zu 10 m hohen Dolomitbrocken, die im Felsenmeer einträchtig beieinander stehen. Sie sind der glanzvolle Auftakt zum Wental, einem albtypischen Trockental, das Wanderer und Spaziergänger noch durch weitere kuriose Felsbildungen überrascht. Aus ehemaligen Riffen des Jurameers ist harter Dolomitkalk geworden, der der Abtragung durch die früher im Wental fließenden Gewässer widerstand.
Das Tal, in dem heute höchstens während der Schneeschmelze Wasser rauscht, ist mit seinen abwechslungsreichen Felskulissen ein Paradies für Wanderer. Parkmöglichkeiten findet man beim »Gasthof Wental« zwischen Steinheim und Bartholomä. Nur wenige Schritte sind es vom dortigen Parkplatz bis zum Felsenmeer. Für einen Spaziergang ins Wental sollte man 2–3 Stunden veranschlagen. Lohnend ist ein Besuch beim Wentalweible, einer besonders bizarren Felsformation, die man 2 km südlich des Gasthofs findet.

ental, einem albtypischen Trockental, besonders beeindruckend.

Zusammenstoß bei Tempo 72 000

Wie keine andere Landschaft in Deutschland hat das Nördlinger Ries (bei 28) die Wissenschaftler beschäftigt und ihnen Rätsel aufgegeben. Erst seit etwa 1960 sind sich die Geologen einig: Das Ries ist ein Meteoritenkrater und damit das Relikt einer gewaltigen kosmischen Katastrophe. Vor 14,7 Millionen Jahren muß ein gigantischer Gesteinsbrocken, von dem sich im Flug ein kleinerer Teil abspaltete, in die Erdatmosphäre eingedrungen sein. Beide Stücke schlugen im Gebiet der heutigen Ostalb ein und hinterließen Krater, aus denen das Ries wie auch das Steinheimer Becken 25 entstanden.
Der Ries-Meteorit hatte einen Durchmesser zwischen 500 und 1000 m. Er schlug mit einer Geschwindigkeit von mindestens 72 000 Stundenkilometern auf. Dabei entstand ein Druck von etwa 28 Millionen Bar, die Temperaturen erreichten 38 000 °C. Im Aufschlagzentrum schmolz das Gestein schlagartig und verdampfte zu riesigen Gaswolken. Felsklötze von 1 km Durchmesser wurden wie Spielbälle weggeschleudert, kleinere Brocken finden sich sogar noch über 50 km entfernt in der Gegend von Augsburg. Jegliches Leben im weiteren Umkreis war wohl für lange Zeit ausgelöscht. Doch in Jahrmillionen verheilen auch solche Wunden der Erdkruste. Wasser floß in die Vertiefung, es bildete sich ein See mit reicher Flora und Fauna, Sedimente füllten den Krater auf, und langsam entstand die heute liebliche und fruchtbare Landschaft. Kaum etwas erinnert mittlerweile noch an die einstige Katastrophe, doch für viele Wissenschaftler sind das Steinheimer Becken und das Nördlinger Ries ein bedeutendes Forschungsfeld. Auch die amerikanischen Astronauten, die zum Mond flogen, trainierten hier, um einen Blick für die Gesteine und Strukturen der Mondoberfläche zu bekommen.

Eine der größten Quellen der Alb ist der idyllische Brenztopf in Königsbronn, der künstlich angestaut wurde, um die Wasserräder von Industrie- und Handwerksbetrieben anzutreiben.

27 Brenztopf

Bei einem Bummel durch den alten Ortskern von Königsbronn stößt man neben dem schönen Barockrathaus auf den Brenztopf, den Ursprung der Brenz. Die typische Karstquelle, deren unterschiedlich starke Schüttung rasch von 1000 auf 10000 l pro Sekunde anschwellen kann, hat einen großen unterirdischen Einzugsbereich. Wie Färbversuche ergeben haben, reicht dieser im Westen zumindest bis ins Wental. Das Wasser treibt schon seit Jahrhunderten gleich hinter der Quelle die Wasserräder von Industrie- und Handwerksbetrieben an. Deshalb wurde der 19 mal 24 m große Quelltopf auch künstlich angestaut. Besonders reizvoll ist die Farbe des meist glasklaren Wassers: Je nach Lichteinfall variiert sie von leichtem Grün bis zu dunklem Blau.

28 Ipf

Der Ipf, ein markanter Bergkegel mit kahlen Flanken und einem abgeplatteten Gipfel, steht gleichsam als Wächter in vorgeschobener Position an der Ostalb. Schon seit Urzeiten bot der 668 m hohe Zeugenberg Menschen Schutz vor Feinden. In der Hallstattzeit (800–500 v. Chr.) war er regelrecht zu einer Festung ausgebaut und diente vermutlich als keltischer Fürstensitz. Wer den bequemen halbstündigen Aufstieg vom Parkplatz an der Ostseite des Berges wählt (an der kleinen Verbindungsstraße zwischen Bopfingen und Kirchheim, nicht Landstraße), kommt an mehreren, als Geländestufen deutlich erkennbaren Wallanlagen vorbei. Sie sind einem doppelten Ringwall vorgelagert, der das mit 200 m Durchmesser fast kreisrunde Gipfelplateau umschließt. Über diesen vorgeschichtlichen Bodendenkmälern breitet sich heute eine Heidelandschaft aus, die durch ihren Reichtum an Blütenpflanzen, Insekten und Schmetterlingen eine wahre Augenweide ist. Das gilt auch für die einmalige Rundsicht vom Gipfel: Nach Osten blickt man ins Ries nach Nördlingen und hinüber zu den Vorposten der Fränkischen Alb, im Süden aufs Härtsfeld, und im Norden sieht man das mächtige Schloß Baldern. Es steht auf einem riesigen Jurafels, der einst aus dem Meteoritenkrater des Rieses herausgeschleudert wurde.

29 Rosenstein

Wilde Felslandschaften und steile Abstürze prägen das Bild des sagenumwobenen Rosensteins bei Heubach. Wo heute Spaziergänger und Wanderer die Aussicht ins Albvorland genießen, suchten früher die Menschen Schutz. Während der Steinzeit benutzten sie die zahlreichen Höhlen in den Rosensteinfelsen als Zufluchtsstätten, so etwa die Große Scheuer, eine Durchgangshöhle am westlichen Steilabfall. In der Hallstattzeit war

Zwischen Kargstein und Käsbühl ragt bei Bopfingen der 668 m hohe Zeugenberg Ipf empor. Der Bergkegel mit abgeflachtem Gipfelplateau trägt eine reiche Heidevegetation.

die 1800 m lange und 800 m breite Berghalbinsel durch einen Wall an der schmalen Übergangsstelle zur Albhochfläche abgeriegelt und diente als sogenannte Fliehburg. Im Mittelalter stand hoch über Heubach eine Burg, von der heute noch mächtige Mauern zeugen. In unseren Tagen ist der Rosenstein vor allem eine Oase für den Naturfreund, der hier alles findet, was die Landschaft des Albtraufs so interessant macht: bizarre, bis zu 50 m hohe Felsen, lichte Hangwälder mit Buche und Ahorn, markante Aussichtspunkte und zugängliche Höhlen. Die Felsengärten im östlichen Teil des Rosensteins sind Naturschutzgebiet. Im Westen gibt es bei der ehemaligen Burg eine Waldgaststätte. Hier kann man sich nach einem lohnenden Spaziergang über den beinahe alpin anmutenden, gut gesicherten Steig entlang der Hangkante des Rosensteins erholen. Die einzige ausgeschilderte Zufahrt auf die Hochfläche führt von Heubach nach Osten über eine steile Straße zu einem Parkplatz beim keltischen Wall. Dort befindet sich auch eine Übersichtstafel mit den Wanderwegen des Rosensteingebiets.

30 Die drei Kaiserberge

Auf seiner gesamten Länge sind dem Albtrauf die meist kegelförmigen Zeugenberge vorgelagert. Sie sind gewissermaßen Vorboten der Albhochfläche, von der sie im Laufe von Jahrmillionen durch die Erosion abgetrennt wurden. Die meisten Zeugenberge sind »Einzelgänger«. Ein besonders eindrucksvolles Ensemble bilden dagegen der Hohenstaufen, der Hohenrechberg und der Stuifen. Sie sind von West nach Ost wie die Glieder einer Kette aneinandergereiht – ein fast aus jedem Blickwinkel sehr einprägsames Bild. Deshalb werden sie meist auch nur als Gruppe, als »die drei Kaiserberge« bezeichnet. Trotzdem lohnt jeder einzelne von ihnen einen Besuch, schon wegen der Aussicht auf die jeweils anderen beiden »Partner« wie auch auf das Umland und den Albtrauf. Der 757 m hohe Stuifen ist fast ganz bewaldet, doch an seiner Westflanke gibt ein Stück baumloses Gelände wie ein riesiger Balkon den Blick in die Umgebung frei. Man ersteigt den Stuifen auf markierten Wegen von Wißgoldingen aus in einer knappen Stunde. Über den Ort Rechberg erreicht man mit dem Auto die Ruine Hohenrechberg. Von ihr führt ein 500 m langer Wanderweg steil bergauf auf den 707 m hohen Gipfel, auf dem eine Wallfahrtskirche steht. Den Namen Kaiserberge haben die drei Zeugenberge vom Hohenstaufen (684 m), den man vom gleichnamigen Ort aus erreicht (ausgeschildert). Auf ihm befand sich das Stammhaus des Staufergeschlechts, aus dem so berühmte Kaiser wie Friedrich Barbarossa und Heinrich VI. hervorgegangen sind. Von der Burg sieht man heute nur noch wenige Reste – dafür ist die Aussicht majestätisch.

Auf der Alb unter Tage

Auf dem Weg zum Rosenstein 29 lohnt sich ein Halt in einem ehemaligen Bergwerk bei Aalen. Hinweistafeln mit zwei gekreuzten Bergwerkshämmern zeigen von der Aalener Stadtmitte aus den Weg zum »Tiefen Stollen« westlich des Örtchens Röthardt. Dort wurde bis in unser Jahrhundert in den Schichten des Braunen Juras Erz abgebaut. Insgesamt 6,5 km lang ist das System der Stollen unter dem Braunenberg, die Gänge sind seit 1987 für Besucher geöffnet. Vom Stolleneingang fährt man ein gutes Stück mit der Grubenbahn in den Berg hinein. Bevor es dann auf den Weg durch das Labyrinth der unterirdischen Gänge geht, zeigt eine Diaschau dem Besucher die einstige Bedeutung des Bergbaus im Gebiet der Ostalb. In den Stollen sind neben den alten Abbau- und Fördereinrichtungen auch verschiedene Ausstellungen zu sehen, die über den Untertagebau, die Gießereitechnik und die Eisenverarbeitung informieren. Beeindruckend ist außerdem der 140 Jahre alte, bergmännisch perfekte Stahlausbau der Stollenfirste. Zugänglich ist das Besucherbergwerk April–Okt. Di–So 9–16 Uhr.

Wer nach dem Besuch unter Tage noch einen etwa 3 km langen Spaziergang unter freiem Himmel machen will, dem sei der sehr informative, am Stollen beginnende Bergbaupfad empfohlen. Er führt zu allen wichtigen Stätten der historischen Erzgewinnung am Braunenberg, die durch Schautafeln erläutert werden.

Wie ein Bollwerk erhebt sich der Rosenstein mit seiner Burgruine über Heubach. Zahlreiche Höhlen dieses Berges dienten den Menschen der Steinzeit als Zufluchtsstätten.

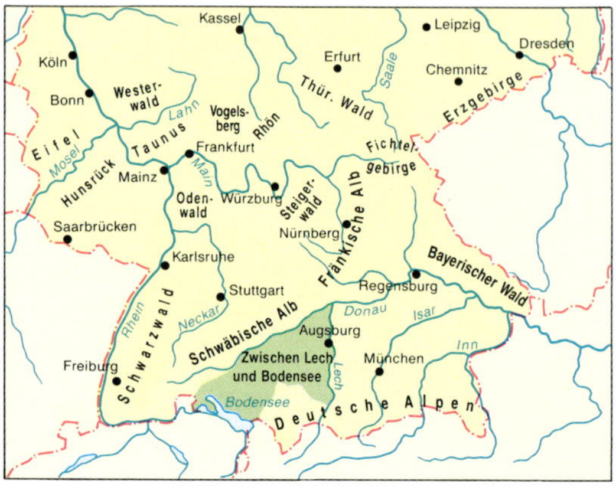

Die sechs alpinen Eiszeiten haben zwischen Lech und Bodensee zwei grundverschiedene Landschaften geformt. Die schlichte Schönheit Bayerisch-Schwabens offenbart sich in sanft gewellten Schotterplatten, breiten Tälern, geschwungenen Flußläufen und dichten Auwäldern. Dramatischer wirkt Oberschwaben. Welche gewaltigen Kräfte die eiszeitlichen Alpengletscher entfaltet haben, wird hier augenfällig. Der

Nacheiszeit verdanken die vielen Moore ihre Entstehung, schützenswerte Lebensräume für seltene Pflanzen und eine artenreiche Tierwelt. Wasser ist das Lebenselixier dieser Region. Der Bodensee (unser Bild), südlicher Schlußakkord unseres Gebiets, ist das beste Beispiel dafür. Seine westlichen Vorposten, die surrealistisch anmutenden Hegauberge, zeugen von vulkanischem Geschehen in grauer Vorzeit.

Landschaft aus Feuer, Eis und Wasser

Lage Zwischen der Donau im Norden, dem Unterlauf des Lechs im Osten, dem Allgäu im Südosten, dem Bodensee im Süden und den Hegaubergen im Südwesten
Ausdehnung West–Ost ca. 150 km; Nord–Süd ca. 50–100 km
Länder Bayern, Baden-Württemberg
Höchste Erhebungen Im südlichen Bayerisch-Schwaben: Fahrenberg 830 m; in der Donauniederung: Hessen-Berg 505 m; in Oberschwaben: Wachtbühl 791 m; am Bodensee: Heiligenberg 786 m, Schiener Berg 708 m, Bodanrück 694 m; im Hegau: Hohenhewen 846 m, Hohenstoffeln 844 m
Wichtigste Flüsse Donau, Lech, Riß, Iller, Günz, Mindel, Zusam, Wertach, Argen, Schussen, Rhein
Landschaftsformen Im Nordosten ausgedehnte Schotterplatten mit breiten Flußniederungen und zerfurchten, waldbedeckten Steilhängen; nach Süden und Südwesten hin Übergang in die von Seen und Mooren durchsetzten Moränenlandschaften des Alpenvorlands und die Schwäbisch-Oberbayerischen Voralpen; westlich des Bodensees gibt es waldreiche Bergzüge und das Hegaubecken mit isoliert aufragenden Vulkankegeln
Naturpark Naturpark Augsburg-Westliche Wälder
Information Landesfremdenverkehrsverband Baden-Württemberg, Esslinger Str. 8, W-7000 Stuttgart 10, ☏ 0711/247364; Landesfremdenverkehrsverband Bayern, Prinzregentenstr. 18, W-8000 München 22, ☏ 089/2123970; Fremden-

Geformt von Meer und Eis

Die Landschaften zwischen Lech und Bodensee gehören zum Alpenvorland. Als das Gebirge im Tertiär langsam aufstieg, senkte sich gleichzeitig der gesamte Raum zwischen der heutigen Schwäbischen Alb und den Alpen. Die Senke zwischen den beiden Gebirgen wurde vom Meer überflutet, und die Urahnen der heutigen Alpenflüsse lagerten in ihr Sand und Geröll ab. Erst gegen Ende des Tertiärs zog sich das Meer aus dem Alpenvorland zurück, dafür rückten in den Eiszeiten gewaltige Gletscher bis in das südliche Bayerisch-Schwaben vor. Sie hinterließen Moränen; das Schmelzwasser, das aus den Gletschertoren strömte, lagerte seine Sand- und Geröllfracht vor dem Eisrand ab. In den Warmzeiten wich das Eis in die Gipfellagen der Alpen zurück, und die von ihrer Last befreiten Flüsse kerbten sich in die Ablagerungen ein. Als dann das Klima wieder kälter wurde, schoben sich erneut Gletscher ins Alpenvorland hinaus. So entstanden die Schotterterrassen der Iller-Lech-Platte.
Die großen Täler im Alpenvorland verlaufen fast geradlinig vom Gebirge zum Urstromtal der Donau. Ihre nach Westen gerichteten Talhänge sind meist steil; die Osthänge laufen flacher aus. Wahrscheinlich hängt die unterschiedliche Neigung mit der Hangabtragung im Vorland der eiszeitlichen Gletscher zusammen. Während an den von Sonne und Wind ausgetrockneten Hängen der Schnee rasch abschmolz und kaum Boden abgetragen wurde, blieb an den nach Osten gerichteten Schattenhängen der Schnee lange liegen, durchtränkte mit seinem Schmelzwasser den Erdboden und ließ ihn wie Brei den Hang hinabfließen.

Kultiviert und begradigt

Die unfruchtbaren Schotterplatten Bayerisch-Schwabens sind großenteils mit Wald bedeckt. Fichten, Kiefern und Tannen prägen das Bild, aber die Forstleute sind

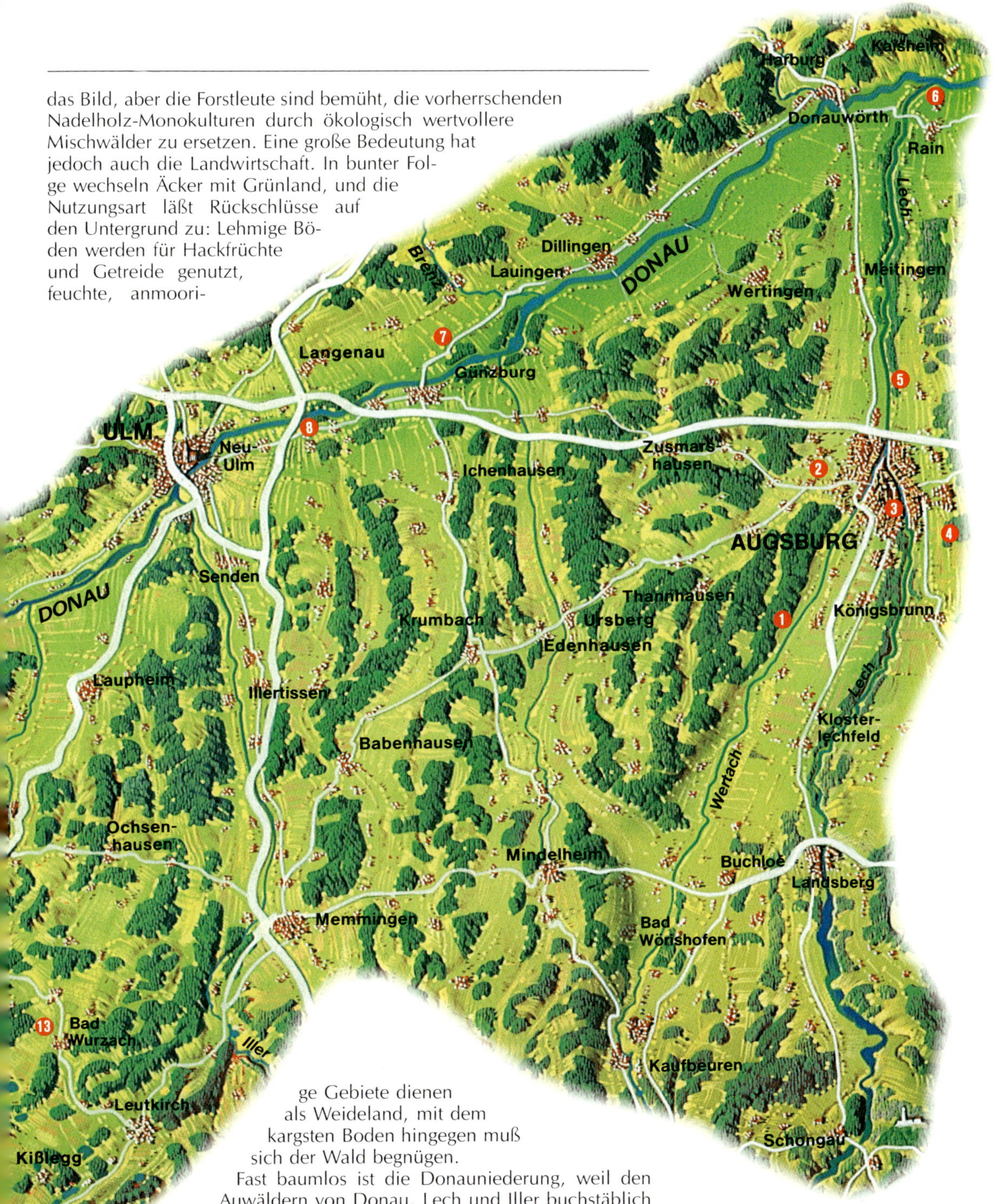

das Bild, aber die Forstleute sind bemüht, die vorherrschenden Nadelholz-Monokulturen durch ökologisch wertvollere Mischwälder zu ersetzen. Eine große Bedeutung hat jedoch auch die Landwirtschaft. In bunter Folge wechseln Äcker mit Grünland, und die Nutzungsart läßt Rückschlüsse auf den Untergrund zu: Lehmige Böden werden für Hackfrüchte und Getreide genutzt, feuchte, anmoorige Gebiete dienen als Weideland, mit dem kargsten Boden hingegen muß sich der Wald begnügen.

Fast baumlos ist die Donauniederung, weil den Auwäldern von Donau, Lech und Iller buchstäblich das Wasser abgegraben wurde. Stauwerke und Kanalbauten verhinderten zunehmend das Hochwasser, das den Auwäldern die erforderlichen Nährstoffe zuführt. Nur Restbestände in den Mündungsbereichen von Lech und Iller konnten bestehen und dienen zahlreichen Vogelarten als Lebensraum. Auch das Donaumoos 7 zwischen Ulm und Dillingen hat sich dem Zugriff des Menschen nicht entziehen können. Die nur 1,5 m dicken Torfflächen sind abgebaut oder durch Gräben entwässert und in Ackerland umgewandelt worden. Nur die Restbestände im östlichen Teil sind als Naturschutzgebiet Gundelfinger Moos bekannt.

Ein Fleckerlteppich aus Seen, Weiden, Hügeln, Mooren
Oberschwaben war gewissermaßen ein eiszeitlicher Schuttabladeplatz: Die Alpengletscher transportierten riesige Mengen von Gesteinsschutt, den sie auf ihrer unendlich langsamen Reise zerkleinerten und vor sich herschoben. Das Material wurde als kuppige Moränenwälle zurückgelas-

Verkehrsverband Allgäu/Bayerisch-Schwaben, Fuggerstr. 9, W-8900 Augsburg, ☏ 08 21/3 33 35; Fremdenverkehrsverband Bodensee-Oberschwaben, Schützenstr. 8, W-7750 Konstanz, ☏ 075 31/2 22 32; Gebietsgemeinschaft Bodensee-Hegau, August-Ruf-Str. 7, W-7700 Singen, ☏ 077 31/8 54 73; Gebietsgemeinschaft Bodensee-Linzgau, Landungsplatz 14, W-7700 Überlingen, ☏ 075 51/40 41; Gebietsgemeinschaft Allgäu-Oberschwaben-Bodensee, Rathaus, W-7988 Wangen, ☏ 075 22/7 42 11

sen; Schmelzwasserbäche spülten Sand und Geröll bis weit in das Vorland der eiszeitlichen Gletscher. Als gegen Ende der Würm-Eiszeit die Temperaturen wieder anstiegen und die Gletscher abschmolzen, bot das Alpenvorland ein Bild wie heute am Rand des Inlandeises von Grönland: kahle Moränen, weite Kiesfluren und Täler voller Schotter. Heute ist daraus ein Fleckerlteppich aus Seen, Flüssen und Mooren geworden. Eine Besonderheit am Bodensee und in Oberschwaben sind die Drumlins, walrückenförmige Moränenhügel, die immer in Schwärmen vorkommen. Wenn Sie auf dem Bodanrück oder im Schussenbecken wandern, können Sie die ca. 20 m hohen Hügelschwärme nicht übersehen. Sie erstrecken sich meist von Südost nach Nordwest und dokumentieren so die Fließrichtung der Gletscher.

Von Gletschern aus dem Land geschürft

Unter den mitteleuropäischen Seen nimmt der Bodensee, was die Fläche betrifft, nach dem Plattensee und dem Genfer See den dritten Rang ein. Wer ihn auf dem Internationalen Radwanderweg umrunden will, muß über 250 km zurücklegen. Der fördenartige Überlinger See und der von sanften Hügeln umrahmte Untersee sind landschaftlich besonders reizvoll. Viel größer dehnt sich der Obersee zwischen Konstanz und Bregenz aus, und nicht von ungefähr trägt er den Namen »Schwäbisches Meer«. Unvergeßlich ist der Blick vom Pfänder auf die weite Wasserfläche,

Route 1
Bayerisch-Schwaben
In Bayerisch-Schwaben haben sich sechs Kaltzeiten ein Denkmal geschaffen. Nicht von ungefähr werden vier davon nach Flüssen dieser Landschaft – Donau, Biber, Günz und Mindel – benannt. Überzeugen Sie sich auf der ca. 200 km langen Strecke vom besonderen Reiz des Gebiets. Er offenbart sich in harmonischer Linienführung des Geländes, breiten, moorreichen Tälern, geschwungenen Flußläufen mit Altwasserarmen und dem Naturpark Augsburg-Westliche Wälder ❶ ❷.

Streckenverlauf:
Ausgangspunkt in Augsburg, zu erreichen über die A 8 München–Stuttgart, von hier Ausflüge in den Naturpark Augsburg-Westliche Wälder: über Bobingen nach Straßberg ❶ südwestlich von Augsburg, oder nordwestlich nach Neusäß ❷; über Stadtbergen auf der B 300 an den südlichen Stadtrand in den Augsburger Stadtwald ❸; weiter auf der B 300, in Friedberg rechts ab und über Rederzhausen nach Ottmaring zum Paardurchbruch ❹; dann auf die B 2 und über Augsburg in Richtung Donauwörth bis Langweid, rechts ab Richtung Rehling ❺; weiter auf der B 2 bis Nordheim, dort rechts über Genderkingen zum Lech-Donau-Winkel ❻; zurück zur B 2 Richtung Augsburg, bei Mertingen rechts ab nach Wertingen und durch den Naturpark Augsburg-Westliche Wälder über Welden nach Adelsried, auf der A 8 Richtung Ulm zur Ausfahrt Günzburg und nördlich auf der B 16 zum Donaumoos ❼; zurück nach Günzburg, dort auf der B 10 über Nersingen zu den Donauauen ❽ kurz vor Elchingen. Den Ausgangspunkt Augsburg erreicht man wieder über die A 8 Richtung München.

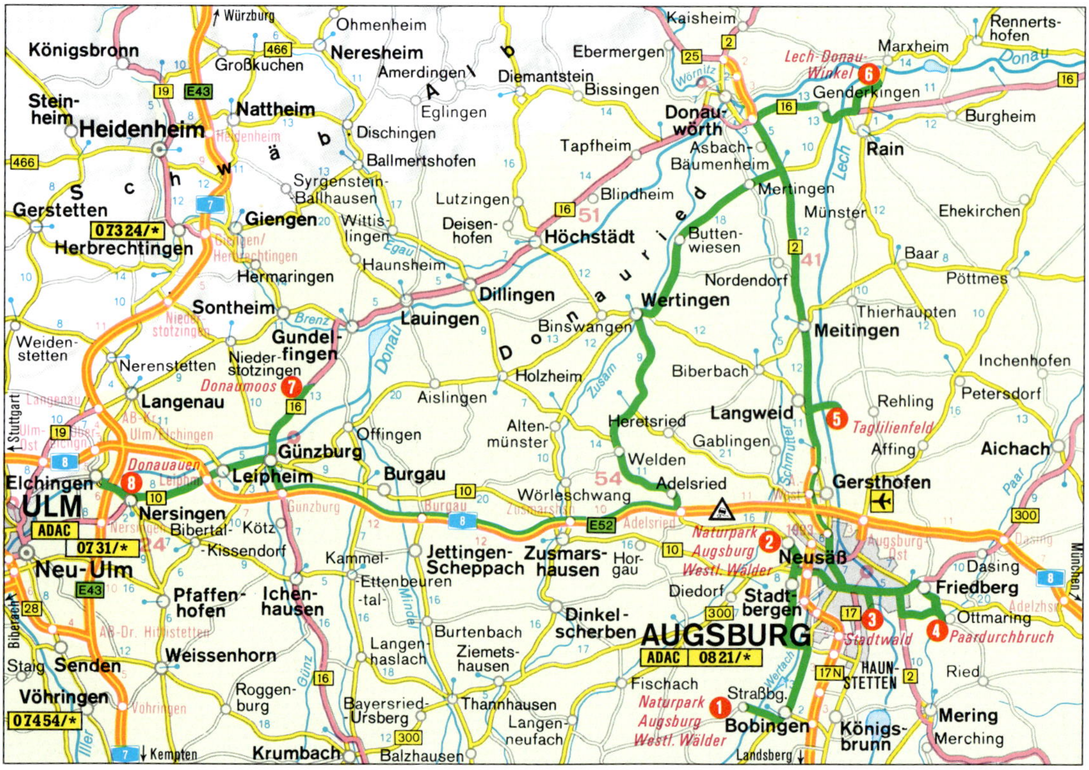

eingerahmt vom Panorama der Schweizer Alpen und dem freundlichen Bild der oberschwäbischen Landschaft.
Entstanden ist der Bodensee in unermüdlicher Schürfarbeit. Weit über eine Million Jahre ist es her, daß sich riesige Eismassen zum ersten Mal von den Alpen her nach Norden und Westen schoben. Mindestens viermal, wahrscheinlich sechs- bis achtmal, überfluteten Gletscher das nördliche Alpenvorland und hobelten das ursprünglich über 400 m tiefe Becken aus. Da aber alljährlich mit der Schneeschmelze Millionen Tonnen Sand und Kies von den Wassermassen des Alpenrheins und anderer Zuflüsse mitgeschleppt werden, füllt sich das ehemalige Gletscherbecken allmählich wieder auf. Heute beträgt die tiefste Bodenseestelle nur noch 252 m, und wenn die Aufschüttung weitergeht, dann ist, rein rechnerisch, der Bodensee in 16000 Jahren verschwunden.

Kräfte aus dem Erdinnern
Feuer, Eis und Wasser verdankt das Alpenvorland zwischen Hegau im Westen, Bregenzer Wald im Osten und Schwäbischer Alb im Norden sein Gesicht. Wer auf der A 81 von Richtung Stuttgart das Städtchen Engen erreicht, sieht rechter Hand eine Reihe abgeflachter Kegel: Hohentwiel, Hohenkrähen, Hohenhewen und Hohenstoffeln ⓱. Die markanten Formen bestehen aus den Schlotfüllungen der Vulkane, aus widerstandsfähigem Phonolit und Basalt. Die weicheren Mantelschichten aus vulkanischen Tuffen und Molasse haben Wind und Wetter im Laufe der Jahrmillionen abgetragen, so daß die typischen Kegel herausgebildet wurden.
Am Wochenende und in Ferienzeiten zieht der Bodensee so viele Ausflügler und Urlauber an, daß man gut daran tut, sich dem Hinterland zu widmen. Hier können Sie das abwechslungsreiche Landschaftsbild Oberschwabens genießen – bewaldete Hügel, bunte Sommerwiesen, saftige Weiden und stille Seen – und auf einsamen Pfaden durch Moore und Riede streifen. Oder Sie wandern auf den Schiener Berg ⓲, lassen sich im Linzgau von einer idyllischen Landschaft bezaubern, machen sich im Hegau eine Vorstellung von fernen Erdzeitaltern.

Route 1 Bayerisch-Schwaben

Von Gletschern geformt

❶ und ❷ Naturpark Augsburg-Westliche Wälder
Zwischen Augsburg im Osten, Burgau im Westen, Mertingen im Norden und Türkheim im Süden erstreckt sich der Naturpark Augsburg-Westliche Wälder. Der Reiz dieser Schotter- und Riedellandschaft liegt im Wechsel zwischen kleinen, stillen Tälern und bewaldeten Höhen (Riedel). Seit 1974 stehen 66500 ha des Gebiets unter Landschaftsschutz. Da entstand

Haldenburg
Der steil abfallende östliche Wertachhang bei Schwabegg wurde schon im 10. Jh. als natürlicher Verteidigungswall benutzt. Er diente als Sperriegel gegen Reiterhorden aus Ungarn, die immer wieder Tribut erpreßten. Fast 10 m hohe Erdwälle und Palisadenzäune machten die Haldenburg zu einer geräumigen Burganlage. Im 11. Jh. hatte die Burg ausgedient, weil auf dem ca. 800 m entfernten Weinberg eine Steinburg entstand.
Heute führt ein Waldlehrpfad über die alten, baumbestandenen Wälle und durch verwachsene Hohlwege. Die Haldenburg liegt im Naturpark Augsburg-Westliche Wälder, unweit südlich von Straßberg ❶. Man erreicht sie über Schwabmünchen. Von dort aus fahren Sie in Richtung Ettringen, biegen jedoch in Wertachau nach Schwabegg ab. In der Ortsmitte fahren Sie links in die Schloßbergstraße und durch bis zum Waldparkplatz.

Rätselhafte Gruben
Im frühen Mittelalter wurde das Gebiet des heutigen Naturparks Augsburg-Westliche Wälder ❶ ❷ von Erzschürfern heimgesucht. Lange Zeit rätselten Archäologen über die rund 8000 trichterförmigen Gruben bei Aystetten, Achsheim, Biburg und Lützelburg. Geologen hielten es für unmöglich, daß es dort im Untergrund Erzvorkommen gab. Erst als Schmelzöfen ausgegraben und eine Erzgrube rekonstruiert wurden, war der Beweis erbracht. Das Eisenerz trat in Konkretionen auf, die in den tertiären Sanden unter den 5–10 m mächtigen Schottern der Donau-Eiszeit verborgen sind. Aus einer Grube, so schätzt man heute, konnten von den damaligen Bergleuten etwa 2–3 Zentner Erz gewonnen werden.

Die sogenannte Riedellandschaft – »Riedel« heißen die flachen Hügel – ist charakteristisch für den Naturpark Augsburg-Westliche Wälder.

Fischweiher beim Kloster Oberschönenfeld im Naturpark bei Augsburg.

Bei Schnerzhofen im äußersten Süden des Naturparks Augsburg-Westliche Wälder lädt ein Weiher zu einem erfrischenden Bad ein.

ein bedeutendes Naherholungsgebiet mit 1600 km Wanderwegen, 300 km Radwegen und 30 km Reitwegen. Der Naturpark wird von der Autobahn München–Stuttgart durchquert, was ihn schnell erreichbar macht. Besonders gut erschlossen ist der östliche Teil, der sogenannte Rauhe Forst. Über den Wiesen zwischen den mit Fichten und Buchen bestandenen Riedeln kreisen oft Bussarde, seltener Milane und Turmfalken. Empfehlenswert ist eine Wanderung durch diesen waldreichen Teil im Südwesten von Augsburg über den Buchkopf mit dem 2 km langen Waldlehrpfad »Eichelsaat« oder rund um den Lindenberg. Beim Lindenberg stößt man in der Nähe der Straße nach Reinhartshausen auf frühmittelalterliche Erzgruben.

Parken Sie auf dem Lindenberg-Parkplatz südwestlich von Straßberg ❶ und folgen Sie von dort den weiß-grün-weißen Wegweisern. Die Buchkopftour ist 8,5 km, der Rundgang um den Lindenberg 4,5 km lang. Einkehren können Sie in Burgwalden oder Straßberg. Eine weitere Möglichkeit, den Naturpark hautnah zu erleben, ist der neue Radwanderweg von Neusäß ❷ nach Welden. Er beginnt beim Schmutterpark in Neusäß (Parkplatz) und ist ca. 18 km lang.

❸ Augsburger Stadtwald

Mit dem Siebentischwald, dem Haunstetter Wald und dem Stadtwald hat Augsburg ein besonders schönes Naturschutzgebiet in unmittelbarer Nähe, dem sich nach Süden die Meringer Au und die botanisch interessante Königsbrunner Heide anschließen. Ein vorzügliches Wander- und Radwegenetz lädt zu Ausflügen in eine reizvolle Landschaft ein. Der Siebentischwald ist der Stadt am nächsten gelegen und parkartig gestaltet; der Haunstetter Wald und der Stadtwald, typische Auwälder mit Wasserläufen, schließen sich nach Süden an.

Das Lechufer, durch keinerlei Bauwerke beeinträchtigt, hat seinen ursprünglichen Reiz bewahrt. Die noch weiter südlich gelegene Heide bietet freie Flächen und trockene Standorte für seltene Orchideenarten, Enziane und Sumpfgladiolen.

Folgen Sie in Augsburg den Wegweisern zum Zoo. Auf dem Parkplatz stellen Sie den Wagen ab, denn unmittelbar hinter dem Zoogelände erstrecken sich die Naturschutzgebiete mit zahlreichen markierten Wanderwegen sowie Radwegen entlang dem Lech.

Der Augsburger Stadtwald, ein beliebtes Naherholungsgebiet, ist der Rest ehemals ausgedehnter Auwälder beiderseits des Lechs. Der Siebentischwald bei Siebenbrunn liegt Augsburg am nächsten und hat parkartigen Charakter.

4 Paardurchbruch

Wie Lech und Iller, Mindel und Günz hält sich auch die Paar an die Regel, von Süden nach Norden zu fließen, aber ihr romantisches Tal zeigt eine morphologische Besonderheit. Trotz der Nähe hat es die Paar nie geschafft, in den Lech einzumünden. Sie bahnte sich statt dessen ihr eigenes Tal durch das nördliche, höher gelegene Tertiärland und mündet östlich von Ingolstadt in die Donau. Die Erklärung für ihr seltsames Verhalten bei Ottmaring ist in den Schottermassen zu suchen, die der Lech in der Würm-Eiszeit an seinem Ostufer abgelagert hat. Sie übertreffen in ihrer Mächtigkeit die ältere Molasse und verhinderten eine Einmündung der Paar. Naturnahe Uferbereiche mit kleinen Waldungen laden zum beschaulichen Wandern ein. Mehrere Restmoore bewahren noch unzerstört ihre typische Vegetation.

Ottmaring erreicht man vom Augsburger Stadtteil Hochzoll über Friedberg und Rederzhausen.

Am Lechufer bei Rehling blüht zwischen Mai und Juli das Gemeine Fettkraut.

5 Taglilienfeld bei Rehling

Der Lech verläßt Augsburg als gebändigter Fluß. Die Ufer sind befestigt, sein Lauf nahezu unheimlich schnurgerade. Aus dem ehemals ungestümen Alpenfluß ist ein stilles Wasser geworden. Die Landwirtschaft hat auch die Talauen unter den Pflug genommen. Ursprüngliche Uferbereiche mit typischem Pflanzenwuchs sind deshalb selten geworden. Eine der wenigen Inseln intakter Natur blieb bei Rehling erhalten. Von der B 2 in Langweid Richtung Rehling abbiegend, kann man hinter der Lechbrücke bei St. Stephan den Wagen abstellen und in einer Viertelstunde zum Lechufer spazieren. Auf den ersten Blick bestimmt ein dichter Strauchgürtel das Bild. Berberitze, Wacholder, Weide und Sanddorn bieten einer bunten Vogelwelt Unterschlupf und Lebensraum. Trotz der Wasserbaumaßnahmen säumt aber immer noch eine blumenreiche Flora die Ufer. Vor allem das Taglilienfeld gilt europaweit als botanische Kostbarkeit. Wenn die wilden Taglilien im Juni ihre Blütenkelche öffnen, lockt das gelbleuchtende Blumenmeer Ausflügler und Naturfreunde an. Aber auch zu anderen Jahreszeiten ist das Lechufer einen Besuch wert. Denn viele Pflanzen haben hier überlebt: Mehlprimeln, Enziane, Kugelblumen und das »fleischfressende« Fettkraut. Im Herbst erblühen die Lechauen noch einmal mit zartlila schimmernden Herbstzeitlosen.

Im Juni erstrahlt das Lechufer wie hier bei Rehling im satten Gelb der Wasser-Schwertlilie.

Ein landschaftliches Kleinod hat sich am Paardurchbruch bei Friedberg-Ottmaring südöstlich von Augsburg erhalten. Die Paar durchzieht hier eine urwüchsige Auenlandschaft in einem sonst recht dichtbesiedelten Gebiet.

Ein von menschlicher Zivilisation verschontes Flachmoor hat sich noch im Donaumoos erhalten.

Die glockenförmige Frühlingsknotenblume, auch Märzenbecher genannt, findet man im Lech-Donau-Winkel.

6 Lech-Donau-Winkel

Zu den wichtigsten Feuchtgebieten Europas gehört der Lech-Donau-Winkel östlich von Donauwörth (s. a. S. 778). Hier hat sich ein beachtliches Auwaldgebiet erhalten können. Allerdings werden durch forstwirtschaftliche Nutzung die ursprünglichen Weichhölzer wie Pappel, Esche, Weide und Traubenkirsche zunehmend durch Hybrid-Pappel, Fichte, Buche und Ahorn verdrängt, und die Wasserentnahme durch die Stadt Nürnberg senkt den Grundwasserspiegel erheblich. Dammbauten und Stauwehre regeln den Verlauf der beiden Flüsse. Dennoch zeigt sich die Natur hier von einer besonders reizvollen Seite. Im Frühling blühen Tausende von Frühlingsknotenblumen in den noch lichten Wäldern. Zum Schutz des Waldes und der Tiere darf nur der Ostdamm des Lechs auf 4 km Länge begangen werden. Wer Geduld mitbringt, kann hier noch den Ruf des Pirols und den Gesang der Nachtigall vernehmen.
Von Nordheim kommend, überqueren Sie auf der B 16 nach wenigen Kilometern den Lech, parken bei der Brücke und gehen auf dem Deich flußabwärts. Das Westufer ist Vogelschutzgebiet und darf nicht betreten werden. Etwas besucherfreundlicher ist die Schönenfelder Au nördlich von Niederschönenfeld. Fahren Sie ca. 2 km auf der B 16 weiter, bis links die Straße nach Niederschönenfeld abzweigt. Ihr folgen Sie ein Stück weiter in Richtung Marxheim und parken vor der Donaubrücke. Flußabwärts zeigt sich hier der Auwald mit vielen Altwasserarmen von seiner reizvollsten Seite.

7 Donaumoos bei Gundelfingen

Das Donaumoos, ein ausgedehntes Flachmoor, ist weitgehend trockengelegt worden, aber zwischen Günzburg und Gundelfingen hat sich ein kleiner Teil erhalten: das Naturschutzgebiet Gundelfinger Moos. Das Überleben dieser urwüchsigen Landschaft, in der noch der Brachvogel nistet, hängt inzwischen von einer Kiesgrube ab, die sich in unmittelbarer Nähe befindet. Sie entzieht dem Moor über die Absenkung des Grundwassers das lebensnotwendige Naß. Der Rest des Donaumooses besteht größtenteils aus landwirtschaftlich genutzten Flächen.
Fahren Sie auf der B 16 von Günzburg in Richtung Gundelfingen. Bei dem Gehöft Birkenried führt eine Straße links ab zu den Baggerseen und ins Moos. Aus Rücksicht auf die Vogelwelt sollte man unbedingt auf den Wegen bleiben.

Die Auenlandschaft an der Mündung des Lechs in die Donau gehört mit ihrem Auwald, den Feuchtflächen, den Altwasserarmen und dem Vogelschutzgebiet zu den wichtigsten Feuchtgebieten Europas.

8 Donauauen bei Elchingen

Wenige Kilometer östlich von Ulm beginnen die Donauauen mit einer Kette von Stauseen teilweise beachtlichen Ausmaßes. Zu beiden Seiten der Donau, aber auch an den Ufern der bei Ulm einmündenden Iller hat sich Auwald erhalten, den vielerlei Laubbäume, Büsche und dichtes Bodengrün charakterisieren. Die Wälder profitieren von der nährstoffreichen Schwemmfracht der Flüsse, Auwälder wachsen nur in deren Hochwasserbereich.

Für die Iller- und Donauauen war das Hochwasser der Iller von entscheidender Bedeutung. Zweimal im Frühling hat der Fluß einen sehr hohen Pegelstand: im März und während der Alpenschneeschmelze im Juni. Deshalb konnten die Uferbereiche nicht landwirtschaftlich genutzt werden. Heute regulieren Dämme und im Illerbereich ein Kanal den Wasserlauf.

Von der B 10 kommend, biegt man hinter Nersingen rechts ab Richtung Elchingen. An der Donau befindet sich ein öffentlicher Parkplatz, von dem durch den Auwald und am Ufer entlang Wanderwege bis nach Leipheim führen (ca. zwei Stunden).

Die streng geschützte Sibirische Schwertlilie bestimmt im Juni das Bild im Eriskircher Ried.

Route 2 Oberschwaben

Reise durch eine stille, grüne Region

9 Eriskircher Ried

Nicht mehr ganz Land, noch nicht ganz Wasser: Eine Riedlandschaft ist immer auch ein Bindeglied. Allzu viele Uferpartien am Bodensee sind allerdings nicht mehr durch große Schilfgürtel geprägt, und unter den erhaltenen 8 km Ried am nördlichen Ufer nimmt das Eriskircher Gebiet eine herausragende Stellung ein. Es liegt zwischen dem Bodensee und der B 31. Die Zufahrt erfolgt in Eriskirch über den Bahnübergang bis zum Parkplatz beim Strandbad. Von dort geht es in wenigen Minuten ins Ried und auf einem besonders schönen Pfad parallel zum Seeufer bis Friedrichshafen. Zwar versperren keine Zäune den Weg, aber der Besucher sollte sich, auf Flora und Fauna Rücksicht nehmend, stets an die markier-

Im Eriskircher Ried kann man das Tagpfauenauge beobachten, das sich an seinen markanten Augenflecken erkennen läßt.

Trotz Donauregulierung sind die ausgedehnten Auwälder bei Elchingen, zwischen Ulm und Leipheim, mehr oder weniger intakt geblieben. Sie sind die Heimat zahlreicher, inzwischen selten gewordener Tier- und Pflanzenarten.

ten Pfade halten, um die hier besonders artenreiche Natur zu schützen. 160 Pflanzen- und 180 Vogelarten leben in den verschiedenen Zonen zwischen Streuwiesen und Flachwasser.
Wenn Sie Fotofreund sind, sollten Sie im Juni hierherkommen. Dann wird das Ried von den blaublühenden Sibirischen Schwertlilien überzogen, und bei der Schussenbrücke sorgen die gelben Blüten der Wasser-Schwertlilie für optische Kontraste – als Signalfarbe für Insekten. Vor allem Schmetterlinge wie das Tagpfauenauge oder den seltenen Admiral kann man öfters entdecken.

⑩ Gehrenberg

Rund 10 km Luftlinie sind es vom Bodenseeufer bis zum Gehrenberg (754 m an seinem höchsten Punkt) nordöstlich von Markdorf. Er wird an anderer Stelle von einem stählernen Aussichtsturm (716 m) gekrönt, und einen schöneren Panoramablick gibt es weit und breit nicht. Besonders wenn der Föhn die Alpen scheinbar zum Greifen nahe rückt, lohnt sich ein Abstecher. Ein Parkplatz liegt nördlich vom Weiler Allerheiligen, nur etwa 300 m vom Turm entfernt.
Geht man von dort noch 400 m weiter nach Nordwesten, kommt das typische Molassegestein zum Vorschein: Überall plätschern kleine Quellen; Erdrutsche und lose Steinmassen geben ein gutes Zeugnis für die bewegte Weiterentwicklung der Erdoberfläche.

⑪ Blitzenreuter Seenplatte

10 km nördlich von Weingarten liegt dieser Fleckerlteppich aus Seen, Weihern, Mooren, Wiesen und Wäldern. Hier finden wir alle Landschaftsformen und Entwicklungsstadien vom offenen Gewässer bis zum mächtigen Hochmoor. Wer, von Markdorf kommend, einige der geschützten Gebiete erwandern möchte, parkt am besten am Häcklerweiher rechts an der B 32. Der Waldweg führt vom Häcklerweiher in nordöstlicher Richtung zum Dornacher Ried, an dessen Westrand man

Route 2
Oberschwaben
Diese rund 200 km lange Rundfahrt berührt das westliche Allgäu und führt dann in das Herz der hügelreichen Region Oberschwaben. Das in Deutschland einmalige Kaleidoskop aus Flüssen, Seen und Mooren schmückt sich außerdem mit zahlreichen Klöstern und Barockkirchen, die stattlichen Landgasthöfe mit der bekannt guten schwäbischen Küche nicht zu vergessen!
Streckenverlauf:
Ausgangspunkt ist Friedrichshafen mit dem östlich an der B 31 gelegenen Eriskircher Ried ⑨; auf der B 31 bis kurz vor Immenstaad, dort rechts über Kluftern nach Markdorf zum Gehrenberg ⑩; weiter über Deggenhausertal und Fronhof nach Blitzenreute ⑪; anschließend über Altshausen, Ebersbach und Allmannsweiler nach Bad Buchau zum Federsee ⑫; über Bad Schussenried und Bad Waldsee Abstecher nach Bad Wurzach ⑬; zurück nach Bad Waldsee, von dort auf der B 30 nach Ravensburg, im Ort links ab auf die B 32 bis Amtzell, rechts ab und über Haslach ins Argental ⑭ bei Goppertsweiler; über Langnau wieder auf die B 31 und zurück nach Friedrichshafen.

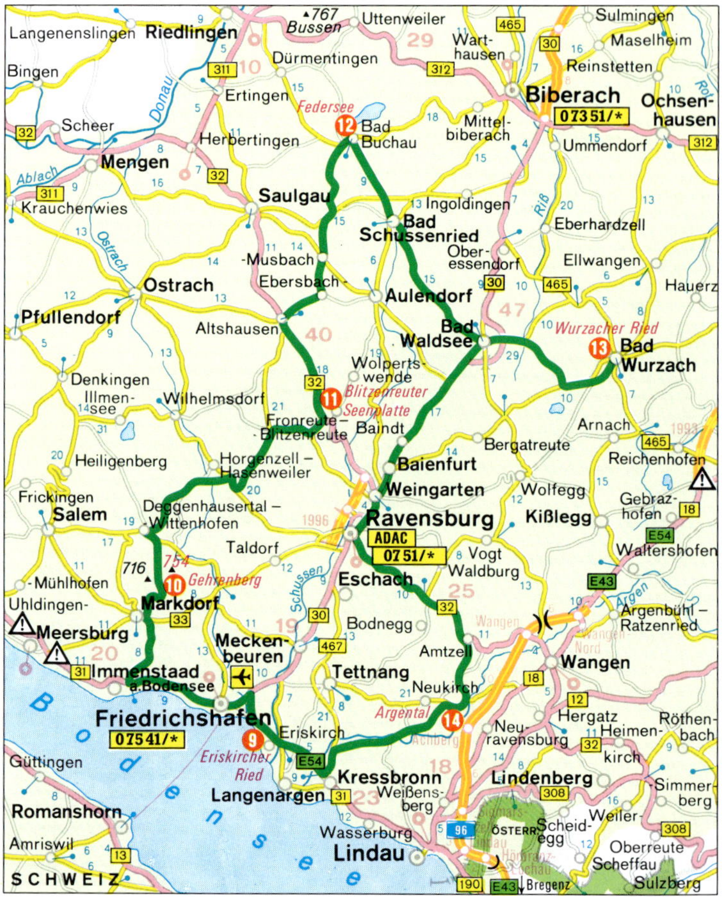

entlanggeht, bis der markierte Weg in Richtung Vorsee erreicht ist. Nach einer Wanderung durch farbenfrohe Niedermoorwiesen mit dichtgefüllten Trollblumen und zahlreichen Orchideen taucht der Vorsee und bald darauf das gleichnamige Dorf auf. Überqueren Sie dann die B 32, um zum waldumstandenen Schreckensee mit seinen Sümpfen zu gelangen. Westlich des Sees gibt es einen Waldweg, der am Fuß des Blasenbergs (607 m) in südöstlicher Richtung zum Parkplatz zurückführt (Dauer der Gesamtwanderung ca. 1½ Stunden).

12 Federsee
Was seine Fläche betrifft, hat der Federsee beträchtlich Federn lassen müssen. Abgeriegelt durch einen Moränenwall der Würm-Eiszeit, nahm der so aufgestaute See ursprünglich 150 km² ein, doch natürliche Verlandung und die künstliche Absenkung des Wasserspiegels im 18. und 19. Jh. ließen seine Oberfläche drastisch schrumpfen. Die reine Seefläche mißt heute nur noch ca. 1,5 km², und auch die ist durch anhaltende Verlandung und Überdüngung bedroht. Ungeachtet aller Schrumpfungsprozesse ist das Moor um diesen Eiszeitsee aber immer noch ein Kleinod in der Landschaft Oberschwabens, das Vogelfreunde und Botaniker von weither anlockt. Selten sind die einzelnen Stadien der Verlandung vom Schilfgürtel über Flachmoor bis zu den Streuwiesen so eindrucksvoll zu besichtigen.

Schloß Heiligenberg
Auf dem Weg vom Gehrenberg 10 nach Blitzenreute 11 geht es in Deggenhausertal rechts ab und über Lellwangen und Beuren nach Heiligenberg. Das weithin sichtbare Renaissanceschloß Heiligenberg mit seinem prächtigen, zweigeschossigen Rittersaal lockt Besucher aus aller Welt an. Grafen von Heiligenberg werden schon im 10. Jh. urkundlich erwähnt, bis das Haus Fürstenberg die Grafschaft übernahm und im 16. Jh. anstelle der Burg das heutige Schloß errichten ließ. Die Anlage gilt als eines der besten Beispiele für deutsche Schloßbaukunst des 16. Jh. (geöffnet Ostern–Okt. außer 1. 7.–15. 8. tägl. 9–11.30, 13–17.30 Uhr).

Der Blick vom Gehrenberg nach Südwesten zeigt die von den Gletschern der Würm-Eiszeit geprägte Landschaft.

Der Vorsee, ein Gewässer der Blitzenreuter Seenplatte, ist sehr flach und hat einen breiten Verlandungsgürtel.

Um den Federsee stehen ca. 1400 ha Fläche unter Naturschutz. Durch das Ried führt ein langer Steg.

Aufgegebenes Torfabbaugebiet bei Bad Waldsee auf der Strecke zwischen Federsee und Wurzacher Ried: Die hinterlassenen Gruben füllen sich mit Grundwasser.

Freilichtmuseum Kürnbach
Auf dem Weg vom Federsee ⓬ zum Wurzacher Ried ⓭ passiert man gleich hinter Bad Schussenried den kleinen Ort Kürnbach mit seinem Freilichtmuseum (geöffnet April–Okt. Di–Sa 9–18, So, Fei 11–18 Uhr). Fünf strohgedeckte Bauernhäuser – das älteste von 1499 – wurden hierher transportiert und naturgetreu wiederaufgebaut. Sie geben zusammen mit anderen Exponaten wie z.B. einer ländlichen Kegelbahn aus dem 19. Jh. und wechselnden Ausstellungen einen guten Einblick in die bäuerliche Kultur und technische Entwicklung Oberschwabens in den letzten Jahrhunderten.

Wer nach Bad Buchau fährt, gerät auf den Holzweg. Ein 1,5 km langer Holzsteg wurde angelegt, um die Besucher mitten hinein in die Schilfgürtel und Riedgewässer zu geleiten. Hier spazieren Sie zu einem kleinen Turm mit Aussichtsmöglichkeit, schließlich zur Plattform direkt am See. Bläßhühner und Haubentaucher, Birkhühner, Rohrammern, Höckerschwäne, Lachmöwen, Fischadler und Graureiher – um nur die häufigsten Arten zu nennen – sind meistens anzutreffen. Mit etwas Ruhe und Geduld kann man jedoch auch scheue und seltene Arten beobachten. Die Ornithologen, denen der Federsee besonders am Herzen liegt, haben hier insgesamt 250 Vogelarten ermittelt, von denen 127 auch am See brüten.
Gute Lebensbedingungen haben offenbar auch unsere Vorfahren am Ufer des Federsees gefunden. Schon vor 16000 Jahren siedelten hier Jägersippen. Da der Torf wie ein Konservierungsmittel wirkt, konnten die Forscher immer wieder sensationelle Funde machen. Im Federseemuseum in Bad Buchau gibt es neben der naturkundlichen Sammlung und altsteinzeitlichen Ausgrabungen des Moores auch die 3000 Jahre alten Fundgegenstände der Buchauer Wasserburg (geöffnet 15. März–31. Okt. tägl. 9–11.30, 13.30–17; 1. Nov.–14. März So 13–16 Uhr und nach Vereinbarung; ☏ 07582/8350).

⓭ Wurzacher Ried

Heilsam sind die Bäder, die in Bad Wurzach verabreicht werden. Der Torf dazu stammt aus dem Wurzacher Ried, das im Nordwesten bis an den Stadtrand reicht und vom Kurviertel aus auf markierten Spazierwegen leicht erreichbar ist. Wer sich gründlicher mit dem drittgrößten Ried Oberschwabens befassen will, sollte sich einige Stunden Zeit für eine Wanderung nehmen. Die beste Parkmöglichkeit liegt südlich der Haidgauer Aachbrücke, etwa 1 km nördlich von Bad Wurzach an der B 465 in Richtung Biberach. Vom Parkplatz verläuft der Wanderweg in westlicher Richtung zum Ziegelbacher Ried und beim Brodbacher Hof an den Haidgauer Quelltöpfen vorbei zur Riedschmiede. Der Weg in nördliche Richtung führt ins Nieder- und Hochmoor, ehe er durchs Haidgauer Ried zurückschwenkt, wo noch Spuren des 1936 eingestellten Torfabbaus zu sehen sind. Am Torfwerk vorbei gelangt man schließlich wieder zum Parkplatz. Dieser gut ausgeschilderte Rundweg ist 10 km lang und führt durch mannshohes Schilf, durch Moore und Wald, an Weihern und an

Das Alberser Ried ist ein sehr schöner Teil des Naturschutzgebiets Wurzacher Ried. Auf Feld- und Wanderwegen läßt sich das Hochmoor erkunden.

Orchideen-Standorten vorbei. Zahlreiche eiszeitliche Pflanzenarten konnten hier überleben. Aber auch Enten- und Stelzvögel finden ungestörte Brutplätze. Die Möwenkolonie gilt als eine der größten in Mitteleuropa. Wer sich über die Buschwälder, die verschiedenen Riedheiden und Moore auf einer Exkursion orientieren will, kann sich an die Kurverwaltung wenden (☏ 07564/302150). Besonders schön ist das Wurzacher Ried im Herbst, wenn die Birkenblätter golden schimmern.

Über die aus Holz und Stahl erbaute Hängebrücke bei Achberg führt ein Wanderweg durch das urwüchsige Argental.

⑭ Argental bei Goppertsweiler

Weißschäumende Stromschnellen, klare, tiefe Stellen, an denen man die Forellen wie schwarze Pfeile hin- und herschießen sieht, undurchdringlich wirkende Uferwälder – das ist das Argental unterhalb von Pflegelberg, wo Untere und Obere Argen zusammenfließen. Kein Wunder, daß die Wanderwege an der Argen zu den schönsten in Oberschwaben zählen. Auf engen Pfaden, über Stege und sogar eine Hängebrücke wandert man am Fluß entlang. Naturfreunde kommen hier wirklich auf ihre Kosten, denn der Talabschnitt bis Summerau ist noch relativ unberührt. Vor allem Bachstelzen und Wasseramseln sind zu beobachten, mit etwas Glück auch der seltene Pirol. Bis zu 31 Orchideenarten wurden hier gefunden, darunter Kleines Knabenkraut, Frauenschuh und Einknöllchen. In den Talwäldern wachsen außerdem zahlreiche Farn- und Bärlapparten.
Ausgangspunkt für eine Wanderung im Argental ist der Parkplatz links an der Straße von Pflegelberg nach Goppertsweiler. Zu Fuß kommt man in ca. 20 Minuten zum Weiler Blumegg im Argental. Von dort geht es flußabwärts in rund 45 Minuten zum »Flunauer Sack«, einer wildromantischen Argenschlinge.

Route 3 Linzgau, Hegau, Bodanrück

Wo der Bodensee am schönsten ist

⑮ Hödinger Tobel

Am westlichen Stadtrand von Überlingen beginnen Wanderwege in die Steiluferbereiche des Bodensees mit einst bewohnten Höhlen, den »Heidenlöchern«, schroffen Felsgalerien und schützenswerten Pflanzengesellschaften. Sie biegen von der B 31 in Richtung Ludwigshafen im Weiler Süßenmühle nach rechts ab. Das Sträßlein führt langsam bergauf ins

Route 3
Linzgau, Hegau, Bodanrück
Die 130 km lange Rundtour ist eine Reise voller Kontraste. Bekannt ist das Bodenseeufer mit seinen Höhepunkten, aber das stille Hinterland, etwa der Linzgau, hat dem Naturfreund kaum weniger zu bieten. Die Hegauberge ⑰ schließlich führen ihn Jahrmillionen in die Erdgeschichte zurück und wetteifern mit dem Schiener Berg ⑱ um den schönsten Blick auf den See.
Streckenverlauf:
Ausgangspunkt ist die alte Reichsstadt Überlingen an der B 31 mit dem Hödinger Tobel ⑮; dann westlich auf der gleichen Bundesstraße über Stockach nach Aach mit seinem berühmten Quelltopf ⑯ und über Engen in den vulkanischen Hegau ⑰; zurück nach Engen, von dort auf der B 33 nach Singen, dann auf der B 34 nach Radolfzell, hier rechts Richtung Stein am Rhein bis kurz vor Schienen zum Aussichtspunkt des Schiener Berges ⑱; zurück nach Radolfzell und auf der B 33 bis Wollmatingen ⑲; zurück bis Allensbach, dort rechts ab über den Bodanrück nach Langenrain ⑳; über Liggeringen und Bodman zur B 34, rechts ab in Richtung Ludwigshafen und auf der B 31 nach Überlingen zurück.
Wer einen längeren Aufenthalt am Bodensee plant, sollte die Unterkunft in der Hauptsaison rechtzeitig buchen. Die Tour lohnt sich jedoch auch im zeitigen Frühjahr oder im Herbst.

Eine Wanderung durch den romantischen Hödinger Tobel ist wie ein Spaziergang durch die Erdgeschichte.

Fasnacht im Museum

Auf der Strecke vom Hödinger Tobel ⑮ zum Aachtopf ⑯ zweigt in Eigeltingen links eine beschilderte Straße zum Fasnachtsmuseum Langenstein ab. Wer es nicht schafft, in der »fünften Jahreszeit« eine der Narrenhochburgen wie Villingen oder Rottweil, Stockach oder Bad Waldsee zu besuchen, kann sich hier einen ersten Eindruck vom närrischen Treiben im Alemannischen verschaffen, das so ganz anders ist als der rheinische Karneval oder der Münchner Fasching. 160 lebensgroße Blätzle, Hansele, Hexen, Bären, Narro, Schantele und wie sie alle heißen zeigt das Museum als Hauptattraktion. Sie verraten viel von der Atmosphäre der Fasnacht und ihren historischen Wurzeln. Eine weitere volkskundliche Kostbarkeit besitzt das Museum mit 300 Terrakottafiguren aus dem 18. und 19. Jh., die das ländliche Leben dieser Zeit veranschaulichen (geöffnet Mai–Okt. Mo–Sa 13–17, So, Fei 10–17; Nov.–April Mi, Sa, So 13–17 Uhr).

Naturschutzgebiet Hödinger Tobel, wo man parken kann. Das stellenweise schluchtartige Tal, wenige Schritte abseits des Massentourismus, ist ein Werk nacheiszeitlicher Erosion. Aus nächster Nähe gibt es prägende »Stein-Zeiten« zu beobachten: Untere Süßwassermolasse, Obere Meeresmolasse, Muschelsandstein, bedeckt von eiszeitlichem Moränenmaterial. Wasserbäche rieseln von den Felswänden herab, und Pflanzenfreunde sollten die Augen offenhalten, um auf Pfingstnelken, Türkenbund und Silberblatt zu achten. Ganz oben am Felsenrand, 550 m hoch gelegen, breitet sich Halbtrockenrasen mit seiner spezifischen Vegetation aus, charakterisiert durch einzelnstehende, hohe Kiefern.

⑯ Aachtopf

Bis zu 10 000 l Wasser pro Sekunde sprudeln bei Aach aus dem Boden, und damit bringt es die Aachquelle auf einen Rekord. Sie gilt als stärkste Karstquelle Deutschlands, der Durchmesser des Quelltopfes beträgt 50 m. Außerdem führt sie ein besonderes Kabinettstückchen der Natur vor Augen: Die Aach gräbt der Donau gewissermaßen das Wasser ab, denn das Wasser, das aus ihrem Quelltopf strömt und sich über Aach und Untersee in den Rhein ergießt, stammt zum großen Teil aus der Donau-

Ein Großteil des Quellwassers im Aachtopf kommt unterirdisch von der Donau.

Blick vom Hohentwiel auf den Hohenhewen und den Hohenkrähen, zwei der markanten Vulkankegel der Hegauberge. Der Hohentwiel bietet die schönste Aussicht über das interessante umliegende Kegelbergland.

versickerung bei Immendingen und Fridingen. Durch Färben des Donauwassers war es im vergangenen Jahrhundert gelungen, die Herkunft des Quellwassers zu bestimmen. Vom Parkplatz südöstlich der Altstadt von Aach führen beschilderte Spazierwege zur Quelle, bei der eine Hinweistafel nähere Informationen bereithält.

17 Hegauberge

Vom Aussichtspunkt Hegaublick aus wirken die Hegauberge besonders interessant. Wie in Reih und Glied stehen sie im Hegaubecken. »Des Herrgotts Kegelspiel« hat ein Heimatkundler die mächtigen Schlotfüllungen einstiger Vulkane zutreffend genannt. Die Ursprünge des einzigartigen Kegelberglandes reichen bis ins Tertiär zurück, als entlang tektonischer Bruchzonen Magma aus der Tiefe an die Erdoberfläche drang. Bis zu 100 m Mächtigkeit erreichten die später zu Tuffen verfestigten vulkanischen Schmelzen und Lockermassen. Wind und Wetter schliffen im Laufe der Zeit Millimeter für Millimeter der weicheren Mantelschichten ab, und so können wir heute die einstigen Schlotfüllungen als markante Kegelberge betrachten oder besteigen. Der Hegaublick liegt an der durch die nahe Autobahn verkehrsarmen B 31, 6 km nordwestlich von Engen.

Wanderung zum Haldenhof bei Sipplingen

Auf der Fahrt vom Hödinger Tobel 15 zum Aachtopf 16 lohnt ein Halt in Sipplingen. Ausgangspunkt ist der gebührenfreie Parkplatz am Landungsplatz; zum Geologischen Lehrpfad und Wanderweg, der in ca. 45 Minuten zum »Haldenhof« führt, weisen Schilder. Wer nicht gern ins Schwitzen gerät, kann den Haldenhof auch im Auto erreichen: in Ludwigshafen rechts ab in Richtung Bonndorf, kurz vor dem Dorf wiederum rechts. Autofahrern sei jedoch empfohlen, sich mit einem Apfelsaft zu begnügen – der Meersburger Weißherbst hat's nämlich in sich! Ob mit oder ohne Wein, genießen können Sie von der Terrasse des Haldenhofs auf jeden Fall den wunderbaren Blick auf den Bodensee mit den weißen Tupfern zahlloser Segelboote und dem Kranz der Schweizer Berge im Hintergrund.

Der Mägdeberg und der Hohenkrähen, zwei Phonolithstöcke des Hegaus.

Vom Haldenhof blickt man auf den Überlinger See mit Sipplingen im Vordergrund. Halblinks im Hintergrund die »Blumen-Insel« Mainau. Von Sipplingen aus kann man mit Zubringerschiffen viele Ziele am Bodensee ansteuern.

Ein Mekka der Blumenfreunde
Vom Wollmatinger Ried ⓳ ist es über Wollmatingen und Litzelstetten nur ein Katzensprung zur Mainau. In einigen Jahrzehnten ist die Insel von einer freundlichen Wildnis mit mehreren subtropischen Pflanzenkulturen zu einem Mekka der Blumenfreunde geworden. Ihr Besitzer, Graf Lennart Bernadotte, ein Sproß des schwedischen Königshauses, hat diese Entwicklung planvoll gefördert. Selbst an die Behinderten hat er gedacht, denen ein besonders gestalteter Teil der Gärten gewidmet ist. Im April, wenn Hyazinthen und Tulpen blühen, setzt ein endloser Besucherstrom ein, bis im Oktober die Dahlien zum Finale erstrahlen. Die sorgsam gehegte Insel mag den meisten der rund zwei Millionen Gäste, die Jahr für Jahr hierherkommen, wie ein Garten Eden erscheinen, aber auch kritische Stimmen werden laut, die von einem »Disneyland im Grünen« sprechen. Ein Informationsbüro (☏ 07531/3030) erteilt Auskunft über die Veranstaltungen und den Fahrplan der Inselbahn.

Eine schöne Tageswanderung führt über den Hegau-Höhenweg. Er beginnt in der vorbildlich restaurierten Altstadt von Engen und führt durch grüne Hügellandschaften über den Hohenhewen (846 m), den Hohenstoffeln (844 m), den Mägdeberg (664 m), den Hohenkrähen (643 m) und den Hohentwiel (686 m) nach Singen. Jeder dieser erloschenen Vulkane bietet eine wunderbare Aussicht, aber die Hegau-Krone gebührt unzweifelhaft dem Hohentwiel. Er bietet nicht nur einen Panoramablick auf den Bodensee und bis zu den Alpen, sondern auch die Möglichkeit, durch eine weitläufige Burgruine zu streifen.
Die Zufahrt zu der gewaltigen Festungsanlage erfolgt von Singen aus über die B 34 in Richtung Schaffhausen. Nach der Bahnschranke zweigt beim Hotel »Wiederhold« rechts eine Straße ab, die sich zum Bergrestaurant hinaufschlängelt. Zum Gipfelplateau ist es dann noch eine halbe Stunde Fußweg, und außer dem historischen Gemäuer kann sich der Naturfreund hier an Liguster- und Schlehensträuchern sowie dem Blick auf Eichen- und Lindenwälder erfreuen.

⓲ Schiener Berg

Der langgestreckte Schiener Berg (708 m) ist das waldreiche Rückgrat der Halbinsel Höri und bildet eine natürliche Barriere zwischen Untersee und Hegau. Die Halbinsel ist ein Wanderparadies, und ihre Beschaulichkeit, ihre anmutige Lage waren für Künstler wie Hermann Hesse, Max Ackermann und Erich Heckel Grund genug, sich hierher zu ungestörter Arbeit zurückzuziehen. Auf dem Schiener Berg gibt es mehrere Aussichtspunkte. Von der Ruine Schrotzburg hat man einen schönen Blick zum Hegau und ins Schweizer Alpenvorland. Fahren Sie von Radolfzell in Richtung Stein am Rhein und nehmen Sie das rechts abzweigende Sträßlein nach Unter- und Ober-Schrotzburg. Von beiden Dörfern aus kann die Ruine bequem auf Schusters Rappen erreicht werden. Einen Einblick in die erdgeschichtliche Vergangenheit des Schiener Bergs gewinnt man im Bodensee-Naturmuseum in Konstanz (Katzgasse 5–7; geöffnet Mai–Okt. Di–Fr 10–17, Sa, So 10–16; Nov.–April Di–Fr 11–17, Sa, So 11–16 Uhr) mit seinen Tier- und Pflanzenfossilien.

Der Untersee umspült die Halbinsel Höri mit dem Schiener Berg, einem von den Eiszeiten herausgearbeiteten Bergstock mit eindrucksvollen Abbruchkanten und Schluchten. Die Uferpartien besitzen einen gartenartigen Charakter.

⓳ Wollmatinger Ried

Ausgedehntere und höhere Schilfwälder als im Wollmatinger Ried gibt es am ganzen Bodensee kein zweites Mal. Auch die Zahl der Vogelarten, die sich in dem 756 ha großen Naturschutzgebiet heimisch fühlen oder überwintern, ist bemerkenswert: Weit über 200 Arten hat der Deutsche Bund für Vogelschutz registriert. Eisvogel, Graureiher, Kolbenente, Uferschnepfe, Schwarzhalstaucher, ja sogar der Seidenreiher und viele andere Arten kommen hier vor. Die sensible Region ist längst nicht mehr frei zugänglich. Touristische Überbeanspruchung würde das Ried gefährden. Besonders empfehlenswert sind jedoch naturkundliche Führungen, die der Naturschutzbund Deutschland ganzjährig anbietet (Auskunft: ☏ 07531/78870). Rüsten Sie sich möglichst mit Gummistiefeln, einem Fernglas und Insektenschutzmittel aus. Von Radolfzell aus fährt man auf der B 33 in Richtung Konstanz und biegt an der Kreuzung zum Reichenauer Damm links ab zum ehemaligen Bahnhof Reichenau, in dem sich das Naturschutzzentrum Wollmatinger Ried befindet. Wer aus Zeitgründen nur einmal über die riesigen Schilfwälder blicken will, biegt schon vorher von der B 33 nach links zur Waldsiedlung Reichenau ab und erreicht bald einen erhöhten Aussichtspunkt.

Das milde Klima des Bodenseeraumes ermöglicht neben Gemüsekulturen vor allem den intensiven Anbau von Obst.

⓴ Marienschlucht

Die Marienschlucht ist schaurig-schön. Bis zu 65 m hohe Wände aus allerdings nicht sehr widerstandsfähigem Sandstein begrenzen den Tobel des Bodanrück, der hier – obwohl sonst nur sanft gewellt – schroff zum Ufer abfällt, so daß der Überlinger See beinahe wie ein Fjord wirkt. Die Entstehungszeit der Marienschlucht wird im Tertiär angesiedelt, als Sand, Schlamm und Kalk sich hier ablagerten.

Von Langenrain kommend, kann man den Parkplatz bei der Ruine Kargegg benutzen. Von der Burgruine gibt es eine herrliche Aussicht auf den See. Wenige Schritte weiter beginnt dann der Weg in die 100 m lange Schlucht, die zum Naturschutzgebiet erklärt wurde. Man muß sich förmlich zwischen den teilweise bewachsenen Wänden hindurchzwängen, und die Sonne dringt nur stellenweise durchs dichte Blattwerk. Auf Holzstegen geht es über den rauschenden Bach, und ab und zu kommt die glitzernde Wasserfläche des Überlinger Sees zum Vorschein.

Im Sommerhalbjahr kann die Marienschlucht auch per Schiff angesteuert werden. Die Weiße Flotte bringt Sie von Überlingen, Bodman und Sipplingen trockenen Fußes hin und zurück (Auskunft: ☏ 07551/5007 oder 4965; die Schiffahrtssaison beginnt Ende Mai und endet Mitte Okt.).

Der Weg durch die enge Marienschlucht ist ein Erlebnis, erfordert aber Geschick auf den hölzernen Treppen.

Blick auf Ludwigshafen mit Bodman im Hintergrund: Die karolingische Pfalz Bodema gab dem ganzen See schließlich den Namen. Andere deutsche Bezeichnungen waren Schwäbisches Meer oder Alemannisches Meer.

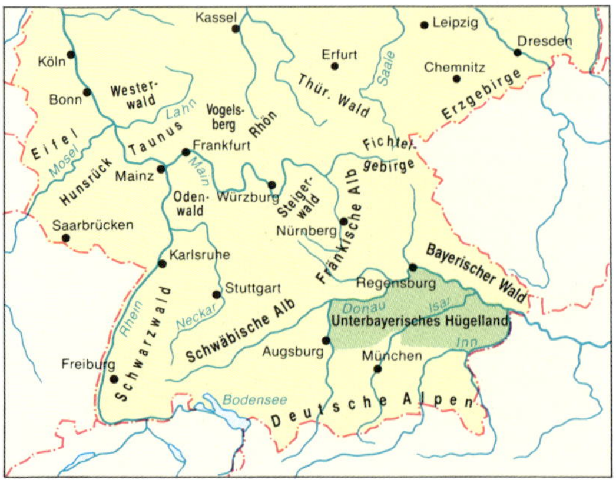

Den Alpen sei Dank: Seit vielen Millionen Jahren sorgen sie für Nachschub – zu Lande, zu Wasser und aus der Luft. Staub, Sand und Schotter aus den Bergen wurden hier in Bayerns buckliger Welt abgelagert. Doch was Seen und Meere, Flüsse und Winde, vielleicht auch eiszeitliche Gletscher hinterlassen haben, ist nicht etwa ein chaotischer Schutthaufen, sondern ein feingegliedertes Landschaftsmosaik: Weite, vermoorte

Flußauen voll seltener Wasservögel wechseln mit reichem Bauernland, wo Hopfen und Malz ihre Heimstatt haben. Das Ganze wird umrahmt von der Donau, die – wie hier zwischen Weltenburg und Kelheim – mal ungestüm durch Felsen bricht, mal als gemächlich breiter Strom dahinfließt.

46 Unterbayerisches Hügelland

Bucklige Welt aus Staub und Schotter

Lage Zwischen dem Lech im Westen und dem Inn im Osten; im Norden von der Donau bzw. der Fränkischen Alb und dem Bayerischen Wald flankiert; im Südwesten durch Glonn und Amper, im Südosten durch die ungefähre Verbindungslinie Taufkirchen–Burghausen begrenzt
Ausdehnung West–Ost ca. 200 km; Nord–Süd 50–80 km
Land Bayern
Höchste Erhebungen Im Nordwesten: Hainberg 552 m bei Neuburg/Donau, Hirschberg 478 m bei Weltenburg; im Südosten: Freiberg 535 m bei Kößlarn, Schellenberg 549 m bei Simbach/Inn, Steinkart 528 m bei Griesbach
Wichtigste Flüsse Donau, Lech, Inn, Salzach, Isar, Amper, Vils, Rott, Paar, Kleine Laber, Große Laber, Ilm, Abens
Landschaftsformen Hügelland mit flachwelligen, sanft geschwungenen Höhenzügen; an den Flüssen ausgedehnte Terrassen
Naturpark Im Nordwesten Teile des Naturparks Altmühltal
Information Landesfremdenverkehrsverband Bayern, Prinzregentenstr. 18, W-8000 München 22, ☏ 089/2123970; Fremdenver-

Ohne Löß nichts los

Das Hochgebirge war gleichermaßen Geburtshelfer und Ziehvater dieser buckligen Landschaft. In Jahrmillionen abgelagerte Kiese, Mergel und Tone wurden durch Gebirgsflüsse wie Isar und Inn und zahlreiche, fein verästelte Nebenflüsse zertalt und wieder abgetragen. Jahresringen gleich zeigen sich die Überreste von Werden und Vergehen als Tertiär-Hügellandschaft. Sie entstand aus dem ersten Verwitterungs- und Abtragungsmaterial, das von den allmählich sich aufwölbenden Alpen herabgespült und im östlichen Molassebecken sedimentiert wurde, das im wesentlichen mit der unterbayerischen Hügellandschaft identisch ist. Zeitweise war das Becken von einem Meer ausgefüllt, zeitweise war es auch versumpft, von tropischen Urwäldern bedeckt und Flüssen durchströmt: Giraffen, Nashörner, Elefanten und Säbelzahntiger lebten einst dort. Ablagerungen aus dem Jurameer bildeten die mächtigen Kalkfelsen, wie sie z. B. beim Donaudurchbruch von Weltenburg 6 sichtbar werden. Heute sind die 10–40 Millionen Jahre alten Alpenkiesel aus dem Molassebecken oft fest verbacken und sehen aus, als hätte man sie mit Zement übergossen – Fachleute bezeichnen das als Konglomerat. Trockene, kalte Winde bliesen während der Eiszeiten eine dünne Schicht von feinem, goldgelbem Lößstaub aus den glazialen Schotterfeldern hervor. Zusammen mit den relativ fruchtbaren Mergelböden bildete er die Grundlage der heutigen ackerbaulichen Nutzung und Weidewirtschaft. Fast so eben wie ein Brett präsentiert sich dagegen im Nordwesten das Donaumoos 4 zwischen Ingolstadt, Neuburg und Schrobenhausen. Ursprünglich das größte Niedermoor Süddeutschlands, wird es heute von schnurgeraden Straßen, systematisch angelegten Dörfern und Wassergräben durchzogen – eine im 18. Jh. »vom Reißbrett« geplante Landschaft. Ortsnamen wie Karlskron oder Karlshuld erinnern an den Initiator der Trockenlegung, den Kurfürsten Karl Theodor.

Wo der Inn seinen guten Namen verliert

Breit und träge fließt die Donau, von den Schottermassen der Alpenflüsse in ihrem Lauf weit nach Norden abgedrängt. Nur selten läßt sich die zahme Flachländerin aus der Reserve locken – vor allem dann, wenn ihr das Felsgerüst der nördlichen Mittelgebirge im Wege steht: in Weltenburg 6 beispielsweise, wo sie die südlichen Ausläufer der Fränkischen Alb durchbricht. Oder in Passau: Da sägt sie beim Neuburger Wald die Flanke des Bayerischen Waldes an. Dort vereinigt sie sich auch mit dem ungestümen Inn – und das nicht gerade zu dessen Vorteil: Der Kraftprotz aus den Alpen führt beim Zusammenfluß zwar mehr Wasser als die Donau, muß aber trotzdem seinen guten Namen hergeben. Gar nicht gut klang der allerdings in den Ohren seiner Anwohner. Inn, vormals Aenus, bedeutete im Keltischen »der Schäumende«. Denn durch die Schneeschmelze in den Hochalpen können im Frühsommer extreme Hochwasser auftreten, bei denen der Wasserstand bis um das Vierfache ansteigt. Deshalb zwang man im vorigen Jahrhundert den Alpenfluß in ein enges Korsett. Erst durch den Bau mehrerer Staustufen konnte in den letzten Jahrzehnten der alte Zustand von Auwäldern und Überschwemmungswiesen wiederhergestellt werden. Selbst Biber, Seeadler und Kampfläufer sind inzwischen am Unteren Inn wieder heimisch geworden.

Grünes Gold im »Schelmenland«

Im Norden die Gerste, im Westen der Hopfen. Vom Dungau oder Gäuboden, der Kornkammer

kehrsverband München-Oberbayern, Sonnenstr. 10, W-8000 München 2, ☏ 089/597347; Fremdenverkehrsverband Ostbayern, Landshuter Str. 13, W-8400 Regensburg, ☏ 0941/560260 oder 57186; Rottal Information, Ringstr. 4–7, Postfach 1257, W-8340 Pfarrkirchen, ☏ 08561/20268

Bayerns rund um Straubing, ist es nicht weit bis zur Hallertau mit ihrem »grünen Gold«. Seit dem 17. Jh. wurde Bier immer mehr zum bayerischen Nationalgetränk, und seit dieser Zeit ist auch die Landschaft um Pfaffenhofen weltberühmt geworden: In Reih und Glied wächst dort der Hopfen an Gestellen aus Holz und Draht. Seine Bitterstoffe verleihen dem

Route 1
Donaumoos und Hallertau
Die ca. 280 km lange Rundfahrt führt über Berg und Tal immer wieder an die Donau zurück. Zunächst erkunden wir den Südrand der trockenen Frankenalb und fahren dann hinab ins feuchte Donaumoos ❹. Durch das Hopfenland der Hallertau geht es anschließend zum landschaftlichen Höhepunkt dieser Tour, dem berühmten Donaudurchbruch ❻ bei Weltenburg.
Streckenverlauf:
Von der A 9 Ausfahrt Ingolstadt-Nord über die B 13 und die B 16 bis kurz vor Neuburg a. d. Donau, dann rechts ab in Richtung Eichstätt, nach 1 km links über Bergen nach Hütting ❶; links weiter über Mauern nach Rennertshofen und dort rechts ab nach Trugenhofen ❷; talaufwärts nach Daiting, dort links nach Buchdorf und wieder links nach Hafenreut, weiter nach Leitheim und nochmals links über Marxheim nach Bertoldsheim ❸; von dort rechts über die Donau nach Burgheim, im Ort erst links, dann aber gleich wieder rechts über Ortlfing, Dezenacker und St. Wolfgang nach Hollenbach und weiter über Dinkelshausen nach Ludwigsmoos im Donaumoos ❹; anschließend geradeaus über Langenmosen nach Schrobenhausen, dann in Richtung Pfaffenhofen über Strobenried und Euernbach nach Scheyern, von dort über Ilmmünster auf die B 13, auf dieser rechts bis Hohenkammer, dort links nach Allershausen, im Ort links nach Kirchdorf und weiter in die Amperaue bei Palzing ❺; dann nach Zolling und auf der »Deutschen Hopfenstraße«, der B 301, links über Mainburg zur B 16 bei Abensberg, rechts in Richtung Regensburg, bei Saal links ab nach Kelheim und bei der Donaubrücke wieder links nach Weltenburg ❻; von dort weiter über Straubing nach Eining und links ab zur Sandharlandener Heide ❼; zurück nach Eining und links über Bad Gögging nach Neustadt, von dort auf der B 299 in Richtung Landshut bis zur Kreuzung mit der B 16, dort rechts in Richtung Ingolstadt durch den Dürnbucher Forst ❽; weiter auf der B 16 bis zur Abzweigung links in Richtung Geisenfeld zur Nöttinger Viehweide ❾; wieder zurück auf die B 16, dort links bis kurz vor Manching, rechts und nochmals rechts auf der Landstraße nach Großmehring ❿; über die B 16a geht es dann zum Ausgangspunkt, der Auffahrt Ingolstadt-Nord an der A 9, zurück.
Zwischen Landshut und Donauwörth gibt es zwar viel Landschaft, aber wenig Fremdenverkehr. Eine Ausnahme bildet das Heilbad Bad Gögging an der Donau. Für Übernachtungen bieten sich Orte wie Neuburg, Kelheim und Freising an.

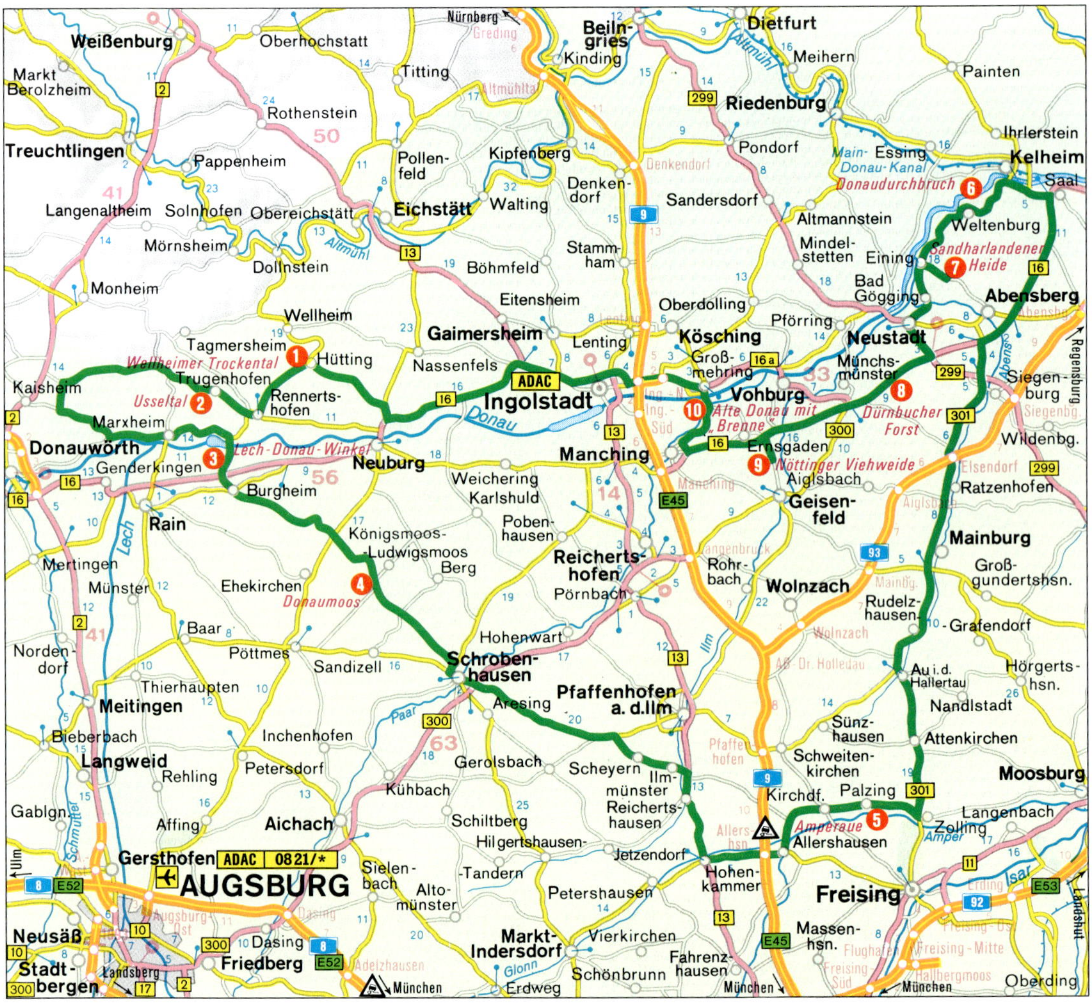

Gerstensaft erst das Aroma. Doch bevor das »grüne Gold« in die Hallertau oder Holledau kam, war die ärmliche »Au am abgelegenen finsteren Wald« – so die ursprüngliche Bedeutung des Namens – ein beliebtes Versteck von Gaunern und Dieben. Dies brachte der Hallertau den Schimpfnamen »Schelmenland« ein, und die Anrede »du Hallertauer« war keinesfalls eine Ehrenbezeichnung. Der Aufschwung kam erst mit dem Hopfen, von dessen Preisschwankungen heute Wohl und Wehe einer ganzen Region abhängen.

Felsen mit so phantasievollen Namen wie »Napoleons Reisekoffer« oder »Rieseneidechse« locken Kletterer zum Donaudurchbruch bei Weltenburg.

Route 1 Donaumoos und Hallertau

Im Schelmenland

1 Wellheimer Trockental

Mächtige Kalkfelsen sind beim Dorf Hütting zu sehen, umrahmt von Buchenwäldern, Wacholderheiden und blütenreichen Magerrasen, dazu Gleit- und Prallhänge, wie ein Fluß sie formt, und Geröll, das aus den Alpen stammt. Doch der Strom, der all dies geschaffen hat, ist verschwunden. Wo vor Jahrtausenden noch die Donau floß, ist der Talboden heute trockengefallen. In feuchteren Mulden findet man Wiesen, ansonsten wird im Wellheimer Trockental hauptsächlich Ackerbau betrieben. Jetzt strömt die Donau über Ingolstadt und Regensburg direkt nach Osten. Sie erspart sich dabei 40 Stromkilometer, denn der Schlenker nach Norden über Wellheim und das heutige Altmühltal war ein Umweg. Schuld an der Flußverlegung ist die fortlaufende Hebung der Fränkischen Alb. Wie ein Pult wird sie seit der Tertiärzeit im Westen und Nordwesten angehoben und kippt dabei zugleich im Südosten nach unten – Grund genug für die Donau, sich einen neuen, kürzeren Weg zu suchen. Naturfreunde sollten im Urdonautal unbedingt die »Weinberghöhlen« bei Mauern besichtigen. Die ehemaligen Wohnstätten der Neandertaler erreicht man, wenn man in Mauern rechts in die Römerstraße abbiegt und durch den Ort fährt. Dabei überquert man die Bahnlinie der Museumseisenbahn, mit der man heute durch das Trockental fahren kann (Mai bis Sept., Fahrplaninformation ☏ 0841/66380). Hinter den Bahngleisen befindet sich ein Parkplatz am Rand des Naturschutzgebiets. Auf einer Steintreppe steigt man in wenigen Minuten zu den Höhlen empor. Von oben bietet sich ein schöner Ausblick auf Mauern und das stille, unter Landschaftsschutz stehende Trockental.

Im September beginnt in der Hallertau die Hopfenernte. Dabei werden die ganzen Hopfenranken von den bis zu 8 m hohen Drahtgestellen entfernt.

Stetig sinkt das Donaumoos
Mit großen Hoffnungen zogen sie ins »Moos«, die Kolonisten, die 1790 vom bayerischen Kurfürsten Karl Theodor angeworben wurden. Doch die Donaumoos-Trockenlegung brachte ganzen Generationen von »Donaumöslern« ein Leben in bitterer Armut. Erst die Landwirtschaft des 20. Jh. ermöglichte Erträge, die sich mit dem fruchtbaren Umland messen können. Die späten Erfolge erwiesen sich jedoch als ökologischer Bumerang: Die durch Wasserentzug bedingte Mineralisierung zersetzt zunehmend den Moorkörper, und schwere Maschinen pressen den Torf zusammen. Heute sinkt das Moor jährlich etwa um 1 cm und droht erneut zu vernässen, was auch die Landwirtschaft wieder beeinträchtigt. In Ludwigsmoos ❹ kann man beobachten, wie tief das Moor bereits gesunken ist: Im 18. Jh. wurde dort am Straßenrand ein Holzpfahl oberflächenbündig eingerammt, mittlerweile ragt er fast 3 m aus dem Boden. Der Pfahl befindet sich in einem Vorgarten am nördlichen Ortsende von Ludwigsmoos.

❷ Usseltal
Still und wenig besucht zieht sich das Usseltal von der Donau in die südlichen Ausläufer der Frankenalb. Reizvoll schlängelt sich die Ussel durch Gehölzauen und saftiggrüne Auenwiesen – sie mäandriert, wie die Fachleute sagen. An den Südhängen grasen noch Schafe, denen die kurzgefressenen Rasen ihre Pflanzenwelt verdanken. Schafe mögen keine Dornen, deshalb bleiben hier die Silberdisteln verschont, deren Blüten im Sommer die Hänge bedecken. Ein besonders schöner Spaziergang entlang der Ussel beginnt westlich von Trugenhofen. Im Ort läßt man das Auto stehen, geht 500 m die Talstraße entlang, um dann links auf einem Steg die Ussel zu überqueren. Am Waldrand folgt man dem Flüßchen ein Stück talaufwärts.

❸ Lech-Donau-Winkel
Vergessen Sie nicht Ihr Fernglas: Wo der Lech in die Donau mündet, ist ein Vogelparadies und Feuchtgebiet von internationaler Bedeutung entstanden (s.a. S. 762). Seltene Brutvögel wie Rohrweihe, Drosselrohrsänger, Bekassine und Pirol haben dort eine Heimat gefunden. Ihr empfindliches Reich sollte man nicht betreten, zumal die Vögel von den Dämmen der beiden Stauseen bei Feldheim und Bertoldsheim aus gut beobachtet werden können. Leicht ist die aufgestaute Donau bei Bertoldsheim zu erreichen. Im Ort biegt man rechts in Richtung Burgheim ab, überquert die Donau und parkt gleich hinter der Brücke. Von dort hat man einen reizvollen Überblick über den Stausee, um den sich naturbelassenes Röhricht und Weichholzauen immer weiter ausdehnen. Im Winterhalbjahr tauchen hier zahlreiche Zugvögel als Gäste auf. Über 10 000 hat man zwischen Donau und Lech schon an einem Tag gezählt. Neben den hübschen Reiherenten gehören auch Zwergtaucher und Gänsesäger zu den hier vorkommenden Gästen.

❹ Donaumoos bei Pöttmes
Das ursprünglich 20 km lange und bis zu 10 km breite Niedermoor ist heute in großen Teilen eine aufgeräumte Agrarlandschaft. Bei seiner Entstehung wirkte die Donau tatkräftig mit. Der Strom wälzte in der letzten Eiszeit so viel Schotter und Sand heran, daß die Bäche in der ganzen Gegend nicht mehr abfließen konnten. Sie überschwemmten Mulden und Senken und bildeten Tümpel, die sich allmählich mit abgestorbenen Pflanzenteilen füllten. Das organische Material wurde im

Wenn das Sonnenlicht im Frühjahr durch die noch wenig belaubten Donau-Auwälder strahlt, entwickelt sich auf den Altwässern rasch ein dichter Algenteppich. Diese sogenannte Algenblüte ist bis zum Sommer wieder verschwunden.

Wasser konserviert, und in Jahrtausenden bildeten sich Niedermoortorfe von bis zu 10 m Mächtigkeit. Das Donaumoos wird heute insbesondere für den Kartoffelanbau genutzt. Vor allem am Südwestrand hat das Moos aber noch seinen ursprünglichen Charakter bewahrt. In den feuchten Wiesen zwischen Pöttmes und Langenmosen hat der Große Brachvogel sein wichtigstes südbayerisches Brutrevier. Unverwechselbar ist sein Balztrillern im Frühjahr. Auf frisch gemähten Wiesen kann man den Watvogel mit dem langen Bogenschnabel am besten beobachten.

5 Amperaue bei Palzing

Während der letzten Eiszeit flossen hier große Schmelzwassermassen. Heute schlängelt sich nur noch ein verhältnismäßig kleiner Fluß durch das 2 km breite Tal bei Palzing: die Amper, begleitet von Altwässern, Schilfgürteln und Feuchtwiesen. Großer Brachvogel, Kiebitz und Bekassine brüten hier; im Auwald ist der Biber zu Hause. Das 66 ha große Naturschutzgebiet ist ein wichtiges Brut- und Nahrungsrevier für Wasser-, Sumpf- und Wiesenvögel und darf vom 15. März bis zum 15. August nicht betreten werden. Um einen Eindruck von dieser feuchten Welt zu bekommen, ist das aber auch gar nicht notwendig. Denn von der leicht erhöht gelegenen Straße zwischen Kirchdorf und Zolling aus kann man mit einem Fernglas die Vögel der Amperaue ohnehin am besten beobachten. Der Biber haust in einem Auwaldrest am östlichen Ende des Schutzgebiets. Für das leibliche Wohl sorgt dagegen ein anderes »Feuchtgebiet«, östlich von Zolling in Haag: Dort lädt die »Schloßallee« zur Einkehr ein, ein besonders uriger und schön gelegener Biergarten.

6 Donaudurchbruch

Hier hatte die Donau kein leichtes Spiel: Brav ließ sie sich von ungestümen Gebirgsflüssen nach Norden abdrängen, doch bei Weltenburg stieß sie dann auf harten Jurakalk, der unter einer Schotterdecke zum Vorschein kam. Auf einer Länge von 5 km hat sich die Donau zwischen Weltenburg und Kelheim einen Weg durch die Felsen gebrochen und dadurch eine der eindrucksvollsten deutschen Flußlandschaften entstehen lassen: Gleich hinter dem Kloster Weltenburg ragen an beiden Ufern senkrechte, fast 100 m hohe Felswände aus dem Wasser. Die Donau ist hier nur noch etwa 70 m breit und 7 m tief. Auf den Klippen wachsen seltene, wärmeliebende Pflanzen, die ihr Hauptverbreitungsgebiet im südöstlichen Europa haben. Wer über gutes Schuhwerk verfügt und sich

<u>Vom »Lehrberg« zum »Nährberg«</u>
Zwei Hügel stehen in der alten Bischofsstadt Freising (bei 5). Auf dem »Lehrberg« mit Dom und Seminargebäuden wurde schon vor 1200 Jahren studiert und gelehrt. Heute hat sich die Lehre allerdings zum großen Teil auf den »Nährberg« verlagert. Dort haben die Benediktiner von Weihenstephan seit Jahrhunderten Bier gebraut und sich und das gemeine Volk mit Gerstensaft genährt. Neben der wahrscheinlich ältesten Brauerei der Welt, heute Bayerische Staatsbrauerei, befindet sich auf dem einstigen Klosterhügel die »Grüne Universität Weihenstephan«: Hier werden Gärtner, Landwirte, Forstleute und Bierbrauer in Theorie und Praxis ausgebildet. In einem öffentlich zugänglichen »Sichtungsgarten« können sich Besucher über die praktische Seite des Unterrichts informieren (geöffnet April bis Okt. Mo–Fr 8–18, Sa, So Fei 9–18, bei guter Witterung Nov.–März werktags 8–16 Uhr).

Besonders eindrucksvoll wirken die mächtigen Felswände des Donaudurchbruchs vom Wasser aus. Ausflugsschiffe befahren im Zeitraum 1. April bis 31. Oktober mehrmals täglich die reizvolle Strecke Kloster Weltenburg – Kelheim.

Die vom Aussterben bedrohten Blaukehlchen kommen fast nur noch in naturnahen Feuchtgebieten wie beispielsweise an der Alten Donau vor.

das Naturschauspiel auch von oben ansehen möchte, kann in Weltenburg mit dem Auto auf der Donaufähre nach Stausacker übersetzen. Dort fährt man rechts etwa 500 m auf einem steilen Sträßchen bergauf und kommt dann wieder rechts zu einem markierten Fußweg, der in etwa 30 Minuten auf teilweise steiler Strecke zur Aussichtskanzel »Lange Wand« führt. Von dort genießt man einen wunderbaren Ausblick auf die tief unten dahinfließende Donau. Hin und wieder biegt ein weißes Ausflugsschiff um die nächste Flußwindung (mehrmals tägl. zwischen Weltenburg und Kelheim, Fahrplaninformation ☏ 094 41/3201). Auch beim Kloster kann man sich mit dem Boot (ohne Auto) auf das andere Ufer übersetzen lassen und von dort aus zur »Langen Wand« hinaufwandern.

7 Sandharlandener Heide

Wie trickreich Orchideen die Insekten anlocken, kann man auf der Sandharlandener Heide beobachten: Hier wachsen zahlreiche Ragwurz-Arten, die mit ihren Blüten die Körper von Fliegen, Hummeln und Bienen treffend nachahmen. Die 11 ha große ehemalige Schafweide ist sehr empfindlich und sollte daher nicht betreten werden. Wer das Naturschutzgebiet mit seiner welligen Landschaft und den einzelnstehenden Kiefern und Wacholderbüschen trotzdem kennenlernen will, kann auf einem markierten Wanderweg (gelber Pfeil) die Heide umrunden.
An der Straße zwischen Eining und Sandharlanden weist ein Holzschild links zur Heide. Man fährt etwa 150 m auf einem Feldweg und parkt dann direkt vor dem Schild »Naturschutzgebiet«.

8 Dürnbucher Forst

Von der Handschrift des Windes ist die Landschaft im Dürnbucher Forst gezeichnet: Wie ein erstarrtes Meer ziehen sich Flugsanddünen durch schütteren Kiefernwald. Dann wieder sind die Dünenberge von einem dichten Flechtenteppich bedeckt und so unfruchtbar, daß bis heute der Wald nicht Fuß fassen konnte. Wo nackter Sand zutage tritt, herrscht ein reiches Insektenleben. So schleppen Grabwespen hier Raupen und Insekten heran, die sie mit einem Giftstich gelähmt haben, um sie als Nahrungsvorräte für ihre Larven im Flugsand zu begraben. Die Sande wurden gegen Ende der letzten Eiszeit angeweht. Damals herrschte ein trockenes, kaltes Klima, und den Westwinden fiel es nicht schwer, Schwemmsand der Donau in den heutigen Dürnbucher Forst zu verfrachten und hier zu Wanderdünen aufzutürmen. Die Weite dieser 100 km^2 großen Dünen-

Grasheiden wie die Sandharlandener Heide werden in der Fachsprache Halbtrockenrasen genannt. Echte Trockenrasen entwickeln sich ohne menschliches Zutun, während dieser durch Schafbeweidung entstanden ist.

landschaft kann man sowohl bei Wanderungen als auch auf einer kleinen Rundfahrt erleben. Von Neustadt kommend, biegt man vor Mühlhausen rechts ab auf die B 16 und fährt über Geibenstetten auf einer 10 km langen Sandpiste durch den Wald. Man stößt auf die Straße Umbertshausen–Elsendorf und fährt links in Richtung Elsendorf bis zur B 301, auf die man links einbiegt. Kurz vor Siegenburg branden die Dünen direkt an die Bundesstraße. Wer Lust hat, kann hier noch weiterfahren und den Niederbayerischen Vogelpark an der B 16 bei Abensberg besuchen (geöffnet April–Okt. tägl. 10–17 Uhr). Zurück nach Mühlhausen kommt man auf der B 299 oder bei Abensberg auf der B 16.

Feuchte Wiesen mit Büschen und Schilf wie an der Alten Donau sind das bevorzugte Brutgebiet des Braunkehlchens.

9 Nöttinger Viehweide

Seit dem Mittelalter trieben die Bauern ihr Vieh in den Laubmischwald zwischen Geisenfeld und Vohburg. Heute ist die Nöttinger Viehweide ein 150 ha großes Naturschutzgebiet mit uralten Baumriesen, zwischen denen Heidekraut, Borstgras und Wacholderbüsche wachsen. Die freistehenden knorrigen Eichen, bizarr gewachsenen Föhren und schlanken Birken sind unverwechselbare Baumpersönlichkeiten, die ohne forstliche Nutzung in Würde sterben dürfen. Im Norden geht der ehemalige Hutewald allmählich in einen feuchteren Auwald, das »Badertaferl«, über. Das Naturschutzgebiet erreicht man, wenn man von der B 16 nach Geisenfeld-Nötting abbiegt. 1 km vor Nötting fährt man rechts auf einen Feldweg, der nach 100 m zu einem Parkplatz führt. Dort beginnt ein 3,5 km langer Rundwanderweg (Hinweistafel). Während der Märzenbecher-Blüte vom 15. Februar bis zum 30. April dürfen die Wege nicht verlassen werden, aber auch in der übrigen Zeit sollte man zum Schutz der Natur auf den Wegen bleiben.

10 Alte Donau mit Brenne

Als »Brenne« wird von Fachleuten eine Landschaftsform bezeichnet, die im Alpenvorland häufig vorkommt. Hier haben die Flüsse viel Kies mitgebracht und teilweise ganze Täler damit zugedeckt. Wo besonders viel Kies liegt, versickert das Wasser sehr schnell: Dort können nur Pflanzen überleben, die Trockenheit vertragen. Zwischen Großmehring und Manching liegt eine der bedeutendsten Brennen Deutschlands: ein

In den Dünen des Dürnbucher Forstes braucht man feste Schuhe – der feine Sand dringt durch alle Ritzen.

Uralte Baumriesen mit bizarren Formen prägen das Bild der Nöttinger Viehweide bei Geisenfeld-Nötting.

dünner, orchideenreicher Rasen mit Schneeheide, Sanddornbüschen und vereinzelten Kiefern. Die Brenne befindet sich nordwestlich der »Alten Donau«, einer ausgedehnten Flußschlinge, die vom Hauptstrom abgetrennt wurde. Dort, wo statt Kies Auenlehm den Untergrund bildet, ist es gleich feuchter: Im Süden und Westen des Altwassers wächst dichter Auwald, in dem u. a. Braun- und Blaukehlchen brüten. Die seit 1987 unter Naturschutz stehende Auenlandschaft erreicht man von Manching aus, wenn man in Richtung Großmehring fährt und den Wagen kurz vor der Donaubrücke am Straßenrand abstellt. Dort wandert man links in

Route 2
An Inn und Salzach

Die ca. 220 km lange Strecke durchs hügelige Ostniederbayern steht ganz im Zeichen der Flüsse, die diese Landschaft durchfließen. Von den waldreichen südlichen Ausläufern des Bayerischen Waldes kommt man in ein riesiges Vogelparadies. Die breite Schotterebene des Inns mit zahlreichen Stauseen, Auwaldresten und dichten Röhrichtgürteln ist noch eine sehr urwüchsige Landschaft.
Streckenverlauf:
Von der A 3 Ausfahrt Passau-Mitte in die Dreiflüssestadt Passau ⓫; von dort auf der B 12 nach Süden Richtung Pocking über Neuburg nach Vornbach ⓬; weiter auf der B 12 bis kurz vor Pocking, an der Abzweigung rechts auf die B 388 in Richtung Pfarrkirchen bis Schwaim, dort rechts über Griesbach in Richtung Ortenburg, 4 km hinter Griesbach links ab zum Steinkart ⓭; weiter zum Weiler Freiling und nach Unteruttlau, dort links ab über Schnellertsham, Weng und Bayerbach nach Kößlarn, dann links nach Rotthalmünster, im Ort zunächst rechts und am Ortsende links ab nach Schambach und weiter bis zum Inn nach Aigen ⓮; von Aigen ein Stück zurück auf die B 12, dort links in Richtung Simbach am Inn bis nach Ering ⓯; weiter auf der B 12 nach Simbach und von dort über Kirchdorf nach Marktl, auf der B 20 über die Innbrücke und kurz danach links ab nach Haiming ⓰; wieder zurück auf die B 20 und über Marktl und Eggenfelden nach Landau, dort links ab nach Usterling ⓱. Zurück nach Landau auf die B 20 und weiter in Richtung Straubing bis Ganacker, dort rechts über die B 11 auf die A 92 bis zur Ausfahrt Plattling-West; von dort auf der B 8 nach Plattling und weiter über Osterhofen und Vilshofen zurück nach Passau und zur A 3. Wem die Rückfahrt durch die verträumte Hügellandschaft über Landau a. d. Isar ⓱ zu weit ist, der kann auch von Haiming ⓰ über Burghausen auf der österreichischen Seite des Inns nach Passau zurückkehren.
Außerhalb des Dreiecks Bad Füssing, Griesbach und Bad Birnbach ist Niederbayern noch wenig für den Fremdenverkehr erschlossen. Mit Hotels verschiedener Kategorien bieten sich Passau, Burghausen und Landau a. d. Isar für Übernachtungen an.

westlicher Richtung auf einem Damm in das 230 ha große Naturschutzgebiet und kommt in etwa 45 Minuten zur Brenne. Die Wege dürfen in dem Schutzgebiet nicht verlassen werden.

Route 2 An Inn und Salzach

Ein riesiges Vogelparadies

⓫ Dreiflüssestadt Passau

Graubraun ist das Wasser der Donau, grünlichblau leuchtet der Inn, moorigschwarz schimmert die kleine Ilz. Die Donau aus dem Flachland führt viele Schwebstoffe aus dem lößreichen Hügelland mit sich, der Alpenstrom verdankt seine Farbe dem gelösten Kalk, und das Flüßchen aus dem Bayerischen Wald spült viel dunklen Waldhumus heran. Die Geschicke Passaus (s. a. S. 651) sind eng mit den drei Flüssen verknüpft. Während Donau und Ilz schon im Frühjahr Hochwasser führen, erreichen die Gletscherfluten des Inns die Dreiflüssestadt erst später, wenn in den Alpen der Schnee schmilzt. Aus geologischer Sicht gehört Passau noch zum Mittelgebirge, alle drei Flüsse brechen hier durch Gneisfelsen. Die Donau sägt sich bereits ab Vilshofen durch das Grundgebirge – rund 20 km lang ist die Felsenstrecke, die man auf bayerisch die »Kachlet« nennt. Der Sage nach soll dort der Teufel »g'hachelte« (gehäckselte) Steine in den Fluß geworfen haben: Zahlreiche Klippen machten einst bei Niedrigwasser die Schiffahrt unmöglich. Seit 1928 wird deshalb die Donau 3 km vor Passau aufgestaut. Der Inn, ein Kraftprotz aus dem Engadin, kann es in der Dreiflüssestadt locker mit der Donau aufnehmen. 510 km hat er bis Passau zurückgelegt – nur 90 km weniger als die

Kormorane lassen ihr Gefieder an der Sonne trocknen, nachdem sie unter Wasser auf Fischjagd waren.

Ein seltenes Naturschauspiel wird dem Besucher in Passau geboten: Hier fließen Donau, Inn und Ilz zusammen. Um es vom Wasser aus beobachten zu können, empfiehlt sich eine Dreiflüsse-Rundfahrt (Abfahrt an der Fritz-Schäffer-Promenade).

Im Steinkart kann man häufig den Schwarzspecht beobachten. Er ist mit rund 45 cm der größte Specht Europas.

Vom Nikolaus und heißen Quellen
Außer Kies und Wald hatte die Landschaft zwischen Inn, Rott und Vils lange Zeit nicht viel zu bieten. Spätestens seit dem 6. Dezember 1973 ist das vorbei: In Griesbach (zwischen ⑫ und ⑬) wurde mit 60 °C eine der heißesten Thermalquellen Bayerns erbohrt. Ein schönes Nikolausgeschenk, denn seither kommen die Badegäste zu Tausenden ins alte Bauernland. Neben leichtem Chlorgeruch umgibt heute ein Hauch von Exklusivität die heißen Quellen in Griesbach. Wer es dagegen ländlich-rustikaler liebt, kann im nahen Bad Birnbach kuren. Dort hat man ebenfalls 1973 in 1618 m Tiefe eine Thermalquelle erbohrt. Die dritte Therme im jungen niederbayerischen Bäderdreieck liegt fast schon am Inn: In Bad Füssing sprudeln aus den Schottern des Alpenflusses schwefelhaltige Mineralwässer (Informationen: Heil- und Thermalbäder in Niederbayern, Rathausstr. 6, W-8397 Bad Füssing, ☏ 08531/226221).

Dame, mit der er sich hier einläßt. Weil der Inn aber seine Fluten zum größten Teil in den Alpen einsammelt, führt er oft mehr Wasser als die Donau. Auch der Inn hat sich bis Passau 12 km weit durchs Grundgebirge (bei Vornbach ⑫) gezwängt. Zuvor schon wird er etwa alle 10 km von insgesamt fünf Flußkraftwerken zur Stromerzeugung genutzt. 4,5 Milliarden Kilowattstunden liefern die Turbinen im Jahr.
Den besten Blick auf den Zusammenfluß von Donau, Ilz und Inn hat man in Passau von der Veste Oberhaus. Von der Stadtmitte folgt man den Wegweisern zur Veste über die Schanzlbrücke (Donau). Unterhalb der Burg gibt es Parkplätze. Eine großartige Aussicht bietet sich auch beim Kloster Mariahilf im Südosten der Stadt. Von der Altstadt aus sollte man außerdem einen Spaziergang zum Dreiflüsseeck an der Spitze der Landzunge nicht versäumen. Dort kann man den Zusammenfluß von Donau, Inn und Ilz aus der Nähe erleben.

⑫ Vornbacher Enge

Ab Vornbach verläßt der Inn seine breite Schotterebene und bahnt sich einen engen, 12 km langen Weg zur Donau. Zunächst schneidet sich der Fluß 2 km weit durch eine harte Granitbarriere, anschließend stößt er auf weicheren Gneis. Vom Parkplatz bei der Klosterkirche Vornbach folgt man dem Weg flußabwärts, der bald durch schönen Mischwald führt. Nach etwa 20 Minuten kommt man an einem Klettergarten des Alpenvereins vorbei, wo man den Kletterern beim Üben an einer Granitwand zuschauen kann. Die Strömung des in steile Uferwände eingezwängten Inns bricht sich nun rauschend an strauchbewachsenen Felsinseln. Wer will, kann von hier sogar in etwa vier Stunden auf einsamem Pfad durch die eindrucksvolle Schlucht bis nach Passau wandern.

Am Inn bei Aigen hat der Graureiher sein Jagdrevier. Außer Fischen stehen auch Mäuse und Maulwürfe auf seinem Speisezettel.

13 Steinkart

Bizarr geformte Felsgebilde prägen den Steinkart, den Höhenrücken zwischen Vils- und Rottal. Manche von ihnen sind mehrere Meter hoch, und mit etwas Phantasie kann man in ihnen eine Tiergestalt oder ein Fabelwesen erkennen. Über ihre Entstehung gibt es keine gesicherte Erkenntnis. Fest steht aber: Es sind Quarzgerölle, die vor rund 10 Millionen Jahren von den Alpen hierher ins Molassebecken gespült wurden. Die Gerölle wurden später zu einer 3 m dicken Konglomeratschicht verbacken – ein natürlicher Beton. Die Felsgebilde, darunter das wie ein Pilz geformte »Steinschwammerl«, finden Sie, wenn Sie von Griesbach nach Ortenburg fahren und etwa 4 km hinter Griesbach links nach Freiling abbiegen. Nach etwa 1 km sehen Sie am Straßenrand das Hinweisschild »Steinschwammerl«. Die Felsen glitzern quarzhell, manche sind aber auch durch Eisengehalt rötlich verfärbt oder wirken wie geschliffen. Nach 150 m auf dem Waldsträßchen nach Freiling zweigt links ein markierter Wanderweg ab. In wenigen Minuten kommen Sie zu einem schönen Buchenwald, wo man häufig Schwarzspechte beobachten kann. Der Waldboden ist dort von Kratern übersät, die wie Bombentrichter aussehen. Es sind aber eingestürzte Erzabbauschächte, von denen man in den Wäldern auf dem Steinkart noch rund 3000 findet. Von der Keltenzeit bis ins frühe Mittelalter wurde hier Eisenerz abgebaut.
Wer die Schönheit des Waldes genießen will, findet im Steinkart gut markierte Wanderwege, auf denen man teilweise aber auch beträchtliche Höhenunterschiede bewältigen muß.

14 Innstausee bei Aigen

Es klingt wie ein kräftiges, schnelles Meckern und erinnert fast an ein Gelächter, wenn der Seefrosch zu quaken beginnt. Die größte einheimische Froschart, die immerhin fast 400 g auf die Waage bringt, vertilgt sogar Fische, Vögel und Mäuse. Selbst Artverwandte stehen auf dem Speisezettel: ein Grund wahrscheinlich, warum am Inn bei Aigen außer Seefröschen fast keine anderen Amphibien mehr siedeln. Zahlreich sind jedoch die Vogelarten hier am Innstausee. Vom Innleitdamm können Sie mit dem Fernglas Grau- und Silberreiher oder Kormorane beobachten, die auf angeschwemmten Baumstämmen ihre Flügel zum Trocknen ausbreiten. Mit etwas Glück entdecken Sie auch eine Wasserralle oder ein Tüpfelsumpfhuhn im Röhricht. In Aigen ist die Straße zum Inn ausgeschildert. Dort steigen Sie zum Damm empor und folgen diesem flußabwärts nach links. Nach wenigen Minuten eröffnet sich ein Ausblick auf das Überschwemmungsgebiet mit seiner artenreichen Flora und Fauna.

Zwei Seiten hat der Inn

Wenn Sie sich auf der bayerischen Seite noch nicht an den Reizen des Inns satt sehen konnten, dann fahren Sie doch von Haiming 16 weiter nach Burghausen und dort einfach über die Grenze nach Oberösterreich. Flußabwärts, an der Straße nach Braunau, wartet das Ufer des Innviertels mit dem spektakulären »Inn-Salzach-Blick« auf (ausgeschildert, Parkplatz). Sie stehen am Steilufer und blicken auf eine Deltalandschaft, die eher an Kanada als ans Alpenvorland erinnert: Das Mündungsdelta der Salzach hat sich hier zu einem urwüchsigen Naturparadies entwickelt. Wenn Sie weiter über Braunau in Richtung Ried fahren, dann biegen Sie in St. Peter links ab und fahren geradeaus bis zum Inn. Auf einer 2 km langen Landzunge ragt Schloß Hagenau (Parkplatz) in den aufgestauten Fluß. In der durch die Landzunge strömungsgeschützten, inselreichen Bucht können Sie Rohrweihen bei ihrer aufregenden Jagd beobachten. In Steilwänden nisten Eisvögel, die wie azurblaue Pfeile am Damm entlangflitzen. Letzter Höhepunkt der östlichen Innseite ist der Uferdamm von Kirchdorf, direkt gegenüber von Aigen 14. An seltenen Entenarten wie Knäk-, Pfeif-, Kolben- und Spießenten herrscht dort kein Mangel. Nach Kirchdorf fahren Sie von Hagenau über Mining. Der Weg zum Vogelreservat ist im Ort beschildert.

Zwischen Aigen und Ering ist der Inn ein gebändigter Fluß; das begradigte Flußbett (Bildmitte) hatte sich immer mehr eingetieft, weitverästelte Altwässer fielen trocken. Erst durch den Bau von Staustufen wurde dieser Prozeß gestoppt.

Bruder Biber war begehrt
Die Indianer Nordamerikas bezeichnen ihn als »kleinen Bruder«, denn der Biber baut Dämme und fällt Bäume – und gestaltet damit aktiv die Landschaft, ähnlich wie der Mensch. In Bayern war der Biber über 100 Jahre lang ausgerottet, denn sein Pelz und Fleisch waren hochbegehrt. Wegen seiner Lebensweise im Wasser und seines schuppenartigen Schwanzes galt das Säugetier als fischähnlich und durfte somit auch an Fastentagen gegessen werden. Als Arznei beliebt war außerdem das sogenannte »Bibergeil« – eine Drüsenflüssigkeit, die der Biber aus zwei Duftdrüsen am After absondert. »Bibergeil« war gewissermaßen die »Kopfschmerztablette« unserer Ahnen; man hat herausgefunden, daß Biber Salicylsäure ausscheiden – ein heute noch in der pharmazeutischen Industrie verwendeter Stoff. In den sechziger Jahren leistete dann der Bund Naturschutz in Bayern Pionierarbeit, als er den Biber an Inn und Salzach 16 wieder einbürgerte.

15 Staustufe bei Ering

Bei der Staustufe Ering beginnt ein Feuchtgebiet internationaler Bedeutung und gleichzeitig grenzüberschreitendes »Europareservat«, das sich über 790 ha flußaufwärts bis zum Zusammenfluß von Salzach und Inn erstreckt. Internationale Bedeutung hat das Schutzgebiet sicherlich für die Zugvögel. Wenigstens 250000 Gäste aus Skandinavien, Nordsibirien und Osteuropa rasten hier im Herbst auf ihrer Reise in den Süden. Und im Frühjahr geht es in die umgekehrte Richtung. Zu den Raritäten zählen Kolbenente, Nachtreiher, Weißflügelseeschwalbe und der schneeweiße Seidenreiher. Das Betreten des Schutzgebiets ist genauso verboten wie das Bootfahren auf dem gestauten Inn. Aber man kann auf dem Innleitdamm vom Parkplatz bei der Staustufe Ering flußaufwärts wandern. Der Damm, obwohl von Menschenhand gebaut, hat sich zu einem naturnahen Magerrasen entwickelt, wo u.a. Gefranster Enzian und Tausendgüldenkraut blühen. In Ering gibt es auch einen Vogelbeobachtungsturm. Er steht nicht weit vom Straßenrand, wenn man über den Ortsteil Grießer in Richtung Simbach fährt. Im Frühjahr 1991 soll in Ering ein Informationszentrum des »Europareservats« seine Pforten öffnen.

16 Haiminger Au

Wo Inn und Salzach zusammenfließen, findet man eine ungezähmte Natur, wie man sie in unserem dichtbesiedelten Land kaum noch für möglich gehalten hätte. Altwässer, Inseln und Sandbänke wechseln sich ab mit Auwald und dichtem Gebüsch. In der noch laubfreien Vorfrühlingszeit erstreckt sich dort ein einziger weißer Teppich aus Schneeglöckchen und Märzenbechern, zwischen denen andere Frühblüher wie Blaustern, Buschwindröschen und Scharbockskraut als Farbtupfer zu sehen sind. In der Haiminger Au wurde, schriftlichen Überlieferungen zufolge, vor 140 Jahren der letzte Biber erlegt. Jetzt hat sich der größte einheimische Nager seinen Lebensraum wieder zurückerobert. In den sechziger Jahren sind hier schwedische Biber ausgesetzt worden, deren Zahl sich mittlerweile zwischen Inn und Salzach auf etwa 300 Tiere erhöht hat. Ihr Bestand gilt in Bayern damit als gesichert. In der Abenddämmerung kann man den Biber mit etwas Glück beim Nagen an saftigen Stauden, am Schilf und an Jungtrieben beobachten. Die Haiminger Au erreicht man,

Mit Auwäldern und Altwässern hat sich die Haiminger Au am Zusammenfluß von Inn und Salzach zu einem Naturparadies entwickelt. Schlamm und Wasser bieten hier die Lebensgrundlage für Mücken und Würmer – Hauptnahrung der Wasservögel.

von Marktl kommend, über Haiming. Dort biegt man links ab und fährt bis zum Parkplatz am Ortsende. Ein nicht markierter Weg führt in wenigen Minuten ins Landschaftsschutzgebiet.

⓱ Wachsender Felsen bei Usterling

Wachsende Felsen gibt es vor allem dort, wo der Untergrund aus Kalk besteht wie beispielsweise auf der Frankenalb. Doch im Tertiär-Hügelland zwischen Donau und Vils beim Dorf Usterling ist der wachsende Fels als Erscheinung einmalig. Schon vor 500 Jahren fand man den Felsen anscheinend so bedeutsam, daß er in der romanischen Usterlinger Dorfkirche in einem Altarbild verewigt wurde. Es handelt sich dabei um eine wertvolle Renaissance-Schnitzarbeit, in der Johannes der Täufer vor dem Hintergrund des wachsenden Felsens dargestellt wird. Der Fels trägt in Usterling deshalb auch den Namen »Johannesfelsen«. Sie finden ihn, wenn Sie in Landau von der B 20 links über Zulling in westliche Richtung fahren. Nach 3 km erreichen Sie den Ortseingang von Usterling mit einem Parkplatz, von dem ein Pfad in fünf Minuten zum Felsen führt. Ein 40 m langer und 5 m hoher moosgrüner Felsgrat wächst hier aus dem Berghang hervor, überrieselt von kalkhaltigem Wasser, das in einer schmalen Rinne auf der oberen Felskante bis zur vordersten Spitze läuft. Das weißlich-kalkige Quellwasser verliert in dem Moment, wo es aus dem Erdboden tritt, Kohlendioxid und erwärmt sich. Dadurch wird der gelöste Kalk ausgeschieden und lagert sich ab. Die Spitze des wachsenden Felsens verlängert sich auf diese Weise immer weiter nach vorne.

Ein Hangrutsch legte wahrscheinlich die Quelle frei, deren Wasser durch Ablagerung von Kalk den Wachsenden Felsen wie eine Mauer aufschichtet.

Haiminger Au: Als Dämmerungs- und Nachttier wagt sich der Biber tagsüber nur selten aus seiner Uferhöhle.

<u>*Roßnarrisch sind die Rottaler*</u>

»Roßnarrisch« – pferdebesessen – seien sie, sagt man den Rottalern nach. Wer einmal die Bauern gesehen hat, die hemdsärmelig in Hosenträgern an der Pfarrkirchener Trabrennbahn stehen und fachkundig die vorbeigaloppierenden »Rottaler« begutachten, der weiß, daß die Traber-Zuchtrennen in Niederbayern keine mondäne Sportart sind. Im Gegenteil: Die Pferderennen gehen aus einer uralten Tradition der Pferdezucht hervor. Die Rottaler Bauern sollen schon vor 1000 Jahren ihre Pferde gekreuzt haben, berichtet die Sage. Damals fielen in Niederbayern ungarische Reiterheere ein. Die Pferde der Madjaren lieferten den »Rottalern« angeblich ihr feuriges, ungarisches Blut. Kein Wunder also, daß den roßnarrischen Rottalern zwei Pfingstfeiertage nicht ausreichen. In Pfarrkirchen (Abstecher zwischen ⓰ und ⓱) galoppieren jedes Jahr am Pfingstmontag und -dienstag auf Bayerns ältester Trabrennbahn die Pferde (Informationen: Fremdenverkehrsamt Pfarrkirchen, ☎ 08561/3060).

47 Oberbayerisches Alpenvorland

Hügel, Seen und reißende Flüsse

Wo heute in und um München, der geschäftigen Isarmetropole, das Leben pulsiert, waren vor vielen Tausenden von Jahren Kräfte ganz anderer und gewaltigerer Art am Werk: Riesige Gletscher schoben sich während der Eiszeiten von den Alpen her in Richtung Norden vor. Vor 10 000–15 000 Jahren schmolzen dann die letzten großen Eismassen und ließen eine sanft geschwungene Landschaft zurück. Seen und Täler mit flachen, doch reißenden Flüssen entstanden ebenso unter ihrem Einfluß wie Moränen und Schotterebenen. Am eindrucksvollsten präsentiert sich diese Vielfalt im Fünfseenland. Aber auch zwischen Isar – hier auf ihrem Lauf durch die Pupplinger Au bei Wolfratshausen – und Inn wird der aufmerksame Besucher immer wieder auf die Erbschaft der Eiszeiten stoßen – seien es ausgedehnte Schmelzwasserablagerungen oder charakteristische Endmoränen.

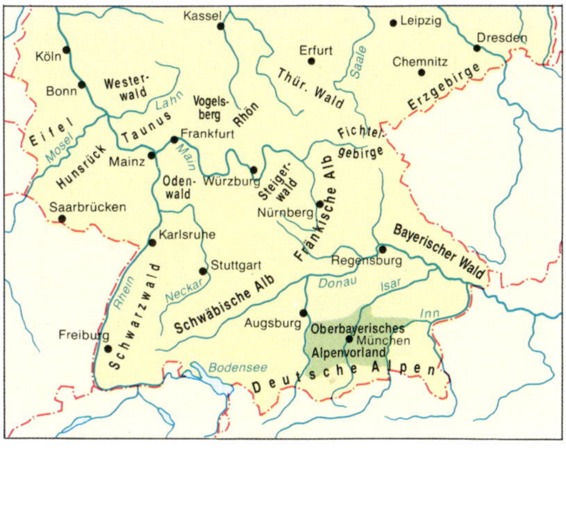

Kehrseite einer Idylle

Das Land um München zeigt sich dem Besucher meist von der schönsten Seite. Nirgends blühen die Geranien üppiger an den Häusern. Mehr Sonnenschein als anderswo, ein strahlender, weißblauer Himmel, oftmals Fernsicht auf die Gipfelketten der Alpen, grün schimmernde Flüsse und blau glitzernde Seen, dunkle Wälder und leuchtendgrüne Wiesen lassen Ferienstimmung aufkommen. Das Alpenvorland erscheint wie geschaffen für jedwede Freizeitbeschäftigung: Wandern, Radeln, Reiten, Surfen sind überaus beliebt, aber auch Drachenflieger, Kanuten und Kletterer kommen auf ihre Kosten.

Schon beklagt sich aber der Bayerische Umweltminister über den Andrang der Massen. Die Isar muß an jedem Wochenende – statistisch gesehen – 840 gut zahlende Floßfahrer verkraften, zusätzlich noch 3000 Gummiflößer, Kanuten und Paddler sowie Zigtausende von Sonnenanbetern an den Kiesstränden. Allein am Feringasee im Nordosten der Stadt werden an schönen Wochenenden 30000 Menschen gezählt. Schon leiden selbst die Fische, etwa im Starnberger See, unter den nach Wasser lechzenden Großstädtern. Das Sonnenschutzöl der Badenden bringt sie zeitweise sogar in akute Atemnot.

Auf die Natur, besonders die Tiere, wirkt das hemmungslose Freizeitgebaren an den Wochenenden überaus belastend. Doch auch wochentags sind Frosch und Eidechse, Kiebitz und Brachvogel, Hirsch und Wildschwein zahlreichen Beeinträchtigungen ihres Lebensraums ausgesetzt. Noch zu viele Bauern setzen – wie auch anderswo in Deutschland – auf intensive Landwirtschaft. So bleiben für Adonisröschen und Kornrade, Siegwurz und Enzian wenig Chancen zum Überleben. In den letzten 15 Jahren verschwand mehr als ein Drittel aller kartierten Feuchtbiotope Oberbayerns unter dem – subventionierten – Einsatz von Dränageanla-

gen, Pflügen und Güllewagen. Um so wichtiger werden Naturschutzgebiete als Garanten für das Überleben von Flora und Fauna.

Doch auch diese Flächen werden notfalls durch Projekte wirtschaftlichen Interesses wertlos – besonders beispielhaft am neuen Münchner Flughafen zu sehen, der als landfressende Betoninsel im Erdinger Moos entsteht. Mittlerweile sind dort als unmittelbare Folge fast alle Exemplare des Großen Brachvogels verschwunden.

Trotz an sich günstiger Voraussetzungen ist somit der Naturschutzgedanke in Oberbayern weit weniger verwirklicht, als es wünschenswert und möglich wäre. Das Münchner Umland zollt noch allzusehr vordergründigen Bedürfnissen der boomenden Isarmetropole Tribut, etwa auch durch die Anlage von Golfplätzen, die bald ringförmig die Stadt umschließen.

Aber immer noch gilt das Land zwischen Lech und Inn als ein Schatzkästlein für Naturfreunde und Wanderer, das manche Überraschung bereithält. Die Landschaft offenbart an vielen Stellen einen plastischen Einblick in erdgeschichtliche Zusammenhänge, die Millionen von Jahren umfassen.

Eiskalte Zeiten

Man muß sehr weit zurückgehen, um die Ursprünge dieser Landschaft zu erfassen – bis zur Entstehung der Alpen: In der Kreidezeit und im anschließenden Tertiär, also im Lauf der letzten 100 Millionen Jahre, wurden die Gesteinsschichten dort gefaltet und übereinandergeschoben. Auch wenn sich dies mit einer Geschwindigkeit von nur wenigen Millimetern im Jahr abspielte, so entstand mit der Zeit ein gewaltiges Gebirgsmassiv, während sich die Erdkruste unter dem Alpenvorland mit dem gleichen Tempo senkte. Es bildeten sich große Becken mit Seen und Sümpfen. Zum Teil wurden diese Becken wieder gefüllt, weil Flüsse aus den jungen Alpen Schutt heraustrugen, der sich als Molasse im Vorland ablagerte.

Dann kam das Eiszeitalter. Aus den Alpen schoben sich mehrere hundert Meter dicke Eispanzer nach Norden, bis weit ins Land hinein, etwa bis zur Grenze des heutigen Niederbayern. Als das Eis zu schmelzen begann und sich aus dem Alpenvorland zurückzog, blieben riesige Seen zurück, die zum größten Teil verlandeten oder zu Mooren wurden.

Die eiszeitlichen Gletscher hinterließen nach dem Abschmelzen jeweils gigantische Geröllablagerungen, die Moränen. Diese Gletscherablagerungen werden je nach ihrer Lage heute als End-, Seiten- oder Grundmoränen bezeichnet. Auch die breiten, terrassenförmigen Täler von Inn, Isar, Loisach und Lech sind größtenteils im Eiszeitalter entstanden. Wenn das Eis schmolz, schwollen die Flüsse zu gewaltigen Strömen an, die sich auf breiter Bahn durch die Moränen- und Molasseschotter fraßen. Die Fracht lagerte sich weiter flußabwärts wieder ab. So entstand aus den Ablagerungen des Isar-Loisach-Gletschers und einem Teil des Inngletschers die Münchner Schotterebene.

Lage Zwischen den Bayerischen Alpen im Süden, dem Inn im Osten, der Linie Augsburg–Freising–Altötting im Norden sowie dem Lech im Westen
Ausdehnung West–Ost ca. 100 km; Nord–Süd ca. 70 km
Land Bayern
Höchste Erhebungen Im Südwesten: Hoher Peißenberg 988 m, Ilkahöhe 728 m, Schatzberg 675 m; im Südosten: Taubenberg 879 m; im Osten: Stampflberg 570 m
Wichtigste Flüsse Lech, Amper, Würm, Loisach, Isar, Mangfall, Inn
Landschaftsformen Im Osten, Süden und Westen hügelige Moränenlandschaft, Seen und Moore, breite Terrassentäler mit bewaldeten Hängen, schluchtartige Durchbruchstäler; im Norden flache Schotterebene mit großen Moorflächen in breiten Urstromtälern, mit dem Tertiär-Hügelland als nördlicher Begrenzung
Information Landesfremdenverkehrsverband Bayern, Prinzregentenstr. 18, W-8000 München 22, ☎ 089/2123970; Fremdenverkehrsverband München-Oberbayern, Sonnenstr. 10, W-8000 München 2, ☎ 089/597347; Fremdenverkehrsverband Starnberger Fünfseenland, Wittelsbacherstr. 9 (am Kirchplatz), W-8130 Starnberg, ☎ 08151/13007 oder 13008; Fremdenverkehrsverband Pfaffenwinkel, Bauerngasse 5, W-8920 Schongau, ☎ 08861/7773 oder 211117; Fremdenverkehrsverband Ammersee-Lech, Von-Kühlmann-Str. 15, W-8910 Landsberg/Lech, ☎ 08191/47177

Urzeitreise
Die Spuren früherer erdgeschichtlicher Epochen sind im Alpenvorland allgegenwärtig. Überall wurden alte Gesteinsschichten gefunden, vielfach entstanden aus dem von Gletschern aus dem Alpengebiet mitgebrachten Geröll. Aber auch die Zeiten davor sind durch viele Versteinerungen dokumentiert. Wer mehr über die Eiszeiten, das Leben davor und danach wissen möchte, kann sich in München in der ständigen Ausstellung »Erdkruste im Wandel« der Bayerischen Staatssammlung für allgemeine und angewandte Geologie (geöffnet Mo–Fr 8–18 Uhr) und in der Bayerischen Staatssammlung für Paläontologie und historische Geologie (geöffnet Mo–Do 8–16, Fr 8–14, 1. So im Monat 10–16 Uhr) genauer informieren. Beide Museen finden Sie in der Richard-Wagner-Str. 10.
Ein Besuch im Museum für Vor- und Frühgeschichte (Prähistorische Staatssammlung), Lerchenfeldstr. 2, liefert Informationen zur Besiedelungsgeschichte Bayerns (geöffnet Di–So außer Do 9–16, Do 9–20 Uhr).

Route 1
Zwischen Isar und Inn

Die rund 250 km lange Tour bietet trotz relativer Großstadtnähe viel ursprüngliche Natur. Landschaftsprägend für diesen Teil des bayerischen Alpenvorlandes sind die zahlreichen Flüsse: So stellen auch das Mangfalltal ❶ bei Grub, die Innlandschaft bei Wasserburg ❸ und die Isar- und Amperauen (❻ und ❾) die wichtigsten Stationen dieser Route dar.

Streckenverlauf:

Von der A 8 München–Salzburg Ausfahrt Holzkirchen auf die B 318 Richtung Tegernsee, nach 2 km links ab nach Oberlaindern und hinter dem Ort links nach Valley, weiter über Sonderdilching und Kleinhöhenkirchen nach Grub zum Mangfallknie ❶; nordwärts weiter über Großhelfendorf, Aying, Egmating und Oberpframmern nach Zorneding, dort rechts ab und auf der B 304 bis Kirchseeon, im Ort links ab zum »Forsthaus Diana« im Ebersberger Forst ❷; zurück zur B 304 und weiter in Richtung Wasserburg, in Gabersee dem Hinweis Wasserburg ❸ folgen; anschließend auf der östlichen Innseite zurück zur B 304, erneut den Inn überqueren und in Gabersee rechts auf die B 15, nach ca. 5 km rechts nach Soyen, dort links und nordwärts über Reiching und Lengmoos bis Limberg und rechts nach Gars, ostwärts weiter Richtung Waldkraiburg bis Stampfl ❹; ein kurzes Stück zurück in Richtung Gars, dann rechts ab in Richtung Reichertsheim zur B 12, dort links nach Haag und dahinter rechts auf die B 15 bis Landshut, dort links auf der B 11 in Richtung Moosburg bis Viecht und rechts ab nach Eching ❺; zurück zur B 11 und westwärts über Moosburg in Richtung Freising bis zum Abzweig Oberhummel, in Oberhummel rechts in Richtung Hangenham zu den Isarauen ❻; dann über Rudlfing und Marzling nach Freising, von dort über die B 11 in Richtung München, in Achering zum Freisinger Moos ❼ abbiegen; zurück zur B 11 und weiter Richtung München bis Dietersheim, rechts abbiegen in Richtung Eching zur Garchinger Heide und Echinger Lohe ❽; weiter nach Eching und dort auf die A 9 Richtung Nürnberg bis zum Autobahnkreuz Neufahrn, dort auf die A 92 Richtung München wechseln und in Oberschleißheim auf die B 471 Richtung Dachau fahren, bei Obergrasdorf weiter in westlicher Richtung bis Dachau-Ortsmitte, von dort in Richtung Olching/Stuttgart nach Dachau-Mitterndorf zu den Amperauen ❾. Wenn Sie nun weiter südwärts Richtung Fürstenfeldbruck fahren, erreichen Sie bald bei der Auffahrt Dachau/Fürstenfeldbruck wieder die A 8.

Obwohl München nie weiter als 50 km entfernt liegt, sollte man sich mindestens zwei Tage Zeit für diese Tour nehmen.

Heimat von Zwergpalmen und Zwergbirken
Was würden Urlauber wohl sagen, wenn sie im Oberbayerischen Alpenvorland plötzlich am weißen, palmengesäumten Strand eines tropischen Meeres ständen? Bestimmt: Traumhaft! Doch um diesen Traum zu erleben, kommen sie um mindestens zwei Millionen Jahre zu spät. Im Tertiär herrschte hier noch ein warmes Klima, wucherte eine üppige tropische Flora, waren Land und Meer von Tieren warmer Klimazonen bevölkert. Die Eiszeiten bereiteten diesen exotischen Verhältnissen ein Ende. Während die Tiere einige Schlupflöcher nach Süden fanden, überlebten die wärmeliebenden Pflanzen den Eisvorschub nicht. Statt dessen wanderten kälteresistente Arten wie die Silberwurz oder die Zwergbirke aus der Arktis und den Tundren Skandinaviens ein. Mit ihnen kamen Tiere wie Rens, Wollnashörner, Lemminge und Mammuts. Und mit von der Partie war auch der Mensch. Wie kein anderes Lebewesen ergriff er Besitz von der Natur und veränderte sie nachhaltig. Er rodete die meisten Wälder, um Acker- und Weideland zu gewinnen. Wo man wieder aufforstete, traten vielerorts die anspruchsloseren Nadelholzkulturen an die Stelle der Laubwälder. Heute erleben wir die ökologischen Folgen, etwa beim Baumbruch der letzten Frühjahrsstürme. Auch die Vernichtung der meisten Moore geht auf das Konto des Menschen – bis heute. Das Erdinger Moos wurde für das erwähnte Flughafenprojekt entwässert. Auch das Ampermoos, das sich im Alpenvorland am weitesten nach Norden ausdehnt, muß dringend renaturiert werden. Es leidet unter Austrocknungserscheinungen. Steigt das Grundwasser nicht an, sind seltene Tier- und Pflanzenarten dem Trockentod ausgeliefert.

Route 1 Zwischen Isar und Inn

Durch liebliche Auen

❶ Mangfallknie bei Grub
Daß Ausnahmen die Regel bestätigen, beweist auf augenfällige Weise die Mangfall. An der Alpenvorderseite fließen alle Flüsse nach Norden bzw. Nordosten – bis auf die Mangfall. Nachdem er den Tegernsee verlassen hat, strebt auch dieser reißende Wasserlauf zuerst nordwärts in Richtung Donau, wechselt aber nach einem Drittel der Strecke abrupt die Richtung und hält Kurs auf Südosten, um schließlich bei Rosenheim in den Inn zu münden.
Diese Kehre bei Grub entstand wohl deswegen, weil der Fluß hier einst von gewaltigen Gletscherablagerungen an einem geradlinigen Verlauf gehindert wurde. Die als Mangfallknie bekannte Biegung gehört zu den schönsten wildromantischen Landschaften des Alpenvorlandes. Wo die Mangfall nicht mit Wehren verbaut ist, nagt und sägt sie auch heute noch an den Hängen – Bergrutsche sind die Folge. Charakteristisch sind die »wachsenden« Steine, die an den zahlreichen Hangquellen aus Moos und Kalktuff entstehen.
Wenn man von Kleinhöhenkirchen geradeaus in Richtung Grub fährt, gelangt man nach kurzer Zeit auf eine Brücke über die Mangfall. Vor der Brücke befindet sich ein Parkplatz, von dem aus man über einen 20minütigen Fußweg am rechten Ufer zu einem Hangrutsch-Areal gelangt. Auf gleichem Weg geht es wieder zum Parkplatz zurück.

❷ Ebersberger Forst
Für die Bewirtschaftung des Ebersberger Forstes stellten Ebersberger Mönche schon im 13. Jh. eine Waldordnung auf. Seit dem 18. Jh. wurde der Laubwald durch schnellwüchsigen Nadelwald ersetzt. Erst in jüngster Zeit werden wieder vermehrt Laubbäume gepflanzt. Als Folge der Fichtenmonokultur erlebte der Forst in Intervallen auftretende Schädlinge. Die Orkane »Vivian« und »Wiebke« brachten im Winter 1989/90 rund 70000 Festmeter Holz zu Fall, etwa die Menge des jährlichen Holzeinschlags – hauptsächlich bei den flachwurzelnden Fichten. Der Ebersberger Forst ist als sogenannter Bannwald in seinem flächenmäßigen Bestand geschützt. Zäune rundum und Wildgatter verhindern, daß die hier lebenden Hirsche, Rehe, Mufflons und Wildschweine das Revier verlassen.
Ein lohnendes Ausflugsziel ist das von Kirchseeon aus zu erreichende, idyllisch gelegene »Forsthaus Diana« mit einer Köhlerei ganz in der Nähe. Zur Ludwigshöhe, einem 619 m hohen Hügel mit großartiger

Aus dem Tegernsee kommt die Mangfall, die bei Weyarn durch herrlichen Mischwald fließt.

Von Affe bis Zebra
In Thalkirchen, am südlichen Stadtrand von München, liegt in einer reizvollen Auenlandschaft direkt neben der Isar der Tierpark Hellabrunn. Der größte Zoo Europas ist eine parkartig gestaltete Anlage, die von Isararmen durchzogen wird. 4500 Tiere aus 460 verschiedenen Arten leben hier. Die meisten von ihnen haben Auslauf in natürlich gestalteten Freigehegen (geöffnet tägl. 8–18 Uhr im Sommer, 9–17 Uhr im Winter).

Waldtiere in natürlicher Umgebung
Bei einer Wanderung durch den Wald passiert es häufig, daß man kein einziges unserer wildlebenden Säugetiere zu sehen bekommt – allzusehr scheuen sie den Menschen. Wer sie trotzdem in ihrer natürlichen Umgebung kennenlernen möchte, sollte den Wildpark Poing besuchen. Hier leben einheimische Waldtiere mit ihren Jungen, ob Reh, Wildschwein, Fuchs oder Hase, daneben auch eine artenreiche Vogelwelt. Außerdem befindet sich auch ein Ponyhof auf dem 57 ha großen Wildparkgelände (geöffnet im Sommer tägl. 9–17 Uhr, im Winter Sa, So 9–16, Mo–Fr 12–16 Uhr). Sie erreichen es, wenn Sie auf unserer Tour zwischen Grub ❶ und Ebersberg ❷ ab Zorneding nach Norden in Richtung Markt Schwaben fahren und in Purfing nach Poing abbiegen.

Bis zum letzten Sturm

1000 Jahre deutsche Geschichte konnten ihr nichts anhaben, der angeblich ältesten Eiche Deutschlands. Erst ein Sturm im Frühling 1988 beendete ihr Leben. Wie alt die Ruine der Maximilianseiche im Wald bei Buch nahe dem Ebersberger Forst ❷ tatsächlich ist, kann niemand sagen. Urkundlich wird sie im 13. Jh. als stattlicher Baum erwähnt, war damals also vielleicht schon 300 Jahre alt. 1846 zählte sie zum königlichen Privatbesitz Ludwigs I. von Bayern. Die Eiche, die zuletzt 13 m Umfang in Asthöhe maß, würde sicher heute noch leben, hätte man nicht Fichten in ihre unmittelbare Nähe gepflanzt. Die hohen Nadelbäume raubten der freistehenden Eiche Licht und Luft. Die vermodernden Reste des gigantischen Stammes sind heute ein Naturdenkmal. Sie erreichen die Maximilianseiche am besten nach dem Besuch des »Forsthauses Diana«. Dazu fahren Sie von Kirchseeon bis Eglharting und hier links weiter in Richtung Moosach. 2 km hinter Buch liegt die Eichenruine unmittelbar links neben der Straße.

Fernsicht, gelangen Sie, wenn Sie vom Forsthaus nach Kirchseeon zurückkehren und auf der B 304 nach Ebersberg fahren. Dort biegen Sie links ab (in Richtung Forstinning) und fahren bei der Abzweigung (nach Anzing) wieder links. Vom Parkplatz an der Ludwigshöhe aus erreichen Sie in zehn Minuten den Aussichtsturm auf dem Gipfel. Hier kann man nach Norden den gesamten Wald überblicken. Nach Süden öffnet sich an klaren Tagen ein unvergleichliches Panorama mit 425 Alpengipfeln. Der Eggelburger See nordwestlich von Ebersberg ist ebenfalls einen Besuch wert, schon allein wegen seiner großen Lachmöwenkolonie (Fernglas mitnehmen). Folgen Sie vom Aussichtsturm aus dem rot-weiß markierten Weg entlang der Endmoräne westwärts.
Wer im Ebersberger Forst wandern möchte, sollte sich genau an die Markierungen halten und die Informationstafeln beachten. Die gleichförmige Anlage des Wegenetzes macht eine Orientierung fast unmöglich.

❸ Innschleife bei Wasserburg

Der Inn ist mit seinen 510 km der längste und wasserreichste Donaunebenfluß des Alpenvorlandes. Seine grünlich-trüben Fluten sind durch den Bau vieler Stauwerke ihrer ursprünglichen Wildheit beraubt worden. Bis zu 70 m hoch ragen die Steilufer bei Wasserburg empor – Schuttkegel der Moränenwälle, durch die sich der Fluß seinen Weg gebahnt hat. In einer fast geschlossenen Kehre umschließt der Fluß die Stadt, die nicht nur von den Ufern aus einen malerischen Anblick bietet. Auch das Ortsinnere fasziniert durch ein geradezu südliches Ambiente. In der Nähe der imposanten Steilabfälle, deren Kies- bzw. Sandformationen hell

In der Schutzlage der Innschleife entstand die Salzhandelsstadt Wasserburg.

Der Stampflberg, ein Moränenhügel des Inntalgletschers, ragt wie ein Aussichtsplateau ir

schimmern, befindet sich ein Aussichtspunkt. So findet man hin: Wenn Sie nach Wasserburg kommen, orientieren Sie sich in der Stadt in Richtung Traunstein. Kurz hinter der steilen Hangstraße erreichen Sie dann linker Hand einen Gasthof mit dem Hinweis »Aussicht 50 m«.

4 Stampflberg bei Gars am Inn

Bayerns südlichstes Weinbaugebiet lag bis zu Beginn der fünfziger Jahre am Inn, bis sich die Weinerzeugung nicht mehr lohnte. Extreme Südlage der Hangterrassen sowie der Föhn, der in den von Süden nach Norden verlaufenden Tälern Warmluft weit nach Norden treibt, sorgen auch heute noch für relativ günstige klimatische Bedingungen. Über einigen alten Weinstöcken erhebt sich der 570 m hohe Stampflberg mit dem Rest einer mittelalterlichen Burg. Wie ein Aussichtsplateau springt der unbewaldete Berg ins Inntal vor. So eröffnet sich ein Ausblick mit einer grandiosen Fernsicht innabwärts, aber auch nach Süden. In einer großen Schleife umrundet der Inn den Stampflberg und das tiefer liegende Kloster Au. Von Gars kommend, folgt man an Au vorbei der Straße in Richtung Weingarten und biegt nach links ab zum »Café Stampfl« mit Parkplatz (ausgeschildert); von dort sind es 15 Minuten zum Gipfel.

5 Echinger Stausee

Der Echinger Stausee hat eine große Bedeutung für die Vogelwelt. Für durchziehende und überwinternde Vögel sind das Gewässer und der benachbarte Moosburger Stauweiher wichtige Rastplätze. Im Winter lassen sich nicht selten Ansammlungen von 10000 und mehr Schwimmvögeln beobachten. Ornithologen haben dort 252 Vogelarten registriert. So sind beispielsweise fast alle europäischen Entenarten zu finden, darunter auch Gänsesäger. Verschiedene Taucher und Kormorane finden ebenfalls einen Lebensraum. Selbstverständlich fehlen auch Rallen, Möwen und Reiher, dazu Watvogelarten wie Strand- und Kampfläufer, Uferschnepfen sowie Rot- und Grünschenkel nicht. Auf zwei künstlich angelegten Inseln brütet die größte bayerische Flußseeschwalbenkolonie mit 40 Brutpaaren und einigen Trauerseeschwalben. Der Echinger Stausee ist ein künstlicher See, dessen Ufer mit Betonplatten befestigt sind. Er wurde ursprünglich als Reservoir zur Stromgewinnung angelegt. Die mit Abwässern stark belastete Isar bringt viele Nährstoffe in den Stausee. Für die Vögel sind besonders die wechselnden Wasserstände wertvoll, die immer wieder den schlammigen Grund zutage treten lassen, der dann Futter in Hülle und Fülle bietet. Bei Weixerau (ca. 30 Minuten von Eching) befindet sich eine Aussichtskanzel, von der aus die ausgedehnten Schilfflächen und die Vogelinseln beobachtet werden können (Fernglas!).
In Eching, direkt am See, parkt man beim Gasthaus »Am See« und kann dann am Damm entlang westwärts nach Weixerau wandern. Von dort weiter bis Schapolterau und über den Zulaufkanal, dann auf dem Damm zwischen Stausee und Isar bis Hofham und wieder zurück nach Eching (insgesamt zwei Stunden).

ntal hinein. Von hier aus läßt sich die Flußebene überblicken.

Funde aus grauer Vorzeit

Neben Exponaten aus der Kulturgeschichte Wasserburgs 3 zeigt das Heimatmuseum in der Herrengasse 15 auch geologische, paläontologische Fundstücke. Da gibt es Minerale wie Granat, Achat, Quarz und Kalkspat, Fossilien wie Ammoniten, Seeigel, Haifischzähne, Korallenstöcke. Ebenso sind Knochen von in vorgeschichtlicher Zeit ausgestorbenen Tieren wie Mammut oder Riesenhirsch ausgestellt (geöffnet Mai–Sept. Di–Fr 10–12, 13–16, Sa, So, Fei 11–15; Okt.–April Di–Fr 13–16, Sa, So, Fei 10–12 Uhr; 16. Dez.–31. Jan. geschlossen).

Der seltene Sperber schlägt vor allem kleine Vögel im Flug. In den Wald- und Moorgebieten um Freising ist er noch heimisch.

6 Isarauen bei Hangenham

Eine besonders schöne Aussicht auf die Isarauen hat man in Hangenham, das wenige Kilometer von Freising entfernt liegt. Die Auenlandschaft steht hier unter Naturschutz. Die Isar und ihre Zuläufe haben ein Gewirr von Wassergräben, Altarmen und Gießen entstehen lassen. Am Isarufer gegenüber von Hangenham befindet sich ein Gewässer, an dem Biber ausgesiedelt wurden. Die Nager haben das Flüßchen mit einem Damm aufgestaut und dort ihre Burgen angelegt. Die Pflanzenwelt des Auwaldes besitzt eine artenreiche und teilweise noch urwaldartig wirkende Zusammensetzung. Besonders eindrucksvoll sind die für den Auwald typischen, mit Waldrebe und Hopfen behangenen Baumriesen längs der Wasserläufe. Ein Muß für Botaniker ist der Isardamm mit seinen Orchideenbeständen unterhalb von Hangenham. Hier kann man Fliegen- und Hummelragwurz sowie Sumpfwurz entdecken. Aber auch die Vogelwelt ist interessant: Ungewöhnlich oft hört man hier das »düdelü« des Pirols, an klaren Gewässern jagt der Eisvogel, in den zahlreichen Schilfbeständen brüten Rohrsänger, und im Waldteil sind Buntspecht und Kuckuck zu hören. Sie erreichen die Isarauen, indem Sie Oberhummel in Richtung Gaden durchfahren. Hinter der Isarbrücke können Sie parken und entlang der Isar und auf dem Damm durch die Au wandern.

7 Freisinger Moos

In der Gegend um Freising finden Sie eine Mooslandschaft mit Schilfgebieten, die ihren ursprünglichen Charakter weitgehend bewahrt hat. So leben dort auch selten gewordene Vögel wie Kiebitze, Reiher oder

Im Freisinger Moos gibt es zahlreiche Wasserläufe mit größeren Schilfflächen.

Obwohl der Fluß für die Energiegewinnung genutzt wird, sind die Isarauen auf der ganzen Flußlänge weitgehend erhalten geblieben.

Sperber. Vor allem der Große Brachvogel ist ein Opfer der Verkleinerung unserer Moorgebiete durch Landwirtschaft und Bebauung geworden. Naturschützer bemühen sich indessen, ihm im Freisinger Moos wieder einen Lebensraum zu geben. Die beste Zeit zum Beobachten dieses stattlichen Wiesenbrüters mit dem überlangen, gebogenen Schnabel ist der Frühling. Dann sieht man auch überall den Kiebitz und manchmal die Schnepfe, während der Bussard nach Beute suchend seine Kreise zieht. Um zum Freisinger Moos zu gelangen, biegen Sie in Achering rechts in Richtung Giggenhausen (kein Hinweisschild) ab. Von der Brücke über die Moosach (Moosmühle) aus führt ein Weg an dem Flüßchen entlang nach Norden ins Moor.

Nicht nur sehr selten, sondern auch sehr giftig ist das geschützte Frühlingsadonisröschen, das auf kalkigen Hügeln und Heidewiesen wie bei Garching wächst.

8 Garchinger Heide und Echinger Lohe

Unter Botanikern gilt dieses Fleckchen Erde als ganz besonders kostbar. Hier blieb der Rest einer durch die Bodennutzung geschaffenen Vegetation auf dünner Humusschicht erhalten. Im Schatten der Forschungstürme des Garchinger Max-Planck-Instituts duckt sich die Heide dicht an den Schotterboden. Enzian und Adonisröschen, Küchenschelle, Silberdistel und Schneeheide, Ausdauernder Lein sowie Ähriger Ehrenpreis zählen zu den botanischen Kostbarkeiten. Dazwischen lebt eine reiche Insektenwelt, u.a. 13 Heuschreckenarten, die im Sommer ihren unüberhörbaren Gesang anstimmen. In der Garchinger Heide treffen alpine, mediterrane, arktische und südosteuropäische Pflanzenarten zusammen. Im Kontrast dazu hat sich in der Nähe ein Wald aus der Vergangenheit behaupten können. Die Echinger Lohe besteht hauptsächlich aus einem Laubmischwald, vornehmlich mit Eichen und Hainbuchen. Früher war die Eiche ein wichtiger Lieferant von Lohe zum Gerben von Fellen.
Die Garchinger Heide erstreckt sich unmittelbar an der Straße von Dietersheim nach Eching, direkt hinter den Forschungstürmen, wo sich auch ein kleiner Parkplatz befindet. Die Echinger Lohe – als in dieser Gegend einziger Wald schon von weitem sichtbar – läßt sich ebenfalls von hier aus auf einem Spaziergang (15 Minuten) zu Fuß erreichen.

9 Amperauen bei Dachau

In unmittelbarer Nähe der Stadt Dachau hat die Amper ihren natürlichen Charakter als Auenfluß weitgehend bewahrt. Die Unregelmäßigkeit des Auwaldes, die stete Hochwassergefahr und Naturschutzmaßnahmen haben verhindert, daß diese Landschaft allzu große Zivilisationsschäden aufweist. Mit ihren zahlreichen Altwässern, Tümpeln und Sumpfzonen ist die Umgebung des windungsreichen Flusses Heimat vieler anderswo

Von den Amperauen bei Dachau aus rund 30 km flußaufwärts: Das Ampermoos südlich von Schöngeising bildet den verlandeten Teil des Ammersees.

selten gewordener Tierarten. Blau- und Braunkehlchen, Wasseramsel und Schwarzmilan, Gebirgsstelze, Großer Brachvogel und Bekassine, Pirol und Rohrammer zählen zu den Vertretern der Vogelwelt.
Die Dachauer Amperauen erreichen Sie, indem Sie durch Dachau in Richtung Olching/Stuttgart/Autobahn fahren und in Dachau-Mitterndorf links abbiegen. Parken Sie das Auto in der Nähe der Amperbrücke, wo ein Wanderweg am Fluß entlangführt. Man kann beispielsweise etwa 20 Minuten flußaufwärts gehen, über eine der zahlreichen Brücken auf die andere Seite wechseln und wieder zum Parkplatz zurückwandern.

Route 2 Fünfseenland

Erbe der Eiszeiten

⑩ Michel- und Georgenstein

Bei Baierbrunn ragen zwei mächtige, tonnenschwere Blöcke aus der Isar. Der Michelstein und der Georgenstein sind die Reste eines Steiluferabbruchs, der sich im Zuge der Gletschertätigkeit der letzten Eiszeit ereignete. Das Flußtal ist hier kaum 100 m breit. Die Isar mußte in Jahrtausenden die harten Nagelfluhschichten durchsägen. Dabei unterhöhlte sie auch die Steiluferwände, die daraufhin zum Teil einbrachen. Die hiervon

Route 2
Fünfseenland
Die zweite Route führt Sie auf ca. 280 km durch das Fünfseenland. Starnberger See, Ammersee, Wörthsee, Pilsensee und Weßlinger See geben diesem hügeligen Voralpengebiet seinen Namen. Höhepunkte der Fahrt sind die Pupplinger Au ⑪, die Pähler Schlucht ⑭, der grandiose Ausblick vom Hohen Peißenberg ⑯ und die Vogelfreistätte am Südende des Ammersees ⑲.
Streckenverlauf:
Von München aus südwärts in Richtung Wolfratshausen auf der B 11 bis Baierbrunn-Buchenhain ⑩; weiter über die B 11 bis Wolfratshausen, in der Ortsmitte links in Richtung Egling abbiegen und hinter der Isarbrücke links zum Parkplatz der Pupplinger Au ⑪; zurück über Wolfratshausen-Ortsmitte und in nordwestlicher Richtung über Berg weiter nach Starnberg-Percha, dort links Richtung Stadtmitte und bald rechts Richtung Gauting abbiegen, weiter bis zum Würmtal bei Leutstetten ⑫; zurück nach Starnberg und auf der B 2 südwestwärts in Richtung Weilheim, hinter Schmalzhof rechts abbiegen und über Maxhof nach Maising zum Maisinger See ⑬; zurück zur B 2 und weiter in Richtung Weilheim über Pöcking bis zur Hirschberg-Alm bei Pähl ⑭; danach geht es weiter in Richtung Weilheim, nach 3 km links ab und über Diemendorf nach Tutzing und zur Ilkahöhe ⑮; zurück nach Tutzing und rechts über Bernried in Richtung Seeshaupt, vor dem Ort rechts und weiter bis Weilheim, hier links in Richtung Schongau, ab Peißenberg auf der B 472 nach Hohenpeißenberg, dort rechts zum Hohen Peißenberg ⑯; zurück nach Hohenpeißenberg und dort 1 km auf der B 472 in Richtung Schongau, dann rechts ab und durch Ober- und Untersedlhof, hinter Krönau links und weiter über St. Leonhard zum Eibenwald ⑰ vor Paterzell; von hier weiter nach Norden bis Zellsee, dort links und in Richtung Landsberg bis Rott, dort rechts ab nach Dießen und dort links nach Riederau zum Riedener Seeholz ⑱; zurück nach Dießen und weiter in Richtung Fischen zur Vogelfreistätte ⑲; dann am Ostufer des Sees entlang über Herrsching bis vor Seefeld, hier links und über Schlagenhofen nach Inning, nun auf der B 471 bis vor Grafrath, dann links bis Reichertsried, dort rechts und weiter bis Jesenwang zum Wildmoos ⑳.
Zurück nach München gelangen Sie über Fürstenfeldbruck und ab dort über die B 2, die direkt in die Innenstadt führt. Das Fünfseenland mit Ammer- und Starnberger See ist nicht nur das Naherholungsgebiet der Großstadt München, sondern auch eines der beliebtesten Reiseziele Deutschlands. An Hotels und Pensionen mangelt es deshalb an keinem Punkt der Route, in den Sommermonaten sind die Quartiere jedoch meist ausgebucht. Als Reisezeit besonders empfehlenswert sind die Früh- und Spätsommermonate.

zeugenden, senkrecht abfallenden Felsen werden gern von Freeclimbern als Trainingsgelände benutzt. Sie erreichen die beiden je nach Wasserstand 5–6 m aus dem Wasser ragenden Felsen, wenn Sie in Baierbrunn-Buchenhain unmittelbar hinter der Bahnunterführung links von der B 11 abbiegen. Am Ende der Straße, beim »Waldgasthof Buchenhain«, können Sie parken. Hinter dem Haus führt ein Fußweg über ca. 90 Stufen in den wildromantischen Klettergarten. Auf schmalen, von Baumwurzeln übersäten Pfaden gelangen Sie nach 300 m zur Isar. Flußaufwärts erscheint bald der Michelstein, 100 m davon entfernt liegt der Georgenstein.

⑪ Pupplinger Au

Zwei Flüsse, Isar und Loisach, haben mit ihrer Geröllfracht eine der schönsten und letzten Wildflußlandschaften Mitteleuropas geschaffen: die Pupplinger Au. Die reißende Isar vor allem hielt die 600 m breite Auenlandschaft in Bewegung und verlegte mehrfach ihr kiesiges Bett. Erst mittels menschlicher Einwirkung, wie dem Bau von Staubecken, wurde ihre Hochwasserkraft etwas gebändigt. Doch noch immer darf die Isar mit der Strömung Kies anlagern oder abbauen, neue Inseln bilden oder ihren Lauf bedingt verändern. Die breiten Strände gehören an schönen Sommerwochenenden zu den beliebtesten Zielen der Münchner, die hier – oft hüllenlos – braun werden wollen. Sie nutzen, fast ohne sich dessen bewußt zu sein, eine urtümliche Landschaft. Mächtige Kiefern ragen gen Himmel, Wacholder- und Tamariskenbüsche begleiten trockene Flußarme ebenso wie kristallklare Bäche. Auf kargem Grund wächst – ein Eiszeitrelikt – die Silberwurz. Dazwischen fängt das Fettkraut seine Nahrung in Form von winzigen Insekten. Unter den Kiefern blühen recht häufig Frauenschuh, Enzian, Steinröserl und Türkenbund. Kiefern-, Wacholder- und Blumensamen wurden durch die Hochwasser aus den Alpen angeschwemmt. Später pflanzte man auch hinzu. Seit 1912 steht die Pupplinger Au unter Naturschutz. Es leben dort Ringelnattern, Blindschleichen und pechschwarze Kreuzottern. Auf den Inseln brüten Flußseeschwalben.

Von Wolfratshausen kommend, sehen Sie links nach der Isarbrücke einen großen Parkplatz mit Orientierungstafeln. Durch die Au führen unmarkierte Pfade und Wege, ebenso in die angrenzenden nördlichen wie südlichen Auflächen. In ca. 15 Minuten erreicht man das Isarufer.

Bei meist niedrigem Wasserstand ragt der Georgenstein bei Baierbrunn hoch aus der Isar, und die Vegetation dringt bis ins Flußbett vor.

Nahe dem Zusammenfluß von Isar und Loisach liegt Wolfratshausen, Ausgangspunkt für Ausflüge in die Pupplinger Au.

Naturoase in der Großstadt

1789 wurde beschlossen, mitten in München einen Militärgarten anzulegen – was daraus wurde, ist als Englischer Garten heute weltbekannt. Drei Jahre später wurde ein erster Abschnitt der Parkanlage, die mit ihren 372 ha zu den weltweit größten und schönsten innerhalb einer Stadt zählt, der Öffentlichkeit übergeben. Im südlichen Teil kann man die englische Landschaftsarchitektur noch deutlich erkennen: Dort prägt das kunstvolle Arrangement der Wasserläufe, Wiesen, Waldstücke und Hügel das Bild. Im Norden bekommt der Englische Garten zunehmend den Charakter einer Auenlandschaft. Besondere Aufmerksamkeit verdient der Park als Vogelreservat. Für die Münchner ist er ein beliebtes Naherholungsgebiet mit Bächen, Liegewiesen und Biergärten, erschlossen durch Rad- und Fußwege von 30 und Reitwege von 12 km Gesamtlänge.

Naßforsch durch die Gasse

In jedem steckt bekanntlich ein Abenteurer. Wer möchte nicht einmal per Floß einen rauschenden Fluß hinunterfahren? Hart gearbeitet werden muß allerdings nicht bei den vergnüglichen Floßfahrten auf der Isar. Musik, Bier und Spaß und natürlich auch ein Landgang stehen statt dessen auf dem Programm. Die naßforsche Fahrt durch die lange Floßgasse wird in Wolfratshausen (bei ⑪) gestartet, das Ziel ist die Floßlände in München-Thalkirchen. Einzelinteressenten und Gruppen können sich beim Amtlichen Bayerischen Reisebüro (ABR), ☎ 089/1204485 anmelden; unter ☎ 08171/18320 und 08171/78518 können sich Gruppen direkt bei den Flößereien anmelden.

Das idyllische Tal der Würm: Im Altwasser bei Gauting blüht von Juni bis August die Weiße Seerose.

Die Graugänse von Seewiesen
Es waren Graugänse, die dem großen Gelehrten Konrad Lorenz (1903–89) den Schlüssel zur Erforschung des Verhaltens der Tiere lieferten. Seine Erkenntnisse gehören längst zu den tragenden Säulen eines besseren Tierverständnisses. Lorenz erhielt dafür (1973) den Nobelpreis für Medizin. Einen entscheidenden Teil seiner Arbeit leistete der Wissenschaftler im Max-Planck-Institut von Seewiesen, das am Eßsee zwischen Starnberger See und Ammersee liegt. Das Bild des im See schwimmenden Forschers, dem die Gänseküken im Schlepptau folgten, ging um die Welt. Das Institut ist für Besucher nicht zugänglich, dafür aber der Eßsee gleich daneben. Sie erreichen ihn vom Maisinger See ⑬ aus, wenn Sie in Richtung Andechs fahren und bald hinter Landstetten links nach Seewiesen abbiegen.

⑫ Würmtal zwischen Gauting und Starnberg

Während der jüngsten, der Würm-Eiszeit, die nach diesem Fluß benannt ist, endete eine Gletscherzunge bei Leutstetten. Als das Eis abtaute, brach die Würm als kräftiger Schmelzwasserfluß durch den hier abgelagerten zweifachen Endmoränenwall und grub sich ein tiefes Tal. An ihren Ufern ragen heute hohe Nagelfluhwände bis zu 50 und 60 m empor. Quellen rieseln aus dem Berg und fließen über den Weg hinab zur Würm. Besonders anmutig zeigen sich Hang- und Talvegetation im Frühling. Dann überzieht der Lerchensporn mit zartem Grün, mit violetten und weißen Farbtupfern den Boden der Laubmischwälder.
Man fährt in Percha über das Ende der A 952 nach Starnberg und biegt nach 1 km rechts in Richtung Gauting ab. Nach der ersten Würmbrücke, wo sich der erste Endmoränendurchbruch befindet, geht es flußaufwärts am Ufer entlang zum zweiten Moränenzug. Dort wechselt man über die Brücke auf die andere Flußseite mit dem Gasthof »Mühltal«, um auf dem Westuferweg wieder zum Ausgangspunkt zurückzukehren (ca. 40 Minuten).

⑬ Maisinger See

Eine Oase der Ruhe und Abgeschiedenheit ist der Maisinger See, der nur 4 km vom Starnberger See entfernt liegt. Dichte Schilfzonen umsäumen das fischreiche Gewässer. Nur am Ostufer ermöglicht ein Damm den ungehinderten Blick über den einst riesigen Moränensee. Hier ist auch das Baden erlaubt – alle anderen Ufer und Seebereiche sind geschützt. Im Juli ist der See von den schwefelgelben Blüten der Teichrose übersät. Die Moorflächen an seinem Südrand bilden ein wichtiges Vogelschutzgebiet, in dem auch Schwarzhals- und Zwergtaucher, Krick- und Knäkente brüten. Am Nordostufer hat sich eine kleine Auwaldschlucht erhalten. Es gab Zeiten, da dehnte sich der inzwischen stark verlandete Maisinger See bis zu dem 2 km weiter südwestlich liegenden Ort Aschering aus.
In Maising folgen Sie dem Wegweiser zum Gasthof »Maisinger See«, wo Sie parken können. Ein Rundweg führt, bisweilen in einiger Entfernung, durch Wiesen und Wälder um den See herum (ca. 1½ Stunden).

⑭ Pähler Schlucht

Kaum 50 m von der Hirschberg-Alm entfernt, die hinter der Biegung der B 2 in Höhe des Ortes Pähl liegt, hat sich der Burgleitenbach durch eine eiszeitliche Endmoräne gegraben. Dadurch ist die wohl imposanteste Schlucht des Alpenvorlandes entstanden. Die knapp 1,5 km lange Wan-

In der kleinen Maisinger Schlucht, nordöstlich des Ortes Maising gelegen, blieb der charakteristische Auwald unverfälscht erhalten.

derung endet an einem 15 m hohen Wasserfall. Die Natur bleibt in der Talsohle sich selbst überlassen. Umgestürzte Bäume und herabrollende Nagelfluhbrocken werden nicht geräumt. Die Schluchtvegetation ist der dauernd hohen Luftfeuchtigkeit angepaßt; Moose und Farne begrünen die Felsen am Bach. Von den steilen Wänden hängen Rankpflanzen herab, und Efeu klettert an den Bäumen empor. Am Boden blühen im Frühling der Lerchensporn und die Alpenaurikel.
Vom Parkplatz an der Hirschberg-Alm kommend, überqueren Sie die Straße und folgen nach Passieren einer Treppe dem Wegweiser zur Schlucht.

15 Ilkahöhe
Ein ungehinderter Blick auf den Starnberger See und bei gutem Wetter ein breites Alpengipfelpanorama – das macht die Attraktion der Ilkahöhe aus. Der 728 m hohe Hügel ist weitgehend baumfrei, abgesehen von einigen windgekrümmten Weißdornbüschen und einer Allee bei Oberzeismering. Benannt nach Fürstin Ilka von Wrede, zählt die Ilkahöhe zu den höchsten Punkten des Andechser Höhenrückens. Im Süden, rechts und links der Bahnstrecke nach Seeshaupt, fallen die Drumlins ins Auge. Diese meist bewaldeten ovalen Buckel sind eine Hinterlassenschaft der Eiszeit. Sie entstanden wohl immer dort, wo die Eismassen langsamer strömten.
Sie erreichen die Ilkahöhe, wenn Sie hinter dem Ortseingang von Tutzing links zum Forsthaus »Ilkahöhe« abbiegen (ausgeschildert). Vom Parkplatz aus dauert es 15 Minuten bis zur Höhe.

16 Hoher Peißenberg
Ein Berg, der gleich zwei Namen hat: Der Hohe Peißenberg wird wegen seiner einmaligen, isolierten Lage und der herrlichen Aussicht, die er bietet, auch »Bayerischer Rigi« genannt. Mit seinen stattlichen 988 m überragt dieses Wahrzeichen des Pfaffenwinkels die Umgebung um mehr als 400 m. Vor allem bei klarem Föhnwetter eröffnet sich nach allen Seiten ein phantastischer Ausblick: Fällt ein Sonnenstrahl auf die Landschaft, sieht man überall die Wasserflächen der vielen Voralpenseen glitzern. Nach Norden ziehen sich die Moore der Ammerniederung bis zum Südufer des Ammersees 19 hin, und im Süden wogt das alles überragende Gipfelmeer der Alpen. Der Gipfel des »Bayerischen Rigi« ist von Hohenpeißenberg aus mit dem Auto in ungefähr fünf Minuten zu erreichen (Parkplatz).

Der zu den Rosengewächsen zählende Waldgeißbart gedeiht in den feuchten Wäldern der Pähler Schlucht.

Der Bernrieder Park
Die Pläne der Erbauer hatten eigentlich ganz anders ausgesehen. Der Park (nach 15), der früher zu dem angrenzenden Augustiner-Chorherrenstift gehörte, wurde einst nach dem Vorbild eines englischen Gartens angelegt. Über die Jahre hat er sich aber ständig verändert, da keine regelmäßige Pflege erfolgte. Heute präsentiert er sich als eine natürliche Landschaft, die auch gerne »bayerischer Nationalpark« genannt wird. Auf einer Fläche von 78 ha findet man einen Bestand von jahrhundertealten Eichen, von Buchen und Ahornen. Kleine Bauminseln stehen auf den Wiesen, die von schmalen Wasserläufen durchzogen sind.
Das Auto können Sie vor Ihrem Spaziergang auf dem Parkplatz des Klosters abstellen, das sich in der Ortsmitte von Bernried befindet.

Auch bei weniger guter Sicht äußerst reizvoll: der Blick von der Ilkahöhe bei Tutzing auf den Starnberger See. Der in einer eiszeitlichen Gletscherrinne liegende See gehört mit einer Tiefe von 123 m zu den saubersten Gewässern Bayerns.

Der gewaltige Stamm der uralten Tassilo-Linde in Wessobrunn ist in drei Teile zerfallen.

Zeuge eines Jahrtausends
In Wessobrunn steht die Tassilo-Linde, die den gewaltigen Stammumfang von 13 m hat und 1000–1200 Jahre alt sein soll. Der Stamm ist allerdings hohl und in drei Teile zerfallen, die jedoch eine ungebrochene Vitalität zeigen und sich zu neuen Stämmen umbilden. Der Baum steht in der Nähe des Klosters Wessobrunn, eines der ältesten Klöster in Bayern. Der Sage nach ließ Herzog Tassilo III. im 8. Jh. das Gebäude an der Stelle erbauen, an der sein Jäger Wezzo drei Quellen gefunden hatte. Später entdeckte man dort eines der ältesten Zeugnisse der deutschen Sprache: das Wessobrunner Gebet aus dem 9. Jh. Das Original liegt heute in der Münchner Staatsbibliothek.
Sie erreichen die berühmte Linde auf unserer Route nach dem Besuch des Eibenwaldes bei Paterzell 17. In Wessobrunn folgen Sie den Schildern zum Kloster, wo Sie auch parken können. Ein Fußweg mit Wegweisern führt in kurzer Zeit zur Tassilo-Linde.

17 Eibenwald bei Paterzell

Bei Paterzell liegt der größte erhaltene Eibenwald Europas. Eiben sind ganz besondere Nadelbäume. Bis auf die scharlachrote Hülle der Samenanlagen sehr giftig, erreichen die langsam wachsenden Bäume ein biblisches Alter und wurden von unseren Vorfahren sehr geschätzt – so sehr, daß diese immergrüne Baumart in ihren natürlichen Beständen heute fast ausgerottet ist. Eiben liefern nämlich ausgezeichnetes Holz, aus dem im Mittelalter Speere, Pfeile und Bogen gefertigt wurden. Dieses »Ebenholz« ist hart, aber elastisch. Eiben finden sich heute meist nur noch in Parks oder als in andere Waldbestände eingestreute Einzelbäume. Auch die rund 1000 Exemplare bei Paterzell wachsen zwischen Eschen, Eichen, Buchen und Tannen.
Von St. Leonhard kommend, folgen Sie dem Hinweis »Eibenwald« in Richtung Paterzell. Ein nicht gekennzeichneter Parkplatz am linken Straßenrand ist Ausgangspunkt für eine Wanderung durch den Wald. Man kann auch ein kurzes Stück weiterfahren und dann rechts zum Gasthaus »Eibenwald« (ausgeschildert) abzweigen. Von dort sind ebenfalls Wanderungen auf unmarkierten Wegen möglich.

18 Riedener Seeholz

Am Ost- und Westufer des Ammersees dehnten sich einst weite Laubmischwälder aus, die vor allem von Buchen und Eichen geprägt wurden. Von diesen Urwäldern sind heute nur noch Reste erhalten geblieben, beispielsweise im Naturschutzgebiet Seeholz an der Westseite des Ammersees. Es liegt von Dießen aus nur wenige Kilometer nordwärts in Richtung Utting. Parken kann man beim Bahnhof in Riederau. Parallel zu den Gleisen führt ein Weg in nördlicher Richtung ins Seeholz. Nach ca. 30 Minuten tauchen die ersten Baumveteranen auf, Eichen und Hainbuchen mit bis zu 5 m dicken Stämmen. Vor allem für Spechte ist dieses Gebiet mit vielen alten Bäumen ein wahres Eldorado. So sieht – und hört – man den Bunt- und Grünspecht, aber auch Schwarzspechte und der seltene Mittelspecht kommen vor.

Wegen des harten, aber biegsamen Holzes wurden viele Eibenwälder vernichtet. Einer der wenigen erhaltenen wurde bei Paterzell unter Naturschutz gestellt.

⑲ Ammersee bei Dießen

Als am Ende der letzten Eiszeit der Loisachgletscher abschmolz, hinterließ er eine riesige Mulde – den heutigen Ammersee. Wie der Starnberger See war auch der Ammersee, mit 47,6 km^2 drittgrößter See Bayerns, in der Vergangenheit viel größer. Vor allem im Süden ragte er weit in das moorige Gelände hinein. Heute hat er nur noch eine Tiefe von 83 m.
Das Südende des Ammersees ist eine Moor- und Schilflandschaft, die von Alter und Neuer Ammer durchflossen wird und als Vogelschutzgebiet von internationalem Rang gilt. Bis zu 10000 Vögel von 290 verschiedenen Arten können im Herbst an einem Tag beobachtet werden. In Massen auftretende Gäste sind beispielsweise der Kiebitz, das Bläßhuhn und die Stockente. Aber auch Kornweihe, Rotschenkel, Kampfläufer und Goldregenpfeifer bereichern das Vogelleben im Schutzgebiet. Unter den 115 Brutvögeln wurden Braun- und Blaukehlchen, Eisvogel und Wachtelkönig registriert. Die allerbeste Zeit zum Beobachten von Wasservögeln ist im Winter, wenn der See zufriert. Dann drängen sich Enten, Gänse und Kormorane an der Mündung der Neuen Ammer, die an dieser Stelle frei von Eis bleibt.
Auf der Fahrt von Dießen nach Fischen liegt nach der Ammerbrücke gleich rechts ein Parkplatz, wo der Weg auf den Dämmen entlang der Ammer bis zur Mündung beginnt. Nach ca. 900 m gelangt man an einen Aussichtspunkt am Seeufer. Beachten sollte man die Hinweistafeln: Vom 1. März bis 31. August ist das Betreten der Vogelfreistätte Ammersee Südufer verboten. Von vielen Stellen am Rand des Naturschutzgebiets läßt sich das Treiben der Vogelwelt mit dem Fernglas jedoch gut beobachten.

⑳ Wildmoos

Das Wildmoos zwischen Jesenwang und Moorenweis ist eine flache, auf Reste beschränkte, aber noch weitgehend intakte Hochmoorlandschaft. Kiefern und Birken als Moorrandgewächse, Heidekraut und Pfeifengras kennzeichnen die trockenen Bereiche, Seggen kündigen die feuchte Zone mit Sonnentau, Torfmoosen und Wollgräsern an. Doch auch hier sind offene Schlenken selten geworden, denn mit tiefen Entwässerungsgräben fordert die Landwirtschaft ihren Tribut.
Sie erreichen das Wildmoos, indem Sie von Jesenwang in Richtung Römertshofen fahren. Nach etwa 1,5 km erreichen Sie rechts einen Parkplatz. Von hier aus führt ein Weg in südlicher Richtung ins Moor.

Nach einer schönen Wanderung vom Ammersee aus lädt der Biergarten des Klosters Andechs zur Rast ein.

Der »heilige Berg«
Wallfahrer verschiedener Art zieht es seit je in seinen Bann – das Kloster Andechs. Den einen ein Ort religiöser Besinnung, den anderen ein Biergarten-Mekka, begrüßt die beeindruckende Anlage mit Rautenfahnen und Andenkenrummel, mit bierdampfigen und immer überfüllten Wirtshäusern den Besucher. Darüber steht erhaben die Wallfahrtskirche. Beinahe noch schöner als das Ziel selbst ist eine Wanderung dorthin, die von Herrsching aus durch das Kiental führt (ausgeschildert). Dazu können Sie in Herrsching (nach ⑲) parken und wandern auf dem König-Ludwig-Weg (Markierung »KL«) 6 km nach Süden.

Am Südende des Ammersees mit seinem Schilfgürtel finden Sie ein bedeutendes Landschafts- und Vogelschutzgebiet mit guten Beobachtungsmöglichkeiten. Einst viel größer, ist der See heute im Norden und Süden verlandet.

48 Allgäu

Ferienland wie aus dem Bilderbuch

Kaum einer anderen deutschen Landschaft wird so viel Liebreiz, Grün und Ferienstimmung nachgesagt wie dem Allgäu. Ein Land, in dem Skifans und Gipfelstürmer auf ihre Kosten kommen, Bergwanderer und Ruhebedürftige die vollkommene Erholung finden. Aber das Allgäu besteht nicht nur aus Skizirkus, Gratwanderwegen, Berghotels und glücklichen Kühen, sondern bietet ein reichhaltiges Kaleidoskop in Sachen Natur und Urgewalt. Es ist noch nicht so lange her, daß der Mensch damit begonnen hat, diese einst so unwirtliche Landschaft zu nutzen. Nur wenn sich der Reisende über schwindelerregende Pfade – oder wie hier mit Hilfe der Nebelhornbahn – in die schroffen Gipfelregionen hinaufwagt, wird er den immer noch gegenwärtigen Kampf zwischen Mensch und Natur begreifen, einen Kampf, der die Entwicklung des Allgäus überhaupt erst ermöglicht hat.

Lage Zwischen Lech im Osten und Iller bzw. Bodensee im Westen; den Süden begrenzen der nördliche Bregenzer Wald, die Kette der Allgäuer Alpen und die Tannheimer Berge; nach Norden gibt es keine geographisch auffällige Grenze zum übrigen Schwaben, die Trennungslinie verläuft hier etwa zwischen Memmingen und Kaufbeuren
Ausdehnung Nord–Süd ca. 80 km; West–Ost ca. 70 km
Länder Bayern, Baden-Württemberg
Höchste Erhebungen Mädelegabel 2645 m, Biberkopf 2599 m, Hochvogel 2594 m, Kratzer 2424 m, Rauheck 2384 m, Großer Wilder 2380 m, Höfats 2258 m, Nebelhorn 2224 m, Aggenstein 1987 m im Hochgebirge; Große Schwedenschanze 1126 m, Kleine Schwedenschanze 1124 m, Schwarzer Grat 1118 m, Sonneneck 1063 m, Auerberg 1055 m, Iberg 963 m im Alpenvorland
Wichtigste Flüsse Iller, Wertach, Lech
Landschaftsformen Voralpine und alpine Landschaft; im Hochgebirge tief eingeschnittene Täler, Talkessel, typische Grasbergformen, Hochplateaus, Dolomitspitzen; im Alpenvorland weich geschwungene Linien, schluchtartige Taleinkerbungen, Durchbruchstäler, viele Seen
Information Landesfremdenverkehrsverband Bayern, Prinzregentenstr. 18, W-8000 München 22, ☏ 089/212397-0; Fremdenverkehrsverband Allgäu/Bayerisch-Schwaben, Fuggerstr. 9, W-8900 Augsburg 1, ☏ 0821/33335; Fremdenverkehrsgemeinschaft Ostallgäu, Postfach 17 60, W-8958 Füssen, ☏ 08342/753-14; Arbeitsgemeinschaft Allgäuer Land vor den Alpen, Verkehrsamt und Verkehrsverein Kempten/Allgäu, Rathausplatz 29, W-8960 Kempten, ☏ 0831/2525-237; Deutscher Alpenverein, Praterinsel 5, W-8000 München 22, ☏ 089/235090-0; Arbeitsgemeinschaft Fernwanderwege im Voralpenland, Fremdenverkehrsverband Ammersee-Lech, Von-Kühlmann-Str. 15, W-8910 Landsberg am Lech, ☏ 08191/47177

Grüne Berge und schroffer Kalk

Zwischen Iller und Lech, Memmingen und Mädelegabel zeigt sich das Landschaftsbild des Allgäus heute von seiner grünen Seite. Vor rund 20 000 Jahren aber war diese Gegend äußerst karg und lebensfeindlich. Damals rückten die großen Gletscher aus Lech- und Rheintal bis weit in den Bereich des Alpenvorlandes hinab. Nach den Eiszeiten füllte Gesteinsschutt die Täler und bedeckte das von den Gletschern ausgehobelte Relief. Bis heute ist die Formung der Alpen noch nicht endgültig abgeschlossen, noch immer nagen Wind, Wasser und Eis hartnäckig an ihrer steinigen Substanz und prägen die Formen der Kuppen und Hänge. Im Oberstdorfer Becken, das gut 20 km in die Alpen hineinragt, liegen harte und weiche Gesteinszonen unmittelbar nebeneinander. Geradezu herausragend ist der harte Dolomit, der die südliche Gratkette zwischen Biberkopf und Großem Krottenkopf bildet. Berge wie der Hohe Ifen und der Grünten, beide aus Schichten der Kreidezeit, zeigen mit ihren karstigen Profilen deutlich, daß die Allgäuer Alpen ein Teil der Nördlichen Kalkalpen sind.
Weichere Schichten aus schieferigem Flysch, Mergelkalk, Mergeln und Sandsteinen haben Erosion und Verwitterung zu den sanften Linien und blumenreichen Kuppen der berühmten Allgäuer Grasberge geformt. Sie sind bis zum Gipfel und selbst auf steilen Hängen mit einer Grasdecke bewachsen. Die Nagelfluhkette der Voralpen besteht aus gefalteter Molasse. Diese Schotter- und Schlammschichten sind mitunter zu betonähnlichen Konglomeraten, der Nagelfluh, verbacken.

Schmelztiegel der Kulturen

Zu den ersten Siedlern des Allgäus zählten die aus dem heutigen Ungarn stammenden Illyrer. Ihnen folgten Kelten, die im Jahr 15 v.Chr. von den Römern unterworfen wurden. Nach ihnen bevölkerten die Alemannen das Allgäu. Ihren Lebensunterhalt bestritten die Allgäuer schon vor Jahrhunderten als Bauern. Dem Flachsanbau folgte die Milchwirtschaft, die bis heute Haupterwerbszweig der Bauern geblieben ist. Sprache, viele kulturhistorische Orte und Bräuche erinnern an die verwegenen »Alpgauer«, wie sich die Allgäuer früher nannten. Viele der alten Traditionen spiegeln wider, wie hart das Leben in den einsamen Tälern, auf den steilen Berghängen und während eisiger, finsterer Wintermonate war. Von einstigen Hexenjagden zeugt beispielsweise noch heute das zur »Fasnet« veranstaltete Eggaspiel in Sonthofen.

Über den Seealpsee blickt man zum südlichsten Punkt Deutschlands, dem Biberkopf (2599 m).

Natur ist nicht vermehrbar

Bereits 1871 begannen Mitglieder des Deutschen Alpenvereins, den Gebirgsraum und seine Gipfel als touristische Ziele zu erschließen. Im Jahr 1901 bestiegen die ersten Gipfelstürmer das Nebelhorn ⓬. Inzwischen zählt das Allgäu mit mehr als 18 Millionen Übernachtungen pro Jahr zu den meistbesuchten Gebieten in Deutschland. Das bringt teilweise ökologische Probleme mit sich, von denen der Besucher oft nur wenig weiß. Vor allem in »übererschlossenen« Bergregionen fügen Seilbahnen, Lifte und Skisportanlagen der Landschaft dauerhafte Schäden zu. Folgen davon sind das Aussterben seltener Tierarten und die immer länger werdende Liste bedrohter Pflanzen. Zu den stillen Leidtragenden des Tourismus, aber auch des damit verbundenen Verkehrs, gehört der Wald. Im Allgäu sind über 60 % der Bäume krank. Vom Waldsterben besonders hart betroffen sind felsige Hanglagen oder Grate, die noch vor wenigen Jahrzehnten dank des kräftigen Wurzelwerks gesunder Bäume der Erosion erfolgreich trotzten. Wo der Wald seine Widerstandskraft verliert, sind die dichtbesiedelten Täler durch Lawinen, Steinschlag und Bergrutsche gefährdet. Ursprünglich war das Allgäu von dichtem Urwald bedeckt, der die von Süden eindringenden Römer das Fürchten gelehrt hatte. Reste dieser undurchdringlichen Wälder sind noch im Durchbruchstal der Wertach ⓯ bei Maria Rain erhalten. Aber immer

noch kann das Allgäu mit zahlreichen landschaftlichen Höhepunkten wie blumenreichen Gipfeln, wildromantischen Schluchten und weitläufigen Höhenwegen den Besucher begeistern. Allmählich entsteht eine verantwortungsvolle und breite Basis für einen sorgsamen, »sanften« Umgang mit der Natur. Das Überleben vieler naturnaher Gebiete hängt auch vom richtigen Verhalten der Feriengäste ab. Deren Verständnis und Fürsprache sind ebenso wichtig wie die bewußte Nutzung und Pflege durch die Allgäuer selbst, damit die einzigartige Berg- und Voralpenlandschaft erhalten bleibt.

Route 1 Oberallgäu

Allgäuer Höhepunkte

❶ Rund um den Niedersonthofener See

Wer auf der B 19 von Kempten Richtung Sonthofen/Oberstdorf fährt, genießt die typisch wellige Allgäuer Moränenlandschaft. Kleinere Wälder wechseln mit Weiden und anderen landwirtschaftlich genutzten Flächen. Vor Oberdorf fällt der Blick westwärts auf den Niedersonthofener See. Von dichten Schilfbeständen umgeben, erscheint die Wasserfläche zunächst abweisend. Dicht an die Uferzonen führen jedoch Straßen heran. Das Wasser des Niedersonthofener Sees ist klar und nährstoffarm. Am Südostufer ist der See bewaldet, am Nordwestufer grenzen Grünlandflächen bis an den Kiesstrand. Seine Entstehung verdankt der See dem »tiefschürfenden Wesen« des Illergletschers während der Eiszeiten. Ökologisch wertvoll sind besonders die verlandenden Inselseen mit ihren

Route 1
Oberallgäu
Die etwa 185 km lange Route beginnt am Niedersonthofener See ❶ und führt durch das Oberallgäu westlich der Iller. Durch idyllische Täler geht es an wildromantischen Wasserfällen vorbei und in blumenreiche Gebirgsregionen hinauf. Besonders reizvoll sind der Eistobel bei Grünenbach ❹, der Hochgrat ❺, die Breitachklamm ❼ und das Gottesackerplateau ❽. Die Strecke endet in Oberstdorf aufgrund des Oberstdorfer Kessels mit ungewöhnlich vielen Abstechern. (Gliedern Sie sich die Route in bequeme Abschnitte, berücksichtigen Sie die Wettervorhersage; einige Wanderungen nehmen sehr viel Zeit in Anspruch.)
Streckenverlauf:
Von der A 7 beim Autobahndreieck Allgäu auf die A 980 Ausfahrt Waltenhofen, weiter auf der B 19 nach Niedersonthofen ❶; auf der B 19 zurück nach Kempten, von dort auf Nebenstraßen nördlich nach Altusried ❷; weiter über Kimratshofen und Winterstetten nach Kreuzthal ❸; zurück nach Winterstetten, über Hinznang und Neutrauchburg bis Isny und weiter über Maierhöfen nach Grünenbach ❹; südlich auf kleiner Straße bis Hinterreute, von dort auf der Deutschen Alpenstraße B 308 übers »Paradies« bis Oberstaufen, rechts ab Richtung Österreich über Steibis zum Hochgrat ❺; zurück nach Oberstaufen, dort auf die B 308 nach Immenstadt, weiter auf der B 19 Richtung Oberstdorf, bei Fischen rechts ab nach Obermaiselstein und Richtung Tiefenbach ❻; weiter über Tiefenbach zur Breitachklamm ❼; anschließend nach Oberstdorf, dort auf der B 201 über die österreichische Grenze ins Kleinwalsertal bis Riezlern ❽; zurück nach Oberstdorf, von dort Abstecher zum Fellhorn ❾, Bacherloch ❿, Stuibenfall ⓫ und Nebelhorn ⓬.
Über die B 19 kommen Sie zurück zum Niedersonthofener See und zur A 7.
Die günstigste Zeit zum Bergwandern beginnt Mitte August und endet Mitte Oktober. Die blumenreichste Zeit ist im Juni und Juli. Aber auch der Winter hat seine Reize. Ein großer Teil der Wanderwege ist bei Schnee geräumt.

Riedbeständen und teilweise moorigen Ufern. Auf den angrenzenden, kaum genutzten Streuwiesen hat sich eine reichhaltige Blumenflora erhalten. Die Inselseen stellen wichtige Rückzugsgebiete für viele seltene Vogelarten dar. Es können Haubentaucher, Graureiher, Gänsesäger, Wasseramseln und mitunter auch Eisvögel beobachtet werden. Auch an der nahen Iller, die sich etwa 5 km östlich bei der Einmündung der Rottach in einer schwungvollen Schleife durch das Molassegestein gegraben hat, ist die Vogelwelt noch in Ordnung. Hier brüten Baumfalke und Gänsesäger, Wasseramsel, Krickente und Neuntöter. Auf der anderen Seite der B 19 offenbart das Werdensteiner Moos, ein sehr kleines Hochmoor, intakte Natur: Wiesenpieper und Birkenzeisig, Wachtel und Wachtelkönig, Wasserralle, Sperber und Berglaubsänger ziehen hier ihre Brut auf. Während der Zugzeiten wird besonders der Niedersonthofener See von ganzen Schwärmen von Wasservögeln besucht.
Zum Niedersonthofener See verlassen Sie die B 19 in Waltenhofen in Richtung Zellen-Wollmuths. Nach wenigen Minuten gelangt man ans Nordufer, eine Umwanderung des Sees dauert ca. 1½ Stunden. Zur Illerschleife müssen Sie die B 19 bei Oberdorf überqueren. Parken Sie bei Martinszell, dann geht es zu Fuß an der Iller entlang. Sie können auch mit dem Auto bis Häusern auf die östliche Illerseite fahren. Das Werdensteiner Moos finden Sie, wenn Sie der B 19 in Richtung Immenstadt folgen und rechts nach Niedersonthofen/Burgruine Werdenstein abbiegen. Direkt unterhalb der Ruine liegt das Moor.

Gänsesäger an der Iller in der Nähe des Niedersonthofener Sees.

Über eine regelrechte Seenkette, die Inselseen, entwässert der Niedersonthofener See zur Iller.

Schaubühne der Freiheitskämpfe
Wer Kultur in der Natur mag, dem sei die größte süddeutsche Freilichtbühne empfohlen, die in Altusried ❷ eine malerische Kulisse abgibt. Die Naturbühne ist 400 m breit und 120 m tief. Der Spielplan der Altusrieder ehrt immer einen Freiheitshelden wie Götz von Berlichingen, Wilhelm Tell, Andreas Hofer oder den bayerischen Hiasl. Letzterer war der Wilddieb und Räuber Matthias Klostermayer, der auf vielen Streifzügen zwischen Lech und Iller der Obrigkeit trotzte. Diese traditionsreichen Aufführungen der Altusrieder Freilichtbühne erinnern an den Bauernkrieg von 1525, in dem die Bauern vergeblich um ihre Freiheit kämpften. Damals stürmte ein Bauernheer auch die Burg Hohentann im nahen Kimratshofen.

Vom Flachsanbau zur Käsküche
Laut Statistik gibt es im Allgäu mehr Rinder als Menschen. Rund eine halbe Million Kühe werden gezählt, die pro Jahr mehr als zwei Milliarden Liter Milch erzeugen. Die Milch wird vor allem zu Käse verarbeitet, so etwa zu Deutschem Emmentaler, Weißlacker, Romadur und Camembert. Das Allgäu produziert rund ein Viertel des deutschen Käses. Kempten hat es beispielsweise zu einer Käsebörse gebracht, auf der die Richtpreise ausgehandelt werden. Der Käse bewahrte einstmals das Allgäu vor dem wirtschaftlichen Ruin. Ursprünglich hatten sich die Allgäuer stark für die Leinenproduktion engagiert und Flachs angebaut. Durch billige importierte Baumwolle wurden jedoch gegen Ende des 18. Jh. die Flachsbauern und -spinner brotlos. Man holte einen Schweizer ins Allgäu, der die Käsküche einführte und eine Dynastie von »Käsbaronen« gründete. Heute erinnern in Wiggensbach (südlich von Altusried ❷) ein Käsemuseum und ein Käsweg an die alte, importierte Tradition. Käsereien sind landauf, landab zu besichtigen, u.a. in Altusried ❷, Kempten, Leutkirch, Oberstaufen und Immenstadt (beide zwischen ❹ und ❻), Oberstdorf ❻–⓬ und Wangen.

❷ Illerdurchbruch

Auf ihrem Weg zur Donau bahnte sich die Iller mit gewaltiger und steter Kraft ein tiefes Flußbett. Bei Altusried wurde sie durch harte Nagelfluhbänke zu starken Schleifenbewegungen gezwungen. Bis zu 30 m hoch ragen die gerölldurchsetzten Felsen an den Prallhängen des Flusses empor. Staumauern und Talsperren haben die lebhafte Iller inzwischen gebändigt. Dennoch hat die romantische Landschaft nicht darunter gelitten. Wer es so mag wie in früheren Zeiten, findet beim Weiler Fischers den Fährmann, der auf ein Glockenzeichen die Wanderer mit dem Boot übersetzt. Hoch über der Iller erhebt sich die Burgruine Kalden, ehemals Sitz der Pappenheimer.
Zum Illerdurchbruch bei Altusried müssen Sie Kempten durchfahren. In Altusried geht es dann zur Burgruine Kalden; diese Straße führt direkt an die Steilwände des Illerdurchbruchs heran.

❸ Adelegg

Die Adelegg stellt ein unübersehbares Stück Allgäuer Erdgeschichte dar: Mit mehr als 1100 m ü. M. ist sie einer der höchsten Molasseberge im Alpenvorland. Nachweislich stieß der Rheingletscher während der Eiszeiten bis an den Fuß des gleichnamigen Höhenzugs. Aber auch der Mindelgletscher hatte die Adelegg erreicht. Noch heute sind die Spuren der Vergletscherung – Altmoränen und Schmelzwasserablagerungen – zu sehen. Die Adelegg selbst blieb jedoch von den Eismassen verschont. Sie hielt sich als karge Halbinsel zwischen den gewaltigen Gletscherströmen. Heute ist die Adelegg eine Blumeninsel. Neben Grünem und Braunem Streifenfarn, Glockenblumen und Thymian gedeihen seltene Pflanzen wie der Fransenenzian und die Silberdistel. Besonders beeindruckend ist der Fernblick vom Schwarzen Grat oder der Kleinen Schwedenschanze

Die 30 m hohen Steilwände bei Altusried sind nur ein Teil des 20 km langen Engtales, das sich die Iller zwischen Kempten und Memmingen bahnte.

aus. Im Süden zeigen sich das schneebedeckte Alpenpanorama, so weit das Auge reicht, und im Kontrast dazu das sanft geformte, grüne Alpenvorland (Einkehr im historischen Gasthof in Großholzleute).
Die Adelegg läßt sich am besten von Kreuzthal aus erforschen. Hier beginnen die jeweils zweistündigen Wanderungen zur 1124 m hohen Kleinen Schwedenschanze oder zum 1118 m hohen Schwarzen Grat.

4 Eistobel

Auch im Alpenvorland kann sich Wasser von seiner ungestümen Seite zeigen. Im Eistobel bei Grünenbach hat sich die Obere Argen besonders anschaulich verewigt. Sie schnitt nicht nur eine tiefe Schlucht in die bis zu 150 m hohen, harten Nagelfluhfelsen der Endmoränenlandschaft, sondern verwandelte die Ufer und das Flußbett in eine zauberhafte Märchenwelt. Glattpolierte, senkrechte Felsen wechseln mit Wasserfällen, Schwällen und natürlichen Wehren ab. Mal tost das Wasser durch Gletschertöpfe und über gewaltige Felsblöcke, mal fließt es träge und klar über Kieselgrund. Je nach Lichtverhältnissen schimmert es grün, türkis oder blau. Umgeben von Mischwald, ist der Eistobel eine Oase für Auge und Ohr. Das 4 km lange Tal steht unter Naturschutz und gilt als Paradies für Wasseramsel und Eisvogel. Auch für Pflanzenfreunde hält der Tobel einige Kostbarkeiten parat. Hohe Luftfeuchtigkeit und günstige Temperatur sind Garanten für den üppigen Bestand an Farnen, Riesenschachtelhalm und zottigen Moosbärten an den Bäumen. Im Wald sollen auch noch Rotes und Schwertblättriges Waldvögelein anzutreffen sein.
Angenehm kühl wirkt der Eistobel an einem heißen Sommertag. Aber auch im Winter zeigt er sich reizvoll: Dann überziehen Vorhänge aus funkelnden Eiszapfen und grünlich schimmernde Eiswände wie überdimensionales Zuckerbäckerwerk die Ufer und verwandeln die Schlucht in eine Phantasielandschaft. Die urweltliche Natur des Eistobels führt den Wanderer in eine Zeit, die viele tausend Jahre zurückliegt. Die Obere Argen begann ihr Tal schon während der älteren Eiszeiten auszufurchen. Am großen Wasserfall zeigt der Eistobel seine dramatische Gestalt. Zwischen steilen Nagelfluhbänken tost das Wasser durch Schnellen oder Strudellöcher und schießt über breite Felstische. An den Hängen wachsen im Schatten von Fichten, Buchen, Eiben, Tannen, Ahorn und Eschen zarte Gewächse wie Glockenblumen und Geißbart, Heckenrosen und

Deutsche Alpenstraße
Durch das Allgäu verläuft die Deutsche Alpenstraße (Lindau-Berchtesgaden) auf 129 km Länge. Von Lindau führt sie über Scheidegg durch das »Paradies« nach Oberstaufen (zwischen 4 und 5). Das »Paradies« ist eine 180°-Kehre mit herrlichem Alpenpanorama. Weiter geht es am Alpsee entlang nach Immenstadt und Hindelang. Von dort aus windet sich die Straße mit 106 Kurven und 6% Steigung hinauf zur »Kanzel« (1060 m). Von hier hat man einen traumhaft schönen Ausblick auf die Berge und das Ostrachtal.

Ein imposantes Naturschauspiel: Mit seinen Kaskaden, rauschenden Wasserfällen und blaugrünen Gumpen ist der Grünenbacher Eistobel ein Erlebnis für Auge und Ohr.

Der reizvolle Weg von der Sturmannshöhle zum Hirschsprung führt an zahlreichen Wasserfällen vorbei.

Ein Stückchen Fernweg
Zwei Europäische Fernwanderwege, E 4 (Bregenz–Pyrenäen) und E 5 (Oberstdorf–Meran), führen über den Grat der Nagelfluhkette. Sie beginnen im österreichischen Hittisau, überqueren die grüne Grenze, um dann den Hochgrat 5 hinaufzusteigen. Den Grat entlang geht es bis zum Stuiben und über Gunzesried wieder hinab nach Sonthofen. Hier trennen sich die Wege. E 4 führt über das Tiefenbacher Eck und Spieser nach Unterjoch. E 5 verläuft an der Iller entlang über Oberstdorf und Spielmannsau hinauf zum Mädelejoch und über die österreichische Grenze ins Lechtal.

Maßliebchen. Noch mehrmals überrascht der Tobel mit Attraktionen: Das Wasser stürzt in blaugrüne Gumpen oder fällt in Kaskaden von Schwall zu Schwall. Auf dem Rückweg zur Brücke kann man das Temperament der Oberen Argen ein zweites Mal – jetzt aus entgegengesetzter Richtung – genießen.
Von Isny kommend, parkt man nach Maierhöfen neben der Argenbrücke. Direkt vom Parkplatz aus führt ein steiler Weg hinab zur Argen und zum Tobel. Die Wanderung dauert ca. 1–2 Stunden.

5 Hochgrat

Wer von Norden her auf Oberstaufen oder Immenstadt zufährt, den grüßen zunächst die Gipfel der Nagelfluhkette. So werden die drei hintereinander gestaffelten Bergrücken zwischen Oberstaufen und Immenstadt genannt. Ihr Untergrund, die Nagelfluh, ist betonharter, zu Stein verfestigter Kies und Sand. Er wurde im Tertiär in den Alpenrandlagunen abgelagert und zeigt heute nach der Heraushebung und Verwitterung seine Fruchtbarkeit in einem artenreichen Blumenmeer. Mit 1833 m ist der Hochgrat der höchste Gipfel der Bergkette. Von dort aus überblickt man das weite Alpenvorland bis hinunter zum Bodensee. Nach Süden staffeln sich die weicheren Flyschgipfel vor den schroffen Dolomitgipfeln von Krottenspitze und Mädelegabel. Bei klarer Sicht erlebt man eine Gipfelschau von der Zugspitze bis zu den Berner Alpen. Überraschend ist der Blumenreichtum des Hochgrats. Selbst auf dem hochgelegenen Kamm blühen Trollblumen, Alpendost, Kohlröschen und Alpenastern. Mit einem Naturdenkmal besonderer Art wartet die Lauch-Alpe am Fuß des Hochgrats auf: In einem Waldstück wächst mit beachtenswerter Vitalität eine 1000jährige Eibe.
Man erreicht den Hochgrat von Oberstaufen aus. Der Gipfel ist in etwa 3 Stunden erklommen, der Abstieg dauert gut 1½ Stunden. Das Auto parkt man bei der Talstation der Hochgratbahn. Nicht weit davon beginnt auch der Fußweg. Er führt am Staufner-Haus vorbei auf den Gipfel. Starthilfe gibt die bis auf 1708 m Höhe führende Hochgratbahn. Andere Aufstiege führen durch das Aubachtal über die Gunzenrieder Säge (mautpflichtig) und über den Stuiben (Einkehr im Staufner-Haus).

6 Sturmannshöhle

Auf 980 m Höhe liegt in den hellen Kalksteinfelsen des Schwarzenbergs die Sturmannshöhle. Ein schmaler, 130 m langer Felsspalt bildet den Eingang zu einem Schacht. Über 180 Stufen geht es hinab in ein

Über 180 Stufen steigt man in die Sturmannshöhle hinab. Warme Kleidung ist hier erforderlich, denn die Höhlentemperatur klettert nie über 6 °Celsius.

mächtiges, beleuchtetes Felsengewölbe mit rauschendem Bach. Die Höhle wurde 1903 erschlossen und kann besichtigt werden (geöffnet Mai–Okt. Di–So 9.30–16 Uhr; Führungen). Die Wege sind mit Drahtseilen, Eisenleitern und Holzstegen gesichert. Am besten parkt man in Obermaiselstein beim »Haus des Gastes«. Von dort geht es zu Fuß in ca. 30 Minuten zur Sturmannshöhle. Zurück empfiehlt sich ein malerischer Waldweg vorbei an Wasserfällen zum Hirschsprung, einem Felsentor zwischen Ochsenberg und Schwarzenberg. Anschließend ist man in wenigen Minuten über den Ortsteil Ried wieder beim Parkplatz in Obermaiselstein. Die einzige Schauhöhle des Allgäus erreichen Sie aber auch von Oberstdorf aus in einer Zwei-Stunden-Wanderung über Tiefenbach auf ausgeschilderten Wanderwegen.

7 Breitachklamm

Kaum vorstellbar, daß die Breitach im Lauf von 10 000 Jahren die wohl schönste Klamm der Nördlichen Kalkalpen geschaffen hat. Die Breitach, die den Berg auf einer Länge von 1,6 km bis zu 90 m tief zersägt hat und wild schäumend mit ungestümer Kraft durch die Felsen rauscht, bildet zusammen mit Trettach und Stillach die Quellflüsse der Iller. Die »Zwing«, so heißt die Klamm bei den Allgäuern, wurde 1832 erstmals von einem Immenstädter Arzt vermessen: »12 Schuh breit und 36 Klafter tief«. Als grauenerregend galt damals der Blick in den Abgrund. Heute schätzen die Besucher die wildromantische Schönheit der Breitachklamm. An den Wänden zeugen glattpolierte Strudellöcher und tiefe Schründe von der zerstörenden, aber auch formenden Kraft des Wassers. Der Tiefenbacher Pfarrer Johannes Schniebel hatte sowohl den Plan als auch das Organisationstalent, die Breitachklamm für das Publikum 1904/05 mit einem Steig zu erschließen. Heute kann man die Schönhei-

Alpabtrieb ins Tal

Wenn der Alpsommer zu Ende geht, wird das Vieh, buntgeschmückt mit kunstvollen Kronen und mit großen Schellen behängt, in die Täler gebracht und durch die Dörfer getrieben. Was früher Anlaß für örtliche Feste war, hat sich heute zur touristischen Attraktion ausgewachsen. Der ursprüngliche Sinn, nämlich die Freude und Dankbarkeit darüber, daß den Tieren den Sommer über auf der Alp kein Unglück zugestoßen ist, wird dabei immer mehr in den Hintergrund gedrängt. Bekannt für dieses »tierische« Spektakel sind: Unter- und Obermaiselstein 6, Burgberg bei Sonthofen 13, Bolsterlang, Gunzesried, Oberstdorf 6–12, Rettenberg und Schöllang.

In der Breitachklamm regnet es immer, denn große und kleine Zuflüsse stürzen von oben in den tosenden Schlund herab. Wer die 1,6 km lange Klamm erkunden will, sollte deshalb Regenkleidung oder einen Schirm mitnehmen.

An senkrechten Felswänden, wie hier am Gottesackerplateau, ist der Mauerläufer auf Nahrungssuche.

Ein Tal mit eigenen Gesetzen

Südöstlich der Gottesackerwände 8 erstreckt sich das Kleinwalsertal. Der einzige Weg dorthin führt über Oberstdorf. Als um 1300 landsuchende Walliser Bauern, kurz Walser genannt, von Süden her das Tal besiedelten und ihm dadurch seinen Namen gaben, dachten sie weder an Straßenbau noch an Zollanschluß. Ihre hart erkämpften Freiheiten wußten sie zu verteidigen, und bis heute hat sich das Kleinwalsertal eine Sonderstellung bewahrt. Es gehört politisch zu Österreich, wirtschaftlich jedoch zu Deutschland. Da das Walsertal deutscher Zollhoheit untersteht, gibt es keine Zollkontrolle. Bezahlt wird mit DM, selbst auf dem Postamt, wo man nur österreichische Marken kaufen kann. Ihre Steuern zahlen die Talbewohner ebenfalls in DM an das österreichische Finanzamt.

Landschaftlich reizvoll ist das Kleinwalsertal durch seine einmalige Lage inmitten eines Kranzes von beeindruckenden Zweitausendern. Im Süden zeigt sich der Widderstein mit schroffem Dolomit, Ifen und Gottesacker vertreten die Kreide, Flysch prägte die sanften Linien vom Walmendinger Horn und den vielen Buckeln im Tal.

ten der Klamm auf sicheren Wegen gefahrlos genießen. Besonders imposant zeigt sich die Breitachklamm im Winter, wenn das von den Wänden herabtropfende Wasser vieler Rinnsale und Bäche zu glitzernden Eiszapfenvorhängen und grünlich leuchtenden Eiswänden erstarrt. Dann hört man die Breitach unterm Eis nur noch leise glucksen. Die eisverhangene Klamm wird jedoch bei Föhnwetter zur Sicherheit gesperrt. Dann kommt mit dem warmen, stürmischen Wind Leben in die starre Pracht. Mit Getöse poltern die funkelnden, tonnenschweren Kristallvorhänge in die Klamm. Aber auch im Sommer sind den natürlichen Erosionskräften in der Breitachklamm keine Grenzen gesetzt. Überall an den Hängen nagt das Wasser Furchen ins Gestein und löst Steine und Felsbrocken. Damit verändert sich das Erscheinungsbild der Breitachklamm immer wieder aufs neue. Für geologisch interessierte Besucher stellt sich im oberen, weniger wilden Teil der Klamm der Aufbau des alpinen Kreideprofils besonders eindrucksvoll dar: Auch von ungeübten Augen können die einzelnen Schichten (helle Kalksteine, grünliche Schiefer, Sandsteine) deutlich voneinander unterschieden werden.

Von Tiefenbach ist der Weg zur Breitachklamm ausgeschildert. Den Wagen kann man bequem fast direkt vor dem Eingang zur Klamm parken. Von hier aus erreicht man in etwas mehr als 15 Minuten die deutsch-österreichische Grenzstation und die Gaststätte »Walserschanz«, oder, was auch zu empfehlen ist, man steigt aufwärts zum Zwingsteg, der in 90 m Höhe die Klamm überbrückt. Von der Klamm aus führt auch ein Wanderweg breitachaufwärts durch die anschließende Walserklamm zum Gasthof »Waldhaus« und weiter ins Kleinwalsertal.

8 Gottesackerplateau

Unter Alpinisten gilt das Gottesackerplateau als das imposanteste Karrenfeld der Nördlichen Kalkalpen. Leider ist unerfahrenen Wanderern von seiner Begehung abzuraten. Selbst wenn man mit der Hahnenköpfle-Doppelsesselbahn zur Ifenalpe hinauffährt, dauert eine Wanderung über das Karstplateau 7 Stunden. Wer sich nicht sicher ist, sollte sich einem Führer anvertrauen. Das Plateau ist 9 km^2 groß und am Rand von senkrechten Wänden begrenzt. Für Botaniker und Geologen ist die gigantische, etwa 100 m dicke Kalkplatte eine Kostbarkeit. Die eigentümliche Gestalt der Gottesackeroberfläche ist durch Regenwasser, Tau und vor allem Schneeschmelzwasser entstanden, das Kohlensäure enthält und Furchen in das lösungsanfällige Gestein ätzt. Geologen haben berechnet, daß 1–3 cm tiefe Schrunden und Schratten in etwa 1000 Jahren entstanden sind. Nach der Ifenhütte geht es über die Ifenmulde bergauf. Bald lösen Alpenrosengebüsche die mageren Weiden ab. Hier wachsen Wacholder und der giftige Gestreifte Seidelbast. Dazwischen gedeihen Trollblume, Kohlröschen, Alpen-Glockenblume, Kugelige Teufelskralle, Nacktstengelige Kugelblume und eine Orchidee mit dem Namen Kugelknabenkraut. Aufmerksame Beobachter entdecken auch den Stengellosen

Die Bewohner des über 1000 m hoch gelegenen österreichischen Kleinwalsertals sprechen eine Schweizer Mundart.

Der Schlappoltsee, ein Karsee, liegt direkt unterhalb des Fellhorngipfels.

Enzian und das Zwerg-Mannsschild – außerdem die kugelförmige Losung der Gemsen, die am Gottesacker in großer Zahl ihr Revier haben. Mit Beginn der steil aufragenden Felsmauer kehrt für den Wanderer selbst im Hochsommer der Frühling zurück. Da die Rinne bis ins späte Frühjahr hinein von Schnee bedeckt ist, blühen hier die Frühlingsblumen mit Verspätung. Das Gestein ist deutlich geschichtet. Wo die weicheren Mergelschichten verwittern, haben Murmeltiere ihre Bauten gegraben. Durch eine seilgesicherte Scharte betritt man schließlich das Plateau. Schlagartig eröffnet sich dem Wanderer ein grandioses Alpenpanorama. Ziel des Weges ist die 1987 m hohe Scharte in den oberen Gottesackerwänden. Die Gipfelplatte hat vom tiefsten Punkt aus gesehen rund 300 m Höhenunterschied. »Das gesamte Gottesackerplateau macht den Eindruck eines in der Brandung zu Stein erstarrten Meeres und zugleich den eines spaltenreichen, zu Stein gewordenen Gletschers«, beschreibt es recht anschaulich ein Allgäuer Bergführer. Der schroffe Fels läßt auf den ersten Blick bis auf die allgegenwärtigen gelbgeschnäbelten Alpendohlen kein Leben zu. Angewehter Staub und gelöster Gesteinsgrus bilden jedoch in den Karren so etwas wie natürliche Blumentöpfe. Das reicht einer leuchtenden Blumenwelt zum Leben. Die Hochfläche ist auch ein Rückzugsgebiet für seltene Vogelarten. Wer Glück hat, kann den prächtigen schwarzweißroten Mauerläufer beobachten oder sogar das Steinhuhn. Auffallend sind die bis zu 80 m tiefen Dolinen, kreisrunde Löcher, die wie Brunnenschächte in die Tiefe des Berges führen. Sie sind die Folge eines unterirdischen, teilweise eingestürzten Höhlensystems.
Hinab führt der Weg durch den Windecksattel. 100 m tiefer liegt mit 1652 m das wohl am höchsten gelegene deutsche Hochmoor; weiter geht der reizvolle Weg durch Mischwald zum Mahdtal und dem 77 m tiefen Hölloch. Darunter verbirgt sich eine mehrere hundert Meter lange klammartige Schlucht. Interessant ist noch ein Abstecher zum Schwarzwasserbach, der nicht weit vom Mahdtalhaus entfernt eine natürliche Brücke ausgewaschen hat.

Eine Naturoase für Badenixen

Nur eine Wegstunde von Oberstdorf entfernt, auf dem Weg zum Fellhorn 9, lädt der Freibergsee zu einer Badepause ein. Trotz seiner Lage in 930 m Höhe ist er im Sommer einer der wärmsten Badeseen des Allgäus. Sein weiches Wasser erreicht nur eine maximale Tiefe von 24 m. Vor der Kulisse der Oberstdorfer Flugschanze erscheint der fast kreisrunde See besonders an heißen Tagen wie eine Naturoase. Zum Freibergsee empfiehlt sich die Wanderung über einen Naturlehrpfad, der an der Talstation der Söllereckbahn beginnt (Parkplatz an der B 201 Richtung Kleinwalsertal). Bei herrlichem Blick auf Grünten, Mädelegabel, Höfats, Nebelhorn 12 und andere umliegende Gipfel geht es in ca. 1½ Stunden zum See (Einkehrmöglichkeiten: Restaurants »Bergkristall« und »Freibergsee«).

In Deutschland einmalig: Das Karrenfeld auf dem Gottesackerplateau ist schwer begehbar, bietet dafür aber einer reichen Pflanzenwelt Platz.

Der Fetthennen-Steinbrech gedeiht bis in Höhen von 2500 m, u. a. auch am Fellhorn.

Die Blüten der Türkenbundlilie werden oft vom Rotwild abgefressen: Sie regen den Geschlechtstrieb der Tiere an.

Die Behaarte Alpenrose bevorzugt kalkhaltigen Untergrund, so wie er im Fellhorngebiet vorkommt.

Auf hochgelegenen Almweiden wächst der Gelbe Enzian; er blüht von Juni bis August.

Sie erreichen das Gottesackerplateau über die Auenhütte im Schwarzwassertal. Dazu sollten Sie den Wagen in Riezlern parken und mit dem Bus zur Auenhütte fahren. Von dort aus geht's per Sessellift zur Ifenhütte. Der Rückweg führt über die Höfle-Alm wieder zur Fahrstraße und mit dem Ifenbus zurück zum Parkplatz.

9 Fellhorn

Kein anderer Gipfel der Allgäuer Alpen ist so ins Zwielicht geraten wie das Fellhorn. Es gilt als touristisch »übererschlossen«. Großkabinenbahn auf deutscher und Kanzelwandbahn auf österreichischer Seite sowie acht Lifte überspannen den Kamm zwischen Warmatsgundtal und dem Kleinwalsertal. Für Pisten wurden Hangmoore und feuchte Wiesen trockengelegt. Wege haben die Hänge angefressen, und die einsetzende Erosion gefährdet Wald und Weiden. Solange Schnee liegt, sind die Schäden kaum sichtbar. Aber die Sommersonne bringt die großangelegte Zerstörung deutlich ans Licht. Sie ist in weiten Teilen irreparabel.

Noch ist das Fellhorn allein wegen der besonders schönen Alpenrosenbestände ein lohnendes Ziel. Auf dem höchsten Flyschgipfel der Allgäuer Alpen lassen die Blumen im Juni und Juli die oberen Hänge rot erglühen. Eine Gratwanderung vom Kanzelhorn bis zum Söllereck über Fellhorn und Schlappolt zählt immer noch zu den schönsten Wanderungen im Allgäu. Sie führt durch einen wildromantischen Blumengarten. Auf den Matten steht oft in üppiger Zahl der Purpurenzian, auf Felssimsen zeigen sich zarte Aurikel, Steinbreche kleben im steilen Fels, Silberwurz, Windröschen und Habichtskraut ducken sich an die Grasnarbe.

Zum Fellhorn gelangt man von Oberstdorf aus über die Stillachstraße. Die Straße endet bei Faistenoy am Parkplatz der Talstation. Wer nicht zur Talstation zurückkehrt, sollte den öffentlichen Bus benutzen.

10 Bacherloch

Auf dem Weg von Einödsbach, dem südlichsten ständig bewohnten Ort Deutschlands, zur Mädelegabel liegt eine der wildesten Schluchten des Allgäus, das Bacherloch. Es gehört zu den Glanzpunkten des bayerischen Alpengebiets. Vor der Kulisse von Mädelegabel, Wildem Mann und Rotgundspitze hat ein Gewirr von Felsblöcken und Geröll die enge Schlucht zu einem besonders bizarren Felsengarten gestaltet. Hier liegt im sogenannten Schneeloch selbst in heißesten Sommern noch harschiger Lawinenaltschnee. Das Bacherloch ist Pflanzenschutzgebiet. Direkt hinter dem Schneeloch erhebt sich der Linkerskopf. An seinen Hängen gedeiht – fast einmalig in Deutschland – der Gletscherhahnenfuß. Diese

Der breite Weg über den Fellhorngrat zeugt von der großen Beliebtheit dieses Wandergebiets.

hochalpine Blütenstaude gehört zu den wenigen Pflanzenarten, die in den Höhen des ewigen Eises leben können (bis 4275 m Höhe). Sie steht unter strengstem Schutz.
Fahren Sie von Oberstdorf aus die Stillachstraße in Richtung Fellhornbahn-Talstation. Bevor die Straße zur Talstation abbiegt, stellen Sie das Auto auf dem großen Parkplatz ab. Der Weiterweg ist für den privaten Autoverkehr gesperrt. Folgen Sie von hier aus der gut ausgeschilderten Wanderstrecke (Einkehr: Einödsbach).

11 Stuibenfall

Wenn im späten Frühjahr in den Allgäuer Alpen der Schnee schmilzt, zeigt sich der Stuibenfall von seiner schönsten Seite. Dann tost das Wasser, zu großen Tröpfchenwolken zerstäubt (zer-stuibt), über das Talende. Bei Sonnenschein sieht man das schillernde Farbenspiel eines Regenbogens. In der Gischtfahne des Stuibenfalls gedeihen an den Hängen zarte Aurikel, rote Gladiolen, Blasenfarne und Heilglöckchen besonders prächtig. Etwa eine halbe Stunde entfernt liegt die Käseralpe in einem großartigen Gebirgskessel. Die farbigen Felspartien lassen erkennen, aus welchem Stoff die Allgäuer Alpen sind. Graue Kalke und braunrote Hornsteinschichten kennzeichnen die Höfats, das scharfgratige Himmelhorn und den Schneck. Sanfter und weicher verläuft die Gipfellinie des Rauheck. Er besteht aus dem leichter verwitternden Flysch. Von hier aus geht es weiter bergauf über das Wildenfeldhüttchen am Eissee vorbei bis zum Älpelesattel. Er gibt den Blick frei auf die viergipfelige Höfats, deren berüchtigte Graswände in allen erdenklichen Grüntönen schimmern. Sie bleibt mit 2258 m Höhe für Spaziergänger und Wanderer eine unbezwingbare Größe. Nur Kletterer schaffen den Berg in gut 4 Stunden. Anders als das Nebelhorn ist der felsige Untergrund der Höfats selbst in steilsten Lagen mit einer Grasnarbe bedeckt. Hier gedeiht, für Blumenpflücker unerreichbar, auch das Edelweiß. Doch das allein macht nicht den Ruhm der Höfats aus: Von Juni an ist sie ein Eldorado für Botaniker. Auf ihren Hängen wächst die Edelraute, von der im Allgäu

Kaum sichtbar steigt der Pfad von der Kemptener Hütte hinauf zum Grat des Kratzers (2424 m). Bei gutem Wetter kann man rund um den Berg wandern.

Den aus fast 15 m Höhe herabstürzenden Stuibenfall erreicht man vom Oytalhaus aus nur zu Fuß.

Zu den Freizeitattraktionen zählt auch eine Fahrt im Stellwagen durchs Oytal.

Ein Grat für Ausdauernde
Als Teil des 60 km langen Allgäuer Höhenwegs gehört der Heilbronner Weg zu den großartigsten Gratwanderwegen der bayerischen Alpen. Rund 3 km lang, verläuft er zwischen dem Schneefeld unterhalb des Hohen-Licht-Gipfels (Österreich) und der Bockkarscharte unterhalb des Mädelegabelgipfels 10. Die Strecke ist an allen gefährlichen Stellen mit Drahtseilen gesichert; jedoch werden Trittsicherheit und Schwindelfreiheit vorausgesetzt. Der Weg bietet viele Überraschungen: etwa das Heilbronner Törl, eine Felsspalte, oder den Steig zur Kleinen Steinscharte, die Leiter auf den Steinschartenkopf oder den gesprengten Weg in die Socktalscharte. Insgesamt beträgt der Zeitaufwand ohne Besteigung von Mädelegabel und Hohem Licht ab Rappenseehütte 7–8 Stunden bis Kemptener Hütte (zum Waltenberger Haus 2 Stunden weniger). Wer den Aufstieg auf die Mädelegabel riskiert, wird mit der wohl schönsten Aussicht der Allgäuer Alpen belohnt. Die Tour ist für Jugendliche ab 14 Jahren geeignet und sollte nur bei guten Wetterverhältnissen unternommen werden.

Vom Oytal zur 2000jährigen Eibe
Vom Oytal ⓫ aus führt einer der schönsten Allgäuer Jochwanderwege am Himmeleck vorbei ins Bärgündele. Diese Ganztagswanderung (ca. 8–10 Stunden) kann auch vom Nebelhornhaus ⓬ aus begonnen werden. Anstatt über den Himmelecksattel verläuft sie dann am Seekopf und Schochen vorbei zum Laufbacher Eck. Die urweltartige Landschaft des Bärgündele steht unter Naturschutz. Hier wurde 1742 der letzte Bär getötet. Heute kann man mit Glück und Geduld einen Steinadler auf seinem Flug beobachten. In diesem wildromantischen Tal rauschen viele Wasserfälle. Wenn Sie zur Talstation der Seilbahn (Prinz-Luitpold-Haus) wandern, stoßen Sie nach wenigen Schritten in Richtung Süden auf Deutschlands wohl ältesten Baum, eine 2000 Jahre alte Eibe.

Klettersteig für Hobby-Alpinisten
Geübte Kletterer finden zwischen Nebelhorn ⓬, westlichem Wengenkopf, Großem Daumen (2280 m) und Breitenberg einen Klettersteig. Über Eisenleitern und mit Drahtseilen gesicherte Pfade kann man in fast 4 Stunden den Daumen erreichen. Das ständige Auf und Ab über Türme, an steilen Wänden entlang, über Felsaufschwünge, durch Scharten und an ausgesetzten Stellen vorbei macht Trittsicherheit und Klettersteigausrüstung zu notwendigen Voraussetzungen für die interessante, allerdings manchmal stark überlaufene Tour. Wer 3–5 Stunden anhängt, erreicht den Breitenberg. Die Gratwanderung führt über 13 km und ist je nach Schneelage von Juni bis Oktober möglich.

Hexenjagd nach alter Tradition
Alle drei Jahre – 1993 wieder – findet in Sonthofen ⓭ am Fastnachtssonntag das Eggaspiel statt. Diese derbe Pantomime ist mehr als nur ein buntes Faschingsspiel. Auf dem Marktplatz treibt in einem aufgestellten Bauernhof eine Hexe so lange ihr Unwesen, bis sie von kaum weniger wilden, maskierten Gesellen mit Dreschflegeln und Mistforken in eine Bauerntruhe getrieben wird. Ihre anschließende Verbrennung symbolisiert nicht nur die Austreibung des Winters, sondern erinnert auch an den letzten Hexenprozeß auf deutschem Boden – 1775 in Kempten.

kein weiterer Standort bekannt ist. Durch das Dietersbachtal geht es zurück über Gerstruben und den Hölltobel. Das idyllisch gelegene Alpendorf zählt fünf Häuser und eine Kapelle. Bewohner gibt es nicht mehr, das Dorf ist ein Museum. Die Sägemühle am Dietersbach wurde ebenfalls mit Hilfe der Denkmalpflege erhalten.
Das Oytal ist von Oberstdorf aus südöstlich auf Wanderwegen zu erreichen. Man parkt am besten vor der Talstation der Nebelhornbahn und folgt den Wegweisern. Die Wanderung rund um die Höfats dauert etwa 8 Stunden. Einkehrmöglichkeiten sind Käseralpe, Dietersbachalpe und Gerstrubner Alpe.

⓬ Nebelhorn
Unübersehbar erhebt sich im Osten von Oberstdorf das Nebelhorn. Mit 2224 m ist es zwar nicht der höchste Gipfel der Allgäuer Alpen, aber dafür ist es direkt vom Ort aus mit der Seilbahn zu erreichen. Die Fahrt dauert 15 Minuten. Wer zum Gipfel will, muß noch eine Stunde aufwärts steigen oder den Sessellift (15 Minuten Fahrzeit) benutzen. Wanderer können mit mehr als 4 Stunden Marsch rechnen. Vom Gipfel genießt man ein einzigartiges Panorama weit über die Allgäuer Alpen hinaus, die das Nebelhorn wie einen Kranz umgeben. Herausragend präsentiert sich der Hochvogel, aber auch die Zugspitze grüßt bei klarer Sicht herüber. Beim Abstieg über den Gleitweg ins Oytal verleitet der 42 m tiefe Seealpsee zu einer Unterbrechung. Danach muß der Abstieg unbedingt wieder auf dem Gleitweg fortgesetzt werden. Jedes Abweichen vom sicheren Weg bedeutet Lebensgefahr, da die unterhalb des Sees liegenden Hänge steil ins Oytal abfallen (Einkehr im Oytalhaus).
Man parkt am besten vor der Talstation der Nebelhornbahn. Auf dem Rückweg kann man nach dem Abstieg mit etwas Glück vom Oytalhof einen Stellwagen mieten.

Route 2 Ostallgäu

König Ludwigs Märchenland

⓭ Starzlachklamm
Nur ein bißchen kleiner als die Breitachklamm, aber kaum weniger naturgewaltig und ungestüm offenbart sich der Durchbruch der Starzlach nordöstlich von Burgberg. Zwischen dichtbewachsenen Hängen wusch die Starzlach Rinnen, Gumpen und Strudellöcher in den felsigen Untergrund. Das leicht schwefelhaltige Wasser zischt und gurgelt tiefgründig

Am Laufbacheckweg unweit vom Nebelhorn zeigt sich die 2258 m hohe Höfats von ihrer schönsten Seite.

blau oder grün über Felsklötze und stürzt weißschäumend über einen 9 m hohen Wasserfall hinab. Ein weiterer Höhepunkt ist die sogenannte Fallstube. Hier dokumentieren mächtige Felsklötze, daß die Erosion als zehrende Kraft noch immer das Profil der Berge bestimmt. Weltbekannt ist die Starzlachklamm durch das Vorkommen von Nummuliten, das sind fingernagelgroße, versteinerte Gehäuse von Einzellern eines Urmeeres. Auch eine Krebsart, Cancer sonthofensis benannt, wurde im Kalk entdeckt. Damit ist die Klamm am Fuß des Grünten ein Dokument alpiner Entstehungsgeschichte. Die Wanderung durch die Klamm dauert etwa eine Stunde. Den Rückweg kann man durch die etwas höher gelegene Trockenklamm nehmen, die vor Tausenden von Jahren das frühere Starzlachbett bildete.
Man erreicht die Klamm über Sonthofen oder Burgberg, folgt dann dem Wegweiser nach Winkel und parkt den Wagen außerhalb des Ortes. Der Weg zur Klamm ist gut beschildert (Einkehr beim Klammwirt).

Nur noch an wenigen Felshängen nistet der Steinadler. Sein Jagdgebiet liegt oberhalb der Baumgrenze.

14 Hirschbachtobel

Zu den beeindruckendsten Schluchten im Allgäu gehört der Hirschbachtobel bei Hindelang. 14 Tafeln weisen auf die erdgeschichtlichen Ereignisse hin. Die Szenerie ist wildromantisch und dokumentiert eine Zeit, die mehr als 200 Millionen Jahre zurückliegt. Damals entstanden die Kalkablagerungen auf dem Grund der urzeitlichen Meere, aus denen sich später unter hohem Druck die Alpen auffalteten. In der Schlucht kann man auch heute noch gut erhaltene Fossilien finden, vor allem tintenfischartige Kopffüßer, muschelähnliche Armfüßer, Seelilienglieder und ganze Muscheln. Gut zu erkennen sind auch die Schichten flacher und tiefer Meereszonen, die belegen, daß das Meer bis zu 800 m tief war. Imposant und herrlich anzusehen ist der 60 m hohe Wasserfall am Tobelende. Dort, wo der Rotplattenbach in den Tobel einmündet, hat das wilde Wasser rote und grüne Diabase freigelegt, die aus am Meeresboden erstarrter Lava entstanden sind.

Route 2
Ostallgäu
Die 250 km lange Strecke verläuft sehr abwechslungsreich in mehreren Schleifen durch das Ostallgäu. Auf meist beschaulichen Nebenstrecken erschließt sich dem Reisenden die ganze landschaftliche Vielfalt des Gebiets. Höhepunkte der Reise sind der Hirschbachtobel 14, der Durchbruch der Wertach 15 sowie Forggensee und Ostallgäuer Seenplatte 17.
Streckenverlauf:
Von Sonthofen über Winkel zur Starzlachklamm 13; anschließend auf der Deutschen Alpenstraße B 308 nach Hindelang 14; weiter auf der B 308/ B 310 in engen Serpentinen hinauf zur Kanzel und über Wertach bis Haslach, dort rechts ab auf die B 309 Richtung Nesselwang, vor der Wertachbrücke links nach Maria Rain 15; zurück auf die B 309 und über Nesselwang nach Pfronten 16; in Pfronten-Weißbach auf der B 310 bis Füssen, am Westufer des Forggensees 17 auf der B 16 bis Roßhaupten; weiter auf der B 16 bis Stötten, dort rechts ab zum Auerberg 18; zurück auf die B 16 und nach Marktoberdorf, von dort auf Nebenstraßen über Ruderatshofen, Aitrang und Günzach nach Obergünzburg 19; weiter südwestlich über Untrasried, dann nördlich über Hopferbach, Höhenschwenden nach Dietratried 20; über Wolfertschwenden auf die A 7 Auffahrt Grönenbach Richtung Kempten bis zur Ausfahrt Dietmannsried, weiter über Probstried und Börwang nach Wildpoldsried, rechts ab und über Betzigau quer durch den Kemptener Wald auf kleiner Straße bis Jägerhaus, dort rechts und bei der nächsten Einmündung erneut rechts bis Bodelsberg zum Dengelstein 21.

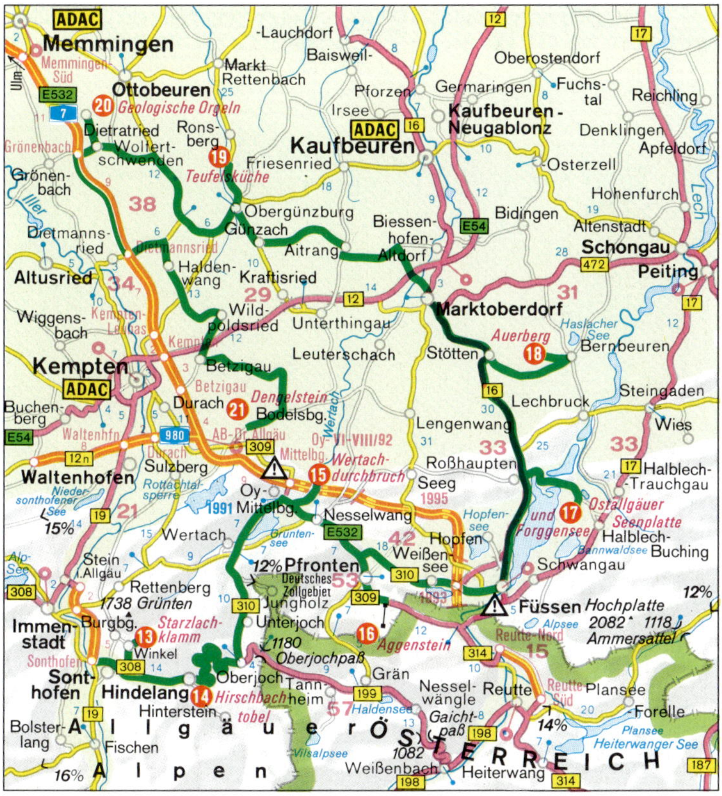

Wie hier bei Nesselwang grub sich die Wertach eine 20 km lange Schlucht vom Grüntensee bis Marktoberdorf. Das Wasser der Wertach, die etwa 3 km südöstlich von Hindelang-Unterjoch in den Allgäuer Alpen entspringt, wechselt je nach Beschaffenheit des Flußbetts immer wieder die Farbe.

Kinder wollen entdecken
Die schönste Bergwanderung wird zum mißglückten Erlebnis, wenn die Kinder protestieren. Eltern, die bei der Auswahl des Ziels Spielbedürfnis und Kondition der Kinder berücksichtigen, werden kaum Reinfälle erleben. Wichtig für Kinder sind abwechslungsreiche Wege, viel Wasser und ein Tempo, das genügend Zeit für Fragen, Erklärungen, Spiele und Erholungspausen läßt. Greifbare Erfolge wie eine »Kletterpartie« über ein paar Felsen im Bachbett sind Kindern wichtiger als lange Märsche. Ein unbekanntes Insekt am Wegrand, ein Ameisenhaufen oder eine Burgruine können für sie das Abenteuer »Entdecken« bedeuten. Mit Ehrgeiz und Disziplin sind Kinder dagegen kaum zu motivieren. Für Wanderungen mit Kindern werden empfohlen: Einegundkopf (1641 m), Immenstädter Horn (1490 m), Grünten (1738 m), Wertacher Hörnle (1695 m), Spieser (1649 m), Iseler (1876 m), Besler (1680 m) und der fast 2000 m hohe Aggenstein 16.

Eine Wanderung dauert etwa 2–3 Stunden. Der erste Wegweiser steht etwa 500 m nach dem Kurhaus Hindelang an der Jochstraße. Den Wagen stellt man auf dem Parkplatz am Kurhaus ab (Einkehr im Café »Polite«, Abzweigung auf halber Tobellänge Richtung Luitpoldhöhe).

15 Wertachdurchbruch

Wie gewaltig die Kräfte des Wassers sind, offenbart sich im Wertachtal nördlich von Nesselwang. Einst floß hier der Urlech und sägte sich durch die Molasseschichten. Doch er fand mit dem Durchbruch bei Füssen eine andere, günstigere Abflußrinne. Das trockene Bett nutzte dann später die Wertach, die am Wertacher Hörnle bei Oberjoch entspringt. Durch die Seitenmoränen von Lech- und Illergletscher eingezwängt, wählte sie das verlassene Lechbett, sozusagen als Verlegenheitslösung. Doch hier stieß sie auf vielschichtigen Widerstand. Senkrechte Nagelfluh- und Sandsteinwände zwangen die Wertach zu einem wahren Zickzacklauf. Den Wechsel von harten und weichen Schichten verkündet sie mit ihrem Geräuschpegel. Wo es ruhig zugeht, ist der Untergrund weich, harte Felsen lassen sie schäumen und wirbeln.
Fernab von der Landwirtschaft hat sich im Wertachtal eine artenreiche Flora erhalten können. Auch die Forstwirtschaft kann in dem engen Tal mit den rutschigen Hängen und urwaldähnlichen Beständen kaum arbeiten. So blieb die Natur weitgehend ungestört. Eisenhut, Glockenblume, Streifenfarn und Alpen-Johannisbeere gehören zu den typischen Gewächsen. An den Nagelfluhbänken finden Silberwurzpolster und Aurikelrosetten einen Lebensraum.
Man parkt den Wagen bei der Kirche von Maria Rain und kann sofort ins Wertachtal hinabsteigen, das sich nach 100 m mit seinen Durchbruchsfelsen präsentiert. Der Weg wechselt nach der neuen Autobahnbrücke zum anderen Ufer und folgt diesem bis zur Einmündung des braungefärbten Goldbachs. Dann geht es am Bachlauf entlang über Bachtel und die Lohmühle zurück nach Maria Rain.

16 Aggenstein

Tief unter der Nordwand des Aggensteins, so lautet die Sage, bewohnte ein besonderes Zwergenvolk ein herrliches Schloß. Diese »Venedigermännlein« brachten jeden, der Schuld auf sich geladen hatte, vor ein Strafgericht. Beim Anblick der steilen Felswände an Ost- und Hauptgipfel mag man der Sage Glauben schenken. Sie wirken auf den Besucher einschüchternd und abweisend. Das schroffe, felsige Antlitz des Aggen-

Nirgendwo im Allgäu sieht man die Berge so abrupt aus dem Vorland emporsteigen wie hier vom 1880 m hohen Tegelberg bei Füssen aus. Der Aussichtsgipfel ist

steins zeugt von hartem Untergrund. Dieser Dolomit beweist auch die Zugehörigkeit des Berges zu den Allgäuer Alpen und nicht zu den 6 km südlich verlaufenden Tannheimer Bergen aus harten Kalksteinen. Der Gipfel des Aggensteins liegt nur 13 m unter der Zweitausendermarke und ist bekannt für seine herrliche Aussicht ins Füssener Land mit dem schönen Forggensee ⑰.
Die Anfahrt erfolgt über Pfronten-Steinach durch das Tal der Vils bis kurz vor die österreichische Grenze. Der Weg auf den Aggenstein führt durch die romantische Reichenbachschlucht und später am Plattenbach entlang zur Pfrontener Hütte. Er beginnt oberhalb der Talstation der Breitenberg-Seilbahn. Hier kann man das Auto abstellen. Wer den Gipfel ohne Anstrengung erreichen möchte, kann zunächst die Seilbahn und später den Hochalp-Sessellift benutzen. Von dort führt der Normalweg über den Langen Strich. Das verkürzt die Tageswanderung auf einen Ausflug von nicht mehr als 3½ Stunden (Einkehr: Pfrontener Hütte).

⑰ Ostallgäuer Seenplatte und Forggensee

Kaum vorstellbar, daß dort, wo heute Segelboote und Surfboards hart am Wind segeln, einst Wiesen waren. Sie verschwanden 1955 in den Fluten des Forggensees. Dieses durch den Aufstau des Lechs künstlich geschaffene Gewässer paßt ausgezeichnet in das Bild der Ostallgäuer Seenplatte, deren Entstehung auf die Arbeit der eiszeitlichen Gletscher zurückgeht.
Zu den bedeutendsten Naturoasen des Ostallgäus zählt der Bannwaldsee. Bis auf einen Campingplatz und eine Badeanstalt stehen der See und das angrenzende Moor unter Naturschutz. Während auf dem Forggensee sogar Linienschiffe verkehren, besticht der Bannwaldsee durch seine wohltuende Ruhe.
Weitere Seen im Ostallgäu sind der Hopfensee und die zahlreichen Weiher bei Seeg. Sie alle entstanden durch die Hobelkraft der Gletscher. Heute verlanden sie jedoch mehr und mehr. Streuwiesen reichen an ihre moorigen Ufer heran. Da sie kaum bewirtschaftet werden, blüht hier im Frühling und Sommer eine bunte Pflanzengesellschaft aus Orchideen, Primeln, Wollgräsern und Enzian. Mitunter wächst die seltene, rotblühende Sumpfgladiole in den moorigen Uferzonen. Für Vogelfreunde bieten die Ostallgäuer Seen manche Überraschung. Besonders zu den Zeiten des Vogelzugs herrscht hier ein emsiges Treiben.
Von Roßhaupten kommend, passiert man den Staudamm und gelangt nach einigen Kilometern zum Schwimmbad Kühmoossee. Hier können Sie parken und über Greith zum Vogelsberg (826 m) wandern, von wo

Burgruinen trotzen dem Zerfall
Der bayerische König Ludwig II. sah in dem 1268 m hohen Falkenstein bei Pfronten (nahe ⑯) den schönsten Punkt Bayerns. Hier wollte er anstelle der 1645 niedergebrannten Burg ein neugotisches Märchenschloß bauen, schöner und teurer noch als Neuschwanstein. Mit Grabungen und Sprengungen hatte er der Ruine schon zugesetzt, als er im Starnberger See ertrank. So blieb Deutschlands höchstgelegene Burgruine erhalten. Im 11. Jh. suchte hier der Augsburger Bischof Heinrich II. Schutz vor Graf Dietpold. Im 15. Jh. hausten dann Raubritter auf dem schroffen Fels, die aus dem regen Handel der Augsburger Kaufleute Gewinn schlugen. Bis heute haben nur noch drei Seitenwände der Burg Kriegen, Bränden und Blitzschlag getrotzt. Ähnlich erging es den Burgruinen Hohenfreyburg und Eisenberg, die von Norden herübergrüßen. Auch sie haben im Laufe der Geschichte sehr gelitten. Alle drei Ruinen sind frei zugänglich.

leicht über eine Seilbahn zu erreichen. Tief unten blinkt als blaues Auge zwischen Waldbergen der Alpsee; rechts dahinter ragt in einiger Entfernung wie eine Pyramide der Aggenstein auf.

<u>*Kurfürstenallee*</u>
Gesäumt von 200jährigen Linden, zählt die kilometerlange Kurfürstenallee in Marktoberdorf (zwischen ⑱ und ⑲) zu den schönsten Naturdenkmälern des Allgäus. Der Augsburger Fürstbischof Clemens Wenzeslaus ließ die Allee einst anlegen. Sie führt vom Schloß nach Osten, zunächst als Asphaltstraße, später unbefestigt. Besonders reizvoll ist der Weg zur Zeit der Lindenblüte im Juni. Aber auch im Winter zeigen sich bei Rauhreif und Schnee die mächtigen Bäume in herber Schönheit.

<u>*Auf saftigen Alpwiesen*</u>
Zu Recht sind die Allgäuer stolz auf ihre Alpen (in Oberbayern als Almen bezeichnet): Etwa 600 Alpen werden allein im Oberallgäu bewirtschaftet, weitere 27 im Ostallgäu. Leider ist ihre Zahl rückläufig. Alpen sind hoch über den Tälern gelegene Weidegebiete, auf denen das ebenso sanftäugige wie robuste Allgäuer Braunvieh den ganzen Sommer über grast. Im Herbst werden dann zur Viehscheid die Tiere in die Dörfer gebracht (Alpabtrieb). Die Alpsaison dauert je nach Witterung 120–150 Tage. Nur an besonders heißen Tagen bleiben die Tiere im Alpstall und weiden (»frätzen«) nachts. Milch wurde früher auf der Alp direkt zu Butter und Käse verarbeitet. Heute sind solche Bergkäsereien jedoch eher die Ausnahme als die Regel.

eine herrliche Aussicht auf den See besteht. Auf gleichem Weg geht es zurück zum Parkplatz. Wer lieber auf einem Rundweg wandern möchte, findet dazu am Hopfensee ideale Voraussetzungen. Man biegt kurz hinter Füssen von der B 16 Füssen–Marktoberdorf links ab nach Hopfen und parkt an der Promenade. Dort beginnt der 6 km lange, ausgeschilderte Wanderweg um den Hopfensee (ca. 1½ Stunden).

⑱ Auerberg
Verwaltungstechnisch gehört der Auerberg nicht mehr zum Allgäu, sondern bereits zum oberbayerischen Landkreis Weilheim-Schongau. Aber seine geographische Lage, Linienführung und Geschichte weisen ihn eher dem Allgäu als Oberbayern zu. Trotz der vergleichsweise geringen Höhe von 1055 m ist der Auerberg ein unübersehbarer Höhenrücken vor der Alpenkette. Er gliedert sich in zwei Kuppen, den flachen Schloßberg und den steiler aufragenden Kirchberg, auf dem die Georgskirche steht. Die ausgezeichnete Rundsicht von der Turmterrasse aus ist ein Grund, ihn zu besteigen. Zusätzlich zum Alpenpanorama hat man von hier aus einen Blick über nicht weniger als 230 Ortschaften. Diese Fernsicht war möglicherweise schon zu früherer Zeit der Grund für die Besiedlung des Auerbergs. Darauf deutet eine 1700 m lange Ringwallanlage hin, die beide Kuppen umschließt. Sie ist vor allem am Südhang hervorragend erhalten. Als keltische Gründung konnte sie bisher nur vermutet, nicht aber belegt werden. Nach archäologischer Erkenntnis sollen Römer die Siedlung erbaut haben. Die Festung diente ihnen vielleicht als militärischer Vorposten bei der Eroberung des Alpenvorlandes. Heute wird der Berg von zahlreichen Besuchern »gestürmt«. Mag sein, daß die gotische Europakirche, St. Georg, so viele Neugierige lockt. Sie wurde 1497 vollendet. Heute ist sie am 23. April, dem Tag des heiligen Georg, Ziel der Reiter, die dort in festlichem Zug den Segen für ihre Rösser erhalten. Man erreicht den Auerberg über die Straße Stötten–Bernbeuren mit dem Auto oder zu Fuß über den Prälatenweg von Stötten aus (ca. 1½ Stunden). Dazu parken Sie am besten im Ort und folgen den Wanderwegweisern.

⑲ Teufelsküche
Die Vorfahren der Allgäuer hatten Respekt vor gewaltigen Naturerscheinungen. Deshalb nannten sie die steil aufragenden Nagelfluhfelsen zwischen Obergünzburg und Ronsberg Teufelsküche. Sie ähneln den Ruinen einer zertrümmerten Burg. Gebildet wurden die Felsen in grauer Vorzeit aus dem Abtragungsschutt der jungen Alpen, nicht zu verwechseln mit

Der Bannwaldsee mit seinem schütteren Schilfgürtel ist eine wichtige und relativ unberührte Naturoase. Die Tannheimer Berge im Hintergrund liegen bereits in Österreich.

Moränenmaterial. Unter Botanikern gelten die Felsen der Teufelsküche als weitgehend intakter Lebensraum. Grüner Streifenfarn, Glockenblume, Mauerraute, Blasenfarn, Leberblümchen, Ruprechts-Storchschnabel, Moose, Flechten und Mauerlattich zählen zu den Bewohnern der Steilwände.

Man erreicht die Teufelsküche mit dem Auto über Obergünzburg. Von dort fahren Sie in Richtung Ronsberg, hinter Seesen können Sie direkt am Beginn des Wanderwegs parken. Nun geht es bergauf in den Wald. Nach kurzer Zeit erreicht man die Nagelfluhfelsen.

Die steilen Felsen der Teufelsküche sind aus dem Abtragungsschutt der Alpen entstanden.

20 Geologische Orgeln

An einer Steilwand bei Dietratried gibt die Natur ein Orgelkonzert. Wenn der Wind über die Wand aus verbackenem Schotter hinwegstreicht, erklingen dumpfe Töne, als spiele eine Orgel. Die Erklärung ist einfach: Die geologischen »Orgelpfeifen« sind 15 m tiefe, senkrechte Hohlräume, die röhrenförmig in das Gestein hineinführen. Wahrscheinlich sind sie durch Erosion entstanden. Es könnten aber auch Baumstämme eingeschlossen worden sein, die später verwitterten.

Der Wagen kann am Ortseingang von Dietratried geparkt werden. Zu Fuß geht es am Zehntstadel des Reichsstifts Ottobeuren vorbei zum Wald. Bei der ersten Weggabelung müssen Sie sich rechts halten. Südlich vom Weiler Bossarts liegen die Geologischen Orgeln.

21 Dengelstein

Zeugen aus der Eiszeit gibt es überall im Allgäuer Alpenvorland. Nirgends sonst sind jedoch die vom Eis über weite Strecken transportierten Findlinge so häufig wie zwischen Görisried und Bodelsberg. Der größte Felsen ist der Dengelstein. Der Illergletscher hat ihn bis in den Hochwald des Kemptener Waldes geschleppt. Er umfaßt etwa 500 m^3 und wiegt schätzungsweise 1500 t. Damit ist er zumindest im deutschen Alpenraum der größte erhaltene erratische Block, so nennen Wissenschaftler die Findlinge. Bei den Vorfahren der Allgäuer spielten Findlinge eine wichtige Rolle in Mystik und Kultur. Sie dienten vornehmlich als Hilfsmittel, um den Stand der Gestirne zu bestimmen. Auf diese Weise konnten Germanen und Kelten einen exakten Kalender erstellen. Den Dengelstein erreichen Sie von Bodelsberg aus. Parken Sie das Auto in der Ortsmitte. Dort steht eine Markierungstafel, die den Weg zum Dengelstein erklärt. Die ausgeschilderte Wanderwegstrecke dauert 4 Stunden (Einkehr im »Tobias« im Kemptener Wald).

Unweit von Stötten liegt der Auerberg am Haslacher See. Im Volksmund wird er trotz vergleichsweise geringer Höhe der »Schwäbische Rigi« genannt.

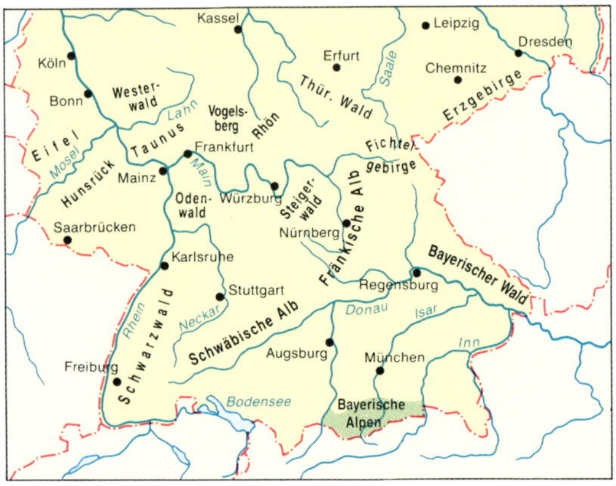

Die höchsten deutschen Gipfel, die größten bayerischen Moore, die engsten Schluchten, die tiefsten Seen – an Superlativen herrscht in den Bayerischen Alpen kein Mangel. Die heutige Vielfalt dieses Gebiets, wie hier am Geroldsee bei Mittenwald am Fuß des Karwendelgebirges, ist vor allem durch ein Element bedingt – das Wasser. Im Erdmittelalter lagerten sich hier am Grund flacher Meere dicke Kalkschichten ab. Später wur-

den diese Schichten gefaltet und über den Meeresspiegel gehoben. Im Eiszeitalter dominierte dann wieder das Wasser – diesmal als Eis. Gletscher und Schmelzwässer prägten das heutige eindrucksvolle Bild der Landschaft zwischen Lech und Inn.

49 Bayerische Alpen

Geprägt von Eis und Wasser

Lage Zwischen dem Allgäu im Westen, dem Inntal im Osten und dem Unterbayerischen Hügelland im Norden; im Süden an Tirol angrenzend
Ausdehnung West–Ost ca. 110 km; Nord–Süd ca. 30–40 km
Land Bayern
Höchste Erhebungen Wettersteingebirge: Zugspitze 2962 m, Schneefernerkopf 2874 m, Dreitorspitze 2633 m; Karwendelgebirge: Östliche Karwendelspitze 2537 m; Mangfallgebirge: Rotwand 1885 m, Wendelstein 1836 m
Wichtigste Flüsse Lech, Ammer, Loisach, Isar, Inn
Landschaftsformen Markante Hochgebirgsgipfel, tief eingeschnittene und meist bewaldete Täler, ausgedehnte Moorgebiete am Alpenrand, viele kleine und große Seen
Information Landesfremdenverkehrsverband Bayern, Prinzregentenstr. 18, W-8000 München 22, ☎ 089/2123970; Fremdenverkehrsverband München-Oberbayern, Sonnenstr. 10, W-8000 München 2, ☎ 089/597347; Deutscher Alpenverein, Praterinsel 5, W-8000 München 22, ☎ 089/235090-0

Nicht nur für Künstler faszinierend

Wenn am Wochenende die Sonne lacht, zieht es die Münchner zum Skilaufen und Wandern in die nahen Bayerischen Alpen. Doch die Berge locken auch viele Urlauber aus ganz Deutschland und dem Ausland an. Zwischen Lech und Inn ist der Tourismus längst zur Haupteinnahmequelle geworden. Weil fast alle Ausflügler mit dem Auto kommen, sind kilometerlange Staus an den Wochenenden oft unvermeidlich. Wer es sich einrichten kann, sollte die Bayerischen Alpen deshalb lieber wochentags besuchen. Dann sind Straßen und Lifte nicht überfüllt, und die unvergleichliche Landschaft mit schroffen Gipfeln und engen Tälern, mit dichten Wäldern und sonnigen Almwiesen läßt sich ungestört genießen. Seit jeher waren Künstler von dieser Region fasziniert. Heinrich Bürkel, Franz Marc, Wassily Kandinsky und Max Beckmann haben hier Gipfel, Täler und Seen gemalt. Auch Goethe, Richard Strauss und Ludwig Thoma setzten ihre Erlebnisse künstlerisch um.

Die Hochgebirgslandschaft im Süden Deutschlands hat eine »bewegte« Geschichte: Vor 250 Millionen Jahren wurde der heutige Alpenraum von einem Meer überflutet, das sich erst in der Erdneuzeit schrittweise wieder zurückzog. Viele Millionen Jahre lang setzten sich am Meeresboden die fein zerriebenen Kalkschalen und -skelette von Meerestieren ab, wuchsen auf Untiefen mächtige Riffe. Aus dem Kalk entstanden die festen Kalksteine und Dolomite (Wettersteinkalk, Dachsteinkalk, Hauptdolomit). Schichten, die ursprünglich 50 bis 150 m unter dem Meeresspiegel abgelagert wurden, liegen jetzt 2000 bis 3000 m über dem Meer. Die Kräfte, die die dicken Schichtenstapel falteten und in Gesteinsschollen zerbrachen, um sie schließlich mehrere tausend Meter über den Meeresspiegel zu heben und so ein Hochgebirge zu bilden, machten sich vor etwa 200 Millionen Jahren erstmals bemerkbar. Den Höhepunkt erreichte die Gebirgsbildung allerdings erst vor 10 bis 50 Millionen Jahren; die Erdkruste ist unter den Alpen bis heute noch nicht ganz zur Ruhe gekommen.

Tropische Wälder und eisige Gletscher

Vor 50 Millionen Jahren, als die Alpen ihren Aufstieg begannen, herrschte in unseren Breiten noch ein viel wärmeres Klima als heute. Die Meeresbuchten und Seen im Vorland des Gebirges waren von Palmen gesäumt; in den dichten Urwäldern im Binnenland lauerten Riesenschlangen und Tiger mit gewaltigen Reißzähnen auf Beute. Im Lauf des Tertiärs wurde dann das Klima allmählich kühler; vor etwa zwei Millionen Jahren war es schließlich so kalt, daß die Gletscher in den Alpen immer weiter anwuchsen und die Gebirgstäler bis zum oberen Rand füllten. Der ersten großen Eiszeit in den Alpenländern, der Biber-

Eiszeit, folgten eine Warmzeit, dann wieder eine Eiszeit, in der sich die Alpen mit einem Eispanzer überzogen. Mindestens sechsmal schlug das Klimapendel so zwischen eiskalt und warm hin und her. In den vier jüngsten Eiszeiten schoben sich die Gletscherzungen aus dem Gebirge sogar weit in das Alpenvorland hinaus, schürften viele hundert Meter tiefe Furchen in die weichen Molasseschichten und überschütteten das Vorland mit ihrem Geröll und Sand. Die letzte Eiszeit endete vor etwa 10000 Jahren; inzwischen sind viele Seen aus dem Eiszeitalter schon wieder verlandet und vermoort.

Der seltene Europäische Flußkrebs wird bis zu 25 cm lang. Er ist in Bächen im Murnauer Moos heimisch.

Der Mensch zerstört die Natur

In den heutigen Wäldern der Bayerischen Alpen dominiert die Fichte, doch es gibt auch Tannen, Buchen, Birken, Bergahorne, Eschen, Kiefern, Lärchen, Eiben und in den höchsten Lagen Zirben. Über der Waldgrenze in etwa 1800 m Höhe beginnt der sogenannte Latschengürtel. In den Mooren wachsen Birken, Erlen und Weiden. Leider geht die Vielfalt der Pflanzenarten durch die ständigen Eingriffe in die Natur zurück. Zahlreiche vom Aussterben bedrohte Pflanzen wie Orchideen oder der insektenfressende Sonnentau haben nur noch in Naturschutzgebieten eine Überlebenschance. Viel eher sieht der Wanderer dagegen Schlüsselblumen, Mehlprimeln oder Alpenveilchen am Wegesrand. Einzigartig und empfehlenswert ist der vor über 90 Jahren gegründete Botanische Alpengarten auf dem Schachen ⓫: Hier wachsen mehr als 1000 Blütenpflanzen des Hochgebirges. Größere Raubtiere wie Bären, Wölfe und Luchse sind seit über 100 Jahren ausgerottet. Lediglich Füchse, Iltis, Marder und Wiesel leben noch hier. In den tieferen Berglagen gibt es große Rotwildbestände (Hirsche), in den Hochlagen vereinzelt Gemsen und Murmeltiere. Lange Winter und kühle Sommer schränkten die Landwirtschaft seit jeher stark ein. Getreide wächst nur in geschützten Lagen, die Bewohner führten früher ein entbehrungsreiches Leben. Als am Ende des 19. Jh. die ersten »Fremden« in den Alpentälern Urlaub machten, begann eine grundlegende Umwandlung. Wo einst Pferde Pflüge zogen, spielen heute Touristen Tennis. Der Fremdenverkehr blüht, doch die Belastung der Landschaft hat extrem zugenommen.

Der Tourismus erleichtert zwar die Lebensbedingungen der Menschen in den Bayerischen Alpen, bedrängt aber die Pflanzen- und Tierwelt. Neben anderen Tieren hat sich auch der Iltis an die veränderte Umwelt angepaßt.

Route 1 Ammergauer Alpen und Werdenfelser Land

Wo die Berge am höchsten sind

❶ Murnauer Moos

Wo sich heute das 2300 ha große Murnauer Moos erstreckt, lag einst der mächtige Loisachgletscher, der sich bis nördlich des Ammersees vorschob und dabei das Murnauer Becken aushobelte. In dieser Senke sammelte sich gegen Ende der letzten Eiszeit das Wasser und bildete einen flachen See, der allmählich verlandete und sich in ein Moor verwandelte. Alle Stadien der Moorbildung können hier aus nächster Nähe eingehend beobachtet werden. Charakteristisch für dieses Moorgebiet sind die »Köchel«, felsige Hügel aus Kalksteinen der Kreidezeit. Im Frühjahr, wenn es während der Schneeschmelze zu Hochwasser kommt, ragen die Köchel wie Inseln aus dem überschwemmten Moor. Zwei von ihnen dienen als Steinbruch, der »Lange Köchel« im Süden des Moores bei der Gemeinde Schwaigen und der »Moosberg« dicht bei der B 2 in Höhe des Weilers Weichs.
Eine reizvolle Wanderung durch das Murnauer Moos beginnt an der Ramsachkirche (Parkplatz). Der Weg mit der roten Nummer 5 führt 12 km durch das Hohenbolgenmoos genannte Moorgebiet. Hier sind noch der Regenpfeifer und der Brachvogel heimisch, wenn man sich ruhig verhält, kann man vielleicht auch die Rohrdommel beobachten. In einigen kleinen Moorbächen ist der Flußkrebs zu Hause. Häufiger sind Ringelnattern und Kreuzottern. Verantwortungsvolle Besucher des Murnauer Mooses sollten unbedingt auf dem markierten Weg bleiben: Die Existenz dieser Tierarten ist stark gefährdet.
Der Rundweg führt zuerst am Ramsachbach entlang in Richtung Südwesten, nach 2 km kommt eine Schutzhütte. Im Flachmoorbereich entlang der Ramsach wachsen Schwertlilie, Trollblume, mehrere Arten des Knabenkrauts, Schwalbenwurz-Enzian, Stengelloser Enzian und Schmalblättriges Wollgras. Nach weiteren 2,5 km wendet sich der Weg Nr. 5 nach

Route 1
Ammergauer Alpen und Werdenfelser Land
Die ca. 200 km lange Fahrt führt durch den westlichen Teil der Bayerischen Alpen und berührt auch das angrenzende Tirol. Höhepunkte sind die Ammergauer Alpen ❹ ❺, das Zugspitz-Massiv ❽ und der Schachen ⓫.
Streckenverlauf:
A 95 München–Garmisch bis zur Ausfahrt Murnau/Kochel und über Schwaiganger nach Murnau ❶; weiter über Bad Kohlgrub nach Saulgrub ❷; dann die B 23, die Deutsche Alpenstraße, bis zur Echelsbacher Brücke, dort links bis Schwaig, wieder links über Morgenbach nach Hargenwies zu den Schleierfällen an der Ammerschlucht ❸; zurück nach Schwaig, dann nach Steingaden, links auf der B 17 (Romantische Straße) bis Schwangau, dort links ab in Richtung Hohenschwangau und per Seilbahn auf den Tegelberg ❹; zurück zur B 17, nach Füssen und über die Grenze weiter nach Reutte, dort links auf landschaftlich sehr schöner Nebenstraße zum Plansee und über den Ammersattel (Grenze) ins Graswangtal ❺ ❻; weiter zur B 23, über Ettal hinunter nach Oberau, dort auf der B 2 nach Garmisch-Partenkirchen, vor dem Ort der B 23 Richtung Reutte/Fernpaß folgen, dann links abbiegen nach Grainau und hinauf zum Eibsee ❼; mit der Zahnradbahn auf die Zugspitze ❽, die Rückfahrt kann mit der Seilbahn erfolgen; zurück nach Grainau, Ortsteil Hammersbach, dem Ausgangspunkt der wilden Höllentalklamm ❾; wieder nach Garmisch und dort zum Skistadion, von hier Besuch der 700 m langen Partnachklamm ❿; weiter auf der B 2 Richtung Mittenwald bis Klais ⓫ ⓬; dann über die Ortsverbindungsstraße nach Mittenwald ⓭ am Fuß des Karwendelgebirges, dem Endpunkt dieser Route. Das Gebiet ist touristisch hervorragend erschlossen, während der Saison teilweise schon überlaufen. Reservierung ist deshalb angebracht. Die Strecke ist im Sommer wie im Winter problemlos befahrbar.

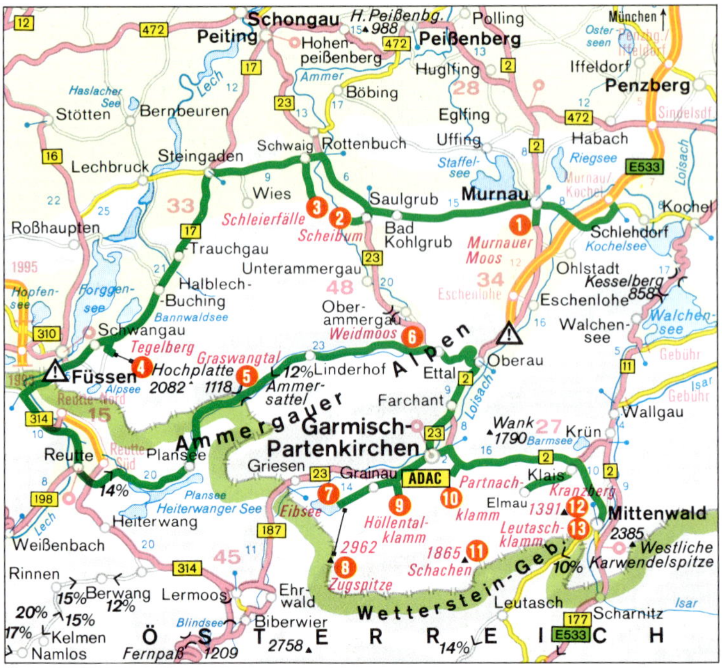

Nordwesten in das als »Langer Filz« bezeichnete Gebiet, in dem auch Birken und Moorkiefern vorkommen. In diesem Hochmoorbereich wachsen Rosmarinheide, der fleischfressende Rundblättrige Sonnentau, das Scheidige Wollgras und verschiedene Beeren wie etwa die Moosbeere. Nach Passieren der zweiten Schutzhütte führt der Weg in den Weiler Westried am Nordrand des Murnauer Mooses.
Der Rückweg nach Ramsach folgt der Bahnlinie, bevor er vor dem Haltepunkt Seeleiten wieder nach rechts ins Moos abbiegt. In Ramsach kann man zum Abschluß im Gasthof »Ähndl« einkehren. Für den Rundweg muß man mindestens drei Stunden Gehzeit einrechnen. Wer Tiere und Landschaft intensiv beobachten will, braucht ungefähr 5–6 Stunden. Das Verkehrsamt Murnau (☏ 08841/2074) vermittelt naturkundliche Führungen.

❷ Scheibum

Als letzte echte Wildwasserschlucht am bayerischen Alpenrand gilt die Scheibum. Durch diese Engstelle verläßt die Ammer die Ammergauer Alpen. Der spektakuläre Durchbruch des Flusses durch die rötlichen Felsen ist bei Wildwasserfahrern sehr beliebt. An Wochenenden herrscht dort viel Betrieb; die wenigen Parkplätze sind meist schon früh am Vormittag belegt.
Die Scheibum erreicht man am bequemsten vom Ort Saulgrub aus. Beim Bahnübergang zweigt man westlich in die Achelestraße ab. Sie führt zunächst durch Moorwiesen, dann mit 20 % Gefälle hinunter zur Ammer. Vor der kleinen Brücke am Kraftwerk besteht eine Parkmöglichkeit. Die Entfernung von Saulgrub aus beträgt nur 3 km; ein Spaziergang lohnt sich durchaus.
Vom Parkplatz an der Brücke führt ein Wegweiser nach Norden zur Scheibum. Der 15minütige Weg verläuft erst durch den Wald, später direkt bis zum Wasser. Einige Meter sind dort mittels Seilen als Klettersteig ausgebildet, auf den sich aber nur sichere »Seilartisten« wagen sollten. Die Scheibum ist nicht durchgehend begehbar. Man muß deshalb auf demselben Weg zurück. Besonders wild präsentiert sich die Schlucht bei hohem Wasserstand nach der Schneeschmelze im Frühjahr.

❸ Schleierfälle der Scheibum

Das Naturschutzgebiet Ammerschlucht besitzt im Bereich der Scheibum außer dem Ammerdurchbruch noch eine weitere Attraktion: 2 km nördlich der Scheibum stürzen die sogenannten Schleierfälle über bizarre Klippen in den Ammergrund hinunter. Von der Felsenge aus sind sie allerdings nicht zugänglich. Den kürzesten Anmarsch haben Besucher,

Am Fuß der Notkarspitze entspringt die Ammer, die durch die Scheibum ins Alpenvorland fließt.

Als die Autos Ochsen brauchten

Bei der Fahrt zur Scheibum ❷ überquert man die 187 m lange Echelsbacher Brücke. Das 1930 fertiggestellte Bauwerk überspannt die Ammerschlucht in einem einzigen Bogen mit einer Spannweite von 130 m. Bis zur Fertigstellung der Brücke war die Straße nur mühsam zu befahren. Auf dem Einweihungsdenkmal heißt es:
»Gar steil war hier der Straße Lauf,
als noch nicht stand der Brücke Bogen,
drum kam manch Auto nur herauf,
wenn Pferd und Ochs als Vorspann zogen«.
Bei der Brücke befindet sich ein Parkplatz mit Kiosk und WC. Von der Brücke hat man einen eindrucksvollen Blick auf die in 76 m Tiefe schäumende Ammer, im Frühjahr und Sommer Ziel zahlreicher Wildwasserfahrer.

Aus einem verlandeten Gletschersee entstand das Murnauer Moos, das größte Moorgebiet im Alpenraum. Es ist Heimat seltener, geschützter Tiere wie Rohrdommel, Regenpfeifer, Kreuzotter und Flußkrebs.

Eine Startrampe für Drachen- und Gleitschirmflieger zählt zum Sport- und Freizeitangebot am Tegelberg.

Wo der Fels vom Schloßberg stürzte
Den Besuch der Königsschlösser Neuschwanstein und Hohenschwangau sollte man mit einem Abstecher in die Pöllatschlucht verbinden. Wer diese nicht auf der vorgeschlagenen Wanderung ❹ durchquert, erreicht den Einstieg bei der hinter Neuschwanstein gelegenen Marienbrücke. Unzählige Stufen führen in die Felsenge hinab. Die Schlucht erhielt ihr pittoreskes Aussehen durch einen Felssturz, der einst vom Schloßberg herunterkam. Die Pöllat stürzt auf ihrem Weg zum Forggensee in kleinen Wasserfällen über mehrere Steilstufen in die Tiefe. Der schöne Spaziergang von Hohenschwangau durch die Pöllatschlucht und zurück dauert eine gute Stunde.

Auf Schusters Rappen zum Märchenschloß
Eine eindrucksvolle Annäherung an die Schlösser Hohenschwangau und Neuschwanstein (bei ❹, Eintritt) ist eine Wanderung auf dem in Füssen beginnenden Alpenrosenweg. Man parkt das Auto auf dem Parkplatz »Lechfall« kurz vor der Grenze beim Zollhaus, überquert die Straße und folgt der Markierung Nr. 46 in Richtung Osten. Der Weg führt am Hang entlang zum Schwansee – auf der Nordseite ist eine Bademöglichkeit – und weiter nach Hohenschwangau. Die Gehzeit beträgt zwischen 1½ und 2 Stunden. Zu empfehlen ist die Wanderung im Sommer, wenn die karminroten Alpenrosen blühen. Leider sind die Rosenfelder in den letzten Jahren nicht mehr so groß wie früher.

wenn sie beim Weiler Hargenwies parken. Hargenwies liegt an der Ortsverbindungsstraße Unternogg–Peustelsau–Morgenbach, also im Westen des Ammerdurchbruchs. Ab Hargenwies dem Schild »Schleierfälle« hinunter zur Ammer folgen.
Wer will, kann den mit »W 6« gekennzeichneten Weg flußaufwärts wandern. Sobald er die Ammer verläßt, geht man geradeaus weiter (die Markierung »W 6« führt nach links bergauf) und erreicht wenig später Peustelsau. Entlang der Straße geht es dann zurück nach Hargenwies.

❹ Tegelberg

Das wald- und wildreiche Ammergebirge – mit 28850 ha das größte deutsche Naturschutzgebiet – sollte man am besten auf einer Bergtour erkunden. Im Rahmen dieser Route eignet sich dafür ein Ausflug auf den Tegelberg bei Schwangau. Der Anstieg entfällt durch die Fahrt mit der Seilbahn, deren Talstation sich ca. 2 km vom Schwangauer Ortszentrum entfernt befindet (ausgeschildert).
Von der 1720 m hoch gelegenen Bergstation hat man einen weiten Rundblick über den Alpsee, den Forggensee, den Bannwaldsee und die umliegenden Moore. Für wißbegierige Naturliebhaber empfiehlt sich die kleine Bleckenau-Runde, die einen Alpenlehrpfad einschließt. Zahlreiche Informationstafeln erklären Vogelarten, Pflanzen, Säugetiere und die Geologie des Ammergebirges. Der Abstieg bis zur Talstation ist eine leichte Bergwanderung ohne Schwierigkeiten. Sie erfordert 3–4 Stunden Gehzeit und ist auch mit Kindern zu empfehlen.
Der mit rostbraunen Punkten markierte Pfad führt über den »Reitweg« (Prinzregent Luitpold pflegte auf ihm zum Tegelberghaus zu reiten) über die Südhänge des Branderschrofens zum Branderfleck, einem Bergsattel mit bemerkenswerter Aussicht auf die 2082 m hohe Hochplatte im Osten und den Alpsee im Westen. Ab hier wird der Weg breiter und erreicht schließlich die geteerte Bleckenau-Straße. Ihr folgt man bis zur Marienbrücke. Von dort aus gelangt man durch die wildromantische Pöllatschlucht hinter dem Schloß Neuschwanstein wieder zum Parkplatz der Tegelbergbahn.

❺ Graswangtal

Eine bequeme Art, das Ammergebirge zu erkunden, ist die Fahrt von Füssen über Reutte, den Plansee und den Ammersattel durch das Graswangtal zum Kloster Ettal. Unterwegs gibt es eine ganze Reihe ausgeschilderter Parkplätze. Von diesen aus kann man nach Lust und Laune kleinere und größere Spaziergänge, aber auch Bergtouren unternehmen. Um

»Wasserspiele« an bizarren Tuffsteinfelsen über dem Ammergrund: die Schleierfälle bei Saulgrub.

seltene Pflanzen wie die Alpenrose, den Seidelbast, das Steinröschen, die Dunkle Akelei, die Mehlprimel oder die Aurikel zu sehen, braucht man aber nicht auf felsige Gipfel zu steigen. Botanisch versierte Spaziergänger haben entlang der Wanderwege durchaus Chancen, die Flora des Ammergebirges zu studieren. Unter strengstem Naturschutz stehen übrigens Alpenveilchen, Kugelknabenkraut, Kohlröschen, Edelweiß, Arnika, König-Karls-Zepter und verschiedene Enziane. Sie dürfen weder gepflückt noch ausgegraben werden! Im Winter verläuft hier eine der schönsten und abwechslungsreichsten Langlaufloipen der Bayerischen Alpen.

6 Weidmoos

Auf der Fahrt durchs Graswangtal passieren Naturliebhaber ein ganz besonderes Kleinod – das Weidmoos. Das kleine Moorgebiet liegt bei der Ettaler Mühle an der Einmündung der Graswangtalstraße in die B 23. Am Gasthaus beginnt ein einstündiger Rundweg, den man auf keinen Fall verlassen sollte, um das empfindliche Moorgebiet nicht zu schädigen.
Manche Botaniker bezeichnen das Weidmoos als die schönste Blumenwiese im Bayerischen Alpenvorland. Hier blühen im Spätwinter Schneeglöckchen und Seidelbast, im Frühjahr der Frühlings- und der Schlauchenzian, Alpenhelm, Alpenfettkraut sowie verschiedene Orchideen, im Sommer dann der Gelbe Enzian, Knabenkrautarten, Sumpfwurz und die Sibirische Schwertlilie. Auch Moos-, Heidel-, Rausch- und Preiselbeeren wachsen hier. Eine Rarität ist das sonst nur noch im hohen Norden vorkommende König-Karls-Zepter, wie das Weidmoos ein Relikt der Eiszeiten.

7 Eibsee

Einer der schönsten deutschen Bergseen ist der 972 m hoch gelegene Eibsee. Im Süden wird er von der 2962 m hohen Zugspitze, im Osten vom 2277 m hohen Großen Waxenstein flankiert. Entstanden ist das 2 km^2 große Gewässer wohl durch einen postglazialen Felssturz von der Zugspitze. Die herabstürzenden Felsen bildeten einen Damm, der das Wasser aufstaut. Wer sich von einem der (gebührenpflichtigen) Parkplätze aus auf den Eibsee-Rundweg macht und den zweistündigen Spaziergang entgegen dem Uhrzeigersinn beginnt, der findet gleich am Weganfang im sogenannten Lerchwald riesige, von Bäumen bestandene Felsbrocken. Auch sie sind Zeugen des Zugspitz-Felssturzes.
Der kristallklare, dunkelgrüne Eibsee hat keine erkennbaren Zu- und Abflüsse. Er wird überwiegend von unterirdischen Quellen gespeist und durch Gesteinsspalten entwässert. Unklar ist, ob der durch den Ort

Eine Rarität aus dem hohen Norden wächst im Weidmoos im Bayerischen Alpenvorland: das König-Karls-Zepter.

Venusgrotte und Tischleindeckdich
Auf der Fahrt durchs Graswangtal 5 lohnt ein Halt am Schloß Linderhof. König Ludwig II. ließ die Anlage zwischen 1870 und 1879 nach französischem Vorbild erbauen. Das Rokokoschlößchen hat prächtige Fassaden mit zahlreichen Figuren und Ornamenten. Bekannt ist das Speisezimmer mit dem versenkbaren »Tischleindeckdich« – die Speisetafel wurde in die Schloßküche versenkt und dort gedeckt. Über dem Paradebett im Schlafzimmer des Königs erscheint der Sonnenwagen Apolls – ein Bezug zum französischen Sonnenkönig Ludwig XIV. Sehenswert sind neben einer 32 m hohen Wasserfontäne auch die Venusgrotte in der barocken Gartenanlage und der Maurische Kiosk. Besonders reizvoll ist im Sommer der Kontrast zwischen dem naturnahen Graswangtal und dem prachtvoll blühenden, kunstvoll angelegten Schloßgarten.

Kurz vor Herbstbeginn findet vielerorts der Almabtrieb des festlich geschmückten Viehs statt.

Das streng geschützte Edelweiß ist die Charakterpflanze der Alpen. Es wächst in 1700–3400 m Höhe.

Der seltene Frühlingsenzian kommt auf Bergwiesen vor. In sehr warmen Jahren kann er zweimal blühen.

Das Echte oder Große Alpenglöckchen ist eine der ersten Frühlingsblumen auf feuchten Bergwiesen.

Grainau fließende Kreppbach sein Wasser aus dem Eibsee bezieht. Auf der Rundwanderung entdeckt der Besucher sieben Inseln unterschiedlicher Größe: Braxeninsel, Sasseninsel, Schönbichel, Ludwigsinsel, Scheibeninsel, Alpenbichel und Maximiliansinsel. Schöne Badeplätze finden sich fast entlang der gesamten Uferstrecke.
Seinen Namen hat der Eibsee vom lateinischen Capra ibex für Steinbock. 1249 wurde das Gewässer erstmals als Lacus Ibsee erwähnt. Zu jener Zeit war der Steinbock in dieser Region weit verbreitet. Während in den Wäldern rund um den Eibsee heute vornehmlich Rotwild lebt, gibt es an den Steilhängen der Zugspitze zahlreiche Gemsen.

8 Zugspitze

Deutschlands höchster Berg – mit 2962 m nur knapp unterhalb der 3000-m-Grenze – ist auch einer der höchsten Gipfel der Nördlichen Kalkalpen. Die Zugspitze ist Teil des Wettersteingebirges, zu dem auch der Kleine (2136 m) und der Große Waxenstein (2277 m) sowie die klassische Pyramide der Alpspitze (2628 m) gehören. Die schroffen Wände, die scharfen Grate und Gipfel dieser Berge bestehen überwiegend aus hellem Wettersteinkalk, der im Erdmittelalter im Meer abgelagert wurde und hier an der Nordseite der Zugspitze eine über 2200 m hohe Felswand bildet, die zu den gewaltigsten Wänden der Ostalpen gehört. Am Fuß der von Steinschlagrinnen zerschnittenen Wand treten Mergelschichten zutage, die leichter verwittern. Sie sind bis in Höhen um 1800 m ü. M. von Wald bedeckt. Unterhalb der Zugspitze liegen mit dem Höllentalferner und dem Schneeferner zwei der insgesamt drei kleinen Gletscher in den deutschen Alpen. Beide sind vom Gipfel aus gut zu sehen.
Über das Reintal und die Knorrhütte gibt es seit 1873 einen Fußweg auf die Zugspitze. Für eine Wanderung von Garmisch auf den Gipfel muß man mit 10–11 Stunden reiner Gehzeit rechnen, Trittsicherheit und Schwindelfreiheit inbegriffen. Seit 1930 ist die Zugspitze aber auch durch eine Zahnradbahn erschlossen, die einen Höhenunterschied von 1950 m überwindet. Die 11 km lange Fahrt von Grainau zum Schneefernerhaus durch Wald, Felsen und Tunnel ist nach wie vor ein Erlebnis. Eine Zusteigemöglichkeit besteht am Eibsee. Die Bayerischen Zugspitzbahnen bieten ein »Rundfahrt-Ticket« an, mit dem man neben der Zahnradbahn

Durch einen gewaltigen Felssturz von der Zugspitze entstand der Eibsee, einer der schönsten deutschen Bergseen.

auch die Gipfelseilbahn sowie die vom Eibsee direkt auf den Gipfel führende Großkabinenbahn benützen kann.
Bergauf ist die gemütliche Zahnradbahn zu empfehlen. Nach einer knappen halben Stunde befinden sich die Besucher bereits am Schneefernerhaus in 2650 m Höhe. Von hier aus geht's mit der Gipfelseilbahn nochmals 300 m höher zum Zugspitzgipfel. Wer oben ankommt, erschaudert gleich zweimal. Einerseits ist der Ausblick an klaren Tagen phänomenal – die Sichtweite beträgt dann rund 200 km. Andererseits ist die Zugspitze total zubetoniert, von ihrer einstigen natürlichen Schönheit ist vor lauter Bauwerken nicht mehr viel zu erkennen.
Wer von der Aussichtsterrasse nach Nordosten ins Höllental schaut, erblickt den kleinen, spaltenreichen Höllentalferner, südwestlich liegt der zweigeteilte Schneeferner. An klaren Tagen reicht der Blick über den Schneeferner hinweg bis zur Bernina- und zur Ortlergruppe. Bei der Talfahrt mit der 1963 in Betrieb genommenen Großkabinenbahn hat man eine herrliche Aussicht auf den im Wald eingebetteten Eibsee.

9 Höllentalklamm
Ein aufregendes Erlebnis am Fuß der Zugspitze ist die Wanderung durch die Höllentalklamm. Startpunkt ist im Grainauer Ortsteil Hammersbach, direkt am Haltepunkt der Zugspitzbahn. Im Hammersbach zwängt sich das Schmelzwasser des Höllentalferners, der direkt unter dem Zugspitzgipfel liegt, durch die unwegsame Felsenge des Kalkgesteins. Der Bau des Klammwegs zwischen 1902 und 1905 dauerte vier Sommer – im Winter ist die Höllentalklamm absolut unbegehbar. Regelmäßig wird sie von Lawinen verschüttet, die von der Alpspitze und den Waxensteinen kommen. Teilweise lag der Schnee schon bis zu 60 m hoch.
Auf dem Wanderweg geht es von Hammersbach aus zunächst eine Stunde bergauf (300 m Höhenunterschied), bis man an die Hütte am Eingang des Höllentals kommt. Der Verkauf der Eintrittskarten zur Klamm deckt übrigens kaum die Kosten der jährlichen Reparaturen und Sprengungen, die wegen der Lawinen erforderlich sind. Auf der 1000 m langen Strecke durch die Klamm überwinden die Besucher auf Brücken, Tunneln und Galerien einen Höhenunterschied von 145 m. Zugleich bekommen sie einen Eindruck von den Urkräften des Wassers: Es rauscht, zischt,

Bei einem zweistündigen Spaziergang kann man den Eibsee auf einem schönen Wanderweg umrunden.

10–11 Stunden dauert der Fußweg auf die Zugspitze. Sehr viel schneller kann man den höchsten deutschen Gipfel allerdings mit der Zahnrad- und der Gipfelseilbahn erreichen.

Alle Bauplätze vergeben
Noch 1923 hatte das Bayerische Innenministerium den Bau der Zugspitzbahn aus Gründen des Naturschutzes verweigert. Auch der Deutsche Alpenverein machte sich schon damals Sorgen um Deutschlands höchsten Gipfel 8. Die Münchner Sektion mahnte 1924: »Die zunehmende Zerstörung landschaftlicher Schönheit, Vernichtung von Naturdenkmälern, Ausrottung von Tieren und Pflanzen, kurz die durch den Eigennutz des Menschen herbeigeführte Verarmung und Verödung der Landschaft erfüllt die Naturfreunde mit Sorge, wie es wohl in fünfzig, in hundert Jahren in unserem Vaterlande aussehen möchte... Wir lehnen die Bergbahnen ab, weil sie Menschen hinaufbringen, die keine Fühlung mit den Bergen haben, weil das böse Beispiel des Wettersteins bald überall Nachahmung finden wird.«
Rund 70 Jahre nach dieser Prophezeiung gibt es auf dem völlig zugebauten Zugspitzgipfel drei Seilbahnstationen, das bereits 1897 errichtete Münchner Haus mit der Wetterwarte und dem meteorologischen Turm, eine wissenschaftliche Forschungsstation, eine Richtfunkstelle der Bundespost sowie das Panoramarestaurant. 300 m tiefer steht das Hotel Schneefernerhaus.
Und auf dem Zugspitzplatt südlich des Gipfels surren insgesamt zehn Seilbahnen und Lifte.

Kein Strom aus der Partnach
Daß wir die Partnachklamm ⑩ heute noch besuchen können, verdanken wir dem Widerstand vieler Partenkirchener Bürger vor gut 40 Jahren. Damals sollte die Partnach zur Gewinnung von Elektrizität genutzt werden. Geplant war, am oberen Ende der Klamm einen 110 m hohen Staudamm zu errichten. Dadurch wären das oberhalb der Partnachklamm liegende Reintal und das Ferchenbachtal zu einem riesigen Stausee geworden. Das Kraftwerk sollte in der Wildenau am heutigen Klammeingang gebaut werden. Massiver Bürgerwiderstand ließ das Großprojekt 1949 aber scheitern.

kracht und gurgelt, daß man sein eigenes Wort nicht versteht. Wegen des vielen Spritzwassers empfiehlt sich Regenkleidung.
Nach der Klammdurchquerung lockt die Einkehr in der 30 Minuten entfernten, herrlich im Talschluß gelegenen Höllentalangerhütte. Danach geht man auf demselben Weg zurück oder über die Knappenhäuser und den markierten Weg übers Hupfleitenjoch erst zum Kreuzeckhaus (2½ Stunden, Einkehrmöglichkeit), dann wieder ein Stück zurück und steil bergab nach Hammersbach. Für die Kreuzeckvariante benötigt man ohne Pausen sechs Stunden Gehzeit.

⑩ Partnachklamm

Eine der großartigsten Felsengen der nördlichen Alpen ist die 700 m lange Partnachklamm. Durch sie schießt das Schmelzwasser des Schneeferners zur Loisach. Die Klamm ist stellenweise kaum 1 m breit, die Wände des harten Muschelkalkriegels dagegen steigen bis zu 84 m senkrecht empor. Für Touristen ist die Partnachklamm seit 1912 zugänglich. Bereits 1886 wurde sie mit Hilfe eines sogenannten Triftsteigs für die Holzflößerei erschlossen.
Die in den Gebirgswäldern gefällten Baumstämme wurden noch bis Ende der sechziger Jahre auf 1 m Länge geschnitten und in die Partnach geworfen. Die »Trifter« bugsierten dann mit langen Haken das Holz durch die enge Klamm. Bevor 1886 der erste provisorische Weg angelegt wurde, seilten sich die »Trifter« von oben in die Klamm ab, um das zwischen den Felsen verkeilte Holz zu lösen. Diese Arbeit war lebensgefährlich.
Heute ist die Partnachklamm mit neun Tunneln und Galerien das ganze Jahr über problemlos zu begehen. Während im Frühjahr das heftige Tosen des Wassers beeindruckt, imponieren im Winter die vielfältigen Eisfiguren. Besucher parken ihr Auto beim Skistadion in Partenkirchen und folgen der 1,5 km langen Asphaltstraße. Es gibt übrigens auch Pferdedroschken. Für den rund 700 m langen, kaum ansteigenden Klammweg (Eintritt) benötigt man 15–20 Minuten.
Am Ende der Schlucht hält man sich links und steigt in knapp 30 Minuten hinauf zum Graseck (Einkehrmöglichkeit). Bergab kann man entweder mit der Seilbahn fahren, oder man geht die steile Fahrstraße hinunter zum Eingang der Partnachklamm. Für den Ausflug muß man ohne Pause mindestens zwei Stunden rechnen.

Hautnah lassen sich die Urgewalten des Wassers bei ohrenbetäubender Geräuschkulisse in der Höllentalklamm am Fuß der Zugspitze erleben – allerdings nur im Sommer. Regenbekleidung ist hier sehr zu empfehlen.

⓫ Schachen

Einen ganzen Tag benötigen Naturliebhaber für eine Wanderung zum Alpengarten auf dem 1865 m hohen Schachen. Die abgeschiedene Lage ohne Straßenanschluß erfordert einen vierstündigen Anstieg. Ausgangspunkt ist Schloß Elmau, das man von Klais aus auf einer 6 km langen Mautstraße erreicht.

Der beschilderte Weg zum Schachenhaus (privater Berggasthof), zum Jagdschloß und zum Botanischen Alpengarten führt zunächst eine Forststraße hinauf – anfangs heißt sie Schachenstraße, später Königsweg (Markierung 841). An der Wettersteinalm, in einer Talmulde links des Weges gelegen, ist eine Rastmöglichkeit (kalte Gerichte, Getränke). Von hier aus führt der Anstieg auf einem schmalen Wandersteig zu dem »Schachentor« genannten Sattel. Der Weg ist nicht bezeichnet, aber gut erkennbar. Vom Schachentor kurzer Abstieg zur breiten Forststraße, die den weiteren Anstieg bildet.

Auf dem direkt vor der Wettersteinwand liegenden Schachen ließ sich König Ludwig II. in den Jahren 1870/71 ein Jagdschloß erbauen (Juni–Okt. geöffnet). Nebenan liegt das bewirtschaftete Schachenhaus (Betten und Matratzenlager; Juni–Okt. bewirtschaftet).

Der über 1 ha große Alpengarten (Anfang Juli–Anfang Sept. geöffnet) wird vom Botanischen Institut der Universität München betreut und enthält über 1000 verschiedene Hochgebirgspflanzen aus der ganzen Welt. Darunter sind Gewächse, die anderswo bereits ausgerottet sind. Die heimische Flora der Allgäuer Alpen oder des Karwendels ist dort ebenso vertreten wie Pflanzen der Zentral- oder Südalpen, aber auch des Himalaja oder der nordamerikanischen Rocky Mountains. Besonders eindrucksvoll sind die hundertjährigen, mächtigen Zirben, die es bei uns im Alpenraum nur noch selten gibt. Die beste Besuchszeit ist Ende Juli/Anfang August, weil dann die meisten Pflanzen blühen.

Seit 1967 führt die Karwendelbahn von Mittenwald auf die 2385 m hohe Westliche Karwendelspitze. Das Karwendel ist Teil der Nordtiroler Kalkalpen.

⓬ Kranzberg

Wer die Berge nicht nur auf Schusters Rappen erkunden will, sollte sich für die Tour rund um den Hohen Kranzberg auf den Drahtesel schwingen – die Steigungen sind nämlich gering. Leihen kann man die Fahrräder in Klais im »Haus Ursula« (☏ 08823/1631). Der 22 km lange Rundweg führt an dichten Wäldern, satten Almwiesen, steilen Felsabstürzen, zwei Badeseen und mehreren Einkehrmöglichkeiten vorbei.

Während der 22 km langen, steigungsarmen Fahrradtour um den Kranzberg kann man sich im Lautersee mit einem Bad erfrischen.

Schon seit 1684 wird in Mittenwald die von Italien inspirierte Geigenbaukunst gepflegt.

Bayerisches Kunsthandwerk
Geigenbau und Lüftlmalerei – zwei Kunsthandwerke, die Mittenwald ⓭ *berühmt gemacht haben. Einen guten Einblick in diese Fertigkeiten erhalten Besucher im Geigenbau- und Heimatmuseum in der Ballenhausgasse 3. Dieses Gebäude weist eine der schönsten Lüftlmalereien des Ortes auf. Seit der ersten Hälfte des 18. Jh. pflegt man im Werdenfelser Land diese Freskenmalerei.*
Begründer der Mittenwalder Geigenbaukunst war in der zweiten Hälfte des 17. Jh. Matthias Klotz. Während seiner Lehrzeit in Cremona dürfte er Antonio Stradivari, den Meister der klassischen Geigenbaukunst, kennengelernt haben. Im Geigenbaumuseum sind zahlreiche im Laufe der Jahrhunderte in Mittenwald hergestellte Instrumente zu sehen (Mo–Fr 10–11.45, 14–16.45, Sa, So 10–11.45 Uhr geöffnet, außer 1. Nov.–19. Dez.; Information: Kurverwaltung, ☏ 08823/33981).

Von Klais (960 m) aus radeln wir die asphaltierte Mautstraße bis Elmau (1010 m). Von hier geht es auf der gut befahrbaren Schotterstraße weiter zum Ferchensee (1060 m), der sich im Sommer bis auf 24 °C erwärmt. Bis zum nächsten Badeplatz, dem Lautersee (1010 m), sind es nur 2 km. Über die für den Kfz-Verkehr gesperrte Straße fährt man dann hinunter nach Mittenwald. Der schönste Rückweg nach Klais führt über den Bockweg (zweigt am nördlichen Ortsende kurz vor dem Bahnübergang rechts ab) durch die Buckelwiesen in Richtung Krün. Etwa 1 km nach dem Gasthaus »Tonihof« zweigt links ein Fahrweg zur Ortsverbindungsstraße Mittenwald–Klais ab. Von hier ist es dann noch 1 km bis Klais. Wer die Tour zu Fuß gehen will, muß mit 4–5 Gehstunden rechnen. Deutlich bequemer ist eine Pferdekutsche: Zwischen Lautersee und Elmau oder nach Vereinbarung werden Fahrten angeboten (Anmeldung: ☏ 08823/1686 oder 2459), im Winter auch Schlittenfahrten (zusätzlich: ☏ 08823/1664, 1675, 1280, 8568, 5055, 5832 und 2849).

⓭ Leutaschklamm

Vom Geigenbauerdorf Mittenwald aus empfiehlt sich ein Spaziergang durch die Leutaschklamm. Schon 1880 wurde in dieser Felsenge ein Steig angelegt. Entstanden ist sie durch die Erosion der Leutasch, die hier in das rund 100 m tiefer gelegene Isartal durchbricht. Während dieses vom mächtigen Isargletscher tief ausgehobelt worden ist, wurde das Leutaschtal von einem deutlich schwächeren Seitenarm dieses Gletschers gebildet und liegt deshalb höher. Die Leutaschklamm (Mai–Okt. geöffnet, bei gutem Wetter auch Nov.–April) erreicht man von Mittenwald aus in 15 Minuten zu Fuß. Man verläßt den Ort nach Süden und zweigt bei der Isarbrücke nach rechts auf den zur Leutaschklamm führenden Weg ab. Die Klamm ist etwa 250 m weit bis zu einem 20 m hohen Wasserfall begehbar. Nach dem Rückweg (Besuchszeit ca. 20 Minuten) sind es weitere 15 Minuten bis zu dem vom Eiszeitforscher Albrecht Penck entdeckten Gletscherschliff, dem größten der gesamten Nordalpen. Im Gasthaus »Am Gletscherschliff« besteht die Möglichkeit zur Einkehr.

Nahe Mittenwald windet sich die Leutascher Ache durch ein reizvolles Tal, bevor sie in einer engen Klamm in das Isartal durchbricht.

Route 2 Vom Walchensee zum Wendelstein

Erholsames Seenland

14 Kochelsee

Wer auf der A 95 von München kommt, sieht zwischen Sindelsdorf und der Autobahnausfahrt Murnau/Kochel linker Hand ein großes Moorgebiet, das einst von einem See eingenommen wurde. Noch im frühen Mittelalter reichte der Kochelsee nördlich bis Benediktbeuern. Inzwischen ist er auf ein Siebtel seiner ursprünglichen Fläche geschrumpft (6,5 km^2). Der frühere Seeboden ist heute ein mehr oder minder intaktes Moorgebiet; viele Flächen sind durch den Torfabbau zerstört und entwässert worden. Besonders eindrucksvoll ist der Blick über den von der Loisach durchflossenen, bis 66 m tiefen Kochelsee von den zwei Aussichtsparkplätzen an der Kesselbergstraße. Von hier aus sind auch der Schilfgürtel und die Moore im Norden des Sees gut zu erkennen.

Ausflug in vergangene Zeiten
Auf der Fahrt zum Kochelsee 14 lohnt sich ein Abstecher zum Freilichtmuseum Glentleiten. Von der Autobahnausfahrt Murnau/Kochel nach Großweil und dort der Ausschilderung folgen. Das Freilichtmuseum zeigt typische Bauernhäuser aus ganz Oberbayern; häufig gibt es Vorführungen früher bedeutender Handwerkskünste (April–Okt. Di–So 9–18; Nov. nur an Wochenenden 10–17 Uhr geöffnet). Oberhalb des Museums liegt die Gaststätte »Kreut-Alm«: Vom Biergarten genießt man einen Ausblick übers Murnauer Moos und den Kochelsee.

15 Walchensee

Gleich mehrere Superlative weist der Walchensee auf: Mit wahrscheinlich bis zu 196 m ist er der tiefste oberbayerische See, mit einer Fläche von 16,5 km^2 der größte deutsche Alpensee. Und wegen seiner bestän-

Route 2
Vom Walchensee zum Wendelstein
Die ca. 235 km lange Fahrt durch den östlichen Teil der Bayerischen Alpen folgt streckenweise der Deutschen Alpenstraße. Höhepunkte sind der Kochel- und der Walchensee 14 15, der auf Tiroler Gebiet liegende, aber nur von Bayern aus erreichbare Große Ahornboden 17, der Tegernsee 19 und der Wendelstein 21.
Streckenverlauf:
A 95 München–Garmisch bis zur Ausfahrt Murnau/Kochel, über Schlehdorf nach Kochel und auf der kurvenreichen Kesselbergstraße 14 zum Walchensee 15; auf der B 11 bis Einsiedl, dort scharf links ab auf die Mautstraße in die Jachenau 16; auf der gleichen Straße zurück, auf der B 11 bis kurz vor Wallgau fahren, links auf der Mautstraße an der jungen Isar entlang nach Vorderriß, dann rechts ab zur Grenze und über Hinterriß zu den Eng-Almen auf dem Großen Ahornboden 17; zurück bis Vorderriß, rechts auf die B 307 und entlang dem Südufer des Sylvensteinsees 18; am Kraftwerk rechts über den Achenpaß und Kreuth nach Rottach-Egern, am Ortseingang rechts ab zum Wallberg 19; in Rottach-Egern dann Richtung Enterrottach und gegen Maut über Sutten bis zum Forsthaus Valepp 20; zurück ans Tegernsee-Ostufer bis kurz vor Gmund, dort rechts ab zum Schliersee und über die B 307 bis Osterhofen 21 kurz vor Bayrischzell; von dort über die Sudelfeldstraße zum Tatzelwurm und nach Brannenburg/Inntal zur A 93.
Das Gebiet ist touristisch gut erschlossen. In Saisonzeiten sind Zimmer häufig knapp. Die schönste Reisezeit ist der Herbst, wenn in der Eng die mächtigen Ahornbäume rot und golden leuchten, während in den Wänden des Karwendels bereits der erste Schnee liegt. Die Strecke ist ganzjährig befahrbar.

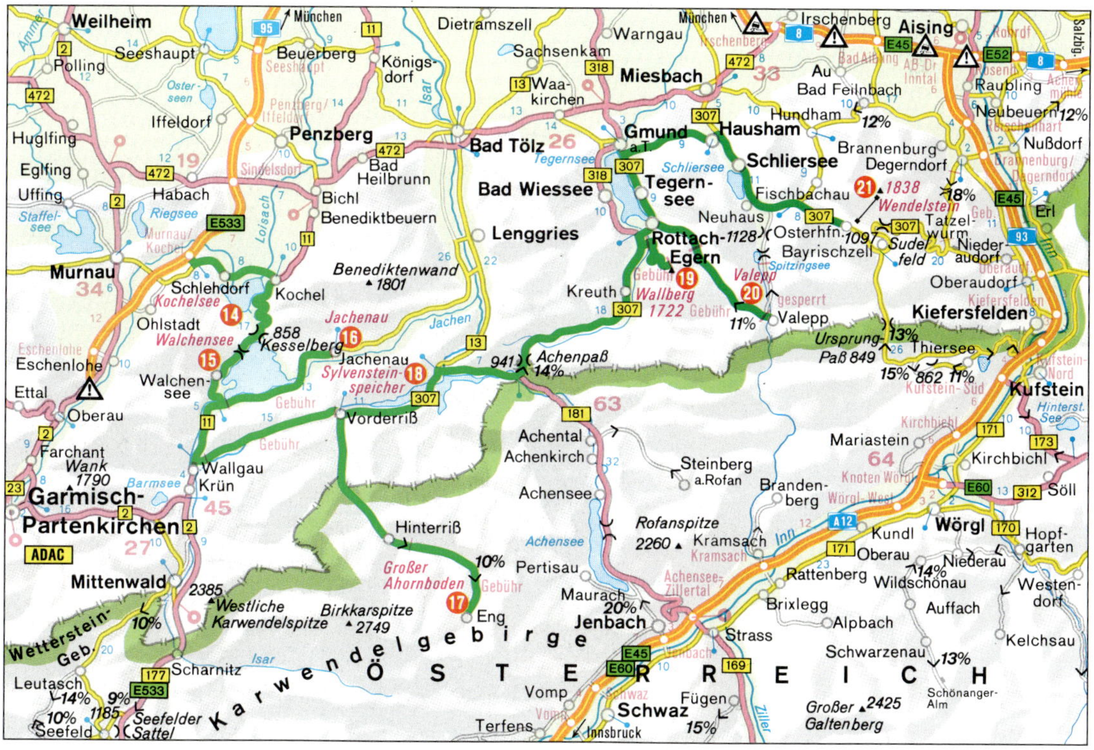

Die eßbare Moosbeere kommt in Hochmooren und lichten Wäldern vor.

Kletterkünstler im Hochgebirge: die Gemsen. Die braunen Tiere erreichen bis zu 80 cm Rückenhöhe.

digen Winde hat er bei Surfern einen überaus guten Namen. Die Auswirkung dieser Beliebtheit zeigt sich am Süd- und Westufer: Parkplatzprobleme und Müll in der Landschaft. Am schönsten und geheimnisvollsten offenbart sich der Walchensee sehr früh am Morgen, wenn oft noch Nebel über den Wassern liegen und im Hintergrund das dunkle, mächtige Massiv der Soiernspitze aufragt.
Einen eindrucksvollen Überblick bietet eine Fahrt mit der Sesselbahn vom Dorf Walchensee auf den 1627 m hohen Fahrenbergkopf: Von den Sitzen aus hat man einen unvergleichlichen Panoramablick über den See mit der Insel Sassau bis zum Karwendelgebirge und zur Benediktenwand. Von der Bergstation der Sesselbahn sind es 15 Minuten zum Herzogstandhaus. Wer den 1731 m hohen Herzogstand erklimmen will, muß noch eine gute halbe Stunde anhängen.
Der Walchensee lädt auch zu schönen Spaziergängen ein: rund um die Halbinsel Zwergern an der Südwestecke des Sees (Fahrradverleih am Gasthof »Einsiedl«) oder rund um den Fischberg am Ostufer mit Start und Ziel in Niedernach (Wanderparkplatz). Die erste Tour dauert etwa 1½ Stunden, die zweite rund drei Stunden.

16 Jachenau

Die Jachenau, die man nach der Fahrt auf der Mautstraße am Südufer des Walchensees erreicht, ist ein 15 km langes Hochtal (680–800 m ü. M.), das vom Massentourismus noch vollkommen verschont ist. Die Gemeinde Jachenau (850 Einwohner) besteht aus einer Vielzahl einzelner Gehöfte, die über die Talaue verstreut liegen. An den Hängen der umliegenden Berge gibt es keinerlei Häuser, nur vereinzelte Almhütten. Hinter den grünen Matten beginnen wildreiche Bergwälder aus Buchen, Fichten, Bergahorn und Lärchen. Sämtlicher Grund und Boden gehört seit Jahrhunderten den Bauern. Da kaum neues Bauland ausgewiesen wird, ist die Landschaft nicht zersiedelt.
Die Jachenau ist ein ideales Wandergebiet. Entlang der Straße Richtung Wegscheid/Lenggries beginnt eine Reihe von Wanderwegen. Neben einer Bergtour auf die 1801 m hohe Benediktenwand (3½–4 Stunden) oder einer Wanderung zum Walchensee (Bademöglichkeit) gibt es zahlreiche einsame Spazierwege, die das Jachental nicht verlassen.

Der Sommer geht zu Ende auf dem Kleinen Ahornboden, einem der schönsten Flecken im Tiroler Karwendel, den man auf einer Wanderung vom Großen Ahornboden aus erreichen kann.

17 Großer Ahornboden

Die Fahrt ins Karwendelgebirge über Wallgau, Vorderriß, Hinterriß (Zollamt) und die Mautstraße in die Eng ist zwar langwierig, doch der Große Ahornboden lohnt den Zeitaufwand. Auf der leicht geneigten Hochfläche, einem Naturschutzgebiet in 1090–1210 m Höhe, stehen mehr als 1500 Ahornriesen. Seit einigen Jahren werden für die ältesten von ihnen – sie sollen 600 Jahre alt sein – Neupflanzungen vorgenommen, weil die alten Bäume nach und nach absterben.
Für die zahlreichen Touristen gibt es am Ende des Engtals genügend Parkplätze. An milden Herbstwochenenden, wenn das Ahornlaub rot und golden leuchtet und die Spitzen des Karwendelgebirges bereits schneebedeckt sind, stehen dort oft über 50 Busse und Hunderte von Pkws. Spaziergänger, Wanderer und Bergsteiger kommen auf den Wanderwegen am Ahornboden und den umliegenden Gipfeln voll auf ihre Kosten. Der Alpengasthof »Eng« bietet Besuchern die Möglichkeit zur Rast und Übernachtung.

18 Sylvensteinspeicher

Eine »Natur«-Sehenswürdigkeit von Menschenhand ist der Sylvenstein-Stausee. Nachdem der Staudamm 1959 fertiggestellt war, versank das alte Dorf Fall in den Fluten des neuen Sees. Für seine Bewohner wurde am Südufer ein neues Dorf gebaut.
Der Sylvensteinspeicher dient nicht nur der Stromgewinnung im Kraftwerk unterhalb des Staudamms. Ein wichtiges Ziel beim Bau der Talsperre war auch die Flußregulierung der Isar. Ihre früher machtvollen Hochwasser gibt es seither nicht mehr, dafür hat aber die Auenlandschaft viel von ihrem ursprünglichen Charakter verloren. Der Stausee ist maximal 40 m tief, seine Oberfläche beträgt etwa 6 km^2. Über den Damm führt die Deutsche Alpenstraße (B 307).

Nicht nur der Stromerzeugung und der Hochwasserregulierung dient der Sylvensteinspeicher, auch Wassersport und Badespaß sind hier möglich.

Anpassung an Extreme: Der Alpensalamander, ein Amphibium, legt keine Eier, sondern gebärt Junge.

Nachts auf der Alm

Die Karwendelgipfel in aller Ruhe bewundern – wer möchte das nicht. Auf der Eng-Alm gibt es dazu eine Möglichkeit: In drei der etwa ein Dutzend Almhütten, aus denen das Almdorf in 1215 m Höhe besteht, werden zwischen Mai und Oktober tageweise Matratzenlager und Zimmer vermietet. Wer den Großen Ahornboden 17 und die Karwendel-Kulisse für sich und die Familie haben will, kann sich bei den »Almerern« preiswert einmieten. Frühstück muß man selbst machen, eine Küche ist jeweils vorhanden. Eine Reservierung ist unbedingt nötig (Information: Verkehrsamt A-6134 Vomp/Tirol, ☏ 0043-5242/2616).

Bei Bergwanderungen wie hier in der Wolfsschlucht in den Tegernseer Alpen sind Trittsicherheit und Schwindelfreiheit erforderlich.

19 Wallberg

Die Ufer des beliebten Tegernsees sind das am stärksten besiedelte Gebiet Oberbayerns. Die Zahl der Zweitwohnsitze ist so hoch, daß die Seegemeinden sie inzwischen begrenzen, um die Landschaftszersiedelung zu stoppen. Den Grund für die Attraktivität des Tegernsees sehen Besucher bei einem Rundblick vom Wallberg aus: im Osten die bewaldeten Höhenzüge mit den Gipfeln der Baumgartenschneid (1449 m) und der Neureuth (1264 m), im Westen der Luckenkopf (1370 m) und der Hirschberg (1668 m), dazwischen der 6,5 km lange und bis zu 2,5 km breite See und im Norden die flache Münchner Schotterebene.
Für die Auffahrt zum Wallberg empfiehlt sich neben der Bergbahn zum Wallberghaus (1620 m) auch die Autofahrt auf der mautpflichtigen Wallbergstraße zur Moosalm (1113 m). Beim Parkplatz der Wallbergbahn befindet sich ein Wildpark mit Damwild. Dort gibt es auch ein empfehlenswertes Gasthaus. An Schönwetter-Wochenenden ist das gesamte Gebiet – im Sommer wie im Winter – von Ausflüglern aus München bevölkert, ein Besuch während der Woche ist deshalb ratsam.

20 Valepp

Verschwiegen und fast völlig unbesiedelt ist die wildreiche Valepp. Das bis auf knapp 900 m südwestlich des Tegernsees ansteigende Tal wird von der Weißen Valepp durchflossen, in die beim Forsthaus die Rote Valepp einmündet. Eine Zufahrtsmöglichkeit besteht nur von Rottach-Egern aus (Schilder Richtung Enterrottach/Sutten beachten). Nach 5 km Mautstelle, kurz danach auf der rechten Seite der kleine Rottachfall. 3 km nach der Mautstelle kommt eine Greifvogelstation; im Sommer sind mehrmals täglich Flugvorführungen. Endstation für den Kfz-Verkehr ist nach 10 km am Forsthaus Valepp (Einkehrmöglichkeit, im Nov. geschlossen). Eine leichte Wanderung führt von hier aus in knapp zwei Stunden zur Erzherzog-Johann-Klause (Mai–Okt. geöffnet) jenseits der Tiroler Grenze (Ausweis mitnehmen). Ein Vorschlag für eine Tagestour: Das Auto an der Talstation der Sutten-Bergbahn parken, zu Fuß oder per Bus zum Forsthaus Valepp, von dort etwa 6 km durch das für Autos gesperrte Tal der Roten Valepp zum Spitzingsee. Mit der Lyra-Bergbahn auf den 1580 m hohen Stümpfling, von dort zu Fuß oder mit der Suttenbahn wieder hinab ins Tal der Weißen Valepp. Die Strecke Rottach-Egern bis Spitzingsee ist auch zum Radfahren geeignet.

Fast 9 km² groß und bis zu 72 m tief ist der Tegernsee mit dem 1722 m hohen Wallberg im Hintergrund. Seine Uferregion ist dicht besiedelt.

21 Wendelstein

Die Forscher des Sonnen-Observatoriums auf dem 1838 m ü. M. hohen Gipfel interessieren sich ausschließlich für das ferne Gestirn, dabei könnten sie von dem aussichtsreichen Berg im Mangfallgebirge auch viel über die Geschichte unseres Planeten lernen. Der Wendelstein ist nämlich vom geologischen Aufbau her ein Musterbeispiel eines alpinen Gipfels. Er besteht aus dem Schichtenstapel der sogenannten Lechtal-Decke, die sich in Jahrmillionen 100 km, ja vielleicht 200 km weit nach Nordwesten geschoben und jüngere Gesteinsschichten unter sich begraben hat. Die Grundregel der Geologie, daß jüngere Schichten immer über älteren liegen, trifft beim Wendelstein daher nicht zu.
Am einfachsten geht der »Aufstieg« mit der Seilbahn von Osterhofen (B 307) aus. Wegen des herrlichen Ausblicks in alle vier Himmelsrichtungen ist der über den Gipfel führende Panorama-Rundweg sehr empfehlenswert. Der Blick reicht bis in die Hohen Tauern, die Zillertaler und Stubaier Alpen sowie zum Zugspitz-Massiv und auf das durch den früheren Inntalgletscher gebildete Moränengebiet im Norden.
Der Rundweg ist Teil des 1988 angelegten Geologischen Wanderpfades. Von den drei Talorten Brannenburg, Bad Feilnbach und Bayrischzell führt je ein Wanderweg auf den Wendelstein. Entlang der Wege finden sich Informationstafeln zur Erdgeschichte des Wendelsteins und seiner Umgebung. An den Bergbahn-Talstationen ist dazu eine Broschüre erhältlich.

Einem fauchenden und brüllenden Fabelwesen verdankt der Tatzelwurm seinen Namen.

Drei Wanderwege führen auf den 1838 m hohen Wendelstein.

Von Mitte Mai bis Mitte November ist die Wendelsteinhöhle geöffnet. Selbst im Sommer können sich dort Eisstalaktiten halten.

Feuer und Wasser

Eine wildromantische Schlucht mit eindrucksvollen Wasserfällen – so präsentiert sich der Tatzelwurm (nach 21) seinen zahlreichen Besuchern. 12 km östlich von Bayrischzell am Endpunkt der Deutschen Alpenstraße gelegen, trifft man ziemlich unvermittelt auf dieses Naturereignis. Dem Volksglauben nach soll in der Schlucht – wen wundert's bei diesem tosenden Wasser – ein feuerspeiender Drache gehaust haben. Heute erinnern nur noch der Name der Schlucht und ein historischer Gasthof, der gute Einkehrmöglichkeiten bietet, an das sagenumwobene Ungeheuer. Für Unerschrockene bietet sich von den Tatzelwurm-Wasserfällen eine reizvolle Ausflugsfahrt über die teilweise sehr steile und gebührenpflichtige Forststraße nach Flintsbach und weiter zum ältesten und bedeutendsten Handelsweg Mitteleuropas an – dem Inntal.

Eiszapfen im Sommer

Nicht nur die Aussicht vom Wendelstein 21 ist schön, auch im Innern des Berges gibt es etwas zu sehen: Bei der Auffaltung des Bergmassivs hat sich im Kalkgestein eine Höhle gebildet, die später durch Wasser ausgeweitet worden ist. Der Zugang befindet sich direkt am Vorplatz der Zahnradbahnstation, neben dem Wendelsteinkirchlein und der Seilbahnstation. Am interessantesten ist die tiefliegende Eingangshalle; hier bilden sich im Winter Eisstalaktiten. Der Eiskegel am früheren Höhleneingang bleibt in manchen Jahren sogar im Sommer erhalten. Vom heutigen Eingang aus steigt man auf langen Treppen zur eigentlichen Höhle hinunter, die auf rund 200 m Länge für Besucher erschlossen ist und die Schichtung des Kalkgesteins zeigt. Rutschfeste Schuhe und warme Kleidung sollte man auf alle Fälle mitnehmen (Ende Mai–Ende Okt. tägl. 9–16 Uhr geöffnet).

50 Chiemgau und Berchtesgadener Land

Märchenland in Menschenhand

Natur pur: Auch wenn dieses Schlagwort in Fremdenverkehrsprospekten oft verwendet wird, so trifft es für die Landschaft zwischen Inn und Salzach – den Chiemgau, das Berchtesgadener Land und den Rupertiwinkel – nicht immer zu. Allzuhäufig hat der Mensch in die von den Gletschern geformte Landschaft eingegriffen. Und doch: Im äußersten südöstlichen Zipfel Deutschlands lockt der Nationalpark Berchtesgaden mit schroffen Felswänden, Gletschern, tiefen Tälern und hohen Wasserfällen. Die urgewaltige Bergwelt – hier am Watzmann (2713 m), der fast senkrecht über dem Königssee aufragt – bildet einen starken Kontrast zum vorgelagerten Chiemgau mit seinen vielen Seen, versteckten Mooren und sanften Moränenhügeln.

Lage Zwischen dem Inntal im Westen, der österreichischen Grenze im Süden und Osten und den Moränenhügeln zwischen Wasserburg und Burghausen im Norden
Ausdehnung West–Ost ca. 70 km; Nord–Süd ca. 60–80 km
Land Bayern
Höchste Erhebungen Im Nationalpark Berchtesgaden: Watzmann 2713 m, Hochkalter 2608 m, Hoher Göll 2523 m, Stadelhorn 2286 m, Jenner 1874 m; in den Chiemgauer Alpen: Sonntagshorn 1960 m, Geigelstein 1808 m, Zwiesel 1781 m, Hochgern 1744 m, Hochfelln 1670 m, Kampenwand 1669 m
Wichtigste Flüsse Inn, Salzach, Saalach, Tiroler Ache, Berchtesgadener Ache, Prien
Landschaftsformen Markante Hochgebirgsgipfel, kleine Kargletscher, tief eingeschnittene und meist bewaldete Täler, ausgedehnte Moorgebiete im Chiemgau, vielfältige Seen, umrahmt von Moränenwällen
Nationalpark Nationalpark Berchtesgaden
Information Landesfremdenverkehrsverband Bayern, Prinzregentenstr. 18, W-8000 München 22, ☏ 089/2123970; Fremdenverkehrsverband München-Oberbayern, Sonnenstr. 10, W-8000 München 2, ☏ 089/597347; Verkehrsverband Chiemgau, Ludwig-Thoma-Str. 2, W-8220 Traunstein, ☏ 0861/58223; Deutscher Alpenverein, Praterinsel 5, W-8000 München 22, ☏ 089/2350900; Nationalpark-Haus, Franziskanerplatz 7, W-8240 Berchtesgaden, ☏ 08652/64343; Nationalparkverwaltung, Doktorberg 6, W-8240 Berchtesgaden, ☏ 08652/61068

Landschaft mit zwei Gesichtern

So unterschiedlich der hügelige Chiemgau und die südlich und südöstlich hinter ihm aufragenden Bergketten der Chiemgauer und Berchtesgadener Alpen auch sind, sie sind gleichermaßen beliebte Ausflugsziele: Wochenende für Wochenende strömen die Menschen aus München, Rosenheim und Umgebung ans »Bayerische Meer«, den Chiemsee 7. Andere drängt es eher in die Chiemgauer oder Berchtesgadener Alpen. Die Liste der Freizeitangebote ist lang: Bergsteigen oder Wandern in stillen, waldreichen Alpentälern oder Moorgebieten wie dem Schönramer Filz 24, Drachen- und Gleitschirmfliegen, Radtouren, dazu Segeln, Surfen und Baden in und auf den zahlreichen Seen des Chiemgaus. Dennoch, wer heute den Chiemgau und das Berchtesgadener Land besucht, sieht fast überall zweierlei: einerseits eine durch Urmeere und eiszeitliche Gletscher geschaffene großartige Landschaft, andererseits ihre allmähliche Zerstörung durch den Menschen.
Während der Woche läßt sich dieses beliebte Ausflugs- und Urlaubsgebiet am besten genießen. Besonders in der Nebensaison, wenn im Früh-

jahr die Schneeschmelze für feuchte Wege sorgt oder im Herbst der Nebel die Moore einhüllt, zeigt sich der südöstliche Zipfel Bayerns von seiner stillen Seite. Wer jedoch den Berggipfeln in der Hoffnung auf einen unvergeßlichen Panorama-Ausblick entgegenstrebt, braucht außerdem klares Wetter, eine gute Wanderkarte und viel Ausdauer, um abseits der bekannten »Trampelpfade« die langersehnte Ruhe zu finden.

Der Schwarzhalstaucher brütet – oft zusammen mit Lachmöwen – in Kolonien am Chiemsee.

Reichlich mit Wasser bedacht
Mehr als 200 Millionen Jahre lang bedeckte ein ausgedehntes Meer das Gebiet des heutigen Südbayern. Auf dem Grund dieses Urmeeres lagerte sich kalkhaltiger Schlamm ab und bildete im Laufe von Jahrmillionen das Gestein, das später zur Alpenkette aufgefaltet wurde. Dieser Prozeß hat nur die Vorstufe jener Landschaft geschaffen, die wir heute als so attraktiv und abwechslungsreich empfinden. Den »Feinschliff« besorgten die eiszeitlichen Gletscher, die sich über einen Zeitraum von rund zwei Millionen Jahren mindestens viermal von Süden nach Norden schoben. Die mitgeführten Schutt- und Geröllmassen in und unter dem Eis hobelten die Berge ab, schürften die Täler aus und schufen riesige Mulden wie das Chiemseebecken. Die warmen Perioden zwischen den Eiszeiten halfen bei der Landschaftsbildung mit: Die Schmelzwässer der Gletscher räumten die Täler noch weiter aus, bevor nachfolgende Eisströme wieder den Boden bedeckten. Große Seen entstanden im Alpenvorland. Der eiszeitliche Rosenheimer See muß ursprünglich tatsächlich eine Fläche von rund 300 km^2 bedeckt haben. Zum Vergleich: Der jetzige Chiemsee ist etwa 84 km^2 groß.
Inzwischen sind weite Bereiche dieser ehemaligen »Süßwassermeere« verlandet oder gänzlich ausgetrocknet. Trotzdem ist noch heute der Chiemgau reichlich mit Wasser bedacht. Er hat – wie auch die angrenzende Alpenkette – ein recht niederschlagsreiches Klima. Eine klimatologische Besonderheit ist der Föhn. Der warme, trockene Fallwind läßt die Temperaturen im Winter von einem Tag zum anderen, manchmal um 10–20°C, ansteigen. Die üppige Vegetation dieser Landschaft ist eine Augenweide für jeden Besucher.

Route 1 Westlicher Chiemgau und Chiemgauer Alpen

Vom Chiemsee in die Bergwelt

1 Drumlins bei Prutting
Blickt man auf der Strecke von Kragling in Richtung Prutting nach links, sind sie nicht zu übersehen: Sanft wie Walrücken auf offener See erheben sich die Drumlins über das ebene Land. Sie sind 500–1000 m lang, 200–500 m breit, maximal 80 m hoch und treten meistens in parallelen Rücken auf. Das Hinterende ist steiler geformt, das vordere Ende flacher. Daraus kann man die Fließrichtung der ehemaligen Gletscher ablesen. Heute birgt dieses Gebiet im Rosenheimer Becken mit Hofstätter See und Rinssee nur noch Reste ehemals großer Seen. Am Westufer des Hofstätter Sees ist ein Moor entstanden, dessen Vegetation besonders vielfältig ist: Im Burger Moos wachsen noch die seltene Moorbinse, die Schlammsegge und der eßbare Erlengrübling, ein Pilz, der nur an Erlen vorkommt. Rund um den Hofstätter See, meist dicht am Ufer entlang, führt ein knapp einstündiger Wanderweg.

Simssee – gestern und heute

»An seinem Strand wohnt Niemand. Die nächsten Niederlassungen sind an den Uferbergen, die um vierhundert Fuß höher sind als der Wasserspiegel. Kein menschlicher Ruf – kein Fischerboot – kein Geläute – nichts, was an Menschen erinnert, dringt in deine Wahrnehmung . . . Ein beliebter Landaufenthalt werden diese Ufer nie werden . . .«, schrieb der Heimatdichter Heinrich von Noë im Jahr 1865. Heute ist der Simssee ❷ Ausflugsziel Nummer eins der nahen Stadt Rosenheim. Zahlreiche Wochenendhäuser säumen das Nordwestufer des Sees. Bootsliegeplätze und Strandbäder locken viele Besucher in dieses Freizeitparadies.

❷ Simssee

Der warme, flache Simssee ist nicht nur für Badegäste, Surfer und Paddler interessant. Auch Naturfreunde kommen hier auf ihre Kosten. Im nördlichen Teil des Ostufers fallen bewaldete Hänge steil zum Ufer hin ab. Nur ein einziger, schwer begehbarer Pfad zieht sich dort entlang. Schutzwürdig, aber noch nicht unter Naturschutz gestellt ist das Moorgebiet beiderseits des Simsbachs im Süden des Sees. Der Wald-Moor-Vogel-Seerundweg beginnt beim Gasthof »Gocklwirt« in Simssee und führt in etwa einer Stunde über den Aussichtspunkt »Sonnenholz« durch das Moorgebiet zurück zum Ausgangspunkt. Der Weg hält ständig Abstand vom Seeufer und meidet die Brutplätze der Vögel. Rund zwei Dutzend Tafeln informieren über Vögel, Moor, Wald und Probleme des Naturschutzes. Vom »Gocklwirt« sowie vom Strandbad Simssee aus führt jeweils ein Weg in etwa einer Stunde quer durch das Moor zum Weiler Ecking. Zurück geht es auf dem gleichen Weg. Sie können auch über »Sonnenholz« den Rückweg einschlagen, der aber deutlich seeferner ist.

❸ Schafwaschener Bucht

Die Ostseite der Schafwaschener Bucht zwischen Aiterbach und Kailbach beherbergt viele Vogelarten. Mit etwas Glück lassen sich Blau- und Schwarzkehlchen, Bekassine, Tüpfelsumpfhuhn, Rohr- und Feldschwirl, verschiedene Rohrsänger und Brauner Sichler beobachten. Vom Steg aus kann man Schwarz- und Rothalstaucher, Trauerseeschwalben, Zwergmöwen, Kolbenenten und Lachmöwen sehen; man braucht allerdings ein wenig Geduld. In Rimsting fahren Sie links unter der Bahnunterführung hindurch bis Schafwaschen und stellen dort Ihr Auto am Parkplatz beim

Route 1
Westlicher Chiemgau und Chiemgauer Alpen

Die rund 180 km lange Fahrt beginnt im seenreichen westlichen Chiemgau, führt durch das Priental ❿ und mit einem kurzen Abstecher über die österreichische Grenze in die Chiemgauer Alpen. Höhepunkte dieser Tour sind der Chiemsee ❸ ❻ ❼, die reizvolle Landschaft der Eggstätt-Hemhofer Seenplatte ❹, eine der seenreichsten Landschaften Bayerns, und die weithin sichtbare, steil aufragende Kampenwand ❾.

Streckenverlauf:

Von der A 8 München–Salzburg Ausfahrt Rosenheim auf die B 15 in Richtung Rosenheim, bei Kaltwies rechts ab Richtung Bad Endorf bis Prutting zu den Drumlins ❶; in Prutting rechts ab über Edling zum Simssee ❷; weiter über Stephanskirchen und Riedering am Ostufer des Simssees entlang nach Rimsting und zur Schafwaschener Bucht ❸; dann über Stetten, Natzing, Hemhof und Gachensolden durch das Naturschutzgebiet der Eggstätt-Hemhofer Seenplatte ❹ bis Eggstätt; in Weisham links durch das Linzinger Moos zum Nordufer des Chiemsees und nach Seebruck, durch das Tal der Alz ❺ über Truchtlaching und Offling bis Altenmarkt und westlich der Alz zurück nach Seebruck; weiter über Chieming bis Hagenau am Chiemsee zum Mündungsgebiet der Tiroler Ache ❻; hinter Grabenstätt auf die A 8 in Richtung München, an der nächsten Ausfahrt Feldwies nach Seethal zur Tiroler Ache und zum Chiemsee-Rundwanderweg ❼; zurück über Feldwies und Übersee nach Staudach/Egerndach zum Egerndacher Filz ❽; anschließend auf der B 305 westlich über Grassau bis Bernau, dort links nach Aschau zur Kampenwand ❾; nun südlich durch das Priental ❿ und bei Sachrang über die deutsch-österreichische Grenze; nach 5 km links über Walchsee und Kössen wieder zurück nach Bayern nach Reit im Winkl, auf der B 305 (Deutsche Alpenstraße) zum Weitsee, Mittersee und Lödensee ⓫; weiter bis Laubau und von dort dann zu Fuß zum Staubfall ⓬.

Über Ruhpolding und Siegsdorf geht es weiter zur A 8 in Richtung München bis zum Ausgangspunkt bei der Ausfahrt Rosenheim.

Wenn im April und Mai die Berggipfel noch eine schneeweiße Haube tragen und es unten im Tal bereits zu blühen beginnt, ist es im Chiemgau am schönsten. Ansonsten liegt die Reisesaison, je nach Anfang und Ende des Winters, zwischen März und November.

Hotel »Seehof« ab. Zuerst wandern Sie ein kurzes Stück an der Straße entlang bis Aiterbach und gehen dann am Chiemseeufer weiter bis Kailbach. Knapp zwei Stunden dauert der Spaziergang über die Halbinsel Urfahrn bis Gstadt. Er führt Sie am »Malerblick« vorbei: Die Sicht über die Herreninsel und das Alpenpanorama haben schon zahlreiche Maler inspiriert. Von Gstadt fährt ein Schiff zurück zum Ausgangspunkt.

Der idyllische Waldsee gehört zur Eggstätt-Hemhofer Seenplatte, der gewässerreichsten Region Oberbayerns. Auf zahlreichen markierten Fuß- und Radwegen können Besucher die Schönheit der Landschaft genießen.

4 Eggstätt-Hemhofer Seenplatte

Fachleute streiten sich darüber, wieviele Seen die Eggstätt-Hemhofer Seenplatte umfaßt: Zwischen 17 und 21 Gewässer sollen es sein. Inn- und Chiemseegletscher stießen hier einst aufeinander und ließen am Ende der Würm-Eiszeit beim Zerfall der Eismassen in Geländemulden große isolierte Eisblöcke zurück. Nachdem das Toteis abgeschmolzen war, füllten sich die Mulden zu Seen auf. Später verlandeten die Seen zum Teil und entwickelten sich zu Mooren, die sehr empfindlich reagieren. Zwar wurden hier die Naturschutzbestimmungen aufgrund des starken Besucherstroms verschärft, doch ist der Bestand vieler Moore sehr gefährdet. Immer wieder verlassen Ausflügler die Wege, um in die Uferbereiche vorzudringen. Die Torfmoos-Schwingrasen werden dabei schwer geschädigt. Das Abenteuer ist außerdem nicht ungefährlich: Diese schwimmenden Pflanzenteppiche aus Moosen und Gräsern können nicht immer einen Menschen tragen. Ein besonders schöner Weg beginnt am Parkplatz »Hartmannsberg«, etwa 500 m östlich vom Ort Hemhof an der Straße nach Natzing. Der Weg führt östlich vom Schloßsee nach Norden am Kesselsee, Einbessee und Kautsee vorbei und wendet sich dann in Richtung Nordwesten nach Gaben. In etwa einer Stunde gelangt man von hier aus über Stephanskirchen und am Schloßsee entlang zurück zum Parkplatz. Der Rundweg Nr. 12 beginnt in Stephanskirchen und erschließt die »7-Seen-Platte«. Daneben gibt es eine Vielzahl markierter Wege, die auf großen Informationstafeln beschrieben sind. Radelnd können Sie hier sogar mit kleineren Kindern auf einer 20 km langen Tour die Eggstätt-Hemhofer Seenplatte umrunden. Vom ehemaligen Bahnhaltepunkt Stetten im Süden radeln Sie auf der einspurigen Asphaltstraße nach Norden. Über Hemhofen und Stephanskirchen geht es weiter nach Pelham. In Gachensolden biegen Sie rechts ab, um über Eggstätt, Natzing und den Langbürgner See zurück nach Stetten zu gelangen. Unterwegs gibt es zahlreiche Einkehrmöglichkeiten und einige Badeplätze.

Gewitterstimmung am Chiemsee: Das »Bayerische Meer« ist nach dem Bodensee und der mecklenburgischen Müritz der drittgrößte See Deutschlands.

Von Juli bis September veranstaltet das Verkehrsamt Seebruck (☏ 08667/7133) Floßfahrten auf der Alz.

5 Tal der Alz

Nördlich des Chiemsees endete während der letzten Eiszeit der Chiemseegletscher und deponierte dort mitgeführtes Geröll und Schutt. Durch diesen Endmoränenwall arbeitete sich die Alz als Abfluß des Chiemsees hindurch. Ihr Flußbett liegt heute bis zu 20 m unter dem Niveau des späteiszeitlichen Chiemsees. Zwischen Seebruck und Altenmarkt verläuft sie noch in den jahrtausendealten Mäandern, bildet teilweise Altwasserarme und Inseln. An den Außenrändern der Flußschleifen reißt das Wasser Boden mit sich und lagert ihn später an den Innenseiten wieder ab. So werden die Außenseiten immer steiler. Es entstehen Prallhänge, die bei Offling, Apperting und Point gut zu sehen sind. Besonders interessant ist ein für Besucher unsichtbares Phänomen der Alz: Sie hat sich ihr Kiesbett durch Kalksinter regelrecht »zubetoniert«. Diese wasserundurchlässige Schicht aus Travertin verhindert, daß sich das Flußbett weiter vertieft und Wasser in dem kiesigen Untergrund versickern kann. Entlang der 18 km langen Uferstrecke zwischen Seebruck und Altenmarkt – die Luftlinie beträgt etwa 10 km – brüten und rasten viele Vogelarten wie Wasseramsel, Uferläufer, Regenpfeifer und der seltene Eisvogel. Wissenschaftler haben hier sogar den Flußflohkrebs nachgewiesen.
Fahren oder wandern Sie an der Alzbrücke in Seebruck in Richtung Pullach und Ischl, dann rechts nach Truchtlaching. Von der Straße nach Truchtlaching zweigt rechts ein Weg zum Alzufer ab, auf dem nur gewandert werden darf. Wieder auf der Hauptstraße, erreichen Sie nach 8 km Truchtlaching. Dort biegen Sie links ein und folgen nach 1,8 km dem schmalen asphaltierten Fahrweg nach Niesgau. Er führt 3 km dicht am Alzufer entlang und stößt in Offling wieder auf die Hauptstraße. Weiter geht es über Altenmarkt, dann Richtung Seeon, über Thalham und Massing hinunter zur Massingmühle. Nach weiteren 1,3 km erreichen Sie den Weiler Roiter. Vom Wirt der dortigen Einkehrstation können Sie sich auf das andere Alzufer übersetzen lassen. Der Rückweg nach Seebruck führt über Truchtlaching.

6 Mündung der Tiroler Ache

Das im Jahr 1987 auf 1250 ha vergrößerte Naturschutzgebiet im Mündungsbereich der Tiroler Ache gehört zu den letzten naturnahen Landschaften in Deutschland. Bedeutsam sind das großflächige Vorkommen feuchter Wiesen, die unverbauten Uferbereiche mit ausgedehnten Flachwasserzonen und Schilffeldern, artenreiche Auenwälder und der weitgehend naturbelassene Mündungsbereich der Tiroler Ache. Er stellt eines

Aus der Vogelschau zeigt sich die klassische Deltaform der Achemündung in den Chiemsee. Der Fluß fächert sich in einzelne Arme auf, zwischen denen Schlamm und Sande abgelagert werden. Dadurch wächst das Delta ständig.

der wenigen, sich natürlich entwickelnden Deltas in Mitteleuropa dar und ist Lebensraum vieler vom Aussterben bedrohter Tiere und Pflanzen. In den letzten 100 Jahren hat sich das Delta um 500 ha vergrößert, und es wächst jährlich um weitere 1,3 ha. Pro Jahr führt die Ache rund 250 000 m^3 Geröll und Schwebstoffe in den Chiemsee. Wissenschaftler haben errechnet, daß das »Bayerische Meer« in etwa 8000 Jahren völlig verlandet sein wird. Auch wenn sich das Mündungsdelta der Tiroler Ache als einzigartig präsentiert, hat es unter menschlichen Eingriffen schwer gelitten. Selbst 1969, als das Gebiet schon 15 Jahre unter Naturschutz stand, wurde der Damm verlängert, so daß die Hirschauer Bucht zusehends verschlammte und sich große Teppiche aus Wasserpflanzen ausbreiteten. Der einzige Vorteil des umstrittenen Eingriffs: Aufgrund der Verschlammung und wegen der Wasserpflanzen mußte der Badebetrieb bei Grabenstätt eingestellt werden; auch der Bootsverleih kam zum Erliegen – es kehrte wieder Ruhe im Vogelschutzgebiet ein. Innerhalb der nicht zugänglichen Kernzone des Naturschutzgebiets liegen Brut- und Rastplätze durchziehender Vögel. Es gibt Möwen, Kormorane, Reiher, Säger, Enten, Fisch- und Seeadler. Insgesamt brüten etwa 80 Vogelarten im Mündungsdelta und den angrenzenden Auenwäldern. 30 Arten kommen nur innerhalb des Schutzgebiets vor oder sind in anderen Regionen extrem selten. Dazu gehören Uferläufer und Flußseeschwalben. Auch die Pflanzenwelt im Achedelta ist einzigartig. Seine beinahe unberührten Weichholzauen aus Weiden und artenreichen Hartholzauen mit Ulmen, Eschen und Eichen stehen unter strengstem Schutz. Auf nur zwei Wegen darf man in die Nähe des Mündungsdeltas gehen; einer davon beginnt beim Weiler Hagenau. Wenn Sie von Chieming kommen, müssen Sie beim Schild zum Gasthaus »Hirschauer Bucht« rechts abbiegen. Der markierte Weg führt an Entwässerungsgräben entlang. Für den zweiten Weg westlich des Deltas parken Sie beim Strandbad in Seethal. Der markierte Weg »01« führt in 45 Minuten zur Nikolaus-Kapelle, von dort zum Weiler Baumgarten und zurück zum Parkplatz.

7 Chiemsee-Rundwanderweg

Wer, beispielsweise als Feriengast, viel Zeit hat oder aber ein Fahrrad benutzt, dem bietet sich der Chiemsee-Rundwanderweg als ungewöhnliches Naturerlebnis an. Für die rund 70 km lange Strecke lassen Sie sich am besten drei Tage Zeit. In einigen Bereichen ist die Wegführung wegen der lärmenden Autobahn oder des gesperrten Bereichs um die Justizvollzugsanstalt Bernau nicht optimal. Dennoch bietet der Uferweg die Möglichkeit, Natur einmal ohne großen technischen Aufwand zu genießen. Aber auch dieser »sanfte Tourismus« zu Fuß oder mit dem Fahrrad ist unter Naturschützern nicht unumstritten. Teile des Uferwegs führen durch sehr empfindliche Moorgebiete wie das Grabenstätter Moor. Deshalb wird der Besucherstrom inzwischen »kanalisiert« – mit dem erfreulichen Ergebnis, daß nun weniger Ausflügler die markierten Wege verlassen. Eine gute Wanderkarte und einen Fahrplan der Chiemsee-Schiffahrt sollte man auf jeden Fall dabeihaben: Wenn Sie die Wanderung in Seethal beginnen, gelangen Sie mit Schiffen von Chieming, Seebruck, Gstadt, Schafwaschen und Felden schnell an den Ausgangspunkt zurück.

Planwagenfahrten werden am Chiemsee in mehreren Gemeinden wie Prien oder Seebruck angeboten. Informationen erteilen die Verkehrsämter.

Die scheue Wasserralle brütet noch in den Altschilfbeständen um die Achemündung.

Am Chiemsee sind Rothalstaucher nur als Gastvögel vertreten. Heimisch sind sie im Flachland Osteuropas.

Ein Gast aus dem Süden: der am Chiemsee ungemein selten vorkommende Braune Sichler.

Gesunde Fische in sauberem Wasser

Der Chiemsee 3 6 7 liefert im Jahr zwischen 100 und 150 t Fisch. In vielen Lokalen rund um den See werden Hecht, Forelle, Brachsen, Aal und Renke täglich frisch zubereitet. Die Renke ist die wirtschaftlich bedeutendste Fischart des Chiemsees. Wie ihre nächsten Verwandten, Lachs und Forelle, braucht sie klares, sauerstoffreiches Wasser und reagiert sehr empfindlich auf Veränderungen der Wasserqualität. An ihrem Wohlergehen wird man in Zukunft ermessen können, wie wirksam die 1989 fertiggestellte Chiemsee-Ringkanalisation ist.

Im Egerndacher Filz führt ein Wanderweg durch die stille Hochmoorlandschaft, die früher ein Teil des Chiemsees war.

Von Almidylle keine Spur

Als die berühmte Skirennläuferin Rosi Mittermaier noch in ihren Kinderskistiefeln steckte, ging es auf der Winklmoosalm oberhalb von Seegatterl bei Reit im Winkl (zwischen ⑩ und ⑪) noch »almmäßig« zu. Seine Funktion als Hochweide hat das Gebiet weitgehend verloren, die touristische Nutzung mit Hilfe von Skiliften und Bergbahnen ist heute weit bedeutsamer als die Almwirtschaft. Keine traditionsreiche Bergidylle, sondern Würstlbuden, Gasthöfe und ein perfekter Skizirkus erwarten die Besucher, die mühelos mit dem Auto den Rummelplatz auf 1160 m Höhe ansteuern können. Nichts erinnert mehr daran, wie hart das Leben war, das die Almbauern früher hier oben führten. Im Winter fährt ein Postbus vom Parkplatz »Seegatterl« hinauf in den »Freizeitpark«. Im Sommer ist die Mautstraße für Pkw geöffnet.

⑧ Egerndacher Filz

Die dem Chiemsee südlich vorgelagerten Moore zeigen, welch enorme Größe das »Bayerische Meer« nach dem Abschmelzen der Gletscher vor rund 10 000 Jahren gehabt haben muß. Auf dem tonigen, wasserundurchlässigen Untergrund staut sich an vielen Stellen das Wasser, ideale Bedingungen für die Entstehung von Sümpfen und Mooren. Zwischen Bergen und Bernau erstrecken sich Nieder-, Hoch- und Übergangsmoore mit ihrer jeweils charakteristischen Tier- und Pflanzenwelt. Im Egerndacher Filz, einem Hochmoor, wölbt sich ein dickes Polster aus Torfmoosen uhrglasförmig immer weiter in die Höhe. Die zarten Pflänzchen haben die Verbindung zum Grundwasser verloren und versorgen sich über Niederschläge mit dem kostbaren Naß und Nährstoffen. Wie ein Schwamm halten sie das Wasser in ihrem feinporigen Gewebe fest: 1 Zentner Torf kann 7–9 Zentner Wasser speichern. Wenn Sie in der Ortsmitte von Egerndach parken, können Sie auf dem Moosweg (Nr. 11) an Wiesen und einem Wald entlang ins Filz wandern. Der Rundweg über den Weiler Hub, vorbei an einem Torfstich, dauert rund 1½ Stunden.

⑨ Kampenwand

Sie ist ebenso markant wie unübersehbar: Fährt man auf der A 8 von München nach Salzburg, ist die 1669 m hohe Kampenwand der erste »richtige« Berg, der zum Greifen nahe erscheint. Der gezackte Felsgrat wird aus hellem, hartem Wettersteinkalk gebildet, Riffablagerungen aus der Triaszeit. »Wann i mit meiner Wamp'n kannt, dann gang i auf die Kampenwand« (»Wamp'n« = Bauch) – dieser Spruch kann im Zeitalter der Seilbahnen nicht mehr als Ausrede dafür herhalten, diesen herrlichen Aussichtsgipfel nicht zu besuchen: Von Aschau aus ist man mit der Seilbahn in 14 Minuten auf 1450 m Höhe. Auf dem Kampenwandplateau verlaufen viele Spazierwege. Das Panorama umfaßt das Priental, den gegenüberliegenden Höhenzug, die Berchtesgadener Alpen und die Hohen Tauern mit Großglockner und Großvenediger. Einen schönen Blick über den Chiemsee hat man vom Panoramaweg, der in 30 Minuten zur Steinlingalm führt. Nur erfahrenen Kletterern sind die zahlreichen Routen durch die senkrechten Wände vorbehalten.

⑩ Priental

Der neben der Tiroler Ache wichtigste Zufluß des Chiemsees ist die Prien. Nördlich der A 8, im Bereich südlich von Wildenwart bis kurz vor Prien, hat sich der Fluß in die bewaldete Molasse eingegraben und verläuft in mehr oder minder großen Schleifen. An steileren Hängen, wo spärliche Vegetation den Boden freigibt, kann man mit Glück Versteinerungen von Muscheln, Schnecken und anderen vorzeitlichen Meereslebewesen finden. Zugangsmöglichkeiten gibt es beim Ort Wildenwart oder den Weilern Bachham und Siggenham an der Ortsverbindungsstraße Frasdorf–Prien. Vorsicht ist geboten: An den steilen Hängen brütet noch der scheue

Die 1669 m hohe Kampenwand läßt sich auf Wanderwegen oder mit der Seilbahn erreiche

Eisvogel. Keinesfalls sollte man versuchen, ihn aus der Nähe zu betrachten. In ihrem Oberlauf zwischen Sachrang und Aschau ist die Prien in ihrem Flußbett nicht immer zu sehen. Das Wasser versickert stellenweise im Boden und fließt unterirdisch weiter. Deshalb werden Besucher, die von Aschau aus südwärts den Prientalweg entlangwandern, sie wohl nur stellenweise rauschen hören.

Aus etwa 50 m Höhe stürzt der Schloßbach bei Hainbach in einem Seitental der Prien herab.

⓫ Mittersee, Lödensee und Weitsee

Gletschern, Lawinen und Wasser verdankt das namenlose Tal zwischen Ruhpolding und Reit im Winkl im Naturschutzgebiet Östliche Chiemgauer Alpen sein charakteristisches Aussehen: Einst bildeten hier Mitter-, Löden- und Weitsee einen großen Schmelzwassersee. Durch Muren und Felsstürze wurden sie später voneinander getrennt. Da größere oberirdische Zuflüsse fehlen, fließt nur zur Schneeschmelze oder nach langen Regenperioden Wasser vom Weitsee in Mitter- und Lödensee, deren Wasserspiegel daher stark schwanken. Da das Wasser des Weitsees sehr nährstoffarm ist, können seltene Pflanzengemeinschaften das Ufer und den Grund des Sees besiedeln. Viele Wildkräuter gedeihen auf den angrenzenden Streuwiesen, die nicht gedüngt und nur einmal im Jahr gemäht werden. In ihren Pfeifengrasbeständen, südlich des Sees, blüht blau die Sibirische Schwertlilie. Typische, aber mittlerweile sehr seltene Bewohner des Weitseegebiets sind Birkhuhn, Bekassine, Wiesenweihe und Ringelnatter. Entlang von Löden-, Mitter- und Weitsee liegen zahlreiche Wanderparkplätze. Schön ist der Weg Nr. 81, der zwischen Mitter- und Weitsee beginnt und in etwa einer Stunde südlich um den Weitsee

Der Wasserspiegel des Mittersees sinkt in Trockenzeiten ab.

die Aussicht ist allemal herrlich.

Sturzbäche für jeden Geschmack
Unzählige Wasserfälle stürzen die steilen, von Gletschern geformten Hänge des Prientals ❿ hinab. Für jedes Temperament, sei es der beschauliche Wanderer oder der erlebnishungrige Kraxler, ist etwas dabei. An der Straße etwa 5 km südlich von Hohenaschau steht die Pension »Wasserfallwirt« (keine Einkehrmöglichkeit). Nicht weit davon entfernt rauscht der hübsche Schloßbachfall, den Sie bequem in rund 15 Minuten zu Fuß erreichen können. Ein Spaß für trittsichere Bachwanderer ist der Weg vom Weiler Grattenbach den Weißenbach entlang. Da er durch das Bachbett führt, ist Vorsicht geboten: Wer abrutscht, holt sich nicht nur nasse Füße, sondern kann sich auch verletzen! Mit etwas Muße und offenen Augen kann hier der Bachwanderer Wasseramseln, Bachstelzen, Forellen und Libellen beobachten.

herumführt. Leider haben unachtsame Ausflügler am Ost- wie am Westufer des Sees unübersehbare Schäden angerichtet: Im Westen ist die Pflanzendecke zu einer Torfschlammsuhle verkommen, und im Osten ist die Ufervegetation teilweise vollständig zertreten.

12 Staubfall

Da der Besuch des Staubfalls einen längeren Fußmarsch erforderlich macht, ist dieser mit rund 200 m zu den höchsten bayerischen Wasserfällen zählende Sturzbach nur selten von Ausflüglern umlagert. Im Frühjahr hören im Fischbachtal Wanderer das Rauschen des Staubfalls schon lange, bevor sie die tosend herabstürzenden Wassermassen endlich sehen können. In trockenen Sommern hingegen rinnt das Wasser nur spärlich den Hang hinunter. Parken können Sie im Weiler Laubau. Von dort folgen Sie den Schildern, die nach Süden ins ebene Fischbachtal weisen. Hinter der Fischbachalm geht es etwas steiler bergauf bis zum Wasserfall, den Sie in etwa 1½–2 Stunden erreichen. Der Weg führt weiter über die österreichische Grenze (Ausweis!) und bringt Sie vom Staubfall aus in etwa 20 Minuten zum Fischbachwasserfall. Kurz dahinter können Sie einkehren.

Route 2
Östlicher Chiemgau und Berchtesgadener Land

Die rund 190 km lange Rundfahrt führt durch das Berchtesgadener Land und den östlichen Chiemgau mit dem Salzachhügelland. Eindrucksvoll auf dieser Reise sind der Hintersee (17) im Nationalpark Berchtesgadener Land, der berühmte Königssee (19), die Fahrt über die Roßfeld-Höhenringstraße (20) und Deutschlands größte Eishöhle bei Marktschellenberg (22).

Streckenverlauf:

Von der A 8 München–Salzburg Ausfahrt Traunstein/Siegsdorf über die B 306 (Deutsche Ferienstraße Alpen–Ostsee) nach Inzell und weiter Richtung Weißbach zum Gletschergarten (13); 2,5 km hinter dem Ort links ab in Richtung Bad Reichenhall zum Thumsee (14); weiter nach Bad Reichenhall und rechts auf die B 21 bis Unterjettenberg, dort links auf die B 305 und durch das enge Schwarzbachtal zum Taubensee (15); weiter auf der Deutschen Ferienstraße Alpen–Ostsee (B 305) bis zum Wanderparkplatz am Beginn der Wimbachklamm (16); von dort ein Abstecher rechts durch die Ramsau zum Hintersee unterhalb der Reiter Alpe (17) und zum Klausbachtal (18); zurück zur B 305 über Schönau nach Berchtesgaden, Besuch des Nationalparks am berühmten Königssee (19); zurück nach Berchtesgaden und östlich auf der B 425 und B 319 auf den Obersalzberg zum Beginn der kurvenreichen Roßfeld-Höhenringstraße (20); dort nach rechts über den Eckersattel, das Roßfeld-Haus und Unterau bis zur Einmündung der B 305, auf dieser rechts durch das Tal der Berchtesgadener Achе bis Marktschellenberg, von hier Abstecher zur Almbachklamm (21); hinter Marktschellenberg über die Grenze nach Österreich bis St. Leonhard und per Seilbahn und zu Fuß zur Schellenberger Eishöhle (22); weiter zur Auffahrt Salzburg-Süd der A 10 und auf der A 1 über die Grenze in Richtung München bis zur Ausfahrt Bad Reichenhall, dort auf der B 20 über Freilassing und Triebenbach durch die Salzachauen (23) nach Laufen; dann über Leobendorf nach Schönram ins Schönramer Filz (24); weiter in Richtung Petting zum Weidsee (25) und über Petting, Lampoding und Tettenhausen am Waginger See entlang zum Tachinger See (26); über den Damm nach Waging und über Traunstein zurück zur Ausfahrt Traunstein/Siegsdorf der A 8.

Eine Reise ins Gebirge ist im Frühsommer oft ein Ausflug um Tage, manchmal sogar Wochen zurück in die winterliche Jahreszeit. Im Herbst hingegen eilt in den Hochlagen die Jahreszeit der in den Tälern um Längen voraus: Dann bedeckt Schnee die Gipfel, während man im Tal noch herbstwarme Sonne genießt. Die kurze Vegetationszeit zwischen den Wintern ist im Gebirge ein unvergeßliches Erlebnis. Die Hochsommermonate Juni, Juli und August sind deshalb die beste Reisezeit. Die Wetterverhältnisse sind jedoch im September und Oktober am stabilsten. Um Unterkunft sollte man sich in der Hochsaison frühzeitig bemühen.

Route 2 Östlicher Chiemgau und Berchtesgadener Land

Wo alte Märchen lebendig werden

⑬ Weißbacher Gletschergarten

Beinahe 15 000 Jahre ist es her, daß sich der Saalachgletscher zum letztenmal durch das enge Weißbachtal gezwängt, riesige Felsblöcke und lockeren Schutt mit sich transportiert und damit das Inzeller Becken ausgeschürft hat. An der engsten Stelle des Tales, etwa 1 km nördlich von Weißbach, hat die Erosionsarbeit dieses zeitweise bis zu 400 m dicken Gletschers auf den polierten Felswänden Spuren hinterlassen. Die prachtvollen Gletscherschliffe und -töpfe, die als »Paternoster-« oder »Lehnsesseltöpfe« die Felswände durchsetzen, sind vom Schmelzwasser ausgespült worden. Schlamm und Kies setzten sich darin fest und erhielten dieses Zeugnis ehemaliger Gletschertätigkeit bis in unsere Zeit. Beim Bau der Deutschen Alpenstraße in den Jahren 1935 und 1936 wurden bis zu 6 m mächtige Schichten entfernt und das Naturdenkmal freigelegt. Unmittelbar am Gletscherschliff liegt ein Parkplatz. Dort beginnt ein kurzer Rundweg zu den Gletschertöpfen. Ebenfalls von dort erreichen Sie den 1,5 km langen Salinenrundweg. Er stößt auf die zwischen 1617 und 1619 gebaute Soleleitung, die Traunstein und Bad Reichenhall miteinander verband. Die Sole floß in dieser ersten Pipeline der Welt auf 32 km Strecke durch hohle Fichtenstämme, sogenannte Deicheln, in die Eisenrohre eingelassen waren. Die Soleleitung war bis 1956 in Betrieb.

⑭ Thumsee

Der Abzweig von der B 305 in Richtung Bad Reichenhall führt am Thumsee vorbei. Der Rundweg durch den Mischwald gibt den Blick auf schroffe, vom Gletscher bearbeitete Felswände frei. Dieses Nebental der Saalach wurde zur Eiszeit von Nebengletschern des großen Saalachgletschers vertieft. Dabei wurde das Becken des etwa 1 km langen und

Geradezu poliert und von tiefen Schrammen bedeckt sind die Gletscherschliffe bei Weißbach. Man erkennt hier die Strömungsrichtung des Eises.

Alpendohlen halten sich bei der Futtersuche gern in der Nähe von Berghütten auf.

Auf feuchten Bergwiesen blühen die rosa Mehlprimeln und der Stengellose Enzian.

Schneehasen leben im Berchtesgadener Land an der Baumgrenze. Im Sommer ist ihr Fell graubraun.

Seemösl – eine Augenweide

Einen Augenschmaus der Sonderklasse bietet der Seemösl, ein Weiher östlich vom Thumsee ⑭. Das kleine Gewässer liegt ganz nahe der Straße und ist vom Parkplatz am Thumsee aus gut zu erreichen. Farbenprächtige Seerosen bedekken die Wasserfläche. Zwar sind sie nur die Zuchtformen der heimischen Weißen Seerose, dennoch steht der Seemösl unter strengstem Naturschutz. In wenigen Minuten ist der hübsche Weiher zu Fuß umrundet.

Steinböcke kommen in den Bayerischen Alpen nur noch an der Kampenwand und im Nationalpark Berchtesgaden vor.

Alpenveilchen haben sich von den Berchtesgadener Alpen über die Salzach bis an die Donau ausgebreitet.

Der Punktierte Enzian wird 20–60 cm hoch und gedeiht in Höhenlagen ab 1400 m auf feuchten Humusböden.

Wissen weckt das Umweltbewußtsein
Das Berchtesgadener Nationalpark-Haus ⑲ ist nach dem Vorbild nordamerikanischer Nationalparks entstanden. Videofilme, Diatonschauen und Informationsschriften beschreiben die Pflanzen- und Tierwelt des Parks, wollen dem Besucher seine Schönheit vermitteln und stellen die Probleme des Naturschutzes vor. Geologische Vorgänge werden verständlich gemacht, und jeder kann das gerade erworbene Wissen in einer Bücherei selbständig weiter vertiefen (tägl. 9–17 Uhr geöffnet; Führungen durch den Park).

350 m breiten Thumsees ausgeschürft. Auch in dieser Gegend stößt man auf die alte Soleleitung, die Traunstein mit Bad Reichenhall verband. Sie verläuft auf der Südwestseite des Sees, oberhalb der Straße. Zwei Gaststätten, Bademöglichkeit und Bootsverleih laden zum Rasten ein.

⑮ Taubensee

Der von Seerosen verzierte Taubensee ist ein Blickfang, für den sich ein Zwischenhalt lohnt. Wenn Sie auf der B 305 in Richtung Schönau fahren, liegt der See rechts der Straße, nach der Verengung des Schwarzbachtals im Bereich der Schwarzbachwacht. Die Bergmassive Bärenkareck und Übeleck im Westen und der Moosenkopf im Osten nehmen dieses wildromantische Tal fest »in die Zange«. Vom Taubensee aus hat man den wohl schönsten Fernblick auf den Blaueisgletscher, einen der drei winzigen Gletscher in den deutschen Alpen. Er ist wie fast alle Alpengletscher in den letzten 100 Jahren abgeschmolzen. Über ihm erhebt sich der Gipfel des 2608 m hohen Hochkalter.

⑯ Wimbachklamm

An den nördlichen Rand des Nationalparks Berchtesgaden grenzt die Wimbachklamm. Der Weg vom Parkplatz an der Wimbachbrücke bis zum Beginn der Klamm ist kurz. Kein Wunder also, daß durch das rege Kommen und Gehen der Besucher die erhoffte Wildbachidylle im unteren Bereich der Klamm nicht so recht aufkommen will. Der bequem angelegte Weg führt mit holz- und eisengesicherten Stegen in sanftem Anstieg vorbei an rauschenden Wasserfällen, ausladenden Gesteinsplatten und schön gewachsenen Bäumen in knapp 1½ Stunden zum Wimbachschloß hinauf, das aus der Zeit der königlichen Hofjagden stammt. Von hier öffnet sich eine der schönsten Aussichten auf das Watzmann-Massiv und den Hochkalter. Weiter oberhalb der Klamm, auf dem Weg zur Wimbachgrieshütte, läßt der Publikumsverkehr deutlich nach. »Wimbachgries« heißt das graue Geröll überwiegend dolomitischer Herkunft, das – von Wind und Regen zerrieben – hier mit dem Wasser durch das breite Tal transportiert wird. Bis zu 5000 m^3 Gesteinsmaterial

Durch eine 500 m lange, enge Klamm windet sich der Wimbach, nachdem er ein breites Hochtal verlassen hat.

schwemmen die Fluten jährlich durch die tief eingeschnittene Klamm. Besonders viel Schutt, der zum größten Teil vom Watzmann stammt, gerät während der Schneeschmelze und nach sommerlichen Gewitterregen in Bewegung.

17 Zauberwald und Hintersee

Der Zauberwald ist ein überwachsener Bergsturz, der vor Jahrtausenden vom 2608 m hohen Hochkalter niederging. Beim Spaziergang durch diesen prächtigen Nadelwald weckt schummeriges Licht über dichtbemoosten Felsbrocken die Erinnerung an die aufregend unheimlichen Wälder, von denen die alten Märchen erzählen. In diese Zauberwelt gelangen Sie, wenn Sie von Ramsau in Richtung Hintersee fahren. Folgen Sie dem Schild zum Wanderparkplatz »Pfannenmacherbrücke«. Dort markiert ein Wegweiser den schönsten Weg zum Zauberwald. Am gleichnamigen Wirtshaus vorbei schlängelt sich der Pfad zwischen Felsblöcken hindurch und am Abfluß des Sees entlang. In 45 Minuten erreichen Sie den Hintersee, das bescheidene Überbleibsel eines früher viel größeren Gewässers, das unmittelbar am Rand des Nationalparks liegt. In seinem tiefdunklen, eiskalten Wasser spiegelt sich bei klarem Wetter der Hohe Göll. Etwa ebensolang wie der Weg hierher ist der Rundweg um den Hintersee. Am Westufer gibt es Lokale und einen Bootsverleih.

Die Besucher des Berchtesgadener Salzbergwerks tragen die Kleidung der Bergleute.

Auf den Spuren des Weißen Goldes

Bereits in der Kelten- und Römerzeit spielte die Salzgewinnung im Berchtesgadener Land eine bedeutende Rolle. Heute besuchen etwa eine halbe Million Menschen alljährlich das Salzbergwerk in Berchtesgaden. Höhepunkte der Besichtigung, die sich bei der Fahrt vom Königssee 19 zur Roßfeld-Höhenringstraße 20 anbietet, sind die Floßfahrt über den beleuchteten Salzsee sowie die hydraulische Wassersäulenmaschine von 1817, die in einem Bergwerksstollen aufgestellt ist. (Führungen Ostern, 1. Mai–15. Okt. tägl. 8.30–17, sonst Mo–Sa 12.30–15.30 Uhr). Der alten hölzernen Soleleitung folgt der Wanderweg »SL« vom Ortszentrum Berchtesgaden bis Ramsau. Dort steht die vermutlich 1000 Jahre alte Hindenburg-Linde, deren Stamm rund 12 m Umfang mißt.

18 Klausbachtal

Das Klausbachtal gehört ebenfalls zum Nationalpark Berchtesgaden. Vom Parkplatz am alten Wildzaun südwestlich des Hintersees führt ein breiter Forstweg zu der 6 km entfernten Bindalm, die 1120 m hoch liegt. Bis Engerthütte können Sie diese Strecke sehr gut mit dem Fahrrad bewältigen. Zwischen der Holzstube »Engert« und der kleinen Siedlung Bindalm entspringen aus dem Hang des Hochkalter zahlreiche Karstquellen. Im nördlichen und mittleren Talbereich ist der Boden sehr wasserdurchlässig, so daß Niederschläge schnell versickern. Hier wächst der schlanke Wacholder zu hohen Bäumen heran. Kurz hinter der traditionsreichen Almsiedlung können Sie von Mitte Mai bis Anfang Oktober in einem Gasthof einkehren. Am Parkplatz beim Hintersee wird außerdem auf eine Wildfütterung hingewiesen. Derartige Eingriffe in das Gleichgewicht der Natur werden inzwischen von Naturschützern heftig kritisiert: Der hohe Bestand an Rotwild ist neben den Luftschadstoffen bei der Entstehung von Waldschäden in Bergregionen ein ernstzunehmender Faktor. Denn seit Jahren machen sich immer mehr hungrige Mäuler über die jungen Sprößlinge der Bäume her und vernichten so den Nachwuchs, der den Fortbestand des Waldes sichert.

19 Nationalpark Berchtesgaden und Königssee

Es erinnert fast an das Problem der Quadratur des Kreises, wenn man die Konflikte zwischen Naturschutz und Naturgenuß im Nationalpark Berch-

Vom Westufer des Hintersees blickt man auf den Hohen Göll (2522 m). Die Besteigung des bayerisch-österreichischen Grenzberges kann jedoch nur geübten Bergsteigern empfohlen werden.

Etwa eineinhalb Millionen Menschen besuchen jährlich den Nationalpark Berchtesgaden und den Königssee.

Wanderung mit Aussicht

Einen herrlichen Blick auf den Königssee ⑲ und den gegenüberliegenden Watzmann – das Wahrzeichen des Berchtesgadener Landes – haben Sie auf dem Weg zur Gotzentalalm. Vom Königssee aus führt die Jennerbahn hinauf zur Mittelstation. Von dort geht es zu Fuß den markierten Weg bergab, auf dem Sie in 1½ Stunden über die Strubalm und Königsbachalm zur Gotzentalalm gelangen. Wer mag, kann sich dort mit frischer Milch für den einstündigen Abstieg auf dem Serpentinenweg stärken. Bis spätestens 15 Uhr müssen Sie die Bedarfshaltestelle »Kessel« der Königssee-Schiffahrt am Ende des Weges erreicht haben. Dann fährt das letzte Schiff zurück zum Ausgangspunkt. Die Wanderung ist auch für Kinder geeignet. Von der Gotzentalalm führt außerdem noch ein nicht zu verfehlender Weg zur 600 m höher gelegenen Gotzenalm und zur Aussichtsstelle »Feuerpalfen«. Sie bietet einen eindrucksvollen Blick auf St. Bartholomä und den Schwemmkegel, der sich unterhalb des Watzmanns immer weiter in den See schiebt. Für diesen Abstecher müssen Sie etwa 3½ Stunden zusätzlich einplanen.

tesgaden sieht. Einerseits soll, so das offizielle Ziel, die Natur dort weitgehend sich selbst überlassen bleiben. Andererseits ist der Besucheransturm so gewaltig, daß die eigentlich zu schützende Natur vielfach von Wanderstiefeln zertreten wird. Daher sollten die markierten Wege eingehalten werden. Auch Skifahrer stören das Wild und zerstören die Vegetation, wenn sie die Pisten verlassen. Dreckig im wahrsten Sinne des Wortes ging es bisher dem so klar und sauber scheinenden Königssee: Bis Herbst 1989 gelangten alle Abwässer ungeklärt in den 192 m tiefen und fast 8 km langen See. Seitdem existiert eine Abwasserleitung, die durch den See zum Klärwerk führt. Trotz der Problematik dieses im Jahr 1978 durch die Bayerische Staatsregierung geschaffenen 208 km² großen Nationalparks, der 1990 das Europadiplom »A« des Europarats erhalten hat, vermittelt der Besuch vielschichtige Einblicke in Geologie, Flora und Fauna dieses hochalpinen Gebiets. Blütenpflanzen wie das extrem seltene Drachenmaul, das Tauernblümchen und die Zwergalpenscharte sind noch anzutreffen, außerdem die Zirbelkiefer, ein äußerst seltener Nadelbaum. Murmeltier, der um 1930 ausgesetzte Steinbock, Schneehase, Adler, Schnee-, Birk- und Auerhuhn, Alpendohle, Schwarz- und Dreizehenspecht und der Alpensalamander leben hier. Es gibt rund 190 km markierte Wanderwege und Bergsteige. Der 4 km lange Malerwinkel-Rundweg am Königssee ist landschaftlich besonders attraktiv und dauert eine gute Stunde. Vom Großparkplatz aus gelangen Sie schnell zum See (Nationalpark-Informationsstelle im ehemaligen Bahnhof Königssee: Mitte Mai–Okt. 10–12, 13.30–17.30 Uhr geöffnet).

Den Jenner erreicht man von der Gipfelstation der Jennerbahn aus.

Die ganzjährig befahrbare Roßfeld-Höhenringstraße überwindet in vielen engen Serpentir

20 Roßfeld-Höhenringstraße

Schon wegen der herrlichen Ausblicke lohnt sich ein Abstecher zum Roßfeld. Bei Obersalzberg biegen Sie von der B 425 und B 319 an der Mautstelle rechts ab auf die kurvenreiche, 16,5 km lange Ringtour. Hier beginnt die gebührenpflichtige Roßfeld-Höhenringstraße, die mit maximal 13 % Steigung bis auf 1600 m hinaufführt. Die beste Aussicht genießen Sie vom Panorama-Parkplatz am Roßfeldgipfel. Man blickt in das Salzachtal, auf Salzburg, den Hohen Göll, das Tennengebirge, den Dachstein und den höhlenreichen Untersberg.

Die Rillenkarren am Untersberg entstanden durch abfließendes Regen- und Schmelzwasser.

21 Almbachklamm

Den Untersberg hinunter hat sich der Almbach in jahrtausendelanger Arbeit sein Bett gegraben. Ganz besonders schwer hatte es der wilde Bach kurz vor seiner Mündung in die Berchtesgadener Ache, denn dort mußte er sich durch die harten Schichten des Ramsaudolomits sägen. Die Almbachklamm ist die schönste Klamm der Berchtesgadener Alpen. Erschlossen ist sie bereits seit 1836. Damals begann man damit, Holz zu »triften«, d.h., bis zu 4,5 m lange Holzstämme in die schäumenden Fluten zu werfen und sie vom Wasser ins Tal hinuntertransportieren zu lassen. Bis 1963 wurde auf diese Weise Nutz- und Brennholz aus den Wäldern am Fuß des Untersbergs befördert. Der Weg durch die Klamm beginnt am Gasthaus »Kugelmühle« in Marktschellenberg, kurz hinter der Haltestelle »Süssenlehen«, und führt in knapp 45 Minuten über 17 Brücken, Stege, Stufen und durch einen Tunnel. Am Ende der Klamm weist der Weg rechts durch Buchenwald hinauf nach Ettenberg zu einer barocken Wallfahrtskirche. Von dort führt Sie der Hammerstielwandsteig über Wiesen, Feldraine und durch Wald in 30 Minuten zurück zum Parkplatz. Auch Kinder mit etwas Ausdauer können diese Tour gut bewältigen.

Durchlöchert wie ein Schweizer Käse
Der Untersberg 22 ist ein Teil der Nördlichen Kalkalpen und besteht wie diese aus löslichem Kalkgestein: Das durch Spalten und Klüfte eindringende, kohlensäurehaltige Wasser hat den Fels im Laufe von Jahrmillionen zerfressen und eine Karstlandschaft mit Dolinen, Karren und Höhlen entstehen lassen. Mehr als 100 Höhlen wurden im Karst des Untersbergs bisher entdeckt. Die Kolowrathöhle, die größte im Untersberg, ist jedoch nur erfahrenen Höhlenexperten zugänglich.

22 Schellenberger Eishöhle

Die größte Eishöhle Deutschlands, die Schellenberger Eishöhle, liegt auf 1570 m Höhe im Kalksteinmassiv des verkarsteten Untersbergs, der mehr als 100 Höhlen aufweist. Entdeckt wurde die Schellenberger Eishöhle Anfang des 19. Jh., und seit 1874 wird sie erforscht. Doch erst 1910 gelang es erstmals, den vierten Eisfall zu überwinden, der 55 m unter dem Niveau des Höhleneingangs liegt. Das bis zu 30 m dicke und 60 000 m^3 mächtige Bodeneis der Höhle ist z. T. 3000 Jahre alt. Die Tagestour zur Schellenberger Eishöhle beginnt an der Seilbahnstation von St. Leonhard. Die Bahn bringt Sie hinauf zum Geiereckgipfel, und von dort folgen Sie dem beschilderten Weg zunächst den Kamm entlang. Später führt ein gut gesicherter Felssteig aus Holzleitern hinunter zur Eishöhle. Auf der etwa anderthalbstündigen Wanderung hierher blicken Sie auf die Bergmassive

nen Höhenunterschied von etwa 1000 m.

Selbst im Sommer kühl: die Schellenberger Eishöhle.

Nur noch wenige Altwasser, wie hier bei Laufen, begleiten den begradigten Lauf der Salzach.

Auf ewig mit Eis übergossen
Der höchste Punkt der Berchtesgadener Alpen, der 2941 m hohe Hochkönig, ist zwar geologisch ein Teil dieses Gebirgsstocks, politisch gehört das Massiv jedoch zu Österreich. Dieser südlichste Teil der Berchtesgadener Alpen ist großräumig vergletschert, daher der sagenumwobene Name »Übergossene Alm«. Zur Strafe für die Überheblichkeit und Verschwendungssucht der Sennerinnen, die nach der Legende die Wege mit Butter und Käse gepflastert hatten, soll hier eine einst üppige Alm mit Eis übergossen worden sein. Das Hochkönig-Massiv ist im Westen mit dem Steinernen Meer, einer ausgesprochen vegetationsarmen Karstlandschaft, verbunden. Von dort führt der Europa-Fernwanderweg Nr. 4 über den Hochkönig nach Werfen/Salzburg. Für den Zugang sind Trittsicherheit, Schwindelfreiheit und sehr gutes Orientierungsvermögen erforderlich.

von Dachstein, Hochkönig, Watzmann, über den Chiemgau und das Salzkammergut. Bedenken Sie, daß auf dem Rückweg viele steile Stufen bewältigt werden müssen, für die Sie mindestens weitere 1½ Stunden einplanen sollten. Wer einen rund dreistündigen Aufstieg vom Talort Marktschellenberg nicht scheut, nimmt den Weg »463«, der am alten Zollturm nördlich des Ortes beginnt. Die Eishöhle ist je nach Witterung von Mitte Mai bis Oktober geöffnet.

23 Salzachauen
Vor rund 10 000 Jahren lag im Gebiet der heutigen Salzachauen noch ein etwa 30 km langer und 10 km breiter See. Der Abfluß aus diesem vom eiszeitlichen Salzachgletscher geschaffenen See war mal stärker und mal schwächer, grub sich zeitweise in die Talsohle und überschüttete sie dann wieder mit Sand und Kies. So entstand die terrassierte und mit Altwassern durchzogene Flußlandschaft der Salzach. Die parallel zu unserer Route verlaufende kurvenreiche Straße über Surheim und Gerstetten nach Laufen folgt genau dem Verlauf der über Jahrhunderte als Siedlungsgrenze gültigen hochwasserfreien Terrassenkante des Flusses. Erst im Mittelalter wurde diese Grenze überschritten. Aufgrund von Kanalisierungsarbeiten werden die Salzachauen heute nur noch selten überschwemmt. In den Resten der Auenlandschaft sind noch Pirol, Schlagschwirl, Waldohreule und Waldkauz heimisch. Im Mündungsbereich des Flüßchens Sur brütet die Wasserralle. Nur selten läßt sich der schillernd bunte Eisvogel beobachten. Alpenpflanzen, die mit dem Wasser kilometerweit fortgerissen werden, sogenannte Alpenschwemmlinge, gelangen aus dem Gebirge in die Auen und siedeln sich dort an. Alpenveilchen, Mandelblättrige Wolfsmilch, Frauenschuh und – besonders selten – Kleingriffel, eine Orchideenart, bevorzugen die trockeneren Stellen. Der Wald besteht überwiegend aus Grauerlen, Eschen und Ahornen. Auf der B 20 erreichen Sie Triebenbach. Dort gibt es einen Zugang zum Wanderweg Nr. 7, der zwischen Freilassing und Laufen die Salzach begleitet.

24 Schönramer Filz
Zu den eindrucksvollsten Moorgebieten im östlichen Chiemgau gehört das Schönramer Filz. Einen guten Einblick ins Moorleben bietet der 3 km lange Heiderundweg. Als Weg Nr. 7 beginnt er am Parkplatz »Knallschachen«, der etwa 1½ km vor der Ortsmitte von Schönram an der Straße von Laufen liegt. In dem 51 ha großen Naturschutzgebiet sind die Wege nicht markiert. Wenn Sie sich auf dem Heiderundweg bei jeder Abzweigung links halten, können Sie den zugänglichen Teil des Moores in etwa einer Stunde umrunden. Schilfbestände wechseln ab mit Heidekraut, Schwarzerlen, Binsen und Weiden. Weiter geht es vorbei an kleinen

Auf einem Fußweg kann man das Schönramer Filz mit seiner artenreichen Flora, die Schönheiten wie den Roten Fingerhut bietet, umwandern.

Moortümpeln und einem durch Torfstich künstlich angelegten Moorsee. Eine Seltenheit für diese Region sind der Rote Fingerhut und die kleine Strauchbirke, die in Mitteleuropa nur an wenigen Stellen, in den Polargebieten dafür aber um so häufiger vorkommt. Sie ist im Eiszeitalter bei uns eingewandert.

25 Weidsee

Der nur 11,5 ha große Weidsee ist einer der wenigen Toteisseen des bayerischen Salzachgletschergebiets. Der bis zu 18,5 m tiefe See war ursprünglich wesentlich größer. Verlandung, Moorbildung und Torfstich in den flachen Uferbereichen haben die »Schlinge« um ihn stetig zugezogen. Trotzdem konnte sich am Weidsee eine Ufervegetation behaupten, die vom See zum Land hin betrachtet eine natürliche Abfolge darstellt. Den ständig unter der Wasseroberfläche lebenden Pflanzen schließt sich ein üppiger Schwimmblattgürtel mit Seerosen und schwimmenden Laichkrautbeständen an. Weiter landwärts folgt das schilfreiche Uferröhricht, das, je nach Feuchtigkeit und Boden, in Wiesen, Moore oder Bruchwald übergeht. Am westlichen Steilufer des Sees beginnt schließlich ein voralpiner Buchenmischwald. Am Weidsee besteht striktes Boots- und Surfverbot, und nur im Südosten ist das Ufer zugänglich gemacht. Dort liegt ein kleiner Badeplatz. Parken können Sie bei dem Gasthaus am Südufer, links der Straße von Schönram nach Petting. Von dort geht es hinunter auf den Uferwanderweg. In 30 Minuten haben Sie den See umrundet.

26 Waginger und Tachinger See

Relikte der Würm-Eiszeit sind Waginger und Tachinger See, die nur durch einen schmalen Endmoränendamm voneinander getrennt werden. Als die Gletschermassen abgeschmolzen waren, lag der Wasserspiegel dieser beiden Gewässer rund 20 m höher als heute. Trotz ihrer engen Verbindung betrachten Fachleute die beiden Seen als einzelne Gewässer, die sich insbesondere in ihrer Pflanzenwelt voneinander unterscheiden, aber auch hinsichtlich der Wasserqualität. So ist der Waginger See durch Abwässer stärker belastet als der Tachinger See. Da beide Seeufer relativ locker bebaut sind, gewährt ein ausgedehnter Schilfgürtel zahlreichen Vogelarten Unterschlupf, Brut- und Jagdplätze. Gestört wird dieser Uferbereich hauptsächlich durch mehrere Campingplätze und die Bootsstege der Wochenendhäuser. Das stark verschilfte Ostufer des Waginger Sees bleibt vom Land her unerreichbar. Ein 1,7 km langer Wanderweg beginnt an der Staufenstraße in Petting. Der mit »S« markierte Weg führt in gut 30 Minuten etwas oberhalb des Seeufers entlang zum Weiler Hainz. Am Ostufer des Tachinger Sees, zwischen dem Strandbad bei Aignsee und Tettenhausen, bietet der Seeweg Nr. 15 einen schönen Blick auf See und Schilfgebiete.

Ausgestopfte Vogelwelt
Rund 300 präparierte Vögel, vom kleinen Goldhähnchen bis zum großen Mönchsgeier, zeigt das Vogelmuseum im Weiler Graben etwa 1 km südwestlich von Waging 26. Überwiegend Tiere aus dem Chiemgau hat ein Förster, Jäger und Tierpräparator über Jahrzehnte hinweg gesammelt. Eine Ausnahme gibt es dennoch: Die Jagdleidenschaft der Erben des Gründers hat der Sammlung außerdem kanadische Bären beschert (Mo–Sa 8–12, 14–18 Uhr geöffnet).

Beliebt sind Waginger See (vorne) und Tachinger See (hinten), weil sie im Sommer bis zu 26 °C warm werden können. Naturnah geblieben sind die teilweise bewaldeten Ostufer der beiden Seen, die eine Endmoräne voneinander trennt.

Deutschland-Panorama

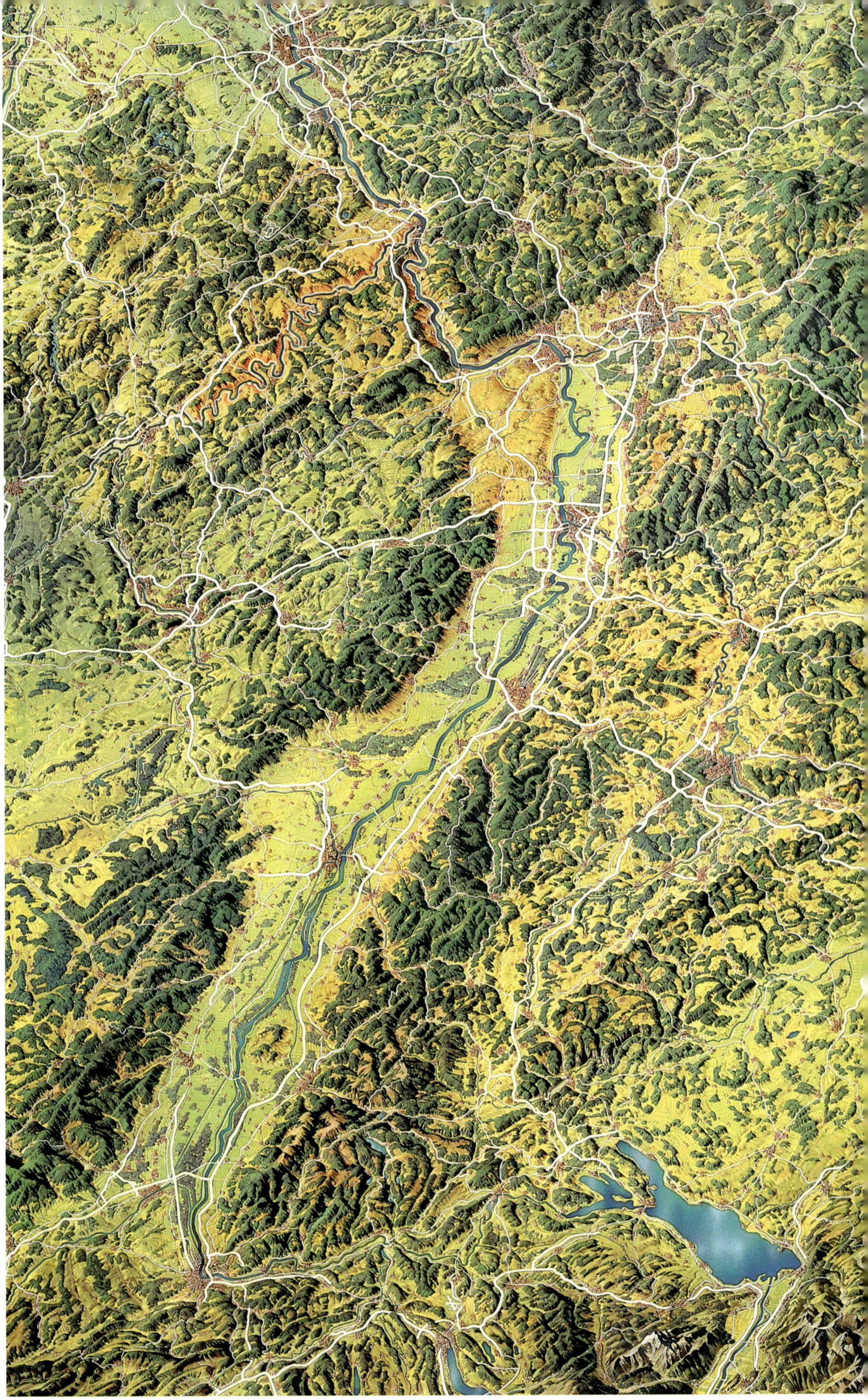

BERANN
STUDIO BERANN-VIELKIND
© Mairs Geographischer Verlag

Glossar

Abteilung, ein »Stockwerk« innerhalb einer geologischen → Formation, das mit seinen Gesteinen die Erdgeschichte dieser Epoche repräsentiert und selbst wiederum in verschiedene Stufen gegliedert wird. Das Oberkarbon als obere A. des → Karbons gliedert sich beispielsweise in die drei Stufen Namur, Westfal und Stephan.

Abtragung, eine wichtige Etappe im geologischen Kreislauf der Gesteine, in der vor allem verwittertes Gestein vom fließenden Wasser, vom Wind oder den anderen von außen auf die Erdoberfläche einwirkenden Kräften aufgenommen und weggeführt wird. Wenn diese Kräfte mehr linienhaft angreifen, spricht man von → Erosion, bei großflächigem Angriff von Denudation. Mit der A. ist eine Umformung des bestehenden Reliefs, bis hin zur völligen Einebnung der Landschaftsformen, verbunden.

Achat → Chalzedon
Alluvium → Holozän

Alpidische Ära (A. Gebirgsbildung), der mehr als 200 Millionen Jahre lange Zeitraum, in dem neben den Alpen auch die meisten anderen Hochgebirge der Erde entstanden sind. Die jüngste Gebirgsbildung innerhalb der Erdgeschichte begann in manchen Gegenden schon im → Keuper, ihren Höhepunkt erreichte sie in Europa allerdings erst im → Tertiär. Sie dauert heute noch an; die Alpen werden z.B. gegenwärtig durch Kräfte aus dem Erdinnern jährlich um einige Millimeter gehoben und nach Nordwesten geschoben.

Altmoräne → Moräne

Altwasser, vom strömenden Fluß abgeschnürter Flußarm, der mit stehendem Wasser gefüllt ist und nun allmählich verlandet. A. entstehen auf natürliche Weise, wenn die Landzunge zwischen zwei benachbarten Mäanderschlingen (→ Mäander) vom Fluß durchbrochen wird; oft sind sie aber auch das Ergebnis von künstlichen Flußbegradigungen. **[Abb. 1, Unterer Inn]**

Ammoniten (Ammonshörner), die wohl bekanntesten → Fossilien, eine über 5000 Arten umfassende Gruppe von Meerestieren, die wegen ihres meist zu einer Spirale aufgerollten Kalkgehäuses nach den Widderhörnern des ägyptisches Gottes Jupiter Ammon benannt wurden. Die entfernt mit den heute lebenden Tintenfischen und Kraken verwandten Kopffüßer starben gegen Ende der Kreidezeit (→ Kreide) aus; ihre Überreste findet man vom → Devon bis zur Kreide in vielen Sedimentgesteinen (→ Sedimente). **[Abb. 2]**

Amphibole, besonders in magmatischen und in metamorphen → Gesteinen weitverbreitete Gruppe von → Silikaten, die von anderen Mineralen mit bloßem Auge oder mit der Lupe nur schwer zu unterscheiden sind und danach ihren Namen haben (griech. amphíbolos = zweideutig). Die meist dunkelbraunen, grünen oder schwarzen Hornblenden als wichtigste Vertreter dieser Gruppe unterscheiden sich z.B. von den sehr ähnlichen Augiten (→ Pyroxene) nur durch den sechsseitigen Querschnitt ihrer faserigen Kristalle.

Andesit, ein in der → Erdneuzeit unter anderem in den Anden Südamerikas gebildetes vulkanisches Gestein, das von der Zusammensetzung her etwa dem älteren Porphyrit entspricht: In eine dunkelgraue, feinkörnige Grundmasse sind einzelne größere Kristalle von hellem → Feldspat sowie von dunklen Mineralen wie → Hornblende, Biotit (→ Glimmer) und Augit (→ Pyroxene) eingebettet.

1

2

Anhydrit, gesteinsbildendes → Mineral, das aus wasserfreiem Kalziumsulfat besteht (griech. ánhydros = wasserlos). Es nimmt in der Nähe der Erdoberfläche Wasser auf, quillt dadurch beträchtlich und wandelt sich in → Gips um. Im Unterschied zum Gips kann man den vor allem im → Zechstein Deutschlands vorkommenden härteren A. mit dem Fingernagel nicht ritzen. Er bildet manchmal kleine, prismenförmige, durchsichtige → Kristalle, im allgemeinen jedoch körnige, hellgraue Massen.

Anmoor, eine Form von → Humus, die zum Torf von → Mooren überleitet (daher der Name), aber weniger als 30 % organische Substanz enthält. Anmoorige Böden entstehen bei hochstehendem Stau- und Grundwasser, hauptsächlich in Quellmulden am Hang sowie in feuchten Talniederungen.

Antiklinale, Antikline → Sattel

Anzapfung, die Umlenkung eines Flusses durch einen benachbarten Fluß, der mit Hilfe der rückschreitenden → Erosion die Wasserscheide durchbricht und einen Teil des Gewässernetzes jenseits der Wasserscheide seinem Flußgebiet einverleibt. Unterhalb der Anzapfungsstelle läßt der angezapfte Fluß ein Stück seines bisherigen Tales als → Trockental zurück. A. sind in Deutschland vor allem im Wasserscheidenbereich zwischen den stärkeren Rheinzuflüssen und den unterlegenen Nebenflüssen der Donau zahlreich.

3

4

Aragonit, nach der spanischen Landschaft Aragón benanntes Mineral, das von der chemischen Zusammensetzung her dem → Kalkspat (Kalziumkarbonat) entspricht. Von diesem Kalkspat unterscheidet sich der seltenere A., der z.B. im → Sinter und in den Schalen von Muscheln und → Ammoniten vorkommt, besonders durch den unregelmäßigen, muscheligen Bruch.

Arkose, ein sandsteinartiges Sedimentgestein (→ Sedimente), das außer Quarzkörnern mindestens ein Viertel → Feldspate sowie → Glimmer und andere schwach verwitterte Minerale, aber nur sehr wenige Bruchstücke von Gesteinen enthält. Die Feldspatkörner sehen oft durch Verwitterung mehlig weiß aus, nach dem Anhauchen riecht das Gestein erdig.

Artefakte, die Waffen und Werkzeuge vorgeschichtlicher Menschen, vor allem die Steinwerkzeuge, die in Norddeutschland hauptsächlich aus Feuerstein, im südlichen Deutschland dagegen vor allem aus Quarzit und Kieselschiefer bestehen. Daneben sind aus der Älteren und der Mittleren Steinzeit auch Geräte aus Geweih und Knochen erhalten geblieben. Die ältesten sicheren Funde in Deutschland stammen aus der Holstein-Warmzeit (→ Warmzeit).

Aschen → Tephra

Ästuar (Trichtermündung), die trichterförmig erweiterte Mündung von Flüssen an Küsten mit kräftigen Gezeiten, beispielsweise an der Nordseeküste (Elbe, Themse). In den von Gezeitenströmungen erodierten Ä. (→ Erosion) werden Sand und Schlick vom Grund aufgewirbelt, das Wasser scheint zu kochen – daher der Name (lat. aestuare = aufwallen).

5

Aue (Talaue), der Teil der Talsohle (→ Tal), der bei Hochwasser überflutet wird (oder vor der Eindämmung des Flusses mehr oder weniger regelmäßig überschwemmt wurde). Bei Hochwasser lagerten sich dort Auenböden wie der feinkörnige, nährstoffreiche Auenlehm ab. Die natürliche Vegetation der mitteleuropäischen Talauen ist der Auenwald oder Auwald, der aus feuchtigkeits- und nährstoffliebenden Sumpf- und Waldpflanzen besteht.

Aufschluß, eine Stelle im Gelände, an der das Gestein nicht durch die Pflanzendecke und Bodenschichten verhüllt wird, sondern direkt zutage tritt. Hier kann man den geologischen Aufbau des betreffenden Gebietes am besten untersuchen. Natürliche A. sind z.B. Felswände und Schluchten, in manchen Gegenden gibt es aber künstliche A. wie Kiesgruben oder Straßeneinschnitte.

Augit → Pyroxene
Ausgleichsküste → Strand

Azurit, ein tiefblaues → Mineral (franz. azur = himmelblau), eng mit dem → Malachit verwandt, in den es sich durch Aufnahme von Wasser und Kohlensäure verwandelt. A., auch Kupferlasur oder Bergblau genannt, entsteht in der Verwitterungszone von Kupfererzlagerstätten, er führt daher die Erzsucher (und Mineraliensammler) auf die richtige Spur. Früher wurde A. als natürliche Mineralfarbe verwendet.

Baryt (Schwerspat), ein meist trübes und undurchsichtiges, hell gefärbtes → Mineral, das sich sehr gut spalten läßt und auf den Spaltflächen der Kristalle Perlmutterglanz zeigt. Im Vergleich zu anderen hellen Mineralen ist B. ungewöhnlich schwer. Dieser Eigenart verdankt das vorwiegend in → Gängen vorkommende Bariumsulfat seinen Namen (griech. barys = schwer). **[Abb. 4]**

Basalt, zusammenfassende Bezeichnung für eine vielköpfige Familie kieselsäurearmer Erstarrungsgesteine, die im Lauf der → Erdneuzeit bei Vulkanausbrüchen aus dünnflüssiger Lava entstanden sind; ähnliche Gesteine, die vor dem → Tertiär gebildet wurden, werden Melaphyre, grobkörnige B. auch Dolerite genannt. Die dunkelgrauen bis blauschwarzen B., die oft in scharfkantige, mehrere Meter lange Säulen (Säulenbasalt) zergliedert sind, bestehen etwa zur einen Hälfte aus hellen (Feldspate, Feldspatvertreter), zur anderen Hälfte aus dunklen → Silikaten (Pyroxene, Amphibole, Olivin). **[Abb. 3, Basaltsteinbruch, Bärenstein]**

Bauxit, nach dem Dorf Les Baux in Südfrankreich benannter, meist leuchtendroter → Boden, der neben einem größeren Anteil von Eisen verschiedene Aluminiumminerale enthält. Der durch intensive chemische Verwitterung unter warmem Klima aus Kalk- und Silikatgesteinen gebildete B. ist der wichtigste Rohstoff zur Gewinnung von Aluminium.

Belemniten, eine Gruppe von tintenfischähnlichen Meerestieren, die sich gegen Ende des → Erdaltertums entwikkelten, im → Jura und in der → Kreide ihre Blütezeit erlebten und zu Beginn des → Tertiärs ausstarben. Von ihnen blieben im allgemeinen nur kegel- oder keilförmige Schalenteile erhalten, die bei Gewitterregen auf Feldern oft aus der Erde gewaschen werden. Der Volksglauben brachte die B. daher mit Blitz (griech. belemnon = Blitz) und Donner (Donnerkeile) in Verbindung.

Bergrutsch, Bergsturz, ein plötzlicher Abbruch großer Gesteinsmassen, die auf einer Gleitfläche am Hang talwärts rutschen oder an Felswänden und Steilhängen herabstürzen. Derartige katastrophale Massenverlagerungen ereignen sich in Deutschland vorwiegend im Alpenraum und an → Schichtstufen. **[Abb. 5, Chiemgauer Alpen]**

Bernstein, eines der wenigen → Gesteine, die verbrennen (eigentlich: »Brennstein«). Das erhärtete Harz von Nadelbäumen des älteren → Tertiärs, das oft Insekten und Pflanzenteile umschließt, war wegen seiner schönen goldgelben Farbe schon in der Steinzeit als Schmuckstein sehr begehrt. Die bedeutendste Lagerstätte liegt an der Samlandküste in Ostpreußen; vorzeitliche Flüsse und die Gletscher des Eiszeitalters verbreiteten B. über weite Gebiete des Norddeutschen Tieflands.

Bifurkation, die Gabelung eines Flusses in zwei getrennte Wasserläufe, die ständig oder nur bei Hochwasser zwei verschiedenen Flußsystemen angehören (lat. bifurcus = zweigabelig).

Bimsstein, ein helles, schaumiges oder langfaseriges Lavagestein (lat. pumex = Lava), das wegen der vielen Hohlräume sehr leicht ist und daher im Wasser schwimmt. Es entsteht, wenn Fetzen kieselsäurereicher → Lava durch → Eruptionen in die Luft geschleudert werden, noch im Flug zu vulkanischem Glas erstarren und durch die in der Lava enthaltenen Gase (ähnlich wie ein Hefeteig) aufgebläht werden.

Biotit → Glimmer

Bitumen, brennbare, gelbe bis schwarze Substanzen in Böden und Gesteinen, die vor allem aus Kohlenwasserstoffen bestehen und durch die unvollständige Zersetzung von Pflanzen und Tieren entstanden sind. B. können fest (Asphalt), flüssig (Erdöl) oder gasförmig (Erdgas) sein.

Bleiglanz, wichtigstes Bleierz, das außer Blei und Schwefel (Bleisulfid) häufig auch einen abbauwürdigen Gehalt von Silber und Wismut hat. B. oder Galenit (lat. galena = Bleierz) kristallisiert vielfach in bleigrauen, metallglänzenden Würfeln, die sich mit der Messerklinge leicht ritzen lassen. Er ist auf Erzgängen sehr verbreitet.

Blockmeer, eine Anhäufung von eckigkantigen oder gerundeten Gesteinsblökken mit einem Durchmesser von mehr als 20 cm. B., in manchen Gegenden Felsenmeere oder Rosseln genannt, gehen ohne scharfe Grenzen in zungenförmige Blockströme, Blockhalden am Fuß von Felsenklippen oder lockere Blockstreu über. Sie stammen meist aus den → Eiszeiten, als das feste Gestein durch die Frostsprengung rasch verwitterte.

Bodden, seichte, meist von Inseln und Untiefen durchsetzte Meeresbucht an der Küste einer Grundmoränenlandschaft (→ Moräne; besonders typisch in Mecklenburg und Pommern). Die stark zerlappte Küstenlinie der B.-Küste entstand, als das Meer nach dem Rückzug der Gletscher die kuppigen Grundmoränen z.T. überflutete.

Boden, der oberste Teil der festen Erdrinde, der von der Streuschicht aus verwesenden Pflanzen- und Tierresten bis zum unverwitterten Gestein reicht. Böden entstehen im Gegensatz zu → Gesteinen immer an der Erdoberfläche und werden immer von Lebewesen bewohnt. Man teilt sie nach ihren Schichten in verschiedene Bodentypen wie

Braunerden oder → Podsole, nach der Korngrößenzusammensetzung in Bodenarten wie Tonböden oder Lehmböden ein.

Bohnerze → Konkretionen

Börde, norddeutsche Bezeichnung für eine flachwellige, nahezu waldfreie Landschaft, die fast ausschließlich für den Anbau von Getreide und Hackfrüchten genutzt wird. Der Name hat etwas mit »Bürde« zu tun, in diesem Fall eine angenehme Last, denn die Lößlehmböden (→ Löß) der B. bringen reiche Erträge.

Brachiopoden, eine Sippe von Tieren, die zu den ältesten Tierformen gehören. Die ersten von mehr als 7000 Arten der Armfüßer (griech. brachion = Arm, podes = Füße) lebten bereits zu Beginn des → Erdaltertums, die größte Artenzahl wurde im → Devon erreicht, heute gibt es noch über 200 Arten. B. gleichen äußerlich Muscheln zum Verwechseln, ihre Schalen sind jedoch nicht gleich, sondern unterschiedlich stark gewölbt.

Braunerde, ein in Deutschland weitverbreiteter Bodentyp (→ Boden), der nach seinem hell- bis dunkelbraunen, manchmal auch rotbraunen Farbton benannt ist. Er bildet sich auf fast allen Gesteinen, die aus → Silikaten bestehen. Am fruchtbarsten sind die kaffeebraunen B. aus → Basalt. **[Abb. 1]**

Brauner Jura → Dogger

Brekzie (Breccie), aus kantigen Gesteinsbruchstücken (ital. breccia = Geröll) zusammengesetztes und häufig durch Kalk oder auch andere Substanzen verkittetes Sedimentgestein (→ Sedimente). B. entstehen z.B., wenn Gesteine durch die → Verwitterung oder bei Vulkanausbrüchen (→ Vulkan) zertrümmert und später wieder verfestigt werden.

Bruch → Verwerfung
Bruchscholle → Scholle

Bryozoen, wenige Millimeter große »Moostierchen« (griech. bryon = Moos, zóon = Tier), die im Wasser leben und mit ihren Kalkgehäusen moosartige Kolonien bilden. In manchen Perioden der Erdgeschichte bauten die heute noch in rund 4000 Arten vertretenen B. große Riffe im Meer auf, besonders im → Zechstein.

Buckelwiese, eine besondere Form des → Karsts in ehemals bewaldeten Gegenden der Alpen: Die Buckel markieren frühere Standorte der Bäume, weil unter den Bäumen das Gestein langsamer gelöst wurde als in dem Streifen zwischen den Bäumen, der durch abtropfendes Regenwasser ständig durchfeuchtet war.

Buntsandstein, die älteste Epoche der germanischen → Trias, die den Zeitraum von 250 bis 243 Millionen Jahre vor heute umfaßt. Sie ist nach den buntgefärbten (meist roten) Sandsteinen benannt, die sich damals neben Tonsteinen, → Konglomeraten, Gips und Steinsalz unter einem wüstenhaften Klima in ganz Mitteleuropa ablagerten. Der B. entspricht dem Skyth (Untere Trias) im Alpenraum. Die obersten Schichten des B. bestehen in Deutschland hauptsächlich aus purpurroten, weichen Tonsteinen, dem Röt.

Chalzedon, die mineralische Substanz, zu der Schmucksteine wie der blutrote Karneol, der apfelgrüne Chrysopras oder der farbig gebänderte Achat, aber auch der Feuerstein gehören. Wie → Quarz besteht der wachsartig glänzende C. aus → Kieselsäure; er ist allerdings sehr feinfaserig, hat einen splittrigen Bruch und ist porös. **[Abb. 2]**

Chlorit, eine Gruppe grün gefärbter → Minerale (griech. chlorós = grün), die mit den Glimmern und den Tonmineralen verwandt sind. Der blättchen- und schuppenförmige Prochlorit, der Thuringit, der Pennin und andere C. verleihen den Chloritschiefern grünliche Färbung.

Dauerfrostboden → Frostboden

Decke (vulkanische D., tektonische D.), in der Geologie Bezeichnung für eine ausgedehnte, mehr oder weniger dicke Schicht aus → Basalt und anderen vulkanischen Gesteinen (vulkanische D.) oder eine Gesteinsmasse, die auf einer Gleitbahn über weite Entfernungen auf andere, oft jüngere Gesteine verlagert wurde (tektonische D., Schubdecke). Deckengebirge wie die Alpen sind aus D. aufgebaut.

Deckgebirge → Gebirge

Deflation, die Abtragung feinkörniger, lockerer → Gesteine und → Böden durch den Wind (lat. deflare = verwehen, ausblasen). Die Ausblasung, auch Bodenverwehung genannt, wirkt in unseren Breiten vor allem auf Sandböden, die nicht durch eine Pflanzendecke geschützt sind, beispielsweise am trockenen Strand oder auf abgeernteten Feldern.

Deich, ein künstlich aufgeschütteter Damm an der Küste, der das ebene Marschland vor Überschwemmungen schützt. Winterdeiche sind als Schutz gegen die stärksten Sturmfluten, Sommerdeiche nur gegen niedriges Hochwasser im Sommer gedacht. Schlafdeiche sind alte Deiche im Hinterland der Küste, die durch neue, höhere Deiche ersetzt wurden. Marschland, das von Deichen umschlossen ist, wird an der deutschen Nordseeküste mit verschiedenen Namen belegt: Koog, Polder oder Binnengroden.

1

3

2
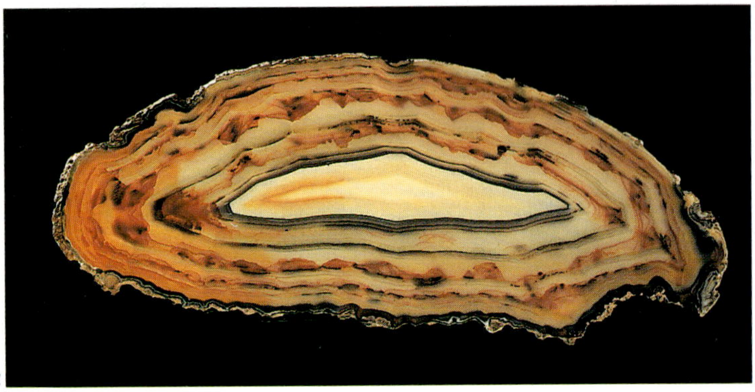

Delle (Dellental), ein kleines → Tal mit muldenförmigem Querschnitt, das als → Trockental nicht ständig von einem Bach oder Fluß durchflossen wird. D. sind die häufigsten Talformen in den deutschen Mittelgebirgen. Sie entstanden hauptsächlich im Eiszeitalter durch die gemeinsame Abtragungsarbeit von Abspülung und → Solifluktion.

Delta, der in einen See oder in das Meer vorgeschobene Schwemmkegel eines Flusses. Seine Grundrißform gleicht vielfach dem Buchstaben △ (Delta) der griechischen Schrift – daher der Name. D. kommen aber auch in vielen anderen Formen vor; ihr wichtigstes gemeinsames Merkmal ist die Aufspaltung des Flusses in mehrere Mündungsarme. **[Abb. 4, Tiroler Ache, Chiemsee]**

Dendriten, bäumchenartige Zeichnungen (griech. déndron = Baum) auf Kluftflächen im Gestein, besonders schön zu sehen auf dem Plattenkalk von Solnhofen, Franken. Die braunen oder schwarzen D. sind keine Fossilien; sie entstehen beim Wachstum von Eisen- und Manganmineralen in den Schichtfugen. **[Abb. 5]**

Devon, eine Periode des → Erdaltertums, die den Zeitraum zwischen 410 und 360 Millionen Jahren vor heute umfaßt. Die nach der südenglischen Grafschaft Devonshire benannte → Formation besteht in Deutschland vorwiegend aus Grauwacken, Sandsteinen, Quarziten und Tonschiefern sowie Kalksteinen und Diabasen. Sie wurden während der Variskischen Gebirgsbildung, die im D. begann, intensiv gefaltet (→ Variskische Ära).

Diabas, ein grün bis schwarz gefärbtes, körniges magmatisches Gestein (Grünstein), das die gefalteten Schichten des Erdaltertums (vor allem des → Devons) durchzieht (griech. diabaíno = hindurchgehen). Der hauptsächlich aus → Plagioklas und Augit (→ Pyroxene) zusammengesetzte D. ist überwiegend nachträglich veränderter → Basalt, der im Lauf der Variskischen Gebirgsbildung (→ Variskische Ära) als Lava aus untermeerischen Vulkanen quoll.

Diagenese, die Umbildung lockerer → Sedimente in feste Sedimentgesteine, etwa von Kiesschichten in ein

4

→ Konglomerat. Dabei werden die Ablagerungen in relativ geringen Tiefen der → Erdkruste bei mäßigem Druck und mittleren Temperaturen entwässert und die Gesteinspartikel durch mineralische Bindemittel verkittet. Die Grenzen zwischen der D. und der → Metamorphose sind fließend.

Diamant, reiner kristallisierter Kohlenstoff, die härteste in der Natur vorkommende Substanz. Wegen der hohen Lichtbrechung und der starken Farbenzerstreuung gehört der neuerdings auch im chemischen Labor hergestellte D. seit jeher zu den begehrtesten und kostbarsten Edelsteinen. Das von den alten Griechen wegen seiner Härte adamás (»der Unbezwingliche«) genannte Mineral bildet häufig Kristalle mit acht Flächen, die nur ganz selten völlig farblos sind.

Diluvium → Pleistozän

Diorit, ein graues bis grünliches, grobkörniges Tiefengestein (→ Plutonite), das von der chemischen Zusammensetzung her zwischen dem → Granit und dem → Gabbro steht und deshalb leicht mit beiden verwechselt werden kann. Im Unterschied zu Gabbro enthält D. oft → Quarz (vor allem als Granodiorit und Quarzdiorit), vom Granit unterscheidet er sich durch den höheren Anteil von Hornblenden (→ Amphibole).

Diskordanz, die ungleichsinnige Lagerung von Gesteinsschichten (lat. discordans = nicht übereinstimmend), die auf tektonische Vorgänge (tektonische D.; → Tektonik) und/oder → Abtragung (Erosionsdiskordanz) zurückgeht. Eine D. trennt beispielsweise die gefalteten Schichten des Grundgebirges von den mehr oder weniger horizontalen Schichten des Deckgebirges (→ Gebirge).

Dogger, die mittlere Epoche des → Jura (Zeitraum von 184–160 Millionen Jahren vor heute), während der in Deutschland vorwiegend Tonsteine, Mergel und durch Eisenminerale braun gefärbte Sandsteine abgelagert wurden, die zu einem braunen Boden verwittern. Der D. wird deshalb auch Brauner Jura genannt.

Dolerit → Basalt

Doline, schüssel-, trichter- oder schachtartige Landschaftsform in Karst-

5

gebieten (→ Karst). D. entstehen zum einen von der Erdoberfläche her durch die rasche Lösungsverwitterung an Gesteinsfugen (Lösungsdolinen), zum anderen durch den Einsturz unterirdischer Hohlräume (Einsturzdolinen). Sie kommen in allen Größenordnungen vor: von der kaum fußtiefen und kaum meterbreiten Bodenvertiefung bis hin zu Riesentrichtern von 300 m Tiefe und über 1000 m Durchmesser.

Dolomit, in Deutschland und namentlich in den Alpen weitverbreitetes Sedimentgestein (→ Sedimente), das hauptsächlich aus dem gleichnamigen Mineral (einem Kalzium-Magnesium-Karbonat) besteht. Wie Kalkstein ist der nach dem französischen Mineralogen Dolomieu benannte D. leicht löslich und wird daher oft von Karsthöhlen durchzogen (→ Karst). Man erkennt ihn an seiner meist hellgrauen oder gelblichen Farbe und dem typischen zuckerkörnigen Gefüge (wie Kristallzucker). Als Rauchwacke oder Rauhwacke bezeichnen die Bergleute schwammartig verwitterten D., aus dem Gipsbröckchen herausgelaugt wurden.

Drumlin, ein walrückenförmiger Hügel, der hauptsächlich aus → Moräne (manchmal mit einem Kern aus Kies oder festem Gestein) besteht. D. kommen fast ausschließlich innerhalb der Jungmoränen der jüngsten → Eiszeit vor (→ Pleistozän). Ihre Längsachse entspricht der Fließrichtung der eiszeitlichen → Gletscher. Meist treten ganze Schwärme von D. auf, bei denen die einzelnen Hügel durch Moore und kleine Seen voneinander getrennt sind.

Druse, eine »Drüse« des Gesteins, ein rundlicher, oft mandelförmiger Hohlraum (Mandelsteine), besonders in magmatischen Gesteinen (→ Magma), der ganz oder teilweise mit Kristallen ausgekleidet ist.

Dünen, vom Wind geschaffene Landschaftsformen, die meist aus Flugsand bestehen und nach ihrer Gestalt (Bogen-, Wall-, Strich-, Stern- oder Sicheldünen) benannt sind. D. kommen als aktive Wanderdünen oder unbewachsene Weißdünen in Mitteleuropa nur an der Küste (Küstendünen) vor; die Dünen im Binnenland (Binnendünen) wurden hauptsächlich am Ende der jüngsten Eiszeit aufgeweht. Kupsten oder Primärdünen sind kleine Sandanhäufungen im Windschatten von Grasbüscheln und anderen Hindernissen. **[Abb. 3, Sylt]**

Durchbruchstal, ein → Tal, das sich aus niedrigerem Gelände in ein → Gebirge oder irgendeine andere höhere Landschaftsform hineinzieht und sie vollständig durchquert. D. können auf verschiedenste Weise entstehen. Epigenetische D. bilden sich, wenn ein in festes Gestein eingetieftes → Relief durch Lockermassen verschüttet und anschließend (griech. epi = danach) mit verändertem Talnetz wieder herausgearbeitet wird. Antezedente D. werden dagegen durch Flüsse geschaffen, die älter als das betreffende Gebirge sind (lat. antecedere = vorangehen) und durch → Erosion ihre ursprüngliche Laufrichtung beibehalten können, wenn sich quer zu ihrem Lauf ein neues Gebirge aufwölbt.

Dyas → Perm

Eisenspat, sehr wichtiges Eisenerz, chemisch Eisenkarbonat, auch Spateisenstein oder Siderit genannt. E. kommen vorwiegend als grobkörnige, hellgelb bis braune → Kristalle innerhalb von Kalkstein- oder Dolomitschichten vor. Er verwittert leicht zu → Limonit.

Eiszeit (Glazial, Glazialzeit, Kaltzeit), ein Zeitabschnitt der Erdgeschichte, in dem die → Gletscher aus den Hochgebirgen und den Polargebieten weit in das Vorland und in die mittleren Breiten der Erde vorstießen. E. gab es in allen Erdzeitaltern, die deutlichsten Spuren in der Landschaft hinterließen die E. des → Pleistozäns. Sie gliedern sich jeweils in Stadien oder Stadiale, die durch Zeiten mit wärmerem Klima voneinander getrennt sind.

Eiszeitalter → Pleistozän
Elster-Eiszeit → Pleistozän
Endmoräne → Moräne

Erdaltertum, das Altertum innerhalb der Entwicklung des Lebens auf der Erde, insbesondere in der Entwicklung der Tiere. Das – auf die → Erdurzeit folgende – zweitälteste Erdzeitalter, das von 590 bis 250 Millionen Jahren vor heute. dauerte und in die Perioden → Kambrium, → Ordovizium, → Silur, → Devon, → Karbon und → Perm eingeteilt wird, heißt deshalb auch Paläozoikum (griech. pálai = alt, zóon = Lebewesen).

Erdbeben, Erschütterungen des Erdbodens, die fast ausschließlich durch Vorgänge innerhalb der festen Erdrinde ausgelöst werden: durch tektonische Bewegungen (tektonische E., → Tektonik), durch Vulkanausbrüche (vulkanische E.) oder durch Einsturz unterirdischer Hohlräume (Einsturzbeben). Die Erdbebenherde, die Punkte, von denen die Erschütterungen ausgehen, liegen meist innerhalb der obersten 100 km des Erdkörpers.

Erdfall, eine kessel- oder trichterartige Senke an der Erdoberfläche, die entsteht, wenn durch Auslaugung von Salz und Gips geschaffene unterirdische Hohlräume einstürzen. Die löslichen Gesteine lagern dabei oft unter dicken Schichten unlöslicher Gesteine wie Sandstein oder Tonstein.

Erdgeschichte

Formation	Abteilung/ Stufe	Beginn vor...Mill. Jahren
Erdneuzeit *(Neozoikum)*		
Quartär	Holozän	0,01
	Pleistozän	2
Tertiär	Jungtertiär	24
	Alttertiär	67
Erdmittelalter *(Mesozoikum)*		
Kreide	Oberkreide	97
	Unterkreide	140
Jura	Malm	160
	Dogger	184
	Lias	210
Trias	Keuper	230
	Muschelkalk	243
	Buntsandstein	250
Erdaltertum *(Paläozoikum)*		
Perm	Zechstein	270
	Rotliegendes	280
Karbon	Oberkarbon	335
	Unterkarbon	360
Devon	Oberdevon	376
	Mitteldevon	391
	Unterdevon	410
Silur		440
Ordovizium		500
Kambrium		590
Erdurzeit *(Präkambrium)*		4500

Erdkruste, die feste Haut des Erdballs, die unter den Kontinenten aus zwei Schalen besteht. Die obere setzt sich hauptsächlich aus hellen, kieselsäurereichen Erstarrungsgesteinen (→ Magma) wie → Granit, die untere dagegen aus dunklen, kieselsäurearmen Gesteinen wie → Gabbro zusammen. Die E. ist unter den Kontinenten 30 bis 50 km dick, darunter folgt der Erdmantel.

Erdmittelalter, die Ära der Erdgeschichte, die die Perioden → Trias, → Jura und → Kreide umfaßt. Das Mesozoikum (griech. mésos = mitten, zóon = Lebewesen) umfaßt den Zeitraum von 250 bis 67 Millionen Jahren vor heute. Gemessen am → Erdaltertum und an der → Erdneuzeit war das E. in Mitteleuropa eine ruhige Zeit, in der sich vor allem mächtige Stapel von Sedimentgesteinen (→ Sedimente) ablagerten.

1

Erdneuzeit, das jüngste Zeitalter der Erdgeschichte, auch Neozoikum (griech. néos = jung) oder Känozoikum (griech. kainós = neu) genannt. Die vor etwa 67 Millionen Jahren einsetzende und bis heute andauernde Ära gliedert sich in das → Tertiär und das → Quartär. Während dieser Zeit wurden das gegenwärtige Landschaftsbild sowie die Pflanzen- und Tierwelt Mitteleuropas durch die alpisch-saxonische Gebirgsbildung, die extremen Klimaschwankungen des Eiszeitalters (→ Pleistozän) und die Besiedlung durch den Menschen geprägt.

Erdpyramiden, nadel-, säulen- oder kegelartige Geländeformen, die an der Spitze oft einen dicken Gesteinsblock als Deckstein tragen. Die auffälligen Formen, die in manchen Gegenden der Alpen vorkommen, bestehen meist aus lehmiger oder toniger → Moräne. Sie werden bei heftigen Regengüssen durch Rinnsale aus dem lockeren Gestein geschnitten.

Erdurzeit, das älteste und mit mehr als vier Milliarden Jahren auch weitaus längste Erdzeitalter. Es umfaßt den Zeitraum vor dem → Kambrium, deshalb Präkambrium genannt, bis zur Bildung der ersten festen → Erdkruste. Sicher bestimmte Gesteine dieser Ära (Grauwacken, Quarzite, Schiefer) treten als älteste Gesteine Deutschlands unter anderem im Erzgebirge, in Thüringen und in der Lausitz zutage.

Erdzeitalter (Ära), ein viele Millionen Jahre langer Zeitraum der Erdgeschichte, der mehrere kürzere Perioden und die entsprechenden → Formationen umfaßt. Das → Erdmittelalter, das zweitjüngste E., dauerte z.B. 183 Millionen Jahre. Die Abgrenzung der E. beruht vor allem auf der Evolution der Tiere; so treten zu Beginn des Erdmittelalters die ersten Säugetiere auf.

Erosion, die linienhafte → Abtragung der Erdoberfläche durch fließendes Wasser und Gletscher, in erster Linie die Formung durch Flüsse, bei der Täler geschaffen werden. Je nach der Rich-

2

tung, in der die Flußerosion am stärksten wirkt, unterscheidet man die Tiefenerosion (Vertiefung des Flußbetts), die Seitenerosion (Unterschneidung der Ufer und Verbreiterung des Betts) und die rückschreitende Erosion, bei der Versteilungen im Flußbett flußaufwärts verlagert werden. **[Abb. 1]**

Erstarrungsgesteine → Magma

Eruption, zusammenfassender Begriff für den Aufstieg von → Magma aus dem Erdinnern und die verschiedenen Arten von Vulkanausbrüchen (lat. erumpere = hervorbrechen; → Vulkan). Wichtig ist vor allem die Einteilung der E. nach der Art der vulkanischen Produkte in Lavaeruptionen, die bei dünnflüssigen Laven auch in dichtbesiedelten Gebieten meist glimpflich verlaufen, und in explosionsartige Aschen- und Schlackeneruptionen (plinianische E.), zu denen die großen katastrophalen Vulkanausbrüche in historischer Zeit gehören. Bei einer Intrusion dringt die Gesteinsschmelze in höher gelegene Zonen der Erdkruste ein, erstarrt aber noch unterhalb der Erdoberfläche, während bei einer Effusion Lava über Tag ausfließt.

Erze, metallhaltige Minerale (wie z.B. Bleiglanz) oder Mineralgemenge (wie etwa Bauxit), aus denen mit Aussicht auf Erfolg wirtschaftlich interessante Metalle gewonnen werden können. In der Regel müssen die metallhaltigen Bestandteile durch spezielle Verfahren vom wertlosen, »tauben« Gestein getrennt werden.

Falten (geologische Falten), tektonische Formen (→ Tektonik), die durch Verbiegung von ursprünglich annähernd horizontal gelagerten Gesteinsschichten entstanden sind. Da die Faltung im allgemeinen äußerst langsam verläuft, werden auch spröde Gesteine, die bei plötzlicher Beanspruchung zerbrechen, in enge Falten, von denen es verschiedene Formen wie Pilzfalten, Zickzackfalten oder Fächerfalten gibt, gelegt. Faltengebirge wie beispielsweise der Schweizer Jura weisen auf starken seitlichen Druck hin. **[Abb. 2]**

3

4

Feldspate (Feldspäte), eine Gruppe von → Mineralen, die zu den → Silikaten gehören und besonders in den Gesteinen der oberen Erdkruste weit verbreitet sind. Wichtigster Feldspat ist der Kalifeldspat, der in mehreren Unterarten wie dem milchigweißen, häufig auch rötlichen Orthoklas und dem farblosen, durchscheinenden Sanidin vorkommt. Die F. lassen sich mit der Messerklinge nur schwer oder gar nicht ritzen, sind aber gut zu spalten – wofür sie ihren Namen erhielten.

Feldspatvertreter, meist weiße, seltener blaue oder braune → Minerale, die weniger → Kieselsäure als die mit ihnen verwandten → Feldspate enthalten und letztere in kieselsäureärmeren Gesteinen gewissermaßen vertreten. Nephelin, Leuzit und die übrigen F. findet man in verschiedenen magmatischen Gesteinen (→ Magma).

Felsenmeer → Blockmeer

Feuerstein, ein grauschwarzes oder gelbliches Kieselgestein (aus Chalzedon und Opal), das einen matten, wachsähnlichen Glanz und einen muscheligen Bruch hat und als Knollen und Bänder in die Schichten der → Kreide eingelagert ist. Frische Splitter von F. sind scharfkantig und hart. Sie wurden deshalb schon in der Steinzeit zu Waffen und Werkzeugen verarbeitet. Auf den zweiten Namen des F., Flint, geht die Bezeichnung der im 17. Jh. aufkommenden Flinten zurück: Man stellte daraus den Zündmechanismus dieser neuzeitlichen Gewehre her. Ähnliche, meist dunkelgrau bis schwarz, aber auch rötlich gefärbte Kieselgesteine in den Kreide- und Juraformationen der Alpen werden Hornstein genannt.

Filz → Moor

Findlinge, oft viele Tonnen schwere Gesteinsblöcke, die von den eiszeitlichen → Gletschern z.T. über Tausende von Kilometern verfrachtet wurden und

5

dann beim Abschmelzen in den Moränengebieten (→ Moräne) liegenblieben. Die F. »irren« sozusagen fern ihrer Heimat in fremden Gegenden umher, die Geologen nennen sie deshalb auch erratische Blöcke, »Irrblöcke« (lat. errare = umherirren). **[Abb. 3, Markgrafenstein, Brandenburg]**

Firn, oberhalb der Schneegrenze oder Firnlinie durch wiederholtes Auftauen und Gefrieren im Lauf von mehreren Jahren veränderter Schnee, der sich im Nährgebiet eines → Gletschers ansammelt und sich schließlich in Gletschereis umwandelt.

Flexur, eine S- oder knieförmige Verbiegung von Gesteinsschichten (lat. flexura = Biegung), die durch die gegenläufige Verschiebung von → Schollen der Erdkruste – oft am Rand von geologischen Gräben (→ Graben) oder Horsten (→ Horst) – entstanden ist. F., auch Kniefalten und Monoklinen genannt, gehen häufig nach der Tiefe oder zur Seite in → Verwerfungen über.

Fließerden → Solifluktion

Flöz, ein alter Bergmannsausdruck für eine im Idealfall flach lagernde Gesteinsschicht (althochdt. flezzi = flach), die wirtschaftlich wichtige Stoffe wie Braunkohle, Steinkohle, Salze oder Erze enthält. **[Abb. 4, Ruhrtal]**

Flußschwinde, eine Stelle, an der ein fließendes Gewässer im Boden verschwindet, indem es entweder allmählich im Flußbett versickert oder seinen oberirdischen Lauf plötzlich in einer Höhlenöffnung (Ponor, Schlundloch) beendet. F. sind typische Erscheinungen in Karstlandschaften. Das verschwundene Wasser tritt anderswo in Karstquellen wieder aus (→ Karst).

Flußspat (Fluorit), ein glasglänzendes, selten farbloses, zumeist hingegen in fast allen Farben von rosa bis blauschwarz gefärbtes Mineral (→ Minerale). Der als Rohstoff für die Industrie gesuchte F. kristallisiert in den verschiedensten Formen, oft als Würfel. Er kommt besonders auf Gängen vor (→ Gang), z.B. in Thüringen, im Harz oder im Schwarzwald. **[Abb. 5]**

Flysch, schiefrig-tonige, aber auch sandige Gesteinsschichten, die am nördli-

6

chen Alpenrand in einem breiten Streifen zutage treten und dort die »Grasberge« mit ihren sanften, abgerundeten Formen bilden. Die F.-Schichten geraten, wenn sie durchnäßt sind, leicht ins »Fließen« (Rutschen) – daher ihr Name. Sie wurden vor etwa 50 bis 100 Millionen Jahren in einem Meer am Nordrand der Alpen abgelagert und später im Lauf der Gebirgsbildung gefaltet und schließlich über den Meeresspiegel gehoben. **[Abb. 6]**

Foraminiferen, einzellige Meerestiere, die ihren Namen von den kleinen Löchern oder Poren in ihren flaschen-, stab-, kugel- oder schneckenförmigen Kalk- oder Kieselschalen haben (lat. foramen = Loch, ferre = tragen). Die »Porentierchen« oder »Lochschalentierchen« kommen in der gesamten Erdgeschichte seit dem Kambrium vor, besonders aber im Tertiär. F. sind wichtige Fossilien in der Erdölgeologie.

Förden, langgestreckte, manchmal schlauchförmige Meeresbuchten, die sich an der deutsch-dänischen Ostseeküste weit in die Jungmoränenlandschaft (→ Moräne) hineinziehen. Wie Fjorde (ertrunkene Trogtäler) sind F. im Eiszeitalter angelegt worden: als → Zungenbecken (Kieler Förde) oder als Tunneltäler (Schlei; → Tunneltal), gelegentlich auch als beides.

Formation, in der Geologie Bezeichnung für eine Schichtenfolge, die während eines längeren Zeitraums der Erdgeschichte gebildet wurde, etwa → Trias oder → Jura. Der Begriff bezeichnet gleichzeitig aber auch die Periode, in der die entsprechende Schichtenfolge entstanden ist (Trias-Zeit, Jura-Zeit).

Fossilien (Petrefakte, Versteinerungen), die Reste oder Spuren von Lebewesen der Vorzeit, die im Gestein erhalten geblieben sind und im allgemeinen ausgegraben werden müssen – daher der Name (lat. fodere = ausgraben). Auf den F., die fast nur in Sedimentgesteinen vorkommen (→ Sedimente), beruht die Gliederung der Gesteinsfolgen und ihre Zuordnung zu den Zeitabschnitten der → Erdgeschichte. Besonders wichtig sind die Leitfossilien, Versteinerungen von Pflanzen oder Tieren, die im Idealfall nur in einer einzigen weitverbreiteten Schicht vorkommen. **[Abb. 1, Krabbe]**

Frostboden, ein → Boden, der häufig für einige Tage bis Wochen oder aber als Dauerfrostboden dauernd (mindestens zwei bis drei Jahre) gefroren ist. Der wiederholte Wechsel von Gefrieren und Auftauen hinterläßt im Boden und an der Bodenoberfläche typische Spuren, etwa Steinstreifen, -ringe oder -vielecke (Frostmusterböden). Auf Dauerfrostboden oder Permafrost, der in Deutschland während der → Eiszeiten (→ Pleistozän) verbreitet war, weisen die Eiskeile oder Lößkeile hin (ehemals mit Eis gefüllte Spalten, die jetzt mit Lockermaterial gefüllt sind).

Gabbro, ein grobkörniges, braunes bis schwärzlichgrünes magmatisches Gestein (→ Plutonite), das keinen → Quarz, dafür aber oft zu grünlichen Mineralen verwitterten → Plagioklas und → Pyroxene sowie meist → Olivin enthält. Es entspricht in der chemischen Zusammensetzung etwa dem Basalt, erstarrt allerdings bereits in größeren Tiefen. G. ist wahrscheinlich das häufigste Gestein der unteren Erdkruste.

Galmei, alter Bergmannsausdruck für Zinkerze wie Zinkspat und Kieselzinkerz, im übertragenen Sinn auch für andere Schwermetallerze gebraucht. Auf Böden, die höhere Gehalte von Schwermetallen (vor allem auf alten Schlackenhalden des Erzbergbaus) aufweisen, gedeihen die gegenüber giftigen Schwermetallen unempfindlichen Galmeipflanzen, darunter beispielsweise Hallers Grasnelke und das Wilde Stiefmütterchen.

Gang, mit anderen (jüngeren) Gesteinen, Mineralen oder Erzen (Erzgang) gefüllte Spalte in einem Gestein. Manche magmatischen Gesteine (→ Magma), die Ganggesteine, kommen ausschließlich auf Gängen vor. Dazu gehören unter anderem die dunklen Lamprophyre mit Spessartit und Vogesit als Unterarten oder der helle, feinkörnige Aplit und der sehr grobkörnige → Pegmatit als häufige Begleiter des Granits. **[Abb. 2]**

1

2

3

Gebirge, allgemein eine Landschaftsform, die sich über niedrigere Teile der Erdoberfläche erhebt und mehr oder weniger stark in Berge, Täler und Hochflächen aufgegliedert ist. Die Gipfel der Mittelgebirge liegen in unseren Breiten meist unterhalb der Waldgrenze (1500–2000 m ü.M.), Hochgebirge mit ihren schroffen, von Gletschern geformten Felsgipfeln und -graten reichen darüber hinaus. Geologen unterscheiden die G. nach ihren Bauformen (z.B. Deckengebirge, Faltengebirge . . .; → Tektonik). Das Deckgebirge umfaßt die jüngeren, in ihrer ursprünglichen Lagerung kaum gestörten Gesteinsschichten, das Grundgebirge die stark gefalteten, oft metamorphen und von magmatischen Gesteinen durchzogenen Schichten des → Erdaltertums.

Geest, norddeutscher Ausdruck für sandiges, trockenes, unfruchtbares Land (niederdt. güst = unfruchtbar). In Schleswig-Holstein gliedert man die G. in die Hohe Geest der Altmoränen (→ Moräne) und die Niedere Geest, die → Sander der jüngsten Eiszeit.

Geologische Orgeln (Erdorgeln), säulen- oder zapfenförmige Gebilde im Erdboden, die an Orgelpfeifen erinnern. Ausnahmsweise können sie innen hohl sein und dann bei Wind dumpfe Töne erzeugen. Die häufigeren (stummen) Erdorgeln bilden Reste des festen Gesteins (vorwiegend Gips und Kalkstein) zwischen → Schlotten; die röhrenförmigen Hohlräume in den tönernen g. O. entstanden durch eingeschlossene Baumstämme, die aus der → Nagelfluh herausfaulten. **[Abb. 3, Zittauer Gebirge]**

Geosynklinale, eine langgestreckte Zone der → Erdkruste, die sich über viele Millionen Jahre hinweg langsam senkt und dabei mit mehrere tausend Meter dicken Schichten von → Sedimenten und vulkanischen Gesteinen gefüllt wird. Aus G. entwickeln sich später im Lauf einer → Orogenese Falten- und Deckengebirge vom Typ der Alpen. Die Senken liegen wahrscheinlich über Zonen der Erdkruste, in denen → Platten ins Erdinnere hinabgezogen und »verschluckt« werden.

Geschiebe, ein vom fließenden Wasser oder vom Gletschereis (→ Gletscher) transportierter Gesteinsblock. Im engeren Sinn sind G. nur die vom Eis verfrachteten Blöcke, sie werden – wie Schleifspuren und Gletscherschrammen beweisen – oft tatsächlich »geschoben«. Größere Gletschergeschiebe heißen → Findlinge. Mit Hilfe von Leitgeschieben (Gesteinen, deren Herkunftsgebiet genau bekannt ist) kann die Strömungsrichtung der Gletscher bestimmt werden.

Geschiebemergel → Mergel

Gesteine, die Bestandteile der → Erdkruste, die manchmal nur aus einem Mineral, meist aber aus einem Gemenge verschiedener → Minerale, aus Resten von Pflanzen und Tieren sowie aus Bruchstücken anderer Gesteine bestehen. Nach der Entstehungsweise werden drei große Gruppen von G. unterschieden: die magmatischen Gesteine (→ Magma), die Sedimentgesteine (→ Sedimente) und die metamorphen Gesteine (→ Metamorphose).

Gezeiten (Meeresgezeiten), die rhythmischen Schwankungen des Meeresspiegels, die durch die sich gegenseitig überlagernden Anziehungskräfte von Erde, Mond und Sonne sowie durch Fliehkräfte verursacht werden. Die Schwankungen treten zu bestimmten Zeiten (meist mit einer Periode von ungefähr zwölfeinhalb Stunden) ein – daher ihr hochdeutscher Name G. und ihr niederdeutscher Name Tiden. Das Steigen des Meeresspiegels heißt Flut, das Fallen Ebbe. Springtiden sind besonders starke, Nipptiden besonders schwache Gezeiten.

Gips, wasserhaltiges Kalziumsulfat, das als → Mineral manchmal farblose, sehr gut spaltbare → Kristalle bildet, die auf den Spaltflächen Perlmutterglanz zeigen. Große, klare Spaltungsstücke sind bei Mineraliensammlern als Marienglas bekannt, reiner, feinkörniger G. heißt dagegen Alabaster. Meist kommt das eng mit dem → Anhydrit verwandte Mineral jedoch in derben, körnigen, hellgrau bis gelben Massen im gleichnamigen, leicht löslichen Gestein vor. Im Unterschied zum härteren Anhydrit kann man Gipskristalle mit dem Fingernagel ritzen.

Glazial → Eiszeit

Glaziale Serie, eine typische Abfolge von Landschaftsformen und → Sedimenten am äußeren Rand der eiszeitlichen Vergletscherungsgebiete (→ Gletscher; → Pleistozän). Sie reicht von den → Zungenbecken über die Endmoränen (→ Moräne) und → Sander bis zum → Urstromtal.

Gleithang → Mäander

Gletscher, »ewiges Eis«, das aus dem Nährgebiet jenseits der Schneegrenze in mächtigen Strömen langsam in wärmere Gegenden der Erde fließt und dort, im Zehrgebiet, abschmilzt oder in Eisberge zerbricht. Nach ihrer Größe, dem Wärmehaushalt und den Landschaftsformen, in die sie eingebettet sind, werden zahlreiche Gletschertypen unterschieden. In Mitteleuropa sind heute vor allem Kargletscher und Talgletscher verbreitet, im Eiszeitalter (→ Pleistozän) gab es auch Vorlandgletscher und riesige → Inlandeise. **[Abb. 4]**

Gletschermühle → Strudelloch

Gley, ein vom Grundwasser geprägter Bodentyp (→ Boden), der an seinen rostfleckigen oberen Schichten und dem graugrünen bis blauschwarzen Unterboden zu erkennen ist. Er bildet sich dort, wo der Grundwasserspiegel im Mittel weniger als 80 cm unter der Bodenoberfläche liegt. Der dem Namen nach verwandte Klei ist dagegen eine tonige, schwere Bodenart, die in den Marschen aus Schlick entsteht (→ Marsch).

4

5

6

Glimmer, feinschuppige oder blättchenartige, biegsame → Minerale, die durch ihren metallisierenden Perlmutter- oder Seidenglanz auffallen, im Gestein »glimmern«. Von den zu den → Silikaten gehörenden G. sind zwei besonders häufig: der dunkelgrüne bis schwarze Biotit (Katzengold genannt, weil er goldfarben verwittert) und der durchsichtige, nahezu farblose Muskovit (»Moskauer Glas«), der in metamorphen Gesteinen (→ Metamorphose) auch in feinsten, seidenglänzenden Schüppchen als Serizit (griech. serikós = seiden) vorkommt. **[Abb. 5]**

Glimmerschiefer, ein häufiges metamorphes Gestein (→ Metamorphose), meist durch Umwandlung von Tonstein entstanden. Es ist schiefrig, zerfällt in Gesteinsplatten und enthält Glimmer (im allgemeinen hellsilbernen Muskovit), die mit dem bloßen Auge deutlich zu erkennen sind. Manche G. enthalten rot gefärbte Granatkristalle bis Walnußgröße (Granatglimmerschiefer), andere sind kalkhaltig (Kalkglimmerschiefer) oder bestehen zum großen Teil aus Quarz (Quarzitglimmerschiefer).

Gneise, eine umfangreiche Gruppe metamorpher Gesteine (→ Metamorphose), die durch intensive Umwandlung magmatischer Gesteine (vor allem Granit) und Sedimentgesteine (in erster Linie Sandstein und Tonschiefer) entstanden sind. Die typischen G. bestehen hauptsächlich aus → Quarz, → Feldspaten und → Glimmern, wobei die Feldspate gut erkennbare Kristalle bilden und die Glimmer schlierig-parallel angeordnet sind. Ein besonders auffälliger G. ist der Augengneis mit großen, mandelförmigen Feldspatkristallen, den »Augen«.

Graben (geologischer Graben), ein mehr oder weniger breiter Streifen der → Erdkruste, der zwischen zwei annähernd parallelen → Verwerfungen oder → Flexuren abgesunken ist. Jüngere G. bilden meist langgestreckte Senken der Erdoberfläche (wie der Oberrheingraben), ältere können durch → Reliefumkehr aus weicheren Schichten auch als Bergrücken herauspräpariert worden sein.

Granate, typische Minerale metamorpher Gesteine (→ Metamorphose), benannt nach dem Granatapfel, mit dem G. die kugelige Gestalt und rote Abarten außerdem die blutrote Farbe gemeinsam haben. Neben dem roten »Karfunkelstein«, seit jeher ein beliebter Schmuckstein, gibt es eine ganze Reihe brauner, schwarzer, grüner und gelber G., die sich durch ihre große Härte auszeichnen. **[Abb. 6]**

Granit, ein körniges magmatisches Gestein (lat. granum = Korn; → Magma), das überwiegend aus Kalifeldspat (→ Feldspate), → Quarz und → Glimmer besteht (»Feldspat, Quarz und Glimmer, die drei vergeß ich nimmer.«) Es ist hellgrau (oft auch rötlich, grünlich oder gelblich) und weist dunkle Flecken auf. G. erstarrt in größeren Tiefen der Erdkruste, an der Erdoberfläche verwittert er zu sack- oder matratzenähnlichen Formen. Nach der Zusammensetzung und dem Gefüge werden mehrere Dutzend Unterarten von G. unterschieden.

Granodiorit → Diorit

Granulit, nach den in seiner Grundmasse vielfach vorherrschenden hellen → Feldspaten auch Weißstein genannt, eine Familie metamorpher Gesteine (→ Metamorphose), die aber je nach dem Anteil dunkler → Minerale, ebenfalls in dunklen Farben vorkommen. → Granate geben ihnen häufig ein getüpfeltes Aussehen. Alle G. haben jedoch ein körniges Gefüge (lat. granum = Korn).

Graphit, wie → Diamant chemisch reiner Kohlenstoff, der in diesem Fall allerdings als ein sehr weiches, schwarzes, fettig anzufühlendes → Mineral kristallisiert. Es kommt nur selten in gut ausgebildeten → Kristallen, sondern meist in feinschuppigen Massen vor, die sehr stark abfärben. Darauf beruht seine Verwendung als Grundsubstanz für »Blei«-Stifte (griech. gráphein = schreiben).

Graptolithen, die »Schriftsteine« (griech. gráphein = schreiben, líthos = Stein), eine Sippe ausgestorbener Meerestiere, die vom → Kambrium bis zum → Karbon weltweit verbreitet waren und als → Fossilien vor allem für die Gliederung des → Silurs wichtig sind. Die wahrscheinlich mit den Hohltieren verwandten Lebewesen bildeten Kolonien, die auf den Spaltflächen von → Schiefern (Graptolithenschiefer) schriftzeichen- oder sägeblattähnliche Abdrücke hinterließen.

Grauwacke, ein meist dunkelgraues Sedimentgestein (→ Sedimente), das in wechselnden Anteilen aus Quarz- und Feldspatkörnern sowie Bruchstücken anderer Gesteine (hauptsächlich Quarzite, Tonschiefer und Kieselschiefer) besteht. G. kommt in Mitteleuropa in den Formationen des Erdaltertums vor und entspricht wohl dem → Flysch der älteren Gebirgsbildungen.

Grundgebirge → Gebirge
Grundmoräne → Moräne
Grünstein → Diabas

Haff, eine ehemalige Meeresbucht, die durch eine → Nehrung ganz oder teilweise vom offenen Meer abgeschnürt ist. Buchten, die noch mit dem Meer durch eine Öffnung, ein Tief, in Verbindung stehen und mit Salz- oder Brackwasser gefüllt sind, nennt man in anderen Ländern auch Lagunen, völlig abgeschlossene H. heißen Strandseen.

Halligen, kleinere Inseln im nordfriesischen Wattenmeer, die allenfalls durch niedrige Sommerdeiche geschützt sind und daher bei Sturmfluten überschwemmt werden. Die Gebäude der bewohnten H. stehen auf → Wurten. Alle H. sind Reste ehemaliger ausgedehnter → Marschen, die durch Sturmfluten zerstört wurden. **[Abb. 1]**

Hämatit, der Blutstein (griech. haimatóeis = blutig) oder Eisenglanz, ein weitverbreitetes, wichtiges Eisenerz (Eisenoxyd). Die grauen bis schwarzen, metallisch glänzenden Kristalle des H. haben sehr unterschiedliche Formen. Wenn man sie an einer rauhen (am besten Porzellan-)Fläche reibt, hinterlassen sie alle einen blutroten Strich, der ihren Namen erklärt.

Hängetal, ein Nebental, dessen Mündung hoch über der Talsohle des Haupttales »hängt«, das also nicht gleichsohlig, sondern mit einer vielfach von einer tiefen Schlucht zerschnittenen Mündungsstufe einmündet (→ Tal). H. findet man vorwiegend in ehemals vergletscherten Gebirgen, in denen die Haupttäler meist von → Gletschern tief erodiert wurden und die nacheiszeitliche → Erosion die Gefälleunterschiede zwischen Haupt- und Nebental bisher noch nicht ausgleichen konnte.

1

Härtling, ein Berg oder Hügel aus härteren Gesteinen, der langsamer als die sie umgebenden Gesteinsschichten verwittert. Die → Abtragung bleibt daher hier gegenüber der Umgebung zurück, und das widerstandsfähige Gestein wird aus dem weichen Gesteinsmantel herauspräpariert.

Hochgebirge → Gebirge
Hochmoor → Moor

Höhlen, natürliche Hohlräume im Gestein, die mindestens so groß sind, daß ein Mensch in sie hineinkriechen kann. Grotten sind künstliche, den Höhlen nachgebildete Hohlräume (wie z.B. Mariengrotten). Nach der Entstehungsweise teilt man die H. in zwei Gruppen ein: die unterirdischen Hohlräume, die gleichzeitig mit dem Gestein entstehen (dazu gehören vor allem die Lavahöhlen oder Lavatunnel; → Lava), und die H., die sich erst nach der Verfestigung des Gesteins bilden. Zu der zweiten Gruppe gehören die Karst- oder Korrosionshöhlen, die viel häufiger als alle anderen Höhlentypen zusammen auftreten (→ Karst). **[Abb. 2, Drachenhöhle, Vogtland]**

Holozän, die erdgeschichtliche Gegenwart, die jüngste Epoche des → Quartärs. Sie begann etwa um 8300 v. Chr. im Anschluß an die → Weichsel-Eiszeit (→ Pleistozän) und wird daher auch Postglazial oder Nacheiszeit genannt. Wahrscheinlich ist das H., das früher Alluvium hieß, aber nur eine Warmzeit, an die sich eine neue Eiszeit anschließt.

Hornblende → Amphibole

Hornfels, ein meist hellgraues, feinkörniges Gestein mit muscheligem Bruch, wobei die Bruchkanten hornartig durchscheinen. Es entsteht durch Kontaktmetamorphose am Kontakt mit glühendheißem Magma (→ Metamorphose). Nach dem Mineralgehalt und dem Ausgangsgestein kann man zahlreiche H. unterscheiden; häufig sind Tonschiefer- und Grauwackenhornfelse.

Hornstein → Feuerstein

Horst (geologischer Horst), eine längliche, von zwei annähernd parallelen → Verwerfungen oder → Flexuren begrenzte → Scholle der → Erdkruste, die aus Gesteinen besteht, die älter sind als benachbarte, oder in der Schichten höher liegen als in der Umgebung. H. entstehen, wenn ein Stück der Kruste gehoben wird und/oder wenn die benachbarten Schollen abgesenkt werden.

2

3

Humus, die abgestorbenen organischen Bodenbestandteile (→ Boden), die entweder auf dem Mineralboden aufliegen (wie der Rohhumus oder der Torf von Hochmooren; → Moore) oder mit den mineralischen Bestandteilen des Bodens vermischt sind. Humusreiche Böden sind meist (nicht immer!) besonders fruchtbar, weil H. lebensnotwendige Nährstoffe enthält, größere Nährstoff- und Wassermengen für die Pflanzen im Boden speichert und durch seine dunkle Farbe die Bodentemperaturen erhöht. H. (lat. humus = Erdboden) kann das Drei- bis Fünffache seiner Eigenmasse an Wasser festhalten.

Inlandeis, ein viele hunderttausend bis Millionen Quadratkilometer großer Gletscher oder kontinentaler Eisschild, der als kuppel- oder schildförmige Eismasse das Relief bis auf einige felsige Gipfel (sogenannte Nunatakker) nahezu vollständig bedeckt. Heute liegt beinahe der gesamte antarktische Kontinent unter einem 12,5 Millionen km² großen Eisschild, im Eiszeitalter (→ Pleistozän) erreichte das skandinavische Inlandeis eine Ausdehnung von 5,5 Millionen km² und bedeckte weite Teile Norddeutschlands.

Interglazial → Warmzeit
Intrusion → Eruption
Jungmoräne → Moräne

Jura, die zweite Periode und Formation des → Erdmittelalters (210–140 Millionen Jahre vor heute). Sie gliedert sich in die Epochen und → Abteilungen Lias oder Schwarzer Jura, Dogger oder Brauner Jura und → Malm oder Weißer Jura. Während dieser Zeit war Mitteleuropa meist von Meeren bedeckt, in denen sich vor allem dunkle Tonsteine, braune Sandsteine und helle Kalksteine ablagerten. In der Tierwelt erschienen die ersten Flugsaurier und Vögel. **[Abb. 3, Pfeilschwanzkrebs]**

4

5

Kalifeldspat → Feldspate

Kalkspat (Kalzit), eines der häufigsten gesteinsbildenden → Minerale, chemisch Kalziumkarbonat, das in Kalkstein, Marmor, Kalktuff und im seltenen Karbonatit, einem magmatischen Gestein, als Hauptbestandteil und in vielen anderen Gesteinen als Nebenbestandteil vorkommt. K. läßt sich gut spalten (daher der Name), er bildet ungewöhnlich viele verschiedene Kristallformen und kann durchsichtig oder undurchsichtig, farblos oder gefärbt sein. Vom → Quarz, einem ähnlich häufigen Mineral, unterscheidet sich K. durch zwei auffällige Eigenschaften: seine vergleichsweise geringe Härte (er läßt sich im Unterschied zum Quarz mit der Messerklinge ritzen) und die Löslichkeit in Säuren (er löst sich in Salzsäure oder Essigessenz auf). **[Abb. 4]**

Kalkstein, ein weitverbreitetes Sedimentgestein (→ Sedimente), das in nahezu allen geologischen Formationen Mitteleuropas vorkommt. Als leicht lösliches Karstgestein (→ Karst) und durch seine einseitige Mineralzusammensetzung prägt K. das Landschaftbild und die Ökologie mehr als jedes andere Gestein. Im Idealfall besteht K. nur aus hellem → Kalkspat und aus → Aragonit, meist enthält er jedoch andere Minerale und organische Stoffe, die ihn in allen Farbtönen von dottergelb bis pechschwarz färben. Man unterscheidet wenigstens zwischen fünf Arten von K.: den eigentlichen, feinkörnigen, »dichten« K., den porösen K. oder Kalksinter, den oolithischen K., die Schreibkreide und den kristallinen K. oder Marmor.

6

Kalktuff → Sinter
Kaltzeit → Eiszeit

Kambrium, die älteste Periode des → Erdaltertums, die im Grundgebirge Deutschlands hauptsächlich in Sachsen und Thüringen → Grauwacken und → Tonschiefer sowie → Diabase hinterlassen hat. Während des K., das fast 100 Millionen Jahre (590–500 Millionen Jahre vor heute) dauerte, zog sich eine große → Geosynklinale quer durch Mitteleuropa. Neben den → Trilobiten, die häufig als Fossilien erhalten sind, tauchen im K. etwa ein Dutzend neuer Tierstämme in der Fauna auf, darunter die Weichtiere und die → Graptolithen.

Kame, eine von eiszeitlichen Schmelzwasserströmen aus Sand und Kies aufgeschüttete Landschaftsform. Sie hat meist steile Hänge und eine mehr oder weniger ebene Dachfläche. K. sind typisch für den Rand des skandinavischen → Inlandeises, das am Ende der Eiszeiten (→ Pleistozän) in Toteisschollen zerbrach, zwischen denen Schmelzwassersedimente (→ Sedimente) abgelagert wurden.

Känozoikum → Erdneuzeit

Kaolin, eine meist hellgraue tonige Erde, die überwiegend aus Kaolinit, einem weißen Tonmineral, besteht. Sie bildet sich bei der Verwitterung von feldspatreichen Erstarrungsgesteinen (→ Magma). Reiner K. ist der Rohstoff zur Porzellanherstellung (Porzellanerde), er wird unter anderem am Berg Kaoling in China gefunden. Im Kaolinsand Norddeutschlands sind die → Feldspate nur z.T. in Kaolinit umgewandelt; er stammt aus der Zeit an der Wende vom → Tertiär zum → Quartär. **[Abb. 5]**

Karbon, die »Kohlenzeit« (lat. carbo = Kohle), eine Periode und → Formation des → Erdaltertums, in der sich in Mitteleuropa dicke Torfschichten anhäuften, die später in Steinkohle umgewandelt wurden. Im K., das den Zeitraum von 360 bis 280 Millionen Jahren vor heute umfaßt und dessen Name auch die dazugehörige → Formation bezeichnet, erreichte die Variskische Gebirgsbildung (→ Variskische Ära) ihren Höhepunkt. Die Formation enthält daher außer den weitverbreiteten Grauwacken, Sandsteinen und Tonschiefern auch viele Erstarrungsgesteine (→ Magma) wie Granit oder Porphyre.

Kare, typische Landschaftsformen von Hochgebirgen, die im Eiszeitalter (→ Pleistozän) vergletschert waren und und z.T. heute noch vereist sind: nischenartige Vertiefungen in Steilhängen, die an drei Seiten von schroffen Felswänden umgeben und zur Talseite hin oft von einer niedrigen Schwelle begrenzt werden. Oberhalb der heutigen Schneegrenze füllen kleine Kargletscher (→ Gletscher) den Boden der K., hinter den Schwellen sammeln sich oft Karseen. Ein Karling ist ein pyramiden- oder kegelartiger Felsgipfel, der an allen Seiten von Karen umgeben und von Kargletschern angenagt ist. **[Abb. 6, Watzmann-Ostwand]**

Karren, scharfkantige Rillen und Furchen, die vom abrinnenden Regen- und Schmelzwasser in die Oberfläche leicht löslicher Gesteine wie → Kalkstein oder → Gips geätzt werden. In den deutschsprachigen Alpenländern nennt man sie auch Schratten und einen von K. überzogenen Kalkstein der Kreidezeit in den Bayerischen Alpen Schrattenkalk. K. sind charakteristische Karstformen (→ Karst); in manchen Gegenden bilden sie geschlossene Karrenfelder mit tiefen Furchen, die praktisch unpassierbar sind.

Karst, ein kahles Kalksteingebirge in Slowenien, dessen Name soviel wie »steiniger, unfruchtbarer Boden« bedeutet. Nach ihm sind alle »verkarsteten« Landschaften der Erde benannt, in denen das natürliche Pflanzenkleid zerstört und der fruchtbare Boden durch die Bodenerosion (→ Erosion) abgetragen wurde. In der Geologie versteht man unter einer Karstlandschaft aber nur ein Gebiet mit leicht löslichen Gesteinen im Untergrund, in denen sich typische Lösungsformen wie → Dolinen und Karsthöhlen bilden.

Keuper, die letzte Epoche bzw. Abteilung der mitteleuropäischen → Trias (230–210 Millionen Jahre vor heute), die dem Karn, Nor und Rät der Trias im Alpenraum entspricht. Die Sedimentgesteine (→ Sediment), die während dieser Zeit in Deutschland abgelagert wurden (vor allem Sandsteine und Mergel, im Kohlenkeuper aber auch Kohle und im Gipskeuper Gips und Salz) sind so bunt gefärbt wie ein bedrucktes, quergestreiftes Köpergewebe – daher der Name. In Südwestdeutschland treten innerhalb der K.-Schichten bestimmte harte Sandsteine (Schilfsandstein, Stubensandstein, Rätsandstein) hervor.

Kies, in der Gesteinskunde Bezeichnung für ein lockeres → Sediment aus abgerundeten Gesteinsbruchstücken, die einen Korndurchmesser zwischen 2 und 63 mm haben (größere abgerundete Bruchstücke heißen Gerölle). K. bildet sich im Lauf der Zeit zu einem → Konglomerat um. Flußablagerungen aus Kies, Geröllen und Sand werden Schotter genannt. Sie bilden im Alpenvorland ausgedehnte, niedrige Plateaus, die Schotterplatten. In der Mineralogie sind Kiese schwefelhaltige Minerale, die sich von den dunklen Glanzen (wie Bleiglanz) vor allem durch ihre hellen, oft messinggelben Farben unterscheiden (wie beim Schwefelkies oder Kupferkies).

Kieselgur, ein sandiges bis toniges → Sediment, das sich in Seen ablagert und viele Schalen von Diatomeen (Kieselalgen) enthält. K., auch Diatomeenerde genannt, wird wegen ihrer großen Saugfähigkeit in der Technik viel verwendet (unter anderem bei der Herstellung von Dynamit).

Kieselsäure, Oberbegriff für verschiedene, in der Natur nicht beständige Säuren, die das chemische Element Silicium (lat. silex = Kiesel) enthalten. Meist wird auch das Siliciumdioxyd, das den Quarz bildet, als K. bezeichnet. Kieselsäurereiche, saure Gesteine wie der Granit haben meist helle Farben, kieselsäurearme, basische Gesteine sind dagegen wie der Basalt in der Regel dunkel gefärbt.

Kieselschiefer, ein meist schwarzes, aber auch grau, grün oder rot gebändertes Gestein, das häufig von feinen weißen Quarzgängen durchsetzt wird. Mit der Messerklinge kann man das Gestein, das in geschichteten, oft sehr klüftigen Bänken vorkommt, nicht ritzen, der Stahl reibt sich vielmehr an der harten Oberfläche ab. K., in einer pechschwarzen Unterart Lydit genannt, ist ein Sedimentgestein (→ Sedimente) aus den kieseligen Skeletten von Meeresorganismen.

Klei → Gley

Kliff, eine von der Meeresbrandung unterspülte Steilküste, die bei festen Gesteinen senkrecht oder sogar überhängend sein kann, in lockeren Gesteinen wie Flugsand oder Geschiebemergel durch Rutschungen des überstehenden Materials aber rasch abflacht. Ein Arbeitskliff ist andauernd der Brandung ausgesetzt, während bei einem Ruhekliff oder toten Kliff die Wellen den Fuß der Böschung nicht mehr erreichen können. **[Abb. 1, Sylt]**

Kluft, ein feiner Riß oder eine kaum geöffnete Fuge, die das Gestein mehr oder weniger ebenflächig durchzieht. Wenn sich die Gesteinskörper beiderseits der K. gegeneinander verschoben haben, spricht man von einer → Verwerfung; eine Spalte ist eine breiter geöffnete, manchmal mit Quarz, Kalkspat und anderen Mineralen gefüllte K. Die Klüftung gibt an, wie zahlreich die K. im Gestein sind.

1

2

Kohle, eine Gruppe brauner bis schwarzer → Gesteine, die zu mindestens 70 % aus brennbaren organischen Stoffen bestehen. Sie entstehen durch Inkohlung, eine Art → Metamorphose, aus → Torf. Nach dem Wasser- und Kohlenstoffgehalt werden mehrere Dutzend Kohletypen unterschieden. Die relativ weiche, braunschwarze Braunkohle stammt in Mitteleuropa meist aus dem → Tertiär, die stärker, z.T. bis zum glasglänzenden, tiefschwarzen Anthrazit, umgewandelte Steinkohle entstand dagegen im allgemeinen aus Torfschichten des → Karbon.

Kolk → Strudelloch

Konglomerat, ein Sedimentgestein (→ Sedimente), das aus fest verkitteten Kies- und Geröllschichten besteht (lat. conglomerare = zusammenballen). Sehr grobe K. nennen die Geologen auch Puddingstein.

Konkretionen, unregelmäßig geformte, oft linsen- oder knollenförmige Mineralmassen unterschiedlicher Größe, die sich im Boden oder in lockeren Gesteinen ausgeschieden haben. Dazu gehören die aus → Kalk bestehenden Lößkindel oder Lößmännchen und die → Feuersteine in der Schreibkreide (→ Kreide). Aus Eisenmineralen bestehen die kaffeebohnenförmigen Bohnerze, die früher auf der Schwäbischen Alb an vielen Stellen abgebaut und verhüttet wurden.

Koog → Deich

Korallen, eine Sippe der« Blumentiere«, die mehrere tausend Arten umfaßt. Viele leben in Kolonien und bilden mit ihren kalkigen Skeletten in tropischen Meeren Korallenriffe, die in manchen Formationen der Erdgeschichte erhalten geblieben sind. K. treten erstmals im → Ordovizium auf.

Krater, eine trichter-, schacht- oder kesselförmige Vertiefung der Erdoberfläche (griech. kratér = Kessel), die manchmal durch den Einschlag von → Meteoriten (Meteoritenkrater), meist aber durch explosionsartige Vulkanausbrüche (Vulkankrater; → Vulkan) entstanden ist. Sie hat einen Durchmesser von einigen Zehn bis maximal Hunderten von Meter und ist gelegentlich, wie bei den → Maaren, mit Wasser gefüllt (Kraterseen). Größere runde K. mit einem Durchmesser bis 60 km entstehen beim Einsturz von Hohlräumen unter den Vulkanbauten. Sie heißen Einsturzkrater oder Calderen (Einzahl: Caldera).

Kreide, die jüngste Periode des → Erdmittelalters, die sich etwa vor 140 Millionen Jahren an den → Jura anschloß und vor 67 Millionen Jahren in das → Tertiär überging. In ihr besiedelten die ersten sicheren Blütenpflanzen das Land, gegen Ende der K. kam es zu einem großen Artensterben, dem unter anderem die → Saurier, die → Belemniten und die → Ammoniten zum Opfer fielen. Die unteren Schichten der K.-Formation bestehen in Deutschland vorwiegend aus Sandsteinen und Tonsteinen, die oberen eher aus Kalksteinen wie der Schreibkreide, einem sehr feinkörnigen, weißen, abfärbenden Kalkstein aus den kalkigen Schalen von → Foraminiferen.

Kristall, ein → Mineral oder ein anderer fester Körper, dessen Bausteine (Atome, Moleküle, Ionen) regelmäßig in Art eines Raumgitters angeordnet sind. Diese innere Struktur spiegelt sich auch in den äußeren Formen der K., geometrischen Körpern mit Ecken, geraden Kanten und ebenen Flächen, wider. Kristalline Gesteine bestehen im Unterschied zu den aus Gesteins- und Mineralbruchstücken zusammengesetzten klastischen Gesteinen (Trümmergesteinen) aus Kristallen. Feste Stoffe, die keine Kristallstruktur haben, werden amorphe Stoffe (griech. ámorphos = gestaltlos) genannt. **[Abb. 2, Bergkristall]**

Kupferkies, eines der häufigsten und wichtigsten Kupfererze (Kupfersulfid), das metallglänzende, messinggelbe, oft in anderen Farben (grün) angelaufene → Kristalle bildet. Wegen seiner Ähnlichkeit mit dem → Pyrit nennen die Mineralogen den K. auch Chalkopyrit (griech. chalkós = Kupfer). Er ist aber viel weicher als Pyrit und läßt sich mit der Messerklinge leicht ritzen.

Kupsten → Dünen

Küste, der mehr oder weniger breite Grenzsaum zwischen Festland und Meer. Seine Grenzen werden von den Naturwissenschaftlern je nach Fach-

3

4

richtung unterschiedlich gezogen. In der Meereskunde endet die K. beispielsweise landeinwärts an der Linie, die von den Wellen der stärksten Sturmfluten erreicht wird. In der Wetterkunde kann die Zone mit Küstenklima dagegen viele Kilometer weit ins Binnenland reichen. Die Grenzen zwischen Meer und Land können sich durch Schwankungen des Meeresspiegels, durch Bewegungen der Erdkurste und Ablagerungen von → Sedimenten außerdem in verhältnismäßig kurzer Zeit beträchtlich verschieben; in der Geologie nennt man einen Vorstoß des Meeres Transgression oder Ingression, den Rückzug Regression. An den deutschen K. verschiebt sich die Küstenlinie gegenwärtig fast überall landeinwärts.

Lamprophyr → Gang

Laterit, ein ziegelrot gefärbter → Boden (lat. later = Ziegelstein), der sich unter feuchtwarmem Klima durch intensive → Verwitterung und Auslaugung bildet. Er besteht zum großen Teil aus Eisen- und Aluminiummineralen, die zu panzerartigen Krusten verhärten. Die in Deutschland stellenweise (etwa im Vogelsberg, im Westerwald und im Taunus) kleinflächig verbreiteten L. entstanden wahrscheinlich im → Tertiär.

Latit, ein hellgrau gefärbtes vulkanisches Gestein, das hauptsächlich aus Kalifeldspat (→ Feldspate) und → Plagioklas sowie kleineren Anteilen von → Olivin und → Pyroxenen besteht. Es wurde zuerst nach seinem Vorkommen in der römischen Landschaft Latium beschrieben – daher der Name.

Lava, italienisches Wort für eine Gesteinsschmelze, die aus einem → Vulkan quillt, gleichzeitig für das Gestein, zu dem die L. erstarrt. Das → Magma,

5

das bei Vulkanausbrüchen als L. oft mit Temperaturen zwischen 1000 und 1250 °C an der Erdoberfläche oder am Meeresboden austritt, hat je nach dem Gas- und → Kieselsäure-Gehalt sehr unterschiedliche Eigenschaften. Kieselsäurereiche L. ist sehr dickflüssig, z.T. pastenartig, und bleibt häufig in der Krateröffnung stecken, kieselsäurearme und gasreiche L. ist dagegen manchmal fast so dünnflüssig wie Wasser.

Lawine, Schnee- und Eismassen, die an Steilhängen im Gebirge abrutschen oder herabstürzen. Sie gehen vor allem in entwaldeten Gebieten nieder, befördern vielfach auch Erdmassen talwärts und tragen den Boden ab. Der mitgeführte Schutt baut am Ende der Lawinenbahnen allmählich kleine → Schuttkegel auf. L. oder Lähnen fallen alljährlich in den Alpen viele Menschen zum Opfer. **[Abb. 3]**

Lehm, eine Bodenart (→ Boden), die aus einem Gemisch von → Sand, → Schluff und → Ton besteht. Sie läßt sich im feuchten Zustand mit den Fingern zu Kugeln formen, die erst rissig werden, wenn sie etwa haselnußgroß sind. Man erkennt und fühlt im Boden einzelne Sandkörner. Durch seine vielseitige Zusammensetzung hat der meist gelb bis braun gefärbte L. einen günstigen Nährstoff- und Wasserhaushalt.

Letten, buntgefleckte (grau, grün, rot, schwarz) schiefrige Tonsteine, die im trockenen Zustand blättrig zerbröckeln und nach Regen schmierig und fettig sind. Sie kommen in Deutschland vorwiegend im → Zechstein und im → Keuper vor, dort als Lettenkohle von dünnen Kohlenflözen durchsetzt.

Lias, der Schwarze Jura, so wegen der in dieser → Abteilung weitverbreiteten dunklen Tonsteine und Ölschiefer genannt. In der ältesten Epoche des → Jura (210–184 Millionen Jahre vor heute) war Deutschland größtenteils vom Meer überflutet, nur im Nordwesten und Südosten gab es größere Inseln. Die damals abgelagerten Gesteine treten vor allem im schwäbisch-fränkischen Raum weitflächig zutage, wo sie das flachwellige Vorland der Alb bilden.

Limonit, ein häufiges Eisenmineral (wasserhaltiges Eisenhydroxyd), dem viele Gesteine und Böden die braune Farbe (Brauneisen) verdanken. Es kommt in verschiedenen Formen vor, etwa als Brauner Glaskopf: nieren- oder traubenförmige, dunkelbraune Minerale, die man vom ähnlichen → Hämatit durch den Strich unterscheiden kann: L. hinterläßt einen braunen Strich. Der eigentliche L. ist das in Sümpfen und Mooren abgesetzte Raseneisenerz (griech. leimón = Rasen).

Löß, ein im frischen, unverwitterten Zustand gelblichbraunes, lockeres Gestein, das aber trotzdem sehr standfest ist und beispielsweise in Hohlwegen nahezu senkrechte Wände bildet. Es sieht ungeschichtet aus, besteht jedoch aus Schichten von kalkhaltigem Gesteinsstaub, der vom Wind während der Eiszeiten in der damaligen Lößtundra Mitteleuropas abgelagert wurde. Da die Schichten fast ausschließlich aus einer Bodenart (Schluff) bestehen, sind sie nicht zu unterscheiden. L. verwittert relativ schnell zu Lößlehm. **[Abb. 4, Kaiserstuhl]**

Lößkindel → Konkretionen
Lydit → Kieselschiefer

Mäander, mehr oder weniger regelmäßige Flußschlingen, die entweder in einer Flußebene frei ausschwingen (freie Mäander) oder aber als Talschlingen in Gebirge eingesenkt und dadurch »gefangen« sind (eingesenkte Mäander oder Talmäander). An den Außenseiten der Schlingen, an denen das strömende Wasser gegen die Ufer drängt, werden die Böschungen unterspült und zu steilen Prallhängen umgeformt; an den Innenseiten, wo die Strömung schwächer ist, wird hingegen Material abgelagert, und es bilden sich sanft geneigte Gleithänge. **[Abb. 5, S. 875, Alz, Chiemgau]**

Maar, eine vor allem in der Eifel ausgeprägte, kessel- bis trichterförmige vulkanische Landschaftsform, die durch explosionsartige Ausbrüche von Wasserdampf und anderen vulkanischen Gasen entstanden ist. Das herausgesprengte Gesteinsmaterial bildet einen ringförmigen Wall, der die Vertiefung umschließt. M. (»Meere«) sind in unseren Breiten meist mit Wasser gefüllt. **[Abb. 1, Schalkenmehrener Maar]**

Magma, ein glühendheißes Gemisch aus geschmolzenen Mineralen und Gasen, das in tieferen Schichten unseres

1

Planeten entsteht, dann in die feste Erdrinde aufsteigt und oft in → Vulkanen als → Lava austritt. Wenn sich die breiartige Schmelze (griech. mágma = Teig) abkühlt und erstarrt, entstehen magmatische Gesteine oder Erstarrungsgesteine wie → Granit und → Basalt.

Magnetit, ein schwarzes, metallglänzendes Mineral, das vorwiegend in derben, körnigen Massen vorkommt. Diese Massen sind natürliche Magnete; in Gebieten mit Gesteinen, die viel M. enthalten (→ Basalt oder → Diabas), zeigt die Kompaßnadel daher oft völlig falsche Richtungen an. M., chemisch ein Eisenoxyd, ist außerdem das eisenreichste Erz, das man kennt (Magneteisenstein). An der Erdoberfläche überzieht es sich schnell mit einer braunen Rostschicht.

Malachit, wasserhaltiges Kupferkarbonat (Kupferspat), das bei der Verwitterung von Kupfererzen entsteht. Durch sein auffälliges malvenähnliches Grün (griech. malaché = Malve) ist das Mineral im Umkreis von Kupfererzlagern leicht zu finden. M. wird auch zu Schmucksteinen verarbeitet. **[Abb. 2]**

Malm, die jüngste Epoche der → Jura-Zeit (160–140 Millionen Jahre vor heute), in Südwestdeutschland wegen der hellen Kalksteine, die in dieser Zeit abgelagert wurden, meist Weißer Jura genannt. M.-Kalksteine bauen unter anderem die Schwäbische und die Fränkische Alb sowie Teile der Nördlichen Kalkalpen auf.

Marmor, allgemein ein harter → Kalkstein, der sich schleifen und polieren läßt (griech. marmaros = glänzend). In der wissenschaftlichen Gesteinskunde werden jedoch nur die metamorphen (im festen Zustand umgebildeten) Kalksteine als M. bezeichnet (→ Metamorphose). Man erkennt sie an den großen → Kalkspat-Kristallen und am typischen streifen- oder fleckenartigen Farbmuster, der Marmorierung. Baumeister und Bildhauer schätzen den M. als edlen Werkstein. **[Abb. 3]**

Marsch, ebenes, wenige Dezimeter bis Meter über oder unter dem Meeresspie-

2

gel gelegenes Land an Küsten mit stärkeren → Gezeiten. Die M. besteht zunächst aus einem salzigen Morast (daher der Name), der sich aber, sobald er eingedeicht (→ Deich) ist und nicht mehr überflutet wird, in fruchtbares Acker- und Weideland verwandelt. Je nach der Art des Gewässers, aus dem sich der Marschenboden abgelagert hat, unterscheidet man Seemarschen (an der offenen See), Brackmarschen (aus dem Brackwasser an Flußmündungen) und Flußmarschen (am Unterlauf von Flüssen, so weit der Einfluß der Gezeiten reicht). An der deutschen Nordseeküste werden außerdem die erst in jüngerer Zeit eingedeichten, besonders fruchtbaren Jungmarschen von den älteren, stärker verwitterten Altmarschen unterschieden.

Meeresmolasse → Molasse
Melaphyr → Basalt

Mergel, ein Sedimentgestein (→ Sedimente), das etwa zu gleichen Teilen aus → Ton und Kalk (manchmal auch aus Gips, Dolomit und Sand) besteht. Das dünnschichtige, verschiedenfarbige Gestein läßt sich im allgemeinen leicht mit der Hand zerreiben und fühlt sich dabei seifig oder fettig an. M. verwittern unter unserem Klima zu fruchtbaren Böden. Der Geschiebemergel ist eine feinkörnige Grundmoräne (→ Moräne) aus dem Eiszeitalter (→ Pleistozän); er verwittert zu Geschiebelehm. Mit zunehmendem Kalkgehalt geht M. über Kalkmergel und Mergelkalk schließlich in reinen → Kalkstein über.

Mesozoikum → Erdmittelalter

Metamorphose, die Umwandlung der → Gesteine (griech. metamorphein = umgestalten) in großen Tiefen der → Erdkruste durch Hitze und großen

3

4

Druck (Regionalmetamorphose) oder nur durch Hitze bei der Berührung mit aufsteigendem heißem → Magma (Kontaktmetamorphose). Die Gesteine, die dabei entstehen, werden metamorphe Gesteine oder Metamorphite genannt. Mit bloßem Auge erkennt man Umwandlungsgesteine vor allem an den oft deutlich ausgeprägten Kristallen, am schiefrigen Gefüge mit einer schlierigen bis streng parallelen Anordnung der Minerale; deswegen werden sie auch kristalline Schiefer genannt.

Meteorit, ein Bruchstück eines fremden Himmelskörpers, das beim Eintritt in die Erdatmosphäre meist in Höhen zwischen 80 und 120 km die als Meteore bezeichneten Leuchterscheinungen in Form von langen Bahnen (Sternschnuppen) oder Feuerkugeln verursacht. Kleinere M. verglühen vollständig auf dem Weg durch die Luftschichten, größere treffen mit hoher Geschwindigkeit auf die Erdoberfläche und schlagen dort tiefe → Krater (Astrobleme) in den Boden. In Deutschland erinnert vor allem das Nördlinger Ries an den Aufprall eines M.

Minerale (Mineralien), die chemisch einheitlichen Bestandteile der → Erdkruste, von denen manche in Minen (Bergwerken) abgebaut werden. Mehr als 2000 verschiedene M. sind bekannt; als Hauptbestandteile der → Gesteine kommen aber nur einige Dutzend in größeren Mengen vor, darunter in erster Linie die → Feldspate, der → Quarz und die → Glimmer sowie der → Olivin, das wahrscheinlich häufigste M. der Erdkruste.

5

6

Mittelgebirge → Gebirge

Mofette, romanisch mundartliche Bezeichnung für Erdgas. Der daraus abgeleitete geologische Begriff bezeichnet eine Stelle, an der Kohlendioxyd-Gas bei Temperaturen unter 100 °C aus dem Erdboden strömt, vorwiegend in Gebieten mit jungem → Vulkanismus, in Deutschland hauptsächlich in der Eifel. Wenn die Kohlensäure unter Wasser austritt, entsteht ein Säuerling oder Sauerbrunnen.

Molasse, ein rund 4000 m dicker Stapel von Sedimentgesteinen (→ Sedimente), der vor etwa 10 bis 40 Millionen Jahren zwischen dem Südrand der Schwäbischen Alb und den Alpen in Seen (Süßwassermolasse) und in Meeresbecken (Meeresmolasse) abgelagert wurde. Die M. besteht überwiegend aus leicht zerreiblichen → Sandsteinen, → Konglomeraten und → Mergeln, also aus gering verfestigten Gesteinen (franz. molasse = weichlich, schlaff).

Molkenboden, älterer, aber anschaulicherer Name für einen Bodentyp, der heute Stagnogley genannt wird. Er ist bis auf wenige Wochen im Jahr vernäßt, weil sich in ihm das Sickerwasser über wasserundurchlässigen, rostgefleckten Schichten staut. Die oberen Schichten des M. sind schmutzig-weiß (wie Molke) gebleicht. Stauwasserböden wie M. gehören zu den unfruchtbarsten Böden Mitteleuropas.

Moore, Böden aus → Torf, bei denen die Torfschicht mindestens 30 cm dick ist. Sie entstehen in sumpfigen Niederungen und regenreichen Klimazonen, wo die abgestorbenen Pflanzenteile im sauerstoffarmen Wasser nicht völlig verwesen, sondern sich als Torf anhäufen. Das ebene Niedermoor oder Flachmoor, in Bayern Moos oder Ried genannt, entsteht vorwiegend aus Schilf, Rohrkolben und Gräsern. Das uhrglasförmig aufgewölbte Hochmoor (bayerisch: Filz) setzt sich dagegen hauptsächlich aus den Resten von Torfmoosen zusammen. In M. sind oft kleine Tümpel (Schlenken, Kolke, Blänken, Mooraugen) eingebettet. Hangmoore liegen an Gebirgshängen, bei Strangmooren, die langsam hangabwärts rutschen, sind die Torfschichten zu Wülsten zusammengestaucht. **[Abb. 4]**

Moräne, das vom Gletschereis transportierte und bei dessen Abschmelzen zurückgelassene Gesteinsmaterial (→ Gletscher). Es besteht meist aus einem bunten Gemisch der verschiedensten Gesteinsarten und der unterschiedlichsten Korngrößen: vom Staubkorn bis zum viele Tonnen schweren Gesteinsblock. Die Oberfläche der größeren Blöcke ist häufig poliert und von Kratzern, den Gletscherschrammen, überzogen. Daran sind M. eindeutig zu erkennen. Unter dem Gletschereis werden die Grundmoränen abgelagert, an den Seiten der Eiszungen entstehen die Seiten- oder Randmoränen, vor der Stirn eines Gletschers breiten sich als bogen- oder girlandenförmige Wälle die Stirn- oder Endmoränen aus. Jungmoränen nennt man in Deutschland die M. der jüngsten Eiszeit (→ Pleistozän; → Eiszeit), Altmoränen die der älteren Vereisungen.

Mulde, eine ringsum von ansteigenden Hängen umgebene, häufig abflußlose Geländeform. Eine geologische M. ist dagegen der nach unten, zum Erdinnern hin, gewölbte Teil einer → Falte. Dieser Teil der Falte wird auch Synklinale oder Synkline genannt.

Mure, in Bayern und Tirol mundartlicher Ausdruck für ein Gemisch aus Wasser, Erde, Gesteinsblöcken und Pflanzenteilen, das sich nach plötzlichen Regengüssen oder bei der Schneeschmelze an den Steilhängen der Alpen talwärts in Bewegung setzt. Die Schlamm- und Schuttströme benutzen häufig Wildbachfurchen und wälzen dort als Murgänge alles nieder, was sich ihnen in den Weg stellt. M. richten alljährlich im Alpenraum Schäden in Millionenhöhe an.

Muschelkalk, Epoche des → Erdmittelalters, die den Zeitraum von 243 bis 230 Millionen Jahren vor heute umfaßt und eine → Abteilung der Trias darstellt. Deutschland war damals größtenteils von einem flachen Meer bedeckt, in dem sich → Kalksteine (der eigentliche M.), aber auch → Mergel, → Dolomit und → Gips ablagerten. Die Gesteinsschichten des M. sind vor allem in Südniedersachsen, Hessen und Franken, am Nord- und Ostrand des Schwarzwalds sowie in den Alpen (dort unter den Namen Anis und Ladin) erhalten. **[Abb. 5, Vaihingen/Enz]**

Muskovit → Glimmer
Nacheiszeit → Holozän

Nagelfluh, ein in der → Molasse des Alpenvorlands weitverbreitetes → Konglomerat, das entweder vorwiegend aus Kalksteingeröllen (Kalknagelfluh) oder aber aus Geröllen von verschiedensten Gesteinen (bunte Nagelfluh) besteht. Der Name kommt von den Geröllen, die wie Nagelköpfe aus den Felsen (der »Fluhe«) herausschauen. **[Abb. 6, Fellhorngrat, Allgäuer Alpen]**

Nehrung, eine schmale Landzunge, die in der Regel aus Sand besteht und eine Meeresbucht zu einem großen Teil oder vollkommen vom offenen Meer abschnürt, so daß ein → Haff entsteht. N. oder Haken entstehen durch Meeresströmungen, die Sandmassen annähernd parallel zur Küstenlinie verfrachten und im ruhigen Wasser hinter Küstenvorsprüngen absetzen. Die innersten durch N. abgeschnürten Zipfel → Förden werden an der deutschen Ostseeküste Noore genannt. In beiden Namen steckt (wie im engl. narrow) der Wortstamm »eng« oder »schmal«.

Neozoikum → Erdneuzeit

Nephelin, ein milchigweißes bis grünliches → Mineral, das regelmäßige sechsseitige Täfelchen oder Säulchen bildet und sich in starken Säuren wolkenartig (griech. nephéle = Nebel) auflöst. N., ein → Feldspatvertreter, sieht dem Quarz ähnlich, ist jedoch nicht so hart und läßt sich mit der Messerklinge ritzen. Er kommt hauptsächlich im → Phonolith, im → Syenit und in manchen → Basalten vor.

Niedermoor → Moor
Niederterrasse → Terrasse
Noor → Nehrung

Nummuliten, einzellige Meereslebewesen (große → Foraminiferen), die vor 40 bis 50 Millionen Jahren in tropischwarmen Küstengewässern weit verbreitet waren, inzwischen jedoch bis auf eine Art ausgestorben sind. Aus den scheibenförmigen Kalkschalen der »Münzensteine« (lat. nummulus = kleine Münze) bildete sich der Nummulitenkalk, den schon die alten Ägypter beim Bau der Pyramiden verwendeten.

Nunatakker → Inlandeis

Obsidian, ein meist pechschwarzes, seltener rotbraunes Gesteinsglas, das entsteht, wenn kieselsäurereiche → Lava so schnell erstarrt, daß sich in der Schmelze keine Kristalle bilden können. Der glasglänzende O. zerfällt in messerscharfe Scherben, an denen man sich leicht verletzen kann; aus diesem Grund wurde er bereits in der Steinzeit zu Messern und Pfeilspitzen verarbeitet; in Mittelamerika waren noch im 16. Jh. Obsidianmesser in Gebrauch. Heute schätzt man den angeblich von dem Römer Obsius in Afrika entdeckten O. als Schmuckstein. **[Abb. 1]**

Olivin, ein wie die Früchte des Ölbaums grün bis grünschwarz gefärbtes → Mineral mit fettglänzenden Bruchflächen, das im Edelsteinhandel auch unter dem Namen Peridot geführt wird. O. (Magnesium-Eisen-Silikat) kommt in vielen dunklen, kieselsäurearmen magmatischen Gesteinen wie → Gabbro oder Peridotit vor. Da der allergrößte Teil der festen → Erdkruste aus derartigen Gesteinen besteht, gilt der O. als häufigstes Mineral überhaupt. **[Abb. 2]**

Ölschiefer, feinkörnige, schiefrige Gesteine, die dunkelgrau bis schwarz gefärbt sind und beim Anschlagen mit dem Hammer oft penetrant stinken. Der Geruch kommt von ihrem Gehalt an → Bitumen, aus denen sich Öl und Gas gewinnen lassen. Ö., wie der durch seinen Reichtum an prächtig erhaltenen → Fossilien berühmte schwäbische Posidonienschiefer, sind oft Muttergesteine von Erdöllagerstätten.

Ooid → Oolith

Oolith, der »Eierstein«, ein Sedimentgestein (→ Sedimente), das sich aus braunen oder hellgrauen Kügelchen bis etwa Erbsengröße (den Ooiden, griech. ooeidés = eiförmig) zusammensetzt. Die im Innern ähnlich wie Zwiebeln schalenartig aufgebauten »Eier« bestehen überwiegend aus Kalk, der sich aus dem Wasser um ein Sandkorn ausgeschieden hat. Zu den Kalkoolithen gehören auch der Rogenstein des → Buntsandsteins und der Korallenoolith des → Jura. Seltener sind Kieseloolithe und Eisenoolithe, die früher in Deutschland als Eisenerze abgebaut wurden.

Opal, wasserhaltige → Kieselsäure, die sich als Kieselsinter an heißen Quellen, als knollenförmige → Konkretionen in → Sedimenten oder in Hohlräumen vulkanischer Gesteine absetzt. Im allgemeinen ist das amorphe, also nicht kristalline Mineral farblos und unscheinbar, es kommt aber auch in Unterarten vor, die als Edelsteine begehrt sind, etwa als Edelopal mit sehr lebhaftem buntem Farbenspiel oder als feuerroter Feueropal.

Opferkessel, einige Zentimeter bis Dezimeter große napf- oder schalenförmige Vertiefungen, die man auf Klippen verschiedener Gesteine (häufig auf → Sandstein, → Granit oder → Quarzporphyr) findet. Die O. werden vielfach als »Blutauffangschalen« mit heidnischen Opfer- und Kultstätten in Verbindung gebracht, sind jedoch natürliche Verwitterungsformen. **[Abb. 3]**

1

2

3

Ordovizium, Periode des → Erdaltertums, die sich vor etwa 500 Millionen Jahren vor heute an das → Kambrium anschloß und vor 440 Millionen Jahren in das → Silur überleitete. Während dieser Zeit, in der die ersten Korallen, Muscheln, Seeigel und Wirbeltiere auftraten, war Mitteleuropa fast ständig von Meeren bedeckt. Gesteine des O. (unter anderem → Grauwacken, → Quarzite und → Tonschiefer sowie Eisenoolithe; → Oolith) sind heute noch vor allem in Thüringen und Sachsen verbreitet.

Orogenese, zusammenfassender Begriff für alle Vorgänge, die an der Gebirgsbildung (griech. óros = Gebirge, génesis = Entstehung) beteiligt sind, wie Faltung (→ Falten), Bruchtektonik (→ Tektonik) und → Vulkanismus. Während der O., die sich über viele Millionen Jahre erstrecken kann, entstehen Orogene, Falten- und Deckengebirge von der Art der Alpen. Im Lauf der Erdgeschichte gab es mindestens sechs Zeitalter mit stärkeren O.; in Deutschland haben die → Variskische Ära und die → Alpidische Ära die deutlichsten Spuren hinterlassen.

Os (Mehrzahl: Oser), langgestreckter, wallartiger Hügelrücken, der z.T. eine verblüffende Ähnlichkeit mit einem Eisenbahndamm hat. Oser bestehen aus Kies- und Sandschichten, die während der → Eiszeiten in → Tunneltälern unter dem → Inlandeis und/oder an den Gletschertoren (→ Gletscher) abgelagert wurden. Derartige Wallberge sind in Skandinavien häufig; dort nennt man sie Åser.

Paläozoikum → Erdaltertum

Parabraunerde, einer der häufigsten Bodentypen Deutschlands (→ Boden), der in den Lößgebieten (→ Löß) weitverbreitet ist und sich durch seine großen Nährstoff- und Wasserreserven ausgezeichnet als Ackerboden eignet. Die entfernt mit der → Braunerde verwandte P. (griech. para = neben) erkennt man an den fahlbraunen oberen Schichten, die nach unten hin in dunkel- bis rotbraune, tonreichere Schichten übergehen.

Pegmatit, ein sehr grobkörniges Ganggestein (→ Gang), das meist mit einem Granitkörper in Verbindung steht. Es enthält die Bestandteile der Schmelze, die zuletzt auskristallisierten. Die einzelnen Kristalle erreichen dabei Rekordgrößen von über 10 m Länge und 100 t Gewicht. P. (griech. pégma = Erstarrtes) sind durch ihren Reichtum an Edelsteinen wie Aquamarin oder Turmalin häufig wahre Schatzkammern.

Periglazial, strenggenommen nur das Gebiet in der Umgebung von → Gletschern (griech. peri = herum, lat. glacies = Eis), im übertragenen Sinn aber jede Region in den Hochgebirgen und Polargebieten mit einem strengen Frostklima. Während der → Eiszeiten gehörte ganz Mitteleuropa außerhalb der vergletscherten Areale zum Periglazialbereich. Zeugen des P. sind z.B. typische Landschaftsformen wie → Dellen, → Sedimente wie → Löß und Formen des → Frostbodens wie Eiskeile.

Perm, die jüngste Periode des → Erdaltertums (280–250 Millionen Jahre vor heute), benannt nach der Stadt im Vorland des Uralgebirges, wo die Gesteine der gleichnamigen → Formation P. zutage treten. Auf älteren geologischen Karten heißt es auch Dyas (griech. dyás = Zweiheit), weil es in zwei → Abteilungen gegliedert ist, deren Gesteine sich im Gelände sehr deutlich unterscheiden: das → Rotliegende mit roten Sandsteinen und vulkanischen Gestei-

4

5

nen und den → Zechstein mit hellem Dolomit, Kalkstein und Gips.

Permafrost → Frostboden
Petrefakte → Fossilien

Phonolith, der »Klingstein« (griech. phoné = Klang, líthos = Stein), ein grünlichgraues vulkanisches Gestein, das meist in dünne Gesteinsplatten zerklüftet ist. Wenn man eine dieser Platten mit dem Hammer anschlägt, ist ein heller Klang zu hören. P. besteht hauptsächlich aus Kalifeldspat (dem tafeligen Sanidin; → Feldspate) und → Feldspatvertretern wie Nephelin oder Leuzit.

Phyllit, ein metamorphes Gestein (→ Metamorphose), das seinen Namen seinem äußerst feinschichtigen, blättrigen Gefüge verdankt (griech. phyllon = Blatt). Die Oberfläche der blaßgrünen »Blätter« zeigt einen auffälligen silbrighellen, seidigen Glanz, der von den Glimmerschüppchen kommt. – Bruchstücke von P., der bei stärkerer Metamorphose in → Glimmerschiefer übergeht, wirken wie verbogen.

Pilzfelsen, ein einzelner Felsen, der wie ein Pilz mit einem schmalen Fuß und einem breiten, schirmartig ausladenden Oberteil geformt ist. Solche bizarren Formen entstehen, wenn die → Verwitterung und → Abtragung den Felsen vor allem am Fuß angreift – etwa durch die Brandungswellen an einer felsigen Steilküste oder in Wüsten, wo der vom Wind mitgeführte Sand Felsen besonders in Bodennähe wie ein Sandstrahlgebläse angreift. In unseren Breiten zeigen P. eine intensive Verwitterung an, die in der Nähe der Bodenoberfläche durch die dort größere Feuchtigkeit beschleunigt wird. **[Abb. 4, Teufelstisch, Fichtelgebirge]**

Pinge (Binge), ein alter Bergmannsausdruck für eine kessel- oder trichterartige Bodenvertiefung, die in Bergbaurevieren durch den Einsturz ehemaliger Stollen entstanden ist. Manche P., die sich oft wie Perlen einer Kette an Erzgängen aneinanderreihen, sind über 50 m tief.

Plagioklas, Oberbegriff für eine Gruppe von fast immer weißen → Feldspaten, die sich äußerlich vom Kalifeldspat in erster Linie durch die feine Streifung ihrer Spaltflächen unterscheiden. Die beiden wichtigsten Vertreter sind der Natronfeldspat oder Albit (lat. albus = weiß) und der Kalkfeldspat oder Anorthit (von griech. anorthós = ungerade – weil seine Kristalle nicht genau im rechten Winkel spalten). Sie kommen allerdings selten in reiner Form vor, meist bilden beide Feldspate Mischkristalle.

Platten, Bruchstücke der festen Erdrinde, die den ganzen Erdball wie ein Mosaik umhüllen und von Strömungen im Erdinnern mit einer Geschwindigkeit von einigen Zentimetern pro Jahr verlagert werden. Deutschland liegt ganz auf der Eurasischen Platte, gegen die sich von Süden her die Afrikanische Platte schiebt.

Pleistozän, die erste Epoche des → Quartärs, die sich vor etwa zwei Millionen Jahren an das → Tertiär anschloß und um 8300 v. Chr. endete. Das P., früher Diluvium genannt, ist das Eiszeitalter, der Zeitraum der Erdneuzeit, in dem mindestens sechs größere Eiszeiten mit → Warmzeiten wechselten. Diese Eiszeiten oder Glaziale haben im norddeutschen und im süddeutschen Vereisungsgebiet jeweils verschiedene Namen und folgen zeitlich so aufeinander: Brüggen-E./Biber-E., Eburon-E./Donau-E., Menap-E./Günz-E., Elster-E./Mindel-E., Saale-E. (gegliedert in Drenthe-Stadium und Warthe-Stadium)/Riß-E., Weichsel-E./Würm-E.

Plutonite (Tiefengesteine), die magmatischen Gesteine, die bereits in größeren Tiefen der → Erdkruste (einige Kilometer) aus dem → Magma erstarren (z.B. → Granit oder → Gabbro). Sie sind nach Pluto, dem griechischen Gott der Unterwelt, benannt. Ein Pluton ist ein großes, unterschiedlich geformtes Tiefengesteinsmassiv, unter dem Oberbegriff Plutonismus faßt man alle Vorgänge zusammen, die mit der Entstehung von P. zusammenhängen.

Podsol, der charakteristische Bodentyp der norddeutschen → Geest, dessen obere Schichten unter der dunklen Humuslage (→ Humus) aschgrau (mit einem leichten violetten Farbstich) gebleicht sind – deshalb wird er auch Aschenboden oder Bleichsand genannt. Darunter schließt sich mit scharfer Grenze eine Zone an, die durch eingeschwemmten Humus braunschwarz und durch Eisenminerale rostbraun gefärbt ist. Oft sind die unteren Schichten zu Ortstein verfestigt. P. gehören zu den unfruchtbarsten Böden Deutschlands. Sie bilden sich vor allem unter Nadelwald- und Heidevegetation aus Quarzsand.

Polder → Deich

Porphyr, allgemein ein häufig rötliches vulkanisches Gestein (griech. pórphyra = Purpur), das in der feinkörnigen Grundmasse einzelne große → Kristalle, sogenannte Einsprenglinge, enthält. Beim eigentlichen P., der hauptsächlich gegen Ende der Variskischen Gebirgsbildung (→ Variskische Ära) im → Rotliegenden gefördert wurde, bestehen die Einsprenglinge aus hellen → Feldspaten und dunklen → Amphibolen.

Porphyrit → Andesit
Präkambrium → Erdurzeit
Prallhang → Mäander

Priele, tiefere Rinnen im Wattenmeer (→ Watt), die bei Ebbe (→ Gezeiten) vom abfließenden Wasser in den Meeresboden gekerbt werden und auch bei Niedrigwasser noch Wasser führen. Sie verlagern im Lauf der Zeit ihre Lage ständig. P. münden in die breiteren und tieferen Baljen oder Wattströme, die für die Schiffahrt im Wattenmeer als Fahrwasser wichtig sind. **[Abb. 5]**

Pyrit (Schwefelkies, Eisenkies), ein wichtiges Eisen- und Schwefelerz

(Eisensulfid), das in messinggelben, z.T. rostbraun verwitterten → Kristallen vorkommt. Wenn man sich die oft würfelförmigen Kristalle genauer anschaut, erkennt man eine parallele Streifung auf den Flächen. P. ist sehr hart, er ritzt leicht Glas und schlägt aus Stahl Funken (griech. pyr = Feuer). Seinen Beinamen »Hans Dampf in allen Gassen« verdankt er der Tatsache, daß er sich unter fast allen natürlichen Entstehungsmöglichkeiten bilden kann. **[Abb. 1]**

Pyroxene, eine Gruppe von → Silikaten, deren Name (griech. pyr = Feuer, xénos = fremd) auf einem Mißverständnis beruht. Manche Wissenschaftler glaubten früher nämlich, die P. hätten sich nicht aus glutflüssigem → Magma, sondern aus dem Wasser abgeschieden. In Wirklichkeit kommen die »Feuerfremden« gerade in vielen magmati-

1

schen Gesteinen vor. Sie bilden meist dunkelgrüne, dunkelbraune oder schwarze, kurzsäulige, gedrungene → Kristalle, die auffällig gut etwa im rechten Winkel spalten. Besonders häufig kommt der fast schwarze Augit vor.

Quartär, nach der Zeitrechnung der Urväter der Geologie die vierte → Formation (lat. quartus = vierte) der → Erdgeschichte, nach der heute gültigen Gliederung die zweite Formation der → Erdneuzeit. Sie umfaßt die jüngste Periode, die vor rund zwei Millionen Jahren begann und sich in die beiden Epochen → Pleistozän und → Holozän gliedert. Typisch für das Q. ist der mehrfache Wechsel von Kaltzeiten (→ Eiszeit) und → Warmzeiten. Im Q. beginnt mit dem Paläolithikum (also der Altsteinzeit) die Geschichte der Menschheit.Es folgten das Mesolithikum oder die Mittelsteinzeit (in Deutschland etwa 8000 bis 4000 v. Chr.) und das Neolithikum oder die Jungsteinzeit.

Quarz, ein meist farbloses, grau durchscheinendes → Mineral, das einen muscheligen Bruch hat und im Gestein durch seine fettglänzenden Bruchflächen auffällt. Q. ist ungewöhnlich hart, läßt sich mit der Messerklinge nicht ritzen. Die Bergleute nannten das nach den Feldspaten häufigste und meistverbreitete Mineral (wenigstens in den Gesteinen der oberen kontinentalen Erdkruste) »Quererz«, weil es sich oft in Adern quer durch Erzgänge zieht – daher wohl sein Name. Quarzkristalle findet man vor allem in → Drusen und auf → Gängen: den farblosen Bergkristall, den dunkelbraunen Rauchquarz, den violetten Amethyst und viele andere Abarten.

Quarzit, ein fast nur aus Quarzkörnern (→ Quarz) bestehendes, gelbliches, graues oder rötliches Gestein, das deutlich geschichtet ist. Es entsteht meist durch → Metamorphose aus → Sandstein (metamorpher Q.), bildet sich aber auch als Sedimentgestein (→ Sedimente), wenn die Quarzkörner durch → Kieselsäure fest verkittet werden.

2

Der ungemein harte Q. ist mit der Messerklinge nicht ritzbar, er bricht splittrig oder auch muschelig; die Bruchflächen gehen dabei (im Gegensatz zum Sandstein) durch die Quarzkörner hindurch. **[Abb. 2, Lübbensteine bei Helmstedt]**

Quarzporphyr, der → Porphyr, der als Einsprenglinge grauen Quarz sowie Kalifeldspat (→ Feldspate) und → Plagioklas enthält. Das helle, meist rötliche vulkanische Gestein entspricht in der Mineralzusammensetzung etwa dem → Rhyolith, ist aber vor dem → Tertiär, in Deutschland hauptsächlich im → Perm, entstanden. Früher nahm man an, daß Q. aus kieselsäurereichen Lavaströmen erstarren, heute steht fest, daß sie Ablagerungen von Glutlawinen (glühendheiße Gemische von vulkanischem Lockermaterial und Gasen; → Vulkan) sind.

Quelle, eine Stelle, an der dauernd oder zeitweise Grundwasser aus dem Erdboden fließt. Besonders starke Q., wie die Karstquellen (→ Karst), treten in trichter- oder kesselförmigen Quelltöpfen aus. Wenn eine wasserdurchlässige Schicht annähernd horizontal über einer undurchlässigen lagert, bilden die Q. entlang der Schichtgrenze einen Quellhorizont. Ist die Temperatur des Quellwassers höher als die mittlere Lufttemperatur des betreffenden Ortes, spricht man von warmen Q. oder Thermen. **[Abb. 3, Springquelle bei Plaue, Thüringer Wald]**

Relief, das aus vielen kleinen und größeren Landschaftsformen (Bergen, Tälern . . .) zusammengesetzte Erdprofil in einem bestimmten Ausschnitt der Erdoberfläche. Es besteht im allgemeinen aus mehreren Reliefgenerationen, die in verschiedenen Epochen der Erdgeschichte geformt wurden. Die ältesten Reliefgenerationen in Deutschland stammen wahrscheinlich aus dem Ende der Kreidezeit (→ Kreide).

Reliefumkehr (Reliefinversion), die Erscheinung, daß sich das Erdrelief im Lauf der Zeit gewissermaßen ins Gegenteil umkehren, z.B. aus einem Berg ein Tal und aus einem Tal ein Berg werden kann. Die R. beruht in erster Linie auf der unterschiedlich schnellen → Verwitterung und → Abtragung harter und weicher Gesteine. Ein Lavastrom, der in ein Tal geflossen und erkaltet ist, wird manchmal als Tafelberg herausgearbeitet. Umgekehrt greift die Abtragung in Faltengebirgen (→ Falten) die Scheitel der geologischen Sättel (Antiklinalen) meist am stärksten an und schlitzt sie zu Antiklinaltälern auf (→ Sattel).

Rendzina, ein Humuskarbonatboden, der sich aus kalziumreichen Gesteinen wie → Kalkstein, → Dolomit und → Gips bildet. Der »Raschelboden« (poln. rzedzic = rascheln – weil der Pflug an den Steinen im Boden kratzt und so ein scharrendes Geräusch entsteht) ist in Deutschland auf den Gesteinen des Zechsteins, des → Muschelkalks, des Weißen Jura (→ Malm) und der → Kreide weit verbreitet. Er besteht aus einer 10–20 cm dicken, braunschwarzen bis schwarzen, humusreichen Schicht, unter der gleich das feste, meist hellgraue bis gelbliche Gestein lagert.

Rhyolith, der »Fließstein« (griech. rhéein = fließen, líthos = Stein) hat seinen Namen von den gefalteten und verwickelten Bändern im Gestein, die man sich durch das langsame Fließen einer zähflüssigen → Lava erklärt. Die hellgrauen (oft mit einem Stich ins Blaßgrüne, Rote oder Braune) R. sind sehr harte vulkanische Gesteine, die in der feinkörnigen Grundmasse manchmal größere Einsprenglinge von → Quarz und → Feldspat enthalten.

Ried → Moor

Riff, allgemein eine Untiefe im Meer, die fast bis zum Meeresspiegel oder ein wenig darüber hinausreicht. Sie kann aus lockerem Sand oder aus festem Gestein bestehen. Zu den Felsenriffen gehören die aus den kalkigen Skeletten von Meereslebewesen aufgebauten Korallen- und Schwammriffe. Sie kommen in nahezu allen → Formationen der Erdgeschichte vor und bilden durch ihre Verwitterungsbeständigkeit oft hohe Gebirgsstöcke.

Rinnensee, ein schmaler, länglicher See, der oft mit anderen Seen durch Wasserläufe verbunden ist. R. sind typisch für die Jungmoränenlandschaften

Norddeutschlands (→ Moräne). Die Seebecken wurden wahrscheinlich durch Schmelzwasserströme eingekerbt, die unter dem → Inlandeis flossen. Eingelagertes Toteis bewahrte sie am Ende der jüngsten → Eiszeit (→ Pleistozän) vor der schnellen Verlandung.

Rippeln, wellen-, zungen- oder rautenartige Formen an der Oberfläche lockerer → Sedimente (vor allem Sand), die als Rippelmarken in Sandsteinen aus früheren Epochen erhalten sind. R. sind häufig an Sandstränden als Wellenrippeln oder Strömungsrippeln zu finden,

3

kommen daneben als Windrippeln auf Wanderdünen vor. **[Abb. 4]**

Rogenstein → Oolith
Rossel → Blockmeer
Röt → Buntsandstein

Roterde, ein durch feinverteilte Eisenminerale leuchtend rot gefärbter → Boden, der ein locker-krümeliges (»erdiges«) Gefüge aufweist. Rot gefärbte lehmige bis tonige, dicht gelagerte und schwer zu bearbeitende Bodenarten heißen Rotlehme. Zu diesen gehören die im Mittelmeerraum und nördlich der Alpen stellenweise auf → Kalkstein verbreitete Terra rossa (it. »rote Erde«) sowie als ein verwandter Bodentyp die leuchtend gelbbraun gefärbte Terra fusca (it. »braune Erde«), also der Kalkstein-Braunlehm.

Rotliegendes, die untere Abteilung der → Perm-Formation, die mit ihren meist rot gefärbten → Sandsteinen und → Konglomeraten unter den Schichten des → Zechsteins lagert. In dieser Epoche des Erdaltertums (280–270 Millionen Jahre vor heute) ging die Variskische Gebirgsbildung (→ Variskische Ära) mit heftigen Vulkanausbrüchen zu Ende. Das Klima war vorwiegend heiß und wüstenhaft trocken, eingelagerte Kohlenflöze zeigen feuchtere Klimaperioden an.

Rumpffläche, eine leicht gewellte, durch Abtragung geschaffene Landoberfläche, die die → Falten und anderen Bauformen der Erdkruste gewissermaßen bis auf den Rumpf kappt. Weitgehend abgetragene Faltengebirge, die von Rumpfflächen überzogen sind, nennt man Rumpfgebirge. Die einzelnen Flächen ordnen sich dabei oft stufenartig übereinander zu einer Rumpftreppe an.

Rundhöcker, ein länglicher Felshügel, der an einer Seite sanft abgerundet ansteigt, an der anderen dagegen schroff in Felskanten und -stufen abbricht. Wie Gletscherschrammen auf seiner Oberfläche beweisen, wurde er durch Gletschereis geformt → Gletscher). Die abgerundete Stoßseite des R. war dabei

4

gegen den Eisstrom gerichtet, die kantige zeigt in die Fließrichtung. Größere R. nennt man Rundbuckel.

Saale-Eiszeit → Pleistozän

Salzstock (Salzdom, Salzsattel, Salzdiapir), verschiedene Namen für pilz-, mauer- oder propfenartig geformte Salzkörper, die sich durch Klüfte und Spalten des Deckgebirges (→ Gebirge) einen Weg in höhere Stockwerke der → Erdkruste gebahnt und bei ihrem langsamen Aufstieg (meist nur 10–50 cm pro Jahrtausend) die darüber lagernden Schichten aufgebeult und durchbrochen haben. In der Nähe der Erdoberfläche wird das Salz in unseren niederschlagsreichen Klimazonen am Salzspiegel vom Grundwasser gelöst. Die schwerer löslichen Bestandteile der Salzgesteine (Gips, Anhydrit, Ton) reichern sich dabei im Salzhut an.

Sand, eine Bodenart (→ Boden), die vorwiegend aus Mineralkörnchen mit einem Durchmesser zwischen 0,06 und 2 mm besteht. Im allgemeinen stellt der sehr widerstandsfähige Quarz den größten Anteil, Kalkspat und Feldspat sind ebenfalls häufig. S. wird vor allem von Flüssen und vom Wind abgelagert. Flugsand bedeckt große Flächen Norddeutschlands, in manchen Gegenden geht er in Sandlöß oder Flottsand, einen grobkörnigeren → Löß, über.

Sander (Sandr), ein isländischer Ausdruck für große, aus Sand und Kies aufgebaute Schwemmfächer, die

5

im Vorland von → Gletschern von Schmelzwasserflüssen aufgeschüttet werden. Als Relikte aus den → Eiszeiten (→ Pleistozän) nehmen solche Formen auch in Norddeutschland weite Flächen ein. Sie liegen jeweils zwischen den Endmoränen (→ Moräne) einer bestimmten Eiszeit und dem dazugehörigen → Urstromtal.

Sandsteine, eine Gruppe von Sedimentgesteinen (→ Sedimente), die durch Verkittung von Sandmassen entstanden sind. Sie kommen in Deutschland in fast allen → Formationen vor, manche Gesteinsserien wie der Buntsandstein oder der Stubensandstein und der Schilfsandstein des → Keupers sind nach ihnen benannt. Die Eigenschaften der S. hängen von der Zusammensetzung der Sandkörner und der Art des Bindemittels ab (Kalksandstein, Brauneisensandstein, Dolomitsandstein ...), zusätzlich werden noch zahlreiche regionale Abarten (Quadersandstein des Elbsandgebirges, Hilssandstein, Obernkirchener Sandstein ...) unterschieden. **[Abb. 5, Steinhagen, Teutoburger Wald]**

Sanidin → Feldspate

Sattel (geologischer Sattel), der nach oben, zur Erdoberfläche hin gewölbte Teil einer → Falte, auf dem der Faltenscheitel verläuft. Innerhalb eines geologischen S., der in der Fachliteratur auch Antiklinale oder Antikline genannt wird, werden die Gesteinsschichten zum Sattelkern hin in der Regel immer älter.

Säuerling, Sauerbrunnen → Mofette

Saurier, Oberbegriff für eine artenreiche Gruppe von Kriechtieren (griech. saurós = Eidechse), die sich im → Erdaltertum entwickelten und die Tierwelt des → Erdmittelalters beherrschten. Dazu gehörten die größten überhaupt bekannten Landwirbeltiere mit Gesamtlängen von über 25 m und bis zu 50 t geschätztem Lebendgewicht. Die S., von denen vollständige Skelette, Spuren und sogar Eier erhalten sind, starben gegen Ende der Kreidezeit (→ Kreide) aus. **[Abb. 1, Nachbildung]**

Saxonische Faltung, die parallel zur → Alpidischen Gebirgsbildung ablaufende → Orogenese im Bereich der deutschen Mittelgebirge und im Norddeutschen Tiefland, benannt nach dem germanischen Stamm der Sachsen. Ihr Name ist irreführend, denn sie hinterließ nur wenige → Falten, dafür aber um so mehr Brüche (→ Verwerfung) in den Gesteinsschichten. Charakteristisch für die S.F. waren Bewegungen in den Salzmassen des → Zechsteins, die wahrscheinlich die meisten Falten geschaffen haben.

Schichtkamm, ein markanter Bergkamm, der aus einer zwischen weicheren Schichten gelagerten harten Gesteinsschicht gebildet wird. Im Unterschied zur → Schichtstufe sind die Schichten in diesem Fall stärker geneigt, wenn sie noch steiler einfallen, entstehen Schichtrippen. Im Bereich der weicheren Gesteinsschichten verlaufen Schichttalungen.

Schichtstufe, eine Geländestufe, die ähnlich wie eine Treppenstufe aus einer schwach geneigten Hochfläche und einem manchmal mehrere hundert Meter hohen Steilhang besteht. Sie entwickelt sich durch → Abtragung aus einer schwach geneigten Serie harter und weicher Gesteine. Der Stufenbildner, das harte Gestein, vielfach Sandstein oder Kalkstein, tritt an der oberen Kante des Steilhangs, des Traufs, zutage, das weichere Gestein bildet den größten Teil der Hochfläche und den unteren Schichtstufenhang.

Schiefer, allgemein ein Gestein, das in dünnen, mehr oder weniger (beim Dachschiefer vollkommen) ebenen Gesteinsplatten bricht. Das schiefrige Gefüge kann wie beim Tonschiefer oder Glimmerschiefer durch → Metamorphose entstehen, bei schiefrigen Sedimentgesteinen (Schieferton, Ölschiefer. . .; → Sedimente) zerbrechen die Gesteine entlang der ursprünglichen Schichtflächen. Kristalline Schiefer ist ein anderer Ausdruck für metamorphe Gesteine. **[Abb. 2]**

Schlick, ein schlammartig-schmieriges → Sediment, das vor allem aus → Schluff und → Ton sowie einem größeren Anteil (5–10 %) von tierischen und pflanzlichen Resten besteht. Es ist in der obersten wenige Millimeter dicken Schicht bräunlich oder gelblichgrau, darunter pechschwarz gefärbt. Typisch für S., der sich im Wattenmeer in Gebieten mit geringerer Wasserbewegung absetzt (→ Watt), ist der Geruch nach Schwefelwasserstoff (wie faule Eier), den Bakterien im Boden produzieren. **[Abb. 3]**

Schlotten, schmale, zapfenförmige Hohlräume in leicht löslichen Gesteinen wie → Gips oder → Kalkstein. Sie entstehen durch verstärkte Lösung des Gesteins an Klüften und Spalten, durch die das Sickerwasser schnell in den Boden eindringen kann. Die Hohlräume sind in der Regel mit tonigem Boden gefüllt. Wo sich viele S. von der Erdoberfläche her in das Gestein ziehen, entstehen → Geologische Orgeln.

1

2

Schluff, eine feinkörnige Bodenart (→ Boden), die sich mehlig anfühlt. Das aus winzigen Mineralkörnern mit einem Durchmesser von 0,002 bis 0,06 mm bestehende Material haftet beim Anfassen deutlich in den Fingerrillen. Es läßt sich im feuchten Zustand schlecht oder überhaupt nicht formen. S. ist der Hauptbestandteil von → Löß.

Scholle, ein Bruchstück der → Erdkruste, das im allgemeinen als Bruchscholle ringsum von → Verwerfungen begrenzt ist. Die meisten unserer Mittelgebirge sind Bruchschollengebirge aus gehobenen Hochschollen. Ihnen stehen Gräben und Senken als Tiefschollen gegenüber. Hochschollen, die nur an einer Seite an einem deutlichen Bruch herausgehoben wurden, nennt man Pultschollen oder Keilschollen.

Schorre, das Ergebnis der Brandungs-→ Erosion (Abrasion) an Steilküsten: eine flach zur Seeseite hin geneigte Plattform, die von den Brandungswellen und den mitgeführten Geröllen »abgescheuert« wird – daher der Name. Sie endet meist bei 6 bis 10 m Wassertiefe, wo die Wellen kein Geröll mehr verlagern können.

Schotter → Kies
Schratten → Karren

Schuttkegel (Schwemmkegel, Schwemmfächer), eine halbkegelförmige Aufschüttung von kantigem Gesteinsschutt am Fuß von Felswänden. Wenn die Gesteinsbruchstücke über eine längere Strecke vom fließenden Wasser transportiert und dabei gerundet werden, bilden sich im Grundriß fächerförmige Schwemmfächer oder Schwemmkegel. Sie entstehen dort, wo die Transportkraft des Gewässers plötzlich abnimmt, beispielsweise am Rand eines Gebirges oder an der Einmündung in einen See. **[Abb. 5, Königssee, Oberbayern]**

3

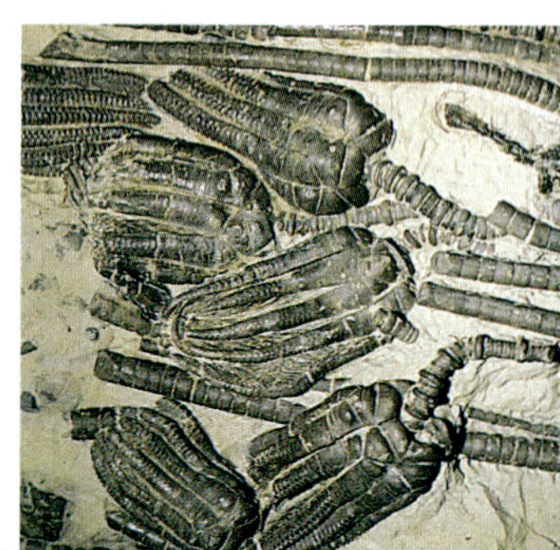
4

Schwarzerde, ein äußerst fruchtbarer → Boden, der von der Oberfläche bis in 50 bis 80 cm Tiefe durch → Humus dunkelgrau bis schwarz gefärbt ist. Darunter lagert das meist gelblichbraune Ausgangsgestein, in der Regel → Löß oder → Mergel. S. kommen nur in den trockensten Gebieten Deutschlands vor, z.B. in den → Börden am Nordrand der Mittelgebirge.

Schwarzer Jura → Lias

Schwemmfächer → Schuttkegel
Schwerspat → Baryt

Sedimente, nur ausnahmsweise verfestigte, fast immer jedoch geschichtete Ablagerungen (lat. sedimentum = Bodensatz) von Gesteins- und Mineralbruchstücken, Pflanzen- und Tierresten sowie chemischen Substanzen, die in Wasser gelöst waren und sich dann in fester Form ausgeschieden haben. Sie wandeln sich durch → Diagenese in Sedimentgesteine (Sedimentite oder Schichtgesteine) um. Nach der Art der Hauptbestandteile unterscheidet man drei große Gruppen von Sedimenten und Sedimentgesteinen: klastische S. oder Trümmergesteine (aus Gesteins- und Mineralbruchstücken), chemische S. (meist Salze, die sich aus dem Wasser ausgeschieden haben) und biogene S. (aus Resten von Lebewesen).

5

Seelilien, keine Pflanzen, sondern eine Gruppe der Stachelhäuter, die erstmals im → Kambrium auftauchte und bis heute in rund 600 Arten vorkommt. Die Krinoiden (griech. krinós = Lilie, eidés = förmig), wie die am Meeresboden festsitzenden Tiere auch genannt werden, haben als → Fossilien riesige Mengen von kalkigen Skeletteilen hinterlassen, die oft ganze Gesteinsbänke aufbauen. Manche Arten aus dem → Jura bestehen aus rund fünf Millionen Skelettelementen. **[Abb. 4]**

Serpentin, blättriges oder faseriges, oft olivgrün gefärbtes → Mineral, das früher als Mittel gegen Schlangenbiß (lat. serpens = Schlange) und bis in die jüngste Zeit als hitzebeständiger Asbest in vielen Bereichen der Technik genutzt wurde. Das gleichnamige Gestein, das durch → Metamorphose aus dunklen Tiefengesteinen (→ Plutonite) entsteht, läßt sich leicht schneiden und polieren; die polierte Oberfläche glänzt dann wie eine Schlangenhaut.

Silikate, die wichtigsten Bausteine der → Erdkruste, von der chemischen Zusammensetzung her Salze der → Kieselsäure, die mehrere hundert verschiedene → Minerale bilden. Dazu gehören als häufigste die → Feldspate und → Feldspatvertreter, → Pyroxene, → Amphibole, → Glimmer, → Olivine und Tonminerale (→ Ton). Wegen der weiten Verbreitung der S. ist das Silicium nach dem Sauerstoff (und vor dem Aluminium) das zweithäufigste Element innerhalb der → Erdkruste.

Silur, eine Periode des → Erdaltertums, die vom → Ordovizium zum → Devon überleitete (440–410 Millionen Jahre vor heute). Sie hinterließ in Deutschland vor allem → Schiefer, darunter den typischen Graptolithenschiefer, sowie → Kalksteine und → Diabase, die unter anderem in Thüringen, im Rheinischen Schiefergebirge und im Harz zutage treten. Als → Fossilien des S. sind neben den → Graptolithen die → Brachiopoden, die → Korallen und die → Seelilien wichtig.

6

Sinter, Oberbegriff für verschiedene, meist schlackig-poröse (german. sindr = Schlacke) chemische → Sedimente, die sich vor allem an Quellen und in Höhlen aus Wasser ausgeschieden haben. Sie bestehen – wie etwa der poröse Kalktuff oder Kalksinter, der dichte, feste Travertin oder Tropfsteine – vielfach aus Kalziumkarbonat. Der Opal des Kieselsinters oder Kieseltuffs scheidet sich aus heißen Quellen aus. Die Mineralausscheidungen bilden in Wasserläufen oft Wasserfälle und Sinterterrassen, treppenförmig angeordnete Stufen.

Solifluktion, das Bodenfließen (lat. solum = Boden, fluere = fließen) von wasserdurchtränkten Bodenschichten (→ Boden), besonders der dünnen aufgetauten Bodenschicht über dem wasserundurchlässigen Dauerfrostboden (→ Frostboden) in den Polargebieten, im Hochgebirge und während der → Eiszeiten in der → Tundra Mitteleuropas. Durch die S. über Hunderte von Metern verlagerte Wanderblöcke und Fließerden sind in den deutschen Mittelgebirgen weit verbreitet, unterhalb von Felsenklippen bilden die Blökke oft Blockströme (→ Blockmeer).

Sölle (Einzahl: Soll), kleine, runde Tümpel in den Jungmoränenlandschaften (→ Moräne) Norddeutschlands. Sie sind teilweise ehemalige Mergelgruben, manche stammen dagegen als Strudeltöpfe von Schmelzwasserbächen oder auch von Toteiskesseln aus dem Eiszeitalter (→ Pleistozän).

Spalte → Kluft
Stagnoley → Molkenboden
Stalagmit, Stalaktit → Tropfsteine

Steinsalz, reines Kochsalz (Natriumchlorid), das als natürliches → Mineral häufig glasglänzende, farblose oder durch beigemengte Substanzen graue, gelbe, rote und grüne, würfelförmige → Kristalle bildet. Von ähnlichen Mineralen kann man es durch den salzigen Geschmack und die geringe Härte (mit dem Fingernagel ritzbar) unterscheiden. Außerdem löst sich S. oder Halit (griech. háls = Salz) leicht in Wasser. Es scheidet sich umgekehrt in großen Massen aus dem Meerwasser aus, kommt aber auch an tätigen → Vulkanen vor. **[Abb. 6]**

Störung → Verwerfung

Strand, der mehr oder weniger breite Küstenstreifen (→ Küste) zwischen der Strandlinie und der Küstenlinie. Die Strandlinie ist der Saum, bis zu dem sich das Meer bei der Springtiden-Ebbe (→ Gezeiten) zurückzieht, die Küstenlinie markiert die landseitige Begrenzung des S., bis zu der das Wasser bei Windfluten reicht. Die Uferlinie, die dem Wasserstand bei mittlerem Tidehochwasser entspricht, gliedert den S. in den seeseitigen Nassen Strand und den landseitigen Trockenen Strand.

Strandsee → Haff

Strandwall, ein wenige Zentimeter bis mehrere Meter hoher Wall, der etwa parallel zur Küstenlinie (→ Küste) verläuft. Er besteht an Sandstränden meist aus Sand, vermischt mit Schalen von Meerestieren, enthält an Küstenabschnitten mit stärkerer Brandung aber auch große Gesteinsblöcke. S. häufen sich aus dem Material an, das von den auflaufenden Brandungswellen transportiert und abgelagert wird. Bei küstenparallelen Meeresströmungen verlagern die Wellen das Material in zickzackförmigen Bahnen entlang der Küste. Durch diese Strandversetzung entwickelt sich eine in viele Buchten und Landvorsprünge gegliederte Küste allmählich zu einer mehr oder weniger geradlinigen Ausgleichsküste.

Stratovulkan → Vulkan

Strudelloch (Strudeltopf), eine flache, schüssel- oder tiefe topf- bis schachtartige Vertiefung im oder an den Rändern eines Flußbetts, auch Kolk genannt. Sie wird von Wasserwalzen, deren Längsachse annähernd senkrecht steht, mit Hilfe von Geröllen in den Fels erodiert (→ Erosion). Bei Kolken, die von Schmelzwasserbächen ausgestrudelt wurden, spricht man von Gletschertöpfen, Gletschermühlen oder Riesentöpfen. **[Abb. 1]**

Subrosion, die unterirdische Auslaugung und Ausspülung (lat. sub = unter, rodere = ausnagen) von Salz und Gips (in Deutschland hauptsächlich im Zechstein, Muschelkalk und Keuper). Die Hohlräume, die dadurch gebildet werden, stürzen früher oder später unter der Last der darüberlagernden Schichten ein und hinterlassen an der Erdoberfläche wannenartige Vertiefungen, die Subrosionssenken.

1

3

Syenit, ein grobkörniges Tiefengestein (→ Plutonite) mit weißer oder blaßgrauer, hellrosa oder hellroter Farbe (gelegentlich auch mit einem schillernden Blau). Es besteht zum größten Teil aus → Feldspaten, die manchmal größere, plattige → Kristalle bilden. Der S. ist nach der antiken Stadt Syene in Oberägypten (heute Assuan) benannt, in Deutschland kommt er im Schwarzwald, im Odenwald und bei Dresden vor.

Synklinale (Synkline) → Mulde

Tal, eine Landschaftsform, die von einem Bach oder Fluß durchflossen wird. Sie unterscheidet sich durch das gleichsinnige, also durchwegs zum Talausgang gerichtete Gefälle der Tiefenlinie von den Talungen mit ungleichsinnigem Gefälle. Nach dem Querschnitt werden die T. in mehrere Talformen eingeteilt, in Mitteleuropa sind Muldentäler, Sohlen- oder Kastentäler, Kerb- oder V-Täler und Schluchten (Tobel, Klamm) am häufigsten.

Tektonik, Oberbegriff für die Bauformen der Erdkruste (griech. tektonikós = die Baukunst betreffend) sowie die Kräfte und Vorgänge, die solche Formen – wie z.B. → Gräben, → Horste oder → Falten – schaffen. Man unterscheidet dabei grundsätzlich zwei Baustile der oberen Erdkruste: die Faltentektonik mit Falten und Decken sowie die Bruchtektonik, bei der die Schichten durch Brüche und → Verwerfungen in → Schollen zerbrochen sind.

Tephra, vulkanisches Lockermaterial, das bei explosionsartigen → Eruptionen in oft kilometerhohen Wolken aus dem Krater geworfen wird und anschließend als glühender Aschenregen (griech. téphra = Asche) auf die Umgebung der → Vulkane niedergeht. Es wird hauptsächlich nach den Korngrößen eingeteilt: feinkörnige Aschen (unter 2 mm Durchmesser), Lapilli (2–64 mm) und vulkanische Bomben (über 64 mm). **[Abb. 3]**

2

Terrasse, allgemein eine ebene bis schwach geneigte Fläche, die stufenartig in einen Hang eingelassen ist, meist sind damit jedoch die Talterrassen oder Flußterrassen gemeint, die an den Hängen der Täler vielstufige Terrassentreppen bilden. Sie entstehen als einzelne Formen durch → Abtragung (Erosionsterrassen; → Erosion) oder durch Aufschüttung (Schotterterrassen), als Terrassentreppe immer durch den mehrfachen Wechsel von Tiefenerosion, Seitenerosion und Aufschüttung, der in Mitteleuropa wahrscheinlich mit den Klimaschwankungen im → Quartär zusammenhängt. Die Niederterrasse wird der Weichsel- oder Würm-Eiszeit (→ Weichsel-Eiszeit) zugeordnet, die darüber liegende Mittelterrasse der Saale- oder Rißeiszeit (→ Pleistozän); die höheren Ober-, Hoch- und Höhenterrassen entsprechen wohl den älteren → Eiszeiten. **[Abb. 2, Schlappoltsee, Allgäuer Alpen]**

Tertiär, die erste Periode der Erdneuzeit (67–2 Millionen Jahre vor heute), die früher als dritte Ära der Erdgeschichte (franz. tertiaire = drittrangig) angesehen wurde. Sie gliedert sich in fünf Epochen: Dem Paläozän als ältester folgen Eozän, Oligozän, Miozän und, als jüngste, das Pliozän. Das T. war buchstäblich eine bewegte Zeit mit dem Höhepunkt der → Alpidischen Gebirgsbildung, mit lebhaftem → Vulkanismus, mehrfachen Meeresvorstößen und dem Wechsel von feuchtwarmen und heißtrockenen Klimaperioden. Entsprechend abwechslungsreich sind die tertiären Gesteine (neben lockeren Sanden, Salzen und Tonen auch vulkanische Gesteine).

Tiden → Gezeiten
Tiefengesteine → Plutonite

Ton, eine zähe, »schwere« (schwer zu bearbeitende) Bodenart (→ Boden), die überwiegend aus den feinsten Korngrößen unter 0,002 mm Durchmesser besteht. Dazu gehören neben winzigen Partikeln von → Quarz, → Feldspat und → Kalkspat vor allem die mit den → Glimmern verwandten, blattförmigen Tonminerale. Den Tonmineralen verdankt der T. die typischen Eigenschaften, an denen man ihn im Gelände erkennen kann: Er ist klebrig (»fett«), läßt sich mit den Fingern sehr gut formen und hinterläßt glänzende Reibflächen, wenn man ihn mit den Fingerspitzen reibt.

Tonschiefer, ein feinschichtiges, schiefriges Gestein, das in dünne Blätter oder Gesteinsplatten zerfällt. Die Bruchflächen sind nicht seidenglänzend; nach dem Anhauchen riecht das Gestein erdig. T. geht ohne scharfe Grenzen in den geringer verfestigten Schieferton oder Tonstein über.

Torf, eine braun bis tiefschwarz gefärbte Humusform (→ Humus), die im Wasser aus Resten von Schilf, Seggen, Binsen, Wollgras, Torfmoosen und anderen Pflanzen entsteht. T. ist je nach dem Zersetzungsgrad faserig (Weißtorf) bis

4

5

schmierig (Schwarztorf). Aus T. bestehen die → Moore, Hochmoortorf ist äußerst nährstoffarm, Niedermoortorf enthält dagegen in der Regel mehr Pflanzennährstoffe. **[Abb. 4]**

Toteis, eine größere oder kleinere Eismasse, die am Ende einer Vereisung beim Zerfall der → Gletscher von den Schmelzwasserbächen mit Sand und Geröll überschüttet wird. Die begrabenen Eisblöcke tauen häufig erst nach mehreren Jahrhunderten oder gar Jahrtausenden auf. Über dem tauenden T. sackt der Boden nach und bildet rinnen- und kesselförmige Vertiefungen (Kesselfelder), in denen sich das Wasser oft zu Toteisseen sammelt.

Trachyt, der »rauhe Stein« (griech. trachys = rauh), ein hellgrau oder rötlich gefärbtes magmatisches → Gestein, das in der → Erdneuzeit aus einem relativ kieselsäurearmen → Magma erstarrte (ältere T. werden auch Porphyre genannt; das Gegenstück unter den Tiefengesteinen ist der Syenit). T. enthält viele kleine Bläschen, er fühlt sich rauh an – daher der Name. In der feinkörnigen Grundmasse sind einzelne größere Kristalle als Einsprenglinge verteilt, vor allem der farblose, tafelförmige Sanidin, ein Kalifeldspat. **[Abb. 6]**

Trauf → Schichtstufe
Travertin → Sinter

Trias, die älteste Periode des Erdmittelalters, die in die drei Epochen → Bunt-

6

sandstein, → Muschelkalk und → Keuper gegliedert ist (griech. triás = Dreiheit). Sie umfaßt den Zeitraum von 250 bis 210 Millionen Jahren vor heute. Die T.-Formation ist in Deutschland als germanische Trias besonders klar ausgeprägt und weit verbreitet, ihre Sandsteine, Tonsteine, Mergel und Kalksteine treten zwischen der Insel Helgoland und dem Südschwarzwald an vielen Stellen zutage. Im östlichen und südlichen Alpenraum teilt man im Unterschied dazu die alpine Trias in sechs Epochen ein.

Trichtermündung → Ästuar

Trilobiten, die Dreilappkrebse (griech. trilobós = dreilappig), eine Gruppe von Krebstieren, die gegen Ende des → Erdaltertums ausstarben. Die asselähnlichen Meerestiere sind Leitfossilien (→ Fossilien) für → Kambrium und → Silur. Ihr Körper ist nach der Länge und der Breite dreiteilig.

Trockental, ein → Tal, das gegenwärtig nicht mehr ständig von einem fließenden Gewässer durchflossen wird. T. kommen hauptsächlich in Karstlandschaften vor, wo die Flüsse bei fortschreitender Verkarstung in Flußschwinden versickern (→ Karst). In anderen wasserdurchlässigen Gesteinen bildete der → Dauerfrostboden während der → Eiszeiten eine wasserundurchlässige Schicht; seitdem er aufgetaut ist, versickert das Wasser im Untergrund.

Trogtal, die typische Talform (→ Tal) von Gebirgen, die während der → Eiszeiten stark vergletschert (→ Gletscher) waren. Die im Querschnitt U-förmigen Täler (deshalb auch U-Täler genannt) wurden von Gletschern ausgefurcht und ihre Wände geschliffen. Oberhalb der Schliffgrenze, die sich etwa mit der Linie deckt, bis zu der das Tal mit Eis ausgefüllt war, lösen rauhe, verwitterte Felsen die überschliffenen Formen ab. Im Längsschnitt der T. hat das Eis ebenfalls deutliche Spuren hinterlassen, hier folgen hohe Felsriegel und breite, wannenartige Senken aufeinander.

Tropfsteine, meist zapfen-, röhren- oder fahnenartige Formen aus Kalksinter (→ Kalkstein, → Sinter), die sich in → Höhlen (gelegentlich auch im Freien an Felswänden) durch das Tropfwasser bilden. Als Grundformen werden an der Höhlendecke hängende T. oder Stalaktiten (griech. stalaktós = tropfend), auf dem Höhlenboden stehende T. oder Stalagmiten (griech. stalagmós = abgetropft) und Tropfsteinsäulen unterschieden, die aus hängenden und stehenden T. zusammenwachsen. **[Abb. 5, Feengrotte, Saalfeld, Thüringen]**

Tuff, allgemein ein poröses, kaum verfestigtes, leichtes → Gestein (it. túfo = poröser Stein) wie z.B. Kalktuff, im besonderen ein vulkanisches Gestein, das sich aus mehr oder weniger verfestigter und verschweißter → Tephra (Aschen, Lapilli und Bomben) zusammensetzt. Er wird nach dem begleitenden Erstarrungsgestein (Basalttuff, Trachyttuff, Porphyrtuff. . .) benannt. Tuffit ist ein T. mit einem großen Anteil von Bruchstücken fremder Gesteine.

Tundra, die kalten Regionen jenseits der polaren Waldgrenze, in denen vor allem Zwergsträuchern, Gräser, Moose und Flechten gedeihen. Kalte, lange Winter lassen keinen Baumwuchs aufkommen. Die T. gehört wie die polwärts angrenzenden Frostschuttwüsten zum → Periglazial. Während der → Eiszeiten war fast ganz Mitteleuropa zwischen dem skandinavischen → Inlandeis im Norden und den Alpengletschern im Süden von T. bedeckt (→ Pleistozän).

Tunneltal, ein → Tal, das von einem Fluß eingekerbt wurde, der während des Eiszeitalters (→ Pleistozän) in einem Tunnel unter dem → Inlandeis floß. T. erkennt man schon auf der Landkarte an den in die Talsohle eingelassenen Rinnenseen und dem sonderbaren Verlauf der Täler, die oft im rechten Winkel abknicken. Im Talnetz spiegelt sich wahrscheinlich das Muster der Gletscherspalten wider.

Umlaufberg, ein Berg, der ringsum von Talmäandern (→ Mäander) umgeben ist: an einer Seite vom heutigen Flußlauf, an den anderen Seiten von einer Mäanderschlinge, die nicht mehr durchflossen wird. Solche Berge entstehen, wenn der Fluß den schmalen Bergrücken zwischen zwei benachbarten Prallhängen durchstößt und den kürzeren Weg durch den neu geschaffenen Einschnitt nimmt.

Urstromtal, ein mehrere Kilometer breites Tal, das während der → Eiszeiten (→ Pleistozän) im Vorland des nordeuropäischen → Inlandeises von Schmelzwasserströmen durchflossen wurde. Die U. Norddeutschlands verlaufen annähernd parallel zum ehemaligen Eisrand von Südost nach Nordwest. Allein im Jungmoränengebiet (→ Moräne) zwischen Oder und Elbe gibt es drei große U.: das Glogau-Baruther, das Warschau-Berliner und das Thorn-Eberswalder U.

U-Tal → Trogtal

Variskische Ära (auch Variszische oder Varistische Ära), die Gebirgsbildung, die vor etwa 390 Millionen Jahren im → Devon begann und vor 250 Millionen Jahren, an der Wende vom → Perm zur → Trias, endete. Sie schuf ein rund 500 km langes Faltengebirge (→ Falten), das V. Gebirge, das vom französischen Zentralmassiv quer durch Deutschland zum Polnischen Mittelgebirge verlief. Beinahe alle höheren Mittelgebirge Deutschlands, vom Bayerischen Wald im Südosten bis zum Harz im Norden, sind abgetragene Bruchstücke dieses Gebirges.

1

Verlandung, die Umwandlung eines Gewässers in festes Land, etwa der Rückzug des Meeres aus einer seichten Bucht. Im Binnenland verlanden Seen und andere stehende Gewässer oft innerhalb weniger Jahrtausende, indem die Seebecken von Flüssen mit → Sedimenten ausgefüllt werden und sich Schwimm- und Tauchpflanzen und ihnen folgend Sumpf- und Landpflanzen von den Ufern her immer weiter in das Gewässer vorschieben. Auf diese Weise haben sich bereits viele Seen der jüngsten → Eiszeit (→ Pleistozän) in → Moore und festen → Boden verwandelt. **[Abb. 1, Wendland]**

Versteinerungen → Fossilien

Verwerfung, eine Störung oder ein Bruch innerhalb der Gesteinsschichten, wo sich entlang einer Fuge im Gestein zwei benachbarte → Schollen der → Erdkruste horizontal, vertikal und/oder diagonal gegeneinander verschoben haben. Nach der vorherrschenden Verschiebungsrichtung werden unter anderem Abschiebungen, Aufschiebungen, Überschiebungen und Horizontalverschiebungen unterschieden. V. sind typische Bauformen der Bruchtektonik (→ Tektonik). Sie begrenzen Bruchschollen, → Gräben und → Horste.

Verwitterung, die Zerstörung und Umwandlung der im Erdinnern gebildeten → Gesteine an oder in der Nähe der Erdoberfläche durch Witterungseinflüsse und Lebewesen. Bei der V. werden die ursprünglichen Gesteine zunächst in Bruchstücke zerkleinert, anschließend durch Auslaugung chemischer Substanzen aber auch im Mineralbestand verändert. Die Einteilung in mechanische V. (eine reine Zerkleinerung des Gesteins), chemische V. und biologische V. (durch das Einwirken von Pflanzen und Tieren) ist nur eine Gedankenstütze – in der Natur wirken meist alle Kräfte gemeinsam, etwa bei der Wollsackverwitterung von → Granit zu ballen- und sackähnlichen Klippen oder der Wabenverwitterung von → Sandsteinen, durch die bienenwabenartige Strukturen entstehen. **[Abb. 2, Wollsackverwitterung, Harz]**

2

Vulkan, eine Stelle auf dem festen Land oder unter dem Meeresspiegel, an der → Lava, → Tephra, magmatische Gase (→ Magma), Wasserdampf und heißes Wasser aus dem Erdinnern austreten. Der V. ist nach dem römischen Feuergott Vulcanus benannt. Heute gibt es auf der Erde rund 530 aktive, tätige V. und dazu ungezählte ruhende oder endgültig erloschene. Sie kommen in etwa einem halben Dutzend von Grundformen vor: als Schichtvulkan oder Stratovulkan, der aus wechselnden Schichten (lat. stratus = Schicht) aufgebaut ist, als schildförmiger Schildvulkan (aus dünnflüssiger Lava), als Stau-, Quell- oder Stoßkuppen (aus zähflüssiger Lava), als Bims-, Aschen-, Tuff- oder Schlackenkegel (aus Tephra) sowie als → Maare oder Caldera-Vulkane, die kesselförmige Vertiefungen (span. caldera = Kessel) bilden.

Vulkanismus, zusammenfassende Bezeichnung für alle Vorgänge und Erscheinungen, die mit der Förderung von → Magma an die Erdoberfläche verbunden sind. Der V. spielt sich gegenwärtig auf der Erde vor allem an den Grenzen zwischen den → Platten der Erdkruste ab, wo Spalten entstehen, durch die die Gesteinsschmelzen aufsteigen können. Die erloschenen Vulkane der → Erdneuzeit in Deutschland lagen dagegen als Intraplattenvulkane innerhalb der Eurasischen Platte. Ihr Magma stammte wahrscheinlich von sogenannten »Hot spots« (»heißen Flecken«), Stellen mit erhöhter Wärmezufuhr aus dem Erdinnern, an denen das Gestein aufschmilzt.

Warmzeit (Interglazial, Zwischeneiszeit), ein Zeitraum der Erdgeschichte mit warmem Klima (vor allem innerhalb des → Quartärs), der von zwei kühleren Zeiträumen begrenzt wird. Von einer echten W. spricht man, im Unterschied zu Interstadialen, dann, wenn die Fauna und Flora dieser Epoche mindestens so artenreich und anspruchsvoll war wie die heutige. Die großen → Eiszeiten des Eiszeitalters (→ Pleistozän) waren durch fünf W. voneinander getrennt (von der jüngsten zur ältesten): Eem-W., Holstein-W., Cromer-W., Waal-W., Tegelen-W..

Watt, der an der deutschen Nordseeküste teilweise über 30 km breite Streifen Meeresboden, aus dem sich das Meer bei Ebbe zurückzieht und bei Flut wieder vorstößt (→ Gezeiten). Er besteht hauptsächlich aus → Sand und → Schlick (Sandwatt, Schlickwatt), auf Helgoland auch aus festem Gestein (Felswatt). Das Wattenmeer gehört zu den artenreichsten und am dichtesten besiedelten Lebensräumen der Erde überhaupt; von manchen Tierarten kommen hier über 10 000 Tiere auf einem Quadratmeter vor.

Weichsel-Eiszeit, die (vorerst) letzte → Eiszeit, die sich um 80 000 v. Chr. an die Eem-Warmzeit anschloß und um 8300 v. Chr. endete (→ Pleistozän). Ihr entspricht die Würm-Eiszeit im Alpenraum. Die kälteste Periode der W.-E., während der die Jungmoränenlandschaften (→ Moräne) Norddeutschlands unter dem → Inlandeis geformt wurden, gliedert sich in drei Stadien, denen die drei großen Endmoränenzüge zwischen Oder und Elbe entsprechen: das Brandenburger Stadium (um 18 000 v. Chr.), dann das Frankfurter Stadium (um 15 000 v. Chr.) und schließlich das Pommersche Stadium (um 13 000 v. Chr.).

Weißer Jura → Malm

3

Windkanter, ein Stein oder Felsblock, der durch den vom Wind an der Bodenoberfläche verwehten Sand wie mit einem Sandstrahlgebläse abgeschliffen wurde. Die abgeschliffenen Flächen schneiden sich in zwei, drei, vier oder mehr scharfen Kanten. W. kommen in den norddeutschen Geestlandschaften (→ Geest) sehr häufig vor, vielfach bilden sie in Sandböden eine steinige Schicht.

Wurt (Warf, Werft, Wierde), ein künstlich aufgeschütteter Erdhügel in der früher unbedeichten Altmarsch (→ Marsch), auf den die Marschenbewohner bei Sturmfluten flüchten konnten. Er ist teilweise mit einem Haus, mehreren Gebäuden oder ganzen Dörfern bebaut. Auf den → Halligen stehen die Häuser noch heute auf W.

Zechstein, die zweite Epoche des → Perm (270–250 Millionen Jahre vor heute), in der in Mitteleuropa neben Kalkstein, Dolomit und Gips die wertvollen Stein- und Kalisalzlager sowie der Kupferschiefer, die wichtigste Kupferlagerstätte Deutschlands, abgelagert wurden. In Bergwerken (»Zechen«) werden diese Lagerstätten abgebaut. Während der Z.-Zeit war Mitteleuropa fast ständig von einem seichten Meer bedeckt.

Zeugenberg, ein einzelner Berg in einer Schichtstufenlandschaft (→ Schichtstufe), der im Vorland des Steilhangs auf der Hochfläche liegt. Sein Gipfel besteht aus demselben harten Gestein, das am oberen Steilhang zutage tritt. Er bezeugt also, daß die harte Gesteinsschicht ursprünglich weiter verbreitet war und im Lauf der Zeit bis auf kleine, isolierte Reste abgetragen worden ist (→ Abtragung). Bei einem Auslieger ist die harte Deckschicht zwischen dem Stufenrand und dem vorgelagerten Berg noch nicht völlig abgetragen, der Berg bleibt durch einen Sporn mit dem Steilhang verbunden. **[Abb. 3, Stuifen und Rechberg, Ostalb]**

Zinkblende, das wichtigste Zinkerz (Zinksulfid), das in der Hauptsache auf Erzgängen vorkommt und das nahezu immer von → Bleiglanz begleitet wird. Es bildet zumeist gelbe (»Honigblende«) oder auch rote Kristalle (»Rubinblende«), die auf den Spaltflächen bei-

4

nahe so stark wie → Diamant glänzen. **[Abb. 4]**

Zungenbecken, eine annähernd rechteckige oder zungenförmige Senke, die von einer Gletscherzunge (→ Gletscher) ausgeschürft wurde, oft am Rand von Gebirgen. Sie sind heute im Binnenland als Zungenbeckenseen oder an der Ostseeküste als → Förden im allgemeinen mit Wasser gefüllt. Die Z. älterer → Eiszeiten wurden inzwischen meist mit → Sedimenten aufgefüllt.

Autoren

Dr. Hans Bibelriether
Karlheinz Bochow
Ulf Böhringer
Klaus Bötig
Gesine Froese
Heinz K. Gans
Dr. Peter Göbel
Dr. Heinz Goldschmitt
Birgit Grundner
Dr. Wolfgang Hensel
Falk vom Hofe
Aribert Jung
Hajo Knebel
Petra Knecht
Jan-F. Kobernuß
Dr. Karl Lemke
Martin Liebermann
Dr. Peter Moll
Dr. Hartmut Müller
Joachim Ott
Thomas Pfündel
Dr. Klaus Richarz
Hermann Josef Roth
Wieland Simon
Petra Spaarschuh
Ulrike Talhof
Wolfgang Thielke
Hans-Jürgen Truöl
André Wais
Dr. Eva Walter
Dr. Alexander Wimmer

Zeichenerklärung zu den Routenkarten

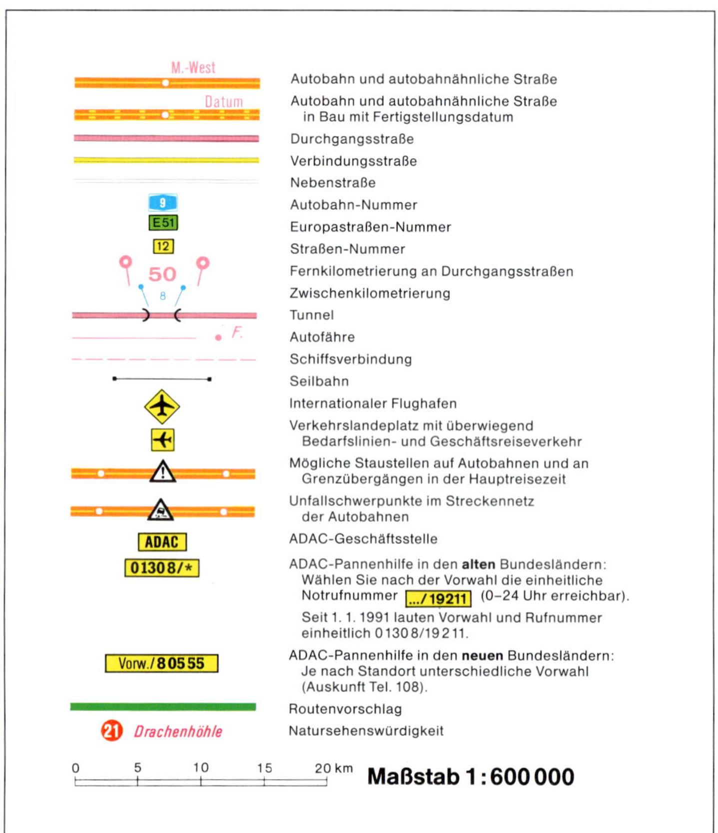

Register

(Kursive Seitenzahlen weisen auf Abbildungen hin)

Bildnachweis

Für folgende Bildagenturen wurden Abkürzungen verwendet:
B = Bavaria, Gauting; H = Huber, Garmisch-Partenkirchen; I = Interfoto, München; K = Klammet & Aberl, Ohlstadt; M = Mauritius, Mittenwald; P = Punctum, Leipzig; S = Silvestris, Kastl; W = Wings, Freiburg; X = Xeniel-Dia, Neuhausen

12/13: Sperber; **16 o.:** S/Wahl; **16 m.:** S/NHPA; **16 u.:** Uthoff; **17 o.:** S/Tschoppe; **17 m.:** S/Becker; **17 u.:** S/Wernicke; **19 o.:** S/Radtke; **19 u.:** Uthoff; **20 o.:** S/Radtke; **20 u. l.:** S/Stadler; **20 u. r.:** S/Irsch; **21 o.:** S/Cramm; **21 u.:** August; **23:** August; **24:** Pump; **25 o.:** Sperber; **25 m.:** Jacobs; **25 u.:** Pump; **26 o.:** S/Bühler; **26 m.:** S/Bühler; **26 u. l.:** S; **26 u. r.:** S/Skibbe; **28 o.:** S/Stadler; **28 u.:** Schmelzenbach; **29 o.:** Pump; **29 u.:** Pump; **30:** Pump; **31:** Pump; **32/33:** S/Korall; **34:** K; **35:** B/Saebens-Wiesner; **38 o.:** Uthoff; **38 u.:** Sperber; **39 o.:** S/Walz; **39 u.:** Schmelzenbach; **40:** Habbe; **41 l.:** Schmelzenbach; **41 r.:** Xeniel; **42 o.:** S; **42 u.:** Sperber; **43 o.:** S/Walz; **43 m.:** Pump; **43 u.:** Pump; **44:** Otto; **45 o.:** Poguntke; **45 u.:** Otto; **47:** S/Korall; **48 o.:** Sperber; **48 u.:** S/Korall; **49 o.:** Pump; **49 u.:** Uthoff; **50:** Otto; **51 o.:** S/Walz; **51 u.:** Pump; **52 o.:** S/Skibbe; **52 m.:** S/Skibbe; **52 u. l.:** S/Skibbe; **52 u. r.:** Reineke; **53 o.:** Archäol. Landesmuseum Schloß Gottorf; **53 u.:** FVV Westensee/Vollmer; **54/55:** Sperber; **57:** August; **58 o.:** Sperber; **58 m. o.:** Sperber; **58 m. u.:** S/Korall; **58 u.:** S/Korall; **60:** S/Maywald; **61 o.:** fotografie; **61 u.:** S/Stadler; **62 o.:** P/Schröter; **62 m.:** S/Korall; **62 u.:** H/Schmid; **63 o.:** S/Stadler; **63 u.:** S/Maywald; **65 o.:** Sperber; **65 m.:** fotografie; **65 u.:** S/Maywald; **66 o.:** S/Maywald; **66 u.:** Sperber; **67 o.:** Sperber; **67 u.:** Epple; **68 o.:** Epple; **68 u.:** S/Korall; **69:** Sperber; **71 o.:** S/Korall; **71 u.:** S/Korall; **72 o.:** S/Lindenburger; **72 m.:** S/Korall; **72 u.:** S/Korall; **73:** S/Korall; **74/75:** Weißer; **77:** S/Walz; **79 o.:** S/Lane; **79 u.:** S/Wernicke; **80 o.:** S/Ramstetter; **80 u.:** Schmelzenbach; **81 o.:** S/Traub; **81 m.:** S/Arndt; **81 u.:** August; **82:** August; **83:** B/Puck-Kornetzki; **84 o.:** Sperber; **84 u.:** Schmelzenbach; **85:** B/Puck-Kornetzki; **87 o.:** Weißer; **87 u.:** Weißer; **88 o.:** Marklein; **88 u.:** Weißer; **89 o.:** X/Poguntke; **89 u.:** IFA/Poguntke; **90/91:** H; **93:** Marklein; **95:** Kienitz; **96:** Marklein; **97:** S/Eckhardt; **98 o.:** S/Pollin; **98 m.:** S/Moosrainer; **98 u.:** S/Eckhardt; **99 o.:** Marklein; **99 m.:** S/Lochstampfer; **99 u.:** Marklein; **100 o.:** S/Brandl; **100 u. l.:** Marklein; **100 u. r.:** Marklein; **101 o.:** Marklein; **101 u.:** Marklein; **102 o.:** Marklein; **102 u.:** Marklein; **103 o.:** Otto; **103 u.:** Noske; **104/105:** S/Maywald; **108 o.:** S/Stadler; **110:** P/Schink; **111 o.:** S/Maywald; **111 m.:** S/Maywald; **111 u.:** S/Maywald; **112 o.:** P/Schink; **112 u.:** fotografie; **113 l.:** Dr. Müller; **113 r.:** S/Stadler; **115 o.:** Weißer; **115 m.:** Weißer; **115 u.:** P/Schink; **116 o.:** S/Pölking; **116 m.:** P/Schink; **116 u.:** S/Maywald; **117 o.:** Neubert; **117 u.:** P/Schink; **119 o.:** Rapp; **119 u.:** Kampmann; **120 o.:** Weißer; **120 u.:** Dr. Müller; **121 o.:** Neubert; **121 u.:** Neubert; **122:** Lodzig; **123 o.:** Neubert; **123 u.:** Lodzig; **124 o.:** Neubert; **124 u.:** Neubert; **125 o.:** Kampmann; **125 u.:** Dr. Müller; **126/127:** S/Göhler; **129:** B/Clarke; **131 o.:** S/Skibbe; **131 u.:** Dr. Hohenberger; **132:** X; **133:** X; **134 o.:** S/Wernicke; **134 u.:** Sperber; **135:** S/Eckhardt; **137 o.:** S/Höfels; **137 u.:** Liebermann; **139 o.:** S/Höfels; **139 u.:** Stadt Bad Bentheim; **140/141:** S/Schilgen; **142:** Schmelzenbach; **145 o.:** X/Poguntke; **145 u.:** S/Schilgen; **146 o.:** B/Thiele; **146 u.:** Schmelzenbach; **147 o.:** S/Skibbe; **147 m.:** Sperber; **147 u.:** X/Poguntke; **148 o.:** Kobernuß; **148 u.:** Kobernuß; **149 o.:** Hedder; **149 u.:** Kobernuß; **151 o.:** Sperber; **151 u.:** Sperber; **152 o.:** S/Arndt; **152 m.:** Dr. Hohenberger; **152 u.:** Lodzig; **153 o.:** S/Skibbe; **153 u.:** Sperber; **154:** Harksheider Verlagsges.; **154 u.:** X/Poguntke; **155 o.:** S/Lane; **155 u.:** B/Merten; **156/157:** Lodzig; **159:** Uthoff; **161 o.:** S; **161 m.:** S; **161 u.:** Marklein; **162:** Uthoff; **163 o.:** S/Pieper; **163 m.:** S; **163 u.:** Uthoff; **164 o.:** S; **164 u.:** S; **165 o.:** S/Bochow; **165 u.:** S/Bochow; **166 o.:** S/Bochow; **166 m.:** S; **166 u.:** S; **167 o.:** S; **167 m. l.:** S; **167 m. r.:** S; **167 u.:** S; **168/169:** S/Danegger; **171:** S/Wothe; **173 o.:** S/Arndt; **173 u. l.:** S; **173 u. r.:** Rapp; **174 o.:** P/Grambow; **174 u.:** S; **175 o.:** S; **175 u.:** S/Danegger; **176 o.:** Pansegrau; **176 u.:** S; **177 o.:** Pansegrau; **177 u.:** S; **179 o.:** Scheel; **179 u.:** S; **180 o.:** fotografie; **180 m.:** S; **180 u.:** S; **181 o.:** S/Gross; **181 m.:** S/Happenhofer; **181 u.:** S; **182:** S; **183 o.:** S; **183 u.:** P/Kober; **184 o.:** S/Skibbe; **184 m. l.:** S/Skibbe; **184 m. r.:** P/Kober; **184 u.:** P/Kober; **185 o.:** Pansegrau; **185 u.:** S; **186/187:** S; **188:** S/Wothe; **190:** Rapp; **192 o.:** Neubert; **192 u.:** P/Grambow; **193 o.:** S/Maier; **193 m.:** S; **193 u.:** S; **194 o.:** P/Grambow; **194 m.:** Neubert; **194 u.:** S; **195:** S; **196 o.:** S; **196 u.:** S; **197 o.:** S/Schweinsberg; **197 u.:** S; **198 o.:** Rapp; **198 u.:** Rapp; **199 o.:** S/Schweinsberg; **199 m.:** S; **199 u.:** S/Maywald; **200/201:** S/Eckhardt; **205 o.:** S/Schilgen; **205 u.:** S/Schilgen; **206:** S/Schilgen; **207 o.:** S; **207 u.:** Stadt Beckum/Flunkert; **208 o.:** S/Brandl; **208 u.:** S/Wothe; **210 o.:** S/Danegger; **210 m.:** S/Wothe; **210 u. l.:** S/Pollin; **210 u. r.:** Schmelzenbach; **211:** Otto; **212:** S/Eckhardt; **213 o.:** IFA/Eckhardt; **213 u.:** IFA/Maier; **214/215:** X/Poguntke; **217:** S/Pollin; **219 o.:** S/Eckhardt; **219 m.:** S; **219 u.:** Kiedrowski; **220 o.:** S/Skibbe; **220 m.:** S/Klindwort; **220 u.:** IFA/Lecom; **221 o.:** S/Maier; **221 u.:** S/Hanneforth; **223 o.:** S/Arndt; **223 u.:** S/Stadler; **224:** B/Mader; **225:** S/Eckhardt; **226:** S/Fasse; **227 o.:** S/Happenhofer; **227 u.:** Adlerwarte Berlebeck; **228/229:** Kiedrowski; **231:** Schmelzenbach; **233 o.:** S/Arndt; **233 u.:** S; **234:** IFA/Poguntke; **235 o.:** Sperber; **235 u.:** Weißer; **236:** Poguntke; **237 o.:** S/Skibbe; **237 m.:** S/Happenhofer; **237 u.:** Kirmes; **239:** X/Poguntke; **240 o.:** Poguntke; **240 u.:** S/Schilgen; **241 o.:** S/Rohdich; **241 u.:** Merten; **242 o.:** Sperber; **242 m.:** S/Meyers; **242 u.:** X/Poguntke; **243 o.:** August; **243 u.:** Weißer; **244/245:** S/Eckhardt; **247:** S; **248:** H; **250 o.:** X; **250 u.:** B/Mader; **251 o.:** S/Schilgen; **251 m.:** Dr. Göbel; **251 u.:** X/Poguntke; **252:** IFA/Poguntke; **253:** Harzfoto Barke; **254 o.:** X/Poguntke; **254 u.:** Harksheider Verlagsges.; **255 o.:** S/Bühler; **255 u.:** S/Wendler; **257 o.:** S/Weber; **257 u. l.:** Harzer VV; **257 u. r.:** Schmelzenbach; **258:** B/Skiba; **259 o.:** Harksheider Verlagsges.; **259 u.:** Dr. Göbel; **260:** X/Poguntke; **261 o.:** S/Jakobi; **261 u.:** Harksheider Verlagsges.; **262:** S; **263 o.:** S/Bochow; **263 u.:** Sperber; **264 o.:** S; **264 u.:** Sperber; **265 o.:** S/Bochow; **265 u.:** S/Bochow; **266 o.:** Harksheider Verlagsges.; **266 u. l.:** S; **266 u. r.:** Harzfoto Barke; **267 o.:** Epple; **267 m.:** Neubert; **267 u.:** S; **268/269:** S; **271:** S; **273 o.:** S; **273 u.:** S; **274 o.:** S; **274 m.:** S/Arndt; **274 u.:** S; **275 o.:** S; **275 u.:** S; **276 o.:** P/Kober; **276 u.:** Dr. Müller; **277 o.:** S; **277 u.:** S; **278/279:** M/Ligges; **283 o.:** S/Stadler; **283 m.:** S/Walz; **283 u.:** B/Otto; **284 o.:** S/Chini; **284 u. l.:** S/Stadler; **284 u. r.:** S/Stadler; **285 o.:** S; **285 m.:** S/Stadler; **285 u.:** S/Stadler; **286 o.:** S/Stadler; **286 u.:** S/Stadler; **287 o.:** S/Stadler; **287 u.:** S/Stadler; **289 o.:** S/Stadler; **289 u.:** S/Stadler; **290:** S/Stadler; **291:** S/Stadler; **292 o.:** S/Marquez; **292 m.:** S/Schramm; **292 u.:** S/Stadler; **293:** S/Stadler; **294:** S/Stadler; **295 o.:** S/Stadler; **295 u.:** S/Stadler; **296/297:** H.Klaes; **299:** B/Schläpfer; **301 o.:** S/Stadler; **301 u.:** S/Stadler; **302 o.:** S/Rosing; **302 m.:** S/Layer; **302 u.:** S/Lehmann; **303:** H.Klaes; **304 o.:** S/Willner; **304 u.:** H. J. Roth; **305 o.:** S/Ulrich; **305 u.:** P. Klaes; **307 o.:** S/König; **307 m.:** S/Kipping; **307 u.:** Harksheider Verlagsges.; **308 o.:** Otto; **308 u.:** Kiedrowski; **309:** P. Klaes; **310:** P. Klaes; **311 o.:** S; **311 m.:** B/Thiele; **311 u.:** Thiele; **312 o.:** Kiedrowski; **312 u.:** VV Balve; **313 o.:** Kiedrowski; **313 u.:** H.Klaes; **314 o.:** Kiedrowski; **314 u.:** X/Poguntke; **315:** P. Klaes; **317:** P. Klaes; **318 o.:** Kiedrowski; **318 u.:** H.Klaes; **319 o.:** S/Partsch; **319 u.:** P. Klaes; **320/321:** Uthoff; **325 o.:** Hildebrand; **325 u.:** S/Heitmann; **326 o.:** S/Wernicke; **326 u.:** S/Irsch; **327 o.:** S/Schweinsberg; **327 u.:** S/Brockhaus; **328 o.:** S/Rohdich; **328 m.:** S/Rosing; **328 u.:** S/Hanneforth; **329 o.:** Schmelzenbach; **329 m.:** Dr. Göbel; **329 u.:** Sperber; **330 o.:** Richter; **330 u.:** Rakebrand; **331 o.:** Sperber; **331 m.:** Uthoff; **331 u.:** Schmelzenbach; **333 o.:** Schmelzenbach; **333 m.:** Schmelzenbach; **333 u. l.:** S/Skibbe; **333 u. r.:** Grandhomme; **334:** Sperber; **335 o.:** Schmelzenbach; **335 m.:** S/Angermayer;